2013~2025 年国家辞书编纂出版规划

方志百科全书

THE ENCYCLOPEDIA OF LOCAL RECORDS

《方志百科全书》编纂委员会　编

方志出版社
Publishing House of Local Records

图书在版编目（CIP）数据

方志百科全书 /《方志百科全书》编纂委员会编 .
-- 北京：方志出版社，2017.1
ISBN 978-7-5144-2335-8

Ⅰ. ①方…　Ⅱ. ①方…　Ⅲ. ①方志学—普及读物
Ⅳ. ① K290-49

中国版本图书馆 CIP 数据核字（2017）第 004401 号

《方志百科全书》编纂委员会

主　　任　朱佳木

副 主 任　段柄仁　田嘉

委　　员　李富强　邱新立　王铁鹏　高静　刘秋增　霍宪章　陈强
王樵裕　梁滨久　梅森　牛润珍　来新夏　吕志毅　巴兆祥
仓修良　魏桥　林衍经

《方志百科全书》主编、副主编

主　　编　段柄仁

副 主 编　李富强　王樵裕

《方志百科全书》专家组

组　　长　段柄仁

副 组 长　李富强　王樵裕

成　　员　（按姓氏笔画排序）

王复兴　王晖　牛润珍　吕志毅　巴兆祥　刘志荣　刘宗永
欧阳发　金恩晖　金常政　赵庚奇　梅森　黄鸿森　梁滨久

《方志百科全书》编辑室

主　　任　李富强

副 主 任　王樵裕　杨军仕

成　　员　（按姓氏笔画排序）

丛珺　宁芳　刘立娇　刘彦川　孔令伟　曲巍　宋延霏　宋佩谦

张大伟　李秀红　杜冬梅　杨卓轩　周秀林　周建　和卫国　姚辉

胡欣慧　赵大星　秦彩云　梁树文　蔡虹　薛坤

《方志百科全书》供稿单位与人员

（按姓氏笔画排序）

中国地方志指导小组办公室　于伟平　王丹林　王超　刘永强　曲巍　李俊池

杨军仕　杨卓轩　杨海峰　陈旭　和卫国　曾荣　詹利萍

安徽省　史五一　欧阳发

北京市　王瑞朗　刘宗永　张宁

重庆市　熊蜀黔

福建省

撰稿：叶赛梅　柯华　刘祖陛　林龙海　陈鹏　林莉莉　曹斌　长汀县方志委

仙游县方志委　仙游县方志委　宁化县方志办　永定县方志委　龙岩市方志委

莆田市方志委　惠安县方志委　福州市方志委　福建省方志委

福建省图书馆刘繁　德化县方志办

审稿：方清　冯志农　刘学沛　刘祖陛　吕秋心　张维义　李升荣

林浩　罗健　俞杰　曹斌

资料提供：李升荣　胡志明　滕元明　有关市县方志委

照片搜集：滕元明

甘肃省　车安宁

广东省

撰稿：刘珂　许之标　陈宏亮　陈松文　侯月祥

审稿：马建和　刘波　陈强

照片搜集：黄江裕　黄璐

广西壮族自治区

撰稿：陈曼平　梁燕鸣

审稿：李秋洪　秦邕江

贵州省　伍启林

海南省

撰稿：张永翠　杨程

审稿：陈波　雷晓玲

照片搜集：符思权

河北省　王蕾　王广才　王慧卿　冯金生　任丽英　刘建洲　朱凯荣　闫雪卿

阴继冬　宋士青　张晓黎　李卯槐　李苍绵　李素萍　李藏柱　杨胜旗

邵中义　果爱民　赵俊丽　赵振献　贾辉铭　黄燕生　雍玉申

河北省志编辑室　阳原县地方志办

河南省　王卫明　许禾钢　赵文会

黑龙江省　孙学民

湖北省

撰稿：张静

照片搜集：刘化文

湖南省

撰稿：刘运华　李龙如

审稿：王晓天　易介南

吉林省　于永生　刘士宏　何长江　张成训　李郎达　周春玲　武英杰　高岩　常京锁　谢奎江

江苏省　吉祥

江西省　王小军　詹跃华　熊军

辽宁省　杜祥武　高静　梁中音　麻志杰

内蒙古自治区　何晓伟　张晓虹

宁夏回族自治区　王晓华

青海省　董得华

山东省　王建国

山西省 杨建中

陕西省 吴玉莲 折燕玲 李川 肖成刚

上海市 杨军益

四川省 马国栋 勾兴伟 王勇 王少卿 刘理福 孙玉峰 何瑞明 李永富 杨劲松 杨朝志 肖志成 卓林 范希江 范忠建 费尚全 赵文宝 凌玲 卿远明 游林高 舒启东 熊元秀 缪勇 臧国亮 万源市地方志办公室 仁寿县地方志办公室 四川省甘孜藏族自治州地方志办公室 名山县地方志办公室 罗江县地方志办公室 屏山县地方志办公室 绵阳市地方志办公室 遂宁市地方志办公室

天津市 沙洵

西藏自治区 代晓宁

新疆生产建设兵团 苏国萍

新疆维吾尔自治区 张辉 巴里坤哈萨克自治县史志办

云南省 马丽 方爱琴 刘建军 孙向阳 那鹏 李汝明 李建川 李维景 杨丰 杨进才 邹瑾 陈天武 郑灵琳 金美丽 宣勤 赵芳 晏权 顾胜华 温益群

浙江省 天一阁 王林 冯跃民 严振非 应海龙 李能成 汪志华 沈慧 邱阳 周修宇 林顺道 金利权 唐剑平 徐鹏 钱道本 高曙明 盛尚纪 韩章训 戴志勇 魏桥

中国人民解放军军事科学院全军军事志指导小组办公室

丁国瑞　张国君

武警总部编史办　高虹

特邀　史梅　孙迎春　张国庆　周慧　黄燕生

本书所用部分图片资料，未联系到作者，请相关作者见书后与编者联系，以便适当处理。

目　录

前言……………………………………………………………………………………Ⅰ
地方志编修——中国独特而悠久的优秀文化传统(序)……………………1
凡例……………………………………………………………………………………1
条目分类目录………………………………………………………………………1
正文…………………………………………………………………………………001
大事年表……………………………………………………………………………512
条目汉字笔画索引……………………………………………………………522
条目内容分析索引……………………………………………………………537

前　言

《方志百科全书》（以下简称《全书》）是方志界第一部百科全书。其编纂工作是在中国地方志指导小组的领导下完成的。《全书》以辩证唯物主义和历史唯物主义为指导，本着“百花齐放、百家争鸣”的编纂理念，全面、客观、准确、规范地选择、整理资料，力求贯彻实现“浓缩修志历史，展示事业成就，普及方志知识，促进传承应用”的编辑方针。《全书》的编纂，旨在打造一部让社会各界了解方志知识的科普性读物，并为深化方志理论研究、构建现代方志学奠定必要基础，对中国地方志事业和百科全书事业的发展，均具有重要的现实意义和深远的历史意义。

方志在中国有着悠久的历史，它是中华民族文化宝库中的珍贵财富，是中国文化结晶之一，在中国文化发展史上占有重要地位。据统计，历代方志约占中国全部古籍的十分之一，是极为珍贵的资料性文献。中华人民共和国成立后，党和国家十分重视地方志编修工作，中央及地方各级政府对修志工作的关注乃至主持此项工作为社会主义地方志事业的繁荣创造了有利条件，新编地方志在继承传统的基础上获得了新的发展。从新编地方志工作开展至今，全国编纂出版的志书数量超过历史上任何一个时期，在修志实践中产生了一批方志领域的专家学者和学术水平较高的修志人员。大量的古近代方志文献、新编地方志书及相关研究成果为《全书》的编纂工作提供了丰富的资料，方志界权威人士的参与提供了来自专业领域的支持，是《全书》学术性、科学性的有力保证。

现代百科全书是世界公认的权威性工具书。自 18 世纪中期，狄德罗奠定现代百科全书的基石，经过 200 余年的发展，现代百科全书在总体设计、条目设置、释文体例、检索系统等方面已十分完备。国内外已出版的优秀百科全书为《全书》的编纂提供了参考。

《全书》追求“内容精选、文字精练、图片精美、装帧精致”的质量标准。在框架设计上以类盖全、由面到点，向读者提供经过科学整理并符合读者检索习惯的知识；在谋篇布局上强调大、中、小条目的配比；在释文编写上重视体例要求，强调相关条目的逻辑关系及同类条目的类比性，多视角、多层次、全方位地展示方志知识体系和地方志事业概貌。

《全书》为 1 卷本，由前言、序、凡例、条目分类目录、条目正文、大事年表、条目汉字笔画索引、条目内容分析索引等部分组成。共收取 1251 个条目，版面字数约 144.7 万字（含图表）。设方志总论、志书编修、志书选介、方志人物、方志工具书、方志管理 6 个分支。《全书》在努力做到内容丰富的同时，注重概述性条目的设置，其中不少为大条目，数量约占总条目数的 5%，字数约占总字数的 25%。条目正文按条目标题汉语拼音字母顺序并辅以汉字笔画、起笔笔形顺序排列。条目与条目内容分析索引比约为 1∶4，即包含约 4900 个可检索知识主题。书中选配图片约 1000 幅，题材包括人物、文献、建筑、会议、活动的照片及古地图、示意图等。表格设计为双线表、三线表，辅助条目释文，用于收录方志、论著、术语等资料。

《全书》的编纂得到了全国地方志系统的大力支持，方志界的专家、学者及许多单位修志工作者都以极大的热忱参与了此项工作。在此，我们对所有参与该书工作的人士表示诚挚的感谢。编纂《全书》是一次探索性尝试，由于编纂者水平有限，书中难免有一些疏漏与不足，恳请读者提出宝贵意见，以待再版时修改、提高。

《方志百科全书》编辑室

地方志编修——中国独特而悠久的优秀文化传统(序)

朱佳木

绵延不断地编修地方志是中华民族独特而悠久的优秀文化传统。中华文明在世界古代文明中之所以成为没有中断的文明,与这一传统有极大关系。地方志是记录中华民族历史演变和文化积淀的重要载体。编修地方志既是历史文化的继承和对当世文化的记述、整合、积累的过程,也是对中华优秀文化传统的利用和再创造的过程。在对地区文化进行综合、全景式的展示中,也在字里行间彰显了时代特点、社会走向、人文色彩。正如近代著名学者梁启超所说:"民之荣瘁,国之污隆,于兹系焉。"

地方志是社会发展到一定阶段的文化产物,其形制、内容、数量、组织形式等虽然不断变化,并带有不同程度的时代烙印,但却始终保持着其固有的特点。不仅地方志本身记录了历史与社会的发展,而且历朝历代修志活动的兴衰也从侧面反映了历史的走向与社会的变迁。

编修地方志,功在当代,利在千秋。古今修志人埋首书就的不只是一种文字记录,更是一种精神力量。后人从地方志中得到和感受的不只是前人留下的足迹和文化遗产的珍贵,更是历史智慧的传承和文人骚客的千古情怀。世界则从地方志中认识中国、解读中国,领略中国地域文化的魅力。英国著名学者李约瑟博士说过,希腊的古代文化乃至近代英国,都没有留下与中国地方志相似的文献,要了解中国文化,必须了解中国的地方志。

源远流长的中国方志

中国地方志编修源远流长。可以说源于部落文明,长于秦汉隋唐,成于两宋,发展于元、明、清和近现代。一些研究者认为,它几乎和汉字的产生同步。古代部落联盟记事,已有其最初的基因。伴随秦汉隋唐中央集权国家的建立和发展,"大一统"推动了中央对地方报送社情民意的要求,催生了地记、图经等早期形态志书的产生和发展。秦代,中央要求地方上报地情称为"上计","计书上于太史,郡国地志,固亦在焉"。秦汉时期地方向中央报送的地情最初是人物和地理情况,之后二者逐渐融合,形成了地记。到魏晋南北朝时期,地记的编修出现了兴盛的局面,并有记、志、录、传等不同名称。隋唐时期,把文字记录与地图结合起来,地记演变为图经。隋朝开皇十三年(593),隋文帝将编修史志的权力收归官方。隋朝大业年间,开始有组织和大规模地纂修图经、图志。到了唐代,地方编修图经已有定期报送朝廷的规定，直到五代时期不曾间断。相比早期的地记，官修图经主要被用于为中央整顿地方、控制户口、确保税收等提供基础资料。

两宋是地方志发展的成熟时期。北宋朝廷专门设置了主管州郡编修地方志事务的九域图志局，开创了国家设立专门机构编修图志的先河。同时，图经、图志的内容也由以记述地理为主向以记述人文历史为主过渡，体例由以图为主向以文字为主过渡，称呼由以“图经”为名向以“志”为名过渡。南宋时期，被今人所称的地方志形态基本稳定下来。由于雕版印刷发达、私人著述盛行、更多的儒生雅士参与修志等原因，宋代编修地方志蔚然成风，州郡志、县志的数量大增。这一时期，人们对地方志功能的认识，已不再局限于仅供国家统治者了解全国情况之用，而是明确提出了修志需“有补于世”的要求。官吏上任，也往往通过查阅地方志以了解辖地情况。譬如南宋学者朱熹到南康郡上任，下轿就问前来迎接的官员有没有带来《南康志》，留下著名的“下轿伊始问志书”的典故。

元、明、清时期，地方志进一步发展，在体例基本定型的前提下，扩展出更多的种类。元代统治者十分重视地方志的编修。那时由于建立了行省制度，出现了以行省为单位的地方志，如李京撰大德《云南志略》。而最具代表性的修志活动，则是中央政府以秘书监为主要修纂单位，组织编纂了多达 1300 余卷的《大元大一统志》，开创了国家修志的先河。明清时期，编修地方志成为国家行为被进一步制度化。受元朝编修一统志的影响，明清朝廷设立专门机构，多次组织编修一统志，同时促进了地方修志。朝廷制定统一的修志凡例，以诏谕的形式颁降全国，地方上也尝试规划本地的修志凡例，推动地方志向编纂体例更趋完善、类目更趋规范、内容更加丰富的方向发展。除了官定体例，明清时期还实行了申详呈报、公告、乡绅呈请等一系列修志制度。修志制度的完善，带动了官修地方志的深入发展。特别是在清代，分区性的通志编修全面铺开，府、厅、州、县志的编修颇为盛行，还编修了关镇志、卫所志、土司司所志，以及山水志、寺院志、书院志、名胜志、风俗志、坊巷志、盐井志等专志。鸦片战争轰开了清王朝的大门，有志于寻求救亡兴国之路的中国人开始“开眼看世界”，一批记述世界的域外地志相继问世。有些志书，譬如道光《瀛寰志略》，不仅在国内备受推崇，在国外也产生了深远影响。清晚期，不少地方出于“用备小学课本”“务使人人由爱乡以知爱国”的需要，编修了异彩纷呈的乡土志。不过，后世学术界关于乡土志是否属于地方志仍存在不同观点。

民国时期，战乱不已，政局动荡，但地方志编修的传统仍在继续。民国初年，北洋政府的内务府即会同教育部通咨各地纂修志书，为此一些省份陆续成立了通志局、通志馆。国民政府的内政部也先后颁布《修志事例概要》《地方志书纂修办法》《市县文献委员会组织规程》等文件，指导全国编修地方志，并将地方志书的种类限定为省志、市志、县志三种。早在清晚期引入中国并被史学界普遍采用的章节体，很快也被应用于编修地方志。这一时期地方志的最大变革是在内容方面开始摒弃之前所注重的帝王言行，注意突出经济、科技、国计民生等。它与辛亥革命后民众思想逐渐从封建专制桎梏中解脱出来、民主共和的思想广为流传、传统文化观念受到激烈冲击的社会背景密切相关，是顺应时代发展的思想理念在地方志编修中的具体表现。

地域文化的资料宝库

历代编修的地方志为后人留下了浩如烟海、汗牛充栋的文化资源。据不完全统计，从秦汉至民国时期，存世通志、郡志、道志、府志、厅志、州志、直隶州志、县志、卫志、所志、关志、屯志、旗志、里志、场志、乡志、镇志、村志、墩志，以及山水志、名胜志、盐法志、风土志等各种志书，共计 8000 多种、10 余万卷，占中国存世古籍的 1/10 左右，是中国古代文献的重要组成部分。

地方志主要有存史、资治、教化三大功能。地方志编修大多取材于当地的档案、谱牒、碑碣、金石、笔记、信札、诗文集等原始材料，不少内容录存原文，故可弥补史书和其他典籍对史料原貌保存的不足；地方志横陈百科，"所承奉而施布者，吏、户、礼、兵、刑、工，无所不备"，故可"备行政官吏之省览，俾发政施令得其宜"，使"后之人览此书，治身居官，取前人之成宪以为法"，"究兴衰之由，陈利弊之要，补救时政之阙失"，是"辅治之书"；地方志记载当地著名人物、事件，不免"传述忠孝节义，凛凛烈烈，有声有色，使百世而下，怯者勇生，贪者廉立"，故"可以惩恶劝善，诚有益于治道，有补于风化"，有助于"正人心，敦风尚，明正谊，垂治规"。

地方志横分门类、纵向叙述，总览一方古今，可谓包罗万象。举凡一地历史沿革、山川形胜、行政建置、人物传记、武备兵防、灾害赈恤、经济物产、风俗民情、宗教信仰、异闻逸事、辞赋文章等，无不悉数载入，不少文献资料甚至不见于史册和其他文献记载。方志学家吴宗慈在其著作《修志论丛》中指出，地方志"固有其精神、物质二者之用也"，为"吾国一切所有之总底册"，"国家无量之宝库"。对于地方志资料价值的认识，古人已有之，今人更甚之。历代地方志在当代自然科学、社会科学领域，诸如历史学、考古学、建筑学、社会学、天文学、灾害学、军事学等众多学科的研究中，发挥了不可或缺的作用；在当代经济与社会发展事业中，更为合理开发自然资源、发展地方旅游事业、规划建设城市等众多方面提供了巨大助力，成功事例不胜枚举。

编修地方志是一项由人主导的社会活动，地方志中凝结了人类的世界观、价值观、历史观。创修、续修、补修、重修地方志的传统，使得历代地方志的时代性、差异性得以完好地保存下来。有些地方虽然只是细微的差别，却能反映出不同历史时期社会意识的变化。当代学者往往凭借这一点探索古人思想，正所谓见微知著。例如，有学者通过分析历代《凤凰厅志》记述与苗族、土家族相关内容时使用不同篇目名的现象，看出古代流官和儒家思想根深蒂固的精英人士对辖区内少数民族认识上的变化。还有学者通过分析古代地方志中对列女的记述类型以及不同类型的记载数量，为研究古代社会对女性价值定位提供佐证。

世界上很多国家，特别是处于中华文化圈范围的一些国家和地区，将中国地方志作为研究中国的重要文献。如日本、朝鲜、韩国、越南等，在对中国文化进行长期关注、学习和双方文化交流的同时，其本土文化也不同程度地受到了中国地方志的影响。日本早在奈良时代的元明天皇和铜六年(713)及平安时代初期的醍醐天皇延长三年(923)，就命各藩国仿照中国的图经编纂了《风土记》；进入江户时代的宽文四年(1644)，会津藩（今福岛县）仿照《大明一统志》编纂了《会津风土记》，刺激各藩国再次兴起方志编纂热；直至明治时代，日本地方志的编修才逐渐演变成地方史的编修。朝鲜大约于15世纪或更早一些就已开始修志。越南则于20世纪初期完成官修《大南一统志》。

从近代开始，中国历代地方志被世界上许多知名图书机构竞相收藏，尤以美国、日本等国收藏最多，且不乏孤本和善本。这些地方志在世界范围内确立汉学研究和中国研究的地位起到了极大推动作用。日本京都大学人文科学研究所以中国古代志书作为研究的基础，被誉为日本中国学的发源地。美国哥伦比亚大学借助于中国地方志开展中国历史研究，建立起具有强大学术阵容的东方学。许多海外学者在撰写有关中国的研究成果时，都引用中国地方志作为自己论点的佐证。例如，英国学者李约瑟征引大量地方志资料，编写了鸿篇巨制《中国科学技术史》；日本学者加藤繁在其名著《中国经济史考证》第三卷中引用中国文献多达300余种，其中2/3是中国的历代地方志；哥伦比亚大学教授、国际知名清史专家曾小萍在其学术著作中参考了大量的中国地方志，尤其是四川自贡地区的志书。

合理开发地方志这座文化宝库，已经成为国人一项亟待深入研究的课题。当前，利用地方志书整理编制各种资料汇编已成为开发利用历代地方志的主要形式之一；借助数字技术、信息技术等现代科技手段建立地方志数据库，为研究中国提供了更为便捷的途径。然而这些仍是远远不够的，如何采用更多、更好的形式，将尘封在历代志书这一故纸堆中的宝贵资源挖掘出来，呈现社会，从而为科学研究、经济建设、文化建设服务，依然是摆在我们面前的重要任务。

当代中国的继承发扬

中华人民共和国成立后，在毛泽东、周恩来等党和国家领导人的关怀指导下，国务院科学规划委员会于1957年把编写新方志列入了《十二年哲学社会科学规划方案（草案）》。1958年，毛泽东主席在成都主持中共中央工作会议期间，专门调阅《华阳国志》《四川通志》等志书，并选辑其中部分内容印发到会领导，指出要利用方志提高领导水平；同时，还倡议全国各地要编修地方志。此后，周恩来总理指示："要系统整理县志，把关于各地地方志中的经济建设、科学技术资料整理出来，做到古为今用。" 在中共中央的支持下，国务院科学规划委员会于同年成立了中国地方志小组，不久转归中国科学院代管，修志工作由此得到全国各地响应。1960年，已有20多个省、市、自治区的530多个县开展了新编地方志工作。至1965年，250多个县写出了县志初稿，其中30多部正式出版。"文化大革命"开始后，新编地方志工作基本中断。

中共十一届三中全会之后，新编地方志工作再次启动。自20世纪80年代初正式开展以来，地方志工作在机构和队伍建设、建立健全修志规范制度、地方志质量控制、旧志整理出版、促进理论研究和学科建设、积极开发利用地方志资源等方面，都取得了令人瞩目的成就。

30多年来，除港、澳、台以外，全国省、市、县三级行政区和新疆生产建设兵团，普遍建立了由当地主要领导挂帅的地方志编纂委员会及其工作机构，大规模、不间断地开展修志工作；解放军、武警部队以及国务院一些部委也相继设立了修志机构，全面开展各种专志的编修。在修志过程中，地方志工作系统逐步形成了“党委领导、政府主持、各级地方志编纂委员会及其工作机构组织实施”的工作体制，以及约2万人的专职工作队伍。加上兼职人员，当前，全国参与地方志编纂的人员约有10万之众。如果算上30多年里相继离退休的人员，前前后后参加过新编地方志工作的人，估计有20余万人。

30多年来，新编地方志工作由过去无章可循、无法可依，逐步向制度化、法制化迈进。经国务院同意，中国地方志指导小组先后颁发了《新编地方志工作暂行规定》《关于地方志编纂工作的规定》等规章，对有关各方面问题进行了规范。2006年5月18日，国务院颁布实施《地方志工作条例》（以下简称《条例》），以法规形式确定了地方志工作的地位、内涵、责任、程序。地方志工作从此由制度化进入法制化轨道，对于地方志工作的全面、规范、可持续发展起到了重要作用，产生了深远影响。2007年和2008年，中国地方志指导小组依据《条例》精神，先后颁发了《关于第二轮地方志编纂的若干意见》《关于建立地方志编纂规划备案制度的规定》和《地方志书质量规定》。截至2013年年底，在全国31个省、市、自治区中，已有6个制定了有关地方志的地方性法规，19个制定了有关地方志的政府规章；有150多个市、县、区，就地方志工作颁布了相应的法规、规章或规范性文件。

30多年来，新编地方志工作硕果累累。截至2013年年底，首轮三级志书编修任务已按规划全部完成（个别没完成的或撤项或转入第二轮修志），共出版5800多部。由20世纪末21世纪初启动的第二轮修志（大部分为续修，也有少部分为重修），至今也已出版了1400多部。这些志书继承了古代志书的编纂方法，同时，在指导思想、篇目设置、条例附录、记述原则上都有显著的和多方面的创新。自2008年启动的由国务院正式部署、中国地方志指导小组组织编纂的《汶川特大地震抗震救灾志》也通过了验收，为在国家层面修志积累了丰富经验。另外，各地、各部门编纂的各类行业志、部门志、专业志等也有20000余部，其中全军组织编纂出版的军事志多达3000余部。编纂地方综合年鉴自《条例》规定纳入地方志工作机构的职责之后，至2013年年底，全国有28个省级地方志工作机构开展了此项工作，如果算上市、县两级，由地方志工作机构编纂的综合年鉴有1700余种，累计出版了数万卷。这些新编地方志、专志、综合年鉴，成为当代社会科学领域内最大的成果群和最丰富的地情、国情调研资料。

30多年来，新编地方志工作在历代方志的普查、收藏和整理出版方面，均取得了丰硕成果。通过与海外图书馆、档案馆合作，地方志工作部门扫描、复印回来大量流失的旧志。整理出版的旧志影印本、点校本多达2000余种，有的省份还出版了本省能收集到的全部旧志。所有这些，都为保存历史文献做出了巨大贡献，为研究古代社会提供了基础性条件。

30多年来，新编地方志工作在开发利用地方志资源方面同样取得了长足进展。针对志书篇幅大、部头多、个人难以通读更难以收藏等特点，地方志工作机构想方设法，通过编辑简志、地情书、专题资料，在报刊开辟专栏，拍摄文献电视片，举办电视讲座和成果展览，开展志书进学校、进军营、进街道活动，开设有奖竞答热线等多种方式，推动读志用志，普及地情知识，宣传地域文化；另外，围绕党和政府中心工作，编写大事月报，编辑地方志简报、地情卡片等，为当地政府制定政策、招商引资、旅游开发、防灾救灾、保护历史文化遗产等工作积累信息，提供资料。特别是近年来随着信息化、互联网技术的迅猛发展和国家财力的逐步增强，地方志系统加快了数字化、网络化、数据库和方志馆的建设，给地方志资源的开发利用增添了前所未有的便捷手段。截至 2013 年年底，全国已有 26 家省级和近 200 家市级、470 多家县级地方志工作机构开通了方志网站；另有 1 个国家级、15 个省级、60 多个市级和近 200 个县级地方志工作机构，已建成或正在建方志馆。最近几年出版的志书，还普遍增添了数字版。所有这些，都为群众性读志用志开辟了广阔前景。

30 多年来，新编地方志工作在开展修志工作的同时，努力推动方志理论研究不断深化，取得了可喜成果。为了给地方志工作者提供发表理论研究成果、交流编纂经验和学术争鸣提供平台，中国地方志指导小组办公室除了设立专事出版方志类图书的方志出版社外，还创办了《中国地方志》杂志，各地也发行了公开或内部交流的刊物。在公开发行的地方志刊物中，省级的有 8 种；在内部交流的地方志刊物中，省级的有 21 种，省级以下的有 200 余种。为了推动方志理论研究的持续繁荣和发展，中国地方志协会经民政部门同意，于 2012 年更名为中国地方志学会；中国地方志指导小组、中国地方志学会整合各种论坛、研讨会，于 2012 年建立了统一、规范、常态化的方志学术年会制度。据不完全统计，目前有关方志理论的著作、教材、论文集已出版 1000 多部，论文、文章已发表 10 万余篇。

30 多年来，各地地方志工作机构在开展地方志各项工作的同时，还注意加强机关自身的思想建设、制度建设、业务建设、作风建设。在全国省、市、县三级共 3400 多个地方志工作机构和全国专兼职的修志队伍中涌现出许多团结奋斗的先进集体和一心扑在方志事业上的模范人物。各级地方志工作机构为了提高志书主编、组稿人员、撰稿人员的业务素质，还经常举办专题培训班、讲座，以会代训或与高校联合办学；同时，通过公开招聘等方式，引进高素质人才；通过返聘等方式，吸收身体好、经验多、责任心强的退休老同志、老专家担负主编或撰稿、审稿工作。为了调动方志队伍的积极性，各地各系统每隔几年总要举行先进集体、先进个人的评选表彰活动。最近十年，中国地方志指导小组还与国家人力资源和社会保障部联合，在全国地方志系统开展了两次先进集体、先进个人的评选表彰活动，每次评选后都在北京人民大会堂举办了隆重的表彰大会。

方志学科的开创发展

随着修志实践的发展，逐渐出现了对地方志的理论研究。早在宋代就有人提出“方志之学”的概念，但缺少具体内容。两宋以降，学者围绕方志的源流、性质、功能、编纂原则等问题虽然多有论述，但大多散见于各类志书的序跋、凡例之中，缺少系统阐述。清代乾隆、嘉庆年间，章学诚等学者把地方志作为专门研究对象，对什么是地方志、如何编纂地方志的问题进行了较为深入和系统的论述，初步搭建了方志学的理论框架。进入民国时期，梁启超进一步梳理了中国地方志发展、演变的轨迹及其特征，总结了清代地方志编修的成绩、问题和缺失，在章学诚方志理论框架的基础上提出了“方志学”的概念，对之后方志学的研究和学科体系的构建产生了重要影响。

改革开放以来，方志理论研究和方志学学科建设得到了比以往更大程度的重视和更加广泛的参与，并成为地方志工作的一项重要内容。众多方志学者和地方志工作者运用辩证唯物主义、历史唯物主义的基本原理，在整理研究历代地方志和总结新编地方志编纂经验的基础上，对地方志的起源和发展、性质和作用，地方志和史书的关系，以及如何编纂新志书，如何构建新方志学学科体系，如何整理历代地方志，如何开发利用地方志资源等问题，进行了热烈而深入的探讨。通过经验总结和理论研究，广大地方志工作者逐渐概括出新编地方志的一系列编纂原则，如存真求实、横分纵述、述而不论、生不立传、越境不书、详今略古、执简驭繁，等等。所有这些，为促进公认为系统、完整、规范的新方志学学科体系早日形成，为方志学作为现代社会科学意义上的一门学科进教科书、进高校、进课堂，奠定了学术基础，提供了更加有利的条件。

经过长期探索，地方志工作者取得了许多对新编地方志工作的新认识，也积累了许多关于地方志工作的宝贵经验。例如，“党委领导、政府主持、各级地方志编委会组织实施”是地方志正确的工作体制，应当长期坚持；“一纳入、五到位”是做好地方志工作的关键所在，应当不断落实；制度化、法制化是地方志事业持续稳定健康发展的必然要求，应当不断推进；开拓创新、与时俱进是引导地方志事业不断前进的思想源泉，应当不断深入；无私奉献是保证地方志事业长久发展的精神支柱，应当长期发扬，等等。再如，坚持正确的政治方向和存真求实的原则是地方志工作的灵魂，必须牢牢把握；志书质量是地方志工作的生命，必须切实保证；开发利用志书资源为当地经济、社会、文化建设服务是地方志工作的价值所在，必须大力推进；方志理论研究是促进地方志工作逐步提高水平的关键环节，必须不断深化；建设一支高素质的修志队伍是地方志事业持续发展的基础，必须狠抓不放，等等。所有这些认识和经验，凝聚着几代方志人的心血，反复被地方志工作实践证明符合我国新编地方志工作的实际，需要在不断坚持的同时，结合新的实践加以丰富和发展，做到理论创新、方法创新。

修志精神的铸就传承

地方志之所以成为中国优秀的传统文化，不仅因为它是记述地域文化的优质载体，更重要的是它传承了先人优良的精神品格。而且，当代人在长期的地方志编纂实践中，不仅继承发展了地方志文化，也形成了独特的当代方志人精神。

常言道：“万事德为首，百业德为先。”清代方志学家章学诚曾提出修志人应具有“识、明、公”三长，其中的“公”即是针对志德而言，即要公正，不徇私。陆游父子纂修《嘉泰会稽志》时，在本家为当地名门、祖上三代都颇有建树的情况下，仍坚持只将祖父陆佃一人入志立传。清代学者钱大昕在《跋会稽志》中慨叹：“古人志乘，皆寓史法，不私其亲如此！”古代志家提倡据事直书、不私其亲等原则，都源于对志德的深刻认识。

当代地方志工作者继承和发扬了前人的修志品格，将创新精神、科学精神、求实精神、虚心学习的精神、艰苦奋斗的精神、百折不挠的精神结合在一起，铸就了淡泊名利、甘于寂寞、锲而不舍、一丝不苟、爱岗敬业、无私奉献的修志精神。这种精神所体现的正是社会主义核心价值观。新编地方志事业之所以能取得如此辉煌的成就，能出现今天这样“盛世修志”的局面，与这种精神的铸就和传承是分不开的。

修志是一项专业，有自身的专业知识。志稿在编纂前期，资料工作非常烦琐；编纂过程中还要反复研究、校核，进行考据、甄别、筛选，以做到去伪存真、去粗取精、删繁就简。修志人员只有践行当代修志精神，才能干一行爱一行，干一行钻一行，干一行干好一行，才能不浮躁，不畏难，不消极，才能胜任和做好修志工作。另外，地方志机构是辛苦、艰苦、清苦的“三苦”部门。修志人员只有践行当代修志精神，才能以“三心”，即安心、专心、信心，去应对“三苦”；才能做到心甘情愿、心安气定、心无旁骛，有苦而不言苦；才能胜任和做好修志工作。多年来，全国广大地方志工作者默默耕耘，青灯黄卷不辞累，皓首穷经苦犹甘，矢志不移地践行当代修志精神，涌现出许多可歌可泣、感人肺腑的动人事迹。例如山西的燕居谦，身患绝症后，仍以顽强的毅力与病痛作斗争，坚持编纂出140万字的《交城县志》；黑龙江的耿煜，退休后主编了《黑龙江省志》的民政志、地名录两部志书，将余生奉献给了地方志事业；河南的郑永立、黄八四在修志岗位上战斗到生命的最后一刻。他们是修志战线的杰出代表，是地方志工作系统的骄傲。他们将志书视为生命延续的精神境界，是当代修志精神的诠释，为我们留下了最可宝贵的精神财富。

薪火相传的伟大事业

当前，在古老灿烂的中国地方志文化和近30多年修志实践的基础上蓬勃发展起来的新编地方志工作，已由原来的单纯修志逐步发展成志（志书）、鉴（年鉴）、库（数据库）、网（地情网站）、研（理论研究）、会（学会）、馆（方志馆）、用（开发利用）、书（专题书和专著）、刊（杂志）十业并举的局面，其规模之大、范围之广、制度之全、手段之新、成果之多已远远超过历史上的任何时期，呈现出前所未有的繁荣景象。进一步壮大这一局面和景象，是所有热爱地方志事业、致力于弘扬中国地方志文化的人的共同愿望和责任。

中国地方志编修的显著特点是世代绵延不断，新编地方志工作同样需要一代人接着一代人薪火相传。我们相信，有中共中央、国务院的高度重视，有各级党委政府的正确领导、大力支持，有广大地方志工作者的辛勤耕耘和团结奋斗，新编地方志工作一定会更好地发扬中华民族这一优秀的文化传统，一定会更充分地发挥它作为海内外炎黄子孙文化血脉连接纽带和中外文化交流重要平台的独特作用，为中国特色社会主义建设事业做出更多更大的贡献！

凡 例

一、编 排

1. 本书按前言、序、凡例、条目分类目录、条目正文、大事年表、条目汉字笔画索引、条目内容分析索引的次序编排。

2. 条目正文按条目标题汉语拼音字母顺序并辅以汉字笔画、起笔笔形顺序排列。第一字同音时，按声调顺序排列；同音、同调时，按汉字笔画由少到多的顺序排列，笔画数相同时，按起笔笔形一(横)、丨(竖)、丿(撇)、丶(点)、乛(折，包括亅乚く等)的顺序排列。第一字相同时，按第二字，其余类推。

二、条 目

1. 方志概念有广义、狭义之分，本书条目基于广义方志概念为选取原则。

2. 本书记述地域范围以中国境内为主，以2010年行政区划为准；涉及欧美、亚洲的部分国家和地区。记述内容范围以反映首轮修志期间取得的成果为主。

3. 志书、当代人物条目由各省、自治区、直辖市及专家推荐。

(1) 全书所收均为已故人物。

(2) 志书条目选介1949年前(宋代以后为主)编纂的名志、1949年后编纂的优秀新编志书。其中新编市(地区、自治州)志、县(不设区的市、市辖区)志的数量根据各省、自治区、直辖市所辖县(不设区的市、市辖区)及以上行政区划的数量按比例确定。

(3) 当代人物条目包括主持、指导全国地方志工作的领导人；各省、自治区、直辖市新编地方志工作的开拓者、奠基者、先进人物，全国公认有影响的专家、学者，各省、自治区、直辖市推荐人物不超过3人。

4. 本书所说旧志，指1949年前所修方志；新志，指1949年后所修方志。

三、条目标题

1. 条目标题包括专名、术语如“方志”“国家图书馆”“中国地方志指导小组”“述”“记”“志”等。

2. 条目标题上方加注汉语拼音，条目标题中有公元纪年的，拼音中保留纪年。

3. 省级行政区修志条目标题原则上省略“省”“市”“自治区”“特别行政区”等通名。“吉林省修志”保留“省”字，以免与吉林市混淆。

4. 条目标题带《》者，介绍一部志书（或著作、法规、规章等），如《景定建康志》《中国方志学通论》《地方志工作条例》。

5. 部分旧志条目标题不带《》，介绍多部志书，如“顺天府志”条目介绍永乐、万历、康熙、光绪4部《顺天府志》。条目标题涉及地名与现行政区划相同的，加注“（旧志）”。

6. 作为条目标题、层次标题的旧志书名，在《》后以［］标注朝代或年号。书名中已有年号或书名唯一的，不再括注。

7. 作为条目标题、层次标题的著作名相同的，在《》后以（）标注出版年份，以示区分。

8. 以收藏机构名称作为条目标题的，应理解为对其在收藏方志情况的介绍。如“国家图书馆”，应理解为“国家图书馆收藏方志情况”。

四、释　文

1. 释文视篇幅设置层级标题。

2. 释文中出现的外国人名、地名一般不附原文。同名异译的，全书使用统一译名。古地名括注今地名或治所位置。

3. 在“志书编纂程式”条目中已写明新编地方志由编纂委员会组织编纂，在新编志书条目释文中不再一一写出编纂委员会，仅写出主要编纂者（主编、总编、总纂、执行总编、执行总纂、常务副总编、常务副主编、常务副总纂等）。志书未刊载主要编纂者的，条目中写出编纂委员会。

4. 记述上限为事物发端，下限原则止于2010年，以下内容适当下延：

（1）为使相关条目释文相匹配，书中涉及“著名图书馆稀见方志丛刊”的内容均记至2012年。

（2）大事年表记事延至2013年。与之相应，会议、学术条目记述至2013年。

（3）地方志法规规章、修志援藏工作、首轮新编三级志书（2010年后修竣）统计数据等内容延至实际年份，但不超过2013年。

（4）国家级和省级地方志工作机构历任领导、国家级和省级地方志学会（协会）历任会长记至2014年。

（5）反映特色新志、重要方志论著、工具书、方志馆建设情况的条目；设置断限下延至2012年。

（6）当代人物条目设置断限下延至2014年。

5. 大事年表的事条中涉及的时间、内容，在不同文献中记载有出入且难以核实者，注明不同说法。

五、图　表

1. 所列“××（朝代）佚志简目”“存世××（宋代、元代）方志”“××（省、自治区、直辖市）旧志校注出版表”“××（省、自治区、直辖市）方志研究著述表”均为不完全统计。

2. 表内所列地方志工作机构名称为简称。地方志办公室可简称为方志办，地方志编纂委员会可简称为方志委。

3. 历史纪年仅在首次出现时括注公元纪年。为求行文通畅、避免重复，以下情况可不写朝代，有标题（如“清代北京修志”）或同一条目的前文资料（如“清浙江黄岩人”）已明确记述对象所处朝代的，在不产生歧义的情况下，之后的内容可不写朝代；标注志书版本时，可不写朝代，如“嘉靖《获鹿县志》”。

六、检索系统

1. 本书提供条目分类目录、条目汉字笔画索引、条目内容分析索引、字头索引、书眉索引等。

2. 条目内容分析索引：本书最主要的检索系统，条目与条目内容分析索引比约为1∶4，即全书包含约4900个索引项（可检索知识主题）。

3. 字头索引：在A～Z每个字头的首页列出本字头编排的所有条目标题的第一个汉字，如A字头列出“阿、安、鞍、昂、澳”。

4. 书眉索引：每页书眉处列出本页编排的所有条目标题的第一个汉字，如第1页书眉处列出“阿”字。

七、参见系统

条目内容可由其他条目释文补充的，采用参见系统标记。在释文中直接出现所参见的条目标题时，用楷体字标记，如“张国淦”条目释文“撰有《历代石经考》《中国古方志考》等”；释文中未出现所参见的条目标题时，在相应内容后用括号加“见”字标记，如“《黑河地区志》”条目释文“采用三宝体（见体式）结构”。

八、其　他

1. 本书使用规范化现代汉语，释文用字遵循1992年发布实施的《出版物汉字使用管理规定》，以1986年发布实施的《简化字总表》及规定为准。人名、地名（特别是古代的人名、地名）中的繁体字和异体字保留既有写法，其后括注规范字。如：梁廷枏（楠）、王树枏（楠）、华廷儁（俊）。个别为造字，如：

《乡土志例目》中的"狭"、"江西修志"条目中的"棉"。

2. 本书中汉语拼音写法遵循1984年发布实施的《中国地名汉语拼音字母拼写规则》、1992年发布实施的《中文书刊名称汉语拼音拼写法》、2012年发布实施的新版《汉语拼音正词法基本规则》。

3. 本书中的数字用法遵循2011年发布实施的《出版物上数字用法的规定》。

4. 本书使用的标点符号遵循2011年发布的《标点符号用法》。

5. 本书使用的计量单位遵循1984年发布的《中华人民共和国法定计量单位》;未经审定和尚未统一的,依据习惯。

条目分类目录

说　明

一、《方志百科全书》的条目分类目录是编纂者设计的一种编写构架，可作为读者检索的辅助手段。分类目录部分反映了学科体系，总体属于主题框架而非学科框架。

二、《方志百科全书》的条目分类目录按方志总论、志书编修、志书选介、方志人物、方志工具书、方志管理6个分支编排，总计1251个条目。分类目录中打【 】者，不是条目，只是某一知识类别的表示方法。

三、条目分类目录的设计不追求每个分支的完整性。一个条目在分类目录中只出现一次。《方志百科全书》提供给读者的主要检索手段包括条目拼音排列顺序（正文）、条目汉字笔画索引、条目内容分析索引，其中条目内容分析索引是最主要的检索手段。

四、历代志书、新编志书条目首先按行政区划分类编排，行政区划按区划名称的汉语拼音顺序编排；区划下的历代志书条目按条头词汉语拼音顺序编排，新编志书条目按省志分志、市县级志、专志顺序编排，各类下再按条头词汉语拼音顺序编排。人物条目按生年编排。

五、《方志百科全书》收录的知识主题分为四级：大条目、中条目、小条目、索引。条目与条目内容分析索引比约为1：4，即全书包含约4900个可检索知识主题。

方志总论

方志 …… 071
方志学 …… 084
　方志理论 …… 075
　　【方志基础理论】
　　　方志性质 …… 084
　　　方志特征 …… 081
　　　方志功能 …… 073
　　　方志分类 …… 072
　　【方志编纂理论】
　　　志书编纂程式 …… 483
　　　　编纂原则 …… 024
　　　　体例 …… 376
　　　　　篇目 …… 284
　　　　　体式 …… 376
　　　　　　类目体 …… 231
　　　　　　章节体 …… 469
　　　　　体裁 …… 376
　　　　　　述 …… 349
　　　　　　记 …… 193
　　　　　　志 …… 482
　　　　　　传 …… 508
　　　　　　图 …… 386
　　　　　　表 …… 025
　　　　　　录 …… 251
　　　　　　　序跋 …… 437
　　　　　　　凡例 …… 070
　　　　　　　专记 …… 508
　　　　　　　特载 …… 375
　　　　　　　索引 …… 365
　　　　　　　编纂始末 …… 024
　　　　　文体 …… 395
　　　　　文风 …… 395
　　　　　断限 …… 067
　　　　修志资料 …… 435
　　　　志稿审定 …… 483
　　　方志应用理论 …… 090
　　　方志管理理论 …… 074
　　　方志史 …… 079

【源流】
《禹贡》…… 455
《周礼》…… 505
《山海经》…… 321
《越绝书》…… 460
《吴越春秋》…… 400
《华阳国志》…… 178
【发展】
地记 …… 063
图经 …… 386
方志学史 …… 086
【论著】
【方志学综论】
《中国方志学通论》…… 500
《方志学》(1935) …… 084
《方志学发微》…… 085
《中国地理学史》…… 497
《方志学概论》…… 085
《中国方志学概论》(1984) …… 498
《新地方史志学简编》…… 424
《方志学基础》…… 085
《方志学引论》…… 089
《中国方志学史》(1990) …… 499
《新方志编纂学》…… 424
《方志编纂学》…… 071
《中国方志学纲要》…… 499
《方志学》(1993) …… 084
《方志学史》…… 086
《简明方志编纂学》…… 197
《方志学举要》…… 086
《中国地方志》(1995) …… 485
《方志学简论》…… 086
《当代方志学概论》…… 052
《东亚古方志学探论》…… 065
《中国方志学史》(1998) …… 500
《方志编纂学概论》(1998) …… 071
《普通方志学》…… 287
《中国方志学概论》(1999) …… 499
《方志编纂学概论》(2001) …… 072
《方志学通论》…… 087
《方志学新论》…… 087
《方志写作学》…… 083
《方志学综论》…… 089
《方志语言学》…… 090
《方志批评学论略》…… 078
【方志史】
《方志通义》…… 082
《浙江方志源流》…… 472
《中国方志简史》…… 498
《中国地方志》(1991) …… 485
《方志演变概论》…… 089
《皖志史稿》…… 387
《中国方志五十年史事录》…… 498
【方志编纂】
《方志商》…… 079
《方志今议》…… 074
《县志编修探微》…… 414
《新编方志十二讲》…… 423
《新方志编纂实践》…… 424
《志稿修改与总纂》…… 483
《中国城市方志学概论》…… 484
《方志文体研究》…… 082
《县志编修管理谈》…… 414
《县志编修求实说》…… 414
《城市区志编纂概论》…… 039
《地方志编纂与续修》…… 055
《省志编纂概论》…… 344
《志稿通病研究》…… 483
《县志主任·主编说》…… 414
《新方志“概述”点评》…… 424
《当代志书编纂教程》…… 052
【志书研究】
《清代台湾方志研究》…… 298
《明代南直隶方志研究》…… 262
【文集】
《修志丛论》…… 434
《方志学管窥》…… 085
《方志新论》…… 083
“中国地方志详论丛书” …… 487
《中国地方史志论丛》…… 485
《中国地方志争鸣》…… 492
《地方志与现代科学》…… 061
《方志学新论集》…… 088
《中国地方志论集》…… 486
《中国方志学家研究》…… 499
《当代方志学探论》…… 052
《方志学研究论丛》…… 088
《方志新议》…… 083
《新方志文集》…… 425
《新编方志文论》…… 423

《中国当代方志编纂学研究》 …… 484
《方志学探微》 …… 087
《寻根集》 …… 439
《卢振川方志文集》 …… 249
《方志学新探》 …… 088
《赵庚奇志鉴论稿》 …… 471
《新方志理论与实践二十年》 …… 425
《段柄仁方志文丛》 …… 067
《地方志工作文稿》 …… 057
《方志论》 …… 075
《方志文化论》 …… 082
《地方志研究》 …… 060

志书编修

【古近代修志】
秦汉修志 …… 292
三国魏晋南北朝修志 …… 311
隋代修志 …… 364
唐代修志 …… 373
宋代修志 …… 360
元代修志 …… 457
明代修志 …… 262
清代修志 …… 298
民国修志 …… 259
【省级行政区及新疆生产建设兵团修志】
安徽修志 …… 003
澳门修志 …… 009
北京修志 …… 018
重庆修志 …… 042
福建修志 …… 094
甘肃修志 …… 101
广东修志 …… 114
广西修志 …… 122
贵州修志 …… 128
海南修志 …… 137
河北修志 …… 148
河南修志 …… 154
黑龙江修志 …… 162
湖北修志 …… 169
湖南修志 …… 174
吉林省修志 …… 188
江苏修志 …… 200
江西修志 …… 207
辽宁修志 …… 237
内蒙古修志 …… 270
宁夏修志 …… 277
青海修志 …… 296
山东修志 …… 316
山西修志 …… 323
陕西修志 …… 329
上海修志 …… 337
四川修志 …… 352
台湾修志 …… 368
天津修志 …… 379
西藏修志 …… 409
香港修志 …… 415
新疆生产建设兵团修志 …… 426
新疆修志 …… 429
云南修志 …… 462
浙江修志 …… 473
【国家部委局、军队、武警部队修志】
国家部委局修志 …… 133
军事志编纂 …… 221
武警部队修志 …… 404
【域外史志】
朝鲜志书 …… 034
琉球志书 …… 246
日本史志 …… 309
越南志书 …… 461

志书选介

【历代志书】
【安徽省】
安庆府志 …… 006
亳州志 …… 026
《重修安徽通志》[光绪] …… 044
《凤台县志》[嘉庆] …… 091
和州志 …… 146
徽州府志 …… 184
泾县志(旧志) …… 217
《庐州府志》[嘉庆] …… 249
宁国府志 …… 275
《泗虹合志》 …… 359
《新安志》[淳熙] …… 421
《杏花村志》[康熙] …… 434
【澳门特别行政区】
《澳门纪略》 …… 009

【北京市】
《密云县志》[民国] …… 258
顺天府志 …… 350
《天府广记》 …… 378
《析津志》 …… 412
【重庆市】
《巴县志》[民国] …… 011
大足县志(旧志) …… 051
《新修合川县志》[民国] …… 432
【福建省】
《八闽通志》 …… 010
《福建通志》[民国] …… 094
《惠安政书》[万历] …… 185
《闽书》 …… 262
宁化县志(旧志) …… 276
《三山志》[淳熙] …… 312
《汀州府志》[乾隆] …… 384
《仙谿志》[宝祐] …… 413
永定县志(旧志) …… 452
【甘肃省】
《甘肃新通志》[民国] …… 101
《平凉府志》[嘉靖] …… 285
《秦安志》[嘉靖] …… 292
《沙州都督府图经》 …… 313
【广东省】
潮州府志 …… 035
《广东通志》[道光] …… 114
《海康县志》[康熙] …… 136
《惠州府志》[嘉靖] …… 186
《嘉应州志》[光绪] …… 196
《雷州府志》[万历] …… 230
《岭海舆图》[明] …… 245
南海县志 …… 266
《南海志》[大德] …… 267
番禺县志 …… 283
石城县志 …… 345
肇庆府志 …… 471
【广西壮族自治区】
《白山司志》[道光] …… 012
《广西通志》[嘉庆] …… 121
《贵县志》[民国] …… 126
《桂海虞衡志》 …… 131
《桂林风土记》 …… 131
《桂林郡志》[景泰] …… 131
《钦州志》[嘉靖] …… 292
《异物志》 …… 450
【贵州省】
《安顺府志》[咸丰] …… 006
《大定府志》[道光] …… 048
《贵阳府志》[道光] …… 126
《贵州通志》[民国] …… 127
《兴义府志》[咸丰] …… 433
《遵义府志》[道光] …… 510
【海南省】
南海诸岛志 …… 267
《琼台志》[正德] …… 303
《琼州府志》[道光] …… 303
《崖州志》[民国] …… 440
【河北省】
《广平县志》[万历] …… 120
畿辅通志 …… 187
灵寿县志(旧志) …… 244
《滦州志》[嘉靖] …… 253
《钦定热河志》[乾隆] …… 291
《新河县志》[民国] …… 425
《雄乘》 …… 434
《盐山新志》[民国] …… 442
《阳原县志》[民国] …… 445
永清县志(旧志) …… 453
《新城县志》[民国] …… 423
【河南省】
安阳县志(旧志) …… 007
宝丰县志(旧志) …… 013
长葛县志(旧志) …… 031
登封县志(旧志) …… 054
固始县志(旧志) …… 109
河内县志(旧志) …… 160
河南府志 …… 152
河南通志 …… 154
《河南志》 …… 159
怀庆府志 …… 179
郏县志(旧志) …… 196
开封府志 …… 223
开州志 …… 224
鲁山县志(旧志) …… 250
武陟县志(旧志) …… 405
鄢陵县志(旧志) …… 440
偃师县志(旧志) …… 443
《颍川郡志》[永乐] …… 452
禹州志 …… 455

彰德府志 …… 470
【黑龙江省】
《黑龙江志稿》[民国] …… 164
《龙江三纪》 …… 247
【湖北省】
广济县志 …… 120
汉阳府志 …… 142
湖北通志 …… 169
湖广通志 …… 173
荆州府志 …… 218
《石首县志》[乾隆六十年] …… 347
《天门县志》[乾隆] …… 382
《下雉纂》 …… 412
郧台志 …… 465
【湖南省】
宝庆府志 …… 014
常德府志 …… 033
《慈利县志》[民国] …… 047
凤凰厅志 …… 091
《湖南通志》[光绪] …… 174
《莲峰志》[顺治] …… 234
《泸溪县志》[乾隆] …… 250
《武冈州志》[嘉庆] …… 403
湘潭县志(旧志) …… 416
湘阴县志(旧志) …… 417
《岳阳风土记》[宋] …… 459
【吉林省】
《吉林通志》[光绪] …… 191
【江苏省】
《重修琴川志》[至正] …… 045
《风土记》[晋] …… 091
《甘棠小志》[咸丰] …… 105
高邮州志 …… 107
《姑苏志》 …… 108
《皇明常熟文献志》 …… 180
江南通志 …… 199
江宁府志 …… 199
《江宁县志》[万历] …… 199
《江苏省通志稿》[民国] …… 200
《金陵新志》[至正] …… 214
《景定建康志》 …… 219
《崑山郡志》[至正] …… 227
《彭城志》[正统] …… 284
《毗陵志》[咸淳] …… 284
《同治上江两县志》 …… 385
《首都志》 …… 348
《苏州府志》[同治] …… 362
太仓州志 …… 370
《惟扬志》[嘉靖] …… 394
《无锡志》[至正] …… 398
《吴地记》[乾符] …… 398
《吴江县志》[嘉靖] …… 398
《吴郡图经续记》[元丰] …… 399
《吴郡志》[绍定] …… 399
扬州府志 …… 444
镇江志 …… 480
【江西省】
《禾川书》 …… 145
《临江府志》[隆庆] …… 243
庐山志 …… 249
《江西通志》[光绪] …… 207
《袁州府志》[正德] …… 459
【辽宁省】
《奉天通志》[民国] …… 091
辽东志 …… 235
盛京通志 …… 345
【内蒙古自治区】
《归绥道志》[光绪] …… 126
《蒙古游牧记》 …… 257
绥远志 …… 363
【宁夏回族自治区】
《宁夏新志》[弘治] …… 277
《朔方道志》[民国] …… 351
【青海省】
《秦边纪略》 …… 292
西宁志 …… 407
【山东省】
《重修胶州志》[道光] …… 045
德州志 …… 053
东昌府志 …… 065
济宁直隶州志 …… 192
济阳县志(旧志) …… 192
《胶澳志》[民国] …… 213
莱芜县志 …… 228
《齐乘》 …… 289
山东通志 …… 316
郯城县志(旧志) …… 373
《威海卫志》[乾隆] …… 393
兖州府志 …… 443
邹平县志(旧志) …… 509

【山西省】
长治县志(旧志) ······ 033
大同府志 ······ 049
山西通志 ······ 322
寿阳县志(旧志) ······ 349
太原府志 ······ 371
《徐沟县志》[民国] ······ 436
【陕西省】
《长安志》[熙宁] ······ 029
《长安志图》[至正] ······ 029
《长武县志》[乾隆] ······ 032
《朝邑县志》[乾隆] ······ 035
《澄城县志》[乾隆] ······ 039
《淳化县志》[乾隆] ······ 046
关中八志 ······ 111
《韩城县志》[乾隆] ······ 142
《类编长安志》 ······ 231
《三辅黄图》 ······ 311
陕西通志 ······ 329
《同官县志》[民国] ······ 385
《西安府志》[乾隆] ······ 406
《咸宁县志》[嘉庆] ······ 413
《延安府志》[嘉庆] ······ 441
【上海市】
《川沙县志》[民国] ······ 046
《孔宅志》 ······ 225
《上海市通志稿》[民国] ······ 335
上海县志(旧志) ······ 336
松江府志 ······ 359
《云间志》[绍熙] ······ 461
【四川省】
《巴塘盐井乡土志》 ······ 011
《成都府志》[天启] ······ 038
《富顺县志》[乾隆] ······ 100
汉州志 ······ 143
《华阳县志》[民国] ······ 179
《阆中县志》[咸丰] ······ 229
罗江县志(旧志) ······ 253
《马湖府志》[嘉靖] ······ 255
《名山县志》[光绪] ······ 262
《蓬州志》[正德] ······ 284
《四川郡县志》[民国] ······ 351
四川通志 ······ 352
《太平县志》[光绪] ······ 371
《新修南充县志》[民国] ······ 432
《益部方物略记》 ······ 450
《直隶绵州志》[乾隆] ······ 482
【台湾省】
《台海使槎录》 ······ 367
台湾府志 ······ 367
【天津市】
宝坻县志(旧志) ······ 013
蓟州志 ······ 194
盘山志 ······ 283
《续天津县志》[同治] ······ 438
【新疆维吾尔自治区】
《轮台县乡土志》 ······ 253
《西域图志》[乾隆] ······ 409
《西域闻见录》[乾隆] ······ 409
《西州图经》 ······ 412
《新疆图志》[宣统] ······ 429
【西藏自治区】
《西藏志》[乾隆] ······ 411
【云南省】
《滇略》 ······ 064
《新纂云南通志》[民国] ······ 433
【浙江省】
《长兴县志》[嘉庆] ······ 033
《赤城志》[嘉定] ······ 040
《赤松山志》[咸淳] ······ 040
慈溪县志 ······ 047
《昌化县志》[乾隆] ······ 029
《定海厅志》[光绪] ······ 064
《洞霄图志》[大德] ······ 066
《澉水志》[宝祐] ······ 106
《海盐县图经》[天启] ······ 141
杭州府志 ······ 144
黄岩县志 ······ 183
《嘉禾志》[至元] ······ 195
《嘉兴府图记》[嘉靖] ······ 195
会稽志 ······ 226
临安三志 ······ 242
《临海水土异物志》 ······ 243
《龙游县志》[民国] ······ 248
宁波府志 ······ 274
平阳县志(旧志) ······ 286
青田县志(旧志) ······ 298
《仁和县志》[嘉靖] ······ 308
《剡录》 ······ 334
绍兴府志 ······ 342

《石柱记笺释》…… 347
四明六志 …… 357
《太平续志》[光绪] …… 371
《汤溪县志》[民国] …… 373
乌程县志 …… 396
吴兴志 …… 400
西湖志 …… 407
《仙居县志》[光绪] …… 413
《宣平县志》[光绪] …… 438
严州志 …… 441
鄞县志 …… 450
永嘉县志(旧志) …… 452
《浙江通志》[雍正] …… 473
【地理总志、一统志、域外志】
《大元混一方舆胜览》…… 050
《岛夷志略》…… 052
《读史方舆纪要》…… 066
《方舆胜览》…… 071
《寰宇通志》…… 180
《括地志》…… 227
《区宇图志》…… 304
《日本风土记》…… 308
《日本国志》…… 309
《三省边防备览》…… 313
《十三州志》…… 345
《四洲志》…… 358
《太平寰宇记》…… 371
《西洋番国志》…… 408
《祥符州县图经》…… 418
《新嘉坡风土记》…… 425
《星槎胜览》…… 433
《宣和奉使高丽图经》…… 438
一统志 …… 448
《瀛环志略》…… 451
《瀛涯胜览》…… 452
《舆地广记》…… 454
《舆地纪胜》…… 454
《元丰九域志》…… 458
《元和郡县图志》…… 458
《肇域志》…… 472
《真腊风土记》…… 480
《贞元十道录》…… 479
【新编志书】
【全国性专志】
《长江志》…… 031
《中国救捞志》…… 501
《中国水文志》…… 502
《中国烟草通志》…… 503
《中国油气田开发志》…… 503
【安徽省】
《安徽省志·方言志》…… 002
《安徽省志·军事志》…… 002
《徽州地区简志》…… 184
《绩溪县志》…… 194
《马鞍山市志》…… 255
《全椒县志》…… 307
《天长县志》…… 377
《桐城县志》…… 385
《萧县志》…… 419
《安丰塘志》…… 002
《黄山志》…… 182
《九华山志》…… 221
《廖家湾村志》…… 241
【北京市】
《北京志·北京奥运会志》…… 022
《北京志·故宫志》…… 022
《北京志·建筑志》…… 023
《北京志·天坛志》…… 023
《北京志·中央机构志》…… 023
《北京市崇文区志》…… 017
《北京市房山区志》…… 017
《北京市丰台区志》…… 018
《北京市海淀区志》…… 018
《北京市西城区志》…… 018
《大兴县志》…… 050
《怀柔县志》…… 179
《密云县志》…… 258
《平谷县志》…… 285
《通县志》…… 384
《北京胡同志》…… 016
《爨底下村志》…… 047
【重庆市】
《重庆市志·经济地理志》…… 041
《重庆市志·民俗志》…… 041
《重庆市南岸区志(1990~2005)》…… 040
《重庆市市中区志》…… 041
《涪陵市志》…… 092
《江津县志》…… 198
《石柱县志》…… 347
《万县市志》…… 387

《巫山县志》……398
《秀山县志》……436
《重庆索特志》……041
《涪陵交通志(1986~2005)》……092
《重庆市江北区房地产志(1986~2005)》……040
《忠县公安志》……505
【福建省】
《福建省志》地图集……093
《福建省志·文化艺术志》……093
《福州市志》……098
《晋江市志》……216
《龙岩地区志》……248
《浦城县志》……287
《厦门市志》……412
《仙游县志》……413
《德化陶瓷志》……053
《福建省交通志》……093
《晋江市地名志》……216
《三坊七巷志》……311
【甘肃省】
《甘肃省志·农业志》……101
《甘肃省志·宗教志》……101
《会宁县志》……185
《金塔县志(1990~2008)》……214
《兰州市志》……229
《临夏回族自治州志》……244
《庆阳地区志》……302
《天水市志》……383
《张掖地区志(远古~1995)》……469
《甘肃中草药资源志》……105
《红城志》……164
《黄河三峡移民志》……181
《崆峒山新志》……224
【广东省】
《广东省志·宗教志》……113
《广东省志·总述》……114
《宝安县志》……013
《潮州市志》……036
《佛山市志》……092
《广州市志(1991~2000)》……126
《连南瑶族自治县县志》……234
《梅州市志》……256
《南海市志(1979~2002)》……266
《南雄县志》……269
《深圳市志》……343
《广东纪检监察志(1950~1995)》……112
《广东摄影艺术志(1843~2006)》……113
《猎德村志》(增订版)……241
《中英街志》……505
【广西壮族自治区】
《广西通志·民俗志》……121
《广西通志·政府志》……121
《巴马瑶族自治县志》……011
《百色市志》……012
《北海市志》……016
《桂林市志》……132
《桂平县志》……132
《合浦县志》……145
《柳州地区志》……247
《南宁市志》……269
《梧州市志》……401
《寺村镇志》……358
《田东县土地志》……383
《梧州市郊区志》……401
【贵州省】
《贵州省志·民族志》……127
《贵州省志·审判志》……127
《瓮安县志》……396
《修文县志》……434
《紫云苗族布依族自治县志》……509
《遵义地区志》……510
《遵义市志》……511
《盘江煤矿志》……283
《黔东南风物志》……291
《中国·贵阳经济技术开发区志(1993~2008)》……500
《中国贵州茅台酒厂有限责任公司志》……501
【海南省】
《海南省志·农垦志》……137
《海南省志·西南中沙群岛志》……137
《海口市志》……136
《临高县志》……243
《三亚市志》……313
《保定村志》……014
《海口海关志(1991~2001)》……136
《海南铁矿志》……137
【河北省】
《河北省志·长城志》……148
《河北省志·煤炭工业志》……148
《北戴河志》……015

《抚宁县志(1979~2002)》 …… 099
《晋县志》 …… 216
《井陉县志》 …… 219
《秦皇岛市志》 …… 293
《石家庄地区志》 …… 346
《石家庄市志》 …… 346
《唐山市志》 …… 375
《阳原县志》 …… 445
《张家口市志》 …… 467
《正定县志(1986~2005)》 …… 481
《中国·秦皇岛经济技术开发区志(1984~2003)》 …… 501
《河北抗日战争简志》 …… 146
《河北科学技术志》 …… 147
《河北省改革志》 …… 147
【河南省】
《河南省志·黄河志》 …… 153
《河南省志·民俗志》 …… 154
《安阳市文峰区志》 …… 006
《安阳市志》 …… 007
《登封市志》 …… 054
《浚县志》 …… 439
《开封市志》 …… 223
《林县志》 …… 242
《洛阳市涧西区志》 …… 253
《洛阳市志》 …… 254
《南阳市志》 …… 270
《郑州市二七区志》 …… 481
《郑州市金水区志(1991~2002)》 …… 482
《郑州市志(1991~2000)》 …… 482
《河南地理志》 …… 152
《河南省科学技术志(1978~2000)》 …… 153
《黄帝故里志》 …… 181
《嵩山志》 …… 360
【黑龙江省】
《黑龙江省志·国营农场志》 …… 161
《黑龙江省志·外事志》 …… 161
《大庆市志》 …… 049
《杜尔伯特蒙古族自治县志》 …… 066
《哈尔滨市志》 …… 135
《鹤岗市志》 …… 160
《黑河地区志》 …… 161
《漠河县志》 …… 265
《牡丹江市志》 …… 265
《齐齐哈尔市志》 …… 289
《绥芬河市志》 …… 363
《绥化地区志》 …… 363
《昂昂溪机务段志(1896~2000)》 …… 009
《黑龙江旅游景区志》 …… 161
【湖北省】
《湖北省志·地质矿产》 …… 169
《湖北省志·工业》 …… 169
《崇阳县志》 …… 046
《恩施州志》 …… 069
《江陵县志》 …… 198
《荆州地区志》 …… 218
《神农架志》 …… 343
《武汉市志》 …… 403
《襄樊市志》 …… 418
《阳新县志》 …… 445
《第二汽车制造厂志(1969~1983)》 …… 063
《汉正街志》 …… 143
《书院街志》 …… 349
《武当山志》 …… 402
【湖南省】
《湖南省志·湖南近百年大事纪述》 …… 173
《湖南省志·科学技术志》 …… 174
《长沙市志》 …… 032
《城步县志》 …… 038
《耒阳市志》 …… 230
《韶山志》 …… 341
《望城县志》 …… 393
《湘潭县志》 …… 416
《湘西州志》 …… 417
《沅陵县志》 …… 459
《岳阳市志》 …… 460
《南岳志》 …… 270
《武陵源风景志》 …… 404
《岳阳楼志》 …… 460
【吉林省】
《吉林省志·新闻事业志·广播电视》 …… 191
《吉林省志·国内商业志·粮食》 …… 191
《白城地区志》 …… 012
《长春市志》 …… 030
《通化市志》 …… 384
《伊通县志》 …… 449
《长白山志》 …… 030
《第一汽车制造厂厂志》 …… 064
《抚松县人参志》 …… 099

【江苏省】
《江苏省志·财政志》…… 200
《江苏省志·方言志》…… 200
《沧浪区志》(苏州)…… 028
《常熟市志》…… 034
《高淳县志(1986~2005)》…… 107
《鼓楼区志》(南京)…… 108
《邗江县志(1988~2000)》…… 141
《淮阴市志》…… 180
《南京市志》…… 268
《苏州市志》…… 362
《洪泽湖志》…… 166
《花果山志》…… 178
《同里镇志》…… 385
《尧南社区志》…… 447
【江西省】
《江西省交通志》…… 207
《江西省苏区志》…… 207
《高安市志(1986~2006)》…… 106
《井冈山志》…… 218
《南昌市志》…… 266
《铅山县志》…… 442
《峡江县志》…… 412
《新余市志》…… 433
《玉山县志》…… 456
《八景镇志》…… 010
《龙虎山志》…… 247
《宁都团结水库志》…… 275
《双峰乡志》…… 350
【辽宁省】
《辽宁省志·建设志》…… 236
《辽宁省志·金融志》…… 237
《鞍山市志》…… 008
《本溪市志》…… 024
《大连市志》…… 048
《金县志》…… 215
《宽甸县志》…… 226
《沈阳市志》…… 344
《岫岩县志》…… 436
《鞍钢志(1916~1985)》…… 008
《雷锋志》…… 230
《辽宁乙丑水灾志》…… 240
《一宫两陵志》…… 448
【内蒙古自治区】
《内蒙古自治区志·军事志》…… 273
《内蒙古自治区志·政府志》…… 274
《二连浩特市志》…… 069
《呼和浩特市志》…… 166
《呼伦贝尔盟志》…… 166
《满洲里市志》…… 255
《翁牛特旗志》…… 396
《乌海市志》…… 397
《武川县志》…… 402
《包头铝厂志》…… 012
《呼伦湖志》…… 167
《乌拉盖综合开发区志》…… 397
《乌日图高勒乡志》…… 398
【宁夏回族自治区】
《宁夏通志·民族宗教卷》…… 276
《宁夏通志·行政建置卷》…… 277
《银川市志》…… 450
《中卫县志》…… 504
《宁夏水利志》…… 276
《宁夏中药志》(第二版)…… 279
《中宁枸杞志》…… 504
【青海省】
《青海省志·彩陶志》…… 295
《青海省志·长江黄河澜沧江源志》…… 295
《青海省志·地质矿产志》…… 295
《青海省志·民族志》…… 295
《青海省志·唐蕃古道志》…… 295
《海西蒙古族藏族自治州志》…… 140
《门源县志》…… 256
《平安县志》…… 285
《青海省电力工业志》…… 294
【山东省】
《山东省志·孔子故里志》…… 315
《山东省志·泰山志》…… 315
《东平县志》…… 065
《即墨县志》…… 191
《济南市志》…… 192
《临朐县志》…… 243
《临淄区志》…… 244
《栖霞县志》…… 288
《青岛市志》…… 294
《滕县志》…… 376
《文登市志》…… 395
《枣庄市志》…… 466
《淄博市志》…… 508
《山东黄河志》…… 314

《山东省卫生志》…………………………315
《山东省盐业志》…………………………315
《颜真卿志》…………………………443
【山西省】
《山西通志·地震志》…………………………322
《山西通志·金融志》…………………………323
《山西通志·民政志》…………………………323
《大同市志》…………………………050
《代县志》…………………………051
《平定县志》…………………………285
《平遥县志》…………………………286
《祁县志》…………………………288
《太原市志》…………………………372
《孝义县志》…………………………419
《新绛县志》…………………………432
《榆次市志》…………………………454
《2009山西重点工程大事志》…………………………069
《五台山志》…………………………402
《雁门关志》…………………………444
【陕西省】
《陕西省志·黄帝陵志》…………………………328
《陕西省志·炎帝志》…………………………328
《汉中地区志》…………………………143
《黄陵县志》…………………………181
《米脂县志》…………………………258
《南郑县志》…………………………270
《岐山县志》…………………………290
《渭南地区志》…………………………394
《西安市志》…………………………406
《延安地区志》…………………………440
《关山镇志》…………………………110
《泾惠渠志》…………………………217
《秦始皇帝陵志》…………………………293
《西安市地理志》…………………………406
【上海市】
《宝钢志》…………………………014
《中共上海党志》…………………………484
《奉贤县志》…………………………092
《黄浦区志》…………………………182
《嘉定县志》…………………………195
《金山县志》…………………………214
《静安区志》…………………………220
《卢湾区志》…………………………249
《普陀区志》…………………………287
《上海县志》…………………………336
《松江县志》…………………………359
《复旦大学百年志》…………………………099
《七宝镇志》…………………………288
《上海美术志》…………………………334
《上海名园志》…………………………334
《云翔寺志》…………………………465
【四川省】
《四川省志·人物志》…………………………351
《四川省志·文物志》…………………………352
《阿坝州志》(藏文版)…………………………001
《北川县志》…………………………015
《崇庆县志》…………………………045
《达州市志(1911~2003)》…………………………048
《德阳市志》…………………………053
《甘孜州志》…………………………105
《绵阳市志(1840~2000)》…………………………259
《仁寿县志》…………………………308
《遂宁市志》…………………………364
《万源市志》…………………………387
《西昌市志》…………………………407
《宜宾市志》…………………………449
《营山县志》…………………………451
《自贡市志》…………………………509
《阿坝森工志》…………………………001
《成都市园林志》…………………………038
《剑门关志》…………………………198
《三星堆图志》…………………………313
【天津市】
《天津通志·城乡建设志》…………………………378
《天津通志·附志·租界》…………………………379
《北辰区志》…………………………015
《和平区志》…………………………146
《河北区志》…………………………147
《河东区志》…………………………152
《红桥区志》…………………………165
《蓟县志》…………………………194
《津南区志》…………………………215
《南开区志》…………………………269
《武清县志》…………………………405
《西青区志》…………………………408
《李叔同——弘一法师影志》…………………………232
《天津房地产志》…………………………378
《天津经济技术开发区志》…………………………378
【西藏自治区】
《西藏自治区志·财政志》…………………………411

《西藏自治区志·税务志》…… 411
《昌都地区志》…… 029
《江孜县志》…… 212
《拉萨市志》…… 228
《米林县志》…… 257
《琼结县志》…… 303
【新疆生产建设兵团】
《新疆生产建设兵团科技志》…… 426
《新疆生产建设兵团农业志》…… 426
《新疆通志·生产建设兵团志》…… 429
《农八师垦区石河子市志》…… 280
《农二师志》…… 280
《农六师垦区·五家渠市志》…… 280
《农七师志》…… 280
《农三师四十八团志》…… 281
《农一师志》…… 281
《一六一团志》…… 448
《八一毛纺织厂志》…… 010
《八一制糖厂志》…… 010
《奎管处志》…… 226
《农一师土地志》…… 281
【新疆维吾尔自治区】
《新疆通志·瓜果志》…… 428
《新疆通志·检察志》…… 428
《阿克苏市志》…… 001
《巴里坤哈萨克自治县志》…… 010
《博乐市志》…… 027
《哈密县志》…… 135
《柯坪县志》…… 224
《库车县志》…… 225
《乌鲁木齐市志》…… 397
《喀纳斯志》…… 223
【云南省】
《云南省志·公安志》…… 461
《云南省志·广播电视志》…… 462
《沧源佤族自治县志》…… 028
《大理白族自治州志》…… 048
《建水县志》…… 198
《昆明市志》…… 227
《丽江纳西族自治县志》…… 234
《鲁甸县志》…… 250
《瑞丽市志》…… 310
《腾冲县志》…… 375
《巍山彝族回族自治县志》…… 393
《玉溪市志》…… 456
《楚雄彝族自治州教育志》…… 046
《红塔集团志》…… 165
《怒江州交通志》…… 281
《中卫社区志》…… 504
【浙江省】
《钱塘江志》…… 290
《浙江省名镇志》…… 473
《杭州市志》…… 144
《嘉兴市志》…… 195
《金华市志》…… 214
《宁波市志》…… 274
《绍兴市志》…… 342
《绍兴县志》…… 342
《萧山县志》…… 418
《重修西天目山志》…… 045
《澉浦镇志》…… 106
《杭钢志》…… 144
《河头村志》…… 160

方志人物

谯周 …… 291
陈寿 …… 036
挚虞 …… 484
常宽 …… 033
雷次宗 …… 230
吴均 …… 398
萧绎 …… 419
顾野王 …… 110
韦述 …… 394
贾耽 …… 197
陆羽 …… 251
李吉甫 …… 232
朱长文 …… 506
程大昌 …… 039
范成大 …… 070
罗愿 …… 253
曹叔远 …… 028
马光祖 …… 255
周应合 …… 506
周密 …… 506
王祯 …… 391
朱思本 …… 506
徐一夔 …… 437
黄仲昭 …… 184

程敏政 …… 039
杨循吉 …… 446
王九思 …… 390
陈沂 …… 037
唐锦 …… 374
吕柟 …… 252
胡缵宗 …… 168
何景明 …… 145
颜木 …… 442
黄佐 …… 184
童承叙 …… 386
唐枢 …… 375
田汝成 …… 384
王宗沐 …… 393
郭棐 …… 132
郭子章 …… 133
谢肇淛 …… 420
冯梦龙 …… 091
谈迁 …… 372
黄宗羲 …… 184
顾炎武 …… 109
施闰章 …… 345
靖安舒氏 …… 220
毛奇龄 …… 255
赵吉士 …… 471
朱彝尊 …… 507
高熊徵 …… 107
孔尚任 …… 225
吕履恒 …… 252
陈梦林 …… 036
方苞 …… 070
王植 …… 392
齐召南 …… 290
戴震 …… 051
纪昀 …… 193
王昶 …… 388
钱大昕 …… 290
李文藻 …… 233
毕沅 …… 024
姚鼐 …… 447
谢启昆 …… 420
章学诚 …… 470
邵晋涵 …… 341
洪亮吉 …… 165
祁韵士 …… 288
松筠 …… 360
胡虔 …… 167
孙星衍 …… 365
焦循 …… 213
阮元 …… 310
李兆洛 …… 233
俞正燮 …… 454
张澍 …… 468
徐松 …… 436
林则徐 …… 242
姚莹 …… 447
刘文淇 …… 246
魏源 …… 395
蒋湘南 …… 212
鲁一同 …… 251
陈澧 …… 036
史梦兰 …… 347
徐时栋 …… 436
郭嵩焘 …… 133
俞樾 …… 454
黄彭年 …… 182
王棻 …… 389
李慈铭 …… 231
王闿运 …… 390
陆心源 …… 251
杨笃 …… 445
陈作霖 …… 037
杨守敬 …… 446
吴汝纶 …… 399
缪荃孙 …… 264
孙诒让 …… 365
王树枏 …… 391
张謇 …… 467
王国宪 …… 389
张凤台 …… 466
甘鹏云 …… 101
黄诚沅 …… 180
吴廷燮 …… 400
贾恩绂 …… 197
张相文 …… 469
王葆心 …… 388
胡思敬 …… 168
蒋藩 …… 212
陈训正 …… 037
梁启超 …… 235

寿鹏飞 …… 349
张嘉谋 …… 467
许承尧 …… 437
张国淦 …… 466
林传甲 …… 241
王国维 …… 389
吴宗慈 …… 401
黄炎培 …… 183
朱希祖 …… 507
柳诒徵 …… 247
鲁迅 …… 250
郭象升 …… 133
王祝晨 …… 393
余绍宋 …… 453
蒋梦麟 …… 212
柳亚子 …… 246
邓之诚 …… 055
金毓黻 …… 215
张维 …… 468
黎锦熙 …… 231
刘半农 …… 245
瞿宣颖 …… 304
顾颉刚 …… 109
朱维幹 …… 507
任乃强 …… 308
谢华 …… 420
张秀熟 …… 469
刘盼遂 …… 246
李泰棻 …… 232
万国鼎 …… 387
王焕镳 …… 390
谢国桢 …… 420
王重民 …… 392
方国瑜 …… 070
朱士嘉 …… 506
曾三 …… 466
傅振伦 …… 100
李志敏 …… 233
武光汤 …… 403
梁寒冰 …… 235
庄为玑 …… 508
莫乃群 …… 265
谭其骧 …… 373
董一博 …… 066
杨家骆 …… 446
胡乔木 …… 167
史念海 …… 347
陈元方 …… 037
邵文杰 …… 341
王众音 …… 392
王秉祥 …… 388
张立 …… 468
蒲孝荣 …… 286
王季平 …… 390
密加凡 …… 258
陈雷 …… 036
陈福桐 …… 036
郁文 …… 457
洪焕椿 …… 165
乔虹 …… 291
朱文尧 …… 507
左开一 …… 511
黄苇 …… 182
郦家驹 …… 234
来新夏 …… 228
景生明 …… 219
左建 …… 511
赵盛世 …… 471
王岳辰 …… 391
吴若虚 …… 399
吴云溥 …… 401
王文举 …… 391
杨之水 …… 447
吕秋山 …… 252
林天蔚 …… 242
王志民 …… 392
王立行 …… 391
唐小峰 …… 375
费黑 …… 090
蔡亲良 …… 028
张明义 …… 468
刘乾昌 …… 246
欧阳贤 …… 282
蔡涉 …… 028
沈嘉荣 …… 344
刘光禄 …… 245
燕居谦 …… 444
欧华国 …… 282
王国华 …… 389
甄炳昌 …… 480

黄勋拔 …… 183
和志强 …… 146
王君伟 …… 390
汪风刚 …… 388
张建国 …… 467
李文彦 …… 233
夏恩训 …… 412
何静梧 …… 145
王登普 …… 389
贺民贤 …… 160
杨奕青 …… 447
李拴庆 …… 232
李尚恩 …… 232
郑永立 …… 481
许卫平 …… 437
周建南 …… 505

方志工具书

方志工具书 …… 073
方志目录 …… 075
方志辑佚 …… 074
《汉唐地理书钞》 …… 142
《汉唐方志辑佚》 …… 142
“麓山精舍丛书” …… 252
《小方壶斋舆地丛钞》 …… 419
《永乐大典方志辑佚》 …… 453
方志索引 …… 081
【方志汇编】
“宋元方志丛刊” …… 362
“天一阁藏明代方志选刊” …… 383
“中国地方志集成” …… 486
《中国西藏及甘青川滇藏区方志汇编》 …… 503
“中国方志丛书” …… 497
“著名图书馆藏稀见方志丛刊” …… 507
方志资料类编 …… 090
【年鉴】
地方综合年鉴 …… 061
《中国地方志年鉴》 …… 486
【方志目录】
《方志考稿(甲集)》 …… 075
《四库全书总目提要》 …… 357
《续修四库全书总目提要》 …… 438
《中国地方志联合目录》 …… 486
《中国地方志综录(增订本)》 …… 496
《中国地方志总目提要》 …… 497
《中国古方志考》 …… 500
《中国新编地方志目录》 …… 503
【其他】
《中国地方志综览(1949~1987)》 …… 496
《中国方志通鉴》 …… 498

方志管理

【修志法规、文件】
《地方志工作条例》 …… 055
《地方志书质量规定》 …… 057
《关于地方志编纂工作的规定》 …… 110
《新编地方志工作暂行规定》 …… 421
【修志机构和队伍】
地方志工作机构 …… 055
方志出版社 …… 072
方志馆 …… 074
修志人员 …… 435
中国地方志学会 …… 487
中国地方志指导小组 …… 492
中国地方志指导小组办公室 …… 493
【会议】
全国地方志工作会议 …… 304
全国省级方志工作机构主任会议 …… 305
中国地方志学术年会 …… 487
中国地方志指导小组会议 …… 494
【评奖、展览活动】
全国地方志评奖 …… 305
全国新编地方志成果展览 …… 306
【期刊】
《方志双月刊》 …… 090
《禹贡》(半月刊) …… 455
《中国地方志》 …… 485
旧志整理 …… 221
地方志系统信息化建设 …… 060
方志收藏 …… 079
【国内方志收藏】
【国家级图书馆、博物馆、档案馆收藏】
第一历史档案馆 …… 064
故宫博物院图书馆 …… 109
国家博物馆图书馆 …… 133
国家图书馆 …… 134
中国科学院国家科学图书馆 …… 501
中国社会科学院图书馆 …… 502

中国文化遗产研究院图书馆 …… 502
【省级公立图书馆、博物馆、档案馆收藏】
重庆图书馆 …… 041
福建省图书馆 …… 093
广东省立中山图书馆 …… 113
广西壮族自治区图书馆 …… 125
贵州省图书馆 …… 127
河北省图书馆 …… 148
河南省图书馆 …… 153
湖北省图书馆 …… 168
湖南图书馆 …… 174
吉林省图书馆 …… 187
江西省图书馆 …… 207
辽宁省图书馆 …… 236
南京博物院 …… 267
南京图书馆 …… 268
青海省图书馆 …… 294
山东省图书馆 …… 314
山西省图书馆 …… 322
陕西省图书馆 …… 328
上海图书馆 …… 336
首都图书馆 …… 348
四川省图书馆 …… 351
“台北故宫博物院” …… 367
天津图书馆 …… 379
云南省图书馆 …… 461
浙江图书馆 …… 473
【大学图书馆方志收藏】
安徽师范大学图书馆 …… 002
北京大学图书馆 …… 016
北京师范大学图书馆 …… 016
福建师范大学图书馆 …… 094
复旦大学图书馆 …… 100
华东师范大学图书馆 …… 178
南京大学图书馆 …… 267
南开大学图书馆 …… 269
清华大学图书馆 …… 302
山东大学图书馆 …… 314
上海师范大学图书馆 …… 335
武汉大学图书馆 …… 403
中国人民大学图书馆 …… 502
中央民族大学图书馆 …… 505
【方志馆】
北京市方志馆 …… 017
广西方志馆 …… 121
河南省方志馆 …… 153
湖北省方志馆 …… 168
湖南方志馆 …… 173
吉林省方志馆 …… 187
江苏省方志馆 …… 199
江西省方志馆 …… 206
山东省方志馆 …… 314
陕西省地方志馆 …… 327
上海通志馆 …… 335
新疆地方志馆 …… 426
【藏书楼收藏】
海源阁 …… 141
涵芬楼 …… 141
嘉业堂 …… 196
天春园 …… 378
天一阁 …… 383
徐家汇藏书楼 …… 436
【国外方志收藏】
东洋文库 …… 065
哈佛燕京图书馆 …… 135
京都大学人文科学研究所 …… 217
静嘉堂文库 …… 220
美国国会图书馆 …… 256
庆应义塾大学图书馆 …… 303
【其他】
敦煌遗书 …… 067

A

阿 安 鞍 昂 澳

Aba Sengong Zhi

《阿坝森工志》 主要编纂人员周耀武、李绍森、陈永栋、宋德宣、衡德澄、张可、李康、蒋为光等。1999年四川美术出版社出版。81.8万字。设8篇25章92节。配题词4幅、照片180幅、示意图1幅、表222个。上起清道光年间，下至1998年。记录阿坝森工从创建、发展，到形成完整的森林工业体系，从调整、转产，到实施天然林资源保护工程所经历的50年的历史与现状、成绩与教训。概略记述1949年前阿坝州的伐木历史；记述从20世纪50年代初期开始，按照国家总体布局建立13个重点森工采伐企业和木材水运、汽车运输、林业公路、筑路工程和林业机械5个企业，及与木材生产相配套的林业公、检、法机构，医院，学校，专业职工队伍等生产和服务森林工业体系。反映了森林工业作为自治州经济发展的重要组成部分，木材生产一度占全省交材总量的80%以上，森工税收一度占地方财政收入的60%以上的历史；如实记述经过30余年的集中过度采伐，阿坝森工陷入资源、经济“两危”困境，在国家帮助下进行一系列企业布局调整、转产、改革的历程。未设人物篇，而是在林业职工队伍章集中收录国家级、省部级、州级各类科技成果奖获奖者15人，高级工程师16人，高级经济师2人，中学高级教师16人，主任、副主任医师32人，高级政工师20人，全国人大代表3人，全国劳动模范7人，省级劳动模范和全国“五一劳动奖章”获得者32人，部级各类荣誉获得者11人。

《阿坝森工志》书影

Abazhou Zhi(zangwenban)

《阿坝州志》(藏文版) 《阿坝州志》(汉文版)的选译本。全国首部用少数民族文字编写并公开出版的地区志。主要编译人员言培、林修、格桑尼玛、谢扎等。1996年民族出版社出版。118万字。设8篇27章。配照片148幅。上起清道光二十年(1840)，大事记上溯至公元前316年；下至1990年。建置沿革篇记述从秦置湔氐道(治所在松潘县境内)到建立阿坝藏族羌族自治州上千年的更迭情况和全州13个县的建置、人口、民族等情况。重点记述了民族、工业、教育、医疗卫生、体育等内容，反映了阿坝地区在中国共产党的领导下，实现民族平等和民族区域自治，社会面貌发生了翻天覆地的变化。工业篇记述了地方工业从无到有，到1990年，已建立森工、冶金、电力、机械、建材等10个门类，基本形成综合工业区、畜产品加工工业区、矿业开发区、矿山冶金工业区的发展历史，尤其是1980年后，调整产业结构，兴建森工转产项目，实施“以林蓄水、以水发电、以电养林、滚动开发”战略，阿坝州成为四川省城电力的供应地。教育篇系统记述了1950年前，全州仅有小学126所、初中2所和初等师范学校1所，到1990年，已有小学1401所、中学72所、职业学校2所、中等专业学校7所、高等师范学校1所，藏汉文教学与成人扫盲同步扩展，培养了大批人才，造就了一支少数民族干部队伍和科技队伍。医疗卫生篇记述了卫生防疫事业全面发展，医疗卫生机构遍布城乡，传统藏医学的应用研究受到高度重视，传染病、地方病得到有效控制，无医无药或缺医少药的状况明显改善。体育篇记述了赛马、犇牛、推杆等藏羌民族传统体育项目及近代体育事业蓬勃发展的情况。1997年获全国地方志奖二等奖。

《阿坝州志》(藏文版)书影

Akesushi Zhi

《阿克苏市志》 赵恒书主编。1991年新华出版社出版。128万字。设22编86章311节。志首配阿克苏市区域图、阿克苏市区图、照片40幅。上起古代，下至1989年，部分资料延至1990年，重点记述新疆阿克苏建县以后的社会状况。农业编全面记述农事活动，特色农产品的栽培种植，园艺、蚕桑、养蜂业的发展，以及水产养殖业等内容。采用57个图表记述果树、林木资源分布状况，水稻收购销售情况，棉油产量，1949~1985年核桃产量及收购量等；对猎枪数目、核桃果仁成分、37个蔬菜主要品种、二十四节气养蜂歌、木赛勒斯(维吾尔族农民自酿的葡萄酒)的制作方法也有记述。农垦编记述古代屯垦、当代军垦的情况，重点记述沙井子垦区和塔里木垦区，反映垦区历史。商业外贸编主要记述经营体制、购销业务、粮油经营及外贸经营。用28个表格，详尽记述1955~1985年国营百货商业经营情况、供销社生产资料供应情况、棉花收购情况、1953~1985年粮油调运情况、市属商业购销情况等。党派团体编记述国民党阿克苏县地方组织、中共阿克苏市地方组织、民主党派群众团体。重点记述抗战时期中共党员黄火青、林基路等人在阿克苏工作的情况，中国人民解放军进驻阿克苏县，中共阿克苏市各级组织开展社会主义建设的情况。群众团体章重点记述民国时期的工商会、维吾尔文化促进会、哥老会，及中华人民共和国成立后的总工会、共青团、县农会、抗美援朝分会等群团组织。民族宗教编记述维吾尔族、汉族、回族及其他主要民族的宗教信仰、民俗、方言等内容。其中以维吾尔族为主，用表格列举维吾尔族方言，记述维吾尔族的家庭、服饰、饮食、行路、婚俗、丧葬、割礼等内容。还记述伊斯兰教、伊玛目艾则木教派、礼拜场所，以及宗教事务等内容。人物编立传记述 26 人并设人物表 6 个，详记先进人物及离休干部。附录收录文件选辑、调查资料选辑、诗文选及轶事等。1993 年获全国新编地方志优秀成果奖一等奖、自治区优秀志书奖一等奖。

Anfengtang Zhi

《安丰塘志》 主编顾应昌。1995 年黄山书社出版。18 万字。设地理环境、工程、管理、效益、塘功记、艺文 6 章。配 23 幅图照。上限不等，下限至 1994 年。安丰塘古名芍陂，始建于春秋中期的楚庄王时期，是中国古代四大水利工程之一。大事记历数从芍陂创建到 1988 年安徽安丰塘被确定为全国重点文物保护单位所历经的沧桑兴废。工程章对 1976~1977 年两冬一春的水库护坡大会战，在肯定成就的同时指斥其弊端，如“这次护坡工程没有核算块石应有的最小重量，且厚薄不一。施工时要求对块石五面过钻平整，砌筑时上下左右四边平行，没有足够的碎石垫层……”，指出只图形式、忽视质量给水库运行带来的恶果。塘功记章辑录孙叔敖、王景等 26 位有功于塘者的事迹。艺文章收录古今部分吟咏安丰塘的诗文和部分遗存的碑文，从不同角度记载安丰塘的源流变迁以及修塘者的业绩。

安丰塘

Anhuisheng Zhi Fangyan Zhi

《安徽省志·方言志》 主编孟庆惠。1997 年方志出版社出版。88 万字。设 6 篇 18 章 56 节。配黑白插图 16 幅、表格 108 个。正文以分布于安徽北部、中部、南部不同区域的官话、赣语、吴语、徽语、客籍话等安徽域内主要方言设篇，每篇大体按语音、语汇、语法和标音方言作品进行分章。选取安徽省各有关县市人民政府所在地老派话为方言材料，主要运用描写法，从语音、语汇和语法等方面记述皖北中原官话、皖中江淮官话、皖西赣语、皖南宣州吴语、皖南徽语、皖南的客籍话 6 种方言的现状。还采用比较法，通过与中古音或普通话的比较，说明方言的源流和特点。该书编者对安徽方言的分布、特点进行了长期、深入的考察和研究。大部分修志资料来源于编者长期积累的第一手材料，最大限度地避免了相互抄袭和以讹传讹。附录收录 1936~1995 年安徽方言论著索引 46 篇。

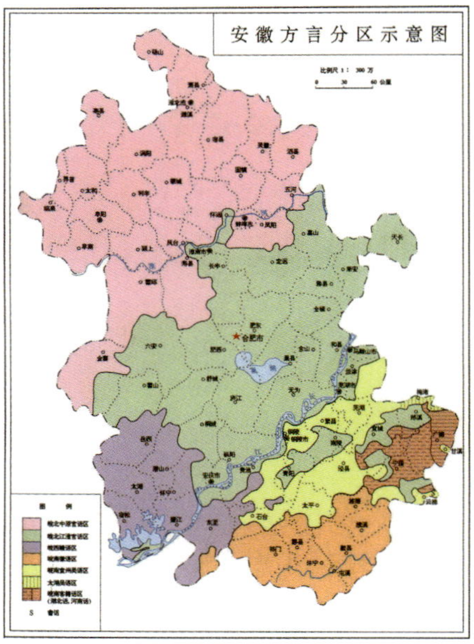

安徽方言分区示意图

Anhuisheng Zhi Junshi Zhi

《安徽省志·军事志》 主编戴文林、鲁世彬、姜继永、孔昭平。1995 年安徽人民出版社出版。126 万字。设 8 篇 28 章 97 节。有彩色插图 12 幅、黑白插图 74 幅、表格 130 个。记述时间总的按省志断限要求编写，但各篇断限不尽相同，按事物的发生和发展实际情况记载。为阐明安徽的军事地位，且因安徽历代志书没有对战争进行贯通古今的记述，重大战事篇和军事地理篇追溯至西周时，而军事体制、驻军、治军、兵役等篇从清代建省开始记述，民兵、防空等篇从民国时期开始记述。下限有些记至 1976 年，有些记至 1979 年，有些记至 1985 年。该志精选资料，突出反映了安徽地方武装斗争的特色，揭示了各种军队的性质和各统治集团的兴亡及人心向背，阐明了正义战争、非正义战争与和平的辩证关系。这一特点使该志的编写不囿于就事论事，而是寓论理于记事之中。附录收录营救美军飞行员、侵皖日军及罪行、安徽省市县解放述略、军报杂志、重要文献辑存等内容。1997 年获全国地方志奖二等奖、安徽省地方志优秀成果奖一等奖。

皖南茂林镇的新四军

Anhui Shifan Daxue Tushuguan

安徽师范大学图书馆 位于芜湖市北京东路。始建于 1928 年。先后经历省立安徽大学图书馆、国立安徽大学图书馆、安徽大学图书馆、安徽师范学院图书馆、皖南大学图书馆、安徽师范大学图书馆等时期。由花津校区敬文图书馆、赭山校区图书馆、皖江学院图书馆及学院资料室组成，馆舍面积 46911 平方米。馆藏全国各省、市、自治区的方志 1684 种 17745 册，其中宋志有熙宁《长安志》、淳熙《新安志》、淳熙《严州图经》、绍熙《云间志》、咸淳《临安志》、宝庆《四明志》、宝庆《会稽续志》、嘉定《剡录》、景定《严州续志》9种；元志有延祐《四明志》、至正《昆山郡志》、至正《无锡县志》、至正《四明续志》4种，均为海内善本；明志有135种；清志有575种；民国时期志有292种；新志有165种。

Anhui xiuzhi

安徽修志 安徽方志的编纂最早可追溯至东汉朱瑒的《九江寿春记》，该书已佚，清王谟《汉唐地理书钞》有辑佚。安徽存世最早的志书是宋罗愿的《新安志》。20世纪80年代开始编修第一轮新方志。1999年9月在全国率先完成首轮三级志书的编纂任务。2000年，二轮市县志编修启动。2007年，二轮省志编修启动。至2010年，已出版省志分志、市（地区）志、县（市、区）志204部。

安徽历代方志编修 安徽可考的历代通志和府、州、县志约700种，存世通志7种，府、州、县志约400种。其中府、州、县志的编纂以徽州地区最为昌盛。

安徽汉唐时期修志 汉唐时期安徽编纂地记、图经、郡书、人物传、风俗传等，均已佚，据文献记载考证，地记有东汉朱瑒《九江寿春记》、三国魏人崔玄山《濑乡记》、南北朝梁朝萧几《新安山水记》，还有王笃《新安记》，佚名《淮南记》《庐江记》《姑孰记》，以及南朝宋致明《池阳记》、张古《池阳后记》、唐范传正《宣州记》等；郡书有三国时期《庐江七贤传》；图经主要有《宣城郡图经》《历阳郡图经》《濠州图经》《盱眙图经》《寿州图经》《庐州图经》《庐州古图经》《舒州图经》《怀宁图经》《历阳图经》《池州图经》《宣城图经》《宣州图经》《新安图经》《新安图》《歙州图经》《歙县图经》《望江县图经》《黟县邑图》《太平邑图》《南陵邑图》《和州图经》《泗州旧经》等。

安徽宋元时期修志 据张国淦《中国古方志考》，宋朝安徽编修的志书总数为79种，其中图经21种、地记4种、方志54种。54种方志中，北宋1种，即《同安志》；南宋53种。除罗愿《新安志》外，均佚。安徽有名可查的元代方志有12种，分别为洪焱祖《新安后续志》、汪元相《祁阊志》、俞元膺《婺源县志》、汪幼凤《星源续志》，以及《旌德县志》《庐州志》《宿州志》《青阳志》《六安志》《太平路图志》《无为图策》《泗州图册》。仅洪焱祖《新安后续志序》、汪元相《祁阊志序》存世。

安徽明代修志 明代安徽7个府、3个直隶州、7个散州、49个县皆修志。除建文、洪熙年间无志外，其他各朝都修有志书，其中有名可查的志书按修纂年代看，数量较多的为，万历年间修有55种，嘉靖年间修有40种，正德、弘治年间各修有17种。据明周弘祖《古今书刻》、朱士嘉《中国地方志综录》、刘尚恒《安徽佚志考录》著录，安徽明代有名可查的府、州、县志书有187种，存世73种。另有《九华山志》《和州香泉志》等专志，《九华山志》在嘉靖、万历、崇祯年间均有编修。①安徽明代府志。据统计，修有府志35种，存世16种。其中，池州府志官修7次，私撰2次，有正德十三年(1518)志、嘉靖二十四年(1545)志、万历四十年(1612)志3种存世；徽州府志官修5次，私撰2次，有弘治十五年(1502)志、嘉靖四十五年志及嘉靖四十一年方信私撰的《新安志补》3种存世。②安徽明代州志。据文献记载，修有州志33种，存世17种。其中宿州志官修5次，私撰1次，有弘治十二年志、嘉靖十六年志、万历二十四年志3种存世。较著名的有正德《颍州志》、嘉靖《寿州志》、万历《和州志》、万历《广德州志》、万历《六安州志》等。③安徽明代县志。据文献记载，修有县志119种，存世40种。其中泾县志7次纂修，有嘉靖三十一年志、嘉靖四十一年志2种存世；青阳县5次纂修，有万历二十二年志存世。

安徽清代修志 清代安徽共修省志、府志、州志、县志322种，其中顺治年间36种、康熙年间80种、雍正年间8种、乾隆年间49种、嘉庆年间28种、道光年间37种、同治年间51种、光绪年间32种、宣统年间1种。康熙至光绪年间还编修乡镇志8种。据《中国地方志联合目录》统计，存世275种，分别为省志4种、府（直隶州）志54种、县（散州）志209种、乡镇志8种。光绪末年，安徽出现乡土志，主要有《泾县乡土志》《当涂乡土志》《寿县乡土志》等10种。这一时期编修皖志的除皖人外，还有章学诚、洪亮吉、孙星衍、李兆洛等一批著名学者。①安徽清代通志。共有4种，其中官修2种，私撰2种。安徽建省后，最早的通志是嘉庆二十五年(1820)朱云锦私撰的《皖省志略》。道光五年(1825)巡抚陶澍奏准创修安徽省志，设立安徽通志局，作为修志的专门机构。4年后，编成安徽首部官修省志。光绪年间，吴坤修等修、何绍基等纂《重修安徽通志》，是安徽近代史上最系统、最完备的省志。光绪年间，李应珏纂《皖志便览》，为另一种私撰安徽省志。反映安徽省情的简志和专志还有方言恂编《安徽地理志略》、刘启甲编《皖志快观前集》等。②安徽清代府志及直隶州志。存世府志28种，其中庐州府志和徽州府志（含1种补正、1种辨正）各6种，宁国府志4种，颍州府志、池州府志各3种，安庆府志、凤阳府志、太平府志各2种。另外，乾隆年间尹焕任庐州卫守备时，修了安徽省唯一的《庐州卫志》。存世直隶州志26种，其中和州志、六安州志各7种，广德州志6种，滁州志、泗州志各3种。③安徽清代县志及散州志。存世209种。其中顺治和康熙年间志书存世79种，乾隆、嘉庆、道光年间志书存世81种，同治至光绪年间志书存世33种。较著名的有嘉庆《泾县志》《凤台县志》《歙县志》《望江县志》《怀宁县志》等。④安徽清代村镇志。清代安徽编纂村镇志逐渐增多，且大部分出自徽州。共修有村镇志8种，其中徽州5种、贵池1种、合肥1种、当涂1种。分别为康熙《杏花村志》、雍正

A

《孚潭志》、雍正《岩镇志草》、乾隆《沙溪集略》、乾隆《橙阳散志》、光绪《善和乡志》、光绪《采石志》、光绪《香花墩志》。

安徽民国时期修志　民国时期，安徽修志可分为三个阶段：第一阶段是1912~1929年，为自发阶段；第二阶段为1929年至抗日战争全面爆发，安徽通志馆成立，“县不分大小，莫不各续志书”，民国时期安徽大部分志书是在这一阶段完成的；第三阶段是抗日战争胜利至1949年，安徽省文献委员会成立，下设通志馆，志书编纂正式列入政府议事日程。这一时期，安徽志书种类繁多，有省志、县志、乡土志、风土志、村志、亭志，还有为志书提供资料和作为小学乡土教材的书籍，约80部。①安徽民国时期省志。修有2种，分别是安徽通志馆1931年始编、徐乃昌总纂的《安徽通志稿》，黄同仇总纂、1944年铅印的《安徽概览》。还编有类似省志的书，如1919年编《大中华安徽地理志》。②安徽民国时期县志。共编纂23种，其中6种是稿本，大部分是铅印本。1912~1929年编修的有11种；1930~1936年编修的有6种；1937~1949年编修的有6种。其中有2种在《中国地方志联合目录》未收入，但被《中国地方志总目提要》收入，分别是汪雨湘撰《嘉山县志》和仇天民修、张星桥等纂《颍上县志稿》。另存有8种1936年成书的县志略，以及《怀宁县志补》《颍上县志补》。③安徽民国时期乡土志及风土志。修有乡土志3种，分别是许家栋1920年编《歙县乡土志》、叶侠隐编《桐城乡土志调查》、杭海编《滁县乡土志》。在风土志方面，浙江大学退休教授李絜非编纂了合肥、含山、怀宁、滁县、庐江、宣城、青阳、芜湖、婺源9个县风土志；另有郁官城撰《天长风土志》、毛凤章1937年撰《安徽第九区风土志略》、周云编《建德风土记》。这些风土志篇幅均在1.5万~2万字。在乡土地理志方面，有1922年程敷楷编《徽州乡土地理》，1925年胡存庆、瑞林编《黟县乡土地理》，1926年胡涉州编《绩溪乡土地理》，1944年李家骧编《祁门县乡土地理志》。另有1930年编《绩溪乡土历史》《绩溪乡土历史教科书》《绩溪乡土教科书》3种乡土教材。④安徽民国时期村志及专志。修有村志3部，分别为胡子正1915年撰《杏花村续志》、许承尧1937年撰《歙县西干志》、吴吉祜1944年撰《丰南志》。专志有李丙荣1913年编《大观亭志》，孙序学、陶希靖1916年编《香花墩志》，以及1945年方守先等纂，王渭源、王希清绘图而成的《太和县分乡图志》等。另存有倪文顶、陈硕梁1934年编《石埭县志山川志初稿》，胡光钊1944年纂《祁门县志氏族考》和《祁门县志艺文考》。

安徽新方志编修　安徽首轮修志工作于1981年启动。二轮修志于2000年启动。在各级政府修志规划之外，一些党政机关、人民团体、企业、事业单位以及乡镇、村也组织力量编纂新方志。在全国地方志评奖中，共有28部（卷）志书获奖。

安徽省级修志　安徽省地方志办公室于1981年开始编纂《安徽省志》，规划67卷。1999年9月全部完成，共70册，5000余万字。在全国地方志评奖中，邮电志获一等奖，军事志等分志获二等奖。在省社会科学评奖中，建置沿革志获一等奖。在省地方志评奖中，军事志等分志获一等奖。《安徽省志（1986~2005）》编纂工作于2007年启动。规划89部分志，约7000万字。

安徽市县级修志　首轮规划编纂市（地区）志17部、县（市）志74部。1986年大部分市（地区）、县（市）进入到志书编纂阶段。1999年9月全部完成编纂出版任务。在全国地方志评奖中，《马鞍山市志》《萧县志》《天长县志》《徽州地区简志》《桐城县志》等获一等奖；《全椒县志》《蚌埠市志》《阜阳地区志》《泾县志》《歙县志》等获二等奖。在省地方志评奖中，《岳西县志》等获一等奖。二轮修志始于2000年。规划编纂市（地区）志17部、县（市、区）志84部。至2010年，已出版《安庆市志（1978~2000）》《蚌埠市志（1986~2005）》《黄山市志（ ~2006）》《马鞍山市志（1988~2005）》《芜湖市志（1986~2002）》《宣城地区志（1988~2000）》《旌德县志（1978~2003）》《濉溪县志续编》《铜陵县志（1991~2000）》等43部。

安徽首轮市级志一览表

志书名称	主编/总编/总纂	字数（万字）	出版年
《徽州地区简志》	何警吾	50	1989
《屯溪市志》	余世光	51	1990
《马鞍山市志》	李昌志	161	1992
《芜湖市志》	方平	240	1993~1995
《铜陵市志》	赵指南	180	1994
《宿县地区志》	周道斌	80.4	1995
《巢湖地区简志》	胡继铎	82.6	1995
《安庆地区志》	黄德龙、龙仲文	208	1995
《蚌埠市志》	赵同蕴	216	1995
《池州地区志》	汤良尚	151	1996
《阜阳地区志》	方一本、沈云鹏	200.5	1996
《六安地区志》	高尚	100	1997
《淮南市志》	胡树屏	244.8	1998
《滁县地区志》	陈天庚、何成国	218	1998
《淮北市志》	刘长远	172	1998
《宣城地区志》	宣城地区地方志编纂委员会	132	1998
《合肥市志》	袁法群	550	1999

安徽专志和乡镇村志编修 在首轮修志中，规划编纂的山、湖志有《黄山志》《浮山志》《齐云山志》《琅琊山志》《天柱山志》《九华山志》《巢湖志》7部，于1999年前完成。其中1988年出版的《黄山志》获全国地方志优秀成果奖一等奖。二轮修志计划增订再版7部山、湖志。此外，各级修志机构和有关单位编纂出版了800余种规划外志书，有部门志、乡镇村志、厂矿志、院校志等，如《安徽电力志》《马钢志》《淮北矿业志》等。

安徽旧志整理 安徽省地方志编纂委员会于2000年发出《关于做好〈安徽历代方志丛书〉出版规划工作的通知》，部署安徽省旧方志的整理出版工作。2002年启动旧志整理工作，安徽省地方志办公室制定出版规划和一系列规范性文件，省、市、县相继成立旧志整理组织机构。同年11月，安徽省地方志办公室召开全省地方志办公室主任会议，对"安徽历代方志丛书"编纂工作进行全面部署。至此，全省已有砀山县、全椒县、潜山县、郎溪县、灵璧县、当涂县、无为县、铜陵市等开展旧志整理工作。安徽整理旧志主要采用点校与影印相结合的办法。至2010年，共整理出版旧志52部，其中点校出版50部，有淳熙《新安志》、永乐《祁阊志》、嘉靖《宁国县志》、万历《芜关榷志》、康熙《滁州志》、乾隆《颍州府志》、嘉庆《合肥县志》、同治《六安州志》、道光《来安县志》、光绪《皖政辑要》、宣统《大观亭志》、民国《阜阳县志》等；影印出版2部，分别是康熙《徽州府志》和光绪《凤阳府志》。

安徽方志工作管理 安徽地方志工作机构大多成立于20世纪80年代初。至2000年，全省17个市(地区)级地方志工作机构，有14个为独立的常设机构，其余3个分别与党史、档案机构合署；县级地方志工作机构单独设置的有40余个，与档案、党史机构合署以及并入政府办公室的有20余个。

安徽省地方志编纂委员会及办公室 安徽省地方志编纂委员会于1981年成立。下设办公室。1995年机构改革时，履行地方志编纂和编纂事业行政管理两种职能，内设秘书处、省志处、地市县志处、资料处、机关党委，另设《志苑》杂志社。历任编委会主任张恺帆(1981年11月~1984年9月)、苏桦(1985年10月~1989年11月)、傅锡寿(1989年12月~1996年8月)、回良玉(1996年9月~1998年9月)、王太华(1998年10月~1999年12月)、许仲林(1999年12月~2002年10月)、王金山(2002年10月~2007年11月)、王三运(2007年12月~2011年11月)、李斌(2011年12月～)，历任办公室主任罗平(1981~1985)、吕秋山(1985~1988)、徐则浩(1988~1993)、王鹤鸣(1993~1995)、崔厚贤(1997~2003)、朱德祥(2003~2007年4月)、朱文根(2007年4月～)。1982年创办《安徽史志通讯》，1987年改名为《志苑》，双月刊。1999年与安徽省地方志学会合办《安徽地方志》学术内刊，2002年起，改为季刊。

安徽修志法规规章和规范性文件 省第十届人民代表大会常务委员会于2007年通过《安徽省地方志工作条例》，自2007年5月1日起实施。根据续修工作进程，安徽省地方志办公室制定出台了一系列指导性文件。至2010年，以安徽省地方志编纂委员会名义下发的文件有《安徽省第二届三级志书编纂工作实施通则》《安徽省第二届市县(市、区)志书编纂工作计划》《关于做好志书主编选聘工作的意见》等，以省地方志办公室名义下发的文件有《安徽省第二届志书编纂行文规范》《安徽省第二届三级志书印刷设计方案》等20多个。

安徽地方志信息化建设 安徽自1999年首轮三级志书完成后，开始对志书进行数字化处理(扫描)。2001年第一次全国地方志网络建设研讨会后，安徽省地方志办公室将志书的数字加工纳入信息网络建设总体规划，制定出《安徽省地方志信息网络化建设系统集成方案》。2002年12月省情数据库——皖风网正式开通，将全省首轮三级志书数据入库。共设计4个板块、28个网页栏目，其中方志工作板块设计职能机构、历次会议、领导讲话、文件选登、方志编纂、方志研究、先进表彰、大事纪略8个栏目，志鉴之窗板块设计安徽省志、地市县志、山湖志、专业志、乡镇村志、地方年鉴、地情丛书、理论著述8个栏目。全省地方志系统建立了信息员队伍，市地方志办公室也大多建立了网站，有的建立了局域网、小型数据库和图书目录数据库。

安徽省地方志学会 成立于1987年。至2010年，历经四届理事会，历任会长吕秋山、徐则浩、王鹤鸣、崔厚贤、朱德祥、王宜斌。成立以后，开展了各种形式的学术活动。1992年召开《铜陵年鉴》《霍邱县志》研讨会，1993年举办全省第一次地方志优秀成果评奖活动，1994年召开全省地方志年鉴工作会议，1997年举办全省第二次地方志优秀成果评奖活动，2000年举办"首届修志经验总结，续志编纂研究"学术讨论会，2008年召开志书概述研讨会暨十部志书点评会，2010年召开志书大事记研讨会。与安徽省地方志办公室合办《安徽地方志》；在培训修志骨干，指导三级志书编纂，研究省情、地情和方志理论构建等方面也有贡献。

安徽方志馆藏 安徽省图书馆、安徽省地方志办公室资料处及安徽师范大学、安徽大学等高校图书馆是省内收藏方志的主要单位。安徽省图书馆位于合肥逍遥津公园西侧。创建于1913年，前身是安徽省立图书馆。总建筑面积3.69万平方米。该馆收藏徽州文献297万册，古籍线装书近35万册，善本3121种3万余册。馆藏文献中明代刻本数量较多，较为珍贵的有明万历七年(1579)刻本《四书人物考》等。馆藏安徽方志有省志6种、府志37种、州志48种、县志227种、山水志22种，共340种。其中宋志1种(即罗愿撰《新安志》)、明志66种、清志242种、民国志31种。还收藏有中华人民共和国建立初期安徽省编修的志书(稿)20种；首轮编修的省志67卷，市(地区)县(市)志89部，山、湖志6部和村镇志3部。

A

安徽方志研究成果 安徽省地方志办公室和安徽省地方志学会每年举行一次地方志学术年会，还开展了一系列关于方志和年鉴的理论研讨活动，包括举行专题研讨会、组织参加全国性研讨会、组织外出学习考察、编辑出版方志论文选等。各市（地区）地方志办公室和地方志学会也开展理论学习和学术研讨活动，鼓励修志人员撰写研究方志和年鉴的理论文章。至2010年，安徽省方志工作者出版方志论著和方志论文集等30余部，代表论著有《新编方志十二讲》《皖志史稿》《方志学简论》《方志学综论》《方志编纂概要》《方志研究与评论》《续志编纂系论》《续志编纂说略》《地方志与旅游》《方志批评学论略》《安徽省地方志综录》《〈新安志〉整理与研究》《徽州方志研究》等，论文集有《安徽地方志论文集》《方志论》《志鉴一得》《新方志散论》《志苑笔耕录》等。

Anqingfu zhi

安庆府志 有文献记载可考的安庆府志有15部。宋代4部，其中钱绅《同安志》、蔡畤《续同安志》、佚名《同安后志》等已佚，钱志有少量片段散见于宋《舆地纪胜》等地志和宋明类书中，另有《永乐大典》中所收《舒州志》，成书于北宋皇祐五年（1053）之后、北宋政和五年（1115）舒州改为舒州德庆军之前。

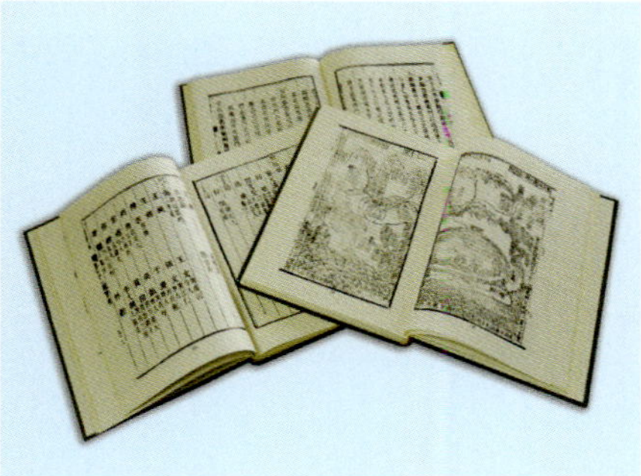

明嘉靖、清康熙《安庆府志》（“中国方志丛书”本）书影

明代至少修纂6部，存天顺《直隶安庆郡志》、正德《安庆府志》、嘉靖《安庆府志》，尤以嘉靖志最具特色和影响力。清代修成5部府志，其中顺治十四年（1657）李士祯主修的府志失传，康熙十四年（1675）、二十二年、二十五年、六十年4部府志存世，其中康熙二十二年志、二十五年志均是对姚琅主修的康熙十四年志的增修，以康熙六十年志最佳。

《安庆府志》［正德］ 胡缵宗纂修。正德十六年（1521）成书。仿《史记》《汉书》之体，以记、表、志、传4种体例记述正德以前安庆地区历史。据胡缵宗自序记述，共列有“记二卷，表二卷，志六卷，列传七卷”。每卷之首有小序，列传中有论断，突出“司马氏之史法”，将方志当作正史来编纂，为明代纪传体方志代表作。安徽省图书馆（见安徽修志）存嘉靖刻本、抄本，31卷；天一阁存嘉靖刻本残本（卷7~31）。

《安庆府志》［康熙］ 张楷纂修。康熙六十年刊刻。32卷。设天文、地理、民事、学校、祭祀、秩官、人物、列女、艺文9志，下设58目，目下均有序。以安庆府当时所辖怀宁、桐城、潜山、太湖、宿松、望江6个县为记述范围，考据前诸府志资料，补漏正讹，增设武职、戎略传等目。增补康熙十四年志所略记的各县兵氛、祥异，还记有自周至清历代兵事，包括刘六、刘七、张献忠、李自成等农民军活动。地理志记载详细，星野目含斗分图、历代斗分之考，记周代至唐代日食11次；疆域目附府境六邑总图及下属各县图，共7幅；记山220余座，江河120余条，圩、堤、塘、堰等水利设施700余处，古迹、名胜近300处，古墓100余处，寺观600余座。北京大学图书馆、复旦大学图书馆、天津图书馆等藏刻本。北京大学图书馆兼有抄本，国家图书馆、安徽省图书馆等藏1961年石印本。2010年，中华书局出版安庆师范学院、安庆市地方志编纂委员会整理本。

Anshunfu Zhi［Xianfeng］

《安顺府志》［咸丰］ 邹汉勋、吴寅邦总修，常恩总纂。清咸丰元年（1851）刻本。53卷，首1卷。约33万字。分9个大纲，即天文志1卷、地理志16卷、营建志3卷、纪事志3卷、经制志4卷、职官志6卷、人物志5卷、列女志5卷、艺文志11卷，下设77目。记事上起周赧王三十五年（前280），下迄咸丰元年。所述疆域包括安顺府（治所位于贵州省安顺市）及郎岱厅（治所位于贵州省六枝特区）、归化厅（治所位于贵州省紫云苗族布依族自治县）、镇宁州（治所位于贵州省镇宁布依族苗族自治县）、永宁州（关岭布依族苗族县）、普定县、安平县（平坝县）、清镇县。地理志首载《会典舆

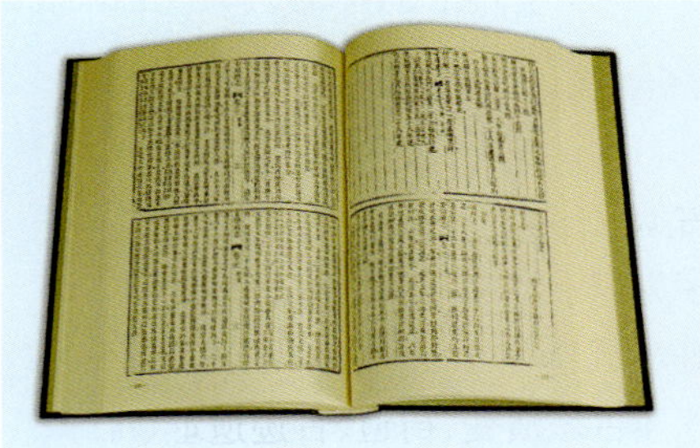

咸丰《安顺府志》（“中国地方志集成”本）书影

图》，绘制府内新图，地理要素均附图说；山、水二目详记名山、名川、岩洞、沟池、海子、泉水等千余处，订正《方舆纪要》《贵州通志》中有关安顺山水等的失实记载；水道考翔实考证流经府内的河流；风俗目记述20余种少数民族习俗分布，附记方言、苗俗、夷语；物产目以通产列于前，特产列于后，并按草木鸟兽分类。纪事志先记载历代大事，后记安顺置府本末，与职官志、人物志、艺文志互相联系，材料多摘录自正史。经制志是地方经济和典章制度专篇，记赋税数额较详，户口略而不录。国家图书馆、湖南图书馆、安顺市图书馆等有藏。另有清同治六年（1867）补刻本、清光绪十七年（1891）补刻本、1919年重印本。国家图书馆、贵州省图书馆、北京大学图书馆、吉林大学图书馆、武汉大学图书馆等有藏。2007年，贵州人民出版社出版安顺市地方志编纂委员会点校本。

Anyangshi Wenfengqu Zhi

《安阳市文峰区志》 主编赵锦修。2000年中州古籍出版社出版。59万字。设17篇64章182节。志首配彩照33幅。上起1919年，个别内容上溯至旧石器时代；下至1987年底。突出

北大街商业一条街

古城区特点，对老城垣建于后魏、民房多为宋系一层瓦房庭院、街道呈棋盘式等城区特色予以记载；设安阳古城章，记述古城演变、街道、古迹遗址、坑塘河流、城内治所、名人及诗文选、对古城的保护；文物章专设一节记述文峰塔。注重体现老城商业区的特点，设商业街区章，从综合管理、名店或商店两方面记述北大街商业街、文峰中路商业步行街，还记述位于塘子巷北段商业区的文峰工业品市场、北西门小商品批发市场、大院街鞋业市场、西营街文化市场、唐子巷北段美容美发一条街。2000年获河南省地方史志优秀成果奖一等奖。

Anyangshi Zhi

《安阳市志》 主编陈文道。1998年中州古籍出版社出版。4卷，290.5万字。设40篇。上起事物发端，下至1987年。设专篇记述殷墟、周易，突出反映安阳作为中国七大古都之一、甲骨文诞生地的历史文化特色。除志首设总述外，还设有经济综述，以加强宏观记述，

《安阳市志》书影

突出经济建设和改革开放。设篇记述乡镇企业。多数篇设无题序，记述事物历史、现状及发展脉络，彰明其兴衰起伏规律。志末附录收入安阳重要历史文献资料辑录、安阳旧志叙录、安阳跻身中国七大古都纪事等内容；设安阳市国民经济及社会发展统计图示，集中收录人口与耕地、国民收入中消费和积累比例、市区主要工业产品产量等统计图示。

Anyangxian zhi(jiuzhi)

安阳县志(旧志) 安阳县志创修于清康熙三十二年(1693)，至民国时期，共编纂7部县志(清乾隆、嘉庆年间各修成2部)。其中康熙三十二年志、乾隆三年(1738)志、嘉庆四年(1799)志、嘉庆二十四年志、民国志存世，乾隆五十三年阴晦所修《增续安阳县志》佚。另有李元桢辑《安阳县乡土志》光绪三十四年(1908)抄本。

《安阳县志》[康熙] 马国桢修，唐凤翱纂。康熙三十二年刻本。10卷。前有图考，舆图有治境、城郭、县署、县学、昼锦堂、珍珠泉、善应山、韩陵山等图。分舆地志、建置志、赋税志、职官志、学校志、选举志、人物志、艺文志、杂记9纲，下分61目。各纲有小引，说明论点，指出时弊。记沿革，自禹贡始，因循变迁详细明了；记山，详其位置、规模、物产、古迹；记水，细述曲折流经之现状与历史、修浚及功用。水利目详载万金、广遂、珍珠泉(水冶泉)诸渠的水治、水磨及灌田能力。记赋役，重点记载清代情况。艺文志以事类分属，其中河渠类汇集了明清各种重要水利设施碑记。风俗、物产、乡镇等目稍显疏略。国家图书馆、上海图书馆、天津图书馆有藏。

《安阳县志》[乾隆] 陈锡辂纂修。乾隆三年刻本。12卷，首1卷。卷首舆图8幅，图名同康熙志。纲目名与康熙志大体相同。主要是对康熙志进行修订。改地理志中的水利目为陂渠目，移入建置志。重视祀典，将坛壝、祠庙、陵墓、寺观集中，另立祠祀志。前志将清凉山附载于宝山下，乾隆志则各自独为一条。前志综合记载珍珠泉与广遂渠，乾隆志改为分别入山川、陂渠记载。古迹目补入宋韩琦的渔庄、元许有壬的菊堆、明崔铣的后渠书屋等。赋役志增蠲赈目，人物志增忠节、文苑二目。艺文志改以类分列，以年代先后为次，历代诗词细分五言、七言各体。国家图书馆、第一历史档案馆等有藏，重庆图书馆藏残本。

《嘉庆安阳县志》 赵希璜修，武亿纂。嘉庆四年刻本。14卷，首1卷。分18门。首为图，次为沿革、爵封、职官、选举四表，地理、田赋、渠田、典祀、兵防、古迹六志，集传、列传、叙传、列士四传，循政、节孝二记，后为识余、艺文志。艺文志仅著录书目，多有提要，而鲜少记载郡邑文献。地理志、古迹志中引经据典，旁及志书，所做说明在千言以上。兵防志详载唐府兵、梁昭德军、晋昭德军、宋禁军、金武健军等军制，后附历代兵事，自战国时赵惠文王遣廉颇攻魏安阳起，迄明崇祯间李自成农民军在此一带的活动止。国家图书馆、北京大学图书

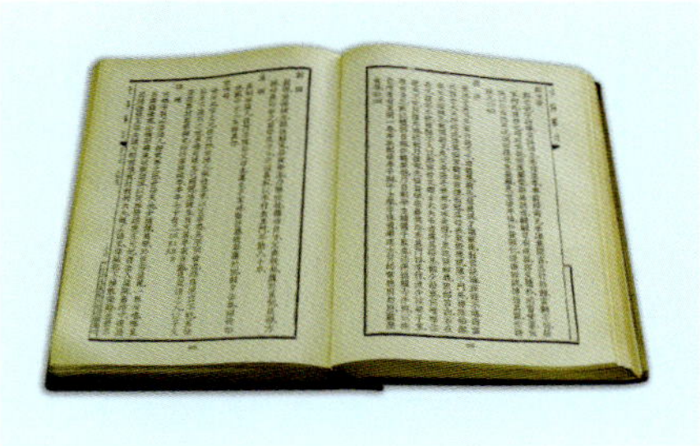
《嘉庆安阳县志》民国重印本("中国方志丛书"本)书影

馆、南京大学图书馆、上海图书馆等有藏。嘉庆二十四年贵泰、武穆淳在此志基础上补修县志，另附《安阳金石录》12卷，断限上起商代，下迄元至元十八年(1281)，记金石遗物160余件，有图有论。

《续安阳县志》[民国] 方策、王幼侨修，裴希度、董作宾纂。1933年刊本。16卷，首、末各1卷。卷首收录名胜古迹摄影。正文设有土壤、气候、物产等目，尤重实业、宗教等，对清末民初史实记述较全面。实业志记载近代工矿业、农业、商业的发展。财政志收录了清光

绪十三年(1887)河南善后支应局告示、1918年省长赵倜丁漕改折布告、李时灿河南58县减赋纪念碑、1928年改行顺庄法文件、河南财政厅修订各地方公款简章等。附刊《续金石录》《甲骨文》,其中甲骨文金石为原件影印本,特立殷墟文字著作书目一览表、殷墟古物发现年月考、殷墟出土古物表、殷墟沿革表、殷时邑东故大河图考、邑西五里小屯村摄影、殷商世系考、殷商世族今古文字对照表、腹甲外面左右部位图、腹甲里面七十二钻图、大甲四版影印图、大甲四版写真、四大龟版释义、甲骨文分类。国家图书馆、北京大学图书馆、北京师范大学图书馆等有藏。

Angang Zhi(1916~1985)

《鞍钢志(1916~1985)》 主编杨瑞光。人民出版社1991年出版上卷,1994年出版下卷。240万字。设专业、党群、基层单位、人物4志。配彩色、黑白图照近500幅。上起1916年,部分内容适当上溯;下至1985年。以生产建设为中心,反映中国第一个大型现代化钢铁联合企业——鞍钢的历史和现状。总述下设自然、社会环境,历史沿革,企业基本状况,地位、作用与贡献4章,重点记述1916~1945年日本帝国主义对鞍山钢铁资源的掠夺,1949年后公司发展过程中的重要历史事件,企业基本状况,鞍钢的地位,及在支援国防、航天等高科技、民用建设、全国新基地建设、对外援助、对外贸易等方面发挥的作用。附录收录株式会社昭和制钢所章程、苏联援建鞍钢议定书、毛泽东给鞍钢职工的两封信、毛泽东关于《鞍钢宪法》的批示等。①《鞍钢志·专业志》。设7篇70章。内容涵盖基本建设、生产技术、企业管理、科技、教育、卫生、福利等方面。基本建设工程章重点记述15项采矿、选矿、烧结工程,9座炼铁高炉、24座平炉、2座转炉、17座化工焦炉,新建第二轧钢系统工程等冶炼、轧钢工程,新建与改建机修总厂等辅助生产工程。技术改造工程章重点记述大孤山铁矿深部开采、第三炼钢厂改造、氧气厂改造等31项工程。专设章节记述1952~1985年鞍钢的国内外实习代培情况。②《鞍钢志·基层单位志》。分6类,共记述111个基层单位,包括20个矿山厂(矿、院)、12个冶炼厂、14个轧钢厂、7个动力厂、6个运输厂(段、公司)、5个机械厂、7个修建厂(区)、5个建设公司、5个科研院所、10个文教单位、10个医疗单位,及附属企业。③《鞍钢志·人物志》。记述孟泰、雷锋等22人的传略,领导干部、劳动模范、技术专家等158人的简介,及鞍山制铁所、昭和制钢所、满洲制铁会社、资源委员会鞍山钢铁公司主要负责人,鞍钢历届领导干部、模范先进人物、高级知识分子等3000余人的名录。

鞍钢恢复生产时工人踊跃献交器材

Anshanshi Zhi

《鞍山市志》 主编丁江、许文龙、陈国山、赵青远、王珉、姜涛、赵宝林、丁明、刘永琦、董逊、聂秀峰、陈正斌、王春贵。1989~2001年由沈阳出版社出版。19卷,1405.4万字。除附录卷外,各卷均有彩照,大部分有随文黑白照片,自然地理、交通邮电、城市规划等卷配有黑白线图。上起远古,下至1985年。设鞍钢卷体现鞍山“钢铁工业城市”特色,城乡建设、综合、人物等卷也从不同角度围绕这一特点记述;军事卷重点反映军事要地特点。农业、综合管理、城乡建设等5卷分别在全国和辽宁的地方志成果评奖活动中获奖。①《鞍山市志》鞍钢卷。设7篇52章239节。全面反映鞍钢发展成为全国第一个大型现代化钢铁联合企业的历程。记述5座大型铁矿山、11个采区、5个选矿厂、3个炼钢厂、14个轧钢厂、17座大型焦炉的生产、技术改造及企业管理的历史与现状。企业概况篇记述古代冶铁、日本帝国主义对该市钢铁资源的掠夺,详载1920~1932年与1935~1945年日本从鞍山掠夺的生铁、钢、钢材量。分三个时期记述1949年后企业发展情况,突出记述鞍钢“三大工程”建设等。设专篇记述科研体制,采选矿科研,冶金科研,机修、动力、运输、自动化科研和设计研究与技术引进。②《鞍山市志》城乡建设卷。设10篇36章131节。配黑白线图18幅。环境保护篇记述钢铁工业带来的污染情况,从20世纪50年代开始的治理“三废”,资源利用及水源,野生动植物保护,生态农业试点和自然保护区建设情况。园林绿化篇设专章记述千山风景区建设、管理与经营,记述二一九公园的功能分区与特色。1993年获全国新编地方志优秀成果奖一等奖。③《鞍山市志》综合卷。设5篇24章92节。配黑白线图70幅。自然环境篇记述该市地质构造、构造地震、1975年海城地震,及千山、东山风景区景点等。生物章人工植被节记述了有170余年历史的南果梨。水章记述汤岗子温泉等特色温泉9处。1993年获全国新编地方志优秀成果奖二等奖。④《鞍山市志》军事卷。设5篇24章111节。详载古代战场、战事,明代以后驻军,对近代战事,特别是辽海战役、鞍海战役等记载尤详。获辽宁省第五届社会科学省级优秀学术成果奖著作类三等奖、省地方志学会第三届优秀成果奖一等奖。⑤《鞍山市志》人物卷。设4篇。传略记述吕正操、阎宝航、张学良、孟泰、王崇伦等149人,

1949年“七九”鞍钢开工盛典

也记录了于冲汉等反面人物 11 人。人物简介记述 1633 人，包括反面人物 12 人。人物表收录 6449 人。

Ang'angxi Jiwuduan Zhi(1896~2000)

《昂昂溪机务段志(1896~2000)》 主编齐少泉，总纂陈春义。2002 年中国铁道出版社出版。72 万字。设建制、运输生产、企业管理、多元经济、党群工作、人物 6 篇，下设 35 章 116 节。志首配图照 160 幅。建制篇重点记述中东铁路齐齐哈尔机务段、伪满铁昂昂溪机务段(机关区)、齐齐哈尔铁路分局昂昂溪机务段的演变历史。昂昂溪机务段节和附录中记述了支援解放战争、抗美援朝事件。附录辑入"3005 次"秘密军火列车、黄继光号列车、英雄模范事迹纪实、孙士贵快速焚火法等史料，其中英雄模范事迹纪实记述全国劳动模范王吉魁在中华人民共和国成立初期的"铁牛"运动、"满超五"竞赛中的立功事迹等。

牵引"3005 次"军火列车的 1195 号机车

Aomen Jilüe

《澳门纪略》 印光任、张汝霖纂。约

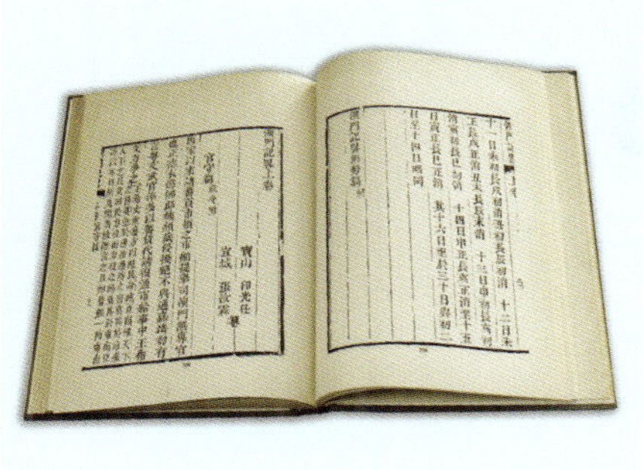

《澳门纪略》("中国方志丛书"本)书影

修于清乾隆十六年(1751)。分上、下卷。上卷分两篇，形势篇有图 11 幅，附潮汐、风候，主要记述山海险要、防御得失；官守篇附政令，主要记述澳门设立海防关守。下卷为澳蕃篇，有图 10 幅，附诸蕃，主要记述东南亚及西方各国形势、沿革、与中国通商及文化交流等，附中葡对照词语 400 余条。全志从政务、海防出发，介绍澳门地理形势、历史变迁、外贸事务、商品种类、海防设施，及租居澳门的西洋人的贸易、宗教、文化、风俗、技艺等，穿插地理、中葡居民服饰、西洋技艺等图画，重视对清朝各级政府与葡国及其他欧洲国家间交流的记述，对雪茄、鼻烟的引入和制作等也有详细记载。该志为第一部系统介绍澳门的方志。傅恒《皇清职贡图》、梁廷枏(楠)《粤海关志》、魏源《海国图志》等均参考或抄录此书。流传的刻本主要有乾隆年间西阪草堂刻本、乾隆年间《四库全书》本、清嘉庆五年(1800)江宁藩署刻本、清道光年间刻本、清光绪六年(1880)刻本。国家图书馆、武汉大学图书馆、广州大学图书馆、吉林大学图书馆等有藏。

Aomen xiuzhi

澳门修志 澳门地区于南宋绍兴二十二年(1152)划入香山县(广东中山县)管辖。香山县于明永乐、成化、嘉靖年间，清康熙、乾隆、道光、同治、光绪年间及民国时期修纂县志，共 9 部，保存完整的有 7 部，分别为嘉靖二十五年(1546)黄佐、杨维震等修纂的县志，康熙十二年(1673)至十五年申良翰、欧阳羽文修纂的县志，乾隆十五年(1750)暴煜、李卓揆等修纂的县志，道光六年(1826)祝淮、黄培芳等修纂的县志，光绪二十六年(1900)至 1923 年厉式金、汪炳文、张丕基等修纂的县志及续编，民国初佚名纂《香山县乡土志》。志中均对澳门有零散记载，内容涉及舆地、海防、职官、艺文等。其中康熙《香山县志》中首次收录了濠镜澳图(壕镜澳为澳门古称)，并在外志中设澳彝目记载澳门概况。道光《新修香山县志》于海防门附记澳门，志中共收录县境全图、恭常都图、壕镜澳全图、澳门东环图、澳门西环图、澳外戎属与各属交界图 6 幅有关澳门的地图。历史上第一部系统介绍澳门的志书是乾隆《澳门纪略》。光绪十三年葡萄牙强占澳门后，修志中断。1999 年，澳门主权移交中华人民共和国，地方志编修工作重被提上日程。2008 年 12 月 1 日，澳门特区政府启动《澳门地方志》编纂工程，由澳门理工学院历史研究所承担编纂任务，并成立澳门地方志工作小组，李向玉任组长，工作组起草了《关于编纂〈澳门地方志〉的可行性报告》，并拟定了《〈澳门地方志〉篇目》等文件。

B

八 巴 白 百 包 宝 保 北 本 毕 编 表 亳 博

Bajingzhen Zhi

《八景镇志》 主编熊冬根。2009年江西人民出版社出版。80万字。设34章177节。志首配彩色图照139幅，随文配黑白照片112幅、表格217个。上限不限；下限至2007年，大事记和照片延至2009年7月。重点记述1972年11月后区境内地情。工业是江西省高安市八景镇支柱产业，志书工业章记述工业沿革、工业管理，对形成规模的陶瓷工业、水泥和建材工业、食品工业、驻镇省属企业和大型企业单独设节。详细记述江西新华煤矿、八景煤矿、新瑞景陶瓷(集团)有限公司、赣珠水泥厂、高安红狮水泥有限公司等驻八景镇的大型企业。

高安八景镇街区

Bamin Tongzhi

《八闽通志》 陈道修，黄仲昭纂。明弘治三年(1490)刻本。87卷。分18类42目。福建因有八府而别称八闽。志书各类按省、府、州、县顺序叙述，记福州、建宁、泉州、漳州、汀州、延平、邵武、兴化8个府及福宁州，是福建省第一部分门别类、按行政区域全面系统记述八府一州历史的通志。黄仲昭自序称此

《八闽通志》(修订本)书影

次修志发动全省各府州县提供资料，其间地理、食货、秩官、学校、选举、坛壝、恤政、宫室、丘墓、古迹全部采用诸郡所采事迹。该志注重人文资料的记载，秩官、选举、人物占全书较大篇幅。许多已散佚的旧志如《闽中记》《三山续志》等因被此志征引而得以保存。地理类系统记述福建承宣布政使司、各府州县建置沿革，以及郡县名称由来。人物类除采用各府志人物资料外，还收集福州《乡贤传》、莆田《名公事述》等各地学者编纂的人物资料。为福建现存最早的省志。国家图书馆、湖南师范大学图书馆有藏。美国国会图书馆、日本内阁藏书寮藏弘治四年递修本，均有缺卷。福建省图书馆、福建省博物馆、厦门大学图书馆等藏抄本。福建省地方志编纂委员会以弘治三年刊本为底本进行校注，1990年由福建人民出版社出版，2006年出版修订本。

Bayi Maofangzhichang Zhi

《八一毛纺织厂志》 主编谢巧云，总纂王晓帆。1998年新疆人民出版社出版。65万字。设32章144节。有黑白、彩色图照70余幅。上起1958年八一毛纺织厂组建，下至1995年底。该志根据企业志的特征，突出“毛纺”

八一毛纺织厂细纱车间

这一主业，兼顾与之相关的党政工团和科教文卫等，做到“全”和“专”的有机统一。其中产品、技术改造、企业改革等内容设专章专节，以体现企业的行业特点、时代特点和军垦特点。2000年获兵团史志优秀成果奖二等奖。

Bayi Zhitangchang Zhi

《八一制糖厂志》 总编邵家骏。1994年新疆人民出版社出版。60万字。设11篇31章132节。配黑白、彩色照片47幅。后有图表索引。上起1956年，下至1988年。在基本建设篇中，设建厂、技术改造工程2章，记述建厂初期，全兵团十万转业官兵将全部转业费暂借给八一制糖厂的事迹，以及在东北老厂从技术上、人才上的支援下，形成技术骨干力量的历程。在车间篇和生产篇中，记述了糖厂生产建设以甜菜为原料、以制糖为主体，由小到大成为全国六大制糖厂之一的发展演变过程。在人物篇中，为因公牺牲者和有突出贡献的去世人物立传，将兵团级以上先进人物、师市级以上科技奖获得者、在厂有30年工龄职工、副厂长级以上干部的调离情况、历年去世职工均收录入志。1995年获兵团史志优秀成果奖二等奖。

八一制糖厂制糖车间

Balikun Hasake Zizhixian Zhi

《巴里坤哈萨克自治县志》 主编张建国。1993年新疆人民出版社出版。110万字。设22编99章351节。志首配新疆巴里坤哈萨克自治县政区图、镇西厅(巴里坤县)图、照片67幅。上起事物发端，下至1985年。畜牧业编记述牧区民族改革、合作化、牧业生产责任制、草场分布利用建设、牲畜品种及改良、巴里坤马的特性、清代马场、畜群结构及经济效益、牧放管理、牧业分区等

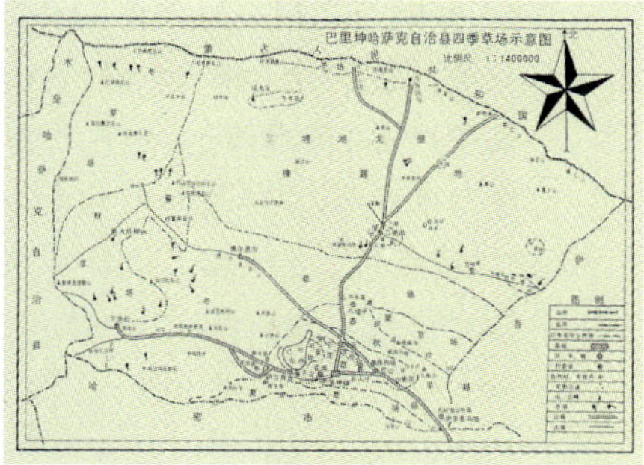

巴里坤哈萨克自治县四季草场示意图

内容;设表格 10 个,详记 1949~1985 年牲畜存栏头数、成年巴里坤马体尺数及其改良品种伊吾马的体重指数等。草场章附县域四季草场示意图,标明草场分布状况。农业编记述管理机构、生产关系变革和体制改革、植物保护、农业分区、屯垦、林业、加工业、养殖业、采集业,及工业、运输业等内容,设表格 25 个。屯垦章重点记述唐代、清代的屯田及中华人民共和国成立后的屯垦事业。军事编重点记述清代平定准噶尔叛乱、回民义军反清斗争、镇西兵变等重大事件;详记兵城、屯堡、烽燧、卡伦、军台、关隘等防务设施。民族编重点记述哈萨克族的迁入、东迁、部落、宗教信仰、文字、风俗习惯等,汉族和其他民族的宗教信仰、风俗习惯等;列举巴里坤哈萨克族的谚语和方言。设专编记述良风美德,记述民族团结、军民一家、助人为乐、移风易俗等典型事件。人物编立传 23 人,列表记录烈士、模范人物、1965 年前巴里坤县赴苏联留学生。附录重点收录该县 1986~1991 年简况,以及古诗文、轶事、传说、重大事故、地方文献。1993 年获全国新编地方志优秀成果奖二等奖。

Bama Yaozu Zizhixian Zhi

《巴马瑶族自治县志》 主编黄大权。2003 年广西人民出版社出版。130 万字。设 33 编 137 章。志首有县行政区划图及照片 68 幅。上限不限,下限至 1990 年,个别情况适当延伸。突出巴马为“老、少、边、山、穷、库(区)”县及长寿之乡的特点。民族编记瑶族、壮族、汉族、毛南族的来源、姓氏、语言、风俗、文化、崇拜,民族区域自治及民族关系等。设长寿之乡编,记述国内外机构对县内长寿现象的考察、研究情况,百岁以上老人的数量、分布、年龄、性别、民族构成,从环境、饮食、起居、婚姻、尊老风尚等方面反映长寿因素,记述 6 位寿星生平,列 1990 年 100 岁以上寿星简况表收录 66 人。革命斗争纪略编重点记述同盟会、盘阳暴动等革命运动,中国共产党在县境内建设根据地及开展武装斗争,设章节记述邓小平在县境内的活动情况及右江革命根据地中心——西山。人物编烈士传收录土地革命战争时期营(区)级以上和抗日战争、解放战争时期副团级以上 11 人,革命烈士英名录收录烈士 884 人,其中第二次国内革命战争时期 718 人。扶贫编详记 1981~1995 年扶贫工作,包括扶贫方式、扶贫项目、扶贫资金等。移民安置编记载山区、库区移民安置。自然环境编自然资源章设小节记述百魔洞、百鸟岩、陷谷石林等旅游资源。志中还记载巴马香猪、珍珠黄玉米、火麻、黑豆、猫豆等地方特产。2005 年获广西地方志优秀成果奖一等奖。

《巴马瑶族自治县志》书影

Batang Yanjing Xiangtuzhi

《巴塘盐井乡土志》 段鹏瑞纂。清宣统元年(1909)成书,三年刻本。又名《巴塘井乡土地理志》。2 卷,分上下两编。正文分约 40 项。水道详记澜沧江于盐井地段冬令、夏秋水宽及过渡用具;岁时详记西藏历与传统阴历的异同;地亩详记水旱地总数,布籽、纳粮、租粮数;盐田详记盐田卤池和井数,常年产盐数等;学堂详记开设藏文学堂、学务局时间;圆法详记藏圆饰纹、重量、流通状况;量衡详记藏俗出入粮食用的克、批、官斗,克、批换算情况;神会详记举行神会的日期、内容、做法。流传版本有宣统三年刻本、1979 年中央民族学院图书馆校订油印本。

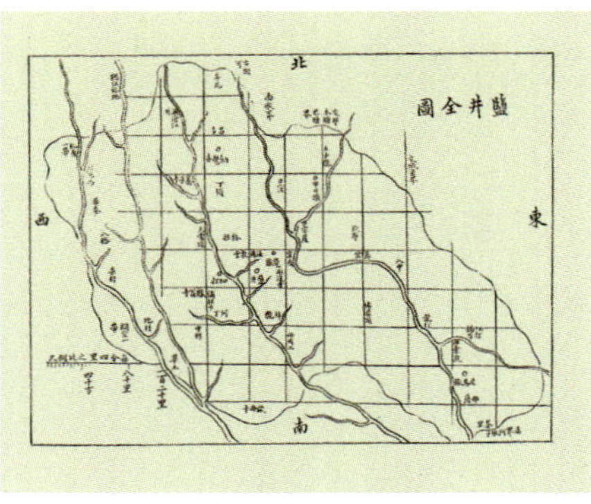

盐井全图(《巴塘盐井乡土志》)

Baxian Zhi[Minguo]

《巴县志》[民国] 朱之洪等修,向楚等纂。1939 年刊本。24 册。分 23 卷,附文征 4 卷。75 万字。地图 8 幅。卷为大目,下设小目。分类设置,因时制宜,因地制宜,设农桑、工业、商业、交通、军警、交涉、自治、市政、蜀军革命始末等目,其中事纪、蜀军革命始末、礼俗、绪录等为向楚亲撰,蜀军革命始末目在全四川民国县志中为首创。记述上对旧志的疆域、建置、古迹、赋役、礼俗、职官、学校、选举、官师、金石等方面进行了充实、完善,增记新事物,如职官目中增加民国都督等子目,在人物目中主张“其能立名兴事,持身制行,工作力田,垂誉于后”者都应列传。各类引述扼要充实,如交涉目记载了重庆自开埠后与外国交涉有关的重要文献,发生在重庆的教案、通商案、开埠案、王家沱日本租界案、打枪坝惨案等事件的始末;事纪目记述了上自三代、下及民国数千年的旧事佚闻,详记 1912~1936 年发生在重庆的重大政治事件。序言和各篇前

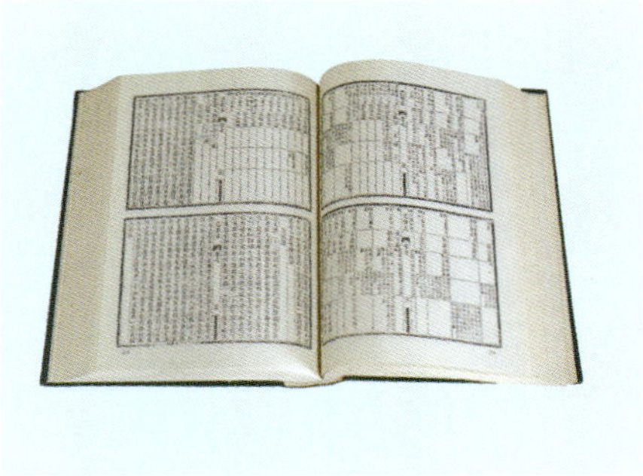

民国《巴县志》(“中国地方志集成”本)书影

的概述阐述编纂指导思想,表达政治倾向,寓褒贬于记述事实之中。稿本存重庆图书馆。国家图书馆、重庆图书馆等藏1939年刻本、1943年重印本。

Baichengdiqu Zhi

B

《白城地区志》 主编汪田。1992年吉林文史出版社出版。192万字。设24篇140章475节。志首配图片85幅。上起1954年白城子专区建立,部分事物溯至发端;下至1985年。自然环境、军事、农业、人物等篇章较具地方特色,突出白城资源丰富及作为革命根据地、商品粮基地的特点。自然环境篇设自然资源章,重点记述白城作为全国天然羊草草场分布的中心、全国五大重点芦苇产区、吉林省石油产区,其草场、芦苇的面积、类型,石油的分布、产量等,并附1981年白城地区各级草场面积及载畜量表、1985年白城地区珍稀野生经济植物表等。军事篇设兵事要略章,记述白团起义、义勇军抗日、东北民众自卫军抗日等重要战役。农业篇设农作物章,重点记述水稻、小麦、玉米,及油料、糖料等作物的面积、产量等。人物篇记

科尔沁草原

述抗日爱国将领萧振瀛和万福麟、解放战争中舍身炸碉堡的特等功臣梁士英等。1993年获全国新编地方志优秀成果奖一等奖。

Baishansi Zhi[Daoguang]

《白山司志》[道光] 王言纪修,朱锦纂。清道光十年(1830)刻本。白山司即白山土巡检司,明嘉靖七年(1528)置,辖域马山县境内,治所位于白山镇。该志为广西第一部土司司所志。18卷,首1卷。约12万字。设18目。卷首有图8幅。记事自北宋皇祐四年(1052)起,至

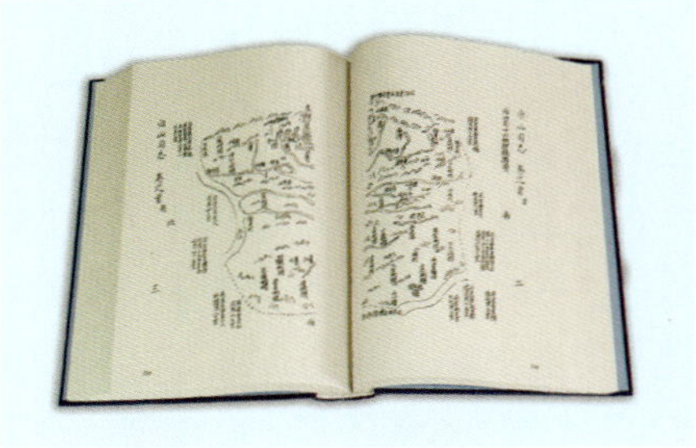

道光《白山司志》("中国地方志集成"本)书影

道光七年(一说至道光八年)。详记境内地名,所载村名多用壮语。以疆域、水利目所录地名最为翔实。世系目完整介绍土司王氏36世世系。田赋目记载土司经济,附记土司户口,补历代通志、府志所载缺略。所引《大渡河土千户所志》《天全六番招讨使司志》均是失传的明代志书。风俗目记述民族风情,涉及冠婚、丧祭、服饰、饮食、居处、习尚、节令诸方面,如土人"晓起即嚼槟榔""客至以槟榔为敬""纳采尚槟榔",行聘"以槟榔为贵重";婚礼时"围坐饮酒、唱土歌,达旦乃散";吊丧时"群聚击鼓,鼓声阴阴,歌声幽咽";"年节、元旦以春臼覆地,用木杵交击成声以为乐";瑶人"岁时祭祀,男女跳跃、歌唱相悦为婚";"节祀盘瓠,男左女右,祭毕,合乐跳跃击鼓";"男女成列,联袂相舞";"棺葬无坟,惟种树埋石为暗记"等。附记气候,载有以草药、丹砂、针灸等治疗冷热瘴病的土方。附记方言,载有当地壮语的读音及日常词汇。该志为广西土司司所志善本、全国较完整的土司志代表作。湖南图书馆有藏。广西壮族自治区图书馆、广西壮族自治区桂林图书馆、广西方志馆等藏抄本。

Baiseshi Zhi

《百色市志》 主编梁名就。1993年广西人民出版社出版。136万字。设29篇107章426节。配图片21幅。上起清代末期,适当上溯;下至1988年,个别资料下延至1990年。记述范围是县级百色市。民族、风情、宗教、帮会篇主要记载壮、汉、瑶、回4个民族,白话、西南官话、平话3种汉族方言,壮族、瑶族的民族语言,记载20世纪80年代后,农村壮、汉、瑶族的住房由传统干栏式逐渐转变为砖瓦结构和钢筋水泥平顶房,人畜逐步分居,居住山区的壮、汉、瑶族由原来的以玉米为主食向多食大米转变等情况。注重反映中国共产党领导的革命斗争。党派篇中国共产党百色市地方组织章组织建设节中记载了百色起义、工农红军第七军诞生及1930年4月成立的中共百色县临时委员会。政权、政协篇人民政府章中记载了1929年12月11日成立的广西百色县临时苏维埃政府。军事篇兵事章也有对百色起义、红七军作战的记载。人物篇革命烈士传略中记载参加百色起义的革命烈士6人,名人传略中记载与邓小平一起领导百色起义的张云逸、李

中国工农红军第七军军部旧址粤东会馆

明瑞、陈豪人、韦拔群、雷经天等。志中设有反映得失的篇目。干旱是百色市最严重的自然灾害,水利篇工程建设章设效益与失误节,记载1949年后建设大量水利工程的实际效益,并指出由于脱离实际、设计不全、经营管理不善等原因造成部分工程质量差、工程失效等问题。

Baotou Lüchang Zhi

《包头铝厂志》 主编石应蕙、白征夫、陶端庄。1988年内蒙古人民出版社出版。约38万字。设10篇53章。志首配图片33幅,各篇章前配图片140余幅,正文后附反映该厂与法国、意大利、美国、德国、日本等国技术交

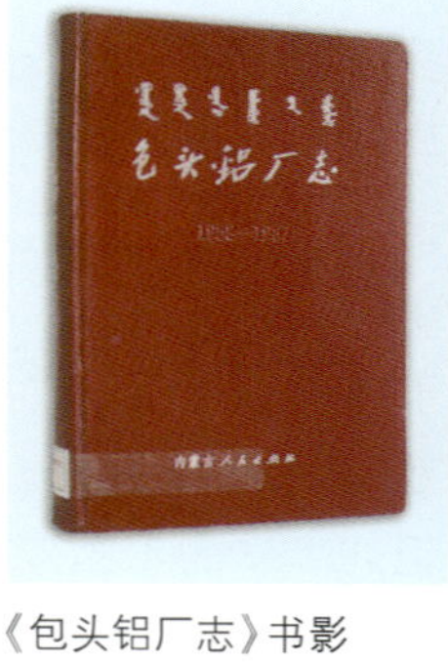

《包头铝厂志》书影

流与考察情况的图片8幅。上起1958年包头铝厂建厂，下至1987年。记述包头铝厂的机构沿革、基本建设、企业管理、生产发展与技术革新等情况，突出包头铝厂作为全国重点铝厂之一的特点。第七篇教育事业、第八篇医疗卫生与行政福利中详细记载工厂的教育机构、职工教育、幼儿园、子弟学校、技工学校等方面的情况，工厂职工医院的建制沿革、人员结构、所设科室及主要技术成果等方面的情况，充分展示了国有企业改革前的企业特色。

Baoanxian Zhi

《宝安县志》 主编黄伟祥、马松林。1997年广东人民出版社出版。135万字。设6篇38章。配图片61幅、表格246个。上起1911年，部分追溯事物发端；下至1986年，部分延至1992年。着重记载广东省宝安县在中华人民共和国成立后，特别是1978年中共十一届三中全会后的史实。因1980~1981年底无宝安县建制，相关篇

宝安向香港供水

章无这两年的内容。经济综述章设改革开放后的经济发展节，工业章设外引内联节，人口章设外来暂住人口节，劳动工资章设劳动用工管理节，反映了宝安利用毗邻港、澳、深圳经济特区的地理优势和条件，实行改革开放十多年发生的巨大变化。华侨和港澳同胞章记述县华侨史及1949年后侨务工作的特点和成绩。志中还专门记述了宝安向香港地区供水的情况。渔业节分3个历史阶段着重记载宝安养蚝业历史。经济综述、农牧渔盐业等章记述宝安创汇型农业，工业章等记述乡镇工业的发展历程。

Baodixian zhi(jiuzhi)

宝坻县志（旧志） 宝坻县（天津宝坻区）修志始于明代。第一部县志为明正统年间高德所修，仅成稿本。最早刊本为明弘治十四年(1501)庄襗所撰县志。明嘉靖年间武德智、胡与之、唐炼先后3次纂修，胡志仅成稿本。明代所修5部县志，均佚。清康熙、雍正、乾隆年间修成3部县志，其中雍正十年(1732)任泽荣等纂修的县志仅成稿本，已佚。康熙、乾隆二志校点本收入《天津区县旧志点校》，2008年，由天津社会科学院出版社出版。

《宝坻县志》[康熙] 牛一象、杜立德修，苑育蕃、张嘉生纂。康熙十二年(1673)刻本。8卷。舆图志山川目详列境内河渠、淀、沽、堤埝等源流、位置和历代治理情况。建置志古迹目对梁城、军梁城及古海运故道——粮河进行考证。赋役志记清顺治、康熙年间民丁数额、户口增减、圈地情形、剥船之役、盐课赋税等，对剥船、盐课记载尤详，并缀以长篇按语。艺文志汇集《明英宗谕祭右副都御史芮钊文》、刘晞颜《宝坻县记》、王鏊《宝坻新城记》、吴俨《新修宝坻城记》、杜立德《坻邑工部地修隄记》、苑时葵《悯潦赋》、牛鲁之《水涝》《筑堤行》等文献。该志为存世最早的宝坻县志。天津图书馆、北京大学图书馆有藏。国家图书馆藏卷7~8。

《宝坻县志》[乾隆] 洪肇楙纂修。乾隆十年(1745)刻本。18卷。分职方、形胜、建置、祀典、赋役、乡间、风物、职官、选举、封表、人物、列女、拾遗、别录、集说、艺文16门，下分60余目。山川、城池、河堤、宸章、奏议、纪载、杂著等目，详细记载宝坻五河、九淀、七十二沽的源流和雍正四年、八年、九年修筑湖河旧堤，开挖疏浚窝头、鲍丘、青龙湾河道等水利工程情况。户口、田壤、盐课、营田、蚕桑、剥船、里役、圈给等目保存了清初经济史料。户口记清顺治元年(1644)至乾隆六年人口增减情况，特别是康熙五年至乾隆六年16次人口编审时宝坻县人口数目；田壤记载

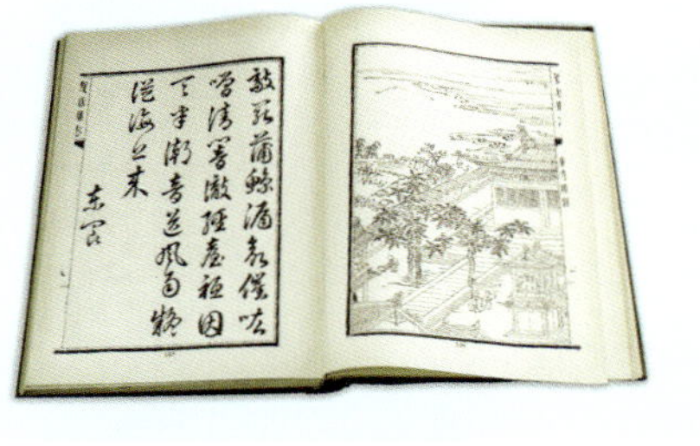

乾隆《宝坻县志》民国石印本（"中国方志丛书"本）书影

顺治二年至四年圈地数字和顺治三年至七年投充带地的数字。艺文门中宸章、奏议、纪载、杂著等目也有反映圈地的资料。别录、剩语中记载明正德年间刘六、刘七、齐彦名起义的史料，关于薛凤鸣的内容与《明史·献征录·分省人物考》记载不同。人物、艺文各占2卷，搜罗大量历代宝坻地方及人物传记资料。对前代志书进行补阙、订讹等考证。国家图书馆、天津图书馆等有藏。福州师范大学图书馆藏光绪年间抄本。另有1917年查美咸石印本。

Baofengxian zhi(jiuzhi)

宝丰县志（旧志） 宝丰县志自明成化年间创修，明代弘治十八年(1505)、嘉靖四十一年(1562)、万历十六年(1588)三修县志。明《内阁藏书目录》《千顷堂书目》著录的明代所修4种县志均佚。清代顺治、康熙、乾隆、嘉庆、道光年间均修县志，顺治志佚，存王之晋序；康熙志佚，存李秀发序；乾隆志、嘉庆志质量较高。民国时期所修县志已不存。①《宝丰县志》[乾隆]。马格修，李弘志纂。乾隆八年(1743)刻本。5卷。分8门，领75目。注重对自然地理、古迹等的考证，如记山，多记载有关历史事件及名称沿

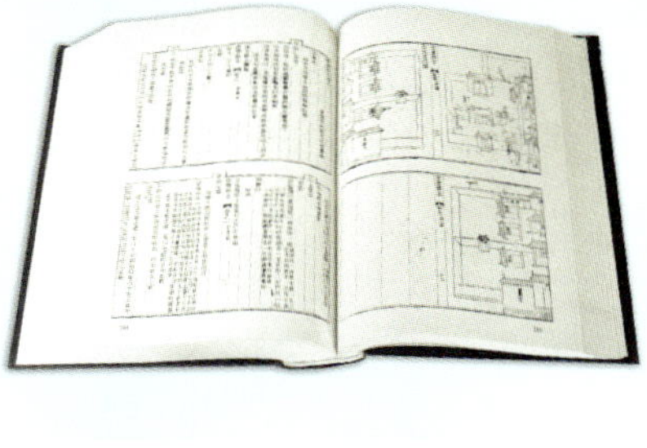

道光《宝丰县志》（"中国地方志集成"本）书影

革;记水,细述水道在县境流经之地。关注社会民生,保甲目以保为单位,记载保、村、甲三级的设置数额及所辖民户数,详记村落、集镇、营卫及营卫屯田与民田的矛盾;物产目着重记特产,记煤尤其详细。艺文志记载著述文献,均注明作者、年代、出处;诗则先有总目,便于查阅。国家图书馆、南京图书馆、山东省图书馆等有藏。上海图书馆藏抄本。②《宝丰县志》[嘉庆]。陆蓉修,武亿纂。嘉庆二年(1797)刻本。24卷。分19目。体例沿用史体,图、表、志、传、记体并用。金石志6卷,搜采范围自周代迄明末。兵防志对隋唐府兵、金巡捕、元土兵、明屯兵,均详记。赋税目中有当税一项,为河南方志中有关当铺的罕见记载。志中删减对县重要物产煤的记载。大事记叙述自明正德十六年(1521)至明崇祯十七年(1644),均为旧资料。国家图书馆、上海图书馆有藏。

Baogang Zhi

《宝钢志》 "上海市专志系列丛刊"之一。主编朱尔沛。1995年上海古籍出版社出版。85万字。设8篇53章201节,附录16篇。卷首有题词3幅、照片287幅,及历年钢铁产量增长图、宝钢总厂平面图等图11幅。上起1977年;下

宝钢夜景

至1992年,大事记和部分重大事项延至1993年。反映了宝钢从20世纪70年代后期开始兴建,发展成为全国大型现代化钢铁企业的16年发展历程。工程建设篇引进合同签约和管理章中用2万字的篇幅,记述了引进工作的丰硕成果,及引进工作在宝钢建设中的重要地位。生产、技术篇设7章,在主体工艺装备章中记述了炼铁、炼钢、连铸、初轧、轧管、热轧、冷轧、化工等工艺;在科技工作章优化操作(先进操作法)节中记述了热轧厂轧钢分厂卷取班班长刘利创造的"刘利卷形控制法"、马育智"马氏点检法"、石小萍"集成芯片无损更换法"等19种先进操作法,在专利和技术秘密节中记载了高炉除尘风机粘贴陶瓷片技术、计算机房静电防治技术、水下钢管桩结构干式维护工作舱及操作船等分获1992年北京第八届国际发明展览会金奖、银奖和铜奖的事迹。文件、文献篇由宝钢工程建设重要文件选编,关于宝钢工程建设、生产贺电选登,宝钢重大活动报道选辑,宝钢工程建设、生产重要文章选编四部分组成,对研究宝钢几起几落、曲折艰难的发展过程极具价值,并对前文有佐证功能。获1995~1996年度市哲学社会科学优秀成果奖著作类三等奖,1998年市新编地方志优秀成果奖一等奖。

Baoqingfu zhi

宝庆府志 宝庆府(治所位于湖南邵阳市)修志始于明代,隆庆志为存世最早的一部,另有永乐、正德、嘉靖三志,均已失传。清代有康熙十二年(1673)志、二十三年志,乾隆志,道光志。①《宝庆府志》[隆庆]。陆柬纂修。隆庆元年(1567)刻本。5卷。分5门28目。图考载府、州、县图8幅,标注广袤四至,图后分述建置分合及编户、厢里名称。地理考中建置目详记府学。人事考集风俗、版籍、祀典、官师、武备、选举、孝义、贞节于一门,篇幅约占全书一半。官师、武备二目记载文武官员一千余人。杂考对柳宗元贬永州、宝庆八景得名缘由、楚白善之筑城地址等均有考证,纠前籍之误。未设艺文,有关诗文分附于各类目之后,山川、城池二目所载尤多。日本东京图书馆有藏。天一阁藏残本。湖南图书馆藏抄本。②《宝庆府志》[康熙]。梁碧海修,刘应祁等纂。康熙二十三年刻本。38卷,首1卷。按班固《汉书》体,列纪、表、志、传。分设19门181目。建置门中记载了府名来历、府治邵阳(白公古城)修建史。学校门详记文庙佾乐器、乐曲、乐律、乐舞,并配图。人物传分22类,收录诸葛亮、关羽、柳宗元、岳飞、文天祥等千人。艺文志分城池楼阁、山水、学校等类目,载诗文近千篇。国家图书馆(缺卷27~28)、湖南图书馆(缺卷1~6,卷17~18,卷22~23)有藏。③《宝庆府志》[道光]。黄宅中、张镇南修,邓显鹤、邹汉勋纂。道光二十九年(1849)刻本。143卷,首2卷,末3卷。200万字。分纪、表、图、记、书、略、录、传8纲,设36目。有图300余幅。志书集材广,记述

道光《宝庆府志》("中国方志丛书"本)书影

详,如记选举,尽列考官、题目、及第学子姓名、位次。注意突出地方特点,如使岷、残明二录对明代武冈岷藩及南明小朝廷事迹的记载,大政记对新宁瑶民运动、武冈阻米出境斗争的记载,为其他文献所缺录。偏重对人物、舆地的记述,详列历代先贤耆旧约2000人。国家图书馆等有藏。另有1934年新新印书馆铅印本。

Baodingcun Zhi

《保定村志》 主编朱保和。1999年内部出版。22万字。设12章39节79目。志首配有海南省万宁市保定村地图、彩照57幅、中国画3幅、油画1幅。上限尽量追溯事物发端;下限至1996年,个别事项适当延伸。建置区划与村民章反映保定村历史悠久、村中建设变化巨大的特

《保定村志》书影

点。自然条件、农业、渔牧林业等章重点记述保定村优越的地理区位为农业、渔牧林业发展创造了条件。工副业章中传统副业节记述20世纪50年代后村中已有的以砖瓦烧制、补锅为主的副业，以及1929年出现的现代工业萌芽；采钛节记述保定村的钛铁砂矿，作为万宁市储藏量最大的滨海砂矿矿床，具有质量好、品位高、易于开采筛选的特点。交通通讯商贸章商贸节记述有乡村特色、历史悠久的墟集和铺仔。村建、文教卫生宗教等章重点记述保定村公建、学校、教育、文化，以及特别成立的“朱氏教育基金会”，其中文化节记述保定村历代文人创作的诗文、书画摄影、民间文学、摩崖石刻等。海外台港同乡、人物等章记述保定村“侨乡”的特点及历代名人。附录除收集保定村历代名人作的诗、联、文、书选辑外，还设《捐助编纂〈保定村志〉芳名录》。

Beichenqu Zhi

《北辰区志》 主编宋联洪。2000年天津古籍出版社出版。220万字。设32编174章592节。志首配图照129幅。上起事物发端；下至1997年，概述、大事记、漕运与北仓廒、外向经济延至1999年。北辰菁华编分3章记述全国、全市、全区之最197项，包括津门古镇宜兴埠、漕粮储运重地北仓、津门清真水郙天穆3个历史文化名镇、村，以科举著名的赵氏家族，游泳健将穆氏家族，文武兼备的温氏家族，第一个国际泳赛冠军穆成宽，全市最早的清真寺天穆北寺，等等。漕运与北仓廒编分述漕运与北仓廒的历史，并设漕运人文章辑录

津门故里古文化街

《金史》《元史》《清实录》《畿辅通志》中有关北辰漕运的资料，汇编历代有关诗歌、故事，并对“北运河纤夫号子”进行记谱整理。设登高英雄杨连弟编，记述中国人民志愿军战斗英雄杨连弟从参加革命到在朝鲜牺牲的经过，故乡人民对英雄的缅怀和纪念。2002年获天津市优秀志书(类)奖一等奖。

Beichuanxian Zhi

《北川县志》 总编陈无邪、郑北斗、李安发、赵兴武，总纂谢兴鹏、赵兴武。1996年方志出版社出版。100万字。设32篇118章387节671目。配清雍正三年(1725)石泉县政区示意图、清乾隆版《石泉县志》番寨图、北川县地图、红军在北川形势略图、照片35幅、表183个。上起1911年辛亥革命，下至1987年。大事记条目言简意赅，其中大事记(二)选取22个专题集中记述。农业、林业、少数民族、革命老根据地、人物等篇的记述反映了少数民族聚居

清乾隆版《石泉县志》番寨图

地、传统农业县、革命老区的特色。农业篇突出农业技术、良种推广的情况及粮食生产情况。多种经营篇详记茶叶、蚕桑、药材、土特产的生产历史及现状，统计数据准确。少数民族篇设章记述历代王朝对羌、藏族的统治，对唐宋以后的民族政策、方略、土司制度、改土归流、改习汉俗等方面记述详细，尤以有关汉文化对少数民族文化风俗的影响过程及效果的记载极富地方特色和研究价值。人物篇记县籍人物19人，包括乡间义士陈绍虞、农民女寿星唐述华及地方名医彭华信、王硕夫等；设烈士英名录收录红军烈士1097人、抗日战争时期烈士2人、解放战争时期烈士2人、抗美援朝烈士13人、社会主义革命和社会主义建设时期烈士44人。附录收入李绍明的《北川县小坝元代石刻题记考略》、李学勤的《禹生石纽说的历史背景》。1997年获全国地方志奖一等奖。曾获四川省第七次地方志优秀成果奖一等奖。

Beidaihe Zhi

《北戴河志》 主编吴松生、印宝富。1994年天津人民出版社出版。80万字。设20篇90章244节。配照片90幅，其中彩照48幅。上起清光绪二十四年(1898)；下至1987年，志补对政务、国民经济及社会发展状况的记载延至1992年末。志名不从行政区名，以突出北戴河的旅游与休疗养业。北戴河自20世纪50年代初就是中共中央和国家领导人暑期办公和休息地，该志设“夏都”纪事篇，分3章分别记述重要会议、公务活动、领袖轶事。将旅游、避暑与休疗养从第三产业篇和文化·卫生·体育篇中析出做升格处理，各为一篇。将第一产业、第二产业、第三产业设为篇名，在政府主要政务章中特辟暑期工作节，在公安章中设暑期警卫节，在文化章中设暑期文化生活节，在人口篇设流动人口节，在公用设施中首写海水浴场，在房屋建设中先写避暑与休疗用房等，对地方特色予以着重反映。在反映旅游时，兼记与本区域景点密切相关的域外景点。在社会风尚章中设习俗变化节，专记节日、婚嫁、丧葬等习俗变化。注重对附录内容的选取，旧志简述简介1925年出版的

北戴河百年老别墅

《北戴河海滨志略》;考古记述秦始皇行宫遗址的发现、北戴河考略、对碣石的考证情况。1996年获河北省地方志优秀成果奖一等奖,2001年获省首届修志成果奖特等奖。

B

Beihaishi Zhi

《北海市志》 主编帅立国、岑鸿平、金仁寿、刘君,总纂黄福祺。2002年广西人民出版社出版。2册,289万字。设31篇142章569节。配北海古地图、市潮汐滩涂等图15幅,照片约110幅。有索引3个,另有60多个机构简介(配图)。上起事物发端,下至1990年。注重反映滨海城市特点。专设海篇,分海域章、沿海水文潮汐章。海域章详记廉州湾、铁山港湾,北海港、南湾港、大风江港等8个港口,涠洲岛、斜阳岛等11座岛屿。港口篇港口变迁章详记廉州港、乾体港、大观港等7个古代港口及现代港口北海港;主要港区章记述北海港区、铁山港区等5个主要港区的位置、航道、码头等。旅游篇设专节记述北海银滩、涠洲岛、斜阳岛、红树林等自然景观。渔业篇水产养殖章重点记载1949年后兴起的海水养殖;捕捞章记渔船、渔具渔法、渔场鱼讯、捕捞效益与资源保护。突出对外贸易与海关。对外经济贸易篇主要记载清光绪二年(1876)北海被辟为对外通商口岸后进出口贸易及20世纪80年代以后对外经济合作。海关篇记载从1949年前合浦关、廉州口海关、北海常关、北海关到1949年后北海海关的机构变化及海关业务,反映了光绪三年至1942年66年间,北海关长期由外国控制,推行维护帝国主义列强在华利益的殖民主义的规章制度。侨务章记载了1978年3月越南当局排华,被驱赶的大批难侨、难民从海上、陆地进入北海,1979年开始设镇安置归国难侨、难民,并兴建设施,至1990年,侨港镇已发展为北海市一个卫星镇的历史。海关篇及外事章、宗教章对清晚期至民国一些国家在北海设领事馆、外国商人进入北海开辟商贸市场、外国宗教传入北海的历史有所反映。科技文化篇文物节记载文保单位20个,其中有英、法、德等国领事馆旧址、北海海关大楼旧址、涠洲天主堂、德国森宝洋行楼等建筑。2002年获广西地方志优秀成果奖二等奖。

涠洲岛

Beijing Daxue Tushuguan

北京大学图书馆 位于北京市海淀区颐和园路。建立于清光绪二十四年(1898),最初为京师大学堂藏书楼。辛亥革命后,改名为北京大学图书馆。1996~1998年建新馆。新、旧馆建筑面积5.1万平方米。馆藏古籍150万册,其中地方志书有6700余种。旧志存古籍部,主要来自原北京大学和燕京大学旧藏,以燕京大学旧藏居多。馆藏旧志中有善本方志861种,其中珍本200余种、孤本67种。包括通志、府志、州志、厅志、县志、乡土志、里镇志、卫志等。按区域统计馆藏善本方志,河北、山西分别为110种、103种;其他数量较多的有河南97种、山东90种、陕西80种、浙江75种、江苏56种;数量在50种以下的有云南28种,江西25种,湖北21种,福建、广东各20种,甘肃19种,四川17种,安徽14种,北京、湖南各13种,新疆9种,上海、贵州各8种,广西7种,天津、辽宁、西藏各5种,内蒙古4种,吉林、宁夏各3种,青海2种,黑龙江1种。馆藏孤本包括稿本、抄本和刻本,抄本有南宋绍熙《云间志》;刻本有元至正《无锡县志》、明万历四十六年(1618)《铅书》、明天启四年(1624)《云间志略》、天启五年《文水县志》。馆藏新编方志3000余种,存流通阅览部。

Beijing Hutong Zhi

《北京胡同志》 主编段柄仁。2007年北京出版社出版。2册,约190万字。设6篇26章102节。上起建置之始和事物发端,下至2004年底。志首有元至正年间元大都城、明万历至崇祯年间明北京城、清乾隆十五年(1750)清北京城、1949年北平旧城、1990年北京旧城、2003年北京旧城等各个时期的街巷胡同图,以及1949~2003年北京旧城胡同变迁图,东城区、西城区、崇文区、宣武区的北京历史文化保护区内外胡同分布图等。该志为北京历史上记载胡同街巷最为详细的地方志书,全面记录了以老城区为主,全市18个区、县的

《北京胡同志》书影

3000多条胡同的详情,各区、县分别为章,记区、县胡同以各街道办事处所属胡同或镇所属胡同为节。收录胡同包括留存胡同及历史上存在但已拆除的胡同,不收录乡、村胡同。每条胡同以条目体形式记述其起源和发展、构建特征、历史变迁,以及胡同内居住过的名人、发生过的历史事件等历史文化、民俗文化,并配以彩色图片近4000张。

Beijing Shifan Daxue Tushuguan

北京师范大学图书馆 位于北京市海淀区新街口外大街。前身为清光绪二十八年(1902)成立的京师大学堂师范馆图书室。1917年建立北京高等师范学校图书馆。1931年北平大学女子师范学院图书馆并入,1952年私立辅仁大学图书馆并入。2011年建成新馆,建

筑面积3.7万平方米。馆藏线装方志3000余种，保存于古籍书库。地域涉及除香港外的33个省级行政区，以河北、山东、江苏、浙江、四川、河南6个省居多。1959年编成《北京师范大学图书馆地方志目录》《北京师范大学图书馆复本地方志目录》。2007~2009年影印方志61种，编成“北京师范大学图书馆藏稀见方志丛刊”及续编。①北师大图书馆藏善本方志。藏180余种。有宋嘉泰《吴兴志》，元至元《齐乘》，明正德年间的《朝邑县志》《嘉善县志》《姑苏志》，明嘉靖年间的《宁波府志》《山西通志》《秦安志》《河州志》，明万历年间的《朔方新志》《华阴县志》《续朝邑县志》《绍兴府志》《东昌府志》《昆山县志》《遂安县志》《皇明常熟文献志》，明天启《潞城县志》，清代的顺治《阌乡县志》、康熙《浙江通志》、雍正《陕西通志》、乾隆《甘肃通志》、嘉庆《热河志略》、道光《冠县志》、咸丰《崇义县续志》、同治《菱湖志》、光绪《光福志》、宣统《蒙阴县志》等，民国时期的《重修南川县志》《兴化县小通志》《集宁县志》等。②北师大图书馆藏稀见方志。多为明、清两代抄、刻本，少数几种为民国时期的油印、石印或铅印本。其中独家收藏的有清代的康熙《碾伯所志》、嘉庆《蛤仔难纪略》、嘉庆《巫山县志》、道光《玉门县志》、咸丰《崇义县续志》、光绪《武清县志》、光绪《重修公安县志》、光绪《邯郸县志》稿本、清末《无锡斗门小志》，民国时期的《古北口志》《杏花村续志》《叶县乡土志》《热河地方志》《松滋县志》《卢龙县志采访稿》等。乾隆《湖口县志》有3家收藏，其中台湾、故宫博物院图书馆只存残本，该馆所藏为全本。另有《中国地方志联合目录》未著录的乾隆《崇义县志》、乾隆《渔闲小志》，也为稀世孤本。

Beijingshi Chongwenqu Zhi

《北京市崇文区志》 主编潘非、宋演武。2004年北京出版社出版。120万字。设27编136章。附照片104幅、

崇文区袁崇焕墓

地图2幅、表格174个。上起事物发端，下至1993年底。最具特色的是工业、文化、商业等编。工业编专设工艺美术行业章，集中记述玉器、景泰蓝、牙雕、料器、木雕等工美行业。文化编文物章记述天坛、正阳门箭楼、法华寺、阳平会馆戏楼等3处全国重点文物保护单位、8处市级文物保护单位、10处区级文物保护单位。商业编记述前门大街、花市大街、广渠门商业群、红桥市场等20处商业街(群)、9处集贸市场、10类历史商业街。税务章记述了崇文门税关。专记记述曹雪芹旧居遗址、金台书院、侵华日军1855部队等。书后附1994~2000年崇文区国民经济和社会发展概况。

Beijingshi Fangzhiguan

北京市方志馆 位于北京市朝阳区东三环南路。2011年竣工，2014年正式开馆。总建筑面积1万平方米。集收集、保管、阅览、编纂、研究、咨询、展示、交流等功能于一体。设多功能厅、第一展厅、第二展厅、书库、阅览大厅、计算机网络中心、编修室和会议室等。功能定位为“三个中心 一个基地”，即地方志和地情资料收藏、展示中心，国情、市情的研究、咨询中心，地方文化的对外

北京市方志馆

交流中心，教育基地。馆内二层主展厅北京地情展厅为常年展厅，共700平方米，从自然、城市、建置、人口等方面展现北京市的发展。第三层阅览大厅使用面积1200平方米，分三区四库，有电子阅览区、休闲区、开架阅览区等。馆内藏书5万余册，重点收存方志、年鉴及北京地情资料书。其中方志类图书4848种10343册，包括各省、自治区、直辖市、县(市)、乡(镇)、村的旧志、新志、部门志、专业志、特色志，及方志理论研究著作、方志工具书等；年鉴类图书777种2541册，包括各省、自治区、直辖市的综合年鉴、专业年鉴、部门年鉴等；北京地情资料书5337册，包括史籍、史料、研究、大事记、工具书等。开通北京市数字方志馆，设古籍库、志书库、年鉴库、地情资料库、期刊库、图片库和影音库，总字数2亿余字，图片数千幅。

Beijingshi Fangshanqu Zhi

《北京市房山区志》 总纂张东升。1999年北京出版社出版。124.5万字。设6编36章136节。附照片57幅、图表131个。上起事物发端，下至1995年。最具特色的是地理编、经济编中的

明嘉靖年间建造的琉璃河石桥

工业章和城乡建设章、文化编中的文化章和文物章等。地理编记述了房山地区的远古动植物种类、化石和数百种野生动植物资源。工业章专设骨器漆器及玉石蚌器制作节，记述中国最早的骨质磨制品。城乡建设章寺观园林及旅游景区建设节记述上方山、石花洞、十渡风景区等。文化章记述房山石窝石雕、大马村泥塑及根艺文化；设地方著述节记述传世最早的钟鼎文和房山地

区的史志著述。文物章记述周口店遗址、云居寺、琉璃河商周遗址等3处全国重点文物保护单位、13处北京市重点文物保护单位、52处区级文物保护单位,其中周口店遗址中记述了房山地区发现的北京人、新洞人、山顶洞人遗址及北京人头盖骨的发掘,专设珍贵出土文物节,记述以琉璃河商周遗址为主的出土文物。附录辑有清乾隆三十五年(1770)典地文约等史料文献,另有专文《良乡县城沿革考略》和房山区志史料考证举要简表。

Beijingshi Fengtaiqu Zhi

《北京市丰台区志》 主编吉泰。2001年北京出版社出版。129.6万字。设26编112章392节。附照片82幅、地图4幅、表格190个。上起事物发端,下至1990年底。较北京其他区县志,增设水利编,其中河道治理章记述永定河筑坝建筑和分洪工程,凉水河及小清河系治理;灌溉工程章记述崇青水库、大宁水库、沙锅村水库蓄水工程,4个万亩灌溉区和5个千亩灌溉区,以及水利和灌溉管理。城乡建设及管理编增设道路桥梁章,记述京开公路、京良公路、京石高速公路等8条国道及市道干线,附有丰台市主要市区公路一览表;还记述了草桥、卢沟桥、莱户营桥、玉蜓桥等桥梁,附有丰台区内新建大中型跨河桥一览表。综合经济管理编单设一节,记述知识青年上山下乡及回城。乡镇企业编单设一节,记述境内重点企业,有北京市第二齿轮厂、南苑农机厂、南苑制桶厂等13家企业。科学技术编单设驻区科研单位章,记述航空航天工业部第一研究院、航空航天工业部第三研究院、中国北方车辆研究所、北京营养源研究所等12所研究机构,附有驻区中央及市属科研院、所名录。书后附有1991~1999年丰台区情概要。

大葆台西汉墓

Beijingshi Haidianqu Zhi

《北京市海淀区志》 主编张宝章。2004年北京出版社出版。160万字。设34编156章555节。附照片97幅、地图2幅、表格96个。上起事物发端,下至1995年底。较北京其他区县志,

海淀玉泉山

增设旅游编,记述19处包括自然、人文、古迹、纪念地在内的旅游景点和旅游服务设施等,其中文化旅游活动章记述桃花节、樱花节等6个旅游文化节;还增设新技术产业编,记述北京新技术产业开发实验区的建立、发展情况。教育编记述北京大学、清华大学等境内23所高等院校。军事编专设外国军队暴行章,记述英法联军劫毁皇家园林、西苑集中营等外国侵略军暴行。古代诗文选编以6章的篇幅分别按山水、园林、寺庙、村镇、人物、风俗分类收录关于海淀的古诗词96首、文章23篇。文物编专设古代园林章,记述圆明园、颐和园等皇家园林5处,礼王园、鸣鹤园、蒋家胡同四合院等宗室赐园和私家宅园13处;古墓葬章记述境内各时期古墓葬分布情况及皇陵王坟8处、太监墓葬13处。生活风俗编以4章10节的篇幅记述城乡人民生活和婚姻家庭的演化发展过程以及节令礼俗,概述境内各时期文明活动及社会各界无私奉献、见义勇为等文明典型。书后附1996~2000年海淀区国民经济与社会发展综述。

Beijingshi Xichengqu Zhi

《北京市西城区志》 主编段育达。1999年北京出版社出版。151.5万字。设35编166章548节。附照片114幅、地图1幅、表格266个。上起事物发端及建置之始,下至1993年。较北京其他区县志,增设社会主义精神文明建设活动编,其中新风范例章记述7个先进集体、11位先进个人。城区建设编增设一节记述境内胡同形成及建设情况。金融编增设两章,分别记述硬币、纸币等货币形式,境内货币流通情况,及证券业、金融信托业的兴起和发展。商业服务业编专设一章记述北京三大繁荣商业中心之一西单商业区;设特色街市章,记述西四大街、鼓楼大街、西单劝业场、护国寺庙会等特色商业街6处、特色市场3处、庙会2处;新老名店章记述北京西单购物中心、天源酱园、乐仁堂等大中型商场6处、专业店9处、老字号12处。文物编以5章13节的篇幅记述妙应寺白塔、中南海、恭王府及花园、宋庆龄故居等全国重点文物保护单位5处、市级文物保护单位45处,出土文物200多处(个),历史文化遗存380项,概述保护街区、胡同标志纪念碑的数量和分布等内容。园林绿化章记述北海公园、景山公园等园林12处,以及曦园春早等绿化景点15处。教育编记述北京市第二实验小学、北京市第四中学等名校。书后附1994~1998年西城区经济社会发展综述。

银锭桥

Beijing xiuzhi

北京修志 北京修志始于北齐。较早的志书为北齐阳休之的《幽州人物志》(又称《幽州古今人物志》),也有学者

认为是隋代的《幽州图经》，二者均佚。尚有部分内容存世的最早方志为元代《析津志》（也称《析津志典》或《燕京志》）。第一部完整保存的府志为明万历《顺天府志》，最后一部府志为清光绪《顺天府志》。《中国地方志联合目录》收入历代北京地区府、州、县志54种。20世纪50年代中期至60年代初期曾启动新方志的编修，但中途停顿。1988年启动首轮修志工作。2009年开始开展第二轮志书编修工作。至2010年，共出版市志分志、区县志138部。北京的图书馆、方志馆、博物馆、档案馆、高等院校图书馆是收藏方志的主要单位。藏量较大的有国家图书馆、国家博物馆、北京市方志馆、中国科学院国家科学图书馆、中国社会科学院图书馆、故宫博物院图书馆、北京大学图书馆、北京师范大学图书馆等。

北京历代方志编修 北京地区唐、宋时期的志书编修活动在史书中鲜有记载。辽代曾编修《幽都图经》《幽都记》，金代曾编《燕京旧记》，均佚。元初所修方志《大都志》《大都图册》已佚。元末熊梦祥撰《析津志》，是第一部体例较为完备的北京方志。明以后，北京方志的编修出现高潮。北京历代方志存世近百种、千余卷，包括府志、州志、县志，及各种厅志、关志、山志、水志、街巷志、寺庙志等。

北京明代修志 据清光绪《顺天府志·艺文志一》记载，明代北京古籍有120多种，其中多半是志书。明代第一部北京志书为洪武《北平图经》，已佚。府志有永乐、万历年间的《顺天府志》。其中永乐志是北京地区首部府志，原本已佚，存本为缪荃孙从《永乐大典》中辑出，并冠以永乐《顺天府志》之名，留存了大量明初资料。此外，《文苑阁书目》卷19中录有《北平志》《北平图志》《北平府图志》等，均佚。除府志外，还编修了一批州志、县志及专志。①北京明代州县志。存世7部，其中万历年间沈榜撰《宛署杂记》，记录了许多北京经济社会数据。嘉靖《通州志略》为世间孤本，原本藏于日本。其他还有嘉靖《隆庆志》（隆庆为延庆旧称）、隆庆《昌平州志》，及万历年间编修的《房山县志》《永宁县志》《怀柔县志》，均为北京各区县已知方志中最早的。②北京明代专志。存世3部，分别是嘉靖《西关志》、嘉靖《通惠河志》和万历《通粮厅志》。其中嘉靖《西关志》记述长城重要关塞，为《居庸关志》《故关志》《倒马关志》《紫荆关志》的合志。嘉靖《通惠河志》是北京历史上最早的水利志，志中所附通惠河源委图、通惠河图是已知北京历史上最早的通惠河图。万历《通粮厅志》专门记述明代坐粮厅的机构设置及管理漕运的功能。

北京清代修志 官修志书中有康熙、光绪年间编修的两部《顺天府志》。其中康熙志仅国家图书馆藏2~8卷抄本，传世稀少；最后编修的光绪志，是规模最大、流传最广、对后世影响最大的一部顺天府志。各州县也普遍修志，存世的州县志占北京旧志中的绝大部分。此外，还有多部专志存世，有山水志、寺观志、人物志等类型，不少为私修。私修志书中著名的有明末清初孙承泽的《春明梦余录》和《天府广记》，二书实为记述明代北京城市历史及政府机构的都邑志。另有顾炎武的《昌平山水记》《北平古今记》《京东考古录》《万岁山考》，朱彝尊的《日下旧闻》等。后于敏中、窦光鼐、朱筠等奉敕对《日下旧闻》进行修订和补充，辑成《日下旧闻考》，记述北京城池、宫殿、坛庙、官署、苑囿、河运、京郊、风俗、物产、边障等历史和现状，为清代官修北京地方历史文献，也是都邑志中的巨帙。①北京清代州县志。存世34种，包括昌平州志6种，延庆州（卫）志5种，通州志、平谷县志、房山县志（不包括咸丰《房山志料》）各4种，良乡县志、密云县志各3种，大兴县志、宛平县志、顺义县志、怀柔县志、《濡阴志略》各1种，其中康熙年间的志书有14种。康熙《大兴县志》、康熙《宛平县志》开创了北京历史上为附郭县修志的先例。②北京清代专志。存世十余种，其中山水志有陈琮乾隆《永定河志》，李逢亨嘉庆《永定河志》，朱其诏光绪《永定河续志》，释自如、吴仁敌《上方山志》，顾炎武《昌平山水记》，释智朴康熙《盘山志》，蒋溥乾隆《盘山志》；卫所志有周硕勋乾隆《延庆卫志略》、王金度光绪《齐家司志略》等；寺观志有湛祐康熙《弘慈广济寺新志》、神穆德乾隆《潭柘山岫云寺志》；风俗志有潘荣陆乾隆《帝京岁时纪胜》、富察敦崇光绪《燕京岁时记》、让廉《京都风俗志》；街巷志有朱一新《京师坊巷志稿》；教育机构志有文庆、李宗昉道光《钦定国子监志》；会馆志有《京师长沙会馆志》；其他还有《畿辅人物志》、查慎行《人海记》等。

北京民国时期修志 民国时期，北京地区的修志工作仍保持了一定规模。以全市为记述范围的方志有1919年出版的《大中华京师地理志》，全书共160章，记述清末民国时北京地理、经济、社会各方面情况。1929年组织编修《北平志》，制定《北平志编纂通例》，开展调查研究，完成《北平史表长编》《北平庙宇长编》《北平金石目》《清代燕都梨园史料》等。张江裁等学者编纂出版有"北平史迹丛书""北京历史风土丛书""京津风土丛书""燕都风土丛书"等。1932年12月创办《北平》（半月刊），刊载地方志内容。当时县志的编修也有所发展。日本一些机构和学者也编纂了一些方志。影响较大的是服部宇之吉总纂的《北京志》（1908年12月日本东京博文馆用日文出版）及编纂于北平沦陷期的《北京市志稿》，其他还有《通县志要》《河北宛平县事情》《河北大兴县事情》《河北顺义县事情》《河北良乡县事情》等以"事情"为题的志书。①北京民国时期县志。编修7种，包括《良乡县志》《房山县志》《平谷县志》《顺义县志》《通县志要》、1914年《密云县志》、1938年《密云县志》等。其他还有用于修志的材料，如《通县编纂省志材料》（2002年整理出版《通县志稿》）、《平谷县志料》等。②北京民国时期专志。编修17种。存世的山志有《白带

B

山志》《妙峰山志》,村志有《北京西郊成府村志》,地名志有《北平街巷志》等,记述会馆的专志有《北京湖南会馆志略》《北平福建泉郡会馆志》《北平湖广会馆志略》等,记述某一区域历史情况的专志有《北平天桥志》《冈志》《琉璃厂小志》等,记述风俗的专志有《北平岁时志》《燕都景物诗录》《春明采风志》《燕京旧俗志》等。也有日本人编修的专志,如1934年小柳司气太著《白云观志附东岳庙志》、1944年多田贞一著《北京地名志》。

北京新方志编修 北京新志编写始于1958年。1958年底,中共北京市委成立编写领导小组,邓拓、杨述任正、副组长。下设11个组,规划、拟定《北京志》40余个专志,并组织各部门和北京十余所大学有关教研室师生进行调查研究和编写工作。20世纪60年代,修志工作中断,遗留的多为资料和初稿,部分在20世纪80年代整理编纂成《北京史》《北京地下党史》《北京工业史料》《北京金融史料》《北京植物志》《北京气候志》《北京鸟类志》《北京鱼类志》《北京果树志》等,已出版。1986年9月,北京市成立地方志筹备小组,张明义任组长。1988年9月,中共北京市委常委决定重修《北京志》。实行市、区县两级修志格局。首轮规划编修市志分志、区县志共172部,至2010年,出版138部。第二轮规划编修市志分志67部、区县志18部。

北京市级修志 首轮《北京志》篇目于1989年定为24卷119部分志;1998年调整为35卷154部。总字数8000万字。张明义、王立行、段柄仁先后任主编。至2010年,已出版120部分志。上限追溯至事业发端及建置之始,各卷下限不一,但同一分志内下限统一;记述范围是下限时北京市行政区辖域范围,某些分志依其特定业务范围记述。其中,最先问世的是劳动志;文字量最大的是建筑志,122万字,其随文图片近700幅;排水志概述中记述了城市排水系统存在的五大问题,具有重要借鉴作用;在体例和内容方面较有特色的有房地产志等。还有些志书本身特色反映充分,环境保护志记环境的危害程度;园林绿化志对北京园林情况的记述翔实完整;中关村科技园区志全面系统地记述了中国第一个高新技术开发区的发展历程,时代特点和专业特点突出;颐和园志对颐和园历史与现状有较完整翔实的记述。在已出版的志书中,工业部类和文化部类志书字数相对较少,基本是两三部志书合册出版。科学技术志囊括了北京地区中央、部队、学校、企事业单位的科技工作,反映了北京作为全国科技中心的特点和地位。

北京区县级修志 北京市规划18个区县每个区县各修一部志书,2008年全部完成。区志重点反映城市功能的特点,记述城市发展、变迁和城市改革的历程,及历史建筑、风景园林、文化特色等,突出区位优势、人文风貌。县志更多注重自然与社会、历史与现状的有机结合,完整地记述历史传承,对1949年后的历史变迁,特别是改革开放后的变化予以详细记述。

北京规划外志书编修 共编修近300种。由北京市地方志编纂委员会办公室组织编纂、段柄仁主编的"北京地方志·风物图志丛书",包括《琉璃厂图志》《什刹海图志》《王府井图志》《天桥图志》《前门·大栅栏图志》《老字号图志》《王府图志》《会馆图志》《庙会图志》《祭坛图志》10部,150余万字。"北京地方志·古镇图志丛书"第一次较全面、系统地梳理了北京地区有代表性的10个古镇的历史,包括《斋堂》《良乡》《永宁》《海淀》《琉璃河》《沙河》《南口》《张家湾》《古北口》《不老屯》10部,近150万字。各区县启动编修乡镇、村庄、街道、社区等志书200余部,其中村镇志书120余部,如《榆垡镇志》《爨底下村志》等。一批企事业单位也编纂了志书,如《北京站志》《清华大学志》《北京无线通讯局志》等。由北京水利史志编辑委员会组织编写的《北京水利志稿》和《北京水利志》分别在1987和1993年完成编纂并内部刊印。北京市规划委员会组织编纂了《北京市地名志》,记述北京区域内地名演变、发展及地名管理等内容,于1996年出版。北京市城乡建设委员会组织市建筑施工、开

北京首轮区县志一览表

志书名称	主编/总编/总纂	字数(万字)	出版年
《密云县志》	鲍星时	114.3	1998
《北京市西城区志》	段育达	151.5	1999
《北京市房山区志》	张东升	124.5	1999
《怀柔县志》	张庆成、王宝骏	131.9	2000
《北京市丰台区志》	吉泰	129.6	2001
《平谷县志》	孙维华、胡尔森	115.5	2001
《大兴县志》	王金富、张书领	150.4	2002
《通县志》	孙自凯、张洪林	151.5	2003
《北京市崇文区志》	潘非、宋演武	120	2004
《北京市海淀区志》	张宝章	160	2004
《北京市宣武区志》	林福临、王廷柱、邢丛罗	136	2004
《北京市东城区志》	刘晓晨、陈平、卢彦	138.7	2005
《北京市石景山区志》	李昱	111	2005
《延庆县志》	李士林、赵军东、陈仲华	125	2006
《北京市门头沟区志》	孙尧东、张进增、王智慧	130.8	2006
《北京市朝阳区志》	陈刚	125	2007
《昌平县志》	于长海、石家声、李德余、刘建初	158.7	2007
《顺义县志》	魏荣	132.04	2009

发企业编修9部企业志，总字数800多万字。北京市经济委员会组织编纂的《北京工业志》有10部分志，收录了在工业布局调整中消失了的行业和单位。《北京科学技术志》用3卷的规模分门别类记述了北京地区科学技术的基本情况。市园林局组织编纂了北京十大公园志书，突出了公园集建筑、艺术、景观、历史、文物、文化于一身的特点。平谷区编修了《平谷大桃志》。房山和门头沟两区合作编修了《百花山志》。

北京旧志整理 北京存世旧志约100种。北京出版社于1958年开始负责组织整理出版北京古籍，1960~1964年出版"北京古籍丛书"19种，其中一部分是方志。北京古籍出版社于1981~2005年整理出版了"北京古籍丛书"52种，其中北京市地方志编纂委员会办公室资助出版的旧志有《光绪顺天府志》和《光绪昌平州志》。北京市地方志编纂委员会办公室组织的旧志整理工作始于1995年"北京旧志丛书"的出版规划。20世纪90年代，北京燕山出版社、中国书店等陆续出版一批北京旧志，其中服部宇之吉总纂的《北京志》由北京市地方志编纂委员会办公室组织翻译，1994年北京燕山出版社出版中文译本，改名为《清末北京志资料》。清《齐家司志略》《齐家司续志略》整理本被收入2001年版《门头沟文物志》中，两部志书首次公开问世。2006年10月"北京旧志汇刊"启动，至2010年，已校点出版《[嘉靖]通州志略》《[民国]密云县志》《[康熙]弘慈广济寺新志》《[乾隆]延庆卫志略》《潭柘山岫云寺志》等。汇刊有统一的凡例及研究性的校点说明等。

北京旧志校注出版表

书名	整理者	出版年
《长安客话》	佚名	1960
《帝京岁时纪胜》	佚名	1961
《宛署杂记》	佚名	1961
《燕京岁时记》	佚名	1961
《昌平山水记》	佚名	1962
《京东考古录》	佚名	1962
《京师五城坊巷胡同集·京师坊巷志稿》	佚名	1962
《琉璃厂小志》	佚名	1962
《天府广记》	佚名	1962
《帝京景物略》	佚名	1963
《宸垣识略》	佚名	1964
《京都风俗志》	佚名	1981
《日下旧闻考》	佚名	1981
《析津志辑佚》	北京图书馆善本组	1983
《光绪顺天府志》	左笑鸿等	1987
《白带山志》	杨璐	1989
《光绪昌平州志》	赵其昌	1989
《人海记》	佚名	1989
《西关志》	吴梦麟、吴元贞等	1990
《北京牛街志书——〈冈志〉》	刘东声、刘盛林	1991
《昌平外志校理》	姜纬堂	1991
《通惠河志》	段天顺、蔡蕃	1992
《清末北京志资料》	张宗平、吕永和、汤重南	1994
《酌中志》	冯宝琳	1994
《帝京景物略》	崔翟	1996
《盘山志》(康熙版)	吴梦麟、刘卫东	1997
《北京市志稿》	于杰等	1998
《钦定国子监志》	郭亚南、韩丽	2000
《帝京景物略》	孙小力	2001
《大兴县志》(康熙版)	罗保平等	2002
《[嘉靖]通州志略》	刘宗永	2007
《[乾隆]延庆卫志略》	胡宇芳、李仅	2008
《[康熙]弘慈广济寺新志》	李仅、胡宇芳	2009
《康熙顺天府志》	阎崇年	2009
《[民国]密云县志》	孙剑伟	2009
《潭柘山岫云寺志》	金溪、王紫微	2009

北京方志工作管理 《北京志》编写领导小组于1958年成立，制定工作方案，组织调查研究和编写工作。20世纪八九十年代，市地方志编纂委员会及办公室、各区县地方志编纂委员会及办公室相继成立。

北京市地方志编纂委员会及办公室 北京市地方志编纂委员会于1988年成立，下设办公室，为市政府直属事业单位。内设市志指导处、区县志指导处、研究室、资料信息处、宣传培训处及北京年鉴社。历任编纂委员会主任陈希同(1988年10月~1994年7月)、李其炎(1994年7月~1997年5月)、贾庆林(1997年5月~2000年3月)、刘淇(2000年3月~2004年7月)、王岐山(2004年7月~2008年12月)、郭金龙(2008年12月~)。历任办公室主任王国华(1989年3月~1999年3月)、徐俊德(1999年3月~2003年7月)、王铁鹏(2003年7月~)。创办《北京地方志》杂志。

北京修志法规规章和规范性文件 自首轮修志始，市政府印发了一系列修志文件，如《北京市地方志工作规划纲要(1989年至1999年)》《北京市地方志工作规划纲要(2000年至2010年)》《北京市第二轮地方志书编纂方案》《北京市地方志工作规划纲要(2011年至2020年)》。2007年还出台了一部政府规章《北京市实施〈地方志工作条例〉办法》。北京市地方志编纂委员会及其办公室也先后制定出台《关于〈北京志〉和区县志编纂出版工作中若干具体问题的53条意见》《关于〈北京志〉各卷(册)编纂委员会名单排列顺序的意见》《关于〈北京志〉主编、副主编的任务和报市审查稿的审批程序的意见》《北京市第二轮地方志书编纂工作备案暂行规定》《北京市地方志资料工作管理暂行规定》《北京志分志编委会职责规定(试行)》《关于在第二轮志书编纂中继续实施主编负责制的规定(试行)》《关于第二轮北京志书编纂若干问题的意见》等文件。

北京地方志信息化建设 市方志数据资料库的建设始于2004年。在此基础上建起北京地情资料网(京网),2005年上线运行。京网网页内容主要分为三个版块,即地方志工作、记录北京和资料数据库。主要栏目有理论平台、修志课堂、出版瞭望、北京概览、燕都风物、京华百科、北京胡同、志说北京、京城老物件、方志撷英等。还将现有的志书、年鉴数字化存储,将单一纸质信息转成图文声像等不同载体形式。

北京地方志学会 成立于2001年9月。2007年4月换届产生北京地方志学会第二届理事会。段柄仁连任会长。会员由北京地区从事地方志编纂的有关单位、与地方志专业相关的大专院校或相关专业团体组成。学会采取组织岗位培训、研讨、评稿、交流考察等形式展开工作。组织推动地方志会员进行课题研究,举办和参加方志学术活动。与北京市地方志编纂委员会办公室合办《北京地方志》杂志。至2010年,出版5部《方志年鉴论文集》。

北京方志研究成果 北京方志研究的成果主要有曹子西、朱明德主编的《中国现代方志学》,曹子西、赵庚奇、王灿炽组织出版的“燕山史志丛书”6卷等。市地方志编纂委员会办公室于2008年编印《北京新方志编修20年纪念文集》(内部刊行),收录修志文章23篇。个人文集有《赵庚奇志鉴论稿》《段柄仁方志文丛》等。另有冯秉文主编的《北京方志概述》、谭烈飞主编的《北京方志提要》、王灿炽编著的《王灿炽史志论文集》《北京史地风物书录》、姜纬堂著《北京方志的编纂与出版》、王国华著《京华谭史录》、曹子西主编的《北京史志文化备要》等史志文献资料著作。北京市社会科学研究所历史室承担了《中国地方史志通讯》(《中国地方志》前身)编辑出版工作。至1983年2月,共编辑出版13期。1987年,北京市社会科学院主办的北京社会函授大学(校长曹子西)创办中国方志学系,组织编写、选订教材(资料)10部,编辑出版方志理论刊物《方志学刊》10期,从学员撰写的3200篇毕业论文中精选44篇编成《中国地方志论集》,并将3200条论文目录编成《中国方志论文目录》。

Beijing Zhi Beijing Aoyunhui Zhi

《北京志·北京奥运会志》 北京市地方志编纂委员会办公室与第二十九届奥林匹克运动会组织委员会、北京奥运城市促进会合作编纂。主编蒋效愚。2012年北京出版社出版。2册,142.2万字。全彩印刷。设13篇47章211节。随文配黑白照片和彩色图照520余幅。后有主题词索引1000余条、表格索引157条及图片索引。上起1990年7月3日邓小平视察国家奥林匹克体育中心工程时提出北京要办奥运会,下至2010年12月31日,部分内容略有延伸。正文所设13篇分别为组织机构、奥运申办、场馆建设、项目竞赛、场馆运行管理、庆典与主题活动、市场开发与票务、宣传教育与奥运出版物、奥运服务、奥运保障、志愿者、奥运财务、奥运监督。其中奥运申办篇记述北京市申办2000年奥运会和2008年奥运会的情况,重点记述“新北京、新奥运”的申办口号和“绿色奥运、科技奥运、人文奥运”的申办主题。场馆建设篇主要记述37个

《北京志·北京奥运会志》书影

竞赛场馆,包括16个新建场馆、13个改扩建场馆和8个临时性场馆。项目竞赛篇记述28个北京奥运会竞赛项目和20个北京残奥会竞赛项目。庆典与主题活动篇主要记述形象标志(会徽、吉祥物、奖牌、体育图标)与主题口号、火炬接力、开闭幕式和颁奖活动,以及“北京2008”奥林匹克文化节、微笑北京等文化活动。志愿者篇主要记述奥组委前期志愿者、赛会志愿者、城市志愿者、社会志愿者的招募、管理和服务。正文后设中国体育代表团专记,记述北京奥运会、北京残奥会中国体育代表团的组成和成绩。

Beijing Zhi Gugong Zhi

《北京志·故宫志》 全称《北京志·世界文化遗产卷·故宫志》。主编万依。2005年北京出版社出版。90.7万字。设7篇16章176节。志首有故宫鸟瞰

明清故宫

图、照片49幅，附故宫总平面示意图。后有索引1061个。上起明永乐四年(1406)明宫始建，下至2000年。宫殿篇分3章记述紫禁城外朝、内廷建筑和外围建筑。外朝之部章、内廷之部章分前三殿区、文华殿区等21个区域记述，重点记述中华门、天安门、午门、太和门、太和殿、中和殿、保和殿、乾清宫、坤宁宫、养心殿、慈宁宫等主要建筑。人物篇分别记述明代、清代故宫的营建者和使用者，重点记述陈珪、师逵等22位营建者，明成祖、清世祖、清太宗、孝庄文皇后等80位皇帝和后妃，徐达、范文程等79位官员，还有书画家、宦官等90余人。官署篇重点记述宗人府、内阁、礼部、工部、军机处、太医院等30余所官署的建制。典制篇分类记述登极、册立、朝仪、进书等明宫和清宫典制。文化篇主要记述宫廷的教育、音乐戏剧、体育、医药、信仰和习俗。文物篇重点记述《清明上河图》《平复帖》《大观帖》等6件书画作品，玉螭凤云纹璧、斗彩鸡缸杯、商代三羊尊等59件器物，特磬、铜镀金七政仪、罗汉床等30件生活文物。博物院篇分3章记述古物陈列所、故宫建为博物院及中华人民共和国建立前夕至20世纪末的经历、发展和建设情况。

Beijing Zhi Jianzhu Zhi

《北京志·建筑志》 全称《北京志·建筑卷·建筑志》。主编李燕秋。2003年北京出版社出版。2卷，122万字。设10编46章215节。志首有照片142幅。后有索引1363个。上起事业发端；下至1995年，少数在1995年底前开工并于2000年底前竣工的重要建筑工程及重要改扩建工程，亦略加记述。上卷以单体建筑为主，设故都遗存建筑，政治、公务与外事建筑，教、科、文、卫、体建筑，工业、商业、金融、服务建筑，交通、传媒、通信建筑，居住建筑6篇，下设25章100节。故都遗存建筑篇记述城垣、陵墓、古塔、宫殿、寺观等建筑。政治、公务与外事建筑篇记述天安门、人民英雄纪念碑等7个天安门广场建筑，及行政办公建筑、外事建筑。居住建筑篇平房章记述后英房胡同元代居住遗址等20个四合院和清华园平房住宅等3处普通平房。楼房章记述振动砖壁板住宅等低层、多层住宅及建国门外大街外交公寓等高层住宅，后附北京低层、多层住宅发展一览表和北京10层以上住宅、商住楼发展一览表。下卷设建筑科技，建筑施工，城市建设综合开发、村镇建设，建筑业的行业管理4篇，下设21章115节。建筑科技篇主题结构章记述北京的建筑从古代的木屋盖、木楼板的砖木结构，到砖石结构、砖混结构、钢筋混凝土框架结构，再到现在的简体结构、钢结构，所经历的14个建筑结构发展阶段，还记述了获国家级及北京市、部级二等奖以上科技奖励的179项北京建筑。

人民大会堂(1959年建成)

Beijing Zhi Tiantan Zhi

《北京志·天坛志》 全称《北京志·世界文化遗产卷·天坛志》。主编姚安。2006年北京出版社出版。46.8万字。设4篇21章63节。志首有彩图78幅，随文配黑白图片263幅、线条示意图13幅。书后有索引228个。上起明永乐十八年(1420)，下至2000年。祀典篇篇幅最大，占全志正文字数的39.1%，设4章。祭天典礼章详细描述天地合祀、冬至大祀、祈古大典的形成、仪式、过程、参祭人员等；祭天陈设章大驾卤簿节设136个专目，记述大典的仪仗；祭天乐舞章记载明清不同时期的圜丘、合祀天地、祈谷、雩祀、大飨、合祀天地百神、常雩的乐章，以及祭天乐舞的武功舞和文德舞；祭祀诗文章记录冬至大祀诗文24篇、孟春祈谷诗文23篇、雩祀诗文26篇、斋戒诗文38篇。管理篇文化研究章声学现象研究节记述了对

天坛

回音壁、三音石、天心石、对话石的研究，并附4幅回音机理图，进一步说明回音原理。附录用10幅线条图勾勒祭天舞谱的武功舞和文德舞的舞谱，并收录27首清代祭天乐章、曲谱。书后附明代皇帝祭祀天坛年表、清代皇帝祭祀天坛年表、明清维修天坛年表。

Beijing Zhi Zhongyangjigou Zhi

《北京志·中央机构志》 全称《北京志·中央机构卷·中央机构志》。主编谭烈飞。2011年北京出版社出版。80万字。设5篇25章129节。后有索引463个。上起元代，适当追溯；下至2003年第十届人大一次会议产生新一届国家机构。主要记述机构的演变、机构的职能及变化、分设机构、主要职官等内容。古代机构部分包括皇帝、中枢机构、行政机构和军事机构，志书在元、明、清三朝中央机构的分类上，借鉴当代行政管理的分类方法，基本上分为行政机构、军事机构、司法监察机构。中华民国中央机构篇除设行政机构、军事机构、司法监察机构章外，设有国家元首章记述大总统、临时执政、陆海军大元帅等，还设有立法机构章记述临时参议院、第一届国会、约法会议、参政院、

《北京志·中央机构志》书影

第二届国会等机构。中华人民共和国中央机构篇为重点，占全志3/4篇幅。主要记述中共中央、全国人大、国家元首（国家主席）、国务院（行政机构）、全国政协、中央军委、民主党派（工商联）中央、最高人民法院、最高人民检察院，及全国总工会、全国妇联、团中央等人民团体。其中国务院机构以2003年国务院机构改革为准，分为两部分：一是领导机构，二是工作机构。工作机构又分为国务院办公厅、组成部门、国务院直属特设机构、国务院直属机构、办事机构、历史上国务院曾设置的部委等6部分。

Benxishi Zhi

《本溪市志》 主编李伟、刘恒华。1991~2004年新华出版社出版。4卷，475万字。设40篇201章792节。志首配市街图、行政区划示意图、照片69幅。上起清道光二十年(1840)，下至1985年。突出体现辽宁本溪河流密布的自然环境，以煤、铁闻名的工业生产，及境内满

《本溪市志》书影

族、朝鲜族文化特色。1993年第一卷获全国新编地方志优秀成果奖一等奖。①《本溪市志》自然环境篇。设8章35节。水系章记述太子河、浑江、草河三大水系，及清河、细河、三道河等16条流域面积在100平方千米以上的河流。地貌章名山节记载平顶山、摩天岭、老秃顶子山等6座境内名山。地名章地名小考节考证本溪湖、东坟、田师付等19个地名的来历。②《本溪市志》钢铁工业篇。设7章35节。记述本溪钢铁公司的钢铁生产情况。矿产资源章详述铁矿、石灰石矿、黏土矿的矿床地质、勘探和储量，重点记载南芬、歪头山2个主要铁矿区及后备铁矿山，大明山、南山2个石灰石矿区及田师傅黏土矿。生产章记坩埚炼铁、利用优质原料冶炼低磷生铁等7种炼铁技术，特钢的氧化法、装入法等5种冶炼方法，普钢的炉衬砌筑、装炉等8种方法，生铁年产及产量在全国的排名，特钢生产获国家科技成果奖、部级成果奖情况。③《本溪市志》煤炭工业篇。设6章22节。记述本溪矿务局的煤炭生产情况。其中煤炭资源章详述本溪、田师付、牛心台、红阳4个可采储量共计3.92亿吨的煤田的勘探情况、地质构造、含煤地层和煤层、煤质及储量。设专章从规划设计、矿井建设、地面建设和基建管理等方面记述矿区建设情况。④《本溪市志》民俗风情篇。设9章28节。家谱章列举赵氏通谱、张氏家谱等32部汉族家谱，解氏族谱、金氏家谱等70部满族家谱，南平文氏派谱、卢氏族谱等30余部朝鲜族家谱。姓氏章记瓜尔佳氏、富察氏等20多个满族姓氏和金、李、朴等70多个朝鲜族姓氏。记载谱书和姓氏的起源、特点等，记述其文化特征。

Bi Yuan

毕沅(1730—1797) 字秋帆，又字纕蘅，号弇山，又号灵岩山人。清江苏镇洋（太仓）人。乾隆二十五年(1760)状元。历任陕西巡抚、河南巡抚、湖广总督、山东巡抚等。延请学者名士，助其编书。幕下云集章学诚、钱大昕、邵晋涵、孙星衍、洪亮吉、段玉裁、汪中等。组织编纂《关中胜迹图志》《关中金石记》《中州金石志》等。整理校注《长安志》《类编长安志》《晋书・地理志》《三辅黄图》等，将《三辅黄图》分为三辅沿革、故城、宫殿、城门、苑囿、池沼、街市、风俗等目。辑有《晋书地道记》《太康三年地志》等。倡导、赞助、监修《西安府志》《长武县志》《淳化县志》《礼泉县志》《直隶邠州志》《朝邑县志》《湖北通志》等。另编著有《续资治通鉴》《灵岩山人诗集》。为清代地理学派（见清代修志）主要代表之一。精于地理考证，考证方法以水系辨山脉，以山水形势考察郡县建置和地理沿革。《关中胜迹图志》，乾隆四十二年成书。32卷。卷首有图24幅。前30卷为志，卷1综述陕西地理，卷2~30分述西安府、同州府、凤翔府、汉中府、延安府、榆林府、商州、乾州、邠州、兴安州、绥德州、鄜州的地理、名山、大川、古迹，每目之下附有考证。卷31为陕西省图、西安等府州属疆域图。卷32为华岳、终南山、太白山、西镇吴山、黄水、渭水、龙首永济二渠、龙洞渠、汉未央长乐宫殿、汉建章宫等图，及唐西内图、唐东内图、唐南内图、华清宫图。

bianzuan shimo

编纂始末 又称修志本末、编后记等。主要记载志书的编纂过程、编纂经验与教训的回顾和总结，以及编纂者对一些实践、理论问题的强调和说明。旧志书中的编后记内容通常在序跋中介绍，也有单独成篇的，如宋周应合编纂《景定建康志》后，撰有《修志本末》一文，叙述纂修该志的经过，并提出纂修方志的理论。新方志中的编后记一般放在书后。主要记述志书编纂经过、编纂人员分工、资料收集、志书特点、志稿评议和修改等情况，也间有阐发方志理论或彰明该志价值的。

bianzuan yuanze

编纂原则 指编纂志书所必须遵守的基本规定和通用法则。志书序例及方志学论著中多有关于方志编纂原则的论述。唐李泰等人纂修《括地志》的编纂原则是“考于传信”，内容上“简而能周、博而能详”。元杨敬德在《赤城元统志序》中提出，志书的记载应坚持“直笔”，以求能够“传信”。清章学诚提出“志属信史”和“持论不可不恕，立例不可不严，采访不可不慎，商榷不可不公”四大要求，反对“任情无例”“私意褒贬”。民国时期，吴宗慈的《修志丛论》、瞿宣颖的《志例丛话》、黎锦熙的《方志

今议序例》，对方志编纂原则均做过论述，寿鹏飞《方志本义管窥》提出“方志记载，不贵应有之尽有，而贵应无之尽无”，方志立言“据事直书，而劝惩自见”。新方志的编纂遵循存真求实、横分纵述、述而不论、越境不书、生不立传、详今略古、执简驭繁等原则。

存真求实　指志书编纂必须实事求是，如实记载情况，不虚美，不隐恶，更不能按主观需要剪裁客观事实。真实性是志书之所以能代代传承接续的基础。历代修志多推崇“秉笔直书”。国务院颁布实施的《地方志工作条例》的第六条明确规定：“编纂地方志应当做到存真求实，确保质量，全面、客观地记述本行政区域自然、政治、经济、文化和社会的历史与现状。”存真求实是一种客观公正地对历史负责的品德和态度，包含两方面内容：一是保存真实，即记述和保存真实的地情资料，这是修志的宗旨；二是探求真实，即在收集资料的基础上，反复核实、考证，这是实现宗旨的科学方法。

横分纵述　即横分门类、纵向叙述。指志书在编纂方法上，首先根据事物的本质属性和显著特征把有关的内容分成若干大类，即“事以类从，类为一志”，各大类之下还可分中类、小类，然后按时间顺序记述。即先按事物性质和位次分为篇、章、节、目等层次，然后再按时间顺序记述事物发展变化的过程。篇与篇、章与章、节与节、目与目之间一般是横向并列关系，无所统辖，篇、章、节、目之间一般是统辖关系。这种把资料分类而后依类纵述的方法，把每一事物的资料都放在一个前后可比较、左右可定性的适当位置上，并做到横不缺要项、纵不断主线，不仅结构严谨，也便于读者查找使用。

述而不论　即在志书的主体部分，对事物进行客观记述，不做主观评论，也就是将志书所反映的观点倾向、是非褒贬、成败得失寓于资料的运用和史实的记述之中。历代学者在修志过程中大多坚持这一原则。常璩《华阳国志·序志》认为“善志者述而不作，序事者实而不华”。刘知幾《史通·惑经》认为“良史以实录直书为贵”，“所谓直笔者，不掩恶，不虚美，书之有益于褒贬，不书无损于劝戒”。嘉靖《太平县志》凡例认为“据事直书，而意自见，不著论断”。章学诚主张“据事直书，善否自见”。新编地方志主张述而不论。《地方志书质量规定》第十七条明确规定：“记述事物、事件和人物，寓观点于记述之中。”

越境不书　指志书所记限定地域范围，与本境无关的人、事、物不载入。这是由方志的地域属性决定的。这一特征，在早期的地记、图记中就很明显。宋《玉峰志》的凡例规定：“凡事旧在昆山，而今在嘉定者，以今不逮本邑，今皆不载。”这一原则在元明清时期得以承袭。清乾隆《汾州府志》例言中提出，志书编纂必先定沿革、辨疆域。章学诚在乾隆《永清县志·政略》序例中提到：“志笔不越境而书。”嘉庆《上海县志》修例规定，修志“皆以地断，以一地为限”。遵守疆界应以下限年份的行政区划为依据。也可引用外地资料，记述本地与外地的经济联系等，如南宋罗愿的《新安志》，为说明新安各县的赋税情况，把新安婺源与接壤的邻县鄱阳、乐平做比较。《地方志书质量规定》第十五条明确指出：“区域界限明确。以本行政区域为记述范围，越境不书。交代背景，反映与本行政区域外的横向对比、联系等，不视为越境而书。”

生不立传　指志书的人物传记不收录在世人物，去世的人物方可立传。最早见于东汉经学家赵岐《三辅决录》自叙：“其人既亡，行乃可述。”嘉靖《霸州志》对人物“必盖棺论定，生存者不书”。乾隆《铅山县志》凡例中提出：“志乘无生人入传者，此通例也。”章学诚在《修志十议·议传例》中指出：“立传之作，例取盖棺论定，不为生人立传。”傅振伦认为：“人物不录生存，宦迹不录升任。盖人有定评，须待盖棺，亦所以避恩怨，杜逢迎也。”瞿宣颖认为，一旦生人入传，“志乘恐将成为市恩之书，虽有直笔不足以取信矣”。《关于地方志编纂工作的规定》第十三条规定：“人物志要坚持生不立传的原则，在世人物的突出事迹以事系人入志。”

详今略古　指对古代久远之事，志书只做简要追溯，记述大势大略，而对修志所处时代的情况，则要详细记载。清康熙年间杨椿在《上一统志馆总裁书》中就论述了该原则，主张前代史事“仅书其大概”，本朝史事应“详而不冗，简而不漏为宜”。章学诚《记与戴东原论修志》一文指出：“史部之书详近略远，诸家类然，不独在方志也。”由此引申出来的修志原则有详近略远、详今明古。对今（近）与古（远）的时限划分及对“略古”的认识和方法，志界存在不同观点。按史学分期，以1840年鸦片战争为界；按社会制度的更替划分，以1911年辛亥革命为界；按革命性质分期，以1919年“五四运动”为界；按政权的更迭划分，以1949年中华人民共和国成立为界。对“略古”的认识和方法，论者多主张具体问题具体分析。

执简驭繁　指用简易的方式方法处理繁杂的事物。古人说：“操觚之士，有志史裁，欲得博观约取之道。”所谓博观约取之道，即做到执简驭繁。方苞在《与一统志馆诸翰林书》中指出，方志“所尚者简明，而杂冗则愈晦”，并指明要做到简而明，必须遵循体例，学会判断。寿鹏飞在《方志通义》中说：“方志记载，有宜详者，有宜略者。”志书繁简详略是相对而言的，既包括形式方面的繁与简，也包括内容方面的繁与简。遵循执简驭繁原则，在形式上要做到层次清楚、结构简单，篇目设置避免“叠床架屋”；在内容上应减少非典型材料和同样性质事物的重复记载，对不可避免的交叉内容，应各有侧重，或详略互见，要详独略同、详重点略一般、详史实略背景、详转折略铺垫。

biao

表　方志体裁之一。用表格形式分类排列记录事项，包括事类表（文字表）和统

B

计表(数字表)。效法纪传体史书中的表(《史记》有十表)发展而成。南宋方志定型后,表是主要体裁之一,如周应合《景定建康志》设有年表。清代修志重视用表,如章学诚在《和州志》中设官师、选举、氏族等表,在《湖北通志》中设职官、封建等表。民国前的方志主要设纪年、沿革、星野、职官、封建、选举、赋役、氏族等表。国民政府于1929年颁行的《修志事例概要》规定:"志书中应多列统计表,如土地、户口、物产、实业、地质、气候、交通、赋税、教育、卫生,以及人民生活、社会经济各种状况,均应分年精确调查,制成统计比较表编入。"民国时期方志增加了各种统计表,如《姚安县志》共列85个表,其中包括各种统计表44个。表有综括、对比作用,可执简驭繁,与文字互补。用表应适当,难以用文字或插图表述的内容可列表,不能以表代文、以表伤文。2008年中国地方志指导小组印发的《地方志书质量规定》规定:"表格包括表序、表题、表体和必要的表注等。表题的时间、范围、主体内容和表格性质等要素齐全。全书表格样式、编号统一。"①事类表。用形式整齐的文字来表述事物发展动态的表格,或按年次,或按类别。常见的有沿革表、职官表、大事年表、人物表等。事类表中,除常用的大事年表和人物表外,政治、经济、文化、社会等部类根据需要可设表记述事和物,形成多种事表和物表,此类表不用数字而用文字填写。②统计表。又称数字表,是用系统数字表述事物发展动态的表格,常见的有人口统计表、工农业总产值统计表、财政收支对照表等。在新志中使用最多。一般由表题、表头、表文、表注构成。表题含表序和表名,表名要有地点(或单位)、时间、事项三要素;表头含栏头、栏目(横标目、纵标目),横标目(主词)列于表的左侧,用来标举所研究的主要对象,纵标目(宾词)列在表的上方,用来说明主词的各个统计指标;表文指表中的数字,是表的主体;表注是对表的某事项的补充说明,排在表的最后一行或表格底线之下。表的制作须遵循科学、实用、简练、美观原则。表名概括表的基本内容,含义确切;标目设计科学,横标目与纵标目各栏对齐,表明指标数值反映的量所属的社会经济性质及限定的时间、空间、条件,标目各栏概念含义明确;表文准确,所列数字与行文一致;表注文字简明扼要。

Bozhou zhi

亳州志 亳州志始修于明成化年间,明《千顷堂书目》中记载4种《亳州志》,分别为贺思聪主修成化志、石玺主修明正德志(一说修于明弘治年间)、李先芳主修明嘉靖志、陈观主修《亳州志》(修纂时间无考),仅嘉靖志存世。清顺治、乾隆、道光、光绪年间6次纂修州志,乾隆年间纂修3次,其中裴振修、章学诚撰乾隆五十五年(1790)志已佚,《章氏遗书》卷15《方志略例》(二)保存了《亳州志人物表例议》(上、中、下三篇)、《亳州志掌故例议》(上、中、下三篇),专设人物表与掌故为该志特点。此志是章氏方志理论的一次展示,具有重要理论和实践价值。顺治志、乾隆志(2种)、道光志、光绪志存世。

《亳州志》[嘉靖] 李先芳等纂修。嘉靖四十三年(1564)刻本。4卷。按纪、图、表、考、传五纲统领全书,下设23目。人物分设13小类,篇幅约占全书一半。专设帝系表,记述与亳州有关的帝王、后妃、宗室、列侯33位,魏纪记述曹操、曹丕、曹植、曹彰、曹冲等11位曹氏家族成员的生平。中央民族大学图书馆有藏,国家图书馆藏残本(卷1,卷3~4)。

《亳州志》[顺治] 刘泽溥修,高搏九纂。顺治十三年(1656)刻本。4卷。体例仿嘉靖志。分纪、图、表、考、传五纲,下分24细目。类目设置与嘉靖志大体相同,名称、归属有局部调整。志中艺文诗类收录《涡水发源记》《六经阁记》《西太》《过希夷先生祠》等文赋、诗歌96篇。人物传记载127人,秩官志记载自东汉至明代97人,详记人物在当地的活动、事迹。国家图书馆、浙江图书馆、中央民族大学图书馆、南京大学图书馆有藏。

《亳州志》[乾隆五年] 华度修,蔡必达纂。16卷。分8志,下分细类。其中人物志占3卷,下分帝王、名贤等13类;艺文志占6卷,下分奏疏、书、论等11类。国家图书馆、复旦大学图书馆有藏,上海图书馆藏原刻本残本(卷1~12)。

《亳州志》[乾隆三十九年] 郑交泰修,王云万纂。12卷,首1卷。分24类,下设31目。书中著录与亳州有关的历代典籍50部,收录奏疏、碑记、续传、杂著、诗歌等142篇。河渠详载境内涡水等23条主要河流,耿塘湖、白零湖等湖泊,龙凤沟、十九里沟等92条沟渠。古迹中收录常乐园、庚园、舒啸园等29处明清私家园林。故宫博物院图书馆、上海图书馆、浙江图书馆、南京大学图书馆、北京大学图书馆有藏。

《亳州志》[道光] 任寿世修,刘开、陈恩德纂。道光五年(1825)刻本。43卷,首1卷。卷首有舆图16幅并附图说。正文设11门,下分86目。舆地志占16卷,分23细目,其中纠正了他志有关亳州界限的错误记载,并考证"扶阳宜为亳地"之事。碑碣目记载唐佛顶尊胜陀罗尼经幢等,记经文字数及内容。河工、恤政二目记涡河、宋塘河等9条河流疏浚、围水造田、防汛救灾等事。兵事目记载曹操讨黄巾、李自成破北关、张献忠攻亳州等。著录典籍89部、诗赋近200篇。人物门下艺术目记当地书法作品。除专设门类记述人物外,坛庙、陵墓、碑记、序传等类目中还收录有关人物的碑文、小传30多篇。古迹目附记园

清乾隆、道光、光绪《亳州志》("中国方志丛书"本)书影

亭。中国科学院国家科学图书馆、上海图书馆、浙江图书馆、北京大学图书馆、南京大学图书馆等有藏。

《亳州志》[光绪] 钟泰、宗能徵等纂修。光绪二十年(1894)活字本。20卷,首1卷。卷首有图17幅并附图说。分12门,下分75目。河工目、沟渠目记载尤详。对涡水、淝水、茨河均引《水经注》循流觅源,记宋塘河、乾溪、拄杖沟等沟渠130处,上关、灵津渡、永清桥等关、津、桥、渡270处。河工目载增垦田、决汙堰、筑堤防、疏通河道沟渠、防水患以方便交通等事。立传记述1200多人。记载城父故城、木兰祠、神农衣冠冢、汤陵、伍奢(伍子胥父)冢等古迹、坊表、陵墓、坛庙、寺观300多处。收录著述120多部、文赋近300篇。国家图书馆、安徽省图书馆(见安徽修志)、天津图书馆、南京图书馆等有藏。

Boleshi Zhi

《博乐市志》 主编曾元成。1992年新疆人民出版社出版。110万字。设8编57章263节。志首配新疆博乐市地图、鸟瞰图、照片58幅。上起清乾隆二十九年(1764),建置沿革、大事记溯至汉前元三年(公元前177年);下至1985年。政治、经济、社会、农垦等编为志书记述重点。政治编记述抗日战争时期中共党员活动及党代表大会、组织建设,用表格23个,多为组织发展情况及领导干部名录;群众团体章记述农会、贫协会、新疆民众反帝联合会博乐分会、新疆蒙文协会博乐分会、保卫和平与民主同盟会、共青团等社团组织的成立及活动情况;边务章详记边界、卡伦、哨所、界碑的管理。经济编所占篇幅最多,共设16章,其中农业章重点记述农作物结构、分布及品种,按粮食、棉花、油料、蔬菜、瓜果详细分类记述,用表格8个,再现1949~1985年博乐市农作物播种面积、单产、总产量情况,1950~1985年苜蓿种植面积和产量,以及蔬菜、瓜果种植面积和产量;畜牧业章重点记述草场分布、草原建设、畜禽品种改良、牧业管理等内容,反映以农牧为主的经济结构特征。社会编记述人口、民族、人民生活等内容,着眼于多民族杂居特点,系统记述蒙古族、汉族、维吾尔族、哈萨克族、回族等民族的迁入史、语言、宗教、婚姻、衣食住行等方面的情况,尤其详记蒙古族的语言使用情况,用4个表格比较卫拉特方言与察哈尔语,列举蒙古族常用俗语和谚语,还记述了那达慕大会等蒙古族的传统活动。特设农垦编,记述了师直单位和农牧团场的机构、农业、工业、商业、科技、教育、文化、卫生等内容。人物编为40人立传。附录收录伊犁将军金顺奏喀尔莽阿被刺殒命及审办凶犯折,民国《博乐县志》目录、结构、内容摘要等。1993年获全国新编地方志优秀成果奖二等奖。

《博乐市志》书影

C

蔡 沧 曹 昌 长 常
朝 潮 陈 成 城 程
澄 赤 重 崇 楚 川
淳 慈 爨

Cai Qinliang

蔡亲良(1929—2008) 海南文昌人。毕业于南方大学海南分校。20 世纪 50 年代后,先后任临高县新盈公社党委副书记兼社长、县林业局副局长、坡莲公社党委副书记等职。1980 年任县档案局局长兼县地方志办公室主任。参与编写《临高县志》,该志获 1993 年全国新编地方志优秀成果奖二等奖。1991 年退休后,先后为临高县财政局、地税局、信用社、临高师范学校等单位做档案工作。1992 年被聘请编修《海南省志 · 政府志》和《海南省志 · 人事劳动志》。2004 年被评为海南省地方志先进工作者。先后发表档案学和方志学论文 18 篇,主要有《立卷工作要从实际出发》《临高县修志概况》《严格把关,编好县志》等。

Cai She

蔡涉(1932—1998) 原名蔡增仁,笔名羊羽。浙江余杭人。1949 年毕业于建德严州中学。同年入伍,参加土改、剿匪反霸斗争。后调至临安。参与创办《临安报》。1981 年任临安县地名办公室副主任、《中华人民共和国地名词典》浙江卷编委、《临安县地名志》主编等。曾撰写《浙江省分县简志》临安篇。1984 年任临安县文联主席。1988 年任《临安县志》主编。该志首置图说,设自然保护区专编以反映山区特色。后主编《玲珑山志》《青山湖志》《青山水库志》。为浙江省地方志学会理事。方志论文主要有《对四部县志的比较研究》《总纂的关键在精于求质》等。著有长诗《台湾,祖国的明珠》、专著《钱镠》等。

Canglangqu Zhi(Suzhou)

《沧浪区志》(苏州) 主编陈曙光,执行主编徐土根。2006 年上海社会科学院出版社出版。2 册,214.8 万字。设 22 卷 93 章 314 节。志首有 1999 年区行政区划图、区街巷河桥图,宋绍定平江图沧浪区境域部分,清光绪苏州巡警分区全图沧浪区境域部分 4 张地图,彩图 117 幅;随文配插大量黑白图片。上起伍子胥建苏州城;下至 1999 年底,大事记和卷首彩照延至 2004 年底。重点记述 1949 年建区后的历史。园林名胜、艺文、文物古迹、街巷河桥等卷集中体现沧浪区作为苏州文化教育中心和政治中心的人文色彩。园林名胜卷记载沧浪亭、网师园、未开发园林、已废园林等古典园林,民国园林、苏州公园、现代公园等近现代园林,及盘门景区、胥门胜迹、双塔遗韵等名胜。艺文卷选录各类史料书刊中与沧浪亭、网师园、可园、咏南园、半园、柴园、植园、文庙、报国寺等名胜古迹有关的文选、诗词、楹联、碑刻。文物古迹卷记载境内文物保护单位、城址官署、祠庙寺庵、会馆旧宅、古迹遗址,每节均附表格。街巷河桥卷分片区记载城内、城外及已废的街巷、河道、桥梁,重视对已湮废的街巷河桥的记载,设目记载民国及 20 世纪 50 年代后废弃的街巷 98 条,清、民国及 1949 年后废弃的河道 27 条,民国及 20 世纪 50~90 年代拆除的桥梁 73 座等。杂记卷对区境内古今遗闻逸事、奇异珍闻、民间传说、地方掌故中历代志书说法不一之处进行探索辩证。志末索引分列园林名胜文物古迹、街巷桥梁、立传人物(含革命烈士)3 类。

盘门

Cangyuan Wazu Zizhixian Zhi

《沧源佤族自治县志》 主编李明富。1998 年云南民族出版社出版。165 万字。设 29 编 110 章 377 节 733 目。配图照 128 幅、表 197 个。上起明洪武年间,下至 1990 年。民族编着重记述佤族、汉族、傣族、拉祜族、彝族 5 种世居云南沧源的民族的源流、语言文字、生产劳作、生活习俗、婚姻家庭、信仰、节日、丧葬、祭祀、礼俗禁忌等。特设南滚河自然保护区编,详细记述有“北回归线上最后一片绿洲”“植物基因库”之称的国家级南滚河自然保护区的动植物种类及保护情况。军事编分别记述清朝、民国时期及中华人民共和国成立前后的地方武装、军事组织活动,记载班洪抗英斗争(史称班洪事件)、佤山抗日斗争、清末农民起义、解放沧源、沧源保卫战、沧源剿匪战等著名战事。外事编记述中缅边境线沧源段 147083 米边界线的走向、界桩位置,中英勘界、中缅勘界,以及日常界务、外事管理。文物编记述驰名中华的沧源崖画、广允佛寺、农克硝洞、茂隆银矿遗址等,以及沧源木鼓、建设铜鼓、班洪古印、班老古印等文物。

佤族山寨

Cao Shuyuan

曹叔远(1159—1234) 字器远。南宋温州瑞安(属浙江)人。绍熙元年(1190)进士。历任国子学录、涪州通判、太常少卿、礼部侍郎等。纂有《永嘉谱》《江阳谱》《李渠志》等,另著有《周礼地官讲义》《中庸注疏》等。《永嘉谱》[绍熙]。

24 卷。原本已佚，仅见陈振孙《直斋书录解题》、马端临《文献通考》等书著录。首创以年谱、地谱、人谱、名谱为总纲的总纲系目体例。年谱以编年体的形式记载建置、沿革诸大事，地谱记载山川、疆域、名胜、古迹，人谱记载封官授爵、官吏罢免及选举人物，名谱记载物产等。

Changdudiqu Zhi

《昌都地区志》 主编土呷。2005 年方志出版社出版。2 册，225 万字。设 5 卷 39 篇 192 章 646 节。配图照 188 幅。记述范围以西藏昌都地区所辖 11 个县为主。上起事物发端，下至 2000 年底。附录辑录昌都地区主要山峰、江河、湖泊、县乡名称、古今主要地名汉藏对照表，也孙铁木儿皇帝颁给类乌齐寺和尚的圣旨等 13 篇重要文献，《昌都卡若》（节录）等两篇调查报告、碑文、对联、匾额、锦旗、题词、诗歌选辑等文征。①《昌都地区志》政治卷。设 10 篇 38 章 147 节。军事篇专设昌都战役章，记述战役部署、经过，宣传教育，后勤保障，藏军第九代本（“代本”原为旧藏军的一级建制，也指官衔）起义。政事纪要篇设 6 章 15 节，第一章记述元、明、清、民国时期中央政府对昌都的治辖、册封等活动，后五章分别记述昌都解放初期、平息叛乱和民主改革时期、稳定发展时期、“文化大革命”时期和改革开放时期工作开展情况。②《昌都地区志》文化卷。设 7 篇 41 章 131 节。教育篇分 8 章记述昌都地区教育发展情况。文化艺术篇民间文艺整理章记述抢救《格萨尔》史诗、收集整理《五套集成》等内容。文物名胜篇收录昌都地区境内的达玛拉山恐龙化石出土点、侏罗纪古脊椎动物遗迹等自然遗迹 2 处，卡若遗址、小恩达遗址、江钦遗址、森格宗遗址等遗址 4 处，相皮墓葬、小恩达石棺葬、沙贡古墓葬等古墓葬 10 处，仁达摩崖刻文、《丹达山神记》石碑等碑刻、题词 6 处，松曲河谷摩崖造像等石刻造像 12 处。③《昌都地区志》社会卷。设 5 篇 26 章 80 节。地方势力篇分 5 章 15 节，第一章记述三十九族部落

荣获中国人居环境范例奖的“昌庆街”

的名称与分布、组织管理、经济制度；第二章记述拉多土司的沿革、管辖范围、组织管理、经济制度；第三章记述昌都帕巴拉、察雅罗登西饶、类乌齐帕曲、八宿达察济隆四大呼图克图世系的形成、管辖范围、组织管理、经济制度；第四章记述“帕措”和“果巴”的来源与形成、分布范围和规模、内部组织及议事规程；第五章记述帮会与行会的形成、活动等。

Changhuaxian Zhi[Qianlong]

《昌化县志》[乾隆] 甘文蔚、王元音修，王守矩、章起龙等纂。清乾隆十三年(1748)刻本。20 卷，首 1 卷。记述范围为清杭州府昌化县（县治在浙江临安市昌化镇）。分 44 门。卷 1 记建置、疆域、乡镇、坊巷、形胜、风俗、礼制，卷 2 记山川，卷 3 记户口、土田、物产，卷 4~5 记赋役，卷 6 记城郭、学校、公署，卷 7 记关梁（铺迁附）、恤政，卷 8 记水利、兵防，卷 9 记祠祀、寺观，卷 10 记冢墓、古迹、祥异，卷 11 记职官，卷 12 记选举，卷 13 记忠烈、政业、儒林、文苑、戚武，卷 14 记孝友、义行，卷 15 记封荫、贡监、吏选、耆寿，卷 16 记列女，卷 17 记方外、名宦、寓贤，卷 18 记杂记、经籍，卷 19~20 记艺文。志中所引资料均标注出处，对昌化特产鸡血石有较详记载。国家图书馆、浙江图书馆有藏。

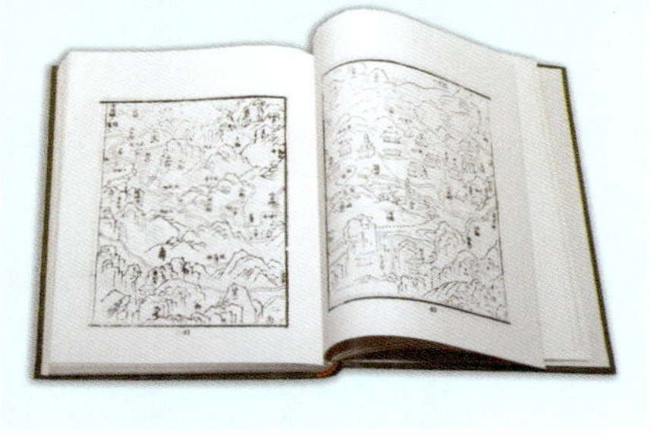

乾隆《昌化县志》（“中国方志丛书”本）书影

Chang'an Zhi[Xining]

《长安志》[熙宁] 宋敏求纂。北宋熙宁九年(1076)刻本。20 卷。约 15 万字。记述范围为北宋以京兆府为中心的 26 个县，相当于陕西西安、咸阳、铜川、渭南、杨凌五市（区）大部，及宝鸡、商洛两市的部分地区。着重记述唐代旧都，并上溯汉以后长安及附近属县情况。详细记载长安的坊市、街道、宫室、官邸，及府县的政治、官员的职务，地方的河渠、关塞、风俗、物产等。京兆尹目略述制度，详记西汉迄唐 19 个重要的京兆尹的事迹，标志着北宋方志述地与记人两种体

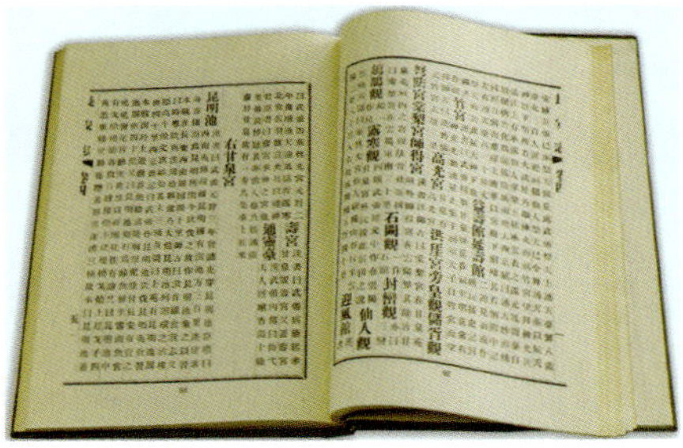

熙宁《长安志》民国铅印本（“中国方志丛书”本）书影

例开始混合。记述汉唐之后，所收资料下延及五代、北宋，记录京兆府行政建制、寺观建筑、文物名胜及诸多史实。后 10 卷以州郡分卷，记述京兆府周围各县的地貌特征，详述关中地区社会现状，体例对后世方志多有影响。清以前的版本有影抄熙宁版原刻本，日本静嘉堂文库藏；明成化四年(1468)郃阳书堂刻本，国家图书馆藏；明嘉靖十年(1531)李经刻本，上海图书馆、中国科学院国家科学图书馆等有藏。留存较多的版本有清乾隆四十九年(1784)毕沅灵岩山馆“经训堂丛书”校刻本，及该版本的清光绪十三年(1887)影印本、光绪十七年思贤讲舍重刻本、1931 年长安县志局铅印本等，首都图书馆、北京大学图书馆等多家图书馆有藏。

Chang'an Zhi Tu[Zhizheng]

《长安志图》[至正] 李好文纂。元至正二年(1342)刻本。3 卷。以北宋吕大防《长安图记》为蓝本，补订、增添金元史事。上卷叙述汉唐长安、宋金京兆

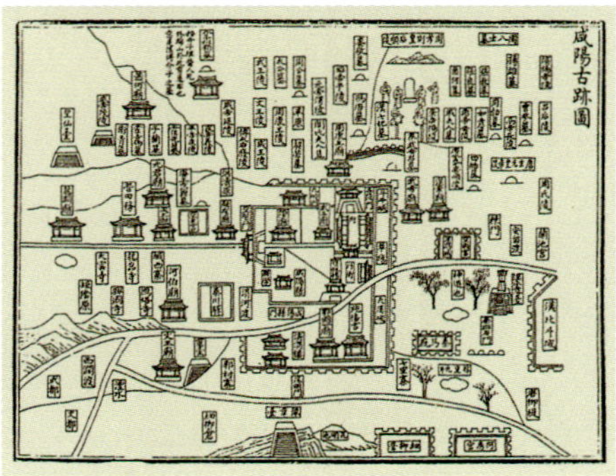

咸阳古迹图

城、元奉元城；中卷叙述关中秦陵、唐陵古迹；下卷叙述关中泾渠及灌田等。全志分志、图两部分，图为志设，附汉三辅图，汉故长安城图，咸阳古迹图，城南名胜古迹图，太华图，奉元城图，唐禁苑、大明宫、宫城、城市制度、骊山宫、昭陵、建陵、乾陵等图20幅。志中保留了鲜见于宋元史料的陕西地区农田水利建设资料，如侯蒙所撰碑文，详载丰利渠开凿的背景、经过，劳工、费用的支出，渠的大小、灌溉面积等；详载元代泾渠各处用来均水的135个斗门及其具体名称，《用水则例》反映了元代泾渠渠系用水管理的规章制度，《建言利病》记载了时人关于泾渠水利建设的观点及解决建设过程中出现弊端的办法等。元刻本已佚，明嘉靖十年(1531)，李经将其与《长安志》合刻，国家图书馆有藏。其他刊本有清乾隆四十九年(1784)毕沅灵岩山馆刻“经训堂丛书”校刻本、清光绪十七年(1891)思贤讲舍据“经训堂丛书”重刻本、1931年长安县志局铅印本等。

Changbaishan Zhi

《长白山志》 主编王季平。1989年吉林文史出版社出版。64.7万字。设13编50章130节。配彩色和黑白图片46幅、表近百个。长白山为中朝两国界山。该志以吉林省计划经济委员会国土开发整治办公室划分的长白山区(辖22个市县)为记述范围，主要涉及长白、抚松、安图、浑江(白山)、和龙等市县。除大事记要上溯汉元朔元年(前128)外，其余上限不做规定，下限至1987年。详记物产、资源的数量和分布，注重吸收当代科学成果，记述野生动植物、地质地貌、气候、矿产、保护区及资源利用等内容约占全书的57%。胜景主要在自然地理中记述，如在山编中记述天池奇峰等山峰19座，在胜迹编中也做简要记述。山事编记述地理位置、山名、人口，大事纪要记述天池怪兽、长白山火山喷发、打牲乌拉总管穆克登奉康熙密谕查边界、朝鲜国王请求勘界清廷允之、建置沿革、国家领导人视察延边等，其中对天池怪兽出现时间的记述是有文献记载以来最早的。建置记述长白山区的历史沿革。民族记述肃慎族、挹娄族、勿吉族、靺鞨族、女真族、满族、朝鲜族的情况。山祭记述金代、明代、清代的祭山活动。1990年获北方十五省、市、自治区哲学社会科学优秀图书奖。1995年获吉林省社会科学优秀成果特等奖。2002年再版，主编全哲洙。62万字。设10篇40章132节。增加题词、墨迹和彩色图片等资料。

长白山天池

Changchunshi Zhi

《长春市志》 主编张广益。1990~2010年分别由吉林人民出版社、吉林文史出版社、长春出版社、东北师范大学出版社出版。82卷，3646.6万字。由1部总志和78部分志组成。上限因事而异，下限为1988年底。设文物、电影等分志突出地域、文化特色。在1993年全国新编地方志优秀成果评奖中，电影志获一等奖，金融志获二等奖，审判志获三等奖。①《长春市志·电影志》。主编胡昶。1992年东北师范大学出版社出版。39.3万字。设制片生产沿革、体制机构、人员、影片、影片发行放映、设备技术、队伍培训、对外交流、电影刊物9章，下设32节。志末附表序索引23条、图片目录90条。该志以长影的历史行程和长春的电影活动为基本线索，记述1988年前长春电影事业的情况。体制机构章记述株式会社满洲映画协会、东北电影公司、长春电影制片厂(“长制”)、东北电影制片厂、长春电影制片厂的情况。影片章分5节记述故事片、纪录片、新闻片、科教片、译制片、美术片、电视片的拍摄情况，并附各类影片目录；特设获奖影片节，记述《中华儿女》《赵一曼》《白毛女》《五朵金花》《甲午风云》《末代皇后》等影片在国内外的获奖情况。正文后附人物、大事记、附录，人物为43人立传，有电影摄影师张绍柯、杨荫萱，电影事业家王瑞麟，剧作家王震之，作曲家张国昌，导演王滨、沙蒙，演员高平、张巨光，美术师徐渭，特技设计师文亚奎，电影工作者廖凡，厂党委书记岳林等；附录收录长影电影制片厂艺术片目录(1949~1988)、长影电影制片厂译制片目录(1949~1988)、“满映”故事片目录(1938~1945)。②《长春市志·文物志》。主编赵德让。1995年吉林人民出版社出版。30万字。设古代遗迹，近、现代遗迹，重要文物，表4章，下设19节。重点记述周家坊旧石器时代遗址、左家山新石器时代遗址等古代遗址37处，李家围子抗俄斗争遗址、沙俄炮台群遗址、万宝山事件遗址等近、现代遗址7处，农安、广元店、万金塔等古城24座，老河深汉代墓群、姜家屯古墓群等墓葬10处，长春县公署、沙俄宽城子火车站、二道沟中共长春地下活动旧址、日本关东军宪兵司令部、伪满洲国帝宫等旧址31处，杏花村碑、苏联红军烈士纪念塔、西安广场烈士陵园等纪念碑(塔)5处，军

长春电影制片厂

假司马印、盘状石核等重要文物218件。附录收录省级重点文物保护单位14处、市级重点文物保护单位92处。

Changgexian zhi(jiuzhi)

长葛县志(旧志) 县志创修于明正德十二年(1517),李璇、车明理纂修,6卷,存诏诰(卷4)、地方官吏歌功颂德的碑文(卷5)、题咏(卷6)。明万历年间黎垫再修县志(明《内阁藏书目录》《千顷堂书目》著录),已佚。清顺治十三年(1656)徐升纂修县志一部,已佚,存序。清康熙、乾隆年间所修县志尚存。民国修成县志一部。

《长葛县志》[康熙] 何鼎纂修。康熙三十年(1691)刻本。8卷。设33目。每卷前有总序,后有总论;每目前有小序,后有简论。在旧志基础上删繁就简、补旧增新而成。何鼎在凡例中提出征文献、分条目、定次序、广搜览、慎采辑、补缺略、删芜谬、存实迹、正体裁、论文义、公责任、谨法守等12条原则。志中续增古迹30多处。方舆志囊括地理、历史,记疆域注重其在全国的位置,述其与各省交通联系,记载主要通道的起止和修筑。人物志设列传、分传。国家图书馆、北京师范大学图书馆、广西师范大学图书馆等有藏。

《长葛县志》[乾隆] 阮景咸修,胡本立、傅煌纂。乾隆十二年(1747)刻本。10卷。约10万字。脱胎于康熙志,目录基本继承前志,不同之处为官师、选举分别设目;人物、列女分别设目;增杂述,辑各目不便收用的资料。对坡堰沟渠、赋税、兵事等的记载详细,优赉目记载70岁以上高寿老人数百名。过简之处如方舆目,除附录坡堰沟渠外,其余皆一掠而过;籍赋目除赋税外,余皆草率从事。过繁之处如学校目,详记孔庙大成殿、四配、十哲、东西两庑近百人的神主,以至祭器、舞器、乐器之类,迎神的初献、亚献、终献之礼等。国家图书馆、南京图书馆、河南省图书馆等有藏。

《长葛县志》[民国] 陈鸿畴修,刘盼遂、张蔚蓝纂。1930年刊本。10卷。

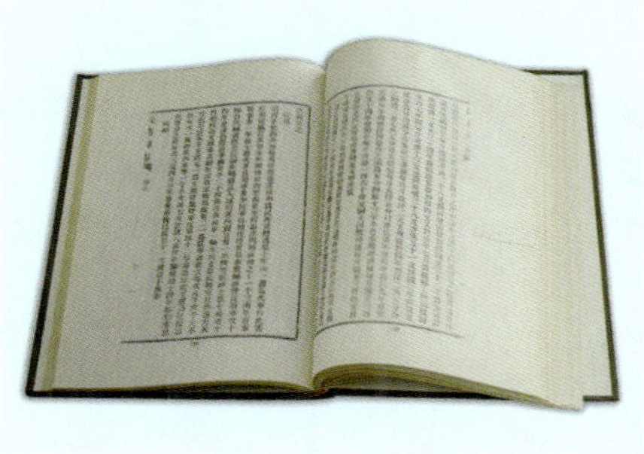

民国《长葛县志》("中国方志丛书"本)书影

约27万字。卷各一目。清末及民国兴办的实业、教育等新政见载于政务志、教育志。政务志中记载的清代军汛及民人军勇和历代兵匪事记,反映了太平军、捻军和民国时期军阀混战等情况。食货志所辑史料反映了清末和民国时期捐税日重、征徭益繁等情况。立传入志的清代以后人物213人,除职官6人外,均为各行业名家及热心公益的名人。国家图书馆、中国科学院国家科学图书馆、河南省图书馆、河南省博物院等有藏。河南长葛县志编纂委员会进行标点、校勘、注释,1987年,由中州古籍出版社列入"河南旧志整理丛书"出版。

Changjiang Zhi

《长江志》 水利部长江水利委员会主持编纂,总编洪庆余。2007年中国大百科全书出版社出版。23册,1000余万字。设7卷25篇。上溯事物起源;下至20世纪90年代,部分统计资料统

《长江志》目次一览表

册名	内容	主编
	【第一卷】	
《水系》	江源水系、金沙江水系、川江水系、中游水系、下游水系	喻学山
《自然条件 社会经济》	地质、地貌,气候、水文,土壤、植被,资源,流域行政区划,人口与民族,农业、林木水产业、工业,交通、通信,城市与区域经济	石铭鼎、郭念森
《自然灾害》	水灾、历史水灾年表、典型大水年灾害、旱灾、地质灾害	罗钟毓、陈飞
《历代开发治理》	古代开发治理、近代开发治理、当代开发治理	席珍国
	【第二卷】	
《水文》	水文站网、水文测验、水文资料整编、水文调查、水文情报预报、水文分析计算、河道演变规则、水库水文泥沙观测、水文实验研究	韩承荣
《测绘》	大地测量、地形测量、水利水电工程测量、地图编绘与印制、组织机构与业务管理、测绘技术发展	严子善
《工程地质勘察》	流域地质,干支流工程地质勘察,主要水利枢纽工程地质勘察,南水北调工程地质勘察,地方、涵闸、渠道工程地质勘察,工程地质勘查技术发展	陈飞、严沛漩
	【第三卷】	
《规划》	流域规划、干流河段规划、主要支流规划、跨流域调水规划、区域水利规划、专业水利规划	谭培伦、陈肃立
《设计》	水工设计、机电设计、施工设计	徐麟祥
《科学研究》	河流泥沙研究、水工水力学研究、水工建材研究、工程结构研究、土工试验研究、岩石力学与工程试验研究、工程振动研究、工程爆破技术试验研究、大坝安全监测技术研究、仪器设备研制	刘大明
	【第四卷】	
《防洪》	洪水与洪灾、防洪规则、防洪工程建设、防洪非工程措施、城市防洪、长江防汛、主要参考文献资料(附录)	许正甫、许高俊
《水力发电》	水力发电的前期工作、大型水电站、中小型水电站、水力发电与电网	罗泽华、周棣华

续表

册名	内容	主编
《灌溉与城乡供水》	上游灌溉、中游灌溉、下游灌溉、灌溉试验与新技术、城乡供水	俞澄生
《航运工程》	长江干流航道整治、上游支流航道整治、中下游支流航道整治、人工运河、港口建设、通航建筑物	万晓文、罗海超
《水土保持》	水土流失概况、水土保持工作进程、重点治理、小流域综合治理试点、法规建设与监督执法、水土保持科学技术的发展	史立人
《水资源保护》	水资源保护规划、水质监测、水工程环境影响评价、管理与法规	袁弘任
	【第五卷】	
《综合利用水利枢纽建设》	丹江口水利枢纽、葛洲坝水利枢纽、三峡水利枢纽、其他综合利用水利枢纽	崔志豪
《水库移民与库区建设》	流域各省水库移民与库区建设、丹江口水库移民与库区建设、三峡水库移民与库区建设	王有秋
《湖区开发治理》	洞庭湖区、江汉湖群、鄱阳湖区、太湖区、其他湖泊	张惠
《中下游河道整治》	河道整治规划、荆江河道整治、城陵矶至湖口段河道整治、湖口至徐六泾段河道整治、河口段整治	罗海超、潘庆燊
	【第六卷】	
《水政》	机构、法规、管理	潘允一
《人文》	长江流域文化发展简述、治江人物、治江文献、水利文物	席珍国、訾幼峰、栾临滨
	【第七卷】	
《大事记》	古近代大事记(公元前221年以前至1949年9月)、当代大事记(1949年10月至2000年)	潘允一、王述奎、熊正安

计至1985年,个别重大事项延至2003年。内容以河流治理与流域水资源开发利用为中心,以当代长江水利建设为重点,兼及自然地理、人文、社会经济。

Changshashi Zhi

《长沙市志》 总编李斌恺。至2004年由湖南出版社出齐。17卷,800余万字。设104篇516章1867节。配图照119幅,每卷扉页插有岳麓书院照片1张。上起清道光二十年(1840),下至1987年,

《长沙市志》书影

部分有所上溯或下延。注重综合记述,设总述、综述、无题序等,城建、工业、农业、商贸4篇下设综述。设专记和挂靠篇章的附记,突出地方特点、专业特点。首卷及商业、经济管理、重工业、政事、教育/科技/卫生/体育5卷中均设专记,共16篇,记述内容包括1983年长沙市接管湘阴县钩沉,棉布统购统销,工矿区商业,长沙米市,长沙海关,长沙市资本主义工商业的社会主义改造,热加工工艺,军工生产,知识青年上山下乡,毛泽东和刘少奇在长沙接见部分外国元首和知名人士情况,湖南时务学堂,学前班,长沙市、区少年宫(之家),社会力量办学,爱国卫生运动,婚前体检与计划生育技术指导。除人物、大事记及末卷外,其他14卷均设附,附记26篇、附录64篇。建置篇中设考体,附长沙封王考录、建置沿革考选录、长沙古城变迁、长沙市区古旧街巷地名录。突出长沙的省会城市地位;以大事记为纲,辅以总述史略及各专业志的沿革章,详记名胜古迹,体现长沙的全国历史文化名城地位。详独略同,反映地方特色和行业特点,重点记述湘菜、湘绣、湘戏、名店老字号等,如文化卷设戏剧事业章,重点记述长沙湘剧、长沙花鼓戏等剧种,《拜月记》《园丁之歌》等湘剧剧目,《刘海砍樵》《打铜锣》《补锅》等花鼓戏剧目,长沙市湘剧团、长沙市花鼓戏剧团等表演团体,宜春园、湘春园、寿春园等七大戏院,文华剧院、解放剧院、长沙剧院等八大新剧院。文物名胜篇设小节重点记述岳麓山、岳麓书院、橘子洲头、天心阁、马王堆汉墓,还记述寺庙教堂10处、祠亭塔坊21处及其他景观14处;古遗址34处、石刻墓志54处、古墓葬51处,馆藏文物168件;近现代史迹69处,及浏阳境内存土地革命时期的标语240多条、诗歌7首、漫画9幅。1997年第十一卷、第十二卷获湖南省地方志优秀成果奖一等奖。

Changwuxian Zhi[Qianlong]

《长武县志》[乾隆] 樊士锋修,洪亮吉等纂。12卷。7万余字。分12门。全部以表格形式记述。记事止于清乾隆四十八年(1783)。分县境沿革表、县境

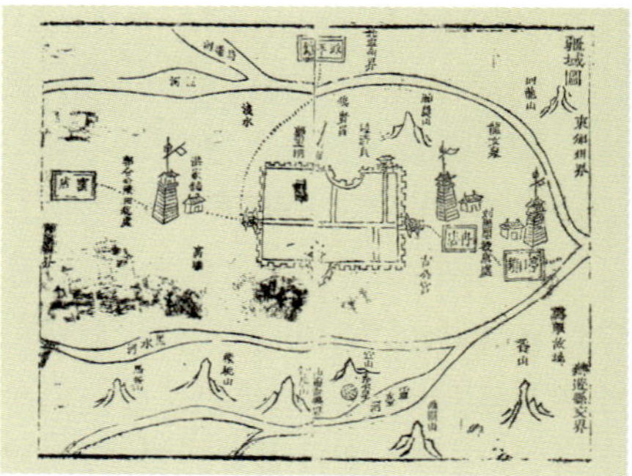

长武县疆域图

山川表、县境故城今城表、县境桥亭镇堡寺庙表、县境衙署坊市驿递表、县境道里表、县境地丁银粮表、秩官表、科贡表、九品表、彝行表、列女表。附疆域图、城池图。文简事赅。也有评价认为该志多仿效正史体例,载述过简;史料取舍重古轻今,范围偏窄。清嘉庆二十四年(1819),李大成重刊,续补《长武县志附后续刻》25篇,包括县志摘讹辨和碑文

诗词等，其中22篇为李大成所作，大多记载本县古迹、人物诗文。陕西省图书馆、天津图书馆、甘肃省图书馆等有藏。

Changxingxian Zhi[Jiaqing]

《长兴县志》[嘉庆] 邢澍修，钱大昕、钱大昭纂。清嘉庆十年(1805)刻本。28卷，首1卷。卷首为序图、旧志源流。正文约30万字。设29门，附类8门，该志以明嘉靖《长兴县志》(已佚)为蓝本，在清顺治、康熙、乾隆三部《长兴府志》基础上，增补乾隆十三年(1748)后史料。其中疆域、风俗、物产、帝王4目记述详备，风俗特重养蚕俗礼。记述人物时，重视实迹。艺文目对梁以后的文人学者均有记载。修纂者认为金石文字可以考订经史，尤对地理有益，故立碑碣目；立杂识目，兼及考证；立辨证目，订正前志内容。后沈登瀛作《长兴县志条辨》1卷，对该志有所订正。故宫博物院图书馆、北京大学图书馆、上海图书馆、浙江图书馆等有藏。

嘉庆《长兴县志》("中国方志丛书"本)书影

Changzhixian zhi(jiuzhi)

长治县志(旧志) 县志创修于明万历年间，张主敬任知县时主持修纂县志，已佚。清康熙、乾隆、光绪朝三修县志，均存。民国时期，郭保清、裴宝堂等纂修县志未果。

《长治县志》[康熙] 姜愃修，于公胤纂。康熙十二年(1673)刻本。8卷。分29目。卷1有图考及古郡治图、县治图等6幅。每目前有小序，文内有按语。其中，户口目记载自明洪武迄清初人口变化。物产目记壳属、菜属、果属、药属、叶属、木属、草属、禽属、兽属、虫属、货属等。职官目记知县、县丞、主簿、典史等。陵墓目记载战国华阳君墓、汉鲍子都墓、唐郑惠王元懿太妃墓等53处陵墓。古迹目记铜鞮宫、飞龙宫等53处。隐士目记唐代郝洽辞官不就的事迹。星夜目附载祥异，记有明崇祯十三年(1640)因饥荒出现父子兄弟相互杀食的惨状。艺文目收录赵于敏《邑侯公生祠记》、公胤《移建乡贤祠记》，后者续增周汉以后乡贤26人。国家图书馆、南京大学图书馆藏刻本，上海图书馆藏抄本。

《长治县志》[乾隆] 吴九龄修，蔡履豫纂。乾隆二十八年(1763)刻本。28卷，首、末各1卷。分46目。卷1有图说，及星图、绘图共34幅。较康熙志，新增兵制、武事、地表、忠烈；户口、田赋合为赋役目。增康熙十二年至乾隆二十八年事。各目前有总述，后有总论，文内兼收前人论断。潞绸目详记绸机数量、绸产量等。祥异目记元延祐三年(1316)漳水水患、明成化十三年(1477)瘟疫等事。事迹目记载历代大事，以兵事居多。杂志目多记载遗事异闻，并析疑辨证。艺文目篇幅占全志1/3。山西省图书馆、山西大学图书馆等有藏。

《长治县志》[光绪] 李桢、马鉴等修，杨笃纂。光绪二十年(1894)刻本。8卷，首1卷。约29万字。分五表、七志、六传、三记，统43目。首卷有疆域图、四乡分图、山川图、城池图、祠庙街道图、衙署文庙图、八景图。金石志记古布(布为一种古代钱币)、摩崖、碑碣、经幢。艺文志分经、史、子、集收录著述，均注明存佚。诗文不设专目，散注于各门目下。史传录自正史；集传集录诸书，集清代16人；列传录自旧志。大事记所载以兵事、灾荒居多，包括清顺治十七年(1660)织绸户焚机罢市一事。该志开雕之后，新采史事随续随刊。山西省图书馆、山西大学图书馆有藏。国家图书馆藏1923年赵丕廉补修本。山西师范大学图书馆藏1933年重印本。

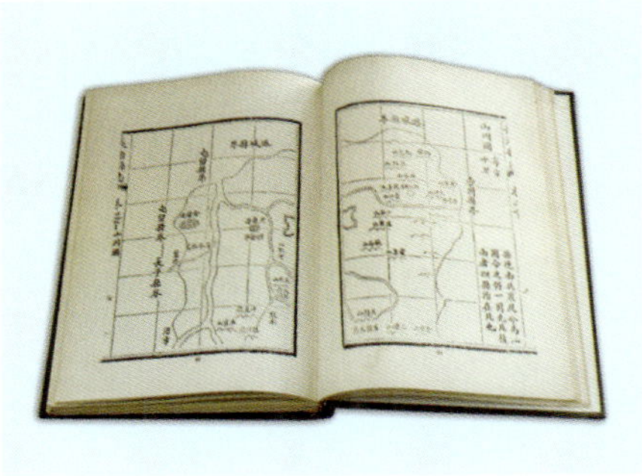

光绪《长治县志》("中国方志丛书"本)书影

Changdefu zhi

常德府志 常德府(治所位于湖南常德市)于明以前修有记述辖域范围内的志书17部，明代有永乐志、成化志、嘉靖志，清代有乾隆志稿，均佚。存明嘉靖志，清康熙志、嘉庆志。①《常德府志》[嘉靖]。陈洪谟纂，王俨校。嘉靖二十六年(1547)刻本。20卷，分地里志、建设志、食货志、学校志、祠祀志、官守志、兵防志、人品志、艺文志、方外志(附拾遗)10纲，列39目。着重记述物产、人物、艺文。详记谷、果、花、草、木、竹、鳞、介、虫、鸟、兽、货等十余类300余种物产的生长生活环境、特点、用途，分多有、有、间有3等。官守志、人品志记马援、黄盖、岳飞等千余人。艺文志收录历代歌咏桃花源、青尉祠、刘备城等古迹的诗文、碑记。天一阁有藏。②《常德府志》[嘉庆]。应先烈修，陈楷礼纂。清嘉庆十八年(1813)刻本。以乾隆志遗稿为底本，兼采各县成书纂辑而成。48卷，首1卷。设二纪(皇朝大政、古大政)、十考(舆图、山川、建置、赋役、祠祀、风俗、学校、武备、物产、艺文)、五表(沿革、封建、职官、选举、人物)，政略、七传(列传)。附文征9卷，汇集诗文；丛谈3卷，辑时令、俗谚。国家图书馆、湖南图书馆、湖北省图书馆等有藏。

Chang Kuan

常宽(生卒年不详) 字泰恭。晋蜀郡江原(四川崇州)人。常璩族祖。西晋末年避乱至交州(越南河内)，历任繁县令、武平太守等。纂有《续益部耆旧传》《蜀志》《蜀后贤传》等，多已佚。其所纂志书被辑入文廷式《补晋书艺文志》、吴士鉴《补晋书经籍志》、姚振宗《隋书经籍志考证》等书中。另著有《典言》5

篇。①《续益部耆旧传》。2卷。续陈寿《益部耆旧传》而作。主要记梁州、益州历史人物的事迹。晋时已佚,《隋志·经籍志》中有收录,但未录著者姓名。姚振宗认为,此书乃依据他人所作《益部耆旧传》与常氏《后贤志》两书而成,以常书为多。②《蜀志》。不分卷。据《华阳国志校补图注》记载:"晋初,陈寿与王崇各撰《蜀书》,记刘二牧与蜀二主君臣史事。其后常宽纂《蜀后志》,记晋武帝时蜀中官吏。"《隋书·经籍志》记作"《蜀志》一卷(东京武平太守常宽撰)"。内容局限于三蜀(川西平原、川南一带),未涉及巴汉地区。

Changshushi Zhi

《常熟市志》 主编瞿鸿烈。1990年上海人民出版社出版。167.1万字。设27篇148章511节。卷首有题词2幅、照片136幅、地图3幅。记述时限原则上上起清宣统三年(1911),下至1985年;为承先启后,自然地理、建置区域等编通合古今;其余各编对某些事类的记述,上限均从实际出发;大事记下延至1988年。1993年获全国新编地方志优秀成果奖二等奖。2002年起,沈秋农、彭根华、浦君芝先后主持修订。2006年出版修订本。190万字。纲目结构、记述下限不变。重点修订大事记、自然地理、教育、文化、藏书/著述、文物/园林/名胜、人物6编及志余,总修订量超过全书30%,共修订4000余处。教育编增加历代进士名录485人、教育团体18个。藏书/著述编历代藏书章全部改写,增加私家藏书,官府、书院、寺观藏书;藏书家选介章对明赵氏脉望馆、明清之际钱氏绛云楼、毛氏汲古阁、清张金吾爱日精庐、瞿氏铁琴铜剑楼、翁氏宝瓠斋等15家详其始末;今存善本书目章著录市图书馆等单位存藏善本书;邑人著作书目章著录民国及1949年后乡邦文献。人物编增记古代与近现代名人83人,包括常熟名人馆入馆人物34人、状元6人、宰相2人,及《明史》《清史稿》《辞海》《民国人物大辞典》收入而市志未录的常熟人;英模榜增加75人。建置沿革章增设虞山林场节。

《常熟市志》书影

Chaoxian zhishu

朝鲜志书 朝鲜修志约始于15世纪或稍早,18世纪进入巅峰,19世纪末逐渐衰落。根据《东亚古方志学探论》,朝鲜李朝时期共编修各种志书1600多种,存世1000种以上。其中全国总志以《东国舆地胜览》最为著名;记述一地的以《中京志》较为出色;专志中以书院志较有特色,存80余种。

《东国舆地胜览》 卢思慎、姜希孟、成任、梁诚之、郑孝恒、金自贞、李淑瑊、朴崇质、朴楣、徐居正等修纂。朝鲜李朝成宗十二年(1481)成书。50卷。1485年成宗命人对其修正并刊行,35卷。1499年再次改修。中宗时期,李荇等人受命增补,于中宗二十五年(1530)成书,名《新增东国舆地胜览》,共55卷。开篇是《进新增东国舆地胜览笺》《新增东国舆地胜览序》《进东国舆地胜览笺》《东国舆地胜览序》,交代编修原因、完成时间、主要内容、编修人员等。之后是《八道总图》。正文按行政区划分为京都、汉城府、开城府、京畿道、忠清道、庆尚道、全罗道、黄海道、江原道、咸镜道、平安道11纲。各纲开篇绘有本道地理位置略图,并综述地理和政区历史沿革。记述域内情况遵循横排竖写原则,横排建置沿革、风俗、庙社、陵寝、宫阙、官府、学校、土产、孝子、烈女、城郭、山川、楼亭、寺社、驿院、桥梁、名贤、题咏等目。根据各地实际情况的差异,或增或减,所记内容或详或略,不一而同。下分若干子目,每个子目记述都以时间为序,最早追溯到公元前2世纪的前三国时期。增修部分设新增条目,与以前的版本形成明显对比。此志深受《方舆胜览》和《大明一统志》影响,也有创新之处,与《方舆胜览》相比,土产、学校、楼阁、驿站等目后置,山川、庙社、道观、陵寝、宫室等目前置;与《大明一统志》相比,土产、学校等目后移,公署、寺刹、祠墓等目前移。结合朝鲜王朝自身姓氏复杂的特点,单列姓氏目,根据姓氏来历,分为土姓(指以州府郡县的名称作为祖籍的姓)、来姓(指从别的地方移住此地而得到的姓)、续姓(指高丽时代没有记载、15世纪才第一次出现的姓)3类。末为跋文,阐述《新增东国舆地胜览》对《东国舆地胜览》的增补原则、增补内容等。1971年,韩国民族文化促进会整理出版《新增东国舆地胜览》。

《中京志》 先后有《松都志》《松都续志》《松都志补遗》《松京志》等不同名称。松都、松京、中京都是朝鲜开城的古称。李朝仁祖十二年(1648)初修。此后分别于肃宗二十六年(1700)、英宗三十三年(1757)、正祖六年(1782)、正祖七年至九年、纯祖二年(1802)、哲宗六年(1855)、高宗二十一年(1884)等续修与合刊。始修主要依据《松都杂记》,续修重点集中在大事记述、人物列传、诗文附列。全书体例大致沿用中国古图经变体,内容受宋、明方志影响,兼记地方史地,历史方面的内容多于地理。重视教化,强调表彰人才、崇厚风俗。引用中国文献较多。

朝鲜书院志 朝鲜书院志的编纂始于李朝中宗时期的《竹溪志》,之后出现《迎风志》。17世纪后,书院的实际运营权逐渐由被祭享人物的后孙或者家族掌握,朝鲜书院志逐渐趋向于以记述人物为中心。与中国的书院志不同,不设与讲学、藏修有关的类目。这一时期出现的《西岳志》,内容由书院创置、三贤事实(关于祭奠人物的记录)、诸贤称述(后人对三贤的赞扬文)三部分构成;《庐江志》由立院事实、重建事实、追祔事实(关于追加祔享的记录)构成,除关于祭享人物的记录外,还收录了门人后孙之间围绕祭享与否而展开的是非论证。到18世纪,这种倾向更加突出。19 世纪出现的《庐江志续志》共 7 卷，其中 6 卷记录了士林间围绕追加祭享南致利问题而发生的论辩内容。《考岩书院志》还收录了为祭享人物辩护的辩诬录和伸冤录的内容。①《竹溪志》。周世鹏编纂。6 卷。卷首有周世鹏所撰序文，阐述了悔轩祠、白云洞书院的建立及《竹溪志》的编纂始末；另有白云洞文成公安珦的庙记。卷 1 安氏行录收录《文成公传》《竹溪志行录》等安珦后孙们的行录、书、祭文、诗、歌、上呈监司的上书等 39 篇，其中有安珦所作景几体歌；尊贤录收录朱子所撰有关白鹿洞书院及周敦颐等人物的祠堂记等 21 篇；学田录收录朱子的学田录等 11 篇，并介绍了白云洞书院拥有土地的情况；藏书录收录朱子的藏书阁记等 6 篇；杂录收录朱子的白鹿洞古事及丰基郡关联记文 54 篇；别录记载从《论语》《孟子》《礼记》等经书中摘取的与为学、立教、辟邪有关的内容，并按类别收录。志中收录了白云洞书院运营的 5 条院规及细则。②《迎风志》。首为李滉所撰《迎风书院记》。之后书院录收录《衡州石鼓书院记》等记文，还整理转载了从《大明一统志》中摘选的中国 90 个州 312 家书院的由来和被祭享人物，最后收录白云洞书院申请赐额时李滉所撰《退溪先生上沈方伯书》。李氏行录中收录在迎风书院中祭享的李兆年、金宏弼、李仁复。学规录中记录了有关迎风书院运营的各种事项及内容，由谨祀、礼贤、勤课、修宇、考廪、点书、泽院长 7 项学规和 8 条细则组成。藏书录中提出书院讲学及院生学习而藏书的必要性，并收录书院所藏 55 种 467 卷书籍，还收录与书院财政有关的学田录、庙院定议录、祭式等。

Chaoyixian Zhi[Qianlong]

《朝邑县志》[乾隆] 金嘉琰、朱廷模修，钱坫纂。清乾隆四十五年(1780)刻本。11 卷，首 1 卷。分地形考，胜迹考，县尹、丞、尉、簿、史考，历代著闻人考，本朝著闻人录，孝行、忠义并节烈妇录，

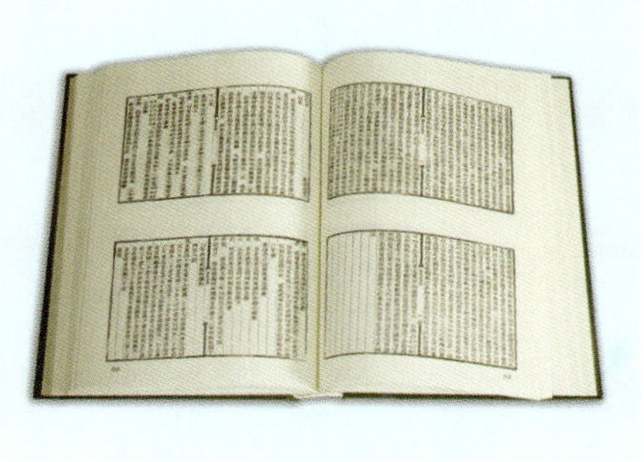

乾隆《朝邑县志》(“中国地方志集成”本)书影

城池、公署、学校、坛庙修建录，赋税录，科举录，缀录，修志源流录。目录、序冠于篇首，序中考辨虞与芮、西河与河西、王城与武乡。综合前志，续其后 60 余年事，记事止于清乾隆四十四年。意取体要，载述极为简核，当地之因革、形胜、土俗、民风、人物、兴衰俱见。新增史料不多，对前志史料有详细考证，尤以地形、胜迹两门最详。将前志艺文志中诗文，分别附入胜迹考有关条目中。北京大学图书馆、陕西省图书馆、陕西历史博物馆等有藏。另有清道光十一年(1831)补刻本。

Chaozhoufu zhi

潮州府志 明洪武二年(1369)置潮州府(广东省潮州市)。据《千顷堂书目》著录，明代潮州府志有永乐志、正统志、景泰志、天顺志、弘治志、嘉靖志 6 种，仅嘉靖志存世。清顺治、康熙、雍正、乾隆年间 4 次修志，胡恂修、蓝鼎元纂雍正十年(1732)志散佚，《鹿州初集》中存其部分篇章，其他 3 种府志存世。1965 年饶宗颐将《永乐大典·潮州府》、嘉靖志、顺治志、民国《潮州志》集为《潮州志汇编》，由香港龙门书店出版。

《潮州府志》[嘉靖] 郭春震等纂修。嘉靖二十六年(1547)刻本。8 卷。分 8 门，不设艺文志。每记一事物，多附录历代记述这一事物的著名诗文。志中直书善恶、利弊，如官师志、人物志中记述了十多名贪官，田赋志中以按语的形式对境内赋税徭役的弊端提出了批评。台湾藏卷 1，日本内阁文库藏完本。

《潮州府志》[顺治] 吴颖、贺宽等纂修。顺治十八年(1661)刻本。12 卷。门类设置以嘉靖志为蓝本，赋役、祀典、官师、科名、人物 5 门设置相同；不设地理、建置门，改设地书门；山川、古迹设为独立门类，增设兵事、轶事、古今文章门。目录中标示人物列传 245 篇、兵事记事 122 篇、山川山水记 38 篇、古迹记 39 篇、轶事 53 则、诗 259 首、文 161 篇，为他志少见。国家图书馆有藏。国家图书馆、广东省立中山图书馆藏清康熙五年(1666)增补本。国家图书馆、中国科学院国家科学图书馆、北京大学图书馆、广东省博物馆等藏 1957 年广东省立中山图书馆油印本。山东大学图书馆藏抄本。

《潮州府志》[康熙] 林杭学修，杨钟岳纂。康熙二十三年刻本。16 卷，首 1 卷。设 28 目。艺文目 6 卷，约占全书 1/3。风俗、物产、古迹等目列于艺文之前。沿前志设人物目，另分孝义、隐逸、流寓、列女 4 目。新增星野目，形胜、关隘、水利附于疆域目，仙释附于寺观目。其他门目大多沿袭顺治志。国家图书馆、南京大学图书馆有藏，广东省立中山图书馆藏残卷。

《潮州府志》[乾隆] 周硕勋纂修。乾隆二十八年(1763)刻本。42 卷，首 1 卷。分 36 门。每门纂修均是在总结前人修志经验教训的基础上，再定下具有特色的规范。较前志考订较详，资料较充实。但在大篇幅的艺文中对选用的文章任意“剪裁润饰”，致多失真。故宫博物院图书馆、浙江图书馆等有藏。国家图书馆、广东省立中山图书馆等藏乾隆四十年康基田增刻本，因当时禁毁图书，对原版本内容有删减，补刻康基田重修“抄存旧志”一卷，增补原版缺载而前志有载的一些人物；还藏有清光绪

光绪重刊乾隆《潮州府志》(“中国方志丛书”本)书影

十九年(1893)重刻乾隆四十年本,重刻补印之前删去的部分内容,但引《广东新语》的50处及选举、职官中的人物6处仍缺。

Chaozhoushi Zhi

《潮州市志》 主编廖来保。1995年广东人民出版社出版。2册,348.8万字。设29篇123章。编入彩图52版,文内插入黑白图片300多幅、题词题字4幅、古今各类别图8份。上起事物发端;下至1988年,大事记及附录延至1991年。工业编设专章记述潮州地区抽纱工业的起源与发展,商号与机构,使用原料及辅助材料,产品品种及名优产品,主要工艺技艺,经营与销售情况等。专设

畲族民俗

一编记述政治运动,内容包括镇压反革命、"三反""五反"、整风反右、反"地方主义""反右倾""文化大革命"等。民族编设章记述境内畲族的历史发源、语言特点、民族关系、经济发展、文教事业、民俗习惯等。人物编为已故爱国诗人丘逢甲、革命烈士李春涛、海外侨领郑智勇等潮州籍名人及唐代韩愈、宋代陈尧佐等为潮州发展做出贡献的非潮州籍人士立传,对李嘉诚、谢慧茹、陈伟南、郑镜鸿等当代在世知名人士做简明扼要的记述。专辟乡镇街道章,从"块"的角度记述每一个地区的事和人。

Chen Futong

陈福桐(1917—2010) 笔名梧山。贵州遵义人。贵州省立第三中学毕业。曾在遵义从事教育工作。1949年后,在贵州省文联、文史馆等单位工作。1980年任贵州省志编写筹备组成员。后任《贵州省志》副总纂、贵州省地方志协会副会长、贵州历史文献研究会执行理事。曾到威宁、兴义、安龙等县发动修志。各地修志机构建立后,组织举办各种培训班。参与志书篇目拟订、初稿纂写、审定。在他的倡导下,省地方志办公室组建《贵州年鉴》编辑部;组织专家编印"贵州地方志参考丛书";推动企业、乡镇、部门编修志书,如《茅台酒厂志》《三角乡志》《黔灵山志》等。方志论文主要有《修志从业十题》等。自集《梧山诗存》《梧山文存》《修志文存》3部书稿。

Chen Lei

陈雷(1917—2006) 原名姜士元,曾用名陈雨田,笔名老泉山人。黑龙江桦川人。高中学历。1933年参加抗日活动。曾任苏联国际红军绥化卫戍区副司令员、新民主主义青年团黑龙江省委书记等职。中华人民共和国成立后,历任中共黑龙江省委书记处书记、省委副书记、省长、省顾问委员会主任等职,1982年黑龙江省志编审委员会(后更名为黑龙江省地方志编纂委员会)成立,陈雷任主任。后兼任省地方志协会会长、省志总编室总编。先后6次主持召开省志编委会会议,推动《黑龙江省志》编修工作;组建省、市、县三级地方志工作机构。1986年在全国地方志第一次工作会议上,做题为"以历史责任感搞好修志工作"的报告。1989~2003年任省地方志编纂委员会名誉主任。促成《东北人物大辞典》的出版。

Chen Li

陈澧(1810—1882) 字兰甫,号东塾。清广东番禺(属广州)人。道光十二年(1832)举人。曾任学海堂学长、河源县训导。咸丰十一年(1861)任重刊道光《广东通志》总校。同治三年(1864)总核广东舆地图,为《广东图说》绘图;撰《肇庆府修志章程》,于方志理论多有阐发。六年,任菊坡精舍山长。纂有《香山县志》,参修《广州府志》等;另著有《声律通考》《汉书地理志水道图说》《水经注提纲》《东塾集》等。①《肇庆府修志章程》。共14条。关于采访,提出"采访之事,为修志之至要,必须堪胜纂修之人,然后堪胜采访"。关于方志体例,主张肇庆府修志应参用阮元《广东通志》例。关于修志步骤,提出三步走的构想:述旧(抄录旧志)、增新、删正。主张志书文字"宁俗毋雅,见者易解"。注重志书的地方特色,标立砚石一门,以突出端石为肇庆地区历史名产的特色;重视对肇庆地区历史遗留问题的记述,认为这是"修志最关紧要者"。认为明代康海《武功县志》中地理、建置、祠祀、田赋、官师和选举6篇"皆及严谨,惟人物一志尚有可议",主张"取其长而去其短"。②《香山县志》[光绪]。田明曜修,陈澧纂。清同治十二年始修,清光绪五年(1879)刻本。22卷。正文前有舆图3卷。正文设11门55目。体例较道光八年祝准志稍有变通,如前志澳门附于海防,本志以其地入山川,其事入纪事,风俗入附记。金石随其所在分别记载,不自立一门。户役目对清初户役的考证补充前志不足。海防门考订记载尤详。

Chen Menglin

陈梦林(1664—1739) 字少林。清福建漳浦人。康熙四十七年(1708)在康熙《漳浦县志》19卷基础上,补纂续志1卷,分12门。五十二年,参纂《漳州府志》。乾隆元年(1736)举博学鸿词科。另纂有《诸罗县志》,著有《游台诗》《台湾后游草》等。《诸罗县志》[康熙]。诸罗县为台湾嘉义县古称。周钟瑄修,陈梦林、李钦文等纂。康熙五十五年始纂,次年成书并刊刻。12卷,首1卷。卷首配山川图11幅、县志图16幅、学宫图1幅、番俗图10幅。正文分十二志,下统47目。详记风俗、物产二志,风俗志分汉俗与番俗两大类;杂记志与物产志多取材于《沈光文杂记》,使沈著佚稿得以保留。

Chen Shou

陈寿(233—297) 字承祚。三国时巴西郡安汉(四川南充北)人。早年师事

谯周。蜀汉时为观阁令史。入晋,为著作郎,累迁御史治书等。撰有《益部耆旧传》《古国志》等,另著有《蜀相诸葛亮集》《三国志》,均佚。《益部耆旧传》。记录汉魏期间四川地区先贤事迹的郡国人物志。晋武帝年间成书。14卷。在蜀人郑廑、赵谦等人纂修的多种《巴蜀耆旧传》基础上,扩充补订而成。收录汉魏士女248人。梁启超在《中国近三百年学术史》中视其为方志人物门的发端。原书已佚,有清代王谟《汉唐地理书钞》辑本。

Chen Xunzheng

陈训正(1872—1943) 字无邪,又字屺怀,号玄婴,又作天婴。浙江慈溪人。清光绪二十八年(1902)举人。先后任宁波府教育会副会长、省咨议局议员、《天铎报》社长等。后在宁波从事教育活动。1927年后,历任省政府委员、省民政厅代理厅长、西湖博物馆馆长等。1942年任省临时参议会议长。与马瀛同纂《定海县志》《鄞县通志》,自撰《鄞县通志·文献志》中人物等编,另著有《民国革命军战史初稿》《天婴室丛稿》《晚山人集》等。《定海县志》[民国]。陈训正、马瀛纂。1923年修,次年铅印。6册。在光绪《定海厅志》及1920年所修《定海厅志校补》《定海厅续志》《定海县新志》《定海续志》4种未刊稿基础上分类编纂而成。首配图42幅。以《宝山县志》为蓝本拟订体例类目,设16门70目。鱼盐为定海特产,旧志未载,该志特增设鱼盐一门。每志前有小序,阐明设计此门类的意图,或言明编纂方法。

Chen Yi

陈沂(1469—1538) 字宗鲁,后改鲁南,号石亭。祖籍浙江鄞县,明初移居金陵(南京)。明正德十二年(1517)进士,授翰林院编修。历任江西参议、山东参政、山西太仆寺卿等。与顾麟、王韦并称"金陵三俊"。曾参与编修嘉靖《山东通志》,纂有《金陵古今图考》《南畿志》《献花岩志》等,另有诗集《遂初斋》《拘墟馆》。①《金陵古今图考》。1卷。正德十一年刻本。记载自春秋至明历朝金陵城郭、衙署、街衢的演变情况。共16篇,包括吴越楚地图考、秦秣陵图考、汉丹阳郡图考、孙吴都建业图考、东晋都建康图考、南朝都建康图考、隋蒋州图考、唐昇州图考、南唐江宁府图考、宋建康府图考、元集庆路图考、国朝都城图考、应天府境方括图考、境内诸山图考、境内诸水图考、历代互见图考。②《南畿志》[嘉靖]。南畿,即南京周围畿辅地区。闻人诠修,陈沂等纂。明嘉靖十三年(1534)刊刻。64卷。约95万字。记述地域范围为应天(江苏南京)、凤阳、苏州、松江、常州、镇江、扬州、淮安、庐州、安庆、太平、宁国、池州、徽州14个府,广德、滁州、徐州、和州4个州,大体包括江苏、安徽、上海等地。该志分总志和各府州分志两部分,其中总志3卷,包括都城图、南都纪、南畿地理图、畿土世代表、命官、户口、田赋、水利、戎备等目;府州志61卷,载府图、沿革、区域、城社、建置、学校、祠墓、古迹、宦迹、人物、列女、方外、艺文。初刻本藏国家图书馆,另有明隆庆、万历间修补嘉靖本,1941年抄本,及《南畿志图》单行本存世。

Chen Yuanfang

陈元方(1915—1993) 陕西乾县人。毕业于西安师范学校。1935年参与领导西安早期学生运动。1949年后,历任中共西安市委宣传部副部长、秘书长、副书记、书记处书记和副市长。1956年入中共中央高级党校研究班深造。1958年后,历任中共陕西省委书记兼西安市委第一书记、省顾问委员会副主任。为第六届全国人民代表大会代表。1982年任省地方志编纂委员会主任,为中国地方志指导小组成员、中国地方史志协会常务理事。发表《人口理论与〈人口志〉》《黄帝与黄帝陵》《新编地方志不记述"文化大革命"是对我国现代史的歪曲》等有关方志工作的文章、讲话约百篇,部分辑入《陈元方方志文选》《陈元方文稿选》中。认为方志是百科全书,横看,应包括的各个方面无重大缺漏;纵看,应包括事物的各个历史发展阶段。主张编纂方志要坚持真理标准和生产力标准,反对诸如"本本主义""阶级斗争为纲"等倾向;凡属浩劫,不管是天灾还是人祸,志书均应记述,新编地方志应以中共中央《关于建国以来党的若干历史问题的决议》为准记述"左"倾与"文化大革命"错误;应站在马克思主义宗教学立场和国家政策立场记述宗教,坚持历史唯物主义和爱国主义,反对外国势力的干涉。

Chen Zuolin

陈作霖(1837—1920) 字雨生,号伯雨,晚号可园,人称可园先生。江苏南京人。曾肄业于钟山、惜阴书院。清同治十三年(1874)参纂《上元江宁两县志》。次年,中举。清光绪六年(1880)被聘为《江宁府志》分纂,撰写人物传时采用自创的新体例。十年,任金陵(南京)官书局分校。后历任崇文经塾教习、江楚编译官书局分纂等。编纂《金陵通纪》《金陵通传》《金陵琐志》《上元江宁乡土合志》,并参纂《孝悌图说一百条》等。清宣统二年(1910)江楚编译官书局改名为江苏通志局,陈作霖任总校兼编纂,完成江苏兵事纪略、古迹志、先贤传、烈女传的撰写。曾指导其子陈诒绂续纂《钟南淮北区域志》和《石城山志》。1920年任江宁县志局总纂。另著有《可园文存》《可园诗存》《可园词存》《可园诗话》等。认为方志具有教化作用,可以"激顽起懦";主张必须延聘有史德而孚众望的耆宿为总纂;对于方志资料,主张文献资料、口碑资料并重;提出志书应着重记述历史、经济、文化、人物等内容。①《金陵通纪》。地方编年体大事记。共14卷。光绪三年辑成前10卷,后续4卷。二十六年,脱稿。三十三年,瑞华馆刻印。前10卷上起先秦,下迄明末,内容以政治、军事、经济、文化为主。后4卷专记清代,对太平天国事记载尤详。②《金陵通传》。

C

地方纪传体人物传记。共45卷,补遗4卷。50万字。光绪四年始纂,甄录《二十四史》等资料,校勘《金陵诗徵》,选辑《四朝金陵文钞》16卷,历时30年始成。1940年与补遗4卷合刊,瑞华馆刻印。全书上起春秋,下迄清末,以仕宦、儒林、文学、孝悌分类,或列传,或世家,包括金陵历代人物3000余人,成传人物196人(补遗不计),末附陈诒绂撰《金陵通传姓名韵编》。该书发扬《史记》中纪传体特色,使金陵地区六朝世裔文化得以体现。宣统二年,该志传入欧洲。③《金陵琐志》。地方史志丛书。共16卷,8种。陈作霖、陈诒绂撰。宣统二年陈作霖将所撰《运渎桥道小志》1卷、《凤麓小志》4卷、《东城志略》1卷、《金陵物产风土志》1卷,及《南朝梵刹志》2卷,共9卷辑为《金陵琐志五种》。1919年陈诒绂撰《钟南淮北区域志》和《石城山志》,共4卷,汇辑为《续金陵琐志二种》,附于《金陵琐志》后。1963年南京十竹斋将上述7种与宣统三年陈作霖著《炳烛里谈》3卷合并,汇成《金陵琐志八种》。此丛书记述南京历代掌故,涉及人物、山川、街巷、桥道、寺庙、作坊、农商等,并附刻地图多种。④《上元江宁乡土合志》。共6卷。宣统元年完成,次年刊刻。所载内容:历史,包括疆域沿革、城垣沿革、历朝吏治、历朝兵事;地理,包括江宁府城中街道、元宁诸山、元宁诸水、元宁诸镇、元宁县界;人类,包括世族、仕宦、文学、武侠、忠孝、高隐、宗教、贤媛;物产,包括本境植物、动物、矿产、食物和用物。

Chengdufu Zhi[Tianqi]

《成都府志》[天启] 冯任修、张世雍等纂。明天启元年(1621)刻本。58卷,首1卷。75万字。采用史传类目体。设分野、山川、疆域、形胜、风俗、建置、赋役、食货、水利、盐法、驿传、官守、艺文等志,名宦、人物、忠节、孝义、隐逸、侨寓、贞烈、仙释、方伎等列传,另设钱法论、科第表、岁贡表、志余、志余逸编(续集)等。分41类,设80目。卷首附

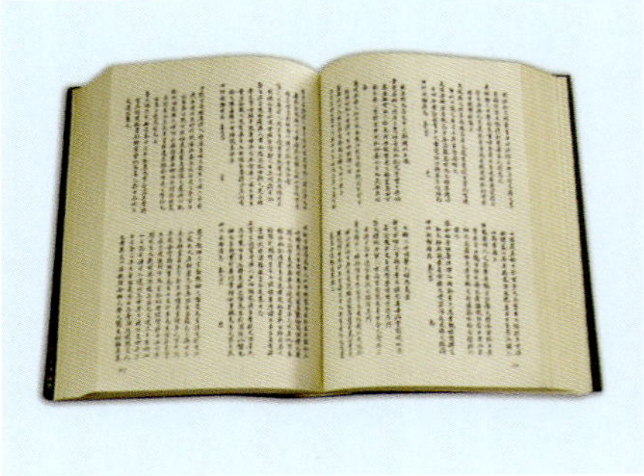

天启《成都府志》("中国地方志集成"本)书影

有府治合属郡县总图、府治合属郡县山水名胜图、府治三衢九陌宫室图。该志撰修主要依托历代史书、郡县志和明代各种《四川总志》。涉及地域不限于成都,还包括明代成都府路所辖简州、汉州、绵州、威州、茂州及各县。所记内容与省志相关而不重叠,详略得当。如记疆域,"省志以总延袤,此则州邑编户相错";记赋役,"省志以总征轮,此则记户口近14万、税粮近40万,详记民力民脂";记水利,"详记利兴害伏";名宦列传"省志三百郡,益以二百有奇,各怀其政教之泽,而共考诸断碣之遗";忠节、孝义、贞烈列传"省以类聚,郡则并而列之""省以旧述,郡则博而传之";人物列传"郡益省而三之";隐逸列传"郡益省而倍之"。对成都九里堤的记载最早即见于该志。为存世最早的成都府志。志中郡县图和郡县山水名胜图为成都存世最早的域图。美国国会图书馆有藏(原为抱经楼旧藏)。

Chengdushi Yuanlin Zhi

《成都市园林志》 主编龚大昕。1998年四川人民出版社出版。62万字。设6篇34章143节。志首配照片75幅,随文图照若干。上起清代,下至1989年。主要记述公园名胜、城市绿地、花木、科技、大熊猫、管理等内容,反映成都市范围内从古至今园林绿化事业发展变化的历史。公园名胜篇着重记述武侯祠、杜甫草堂、望江楼、罨化池、东湖、升庵桂湖、青羊宫、文殊院、昭觉寺等纪念园林和寺庙园林。大熊猫篇重点记述大熊猫的分布、移地保护、繁殖、生存环境及灾害、国际熊猫节等。花木篇主要记述园林树木、传统花卉、市花市树、盆景和花展、花市等。以花草树木、园林建筑、塑像、诗词匾对和水面、道路形成的景区景点来体现园林特点和深厚的文化内涵。卷末设专记记述成都灯会、城市雕塑,图文并茂;诗文丛录收集历代著名诗人、文人对成都园林的赞颂;园林佳话20条,记录毛泽东、刘少奇、朱德、李先念、邓小平、陈毅等党和国家领导人游园佳话,历史名人薛涛、杜甫、陆游、何绍基墨宝赞园林及古柏古寺百年沧桑史话;附录10条,收录历史上园林谱、记、碑及园林保护法规等;大事辑要纵述成都园林从古至今简况。1996年获四川省哲学社会科学优秀科研成果奖三等奖。

武侯祠

Chengbuxian Zhi

《城步县志》 主编段志强、张正清。1996年湖南出版社出版。103.7万字。设25篇104章365节。配地图1幅、照片79幅。上起清道光二十年(1840),下至1989年。湖南城步苗族自治县是"九山半水半分田"的大山区。县志突出以山区资源开发为基础的地方经济特色。设林业篇详记森林资源、营林生产、基地建设、森林保护、山林权属、森

苗寨庆鼓堂

林工业和机构队伍。记述畜牧业为城步县大农业发展开拓新路。畜牧水产篇设草山开发节，详细记述该县连片草山大面积开发利用的情况。附设南山牧场简介，重点记述南山农场改建为牧场，逐步发展成为中国南方最大的现代化山地牧场的情况。1997年获全国地方志奖二等奖。

Chengshi Quzhi Bianzuan Gailun

《城市区志编纂概论》 张一雷、杨杏芝主编。1999年中国文史出版社出版。23.4万字。设11章39节。依次论述城市区志的诞生、发展与展望，属性、特点和功能，编纂的指导思想和基本原则，城市区志的应用价值和学术价值，以及具体操作方面的一系列实际问题。专设城区区情研究章，论述城区区情研究的目的、内容和研究方法等问题，提出七方面注意事项，强调研究地情在方志编纂学上的地位。设城市区志各种矛盾的处理章，分门别类，详加论述，并总结城市区志的编纂经验，阐明处理区志与市志关系、区属与驻区单位关系，及横分与竖写、述与论、古与今、记人与记事、共性与个性等方面矛盾的方法。城市区志的质量章中提出一部质量合格的志书应具有思想性、资料性、科学性、特色性和规范性。附录辑录城市区志编纂大事记，全国城市区志协作研讨会历次会议纪要（节选），部分专家学者论区志（节选），关于深化区志理论研究、编写区志理论专著问题的座谈讨论纪要等。①张一雷（1928— ）。江苏武进人。1987年任上海市普陀区地方志编纂委员会主任、《普陀区志》主编。离休后任普陀区地方志编纂委员会常务副主任兼区志主编、上海市地方史志学会常务理事。主编《普陀区地名志》，发表论文20余篇。②杨杏芝（1937— ）。江苏扬州市广陵区地方志办公室主任，江苏省城市区志工作委员会副主任兼秘书长。主编《广陵区志》《〈广陵区志〉志余文集》《〈广陵区志〉评介》等，发表学术论文50余篇。

Cheng Dachang

程大昌（1123—1195） 字泰之。南宋徽州休宁（属安徽）人。绍兴二十一年（1151）进士。历任吴县主簿、秘书少监、吏部尚书、泉州知府等。纂有《雍录》，另著有《易原》《考古篇》《诗论》《禹贡论》《北边备对》等。《雍录》，10卷。因其记述的地域关中为《尚书·禹贡》中所称雍州之地，故名。其时，陕西关中为金兵辖地，作者依《三辅黄图》《唐六典》《长安志》《秘书省图》等书互证关中古迹。记载周、秦、汉、隋、唐、五代的城苑、宫殿、山水、郡县、庙陵、苑囿、事物、寺观，及各朝职官、军事制度等。书中插有地图并附说明，尤其注重险要地区，如卷5绘《汉唐用兵攻取守避要地图》，图说多举由蜀入秦史迹；卷6绘《函（谷）、潼关要图》，图说多载由洛入秦关防。该书内容丰富，辩证精详，被公认为宋代著名都邑志。有明嘉靖十一年（1532）刻本和《古今逸史》本。

Cheng Minzheng

程敏政（1444—1499） 字克勤，号篁墩。明徽州休宁（属安徽）人。成化二年（1466）进士。官至礼部右侍郎。曾受休宁县令欧阳旦聘请纂修《休宁县志》。纂有《新安文献志》，另著有《宋遗民录》《篁墩文集》《篁墩诗集》《皇明文衡》等。认为志书具有资治、鉴往知来等功能，人们可借此了解一地的民生、吏治、风俗等情况；强调修志应广搜博览，订讹补正。①《休宁县志》［弘治］。程氏于成化十七年开始编修，后因守丧期满还朝，修志中断。二十一年，未成稿被整理成38卷，分别为志18卷、文16卷、诗4卷，及休宁县境之图。后又经欧阳旦搜辑补充。明弘治三年（1490）继任知府张镗聘请程氏续修，翌年付梓。明嘉靖志大抵在该志基础上稍加增损而成。②《新安文献志》。共100卷。分甲乙集。收录南北朝后有关新安的文1087篇、诗1034首。卷首列有《新安先贤事略》上下卷，上卷收列徽州籍各朝名人326人；下卷收列外地曾在徽州为官或寄居的名士114人。甲集60卷，专收徽州本郡自汉迄明乡贤所撰诗文，略依真德秀《文章正宗》体例，分类辑录；乙集40卷，兼收外郡人所撰诗文，分神迹、道原、忠孝、硕儒、勋贤、风节、才望、吏治、遗逸、世德、寓公、文苑、材武、列女、方技15目。

C

Chengchengxian Zhi[Qianlong]

《澄城县志》［乾隆］ 戴治修，洪亮吉、孙星衍纂。清乾隆四十九年（1784）刻本。20卷。约10万字。设18门。记事止于乾隆四十八年。洪、孙二人修志主张基本相同，与戴震一脉相承，注重考据。该志以前代旧志为本，对旧志几乎逐条注证。考证最精的是卷1~4县属、城属、乡属、山属、水属等，其中县属中考证了从周北徵邑至清澄城县县域的沿革，城属中考证了从上古至清澄城县县城的沿革，山属记载了县境内15座山谷、高原，水属记载了县境内22处河流、泉水、井渠的位置和名称。征引《元和郡县志》《太平寰宇记》、雍正《陕西通志》《通典》及史书地理志等文献，于有疑问处加按语，考其真伪，辨其存佚。也有质疑者认为孙、洪重考据而轻义例，"文备而空漏未免"。职官、科贡、闻人、列女、艺文等记述人文的内容占全志较大篇幅。金石、艺文等内容为明嘉靖志、清顺治志中所无。清咸丰、民国时期所修澄城县志均继承了这一优点。国家图书馆、中国科学院国家科学图书馆、北京大学图书馆、陕西省档案馆等有藏，还藏有清嘉庆十三年（1808）补刻本。海外收藏该志的有东洋文库、静嘉堂文库等。

乾隆《澄城县志》（"中国地方志集成"本）书影

Chicheng Zhi[Jiading]

《赤城志》[嘉定] 齐硕等修,陈耆卿纂。南宋嘉定十六年(1223)刻本。40卷。30余万字。分15门。详细记载台州(赤城为台州别称)及所属临海、黄岩、天台、仙居、宁海等县诸事。绘有州境图、罗城图、临海县治图、黄岩县境图、仙居县治图、宁海县境图等13幅图。创立冢墓、纪遗、辨误3门。人物门记载台州历朝历代的仕进人物、遗逸人物、侨寓人物,专设节妇目。其中仕进人物包括进士科、赐出身、博学宏词科、上舍两优释褐、上舍该恩释褐、特科、宗室、武科,都详加记载。风土门叙述土贡、土产、土俗,土俗目下抄录台州知名郡守、县令劝诫谕俗的诗文。山水门中设水利目,叙述台州各县的水利设施。该志为浙江台州存世最早的方志,全国存世20余种宋代方志之一。原刻本早佚。南京图书馆藏明弘治十年(1497)谢铎校刻本残本。国家图书馆藏明万历二十四年(1596)简继芳补刻本,上海图书馆藏残本(卷8~29,卷36~40)。日本内阁文库藏明天启六年(1626)吴善谦补刻本。上海图书馆、南京大学图书馆、浙江图书馆藏清嘉庆二十三年(1818)宋世荦校刻"台州丛书"(乙集)本,临海博物馆徐三见以此本为底本校点,2004年中国文史出版社出版。

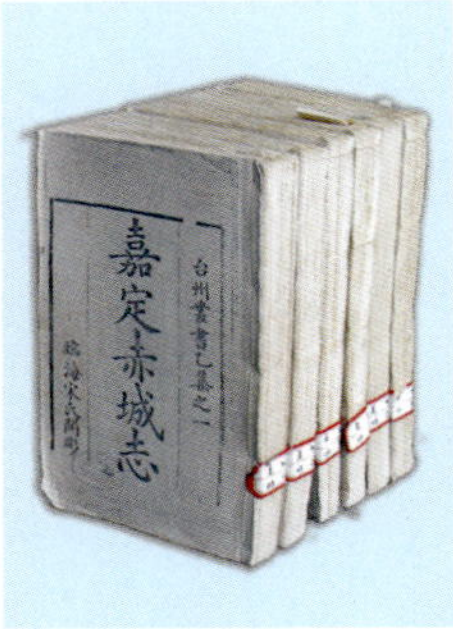

《嘉定赤城志》复印本书影

Chisongshan Zhi[Xianchun]

《赤松山志》[咸淳] 倪守约撰。约撰于南宋咸淳年间。1卷。赤松山位于浙江金华市金东区赤松镇境内,传为皇(黄)初平(号赤松子,俗称黄大仙)修仙处。为道教三十六洞天中最后一洞天。志书首记皇初起、皇初平兄弟的仙迹,以著是山之灵异,为全书纲领。随后依次为丹、洞穴、山、水、宫宇、人物、制诰、碑籍8类。宋刊本已佚。传本有上海涵芬楼影印明《正统道藏》本、清光绪二十二年(1896)顺德魏氏刊"知服斋丛书"本、1924年金华胡氏梦选楼刊"续金华丛书"本,系据《四库全书》抄本重刻。南京图书馆藏抄校本。

咸淳《赤松山志》(顺德龙凤镳知服斋刻本)篇目

篇目	内容
二皇君	
丹类	遗丹、丹灶、丹基
洞穴类	洞元洞天、优游洞、石室洞
山类	金华山、炼丹山、卧羊山、大黄山、圣石山、螺蛳岩、刘道岩、壶屏
水类	小桃源、丹井、圣石湾、清水潭
宫宇类	宝积观、金华观、云巢庵、太清殿、二皇君祠、壶天真人祠、圣石仙官祠、丹山仙官祠、云台观、凝神庵
人物类	舒先生、冲真董先生、紫虚洞灵黄先生、至乐先生盛君、冲和先生周君、道禄吴先生、宗师朱先生
制诰类	赤松凌虚真君制、二皇君诰、加封
碑籍类	碑:老君圣像碑、二皇君诰碑、真武戒世碑、御书兰亭碑、御醮碑、御香碑、宝积观碑、三清殿碑、遗丹记碑、遗丹赞碑、会仙阁记碑、赤松山碑、长生碑、阴符经碑、小桃源碑、物外碑、洗耳碑、太上感应篇碑、青云阁碑记、名公游山题咏碑、檀信长生斋碑、檀信远日斋碑、敕赐宗师碑
	文籍:赤松子中诫经、霍如庵参同契、注太上感应篇、经进易解

Chongqingshi Jiangbeiqu Fangdichan Zhi(1986~2005)

《重庆市江北区房地产志(1986~2005)》 主编卢伟。2009年重庆出版集团重庆出版社出版。约59.6万字。设7章30节223目。配彩色地图10幅、黑白线图25幅、彩色照片42幅、黑白照片127幅。大事记延至2008年。主要记述重庆市江北区房地的起源、历史与现状,对巴渝先民的重要古史也做必要简记。房地沿革章设沧海三峡、从猿到人、巫山人、丰都遗址、奉节遗址、铜梁文化、大溪文化、江北文化8目。通篇贯穿房地改革主线,反映江北区改革开放时代特色。突出房地开发,记述带动江北区房地产全面开发的9座跨江大桥和"三横五纵"的市政公路交通网,五大片区旧城改造和62个新区大开发。再现城建、规划、交通、房屋等部门合力推进江北区旧城大改革和新区大开发的历史进程。志中采用大量历史图籍,如巴族、巴国、巴郡中心节中设巴族中心、巴子国度、巴郡郡治江州3目,使用商、西周、春秋、战国、秦、西汉、东汉、三国8个朝代历史全图,表明重庆市嘉陵江北岸(含江北)曾是商代巴族中心、周代巴子国度、秦代巴郡治所。附录收录中国历代起止纪年、皇帝纪年对照表。

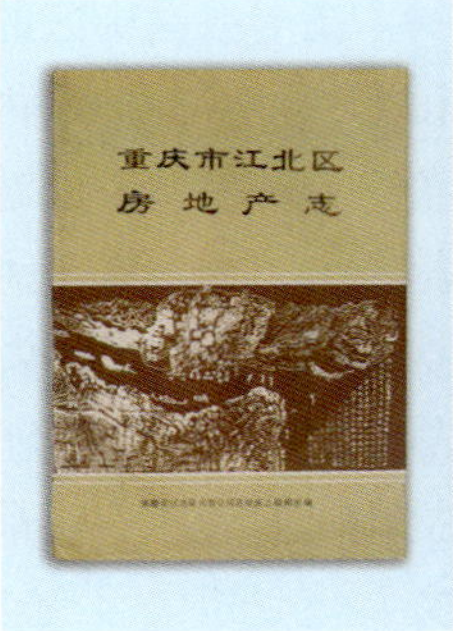

《重庆市江北区房地产志(1986~2005)》书影

Chongqingshi Nan'anqu Zhi (1990~2005)

《重庆市南岸区志(1990~2005)》 总编辑胡维友、王维勇、林登华、张荣清、李华明。2009年重庆出版社出版。196万字。设32篇117章604节。配照片77幅、地图2幅。大事记和部分内容延至2006年。篇目分属环境与民生、政治、经济三大部类,将重庆经济技术开发区单独设篇,并通过将房地产、餐饮、旅游业升格设篇来突出"三在南岸"品牌战略对南岸区经济社会发展所产生的重要作用。饮食业篇特色饮食街区章突出区境内一片、一路、五街的特色餐饮框架布局,分设3小节记述南坪片区餐饮业、重庆南滨美食路及南城大道特色菜品一条街、黄桷垭泉水鸡一条街、南山生态农业休闲农家乐一条街、鸡冠石长江鱼系列一条街、长生桥垂钓农家菜

《重庆市南岸区志(1990~2005)》书影

一条街等餐饮街区的位置及经营特色，设专章详细记述境内12家名店及其名菜。旅游业篇设旅游资源章，以7节的篇幅收录境内南山植物园、老龙洞、黄桷古道等自然、人文景观，其中重庆抗战遗址博物馆节着重记述重庆留存的抗战时期建筑遗迹最多、保存最完整的文物遗址群。乡镇企业篇设章记述黄桷垭、鸡冠石、涂山、南坪4个产值10亿元以上的镇。志中还专设章节，对三峡移民的淹没实物指标、安置及投资情况，清理整顿“三金三乱”，减轻农民负担，农村小康建设等情况进行记述。

Chongqingshi Shizhongqu Zhi

《重庆市市中区志》总编丁贤矩。1997年重庆出版社出版。150万字。设26篇121章。配照片153幅、地图3幅。上起事物发端，下至1985年。设纪念地·名胜·古迹篇记述红岩革命纪念馆中共代表团驻地、八路军重庆办事处旧址、《新华日报》营业部旧址、辛亥革命烈士墓园、邹容烈士纪念碑、苏军烈士墓、人民解放纪念碑、国民政府旧址、第三厅旧址、郭沫若故居、史迪威旧居、“六五”隧道惨案遗址、抗建堂、陪都跳伞塔等革命遗迹和纪念地，体现红岩文化发源地、中国抗战时期战时首都的特色。列传记载邹容、卢作孚、杨闇公等61人，简介明玉珍、张培爵、萧楚女、刘湘、张国富、吴玉章、罗广斌等42人。名人记事章记述毛泽东《沁园春·雪》在重庆发表、周恩来为“皖南事变”题诗、郭沫若以《屈原》为代表的历史剧、汪精卫秘密逃离重庆、罗斯福致书赞山城市民坚毅精神、茅以升与望龙门缆车、陈立夫与陪都跳伞塔等。设表收录烈士74人。1999年获重庆市社会科学优秀科研成果优秀奖。

红岩革命纪念馆

Chongqingshi Zhi Jingji Dili Zhi

《重庆市志·经济地理志》主编裴家常。2008年西南师范大学出版社出版。86万字。设7篇29章99节。配彩色地图20余幅。记述范围为重庆直辖市8.2万平方千米地域。上起清光绪十七年(1891)重庆开埠，下至2005年。正文设农业地理、工业地理、第三产业地理、城市地理、区域地理、重庆经济发展与布局等专篇，全面反映重庆一百多年经济发展和经济布局情况，重点反映中华人民共和国成立后，特别是重庆改为直辖市后的工业、农业、交通、商贸、城乡建设、人口、资源、环境的演变情况，展示重庆区域经济发展的成果，彰显三峡库区城乡经济的巨大变化以及经济布局的重大调整。

《重庆市志·经济地理志》书影

Chongqingshi Zhi Minsu Zhi

《重庆市志·民俗志》主编余云华、彭维金。2009年西南师范大学出版社出版。135万字。设10篇21章60节。配彩色照片105幅。上起清光绪十七年(1891)，下至1997年。正文设节日民俗、物质民俗、社团民俗、礼仪民俗、信仰民俗、民间科技与医药卫生民俗、民间游艺民俗、口承语言民俗等专篇，全面系统记述重庆直辖市范围内汉族和土家族、苗族等少数民族生活的地理环境、人文环境和风俗习惯，反映其历史和现状。反映重庆地区民俗的五大特性，即汉族民俗的主导性，少数民族民俗的附着性，江、山民俗的特殊性，民俗文艺的多彩性和土产民俗的区域性。特别是口承语言民俗篇，用57万字的篇幅抢救性地记述了汉族、土家族、苗族的民间歌谣、民间故事、谚语、俚语、隐语、丑语、行语、楹联及其传承情况，尤为珍贵。

《重庆市志·民俗志》书影

Chongqing Suote Zhi

《重庆索特志》主编廖正学。2009年中国三峡出版社出版。83.8万字。设15篇55章184节。配彩色地图1幅、彩色照片115幅。上起1986年；下至2003年，大事记延至2005年。记述对象为重庆索特(集团)有限责任公司及核心主体子公司重庆索特股份有限公司和改制后重组的重庆索特盐化股份有限公司(简称索特)。从区位资源、企业变革、生产营销、企业管理、企业文化、人物荣誉等方面对企业进行记述，反映了以盐及盐气化工为主业的大型企业集团规模，体现了作为国家主要的井矿盐生产基地和国家指定的加碘食用盐定点生产企业的行业地位。特载收录有关党和国家领导人视察企业，高度关怀、重视发展盐化工以支援三峡移民的相关文章。

Chongqing Tushuguan

重庆图书馆 位于重庆市沙坪坝区凤天大道。前身是1947年设立的国立罗斯福图书馆。1950年更名为国立西南人民图书馆，后定名为重庆图书馆。2007年新馆建成，建筑面积5万平方米。成立专题文献中心，长期向社会征集各种地情图书。馆藏方志包括古籍志书、新编志书两大类。收藏本市古籍志书82种。涉及重庆府，及巴县、綦江、梁山、城口、石砫等约30个州、县、厅。存藏的明清方志以刻本居多，有55种。存民国方志稿本5种、排印本11种、石印本1种。馆藏其他省市的方志以浙江居多，有清乾隆《绍兴府志》、清光绪《慈溪县志》、光绪《仙居县志》、光绪《永嘉县志》、民国《龙游县志》、民国《平阳县志》、民国《鄞县通志》等。

C

Chongqing xiuzhi

重庆修志 重庆修志史可追溯至东汉时期。明以前所修志书多已不存。存世明、清、民国时期纂修的志书约60种。中华人民共和国时期，1997年前，重庆为四川省辖市，首轮新编地方志工作根据四川省修志规划开展，至2003年，首轮三级修志任务完成，随即启动二轮修志，实为重庆成为直辖市后的首轮修志。至2010年，首轮、二轮修志共出版市志47部（卷）、区县志约60部。

重庆历代方志编修 东汉《巴郡图经》是重庆地区最早的方志，已佚。与其同代的还有《巴蜀耆旧传》《三巴记》《巴蜀志》等，均已散佚，在后世地理著述中可见征引。常璩《华阳国志·巴志》是保存下来的记载重庆及周围地域形势等最早的一部书。唐、宋、元时期编有《渝州图经》《渝州志》《重庆图经》《重庆郡志》等，已不存。据顾宏义《宋朝方志考》记载，宋代重庆地区纂修方志47种，有《（乾道）夔路图经》《重庆府志》《（淳祐）重庆郡志》《（嘉定）垫江志》《合州志》《涪陵志》《忠州图经》等，仅见其名或序跋，未见完整志书流传。明清时期，重庆地区先后编成多部方志。据明宣德四年（1429）杨士奇所编《文渊阁书目》记载，有《重庆郡志》《重庆府图志》，著者不明。流传下来以重庆主城为核心记述范围的方志有7种，分别是明成化、明万历、清道光年间编修的《重庆府志》，清乾隆、清同治、民国时期编修的《巴县志》及清光绪年间修纂的《巴县乡土志》。武隆县古代及近代均未修志。

重庆明代修志 明代重庆地区修成志书30种，仅5种存世，均介绍了重庆地区的民风民俗，在地理、金石、山水等方面的记述补官修史书所缺。刊于成化年间的重庆府志为存世最早的重庆方志，万历年间重修府志，为历次修成的府志中规模最大的一版，此后直至清道光二十三年（1843），未见修重庆府志者。成化志、万历志仅有残本存世。正德年间还修过一部《夔州府志》。明代重庆府所领州县中，除璧山、安居、黔江、定远、垫江5个县外，其他州县所修志书均有史可考，奉节、涪州、合州、忠州曾多次修志。大多志书不存，仅杨鸾修、秦觉纂嘉靖二十年（1541）《云阳县志》，刘芳声修、田九垓纂万历七年（1579）《合州志》存世，为云阳、合川两地最古老的方志。

重庆清代修志 清代重庆府相比周边夔州、潼川、顺庆等府，修志较晚。王梦庚、寇宗于道光二十三年（1843）修成府志并雕版刊行，体例编排均出自寇氏之手。有的州县多次修志，如合川曾六修县志、忠州四修州志、涪陵三修州志、开县三修县志、铜梁县两修县志。存世志书中以州县志居多，有39种（州志7种、县志32种），其中道光志3种、光绪志10种、嘉庆志3种、康熙志5种、乾隆志9种、同治志6种、咸丰志3种。有的是孤本，如乾隆《忠州志》，修纂人、编纂时间、成书时间均无记载。共15卷，缺卷8、卷10。记述从西周到乾隆五十九年（1794）的忠州历史，每卷首立有篇目（从略），藏于北京故宫博物院图书馆。其他存世版本较少的还有乾隆十一年《云阳县志》，刘士缙、曹源邦修，稽坊编纂。共4卷，10余万字。记述了明末清初云阳各方面的发展变化，特别是盐业在清初复苏和发展状况。仅存两部，分别藏于北京故宫博物院、台湾，云阳县地方志办公室有故宫博物院藏手抄本复印本。有的志是古代对一地的唯一记载，如王寿松、李稽勋修纂的光绪《秀山县志》是古代唯一一部记载秀山自然地理和社会各方面情况的专著。还有光绪《彭水县志》等名志。乾隆二十四年，重庆实行"江巴分治"，置江北厅。有关江北厅区境的记载都附录于古代重庆志书中。道光二十四年福珠朗阿、宋煊、黄云衢等修成《江北厅志》，为第一部江北厅志。光绪年间修成一部《江北厅乡土志》手稿，未付印，著者及修纂年份无考，存抄本，原藏四川大学图书馆，后收藏于四川省图书馆。光绪年间编修有《巫山县乡土志》《江津乡土志》《云阳县乡土志》《南川乡土志》等乡土志，多以抄本流传。

重庆民国时期修志 铜梁县于1912年设立修志局，最早开始编修县志；1914年后，綦江、云阳、合川、江津、巴县、南川、酆都、长寿、石硅、江北、开县、彭水、北碚、潼南、忠县、荣昌、秀山先后开始编修县志，最初多成立修志局负责修志，后改由县文献委员会负责。武隆县未修县志，有的县则多次修志，如合川县曾三修县志。除巫山、秀山、荣昌、石硅等县未成稿外，其他县均有志书修成。存世县志有十多种，有1917年张森楷撰修的《民国新修合川县志》；1924年成书，聂述文等纂修的《江津县志》；1925年柳琅声、韦麟书等纂修的《南川县志》；1927年郎承志、余树堂纂修的《酆都县志》，刘贞安、郭文珍、彭聚星、甘作仪、王伯云等编成的《云阳县志》；1928年汤化培主修、李鼎禧总纂的《长寿县志》；1933年刊印、张佐周主编的《铜梁地理志》；1938年刻印代子仁编成的《四川綦江县续志》；1944年鲜炽贤主修、刘君锡总纂、张名振协纂的《长寿县志》；1945年陈兴泽总纂《忠县志》；1949年郭朗溪主编的《新修铜梁县志》手稿；罗超凡、张艺耘、戴正诚、何梦庚、文化成等撰成的《江北县志》手稿等，其中有《北碚九志》（见杨家骆）、《巴县志》等名志。1915年夏璜、杨澧楠等纂成的《潼南县志》为该县存世最早的一部志书。除县志外，还有乡土志、县概况等问世，如1929年刘承烈、余树堂等编印《丰都县乡土志》，1941年李之青主持编印了类似年鉴的《酆都县概况》。

重庆新方志编修 南川、彭水两县自20世纪50年代末开始编修县志。第一轮修志工作纳入四川省修志规划。主要记述1840~1985年的历史发展进程。除《荣昌县志》《秀山县志》《重庆市南桐矿区志》于2000年后出版，《武隆县志》《重庆市北碚区志》于1990年前出版外，其他23部均在90年代出版。21世纪初，开始二轮修志工作，规划编修《重庆市志》和县(区)志共350卷，文字总规模3.5亿字。还编修了上千卷县部门志、乡镇志、名山大川志、风物特色志。

重庆市级修志　首轮市志编修工作于1986年开始。规划14卷，共15部(第4卷为上下两部)。除总述、大事记、附录外，设86(个)分志，一卷中有多个分志。1992年，《重庆市志》第1卷出版，至2005年，全部出齐。记述了重庆从一个古代军事要隘发展成为开放的、连接中国中西部区域的战略枢纽，从古代的区域商贸中心发展成为长江上游的经济中心，从19世纪的单一型转口贸易城市成长为中国西部最大的多功能的现代工商业城市的历史与现状。在重庆市社会科学优秀成果评选中，《重庆市志》第2~4卷、第6卷、第8~14卷获三等奖。二轮市志编修于2003年正式启动，经两次调整、增删，规划编修的分志从最初的86个扩增到123个，有几个分志是一部多卷本，共33部40卷。总字数约2亿字。主要记述1986年以后改革开放的重要历史发展进程。至2010年，已出版33部40卷。其中《重庆市志·三峡移民志》已出版《库区原貌》《论证规划》《移民实施》3卷。与重庆警备区军事志办公室合作编修出版的《重庆市志·军事志》(3卷)、40部重庆区县军事志、《第三军医大学志》《后勤工程学院志》，受到成都军区军事志领导小组和全军军事志指导小组表彰，被中央军委军事志领导小组誉为"重庆模式"。《重庆大事记(1949~2009)》等获市政府社科优秀成果奖。

重庆县级修志　首轮规划编修的县(区)志中，第一部公开出版的志书为《重庆市北碚区志》，1989年出版发行。至2005年，《重庆市双桥区志》出版，首轮规划县(区)志全部出版，共41部，其中1984年完成的《武隆县志》为该县历史上第一部志书。除规划的41部志书外，首轮修志还出版了《万县市五桥区志》《武隆县志(1986~1995)》《巴县志(1986~1994)》3部县(区)志。1996年，涪陵市开始续修市志，不久因行政区划调整而暂时中断，纳入第二轮编修《重庆市涪陵区志》。在1997年全国地方志奖评选中，《大足县志》获一

重庆首轮区县志一览表

志书名称	主编/总编/总纂	字数(万字)	出版年
《重庆市北碚区志》	周顺之、唐文光	105.2	1989
《丰都县志》	何嘉万	89.8	1991
《开县志》	敬远聪、蔡之杰	85	1990
《南川县志》	唐大彦	106.5	1991
《綦江县志》	梁仲恒	91.2	1991
《铜梁县志》	银化愚	136	1991
《巫山县志》	鲁良朝	90	1991
《重庆市南岸区志》	胡维友	120	1993
《重庆市江北区志》	赵满民、邱兴富	129.2	1993
《垫江县志》	张明森	100	1993
《潼南县志》	刘富成	125.2	1993
《巫溪县志》	汤绪泽	97	1993
《巴县志》	赵朝忠	128	1994
《黔江县志》	蒲祖政	92.6	1994
《石柱县志》	秦应斌	100	1994
《武隆县志》	梁德坤	100	1994
《忠县志》	刘正朴	110	1994
《城口县志》	傅华明、胥少俊、艾方伯	90	1995
《重庆市大渡口区志》	钟明亮	85	1995
《重庆市沙坪坝区志》	刘国庆	160	1995
《奉节县志》	刘方陶、李向东	138	1995
《涪陵市志》	蒲国树、李颂椒	200	1995
《合川县志》	王爵英	125	1995
《江津县志》	钟永毅	110	1995
《梁平县志》	龙建平	98	1995
《万县志》	张元龙	120	1995
《璧山县志》	张永信、罗俊	110	1996
《大足县志》	李传授	141	1996
《江北县志》	吴提方、吴锡南、曹世元	150	1996
《长寿县志》	杨远华	150	1997
《重庆市市中区志》	丁贤矩	150	1997
《重庆市九龙坡区志》	卢健强	128	1997
《永川县志》	张义富	116.9	1997
《彭水县志》	蔡盛炽	126	1998
《云阳县志》	贾聚星	167	1999
《荣昌县志》	阙洪涛	130	2000
《万县市志》	魏光和、于官六	194.4	2001
《秀山县志》	杨胜华	100	2001
《重庆市南桐矿区志》	王昌林、董泽海、谭锡平	168.8	2002
《酉阳县志》	王启蒙、曾汉轩、白世炳、姚昭宪	101.6	2002
《重庆市双桥区志》	黄兴富	212.3	2005

C

等奖,《涪陵市志》获二等奖;在1999年、2001年、2005年、2009年四届市社会科学研究成果评选中,《大足县志》获二等奖,《云阳县志》《荣昌县志》《江北县志》《重庆市市中区志》获优秀奖。第二轮县(区)志共规划编修40部150卷。至2010年,已编纂出版《忠县志(1988~2008)》《长寿县志(1986~2001)》《江北县志(1986~1994)》《云阳县志(1993~2005)》《开县志(1986~2005)》《重庆市市中区志(1986~1994)》《南岸区志(1990~2005)》《石柱土家族自治县志(1986~2002)》等17部,其中《重庆市市中区志(1986~1994)》在市社会科学研究成果评选中获三等奖。长寿县除出版了第二轮县志,撤县设区后还编纂出版了首部《重庆市长寿区志》。

重庆规划外志书编修 共出版千余部。乡镇志有《戴家沟乡志》《转龙乡志》《綦江县隆盛镇志》《忠州镇志》《白石镇志》《永丰镇志》《金鸡镇志》《野鹤镇志》《石黄镇志》等,北碚区、潼南县分别编修了《北碚镇街志全集》《潼南县街镇志》。部门志、专业志有《北碚区劳动志》《北碚区体育志》《北碚区人大志》《北碚区教育志》《丰都县商贸志》《开县二轻工业志》《开县蚕丝志》《綦江县政协志》《巫山县水利电力志》《巫山县档案志》等。厂矿企业志有《红岩机器厂志》《南桐矿务局志》等。学校志有《重庆市江北中学志》《綦江中学校志》等。其中《长寿县城关镇志》获1986年四川省社会科学研究成果二等奖。

重庆旧志整理 各区县在首轮修志过程中,对旧志的整理工作主要是翻印,大多没有出版。1981年,合川县志办公室与西南师范大学汉语言文献研究所合作完成《民国新修合川县志》(校点本),未出版,后由合川区地方志办公室收藏书稿。2009年,綦江政府组织人员整理和翻印道光《綦江县志》。铜梁县地方志办公室整理翻印光绪《铜梁县志》、民国《新修铜梁县志》。江津县对古近代《江津县志》的乾隆、康熙、嘉庆、民国版本,按照古为今用的原则,对其中的人物、艺文等进行整理。二轮修志加大了旧志整理力度。至2010年底,已出版《巴县志选注》、《开县志》(咸丰版校注本)、《云阳县志》(民国版标点本)、《云阳县志》(嘉靖、乾隆版校注合订本)、《忠县志》(民国版整理本)、《石砫厅志点校》(2种)、《民国重修大足县志点校》、《夔州府志》(正德版校点本)等。

重庆方志工作管理及方志馆藏 重庆市地方志办公室于1986年成立。编制25人。内设秘书处、总纂处、编辑处、年鉴处、文献研究室、经营发行处等6个处室。历任办公室主任余楚修(副主任主持工作,1997年11月~1999年10月)、叶贵本(1999年10月~2000年5月)、蒋国昌(2000年5月~2002年12月)、周焕强(2002年12月~)。2005年市地方志办公室制定了《重庆市志质量标准和评审办法》《重庆市志出版规范》《重庆市区县(自治县、市)志质量标准和评审办法》《重庆市志书编校规范》等业务指导性文件,与2004年制定的《重庆市第二届区县(自治县、市)志编纂规范》《〈重庆市志(1986~2005)〉编纂规范》等文件共同形成第二轮地方志编纂工作的规章体系。先后培训修志人员1000余人。至2010年,市、区、县地方志工作机构中,独立设置的有13家,与党史、档案机构合并设置的27家。各区县地方志办公室均收藏有本区县旧志及新编地方志。重庆图书馆、县(区)图书馆、县(区)档案馆内也存藏方志,如江津区档案局和县地方志办公室均收藏有保存完好的乾隆、嘉庆、光绪、民国版本《江津县志》原件或影印件,江北区地方志办公室收藏有方志、文史等方面书籍1000多册。

重庆方志研究成果 学界对古代重庆地区修志情况的研究有:何金文在《四川方志考》中提及明代重庆地区纂修方志概况,林平、张纪亮编纂的《明代方志考》中考录出明代重庆地区纂修的方志12部,薛新力《巴渝古代要籍叙录》简介涉重庆地区的志书《合州志》,蓝勇曾抄录残存的两部重庆府志,并撰《成化〈重庆郡志〉和万历〈重庆府志〉考》。在两轮新编地方志工作中,重庆内部刊印的著作有长寿区地方志编纂委员会编《长寿区第二轮编修地方志文件及指导资料汇编》、张春发主编《续修地方志指南》、石柱县地方志办公室编《创新与探讨》等。

Chongxiu Anhui Tongzhi[Guangxu]

《重修安徽通志》[光绪] 吴坤修等修,何绍基、杨沂孙等纂。清光绪四年(1878)刻本。350卷,为清代省志中卷数最多的一种。分皇言纪及舆地、河渠、食货、学校、武备、职官、选举、人物、艺文、杂类十志,下统69目。各志前有小序。后附补遗10卷。是清代安徽省志中内容翔实、体例完备的代表作。补充记述道光《安徽通志》以后事及遗漏事项,补缀军事、军制等方面的资料尤多,增记有关皖南镇、长江水师的建制背景、组织机构、营制规模、编制、驻防区域、兵额数目等情况;新增太平天国、捻军运动的资料,集中记述了在安徽境内的几次大的战役。注重有关国计民生、政治兴衰、教化治理等方面的资料,详细记载了安徽境内水道、水患,历史上潘季驯、杨一魁、张朝瑞、靳辅、张鹏翮、陶澍等人的治河理论及实践,安徽的赋税情况、相关政策,特别是芜湖关、凤阳关的位置、沿革、税收,及两淮盐在安徽的销售范围和数量。人物比重大,人物记载占全书篇幅约1/3。增补道光志缺记的唐、宋、元武进士,明贡生和清

光绪《安徽通志》("中国省志汇编"本)书影

恩岁优贡等。杂志中设辨讹目，内容涉及人物、人物故里、城池沿革、河流、山川等。所述内容广征博引，重要文献全文备录；志文精于考证，有引文则写明出处、书名，对存疑、待考辨的资料或其他有需要的情况则加按语。国家图书馆、中国科学院国家科学图书馆、安徽省图书馆、安徽师范大学图书馆等藏清光绪四年刻本，首都图书馆、上海图书馆、天津图书馆等藏光绪七年冯焯校补刻本，上海图书馆藏稿本残卷。

Chongxiu Jiaozhou Zhi[Daoguang]

《重修胶州志》[道光]　张同声修，李图纂。清道光二十五年(1845)刻本。40卷。约40万字。继乾隆志而修，卷首有旧志序3篇。正文以图、表、志、传、记、考统摄各篇，共38篇。卷1河流海疆各图，诸图绘制精细。之后各卷依次列沿

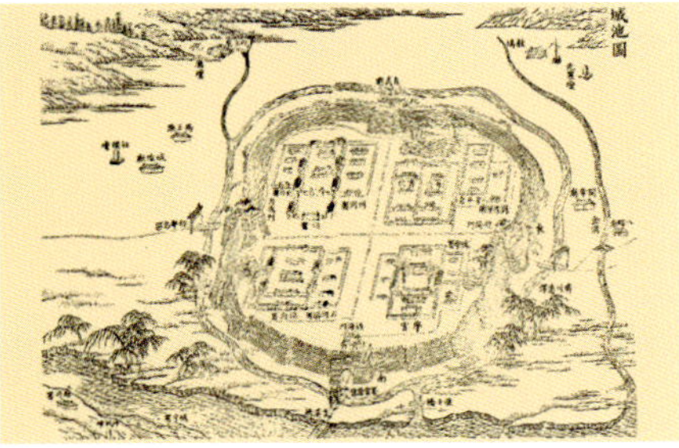

胶州城池图

革、道里、封建、历代职官、元职官、明职官、本朝职官、金元选举、明选举、本朝选举、诰敕等表，山川、建置、物产、风俗、赋役、盐法、典礼、学校、兵防、艺文等志，侯王历代官师、明官师、本朝官师、历代人物、明人物事功文苑、明人物忠节孝友笃行、本朝人物事功、本朝人物文苑、本朝人物忠节孝友笃行、艺术、侨寓外徙、列女等传，大事、祥异、杂述等记，形胜、古迹、金石、讹疑等考。其中风俗志载有方言、方音，突出地方特色。艺文志收录邑人学者著作。人物传记中，凡旧志已有者，另据他书、碑刻、家乘重加考订；新增者则严格取舍。国家图书馆、山东省图书馆、山东大学图书馆等有藏。

Chongxiu Qinchuan Zhi[Zhizheng]

《重修琴川志》[至正]　宋孙应时原

《琴川志》("宋元地方志丛书"本)书影

纂，鲍廉增补，元卢镇续修。琴川为常熟别称。《琴川志》初于宋嘉定三年(1210)刊刻。宋宝祐二年(1254)鲍廉等增补编列为10门，每门又有子目，题称《重修琴川志》。元至正末年(1368)卢镇重刊，前志成书后未载之事各附卷末。共15卷，图1卷。前有元戴良、宋丘岳、褚中旧序，县境之图、县治之图、虞山南境、虞山北境、乡村之图。卢镇认为"古者郡国有图，风土有记，所以备一方之记载，今之志书，即古之图记也"(戴良序)，设叙县、叙官、叙山、叙水、叙赋、叙兵、叙人、叙产、叙祠、叙文、题咏、拾遗12个门类，下分59个细目。其中叙兵详记驻扎常熟的南宋最大的一支水军——平江府许浦水军，厘清其创制与发展历程。版帐钱是南宋初以军兴为名创制的赋税，关于各县版帐钱的具体数字少有记载，该志记录了常熟县版帐钱的详细数目。叙赋详记常熟县的财政与赋役情况，田赋采用三壤法的征收办法，分中下两等田征收。该志记录了大量水利建设资料，记载许浦、白茆浦、福山浦、黄泗浦、奚浦、东西二陈浦等二十四浦。清钱大昕认为该志叙述有法，繁简适中，在宋代所修县志中，与名志《剡录》《云间志》《玉峰志》相较，为最善。版本有明毛氏汲古阁刻本、清张海鹏借月山房刻本、清嘉庆间《宛委别藏》本、清吴卓信抄本、清常熟张氏影元抄本、清常熟曹炎抄本、清道光三年(1823)瞿氏恬裕斋影元抄本、清咸丰年间赵宗德抄本、清光绪三十四年(1908)徐氏虹隐楼抄本、周氏鸽峰草堂影抄汲古阁本、传抄黄氏士礼居藏抄本等。

Chongxiu Xitianmushan Zhi

《重修西天目山志》　主编吕建中，执行主编苏卿武。2009年方志出版社出版。91.8万字。编首为概述、西天目山史程。设自然环境、自然资源、自然环境保护、科研·教学、道教·佛教、生态旅游、战事、管理、文学艺术·文物考古、人物10编，下设43章。编末设文献，收录周恩来在浙西临时中学开学典礼上演讲词、碑记、旧志序跋等。上起战国时期，下至2009年。自然环境保护编首记寺僧营护。自然资源编采用大量古籍资料，同时沿用国际通用的二名法。道教·佛教编设专章记国际佛事往来。该志细致地记录当地的一山一水，一草一木，一禽一兽等。对溪、涧、台、池、岩、石、峰等各种自然资源，分门别类记述，排列有序。关注天目山深厚文化的诸多方面，体现以人为本的理念，如记巡山守护十四年的"黑驴"和尚、昭明太子读书于此、赵孟頫为山作碑记、周恩来西天目山之行、李四光纵论天目山冰川、梁希关于天目山的宏文专著等。此外，该志还对前志的若干差错进行了订正。

Chongqingxian Zhi

《崇庆县志》　总纂张伯龄。1991年四川人民出版社出版。100万字。设35篇151章602节，备考60则。配地图7幅、插图9幅、照片60余幅。上起1911年辛亥革命，下至1985年。首列概述、大事记、建置、自然地理、人口，综合反映县域全貌；次按政治、经济、文化分类记述各业建设与管理，以经济总貌反映全县经济大势。设乡镇概况篇，记述乡

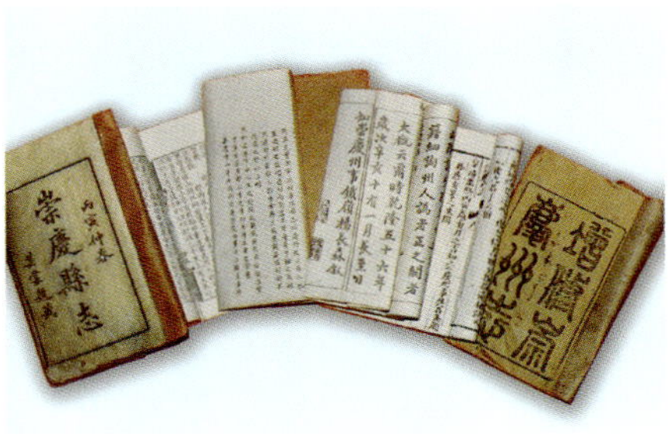

清康熙、乾隆、嘉庆、光绪《崇庆州志》及民国《崇庆县志》书影

C

镇历史沿革、地理、交通、经济、文化等特点。设杂志篇，据事直书与原件录存各司其职，有别于附录体裁。人物篇不收表、录，只存传记事略。篇后特设备考，选录一些既难于入分志又弃之可惜的史料。采用参见法，以避免各篇内容交叉重复。1991年获四川省哲学社会科学优秀科研成果奖三等奖、四川省优秀图书奖，1993年获全国新编地方志优秀成果奖一等奖。

Chongyangxian Zhi

《崇阳县志》 主编周文俊、汪和平、周绍清。1991年武汉大学出版社出版。123万字。设32卷。配31幅地图、示意图和114幅彩色、黑白照片。上起清道光二十年(1840)，下至1985年。文化卷戏曲类目中对列入国家级非物质文化遗产名录的湖北地方剧种提琴戏予以专门记载。突出对崇阳革命运动的记述，除列有崇阳县革命根据地分布图外，序、概述、志文中对此均有反映，如军事卷兵事类目记载1927年崇阳农民自卫军武装斗争，抗日战争爆发后发生在县境内由共产党领导的抗日游击战、国民政府军及其地方武装的抗战，红五军两克县城、游击队伏击茅湾、红十六师三战高枧等战斗。土特产卷中记述茶叶的面积、产量、栽培、加工制作及重点产地，野桂花蜜的蜜源、蜂群与蜜产量、蜜质，果品的品种分布、技术改进、重点产地，植桑养蚕、桑蚕基地，还记述棕片、苎麻、芭茅秆、龙须草等植物纤维，茶油、桐油、皮梓油等木本油，中药材品种、产地，及桂花、黄花、芒花扫帚等特产。1993年获全国新编地方志优秀成果奖一等奖。

提琴戏

Chuxiong Yizu Zizhizhou Jiaoyu Zhi

《楚雄彝族自治州教育志》 主编杨成彪。1998年云南民族出版社出版。78万字。设18章74节。志首配楚雄彝族自治州行政区划图、题词4幅、彩图40幅。上起有资料可查的汉代教育，下至1993年。叙述云南楚雄州九县一市教育事业的起始、发展演变、兴衰的历程。记载西汉司马相如到楚雄设学授经首开教育先河、东汉益州太守王阜“兴学堂，迁其俗”的情况，还记载明代以后大量江南移民和一批有儒家文化修养的流官与文化名人进入云南，把内地的官学、学宫、书院等文化教育制度带到楚雄的情况等，展现了汉族文化和以彝族文化为主的少数民族文化教育之间相互交融、相互影响和相互吸收的发展历程。志书还以大量篇幅记载中华人民共和国成立后，党和政府发展边疆民族地区教育事业，为彝州各族人民培养人才，促进彝州经济发展的情况。

《楚雄彝族自治州教育志》书影

Chuanshaxian Zhi[Minguo]

《川沙县志》[民国] 方鸿铠、陆炳麟修，黄炎培纂。1912年川沙改厅为县，1914年设局修志，1935年冬，编成全部志稿。1937年上海国光书局铅印成书。24卷，首1卷。正文设22志。志前设大事年表，志后为叙录。记事上承清光绪五年(1879)，下迄1926年。1926年后重大事件以赘录附于每志之后。增设实业志、工程志、交通志、教育志、卫生志、议会志、司法志、警务志、故实志等门类。大事年表采用与国内外大事对照记述形式。户口中附各大姓族谱撮要。方俗中辑方言词汇、谣谚、儿歌数百条，并附《川沙方言汇释》《川沙方言述》两篇文章。多收录公文报表、地方或行业的法规条例、调查报告。每志之首有导言，志前设概述，撮各志大要。国家图书馆、上海图书馆、南京图书馆等有藏。

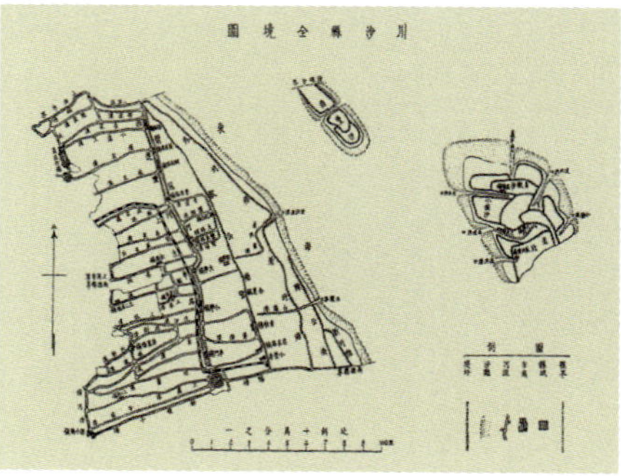

川沙县全境图

Chunhuaxian Zhi[Qianlong]

《淳化县志》[乾隆] 万廷树修，洪亮吉编纂。清乾隆四十八年(1783)刻本。

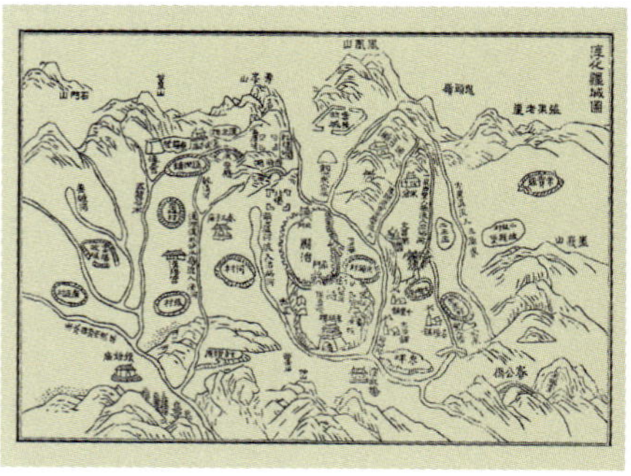

淳化县疆域图

30卷。约13万字。分18门。一卷一门，附星分图、淳化疆域图、县城图、县治图等。正文分为记、簿、志、略四体。包括土地记、山川记、大事记、道里记、户口记、风土记、祠庙记、墓记、宫殿簿、会计簿、学校志、衙署志、职官志、登科志、士女志、金石略、词赋略、序略。与地理相关的内容约占全志1/3。记述注重沿革。前3卷分别考述从上古时期的云阳到宋以后的淳化的县名及隶属关系变化，从汉代至清代云阳城、遵化城的位置和范围的变化，从唐代至清代淳化县下辖乡、镇、村等建置沿革。此志为洪亮吉所纂陕西方志中最有名的一种，纂辑派志书代表作，征引正史、各类志乘、地理总志、类书等，所记内容均言必有据，引文必注出处，需解释及考释不清之处加有按语，或纠正史籍故书记载之谬误，或依据古籍做出论断，如据《昆仑记》所记源委考证泾阳水利，引《云阳宫记》考证梨园镇。除乾隆刻本外，还有1931年克兴印书馆铅印本，增补1931年淳化县舆图、统计表等内容，陕西省图书馆、陕西历史博物馆、西北大学图书馆、北京大学图书馆、故宫博物院图书馆、上海图书馆、淳化县图书馆、淳化县方志办公室等有藏。

Cilixian Zhi[Minguo]

《慈利县志》[民国] 田兴奎主修，吴恭亨纂。1923年刊本。20卷，首1卷。约18.5万字。附舆图27幅，舆图列有标例，制以铜版。分13个门类，记地理、

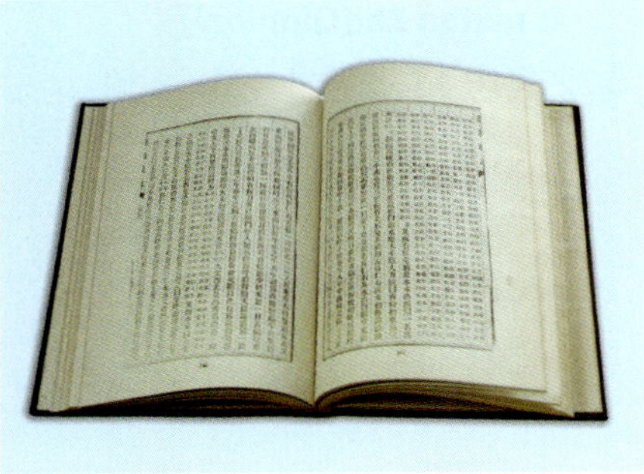

民国《慈利县志》（"中国方志丛书"本）书影

户口、实业、建置、财政、教育、议会、祠祀、职官、人物、风俗、事纪、艺文、序。善用表，分别记载户口、富庶、市集、桥渡、国家财政收支、地方财政收支、学款收支、钱粮、学校、学生毕业、学区、学田、中华民国统一政府第一届议员、湖南自治省第一届议员、选举区域、寺观、家庙、三国吴至元职官、明清职官、明清九溪职官、今代职官、行政各局所职名、宋元明科举、清举贡、明清武举、宋至清他途仕宦、清仕宦、今代仕宦、律师。实业、财政、教育、议会4卷着重记辛亥革命以后政治、经济、文教的兴革，突出时代特点。艺文仅存书目，汇录时人所作诗文。注重记录本地特有事物，简略各地皆有之事。李龙如著《湖南地方志考评》中称该志较光绪志内容增加一倍左右；叙述详尽，注重考研，有关山川的源流沿革记载详细清楚，并纠正前人失误之处。瞿宣颖称之为民国志书中"订例最善"者。国家图书馆、湖南图书馆、上海图书馆等有藏。2006年，内蒙古人民出版社出版卓德元《慈利县志校注》校注本。

Cixixian zhi

慈溪县志 慈溪修志始于南宋宝庆前，《四明志·张齐芳传》有"出慈溪旧志"语，该志已亡佚。明正统、正德、天启年间，清康熙、雍正四年(1726)、雍正八年、乾隆、同治、光绪年间及民国期间共修县志11次。有刊本或抄本留存的有天启志、雍正八年志、同治志、光绪志、民国《慈溪县新志稿》。雍正志、光绪志流传较广。另有佚名纂同治《慈溪县志稿》，国家文物局图书馆、浙江图书馆有藏，职官类记至同治九年(1870)，疑为梁启超所指董沛、徐时栋合撰慈溪县志。①《慈溪县志》[雍正]。杨正笥修，冯鸿模等纂。清雍正八年刻本。16卷。在雍正四年志初稿基础上整理而成。门类齐全，社仓、备荒、河渠、防海诸议皆前志所未记。天津图书馆、山东大学图书馆、湖北省图书馆有藏。国家图书馆、南京图书馆、上海图书馆、浙江图书馆等藏清乾隆三年(1738)傅珏、许炳增刻本。②《慈溪县志》[光绪]。杨泰亨修，冯可镛纂，刘一桂校补。清光绪二十五年(1899)刻本。56卷，附编1卷(刘一桂纂)。分19门。记人物，搜罗颇广；记选举，仿《乌程志》；记名录，仿《华阳国志》；记艺文，仿《汉书·艺文志》；记金石，仿至元《嘉禾志》录载原文。独取仕籍、丛谈列卷。卷前附图

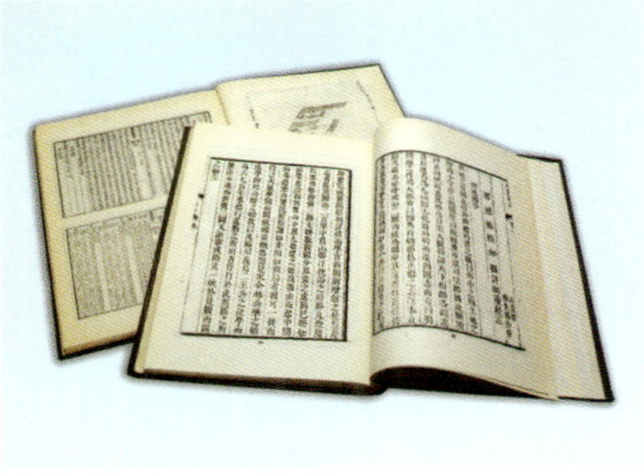

清雍正、光绪《慈溪县志》（"中国方志丛书"本）书影

注意实际测量，已似近代地图规制。全书录存自清雍正至光绪160余年慈溪史事。北京师范大学图书馆、宁波市图书馆藏稿本残卷。国家图书馆、中国科学院国家科学图书馆、浙江图书馆等藏光绪刻本、1914年重印本。

Cuandixiacun Zhi

《爨底下村志》 主编刘望鸿，执行主编程浩。2009年中共党史出版社出版。19.5万字。附图照241幅。上起明正德

爨底下村规划全景图

十年(1515)建村，下至2007年。爨底下村，又写作川底下村，位于北京市门头沟区斋堂镇，成村时名爨里安口。2001年后，先后被公布为北京市文物保护单位、中国历史文化名村、全国重点文物保护单位。该志设概述、大事记、自然环境、隶属沿革、人口、村落、军事、组织、经济、旅游、教育卫生、衣食住行、寺庙、风俗、方言、文化、人物等章节，详细记述该村的社会历史风貌及发展变化，既是村史，又是旅游读物。书中资料来自首都图书馆、斋堂镇政府、川底下村委会、门头沟档案馆档案文献，有58名知情人提供了资料。另外，编纂人员还先后5次到爨底下村核实资料。书中记录了自一世祖韩甫金、韩甫银、韩甫仓至20世纪30年代的当地最大的韩氏家族家谱，爨底下村屯垦的历史，爨底下村作为抗日模范村史实和村民古而有之的"后山不挖土，南山不砍柴"的生态环境保护意识。

D

达 大 代 戴 当 岛
德 登 邓 地 第 滇
定 东 董 洞 读 杜
段 断 敦

Dazhoushi Zhi(1911~2003)

《达州市志(1911~2003)》 总编马波、邓宏志、何平。原名《达川地区志》,历任总编肖经国、杨清镛。2004年更名为《达州市志》。2009年方志出版社出版。3册,350万字。设34卷190章。配政区图4幅、照片144幅、表339个。重点记述从绥定府、第十五行政督察区到达县专区、达县地区、达川地区、达州市的建置沿革及境内自然与社会各方面的历史演变和发展状况。总述中援引民谣,以证明达州之富庶;又载民国初就有渠县三汇特醋、竹编、黑古陶,土溪白酒,达县灯影牛肉,大竹东柳醪糟、观音豆干、二郎篾席,开江豆笋、普安白布,宣汉五香牛肉、陈氏刀具等名特产品远销省外。自然地理卷重点记述境内矿产资源,尤其是天然气远景资源量、探明储量等。人物卷立传349人,人物表列2万余人,名录收录5000余人,共收录境内自东汉初期至2003年古今人物2.5万人,有冯焕、冯绲、王平、卫承芳、唐甑、李长祥、郝孟宾、孙伯髯等武将、文臣,还有1949年后的全国劳动模范、先进工作者和有突出贡献的专家学者等,特别记载1930年中国工农红军第四方面军入川开创川陕革命根据地时,境内8万多人参加红军,为革命牺牲4万余人(其中留有姓名的1.5万人)的革命历史,及王维舟等红军师级以上将领和1949年后被授予将军衔的张爱萍、陈伯钧、向守志等约200人。2010年获四川省哲学社会科学优秀成果奖二等奖。

《达州市志(1911~2003)》书影

Dadingfu Zhi[Daoguang]

《大定府志》[道光] 黄宅中修,邹汉勋纂。清道光二十九年(1849)刻本。60卷。记事上起周赧王三十八年(前277),下迄道光二十九年。卷首有皇帝诏章1卷、典礼9卷。正文分设六志,其中疆土志8卷,以舆图别方定距,阐明古今沿革,记载疆里山川,并涉及民族、风俗。治地志3卷,记官署、废署、诸祠、坛庙、学校、亭馆、寺观等内容。惠人志10卷,包括职官簿、职官传等内容。俊民志7卷,包括选举、耆旧、烈女等内容。经政志7卷,包括官制、典祀、学制、食货、武备等内容,其中食货目有大段概述当地及邻近地区经济情况的文字,各篇对水西、乌撒土司及彝族情况都有反映。旧事志6卷,著录材料除正史地志外,还有《安氏谱状》《安胜祖状夷志》等彝族文献,并附《安氏谱》,详记安氏世系。文征9卷,收录敕、疏、条教、书、议、论、说、考、辩、解、记、纪略、纪事、序、传、行述、铭、赋、诗等地方文献。旧志叙录1卷详载旧志书名、卷帙,每书下有解题,记作者、存佚、编纂情况和内容,附录序跋。国家图书馆、贵州省图书馆、北京大学图书馆、福建省图书馆等有藏。贵州省图书馆还藏有民国抄本。贵州省毕节地区地方志办公室和大方县地方志办公室组织校点,2000年由中华书局出版,190万字。

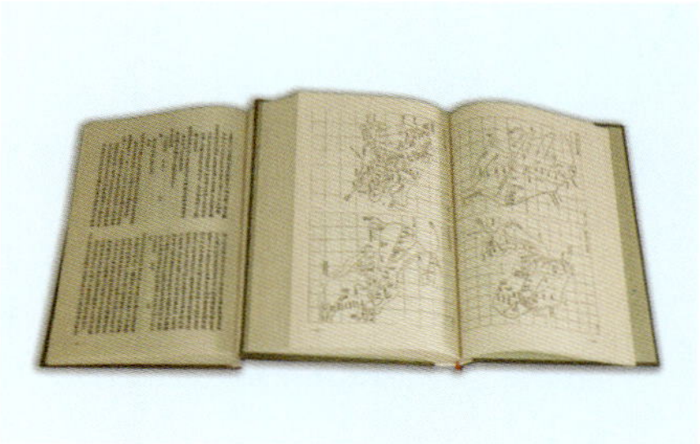

道光《大定府志》("中国地方志集成"本)书影

Dali Baizu Zizhizhou Zhi

《大理白族自治州志》 主编杨镜、杨光复。1998~2001年云南人民出版社出版。9卷,753万字。设44分志311章1208节。配照片623幅、表格891个。上起远古有文字记载之年,下至1988年。突出记述国家级历史文化名城、国家级风景名胜区、国家级自然保护区等地方特色和富饶的矿产资源、水力资源、生物资源、旅游资源、民族文化等。设自然灾害章,分7节记述大理、下关一带有历史记载以来的地震、旱灾、水灾、风灾等7种灾害。集中记述大理发现的旧石器时代和新时期时代遗存,南诏国和大理国两个边疆少数民族建立的政权,以及作为云南青铜文化重要起源地之一的特点,体现了大理"文献名邦"之荣。还记述了自治州13个世居民族的文化风俗。介绍了大理各级文物保护单位347项,其中全国重点文物保护单位14项、省级重点文物保护单位36项、州级文物保护单位27项、县市级文物保护单位270项。在云南省新编地方志评奖中,卷2、卷9获特等奖,卷1、卷3~8获一等奖。

白族栽秧会

Dalianshi Zhi

《大连市志》 大连市地方志编纂委员会办公室编。2004年,由方志出版社出竣。60册,4020.1万字。设78个分志。上起清道光二十年(1840),有的分志以记、述的形式适当上溯;下至2000

大连港

年。设自然环境、港口、口岸查验、水产等分志，体现大连沿海港口城市的特点。反映近代大连遭受两次大的战争劫难，先后被沙俄、日本殖民统治的历史。军事、中共地方组织等分志详细记述大连地区人民反抗侵略的事迹。1993年《大连市志·城乡建设志》《大连市志·自然环境志水利志》获全国新编地方志优秀成果奖二等奖。①《大连市志·自然环境志》。主编唐法明。设13章55节。记述全市自然状况的形成及变化。详记10条较大河流及33条河的发源、流向、河长、流域面积；44个岛、15个礁、6个坨子、10处较大海湾、3条海峡、2条水道、3处滩涂及11个锚地；6类、16亚类土壤；150种海藻、1300余种陆地植物、近5000种无脊椎动物、700种脊椎动物等生物资源，着重记述107种鸟类。②《大连市志·中共地方组织志》。主编单文俊、李尚华。设18章82节。记述中共大连地方组织建设发展过程；1921~1949年中国共产党大连地方组织领导的反抗日本帝国主义的斗争活动；中华人民共和国成立后，中共大连地方组织领导的社会主义建设活动，及做出的重要决策和贡献，详记十一届中共大连市(旅大区、旅大市)代表大会。收录大连(旅大)建党初期党的重要文件、决议16篇。③《大连市志·军事志》。主编任玉起。设9章43节。记述大连地区古代及近现代军事情况。历代战事章记载英法军对旅大的侵扰、中日甲午战争旅大之战、沙俄强占旅大、日俄战争旅大之战、抗日义勇军的战斗等发生在大连的战役、战事，及大连地区人民抗击外寇的历史。人物章为邓世昌、邓铁梅、关向应、张学思、安业民、刘德才6人立传，收入25名英雄模范简介及54名革命烈士名录。④《大连市志·港口志》。主编朱宝学、赵怀宁。设10章52节。记述大连港的形成、发展、变化，港口的自然条件、设施、建设、生产、管理等。详记大连港从古老港口演变成中国第二大港的全过程。通过记述1908~1943年煤炭、大豆、钢铁的出口情况，揭露沙俄、日本通过大连港对中国东北经济进行掠夺的事实。重点记述1949年后，大港、寺儿沟、黑嘴子、香炉礁、甘井子、新港、大连湾、大窑湾8个港区、108个泊位的建设情况，1949~1999年大连港的吞吐量和石油、煤炭、粮食、钢铁吞吐情况。

Daqingshi Zhi

《大庆市志》 主编时永发。1988年南京出版社出版。135万字。设25篇106章353节。卷首、卷末有插图近百幅，随文配图约50幅、表格245个。上起清光绪二十九年(1903)东清铁路(滨洲铁路)竣工，下至1985年，重点记述1960年大庆油田会战后的历史。石油、石油化工、科研、人物等篇反映油田建设的情况和大庆精神。附录收录石油工业部关于大庆石油会战情况的报告、中共国家经委党组关于工业学大庆问题的报告、大庆工委"约法三章"等文献23篇。1989年获黑龙江省地方志优秀成果奖，1993年获全国新编地方志优秀成果奖一等奖。①《大庆市志》石油篇。设3章13节。记述喇嘛甸、萨尔图、杏树岗油田及长垣南部油田、外围油田等的勘探、开发和建设进程。重点记述松辽石油勘探局、大庆石油会战指挥部、地球物理勘探公司、钻井一公司、试油试采公司等机构和企业的情况，1959年大庆油田首次出油——松基3井出油的情况，石油会战初期油田开发方针的制定及方案调整，冰上钻井技术的开发与应用情况，油、气生产量和外输销售量等。②《大庆市志》石油化工篇。设4章12节。重点记述葡萄花炼油厂、黑龙江石油化工试验厂、大庆石油化工总厂、林源炼油厂等企业的建设、生产情况，石油化工工业的生产组织、规模、流程、品种、产量和石油气加工的情况。③《大庆市志》科研篇。设4章15节。重点记述勘探开发研究院、大庆石油化工总厂研究所、石油化工设计院、钻井技术服务公司钻井工艺研究所等19家科研单位，以及萨尔图油田开发设计方案的初步研究、钻井防斜钻具、固定式分层配水工艺、单管密闭油气混输流程、甲苯热脱甲基制苯研究等有关地质勘探与开发、钻井采油工艺技术、地面工程技术、石油化工等方面的获奖科研项目40余项。④《大庆市志》人物篇。设3章2节。人物传略章收录铁人王进喜、身残志坚的好青年张秋银、大庆标兵黄仕伦、机械师詹洪友、地质师钟其权等28人。名表章记获国家和省、部级荣誉称号的201人、大庆市劳动模范3301人，英名录章记革命烈士210人。附大庆石油会战和开发建设中获荣誉称号的近千个单位的名录。

1960年4月29日，在萨尔图举行石油大会战誓师大会

Datongfu zhi

大同府志 大同府志纂修见于文献记载的共6次。明永乐十九年(1421)前曾两次纂修，《文渊阁书目》卷19旧志著录有佚人纂《大同府图志》(1册)、《大同府志》(4册)，已佚；卷20新志著录府志一种，纂于永乐十九年至明正统年间，已佚。明正德、清乾隆年间所修府志均存。另有清人修纂节录本，原本佚，辽宁省图书馆藏抄本。①《大同府志》[正德]。张钦、王崇文纂修。正德十年(1515)刻本。18卷。18万字。分41目。首卷

图说中有代王府图、车营战车诸图。各目记述大同府及所辖11个州县。天一阁藏卷5~18。大连市图书馆、天一阁、湖南图书馆藏明嘉靖十二年(1533)补刻本,补入嘉靖十一年前宦迹、人物、修建记等。②《大同府志》[乾隆]。吴辅宏修,王飞藻纂,文光校订。乾隆四十七年(1782)刻本。32卷,首1卷。30万字。分22志,附12目。卷首图考有郡城全图、学宫图、衙署图、府县厅山川图等。中国科学院国家科学图书馆、故宫博物院图书馆、北京大学图书馆等有藏。

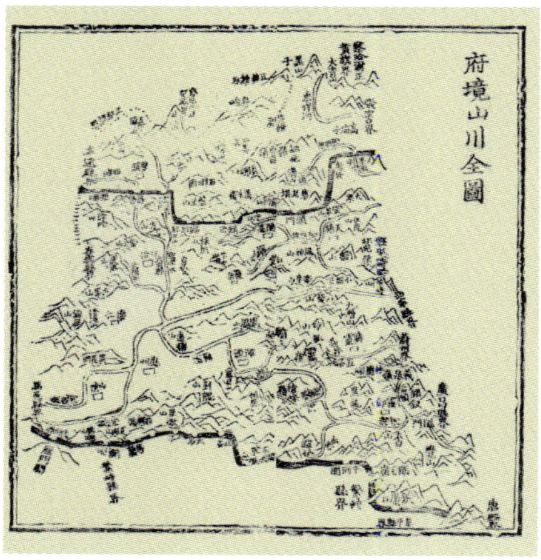

府境山川全图(乾隆《大同府志》)

Datongshi Zhi

《大同市志》 主编要子瑾、姚斌。2000年中华书局出版。3册,370万字。首设总述、大同市情表、13个较大城市市情比较表,末设大事记、杂录、限外纪要。分29个专业志。配历史照片300余幅、图表713幅(个),照片注意今昔对比,如小南街今昔、大西街今昔、大同站今昔等。上起事物发端;下至1985年底,限外纪要下限延至1989年。大事记载2174条,选记自战国赵襄子六年(前452)至1985年发生的重大事件;限外纪要概括记载市志出版前,1986~1989年发生的大事,特别是大同市与雁北地区合并后,全市的基本情况和所辖各县(区)概况。篇目设置上,工业类所占篇幅最大,首列煤炭工业篇,详记煤田地质与勘测、煤矿建设,及煤炭生产、流通、管理等各环节;其后记电力工业、机械工业、化学工业,突出大同能源重化基地的特点。军事类设历史地位篇,扼要记述大同军事地位的重要性。在文物篇中,将云冈石窟从古建中分出单独成篇,重点记述昙曜五窟,第五、六、七、八窟,五华洞,东部窟群,第十四、十五窟,西部窟群,并设章节记述保护、修缮及研究情况。人物记711人,其中立传88人,简介58位健在人物,市领导、英模、清末进士和举人、民国时期留学生,及1949年后的研究生、留学生均入录列表。

《大同市志》书影

Daxingxian Zhi

《大兴县志》 主编王金富、张书领。2002年北京出版社出版。150.4万字。设31编122章389节。配图照133幅。上起建置之始,下至1990年。该志注重连贯地反映1949年前的情况,如税务章记述清、民国时期、中华人民共和国时期的税种及计征情况;旧行政议政机构章记述金、元、明、清、民国时期的行政议政机构。交通运输编设古道章,记载清南苑御道、南巡御道、两条明清时期的南行驿道、京津官马大道、京南官马大道、9条里社道路及12座明清石桥。公安编旧警务章记述1949年前境内的警察机构、警事。注重对农业、水利的记载。水利编记述永定河、凤河、龙河、天堂河、凉水河等河道治理。农业编设专章记述平地固沙、综合治碱、修渠凿井等农田建设,专设一节记载境内西瓜种植历史、品种、栽培技术、面积及产量。城乡建设编专设一节记述境内生态农业建设,重点记述全国第一个生态农业村留民营村的经验。文物章记载间城、回城、广阳城、旧衙门行宫、南红门行宫等古城名胜遗址。附录设专记,记述元、明、清三代皇家园囿南海子,林清及其领导的北京天理教起义,4处庙会;设考证,记载县名由来及治所迁移,并考证辽金时期至民国初境内村落形成发展,记述村名类别,详列140多个村名来历、10个村镇历史纪要;设资料辑存,收录1966年发生的“八三一”事件过程、调查处理始末,大兴87位历代名人的资料简记,侵华日军在境内的暴行等;还选收了19篇民间史话传说故事。

乾隆帝南苑行围图

Dayuan Hunyifangyu Shenglan

《大元混一方舆胜览》 地理总志。修撰者不详。元至元二十四年(1287)至二十七年成书。3卷。分腹里,辽阳、镇东、陕西、四川、河南、江北、云南、江浙、江西、湖广、甘肃、岭北12行省,西域诸小国部落,共14部分,每部分分为若干道肃政廉访司,或宣慰司、宣抚司,其下再分若干路或直隶府州(散府州),有些路下再分若干小州。路、府、州之下,设置若干事类栏目,如县名、沿革、郡名、风土、形胜、景致、名宦、人物、题咏等。全书记述各行省路、府、州、县的沿革本末、山川、人物,其中收录了一些抗辽、抗金、抗元人物事迹。体例格式继承宋代《方舆胜览》,内容上涉及的地理范围更广阔;参用不少地方文献、别集,对各地地理、史事、题咏的记述有不少为今存古籍所不载;绘制的地图是中国最早的完整的分省地图集,为明清一统志所继承;许多内容抄录自前代文献,其版

《大元混一方舆胜览》(“宋元地理志丛刊”本)书影

本与后世所见有所不同。有《新编事文类聚翰墨大全》本、《群书通要》本、单行本3种刊本。方国瑜《云南史料目录概说》中介绍了其云南部分的价值。郭声波《〈大元混一方舆胜览〉的价值与缺陷》《〈大元混一方舆胜览〉研究二题》,对该志体例格式、写作风格、史料价值做了系统阐述。

Dazuxian zhi(jiuzhi)

大足县志(旧志) 明代创修,据嘉靖《四川总志》、万历《重庆府志》记载,明初、明万历十五年(1587)前后曾修县志,均不存。清代5次纂修县志,其中康熙二十五年(1686)荣昌知县将大足县事史彰、旧闻汇成一帙,成稿未刊印。存世清代县志有乾隆、嘉庆、道光、光绪四志,均欠缺经济史料。民国时期于1926年、1936年、1941年三次倡修县志,两度书成未印。后《重修大足县志》铅印出版。

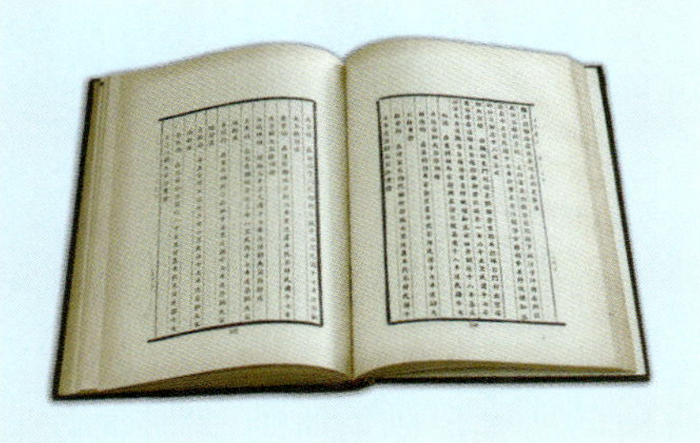

民国《大足县志》("中国方志丛书"本)书影

①《大足县志》[嘉庆]。张澍修,李型廉等纂。嘉庆二十三年(1818)刻本。原写本存台湾,据《续修四库全书总目提要》载,张澍原写本两册,平列建置、城池、里镇等27个门类。国家图书馆、上海图书馆、湖北省图书馆有藏。有道光十六年(1836)王松增补本。列张澍、赵时、王松为纂修。共8卷,约16万字,分9志,下设细目。山川、坊表等细目有5处增补约8000字,1处删节五六百字。其他照录前志。②《大足县志》[光绪]。王德嘉等修,高云从等纂。光绪三年(1877)刻本。8卷。约16万字。体例、卷帙同道光六年王松增补嘉庆志。杂记改为志余,细目略有变动。人物志增补抗拒李蓝义军阵亡人士若干,及节孝、贞孝名录。国家图书馆、重庆图书馆等有藏。③《重修大足县志》[民国]。郭鸿厚修,陈习删等纂。1946年刊本。9卷,首1卷。约35万字。卷首载地图及"石刻图征初编"。正文分方舆、政事、人物、杂记、文正等门,下设细目。国家图书馆、首都图书馆、四川大学图书馆等有藏,大足县档案馆、县地方志办公室存数十部。2008年,大众文艺出版社出版陈尧天、陈典《民国重修大足县志点校》。

Daixian Zhi

《代县志》 主编黄培业、高开源。1988年书目文献出版社出版。70万字。设21卷133章218节。志首配彩照17幅,文内配县城区图。上起战国,下至1982年底。内容以经济为主体。工业卷设章记轻工、建筑、机械、化学、矿冶、电力等行业,轻工业章首先记述酿酒业,体现该县悠久的酿酒历史,之后记述食品加工、纺织、缝纫、木器、造纸、印刷等行业;矿冶工业章记载境内铜、金、铁、石墨等矿产开采冶炼历史及主要矿点分布;专设一章记述工业经济结构,反映本县工业发展特点,选择1949年、1956年、1958年、1962年、1966年、1976年、1982年等几个有代表性的年份,记载其所有制结构、产业结构、轻重工业比例。志中突出代县古代边塞重地的历史文化特色。文物卷记载赵杲观、内长城、阿育王塔、雁门关等留存古建筑12处,白仁岩寺、东西寺等10处古建筑遗址,李孝存墓、晋王墓等古墓葬7处,金、石、陶、瓷类文物51件,碑文崖刻27篇,书画20幅,抗日战争时期雁门关伏击战战场遗址、阳明堡飞机场遗址等革命遗址5处。交通卷对古代关隘、驿道也设

《代县志》书影

有小节记述。附录有旧志考略、旧志序言选。1993年获山西省第一次全省修志优秀成果奖二等奖。

Dai Zhen

戴震(1723—1777) 字慎修,又字东原,号杲溪。清安徽休宁人。乾隆二十七年(1762)举人。三十八年,入四库全书馆任纂修。四十年,赴殿试,赐同进士出身,授翰林院庶吉士。主纂《汾州府志》《汾阳县志》《水地记》,审定乾隆《应州续志》等,撰有《与段若膺论修志》《答曹给事书》等方志文章。后人编有《戴氏遗书》《东原文集》等。戴震为清代地理学派(见清代修志)代表人物。在乾隆《汾州府志》例言和乾隆《应州续志》序中,认为"志之首沿革也,有今必先有古",强调"古今沿革,作志首以为重","沿革定而上考往古,乃始无惑","疆域辨而山川乃可得而纪"。章学诚撰《记与戴东原论方志》中有戴氏主张"志以考地理""悉心于地理沿革"的记述。①《汾州府志》[乾隆]。孙和相修,戴震纂。乾隆三十四年始修,三十六年刻本。共34卷,首、末各1卷。44万字。卷首有例言10则、地图、沿革表。正文分30门。记事止于乾隆三十五年。沿革门详考西河、汾州、中都、平阳、介休、永安等地的建置、地域范围,纠正旧志之误,如记载汾阳军在北宋宣和前已有,纠正此前志书据《元史·地理志》著录汾阳军始于金的错误。山川门多据碑志记载历代水利情况。职官、流寓门考辨旧志误列之人。仕实门以碑文补记相里金事,以纠正史之误。府、县山川图,先布方格(府图每格50里,县图每格15里),"按山脉之条贯,水流之委曲,距府、州、县治之方向里数"绘制。②《汾阳县志》[乾隆]。李文起修,戴震纂。乾隆三十七年修,同年刻本。14卷,首1卷。18万字。正文分22门,附17目。记事止于乾隆三十五年。体例与乾隆《汾州府志》相近,有变通,如删去星野目,仅于沿革后略述梗概。沿革门考证最详。③《水

地记》。乾隆年间刻本。1卷。共24条，依次为紫山、积石、三危、嘉峪、穷石、合黎、祁连山、贺兰山、阴山、缘胡山、燕京山、梁山、岐山、壶口、少山、谒戾山、霍山、析城、王屋、清野、薄山、首山、发鸠山、太行山。注释取《汉书·地理志》《山海经》《水经注》《括地志》《元和郡县志》诸书相关内容为佐证。

Dangdai Fangzhixue Gailun

《当代方志学概论》 刘柏修、刘斌主编。1997年方志出版社出版。25万字。设9章37节。对于方志学源流，认为方志源于先秦时代史官的记录以及地理；方志学自章学诚始成系统，在民国时期建立方志目录学是一显著特点；将当代新方志理论建设分为准备、出版讲义性著作、形成观点、构建方志学学科体系4个阶段。在论及方志学定义问题时，援引梁启超、吴宗慈、李泰棻、黎锦熙等对方志学的认识，通过比较、辨析，提出“方志学是研究方志文化产生、衍变及其发展规律的一门科学”，方志文化应该包括方志和由方志波及的社会文化事项两个主要内容。认为方志学的研究对象有6个方面，并提出方志学体系构架的3个基本依据和5个分支学科组成部分。用较多笔墨反映新志编纂史、理论研究史和新志整体面貌。在新志编纂章中，提出新志编纂所需的8个基本步骤。在方志评论章中，认为方志评论是对以志书为主体的方志文化所做的评价与探讨，有政治、资料、体例三个标准；提出新方志相较旧方志所具有的6个显著特点，以及新方志编纂和评论中存在的主要问题。提出汇目、提要、索引、辑佚、校注、复制、类编、建立信息库8种方志整理的基本形式。①刘柏修(1942—)。江西芦溪人。1985年从事地方志编纂与研究，曾任《江西省志》总纂室主任、编审。参与主编《新编方志体例比较与思考》等8部著作，主编《中国地方志总目提要》(江西省篇)、《江西省方志编纂志》，发表方志论文百余篇。②刘斌(1954—)。江西德兴人。江西省地方志编纂委员会副主任，办公室党组书记、主任，《江西省志》总纂，《江西年鉴》总编。主编《江西省地方志论文集》。

Dangdai Fangzhixue Tanlun

《当代方志学探论》 张仲荧著。1990年巴蜀书社出版。16万字。收录作者专论方志问题的17篇文章。分析了地方志的价值尤其是审美价值与功能、方志学体系的开放性趋势、理论方志学的学科体系建构和发展状况、中小城市市志的编纂理论、史志异同等问题，重视新方志与社会学、政治学、经济学、哲学等多学科的融合。借鉴《史记》等史著的编纂经验，集中讨论了部门志、政治部类、经济部类、人物志等门类的体裁、结构、内容、特性、编写方法、注意事项等方面。张仲荧(1949—)，四川泸州人。1969年四川石油学校毕业。1980年起，从事新方志编纂、地方文献及方志学研究工作。四川内江市地方志办公室副编审，四川省地方志协会常务理事。多次在全国性方志讲习班讲学。参与编著《中国地方志综览(1949~1987)》等，发表方志论文数篇。

Dangdai Zhishu Bianzuan Jiaocheng

《当代志书编纂教程》 中国地方志指导小组办公室编。2010年方志出版社出版。65.2万字。设15章75节。主要阐述方志学基础理论和基本知识，以及志书编纂理论、方法和要求等方面的内容，吸收当代方志学理论研究的最新成果，注重与志书编纂实践相结合。部分章节内容的编写，如方志的起源，方志的性质、特征，志书篇目的设置和志书各个部类的编写等，采取诸说并存的方法。第一章对于方志的起源，归纳7种说法，认为方志的发展经历汉魏地记、隋唐图经、宋代基本定型、元代稳步发展、明代迅速发展、清代旧方志达到全盛、民国开始转型、社会主义新方志繁荣与创新等阶段。第二章对于方志的性质，归纳10种观点，认为方志具有资料性、全面系统性、区域性3个本质特征，以及存史、资治、教育功能。第三章分8节记述志、述、记、传、图、表、录及序、凡例和索引等方志主要体裁的起源、发展、特点、功用和使用。第四章论述志书的篇目结构及篇目设置的原则和方法。第五章论述方志资料的作用、定位、搜集、考订、整理等内容。第六章主要阐述志书编纂的指导思想。第七至十一章论述地理、经济、政治、文化、社会等部类的编写，每个部类下再分小类。第十二章主要论述凡例的制定、概述和人物传的撰写、大事记的编写等内容。第十三章论述志书编纂应注意的问题，如应符合宪法、法律、法规和有关政策规章，要突出地方特色和时代特征等。该书还论及志稿的修改审定、出版发行，以及志书的文体、文风与行文规则等内容。

Daoyi Zhilüe

《岛夷志略》 汪大渊撰。元至正九年(1349)成书。原附于吴鉴编修的《清源续志》之后，名《岛夷志》。后汪大渊将其单独刊行。至正十年，翰林修撰张翥作序，刊行于世。1卷。共百条。体例仿《岭外代答》与《诸蕃志》。汪大渊约生于元至大年间，字焕章，江西南昌人，自幼好游。志中记述汪氏游历南洋诸岛及印度洋沿岸各国的见闻。前99条记载澎湖、占城国(越南南部)、琉球、交趾、真腊、暹、爪哇、旧港(印度尼西亚巨港)、沙里巴丹、大八丹、天竺等99个国家和地区的自然环境、物产、生活、手工业、交通、贸易、风俗等情况，多条附见地名，全书涉及的域外地名共220个；第100条为节录前人旧记而成，名艺文类聚。元代版本均佚。1912~1913年，上海神州国光社将沈曾植注本刊于“古学汇刊”丛书中，题名《岛夷志略广证》，分上、下两卷。

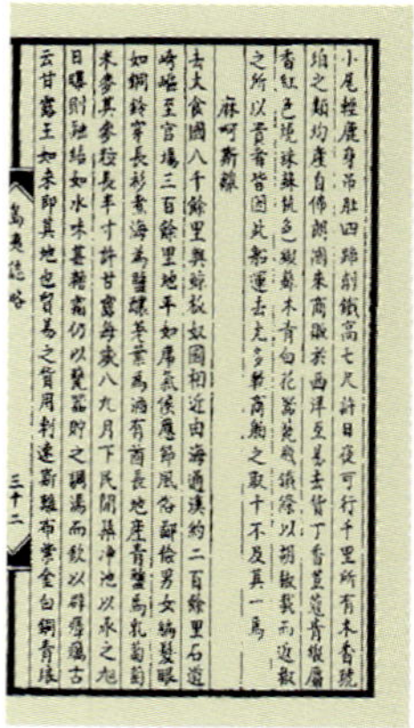

《岛夷志略》内页书影

沈氏在其著作《海日楼书目》中改为《岛夷志略笺》。19世纪中叶，西方学者已对《岛夷志略》进行翻译、征引、考证。1914，年美国学者罗克希尔将原书中的60条译成英文，载于1914~1915年在《通报》上发表的《十四世纪时中国与南洋群岛印度洋沿岸诸港往来贸易考》中。1914年，在罗振玉主编的“雪堂丛刊”第二集中刊登了日本学者藤田丰八的《岛夷志略校注》。国家图书馆藏顺德龙氏“知服斋丛书”刊本、有彭元瑞《知圣道斋》抄本，南京图书馆藏丁氏族竹书堂抄本。1981年，中华书局出版苏继庼的《岛夷志略校释》。1996年，辽宁教育出版社出版汪前进译注本。

Dehua Taoci Zhi

《德化陶瓷志》 主编林合龙，执行主编曾昭礼。2004年方志出版社出版。46.5万字。设12章53节。配图片104幅。上限不限，下限至2001年底。记述德化陶瓷业的发展历史和现状，尤其是在不同历史时期陶瓷生产的工艺水平和产业状况，展示德化陶瓷在中国乃至世界陶瓷发展史上的重要地位和价值。其中，生产章设窑炉节，按时间顺序展示德化窑的发展史，记述瓦窑，唐宋时期的马蹄形窑、龙窑(蛇目窑)，宋末元初的鸡笼窑(分室龙窑)，元末明初的阶级窑，20世纪60~80年代出现的轮窑、隧道窑、马弗炉、滚底窑等新型窑炉。产品章分瓷器、陶瓷器、陶器3节记述，突出德化瓷的特色和地位，并设表记载名优产品与作品。专业村章设专节记述泗滨、宝美、乐陶、后所、浔中5个村及丁墘科技园，在记述后所村瓷雕艺术大

屈斗宫宋元古窑址内景

师何朝宗出生和从事瓷雕创作之地时，从窑场沿革、何派瓷雕、技艺传承三方面突显何朝宗的历史地位，避免该村与其他专业村内容雷同。人物章为55人立传，还简介为德化陶瓷业发展做出突出贡献的12位在世人物，列表和录，记载工艺美术大师和专业技术职务人员等。2007年获福建省地方志奖一等奖。

Deyangshi Zhi

《德阳市志》 总编陈行祝，常务副总编李开元。2003年四川人民出版社出版。2卷，388.1万字。设35篇189章707节。配图照110幅。上限不一，政治部类自1983年建市起，大事记和附录自辖县解放之日起，建置和人物传记自郡县建置之初起，重要事业记述简溯发端；下限至1994年，部分照片和附录资料延至2003年3月。志书按先自然后社会、先经济基础再上层建筑的顺序横排竖写。工业篇的篇幅较大且内容划分较细，设10章，分别记述机械、建材、冶

东方电机股份公司生产的国内单机容量最大的32万千瓦水轮发电机组在工地安装

金、化学、食品、能源、烟草、棉纺丝织等规模产业，包括中国第二重型机械厂、东工集团公司、东方电机厂、东方汽轮机厂等大型企业，宏达、剑南春、蓝剑等知名品牌，突出记述了德阳为全国重大设备制造业基地、省重要工业城市的地域经济特色。设农村经济体制改革、城市经济体制改革、广汉城乡经济体制改革等章，详记城乡经济体制改革进程，体现德阳作为中国农村改革发祥地之一的历史地位。设专篇从发展历程、企业类型、产业门类、企业管理4个方面对建市后乡镇企业的发展进行系统记述。附录收录筹备建市的相关资料，记述建市过程；收录《德阳市建置问题与县名考》，对市辖什邡市(县级)、中江县的建县时间，县以下有无乡镇，县名演变等存疑之处进行考证。2004年获四川省地方志优秀成果奖一等奖，2007年获四川省社会科学优秀成果奖三等奖。

D

Dezhou zhi

德州志 德州修志始于明代。明景泰五年(1454)洪钊修《德州志略》，已佚。明嘉靖七年(1528)何洪、郑瀛修纂《德州志》，天一阁藏残本。明万历四年(1576)唐文华、李钥修纂《德州志》。明天启五年(1625)安绍善、王克宽修纂《德州续志》，国家图书馆藏残本。清代康熙、乾隆、光绪年间均修有《德州志》。1935年德县县长李树德修《德县志》。另有田雯著康熙《长河志籍考》、宋弼撰乾隆《德州志略》《州乘余闻》、李有基著乾隆《州志拟稿》、钱祝祺纂修光绪《德州志略》、冯翥编光绪《德州乡土志》、佚名撰《德州新志稿》《德州志稿》《州志迹略》《州志遗稿》《乡土志稿》等私修志书。

《重修德州志》[康熙] 金祖彭修，程先贞纂。康熙十二年(1673)刻本。10卷。约15万字。正文设封域、建置、赋役、学政、祀典、兵卫、秩官、人物、选举、纪事10志，下设66目。附州河图、州境图、州城图、州治图各1幅，另有八景图。该志曾得顾炎武参订，体例严整，考注精审。赋役志记本地户口、土田及差徭税粮，除细列具体数字外，还剖析其弊政。兵卫志结合本地特色，详述德州建卫始末。纪事志按年编写，对明末李自成义军在德州的活动记录甚详。人物志仅列5目，局限较大。10卷之外，还有土产、义学、浮梁3篇。国家图书馆、北京大学图书馆有藏。

《德州志》[乾隆] 王道亨修、张庆源纂。乾隆五十三年(1788)刻本。12卷，首1卷。约35万字。卷首录有旧志序、跋、重修序；凡例38条，突出介绍銮驴时巡、恭翰天章在志中占较大比重

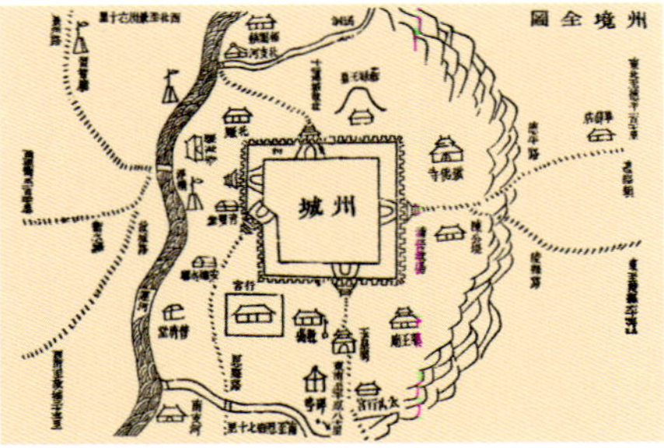

德州境全图(乾隆《德州志》)

的原因;列有行宫、河渠、州境、州城、学宫、粮道署、州署、德卫署、城守尉署、参将署、守备署、州管运河、卫管运河、卫管南北河等图;另有《时巡恭记》。正文分沿革、躔度、纪事、河渠、疆域、建置、赋役、政事、宦迹、职官、人物、贡举、贞节、业记、艺文15门。赋役分州、卫两类,记其户口、赋役。人物对郡内名士均有收录。志中丛记,相当于其他志中的杂记。山东省图书馆、山东省博物馆、山东大学图书馆等有藏。

《德州志略》[光绪] 钱祝祺纂修。光绪二十二年(1896)纂,未刊刻。4卷。约12万字。无序跋。正文分官师、选举、学校、人物4志。官师志设文职官表、武职官表、驻防职官表、卫官考略、宦绩志、蒋尚思传略等19个类目。选举志设文科贡表、武科第表、驻防选举表等。学校志设州学额、卫学额、繁露书院、州卫书院、正谊书院、重修德州学宫、义学、捐备学宫祭器等记略。人物志收录宋弼、李庭灿等32人传略,吕闵等7人为孝行,史玢等10人为忠节,慧圆和尚为方外。国家图书馆有藏。山东省博物馆藏清抄本。

Dengfengshi Zhi

《登封市志》 主编吕宏军。2008年中州古籍出版社出版。2册,410万字。设32卷136章443节。志首有图5幅、彩照188幅。上起远古,下至2005年。各分志内容以现代为主,贯穿古今。中岳嵩山、文物古迹、少林武术、旅游4卷彰显登封的历史文化特色。详细记述事物的成因及发展过程,注重对史料的引用和考证。中岳嵩山卷记述嵩山自然风貌、历史文化,设专节记载嵩山七十二峰、嵩山森林公园、嵩山世界地质公园,记载峡谷、道路;嵩山文化章记述反映嵩山人文特色的文化形式,重点记述历代帝王祭祀封禅。文物古迹卷重点记述少林寺、中岳庙、嵩阳书院、观星台等古建筑,及王城岗遗址等金石碑刻、遗址、墓葬、馆藏文物。少林武术卷设历史源流、功能和特点、武术体系、武术馆校、武术节、对外交流与传播等章,记述北魏少林寺建立后,少林武术在寺院中孕育,历经隋、唐、宋、金、元的发展,到明代形成完整的少林武术体系,向全国传播并逐步传向世界,成为中国功夫代表的历史发展过程。2009年获河南省第二轮综合志书内容编写优秀奖。

2000年10月,全国少林拳大赛

Dengfengxian zhi(jiuzhi)

登封县志(旧志) 明代以前有北魏卢元明《嵩高志》,已佚。《文渊阁书目》著录《登封新志》,卷数、修纂时间、编纂者不详,为明代纂修较早的志书,《天一阁藏书总目》著录明成化二十一年(1485)毕亨等纂《登封县志》,《八千卷楼藏书目》著录李居仁撰《成化登封县志》,均佚。《晁氏宝文堂书目》著录《登封县志》,无年代与纂修人。明嘉靖、隆庆、万历年间修县志3种,其中万历志散佚。清代5次修志,康熙二十年(1681)志佚,存志有顺治九年(1652)志、康熙三十五年志、乾隆九年(1744)志、乾隆五十二年志,其中3种出自登封焦氏。

《登封县志》[嘉靖] 侯泰修,王玉铉纂。嘉靖八年(1529)刻本。6卷。分33目。正文前有县境图。设纲立目与他志稍有不同,如建置记历史沿革,公宇记公署并包括城池,显者记本县入仕官者,题名记历代职官。志中明代资料收集较细,如详记城池、衙署、学校等的增修沿革;职官、选举只记述明代,凡官均记其出身、任职时间;户口、田赋的历朝数额胪列清楚。文类占3卷,收录唐文3篇、宋文6篇、金文3篇、元文6篇、明文4篇,附文7篇。南京图书馆有藏。

《登封县志》[隆庆] 邓南金修,李明通纂。隆庆三年(1569)刻本。29目。记山水,注重文字考辨及实地考察,对太室二十四峰、少室三十六峰的记载条理清晰。户口、赋贡二目中对自明洪武至嘉靖年间的户口,夏地、秋地的亩数,粮、丝、棉、桑、枣的生产与贡赋数,都有详细记录。但对当时国内四大书院之一嵩阳书院记述过于简略。国家图书馆藏残本(卷1~7)。

《登封县志》[乾隆九年] 施奕簪修,焦如蘅纂。10卷。续补康熙志,凡例、类目、卷次遵循康熙旧志。分图绘志、舆地志、岳祀志、建置志、山川志、职官志、人物志、方外志、物产志、艺文志10类。所增补者,均予以标明。目录中注有"补遗"二字者为武弁、杂职、寿官、乡饮4目。户口、田赋、职官、选举等目,续康熙志以后的数额和人选,其余一律参照旧志。国家图书馆、中国科学院南京地理与湖泊研究所图书馆等有藏。

《登封县志》[乾隆五十二年] 陆继萼修,洪亮吉纂。32卷。分设十记(皇德、舆图、土地、山川、大事、道理、风土、坛庙、伽蓝、冢墓)、二表(职官、选举)、二簿(户口、会计)、四志(学校、衙署、名胜、物产)、六传(循吏、先贤、列士、列女、逸人、高僧)、四录(丽藻、金石、杂、序)。叙

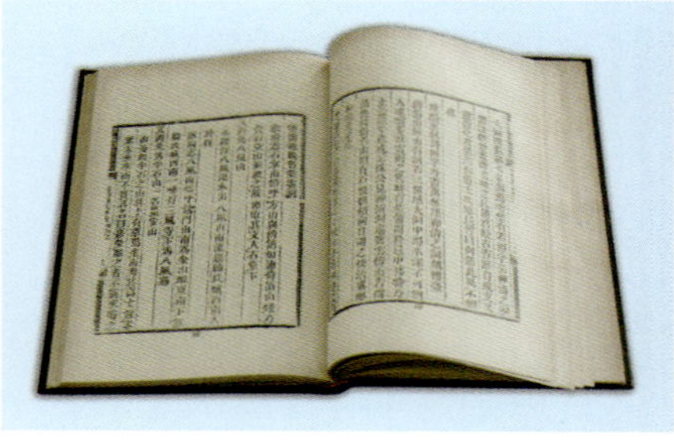

乾隆五十二年《登封县志》("中国方志丛书"本)书影

录28则，说明各门设立主旨及典例，门类划分采用唐宋诸书既有体例，如土地记仿晋代朱育《会稽土地记》，山川记仿齐刘澄《宋初山川古今记》，大事记仿汉司马迁《史记》等。国家图书馆、河南省图书馆、河南省博物院、郑州大学图书馆等有藏，其间藏有乾隆六十年补刻本。国家图书馆、山东大学图书馆、河南师范大学图书馆等藏清咸丰五年(1855)刻本。

Deng Zhicheng

邓之诚(1887—1960) 字文如，号明斋、五石斋。江苏江宁(南京)人。早年就读成都外国语专门学校法文科、云南两级师范学堂。武昌起义后，汇编《护国军纪实》。曾执教于北京大学、北平师范大学、北平大学、燕京大学和辅仁大学等校。曾发表《省志今例发凡》，与朱希祖、徐锡桐等商榷新志篇目体例，帮助傅振伦编纂《新河县志》。1952年兼任中国科学院哲学社会科学部历史考古专门委员。另著有《中华二千年史》《清诗纪事初编》等。《省志今例发凡》，载于《地学杂志》1917年9卷1~6期。提出"国体既变，省志体例必须改变"。在传统图、表、志、传的编纂形式之外，"增创通纪"(通纪即大事记)。认为地势图符合现代地理学的概念，设立气候物产图，以现代气候学的概念代替传统方志的灾异的概念。所设计的地方志(省志)，除通纪外有如下篇目：图，有沿革总图、气候物产图、省总图、县分图、坊市图、村镇图、交通图、胜迹图；表，有沿革表、职官表、登庸表(制举、科举、辟荐、考试)、封建表、人物表(名贤、列女)、学制表、户口表、商务表；志，有地理志、河渠志、经政志、武备志、教育志、实业志、交通志、艺文志、金石志；传，有列传(以本籍流寓为次)、人物、列女；录，有轶事、灾祥。

Difangzhi Bianzuan Yu Xuxiu

《地方志编纂与续修》 张桂江著。2000年香港天马图书有限公司出版。62万字。设11章。第一章讲述方志学基础理论，将致用当代的"实用观"置于首位，主张方志学研究首先为新方志编纂服务；认为具有现代学科属性的方志学应从梁启超创立"方志学"一词和民国时期以"方志学"命名的著作问世起算，不赞成区分旧方志学和新方志学，主张方志学为独立学科，不是综合学科或边缘学科。第二章讨论方志编纂理论的有关问题，对新方志编纂理论的争鸣情况进行综述，分析方志总体设计尤其是体例、篇目设计的原则和方法，介绍总纂的任务与作用，提出志稿编写的注意事项，并介绍具体的记事、选材等方法。第三章讨论地方志续修理论，涉及续志的继承与创新、记述时限与编纂体例，并以续修经济志与军事志为例进行探讨。第四章至第十章从纵横两方面论述省志、城市志、地区志、县志、民族志、专志等类别，序言、凡例、附录、概述、小序、大事记、人物志等内容的作用及特点、总体设计和编纂细则、相互之间的关系等。专志章介绍地理志、军事志、武警志、人事志等24个类别。旧志整理和研究章对旧志整理的方法、意义和不同时期的状况进行阐述，并考察通志源流和谱牒学创新情况。张桂江(1930—)，贵州赤水人。20世纪80年代初开始从事史志工作。曾任贵州省地方志办公室副主任、中国地方志协会理事、贵州省地方志编纂委员会顾问、贵州省地方志协会顾问等职。担任《贵州省志·工业经济志》等30余部志书总纂或特约总纂。参与校点出版《道光大定府志》等旧志十余种。著有《论新方志编修》(合著)、《百部志书点评》，发表史志文章600余篇。

difangzhi gongzuo jigou

地方志工作机构 负责管理一个地区(方面)地方志工作的机构。古代为修志曾设立临时性志局(馆)，民国时期设置有专门负责修志的机构。自20世纪50年代末开始，尤其是20世纪80年代新编地方志编修大规模开展后，建立了由国家地方志工作指导机构，省、市、县三级地方志工作机构，行业部门地方志工作机构组成的工作机构体系。①国家级方志机构。历史上，北宋的九域图志局、清代的一统志馆，均是中央一级机构；明代的史局、民国时期的内政部也曾负责主管修志事宜。中华人民共和国成立后，成立了中国地方志小组，1983年恢复活动后改称中国地方志指导小组，为国家地方志工作机构。②地方方志机构。中国古代地方修志机构多为地方政府临时设置。民国时期设置有通志馆、通志局、文献委员会等机构负责修志。20世纪五六十年代，北京、青海、甘肃、四川、河北等省、自治区、直辖市相继成立省级地方志工作机构；其他未成立地方志工作机构的省份，则建立地方志资料征集机构，或由省档案馆、哲学社会科学研究机构承担修志任务。"文化大革命"期间，地方志工作机构停止工作。1978~1996年全国内地31个省、自治区、直辖市全部成立了省级地方志工作机构。地(州)、市、县的地方志工作机构组织形式多样，有的为独立机构，有的隶属政府办公室或党委办公室，有的与档案局、党史研究室、社科院、民政局、组织部、党校等部门或单位合设。无地方志工作机构的市、县则由相关单位承担修志工作。香港、澳门回归后，委托大学等单位启动修志。③行业部门方志机构。中央及省、市、县部分行业、部门、企业、学校，中国人民解放军和武警部队设置有地方志工作机构。

Difangzhi Gongzuo Tiaoli

《地方志工作条例》 中华人民共和国第一部规定全国地方志工作的行政法规。2006年5月18日国务院总理温家宝签署国务院令(第467号)公布施行。全文共22条。对地方志的概念、范围，各地政府对地方志工作的职责，地方志工作机构的职责，修志的原则与要求，志书编纂的权限，修志队伍的组成，志书编修的间隔年限，社会各界对修志的责任，志书审查验收的标准与办法，志书的备案与文稿管理，志书著作权、署名权的归属，对地方志工作者的表彰与奖励，对违反条例规定修志的查处办法等方面做出规定。

D

地方志工作条例

第一条　为了继承和发扬中华民族优秀文化传统，全面、客观、系统地编纂地方志，科学、合理地开发利用地方志，发挥地方志在促进经济社会发展中的作用，制定本条例。

第二条　中华人民共和国境内地方志的组织编纂、管理、开发利用工作，适用本条例。

第三条　本条例所称地方志，包括地方志书、地方综合年鉴。

地方志书，是指全面系统地记述本行政区域自然、政治、经济、文化和社会的历史与现状的资料性文献。

地方综合年鉴，是指系统记述本行政区域自然、政治、经济、文化、社会等方面情况的年度资料性文献。

地方志分为：省(自治区、直辖市)编纂的地方志，设区的市(自治州)编纂的地方志，县(自治县、不设区的市、市辖区)编纂的地方志。

第四条　县级以上地方人民政府应当加强对本行政区域地方志工作的领导。地方志工作所需经费列入本级财政预算。

第五条　国家地方志工作指导机构统筹规划、组织协调、督促指导全国地方志工作。

县级以上地方人民政府负责地方志工作的机构主管本行政区域的地方志工作，履行下列职责：

(一)组织、指导、督促和检查地方志工作；

(二)拟定地方志工作规划和编纂方案；

(三)组织编纂地方志书、地方综合年鉴；

(四)搜集、保存地方志文献和资料，组织整理旧志，推动方志理论研究；

(五)组织开发利用地方志资源。

第六条　编纂地方志应当做到存真求实，确保质量，全面、客观地记述本行政区域自然、政治、经济、文化和社会的历史与现状。

第七条　省、自治区、直辖市人民政府制定本行政区域地方志编纂的总体工作规划(以下简称规划)，并报国家地方志工作指导机构备案。

第八条　以县级以上行政区域名称冠名的地方志书、地方综合年鉴，分别由本级人民政府负责地方志工作的机构按照规划组织编纂，其他组织和个人不得编纂。

第九条　编纂地方志应当吸收有关方面的专家、学者参加。地方志编纂人员实行专兼职相结合，专职编纂人员应当具备相应的专业知识。

第十条　地方志书每20年左右编修一次。每一轮地方志书编修工作完成后，负责地方志工作的机构在编纂地方综合年鉴、搜集资料以及向社会提供咨询服务的同时，启动新一轮地方志书的续修工作。

第十一条　县级以上地方人民政府负责地方志工作的机构可以向机关、社会团体、企业事业单位、其他组织以及个人征集有关地方志资料，有关单位和个人应当提供支持。负责地方志工作的机构可以对有关资料进行查阅、摘抄、复制，但涉及国家秘密、商业秘密和个人隐私以及不符合档案开放条件的除外。

地方志资料所有人或者持有人提供有关资料，可以获得适当报酬。地方志资料所有人或者持有人不得故意提供虚假资料。

第十二条　以县级以上行政区域名称冠名、列入规划的地方志书经审查验收，方可以公开出版。

对地方志书进行审查验收，应当组织有关保密、档案、历史、法律、经济、军事等方面的专家参加，重点审查地方志书的内容是否符合宪法和保密、档案等法律、法规的规定，是否全面、客观地反映本行政区域自然、政治、经济、文化和社会的历史与现状。

对地方志书进行审查验收的主体、程序等由省、自治区、直辖市人民政府规定。

第十三条　以县级以上行政区域名称冠名的地方综合年鉴，经本级人民政府或者其确定的部门批准，方可以公开出版。

第十四条　地方志应当在出版后3个月内报送上级人民政府负责地方志工作的机构备案。

在地方志编纂过程中收集到的文字资料、图表、照片、音像资料、实物等以及形成的地方志文稿，由本级人民政府负责地方志工作的机构指定专职人员集中统一管理，妥善保存，不得损毁；修志工作完成后，应当依法移交本级国家档案馆或者方志馆保存、管理，个人不得据为己有或者出租、出让、转借。

第十五条　以县级以上行政区域名称冠名的地方志书、地方综合年鉴为职务作品，依照《中华人民共和国著作权法》第十六条第二款的规定，其著作权由组织编纂的负责地方志工作的机构享有，参与编纂的人员享有署名权。

第十六条　地方志工作应当为地方经济社会的全面发展服务。县级以上地方人民政府负责地方志工作的机构，应当积极开拓社会用志途径，可以通过建设资料库、网站等方式，加强地方志工作的信息化建设。公民、法人和其他组织可以利用上述资料库、网站查阅、摘抄地方志。

第十七条　县级以上地方人民政府对在地方志工作中作出突出成绩和贡献的单位、个人，给予表彰和奖励。

第十八条　违反本条例规定，擅自编纂出版以县级以上行政区域名称冠名的地方志书、地方综合年鉴的，由县级以上地方人民政府负责地方志工作的机构提请本级人民政府出版行政部门依法查处。

第十九条　违反本条例规定,未经审查验收、批准将地方志文稿交付出版,或者地方志存在违反宪法、法律、法规规定内容的,由上级人民政府或者本级人民政府责令采取相应措施予以纠正,并视情节追究有关单位和个人的责任;构成犯罪的,依法追究刑事责任。

第二十条　负责地方志工作的机构的工作人员违反本条例第十四条第二款规定的,由其所在单位责令改正,依法给予处分。

第二十一条　编纂地方志涉及军事内容的,还应当遵守中央军委关于军事志编纂的有关规定。

国务院部门志书的编纂,参照本条例的相关规定执行。

第二十二条　本条例自公布之日起施行。

Difangzhi Gongzuo Wengao

《地方志工作文稿》 朱佳木著。2009年方志出版社出版。21.8万字。收录2001~2009年朱佳木就地方志工作发表的讲话、文章、报告等44篇。分4部分,即在全国性会议上的报告和讲话、给地方和部门会议的致辞和信函、在工作调研时的讲话、在中国地方志指导小组办公室会议上的讲话。朱佳木于2005年在全国政协十届三次会议上题为《增强全社会对地方志工作的认识,促进地方志工作的持续发展》的书面发言,放在卷首,作为全书前言。全书提出诸如地方志属于意识形态,必须以马克思主义为指导,坚持正确的政治方向;地方志工作不仅要制度化,而且要法制化,做到依法修志;地方志工作同样要用科学发展观统领,做到全面协调可持续和又好又快发展;二轮修志要重视对首轮修志经验的总结,把质量放在更加突出的位置;修志只是地方志工作的一部分,另一部分或更重要的任务在于开发志书资源,使志书在经济社会建设中发挥作用;建设学习型、研究型、创新型、服务型地方志工作机构等观点。朱佳木(1946—　),江苏南通人。1970年中国人民大学中共党史系毕业。1975年在国务院政治研究室理论组工作,后历任胡乔木秘书,陈云秘书(1982年2月起,担任陈云办公室负责人),天津港务局生产副局长,中国社会科学院研究生院党委书记、副院长,中共中央文献研究室室务委员兼秘书长、室务委员兼第四编研部主任,中共中央党史研究室副主任兼中共党史出版社社长。2000年12月任中国社会科学院党组成员、副院长,当代中国研究所党组书记、所长,兼任中国地方志指导小组常务副组长。担任中华人民共和国国史学会常务副会长、中国地方志学会会长、中国中共党史人物研究会副会长、中国史学会史学理论分会会长、中国社会科学院史学理论研究中心理事长,被聘为国家社科基金学科评审组专家、中国社会科学院研究生院和中国人民大学博士生导师。中共十四大、十五大代表,政协全国委员会第十届、第十一届、第十二届委员会委员。主编《陈云年谱》《老一代革命家论党史与党史研究》,著有《我所知道的十一届三中全会》、《中国工业化与中国当代史》(论文集)等。

Difang Zhishu Zhiliang Guiding

《地方志书质量规定》 保障地方志书编纂质量的规范性文件。中国地方志指导小组制定,2008年9月16日以中指组字〔2008〕3号文件印发施行。全文分总则、观点、体例、内容、记述、资料、行文、出版、附则9章,共50条。

地方志书质量规定

第一章　总　则

第一条　为了继承和发扬中华民族优秀文化传统,全面、客观、系统地编纂地方志书,确保质量,根据《地方志工作条例》和国家关于出版管理的法律、法规,制定本规定。

第二条　本规定所称地方志书(以下简称"志书"),是指省(自治区、直辖市)、设区的市(自治州)、县(自治县、不设区的市、市辖区)编纂的志书。

第三条　志书质量的总体要求:观点正确,体例严谨,内容全面,特色鲜明,记述准确,资料翔实,表达通顺,文风端正,印制规范。

第四条　本规定凡涉及国家法律、法规和有关标准的内容,以现行法律、法规和有关标准为准。

第二章　观　点

第五条　以马克思列宁主义、毛泽东思想、邓小平理论和"三个代表"重要思想为指导,全面贯彻落实科学发展观,坚持辩证唯物主义和历史唯物主义的立场、观点和方法。

第六条　记述社会主义时期的内容,应体现社会主义时代精神风貌,全面反映发展中国特色社会主义事业的历程和成绩,正确反映历史发展中的曲折和问题。

第七条　志书不得含有下列内容:反对宪法确定的基本原则的;危害国家统一、主权和领土完整的;泄露国家秘密、危害国家安全或者损害国家荣誉和利益的;煽动民族仇恨、民族歧视,破坏民族团结,或者侵害民族风俗、习惯的;宣扬邪教、迷信、赌博、暴力的;侮辱或者诽谤他人,侵害他人合法权益的;危害社会公德或者民族优秀文化传统的;法律、法规和国家规定禁止的其他内容的。

涉及国家安全、社会稳定等重大问题,法律、法规及政策未作规定的,经由有关部门审查把关,正确把握记述尺度。

第三章　体　例

第八条　坚持志体。横排门类,纵述史实,述而不论。

体例科学、规范、严谨，适合内容记述的要求。

第九条　凡例关于编纂志书的指导思想、原则、时空范围、体裁、人物收录标准、资料来源、行文规范、特殊问题处理等要求，清楚明确。

第十条　志书名称以下限时的本行政区域名称冠名。其中，市辖区志书在本行政区域名称前冠以上一级行政区域名称，如“×× 市 ×× 区志”。

续修志书名称标明上下限年份，如“×× 县志(×××× — ××××)”。

第十一条　体裁运用得当，以志为主。

(一)述

根据志种和内容层次的不同，合理设置，概述事物发展全貌和特点等。

(二)记

大事记选录大事得当，重要事项不漏，时间、地点、人物(单位)、结果等要素齐备。

专记设置因事制宜，选题严格，数量适度。

编后记重点反映修志始末。

(三)志

门类设置合理。纵述史实把握事物的发端、变化和现状，不缺失主要事物、事物的主要方面和事物发展的重要阶段。

(四)传

立传人物为在本行政区域有重大影响者，以及本籍人物在外地有重大影响者。

(五)图、照

图、照注重典型性、资料性，从不同角度反映变化的情况。

卷首插图包括本行政区域位置图、地形图、行政区划图、交通图等。地图采用国家测绘部门和有关部门绘制或者审定的。重要地理信息数据采用测绘部门公布的法定数据。

照片无广告色彩。除人物传、人物简介外，无个人标准像。

(六)表

设计合理，要素齐全，内容准确，不与正文简单重复。

(七)录

附录的原始文献、补遗考订等资料具有重要存史价值。

(八)索引

分类标准统一，名称概念清楚，提炼的标目符合主题原意，附缀正文页码准确。

第十二条　篇目设置符合“事以类聚”、“类为一志”的基本要求，科学分类与现实社会分工(现行管理体制)、全志整体性与分志相对独立性的关系处理妥当。

整体布局合理，结构严谨，归属得当，层次分明，排列有序。类目的升格或降格，使用适当。

标题简明准确，题文相符，同一门类各级标题不重复。

第四章　内　容

第十三条　内容反映本行政区域内自然、政治、经济、文化、社会的历史和现状。

根据各地实际分类，记述内容大致涵盖以下方面：

(一)建置、自然环境、资源、人口等；

(二)城乡建设、环境保护、交通、邮电信息、公用事业等；

(三)农业、工业、建筑业、服务业、经济管理等；

(四)中国共产党、人民代表大会、人民政府、政治协商会议、民主党派、群众组织、公安司法、军事等；

(五)教育、科学技术、文化艺术、新闻出版、广播影视、卫生和计划生育、体育等；

(六)人民生活、人事和劳动社会保障、民政、民族、宗教、风俗、方言等；

(七)人物。

第十四条　内容完整，横不缺要项，纵不断主线；详略得当，重点突出；反映事物基本特征，记述有深度。

第五章　记　述

第十五条　区域界限明确。以本行政区域为记述范围，越境不书。交代背景，反映与本行政区域外的横向对比、联系等，不视为越境而书。

第十六条　时间界限明确，不随意突破志书的上限和下限，严格控制上溯或下延。

续修志书处理好与前志的衔接，注意对前志的拾遗补缺、订讹正误。

第十七条　记述事物、事件和人物，寓观点于记述之中。述体中的必要议论适度，不空泛。

第十八条　志书中同一名称、事实、数据、时间、度量衡、术语的表述，前后一致。

第十九条　内容记述不机械重复。交叉记述的事物，从不同的角度记述，或此详彼略，或用互见法。

第二十条　生不立传。在人物传、人物简介、人物表以外记述人物，以事系人、人随事出。记述人物准确、客观、公允。

第二十一条　人物传记述传主的生卒年月、籍贯（出生地）、主要经历、典型事迹、个性特征、社会评价等。人物简介略记人物履历及主要事迹，不面面俱到。人物表要素不缺。

第二十二条　图的制作规范，要素齐全，包括必要的图题、图例和注记。

照片主题明确，图像清晰，注明时间、地点、事物、需要说明的人物的位置及时任职务等。

第六章　资　料

第二十三条　资料真实、准确。

资料经过鉴别、考证、核实，时间、地点、人物（单位）、事实、数据等准确。

有歧义但不可或缺的资料，多说并存。

第二十四条　资料全面、系统。

自然、政治、经济、文化、社会、人物等方面的资料齐全。

反映事物发生、发展过程的资料连贯、系统。

人、事、物，时间、地点、事件经过等要素齐备。

第二十五条　资料具有代表性、权威性。

注重使用原始资料。

第七章　行　文

第二十六条　使用规范的现代语体文记述，不用总结报告、新闻报道、文学作品、教科书、论文等写法。

第二十七条　行文严谨、朴实、简洁、流畅。除引文和特殊情况外，以第三人称记述，不用第一人称。

第二十八条　使用规范汉字，用词概念准确，符合现代汉语语法规范。

使用口语、方言、土语、俗语适当；不滥用时态助词；慎用评价词语；不用模糊、空泛词句。

时间、空间概念表述准确具体，指代明确。

第二十九条　无知识性和常识性错误。不乱改科学定律、理论概念、政治术语、历史典籍、名家名言的提法和内涵等。

第三十条　各种组织、机构、法律法规、文件、会议等专有名称使用全称。使用简称的，在适当地方括注于全称之后。简称概念准确规范，不产生歧义。

第三十一条　不同时期的国家、团体、机构、职务等名称，均用当时名称。历史朝代名称使用规范的通称，以新版《现代汉语词典》附录的中国历代纪元表为准。

第三十二条　今地名使用各级政府审定的标准地名。

历史地名使用当时名称，括注志书下限时名称。

涉及其他行政区域地名的，其行政隶属关系明确。

第三十三条　跨区域的山脉、河流、湖泊、水库、公路、铁路、航线、文物、名胜古迹、重大事件等，其名称和数据以国家有关部门公布的为准。

第三十四条　人物直书姓名，不冠褒贬词语，不在姓名后加身份词；必须说明身份的，首次出现时在姓名前冠以职务（职称）。

第三十五条　译名准确。外国国名和常见的地名、人名、党派、政府机构、报刊等译名，以新华通讯社译名为准。新华通讯社没有译名的，首次使用译名时括注外文全称。

第三十六条　生物、矿物名称，使用学名。记述自然资源涉及本地生物名称的，首次出现时采用二名法，括注本地俗名。

第三十七条　表格包括表序、表题、表体和必要的表注等。表题的时间、范围、主体内容和表格性质等要素齐全。全书表格样式、编号统一。

第三十八条　文中图统一编号。

第三十九条　统计数据的使用，符合国家统计法律、法规的有关规定，数据的定义、含义、统计口径和计算方法等清楚、准确，不错用、滥用。

统计数据以国家统计部门公布的法定数据为准。统计部门没有统计的，采用业务主管部门的统计数据。

第四十条　注释符合学术规范，便于查找原文。注释形式全书统一。

引文和重要资料注明出处。

第四十一条　数字、量和单位、标点符号的使用规范、统一，符合国家有关标准的规定。

第八章　出　版

第四十二条　出版，符合国家关于出版管理法律、法规及相关规定的要求。

第四十三条　民族自治地方用本民族语言文字出版的志书，符合国家关于民族语言文字出版物管理的规定。

第四十四条　出版制作以电子为介质的志书，符合国家关于电子出版物管理的规定。

第四十五条　印制，符合国家关于印刷业管理、音像制品管理的规定。

第四十六条　版面格式规范，符合国家有关技术标准和规定，装帧美观、大方。分册出版的志书，整体设计统一，形成系列。封面书名采用印刷体，不用个人题签。

第四十七条　采用16开本(889×1194mm)，文字横排。

第四十八条　编辑校对符合国家关于图书质量管理的规定。全书差错率不超过万分之一。

第九章　附　则

第四十九条　各省(自治区、直辖市)地方志工作机构可根据本规定，结合本地实际，制定实施细则。

第五十条　本规定由中国地方志指导小组及其办公室负责解释。

difangzhi xitong xinxihua jianshe

地方志系统信息化建设　地方志系统利用信息技术开展修志工作，组织和推动地方志资源开发应用工程。1997年中国地方志指导小组二届三次会议通过《关于地方志编纂工作的规定》，明确要求“各级修志机构，要组织和推动用志；要运用现代化的手段建立方志地情资料库，推向社会，逐步实现信息网络化”，将数字化、网络化建设正式纳入地方志工作。2001年8月在吉林长春召开中国地方志网络建设研讨会，数字化建设发展较快的地区的代表做了网上演示；12月召开的全国地方志第三次工作会议明确提出“要开发利用方志资源，大力推进地方志工作的数字化、网络化建设”。地方志系统信息化建设取得的成果主要体现在地方志网站、地情网站建设，出版多媒体光盘版志书，办公网络化建设等方面。①地方志网站。发布修志信息、交流修志与年鉴业务、传播地方志知识及展示地方情况的网络平台。2001年后，全国各省、直辖市、自治区地方志系统相继设立地方志网站，并将其视为地方志工作机构的官方网站。随着地方志信息化网络平台建设力度的加强，地方志工作机构在网站硬件设备、网站数据加工、网站数据库建设等方面取得了明显进步，地方志网站的内容不断丰富、规模不断拓展、功能不断完善。②地情网。以地情信息、地情数据库为依托，利用计算机信息技术和网络传输技术存储、展示一行政区域或一定地域范围内的情况，供人们浏览、查询、利用、交流的平台和节点。由地方志工作机构，或地方人民政府，或社会团体主办。名为地情网、地情信息网，或以地方志工作机构名命名，或合而用之等。网站栏目设置各有特色，注重展现方志工作成果、区域历史文化和建设成就。至2012年底，全国地方志工作机构建设的地情网站(网页)已有763家，其中省级26家、市级189家、县级548家。

Difangzhi Yanjiu

《地方志研究》　全称《〈陈曼平史志文丛·漫漫集〉(第二卷)地方志研究》。陈曼平著。2012年黄山书社出版。约55万字。收录地方志论文及相关文章61篇。论志书编纂质量的文章有《论志书编纂全面质量管理与建立质量保障机制》《从修改打磨篇目入手，提升志书编纂质量》等，论地情网站建设的文章有《地方志机构地情网站建设的几个基本问题探讨》《地方志系统网站建设刍议》《浅谈地方志网站如何打造成地情信息的权威性网站》等，论专志编纂相关问题的文章有《对省志专志整体性的思考》《关于编写土地志概述的思考》等，论续修志书相关问题的文章有《续志应设思想道德建设志》《浅谈续志索引的编制》《浅谈续修志书篇目创新的几个基本问题》等，还有对《广西通志·人口志》《广西通志·政府志》《寺村镇志》《林朵林场志》等志书的评议性文章。附录收录未发表的重要工作

全国省级和新疆生产建设兵团地情网站情况一览表

网站名称	域名	主办单位
安徽地方志	www.ahdfz.gov.cn	安徽省地方志办公室
北京地情资料网(京网)	www.bjdfz.gov.cn	北京市地方志编纂委员会办公室
兵团史志网	szb.xjbt.gov.cn	新疆生产建设兵团党史研究室(兵团志办公室)
福建省情资料库(地方志之窗)	www.fjsq.gov.cn	福建省地方志编纂委员会
甘肃地方史志网	www.gsdfszw.com	甘肃省地方史志办公室
广东省情网	www.gd-info.gov.cn	广东省人民政府地方志办公室

续表

网站名称	域名	主办单位
广西地情网	www.gxdqw.com	广西壮族自治区地方志编纂委员会办公室
贵州档案方志信息网	www.gzdaxx.gov.cn	贵州省地方志编纂委员会办公室
海南史志网	www.hnszw.org.cn	中共海南省委党史研究室(海南省地方志办公室)
河南省情网	www.hnsqw.com.cn	河南省地方史志办公室
湖北方志网	www.hbdfz.com.cn	湖北省地方志办公室
湖南省地方志网	www.hndfz.hunan.gov.cn	湖南省地方志编纂委员会
吉林省情网	www.jlsq.gov.cn	吉林省地方志编纂委员会
江苏省地方志	www.jssdfz.gov.cn	江苏省地方志编纂委员会办公室
辽宁省地方志	www.lnsdfz.gov.cn	辽宁省地方志办公室
内蒙古区情网	www.nmqq.gov.cn	内蒙古自治区地方志编纂委员会办公室
青海省地方志	www.qhdifangzhi.com	青海省地方志编纂委员会办公室
山东省情网	www.sdsqw.cn	山东省地方史志办公室
山西省地方志网	www.sxdfz.com	山西省地方志办公室
陕西省地情网(陕西省地情资料库)	www.sxsdq.cn	陕西省地方志编纂委员会、陕西省地方志办公室
上海通(上海市地方志办公室)	www.shtong.gov.cn	上海市地方志办公室
四川地方志	www.scdfz.org.cn	四川省地方志编纂委员会
天津市地方志网	www.tjdfz.org.cn	天津市地方志编修委员会办公室
新疆地情网(新疆地情资料库)	www.xjtonglan.com	新疆维吾尔自治区地方志编纂委员会
浙江地方志	zjtz.zjol.com.cn	浙江省人民政府地方志办公室
中国龙志网(黑龙江省情信息网)	www.zglz.gov.cn	黑龙江省地方志办公室
中国赣网	www.zgganwang.org.cn	江西省地方志编纂委员会办公室

文稿,以及限于篇幅或散失等原因未编入文丛的已出版书目、发表文章目录等13篇(部)。陈曼平(1954—),女,壮族。广西武宣人。历任广西通志馆通志编辑室副主任、资料室代理主任、《广西地方志》编辑部主任、广西壮族自治区地方志编纂委员会办公室地情信息处处长等职。评、审志稿130多部,编辑志书及地情书50余部,编辑《广西地方志》期刊58期,发表方志相关文章120多篇,著有《毛南族教育史》,参与编写《广西区情教育》《广西历史》《岭南文化百科全书》等十余部。

Difangzhi Yu Xiandaikexue

《地方志与现代科学》 杨静琦、于希贤编著。1989年河南大学出版社出版。29.5万字。收录论文37篇。其中论述新方志编纂原则的文章有陆天虹《新方志的科学性》、薛虹《新方志的整体性》等6篇;以现代科学最新观点论述地方志功用、特点的文章有傅振伦《地方志与政书》、王顺安《地方志与信息论》等6篇;以相关科学的观点研究地方志编纂方法的文章有于希贤《地方志与地理学》、杨静琦《地方志与经济学》等23篇,探讨了新方志的各个专志、各个专题与各有关学科的区别和联系,以及在图、表、文字等方面提高科学性的问题;论述地方志简史的文章有于希贤《方志史略述》、于乃仁《方志学述略》。①杨静琦(1922—2013)。原名胡艳茹。女,河北完县人。1980年开始从事地方志编研和领导工作。曾任河南省地方志编纂委员会总编室副主任、河南省地方史志编纂委员会常委、中国地方志协会学术委员、河南省地方史志协会副会长。主编《河南地方志综录》《河南地方志佚书目录》《河南史志论丛》,编辑《董一博方志论文集》、梁寒冰《新编地方志研究》及"华夏新方志评论丛书",参编《方志与信息》《中国地方志综览(1949~1987)》,发表方志论文百余篇。②于希贤(1940—)。云南昆明人。1981年获北京大学理学硕士学位。任北京大学地理系教授、中国地方志协会学术委员兼旧志整理委员会委员,《方志研究》《湖北方志》《史志文萃》等杂志和部分市县的修志顾问。著有《简明中国方志学大纲》《于希贤中国方志评论集》等,发表方志论文多篇,另有多部地理学、风水学著作。

difang zonghe nianjian

地方综合年鉴 系统记述本行政区域自然、政治、经济、文化、社会等方面情况的年度资料性文献。中国地方志指导小组颁布的《新编地方志工作暂行规定》(1985)和《关于地方志编纂工作的规定》(1998)指出,地方志工作机构的主要任务之一是编辑出版地方年鉴。2006年,国务院颁布《地方志工作条例》,将地方综

地方综合年鉴书影

D

地方综合年鉴编纂出版规定(试行)
(2012年7月13日中国地方志指导小组四届三次会议通过)

第一章 总 则

第一条 为了规范地方综合年鉴编纂出版,提高质量,发挥地方综合年鉴在促进经济社会发展中的作用,根据国务院《地方志工作条例》,制定本规定。

第二条 本规定所称地方综合年鉴,是指系统记述本行政区域自然、政治、经济、文化、社会等方面情况的年度资料性文献。

第三条 本规定适用于以县级以上(含县级)行政区域名称冠名的地方综合年鉴(以下简称"年鉴")。

第四条 年鉴编纂出版坚持以马克思列宁主义、毛泽东思想、邓小平理论和"三个代表"重要思想为指导,全面贯彻落实科学发展观。

第五条 年鉴编纂出版应遵守国家关于保密、著作权、出版、广告等方面的法律、法规或规章,遵守党和国家关于民族、宗教和对外关系等方面的法规或政策,维护国家利益、民族团结和社会稳定。

第六条 年鉴编纂出版应做到:观点正确,框架科学,资料翔实,记述准确,编写规范,编辑出版符合国家标准。

第二章 框 架

第七条 年鉴框架应涵盖年度内本行政区域的基本情况。

第八条 年鉴框架应做到:分类科学,层次清晰,领属得当,编排有序。

第九条 年鉴框架应突出年度特点和地方特色。

第十条 年鉴框架应相对稳定,同时依据年度特点和事物变化情况作适当调整,以体现稳定和创新的有机统一。

第十一条 年鉴分类可参照国民经济行业分类标准,并结合社会实际分工和本行政区域特点进行。

第十二条 年鉴框架各层次标题应简洁、准确、规范。

第三章 资 料

第十三条 年鉴主要辑录反映本行政区域自然、政治、经济、文化、社会等方面的基本情况,以及与本行政区域密切相关的资料。

第十四条 年鉴主要辑录年度性资料,一般不上溯下延。

第十五条 年鉴资料应突出时代性、年度性和地方性,具有为现实服务的价值和存史的价值。

第十六条 年鉴资料应具有连续性和可比性,能正确反映事物发展的脉络和轨迹。

第十七条 年鉴资料应真实,人名、地名、时间、事实、数据、图片、引文等应准确。

第十八条 年鉴采用的数据应以统计部门提供的为准,未列入统计范围的,以业务主管部门的为准。数据不一致时,应加以说明。

第十九条 年鉴编纂单位应拓宽资料搜集渠道,资料除依靠各供稿单位提供外,还要通过查阅档案、报刊和提炼网络信息,以及调查访问等方式进行搜集。

第四章 内 容

第二十条 年鉴内容应存真求实,客观反映经济社会发展中取得的成绩和存在的问题。

第二十一条 年鉴内容记述应综合运用多种形式,其主要形式是条目,条目分为综合性条目和单一性条目等类型。

第二十二条 条目。条目编写应做到:

(一)选题选材注重有效性、完整性和新颖、准确、系统。

(二)综合性条目反映年度内各个领域发展变化的总体情况和主要特点,具有高度的概括性;单一性条目一事一条,基本要素齐全。

(三)信息含量大,避免空洞无物和简单重复。

(四)坚持述而不论,寓观点于记述之中。

(五)标题中心词突出,题文相符。

(六)条目排列有序。

第二十三条 大事记。选录大事要得当,做到重要事项不漏,记述要素齐备。可将编年体和纪事本末体相结合。

第二十四条 图片。图片选用注重典型性、资料性,突出反映重大事件、重要成果和热点问题。

图片要清晰、美观;文字说明应简洁、准确、要素齐全。

地图选用和绘制应遵守国家关于地图管理的法规和有关规定、办法。

第二十五条 表。表格包括表题、表体以及必要的表注等。

表格内容要准确,设计要规范。

第二十六条 附录。附录内容应具有参考性、实用性和便览性。

第二十七条 其他形式。年度内具有特殊意义的资料可采用特载、特辑、专文、专记或其他形式集中汇辑。

第二十八条 人物记述可采用简介、名录、表等形式,入鉴人物应严格掌握标准,人物记述应做到客观、准确、公允。

第二十九条　年鉴应设编辑说明，主要介绍年鉴编纂的指导思想、记述的时空范围、栏目的设置情况、资料的来源等事项。

第三十条　年鉴具有工具书性质，应有完备的检索系统。

年鉴应编制中文、英文目录；中文目录详至条目。

索引应提供丰富的检索信息，名称概念清晰，标目符合主题原意，标引准确。

第三十一条　年鉴内容记述应减少交叉重复，多处记述同一事物的应各有侧重。

第三十二条　年鉴使用记叙文、说明文等文体，文风要朴实，记述要流畅。

第三十三条　年鉴使用规范、统一的简称和缩略语，名称、时间、地点、事实、数据、计量单位、术语等的表述前后要一致。

第五章　出　版

第三十四条　年鉴编纂应建立健全审读、审核和校对制度，以确保质量。

第三十五条　语言文字、标点符号、汉语拼音、数字、计量单位使用和索引编制、图片选用等，应符合国家有关法律、法规和规章、规定。

第三十六条　编辑校对应符合国家出版物质量管理的规定，差错率不超过万分之一。

第三十七条　封面设计应庄重大方，年鉴名称、卷号要醒目。

第三十八条　版式设计应疏密得当，留白页少，字体、字号选择要既能区别结构层次，又有较好的视觉效果。

第三十九条　版权页刊载版本记录应完整。

第四十条　采用16开本（889×1194mm），文字横排。

第四十一条　印刷、装帧应符合国家出版物质量标准。

第四十二条　制作出版电子版年鉴，应遵守国家关于电子出版物管理的规定。

第四十三条　年鉴应逐年编纂，做到在出版年度的上半年内出版。

第六章　附　则

第四十四条　各省、自治区、直辖市地方志工作机构可根据本规定，结合本地区实际，制定实施细则。

第四十五条　专业年鉴可参照本规定执行。

第四十六条　本规定由中国地方志指导小组办公室负责解释。

合年鉴作为地方志的组成部分。至2012年，全国编纂出版地方综合年鉴1600部。2012年，中国地方志指导小组办公室制定《地方综合年鉴编纂出版规定（试行）》，分6章46条，对地方综合年鉴的框架、资料、内容、出版等做出了规定。

diji

地记　早期方志名称之一。主要记载地方山川、风土、物产、人物等内容。门类尚不完备，或侧重地理，或侧重人物。记述地方人物的称为郡书，一些方志史研究者也将其列为地记范畴。地记产生于汉代，盛行于三国魏晋南北朝时期，至隋唐时期仍有编纂，门类有所增多，但不占主流。①地记产生。汉代地方豪族势力崛起及地方经济发展不平衡等因素与地记的产生有密切关系。加之国土变改，人民迁徙，当时人们对全国各地基本情况的了解已成为时代所必需。地记较系统地记载一地的基本情况，客观上顺应了这一要求。东汉光武帝时，“始诏南阳，撰作风俗，故沛、三辅有耆旧节士之序，鲁、庐江有名德先贤之赞，郡国之书，由是而作”。此后，各地开始编修有关先贤、节士、耆旧等人物传。唐刘知幾认为：“汝、颍奇士，江汉英灵，人物所生，载光郡国。故乡人学者，编而记之。若圈称《陈留耆旧》、周斐《汝南先贤》、陈寿《益部耆旧》、虞预《会稽典录》。此之谓郡书也。”又说：“郡书者，矜其乡贤，美其邦族。施于本国，颇得流行，置于他方，罕闻爱异。其有如常璩之详审，刘昺之该博，而能传诸不朽，见美来裔者，盖无几焉。”郡书即郡国之书，所记多为乡邦先贤和耆旧节士事迹，被认为是后世方志人物传的源头之一。②地记发展。三国魏晋南北朝时期，地记逐渐盛行。这一时期，发生了中国历史上最大规模的人口南迁。南方土地大规模开发，经济持续发展。大量北人移居南方，需要认知他们生活的地域环境，于是名目繁多的异物志、地理记等著述纷纷涌现。北方受战争破坏严重，自北魏统一以后，经济恢复较快，地记著作也有一定数量的编纂。该时期地理总志类地记有数种，其中晋挚虞《畿服经》（佚，有辑本）一书载有州郡及县分野、封略、事业，还有国邑、山陵、水泉、乡亭、城、道里、土田、民物、风俗、先贤、旧好等，反映了当时地记体例内容之大略。

Di-Er Qiche Zhizaochang Zhi (1969~1983)

《第二汽车制造厂志(1969~1983)》　主编戴新惠。2001年出版。与第二汽车制造厂各专业厂和部分处室编纂的《车桥厂志》《化油器厂志》《劳资处志》等专志，形成二汽第一届厂志丛书。55万字。设12篇51章。志首配图片139幅，随文配图近20幅。综述篇记述第二汽车制造厂的地理环境、筹建始末及发展概况。大事记记述毛泽东提出“要建设第二汽车厂”、二汽工程两次上马下马的过程等重要事件。基本建设篇记述选择厂址、勘测与设计、工艺设计和设备选型、组织施工等内容。专业生产厂篇记述通用铸锻厂、设备修造厂、设备制造

《第二汽车制造厂志(1969~1983)》书影

厂、刃量具厂、动力厂、冲模厂等的基本情况。生产篇记述生产调度、产品开发、工艺和材料、生产运输、动能供应、工具供应、集体企业、配套产品的生产供应、外事外贸、通讯联络等,同时记述ABC重点管理法、看板管理、滚动计划等先进生产管理方式。企业管理篇记述计划、质量、设备、科技、财务、劳动工资、原材料供应、销售、安全生产与环境保护等的管理,记述推行"双全面"承包责任制、全面质量管理等先进管理方式后,技术革新和技术改造的相关成果。联营工作篇记述杭州汽车厂、柳州汽车厂等117个联营厂家。职工文化篇记述职工教育、子弟教育、文艺活动、职工体育等,附历年二汽中小学情况统计表、二汽大型群体活动情况统计表、历年全厂性体育比赛情况表等。

Di-Yi Lishi Dang'anguan

第一历史档案馆 中国第一历史档案馆位于北京故宫博物院西华门内。前身为1925年成立的故宫博物院文献馆,馆藏主要为明、清两代中央和地方档案。藏有宋代至民国时期的旧方志1395部,其中宋代志书3部、明代志书19部、清代志书1016部、民国志书357部。以地域划分,河北180部、浙江151部、河南129部、四川(包括重庆)125部、山东109部、江苏94部、广东(包括海南)83部、山西79部、湖北67部、广西50部、湖南44部、云南43部、安徽39部、江西38部、福建34部、陕西24部、辽宁17部、贵州14部、上海16部、北京14部、黑龙江10部、天津9部、吉林5部、台湾1部。

Di-Yi Qiche Zhizaochang Changzhi

《第一汽车制造厂厂志》 第一汽车制造厂史志编纂室编。1992年吉林科学技术出版社出版。2册,74.9万字。设12篇43章162节。配彩色和黑白图片95幅。上起1950年初计划筹备建厂;下至1986年末,部分篇章中对新发展时期轻型车和轿车工作的记载延至1988年末。对第一汽车制造厂于1950年开始筹备,1953年兴建,1956年建成并投产,至1986年的30多年间走过的艰辛曲折的发展道路进行了全面记述。概述从工厂建设时期、成长和发展时期、产品换型和工厂全面技术改造时期、新的发展时期四个方面记述一汽的发展历程。

中国第一辆自制解放牌CA10型载货汽车下线

重点记述一汽30多年的基本建设、产品研发、技术进步、生产厂(处)概况、外事往来及援外等。附录收录《中共中央关于力争三年建成长春汽车厂的指示》《中央人民政府重工业部关于建立汽车厂的通知》等重要文件摘录,历任厂级领导干部及其任职情况等。

Dian Lüe

《滇略》 谢肇淛纂辑。明天启五年(1625)刻本。为明代云南私人修纂的志乘代表作之一。10卷。该志为辑录体,书中所载皆系辑录他书而汇编成帙;概括地方志书体例,分目记载,主要内容多出自万历《云南通志》。全志分为十略。版略记疆土和政区沿革,胜略记山川名胜,产略记物产,俗略记民风民俗,绩略记外籍官宦、滇名士,献略记乡官宦及谪滇名士,事略记云南历史编年,文略记艺文,夷略记云南内地郡县及沿边羁縻区域各民族情况,杂略记民间传闻轶事。原刻本已佚。上海图书馆、南京图书馆、常熟市图书馆藏明刻本。国家图书馆藏明刻本残本(卷1~6)。国家图书馆、故宫博物院图书馆、甘肃省图书馆、浙江图书馆藏清乾隆间《四库全书》本。云南省图书馆、福建师范大学图书馆等藏抄本。2000年,云南民族出版社出版《正、续云南备征志精选点校》,收录该志校点本。

Dinghaiting Zhi[Guangxu]

《定海厅志》[光绪] 史致驯等修,陈重威、黄以周、黄以恭等纂。清光绪十一年(1885)刻本。30卷,首1卷。约35万字。记事止于清光绪八年。正文分图三、表四、传六、志十二、略二。配经实测手绘的庄图、岛图、营建图38幅,所标示的村落、路领、寺庙、岛屿、港口、航道准确详尽。天文表推出太阳出没时刻、昼夜长短暨朦胧刻分,并分析该地所处经纬度与日出时刻的关系。选举表罗列宋绍熙年间至修志时的历代进士、举人、贡生300余名。人物志篇幅约占全志的1/5。艺文志收录自汉代至清同治年间著作115部。疆域志记述舟山群岛北自洛华、南至梅散的220余座岛屿的概貌,对普陀山和洛珈山记述尤详,并附有诗文27篇。大事志记述明末南明鲁王政权在舟山进行的8年抗清斗争。志书还重点记述鸦片战争中定海城的失陷和葛云飞等三总兵抗击英军侵略的事迹、太平军攻打舟山以建立根据地等内容。所引多采自清康熙《定海县志》,纠误较多,但仍有讹误,如称县境东至朝鲜。物产尽载《本草》《群芳谱》等书。国家图书馆、浙江图书馆、天一阁、宁波市图书馆等有藏,还藏有光绪二十八年补刻本。另有清宣统年间补刊光绪十一年本,内附宣统元年(1909)定海私塾改良简章。中国社会科学院图书馆、中国人民大学图书馆等藏1914年重印光绪补刻本。据民国《定海县志》艺文门记载,1920年王亨彦

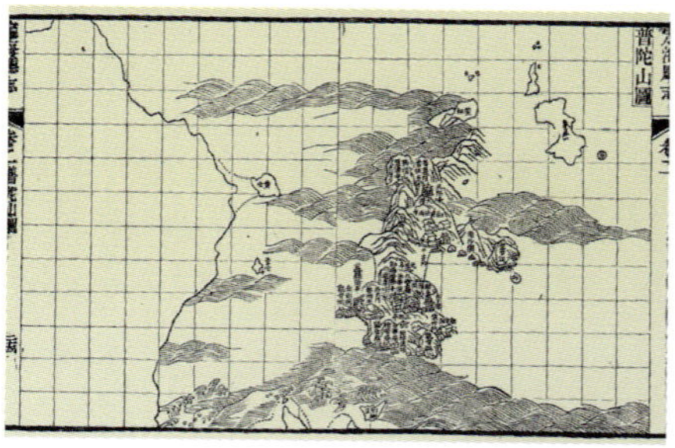
普陀山图

《定海厅志校补》3卷，钱焕绮修、汤浚等纂《定海厅续志》，两书均未刊行，未见传本。

Dongchangfu zhi

东昌府志 东昌府(治所位于山东省聊城市)自明万历至清嘉庆年间共有7次修志活动。明初王汝训创修府志稿本。明万历二十八年(1600)知府王命爵聘王汝训，以其创修的府志稿本为底本纂修府志22卷。清康熙年间，孙元衡修、金启洛纂府志，已佚。清乾隆年间两次纂修府志，仅成志一部，耿贤举纂修的府志未成稿。清嘉庆四年(1799)张官五修府志，稿成未刻，嘉庆十三年志以此为底本。①《东昌府志》[乾隆]。胡德琳修，周永年、盛百二纂。乾隆四十二年(1777)刻本。50卷，首1卷。约100万字。卷首有序、凡例14则、修志姓氏、图考、圣制、宸翰。分总纪、地域、山水、户赋、建置、古迹、经籍、金石、封建、职官、选举、宦迹、列传、遗文、遗诗、杂缀16门，内辖70目。正文以总纪为经，录上溯两周、下至本朝的历代本地大事。山水门详述漕渠川泽。户赋门考索档册史籍，备载本府所属州县历代户口、田赋之数，兼录议论本地赋役利弊。经籍门收录文献著述。金石门收录历代金石碑目，皆详明出处，注其序跋。诗文有关故实者，附于各门目之内，余则另入遗文、遗诗二门。职官、宦迹、人物、选举等门，考明事迹，续补增佚；稗官、绪论等并入杂缀门。国家图书馆、清华大学图书馆有藏。②《东昌府志》[嘉庆]。张官五、嵩山修，谢香开、陈可经纂。嘉庆十三年刻本。50卷，首3卷。约80万字。卷首录有历任知府序、凡例13则；列有东

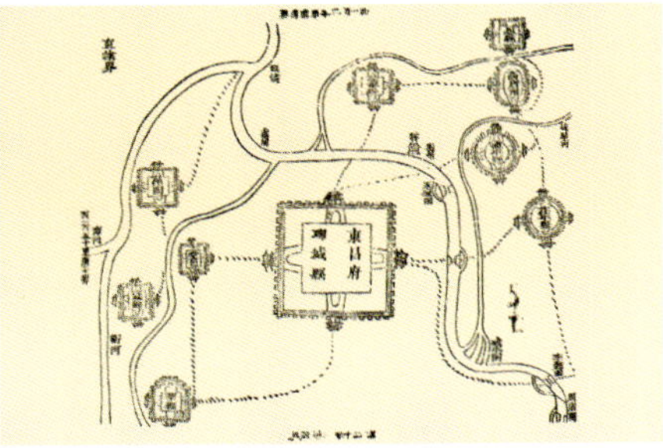

东昌府疆域图(嘉庆《东昌府志》)

昌府、聊城县、学宫、万寿宫、府城隍庙、府署、考院、启文书院等图，还有堂邑、博平、茌平、莘县、冠县、馆陶、恩县、高唐州等州县图；另有巡幸、宸翰、蠲恤。正文分舆地、建置、食货、秩祀、学校、职官、名宦、选举、列传、经籍、金石、古迹、物产、艺文、异闻、余志16门，内辖51目。该志参考前志，变更部分门类。删除总纪，增入秩祀、学校专篇，职官、选举及列传增补乾隆四十二年以后事迹较丰富，于地理多有考证。国家图书馆、北京大学图书馆、山东大学图书馆等有藏。

Dongpingxian Zhi

《东平县志》 主编展衍振。1989年山东人民出版社出版。83.8万字。设27编123章425节。志首配地图2幅、彩

东平县戴村坝(1411年建)

照22幅，文内插图16幅。上起清雍正十三年(1735)，下至1985年。东平湖单独成编，编下设沿革、治理、蓄洪排灌、湖内生产、湖滨水产等章，突出东平湖作为山东省第二大淡水湖泊和重要淡水渔业基地的特色。记载了东平的古遗址、墓群、石刻、造像、摩崖刻经、张迁颂碑等文物，及西汉“大夏侯学”“小夏侯学”的开创者夏侯胜、夏侯建，东汉“建安七子”之一刘桢，宰辅和凝、王朴，宋代宰相梁适，状元梁灏、梁固，儿科医学家钱乙，画家梁楷，农学家王祯，戏曲家“小汉卿”高文秀，民国时期著名建筑师吕彦直等历史名人。1993年获全国新编地方志优秀成果奖一等奖。

Dongya Gu Fangzhixue Tanlun

《东亚古方志学探论》 陈捷先著。1998年台北联经出版事业公司出版。约18万字。分8节。一为引言，对方志的特点及东亚各国受中国文化影响而编纂方志的情况进行简要论述。二为中国古代方志的源流与发展。三为中国近世方志的编纂与世变。四为朝鲜王国古方志简介。五为略述日本古方志。六为琉球古方志述要。七为越南古方志举隅。八为结语。全书介绍中国方志发展的历史，阐释中国方志学的发展与世局变化的关系，对朝鲜、日本、琉球、越南4国修志历史进行论述，选介有关重要方志，说明宋元以后是中国方志的体式、义理与精神传布到东亚邻邦的重要时期，指出东亚各国古方志中很多与中国有关的资料可以补充中国官私书档的不足，认为东亚各国的汉文古方志既是中国文化传播海外的物证，也是整体汉文化的组成部分。

Dongyang Wenku

东洋文库 位于日本东京。1924年由三菱公司第三代社长岩崎久弥创建。1948年起，成为日本国立国会图书馆分馆。其藏书基础为莫理循文库与岩崎文库。1928年文库收藏汉籍约2万册，其中地方志(通志、府县志类)有1000余部。20世纪30年代《顺天时报》编辑松村太郎先后从北京松筠阁、文殿阁购求方志入藏书库。至1935年底，收集的方志增至2550部54279卷。去其重复，约2365种。其中，唐代方志1种、宋代方志12种、元代方志8种、明代方志51种、清代方志2064种、民国方志229种。按涉及地域分，较多的有河北226种、山西224种、四川201种、山东194种、河南169种、江苏161种、陕西155种、浙江145种。1936年后，搜集明代嘉靖《全辽志》、嘉靖《皇明九边考》、嘉靖《宣府县志》、万历《沙河县志》、万历《四镇三关志》、万历《朔方新志》、万历《沁源县志》、万历《卢龙塞略》、崇祯《蔚州志》、清顺治《沈丘县志》等，其中清光绪《宁灵厅志草》等为孤本。

Dong Yibo

董一博(1912—1987) 山东枣庄人。早年就读于济南育英中学。解放战争期间,先后在鲁南军区、华东局党校、华东大学任职。1949年后,在山东大学、华东文化部、北京电力学院等任领导工作。1978年调任全国政协文史资料委员会办公室主任,倡导抢救和整理文史资料。1981年后,任第一届中国地方志指导小组成员兼全国旧志整理工作委员会主任,第一届和第二届中国地方(史)志协会副会长、常务理事。1982年在《人民日报》发表《要重视编修新地方志》,在《中国地方史志》发表《试论中国地方志的发展》等文章。1983年出席中国地方志规划会议,任大会秘书长。5月,主持召开全国县志座谈会。曾主持《中国地方志通讯》的编辑工作,任"中国地方志详论丛书"和《史志文萃》顾问,倡议、支持出版《中国方志大辞典》等方志书籍,支持创办方志刊物,主持制定《旧志整理工作规划》,建议创办地方志函授大学、方志出版社、《中国方志报》。曾两次上书中共中央,反映修志情况。认为方志学是一门新兴独立的学科,并将其内容分成理论方志学、应用方志学和方志发展史三个层次;在理论体系上提出方志"五志说",即"志观之是非,志材之真伪,志法之臧否,志言之宏鄙,志德之崇庸";提出新方志功能的"五用论",即"信息、借鉴、里程碑、乡土教材及资料总库",并将朱文尧"资治、教化、备查"的提法改为"资政、教育、存史";主张创立方志新体例"六部体",即概述、大事记、系统分编列目、协同机制、人物编、存献。在新志的方法论方面,提出"方志面向百科,百科走向方志",主张引进多种学科的研究方法,以丰富完备方志学,使其科学化、规范化、标准化。主张设置概述篇,先后撰写论文《关于县志设置"概述"篇之商榷》《再论县志"概述"篇的设置问题》《三论"概述"篇的设置问题》。认为"一代之志需一代人才",重视培养方志队伍,开展方志评论。对志书出版后的方志工作提出"十二要务"。邵文杰等将其方志论文及有关讲话收录于《董一博方志论文集》。

Dongxiao Tuzhi[Dade]

《洞霄图志》[大德] 邓牧撰。元大德九年(1305)刻本。洞霄宫在浙江余杭县大涤洞天,为道家七十二福地之一。该志卷本各书著录不一。雍正《浙江通志》记为14卷,清卢文弨《补辽金元艺文志》及钱大昕《补元史艺文志》均记为3卷,钱曾《述古堂藏书目》记作12卷。《四库全书》据钱塘孙仰曾家藏抄本著录为6卷,每卷一门,分宫观、山水、洞府、古迹、人物、碑记6门,其中古迹附以异事,人物分列仙、高道二子目。《四库全书总目提要》记:"书称图志,但此本有志无图。当为传写所脱佚,无可校补。"版本有"知不足斋丛书"本、民国进步书局石印本。明代有删节本,题为《大涤洞天记》,共3卷,分5门,无人物门,每门加以刊削,增入明洪武三十一年(1398)正一嗣教真人张宇初一序。有明正统年间刻《道藏举要》本。

洞天福地形胜之图(《洞霄图志》"中国方志丛书"本)

Dushi Fangyu Jiyao

《读史方舆纪要》 地理总志。顾祖禹撰。清顺治、康熙年间成书。康熙五年(1666)刊刻州域形势5卷,称《二十一史方舆纪要》。清嘉庆十六年(1811)刻本为第一部足本,共130卷,280余万字。有舆地要览图36幅、沿革表35个。卷前有总叙3篇,自述著述目的。前9卷首列历代州域形势,仿朱熹《通鉴纲目》体,自撰纲要并作注。次以明代两京(直隶、江南)十三布政司(省)的行政区划为单位分述,共114卷。均先冠以总序,论述各省形势及其在军事上的重要性;次附地图;次为正文,正文分别按府、州、县为纲,均以疆域、山川险要、形势得失开端,以历代政治、军事地理为主线,着重记述历代兴亡大事、战争胜负与地理形势的关系,并加特见(专述某城某山)、附见(记述一山一水而附以别山别水)和互见(记述某山而牵及某水等)。再次6卷记川渎,总述山川、漕河和海道,论述大江大川,穷其原委,考察其变迁及其规律,对黄河的起源、走向、河道变迁及历代河患等问题的记述尤其详细。最后一卷记分野。该书注意"切实用",作者重视亲自考察,记事多有依据。全书着眼山川险要、战守攻势及郡县变迁,忽视经济、物产、人口、风俗。清代地理学家刘献廷在充分肯定此书的同时,指其"详于古而略于今,以之读史,固大资识力,而求之今日之情形,则尚需历炼也"。存世版本有武汉大学图书馆藏康熙通志堂刻本,上海图书馆藏宛溪顾氏家藏职思堂原稿本及树蔼草堂抄本等。国家图书馆藏嘉庆十六年四川敷文阁龙氏刻本及苇萧草堂抄本等。南京图书馆藏清光绪二十七年(1901)图书集成局铅印本。其他版本还有1937年商务印书馆排印"万有文库"本和1955年中华书局重印商务"万有文库"本等。民国时期,吴廷燮作《读史方舆纪要补编》,手稿本入藏上海图书馆。1991年,上海古籍出版社出版稿本影印本。2005年,中华书局出版贺次君、施和金校点本。

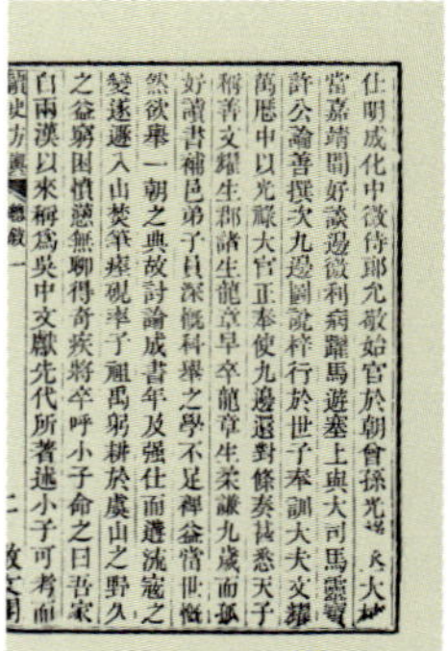
當嘉靖間好談邊徼利病嘗躡馬邀塞上與大司馬靈寶
許公論善撰次九邊圖說梓行於世子奉訓大夫文耀
萬曆中以光祿大官正奉使九邊還對條奏甚悉天子
稱善文耀生郡諸生龍章早卒龍章生柔謙九歲而孤
好讀書補邑弟子員深慨科舉之學不足裨益當世慨
然欲舉一朝之典故討論成書年及強仕而遭流寇之
變遂遁入山焚筆硯率子祖禹躬耕於虞山之野久
之益窮困憤懣無聊得奇疾將卒呼小子命之曰吾家
自兩漢以來稱為吳中文獻先代所著述小子可考而
讀史方輿紀要 總敘一

《历代州域形势纪要序》(部分)书影

Du'erbote Mengguzu Zizhixian Zhi

《杜尔伯特蒙古族自治县志》 主编王国志。1996年黑龙江人民出版社出版。116万字。设22篇89章386节。志首配彩色图照63幅。上起10世纪成吉思汗祖先建立朵儿边氏,下至1985年,重点记述清顺治五年(1648)杜尔伯特部成

祭祀敖包

为杜尔伯特旗后的历史。首列大事记略,以纪事本末体记述建旗设治、驿站开设、蒙旗地开放、泰康设治、中共地方党组织及人民政权建立、土地改革、"一化三改"、杜尔伯特蒙古族自治县成立、"大跃进"、"文化大革命"、经济体制改革等历史大事。政区篇地名章设湮没地名专节,记述武兴厅、镐丰镇、南地房子、近藤牧场、翁起海、般治诺特纳等13个历史地名。民族人口篇民族章详细记述蒙古族的源流、变迁发展、姓氏等;人民生活章记述人民物质生活与文化生活。文化篇文艺章重点记述达古(歌)、布吉克(舞)、希鲁克(诗)、乌勒格尔(故事)、好来宝(说唱)等民族传统文艺形式。卫生体育篇重点记述蒙医行医历史、特点,及蒙医诊所、蒙古族医院情况;设那达慕专节,记述盛会举办情况。风俗宗教篇重点记述献哈达、交换鼻烟壶、奶酪节、猎节、祭天、祭火等蒙古族民俗,及喇嘛教的情况。志末文献辑存中提要记述清宣统二年(1910)抄本《调查杜尔伯特旗报告书》、伪满洲国大同学院编纂的《杜尔伯特事情》等7种地方文献。

Duan Bingren Fangzhi Wencong

《段柄仁方志文丛》 段柄仁著。2册。分别为方志出版社2008年出版的《主编的印迹——段柄仁方志文丛》和2012年出版的《主编的脚步——段柄仁方志文丛(二)》。①《主编的印迹——段柄仁方志文丛》。26.3万字。收录2007年12月前的文稿,分4部分。难题求解部分首先论述方志的作用及方志学的理论构架,再提炼出志书编纂需要处理好的12个关系,还在志书体裁的选用、撰写总述、撰写人物志、图片编排、编纂原则等具体问题上总结经验。编纂意见部分是针对《北京志》中的人物志、政府志等分志及《北京胡同志》等专志的具体编写和修改意见。志书评论部分多数是配合志书出版而发的议论。工作引导部分是有关地方志工作的报告、发言等,总结首轮修志过程中的基本经验和主要教训。②《主编的脚步——段柄仁方志文丛(二)》。28.6万字。收录2008~2011年的文论,分4部分。专题探讨部分主要从志书编纂的体例、方法、质量、断限、修志人员等方面探讨启动第二轮修志急需解决的几个问题。编纂意见部分是针对《北京志》中的中关村科技园区志、社会科学志等分志的具体编写和修改意见。志鉴评议部分多数是配合志书出版而发的议论。工作论述部分是有关地方志工作的报告、发言等,包括在《方志百科全书》编委会成立暨第一次会议上的总结发言,以及关于方志馆筹备工作的意见等。③段柄仁(1938—)。山西祁县人。1962年北京大学中文系毕业。中国地方志指导小组成员,北京地方志学会会长,北京市地方志编纂委员会常务副主任。主编《北京志》《北京年鉴》《北京风物图志》《北京古镇图志》《北京胡同志》《北京改革十年(1978—1988)》等,著有《机关应用文写作概论》(合作)、《机关应用文写作方法》(合作)、《轴心——论秘书长》、《地域百科全书的总体设计》、《新世纪北京十年(2001—2010)》、《改革论集》等。

duanxian

断限 方志记述内容的时限,包括上限和下限。对于方志是否设立时限,历代学者多有争议。有的主张不立总的断限,如龙赓言《万载县志·序》说:"方志非一家之书,而一省、一府、一县之书也。史以帝王为主,断代可也。志以地方为主,必无可以断代……断代成书,窃期期以为未可也。"有的认为,不可不划定起讫,如黎锦熙在《方志今议》中说:"不立断限,则各篇叙事起讫岁月岂不参差?"新志编纂之初,对此问题也有过争议。1985年中国地方志指导小组颁布的《新编地方志工作暂行规定》规定:"新方志的年代断限,上限不作硬性的统一规定,下限一般情况下可暂定断至1985年即第六个五年计划结束之时,也可断至该志书脱稿之日。"首轮新方志的上限大体有四种,分别为通贯古今,上溯不限;始建之年;以历史分期作为断限;前志所止之年。下限有三种,分别为1981年、1985年、搁笔时止(或搁笔前一年)。二轮修志,多数方志以前志的下限为上限,下限断至2000年前后。2007年中国地方志指导小组印发的《中国地方志指导小组关于第二轮地方志书编纂的若干意见》指出,二轮志书内容的上下时限大致为20世纪70年代末至21世纪初。2008年印发的《地方志书质量规定》规定:"时间界限明确,不随意突破志书的上限和下限,严格控制上溯或下延。"

Dunhuang yishu

敦煌遗书 甘肃敦煌莫高窟出土的东汉至元代各个不同时代、多种文字的古写本和少量印本文献。又称敦煌文书、敦煌写本、敦煌卷子、石室写经、敦煌文献等。最早由道士王圆箓于清光绪二十六年(1900年)发现于莫高窟17窟藏经洞(过去敦煌文书专指藏经洞文献,后又有扩展),1944年在莫高窟土地祠塑像中,1965年在莫高窟122窟前及北区又分别续有发现,之后在敦煌境内烽燧、古墓葬等遗址中也有少量出土,总数超过5万件,其中汉文写本在4万件以上,也有用多种古代少数民族和西域文字如吐蕃文、于阗文、龟兹文、突厥文、回鹘文、梵文、粟特文写成的典籍和文件。敦煌遗书多为手写文本,也有少量雕版印刷本、拓印本、木刻本、刺绣本、透墨本、出图本、插图本等,装订多为卷轴式,还有梵筐装、蝴蝶装、册子装、挂轴装和单张零星页等形式。其中最早带有纪年的为西凉建初元年(405)所抄《十诵比丘戒本》,最晚到元代。80%以上为宗教典籍,其中部分是久佚之典。世俗典籍除经、史、子、集外，其余为官私文书、医药天文、非汉文文书等。其中的符、牒、状、帖、榜文、判辞、过所、公验、度牒、告身等，多是古代官府的原始档案，包括与户部、刑部、兵部相关的文书片断等。有部分为历史地理文书，可分为全国性地志和地方性地志。全国性地志文书有《贞元十道录》《诸道山河地名要略》《失名地志》《诸山圣迹志》等，地方性地志文书有《沙州都督府图经》《沙州伊州地志》《沙州城土境》《敦煌录》《寿昌县地境》《西州图经》《雍州图经》《陇右图经》《沙州归义军图经略抄》《瓜沙两郡史事编年并序》《敦煌水渠》《敦煌名族志》《敦煌氾氏人物传》《莫高窟记》等，大多未被公私目录著录。还存有部分游记，如《慧超往五天竺国传》《西天路竞》《大唐西域记》《五台山志》《往五台山行记》《诸山圣迹游记》等，以及存世最古老、星数最多的《全天星图》。20世纪初，敦煌遗书大部分被西方探险家掠走，约3.5万件。海外部分分藏在英国(约占总量的1/3)、法国、俄罗斯、日本、美国、德国、丹麦、印度、芬兰、韩国、澳大利亚、瑞典等国家的博物馆或公私图书馆。1981~1986年，台湾汇总英国、法国、中国的敦煌遗书缩微胶卷，影印出版《敦煌宝藏》。上海古籍出版社与多家收藏单位合作，整理影印各国遗书，《俄藏敦煌文献》《法藏敦煌文献》均已出版；与英国国家图书馆共同编撰的《英国国家图书馆藏敦煌遗书》，已由广西师范大学出版社出版第一、二辑。中国国家图书馆收集了大量散落的敦煌遗书文献，约16000余件，并于2007年影印出版《中国国家图书馆藏敦煌遗书》。2010年起，敦煌研究院调查发现，在中国多个省份的博物馆、图书馆中，还收藏有200多件敦煌遗书未公布或未开展过研究。敦煌遗书的内容，涉及数学、地理、天文、历史、政治、建置、贸易、哲学、宗教、军事、民族、民俗、饮食、音乐、舞蹈、美术、文学、语言、音韵、名籍、账册、函状、表启、类书、书法、医学、兽医、工艺、体育、水利、翻译、曲艺、占卜等，广泛反映中古社会的各个方面。在此基础上发展出一门新的学科，即敦煌学。

《沙州伊州地志》 唐张大庆编。成书于唐光启元年(885)。英国人斯坦因获于敦煌鸣沙石室，后藏于大英博物馆。前人定名为《沙州地志》；日本学者羽田亨在其所撰《唐光启元年写本沙州伊州地志残卷考》中，题名为《沙州伊州地志》。共存85行，首部残缺，1~27行记沙州寿昌县地域，28~83行记伊州地域，84~85行为写著题记。沙州部分残缺，伊州部分完整。该图经反映了沙州、伊州的地域、沿革、城镇、交通、烽燧，及河流、湖泊、物产等自然环境和民族、风俗习惯等方面不见其他文献记载的重要内容。1921年收入《西域考古图记》第4卷图版中。

《诸道山河地名要略》 唐韦澳撰，在宋代佚失。清末于甘肃敦煌发现，存第2卷残本。本卷存206行，记载了河东道晋、太原、代、云、朔、岚、蔚、潞8个州府，每州府下详记州府名称、等第、建置沿革、郡望、地名、山川、民俗、物产等情况。

《寿昌县地境》 五代后晋天福九年(944)修。清末于甘肃敦煌石窟中发现，为敦煌县高级小学校长祁居温所收藏。完整无缺。此书记载了寿昌县的山脉、湖泊、古迹，以及唐鄯善镇附近城池沿革等。其体例沿唐代图经之旧。

E

恩 二

Enshizhou Zhi

《恩施州志》 主编任泽全。1998年湖北人民出版社出版。原名《鄂西州志》，出版时改名为《恩施州志》。193万字。设28卷。卷首配图照59幅。上起清光绪十年(1884)，下至1985年。除地理、人口/民族、文化、民俗/宗教/方言、人物5卷外，其他各卷均分晚清、中华民国、中华人民共和国成立后至1985年3个历史时期记述。湖北恩施州是以土家族、苗族为主体的少数民族自治州，志中注重反映民族特色，在人口民族卷中记述州境内的土家、苗、汉、侗、蒙古等民族的基本情况、民族关系、民族语言、民族工作等内容；在文化卷中记述恩施扬琴、恩施竹琴、利川小曲、鹤峰满堂音等流传于州境的地方曲艺，及民间歌舞、吹奏乐、传说故事、工艺技艺等少数民族传统民间文艺；民俗/宗教/方言卷记述开秧门、草把龙、打糍粑、浇蜡烛、杀年猪、哭嫁、穿露水衣等鄂西富有地方特色和民族特色的民俗，并对恩施方言与普通话语法进行了比较。烟草行业为恩施州支柱产业之一，在农业、贸易两卷中均设烟草目，工业卷设烟草加工业目，从种植、生产加工、购销等方面进行记述。交通卷中设目记述境内历史上形成的7条官盐大道、清光绪年间建成的12条人行大道，详载其形成、整修、起止、途经区域、全程长度、州境内长度、路况等。

《恩施州志》书影

Erlianhaoteshi Zhi

《二连浩特市志》 主编冯子林。2003年内蒙古文化出版社出版。65万字。设21篇72章200节。志首配图照27幅。上起1956年二连建镇伊始，下至1999年。专设外事篇，详记二连浩特市的口岸、外事、海关、检疫、对外运输、外经外贸、国际旅游等，突显沿边开放城市的特点。在文化篇设古生物化石章，记载霸王龙科的欧氏阿莱龙，似鸟龙科的亚洲似鸟龙，蒙古龙属的坦齿蒙古龙，鸭嘴龙科的姜氏巴克龙、蒙古满洲龙、计尔摩龙等恐龙及其他古生物化石。在人物篇简要记载了48位口岸拓荒者(至1965年底)的基本情况，体现地方特色。

《二连浩特市志》书影

2009 Shanxi Zhongdian Gongcheng Dashi Zhi

《2009山西重点工程大事志》 首部反映山西省年度重点工程建设的专业志书。主修王君，主编李茂盛。2010年山西人民出版社出版。52万字。分保障安居工程，农业水利基础设施，铁路公路机场基础设施，医疗卫生、文化教育，节能减排和生态建设，产业结构调整，自主创新和科技建设，电力，煤炭能源，省城十大建筑10类。配图照500余幅。全书收入山西省于2009年全面启动的152项重点工程中的105项，包括在建工程44项、续建工程48项、竣工工程13项。设有核心提示、背景资料、相关链接等栏目，对每个建设工程的审批立项、工程建设、组织机构等做了全面的记述。该志开山西以年度编修专业志书的先河。

《2009山西重点工程大事志》书影

F

凡 范 方 费 风 冯
凤 奉 佛 涪 福 抚
复 傅 富

fanli

凡例 说明方志著述内容和编纂体例的文字。又称例言、义例、略例、总例、叙例、发凡、发例、起例、志例等。一般置于序后、目录前。宋代方志已有凡例，但不够完整、系统。元《大一统志凡例》于元贞二年(1296)制定，但未采用。明清以来，方志普遍设凡例。有全国性的，如明永乐十年(1412)的《修志凡例》、清光绪三十一年(1905)颁布的《乡土志例目》、1929年国民政府内政部颁布的《修志事例概要》等；也有地方性的，如1918年郭象升草拟的《山西各县志书凡例》等；更多的是各志书的凡例。2008年中国地方志指导小组制定颁布的《地方志书质量规定》首次以文件形式明确凡例为志书的体例之一，并规定其内容是“关于编纂志书的指导思想、原则、时空范围、体裁、人物收录标准、资料来源、行文规范、特殊问题处理等要求”，其编写要求是“清楚明确”。新方志中皆设凡例；分册出版的分志中对本志需特殊处理的编纂问题设编辑说明、出版说明等。凡例对志书编纂起指导和制约作用，是读者的阅读指南，还是评价志书优劣的重要方面和主要依据。凡例各条可分三部分：一是通例，即全书的纲领、结构和所有编纂人员共同遵守的条例，如指导思想、编纂原则、记述范围、行文规范等；二是分例，即分门别类地说明各种体裁和各个分志的设立依据、辑录重点、记述方法等体例问题；三是特例，即一些特殊问题的处理原则和方法。凡例的制定和修改应贯穿于志书编纂的全过程。志书编纂前应制订出凡例(初稿)，作为编纂者必须遵守的条例。在编纂过程中，适时修改、增删。评议志稿时，应将凡例一同评议。志书定稿后，再对凡例做全面审订、修改。

Fan Chengda

范成大(1126—1193) 字致能，号石湖居士。南宋平江府(江苏苏州)人。绍兴二十四年(1154)进士。历任礼部员外郎、静江府(广西桂林)知府、广西经略安抚使、四川制置使、参知政事等。晚年因病退居故里石湖。纂有《桂海虞衡志》《吴郡志》，其中《吴郡志》为已知南宋流传至今最早、最完整的一部志书。著有《石湖集》136卷，有《石湖居士诗集》34卷行世。所作游记《揽辔录》《吴船录》《骖鸾录》，后人统称为“石湖纪行三录”。

Fang Bao

方苞(1668—1749) 字凤九，又字灵皋，号望溪。清安徽桐城人。康熙四十五年(1706)贡士。后因《南山集》案被株连入狱。得赦后，曾任武英殿修书总裁。雍正十年(1732)迁翰林院侍讲学士，后又迁内阁学士，充任《大清一统志》(见一统志)总裁。乾隆年间，历任文颖馆、三礼馆副总裁，经史馆总裁。为桐城派创始人，与姚鼐、刘大櫆并称桐城三祖。著作由后人汇刻为《方望溪先生全集》。他在《畿辅名宦志》序中论述了史与志的区别，认为“史作于异代，其心平，故其事信”，“若郡州县志，则并世有司之所为耳，其识之明，未必能辨是非之正，而恩怨势利请托，又杂出其间，则虚构疑似之迹，增饰无征之言，以欺人于冥昧者不少矣”。在《与一统志馆诸翰林书》一文中，阐明其修志原则和主张，指出体例要统一，“体例不一，犹农之无畔也”；要由博返约，提倡简明，“地志非类书之比也，所尚者简明，而杂冗则愈晦”，然而“简明非可强而能，必识之明，心之专，遍于奥赜之中，曲得其次序”，然后才“辞可约”，若“博引而无所折衷，乃无识而畏难”，这是一种“苟且以自便之术”，不可取；强调方志资料的可靠性，要求做艰苦细致的校勘工作，“心与目毕至”，“知其曲艰”，不要把校勘视为“文事之线者”而马虎从事。

Fang Guoyu

方国瑜(1903—1983) 字瑞臣。云南丽江人。纳西族。1924年考入北京师范大学预科。后入北京大学研究所学习。师从陈垣、梁启超等。1936年起，在云南大学执教47年。1938年后，兼任云南通志馆编审，参与民国《新纂云南通志》的编纂和审定工作，纂写建置沿革、疆域考、金石考、宗教考、族姓考等40卷。与凌纯声等创办《西南边疆》杂志，主持成立云南大学西南文化研究室。1945年参与纂修《续云南通志长编》的抗战大事记等。次年，参与编纂《永昌府文征》，作题跋数十篇。1949年后，任九三学社云南省工委副主任、云南历史学会会长等。1981年当选中国地方史志协会学术顾问。审定全省60余部县志。总纂《保山县志稿》，校补《腾冲县志》并撰附编。主要方志论文有《明修云南方志书目》《李京〈云南志略〉概况》《樊绰〈云南志〉考说》《明修九种云南省志概况》《清修云南省志诸书概说》等。另著有《纳西象形文字谱》《云南史料目录概说》《中国西南历史地理考释》《彝族史稿》等，主编“云南史料丛刊”，编绘《中国历史地理图集》西南部分。认为地理志取材于图籍、郡国地志、地记，而图籍、郡国地志、地记又是早期的方志。①《保山县志稿》。《保山县志》初稿由县人于1946年完成，共40卷。方氏总纂大部分志稿。1962年王介藩、王勉生校阅，订为36卷。“文化大革命”时遗失1卷。存35卷，分20门，另附补遗1卷，续编5卷。该志于2003年经保山市隆阳区党史地方志工作委员会校点后，以《保山县志稿》之名出版。②《云南史料目录概说》。1934年开始编写，1977年脱稿，1984年由中华书局出版。共10卷，文献资料、文物资料各5卷。800余目。按时代著录，对各时代中一地多次编修且书名相同的府州县志列为一目。提要部分评述其体例、内容，考证作者生平、成书时间、资料来源、流传、版本等。其中著录云南地方志约300种，包括纪传体正史中地理志、全国总志中的云南地方志27种；《南诏图志》《大理图志》等图志6种，附说《哀牢图谱》《西南夷图谱》等图谱或图志6种。按朝代和种类分，元至清省志20余种，郡邑志170余种，专志60余种。

Fangyu Shenglan

《方舆胜览》 地理总志。祝穆修撰。南宋嘉熙三年(1239)成书。70卷。所记分17路，各系所属府州军于下，而以行在所临安府为首，所述者唯南渡疆域而已。卷1~43记浙西路、浙东路、福建路、江东路、江西路、湖南路、湖北路、京西路、广东路、广西路及"海外四州"；卷44~50记淮东和淮西两路；卷51~70记成都府路、夔州路、潼川路、利州东路、利州西路。内容除郡名及山川名胜外，还列有学馆、堂院、亭台、楼阁、轩榭、馆驿、桥梁、寺观、祠墓、古迹、名宦、人物、题咏等。其中题咏记载大量有关各府、州风土形胜的诗歌、序记。对于建置沿革、疆域道里、田赋户口、关隘险要，记述简略；对于名胜古迹、诗赋序记，记述详备。后祝穆之子祝洙重订、增补，于南宋咸淳年间重新刊行，卷首列出引用文集目，其中标出引用诗的分类有42类。元明两代传抄不断。《大元混一方舆胜览》即脱胎于此书。传本有清乾隆《四库全书》本(有影印本)、江苏缪庭桂震无处斋抄本、南海孔氏岳雪楼抄本(有影印本)等。

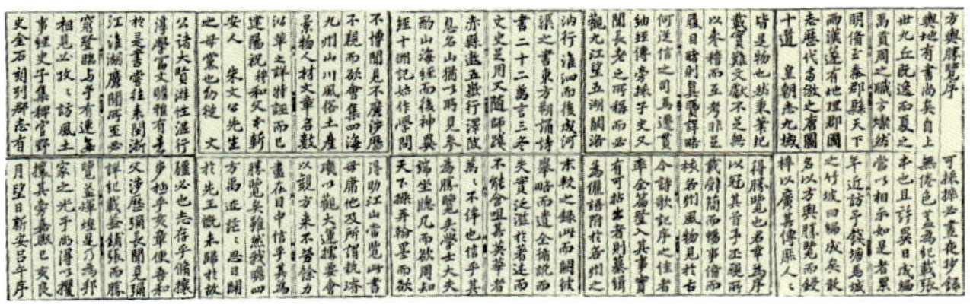

《方舆胜览序》书影

fangzhi

方志 以一定体例，全面系统地记述一定区域各个方面或一个方面历史与现状的资料性文献。"方志"名称最早见于《周官》"诵训，掌道方志，以诏观事"，指的是方国情况的记述。宋以后，这一名称固定为地方文献的专用名词之一。细分又有记、传、录、乘、考、书、集、簿、典、略、谱、编等别名、异称。民国时期出现"地方志"一词。如钱基博于1918年在《无锡县教育会年刊》发表《师范学校修地方志议》；朱士嘉于1932年在《史学年报》发表《中国地方志统计表》，1935年又出版《中国地方志综录》。对方志概念的研究经历了逐渐深入的过程。1989年中国地方志协会学术年会纪要中收录的方志定义包括"方志是一部朴实的、严谨的、科学的资料汇集"，"记述地方古今各个方面或某一方面情况的科学文献，它既是概括一地自然和社会发展过程的地方史书，也是汇集一方基本知识和系统资料的地方百科全书"。2006年颁布的《地方志工作条例》定义为"地方志书，是指全面系统地记述本行政区域自然、政治、经济、文化和社会的历史与现状的资料性文献"。条例中所称地方志"包括地方志书、地方综合年鉴"，分为"省(自治区、直辖市)编纂的地方志，设区的市(自治州)编纂的地方志，县(自治县、不设区的市、市辖区)编纂的地方志"。历代志家学者围绕方志史、方志概念、方志性质、方志特征、方志分类、志书编纂程式、体例等课题进行了广泛研究，逐渐深入形成方志学。

Fangzhi Bianzuanxue

《方志编纂学》 禹舜、洪期钧编著。1991年中国文史出版社出版。35.1万字。设9章51节。绪论论述方志编纂学的研究对象，编纂新方志的目的、意义，方志编纂的指导思想、基本原则、质量标准等。方志体例章对志体、文体、断限、详略、纵横关系做了论述。篇目拟定章剖析旧志纲目、论述新志篇目拟定的原则和要求。通用编纂方法章论述依时纵述、寓论于史、以事系人、反映规律、突出特点、援引史料等适用于各种方志体裁的编纂方法。各种体裁的编写章中，分别论述序言、凡例、总述、大事记、专志、人物传、图、表、录的编纂方法。专志各类志稿的编写章中，分别论述各层概述、行业篇章、管理篇章、自然资源、精神文明、组织机构、名特产品、典型单位、战事等各种类型志稿的编写方法。志书语言章论述志书语言的特点、行文要求及把好语言文字关的基本方法。志稿的总纂和审查章论述总纂的地位、作用、条件和方法，志稿审查的职责和方法。在阐述编纂实务的章节中，选附新方志作品的实例。附录为古今修志文献。①禹舜(1938—)。湖南湘阴人。1958年起，从事新闻工作。1986年任湖南省地方志编纂委员会专职副主任、党组书记。曾任湖南省地方志学会会长。1993年调任省社会科学院院长。主编著作12部；发表方志论文70余篇，结集成《新方志论集》一书。②洪期钧(1931—2000)。湖南武冈人。曾任湖南省地方志编纂委员会省志编纂处处长、《湖南省志》副总纂。主编《方志编纂手册》《〈湖南省志〉优稿选评》等，发表方志论文60余篇。

Fangzhi Bianzuanxue Gailun(1998)

《方志编纂学概论》(1998) 张文桂、荣竹林著。内蒙古人民出版社出版。21万字。设10章39节。绪论简述中国方志史，阐述方志特征、功能、新旧方志的区别。体例章指出方志文体与学术论文、新闻报道、工作总结、文学作品的区别；认为志书的文字要求"朴实"是对的，但要做到"无华"则带有片面性，强调在资料翔实、真实的基础上注重文采。篇目章阐述篇目设置的原则，剖析横分竖写的负面效应，认为应对大型山脉、河流、工程等专门设志，免遭切割；建议增设历史沿革志作为志书里的地方史，增强方志整体性；还剖析一些带有片面性的说教。专志编写章阐述竖写的方法，强调以事系人、反映事物的发展规律；重点阐述民族特点及志书如何反映民族特点的问题。民族志章阐述民族志的作用、内容，对民族志内容的不同意见，编纂民族志应注意的问题。经济综述章阐述编纂经济综述的必要性。大事记章阐述大事记的作用、体例、内容，强调大事记应与各专志相呼应。人物志章强调人物志应力戒空话套话连篇、缺乏文采、替人物贴政治标签等做法；重点对“以人民群众为主”的说法进行剖析；提出人物撰写要写出个性，不能千人一面。附录分年鉴、旧志整理、皇朝藩部要略3部分，阐述了年鉴源流、基本内容和特点，编纂年鉴的作用、意义，与续志接轨等；重点剖析旧志整理中“为保原样，不作改动”的错误做法，强调写好注释的重要性。张文桂(1933—)，北京人。内蒙古地方志编纂委员会副编审。发表《篇目与方志的整体性》等文章。

Fangzhi Bianzuanxue Gailun(2001)

《方志编纂学概论》(2001) 李在营编著。德宏民族出版社出版。22万字。设3篇16章41节。绪论阐述方志编纂学的研究对象、学科体系和研究方法。基础篇下设方志的性质与特征、方志的社会功能、方志的起源与发展、方志理论的产生与发展、方志的名目与种类5章。认为地方志是一地的全史和百科全书，起源于《周官》《禹贡》《山海经》及图经；方志理论产生于晋，形成于清，完善于当代；地方志分综合志、专业志、部门志、杂志。编纂篇下设8章。强调方志应详尽占有资料，按照述、记、志、传、图、表、录的要求进行撰写；要严格审定出版程序，实施三审三校。续修篇下设志书评价、续修准备、续修方法3章。附录收录作者发表的有关方志学体系建设的3篇论文:《关于建立方志文献学的思考》《方志管理学探微》《弘扬区域文化是方志工作长期发展的主题》。李在营(1955—)，云南元谋人。1985年开始从事地方志工作。历任元谋县地方志办公室副主任、主任，元谋县地方志编纂委员会副主任等职。编辑出版年鉴、部门志等15部，著有《元谋风物志》，旧志整理成果有《康熙元谋县志(校注)》《乾隆华竹新编(校注)》《光绪元谋乡土志(校注)》等，发表方志论文50余篇。

Fangzhi Chubanshe

方志出版社 方志专业出版机构。业务范围主要是出版各级各类地方志书、年鉴、方志学理论著作，以及有关方志学的工具书和普及读物。1980年10月，中国地方史研究会筹备会议建议成立中国地方史志出版社。1993年3月11日，中国社会科学院向新闻出版署递交《关于申请成立中国方志出版社的报告》。1994年11月29日，《新闻出版署关于同意成立方志出版社的批复》(新出图〔1994〕987号)同意成立方志出版社，由中国社会科学院主管，中国地方志指导小组主办。1995年3月20日，方志出版社制定《方志出版社章程(试行草案)》，对出版社性质、宗旨、工作制度与职责等做了明确规定。1995年4月13日，中央机构编制委员会办公室批复方志出版社机构编制报告，核批事业编制40名，经费自收自支。2008年起，进行企业转制，2010年正式转变为企业。历任社长郦家驹、夏经林、李富强、吴玉章、冀祥德。

fangzhi fenlei

方志分类 方志的类型。清代梁启超在《说方志》一文中对《四库全书》著录方志按撰人性质分为私修方志、官修方志。民国时期，有学者探讨方志分类问题，主要按记事地域范围分类。傅振伦在《中国方志学通论》中将方志分为8类。朱士嘉在《方志之名称与种类》一文中将方志分为22种。当时已有一统志、总志、通志、郡县志、合志、乡土志、都邑志、都会志、路志、府志、道志、直隶厅志、厅志、直隶州志、州志、军志、监志、卫志、守卫所志、宣慰司志、关志、县志、设治局志、镇志、乡土志、乡志、里志、村志、杂志等分类名称。现代研究者沿用前人按地域分类的方法，根据志书实际编修情况，增加市志、土司志、盐井志、特别区志、盟志、旗志、地区志、区志等分类

方志种类名称表

【地域志】

省志:以省为记述范围的方志。也称通志。省有通志，始于元代，明代中后叶各省均修有通志。

府志:以府为记述范围的方志。如乾道《临安志》、嘉泰《会稽志》等。

州志:以州为记述范围的方志。如乾隆《和州志》、道光《济宁直隶州志》等。

厅志:以厅为记述范围的方志。如乾隆《口北三厅志》、道光《川沙抚民厅志》等。

道志:以道为记述范围的方志。兵备道主修的道志，体例与关、镇、卫志略同；分巡道主修的道志，体例与省、府志略同。

路志:以路为记述范围的方志。如元《建康路志》等。

市志:以市为记述范围的方志。民国时期已开始纂修市志。1949年后，市志为新编地方志的组成部分。

县志:以县为记述范围的方志。如乾隆《朝邑县志》。中国存世方志多数为县志。1949年后，县志为新编地方志的组成部分。

城市区志:以市辖区为记述范围的方志。为新编地方志的组成部分。如南京《鼓楼区志》。

旗志:以旗建置为记述范围的方志。如清《绥远旗志》《土默特旗志》等，新编地方志《翁牛特旗志》等。

地区志:以地区(1975年前称专区)为记述范围的方志。如新编地方志《庆阳地区志》《临沂地区志》等。

都邑志:古代以都会、城邑为记述范围的方志。如宋《长安志》《雍录》等。

续表

乡镇村志:以乡、镇、场、村、里、社等基层行政单位或居民聚居区域为记述范围的方志。存世最早的为宋《澉水志》。
卫所志:以卫、所建置为记述范围的方志。如明《金山卫志》、清《碾伯所志》等。
关镇志:以边关、军镇建置为记述范围的方志。如明《四镇三关志》、明清《山海关志》等。
土司司所志:以边远少数民族地区土司辖域为记述范围的方志。如明《天全六番招讨使司志》、清《白山司志》等。
盐井志:以盐井为记述范围的方志。如清《白盐井志》《黑盐井志》《琅盐井志》等。

【专志】

部门行业志:记述某部门或行业历史和现状的专志。如教育志、交通志等。
专业志:记述某一专业状况的专志。如戏剧志、植物志、方言志等。
专题志:侧重记述某项事物、某个人或重大事件的专志。如《汶川特大地震抗震救灾志》《三坊七巷志》《雷锋志》等。

名称。有学者提出了多样化的分类标准。来新夏在《方志学概论》中提出按方志记载内容的范围分类、按记事时代分类、按内容和篇目广略分类、按撰写形式分类、按编纂体例分类等不同分类标准。《中国方志大辞典》提出按行政区划而定的种类为主流类型,按方志记载对象而定的种类为支流类型。其他分类标准还有按编纂时代分为古代及民国时期方志(简称旧志)和新编地方志(简称新志);按创修、续修、重修、补修等编纂方式分类。同一分类名称因出自不同的分类标准,方志界对其内涵的理解和阐述角度不同,其中创修、补修、续修为黎锦熙在《方志今议》中提出的"三术"。创修,一般理解为第一次编修,有事类新增者,或更改原有事类名称以符合实际者,或更新内容但仍沿用旧名者,均属创修;补修,是对前志的内容进行补充,其内涵外延包括增补、修补、续补;续修,也叫续编,一般理解为在承接前志门类设置基础上继续修撰志书。重修即重新纂修。在专志与综合志书的关系、专志的分类、总志与今方志的关系等问题上存在争议。在编制方志目录、丛刊时,大多按区域、记述对象对方志进行分类。有观点提出,按内容系统,方志可分为两大类,一类是反映区域内各个方面历史与现状的地域志;一类是反映区域内某一方面历史与现状的专志,可按记述对象(行业、专业、特定事物等)分类。

fangzhi gongjushu

方志工具书 中国古今编修的方志工具书主要有6类:提要类,如《四库全书总目提要》《郑堂读书记补逸》《续修四库全书总目提要》《中国古方志考》《稀见地方志提要》《中国地方志总目提要》等;方志目录类,如《中国地方志备征目》《民国二十二年以来所修刻方志篇目》《清学部图书馆方志目》《中国地方志联合目录》《中国地方志综录》《中国新方志目录》等;方志辑佚类,如《汉唐地理书钞》《永乐大典方志辑佚》《小方壶斋舆地丛钞》《汉唐方志辑佚》及"麓山精舍丛书"等;索引类,如《清代学者地理论文目录》《宋元方志传记索引》《中国方志论文目录》《天一阁藏明代方志选刊人物资料人名索引》等;年鉴类,如《北京年鉴》《南京年鉴》等;辞典类,如《中国方志通鉴》《中国地方志词典》《中国方志大辞典》《中国地方志综览(1949—1987)》《中国当代方志学者辞典》等方志专业工具书。

《中国地方志词典》 黄苇主编。前期由复旦大学历史系和杭州师范学院政史系先后举办的方志学专修班学员集体编写,后由安徽地方志编纂委员会和黄山书社历史编辑室组织专家进行修订和补充。1986年出版。内容上起远古,下迄1986年。全部词目按性质分为著名方志、修志名家与方志学家、方志用语、方志目录、方志专著、方志论文、方志序跋凡例、修志文献、修志机构与方志刊物、其他,共10类,近2000条,89.8万字。在词目表中,除方志用语按笔画排列外,其余9类基本按年代顺序排列。书末附录有地方志大事记、词目笔画索引。学术上有争议的问题,有定论者按定论解释,其他论点也适当介绍;无定论者,诸说并存。方志名称一般按原书所标著录,原书卷端不载或题名不实者,参考书口、目录、封面、牌记或工具书等,选择较恰当者标出。

《中国方志大辞典》《中国方志大辞典》编辑委员会编。1988年出版。全书共收词目2970条,66万字。内容分为6类:一为方志词语,包括方志名称、政区建置、篇目名和方志理论。二为方志书名,包括新旧志书、方志学专著、刊物。志书按全国、省、市、自治区编排;每个行政区范围内,先省志,次为府州县志,后为专志、杂志;全国、省级方志以及宋元方志收录标准适当放宽,明清和民国时期方志收录较严,新编省、市、县志只收公开出版者。三为方志人物,按生年顺序排列,收入在各省、市、自治区志书修纂方面颇有影响的历代人物,不收在世人物。四为修志机构,以省以上者为限,收录方志专业研究机构、大专院校地方志专业、全国知名典藏地方志的图书馆,排列方式同方志书名。五为其他,详列与修志关系密切的相关学科。六为附录,收录修志的条例、规定等8篇。书末附词目笔画索引。对社会主义时期新修方志词语,边疆和民族地区所修著名方志及其特殊词语,台湾地区出版的方志工具书,山志、水志、关志及其他专志,与方志有关的其他学科的词语等也有选录。对有争议的学术问题,以一说为主,兼及他说,或诸说并存。

fangzhi gongneng

方志功能 方志的社会作用。古代及民国时期对方志功能的论述一般散见于志书的序、跋、书评中，大多没有专文。20世纪80年代新编地方志工作开始后，朱文尧、董一博等学者总结前人论述，概括出“六字”功能，但具体表述略有不同。1986年中国地方志协会学术年会纪要中记载：“‘资治’‘教化’‘存史’六个字，基本上概括了志书的功用。”方志界对3个功能的关系及排序问题、方志功能多样性问题存在争鸣。①方志“六字”功能关系研究。有些观点认为“六字”功能之间存在主从关系，关于哪一功能是志书的根本功能，有不同说法。有的认为资治为根本功能，存史、教育都是为了资治，持这种观点者主张“六字”功能应以资治、教化、存史为序。有的认为存史是第一功能，是产生资治、教化两个作用的前提，应列于三大功能之首。有的观点认为方志的固有功能为认识功能，在此基础上产生了资治、教化、存史等一系列派生功能，在这些派生功能中，有主次之分。有些观点认为“六字”功能是一个整体，不必分出主从关系。②方志功能多样性研究。有观点认为，“六字”功能虽然可以使用，但有其局限性，应从更高的层次上认识。比如它是历史文化永续利用的基础性载体，发挥着历史文化永续利用的积聚作用、传承作用和建设先进文化的基础性作用。还有研究者提出知情作用、信息作用、决策基础作用、保存资料功能、储藏信息功能、展示地情功能、体现规律功能、“兴利”功能等。在不少论著中，对方志在地方决策、经济发展、文化交流、学术研究等领域发挥的提供资料、借鉴的作用进行了阐述。

fangzhiguan

方志馆 收藏以方志为主的地方文献资料和展示地情的公共文化服务基础设施。20世纪90年代，方志馆建设被提及并逐渐受到重视。2008年11月，国家发展和改革委员会批准国家方志馆立项。至2012年底，全国共有国家级方志馆1个、省级方志馆13个、地市级方志馆57个、县级方志馆198个。有的地区还建有乡镇级方志馆、企业内部方志馆。

fangzhi guanli lilun

方志管理理论 通过研究修志、用志领域中的管理活动总结得出并用于指导管理实践的理论。包括对决策、计划、组织实施、协调、监督、成果及效果评估等管理活动的各个层面进行的研究。古代及民国时期均有关于方志管理理论的论述，主要涉及修志活动的组织实施、方志机构的设置及职能、修志人员的选任及职责分工等方面。如宋代周应合提出定凡例、分事任、广搜访、详参订四步修志程序；旧志卷首所列编纂姓氏标明修志人员的职衔，直观反映修志分工；清代章学诚提出设立志科，针对修志职责提出“提调专主决断是非，总裁专主笔削文辞，投牒者叙而不议，参阅者议而不断”，强调修志人员要具备“三长”（“识足以断凡例，明足以决去取，公是以决请托”）、“德才学识”等；民国时期，吴宗慈提出从中央到地方建立负责资料工作的专门机构，在全国范围内形成方志资料网络。新编地方志工作开始后，方志界围绕方志管理的内涵和内容进行深入研究，在方志管理的概念及范畴、管理主体与客体、管理体制及方法等方面提出多种见解，并发表文章分别阐述方志机构职能的多重性及下属单位的职能分化，地方志工作体制创建与改革，方志人才的遴选、使用、培养和队伍建设等具体问题，相关著作有蒲宗亮《县志编修管理谈》等。1991年，李明、薛兴祥编撰的《方志管理学》出版。2007年，刘文江、李桂清著《区县地方志管理概论》出版。在《方志学基础教程》《当代方志学概论》《中国方志学概论》等论述方志学的专著中也有章节述及方志管理。

fangzhi jiyi

方志辑佚 辑佚是对保存在其他存世文献中已经散佚的文献加以搜集整理，使之恢复或部分恢复。方志辑佚是方志学研究及旧志整理的一部分。元末明初陶宗仪辑有《说郛》，采摭古籍600余种，其中汉唐方志达42种，为辑佚方志的开端。清代辑佚学大兴，王锡祺的《小方壶斋舆地丛钞》，辑录舆地书籍1421种，堪称清代舆地丛书之最；王谟《汉唐地理书钞》、陈运溶“麓山精舍丛书”、张澍“二酉堂丛书”、马国翰《玉函山房辑佚书》、王仁俊《玉函山房辑佚书续编》均为辑佚丛书的代表作。民国时期，鲁迅曾辑出《会稽郡故书杂集》；赵万里曾辑出《元一统志》《析津志》等书；张国淦编《中国方志考》时，从《永乐大典》中辑出古方志多种。20世纪80年代后，旧志辑佚主要集中于对唐代地志的校勘搜集和对《永乐大典》中保存的方志的辑佚整理两方面。对唐代地志的校勘搜集主要表现在对敦煌遗书的考校整理，先后成书有唐耕耦、陆宏基《敦煌社会经济文献释真录》第一辑、郑炳林《敦煌地理文书汇辑校注》、王仲荦《敦煌石室地志残卷考释》、李正宇《古本敦煌乡土志八种笺证》等。刘纬毅《汉唐方志辑佚》则综合王谟《汉唐地理书钞》、陈运溶“麓山精舍丛书”、张国淦《中国古方志考》，广采唐宋类书、史籍中征引的汉唐图经、地志佚文。对于《永乐大典》中方志的辑佚工作，最早成书的是赵万里《元一统志》，20世纪80年代有山西省地方志办公室《辽州志》、北京图书馆（后更名为国家图书馆）善本组《析津志辑佚》、陈香白《潮州三阳志辑稿·潮州三阳图志辑稿》等。2004年，中华书局出版马蓉、陈抗等辑校的《永乐大典方志辑佚》，为考录和辑佚明初以前方志的重要参考资料。利用后修之志辑考前志佚文的成果有王叔武《云南古佚书钞》、陈金林《上海古方志辑稿》、李裕民《山西古方志辑佚》、山西省地方志办公室《山西地方志辑佚》等。

Fangzhi Jinyi

《方志今议》 黎锦熙著。该书是著者在1938年所纂《城固县志续修工作方案》基础上修订而成。后改名为《方志今议》，略有增修，并增写序言，1940年长沙商务印书馆出版，1946年再版。10.5万字。分10门：建议因缘，述写作之由；先明三术，即续修、补修、创修；次立两标,即地志之历史化、历史之地志化;次广四用,即科学资源、地方年鉴、教学材料、旅行指导;终破四障,即类不关文、文不拘体、叙事不立断限、出版不必全书;结前原则,即“明三术、立两标、广四用、破四障”;县志拟目;纂修总例;材料来源,即实际调查、档案整理、群书采录;总结全文。书中对中国历代修志经验教训做了总结,提出有关修志方针、目标、功能、方法、原则、篇目、材料等意见。1982年,展望出版社出版影印本。1984年,岳麓书社出版的《方志学两种》将该书收录其中。1990年,上海书店出版《方志今议·方志考稿甲集》。

Fangzhi Kaogao (Jiaji)

《方志考稿(甲集)》 瞿宣颖著。中国最早的一部私家方志提要目录专著,也是中国近代第一部方志目录。1930年大公报社出版。未完稿,仅成6编。该书仿照《四库全书总目提要》体例,以提要形式介绍所收录方志,详述编纂源流,列类目,评体例,分析优劣得失,尤其注意方志所包含的特殊史料。全书著录任凤苞天春园所藏河北、辽宁、吉林、黑龙江、山东、河南、山西、江苏8个省的省通志、府州厅县志、乡镇志、乡土志、文献志等600余种,多为清代方志。自序中论说地方志资料对历史研究的作用。其著录体例多为后世效仿。

fangzhi lilun

方志理论 从方志编纂实践及研究中总结得出的规律性认识。方志理论随方志的产生和发展得以萌芽、发展和提高。秦汉、隋唐时期是萌芽阶段。宋元时期许多方志的序跋中逐渐出现有关修志的主张和见解。明代全国性修志凡例的颁布对当时的方志理论研究产生很大影响,明代所编志书的序文中,普遍重视方志资治作用问题,并对如何修好志书提出许多见解和主张。至清乾嘉时期,方志理论形成地理、历史两大流派,尤以章学诚方志理论为集大成者。民国时期,更为重视对历代方志理论的研究和总结,对体例、体式、修志资料、方志收藏、旧志整理等提出不同见解,随着研究的深入,方志学理论愈丰富。中华人民共和国成立后,围绕章氏理论、历代志书、志书史料价值等课题研究,提出有关新编地方志内容、体例、编写方法的建议。20世纪80年代,从对方志源流、性质、作用等基础理论的探讨,发展到对体例、结构、篇目、文体、文风、志种、资料工作等方志编纂理论的总结,以及对志书质量标准、方志学学科体系等问题的讨论,并延伸到志书的资料性、学术性、文献性、著述性、整体性研究,地方志信息化与网络化研究,方志管理与应用研究,方志批评研究等方面。对方志理论的内涵、方志理论与方志学的关系的认识,学术界形成不同观点。有人认为,方志学产生后,方志理论应视为方志学研究的一个重要方面,称为方志学理论,对前人方志理论成果的研究应属于方志学史研究;也有人认为方志理论部分包含方志学。有人提出,方志理论有广义、狭义之分,广义的方志理论是指方志工作者研究的理论,方志界为指导工作、总结经验、升华理论而进行的研究涉及多学科,而不仅是方志学一门学科;狭义的方志理论是指和方志有关的理论,不包括地方史、地域文化、地情、年鉴等理论。随着第二轮修志工作的开展,续修方志理论研究兴起,方志理论还包括续修方志的意义和体式、与前志的关系、续修方志的指导思想、篇目设计、断限、对前志内容的处理、现代技术手段的运用等。

Fangzhi Lun

《方志论》 王晖著。2010年黄山书社出版。85万字。分基础理论、志体设计、志书编纂、数字方志、旧志整理、方志评论、法制建设、修志问答、志鉴家谱9编,收入作者已发表的文章百余篇。基础理论编论述方志史、方志学科、方志性质、方志特征、方志功能及文体、文风。《方志与地志是历史与地理之母》一文将“方志”概念的诞生确定在3000多年前,认定古方志是古代史书的起源;提出方志学是研究方志形态及其运动规律的科学。《论方志性质》一文提出运用逻辑方法下本质定义,认为方志是记述地方古今各个方面或某一方面情况的科学文献。志体设计编研究首轮志书体式和第二轮志书十几个省市区的篇目,对志书体式和设计进行比较分析。志书编纂编论述志书概述的体式、文风与写作,以及在方志编纂中突出地方与时代特色、人文精神和精神文明、政治运动入志等问题,还论述军事志、气象志、山志、历史文化名城志和志书索引的编写问题。数字方志编提出软件体的概念,《地方志网站类型、功能与名称的确定》等文涉及网站建设和数字方志诸多问题。方志评论编对方志理论著作、反映方志工作的文学作品及已出版的省志、市县志、山志、水电站志等进行评述。法制建设编收入作者参与地方志条例、质量规定制定工作提出的概念、质量标准体系设想等论文。王晖(1953—),安徽岳西人。中国人民大学历史系毕业。历任中学教师,党史方志编辑,“安徽历代方志丛书”编审室副主任,安徽省地方志办公室省志处处长、副编审,《安徽省志》总编室副主任。先后任安徽省地方志学会副秘书长兼学术委员、华夏地方志研究所特约研究员等。主编《岳西县志》《岳西县乡镇简志》《司空山志》《岳西县志评论集》《岳西文史》等,任《安徽省志》名山志、方志志等分志执行副主编,指导编纂评审省志分志40余部,参编《地方志编纂指南》《当代志书编纂教程》,著《方志性质辩论》、《王晖方志论文选》、《方志编纂培训讲义》(执行副主编)等4部,主持校点并统稿《皖政辑要》,发表文史方志宗教论文、影视剧本散文随笔等200余篇。

fangzhi mulu

方志目录 方志整理的重要形式之一。指专为方志编制的目录,包括公私收藏目录、著述目录。方志目录有简目形式,也有提要形式;有区域性目录,也有综合性目录。民国以来,一些学者致力于旧志的系统考录。有的著作如瞿宣颖《方志考稿(甲集)》、朱士嘉《宋元方志考》、张国淦《中国古方志考》、洪焕椿《浙江地方志考录》等,虽属综述考录,因采用逐部著录方式,一般也被视为与提要式方志目录相同的著述。方志著录于书目始于南朝宋王俭撰《七志》,其图谱志收录地志类图书;《隋书·经籍志》史部地理类收录舆图、地记、图经、异物志、山水记等,开创将方志纳入正史艺文志的先例。传世宋代私家藏书目录《郡斋读书志》《直斋书录解题》收录各地编修的方志,并有简要介绍,其内容为元《文献通考·经籍考》所采用。记录明初中央政府藏书的《文渊阁书目》,分古今志、旧志、新志三类著录方志名称及部册数,与《永乐大典》征引的宋元明初志书基本相合。清乾隆间编修《四库全书》,《四库全书总目提要》有选择地著录历代地理总志和各省府州县志。民国时期出现专门的方志目录,以公私收藏书目为主,较重要的有朱士嘉编纂的《中国地方志综录》。中华人民共和国成立后,对存世旧志的调查和编目受到重视,很多公共图书馆和高校图书馆相继编纂馆藏方志目录,如《中国地方志联合目录》等。另有各省市编纂的区域性方志目录多部。分区域编写方志提要并考录历代存佚方志成果以1958年科学出版社出版的洪焕椿《浙江地方志考录》为最早,1984年作者增修后由浙江人民出版社出版,更名为《浙江方志考》。20世纪80年代,吉林省地方志编纂委员会和吉林省图书馆编印"中国地方志详论丛书",对各省、市、自治区历代方志进行考述。全国性方志提要在20世纪80年代就动议编纂。1996年,由金恩辉、胡述兆等主编的《中国地方志总目提要》出版,是一部集大成的方志提要目录。此外,还有部分稀见方志提要出版。

部分方志目录

书目名称	编者	出版/印行/发表年
【简明目录】		
《清学部图书馆方志目》	缪荃孙	1913
《闽南地方志过眼录》	薛澄清	1928
《[中山大学图书馆]本校所藏中国地方志简目》	李一非	1928
《金陵大学图书馆中文地理书目》	金陵大学图书馆家业图书部	1929
《方志中金石志目》	容媛	1930
《[辽宁图书馆]馆藏东北地志录》	卞鸿儒	1930
《故宫方志目》	故宫博物院图书馆	1931
《中国地方志备征目》	朱士嘉	1931
《广东三大图书馆所藏全省方志目录》	郑慧英	1933
《国立北京大学图书馆方志目》	国立北京大学图书馆、张允亮	1933
《国立北平图书馆方志目录》	谭其骧	1933
《金陵大学图书馆方志目》	万国鼎、储瑞棠	1933
《广西省志书概况》	广西统计局	1934
《九峰旧庐方志目》	王体仁	1934
《民国二十二年以来所修刻方志篇目》	徐长楣	1934
《中国地方志综录》	朱士嘉	1935
《国立北平图书馆方志目录二编》	国立北平图书馆	1936
《国立武汉大学图书馆方志目录》	国立武汉大学图书馆	1936
《天春园方志目》	任凤苞	1936
《天一阁方志目》	冯贞群	1936
《教育部图书馆县志目录(第一册)》	教育部图书馆	1937
《国立中央研究院历史语言研究所图书室方志目》	张政烺	1939
《国立北平图书馆西南各省方志目录》	万斯年	1941
《浙江方志综录》	俞寰澄	1945
《[广东省立图书馆]广东方志目录》	广东省立图书馆	1946
《故宫方志目续编》	国立北平故宫博物院	1948
《中南图书馆方志目录》	中南图书馆	1954
《[甘肃省图书馆]馆藏全国方志书目》	甘肃省图书馆	1956
《湖北省图书馆方志目录续编》	湖北省图书馆	1956
《四川省图书馆馆藏方志目录》	四川省图书馆	1956
《中国科学院藏方志目录》	中国科学院图书馆	1956
《北京图书馆方志目录三编》	北京图书馆	1957
《台湾公藏方志联合目录》	"台湾中央图书馆"	1957
《天津市人民图书馆藏方志目录》	天津市人民图书馆	1957
《四川省各图书馆馆藏四川方志联合目录》	四川省图书馆、四川大学图书馆	1958
《中国地方志综录(增订本)》	朱士嘉	1958
《[中共中央高级党校图书馆]馆藏方志目录》	中共中央高级党校图书馆	1958
《湖南省方志目录》	湖南省中山图书馆	1959
《台湾公藏方志联合目录》	"台湾中央图书馆"	1960
《上海地方志简目》	上海市文物保管委员会	1961
《湖南省中山图书馆馆藏地方志目录》	湖南省中山图书馆	1964
《中国科学院图书馆馆藏地方志目录》	中国科学院图书馆	1976
《上海图书馆地方志目录》	上海图书馆	1979
《山西省地方志联合目录》	山西省图书馆	1980

续表

书目名称	编者	出版/印行/发表年
《河南地方志综录》	河南地方志综录编辑组	1981
《湖北省地方志目录(初稿)》	湖北省地方志办公室、湖北省图书馆	1981
《山东省地方志联合目录》	山东省图书馆	1981
《山东地方志书目》	山东省地名领导小组办公室	1981
《台湾公藏方志联合目录(增订本)》	“台湾中央图书馆”	1981
《江西历代地方志存书目录》	江西师范大学历史系江西地方史教研组	1982
《四川省地方志联合目录》	四川省中心图书馆委员会	1982
《安徽方志综合目录》	安徽省地方志办公室、安徽省图书馆	1983
《河南地方志佚书目录》	河南省地方志编委总编辑室	1983
《湖南图书馆馆藏湖南地方志目录》	湖南图书馆	1985
《中国地方志联合目录》	中国科学院北京天文台	1985
《江西省地方志综合目录》	江西省省志编辑室	1986
《山西地方志综录》	祁明	1986
《湖南省地方志综合目录》	湖南省地方志编纂委员会	1987
《江西旧志总目》	刘志和、黎传纪等	1987
《中国历史博物馆馆藏地方志目录》	中国历史博物馆图书馆	1987
《中国人民大学图书馆地方志目录》	中国人民大学	1987
《广西地方史志文献联合目录》	广西壮族自治区通志馆、广西壮族自治区图书馆、广西壮族自治区桂林图书馆	1988
《河北历代地方志总目》	河北大学地方史研究室	1989
《华南师范大学馆藏地方志目录》	华南师范大学图书馆	1989
《四川大学图书馆馆藏地方志目录》	倪晶莹	1991
《中国新方志目录》	全国地方志资料工作协作组	1993
《浙江省公共图书馆新编地方志联合目录》	郑永富	1999
《浙江新编地方志目录(增订本)》	浙江省地方志编纂委员会办公室	1999
《中国新编地方志目录》	中国地方志指导小组办公室	1999
《山东省新编地方志目录》	山东省地方史志办公室	2002
《四川省地方志目录》	秦安禄、四川省地方志编纂委员会	2004
《山东省地方志联合目录》	山东省图书馆	2005
《中国文化遗产研究院藏地方志书目》	中国文化遗产研究院图书馆	2009
【国外馆藏方志目录及外国人所编书目】		
《东洋文库地方志目录：支那、满洲、台湾》	日本东洋文库	1935
《台湾总督府图书馆所藏支那地方志目录》	日本台湾总督府图书馆	1939
《满洲地方志综合目录》	[日]植野武雄	1940
《国会图书馆藏中国方志目录》	朱士嘉	1942
《国立国会图书馆藏中国地方志综录稿》	日本国立国会图书馆一般考查部	1950~1964
《中文地志目录》	日本天理图书馆	1955
《欧洲图书馆藏中国方志目录》	[法]Y·赫渥艾特	1957
《日本现存明代地方志目录》	[日]山根幸夫	1962
《中国地方志联合目录》[日]	日本东洋学文献中心联络协会	1964
《九州大学收藏中国地方志目录》	九州大学文学部东洋史研究室	1966
《华盛顿大学中国官方地方志目录》	[美]约瑟夫·罗	1967
《中国方志目录》	[澳]唐纳德·莱斯利、詹瑞姆·戴维森	1967
《日本主要图书馆、研究所所藏中国地方志总合目录》	日本国立国会图书馆参考书志部	1969
《中国地方志目录》	美国芝加哥大学远东图书馆	1969
《(增补)日本现存明代地方志目录》	[日]山根幸夫、细野浩二	1971
《浙江宁绍地区地方志目录》	[美]威廉·施坚雅	1971
《英国各图书馆所藏中国地方志总目录》	[英]安德鲁·莫顿	1979
《中国西南地区地方志目录》	边在容	1979
《[斯坦福-伯克利联合东亚中心]中国方志目录》	斯坦福-伯克利联合东亚中心	1980
《汉城大学校所藏中国明、清时代地方志目录》	[韩]吴金成	1984
《日本见藏稀见中国地方志书录》	崔建英	1986
《[韩国]国内所藏中国地方志目录》	[韩]吴金成	1987
《美国国会图书馆藏中国方志目录》	朱士嘉	1989
《[韩国]国内所藏中国明清地方志目录补》	[韩]吴金成	1993
《新编日本现存明代地方志目录》	[日]山根幸夫	1995
《韩国图书馆所藏中国地	[韩]吴金成	1998

续表

书目名称	编者	出版／印行／发表年
方志目录》		
《庆应义塾大学图书馆中国地方志目录》	巴兆祥	2001
《东传方志总目》	巴兆祥	2008
【提要考略】		
《续修四库全书总目提要》	北平东方文化事业总委员会	20世纪20~40年代
《方志考稿（甲集）》	瞿宣颖	1930
《故宫方志考》	傅振伦	1934
《广东潮州旧志考》	饶宗颐	1934
《陇右方志录》	张维	1934
《福建方志考略》	萨兆寅	1935
《宋元方志考》	朱士嘉	1935~1936
《中国地方志考》	张国淦	1935~1936
《广东方志要录》	瞿宣颖	1936
《泉州方志考》	庄为玑	1936
《云南方志考》	童振藻	1936
《明修云南方志书目》	方国瑜	1938
《燕京大学图书馆善本方志题记》	朱士嘉	1938
《四库全书中之方志与本院图书馆所藏方志考略》	周之风	1947
《上海地方志综录》	上海市文献委员会	1948
《热河方志征访录》	宗孟	—
《浙江地方志考录》	洪焕椿	1958
《中国古方志考》	张国淦	1962
《吉林省地方志考论、校释与汇辑》	金恩辉、梁志忠	1981
《河北明刊方志提要》	傅振伦	1982
《河南地方志提要》	河南省地方志编委总编辑室	1982
《辽宁地方志考录》	陈加、郭君、孙仁奎	1982
《天一阁藏明代地方志考录》	骆兆平	1982
《绍兴地方文献考录》	陈桥驿	1983
《东北地方志考略》	郝瑶甫	1984
《三陇方志见知录》	张令瑄	1984
《浙江方志考》	洪焕椿	1984
“中国地方志详论丛书”	吉林省地方志编纂委员会、吉林省图书馆学会	1985~1998
《广东方志要录》	李默	1987
《稀见地方志提要》	陈光贻	1987
《广西方志提要》	广西壮族自治区通志馆	1988
《江西古志考》	黎传纪、易平	1989
《山东方志汇要》	王桂云	1989
《河南地方志提要》	刘永之、耿瑞玲，河南省地方史志编纂委员会	1990
《广西方志佚书考录》	陈相因、秦邕江	1990
《河北地方志提要》	来新夏	1992
《江苏旧方志提要》	徐复、季文通	1993
《安徽佚志考录》	刘尚恒	1994
《中国地方志总目提要》	金恩辉、胡述兆	1996
《中国专业志要览》	梅森、刘辰	1997
《江西方志通考》	黎传纪	1998
《明代方志考》	林平、张纪亮	2001
《宁波古今方志录要》	龚烈沸	2001
《广东省立中山图书馆馆藏广东新编方志书目提要》	广东省立中山图书馆	2002
《中国地方志总目提要（1949~1999）》	金恩辉、胡述兆	2002
《中国新方志5000种书目提要（上海通志馆藏）》	上海通志馆	2004
《河南省新编地方志提要》	河南省地方史志协会、河南省地方史志办公室	2005
《上海方志提要》	姚金祥，上海市地方志办公室	2005
《北京方志提要》	谭烈飞、韩旭	2006
《山东省新编地方志总目提要》	山东省地方史志办公室	2006
《中国新编地方志总目提要》	《中国新编地方志总目提要》编纂委员会	2006
《江宁历代地方志提要与评析》	彭年德	2007
《上海方志通考》	陈金林、徐恭时	2007
《山西新编方志书目提要》	山西省图书馆	2009
《福建省旧方志综录》	福建省文史研究馆、福建省地方志编纂委员会	2010
《宋朝方志考》	顾宏义	2010
《安徽省地方志综录》	彭均生	2012
《金元方志考》	顾宏义	2012

说明：表中外文书目使用中文译名

Fangzhi Pipingxue Lunlüe

《方志批评学论略》 林衍经著。2011年方志出版社出版。18.2万字。设8章39节。绪论介绍方志批评和方志批评学的关系、方志批评学的研究对象和任务、方志批评的性质和作用、方志批评的原则和标准、方志批评学的学科地位等内容，认为方志批评学是方志学专门的独立的分支学科。第一章认为方志批评发端于唐代，并概述宋、元、明、清、民国时期方志批评的发展和演变。第二章重点论述刘知幾及其《史通》、章学诚及其《文史通义》、纪昀及其《四库全书总目提要》、周中孚及其《郑堂读书记补逸》、瞿宣颖及其《方志考稿（甲集）》、张国淦及其《中国古方志考》,以及《续修四库全书总目提要》等对方志批评之道的见解和主张。第三章主要论述当代方志批评活动的发展和表现,一是志稿评议活动频繁,二是对已出版志书的评议继续受到重视,三是涌现一批方志评论文章和著述,四是方志批评的理论研究受到志界重视。第四章总结出当代志书(稿)评论的三种类型分别是会议评、通讯评和出版评议文集,指出方志评论文章主要有序跋式、点评式、批注式、考评式、过眼录式、论文式等数种体式,归纳出志书(稿)评论中存在的四个方面问题。第五章主要论述对当代方志理论著述的评论情况,以及对志家和流派的研究与评论情况。书中还对志评的写作和编著、方志批评队伍及其建设进行论述。附录收录相关条例及作者志评文章选目161个。

Fangzhi Shang

《方志商》 甘鹏云著。1938年崇雅堂聚珍版刊行,为"甘氏家藏丛稿"之一。该书系甘氏参与编修《湖北通志》的经验总结,2卷,上卷为《湖北通志义例商榷书》和《复李甥晓垣书》,下卷为《修志答问》和《湖北通志凡例》。1961年台湾广文书局出版。1984年岳麓书社出版《方志学两种》,将该书收录其中。①《湖北通志义例商榷书》。1934年作。此文规定了《湖北通志》的宗旨、体例及各纲目编纂方法。指出"纂修通志,以规定义例为最要",义例包括宗旨和体例;在记述内容上应以"专详民事"为宗旨,而民事最为重要的是户口、田亩、族姓、风俗、宗教、礼教、农工商业、林业、矿业等,强调对社会经济的考察研究,"社会之变迁,经济之状况,人民之生活,政治之设施,皆所宜详";方志体例应设图、记、考、传四大类,表、谱散于各卷之中。②《复李甥晓垣书》。1934年作。信中提出纂修省志的5个步骤:一为省、县志同时纂修,互相为用。县志为省志取材,通志馆指导县志编纂。二为规定省志凡例。"凡例大要,首定宗旨,次列条目","意在合社会、政治、文献为一书"。三为确定目标。可分图、表、考、传4类。四为依一定条例、格式,派员采访。五为征求书籍。③《修志答问》。又称《修志刍言》。1932年作。提出编纂方志与地方官的重视程度密切相关,经费、人才等问题皆仰此决。赞同章学诚纂《湖北通志》之例,主张通志与文征相辅而行,提出纂修县志也应附编文征。

fangzhishi

方志史 方志的起源和发展。在对方志史的论述中,关于方志起源的争论最为集中,历史上有"一源"说和"多源"说。"一源"说又有《周官》(见《周礼》)、《山海经》、《禹贡》、《南阳风俗传》、《越绝书》、《吴越春秋》、《华阳国志》、《畿服经》、图经、地记等不同观点。当代学者大多支持"多源"说。研究者划分方志史分期的依据不同,有的按记述内容的演变划分,有的按体裁的变化划分,有的按朝代划分。但普遍认为方志经历了体例由雏形到日臻成熟,体裁由单一到综合,数量、种类由少到多的发展历程。方志萌芽于先秦,历经两汉、两晋、南北朝、隋唐时期的地记、图经等多种形态,至宋代,体例基本定型,记、志、传、图、表、录等体裁皆备,内容综合一地历史与现状。当时出现诸如《景定建康志》、熙宁《长安志》、淳熙《新安志》、宝祐《澉水志》等一批名志。元代承接唐宋修志传统,并创修一统志,为明清时期纂修一统志创设了蓝本。明代三次编纂全国总志,两次颁布修志条例,倡导纂修方志,一时修志成风,万历《祁门县志》序记载当时呈现"凡郡国县道,靡不有志"的局面。明代方志体例更为完备,普遍设置凡例,开始探索编纂简体方志,并出现为适应军事和边防所需而撰写的边关志书。清代方志编修进入全盛时期,在修志规模、成书数量、修志理论、旧志辑录等方面都有巨大发展,除纂修各省通志和府、厅、州、县志,还纂修了大量山志、水志、寺志、书院志等专志和乡土志。民国时期在体例和笔法上承袭古代修志传统,受西学影响,也有所创新,部分志书使用章节体,融入近代科技内容,记述辛亥革命以后的社会变革,注重国计民生。中华人民共和国成立后,于20世纪80年代开始首轮三级地方志编修工作,至2010年,全国首轮三级志书规划近6000部,绝大多数都已出版,出版部门行业志、乡镇村志、山水名胜古迹志、地情书、乡土教材、理论著述和古、近代方志整理本等累计34700余部。在纂修、整理方志成果的基础上,各地开展方志网络化、数字化建设,成为方志发展史上一个现代化标志。

fangzhi shoucang

方志收藏 方志收藏包括旧志收藏和新志收藏。国内旧志收藏集中于北京、上海、南京、台湾,收藏机构主要有图书馆、博物馆、档案馆、藏书楼、方志馆等。近代以后,由于交换、收购、赠送、掠夺等原因,大量中国方志流散海外,国外收藏方志较多的国家有美国、日本、法国、英国、韩国、澳大利亚、瑞典、加拿大等。

中国方志收藏 秦以后,历代朝廷、官府都重视收藏方志。明清两代,朝廷将征集的志书分别保存在文渊阁和内阁大库。清末即建有集方志收藏与编纂为一体的机构,民国时期各省设立的通志局或文献征集处都有收藏方志的功能。20世纪90年代起,全国各地相继建立方志馆,收藏一定数量的方志及方志相关文献。博物馆、档案馆如故宫博物院图书馆、第一历史档案馆藏有较丰富的方志。历代文人、私人藏书家也重视收藏地方志,建立藏书楼和私人方志馆等。①图书馆收藏。方志收藏以公共图书馆和高校图书馆居多。其中公共图书馆以国家图书馆为最多,约7000余种,上海图书馆、南京图书馆、中国科学院国家科学图书馆等收藏也较多。高等院校图书馆中方志收藏较多的有北京大学图书馆、南京大学图书馆等。各馆收藏的旧志除历代刻本外,还有稿本和批校本等。

②私人收藏。中国的私家藏书在明清时期达到鼎盛,建立了大量藏书楼。明嘉靖年间,浙江范钦在宁波建立天一阁,共收藏明代方志435种,是中国留存最古老的藏书楼。万历年间,福建徐㶿的红雨楼收藏有省、府、州、县志338种。清康熙年间,江苏钱曾的述古堂藏书楼藏有各类方志240余种。此外,皕宋楼(见浙江修志)、海源阁、嘉业堂、天春园(见天津图书馆)、徐家汇藏书楼(见上海图书馆)等收藏方志数量颇丰。民国时期,浙江杭州王体仁收藏省、府、县志2300余种,其中约400种不见各大图书馆收藏。1952年,中南图书馆购入湖北蒲圻(赤壁)张国淦收藏的志书1698部1869册。

美国方志收藏 美国收藏中国旧方志约始于19世纪中叶。收藏数量较多的是美国国会图书馆、犹他家谱学会和哈佛燕京图书馆。此外,芝加哥大学、哥伦比亚大学、普林斯顿大学、斯坦福大学、华盛顿大学(西雅图)等多所高校图书馆也藏有大量旧志。新编方志也为美国各图书馆和学术研究单位收藏,如奉贤县铅印出版的30余种新方志,在加利福尼亚大学收藏有20余种。①美国犹他家谱学会。耶稣基督后期圣徒教会于1894年组织成立。学会采用缩微技术收藏中国历代方志5000余部,覆盖安徽、湖南、江西、江苏、浙江、山东、河南、河北、广东、福建、山西、四川、陕西、江西等省。曾赠送中国首任驻美大使柴泽民《闻喜县志》。②芝加哥大学远东图书馆。成立于1936年,由钱存训建立。据芝加哥大学出版部1969年出版的《中国地方志目录》记载,截至1968年底,入藏的中国方志有1834种。陈桥驿于1996年发表的《中国方志资源国际普查刍议》一文,统计该馆收藏中国方志2700种。馆藏有各种版本、稿本及静电复印本、缩微胶卷等。收藏最多的是江苏、河北、浙江三省的方志。③哥伦比亚大学东亚图书馆。成立于1902年。建馆初期开始收集中文图书,包括历史、地理、传记、家谱书籍。收藏元、明、清三代中国方志1650余种。④理查德·鲁道夫东亚图书馆。隶属加利福尼亚大学洛杉矶分校。成立于1948年。收藏的旧志中有原版善本旧志。馆藏22种书院志为特藏资源。新编方志收藏除省市县三级志书外,主要侧重于乡镇村志,与伯克利分校收藏的专业志、部门志形成互补。

日本方志收藏 唐代日本遣唐使来华学习中国文化,曾带回地理书、图经、地记之类著作。明末清初,开始大量搜集中国方志。卢沟桥事变前,较集中搜集中国方志的机构是东洋文库和东方文化研究所(见京都大学人文科学研究所)。据2008年出版的巴兆祥《中国地方志流播日本研究》统计,日本国立国会图书馆、东洋文库、尊经阁文库、静嘉堂文库、东京大学图书馆、早稻田大学图书馆、杏雨书屋、庆应义塾大学图书馆、京都大学人文科学研究所等53家图书机构收藏1949年以前编纂、刊刻的中国方志4028种。其志书范围遍及中国各省区,以华北及东南沿海省区为主。数量较多的是明清时期的族谱和方志,日本存藏中国海外孤本方志179种,如万历《宁国府志》、崇祯《嘉兴县志》;国内残缺而在日本存全帙的方志有71种,如万历《应天府志》。当代中日学者整理馆藏旧志,编著《日本主要图书馆、研究所所藏中国地方志总合目录》《日本见藏稀见中国地方志书录》《新编日本现存明代地方志目录》,影印"日本藏中国罕见地方志丛刊""日本藏中国罕见地方志丛刊续编"等。

法国方志收藏 法国收藏的中国方志主要分布在法国国家图书馆、东方语言学院、法兰西学院汉学研究所图书馆、高等社会学院中国研究中心等机构。法国东方语言学院自1872年开始收藏中文图书,主要是广东、上海、北京等地区的地方文献,稀见方志有《道光海南府县志辑》《嘉庆安徽府县志辑》《同治江西府县志辑》等。法国高等社会学院中国研究中心(或称亚洲之家)主要收藏新方志。由法国巴黎海耶区莫顿公司1957年出版的《欧洲图书馆藏中国方志目录》著录英、法、意、德、比、荷、瑞7个欧洲国家、25个单位收藏的中国方志共1434种2590部,大部分方志为晚近版本,珍本较少,明代方志仅7种,这些方志绝大多数藏于法国巴黎。

英国方志收藏 英国收藏的中国方志主要集中在大英图书馆、牛津大学图书馆、伦敦大学亚非学院等藏书单位。《中国方志资源国际普查刍议》统计,大英图书馆收藏中国方志1750种,包括缩微胶卷50种;牛津大学图书馆共收藏1760种,包括缩微胶卷48种;伦敦大学亚非学院收藏有1130种,包括缩微胶卷140种。牛津大学图书馆是英国收藏中国新编地方志最多、最全的图书馆。安德鲁·莫顿编著、伦敦大学亚非学院1979年出版的《英国各图书馆所藏中国地方志总目录》著录英国图书馆参考部、剑桥大学图书馆、达勒姆大学图书馆、爱丁堡大学图书馆、利兹大学博拉斯顿图书馆、牛津大学图书馆东方文献部、伦敦大学图书馆东方与非洲研究院等藏书单位所藏中国方志,共计2516种。

韩国方志收藏 韩国收藏的中国方志主要分布在韩国国立中央图书馆、汉城大学图书馆、高丽大学图书馆、梨花女子大学图书馆等主要图书馆。吴金成编著、汉城大学东洋史学研究室于1998年出版的《韩国图书馆所藏中国地方志目录》著录韩国主要图书馆所藏的中国方志2400多种(宋元时期方志类45种),其中通志类110多种、府州县志类2021种、乡镇志类285种。

澳大利亚方志收藏 澳大利亚方志资料收藏主要集中在堪培拉、墨尔本、悉尼等城市,分布在澳大利亚国立图书馆、澳大利亚国立大学图书馆、墨尔本大学图书馆、悉尼大学图书馆等藏书单位。①澳大利亚国立图书馆。前身是1901年成立的联邦议会图书馆。收藏方志约3万册。旧志有福建、浙江、广东等地省市县各级方志,以及新疆、西藏地区的方志。建有新方志数据库,收藏新编地方志2万余册，内容覆盖中国31个省（自治区、直辖市）。②澳大利亚国立大学图书馆。创建于1948年。中文书籍主要藏于亚太馆。该馆收藏的方志偏重于长江以北地区的省、市、县志，主要集中在边疆地区，如上海商务印书馆于1936年出版的6卷《卫藏通志》，长沙商务印书馆于1940年出版的柏尔著、董之学与傅勤家译《西藏志》，重庆蒙藏委员会于1943年出版的丁宝存《驻藏大臣考》，上海商务印书馆于1947年出版的马鹤天《甘青藏边区考察记》等。③墨尔本大学图书馆。主馆贝留图书馆始建于20世纪60年代早期。中国地方志藏于该馆的东亚馆。该馆自1995年起收藏新编三级志书和专志，主要侧重广西、云南、贵州等西南地区。

瑞典方志收藏　瑞典馆藏中国方志2000余种，主要集中在瑞典东亚图书馆，隆德大学与乌普萨拉大学也藏有部分地方志书。20世纪40年代，瑞典汉学家马悦然从四川带回1000余种地方志，捐赠远东文物博物馆。70年代，台湾图书馆以《四库全书》和地方志为礼物赠送马悦然，马悦然又将其转赠远东文物博物馆。1986年，瑞典东亚图书馆建立，收入远东文物博物馆、瑞典皇家图书馆及斯德哥尔摩大学汉学系所藏的中文藏书。

加拿大方志收藏　加拿大收藏中国方志主要集中在多伦多大学、英属哥伦比亚大学等。多伦多大学郑裕彤东亚图书馆所藏旧志主要为山东、河南等地的方志，大多为清乾隆年间版本。英属哥伦比亚大学亚洲图书馆也藏有中国方志。

fangzhi suoyin

方志索引　旧志整理的重要形式之一。指把多种旧志内有关主题、书名、篇目、人名或地名等录目，注明出处，按一定方法编排，供读者查阅或检索方志资料的检索工具。始于20世纪初。旧志索引中，人物传记索引编制广泛；综合索引数量不多，且独立成书少。民国年间的人物传记索引以江苏省立图书馆编纂委员会于1939年编印的《吴县志列传人名索引》影响最大。中华人民共和国成立后，人物传记主题的方志索引以朱士嘉编、中华书局于1963年出版的《宋元方志传记索引》为代表，影响最大。20世纪80年代以来，人物传记索引的编著成果显著，东北地区公共图书馆协作委员会协作编制的《东北方志人物传记资料索引》规模较大。独立成书的综合索引有日本嶋居一康于1976年编的《元丰九域志索引》等。

fangzhi tezheng

方志特征　方志有别于其他著述的主要特点。方志界对方志特征的探讨和研究，见于论著的提法有数十种。关于什么是方志的本质特征或主要特征存在争议。比较一致的看法主要是：①资料性。志书的任务主要是搜集、整理、编著有价值的历史资料，如实记载当代发生的重大事件和重要人物。资料的真实、准确、完整是志书编纂的第一着眼点。对使用的资料进行精到的选择和科学编排，使之成为历史文化传承的基础性知识，使志书成为研究、认识和借鉴历史的可靠资料书。②真实性。资料书的价值不仅在于它记述的历史事实在历史上是否产生重大影响，还在于其记述是否真实可靠。真实性是志书的生命，是志书质量的第一标准。志书使用的资料须有根有据、经过查证核对，因此学界修史写书，多把志书作为资料的可靠来源。③区域性。志书应有特定地域空间，记述范围严守特定区域疆界，越境不书，内容要求突出区域特色。④时限性。志书应有特定的时限。记录特定时间的史实，有明确的上限和下限，超限不写。新编地方志把突出时代特色作为重要原则。⑤传承性。志书是代代相续的文化工程，是中华文化永续利用的基础性载体。后志多是接续前志，履行不同时代续志的责任，形成一条独一无二的文脉。中华文化之所以在人类文明发展中成为不曾

F

部分20世纪初以后编制的方志索引（含内部印行）

索引名称	编制者	索引类型	出版年
《吴县志列传人名索引》	江苏省立图书馆编纂委员会	人名	1939
《〈福建通志〉列传索引》	福建省立图书馆	人名	1940
《〈福建通志〉列传八种人名索引》	福建省图书馆	人名	20世纪60年代
《〈福建通志〉艺文志存目书名人名索引》	福建省图书馆	艺文、人名	20世纪60年代
《〈福建通志〉艺文志书名人名索引》	福建省图书馆	艺文、人名	20世纪60年代
《宋元方志传记索引》	朱士嘉	人名	1963
《日本现存明代地方志传记索引稿》	[日]山根幸夫	人名	1964
《台湾清代23种地方志列女传索引》	日本东洋文库明代研究室	人名	1964
《台湾省清代二十三种地方志列女传索引》	盛清沂	人名	1969
《台湾省清代25种方志暨连雅堂台湾通史人物传记索引》	盛清沂	人名	1969
《元丰九域志索引》	[日]嶋居一康	综合	1976
《〈福建通志〉艺文志索引》	方品光	艺文	1981
《〈福建通志〉传记兼艺文志索引》	方品光	人名、艺文	1981
《成都地方志篇目索引(正编)》	成都市社会科学研究所历史研究室	篇名	1983
《〈山西通志〉人物传记索引》	池秀云	人名	1984
《中日现藏三百种明代地方志传记索引》	王德毅	人名	1986

续表

索引名称	编制者	索引类型	出版年
《北京天津地方志人物传记索引》	高秀芳等	人名	1987
《东北方志人物传记资料索引·黑龙江卷》	黑龙江省图书馆	人名	1989
《东北方志人物传记资料索引·吉林卷》	吉林省图书馆	人名	1989
《广东地方志传记索引》	潘铭燊	人名	1989
《广西方志传记人名索引》	广西通志馆旧志整理室、广西社会科学院情报所	人名	1989
《北京天津地方志传记索引》	阴法鲁	人名	20世纪80年代
《二十九种通志传记索引》	许仲凯	人名	20世纪80年代
《福建省96种地方志传记艺文志索引》	方品光	人名、艺文	20世纪80年代
《苏州府志及所属县志、镇志传记索引》	于洁	人名	20世纪80年代
《太原古方志索引两种》	杨淮、张莉	人名	1990
《武林坊巷志坊巷名称索引》	潘一平	地名	1990
《东北方志人物传记资料索引·辽宁卷》	辽宁省图书馆	人名	1991
《光绪慈溪县志列传人名索引》	童银舫	人名	1991
《光绪慈溪县志艺文作者及书目索引》	童银舫	艺文、作者、书目	1993
《天一阁藏明代方志选刊人物资料人名索引》	华东师范大学图书馆古籍部	人名	1997
《中国地方志宋代人物资料索引》	沈治宏、王蓉贵	人名	1997
《清代台湾三十三种地方志采访册纪略人名索引》	蔡志展	人名	2000
《清雍正朝浙江通志索引》	浙江省地方志编纂委员会	综合	2001
《中国地方志宋代人物资料索引续编》	王蓉贵、沈治宏	人名	2002
《地方志人物传记资料丛刊·东北卷人名索引》	李雄飞	人名	2003
《地方志人物传记资料丛刊·华北卷人名索引》	黄秀文	人名	2007
《地方志·书目文献丛刊书名索引》	骈宇骞	书目	2007
《光绪慈溪县志列传及艺文志索引》	童银舫	人名、艺文	2007

中断的永续发展的文明，方志编修立下了汗马功劳。新方志继承前人事业，在《地方志工作条例》中，明确做出20年一轮，接续编写的规定。

Fangzhi Tongyi

《方志通义》 寿鹏飞撰。1941年刊行。得天庐存稿之一，藏于国家图书馆。全书通论，不分卷，无目录，无标题。阐述了寿氏的方志学理论，主要包括方志的定义、性质和功用，方志义例和方志编纂三大问题。对于方志定义，认为“志乘，为郡邑正史”“志者，史也”，视方志为一地正史，强调方志具有资政、教化作用，可以“正人心，敦风尚，明正谊，重治规，究兴衰之由，陈利弊之要，补救时政之阙失，研求民生之荣枯……足为治理之龟鉴者”。对于方志义例，认为“志义”即志书编纂的宗旨和要求，“纂志必先定志义”，“因义生例”，所编之书便能避免“人云亦云，东涂西抹，不知取舍，不务剪裁”之弊，指出“盖言例宜随时地为转移，言义则亘古今而不易”。对于方志编纂，认为方志应为“平民”而作，其立言“当从平民立场，乃得痛陈疾苦”，提出方志撰述要求是“多志不如少志，志无用不如志有用，志琐事不如志大事”，但“有关民生实用，疾苦利弊，虽小必志，既志，又必详且尽焉”，主张修志者应述而有作。此外，还具体论述志书各门类应如何编纂的问题，提出修志“十一忌”“十四宜”“十勿”等创见。

Fangzhi Wenhua Lun

《方志文化论》 霍宪章著。2012年中州古籍出版社出版。60万字。收录作者对方志学科建设、地方志编纂、地方志组织管理、地方志工作机构内部建设等方面的文章84篇，包含有会议上的讲话和志书读后感。《方志编纂基本规律初探》一文就修志主体与客观、宏观与微观及其内在联系进行讨论，归纳出八大规律。《第二轮志书人物篇编纂中应该注意的若干问题》一文就审定的《河南省志》部分人物篇初稿提出问题，主要包括详略不当、资料不清、感情色彩过浓、贴政治标签、籍贯混乱、不合志体、文字粗糙、记述雷同等。《关于志书质量标准体系的科学定位问题》一文认为著述质量是志书的生命，针对质量标准体系的科学定位，阐述四个问题。霍宪章（1959— ），河南南乐人。郑州大学政治系毕业。1991年调入河南省地方史志编纂委员会工作。任河南省地方史志编纂委员会秘书长，河南省地方史志办公室主任、党组书记，河南省方志馆馆长，河南省史志协会会长，中国地方志学会常务理事，《河南省志》执行总纂，《河南省志·人物篇》主编等职。参与、主编、独著《新方志编纂概论》《河南大事记》《青年领导学新论》《人才择业概论》《中州名典》等十余部著作，发表史志论文数十篇。

Fangzhi Wenti Yanjiu

《方志文体研究》 金达迈著。1991年上海人民出版社出版。约10万字。设5章26节。绪论指出志书属于记述文体，常用的记述方法有概述、序述、综述、专述。第一章把志书常用体裁分为编年体、纪事本末体、纪传体、辑录体，论述四种体裁之间的辩证关系，以及与方志七种形式(指述、记、志、传、图、表、录)的互补关系;认为记述说明体是方志的主要体裁。第二章认为方志的记述是一种直录其人、其事、其物具体状况的编写方法,记述动态事物呈线条式即竖写,记述静态事物呈点面式即横排,记述特点是秉笔直书、严谨简明。第三章认为准确严密、实事求是、文约事丰、简明扼要、直书其事、述而不论、朴实雅重、素描淡写是方志语言的特点。第四章分政治、经济、文化、人物、事件、概述、大事记 7 节,逐项论述方志文体的运用,主张记述政治运动要坚持四项基本原则;记述政治失误不能写得过细、太暴露,也不能回避事实;记述经济要文、表、图、照并用,多用历史照片,多采用分析比较图,尽量减少人物照片;记述文化要突出地方特色;记述人物要体现人民性,并提出三条要求;关于概述,应勾勒特点,综合利弊,总结经验,反映规律,抓住重要事件进行简述,运用数据,点面结合。第五章将历史上数十位著名文学家、史学家、语言学家、方志学家有关文体、文字、方志的写作论点分类编排。金达迈(1942—),江西丰城人。曾任丰城县地方志办公室主任、副编审、江西省方志学会副会长、省志特约编纂等职。主编《丰城县志》,协编近百种乡镇志、部门志、企事业志,著有《方志探微》、《中国当代方志学》(合著)等,发表方志论文百余篇。

Fangzhi Xiezuoxue

《方志写作学》 苑广才、党戈著。2005 年吉林文史出版社出版。35 万字。设 10 章 66 节。绪论概述历代方志理论研究的概况,方志写作学的研究对象与方志学和普通写作学的关系,并阐述本书的研究方法。第二章介绍方志的性质、功用及新编地方志的指导思想。第三章阐述资料的重要性,并论述方志资料的种类、搜集、鉴别考订、整理、深度加工和整体质量鉴评。在方志资料的种类节中,按事物种类、资料存在的形态或载体、新旧程度、志稿中的地位功用等进行分类。第四章介绍方志结构设计的思维方式、基本要求、结构格局、续志结构模式的继承与创新、方志条目的结构和标题等内容。第五章主要记述方志的文体、语言、文风、表达方式等内容。第六章叙述直叙竖写法、"画龙点睛"法、详略相济法、动静结合法、整体贯通法、因事系人法等方志写作技艺。第七至十章主要阐述方志的政治质量、志稿的审查修改、方志评论、作者素养等内容。①苑广才(1934—)。吉林通榆人。曾任《方志研究》主编、《吉林省志》副总纂等职。与他人合编《当代中国志坛群星集(第二集)》《中国地方志综览》等,发表论文多篇;另著有《写作名言词典》《记叙文写作法》《语言幽默术》等。②党戈(1932—)。吉林大学毕业。多年在吉林省委工作。1985 年参加修志工作。主编《吉林方志资料选编》第一、二辑,与他人共同主编《新方志工作资料》,曾任《吉林年鉴》副主编。1998 年被聘为吉林省地方志编纂委员会编审、副总纂,《吉林省志》工业、教育、计划等部类责任总纂。发表《关于新编地方志中若干问题的探讨》等论文多篇。

Fangzhi Xinlun

《方志新论》 毛一波著。1974 年台湾正中书局出版。收录作者历年发表的方志文论 20 篇,包括《方志学与史学》《杂论史与志》《说方志》《〈通志条议〉读后》《地方文献与中国文化》《复兴中华文化与台湾省文献工作》《全面修志的可能性》《现阶段的文献工作》《试谈县市志的假定纲目》《台湾的修志》《何乔远的生平与台湾方志》《台湾府志六修说之误》《台湾通史初探》《校订台湾通志的经过》《蒋师辙与台湾通志》《台湾光复后的方志学界》《〈威远县志〉的特色》《家谱之征集与纂修》等,各篇之下又分若干章节。该书以台湾省通志为中心,兼及清代台湾所修的 5 种府志、6 种县志、3 种厅志、9 种采访册,论述方志的起源和演变、发展趋势、史志关系、如何继承中华民族修志优良传统、如何编修新方志等问题,并对一些旧志做考订和品评。书中对中国历代方志的纂修,尤其是对清代章学诚、戴震、钱大昕、谢启昆、段玉裁、洪亮吉、孙星衍、李兆洛、阮元、俞樾、吴汝纶、王闿运、缪荃孙、梁启超等人的方志观多有评论,对民国时期的瞿宣颖、李泰棻、余绍宋、吴宗慈、黎锦熙、朱士嘉、傅振伦、傅增湘、王葆心等人的方志学思想亦有评析。毛一波(1901—1996),字颖若,一字尹若。四川自贡人。1924 年入上海大学社会学系。1936 年任香港《超然报》主笔兼副刊编辑。1947 年任台北《和平日报》总编辑。后转任台湾省文献委员会编纂组组长、通志主编、淡江学院台湾史教授等职。著有《南明史谈》《台湾文化源流》《古今台湾文献考》《台湾史谈》《清史补编》《文史存稿》《中华民国年鉴》等。

Fangzhi Xinyi

《方志新议》 刘伯伦著。1994 年海潮出版社出版。20.3 万字。收录文章 38 篇。分 3 部分。方志基础理论部分收录 10 篇,方志编纂方法部分收录 15 篇,志家评传、书评、志评部分收录 13 篇。《方志与信息》一文提出,对地方信息搜集、处理和存储方法的研究,构成了方志学的主要内容;地方志应当从历史学附庸地位中解放出来,成为一门独立的学科——地方信息学。《忧患意识与地方志编纂》一文呼吁方志工作者要有忧患意识,在充分记述一地优势和成就时,也让人们清醒看到当地的劣势、不足和潜在的危机。《人物传写法刍议》一文分析人物传编写中存在的五个弊病,主张"五要",对人物传写法进行总结。《概述浅议》《旧志勘误质疑法》《新方志增设"杂记"浅议》《论志书的严谨》等文也有较多新论。刘伯伦(1943—),山西阳城人。1962 年从山西省教育学院俄语科毕业。1981 年开始从事方志编纂和方志学研究工作。曾任阳城县地方志办公室主任、编审,《阳城县志》主编。合著《新方志编纂学》《县志主编经验谈》《重大运动如何入志》等,参与《中国地方志争鸣》《中国地方志探论》等十余部著作的编撰,发表方志论文40余篇。另著有《陈廷敬》等书。

F

fangzhi xingzhi

方志性质 方志的基本属性。学术界对方志性质有不同的认识。古代有地理书、历史书、政书等说法,其中"地理书"说与"历史书"说在历史上长期占据主导地位,并于清代形成以戴震等为代表的地理学派与以章学诚等为代表的历史学派之争。民国时期,黎锦熙提出方志兼属史、地的观点。1949年后,特别是新编地方志工作开始后,方志界对方志的性质开展了大讨论,有的主张是文献,有的主张是著述,出现了信息书、资料性著述、地情书、百科全书、科学文献、一方古今总览、资料书、边缘学科、独立文体等众多说法。2006年颁布《地方志工作条例》,将"地方志书"的基本属性表述为资料性文献。此后,仍有学者撰写文章,从系统概念、逻辑方法、哲学原理、历史演变等方面对方志性质进行深入研究。

fangzhixue

方志学 以方志为研究对象的一门科学。1924年,梁启超在《清代学者整理旧学之总成绩——方志学》中首次使用"方志学"的概念,认为章学诚的方志理论已形成一套较为完整的体系。此后始有人专注于方志学研究并发表论著,如瞿宣颖、李泰棻、王葆心、傅振伦、吴宗慈、黎锦熙等,其中不少人受章氏方志理论的影响。方志学研究在民国时期仍属草创阶段,20世纪80年代进入繁荣时期,产生了一批专著、论文,其中围绕新志编纂理论的研究著述数量最多。但方志界对方志学的概念、研究内容、学科体系及与其他学科的关系等基本内容还未形成统一认识。

方志学概念 学科名称、学科定义属于方志学概念系统的基础内容。关于学科名称,有两种最为普遍,分别是方志学、中国方志学。学术界对方志学是不是独立学科存在不同意见,因此,对其定义的理解、表述较多,差异较大。后来独立学科说为多数人所接受,但对方志学的定义有多种说法,主要有研究方志产生和发展规律学说,以及历史学分支说、地理学分支说、区域发展说、方志与方志学混同说等。

方志学研究内容 关于方志学研究内容,主要有3种类型观点。第一种将研究内容概括为6个方面,分别是方志的产生和发展,方志的性质和分类,特征和功能,方志编纂理论,方志的整理和利用,方志学史。第二种在6个方面的基础上增加两方面的内容,分别是地方志研究工作的文化交流,方志事业的人才培养和队伍建设。第三种归纳了10项研究内容,其中3个方面是以上内容的归纳,7个方面为新增部分:方志编纂指导思想,方志内容如何全面、真实和准确地再现客观地情,方志批评的标准、形式、方法、意义,方志编纂机构的设置原则、主要职能、运行机制和管理办法,修志人员必备的政治素质和实现途径,方志质量标准及保证体系的构成和运用,方志与地方行政、经济、科技、文化、教育、民俗及人们思想观念、生活方式、价值取向的关系。

方志学学科体系 民国时期,学者开始对学科体系进行探索。李泰棻《方志学》、傅振伦《中国方志学通论》列举出学科体系框架。20世纪80年代后,出现不少有关学科体系构成的新观点和新见解。分类有粗有细,但基本有两种类型,一种按基础理论、应用理论、学科史分类;另一种是按基础科学、技术科学、应用科学、学科史分类。产生众多分支学科名称,如方志编纂学、方志统计学、方志目录学、方志管理学、方志收藏学、方志批评学、比较方志学、方志应用学等。

方志学与其他学科的关系 方志记述内容涉及自然科学、社会科学的各个方面,编纂方志需要其他相关学科的支撑,这些学科也对方志学的产生与发展有着重大影响。民国时期李泰棻在《方志学》的修志之辅助学识章中列举了不少修志辅助学科。随着新编地方志工作的开展,不少学者开始关注方志、方志学与其他学科的关系问题。杨静琦、于希贤编著的《地方志与现代科学》一书,探讨了地方志与哲学、历史学、地理学、政治学、经济学、教育学、社会学、软科学、系统论、信息论等20余种学科的有机联系。在其他论著中也对此有所阐述。有学者指出,虽然方志学借鉴了其他学科理论,借用了其他学科的一些术语,但也有自身的学科术语和理论体系,已形成了自己的内涵。

Fangzhixue(1935)

《方志学》(1935) 中国最早以"方志学"命名的方志理论专著。李泰棻著。上海商务印书馆出版。1990年河北人民出版社重印。20万字。设14章。前7章为总论,叙述方志性质、旧志利弊、新志编例;后7章为专论,以作者参纂《绥远通志》为例,论述方志资料搜集、辨别、整理及编纂等问题。作者总结前人特别是民国时期修志经验,用进化论的观点论述方志的性质、种类、源流、功能及修志方法等问题;肯定章学诚的方志属史论,认为"方志者,乃一方之史也";将方志功能归结为七方面,突出存史功能;通过驳难章学诚的方志学说,阐述其在方志编纂中对门目设置、收载要求、材料取舍等方面的看法,提出"志分多体之不必""门目不得过多之不当"等命题;提出修志须具备多种辅助学识;主张方志应增加记录史实、社会经济资料、贪劣官绅事实等。

Fangzhixue(1993)

《方志学》(1993) 黄苇等著。复旦大学出版社出版。75.3万字。设11章85节。绪论具体阐述方志学及其研究对象、内容和任务;其后,以方志和方志学发展史、新方志编纂为重点,分设方志源流,方志的卷帙,收藏、整理和利用,方志的内容、性质和特点,方志的体例、体裁和流派,方志的功用、价值和通病,名志述评,诸家方志理论研究,方志的继承与创新,新志与诸篇的编法探讨,方志的汇总成书等章节；后附地方志大事记。该志设名志述评章，依次评价从汉代《越绝书》到民国《川沙县志》的23部名志。在方志人物记载节中，集纳古今修志关于人物记载的各种经验，深化对方志志人问题的研究。如在辨析明代志风问题时，写道：“明代有些志书还师心自用，标奇立异。如陈士元纂嘉靖《滦州志》，模拟《春秋》笔法，自问自答。”还对志书编纂的继承和创新问题，省志、城市志、地州志、县志、城市区志、乡镇志、专业志、山水祠庙志等的编纂方法，新方志各种体裁运用和分志编纂技法，提出较多的新证和创见。

Fangzhixue Fawei

《方志学发微》 王葆心撰。1936年成书。原稿藏于湖北省博物馆，未刊行。部分内容曾在《安雅学刊》第1、4、5、6、8、12卷上刊载。共25卷，约50万字。分为7篇：一为取材篇。二为纂校篇，前主后附，合为1卷，摘选清代名家修志的章程、议论，并按次分为专论、兼论，逐一附说于后。三为导源篇，从地理、史学、经学、文学、杂家各个方面考察方志的远近渊源及流变。四为派别篇，根据宋、元、明、清修志历史发展，依次阐述明清以来旧派修志体例，清雍正、乾隆以来新派修志体例，新旧两派以外自成一家派别的修志体例。五为反变篇，列举修志主张改变的前说、前例，对新派、旧派改变前志的做法做具体的比较。六为赓续篇，列举修志主张赓续、不主张更张的前说与陈规，分别举例说明旧派与新派在续修方法上的不同。七为义例篇，主要选取时代较近的新派中有所创新的义例和有关的议论，兼采旧派和别派中可取的体裁加以评述。1981年，湖北省地方志编纂委员会办公室出版“湖北地方史志研究资料丛刊”，将该书的前两篇收入其中；1984年整理该书的前三篇，出版注析本。

Fangzhixue Gailun

《方志学概论》 首轮修志时期首部方志学领域通用教材。来新夏主编，南开大学、安徽大学、宁夏大学、福建师范大学、苏州大学、辽宁师范大学、贵阳师范学院、杭州师范学院8所院校教师参加编写。1983年福建人民出版社出版。22万字。设5章16节。方志与方志学章对有关基本概念给以界定。历代的方志编纂与研究章对自汉魏至中华人民共和国成立前中国地方志的编纂及方志学的理论研究工作进行历史叙述，并对重要旧志与方志学专著进行评介。中华人民共和国成立以来的方志整理、研究与编纂章详尽介绍对旧志的整理与应用以及对传统方志学重加研究的成果，还介绍新方志编写工作的筹划和进行状况，阐述新编方志与传统方志间的继承发展关系。方志编纂的原则与体例章、方志编纂的方法与步骤章叙述新编方志工作的原则、体例和具体操作进程，包括建立编志机构，培训专业人员，资料搜集、鉴别与整理，分纂与总纂问题等。书后附录收录新编地方志工作条例的建议和新编省、市、县志基本篇目，省、市、县地方志编纂工作意见示例，民国至1982年7月方志学重要书目论文索引。

Fangzhixue Guankui

《方志学管窥》 杜学知撰。1973年台湾商务印书馆出版。收录《台省通志纲目之商榷》《方志资料之征集方法》《文献之征集与方志之纂修》《〈天水疆域沿革考〉小序》《秦州侨置考小序》《王著〈通志条议〉跋》《家谱之历史及其效用》《家谱的纂修方法》《从民谣中看老百姓的抗战情绪》9篇文章。内容大致分四部分：一是方志纲目拟定，二是资料征集，三是著作序跋，四是家谱纂修及其利用。作者认为，方志属史，其内容广泛，“包罗一切所有史册”，其类目划分宜适应科学分类的发展，“必须具有时代精神”，纂修方志“须集合各科的专家，分别撰述，始能完成一方之志”；认为搜集资料的办法包括调查采访、整理档案、采录群书，志料征集的原则是越详越好，各修志机构当斟酌本身的力量制定采集志料的标准。杜学知，在大陆时曾参加《城固县志》编纂工作。到台湾后任教育主管机构编审。著有《文字学纲要》《训诂学纲目》《汉字三论》等。

Fangzhixue Jichu

《方志学基础》 王复兴著。1987年山东大学出版社出版。30万字。设15章71节。方志概说章论述方志定义和学科属性。方志的起源和发展章提出多源融合说，即起源于春秋战国时期的国别史、地理书和地图。方志学形成和发展章从历代志书的序、跋、凡例关于方志性质、作用、体例、编纂方法等的论述中理出方志理论发展的脉络，并论述清代纂辑派和撰著派的主张和观点，重点介绍章学诚方志学思想及民国时期主要方志学著作的主要观点。资料工作章将方志资料分为文字资料、实物资料、口头资料3类，并介绍收集、整理和考证资料的方法与步骤。方志体例章介绍旧志体例和新志体裁，阐述新志篇目的拟定方法和文字表现形式。修志原则章提出以存真求实替代秉笔直书。志书总体设计章提出县志宜采用大编体，也要因地制宜的观点。志稿撰写章论述资料选用、纵述、以事系人、数字选用、政治运动记述等重要问题，提出政治运动不宜用“三宜三不宜”原则，避免重经济轻政治、重物质文明轻精神文明的倾向，应将“文化大革命”和“文化大革命”时期区别开来。大事记编写章提出大事记宜采用编年体，也可增设纪事本末体的要事记述。人物志编写章提出要严守生不立传原则。王复兴(1943—)，山东淄博人。1981年山东大学历史学硕士毕业。山东省地方史志办公室编审、《山东省志》副总纂、理论研究部主任，华夏地方志研究所特约研究员。主编《山东土特产大全》《中国地方志总目提要·山东分册》《方志编纂学》《省志编纂学》《市志编纂学》等，发表方志论文百余篇。

F

Fangzhixue Jianlun

《方志学简论》 梅森著。1997年黄山书社出版。26.3万字。设3编42节。上编是方志学基本理论和研究的基本方法，对方志学与马克思主义哲学、方志性质、方志发展史及方志学研究的基本方法做简要阐述。中编是方志编纂学，从微观的编纂实际出发，将方志编纂组织方法与市场经济接轨，对志书结构、篇目拟订、资料整理、志书编写、交叉处理、修订出版等整个编纂过程解剖，并从志书辨体的角度，对省志、地区志、县志三级志书的编纂法度予以区别，还对概述、县志工业志、省志邮电志、党政群团志、人物志等体裁、分志做深入论述。下编是方志批评与方志评论，阐发梳理方志批评学的基础理论和方志批评史，同时收入评《安徽省志·邮电志》《安徽省电力工业志》等9篇批评论文。以附殿后，收入作者为安徽省地方志办公室起草的相关修志规范文件、会议讲话和讲课提纲6篇。梅森(1950—)，安徽桐城人。1982年安徽大学毕业后即参加地方志工作。职称编审。历任中国地方志学会学术委员、安徽省地方志学会秘书长、《志苑》杂志主编、安徽省地方志办公室省志处处长、上海市地方史志学会副会长、上海市地方志办公室市志处处长等职。统稿《全椒县志》，参与主持《安徽省志》编纂业务和省地市县志的审稿工作，参与《上海通志》、上海区县志、"上海专志系列丛刊"的编辑审稿工作。首轮《安徽省志》、二轮《上海市志》编纂实施方案的主要设计人之一。参与《地方志书质量规定》《汶川特大地震抗震救灾志编纂实施方案》的起草工作。专著有《实用方志编纂学》《地方志书内容要素探微》等7部；编著有《中国专业志要览》《安徽沿江地区经济概览》等6部，地情书4部，文集2部，工具书1部。发表论文180余篇。评审省、市、县三级志书300多部。

Fangzhixue Juyao

《方志学举要》 梁耀武著。1995年云南人民出版社出版。27.5万字。设8章。书中对方志学问题择其要者加以论述，故称举要。绪论从史志关系入手，简述当代方志学对方志性质、功能、科学性等热点问题的讨论研究情况。传统方志观的现代解释章探讨20世纪方志界对以章学诚为代表的传统方志理论的继承和批判。史志关系辨析章从史纵志横、史论志记、史远志近几方面述评20世纪80年代对史志关系的辨析，强调近代史学变革对方志学发展的启示。地方志的功能与特征章认为存史是修志的目的和志书的本质功能，资料性是地方志的基本特征，在编纂过程中起着支配地位，决定了志书的体例结构、质量标准和编修方式。区情认识与志书科学性章提出方志编纂的基本任务是通过具体资料科学地认识和表述区情，并论述科学性与真实性和时代性之间的关系。总纂章分析总纂的作用、阶段，认为其工作特征是追求志书的整体性，应在比较中把握地方整体特点，并处理好修志班子内部3组关系。结构方式与记述方法章介绍志书的结构和条目写作方法，并分析"通典不录"和援引原则。第七章和第八章具体讨论了地州志和县志的编纂情况，尤其介绍了县志中建置沿革、自然环境、人口、劳动人事、经济、农业、水利等19个部分的内容、篇目、编写方法和注意事项等。梁耀武(1941—)，云南晋宁人。历任云南省玉溪地区地方志办公室主任、玉溪地区年鉴编辑部主任等职。曾任《玉溪地区志》副总纂。编著《新编玉溪风物志》；主编"玉溪地区旧志丛刊"，点校整理旧志26种；发表方志论文50余篇。

fangzhixueshi

方志学史 研究方志学发生、发展规律的学问。方志学的分支。梁启超有"方志学之成立，实自实斋始也"的论断。傅振伦认为，中国方志学奠基于顾炎武，创始于李泰棻。当代多数学者认同章学诚为学科奠基人。民国时期在承继清乾嘉时期方志学的基础上有诸多创新，大多数学者并不一味推崇章氏理论，而是根据时代要求，提出自己的见解，对方志的性质、功用有了新的认识，有《清代学者整理旧学之总成绩——方志学》、吴宗慈《方志丛论》、万国鼎《方志体例偶识》、李泰棻《方志学》、傅振伦《中国方志学通论》、黎锦熙《方志今议》、瞿宣颖《志例丛话》、王葆心《方志学发微》、寿鹏飞《方志通议》、甘鹏云《方志商》等一批论文、专著面世。现代科学意义上的方志学学科建设始于新编地方志工作。1996年，第二次全国地方志工作会议上，提出大力加强方志基本理论研究和方志编纂学研究，建立新方志学科。2008年，第四次全国地方志工作会议上，提出进一步搞好方志理论研究，加强方志学学科体系建设。2009年发布的《学科分类与代码》中，将方志学列为史学下的三级学科。1980~2010年，方志理论研究在广度和深度上都有极大进展，出版方志理论著作、文集700多部，《中国地方志》杂志和各级方志刊物上发表文章10万余篇，对方志学的定义、研究范围、主要内容、研究对象、发展史分期等基本问题进行了深入探讨，在许多方面取得了共识，但在一些节点上仍存较大分歧。2010年4月，中国地方志指导小组办公室、中国地方志协会召开方志学学科建设规划论证会，开展方志学学科建设发展规划的论证、起草工作。2012年，中国地方志指导小组办公室召开《方志学学科建设三年规划(2014—2016)》研讨会，会议就学科建设规划的主要内容达成共识，包括研究基础、指导思想与基本原则、总体目标与阶段性目标、工作任务和保障措施等，标志方志学学科建设规划工作进入实质性操作阶段。

Fangzhixueshi

《方志学史》 吕志毅著。1993年河北大学出版社出版。42万字。设12章59节。正文分先秦、秦汉、三国两晋南北朝、隋唐五代、两宋、金元、明朝、清代、民国时期9个历史阶段论述方志及方志理论的特点和发展史。每个历史时期首叙全国总志(含舆图),次叙地方志、图,分别析之为导语和举要两部分,以揭示其发展特点和趋势;其次,为方志理论主要成就;再次,为边疆域外地志图籍;最后为小结。明、清及民国诸章特辟门目,分别叙述边镇和边疆志图以及蒙、藏、台方志的编纂情况。第一章认为《尚书·禹贡》《周礼·职方》《山海经》皆具原始总志性质,并为方志起源;认为方志和舆图在方志发展史上并行不悖。之后各章分别论述地记、图经、方志的基本情况:认为秦汉至两晋南北朝时期是地记产生和大发展阶段;图经之名虽最早见于东汉,然而其大规模发展则在隋唐,北宋为巅峰期;南宋是方志定型时期,于后世方志体例内容影响颇深;元、明、清是方志大发展、大繁荣阶段,清代达到鼎盛;民国方志又有新的发展。全书列举有代表性的志、图480余部,方志学家120余人。对每部志书,述及纂修者及其生平业绩、纂修年代、版本、存佚情况、体例内容特点、优劣得失、社会价值,并注意历代学者对此志的评价;对列举的志、图的主要编纂者及方志学家,文中均写简要小传;对每位方志学家的理论,均摘其主要者加以载述,并说明出处。吕志毅(1938—),河北保定人。河北大学历史学院教授,中国地方志学会学术委员。主要从事地方史志、年鉴学、历史文献学和中国书法史等教学和科研。20世纪80年代初,在历史系开设方志学课程。1988年创建历史系方志学专业,并主持教学和科研。著有《方志学史》《中国历史要籍介绍与选读》等,主编《河北大学史》《中国华北文献丛书·华北稀见方志文献》50卷本等,发表论文百余篇。

Fangzhixue Tanwei

《方志学探微》 张松斌著。1997年海潮出版社出版。12万字。收录作者方志学研究及部分史学研究的论文16篇。《方志的特征、性质及定义》一文认为方志记述的是一定地域内自然与社会、历史和现状,是科学的、独特的文字载体;将方志的特性归纳为记述范围的地域性、体例体裁的独特性、记述方法的综合性、文字表述的记述性等。《正确认识和体现地方特色琐议》一文论述区别特色和特点的"正一别",忌拼凑和升格立篇章的"除二忌",从体例、本质、记述体现特色的"取三法",散中求聚、汇中求精、同中求异、广中求微、平中求新的"尽五求"等观点。《大事记编写整体结构式断想》一文主张单独成册出版的大事记要体现整体性,在服从整体性的基础上按录事的特质特点进行科学的分类归属,分篇以时间为序记述同类的史事,并且要诸体互用、述清原委、概述要旨、设立标题。附录收录4篇史学文章。张松斌(1955—),山西平顺人。中国人民大学历史系毕业。1981年从事地方志编研工作。1995年后,历任平顺县地方志办公室编辑、助理研究员、副主任、主任。参与校点翻印平顺县旧志3种9册,主编《平顺县志》《西沟村志》《平顺县电力工业志》等十余部史志和地情资料书,指导和帮助《沁县志》《长治市供水公司志》等志书编写,著有《实用中国方志学》,发表史志论文30余篇。

Fangzhixue Tonglun

《方志学通论》 仓修良著。1990年齐鲁书社出版。2003年方志出版社出版修订本。59.9万字。设6章20节。第一章概述方志起源的几种看法,主张探索方志起源不能离开时代背景,从社会需要、可能性两个方面分析,提出"方志起源于两汉地记"的观点并进行详论;概述不同时期对方志性质的认识;归纳叙述方志的五个特征。第二章重点讲述方志发展历史,提出中国方志发展经过地记、图经、定型方志三个阶段,概述中华人民共和国建立后的修志事业,并对20世纪五六十年代的修志活动进行整理。第三章阐述章学诚方志理论及其三大来源,分析章氏理论在界定史志概念、强调"经世"等方面存在的局限性。第四章阐述旧志在研究民俗学、历史地理、明清以来社会经济、古代农业生产发展、各地区自然灾害、各地教育史等方面的价值,介绍旧志整理形式的发展及成果。第五章论述新方志编纂的原则与方法,指出编修新志的注意事项,并对人物传、专业志的撰写及山志的编修提出意见。第六章总结首轮修志成就,指出存在的问题并分析原因,主张新一轮修志要有"精品意识"。全书征引各历史时期名志,列举若干重要方志的门类、篇目,甚至全录敦煌图经残卷;编制有人物传记产生顺序表、地方志种数统计表等数据图表。仓修良(1933—),江苏泗阳人。1958年浙江师范学院毕业。任浙江大学历史学系教授,兼任中国地方志协会常务理事、学术委员,浙江省方志学会副会长、常务理事等职。著有《章学诚和〈文史通义〉》《章学诚评传》《仓修良探方志》等专著和论文集,主编《文史通义新编》《文史通义新编新注》等,发表史学史、方志学、历史文献学、谱牒学等方面论文200余篇。

Fangzhixue Xinlun

《方志学新论》 巴兆祥著。2004年学林出版社出版。33.1万字。设7章22节。主体部分重点研究方志学基本理论、方志史、方志目录学、续志编写四大专题。方志学基本理论专题论述方志学名称由来,阐述其研究任务、学科特点、属性、研究方法及与其他学科关系等问题。方志史专题以存世方志为主体,以明、清、民国时期方志及新方志为研究对象,讨论各时期方志的数量、流派、特点、志书发展和演变情况,并论及一统志与方志的关系、乡土志体式与创新等论题。方志目录学专题主要阐述方志目录学的提出、研究内容、类型划分、历史分期、发展特点和趋势等基本问题,重点阐述民国时期目录学的研究进展和1949年后方志目录整理成就,提出构建方志目录学并分析诸多有利条件。续志编写专题论述第二轮志书的体例与篇目、框架结构、断限、处理志书间交叉重复等编写问题。该书还论及台湾方志演变、流散日本的方志研究等论题。①巴兆祥(1963—)。安徽休宁人。1987年复旦大学历史系硕士毕业,中国首批方志学研究生。2007年获复旦大学历史地理学博士学位。任复旦大学历史学系教授、中国地方志学会学术委员。主要从事方志学及其应用、历史文献学、民俗旅游教学与研究工作。著作有《方志学》(合著)、《庆应义塾大学图书馆中国地方志目录》《中国地方志流播日本研究》等,发表方志论文数十篇。②《中国地方志流播日本研究》。2008年上海人民出版社出版。80.9万字。分上、下编。上编为总论,分17~19世纪中叶、20世纪初至中叶两大时段,论述了日本在江户时代、明治时代与大正、昭和时代发动全面侵华战争前及战争期间,收集、掠夺方志的主要途径、方法与规模,阐述在日中国方志的分布状况及产生的影响;研究日本的静嘉堂文库和外务省对陆心源的皕宋楼、徐则恂的东海楼的秘密收购与劫取经过,评析流失日本的万历《宁国府志》、泰昌《全椒县志》、崇祯《嘉兴县志》、光绪《镇番县乡土志》等孤本方志的版式、内容、体例、价值及流失经过。下编为东传日本方志总目,是对日本国立国会图书馆、东洋文库、尊经阁文库、东京大学图书馆等53家主要图书机构和个人收藏的1949年前编纂、刊刻的方志的调查与著录,并按馆藏联合目录的形式编排,以揭示中国方志东传日本的总量及收藏状况。

Fangzhixue Xinlun Ji

《方志学新论集》 梁滨久著。1989年广西人民出版社出版。16万字。收录论文44篇。涉及方志基础理论、方志编纂理论和章学诚方志理论研究等。论集中指出方志基础理论研究与应用理论研究对立统一、相辅相成的辩证关系;提出建立志学学科的命题,认为地方志只是志书的一种,方志学是志学的分支学科;从史书、志书所记录的客观对象和自身特征来研究史志关系,指出史志的根本区别;强调不能混淆方志概念与方志学概念;认为方志的性质是指方志这个事物自身的性质,而其学科属性则是指系统质,从系统质来说,可把方志纳入广义历史学范畴;认为社会的盛衰是修志事业发展的外部条件,信息资料的积累达到一定程度,在社会需要的触发和推动下,借助于社会经济力量和文化条件,必然有归纳整理和全面加工的要求,这是其内在机制;指出地方志无论是旧志还是新志,其发展都有综合化和专门化两种趋势;认为篇目设置应反映地方客观事物的本来结构,地方客观事物可归纳为自然、社会、人三要素,地方志篇目设计要照应这三要素;提出地方志应以史为纲;主张方志应扩展"以事系人"法为"以此系彼"法;认为方志应以记事为主,也要载言;提出解决省志内容交叉问题的解决办法;分析《呼玛县志》采用分期体写法的弊端,此为方志界唯一一篇研究首轮修志初期采用分期体写法的文章;指出章学诚力倡方志为国史取裁说,是为其方志学理论确立了一个出发点。梁滨久(1943—),山东龙口人。1982年中国社会科学院研究生院毕业。曾任黑龙江省地方志研究所副所长,黑龙江省地方志编纂委员会副秘书长,黑龙江省地方志办公室党组成员、编审,《黑龙江省志》副总编,《黑龙江史志》主编,中国地方志学会学术委员。参编《中国地方志综览(1949~1987)》。发表方志论文600余篇。

Fangzhixue Xintan

《方志学新探》 王景玉著。2000年香港天马图书有限公司出版。24万字。分7篇43个论题。导论篇论述方志的起源与发展、共性与个性等问题。新方志编纂篇阐述新方志编纂的基本原则和要求、资料工作,如何编修专业志、大事记、人物志,对新方志编纂中篇幅、升格法、照片入志等理论问题的认识,以及新方志单设物资经济志的必要性。续修新方志初探篇提出,首轮修志中地理编篇名、资源专章、人民生活篇、著述篇等的设置问题需进一步研究思考;阐述续修新方志"三术"的应用;认为续修新方志要体现发展第三产业的方针政策,提出适合记述第三产业内容的体例与方法。方志学书评与方志学者篇认为李泰棻的《方志学》是一部修志实践经验的总结,并对该书的科学体系及内容进行评介;认为黎锦熙的《方志今议》是现代方志学的典范之一;重点介绍历代方志名人18位。旧志研究篇首先考查和评述了河北修志的历史和修志情况,再分别评介清康熙、雍正、光绪三修《畿辅通志》,以及《大清畿辅先哲传》《大中华直隶地理志》两部专志。旧志整理篇对河北旧志整理工作进行研究。后附河北省地方志稿本、抄本等孤本志书收藏情况表。王景玉(1930—),河北易县人。天津师范大学历史系肄业,南开大学经济研究班结业。曾任大学教授20余年。1982年后,从事地方志编研工作。曾任河北省地方志办公室副主任、研究员,兼任河北省地方志学会秘书长、副会长等职。参与《中国地方志综览(1949~1987)》《省志编纂学》《中国方志大辞典》等的编写工作,与他人合作整理《河北历代方志总目》、民国《河北通志稿》《易县志稿》等,发表方志论文30余篇。

Fangzhixue Yanjiu Luncong

《方志学研究论丛》 宋晞著。1990年台湾商务印书馆股份有限公司出版。收编方志学研究论文9篇、书评1篇。作者从地方志与历史学的关系谈到地方志在史料学上的地位,选取明成化《处州府志》为例进行探研,以了解明代方志纂修情况。特别留意中国方志流传海外的情况,并就韩、日、美等国收藏中国方志的情况分别进行研究,撰成专文。作者将其在台湾中国文化大学史学所讲授方志学研究课程的研究心得作为讲演主题,并撰成专论发表,旨在提高对地方志的重视以及如何利用它所保存的历代史料,与史学研究相结合。作者认为,地方志源于《越绝书》。作者还认为,汉晋以来,有关地方的记载多偏于一事一物,隋大业中,《区域图志》《诸州图经》

似为一统志的权舆;从汉至唐,地方志内容偏重地理方面,至宋,则由地理扩充至人文历史方面;方志体例至宋已臻完备;图经之名为唐宋地方志的通称,宋元方志,有称志,有称图经,二者实为一。宋晞(1920—2007),浙江丽水人。20 世纪 40 年代中期国立浙江大学史地系毕业,先后获文学学士、硕士学位。1949 年赴台。50 年代中期获美国哥伦比亚大学文学硕士学位。1957 年奉调任台湾在美机构文化专员。协助张其昀在台北创办台湾中国文化学院(后更名为台湾中国文化大学),先后任史学系教授、系主任兼博士班导师、史学研究所所长、校长、文学院院长等职。长于宋史研究。著有《宋史研究论丛》《中国现代史论丛》等,发表论文近百篇。

Fangzhixue Yinlun

《方志学引论》 北京社会函授大学教材。胡惠秋、刘光禄编著。1989 年北京燕山出版社出版。24 万字。设 12 章。绪论对方志学的研究对象与任务、与其他学科的关系、学科性质、对历史遗产的态度展开论述。方志的类别与作用章以 5 种标准对方志进行分类,并论及方志的学术地位和作用价值。方志发展史略章勾勒了方志的起源、两汉魏晋南北朝初步发展时期、隋唐宋元进一步发展时期、明清兴盛时期、民国时期等发展过程和阶段。方志学理论的研究和发展章介绍了顾炎武、章学诚、梁启超等人和李泰棻《方志学》、傅振伦《中国方志学通论》、黎锦熙《方志今议》、寿鹏飞《方志通义》、王葆心《方志学发微》等论著的方志学主张。地方志书的体例章对新旧方志的体例进行分类,并提出拟制志书体例应注意的 6 个问题。第七至九章论述新方志编纂的理论和具体方法,涉及修志的目的和意义、指导思想、原则,志书的质量标准等问题,并重点论述地理、地名、经济、农业、人物、文物等专志和大事记、序言、凡例、概述、图表等内容的作用、特点及编写要求与方法等。第十章论述资料的收集、整理、考证鉴别与利用工作,兼及方志与档案的关系、年鉴的编写及谱牒档案。第十一章阐述城市志、乡镇志和厂矿企业史志的编写。第十二章简述旧志保存与整理情况。胡惠秋(1932—),女,重庆江津人。1960 年中国人民大学历史档案系毕业后留校任教。主要从事档案文献编纂学、方志学的教学与科研。曾任中国地方志协会理事、中国地方志旧志整理委员会委员、“华夏新方志评论丛书”编委、《中国方志大辞典》编委会副主任。发表方志论文 20 余篇,另有档案学论著《文献编纂学》《档案学辞典》。

Fangzhixue Zonglun

《方志学综论》 林衍经著。1988 年华东师范大学出版社出版。2008 年作为国学基础丛书由华东师范大学出版社出版第二版。22 万字。设 10 章 36 节。绪论对方志学的研究对象、学科体系、方志名目、种类、性质、作用和基本特征等问题进行研究和论述,认为方志属于历史学范畴,是历史学的一个分支学科;提出方志学学科体系的总体构成。第二章认为《周官》是方志的源头,并将方志的发展划分为 5 个时期。第三章认为东晋常璩的“书契五善”说是首见于文字记载的方志理论;历述其后历代志家的见解主张,探索方志理论深化、发展的过程和方志学的形成;指出近代方志学吸取了西方史学观点和方法及近代科技文明的长处。第四章对建设中的新方志学及其发展做论说,指出新方志学的基本特征及其与旧方志学的本质区别。第五章论述旧志的价值,概说国内外收藏旧志的历史和现状、旧志的收集和著录编目问题,重点探讨方志的整理和使用,总结旧志整理工作的经验。用 4 章篇幅记述地方志的编纂,论述方志编纂的意义和要求、机构和人员,修志工作与档案、图书等部门的关系,以及方志的体例、篇目、辨体、工作程序、图表的绘制和运用、行文特色和要求、志稿的深加工、评议和审定出版等一系列问题。林衍经(1929—),浙江江山人。1960 年华东师范大学历史系毕业。任安徽大学历史系副教授,兼任中国地方志学会常务理事、学术委员,安徽省地方志学会顾问、学术委员,华夏地方志研究所特约研究员等职。1997 年受聘任全国地方志评奖预评委员会委员。2002 年受聘为《中国方志通鉴》编委会委员。著有《方志史话》、《方志求是集》、《中华文明宝库·中国地方志》、《方志编纂系论》、《地方志与旅游》、《续志编纂说略》、《方志批评学论略》、《方志学概论》(合著)、《中国地方志综览(1949~1987)》(合著)等,发表方志论文 300 余篇。

Fangzhi Yanbian Gailun

《方志演变概论》 王晓岩著。1992 年辽沈书社出版。20 万字。设 8 章 36 节。第一章认为“方志”一词出现于战国时期,起源于古代国情资料,并论述《禹贡》《山海经》《诗经》《尔雅》等对方志的影响。第二章认为秦汉时期的郡县制是方志产生的基础,并产生图经、地记、郡书等类型。第三章认为魏晋南北朝时期,志书种类齐全,地记盛行,郡书由盛转衰,出现异物志和赋体志书;介绍《畿服经》《华阳国志》《十三州志》等方志雏形代表作。第四章阐述隋唐五代时期定期纂修图经制度的确立,并以《元和郡县图志》《括地志》《贞元十道录》为例阐述方志体例的发展;认为初期的方志理论产生于这个时期,并论述方志名家贾耽、李吉甫在方志史上的贡献。第五章认为北宋完成图经向方志的转化,南宋方志基本定型;论述两宋时期方志理论的发展;介绍了乐史《太平寰宇记》、范成大《桂海虞衡志》、罗愿《新安志》等名家与名志。第六章阐述元明时期一统志的编修;介绍《九域志》《齐乘》《延祐四明志》等元代名志和明代种类齐全的省府州县志、乡镇志、边关志、卫所志、土司志等;论述明代统一凡例的制定以及方志理论的发展状况。第七章将清代的修志活动分为早、中、后 3 个时期,重点

F

论述三修一统志的状况和修志制度，介绍两个方志流派的特点，志书的内容与体例，认为章学诚创立了方志学。第八章重点阐述民国时期方志内容、体例的变革以及方志学研究的成果。王晓岩(1938—)，辽宁康平人。1965年辽宁大学历史系毕业。1983年开始从事方志学的教学和研究工作。曾任辽宁大学历史系中国古代文献教研室主任、辽宁省地方志学会理事、沈阳市地方志学会副秘书长。著有《历代名人论方志》《方志体例古今谈》，发表方志论文十余篇。

fangzhi yingyong lilun

方志应用理论 研究方志应用领域及开发利用方法的理论。研究建立在对方志功能、方志价值的认识的基础上，并对深入发掘方志功能、探索方志价值有积极影响。清以前方志主要用于资治，其史料价值并未受到重视。民国中期，顾颉刚、陶希圣等学者发表文章探讨利用方志的方法，并利用方志资料进行历史研究，在历史地理学、社会经济史、中国人口史等方面取得了重大成果。20世纪80年代新编地方志工作启动后，方志的史料价值开始备受关注，利用方志史料进行研究的课题涵盖政治、经济、文化等众多领域。在1996年5月召开的全国地方志第二次工作会议上，李铁映提出“修志为用”。方志界围绕开发利用方志的方法、在开发利用中需解决的问题、方志收藏与开发利用的关系、方志开发利用战略等课题展开研究，并发表论文。有学者主张建立方志应用学，作为方志学学科结构的重要组成部分，并提出应加强对方志应用学基本内容及主要研究任务、方志应用理论的基本性质和特征等方面的研究。2006年颁布的《地方志工作条例》将开拓社会用志纳入地方志机构的法定工作范畴。全国地方志工作机构广泛开展地方志系统信息化建设，编纂出版了大量方志文献资料汇编。2007年，方志出版社出版由秦其明主编的《新编地方志开发利用成果汇编》，采用大量实例反映地方志在社会主义物质文明、政治文明、精神文明建设中发挥的重要作用。

Fangzhi Yuyanxue

《方志语言学》 毛东武著。2010年方志出版社出版。41万字。设10章40节。绪论认为方志语言学是方志学体系中的一支，其研究内容包括6方面；探讨方志语言学的学科体系和特征，论述方志语言学在方志学、语言学中的地位。第二章论述方志语言学的语言基础。第三章介绍方志语言的发展历史，分别从秦汉方志的古汉语语言、唐宋方志的图经语言、明清方志的文言语言、近现代方志的文白相间语言、当代方志的语体文语言等方面举例论说。第四章至第九章依次探讨方志的行文规则、方志语言的运用要求、方志词语及运用、方志语言修辞、方志语言审美、方志语言风格等内容，论述方志语言应用的要求及色彩美、声音美、形态美、流行美，总结古代、现代志书风格，提出“六要则”和“七规范”，并征引大量古今方志的例证，重点引述志书30多种，介绍有方志语言相关论述的著名学者20多位。第十章介绍方志语言学的确立和发展。附录是作者的方志语言论述与著作，收录《方志语言研究——〈中国方志通鉴〉之一题》《试论方志体式的创新》等10篇论文。毛东武(1937—)，又名冬舞。浙江江山人。1982年开始专事方志编纂与研究。历任江山县地方志办公室副主任、《衢州市志》副主编、江山市委史志办公室副研究员、浙江省地方志学会理事。主编《江山县志简编》《白沙村志》《衢州工商志》等，参编《江山市志》《衢州市志》等，著有《方志编纂学》，发表论文70余篇，还创作出版散文三部曲、一部长篇历史小说和长篇诗歌。

Fangzhi Shuangyuekan

《方志双月刊》 原名《地理杂志》。1928年7月创刊，国立中央大学(后改名为南京大学)地理系编辑，以促进中学地理教育为旨趣。从1932年第5卷第3期起，更名为《方志月刊》，改由中国人地学会编辑出版，张其昀主编，宗旨是研究方志学和国势学。1936年第9卷第1期起，改名为《方志双月刊》，同年7月停刊。共出刊9卷66期。

fangzhi ziliao leibian

方志资料类编 旧志整理的重要形式之一。指将旧志中所记资料分门别类编录。全国旧志整理工作委员会于1984年召开的第一次旧志整理工作会议指出，“当前整理工作重点是从旧方志中检选出有关资料，类编成册”。旧志资料的类编，在民国时期就受到学者重视，但有系统的编纂是在中华人民共和国成立后，20世纪出版有《中国天象记录总表》《中国天文史料汇编》《中国地震资料年表》《中国古今铜矿录》《五百年来我国旱水涝史料》《上海地方志物产资料汇辑》《中华全国风俗志》《中国地方志民俗资料汇编》等，21世纪以来又相继出版“地方志人物传记资料丛刊”“地方经籍志汇编”“地方金石志汇编”“地方文献古迹志专辑”“地方志灾异资料丛刊”“中国地方志佛道教文献汇纂”及《中国地方志文献·学校考》等。

Fei Hei

费黑(1928—2007) 原名徐炳华。浙江桐乡人。民国时，国立英士大学历史系肄业。曾在武康、临安工作。1964年调至萧山，历任文教副县长、县委统战部部长、萧山市政协主席等职。为浙江省地方志学会常务理事、省地方志编纂室特约副编审。先后任德清、玉环两县县志编委会顾问。主编《萧山县志》《萧山围垦志》《修志实践》，主审《萧山县地名志》、1986~1994年的《萧山年鉴》等。方志论文主要有《关于政治运动、人物编、文风等问题的几点看法》《谈谈县志〈概述〉的设置和编写》《略谈县志的体例和篇目安排》等。主编《萧山围垦志》时，认为1992年萧山实行“撤扩并”，垦区6个乡除前进乡外均与内地乡镇合并，这5个乡的经济和社会发展数字已不做单独统计，故下限只能定在1991年，而第二编第一章“围涂沿革”及大事记则可以延伸至1995年。认为新志是众手修成的，提倡“众人用志”。

Fengtu Ji[Jin]

《风土记》[晋] 又称《阳羡风土记》。江苏宜兴最早方志。周处撰。已佚。存《说郛》本、《汉唐地理书钞》本等。《隋志》著录为3卷，《新唐书·艺文志》

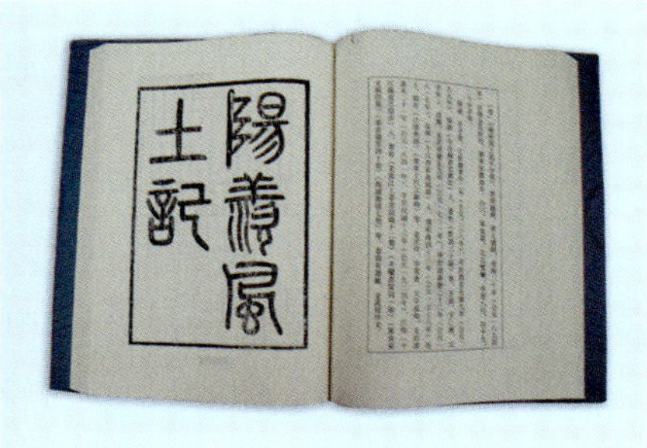
《阳羡风土记》（“中国华东文献丛书”本）书影

著录为10卷。记载内容有亭邑、古迹、山水、风俗、舟车、器服、物产、果实、草木、鸟兽等。《景定建康志》、洪武《苏州府志》、嘉靖《吴邑志》等的山川志多征引此书。

Feng Menglong

冯梦龙(1574—1646) 字犹龙，又字子犹，别号龙子犹等。明苏州府长洲（江苏苏州）人。崇祯三年(1630)贡生，任丹徒县训导。七年，任福建寿宁知县，任内编修《寿宁待志》。清兵南下后，冯氏曾辗转于浙、闽之间，参与抗清活动。另编有《喻世明言》《警世通言》《醒世恒言》《初刻拍案惊奇》《二刻拍案惊奇》等。《寿宁待志》，“待志”寓为“宁逊焉而待之”之意。崇祯十年成书。分上下卷。5万字。卷首刊作者“小引”。正文设28目，采用第一人称写法，除记载寿宁县的历史、地理、政治、经济、文化、风土人情、风俗习惯等内容外，还保留许多冯氏在寿宁施政活动和政治思想的有关史料，尤其是作者个人的评述和论断。卷末附旧志考误门，提出“志书即一邑之史”的观点，主张通过修志总结经验教训，认识社会现实；批评旧志“贡谀”之弊“殊乖志体”，主张修志“宜直载其事，稍删赘美”，明确提出志书编修应不求名而求实。日本藏有传本。另有1983年陈煜奎校点本。

Fenghuangting zhi

凤凰厅志 凤凰厅（治所位于湖南凤凰县）于清乾隆十六年(1751)设立。清代共修纂3部志书，即乾隆志、道光志、光绪志。①《凤凰厅志》[乾隆]。潘曙、杨盛芳纂修。乾隆二十三年刻本。23卷。分20门，附20目。沿革记自秦汉，其余多从清康熙三十九年(1700)开始记事。兵防、学校、祀典记述较详，山川、秩官、物产内容简略，名宦、乡贤、仙释实属虚设。记苗人风俗多据《乾州志》，有增删。都鄙记载苗寨318处。艺文节录有关田赋、学官、祭祀之文及碑记。国家图书馆、故宫博物院图书馆有藏。②《凤凰厅志》[道光]。黄应培修，孙均铨、黄元复纂。道光四年(1824)刻本。20卷，首1卷。篇首图说对各乡管卡、岩疆、险要的记载，沿革对历代土司之考述，物产所列土产与行销货物及屯、兵、苗三防专志，富地方特色。国家图书馆、湖南图书馆、上海图书馆、天津图书馆等有藏，其间藏光绪七年(1881)重印本。重印本体例、类目仍沿道光志，篇首图说详载全厅各乡碉卡、岩疆险要，其他土司考、苗防等皆有裨史实，艺文增收湖北蒲圻黄崇政《春古行》、但湘良《五箪留别》等诗1000余字。

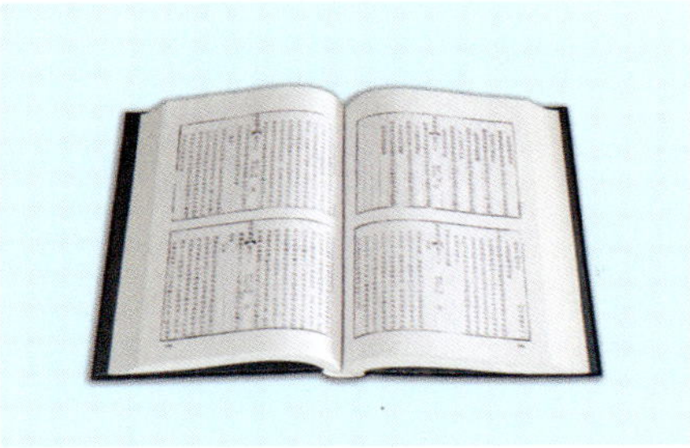
道光《凤凰厅志》（“中国地方志集成”本）书影

Fengtaixian Zhi[Jiaqing]

《凤台县志》[嘉庆] 李兆洛纂修。清嘉庆十九年(1814)刊刻。标为12卷，实为10卷。约15万字。正文分12类38目。各门一般有本文、注解、出处、编者按语，又根据各自不同情况，或前题小序，或下分细目。全书征引繁富，考辨明确，在记录史实的同时，注意结合为政的利弊得失。注重经济生活的记载，如食货门记述县内农业等民生经济的具体情况。对山川的记载最为详细，将淮河在境内的流向、分支、汇合情况清晰列录，并分析淮河泛滥成灾的自然根源，指出黄河夺道入淮是淮河成灾的要因之一。艺文门金石目中收有33块有文字可考的秦砖汉瓦。国家图书馆、上海图书馆藏残本。

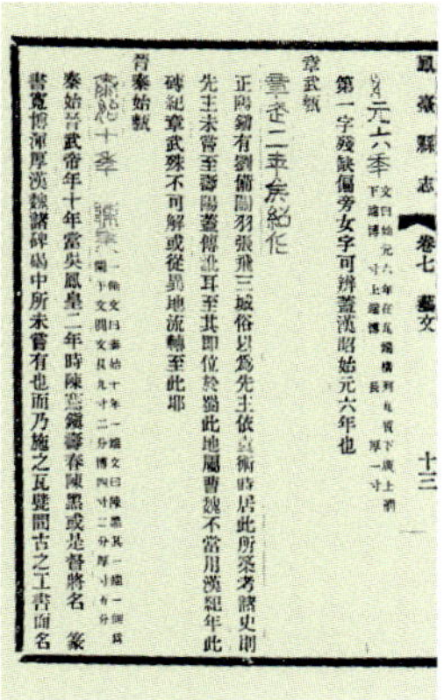
嘉庆《凤台县志》民国重印本书影

Fengtian Tongzhi[Minguo]

《奉天通志》[民国] 王树枏、吴廷燮、世荣、吴闿生、金梁、金毓黻总纂，张学良任总裁（后翟文选任）。1934年刊本。原名《辽宁通志》，设21目。金毓黻纂辑，取消交涉目，改目为志，更名为《奉天通志》印行。100册，260卷，700万字。其中大事志、人物志各50卷，沿革志、疆域志、金石志各8卷，艺文志30卷，山川志、职官志各20卷，建置志10卷，实业志9卷，选举志、交通志各7卷，氏族志6卷，军备志、教育志各5卷，礼俗志、物产志、财政志各4卷，民治志3卷，田亩志2卷。广搜文献，补前志因忌讳而明代事迹采摭较少之缺。大事志记录自秦汉至清末有关辽宁内政、外交、民事、军事等事件，

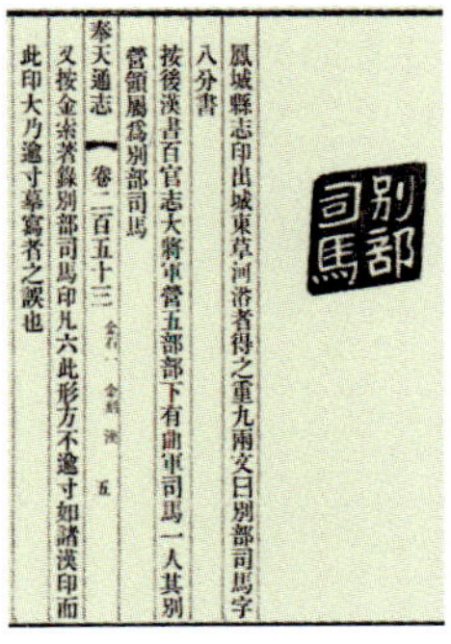
民国《奉天通志》书影

F

人物志为勋阀、乡宦、流寓、文学、材武及社会名流等一万多人立传，金石志搜集记述历代金石，物产、租赋、税捐、职官、艺文等志目从不同侧面反映各个时期当地人民生活情况。全书征引经籍、诸子、正史、别史、杂史、杂记、文集、碑志等文献659种。1983年，“东北文史丛书”编辑委员会校点影印再版。2010年辽宁省地方志办公室影印，增加人名索引和地名索引。

Fengxianxian Zhi

《奉贤县志》 “上海市县志系列丛刊”之一。主编姚金祥。1987年上海人民出版社出版。157.3万字。设32个分志，下分149章511节。卷首配题词4幅、题图1幅、照片107幅、地图1幅。上溯源头，下至1984年，部分内容适当延伸，大事记延至1986年。海塘围垦志记述了县境内修筑的13条（段）海塘及围海造田、滩涂态势等内容，其中，海塘工程章历代海塘节设唐开元捍海塘、里

高空摄影机下的奉贤海涂

护塘、外土塘、华亭东石塘、彭公塘、人民塘、盐场海塘、胡桥海塘、团结塘等13个条目详细记述。方言志记述新、老奉贤话的分布情况、分布人群、发音特点等；收录与普通话和上海市区话意义、用法不同的方言常用词语620余条，及农业谚语58条、气象谚语121条、乡土谚语12条、乡土歇后语52条。杂志设罪行录、奇珍异闻、民间传说、方志提要、地方铅印资料要目等章，其中罪行录章记述日军暴行、伪军罪行、土匪作孽等条目；方志提要章旧志提要节县志条目记述了《奉贤县志》《重修奉贤县志》《奉贤县志稿》，乡镇志条目记述《南桥里志》，乡土志条目记述《乡土地理》《奉贤乡土历史》《奉贤县乡土志》《东二乡乡土志》，新志述略节记述部门志11部、乡（社）镇志11部。1993年获全国新编地方志优秀成果奖二等奖，1998年获上海市新编地方志优秀成果奖一等奖。

Foshanshi Zhi

《佛山市志》 主编潘健。1994年广东人民出版社出版。2册，10卷，250万字。设48篇189章598节。配彩色图照100多幅。记述范围主要是原佛山市，即市区（城区和石湾区），部分内容涉及下辖市、县。上起远古，下至1985年，大事记延至1993年。重点突出改革开放后陶瓷、纺织、电子、塑料、机械、化工、医药等行业的快速发展和在全国所占的重要地位，经济卷工业章首设陶瓷工业节，突出地方工业特色。重点记载乡镇工业的发达和农产品商品化。专设华侨、港澳、台湾同胞卷，突出侨乡的特点，重点记述华侨、港澳同胞对地方经济社会建设的贡献。

明代陶窑南风灶

Fuling Jiaotong Zhi（1986~2005）

《涪陵交通志(1986~2005)》 主编张松林。2007年重庆市涪陵区交通委员会印。113万字。设11篇36章149节。配彩色照片300余幅。上起1986年，与下限为1985年的首轮《涪陵地区交通志》《涪陵市交通志》衔接；下至2005年。全面系统记述涪陵地区（市）、涪陵区（含原县级涪陵市范围）20年间铁路、公路、航道、邮电通信基础设施建设，及运输、邮政事业的巨大变化。充分利用实地调查资料，对正在快速废弃和消失的各类古代人行路桥予以记述，并立专节记录古桥文化。设专篇记述交通人物是其另一特色。2011年获重庆市优秀地方志书奖一等奖。

《涪陵交通志(1986~2005)》书影

Fulingshi Zhi

《涪陵市志》 主编蒲国树、李颂椒。1995年四川人民出版社出版。200万字。设28个分志，下分29篇127章429节。配彩色、黑白照片150幅，地图和统计图31幅。卷末列302个统计表索引、近4000个人名索引。上起清道光二十年(1840)，下至1985年。自然环境篇对地质、地貌、气候、水文、土壤、生物等要素记述详尽，约8万字，并配有地图、历史数据表格。综合经济篇将经济综述与经济综合管理的内容合二为一，依次设经济条件、经济发展、经济结构、国民收入和投资建设、经济综合管理、经济效益、人民生活7章，系统反映区域经济历史发展总貌。涪陵是中国榨菜之乡，志书设榨菜专篇详述源流，首次系统披露近现代榨菜行业的形成和发展，系中国榨菜史奠基之作。以10万余字全方位叙述1840~1949年的重大历史变化及事件，如1857年川东青莲教起义攻占涪州鹤游坪分州城、1876年涪州人民反洋教斗争、清末涪州同盟会活动、土地革命时期中共涪陵地方组织领导的多次农民武装起义等。文物名胜篇记述古迹遗址9处、古建筑14处、古墓葬群7处（其中战国时期巴人墓8座）、石刻群2处（含白鹤梁石鱼题刻）、文物器物及书画100余件（幅），以及革命文物和遗址纪念地十余处等。设宗教/民间组织/民俗篇，翔实反映宗教、民间组织、民俗、方言等的演变。1996年获四川省地方

《涪陵市志》书影

志优秀成果奖一等奖，1997年获全国地方志奖二等奖。

Fujiansheng Jiaotong Zhi

《福建省交通志》 主编李功瑞。以《福建公路史》《福建公路运输史》《福建航运史》《福州交通志》《厦门交通志》等为基础修成。1998年鹭江出版社出版。113.9万字。设7篇30章。配图照102幅。记述范围为福建古道、公路与水路交通，不含铁路与民用航空。上起事物发端，下至1989年，个别事项适当延伸。突出记述桥梁、港口、海运等状况，反映海通特色。其中道路篇记古代省际、县际驿道12条，仙霞关、杉关等关口5座，建宁甘家隘、长汀隘岭等要隘5处，用较大篇幅反映1949年后境内各级公路、桥梁、隧道的建设情况。水路篇航道章记述闽江、九龙江、晋江、汀江等干支流通航情况，主要港湾通海航道；港口章记述福州港、厦门港、泉州港、秀屿港等海港41个，南平港、苍霞港等河港59个，附省内河港分布情况表。陆运篇、水运篇分别从运输工具、运输企业、运输形式、设备修造等方面进行记述。特设专项运输、特殊运输章，记支前运输、重点工程运输、救灾运输、疏港运输、武装护航、对台(湾)运输等。附录包括1990~1995年全省交通建设发展概况、立传人物20人、列表人物773人，并记述8个行业社团组织，摘录碑文12篇。

泉州后渚港

Fujiansheng Tushuguan

福建省图书馆 位于福州市湖东路。前身为鳌峰校士馆(一作课士馆)附设的图书馆。清宣统三年(1911)成为全省性公共图书馆。1995年建成新馆，建筑面积2.25万平方米。馆藏方志包括善本方志、普本方志、新编地方志三大类。新编方志约300种，其中省志100余种、市志100余种、区志20余种、乡(镇)志50余种、村志20余种。馆藏与地方志相关游记、杂记、外记类善本古籍31种34部。①闽图馆藏善本方志。藏82种87部，其中总志(含舆图)12种。地域涉及安徽、河南、山东、河北、湖北、江西、陕西、云南等地。所藏方志年代最早者，为明刻本《大明一统志》。刻本还有明万历《建宁府志》、清康熙《沙县志》、清雍正《畿辅通志》等，其中最有价值的为清乾隆三十四年(1769)刻《泰宁县志》，仅闽图有藏。抄稿本中，稀见的有康熙《惠安县志续补》旧抄本、清道光六年(1826)《屏南县志》稿本、民国《重修崇安县志》初稿本等。②闽图馆藏普通古籍方志。有475种498部。馆藏版本中，清代方志为主，多为刻本；民国方志次之，多为铅印本，还有抄稿本。地域涉及东北三省、安徽、湖南、广东、台湾等20多个省区。其中江苏方志有《景定建康志》《江宁府志》等42种，江西方志有《江西通志》《广信府志》等36种，浙江方志有《浙江通志》《杭州府志》等33种，安徽方志有《安徽通志》《安庆府志》等29种。馆藏福建方志138种141部，有《重纂福建通志》《福州府志》《永春州志》《闽侯县志》《尚干乡土志》等，其中稀见的有道光《政和县志》、清同治《南靖县志》等。

Fujiansheng Zhi Dituji

《福建省志》地图集 首轮《福建省志》共出版3部地图集。①《福建省自然地图集》。福建省首次编制的综合性自然地图集。主编张寒龙。1998年福建科学技术出版社出版。设序图、地质、地貌、气候、水文、土壤、植被、动物地理、环境质量、海洋10个图组。上限不限，下限至1985年，其中行政区划资料下延至1995年。海洋图组的制图区域范围定为东海西南部及台湾海峡，该图组详细介绍海岸和海底的地质、地貌及海洋水文、海洋生物等。②《福建省普通地图集》。福建第一部标注地名细至自然村一级的地图集。主编王秀斌、李利金。1999年福建省地图出版社出版。由序图、分县图、城市图和文字介绍四部分组成，其中序图5幅、分县图73幅、城市图13幅、文字介绍约10万字。行政区划资料截至1999年6月底。③《福建省历史地图集》。主编卢美松。2004年福建省地图出版社出版。设政区、军事、人口民族、经济、文化、自然6个图组，共140余幅地图，配有10余万字的文字说明。上限为旧石器时代，下限为1950年5月东山县解放。图集中的地理底图分福建省地理底图和其他地理底图两类，其中福建省地理底图采用高斯－克吕格投影。资料截至2002年12月。2005年获福建省第六届社会科学优秀成果奖二等奖，2007年获福建省地方志优秀成果奖一等奖。

《福建省志》地图集书影

Fujiansheng Zhi Wenhua Yishu Zhi

《福建省志·文化艺术志》 主编柯子铭、谭华孚。2008年福建人民出版社出版。120万字。设19章90节。配图照108幅。上起西晋，下至1997年，大事

清李桂玉著《榴花梦》360卷手抄本(福建省戏曲研究所藏)

F

年表延至2000年。记述近1700年间，福建省独具地方特色和时代特征的文化艺术形态的发端、变革、发展的史实和成果。全面反映福建省文化事业发展，包括文学、艺术、文化教育、文博、图书、文化产业、管理等门类。文学章集9种文学体裁，融名家、佳作及其历史地位、艺术特色、典故逸事于一章。设福建木偶戏章，尝试分种别类，根据偶型构造和演出形式、表演技艺的不同，将木偶戏分为五大类，又根据同类木偶的不同地区方音方言、音乐声腔、角色行当、艺术特色、流布地区，将木偶戏分为13个剧种。2009年获福建省第八届社会科学优秀成果奖一等奖。

Fujian Shifan Daxue Tushuguan

福建师范大学图书馆 馆舍分设于福州市仓山校区和旗山校区。其学校历史可追溯到清光绪三十三年(1907)建立的福建优级师范学堂，1949年后，图书馆相继接收福建协和大学、私立华南女子文理学院、私立福建学院等院校图书馆的馆藏。馆舍分别建于1991年和2006年，总面积5.6万平方米。藏书总量308万册，线装古籍1.9万种20余万册。馆藏方志2500余种，其中福建省方志280种，省、府、州、县、镇志基本完备。2008年影印方志28种，编制“福建师范大学图书馆藏稀见方志丛刊”，其中收录抄稿本20种，以福建省方志居多，明代方志的刻本和抄本有7部，如弘治《长乐县志》、正德《福州府志》、万历《永福县志》、崇祯《长乐县志》。

Fujian Tongzhi[Minguo]

《福建通志》[民国] 李厚基、陈仪修，陈衍、沈瑜庆等纂。1938年刻本。总卷51卷，分卷610卷，为民国时期卷册规模最大的省志。统50门。陈衍改前志门类，首列通纪，将用人、行政、兵事、民事、巨狱归入其中；分立户口、科举、职官、疆域等分志；增设版籍、船政、外交、海军等门；金石门搜集丰富，考释尤精；方言门分类条录，解释精详。该

民国《福建通志》(“中国地方志集成”本)书影

志于民国时期修成，但记事断至清宣统元年(1909)，于民国时期的事物几乎没有记述，仅用200余字对辛亥革命予以记载。福建师范大学图书馆、湖南师范大学图书馆藏稿本部分卷册。国家图书馆、福建省图书馆、厦门大学图书馆、福建省博物馆等藏民国刻本、1947年补刻本、1957年重印本。

Fujian xiuzhi

福建修志 福建修志历史可追溯到晋代，至民国时期，共编纂通志和府、州、县志630多种，存世志书约290种(含残本，不含同种不同版本)。1983年开始首轮新方志编修工作，2005年第二轮修志工作全面展开，至2010年，出版省志分志、市(地)志、县(市、区)志179部。

福建历代方志编修 有年代可考的福建方志，最早的为东晋太元十九年(394)陶夔修纂的《闽中记》。此后，南朝萧子开撰《建安记》，梁中大通二年(530)顾野王撰成《建安地记》，唐太和年间林谞撰《闽中记》，北宋庆历年间林世程重修《闽中记》，均仅见诸文献征引，未见传世。早期福建的方志以地记与图经为主。唐宋时福州、漳州等地均修过图经。至宋代，有文献可考的福建方志73种，其中通志3种、府志40种、县志30种，仅《三山志》《仙谿志》《临汀志》存世，约占全国存世30多种宋代方志的1/10，内容由过去侧重地理转向人文、地理并重，体例采用传统的纲目体(见类目体)。志体趋于成熟并定型。元代福建方志编修陷入低潮，文人士子不与官方合作，终元一代，许多州县修志之事无人问津。修纂志书无论在数量还是在质量上均难与宋代相比，据考，元代福建仅见《三山续志》《建宁志》《清源续志》等10种有记载，其中府志7种、县志3种，均未见传世。明清两代福建修志重又兴盛，明代修纂的通志和府、州、县志存世78种，佚者190多种；清代福建修纂的志书存世150种，佚者40多种。另编有乡镇志20多种，明代有嘉靖年间惠安的《崇武所城志》，清代有福州的《螺江志》、厦门的《马巷厅志》、晋江的《安海志》《安平志》等。这些小志大多仿府县志体例，详载一地风貌。

福建明代修志 嘉靖至万历年间为明代福建编志的高潮时期，大批志书修于这段时间。最早问世的县志为洪武年间马英修纂的《玉融志》和梁礼编修的《泰宁县志》，均不存。很多府、县志书多次编修，如福州于正德十五年(1520)、万历七年(1579)、万历四十一年、崇祯年间先后编出5种《福州府志》；兴化府于永乐、景泰、成化年间各修一部府志，弘治年间三修，万历年间两修，其中以周瑛、黄仲昭编修的“六部体”《兴化府志》最为有名。乡镇志见诸文献记载，如嘉靖年间惠安的《崇武所城志》，万历《青阳志》《考亭志》。许多官员为志书作序，在序中阐述修志观点，如刑部尚书彭韶在《八闽通志》序中阐述方志功能。存通志3种，最早是弘治《八闽通志》，之后有万历九年成书的《闽大记》、万历四十八年成书的《闽书》。存府志25种，最早的一部完整的府志是弘治《兴化府志》，其他还有万历年间修的《泉州府志》《漳州府志》等。存世州志有《福宁州志》等。存县志50种，最早的是永乐二年(1404)郭斯垕等修纂的《政和县志》。景泰元年(1450)《建阳县志》、正德十六年《顺昌县志》、嘉靖《沙县志》《尤溪县志》、万历元年《惠安政书》、明末《寿宁待志》等，均为佳志、名志。

福建清代修志 清代福建方志中，康熙、雍正、乾隆三朝所修志书占大部分，其中通志有3种，县志有80多种。清代福建四修通志，其中乾隆朝两次，康熙朝、道光朝各一次。康熙二十三年

(1684)刊印的《福建通志》为第一部以福建省名定名的通志。乾隆二年(1737)修成并刊行《福建通志》,三十三年修纂刊行《福建续志》。道光九年(1829)始修《重纂福建通志》,同治七年(1868)完成刊印(又称同治志)。4种通志体大记博,历经创修、续修、重修不同体式,系统保存了福建清代史料,均存。府志存16部,最早的是顺治十七年(1660)修成的《延平府志》。县志存130部,最早的是顺治七年修成的《浦城县志》,康熙二十三年成书的《宁化县志》所创三宝体(见体式)在方志界颇具影响。乾隆四十三年林清标著述的记述妈祖(林默娘)传说的专志《敕封天后志》2卷,仿古人左图右书之法,开创"神迹图说"的新体例。其他著名的有乾隆年间编修的《泉州府志》《镇海卫志》《鹭江志》及嘉庆年间修纂的《新修浦城县志》等。

福建民国时期修志　《福建通志》是民国时期修成的少数几部通志之一,也是民国时期规模最大的通志,1916年始修,1937年续成全书。全省编纂61部县志中有56部存世。其中,1922年修成的《平潭县志》为平潭存世的唯一旧志,1948年出版的庄为玑编写的《晋江新志》为著名私修志书,《尤溪县志》为地方军阀主修的一部志书。

福建新方志编修　少数县于20世纪50年代编有稿本或油印本方志,未正式出版。由省人民政府组织的首轮修志始于1983年。至2010年,出版首轮省志一部88册,市、县志81部,部门志、专业志等800多部。2005年2月省人民政府召开全省第六次地方志工作会议,全面部署第二轮省志编修工作。规划编纂省、市、县、区志共175部。至2010年,出版省志分志和市、县、区志共10部。省内根据《龙岩市志》《永定县志》《龙岩地区志》《晋江市志》《大田县志》《安溪县志》《华安县志》《福清市志》《周宁县志》《福州市志》等志书制作了地方志系列电视片。

福建省级修志　首轮《福建省志》的大事记、人物传于1985年开始编修。1987年省志分志编纂全面启动。1989年通过《福建省志编写通则》(1994年修订)。1992年出版第一部分志。至2010年,共出版88册。记述贯古通今,下限适当下延。编绘历史、自然、普通三部地图集,为全国独创;武夷山志、海洋志反映背山面海的自然地理特色;华侨志、闽台关系志突出侨乡、台胞主要聚居地特色。在全国地方志评奖中,电子工业志、金融志获一等奖,华侨志获二等奖。在全省社科优秀成果评奖中,文化艺术志获一等奖,共产党志、《福建省历史地图集》获二等奖,人物志(上)、生物志、闽台关系志获三等奖。在全省地方志优秀成果评奖中,《福建省历史地图集》、武夷山志、共产党志、海洋志、金融志、物价志获一等奖。第二轮省志规划编修分志82部。至2010年,已出版2部。

福建市级修志　厦门、宁德等市于1982年率先开始志书编纂的筹备工作。1992年,第一部地区级新志《龙岩地区志》出版。至2004年,首轮市级志书编修工作全部完成,共出版9部。在全国地方志优秀成果评奖中,《龙岩地区志》获一等奖。在全省地方志优秀成果评奖中,《龙岩地区志》《莆田市志》《厦门市志》获一等奖。2005年,第二轮修志工作启动,计划编纂设区市志9部。此前,龙岩等市已启动续修新志。至2010年,出版《龙岩市志(1988~2002)》,在全省地方志优秀成果评奖中获一等奖。

福建县级修志　宁德县、南平市于1982年率先开始志书编纂的筹备工作。1989年,全省第一部县级新志《尤溪县志》出版。1994年,南平地区所属10个县(市)首轮志书全部出版,为全省第一个全面完成县级修志工作的地区。至2006年,首轮县(市、区)志编修工作全部完成,共出版72部。在全国地方志评奖中,《仙游县志》获一等奖,《尤溪县志》《德化县志》《晋江市志》《浦城县志》《东山县志》获二等奖。在全省地方志优秀成果评奖中,《东山县志》《浦城县志》《晋江市志》《闽侯县志》《古田县志》《芗城区志》《同安县志》《连江县志》获一等奖。2005年第二轮修志工作启动,计划编纂县(市、区)志84部。此前,华安等县(区)已启动续修新志。至2010年,出版7部,其中《永定县志(1988~2002)》《长汀县志(1988~2003)》在全省地方志优秀成果评奖中获一等奖。

福建规划外志书编修　共编纂800多种,正式出版140多部。省交通厅、省卫生厅、省土地管理局等单位组织编纂《福建省交通志》《福建省卫生志》《福建省土地志》等部门志。厦门市(含同安区)先后出版部门志、专业地情书70余部。福州、泉州、龙岩、莆田等市均先后出版部门志、行业志数十部。福州市建设委员会组织编纂的《福州市城乡建设志》被建设部评为一等奖。许多县编纂了有特色的志书,如《安溪华侨志》等。

福建旧志整理　中华人民共和国

福建首轮市级志一览表

志书名称	主编 / 总编 / 总纂	总字数(万字)	出版年
《龙岩地区志》	林金禄	235.2	1992
《宁德地区志》	汤金华	337.7	1998
《福州市志》	张天禄	1135	1998~2001
《漳州市志》	张启琛	563.3	1999
《泉州市志》	黄少萍、季欣荣	640	2000
《三明市志》	丁瑜	490.3	2000
《莆田市志》	黄金恳	476.5	2001
《南平地区志》	卓建武	450	2004
《厦门市志》	江曙霞	658.9	2004

成立初至中共十一届三中全会前，福建师范大学、厦门大学、福建省图书馆等单位开展旧志整理工作，编写福建省地方志目录。全省地方志系统有计划地整理出版旧方志工作与第一轮修志工作同步开展。福建省地方志编纂委员会曾两次统一部署、组织旧方志整理出版工作。首轮修志工作开展伊始，福建省地方志编纂委员会在《福建省地市县编纂地方志工作方案》中就要求进行旧志整理工作，开展旧志重点资料类编工作。制定《福建省古旧地方志整理出版方案》，编辑“福建省地方志丛刊”，省级旧志由福建省地方志编纂委员会负责整理出版，府、州、县志及县以下旧志分别由各地、市、县地方志编纂委员会整理出版。1984~1990 年整理出版省志 1 部，府、州志 4 部，县志 42 部，乡、里、寺、山志 5 部。2001 年起，福建省地方志编纂委员会组织整理出版“福建旧方志丛书”。2003 年搜集到部分流失日本的旧志珍本。2001~2010 年纳入丛书的旧志有 22 部，除 1 部省志外，已全部出版，其中府志 6 部、县志 14 部、专志 1 部。在此期间，部分市、县（市、区）地方志工作机构组织整理出版府志 6 部，县志 9 部，江、湖、山、寺、乡、里等专志 15 部。仅福州市地方志编纂委员会在 2001 年至 2010 年初就整理出版旧志 21 部。这一时期整理的 58 部旧志中，除 7 部内部发行外，其余均正式出版。2008 年，福建师范大学图书馆影印“福建师范大学图书馆藏珍稀方志丛刊”，收录志书 28 种。1984~2010 年，全省方志系统共整理出版旧志约 100 部，约占存世省府州县旧志的 1/3。

福建方志工作管理 省人民政府于 1984 年发文成立省级地方志工作机构，文件同时要求各市县成立本地的地方志工作机构。首轮修志共成立 9 个市级、72 个县级地方志工作机构。2010 年设 9 个设区市地方志编纂委员会（办公室）、84 个县市区地方志编纂委员会（办公室）。设区市均成立地方志学会，还成立晋江市、鲤城区等部分县级地方志学会。1987 年起，先后组织全省地方志工作会议、地方志业务讨论会、编写座谈会、评议会或讲习会等十多次会议，7 次全省地方志系统评奖活动，并举办培训班对修志人员进行培训。在全省地方志系统历次评奖活动中，先后有 133 个单位被评为修志先进单位或先进集体，463 人次被评为修志先进工作者，117 人被评为福建省地方志工作积极分子，20 个单位被评为福建省地方综合年鉴编纂工作先进单位。

福建省地方志编纂委员会 省人民政府直属正厅级事业单位。1984 年成立，下设办公室。1985 年增设总编室、市县志辅导处。2008 年 1 月起，参照公务员法管理。2010 年设秘书处、省志辅导处、市县志辅导处、志书编辑处。历任编委会主任张立（1983 年 3 月 ~1986 年 12 月）、陈明义（1988 年 12 月 ~1994 年 3 月）、刘学沛（1994 年 3 月 ~2004 年 8 月）、张剑珍（2004 年 8 月 ~2009 年 8 月）、罗健（2009 年 8 月 ~2013 年 3 月）、冯志农（2013 年 3 月 ~ ）。其间，副主任陈树田于 1986~1988 年主持工作。1984 年编印傅振伦著作《中国地方志》；1985 年编印《新方志编纂论丛》；1988 年 7 月以《福建史志》增刊形式编印

福建旧志校注出版表（含内部印行）

书名	整理者	出版年	书名	整理者	出版年
《寿宁待志》	陈煜奎	1983	《厦门志（清道光十九镌）》	厦门市志办	1996
《惠安政书》	惠安县志办	1987	《连城县志（康熙版点校本）》	连城县志委	1997
《龙岩州志（清乾隆三年镌）》	龙岩市志委	1987	《武夷山志》	方留章、黄胜科、邱培德、李夷	1997
《安溪县志》（乾隆版）	安溪县志委	1988			
《宁德支提寺图志》	宁德市志委	1988	《鹭江志（整理本）》	厦门文化丛书编委会	1998
《清流县志》（民国版）	清流县志委	1988	《民国厦门市志》	厦门市志办	1999
《长乐六里志》	长乐县志委	1989	《三山志》	福州市志委	2000
《黄檗山寺志》	福清县志委、县宗教局	1989	《长乐县志》（弘治版）	长乐市志委	2001
《宁化县志》（康熙版）	福建省志委	1989	《福州府志（明正德）》	福州市志委	2001
《仙谿志》	仙游县文史学会	1989	《福州府志（明万历）》	福州市志委	2001
《八闽通志》	福建省志委	1990	《福州府志（清乾隆）》	福州市志委	2001
《晋江县志》（道光版）	晋江市志委	1990	《宁洋县志（清康熙元年刊本）》	漳平市志委	2001
《临汀志》	长汀县志委	1990	《安溪县志（明嘉靖版）》	安溪县志办	2002
《嘉靖、道光清流县志》	清流县志委	1992	《安溪县志》（康熙版）	安溪县志办	2003
《长乐县志》（民国版）	长乐市志委	1994	《福安县志》（万历版）	福建省志委	2003
《闽书》	厦门大学古籍整理研究所闽书校点组、历史系古籍整理研究室闽书校点组	1994~1995	《三山志》	陈叔侗	2003
			《汀州府志》（乾隆版）	王光明、陈立	2004
《永春州志》（乾隆版）	永春县志办	1994	《邵武府志》（嘉靖版）	福建省志委	2004

续表

书名	整理者	出版年
《永安县志》(2种)	樊跃旭、邢晋雪、陈达锦	2004
《闽大记》	福建省志委	2005
《新修浦城县志》(嘉庆版)	福建省志委	2005
《晋江县志》(乾隆版)	晋江市志委	2006
《重刊兴化府志》	莆田市志委	2007
《泰宁县志》(康熙版)	福建省志委	2007
《同安县志(中华民国拾捌年刊)》	同安区志办	2007
《万历福州府属县志》	福建省文史研究馆	2007
《连城县志》(2种)	福建省志委	2008
《明溪县志》(民国版)	福建省志委	2008
《平和县志》(道光版)	福建省志委	2008
《大田县志》(民国版)	福建省志委	2009
《嘉庆重修沙县志(外三种)》	福建省文史研究馆	2009
《建宁府志》(嘉靖版)	福建省志委	2009
《将乐县志》(乾隆版)	福建省志委	2009
《将乐县志》(万历版)	福建省文史研究馆	2009
《宁化县志》(民国版)	福建省志委	2009
《延平府志》(顺治版)	福建省志委	2010
《漳州府志》(万历版)	福建省志委	2010
《政和县志》(道光版)	福建省志委	2010
《政和县志》(民国版)	福建省志委	2010
【内部印行】		
《长汀县志》(民国版)	长汀县博物馆	1983
《宁德县志》(乾隆版)	宁德县志办	1983
《泉州府志》(乾隆版)	泉州市志委	1984
《新修罗源县志》	政协罗源县委员会、文史资料工作委员会	1984
《惠安县志(嘉庆)、惠安县续志(道光)》	惠安县志委	1985
《南平县志》(民国版)	南平市志委	1985
《泉州府志》(万历版)	泉州市志委	1985
《顺昌邑志》(正德版)	顺昌县志委	1985
《尤溪县志》(民国版)	尤溪县志委	1985
《福安县志》(光绪版)	福安市志委	1986
《归化县志》(正德版)	明溪县志委	1986
《南安县志》(康熙版)	南安县志委	1986
《松溪县志》(嘉靖版)	松溪县志委	1986
《邵武县志》(咸丰版)	邵武市志委	1986
《泰宁县志》(乾隆版)	泰宁县志委	1986
《武平县志(清康熙三十八年编修)》	武平县志委	1986
《武平县志(中华民国三十年编修)》	武平县志委	1986
《霞浦县志》(民国版)	霞浦县志委	1986
《德化县志》(乾隆版)	德化县志委	1987
《东山县志》(民国版)	东山县志委	1987
《古田县志》(乾隆版)	古田县志委	1987
《屏南县志(清光绪三十四年)》	屏南县志委	1987
《柘洋方志》	柘荣县志委	1987
《永泰县志》(民国版)	永泰县志委	1987
《周墩区志》(民国版)	周宁县志委	1987
《福鼎县志》(嘉庆版)	福鼎县志委	1988
《闽清县志》(民国)	闽清县志委	1988
《寿宁县志》(康熙版)	寿宁县志委	1988
《福鼎县乡土志》	福鼎县志委	1989
《福清县志》(乾隆版)	福清县志委	1989
《建阳县志(道光版校注本)》	建阳县志委	1989
《连江县志》(民国版)	连江县志委	1989
《南安县志》(民国版)	南安县志委	1989
《屏南县志(清乾隆伍年)》	屏南县志委	1989
《永安县志》(2种)	永安市志委	1989
《福宁府志》(乾隆版)	宁德地区志委	1990
《平潭县志》(民国版)	平潭县志委	1990
《松溪县志(清康熙庚辰版整理本)》	松溪县志委	1990
《南靖县志》(乾隆版)	南靖县志委	1992
《建宁府志》(康熙版)	南平地区志委	1994
《南靖县志》(民国版)	南靖县志委	1994
《闽侯县志》(民国版)	闽侯县志委	1995
《南靖县志》(万历版)	南靖县志委	1995
《崇安县新志》(民国版)	武夷山市志委	1996
《将乐县志(明弘治十八年版)》	将乐县志办	2001
《建宁县志》(民国版)	建宁县志办	2002
《漳平县志(校注重印)》(2种)	漳平市志委	2002
《龙岩县志》(民国版)	龙岩市志委	2003
《上杭县志》(民国版)	上杭县志委	2004
《漳浦县志(点校本)》(2种)	漳浦县政协文史资料征集研究委员会	2004
《云霄厅志(点校本)》	云霄县人大常委会	2005

《新方志整体性问题论丛》,汇编全国各地地方志刊物发表的有关地方志整体性的文章18篇。2010年在全省地方志工作机构主任会上提出福建省构建"志、鉴、库、网、刊、会"地方志工作新格局。与省地方志学会合办《福建地方志

通讯》,1984年6月创刊,双月刊,内部发行。1987年更名为《福建史志》。从1989年第一期起,改为国内外公开发行刊物,双月刊。至2010年,共出版159期。

福建修志规章和规范性文件　福建于两轮修志期间制定的规章和规范性文件有省人民政府于1989年转发的《省地方志编纂委员会关于当前我省修志工作急需解决的几个问题的报告》,中共省委办公厅、省人民政府办公厅于2003年转发的《福建省地方志编纂委员会关于开展第二届三级志书编纂工作的意见》,省人民政府办公厅于2005年转发省地方志编纂委员会制定的《关于设区市志稿审查验收和县(市、区)志稿审核管理办法》,省地方志编纂委员会制定的《福建省地方志工作2006—2010年发展规划》《福建省地方志2011—2015工作思路》等。

福建地方志信息化建设　福建省地方志编纂委员会于1996年申报福建省地方志图文数据库系统课题,获福建省科学技术委员会立项。1999年筹建省地方志信息中心,与外聘技术人员联合开发数据库检索系统软件,建成25个专题数据库,组成局域网检索系统,实现局域网内单库、多库检索。2000年开发地方志信息网上检索系统——福建省情资料库(地方志之窗),并开通上网运行。该网站维护、网页制作、数据库制作均由福建省地方志编纂委员会独立完成。2009年,福建省数字方志系统建设获福建省发展和改革委员会立项,该项目包括门户网站、信息管理系统、图书管理系统、协同办公系统的建设,以实现省、市、县三级地方志网站联网、资源共享为目标。至2010年,已出版的三级志书、综合年鉴、旧志、重要地情资料等基本完成数字化转换,入库资料总字数近4亿字,并有大量图片入库。已开通地方志网站的有福州、厦门、三明、泉州、龙岩、宁德6个设区市及晋江、建瓯、安溪、沙县、永定、南靖、鲤城、尤溪、泉港、长乐、永泰11个县(市、区)。

福建省地方志学会　前身为1984年4月16日成立的福建省地方史志协会。1989年改名为福建省地方志学会。至2010年,共产生5届理事会。历任会长张立(1984~1994)、刘学沛(1994~2005)、张剑珍(2005~2012)。会员300余人。举办20多次全省性学术研讨会与专题研讨会。早期学术研讨会主题主要是就市县志总纂,市带县的市志编写,新编志书如何坚持求实存真、反映改革、体现生产力标准等问题开展学术交流。二轮修志工作开始后,研讨会主要围绕如何做好第二轮修志工作;如何学习贯彻《地方志工作条例》;总结首轮修志工作得失,提高新一轮修志质量;进一步提升编纂质量,扎实做好第二轮修志工作,更好地服务全省中心工作;两岸合作编纂《妈祖文化志》;编纂《辛亥革命福建英杰图志》等主题进行交流。

福建方志馆藏　《福建旧方志综录》著录福建省图书馆、福建师范大学图书馆、厦门大学图书馆等收藏单位收藏福建旧志的情况。其中福建省图书馆藏160多种,福建师范大学图书馆藏120多种,原刻本、善本较多;厦门大学图书馆藏100多种。另外,福建省地方志编纂委员会建有方志书库。

福建方志书库　书库所藏新编地方志的数量居全省藏书单位之首,1949年以后出版的省内外新编省、市、县(市、区)、乡(镇)、村志2941种,其中省外2799种,省内142种[省志1种,市志13种,县(市、区)志76种,乡镇、村志52种]。书库还藏有省内外专志约924种、年鉴约412种。收藏旧志1496种,包括弘治《八闽通志》、万历《闽大记》、万历《闽书》、康熙《福建通志》、乾隆《福建通志》、道光《重纂福建通志》、民国《福建通志》7部通志,万历《三山志》、顺治《延平府志》孤本影印件。

客家方志馆　位于连城县。由闽西客家联谊会、连城县人民政府共同筹建。2000年11月开馆。占地面积6800平方米。总投资600万元。设客家名人馆、藏志馆、族谱馆、珍品馆、文艺馆5个分馆,收藏60余个客家县、市的县志、市志、年鉴文史资料,80余个客家姓氏的族谱,及各类杂志。客家名人馆、藏志馆收藏了江西赣南、吉安等33个市、县,广东梅州、揭阳、河源、惠州等20多个市、县,福建闽西、三明等20多个市、县,及海外的有关资料。

福建方志研究成果　民国时期,福州、厦门、泉州等地的一些学者致力于旧志的考证、研究和目录整理等工作,运用近代学科研究方法研究旧志,如薛澄清的《闽南地方志过眼录》(载《国立中山大学图书馆周刊》1928年第5卷第1、2、5、6期)、庄为玑的《泉州方志考》(载《厦门大学学报》1936年第7期)、萨兆寅的《福建方志考略》等。新编地方志工作中,省及部分市的地方志工作机构将一些修志文章编辑成书,供修志人员使用,多为论文集。除福建省地方志编纂委员会编印的《新方志编纂论丛》《新方志整体性问题论丛》外,三明市地方志编纂委员会和三明市地方志学会联合编印《三明新志文集(第一辑)》,龙岩地区地方志办公室编辑《新方志理论与编纂》,福建省地方交通史志编委会编《福建省交通史志编纂综录》,福州市建设委员会编《福州市建设系统修志论丛》,刘学沛著《史志论集》,莆田市地方志编纂委员会编《方志文论》,福建省地方志学会和厦门市地方志办公室联合编辑《〈厦门市志〉评论文集》,张天禄著《福州方志史略》,福建省地方志编纂委员会和省文史研究馆编《福建省旧方志综录》。

Fuzhoushi Zhi

《福州市志》　总编张天禄。1998~2001年方志出版社出版。8册,1135万字。设78篇482章1888节。配照片256页、地图8幅。上起事物发端,下至1994年底。建筑、城乡建设、文物等篇对闽越故城、三山两塔、三坊七巷的记载体现了福州国家历史文化名城的特色。军事、华侨、榕台关系、对外对台经济贸易等篇凸显福州地处战略要地,为著名侨乡、对台交流窗口、优良贸易港口等区位特色。记述从东汉时期就已开

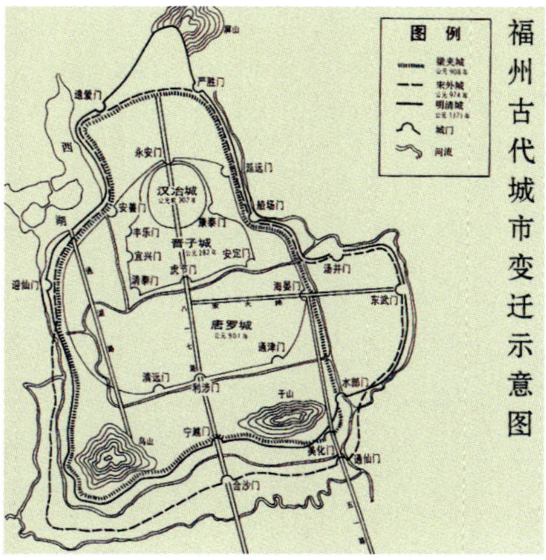

福州古代城市变迁示意图

始的海外交通及贸易发展史。人物篇收入近 700 人,对林则徐、严复、冰心等均有详传,并为叶祖珪、萨镇冰、刘冠雄、刘步蟾等优秀海军人才立传,突出福州享有“海滨邹鲁”美誉及作为中国近代海军“摇篮”的特点。2007 年获福建省地方志优秀成果奖二等奖。①《福州市志》军事篇。设 8 章 33 节。其中,要地设施章记载马尾港、罗源湾、海坛海峡等重要港湾,平潭岛、琅岐岛、川石岛、马祖列岛等岛屿,油车岭、北岭、雪峰岭、白沙镇、嵩口镇等山地、要隘,义序、龙田等机场;中华人民共和国成立后驻军节记载了 1958 年 8 月成立的海峡之声广播电台。设专章记载中法马江海战、解放平潭岛、福州战役、平息大刀会之乱等重要战事。②《福州市志》榕台关系篇。设 6 章 23 节。血缘、习俗、经贸往来等章记述福州与台湾居民的渊源,两地居民迁移、通婚及在经贸、科技等领域交流,附表记述台湾福州同乡会;设专章记述榕台两地在民国时期共建台湾、共抗外敌,1949 年后对峙时期的空袭与反空袭、武装袭扰与反武装袭扰。对台事务章记载“七二二”事件、“八一三”事件、“三九”海上纠纷事件、“闽连渔事件”等海事纠纷。③《福州市志》华侨篇。设 8 章 46 节。重点记述福州侨乡分布,福清、闽清等重点侨乡,福州人自汉代至中华人民共和国成立后移居国外的情况及分布国家,详载 100 多万名祖籍福州地区的海外华人华侨创业发展史及参加革命和家乡经济建设情况,设专章记载海外福州华人华侨社团。

Funingxian Zhi (1979~2002)

《抚宁县志(1979~2002)》 主编呼贵礼。2010 年方志出版社出版。156.8 万字。篇目不设编章节,而以类目为主体。正文前设总述、党和国家领导人莅抚纪事、大事记,正文设政区·人口、自然环境·自然资源、基础设施等 23 个一级类目,下设 71 个二级类目、231 个三级类目、885 个四级类目。志后设附录、目录索引、修志始末。为突出抚宁县地方特色、时代特色,志中乡镇企业、旅游业、长城做升格处理,政治体制改革作一级类目处理。

抚宁县长城

Fusongxian Renshen Zhi

《抚松县人参志》 主编陈福增。1989 年吉林人民出版社出版。31 万字。设山参,抚松园参栽培的演变过程,参业生产历史,种植、栽培和收获技术,成品参加工,人参的综合利用,人参科学研究和教育,参林轮作,园参的生产方式和管理体制,参场简介,参事、神话传说、轶事 11 章,下设 51 节。随文配图约 20 幅、表 50 余个。上起唐神龙元年(705),下至 1987 年,重点记述明隆庆元年(1567)后史事。种植、栽培和收获技术章详记选地、整地、施肥、做参床、播种、移植、遮阴、田间管理、采种,及病、虫、鼠害的防治和起参等。成品参加工章重点记述红参、生晒参、糖参的加工方法,以及红参、生晒参、烫参、皮尾参、白干参、长白山红参、天然活性参等成品参的性状、规格、品种等。人参科学研究和教育章重点记述甸沟地栽培人参技术、人参精生产、人参再造丸生产、西洋参生产、人参蛤蚧精生产、人参扣小棚技术、人参可乐浓缩汁研制等 14 项重大科研成果。参场简介章重点记述第一参场、第二参场、第三参场、第四参场、抚露参场、抚临参场、抚松县华侨联营参场等。参事节记有清康熙二年(1663)、1955 年、1981 年发现山参的经过,以及抚松人参的 12 项之最等。

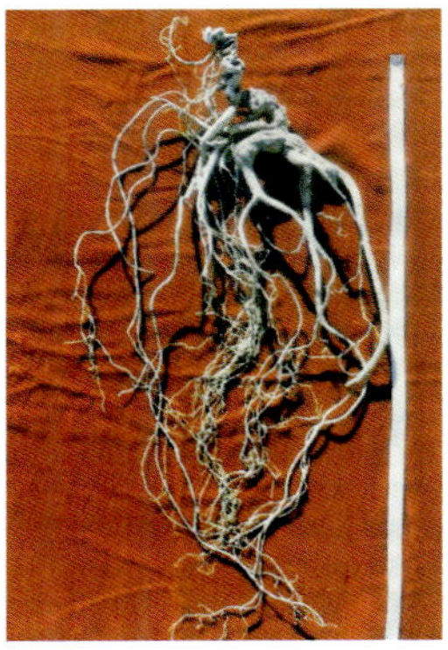
野参王(存人民大会堂吉林厅)

Fudan Daxue Bainian Zhi

《复旦大学百年志》 执行主编鄂基瑞。以 1985 年出版的《复旦大学志(1905~1949)》《复旦大学志(1949~1988)》为基础,整合增订。2005 年复旦大学出版社出版。2 册,337 万字。设 18 编 127 章 300 节。上册配孙中山 1923 年为《复旦年刊》题词、毛泽东题写校名、江泽民题词各 1 幅,照片 144 幅。下册配 1905~1911 年复旦在吴淞的校舍复原图、1948 年复旦校舍示意图、2005 年校舍示意图等 6 幅图,照片 43 幅。上起 1905 年,下至 2005 年 4 月。内容涉及学校沿革,领导体制与组织机构,院系,学科建设,本科生教育,研究生教育,德育、体育与校园文化,人文社会科学研究,理科、医科科学研究。在学校沿革编,每章末都附文献辑录,收录相关重要文献。院系编是该志重点,设 29 章,详记所属的 23 个学院 76 个系、附属单位,及

《复旦大学百年志》书影

已停办的农学院、土木工程学系、物理二系等院系的情况。学科建设编记述1987年首批国家重点学科、上海市和学校重点学科、2001年新一轮国家重点学科、“九五”、“211工程”建设、“985工程”学科建设、“十五”、“211工程”建设的可行性研究、管理及成效验收等内容。临床医疗与附属医院编记述中山医院、华山医院、肿瘤医院、妇产科医院、儿科医院、眼耳鼻喉科医院、金山医院、上海市第五人民医院的沿革、主要或特色业务科室。

Fudan Daxue Tushuguan

复旦大学图书馆 位于上海市杨浦区邯郸路。前身为复旦公学戊午阅览室。1922年正式建馆。馆舍面积57984平方米。馆藏线装古籍方志2000余种，其中善本210种。稀见方志有万历《新城县志》清抄本、康熙《涓江县志》、康熙《义乌县志》、雍正《安东县志》、乾隆《滇黔志略》、乾隆《房山县志》、嘉庆《仪征县续志》、道光《浒山志》、咸丰《靖江县志稿》、清抄本《云间志略》、清抄本《前朱里纪略》、民国《热河新志》、民国《内蒙古地理》、民国《平湖县续志》等，其中《新会县志》万历年间刻本、《清湖小志》清稿本、《襄阳府志》顺治年间刻本、《上元县志》康熙年间刻本、《处州府志》康熙年间刻本、《仪征县续志》嘉庆年间稿本等，为海内珍本。馆藏新地方志书约2.2万种。2010年影印馆藏明清方志41种，编制“复旦大学图书馆藏稀见方志丛刊”。

Fu Zhenlun

傅振伦(1906—1999) 字维本。河北新河人。1920年撰成《城召村历史》，被认为是略具雏形的乡土简志。1922~1929年就读于北京大学史学系。其间，主编《新河月刊》，发表《修志刍议》《新河旧志纠谬》《深州风土记论略》等，主持编纂《新河县志》。1929年草拟《编辑北平志蠡测》，提出《拟北平新志例目》，提议新志内容为纪、考、传3编，共16门，并略论修志注意事项10条。河北省通志馆成立后，被聘为名誉纂修，与孙楷第、王重民两次致书通志馆馆长瞿宣颖，并附送《拟河北通志大纲》。1932年在国立北平大学女子文理学院开设并讲授方志学。后将《方志学讲义》增订成《中国方志学通论》(修订版更名为《中国方志学》)。1933年调入故宫博物院古物馆，编辑故宫方志提要，约成200余篇，部分被辑入《续修四库全书总目提要》。抗日战争爆发后，到重庆北碚，协助顾颉刚主持纂修《北碚志》。1949年任中国历史博物馆研究员。1956年在《新建设》上发表《整理旧方志与编辑新方志问题》。1978年在《历史研究》上发表《方志——史料的宝库》，强调地方志的科学价值。1981年任第一届中国地方史志协会学术顾问。著有《中国史志论丛》《傅振伦方志论著选》《傅振伦方志文存》《英汉双解世界语基本字典》《刘知幾之史学》《博物馆学概论》《中国史学概要》等。《中国史志论丛》，1985年出版。刊载傅振伦史志方面论文24篇，多属首次刊行。其中地方志类论文有《方志的继承和创新问题》《谈谈编修新方志的几个具体问题》《地方志博物馆对编修方志的作用》等8篇，重点阐述地方志的起源，元、明、清方志的评议，章学诚的史学，方志的继承和创新问题，整理旧方志与编纂新方志问题。

Fushunxian Zhi[Qianlong]

《富顺县志》[乾隆] 段玉裁修、李芝纂。清乾隆四十二年(1777)刻本。5卷，首1卷。分25门。该志对史实考证谨严，如中水考，补《水经注》之失，考证出史载川内的内、外、中三水及犍为郡、江阳郡建置时间等，指出内水即涪江(嘉陵江)，中水即洛水(沱江)，外水即岷江。乡贤中指出刘时俊是平定明天启元年(1621)永容叛乱的重要人物，详细叙述刘时俊收复重庆的战争；还载有张献忠在西充凤凰山遇难的史料。未设艺文志，在乡贤目记载著作，如熊过条记载有《南沙集》8卷，谢釜条记载其《通监考撰》等。志中抄录大量诗、文，散见于山川、古迹、学校、坛庙、官师、宦迹、乡贤等目中。国家图书馆、四川省图书馆、四川大学图书馆等藏清光绪八年(1882)重刻本。

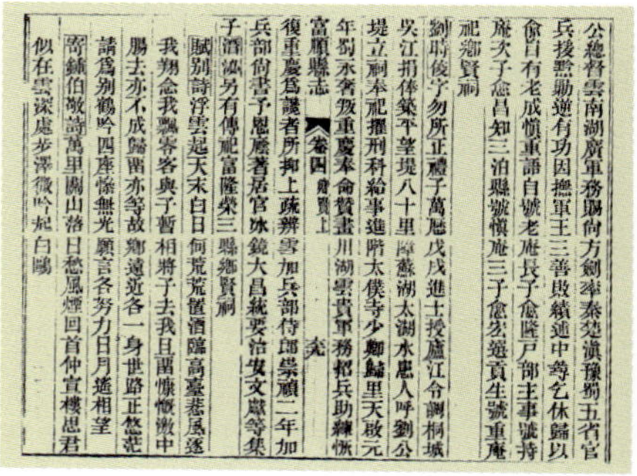

乾隆《富顺县志·乡贤刘时俊》书影

G

甘 澉 高 姑 鼓 固
故 顾 关 广 归 贵
桂 郭 国

Gan Pengyun

甘鹏云(1862—1940) 字药樵，号翼父，别号耐翁，晚号息园居士、潜庐老人。湖北潜江人。清光绪二十九年(1903)进士。后留学日本政法大学。回国后，任度支部主事及黑龙江、吉林财政监理官。辛亥革命后，任吉林国税厅筹备处处长、归绥垦务总办等职。1917年辞职，居北京，专事著述。1932年被聘为湖北省通志馆筹备处副主任。湖北通志馆正式成立后，仍参与其事。1938年将论述方志的旧作整理为《方志商》一书。与王葆心合纂《湖北文征》。另著有《潜庐随笔》《潜庐类稿》《潜庐续稿》《潜庐诗录》等。其在北京的息园书楼藏书约20万卷，1935年整理编成《崇雅堂书录》。

Gansusheng Zhi Nongye Zhi

《甘肃省志·农业志》 总编纂崔荣芳、李长成。1995年甘肃文化出版社出版。2卷，146万字。设8篇50章187节。志首有图照40余幅，按古代农业、农作物、农田建设、栽培技术、粮棉丰收分类编排。上起公元前5800年秦安大地湾一期文化时期(新石器时代)，下至1985年，个别事项因全省土壤普查延至1991年。上卷设生产条件、生产关系、作物、技术措施4篇，下设33章124节；下卷设科学研究、科技交流、教育、机构4篇，下设17章63节。全志分记清末之前、民国时期、陕甘宁边区陇东革命根据地时期及中华人民共和国成立后四个时期的农业生产状况，梗概甘肃由古至今农业生产的发展史。尤以种植业为主体内容，对农作物、技术措施、科学研究等记载详备。附录收1949~1985年农业高级专业技术职称人员名录、农业基本情况统计表、焦家庄农业生产合作社及其章程、农村人民公社农业生产资料和社员生活资料等问题的意见与规定、完善农业生产责任制等中华人民共和国成立后不同历史时期有关10个大类的文献资料。1997年获全国地方志奖一等奖。

水平梯田

Gansusheng Zhi Zongjiao Zhi

《甘肃省志·宗教志》 主编妥进荣。2005年甘肃人民出版社出版。55.1万字。设6篇23章72节。志首有题词4幅、照片2幅。上限不定，下限至1995年。以甘肃五大宗教设篇，分别为：道教篇，下设4章12节；佛教篇，下设4章14节；伊斯兰教篇，下设5章16节；天主教篇，下设5章16节；基督教篇，下设5章14节。详记五大宗教在甘肃的传播及发展、教派与组织管理、教义教理、宗教节日与礼仪、宗教文化与宗教活动等。尤以对各个宗教在全省的著名寺院道观及遗迹的记载为详，如记道教宫观71处，佛教石窟19处、藏传佛教著名寺院26处、汉传佛教著名寺院17处、著名佛塔及钟楼石刻25处(碑)，伊斯兰教著名清真寺23处、著名拱北和道堂7处等。还记载“天下道教第一山”平凉崆峒山，世界文化遗产莫高窟，列居格鲁派六大寺院之一的拉卜楞寺，在西北、全国和阿拉伯世界有一定影响的兰州西关清真寺等，以及各宗教所创造的灿烂文化艺术。另设宗教人物篇，为各个宗教的104位著名人物立传、简介。附录以表格形式收录伊斯兰教教派与门宦、西道堂传教世系概况，还收录道教历史文献、碑刻目录、人物表等。

夏河拉卜楞寺建筑群

Gansu Xin Tongzhi[Minguo]

《甘肃新通志》[民国] 刘郁芬监修，杨思、张维、慕寿祺等编纂，张维总纂。1936年修成。又名《甘肃通志稿》。共130卷，首1卷。450万字，分17纲93目，分舆地、建置、民族、民政、财赋、教育、军政、交通、外交、职官、选举、人物、金石、艺文、纪事、变异、杂记等志。记事上起远古，下迄1928年甘、宁、青分省为止，记事间有涉及1929年者。舆地志设省县总分图、沿革图表、山脉、水道、特产、古迹等目，尤其对山川河流的记述详确。民族志记述甘肃乃至西北地区民族，以历史先后为序，析其历史渊源、姓氏演变、迁徙情况。军政志详细考订秦至1928年甘肃兵制、塞防、屯田、马政、互市等。甘肃诸土司名称、种族、辖区、户口均归纳入志，并为各土司中较著名的24人立传，考述世系渊源、生平事迹。该志对甘肃前两部通志中的错误、舛漏多有校正补阙。受时代局限，志书有缺失之处，如记载社会经济及科技方面的资料比较简略，对封建社会制度遵从道德的规范和选举制度记载较多。志稿完成时，因抗日战争爆发，经费无着，除《甘肃省县总分图》《甘肃地理沿革图表》于1934年由北平大北印书局铅印发行外，其余均未付梓。全稿藏于甘肃省图书馆。

Gansu xiuzhi

甘肃修志 甘肃修志始于汉代。至民国时期，境内可考的各类方志约500

G

部，近5000卷，存世约300部。1984年开始首轮新方志的编修工作。21世纪初，开展二轮新方志的编修工作。至2010年，出版省志分志、市（州、地）志、县（市）志约200部。

甘肃历代方志编修 甘肃历代编修有地记、图经50余种，通志、府志、州志、县志、厅志300余种，关镇卫所志、山水寺庙志、人物志、乡土志、调查记、采访录、杂记、要览、星图约120种。

甘肃两汉至魏晋时期修志 可考的约有47种，均佚。其中较著名的有阚骃撰《十三州志》、刘昞撰《凉记》《敦煌实录》和郭仲产撰《秦州记》等。仓修良著《方志学通论》中有魏晋南北朝时期的人物传记和地记列表，在地记产生顺序表中，共列136部地记，其中涉及甘肃的有《西河记》《秦记》《秦州记》《仇池记》《沙州记》《凉记》《凉州记》7部。该时期还有索绥、张谘、喻归、段龟龙、高道让、宗钦等知名学者参与修志。

甘肃隋唐时期修志 可考的有23种。其中《沙州都督府图经》《沙州地志》《瓜州伊西残志》《敦煌名族志》《沙州城土境》《敦煌录》《寿昌县地境》《西州图经》《雍州图经》《陇右图经》《西凉录》《后凉录》等尚存残卷，赵彦昭《河西人物志》、李延范《敦煌新录》、贾耽《关中陇右及山南九州等图》等均已佚。《沙州都督府图经》是甘肃志书中现存最早的一部（存海外）。

甘肃宋元时期修志 可考的有27种。其中北宋14种，分别为《秦州图经》《天水图经》《天水志》《庆州志》《秦州志》《镇洮州补遗》《至道西鄙图》《河西陇右图》《西域图》《泾原环庆西路州军山川城寨图》《山川郡县形胜图》《熙河六州图记》《仇池记》《甘省便览》；南宋7种，分别为《同谷志》《续同谷志》《文州古今记》《文州古今志》《文州续记》《西和州志》《环州志》；元代6种，分别为《甘肃图志》《元甘州志》《元山丹州志》《元肃州志》《元文州志》《元德顺州志》。多数已佚。其中，《甘肃图志》是元代编修《大元大一统志》时，甘肃于大德二年（1298）编撰并提供给中央政府的。此外，据清康熙《巩昌府志》载："漳县志毁于兵燹，是漳之无志且四百年于兹矣！"按时间类推，该时期还应纂有漳县志或包含漳县的州志。

甘肃明代修志 明代甘肃在行政上隶属于陕西，相关记载都录在陕西志书中，但省内修志还在延续，并出现第一个高潮期。永乐至崇祯朝共修志约90种，尤以嘉靖、万历、崇祯三朝最多，分别为26种、22种、22种。志书增加屯田、兵马、粮饷、仓廒、茶马、边墩、塘墩和隘口等门类，突出边疆地区的政治、经济、军事、屯田、边疆贸易、茶马交易、民族关系、边墙堡寨的建筑等。除府、州、县志外，还有《巩郡记》《徽郡记》《张掖记》《北地记》4种地记，《崆峒山志》《羲台志》等4种专志，另有边镇志、卫所志。《秦州志》《秦安志》《巩郡记》《平凉府志》等在甘肃历代所修志书中最为有名。此外，私撰的家乘族谱也开始兴盛，但留存稀少。明代所修志书共有19种存世。此时修志的著名人物有胡缵宗、赵时春、康海等。①甘肃明代府志。修有13种，涉及临洮、庆阳、巩昌、平凉四府，其中《临洮府志》有5种，《庆阳府志》《巩昌府志》各2种，另有《平凉府志》《庆阳府志并属县志》《平凉府志并属县志》《巩昌府志并属县志》，多散佚，仅万历《临洮府志》、嘉靖《庆阳府志》、嘉靖《平凉府志》存世。②甘肃明代州志。修有17种，涉及9个州，其中《兰州志》4种，《河州志》《宁州志》《肃州志》《阶州志》《静宁州志》各2种，另有《秦州志》《泾州志》《徽郡志》。③甘肃明代县志。修有40种，涉及13个县，其中《镇原县志》4种，《伏羌县志》《通渭县志》《安定县志》各3种，《秦安县志》《真宁县志》《兰县志》《宁远县志》《庄浪县志》《成县新志》《渭源县志》《会宁县志》各2种，其余县1种。大多散佚，仅嘉靖《河州志》、嘉靖《徽郡志》、万历《宁远县志》、万历《庄浪汇记》、崇祯《成县新志》及嘉靖《秦州志·序言》等存世。④甘肃明代关镇卫所志。边镇志可考的有7种，其中《甘肃志》有2种，还有《陕西行都司志》、《凉镇志》、《甘镇志》、《西镇志》、《肃镇华夷志》（清人改名为《肃镇志》）。卫所志有12种，其中《岷州卫志》有3种，《甘州卫志》有2种，另有《庄浪漫记》《庄浪汇记》《永昌卫志》《洮州卫志》《高台所志》《靖虏卫新志》《靖远卫志》。志书以记疆域城塞、兵马刍粮等军事内容为重，兼记成地风俗、物产、古迹、祠庙、人物、艺文等，书首必列成地详细地图。

甘肃清代修志 编修的通志和府、州、县志可考的有180余种，尤以康熙、乾隆、道光、光绪、宣统朝为多。另有卫志、厅志、镇志、乡土志、人物志、山志、采访录等。①甘肃清代通志。康熙六年（1667）陕甘分治，甘肃正式建省。此后乾隆、宣统两朝各修有1种通志，分别为许容等监修的乾隆敕修《甘肃通志》50卷，丁喜翰、安维峻总纂的宣统《甘肃全省新通志》100卷。记述范围还涉及宁夏、青海两省区（当时均属甘肃省），另有乾隆年间佚名纂《甘肃便览》一部。②甘肃清代府志。修有12种，涉及7个府，其中《兰州府志》有3种，《庆阳府志》《巩昌府志》各2种，另有《徽州府志》（历史上曾一度有甘肃徽州与安徽徽州并存的情况）、《临洮府志》《甘州府志》《平凉府志》《凉州府志备考》。③甘肃清代州志。修有36种，涉及15个州，其中《阶州志》有5种，《宁州志》《狄道州志》《秦州志》各4种，《河州志》《兰州志》《肃州志》《静宁州志》各3种，另有《岷州志》《洮州志》《徽州志》《泾州志》《泾州乡土志》《武阶备志》《五凉全志》。《五凉全志》全称《五凉考治六德集全志》，是保存较早的凉州志书。④甘肃清代县志。修有98种，涉及47个县，其中修了2种以上的有《通渭县志》《镇原县志》各6种，《伏羌县志》《会宁县志》《金县志》《靖远县志》《皋兰县志》《礼县志》各4种，《崇信县志》《庄浪县志》《华亭县志》《宁远县志》《两当县志》《文县志》《镇番县志》《徽县志》各3种，《陇西县志》《狄道县志》《清水县志》《西和县志》《永昌县志》《山丹县志》《秦安县志》《成县志》《敦煌县志》《合水县志》《正宁县志》各2种。这一时期，分县制度产生，由县丞专管，故分县志又称县丞志，甘肃可考的分县志有《陇西分县武阳志》(又称《武阳志》)、《打拉池县丞志》，前者是存世最早的漳县县志。⑤甘肃清代卫厅镇志及专志。清代甘肃的卫志、厅志、镇志、乡土志、人物志、山志、采访录等专志，有官修和私撰，优劣并存，不乏张维指出的“官辑应征之本”。较著名的有30余种，分别为：胡可桢修康熙《岷州卫志》，吴垒纂修康熙《洮州卫志》，无名氏纂修乾隆《洮州卫志》，张彦笃主持、包永昌纂修的光绪《洮州厅志》，杨春茂著顺治《甘镇志》，张伯魁纂同治《崆峒山志》，朱愉梅纂嘉庆《柳湖书院志》，佚名编光绪《崇信县采访乡土志》，杨丙荣纂宣统《泾州采访新志》，潘挹奎撰《武威耆旧传》，佚名撰、张澍辑《凉州异物志》，段永恩纂《武威段氏族谱》，俞文绶撰《卓尼记》，杨昌浚纂《甘肃忠义录》，常钧撰《敦煌杂钞》和《敦煌随笔》，阿桂等纂《钦定兰州纪略》，郭维城著光绪《肃州备采录》，武全文撰、于元煜增修《芮谷志》，吴之珽著《襄武人物志》，杨凌霄著《陇西乡彦传》，孙祖起著《洮阳耆英纪略》，及光绪《皋兰县红水分县采访事略》手抄本等。此外，还存有乾隆六年刊印的《甘肃民族志》《甘肃民政志》《甘肃军政志》《甘肃建制志》《甘肃财政志》《甘肃教育志》《甘肃金石志》《甘肃变异志》《甘肃交通志》《甘肃异地志》《甘肃记事》等。

甘肃民国时期修志　甘肃陇南等十四县相继于1920年成立县志局。1928年，甘肃省通志局成立，慕寿祺任总纂，纂修《甘肃通志》。1932年，甘肃省通志局改为甘肃省通志馆，杨思任馆长，张维任副馆长。各县志馆相继改为文献委员会。民国时期，甘肃编修的省市府州县志、专志可考者有110余种。此外还有若干未刊印的志稿。①甘肃民国时期通志。民国初年，自眉初所编《甘肃省志》简本一部，未付梓。杨思、张维于1936年主纂完成《甘肃通志稿》130卷。②甘肃民国时期市府州县志。纂修的市志有兰州市志2种，府志有《庆阳府志续稿》，州志有《秦州直隶州新志续编》，县志总计67种，涉及48个县。其中会宁县志、天水县志各3种，漳县志、定西县志、西固县志、夏河县志、平番县志、宁县志、东乐县志、安西县志、靖远县志、西和县志、陇西县志、永昌县志、庆阳县志、镇番县志、镇原县志各2种。另有李克明纂《武山县志稿》和黄程九著《徽县略志》，均未付印。③甘肃民国时期专志及其他志书。共计40余种。除无名氏纂《洮州厅志》外，专志有张维纂《甘肃人物志》、张颖轩纂《首阳山志》、安履祥纂《朱圉山志略》、冯国瑞纂《麦积山石窟志》；要览类有《甘肃要览》《酒泉县要览》《康县要览》《高台县要览》《文县要览》《西固要览》《成县要览》；采访录有《临泽县志采访录》《泾川县采访新志》；地记有《甘肃杂记》《徽县20年灾情记》《拉卜楞设治记》《青城记》《河西见闻记》《游陇丛记》；乡土志及乡土教材有朱允明私修的《甘肃乡土志稿》、李含青编著的《张掖县乡土志》，及《镇原县乡土志》《皋兰县风土志》《天水指南》《天水地名考》《天水乡土教材》《天水三字经》《天水小志》等。

甘肃新方志编修　甘肃20世纪50年代修志始于县志，发端于永登县。1953~1966年，通渭、敦煌、永昌、陇西、岷县、甘谷、酒泉、张掖等市县陆续修志，如《永登县人民县志稿》《河西志》《甘谷县志稿》等。此间，全省有51个市、地、县参与编纂完成部门专志《土壤志》，还编有《张掖市教育志》《张掖市卫生志》《张掖市体育志》等市级部门志。1959年启动《甘肃新志》纂修，时任省委书记张仲良任编委会主任。两年后，完成工业志、文化艺术志、交通志、机械工业志、矿产志、教育志、民族志、铁路科学技术志(上)、甘肃省近百年大事年表等。另有陆为公、杨生华组织编辑的《甘肃解放前五十年大事记(1898~1949)》及甘肃省气象局于1965年编辑出版的《甘肃气候志》。“文化大革命”期间也曾少量修志，如1973年始编、1984年出版的《华池县志》。1984年开始甘肃历史上第五次《甘肃省志》编修，即首轮省志。各市(州、地)、县(区、市)的志书编修也相继展开。至2005年，83部县区志基本告竣。至2010年，首轮《甘肃省志》73卷基本完成(其中少数分志一、二轮合并)。大部分单位进入二轮修志，少部分单位已完成二轮修志。

甘肃省级修志　新编《甘肃省志》工作于1985年正式启动。规划73卷，约4000万字，2000幅图片。全志上限追溯发端，下限至1985年，个别事物适当下延。至2010年，除文化志、人物志外，均已出版。在全国地方志评奖中，概述、教育、农业等分志获一等奖；计量、财税、地震、金融等分志获二等奖；气象志获三等奖。民族志获省史志成果一等奖、省社科成果三等奖。二轮省志编修始于21世纪初，至2010年，已出版人事志、社会科学志、林业志。

甘肃市(州、地)级修志　甘肃首轮规划的市(州、地)志10部。至2012年，均已出竣或完成终审。在全国地

甘肃省首轮市(州、地区)志一览表

志书名称	主编/总编/总纂	字数(万字)	出版年
《嘉峪关市志》	龚雪泉、薛长年、张军武	52	1990
《临夏回族自治州志》	方钰	215	1993
《金昌市志》	唐立贵	143	1995
《兰州市志》	马琦明等	2300	1996~2010(未出齐)

续表

志书名称	主编/总编/总纂	字数(万字)	出版年
《庆阳地区志》	卢造钧	932.8	1998
《白银市志》	白天星、吴泽春	130	1999
《甘南州志》	王俊英等	240	1999
《天水市志》	刘玛丽等	321	2004
《张掖地区志(远古~1995)》	张志纯、何成才	436	2011
《平凉地区志》	魏柏树	360	2012

方志评奖中,《临夏回族自治州志》获一等奖,《嘉峪关市志》获二等奖。二轮市(州)志编纂工作于2004年启动,规划编修市(州、地)志14部。至2010年,已出版《酒泉市志》《白银市志(1991~2005)》。

甘肃县(市)级修志 甘肃86个县(市、区)首轮规划编修县(市、区)志83部。至2006年,首轮县(市、区)志全面完成。在全国地方志评奖中,《静宁县志》获一等奖;《敦煌市志》《玉门市志》《庆阳县志》《康县志》《民勤县志》获二等奖;《陇西县志》获三等奖。《天祝藏族自治县志》《会宁县志》《张家川回族自治县志》《华池县志》《武威市志》《张掖市志》等获全省优秀图书奖或省社会科学优秀成果奖项。二轮县(市、区)志编纂工作于2004年启动,规划编修85部,漳县志由于首轮下限在2006年,暂不续修。至2010年,已出版20余部。

甘肃规划外志书编修 甘肃出版行业志、部门志、专业志,以及厂矿企业、机关、学校、公司、场队、院所志等276部,其中《甘肃国土资源通志》《甘肃文史馆志》《甘肃烟草志》《甘肃电力工业志》《吧咪山志》《八卦营村志》《甘肃省地震监测志》《兰州水泥厂志》《甘肃省第三监狱志》《嘉峪关文物志》《甘肃三线建设》《嘉峪关民盟志》《崆峒山植物志》《甘肃省脊椎动物志》《嘉峪关志》及"天水地方志丛书"等较具特色。

甘肃旧志整理 甘肃在"文化大革命"前就有少量旧志整理工作开展,如庆阳对民国时期县志的整理。大规模旧志整理工作始于20世纪80年代,至2010年,全省点校、重印、校注出版的各类志书共100余部。其中白银、庆阳、平凉、张掖、酒泉、定西、陇南、天水、武威、临夏、金昌、嘉峪关的地方志办公室整理出版84部,大部分内部刊印。还有部分为相关机构、院校或民间个人整理刊印。甘肃古籍文献整理编译中心整理旧志49部,辑入"中国西北文献丛书"第一辑《西北稀见方志文献》中。其中主要有明《安定县志》《通渭县志》,清《皋兰县续志》《打拉池县丞志》《金县新志》《靖远县志》《宁远县志》《宁远县志续略》《正宁县志》《文县志》《玉门县志》《敦煌县志》《肃州新志》《甘肃新通志》,民国时期《甘肃通志稿》《甘肃省乡土志稿》《甘肃省志》《古浪县志》《重修漳县志》《鼎新县志》等。旧志整理成果中较为典型的有曾礼、樊执敬校点的光绪《阶州直隶州续志》(叶恩沛修,吕震南纂),毛兰木嘉措校订的《拉卜楞寺志》(藏文,阿芒班智达著),甘肃中医学院于1985年复印的道光《敦煌县志》,周贞吉于1989年铅印的《麦积山石窟志》(冯国瑞1941年著),高启安、邰惠莉校点校的万历《肃镇华夷志》,吴生贵、王世雄校点的乾隆《肃州新志》,张志纯主校的乾隆《甘州府志》。其中光绪《阶州直隶州续志》是甘肃第一部正式出版、列入国务院古籍整理出版规划目录的旧志整理校点本。

甘肃方志工作管理 甘肃于1959年成立《甘肃新志》编纂委员会,编纂《甘肃新志》,但没有专设机构,具体工作由中共甘肃省委宣传部组织人力开展。20世纪80年代成立甘肃省地方史志编纂委员会。省各有关部门、单位相继成立领导小组及办公室,各市(州)、县(区)也相继设立地方志编纂委员会及办公室。至2008年,全省共有三级地方志工作机构113个,修志工作班子183个,专职修志人员1600多人,先后有1.5万人参与各级志书的编纂工作。

甘肃省地方史志编纂委员会及办公室 省地方史志编纂委员会于1984年2月成立。1994年6月,省机构编制委员会批准以甘肃省地方史志编纂委员会机关为基础,设立甘肃省地方史志办公室,为省人民政府地方志工作职能部门。下设秘书处、省志编纂处、市县志指导处、出版发行处、年鉴处5个处室。历任编委会主任王秉祥(1984年2月~1993年8月)、陈绮玲(1993年8月~2003年6月)、陆浩(2003年6月~2008年6月)、徐守盛(2008年6月~2011年4月)、刘伟平(2011年4月~)。历任编委会主编徐宗望(1984年2月~1986年1月)、杨若愚(1990年7月~1992年4月)、夏荣生(1992年4月~1994年8月)。历任省地方史志办公室主任夏荣生(1994年8月~2000年3月)、王再鹏(2002年8月~2004年10月)、金庆礼(2004年10月~2011年12月)、李虎(2011年12月~)。1988年创办《甘肃史志通讯》(不定期出刊),至2010年,共刊出32期。2010年3月创办《甘肃史志》综合季刊。

甘肃修志规章和规范性文件 省人民政府及地方史志编纂委员会制定并下发了多个修志文件。1985年制定《一九八六年——一九九○年甘肃地方志编纂工作规划(草案)》,1998年下发《关于进一步加强地方志编纂工作的通知》,2004年制定《甘肃省第二轮修志工作规划》《〈甘肃省志〉第二轮编纂方案》并出台《关于甘肃省地方志书审定出版暂行规定》,2006年印发《甘肃省地方史志2006—2010年工作规划》。

2009年，省人民政府颁布《甘肃省地方志工作规定》。

甘肃方志学术交流活动　省地方史志办公室除与其他省、直辖市、自治区相互交流、考察学习外，还于1992年组织甘肃省志质量研讨会，于1993年承办全国城市志西北地区第二次研讨会，于1997年、2006年组织甘肃省旧志整理研讨会，于2007年组织甘肃省二轮修志经验交流会等，围绕省志整体质量问题、全省旧志整理现状、旧志校点的经验体会、旧志整理的理论与方法等问题进行交流探讨。

甘肃省地方史志学会　成立于1992年8月。首任会长王秉祥。学会成立后，先后召开全省旧志整理、专业志编纂、市州县志编纂及史地问题叙述讨论会5次，组织优秀志书评奖9次，参与举办培训班多期，提交论文数百篇，参与整理旧志70余部。还整理地方文献资料，撰写地情著述，参与地方文化的研究、开发与建设。

甘肃方志馆藏　甘肃方志收藏较为分散，省内主要藏于甘肃省图书馆及各市州图书馆，甘肃省地方史志办公室资料室，兰州大学、西北师范大学、西北民族大学、甘肃联合大学等高校图书馆；海内外也有部分收藏。省内图书馆也收藏有部分历代的省外方志。

甘肃省图书馆　位于甘肃省兰州市南滨河东路。始建于1916年，原名甘肃省公立图书馆。1949年10月与国立西北图书馆合并为兰州人民图书馆，后更名为西北人民图书馆。1953年始称甘肃省图书馆。馆内藏书290万册，其中古旧籍38万册。有善本1260种66445册。西北地方文献是图书馆的特色收藏，有1.5万种5万余册。其中《甘肃通志稿》和《重修敦煌县志》均为未刊稿本。曾编印《甘肃省图书馆藏地方志目录》。

兰州大学图书馆　位于甘肃省兰州市天水南路。创建于1909年。馆藏纸质文献约315万册(件)、古籍文献约13万册(件)。所藏线装古籍方志中，刊行于1911年前的原本文献约120余部，多为刻本，间有石印本、铅印本等，其中善本约30余部，包括刻本康熙《宣化县志》、乾隆《甘州府志》、铅印本光绪《西陲要略》等；刊行于1912年后的线装文献，主要是铅印、石印、影印、抄录或油印的古籍方志，如铅印本乾隆《钦定热河志》、民国“辽海丛书”，石印本光绪《重修皋兰县志》、1962年影印祝枝山手写稿本正德《兴宁志》和1965年油印本乾隆《独山州志》等。另收藏有曾礼、樊执敬校点的光绪《阶州直隶州续志》和赵其昌校点的光绪《昌平州志》等整理本。所藏新编地方志有《甘肃省志》《天台县简志》《通渭县志》等。

甘肃方志研究成果　甘肃方志的研究主要表现在存目稽考、佚志辑校、综合研究等方面。出版的专著有郝玉屏主编的《甘肃方志通览》和金钰铭编著的《城市志探索与实践》等。其中，《甘肃方志通览》综述甘肃修志历史，对首轮新方志逐一评介，并附编明、清、民国和新编方志的重要修志文献选编；《城市志探索与实践》是专门探讨城市志编纂理论的文集，收录作者1988年后的论文，讨论古代城市志的起源、发展与完善，民国城市志的编纂，当代城市志的继承与创新，并论述城市志的整体性、宏观综述、质量等问题。

Gansu Zhongcaoyao Ziyuan Zhi

《甘肃中草药资源志》　主编赵汝能。2007年甘肃科技出版社出版。2册，447万字。包括总论和各论两部分。总论简介甘肃省的自然环境及中草药资源分布概况；各论按汉字笔画排列药物资源条目。上册记载汉字1~8画的植物药种，收载植物药1036味，分属181科624属1203种17亚种114变种6变型(共1340分类群)，配图版398幅及部分彩照。下册收载汉字8画以后的植物药750味，含植物817种10亚种81变种3变型；动物药211味，含动物241种；矿物药58味，含矿物48种；配图版342幅。全书总计记载药物2055味，含植物、动物、矿物药类2540种，对每种药物的名称、来源、形态、生境、分布、采集加工、化学成分、性味功效和应用等做了扼要记述。附有中文名、拉丁文索引及植物、动物系统名录。

百合

Gantang Xiaozhi[Xianfeng]

《甘棠小志》[咸丰]　董醇纂。清咸丰五年(1855)刻本。4卷，首、末各1卷。卷首为董醇序、图14幅，卷末有董醇跋。甘棠为江苏扬州市江都区邵伯镇旧称。因地处湖乡泽国，全志偏重记述

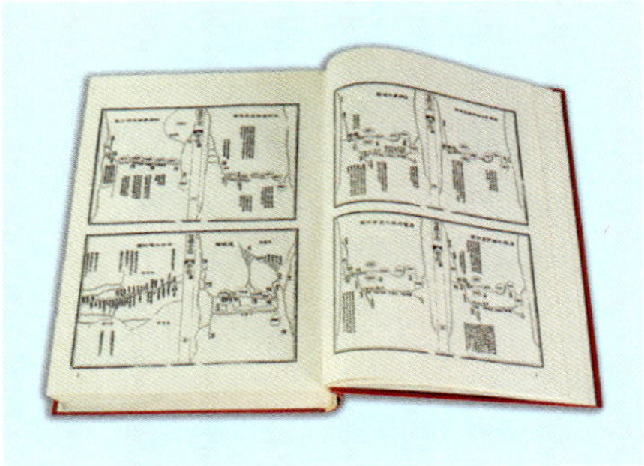

咸丰《甘棠小志》(“中国地方志集成”本)书影

舆地，详记治水一事。卷首图中水道之图有13幅，所设9篇中叙水者有运道、湖潴、河渠、修防4篇。祠庙记述域内各庵观寺庙的建修史和地理位置，篇幅约占全书的30%。志中还校正了焦循《北湖小志》《北湖续志》中的一些错误。《续修四库全书总目提要》称其引证详明、文笔简洁，“可与焦循《北湖小志》并称佳构”。历来被列为清代乡镇志中的名志。咸丰五年甘棠董氏刻本为通行本，全国多家图书馆有藏。甘肃省图书馆藏稿本。上海图书馆藏抄本。

Ganzizhou Zhi

《甘孜州志》　总编谢椿人。1997年四川人民出版社出版。3册，320万字。设大事记、县情概览，之后分地理、社会、政治、经济、文化5个分志，下设36

《甘孜州志》书影

篇 189 章 638 节。配图照 218 幅。上起事物发端，下至 1990 年，个别事物略有延伸。大事记从汉代开始，纵贯古今，有选择地选取清代、民国时期发生的 18 件重要历史事件做专题记述。志书注重突出民族文化特色。民族篇记述甘孜州藏、汉、彝及其他少数民族情况，重点记述康巴藏族的族源及发展历史。宗教篇记述甘孜州的藏传佛教、基督教、伊斯兰教及部分原始宗教的情况，重点记述藏传佛教五大教派在甘孜州的传播和发展。土司篇记述甘孜州土司制度的形成和分布、改土归流、土司制度复辟与废除等情况。民间传说、故事、说唱、谚语合并设篇，重点记述史诗《格萨尔王传》说唱及甘孜州作为格萨尔王故乡的传说、遗迹等。风景名胜旅游篇记述甘孜州红色旅游、康巴文化旅游、宗教文化、自然景观等旅游资源，记述泸定铁索桥、泸定桥革命文物陈列馆等革命遗址及纪念建筑物，格萨尔王庙、德格印经院等名胜古迹，贡嘎山风景区，以及旅游资源的开发和管理等情况。人物篇立传或入录的人以本籍人士为主，也收录有影响或 1950 年后在州内取得重要业绩的客籍人物，立传 24 人，传略记载 34 人，列英名录记载县籍及客籍烈士。附录设文存、杂记，收录印信号纸、奏牍、碑记、文告、诗文、对联、锦旗、歌曲等。1998 年获四川省哲学社会科学优秀成果奖三等奖。

Ganpuzhen Zhi

《澉浦镇志》 主编王健飞。2001 年中华书局出版。72 万字。设 11 卷 40 章 142 节。志首配彩色图照 60 幅，随文配黑白图照 60 幅。上起事物发端，下至 1995 年。设南北湖卷，记述湖塘景区、山林景区、三湾景区、滨海景区等胜迹景点，如西涧草堂、载青别墅、云岫庵、谭岭石城、徐用仪墓、澉浦西城门等遗迹。农业 / 水利卷设长山河工程章，记述开挖长山河和兴建长山闸工程（杭嘉湖排涝骨干工程）的情况以及长山闸历年放水统计表等；海塘章记述历代海塘修筑与护塘措施，并附清《澉水新志》《请禁长墙山采石》等文献四则；盐业章记述鲍郎盐场沿革、制盐生产、盐民生活，并附作家阿英于 1932 年所作“盐乡杂信”三则等。人物卷立传 72 人，有干宝、谭峭、许棐、常棠、杨梓、许相卿、吴麟徵、钱嘉徵、毕宏述、吴仪洛、吴东发、吴良材、朱福诜、许天虹、毕云程、卢宗澄等。丛录设历代澉浦镇志序跋，选录《海盐澉水志》序、《重刻海盐县澉水志》序、《澉水新志》序、《澉志补录》序。

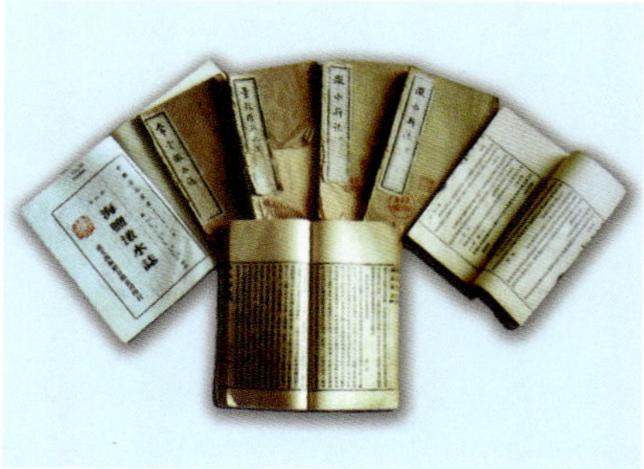
历代澉浦镇志书影

Ganshui Zhi[Baoyou]

《澉水志》[宝祐] 罗叔韶修，常棠撰。南宋宝祐五年(1257)刻本。澉水，水名，借指海盐县澉浦镇。常棠(生卒年不详)，字召仲，号竹窗，浙江海盐人，寓居澉浦镇多年，主张编纂志书应广辑资料，“订正尤详”，要与有识之士“讨论闻见”，方能“缀辑成编”，“示一镇至指掌”。全书共 8 卷，约 1.1 万字。分地理、山、水、廨舍、坊巷、坊场、军寨、亭堂、桥梁、学校、寺庙、古迹、物产、碑记、诗咏 15 门。志前有总叙及舆图。地理门记述内容包括沿革、风俗、形势、户口、赋税、镇名、镇境、四至八到、水陆路，物产门记述早稻名、杂谷、丝布、货、花、果、菜、竹、木、药、禽、畜、海味、河味等，碑记门收录《澉浦镇题名记》《澉浦镇新创廨舍记》《美固堂记》《黄道山水池记》《思贤碑》《德政碑》《鲍郎场题名记》《还朝序》《秀野堂记》《鲍郎场政绩纪》等碑记，诗咏门收录《题金粟寺庵》（周寿）、《和前韵》（徐嘉言）、《三里塘揺梅》（叶樾）、《弦风亭》（赵潜夫）、《税亭即事》（赵群）、《题西湖水阁》（常颛孙）、《游悟空寺二首》（沈叔虞）、《游惹山寺》（常会孙）、《秦皇庙》（常棠）、《花婆井》（常棠）等诗。此志为镇志名作，也是中国存世最早的镇志。传本有明天启年间樊氏刊《盐邑志林》本、清道光十九年(1839)刊本、清咸丰七年(1857)海昌陈氏双清草堂补刊本，均为 2 卷，与《嘉禾志》合刻；还有民国年间沈曾植初刻朱印本 2 卷、《澉水志续编》铅印本、商务印书馆“丛书集成”本；另有明嘉靖三十六年(1557)重刊本，题为《海盐澉水志》。国家图书馆、浙江图书馆、北京大学图书馆等有藏。

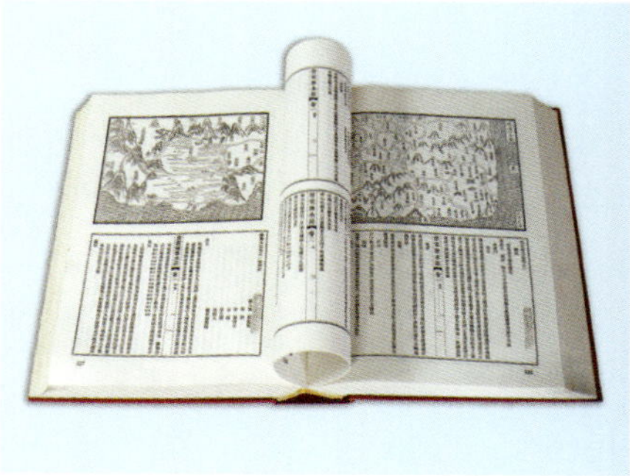
《澉水志》（“中国地方志集成”本）书影

Gaoanshi Zhi(1986~2006)

《高安市志(1986~2006)》 主编戴佳臻。2009 年方志出版社出版。253 万字。设 32 卷 197 章 752 节。志首配地图 2 幅、彩色照片 133 幅，随文配黑白照片 622 幅、表格 340 个。个别事物记事上限适当上溯。自然环境卷增设环境质量监测、污染防治、生态保护和环境管理等内容。商贸服务业 / 旅游业卷增设民间汽车货运业章。志书重点记述体制改革，除设经济体制改革、政治体制改革卷外，在科学技术、教育、文化、卫生、体育诸卷首列体制改革章，其他各卷章节中也注重记述改革的内容。设国

高安汽运城

民经济运行卷,记述国民经济发展与计划执行、经济结构调整、产业结构调整、所有制结构调整、城乡结构调整、横向联合与招商引资、经济发展比较等。工业卷煤炭工业章记述市境内煤炭储量、分布、用途,重点记述新华煤矿、八景煤矿、英岗岭矿务局3家省、部属煤炭生产企业。设专章记述市建筑材料工业支柱产业——建筑陶瓷工业,重点记述江西新红梅陶瓷有限公司、江西太阳陶瓷有限公司、江西新瑞景陶瓷有限公司、高安市金刚石陶瓷有限公司、高安市吉尼斯陶瓷有限公司等13家企业,以及瑞景牌、雪三角牌、新梅牌、太阳牌建筑陶瓷等省著名商标、名牌产品。水泥与其他建筑材料工业章重点记述除建筑陶瓷外的建筑工业龙头——水泥业,详记高安市水泥有限责任公司、高安红狮水泥有限公司、江西英岗岭水泥有限责任公司、江西华茂水泥厂、江西赣珠水泥厂等企业。文化卷立章记述江西四大地方剧种之一高安采茶戏的音乐特色、表演特色。人物卷篇幅约占全志的10%,涉及3901人,其中名录收录3652人次。

Gaochunxian Zhi(1986~2005)

《高淳县志(1986~2005)》 总纂薛兴祥等。2010年方志出版社出版。2册,246.8万字。设34篇,其中24篇篇目

《高淳县志(1986~2005)》书影

与首轮县志相同。志首有照片171幅、地图3幅。上起1986年,改革部分起自1979年;下至2005年,专记和图照延至2008年。志首设高淳史略,全面覆盖高淳古今历史,记述相国圩、杨行密与鲁阳五堰、淳溪镇八大行、东坝战役与抗日战争的最后胜利等重大事件、地域文化和古今县情亮点。"固城湖"螃蟹、民营造船水运业、建筑业、旅游业·高淳老街等篇体现该县特色经济。文化体育篇艺文、非物质文化遗产、民间体育等章,以及社会生活篇民性民风章等反映该县文化底蕴及淳朴民风,如民性节记载当地民性与自然环境的关系、古代的吴韵楚风及士大夫阶层南迁对民情的影响,列举地方民情的特点,辩证分析民情弱点。经济体制改革和开放开发、政治体制改革、精神文明建设等篇,突出时代特点。方言篇重点记载20世纪80年代后由于人口流动和普通话推广,高淳方言发生的变化。相关篇章下附《高淳建县时间考》《胥溪河是人工开凿的运河》《薛城遗址的发现及初步认识》《古固城考》等文,用以佐证、备考、存史、深化记述。增加名门世家、宗谱等首轮县志未收录内容。设高淳县全面建设小康社会纪略、高淳县生态建设纪略两个专记。

Gao Xiongzheng

高熊徵(1636—1706) 字渭南。清广西岑溪人。顺治十七年(1660)副榜贡生。官至两浙盐运使。康熙二十二年(1683)受广西巡抚郝浴之聘,任广西通志局协理兼纂修《广西通志》,并辑成《桂林府志》。另纂有《思明府志》《安南志纪要》《岑溪县志》(已佚),补纂康熙《临桂县志》10卷(已佚)。①《桂林府志》[康熙]。程可则修,高熊徵纂辑。康熙二十二年修纂,未刊刻,抄本。不分卷。无序、跋、凡例。设25目。记事自秦汉至康熙十二年。辑录嘉靖《广西通志》有关桂林府的史料,增入清初史事。国家图书馆藏康熙抄本,广西壮族自治区图书馆、广西壮族自治区桂林图书馆、广西壮族自治区档案馆藏传抄本。②《思明府志》[康熙]。陈达修,高熊徵纂。康熙二十八年修成,次年刊刻。6卷。分16门45目。秩官志详记思明府(治所位于宁明县境)黄氏土知府的世袭源流。宦绩志设土官目,记载自宋皇祐年间至康熙二十五年24名黄姓土知府的姓名、世系、承袭官爵、个性、政绩或劣迹,受朝廷赏赐或被革职等情况。分野志下气候、时令、风俗等目记述当地壮族人的衣食住行、婚丧嫁娶、祭鬼祛病等习俗。20世纪90年代,广西师范大学的日本留学生从日本复制该书,后由广西古籍丛书编辑委员会、广西地方志办公室和宁明县地方志办公室共同整理,由广西人民出版社影印出版。

Gaoyouzhou zhi

高邮州志 高邮州(治所位于江苏高邮市)以州建制所修志书有明隆庆志、正统志(已佚)、成化志(已佚),清康熙志、雍正志、乾隆志、嘉庆志、道光《续增高邮州志》、光绪《再续高邮州志》、光绪《高邮州乡土志》、民国《三续高邮州志》、民国《高邮志余·志余补》,共12种,存世10种。

《高邮州志》[隆庆] 范惟恭修,王应元纂。隆庆六年(1572)刻本。12卷。卷前有总志序,主要说明各门目设立之由,每卷卷首下署修纂者姓氏。正文设建置、疆域、山川、水利、物产、风俗、民赋、军政、学校、祠祀十志,秩官、选举二表,宦迹、寓贤、人物三传,杂志。其中,人物传又细分列传、忠烈传、孝友传、义行传、隐逸传、列女传、方技传、仙释传,杂志下分古迹、亭榭、坊碑、宅墓、寺院、庵观、灾祥等细目。每项门类之前有小序,对所记内容提纲挈领,记述之后,加"按"论述,寓褒贬于其中。古今有关的碑刻、诗文,附于各门类条目之后,形成专题资料汇集。志书突出反映高邮地处里下河水网地区的特点,山川志对河湖、塘沟的名称、方位、水情均详加说明。灾祥目对水灾、地震造成的伤亡人

数、损害程度、灾前征兆的记述，以及民赋志关于唐、宋、明各朝户数和口数的统计数字，特别是明嘉靖年间十年一次的统计数字等，都比较详细。

《高邮州志》［康熙］ 孙宗彝原本，李培茂增修，余恭增纂。康熙十二年(1673)刻本。10卷。卷前有黄山余序、凡例、目录。设三十志。门类规条虽不及隆庆志精密，但内容记述比前志详细。隆庆志无漕渠专门记述，该志则既在图志中绘高邮漕渠、水利诸图并图说，又在漕渠志、水利志中详叙自西汉吴王濞开邗沟迄清康熙开拓疏浚高邮漕渠等事。国家图书馆、上海图书馆等藏康熙二十三年增刻本。

《高邮州志》［乾隆］ 杨宜仑修，夏之蓉、沈之本纂。乾隆四十八年(1783)刻本。12卷，首1卷。分12门。记事起自雍正二年(1724)，至乾隆四十八年，主要就隆庆、康熙和雍正三志进行

乾隆《高邮州志》（“中国方志丛书”本）书影

增定。多记述水利历史资料，如卷首中恩纶、天章收录康熙、乾隆皇帝巡询高邮水情及有关修治高邮水患的诏谕，舆图中州境总图、各湖总图、州境运河图、运河来源图、运河下游图等绘制明细，直观、详细地记述了当地河、湖、港、湾、闸、洞的有关情况。民国《三续高邮州志》胡为和所作序中称高邮明清所修多部州志中以此志“所订体例最为完善”，《续修四库全书总目提要》也称其“法义精严”。国家图书馆、中国科学院国家科学图书馆、南京图书馆等有藏。

《高邮州志》［嘉庆］ 冯馨增修，王念孙增纂。嘉庆二十年(1815)刻本。12卷，首1卷。卷前有冯馨《增修高邮州志序》、杨宜仑《重修高邮州志序》、张盛《高邮州志原序》、高邮州志重修姓氏、高邮州志增修姓氏、总目、旧志凡例、增修凡例。体例门目遵循乾隆志，汇列增纂内容单独刊行，如舆图新增四图，卷首恩纶增乾隆四十六年、嘉庆十五年至二十年的上谕等。南京图书馆、南京大学图书馆、浙江图书馆等有藏。

Gusu Zhi

《姑苏志》 林世远修，王鏊等纂。明正德元年(1506)刻本。以弘治年间吴宽所修府志遗稿为基础纂成。60卷。卷首附图。正文先列三表，次分31门，其中人物门下又分名臣、忠义、卓行、隐逸、释老等13个细目。“姑苏”为苏州别称。此书在苏州方志史上首设“表”门目，如郡邑沿革表、古今守令表、科第表。内容摘抄旧史，有些可补正史不足，如驿递所记驿递、铺舍的设置和变化，路程的距离等。设平乱门，记载秦项梁起义，汉刘濞反叛，晋苏峻之乱、桓玄之乱，齐王敬则叛乱，东晋孙恩起义，梁侯景之乱，隋高智惠、刘元进、杜伏威、沈法兴等的起事，唐刘展、李锜、王郢等事件，僖宗时“剧贼剽昆山”，南宋金兵陷苏、邵青聚党于崇明、扬震部曲李世明叛杀巡检，以及元兵入苏，张士诚据吴等事件，有些不见于正史记载。嘉靖年间增补本增岁贡表，又于科第表、古今守令表、田赋等部分补入新资料，郡守纪事增补至嘉靖二十一年(1542)。章学诚《书〈姑苏志〉后》称许《姑苏志》的同时，指其编纂有矛盾，乃至内容颠倒、收录不齐等。中国科学院国家科学图书馆、天一阁、南京图书馆、苏州市图书馆等有藏，还藏有嘉靖增刻本。

正德《姑苏志》（“天一阁藏明代方志选刊续编”本）书影

Gulouqu Zhi (Nanjing)

《鼓楼区志》（南京） 主编勾文迪、张国防、周国平。2006年中华书局出版。2册，280万字。设29编131章450节。志首有图片186幅、地图3幅。上起事物发端，下至2000年，总述、大事记、专记、丛录、照片延至2003年。篇目设计

颐和路民国公馆区

注重体现“民国官府区、外国使馆区和名人公馆区”、南京“文教中心和新兴的商贸中心”、江苏“政治中心”特色。除文物古迹编设专章记载民国机关旧址、外国使馆旧址、政要名流旧居外，还设经典民国建筑编记载94处民国建筑；重视对驻区单位的记载。突出体现发展战略的实施。设江东新区开发与建设章，反映江东城市化的历史进程；设工业园区建设章，反映实施“退二进三”战略，异地租地或征地创建工业园区的新型城区工业布局形态；设湖南路文明街编，反映实施“三产兴区”战略，通过创建湖南路商业精品特色街创新城区经济形态的特色；科技编设高新技术产业区节，记载广州路科技一条街、南京大学—鼓楼高校科技园、模范马路高新技术产业带，反映实施“科教兴区”、发展城区高科技产业的特点；街道/社区编突出整合驻区资源、共建社区、创建全国社区建设实验区的亮点。专记记载南京城市发展进程中的重大事件或事项在区内的发生情况，包括鼓楼之最（全国之最、全省之最、全市之最）、石头城与金陵邑、龙江宝船厂、鼓楼、随园与《红楼梦》中的大观园、南洋劝业会、湖南路10号大院、金陵大学师生建造旗杆记、南京安全区国际委员会、侵华日军在区境内暴行史实、全民动员抗击“非典”

等11个方面。人物编采用人物事略形式，只记人物与该区相关的活动或事迹片断，不记与本地无关的内容。

Gushixian zhi(jiuzhi)

固始县志(旧志)　据明成化志薛良序记载，成化前曾多次纂修县志，已不存。明代县志仅存嘉靖志。清代修县志7种，存5种，即顺治志(国内无存，日本内阁文库藏孤本)，康熙志，乾隆十年(1745)志(国内存残本，美国国会图书馆藏全帙)、四十三年志、五十二年志。

《固始县志》[嘉靖]　吴周、张梯修，葛臣纂。嘉靖三十一年(1552)刻本。10卷，卷各一目。分设图像、舆地、建置、民物、官师、选举、人物、典礼、杂述、艺文十志，下统100个子目。图像志包括地图、人像，有名宦、乡贤等像，均长袍广袖。每目有叙，且大目、小目多有评论，皆出自张梯之手。天一阁藏孤本。

《固始县志》[康熙]　杨汝楫纂修。康熙三十二年(1693)刻本。12卷，首1卷。卷首7幅图。分四表(沿革、秩官、师儒、选举)、八志(建置、食货、人物、典礼、武备、异流、杂述、艺文)。旧志官师混胥吏、学官于一体，此书将行政官吏列为秩官表，学官另立师儒表。旧志中，兵防散见于灾祥目，此书特立武备志，下设兵防、军匠、保甲、简阅、军功、驿站6目。详载水利并配图。国家图书馆、中共中央党校图书馆、天津图书馆有藏。

《固始县续志》[乾隆]　包桂纂修。乾隆十年刻本。卷次与康熙志相同，内容有删、续、补。各目无新内容者标“无续”；记其续者有郡县、乡里、食货、水利、职官、选举、灾祥等门目；记其补者有一山、二潭、一温泉、一坡、一湖、古迹两处，及铺司名额、工食、银数、兵防、驿马、军功等。续补内容最有特色的是水利、义学二目。水利目除续辑有关资料外，附《修四乡河道记》《修史河码头记》。义学目记载义学12处，注塾师姓名、简历以及义学的田租、房租钱额。国家图书馆、湖北省图书馆有藏。

《重修固始县志》[乾隆]　谢聘修，

乾隆《重修固始县志》(“中国地方志集成”本)书影

洪亮吉纂。乾隆五十一年刻本。26卷，首1卷。卷首圣制，之后列34类，其中人物类下分忠义孝友、世家文学、隐逸、流寓、仙释、义输、方伎等目。地理沿革与古县、今县、新城、故城等古史遗迹考证为重点内容。详考山水来龙去脉，附载有关物产、史实。水利目立清河、堪河、曲河、柳沟、白露河、急流羊行等篇，附水利图；又立四乡土坝、水利详文、水利条议、水利期限、闸坝田亩5目，较前志更详备。对楚之名相孙叔敖祠考证最详，先考地点，再记历次修葺，并有7通碑记，附元李治和清阎若璩、顾炎武、刘青藜等人考辨，赘以历史诗咏。大事表以年号、祥异、兵革3栏通记自周襄王三十年(前622)至乾隆五十二年大事。赋役、风俗、物产等类目均得到充实。全志对旧志精华重加整理，保留历次修志者的按语。国家图书馆、河南省图书馆等有藏。

Gugong Bowuyuan Tushuguan

故宫博物院图书馆　位于北京市东城区景山前街。1925年故宫博物院成立时设立。存藏的古籍善本主要源自清宫旧藏，其中的方志多为清廷奉诏修《大清一统志》时从全国广征而来，从京师、直隶、盛京，至各省府、州、县，大抵齐备，其中以冀、晋、陕、豫、苏、浙、川、粤等省居多。该馆于1931年编印《故宫方志目》，收录自明正德年间至民国初年方志1700余种。收藏1933年随故宫博物院文物南迁、后存“台北故宫博物院”的方志有1500余部，以乾嘉以前版本为主。1948年，该馆编《故宫方志目续编》，收录前书刊行后陆续检出而增益者、各地所赠的新修与新印者，以及南迁之后遗留、重复之本等，增黑龙江、西藏二省志书，其中通志63部、郡志299部、邑志1150部，总计1512部。2012年影印馆藏稀见方志120种，编制“故宫博物院藏稀见方志丛刊”，其中孤本方志60余种。

Gu Jiegang

顾颉刚(1893—1980)　字铭盘。江苏苏州人。1916年就读于北京大学文科哲学门。毕业后留校任助教。后任教于北京大学、燕京大学、中山大学、云南大学、中央大学等。1934年与谭其骧在北平创立禹贡学会，创办《禹贡》(半月刊)。1943年与傅斯年等发起组织中国史学会。后任《北碚志》(见杨家骆)主任委员。1949年后，任中国科学院历史研究所(后更名为中国社会科学院历史研究所)研究员。曾创办多种学会及刊物。主持标点《资治通鉴》、二十四史。编著有《古史辨》《秦汉的方士与儒生》《中国历史地图集》等，撰有《研究地方志的计划》(与朱士嘉合作)等。在为《九峰旧庐方志目》《中国地方志综录》《苏南区文物管理委员会方志目录》等所作序言及方志相关论著中，认为地方志书“以较正史，则正史显其粗疏；以较报纸，则报纸表其散乱”，指出“如此缜密系统之记载，顾无人焉能充分应用之，非学术一大憾事耶”？呼吁有关学者重视地方志这一历史文献。

Gu Yanwu

顾炎武(1613—1682)　初名绛，字忠清，后改名炎武，字宁人，世称亭林先生。明末清初江苏昆山人。明诸生。南明鲁王政权时，官至兵部职方郎中。清兵南下时，参加昆山、苏州武装抗清斗争。失败后，奔走于山东、河北、山西、陕西等地，结交联络各地抗清复明志士，踏查中原地理形势，以图抗清复明大业。与黄宗羲、王夫之并称清初三大儒。纂有《天下郡国利病书》《肇域志》《建康古今记》《营平二州史事》《昌平山水记》《历代帝王宅京记》《山东肇域记》

等，参修《山东通志》《邹平县志》等，另著有《日知录》《石经考》《求古录》《亭林文集》《明季实录》等。所作《营平二州史事序》一文，被近代学者黄本诚认为是顾氏修志旨要，并概括为五点：一是修志的人要有一定的学识；二是要网罗天下志书以做参考；三是要深入现场进行调查研究，反复勘对，必得其实而后止；四是要有充裕的时间；五是文字要通俗易懂。①《营平二州史事》。营州为古地名，指辽水以东至朝鲜之境；平州即明代永平府（河北昌黎、卢龙）。清顺治六年(1649)，顾氏游历永平时，应当地官员与士大夫之邀编纂。6卷。记事自燕秦至元至正年间。原书已佚，仅存《营平二州地名记》1卷，记至五代而止。有清光绪十四年(1888)朱记荣校刊本、上海扫叶山房藏版。②《昌平山水记》。顾氏于顺治十六年六谒明陵，遍访京东，纂成此志。2卷。上卷记述明十三陵的建置情况和昌平的历史地理，所记昌平之城有巩华城、永安城、芹城、长峪城、黄花镇城等；下卷记述昌平州所辖的顺义、怀柔、密云三县的建置沿革、山川、古城、关隘、古迹、名胜等，并考证许多史籍中的错误。国家图书馆、北京大学图书馆藏刻本。③《历代帝王宅京记》。又称《历代宅京记》。20卷。前两卷为总序，概述上起伏羲、下迄元代有关历代都城史事。后18卷按年代先后，分论长安、洛阳、成都、邺城、建康（南京）、云中（大同）、晋阳（山西太原西南）、太原、大名、开封、宋州（河南商丘南）、临安（杭州）、临潢（内蒙古巴林左旗东南）、幽州（北京）、辽阳、大定（内蒙古宁城西）、会宁（黑龙江阿城南）和开平（内蒙古正蓝旗东）等都城的城郭、规制、建置年月、建置经过、寺庙、宫殿、苑囿等。国家图书馆藏清抄本。④《山东肇域记》。6卷。为顾氏于清康熙十二年(1673)受聘参纂《山东通志》时，在《肇域志》山东部分基础上修订而成。书前有自序、目录；下以山东六府为次，府下为州，州下为县；附郭县列于各县之首，析郡邑、藩封、官守、山川、古迹等目。详于明代，考证精审，编修《嘉庆重修一统志》多采用此书。

Gu Yewang

顾野王(519—581) 字希冯。南朝梁陈间吴郡吴县（江苏苏州）人。12岁时随父至建安（属福建），撰《建安地记》2卷。初为梁太学博士、诸王参军。入陈，历任撰史学士、国子博士、太子率更令、领大著作等。官至光禄卿。纂有《舆地志》《异地志》《十国都城记》等，另著有《玉篇》《符瑞图》《玄象表》《分野枢要》等。《舆地志》，梁太平二年(557)至陈太建十三年(581)成书。30卷。参考汉魏以来240余部地理书编纂而成。原书已佚。《太平御览》《寰宇记》有征引。有《汉唐地理书钞》辑本。

Guanshanzhen Zhi

《关山镇志》 孙玉亭主持编纂。1991年陕西人民出版社出版。12.6万字。设12章40节。配彩色及黑白图照7幅。上起原始社会新石器时代，下至1987年。记述了陕西西安关山镇的历史及当地的自然地理、政治、经济、文化等各方面的发展与现状，注重记述关山镇建置经过。第三章详记关山镇的成立及成立后的重大事件，重点记述李自成与洪承畴大战关山、回民军与捻军在关山的活动、清朝"山东移民建村"、民国"郭自兴杀四门"、辛亥革命期间"靖国军在关山的胜利"等战事。第七章详细记述各乡村行政组织、党群机构及群团组织的建立和发展经过，列表记载关山镇历届区长、公社主任、乡长的名单。重点记述各行业和领域的发展情况。第十章记教育，重点记述渭北书院、四维中学、关山中学的创办经过、办学理念、学校规模。第十二章记社会，除记述民政和计划生育工作外，特别记述耶稣教和天主教在当地的活动情况。附录记述了镇辖14个行政村的分布、设置经过、经济和社会发展概况等。

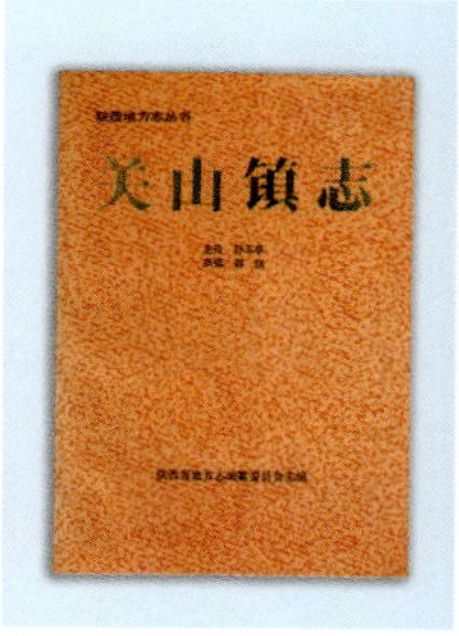

《关山镇志》书影

Guanyu Difangzhi Bianzuan Gongzuo De Guiding

《关于地方志编纂工作的规定》 关于地方志编纂和地方志工作组织管理的规范性文件。中国地方志指导小组制定。1997年5月8日，中国地方志指导小组二届三次会议讨论通过。1998年2月10日，以中指组发〔1998〕01号

关于地方志编纂工作的规定

第一章 总 则

第一条 根据国务院办公厅《关于进一步加强地方志编纂工作的通知》，为使我国地方志编纂工作制度化和规范化，特制定本规定。

第二条 编纂地方志是一项长期的具有连续性的社会主义文化建设事业，对全面了解和反映我国地情国情，对推进我国两个文明建设，对积累和保存地方文献有重要意义。

第三条 编纂地方志必须以马列主义、毛泽东思想和邓小平理论为指导，坚持实事求是的思想路线，运用现代科学理论和方法，全面真实地反映当地自然和社会的历史与现状，为改革开放和社会主义现代化建设服务。

第四条 编纂地方志应继承我国历代修志优良传统，贯彻存真求实的方针，坚持改革创新，做到思想性、科学性和资料性的统一。

第五条 编纂地方志应延续不断。各级地方志每二十年左右续修一次。各地在上届志书完成后，要着手为下届志书续修积累资料。

第二章 组织领导

第六条 中国地方志指导小组从政策上和业务上指导全国修志工作，对修志工作涉及的重大问题及时向党中央、国务院请示报告。中国地方志指导小组负责建立和完善有关规章制度，对各地制定规划提出建议和要求，督促检查各地修志工作，组织交流经验和开展各

种学术活动。

中国地方志指导小组设办公室,负责日常事务工作。

第七条　坚持"党委领导、政府主持"的修志体制。各省、自治区、直辖市的地方志编纂委员会及其办公室,负责组织本地区修志工作。地方志编纂委员会办公室应是当地政府直属的具有行政职能的一级单位。设区的市、地区、自治州、盟和县、自治县、旗、不设区的市、市辖区也要有常设的修志机构。各级修志机构的经费列入各级地方财政预算。

各级修志机构的主要任务是:制定规划;开展调查研究,积累资料;组织志书编纂;审定验收志稿;整理旧志;总结和交流修志经验;进行方志理论研究;培训队伍;编纂出版地方年鉴;提供地情咨询服务;编写地情丛书等。

第八条　地方各级政府要配备德才兼备的干部担任领导和主编。地方志专职编纂人员要相对稳定。要不断提高修志工作者的政治素质和业务素质,在修志队伍中大力倡导"求实、创新、协作、奉献"的敬业精神。编纂地方志要充分发挥老同志的作用,同时通过各种形式对中青年骨干进行培训,努力从高等院校和科研部门输入更多有较高专业水平的青年人才。坚持专职队伍与兼职队伍相结合的方针,吸收各行各业有造诣的专家、学者参加地方志编纂工作。民族自治地方应吸收本民族干部参加。

第九条　地方各级政府要加强对地方志编纂工作的领导,要把这项工作列入政府的议事日程,明确一位领导同志负责,及时协调和解决工作中出现的问题;要切实保证修志机构的经费和必要的工作条件,定期评聘业务人员的专业技术职务,妥善解决工作人员的生活福利待遇等问题。

第三章　志书编纂

第十条　编纂地方志主要分三级进行:省、自治区、直辖市编纂的地方志;设区的市、地区、自治州、盟编纂的地方志;县、自治县、旗、不设区的市、市辖区编纂的地方志。

国家部委和军事部门志书的编纂,由其领导部门决定。

第十一条　编纂地方志要加强调查研究,掌握翔实资料,力求观点鲜明正确,材料真实可靠,体例完备严谨,篇目结构合理,内容充实深刻,段落层次清楚,审校严格认真,从多方面采取措施,保证志书质量。

第十二条　首届志书的断限,各地可根据实际情况自行确定;续修志书时,每届志书的下限,力求统一。

第十三条　地方志的体裁,一般应包含述、记、志、传、图、表、录等,以志为主体。图表采用现代技术编制。人物志要坚持生不立传的原则,在世人物的突出事迹以事系人入志。

第十四条　地方志的篇目设置,应合乎科学分类和社会分工实际,突出时代特点和地方特色,做到门类合理,归属得当,层次分明,排列有序,形式上不强求一律。

第十五条　地方志的文体,采用规范的语体文。行文力求朴实、简练、流畅。

志书的篇幅不宜过大,今后续修,字数要相应减少。

第十六条　地方志所采用的资料,包括史料、人名、地名、年代、数据、引文等,务必考订核实,重要的要注明出处。历史纪年,注明公元;地理古名,注明今地。全书要附有索引。

第十七条　各级地方志应严格执行审查验收制度。省、自治区、直辖市编纂的地方志由省级地方志编纂委员会组织专家审查验收,报同级党委或政府批准出版;设区的市、地区、自治州、盟编纂的地方志报省级地方志编纂委员会审查验收,由同级党委或政府批准出版;县、自治县、旗、不设区的市、市辖区编纂的地方志报市级地方志编纂委员会审查验收,经省级地方志编纂委员会审核后,由同级党委或政府批准出版。

第十八条　各省、自治区、直辖市的修志机构负责协调安排本地的志书出版工作。版权、著作权应受到保护。

方志出版社的主要任务是出版各级各类地方志书,为提高志书质量,繁荣志书出版事业服务。

第十九条　各级地方志采用16开本,横排印刷。装帧、版式要力求统一。

民族自治地方,可用汉文和当地少数民族通用的民族文字出版。

第二十条　各级修志机构,要组织和推动用志;要运用现代化的手段建立方志地情资料库,推向社会,逐步实现信息网络化。

有条件的地区,要建立方志馆。

第四章　附　则

第二十一条　本规定解释权属中国地方志指导小组。

第二十二条　各省、自治区、直辖市的修志机构根据本规定,制定实施细则。

第二十三条　本规定自颁布之日起实施

文件印发施行。全文分总则、组织领导、志书编纂、附则4章,共23条。

guanzhong ba zhi

关中八志　明正德《武功县志》《朝邑县志》、嘉靖《鄠志》《高陵县志》《耀州志》、隆庆《华州志》、万历《富平县志》《郿志》的合称。清王士禛在《新城县志》序中高度赞扬十一种明代陕西州县志。嘉庆年间邓廷桢作《咸宁县志》序,将其中属于陕甘分治后陕西关中的八种志合并列出并给予"文简事核、训词尔雅""说者谓'地率秦地,人率秦人,犹有《黄图》《决录》之遗'"的评价。此后,学者多将此八志合称为"关中八志"。为尚简派方志之滥觞。作者所倡导的凡所记载,悉关国计民生、人心风俗,善恶并书,劝惩兼备等修志主张,在志书中得到较好的贯彻,对后世陕西志书的地域风格有示范作用。

《朝邑县志》[正德]　王道修,韩邦靖纂。正德十四年(1519)刻本。2卷。5700余字。设7篇。上卷为总志、风俗、物产、田赋,下卷为名宦、人物、杂记。

概述朝邑县(大荔县境东部)从三代殷周到正德时的建置沿革、山川地理、风俗、物产、重大事件、著名人物等。此志为简志代表作,古今论者多有对其失之过简、资料难以详备等弊病提出批评。流传40多种版本,有正德十四年刻本、万历四十年(1612)刻本,清康熙五十一年(1712)王兆鳌刻本、嘉庆元年(1796)是政堂刻本(附张我华《朝邑县志注》2卷)、同治十三年(1874)刻本(附方楷勘误1卷)等。陕西省图书馆、北京大学图书馆、陕西历史博物馆等有藏。

《武功县志》[正德] 康海纂。正德十四年刻本。3卷。2万余字。分地理、建置、祠祀、田赋、官师、人物、选举7篇。文辞虽简,但事实详尽;详近略远,不载已不复存者;切于实际,征引资料进行考订;不设艺文志,融著作目录于各志传之中;对人文历史的记述贯穿始终。康海(1475—1540),字德涵,号对山,陕西武功人。他认为方志是“记其风土文献之事”,以备地方官资治之书。志中劝善惩恶,既寓褒贬之义,又有体察民间疾苦之意,不为地方官“隐恶”。翻刻较多,有3卷,4卷,3卷、首1卷,4卷、首1卷等4种版本系统,主要有正德十四年冯玮刻本、万历四十五年许国秀刻本,清乾隆二十六年(1761)玛星阿刻本(孙景烈评注)、嘉庆十九年绿野书院刻本、道光二十七年(1847)三志合编本等。陕西省图书馆、首都图书馆、北京大学图书馆等有藏。2010年,三秦出版社出版校注本,收入《咸阳经典旧志稽注》。

《鄠县志》[嘉靖] 王九思纂。嘉靖十二年(1533)刻本。鄠县为陕西户县旧称。该志于明末散佚,存康海序、张治道后序及后代鄠志中节录的少量原文。据后序知其“志凡八例,笔削考订,他志弗及,而又附以兴颓救弊之论,以借观风者采纳改革焉”。

《高陵县志》[嘉靖] 吕柟纂,杨九式校补。嘉靖二十年刻本。7卷。10万余字。分地理志、建置志、祠庙志、户租志、历数述、礼仪抄略、职官考、官师传、人物传、科贡间传、邸宅陵墓11门。

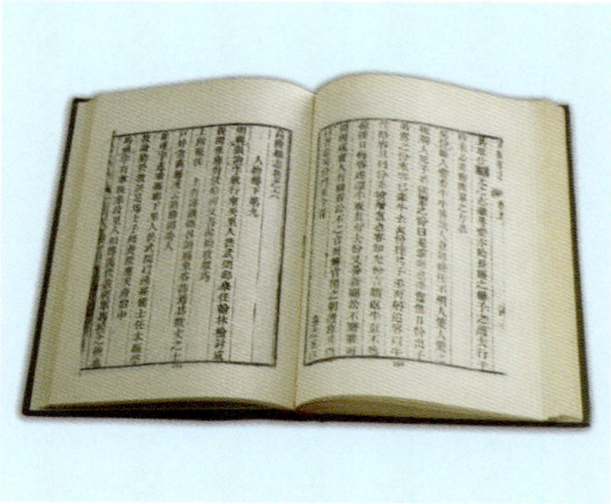
嘉靖《高陵县志》(“中国方志丛书”本)书影

志首列县城图、县境图、县城迤北境图、县城迤南境图。以1/3篇幅记人物。地理志详细考证县境历代所开渠堰沟洫。除初刻本外,还有清嘉庆三年、光绪十年(1884)两种刻本。陕西省图书馆、首都图书馆、西北大学图书馆等有藏。

《耀州志》[嘉靖] 李廷宝修,乔世宁纂。嘉靖三十六年刻本。11卷,首1卷。约10万字。分地理、建置、祠祀、田赋、官师、人物、选举、纪事、艺文9门。明代耀州辖境相当于陕西铜川市耀州区范围。该志凡例从时间和空间上框定志书记述范围,对后世方志越境不书、生不立传等原则的确立产生影响。选材查考文献,均有所依据;记述简核,注重审核事实;切当世之务,直书利病,不掩褒贬观点。后附张琏嘉靖《五台山志》1卷,在不淆乱全志体例的前提下,对本地特色事物进行升格记述,后代志书多仿效此例。存嘉靖三十六年刻本、康熙四十四年增补本、乾隆二十七年汪灏刻本、光绪十六年重印本。陕西省图书馆、上海图书馆、故宫博物院图书馆、陕西师范大学图书馆等有藏。

《华州志》[隆庆] 李可久修,张光孝纂。隆庆六年(1572)刻本。24卷。约9万字。分地理志、建置志、官师志、祠祀志、风俗考、田赋志、物产述、省鉴志、艺文志、官师列传、人物列传11门。门下列目,有些志目贪奇,如人物传下设入官考、博善述、貤封考等目。志首为华州志诸图考,有图5幅。篇幅介于繁、简两派志书之间,与关中八志中其他各志稍异。取材宏博,尤切实用,如尽数搜罗同时代志书不甚瞩目的矿藏、物产等内容,详记嘉靖年间华州(陕西华县)大地震资料。官师、人物生者不立传,官员无治绩者不记。有万历八年刻增补本;光绪八年合刻本,补入万历四年至二十五年纪事。1915年,王淮浦修补重印光绪本。国家图书馆、北京大学图书馆、中国科学院国家科学图书馆、辽宁省图书馆、陕西省图书馆、日本九州大学附属中央图书馆等有藏。

《富平县志》[万历] 刘兑修,孙丕扬纂。万历十二年刻本。10卷。分图、考、传、志四大门类。卷1为图考,列有县境、县城、新城三图,及温泉渠灌田图,薛、顺二暴水渠图,县内四十里图。卷2为地理志,记疆域、沿革、山川、陵墓、里村;卷3为建制志,记署治、庠序、仓廒、驿铺、集镇等;卷4为祠祀志,记祠庙、乡社;卷5~6为传,记官守、乡彦;卷7为选举志,记举人、进士、例贡、例监、入流、封荫、袭封等;卷8为田赋志,附述户口与地亩;卷9为习俗志,记祭祀、节俗,并按“士、农、工、商”分述;卷10为沟洫志,记河渠可灌里数。中国科学院国家科学图书馆藏乾隆四十三年吴六鳌刻本。

《郿志》[万历] 刘九经、刘本唐父子合纂。万历三十年刻本。此志为郿县(眉县旧称)第一部县志。8卷。分地形、政略、宦迹、献实、侨贤、凶德、事纪、异录、杂考等门,其中侨贤为刘本唐撰集。志书内容涉及眉县自先秦至明成化年间约1950年的历史。清顺治年间,陈超祚续修,增续地形、政略、宦迹、献实、事纪各卷内容。康熙年间,萧大雅增补政略卷。顺治《郿志》已佚。美国费城图书馆存万历本,为海内外孤本。存康熙续修本,镌刻万历志原文和顺治、康熙二朝续修部分,国家图书馆、日本国立国会图书馆有藏。20世纪80年代,眉县地方志编纂委员会办公室以上海图书馆藏胶片复印成书并作为底本,于1986年校注完毕。

Guangdong Jijian Jiancha Zhi (1950~1995)

《广东纪检监察志(1950~1995)》 主

编骆锦辉。1999年广东人民出版社出版。175万字。设14章61节。配照片142幅、表格140个、图7幅。上起1950年，个别重要事项适当上溯；下至1995年12月，部分内容延至1996年2月。反映中共中央华南分局纪律检查委员会和广东省人民政府人民监察委员会成立后46年间广东省纪律监察和行政监察工作。资料主要来源为广东省纪委、省监察厅、省档案馆的历史档案。完整记述全省信访工作、案件检查、案件审理、党风廉政、政策法规、执法监察、协办省委省政府的重要工作、队伍建设、机关日常工作和友好往来、重要会议，以及各市与省直单位纪检监察工作等方面内容。人物章记述为全省纪检监察工作做出重要贡献的人物简历。附录收录重要文件57件、典型案例28件。

1986年7月，中共广东省纪委在广州市文化公园主办广东省党性党风党纪教育展览

Guangdong Sheying Yishu Zhi (1843~2006)

《广东摄影艺术志(1843~2006)》 公元(郑蔚帆)编撰。在《广东省志·文化艺术志》摄影章基础上编纂而成。2008年岭南美术出版社出版。93万字。设8章12节。配照片300多幅。上起清道光二十三年(1843)世界摄影术传入广东，下至2006年。分别从摄影创作，摄影团体，摄影展赛，摄影理论，摄影发展记述，摄影评论、散论、美文选粹，摄影论文选粹，摄影作品选粹等方面反映广东摄影艺术的发展。记述以广东全省摄影创作、团体、展赛及理论状况为主，其他部分通过编年体广东“主要摄影纪事”反映，记述广东摄影史主要发展线索。鉴于摄影艺术的特殊性，该志以摄影作品、摄影论文和摄影评论为主要内容，既包括广东本籍和外省籍、外国籍摄影人士发生在广东的摄影事物，也包括广东籍人士和广东摄影机构发生在省外、国外，或外省籍摄影人士有关广东摄影的事物。选材标准兼顾权威性与史料性，论文与作品的选编均以省级以上入选发表作品及产生影响为准，评论选编均以在全国或国际摄影领域具有影响者为对象。2009年获中国文联的中国摄影金像奖。

《广东摄影艺术志(1843~2006)》书影

Guangdong Shengli Zhongshan Tushuguan

广东省立中山图书馆 位于广州市文明路。前身为1912年创建的广东省图书馆、1933年建成的广州市立中山图书馆。1955年，两馆合并，改为广东省中山图书馆。1989年，新馆建成开放，建筑面积约10万平方米。2002年，改名为广东省立中山图书馆。馆藏方志由特藏部保存管理，分为善本方志、全国方志、广东方志三部分存放。馆藏旧方志2100余种；新方志约2300种，其中广东1849种、其他省(直辖市、自治区)440余种。2010年影印馆藏广东方志26种和外省方志6种，编制“广东省立中山图书馆藏稀见方志丛刊”，包括清刻本10种，抄本16种，民国时期油印本、铅印本6种，其中有12种方志为广东省立中山图书馆独家收藏。①中图馆藏善本方志。馆藏善本方志92种，包括省通志10种、府州县志等82种，其中广东善本

广东省立中山图书馆

方志39种、全国善本方志53种，涉及辽宁、江苏、河南、山西、山东、陕西、甘肃、湖南、湖北、四川、福建、台湾等省区。年代最早的为嘉靖《广东通志》。较为稀见的有康熙年间的《长乐县志》《潮阳县志》《永安县次志》，乾隆年间的《澎湖纪略》《和平县志》《龙川县志》等，其中抄本崇祯《东莞县志》、康熙《新会县志》仅该馆存藏。另有山水志、寺庙志等专志、杂志75种。②中图馆藏全国方志。主要是清代与民国时期出版的方志，其中清代方志840余种、民国方志900余种。地域涉及全国各省区，数量较多的有江苏方志136种、浙江方志130种、山东方志124种、河北方志102种，其他在60种以上的有四川、湖南、湖北、河南、广西等省区方志。稀见方志有雍正《蓝田县志》、乾隆《衡山县志》、乾隆《重修台湾府志》、嘉庆《成安县志》、道光《芷江县志》等。清代方志以刻本为多，民国方志以铅印本为多，另有抄本、活字本、油印本、影印本等。③中图馆藏广东方志。基于历史行政区划的原因，馆藏广东方志实际上包含了广东省、海南省及广西钦廉地区方志。馆藏广东旧方志有390余种，另有山水志、名胜志、寺庙志、岛屿志、图志等百余种及缩微胶卷百余种。

Guangdongsheng Zhi Zongjiao Zhi

《广东省志·宗教志》 主编黄德才。2002年广东人民出版社出版。70万字。设6章38节。配照片104幅、表格62个。上起各种宗教传入广东时期，下至1998年，个别内容延至2000年。概要记述佛教、道教、伊斯兰教、天主教、基督教的产生、演

广州石室天主堂

变、重大节日、主要礼仪等，重点记述五大宗教在广东的传播、变迁沿革、教务活动及政府宗教事务管理。附录收录重要的宗教事务管理文件、宗教乐谱、清道光及民国时期广州市三元宫重修的记文等。吸收最新学术成果，对有争议的问题多方考证，以一说为主，并录多说。2004年获广东省首届新编优秀志书奖一等奖。

Guangdongsheng Zhi Zongshu

《广东省志·总述》 主编黄勋拔。2004年广东人民出版社出版。60万字。设7章28节。上起有人类活动的时代，下至1998年。记述简明扼要；灵活运用“述而不作”的原则，对若干重大历史事件和文化特征做综合记述；专设省情特点章，概括反映广东省情特点的资料，准确地总结出中国的南大门、毗邻港澳、华侨最多的省份、中国近代民主思潮和民主革命发源地、特色鲜明的岭南文化、外向特征明显的经济六大特点。2004年获广东省首届新编优秀志书奖一等奖，2007年获2004~2005年度广东省哲学社会科学优秀成果奖三等奖。

《广东省志·总述》书影

Guangdong Tongzhi[Daoguang]

《广东通志》[道光] 阮元修，陈昌齐、刘彬华、江藩等纂校。清嘉庆二十四年(1819)初，设立广东通志局纂修，道光二年(1822)修成。共334卷，首1卷。分训典、四表、十略、二录、九列传、杂录。该志具有体例架构完善、资料丰富翔实、史料价值高等优点，被学术界称为存世六种通志最佳本。考古详细，沿革、选举、人物、前事、艺文、金石各门皆详核。金石记至元代，前事略和谪宦录记至明崇祯十七年(1644)，沿革、职官、选举三表，宦迹录，及列传均书及清代。国家图书馆、北京大学图书馆、广东省立中山图书馆、华南师范大学图书馆等有藏。国家图书馆、广东省立中山图书馆等还收藏有清同治三年(1864)刻本、1934年上海商务印书馆影印本。

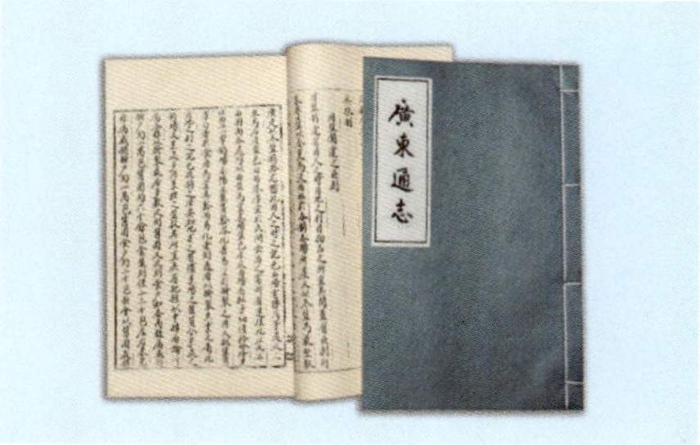

清道光《广东通志》书影

Guangdong xiuzhi

广东修志 广东地区修志始于两汉时期。可考的广东历代方志有832种。1984年，广东首轮修志工作全面启动，2007年完成。2002年，二轮修志工作启动。至2010年，共出版省志分志、市(地)志、县(市、区)志212部。

广东历代方志编修 最早记述岭南的方志为东汉杨孚所作《异物志》，又称《南裔异物志》。此后，有关岭南的著作有三国(吴)万震《南州异物志》、陆胤《广州先贤传》，晋黄恭《交广记》、裴渊《广州记》、顾微《广州记》、刘欣期《交州记》、稽含《南方草木状》、盖鸿《珠崖传》等20多种。南北朝时期出现记载地理、风土、方物、民族、人物的专著，如宋沈怀远《南越志》、邓德明《南越志》，多为私家著作，且分开记述人文、地文。隋唐时期，岭南诸州按规定上送图经，据明嘉靖《广东通志·前事略》载，唐开皇十八年(598)，循州总管樊子盖献《岭南地图》。可考的唐代岭南方志仅有《潮州记》《封州图经》《韶州图经》。宋至民国时期可考的方志中，宋代方志101种、元代方志14种、明代方志224种、清代方志447种、民国时期方志46种。宋代以前，广东所修方志内容仅限于对山川、物产、人物的分类记述。至宋代，逐渐增加官职、人物、教育、艺术等内容。明清以后，修志开始成为地方官员的一项任务，多为奉诏或督抚宪檄纂修，或征送志书。民国时期，修志工作时断时续，修有两部通志未成稿，修编的县志地域分布不广。

广东宋元时期修志 可考宋代志书中，记述范围相当于广东全省的图经有《广东路图经》《广东会要》，均佚，前者是广东图经中卷帙最多的一种；府、州、县志(或图经)有82种，其中广州、潮州各8种，连州7种，肇庆6种，新兴5种，韶州、惠州、琼州、南雄、化州、阳江各4种，高州、廉州、德庆、封川、番禺各3种，龙川、儋县、梅州、雷州各2种，其他县1种；专志有《广州记》《番禺杂记》《广南市舶录》《广州牧守记》《湟川开峡志》等。元代志书有路、府志10种，县志4种，仅大德八年(1304)陈大震修纂的《南海志》存世(存6~10卷)，为存世最早的广东方志，天一阁藏原刻本，广东省立中山图书馆藏抄本。

广东明代修志 明代广东府、州、县奉诏，或奉督抚令，纂修或征取志书，可考者有洪武十四年(1381)，永乐六年(1408)、十六年，宣德五年(1430)，景泰五年(1454)，天顺五年(1461)，成化年间，正德十一年(1516)，嘉靖十四年(1535)、二十年，万历十三年(1585)、四十一年，崇祯十四年(1641)，共13次。编修的通志及府、州、县志可考者有224种，其中嘉靖朝51种、万历朝62种、崇祯朝31种，其他各朝修2~9种。志书修纂连续性较强，如惠州县十修县志，南雄府及东莞、兴宁两县七修县志，增城、阳江两县六修县志，顺德、清远、潮阳三县五修县志。存世志书53种。该时期出现黄佐、郭棐等志家。①广东明代通志。有嘉靖年间编修的《广东通志初稿》《广东通志》，万历年间编修的《广东通志》《粤大记》，均存。其中戴璟所修嘉靖《广东通志初稿》为首部广东通志，万历《粤大记》为私修通志。②广东明代府志。修47种，存20种。其中惠州府志6种，分别修纂于嘉靖七年(即《惠大记》)、二十一年、三十五年、三十九年(即《惠志略》),万历二十三年,崇祯十五年;广州府志3种,有永乐《广州府辑稿》、成化《广州志》、嘉靖《广州志》;其他为永乐《潮州府辑稿》,正德《琼台志》,嘉靖年间所修《潮州府志》《韶州府志》《南雄府志》,万历年间所修《琼州府志》《肇庆府志》《高州府志》《雷州府志》,崇祯年间所修《廉州府志》《肇庆府志》。③广东明代州县志。州县志修162种,存30种。州志仅存嘉靖十六年《德庆州志》、嘉靖十八年《钦州志》、万历四十六年《儋州志》。县志分别为正德十三年、嘉靖三十一年、崇祯十年《兴宁县志》,万历三十七年、崇祯十五年《南海县志》,天顺八年、崇祯十二年《东莞县志》,嘉靖三十六年、万历二十二年《仁化县志》,还有顺德、新宁、增城、香山、新会、翁源、始兴、博罗、永安、海丰、龙川、潮阳、揭阳、大埔、普宁、阳春、恩平、封川18个县的县志各1种。正德《兴宁县志》、万历三十七年《南海县志》为名志、佳志。

广东清代修志 清代编修《一统志》,广东各府、州、县均修志上送,以供采择。共修447种,其中顺治朝10种、康熙朝177种、雍正朝31种、乾隆朝62种、嘉庆朝30种、道光朝39种、咸丰朝6种、同治朝18种、光绪朝34种,宣统朝40种。佳作有道光年间所修《广东通志》《肇庆府志》等。康熙二十四年(1685),粤海关成立,广东编修了中国第一部地方关志道光《粤海关志》。受文字狱案的影响,乾隆以前刊行或后印的方志,有挖字、铲板现象。道光《广东通志·艺文略》凡全毁书均不收入。该时期出现史澄、李光廷等志家。①广东清代通志。《广东通志》有康熙三十六年本、雍正九年(1731)本、道光本,均存;还有图说7种,分别为康熙二十四年成书的《广东舆图》,乾隆五十五年(1790)成书的《广东海图》,同治五年(1866)成书的《广东图》与《广东图说》,光绪十五年(1889)成书的《广东舆地图说》与《广东海图说》,宣统元年成书的《广东舆地全图》;另有辑自光绪十年,上海图书集成印书局铅印本"古今图书集成"的《广东汇考辑》。其中道光《广东通志》被学术界称为存世6种通志最佳本。②广东清代府志。修36种,存30种。其中,顺治朝1种,康熙朝13种,乾隆朝7种,道光朝4种,光绪朝3种,嘉庆、同治两朝各1种。肇庆、高州、琼州三府各修4种,广州、韶州、廉州、潮州四府各修3种,南雄、惠州、雷州三府各修2种。③广东清代州县志。修有州志26种、县志382种。存276种,其中包括康熙《永安县志》、康熙《兴宁县志》、同治《阳春县志》、光绪《嘉应州志》等名志。

广东民国时期修志 该时期两次修通志,均未完成。第一次是在1916年,第二次是在1931~1935年。修府志4种,分别为1933年《海南岛志》、1934年《潮州府志略》、1943年《潮州志》、1949年《海南岛新志》。另有1945年《琼崖志略》。纂修志书的县分布较零散,且县志多在1941年前修成,有《大埔县志》《丰顺县志》《清远县志》等46种。其中肇庆11种、广州9种、韶关8种、琼州(1914年改为海南特别行政区)5种、惠州4种、潮州4种。有稿本、补订本10种,分别为1918年《番禺县志稿》、1918年《翁源县志稿》、1929年《恩平县志补遗》、1931年《海丰县志正集续集》、1937年《三水县志艺文略稿》、1944年《鹤山县志未成稿》、1945年《饶平县志补订》、1945年《防城县志初稿》、1946年《电白县志稿》、1947年《南澳县志未成稿》。该时期有梁启超、陈伯陶、邹鲁、邬庆时、温廷敬、赖际熙、饶宗颐等学者参与方志研究。

广东新方志编修 全省在1958~1963年有37个县(市)完成志书初稿,其中17部内部刊印。1979年12月,在广东省人民代表大会五届二次会议上,人大代表、省政协副主席莫雄提出《组织人力编写〈广东省志〉》的提案。1979年,斗门县率先重修县志,1980年,内部出版。龙门县、连县、新兴县等地较早开展新修志书工作。1985~1987年,市(地)、县(市、区)及中央、省属驻地单位普遍成立地方志工作机构。各地均有部门志、行业志内部印行或出版发行,多为单位组织编写出版。至2007年,第一轮规划编修的新方志全部完成。首轮市县志记事上限多为1840年,有的追溯至事物发端;下限最早为1981年,最晚记至1995年。经济部类内容所占篇幅比例一般在35%以上;增加第三产业等新内容,吸收现代科技研究成果、考古成果、统计资料等;增加航摄地形图、卷首照片和随文照片;部分志书设英文目录、主题索引。2002年2月,省政府提出全省第二轮修志工作总体计划。规划编修省志分志及市(地)、县(市、区)志161部。市县志记事上限一般为1979年;下限为2000年,部分志书下延。第二轮修志沿袭第一轮志书的编修体例,更加重视人文。

广东省级修志 首轮《广东省志》编修工作于1984年12月启动。1988年,各分志编修工作全面开展。全志由94部分志组成。至2007年,全部出齐。由广东人民出版社出版。约6700万字。记述上限不限,下限至1987年,部分分志下限至20世纪90年代中后期。设华侨志、孙中山志、海关志、海洋与海岛志等特色分志。1997年,在全国地方志评奖中,华侨志、水利志分别获一等奖、二等奖。在2004年广东省首届新编优秀志书评奖活动中,总述、科学技术志、军事志、宗教志、孙中山志获一等奖。2002年2月,省政府办公厅发出通知,决定开展《广东省志(1979—2000)》编修工作。规划43卷。篇目设置侧重经济部类。设经济管理卷、经济功能区卷、经济体制改革卷、人民生活卷、信息产业卷等符合改革开放时代特色的分卷。专记卷中的珠三角经济、海洋经济、粤港澳台经济文化交往、精神文明建设等内容带有浓厚地方特色。

广东市级修志 首轮市(地)志规划编修13部。至2004年,全部出齐。在全省优秀社会科学研究成果评奖中,《中山市志》获三等奖。在2004年省第一届新编优秀志书评奖活动中,《广州市志》获一等奖。第二轮规划编修19部。

G

G

广东省首轮市级志一览表

志书名称	主编／总编／总纂	字数(万字)	出版年
《佛山市志》	潘健	250	1994
《潮州市志》	廖来保	348.8	1995
《东莞市志》	李灿林	250	1995
《广州市志》	杨资元	2400	1995~2002
《茂名市志》	陈英毅	250	1997
《中山市志》	赵德均	240	1997
《江门市志》	朱坤生等	230	1998
《梅州市志》	杨增培	260	1999
《汕头市志》	王琳乾等	778	1999
《肇庆市志》	王振华	201	1999
《韶关市志》	胡灵光等	367.8	2001
《珠海市志》	李焕池等	200	2001
《湛江市志》	陈斌等	320	2004

至2010年，已出版1部。

广东县级修志　首轮县(市、区)志规划编修87部。至2007年，全部出齐。在全国地方志评奖中，《南雄县志》获一等奖，《澄海县志》《兴宁县志》《大埔县志》《顺德县志》《增城县志》《信宜县志》《饶平县志》获二等奖。在全省优秀社会科学研究成果评奖中，《南雄县志》获三等奖。在2004年广东省首届新编优秀志书评奖活动中，《增城县志》《南海县志》《南雄县志》获一等奖。第二轮规划编修99部。至2010年，已出版16部。

广东规划外志书编修　在新方志编修中，参与修志的单位收集整理大量的地情资料，不少单位、部门编修部门志、专业志、行业志，如广州市邮政局组织编修《广州邮政志(1834—1990)》《广州邮政志(1991—1995)》，广州市地名委员会组织编修《广州市地名志》，深圳市地方史志办公室自20世纪80年代开始，组织、指导完成20多部专业志的编纂或出版工作，列入“深圳市专志丛书”系列。至2000年，全省各级地方志部门编写出版部门志、行业志3000种以上，其中，在第一轮修志中出版各类专志500种以上，有《广州六榕寺志》《西樵山志》《新编曹溪通志》《惠州西湖新志》《七星岩志》《从化温泉风景区志》等山水名胜志，《广州蔬菜品种志》《广州农业土特产志》等物产志，还有《番禺县书目志》《东江纵队志》《广州轮渡志》《广州邮戳志》《北江大堤志》《连山壮族瑶族自治县壮族瑶族志》《普宁县风俗志》《普宁市种植业传统农具志》等各类专志。1998年，肇庆市端州区地方志办公室编辑出版电子版《端砚志》。也有少数个人编撰的志书，如《广东摄影艺术志(1843~2006)》。

广东旧志整理　省地方志办公室成立后，至2005年，收集省通志及府、州、县志250多种。各市县地方志办公室收集旧志195种。1986年，省地方志办公室与广东省立中山图书馆合作，将1935年《广东通志(未成稿)》手写本120册缩编成60册，誊印出版；1997年，对黄佐总纂的嘉靖《广东通志》进行补阙、校错、排正，誊印出版；2003年，将嘉靖《广东通志》经图像版电子数据处理及整理后，恢复原刻本风貌，誊印出版。2003年，省委、省政府制定《广东省建设文化大省规划纲要(2003—2010年)》。据此，省地方史志办公室对国内外留存的所有广东旧志进行收集整理，影印出版“广东历代方志集成”。省地方史志办公室联合省社会科学院、中山大学等单位的学者，编纂“广东省地方史志办公室古代方志丛书”，已编成出版《广东方志要录》《岭南古代方志辑佚》等。至2010年，全省各地级以上市地方志办公室整理旧志120多种。

“广东历代方志集成”　广东省地方史志办公室辑。2005年启动，向国家图书馆、故宫博物院、上海图书馆、宁波天一阁、广东省立中山图书馆、香港中文大学图书馆和美国犹他州家谱中

“广东历代方志集成”收录旧志

书名	版本
	【2006年】
《广东通志初稿》	嘉靖十四年
《广东通志》	嘉靖四十年、万历三十年、康熙三十六年、雍正九年、道光二年
《续广东通志(未成稿)》	1916年
《广东通志(未成稿)》	1935年
《粤大记》	万历间
《广东舆图》	康熙二十四年
《广东图》	同治五年
《广东舆地图说》	宣统元年
《广东海图说》	光绪十五年
《广东图说》	同治五年
《广东汇考辑》	古今图书集成
《广东舆地全图》	宣统元年
《广东海图》	乾隆五十五年
	【2007年】
《南海志》	大德八年
《广州志》	成化九年、嘉靖六年
《广州府志》	康熙十二年、乾隆二十四年、光绪五年
《南海县志》	万历三十七年、崇祯十五年、康熙三十年、同治十一年、乾隆六年、道光十五年、宣统三年
《顺德县志》	万历十三年、康熙十三年、康熙二十六年、乾隆十五年、咸丰六年、1929年
《番禺县志》	康熙二十五年、乾隆三十九年、同治十年、1931年

续表

书名	版本
《东莞县志》	天顺八年、崇祯十二年、康熙二十八年、雍正八年、嘉庆三年、1921 年
《新安县志》	康熙二十七年、嘉庆二十四年
《从化县志》	康熙元年、康熙四十九年、雍正八年
《龙门县志》	康熙六年、康熙二十六年、道光二十九年、1936 年
《新宁县志》	嘉靖二十四年、康熙十一年、康熙二十五年、乾隆三年、道光十九年、光绪十九年
《赤溪县志》	1926 年
《增城县志》	嘉靖十七年、康熙十二年、康熙二十五年、乾隆十九年、嘉庆二十五年、1921 年
《香山县志》	嘉靖二十七年、康熙十二年、1923 年、乾隆十五年、道光八年、光绪五年
《新会县志》	万历三十七年、康熙二十九年、乾隆六年、道光二十年、同治九年
《三水县志》	康熙十二年、康熙四十九年、嘉庆二十三年
《清远县志》	康熙元年、乾隆三年、康熙二十六年、光绪六年、1937 年
《佛冈厅志》	道光二十二年
《花县志》	康熙二十六年、1924 年
《广州府辑稿》	永乐年间
《番禺县志稿》	1918 年
《三水县志艺文略稿》	1937 年
《南雄府志》	嘉靖二十一年、康熙十四年、乾隆十八年
《直隶南雄州志》	道光四年
《始兴县志》	嘉靖十五年、康熙十六年、乾隆二十年、嘉庆二十四年
《保昌县志》	乾隆十八年、康熙二十六年
《始兴县志》	1924 年
	【2009 年】
《韶州府志》	嘉靖二十一年、康熙十二年、康熙二十六年、同治十三年
《曲江县志》	康熙十二年、康熙二十六年、光绪元年
《乐昌县志》	康熙五年、康熙五十八年、同治八年、1931 年
《仁化县志》	嘉靖三十六年、万历二十二年、康熙二十五年、嘉庆二十四年、同治十二年、1934 年
《乳源县志》	康熙二年、康熙二十六年
《翁源县志》	嘉靖三十六年、康熙十三年、康熙二十五年、乾隆三十年、嘉庆二十五年、1919 年
《英德县志》	康熙十二年、乾隆间、道光二十三年
《英德县续志》	康熙二十六年、1931 年(宣统三年)
《连州志》	康熙十二年、康熙四十九年、乾隆三十六年、同治十年
《连县志》	1949 年
《阳山县志》	顺治十五年、乾隆十二年、道光三年、1938 年
《连山县志》	康熙三十二年、1928 年
《连山绥瑶厅志》	道光十七年
《惠大记》	嘉靖七年
《惠州府志》	嘉靖二十一年、嘉靖三十五年、万历二十三年、崇祯十五年、康熙二十七年、光绪七年
《惠志略》	嘉靖三十九年
《归善县志》	康熙十四年、雍正二年、乾隆四十八年

书名	版本
《惠阳县志》	1949 年
《博罗县志》	崇祯四年、康熙二十六年、乾隆二十八年
《长宁县志》	乾隆二十一年、道光十九年
《永安县志》	万历十四年、康熙二十六年、道光二年
《海丰县志》	嘉靖三十八年、乾隆十四年
《海丰县志续编》	同治十二年
《海丰县志正集续集》	1931 年
《陆丰县志》	乾隆十年、1931 年
《龙川县志》	万历七年、乾隆二十七年、嘉庆二十三年、1934 年
《连平州志》	雍正八年
《河源县志》	康熙二十八年、乾隆十一年、同治十三年
《和平县志》	康熙二十六年、乾隆二十八年、嘉庆二十四年、1943 年
《潮州府志》	嘉靖二十六年、顺治十八年、康熙二十三年、乾隆二十八年
《潮州府志略》	1934 年
《潮州志》	1949 年
《海阳县志》	康熙二十五年、雍正十二年、光绪二十六年
《潮阳县志》	隆庆六年、康熙二十六年、嘉庆二十四年、光绪十年
《揭阳县志》	崇祯七年、雍正九年、乾隆四十九年、光绪十六年
《饶平县志》	康熙二十六年、光绪九年
《惠来县志》	雍正九年、康熙二十六年
《大埔县志》	嘉靖三十六年、乾隆九年、嘉庆九年、同治十二年、1943 年
《埔阳志》	康熙二十五年
《普宁县志略》	万历三十八年
《普宁县志》	乾隆十年、光绪十五年
《澄海县志》	雍正九年、嘉庆二十年、乾隆三十年、康熙二十五年
《丰顺县志》	乾隆十一年、光绪十年、1943 年
《南澳志》	乾隆四十八年
《南澳县志》	1945 年
《程乡县志》	康熙三十年
《嘉应州志》	乾隆十五年、光绪二十四年
《嘉应州志增补考略》	咸丰三年
《兴宁县志》	正德十三年、嘉靖三十一年、崇祯十年、康熙二十年、乾隆四年、嘉庆十六年、咸丰六年
《兴宁图志考》	光绪八年
《平远县志》	康熙九年、雍正九年、嘉庆二十五年
《镇平县志》	康熙十二年、乾隆四十八年
《石窟一征》	道光年间
《长乐县志》	康熙二年、康熙二十六年、道光二十五年
《五华县志》	1948 年
《潮州府辑稿》	永乐年间
《饶平县志》	康熙二十五年
《南澳县志(未成稿)》	1947 年
《饶平县志补订》	1945 年
《肇庆府志》	万历十六年、崇祯六年、康熙十二年、康熙五十八年、乾隆二十五年、道光十三年
《高要县志》	康熙十二年、道光六年、1938 年、1948 年

续表

书名	版本	书名	版本
《高要县续志》	同治二年	《化州志》	康熙九年、康熙二十五年、乾隆十三年、道光七年、光绪十六年
《四会县志》	康熙十一年、康熙二十七年、道光三年、光绪二十二年	《吴川县志》	康熙八年、康熙二十六年、雍正十年、乾隆五十五年、道光五年、光绪十八年
《四会县补志》	康熙二十五年	《石城县志》	康熙六年、康熙二十五年、康熙五十一年、嘉庆二十五年、光绪十八年、1931 年
《新兴县志》	康熙十一年、康熙二十六年、乾隆二十三年、1948 年	《廉州府志》	崇祯九年、康熙六十一年、乾隆二十一年、道光十三年
《阳春县志》	万历十六年、康熙二十六年、乾隆二十三年、道光元年、1941 年	《钦州志》	嘉靖十八年、康熙二十三年、雍正元年、道光十四年
《阳江县志》	康熙二十年、康熙二十七年、乾隆十一年、道光二年	《合浦县志》	康熙二十五年、1932 年
《阳江志》	1933 年	《灵山县志》	嘉庆二十五年、康熙十一年、雍正八年、乾隆二十九年、1914 年
《高明县志》	康熙八年、康熙二十九年、道光五年、光绪十五年	《钦县志》	1947 年
《恩平县志》	崇祯九年、康熙二十七年、乾隆三十一年、道光五年、1934 年	《防城县小志》	光绪年间
《恩平续志》	康熙二十五年	《防城县志初稿》	1945 年
《恩平县志补遗》	1929 年	《雷州府志》	万历四十三年、康熙十一年、嘉庆十六年
《广宁县志》	乾隆十四年、道光四年	《海康县志》	康熙二十六年、嘉庆十七年、1938 年
《开平县志》	康熙十二年、康熙五十四年、道光三年、1933 年	《遂溪县志》	康熙二十六年、道光二十九年
《鹤山县志》	乾隆十九年、道光六年、1944 年	《徐闻县志》	康熙二十六年、康熙三十七年、宣统三年
《德庆州志》	嘉靖十六年、康熙十二年、乾隆十九年、光绪二十五年	《琼台志》	正德十六年
《封川县志》	天启二年、道光十五年	《琼州府志》	万历年间、康熙四十五年、康熙十五年、乾隆三十九年、道光二十一年
《开建县志》	康熙十二年、康熙三十一年、道光三年	《海南岛新志》	1949 年
《罗定州志》	康熙六年、雍正九年	《海南岛志》	1933 年
《罗定州部汇考》	光绪十年	《琼山县志》	康熙二十六年、康熙四十四年、乾隆十二年、咸丰七年、1917 年、
《罗定志》	1935 年	《澄迈县志》	康熙十一年、康熙四十九年、光绪三十四年、嘉庆二十五年
《东安县志》	康熙十一年、康熙二十六年、乾隆五年、道光四年	《定安县志》	康熙二十五年、康熙三十年、光绪四年
《西宁县志》	康熙六年、康熙二十六年、康熙五十七年、道光十年、1935 年	《文昌县志》	康熙五十七年、咸丰八年、1920 年
《怀集县志》	乾隆二十年、同治十二年、1916 年	《会同县志》	乾隆三十九年、嘉庆二十五年
《高州府志》	万历年间、康熙十一年、乾隆二十四年、道光七年、光绪十六年	《琼东县志》	1925 年
《茂名县志》	嘉庆二十四年、光绪十四年、康熙二十六年、康熙三十八年	《乐会县志》	康熙八年、康熙二十六年、宣统三年
《电白县志》	康熙十二年、康熙二十五年、道光五年、光绪十四年	《临高县志》	康熙四十六年、光绪十八年
《电白县志稿》	1946 年	《儋州志》	万历四十六年、康熙四十三年
《信宜县志》	康熙十三年、康熙二十六年、乾隆二十一年、光绪十五年	《儋县志》	光绪三十年、1936 年
		《昌化县志》	康熙三十年、光绪二十三年
		《万州志》	康熙十八年、道光八年
		《陵水县志》	康熙二十七年、乾隆五十七年
		《崖州志》	乾隆二十年、光绪三十四年、康熙三十三年
		《感恩县志》	1932 年

心等国内外图书馆、博物馆全面搜集留存的广东历代方志，进行系统整理和编排、影印，2010 年完成出版工作，并向全国各级地方志工作机构、图书馆、档案馆等 350 多个单位免费赠送。全套集成 277 册。分省部、广州府部、韶州府部、南雄府部、惠州府部、潮州府部、肇庆府部、高州府部、廉州府部、雷州府部、琼州府部，共 11 部。收录自宋至民国存世的志书 433 种，其中通志 17 种（含舆图、图志、汇考等）、府志 56 种、县（州、厅）志 360 种；按修纂年代分，元代 1 种、明代 54 种、清代 318 种、民国 60 种。

“广州史志丛书” 广州市地方志办公室组织编纂。历任编审委员会主任薄怀奇（1988年 11月 ~2000年 12 月）、杨资元（2001 年 2 月 ~ ）。丛书选题定位和内容主要包括对有关广州历史情况的旧方志和其他古文献的整理成果，今人有关广州地情的著述、史志理论研究成果等。至 2010 年，出版书籍 36 种，近 1500 万字。其中，当代有关广州地情的著述、研究成果及史志理论研究成果 25 种，旧方志和古文献整理成果 11 种。

广东方志工作管理 全省先后有 48 个县（市）于 1958~1963 年成立地方志工作机构，占当时全省县（市、区）总数（68 个）的 70.5%。1981~1983 年，又有 4 个县先后成立地方志工作机构。1984 年，省地方志编纂委员会成立。至

1999年10月，全省113个市、县（市、区）全部建立地方志工作机构。2000年后，有的与档案局（馆）或党史办合并，有的与档案局（馆）、党史办三合一。至2010年，全省21个地级以上市均设立主管地方志工作的常设机构，成立省、市地方志学会等学术团体。省政府及省地方志办公室制定、发出修志规章制度，开展培训、评奖、学术交流活动。各级地方志部门通过各类志书评稿会，与开展地方志理论研讨相结合，推动地方志工作。据不完全统计，2000~2010年，结合志书评稿会开展理论研讨近千次。

广东省地方史志编纂委员会　中共广东省委、省政府于1984年3月17日发出通知，决定成立广东省地方志编纂委员会和《当代中国的广东》编纂委员会，两个牌子、一套机构。1992年3月，省地方志编纂委员会改为广东省地方史志编纂委员会。历任编纂委员会主任谢非（1984年3月~1987年2月）、杨立（1987年2月~1988年11月）、匡吉（1988年11月~1992年3月）、卢瑞华（1992年3月~1996年8月）、张高丽（1996年8月~1998年4月）、游宁丰（1998年4月~2002年4月）、钟启权（2002年4月~2003年4月）、谢强华（2003年4月~2008年9月）。编委会下设办公室，负责日常工作。2010年5月11日，成立《广东省志（1979—2000）》编纂委员会，肖志恒任委员会主任，原广东省地方史志编纂委员会撤销。两轮修志中，均成立有志书审查委员会。①广东省人民政府地方志办公室。原为广东省地方志编纂委员会办公室，1984年3月17日成立。为省地方志编纂委员会所属办事机构。1992年3月改称广东省地方史志办公室，2009年9月改称广东省人民政府地方志办公室。设人事秘书处、市县志工作处、省志工作处、年鉴工作处、信息工作处，直属事业单位广东年鉴社。历任主任黄勋拔（1984年6月~1997年9月）、陈强（1997年9月~）。省地方志编纂委员会办公室于1984~1990年举办修志干部培训班8期，培训修志干部近千人次。20世纪90年代，派员前往各编修单位讲授地方志编写知识近百场次，培训编修人员近6000人次。第二轮省志编修中，累计培训近3000人。办公室先后创办《广东地方志通讯》《广东史志视窗》。《广东地方志通讯》于1984年3月创刊，季刊。1987年第一期起，更名为《广东史志》。2003年7月停刊，2004年停办。共出版84期。《广东史志视窗》于2004年创刊，双月刊。至2010年12月，出版42期。②广东省地方志书审查委员会。《广东省志》审查委员会成立于1991年5月，负责审查94部分志的内容，提出审查意见，确定是否达到出版要求，解决有关审稿、出版的其他事宜。历任主任邸长云（1991年5月~1996年11月）、陈坚（1996年11月~1998年3月）、李春洪（1998年3月~1999年4月）、程良洲（1999年4月~2006年10月）。2008年12月12日，广东省地方志书审查委员会成立，杨绍森任主任。负责《广东省志（1979—2000）》和地级市志的审查验收。

广东修志规章和规范性文件　中共广东省委办公厅、省政府办公厅于1989年发出《关于加强地方志编修工作的通知》，对修志工作机制、工作经费、队伍建设等方面提出要求和意见。确立实行“党委领导、政府主持、地方志部门组织实施、专家修志”的体制。省政府先后发出《广东省地方志工作规定》《广东省地方志书审查验收办法（试行）》《关于加强第二轮新方志编修工作的通知》等文件，作为指导全省地方志工作的纲领。在第一轮省志编修中，省地方志办公室制定省志编纂方案、编写规划、各分志内容交叉的基本处理原则、各分志编纂人员职责的暂行规定、各分志审稿和出版的暂行规定等文件，1988年汇编成册。在第二轮省志编修中，制定《广东省地方志书行文规范（试行）》《广东省地方志书审查委员会工作规则》《省志审查验收工作要求》和《第二轮〈广东省志〉人物入志方案》及其补充方案等。

广东方志学术交流活动　全省地方志系统于1988~2010年先后主办7次学术研讨会，其中1988年举办的粤港澳台地方志学术交流会是大陆首次召开有港澳专家学者参加的地方志学术交流会；1993年举办的粤琼港澳台“华夏文化与地方志”国际学术研讨会是中国方志界首次以学术研讨会的形式与外国学者探讨新方志编修的学术问题，来自美国、德国、加拿大等国的50多名学者参会；还有1994年举办“岭南文化新探究”国际学术研讨会，分别于2000年、2007年、2010年召开的广东地方志理论研讨会，均邀请其他省、直辖市、自治区地方志办公室负责人，香港、台湾地区学者及海外学者参加。与港、澳、台地区和国外近20所大学、学术团体有学术联系，通过交流，收集各种专著250多部。广东志书发行海外约5000套，分布30多个国家和地区。

广东地方志信息化建设　广东于1997年制定省情信息库建设初步规划方案，并开始逐步构建局域网、互联网。2000年初步建立省情信息库。2008年开展三级地情资源网络系统项目的研发探索和试验。2009年全面开展市县地情网站建设培训和建站工作。至2010年，建立地方志网站112个。广东省科技音像出版社制作《广东省志（光盘版）》，收录94部分志、6700万字。

广东省地方志学会　成立于1985年10月。至2010年，召开6次会员代表大会，产生6届理事会，历任会长黄勋拔（1985年12月~1999年12月）、侯国隆（1999年12月~2006年9月）、侯月祥（2006年9月~）；参与组织8次论文评选活动和学术研讨会；参与组织出版专著6部。

广东方志馆藏　全省旧志收藏以广东省立中山图书馆入藏数量居首位。省内其他单位如广东省社科院、广东省博物馆、中山大学、华南师范大学也有少量收藏。省地方志办公室收藏新编志书约12000册，其中省内志书约9000

G

册，外省市区志书约3000册。省内各级地方志工作机构均有一定收藏。广东省制定全省各级地方志工作机构新编志书的呈缴制度，并与全国各省级地方志工作机构建立起志书的交换机制。广东省立中山图书馆、广州图书馆、中山大学图书馆、华南师范大学图书馆等各级图书馆为新方志的主要收藏单位。2005年9月，广东方志馆立项。广州、梅州等市已建成地市级方志馆。

广州市地方志馆　位于广州市下塘西路。1989年10月由市政府立项投资，1996年6月建成开馆。建筑面积4700平方米。设办公区、会议室、学术报告厅、地情图书馆及展览厅。地情图书馆重点收藏国内直辖市、沿海城市及历史文化名城的志书，广东省辖内市县的三级志书、年鉴及其他地情书籍，广州市修志资料和资料年报。至2010年，馆藏图书19591种37279册，包括志书、年鉴2152种3923册，古籍文献151种，期刊合订本3238册，报刊合订本1947册。1998年创建地情网站——广州市地方志之窗，有广州市志、广州年鉴、区县志、史志丛书、羊城今古、广州图志等地情信息。

梅州市曾晏泉方志馆　全国第一座由华侨捐建的地级市方志馆。位于梅州市三角路。1994年由梅州籍侨胞曾德坚捐建。1995年建成启用。建筑面积1300平方米。馆藏省、市、县志书和年鉴及梅州地区历史资料、照片、姓氏族谱等，收集全国客家地区史志资料，收集、整理本地区的有关志书、年鉴、牒谱、报刊、资料汇编、图照、乐谱、地图、影音制品、名人书信、诗文、回忆录、字画，客籍华人、华侨、港澳同胞的著作和资料等。2005年向全国138个客家市县征集志书和史料。2008年全面修缮，建地情资料库、多媒体信息库等。设立客家书籍陈列室，至2010年，征集与梅州相关书籍和梅州人的著作2000余册。

华南师范大学图书馆　省属高校综合性大型图书馆。馆藏志书归古籍部管理。线装方志有1600多种。新编方志以省内市、县志及广州各区区志为主。馆藏还有杂志类、山水志类、专志类、游记类、外纪类古籍。馆藏清代方志多为刻本、石印本，民国方志以铅印本居多。稀见方志有清抄本《安南志略》和嘉庆十四年《蓝山县志》刻本。

广东方志研究成果　广东志界已出版的专著主要有黄勋拔著《方志编纂学论纲》、林雨如主编的《新方志编纂问答》、甄人著《一代志坛——马克思主义方志学理论与实践》等。省地方史志办公室于2007年开始组织编写《广东省地方志理论研究优秀论文集》，2010年出版第二部。两部论文集共收录2006年、2009年论文评选活动中获一、二、三等奖的论文71篇。其他论文集有广州市地方志办公室编的《新方志理论探索》，广州市地方志办公室、广州市地方志馆编的《新方志理论与工作研究》，深圳市史志办公室主编的《深圳史志研究文集》，始兴县地方志办公室编的《新方志论文集》，还有林天蔚编的《岭南文化新探究论文集》等。

Guangjixian zhi

广济县志　广济县（湖北武穴）在1949年前至少有8次纂修县志，7次成书。宋宝庆二年(1226)纂修的《梅川志》（梅川为广济县旧称）及更早的志书、明代万历志均失传。清代4次修志，康熙年间1次、乾隆年间2次、同治年间1次，乾隆五十八年(1793)志为梁启超所称道。民国时期未能成书。①《广济县志》［康熙］。王玉铉修，王临纂。康熙六年(1667)刻本。18卷。13.7万字。分46目。赠荫理学目记述朝廷对胡来庭等人子孙的嘉赏，及吴自守、杨民服等人的理学成就。淳行目收录何所白、陈王化等人的仁德义举。武功目介绍武人陈受三生平。国家图书馆、武穴市地方志办公室等有藏。②《广济县志》［乾隆十七年］。虞学灏主修。22卷。37.8万字。卷首有县境图、县治图、学宫图、文昌阁图等。正文分九志。地理、人物、艺文三志所占篇幅最大。上海图书馆有藏。故宫博物院图书馆藏乾隆五十四年重刻本。③《广济县志》［乾隆五十八年］。黄恺修，陈诗纂。12卷。10.5万字。较乾隆十七年志，卷首新增万寿宫图。正文删繁就简，新设世纪、城市、山川、名宦4个部类，其中世纪记载建置沿革、灾害及赈灾情况，为该志一大特色。改用列表的形式记载职官、选举、士族、户籍情况，人物、列女、艺文3个部类名称未变，但压缩了艺文的篇幅。以杂记代替乾隆十六年志中的外志。故宫博物院图书馆等有藏。④《广济县志》［同治］。刘宗元、朱荣实修，刘燡纂。同治十一年(1872)刻本。16卷，首1卷。30万字。前有刘燡《广济县四修县志序》，介绍广济历史上4次纂修方志的情况。附县境全图、县市图、万寿宫图、文庙图、沧浪书院图、文昌阁图。部类划分与乾隆十六年志相似，而职官志、杂志两部类不同。人物志、艺文志篇幅最大。列有职官表、科举表。国家图书馆、湖北省图书馆、湖北省博物馆、武穴市地方志办公室、武穴市档案馆等有藏。

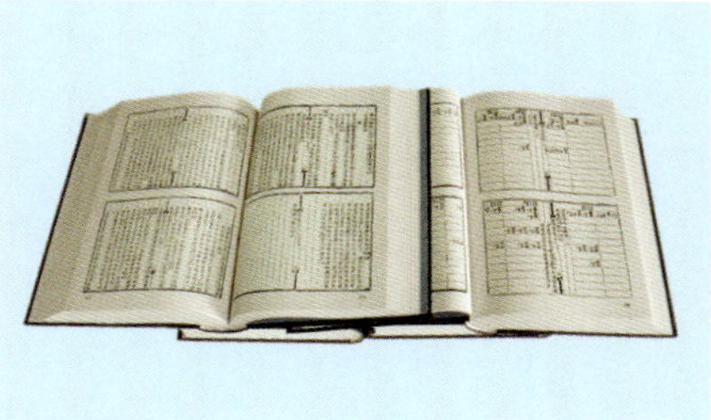

清康熙、同治《广济县志》（“中国地方志集成”本）书影

Guangpingxian Zhi[Wanli]

《广平县志》［万历］　陈棐纂修，王一龙增修。明万历三十六年(1608)刻本。5卷。约7000字。采用三宝体（见体式），土地、人民、政事、文献、附志各一卷。设11门56目。记事止于万历三十五年。每志冠之以表。土地记述疆域、沿革；人民记述版籍、赋役；政事记述职官、祀典、庙祭、选举、武备；文献记述宸翰、列传、艺文；附志所附广平王传详细记载唐肃宗长子李豫事迹，涉及安史之乱、宫廷之争等唐代政治问题，所附灾祥记记载“洪武甲戌彗星见昴毕

之间，三月彗星见昴”“嘉靖五年十月二十七日有星大如斗，流光如画，飒然有声，自东北向西南始灭。须臾，鼓鸣如雷”等天文资料。所录“漳水议”历述漳水的变迁、泛滥、治理等内容。

Guangxi Fangzhiguan

广西方志馆 前身为广西通志馆资料室、地情信息处管理的书库。原址位于广西壮族自治区南宁市康乐路，2011年10月迁至罗文大道。11月17日开馆。建筑面积6003.41平方米。广西地情资料中心、广西年鉴社、广西史志博物馆(2010年9月开始筹建)、广西地情网站等均落址于此。至2010年，馆藏图书10余万册。重点收存地方志书、年鉴及广西地情资料书。主要收藏有广西首轮新编三级地方志书181种及全国新编三级地方志书6000多种7000多册；自治区内三级地方综合年鉴、专志、部门志、厂矿场志及其他广西地情书3000多种6000多册；历代纂修的一统志和20个省的旧志624种3215册，其中广西旧志232种1199册，占广西存世旧志的93%；1949年以前的书籍10934册(民国时期广西地方文献846册，其他古籍线装书等10088册)；自治区外部分省、市、县综合年鉴；专业年鉴；相关的历史类书籍及工具、参考、理论研究等书籍；报刊合订本及数千种电子图书(包括电子版的民国以前的广西旧志129种)。特色馆藏有《太平天国史事日志》《太平天国诗文钞》《太平天国文书汇编》《太平天国史料辨伪集》《太平天国革命在广西调查资料汇编》等太平天国资料70多种120多册，《越事备考》《中法战争资料调查汇编》等中法战争调查

广西方志馆

资料，壮族、侗族、仫佬族、毛南族、京族等少数民族社会历史调查资料。

Guangxi Tongzhi[Jiaqing]

《广西通志》[嘉庆] 谢启昆修，胡虔纂。清嘉庆六年(1801)刊刻。279卷，首1卷。首创通志的前事略，创立新型纲目体结构。以典、表、略、录、传五纲，统22门。记事自先秦至嘉庆五年。训典2卷，下设郡县沿革、职官、选举、封建四表，舆地、山川、关隘、建置、经政、前事、艺文、金石、胜迹九略，宦绩、谪宦二录，人物、土司、列女、流寓、仙释、诸

嘉庆《广西通志》书影

蛮六传。略161卷，其中艺文略纯收书目，几近为经籍志；舆地略、山川略等记载各民族风俗民情、奇特物产、名山大川。疆域图先文后图，先省图，后分列府州县、土州县图，以开方记里法精制绘图。宦绩、谪宦、列传等门类，收录先秦至嘉庆间人物2800多人。国家图书馆、上海图书馆等藏嘉庆六年原刻本。国内多家图书馆藏清同治四年(1865)补刻本、清光绪十七年(1891)桂垣书局再补刻本。广西人民出版社于1988年出版广西师范大学历史系中国历史文献研究室校点本，10册，489万字。

Guangxi Tongzhi Minsu Zhi

《广西通志·民俗志》 主编张有隽。1992年广西人民出版社出版。71万字。设7篇27章77节。卷首专辑照片58幅，文内配黑白图片36幅。上起古代，下至1990年。以现代民俗为主，重视记述良风美俗、新风新俗，也记载某些陋习。对共同流行的民俗事项，一般以壮族为代表做较全面的综述，然后分述该项民俗在其他民族中的主要特征。生活民俗篇记载23种风味小食，各民族及支系服饰等，还有民间美术、

瑶族打铜鼓

十多种乐器、数十种舞蹈(瑶族习俗舞蹈20多种、芦笙舞20种)、30种曲艺戏剧、37种竞技游戏习俗。礼仪民俗篇生寿章生育节记述了十多种礼仪习俗，设目记述部分瑶族限制人口、避孕节育的传统习俗。节庆民俗篇设章记载29种少数民族传统节日。民俗研究篇简介广西民族研究所、广西民俗学会等15个民俗研究机构与团体，系统记述自唐代起始的采风观俗至1990年的民俗研究活动，收录此期间的各类民俗研究成果。1993年在全国和广西的新编地方志优秀成果评奖中均获一等奖。

Guangxi Tongzhi Zhengfu Zhi

《广西通志·政府志》 主编李荫。1998年广西人民出版社出版。100万字。设4篇24章103节。卷首专辑照片250多幅。上起清嘉庆六年(1801)，

1958年3月5日，南宁各族群众集会庆祝广西壮族自治区成立

下至1998年1月，有的事项因衔接需要相应前伸。主要记述晚清、中华民国、中华人民共和国3个历史时期广西省级政府重大政务及施政成效，侧重记述经济社会发展内容、省级政府组织机构沿革和职官名录。注重客观反映历史，既记录功绩，也反映失误。设农民政权章，记述晚清时期广西4次规模较大的农民起义和建立太平天国、升平天国、大成国、延陵国4个农民政权概况。

设民主革命时期广西苏区政府篇，记述1929年冬至1930年春，中国共产党在广西领导左右江起义、建立工农民主政权的过程。1999年获广西地方志优秀成果奖一等奖。

G

Guangxi xiuzhi

广西修志 广西方志雏形可追溯至西汉，成书见于西晋，成熟于宋元，兴盛于明清，规范于民国时期。历代共编纂军政区划系列（含乡土志）地方志书627种，存249种，佚378种。1981~2010年开展首轮新方志编修工作，2000年启动第二轮修志工作，至2010年，共出版省志分志、市（地）志、县（市、区）志202部。

广西历代方志编修 广西地区最早具有方志性质的著述为西晋王歆编纂的《始安记》，又名《始安郡记》，是首部可考的、也是唯一一部晋至南北朝时期专记广西的地记。汉代杨孚《异物志》，晋代范汪《荆州记》、顾微《广州记》、沈怀远《南越记》，南北朝盛弘之《荆州记》等，或多或少记有广西的内容。有学者认为，1976年贵港市罗泊湾1号汉墓出土的西汉木牍《从器志》为广西最早的志书雏形。唐代，广西有《邕州图经》《（柳州）旧经》《（梧州）旧经》《（廉州）旧经》等21种图经纂成，还有莫休符《桂林风土记》、刘恂《岭表录异》等地记及史地杂记类专志。五代十国，广西未见志书编纂方面的记载。至民国时期，记载广西行政区划内的志书有18种，其中广西特色的志书种类有管（唐宋设置的特别行政区）志、军（唐宋设置的军政区）志、道志、路志、厅志、土府志、土州志、土县志、土司志、长官司（明代至民国初年政区）志，其他为郡、州、省、府、直隶州、县、乡土、城等志。

广西宋元时期修志 共编纂政区类志书76种（宋67种、元9种）。另有11种志书编纂时间难以确定，约成书于唐至宋元间。宋代广西创编两种通志类志书，即北宋《广西路图经》和南宋《（乾道）广西郡邑图志》，前者为可考以“广西”冠名的首部通志类志书，后者为可考以“志”为名的首部广西方志。创修记述军政区的管志和军志，不少州、府编纂了多部志书，如柳州6种，桂州（静江府）、钦州、容州各5种，绍州、象州各4种，梧州、浔州、郁林州、宜州各3种。县志编纂由唐代的1种增至6种。另有范成大纂《桂海虞衡志》。可考67种广西方志中，以“志”为名的42种，以“图经”为名的21种，其他4种。仅存1部残本南宋《建武志》，为广西存世唯一军志。元代广西志书记载地域主要集中于府、路、州治所。书名基本上以“志”取代了“图经”，仅《（元）（桂林）图册》名称涉及“图”。所修志书均已佚，从《永乐大典》残本中可窥其一斑，内容、形式基本沿袭宋志成规。

广西明代修志 明代广西首次修志的地区有33个，桂西、桂西北少数民族聚居地区也开始修志。共编纂政区类志书180种，存19种。弘治六年（1493）周孟中纂成广西第一部称“通志”的省志。之后陆续修纂省志共10种，存2种，分别是林富修、黄佐纂嘉靖《广西通志》，戴耀修、苏浚纂万历《广西通志》。编修府志65种（含管、军、道、郡、土府志），存10种。其中嘉靖十七年（1538）《南宁府志》、崇祯《廉州府志》为存世最早的记述两府的志书。南宁府曾于洪武、永乐、嘉靖年间四修府志，永乐志所载《安南国图》为存世最早的越南古代地图。编修州县志105种（含长官司志），存7种。分别为洪武《横州志》、永乐《古藤志》、永乐《郁林志》、永乐《容州志》、嘉靖《钦州志》、万历《富川县志》、万历《宾州志》。流传下来的专志中，影响较大的有汇集桂林山水名胜和人文掌故的万历《桂胜·桂故》，记载广西地理、物产、风土、典故及土司制度的万历《峤南琐记》，专记广西名胜古迹及名人游览的天启《广西名胜志》。《永乐大典》辑录广西明代方志60种。

广西清代修志 广西除各道外，均有官修志书，还修有光绪《富川县乡土志》、宣统《明江厅乡土志》、宣统《凭祥土州乡土志》等8部乡土志。新增修志地区主要集中于边缘地区、中部地区、少数民族聚居地区和大城附郭，壮族、瑶族、毛南族聚居地区及多民族聚居的龙胜等地结束无志的历史。多地形成定期修志制度，有63种府、州、厅、县、土司志多次编纂。共编纂政区类志书240种（含明末清初4种），存142种。其中康熙志23种、雍正志6种、乾隆志31种、嘉庆志12种、道光志25种、同治志4种、光绪志34种、宣统志6种，1部修纂时间不详。志书多注重反映明代农民起义、清末会党斗争、明清广西土司制度。①广西清代通志。修8次。康熙、雍正、嘉庆朝所修通志存世。郝浴修，王如辰、高熊徵、廖必强等纂，康熙二十二年（1683）刊刻的《广西通志》原刻本失传，国家图书馆存残本，上海图书馆、浙江图书馆、广西壮族自治区桂林图书馆等藏重刻本。谢启昆修，胡虔纂，嘉庆六年（1801）刊刻的《广西通志》被梁启超赞为省志楷模，首创通志“前事略”。②广西清代府志。修35种（含管、军、道、土府志），存26种。南宁、浔洲、廉州、庆远等府府志均留存多种，如《廉州府志》有康熙十二年本、康熙六十一年本、道光本等。雍正《平乐府志》、乾隆《柳州府志》、乾隆《浔州府志》等多集中反映桂中、大藤峡一带的农民起义。张堉春、陈治昌等纂修道光《廉州府志》，将历来独立的舆图志改为分散编排于各卷之中，为该志创新之处。③广西清代州志。修53种，存30种。象州、全州、永宁州、上思州等州的州志均有多种，其中，同治朝所修象州志是对清末民初广西州县志编纂影响最大的一部州志。归顺直隶州志、宁明州志、养利州志各存1种。④广西清代厅志。修4种，存2种。分别为周诚之纂修道光《龙胜厅志》，陈如金等修、华本松等纂光绪《百色厅志》。后者在《广西近代经籍志》中被称为光绪年间“官修诸志之善本”。⑤广西清代县志。修129种（含明末清初3种），存69种。康熙年间纂修的《灌阳县志》《平乐县志》《合浦县志》，乾隆年间纂修的《富川县志》《兴安县志》《北流县志》，嘉庆

《临桂县志》,道光《罗城县志》,均为该县所修县志中存世最早的一部。其中康熙年间编修的《合浦县志》有康熙二十五年本、康熙六十一年本两种,均记载与南珠生产、珠民生活有关的内容,后者设海潮目,详载海潮涨落现象,设盐课志记载盐业。道光《罗城县志》记载有袁枚所撰清代廉吏于成龙传。乾隆《桂平县志》、嘉庆《藤县志》、同治《苍梧县志》等多集中记载桂东一带清末会党斗争。⑥广西清代土府、州、县、司志。土府志有康熙《思明府志》(见高熊徵)、乾隆《镇安府志》、光绪《镇安府志》等,土州志有光绪《思陵土州志》、宣统《明江厅上石州志略》等,土县志有康熙《上林县志》、光绪《上林县志》等,土司志有嘉庆《白山司志》等。⑦广西清代专志。存世专志主要有寺庙志、史地杂记类专志等,如康熙《湘山志》《栖霞寺志》《粤述》,咸丰《湘山志》,《峒溪纤志》等。有的综合性志书中含有广西内容的专志,如毛奇龄撰《蛮司合志》15 卷,其中第 12~15 卷为记述广西土司及少数民族起义情况的专志。

广西民国时期修志 广西于 1912~1921 年、1931~1937 年出现两次修志高潮。1932 年,广西省修志局成立,省主席黄旭初兼该局督办,聘马君武为总纂。1938 年,广西修志局停办。1942 年设广西省志编审委员会。1943 年 1 月,广西省志编审委员会改称广西省通志局,3 月,改称广西省通志馆,1949 年后,取消建置。省政府 3 次颁发命令,布置各县修志,建立省县两级修志机构,经费纳入财政预算,创立志稿评议制度,对志书进行严厉审查。共编纂方志 98 种,存 87 种,多为县志。还修成《北流县乡土志》等乡土志 2 种。受时局影响,有的志书仅为稿本。①广西民国时期通志。《广西通志》于 1931 年启动编纂,至 1949 年 11 月,只完成油印稿本 18 册,除地理编的郡县沿革、山川内容较为完整外,大多编章未完稿。②广西民国时期县志。编纂县志 95 种,其中 3 个县三修县志,14 个县两修县志。存 84 种。包括《武缘县图经》《桂平县志》《靖西县志》《来宾县志》《三江县志》等佳作。③广西民国时期专志。除记载地方风物的《粤璞》、反映古代越南历史及秦汉至清代中越关系的《安南志原》等外,还出现《广西近代经籍志》《广西石刻志稿》《广西煤炭油矿志略》《广西锰矿志略》《广西特产物品志略》等经籍志、专业志、行业志。还有本籍人编写的跨地域的专业志,如罗尔纲著《湘军新志》;全国性志书涉及广西内容的专志,如方光汉著《广西(分省地志)》。

广西新方志编修 广西于 20 世纪 50 年代末至 60 年代初有 30 多个市、县、镇成立了修志机构,内部铅印、油印、抄写县志、镇志稿 28 部。“文化大革命”期间修志中断。70 年代末,武宣县和南宁地区七县、南宁市恢复修志。1981 年,首轮新方志编修工作正式启动。2000 年起,启动第二轮三级志书编纂工作,规划编纂 213 部。至 2010 年 10 月,完成首轮新方志编纂工作,出版三级地方志 181 部(规划内志书 175 部,规划外志书 6 部)。编纂出版行业志、部门志、专业志、厂场志、院校志、乡镇村志等 560 部,整理旧志数十种,还有一批方志理论研究成果。利用新编方志,先后编纂地情书及专题资料汇编系列 500 多种,制作影视作品系列 600 多集。至 2010 年,先后有 17 部志书在全国地方志评奖中获奖,99 部志书在广西地方志优秀成果评选中获奖,3 部在广西社会科学优秀成果评选中获奖。

广西省级修志 首轮《广西通志》编纂工作于 1985 年启动。1989 年,第一部分志《广西通志·体育志》出版,各分志由广西人民出版社陆续出版。至 2010 年,共出版分志 88 部 89 册,总字数 7000 多万字。各分志下限参差不齐,均未编制索引。所设篇章注重突出地方(民族)特点、历史(时代)特点、专业(行业)特点,如岩溶、有色金属工业、糖业等分志,体现广西 40% 以上面积为岩溶地貌,有色金属储量及生产在全国占有重要地位,为全国三大产糖基地之一等特点;旅游、民族、民俗等分志均体现广西特色;政府志注意突出土司制度、新旧桂系政权;军事志突出太平天国、中法战争、左右江起义;电力工业志突出记述水电等。经济类分志约占 1/2。在全国地方志评奖中,民俗志、地质矿产志、侨务志获一等奖,电力工业志、人口志、财政志获二等奖;在广西新编地方志优秀成果评选中,地质矿产志、民俗志、军事志、侨务志、财政志、人口志、农业志、大事记、政府志、出版志、外事志、广播电视志、林业志、生物志、土地志、旅游志、报业志获一等奖;在广西社会科学优秀成果评奖中,体育志获二等奖。第二轮通志由 85 部分志组成,至 2010 年,出版 6 部,其中《广西通志·质量技术监督志(前 217—2003)》在广西社会科学优秀成果评奖中获三等奖。

广西市级修志 首轮规划编修地级市志 5 部。1997 年,第一部新编地级市志《桂林市志》出版发行。至 2002 年,全部完成。在广西新编地方志优秀成果评奖中,《桂林市志》《南宁市志》《梧州市志》《柳州地区志》和《柳州市志》(第 3~5 卷)获一等奖。二轮规划编修地级市志 13 部、地区志 1 部。至 2010 年,出版市志 1 部、地区志 1 部,另有计划外编修的地区志 1 部。

广西首轮地级市志一览表

志书名称	主编 / 总编 / 总纂	字数(万字)	出版年
《桂林市志》	袁凤兰、黎明智、蔡永伦	533.2	1997
《南宁市志》	甘梦祥、谢汝煊、宋福民、林国强	722	1998
《柳州市志》	宋继东、陈向群	804.7	1998~2003
《梧州市志》	黄方方	580.2	2000
《北海市志》	帅立国、岑鸿平、金仁寿、刘君	289	2002

广西县级修志 首轮规划编修县(市、区)志 82 部。1987 年,第一部新

编县志《宾阳县志》出版。至2008年，全部完成。在全国地方志评奖中，《昭平县志》《桂平县志》获一等奖，《恭城县志》《容县志》《都安瑶族自治县志》《象州县志》《北流县志》《合浦县志》获二等奖，《金秀瑶族自治县志》《隆安县志》《横县志》获三等奖。在广西社会科学优秀成果评奖中，《宾阳县志》获二等奖。在广西新编地方志优秀成果评奖中，《桂平县志》《昭平县志》《象州县志》《北流县志》《合浦县志》《灌阳县志》《宜州市志》《巴马瑶族自治县志》获一等奖。二轮规划编修县(自治县、县级市、城区、城市郊区)志113部。至2010年，出版县志12部。

广西规划外志书编修 自首轮修志开始至2010年，已编纂出版560多种，其中简志有3部，分别是《广西简志》《广西北部湾经济区简志》《梧州市简志》；厂场志、院校志、乡镇村志有88部，部门志、专业志、行业志有472部。自治区地方志编委会办公室组织编纂了《广西重点镇志》《广西名优品牌志》。广西军区于2000年组织省军区、军分区、县级人民武装部编修军事志。国土资源主管部门组织编修各级土地志，自治区水利厅组织编修各级水利部门志，各地级市编修烟草行业志。至2010年，已出版三级军事志121部、市县土地志87部、水利志70多部、市级烟草志6部。在广西新编地方志优秀成果评奖中，《广西北部湾经济区简志》《南宁供电志》《南宁市公安志》《梧州市工人医院志(1903~2002)》《寺村镇志》《北海海关志》《永福县地名志》《北海市邮电志》《田东县土地志》《柳州市土地志》《容县土地志》《上思县土地志》等15种获奖。

广西地情影像志 以志书体式与视听手段结合、纸质志书与影像载体并存记载地情的新型志书、志体影视作品。广西地方志办公室计划组织修纂、拍摄的地情影像志有《广西古建筑志》《广西北部湾经济区志》《广西节庆志》《广西名胜志》《广西民族志》等。至2010年，已完成《广西古建筑志》的编纂出版，收录广西110处古建筑，分为水利桥梁、关隘要塞、楼阁祠庙、官衙名居、古镇名居、近代建筑等六大类，记载各古宅、经典建筑的历史、文化内涵、建筑风貌、特点、现状，并全高清拍摄60集大型系列区情专题片。

广西旧志整理 广西地方史志古籍的整理，1949年以前主要是重刻、补刻、编辑志书小提要等，包括少量校勘、标点、注释、辑佚等，明景泰元年(1450)吴惠重刻增补洪武纂修宣德刊本《桂林郡志》被视为广西存世最早的旧志翻刻本，其他成果有四库馆臣辑佚《岭表录异》、清王仁俊辑佚增补《桂海虞衡志》等。20世纪50~60年代，以图书馆、博物馆、档案馆为主，翻印广西旧志十余种。新方志编纂工作开始后，以自治区地方志工作机构为主开展古籍整理工作。1987年，广西通志馆内设旧志整理室。广西通志馆、广西民族学院古籍研究所、广西大学中文系古籍研究室等单位人员组成编委会，莫乃群任主编，进行广西古籍文献资料的校点、注释，或辑佚再版。1984年起，陆续出版“桂苑书林丛书”和“广西史志资料丛书”，包括齐治平《桂海虞衡志校补》，商璧、潘博《岭表录异校补》，齐治明、钟夏《桂胜·桂故点校》等。2006年，自治区地方志办公室内设古籍整理处，负责整理出版古籍旧志及指导全自治区地方志系统开展古籍整理工作。同年，启动广西地方古籍抢救整理工作，成立广西古籍丛书编辑委员会，并召开会议，研究古籍整理工作。2009年，自治区地方志办公室发布实施《广西壮族自治区地方志系统古籍整理工作规定》。2010年，制定实施《自治区地方志办公室古籍旧志民国古籍整理中期规划》，规划2010~2017年的古籍整理工作。1980~2010年，自治区地方志办公室及各级地方志工作机构组织整理古籍旧志42种，其中出版11种，内部重印、影印14种，内部标点、校勘印行14种，整理志稿、汇编3种。公开出版的标点本、校勘本有乾隆《马平县志》、民国《柳江县志》、道光《庆远府志(点校本)》等。此外，广西师范大学历史系中国历史文献研究室校点注释嘉庆《广西通志》。

广西方志工作管理 广西于20世纪50~60年代已成立省级地方志工作机构及30多个市县镇地方志工作机构。1959年8月，建广西壮族自治区通志馆，简称广西通志馆。1969年撤销。市县地方志工作机构因各种原因先后停止工作或撤销。“文化大革命”期间，只有1974年成立的龙州县志编写委员会，其他均不存。最早成立的首轮新编地方志工作机构是1978年成立的武宣县志编写小组。至1980年，有7个县成立县志编纂机构。1981年9月，广西通志馆恢复成立，为自治区级地方志工作机构。历任馆长莫乃群(1981年9月~1989年12月)、冼光位(1989年12月~1996年7月)、蓝日基(1996年8月~2008年8月)。至1986年，各市、县全部成立有编制的专职地方志工作机构。启动编纂《广西通志》后，承担专志编纂工作的部委办厅局及中直驻桂单位等均组建临时修志机构。至2010年，有自治区、市、县、城区各级地方志机构123个；全自治区有专职修志人员952人，其中具有高级专业技术职务任职资格的120人，具有中级专业技术职务任职资格的326人。首轮修志开始后，每年举办全区性培训班(学习班)2~3次，培训近万人次；举行志稿评议会，结合评稿进行学术讨论，至2000年5月，全自治区召开第一轮修志志稿评议会163次；召开各种类型学术讨论会100多次，包括广西地方志编纂继承与创新、续修志书篇目创新、城区志编纂、续志编纂质量、续修地方志资料工作等理论研讨会。2009年建成广西地情网。网站信息主要来源于广西地方志书、年鉴、地情书等，设20多个一级栏目。2010年，启动广西地方志系统网站群建设。

广西地方志编纂委员会及办公室 广西壮族自治区地方志编纂委员会成立于1986年2月。2003年8月，在广西通志馆设自治区地方志编纂委员会办公室。2006年1月,广西通志馆撤销,广西壮族自治区地方志编纂委员会办公室为编委会常设机构。2月,办公室正式挂牌。2008年,广西年鉴社成建制归入办公室。2009年,设年鉴处(挂广西年鉴社牌子)。2010年,全办有秘书处、通志指导处、市县志指导处、年鉴处、古籍整理处、地情信息处6个职能处室和机关党委。历任编委会主任韦纯束(1986年2月~1993年10月)、成克杰(1993年10月~1998年5月)、李兆焯(1998年5月~2003年8月)、陆兵(2003年8月~2008年8月)、马飚(2008年8月~)。历任办公室主任蓝日基(2003年8月~2008年5月)、李秋洪(2008年5月~)。辑录、编纂《第一轮广西三级地方志书总目》《广西方志提要》《广西文献资料索引》《广西各市县历代水旱灾害纪实》《广西概况》《广西市县概况》《两广关系源远流长》等志书、地情书60多种。与有关单位合作制作《广西历史上的今天》《广西之最》《广西之最(精编版)》等电视系列片。办公室(原广西通志馆)与广西地方志协会先后合办期刊《桂海春秋》《广西地方志》。《广西地方志》于1982年10月创刊,时名《广西地方志通讯》,内部刊物。1986年8月获广西报刊登记证,为内部发行。1987年1月改名《广西地方志》,双月刊,1987年8月获得国内统一刊号,从1987年10月起,改为公开发行。1991年6月获得国际标准刊号。至2010年,出版165期。《桂海春秋》于1986年9月创刊;1987年定为双月刊,国内公开发行;1990年1月停刊,共刊出23期。

广西修志规章和规范性文件　自治区地方志编纂委员会于1988年以文件形式规定将评稿会作为一项制度,并延续到第二轮修志。自治区人民政府于2008年7月颁布《广西壮族自治区实施〈地方志工作条例〉办法》。2009年7月,广西地方志办公室制定并印发《广西壮族自治区三级地方志书评稿办法》《广西壮族自治区三级志书审查验收办法》《广西壮族自治区三级志书出版规定》等9项规章制度。

广西地方志协会　成立于1986年5月。秘书处为日常办事机构,设在广西地方志办公室内。至2010年,有团体会员195个,会员1225人。召开4次会员代表大会,选举产生4届理事会。历任会长唐崇锦(1986年5月~1991年2月)、冼光位(1991年12月~2002年12月)、蓝日基(2002年12月~2015年1月)、李秋洪(2011年4月~)。举办全自治区综合性地方志学术研讨会9次、专题研讨会20多次,与广西地方志编纂委员会办公室(原广西通志馆)合办期刊《桂海春秋》《广西地方志》。被评为2002~2003年度、2004~2005年度、2006~2007年度广西社科联先进学会。

广西方志馆藏　全自治区内的110个收藏单位中,收藏广西旧志数量最多的是广西壮族自治区图书馆、广西方志馆、广西壮族自治区桂林图书馆,各收藏有230余种;次为广西壮族自治区档案馆(存90多种)、广西壮族自治区博物馆(存90种)、广西师范大学图书馆(存90余种)、广西民族大学图书馆(存80多种)。新编地方志主要收藏于地方志系统,自治区地方志编纂委员会办公室存藏各类志书及地情书、工具书等10万多册。广西壮族自治区桂林图书馆是广西最早的图书馆。位于桂林市安新北路。前身为清宣统元年(1909)成立的广西省立桂林图书馆,后数次易名,1980年改名为广西壮族自治区桂林图书馆。馆舍面积1.7万平方米。内设历史文献部。2010年,馆藏书233万册,数字资源总量20TB。馆藏线装书15万册,民国以前广西方志230余种,占存世旧志的92%。收藏广西地方文献约5000余种,其中古籍珍本较多,不少为原刻本、孤本。珍贵版本有清康熙刻本《广西通志》、清精写本《广西通志辑要》等。

广西方志研究成果　广西于20世纪80年代至2010年出版地方志理论研究专著、论文集十余部。公开出版的集体论文集有广西地方志学会编《广西地方志协会1987年学术年会论文集》《方志探索——广西地方志协会1991年学术年会论文选集》《方志文萃——广西地方志协会1995年学术年会论文集》,自治区地方志编纂委员会办公室编《续修地方志论文集》4部;个人论文集有冼光位《学思集》、唐志敬《史志浅探》、罗解三《小草集》、晏源源《志海拾贝》、廖盛春《方志文选》、陈曼平《陈曼平史志文丛·漫漫集》6部;集体方志研究著述主要有广西通志馆编《广西方志提要》《县志主编经验谈》,广西地方志编纂委员会办公室编《续修地方志教程》,广西地方志协会编《广西历史讲座》,等等;个人著述主要有雷坚编著《广西方志编纂史》,郑正西与张伯龄合著《方志记事技巧》,陈相因、秦邕江编著《广西方志佚书考录》等。

Guangxi Zhuangzu Zizhiqu Tushuguan

广西壮族自治区图书馆　位于南宁市民族大道。前身为始建于1931年的广西省立第二图书馆,1937年改名为广西省立南宁图书馆。1954年,新馆落成开放,建筑面积33376平方米,定名为广西省第二图书馆。1958年改名为广西壮族自治区第二图书馆。1980年改名为广西壮族自治区图书馆。至2010年,馆藏地方文献共9万册,善本5800多册,方志288种2144册。主要涉及广西、浙江、陕西、安徽、江西、湖南、广东、四川、贵州等十多个省区,如有安徽的淳熙《新安志》,陕西的咸丰《保安县志》,浙江的1938年《瑞安县志》、1946年《瑞安县志》等。其中1949年以前广西方志有236种1600多册,占广西存藏旧志数量的95%,有宋《岭外代答》、淳熙《桂海虞衡志》,明景泰重刻洪武纂修宣德刊本《桂林郡志》、崇祯《梧州府

广西壮族自治区图书馆

志》，清康熙《南宁府全志》、嘉庆《广西通志》同治补刻本、道光《南宁府志》、道光《白山司志》、光绪《玉林州志》、光绪《归顺直隶州志》，以及民国《上金县志》等，其中万历《宾州志》、光绪《宾州志》、道光《罗城县志》等为广西珍贵方志。1988年与广西壮族自治区通志馆、广西壮族自治区桂林图书馆合作主编《广西地方史志文献联合目录》。建有广西地方志全文影像数据库。

Guangzhoushi Zhi(1991~2000)

《广州市志(1991~2000)》 总纂杨资元，常务副总纂程慧、王林生。2011年广州出版社出版。10册，19卷，1200万字。基本沿袭首轮《广州市志》体例。设89个分志、9个综述、6个专记、2个专题报告，及总述、大事记、区(县级市)概况、总目录、附录、索引等115个单元。配图片约2100幅。记述范围以2000年底广州市行政区划的市区为主。个别重大事件适当上溯或下延。对前志已记述且十年间变化不大的事物的部分，如建置、方言、风俗等分志，前志升格设立的华侨、穗港澳关系、家庭、饮食、蔬菜、工艺美术品等分志，不再专立分志，内容在相关分志中记述。新设政府决策、地铁、信息化、保险业、证券业、地方文献、人民生活、精神文明建设、地名等分志。其中，人民生活志重点记述广州地区家庭人口、收入水平、消费水平、居住条件、耐用消费品拥有量、教育文化生活水平等内容，反映城乡人民生活变化；习俗章记述饮凉茶、饮汤等风俗，新风陋习节增设1991~2000年广州常用流行语选录表等地方特色内容。创设人物大事记专记，着重反映毛泽东、邓小平、江泽民三位国家领导人在广州的活动，其中"邓小平在广州"记述了1949年后邓小平历次到广州视察工作、接待外宾等活动经过，及其对广东特别是经济特区作为改革开放"试验田"所取得的成就给予的肯定和支持，其他专记还有海洋综合管理、农业现代化产业化、城市建设与管理"一年一小变，三年一中变"等。工业卷不仅记述各行业基本情况及机构与体制改革过程，还收录十年间行业生产经营状况及数据，记述一些有代表性的企业；专设非公有制工业状况调查，附2000年广州市非公有制经济大型、中型工业企业一览表。

Guisuidao Zhi[Guangxu]

《归绥道志》[光绪] 贻榖等修，高赓恩编纂。清光绪三十三年(1907)成书未刊。40卷。卷首为帝制纪，分征讨、诏谕、宸章、圣绩。正文分7门，内含39目。卷1~14为地舆，分星度、疆域沿革表、疆域图、全道考、十二厅治考、垦务、山川、河渠、乡镇、户口、城邑、关隘卡伦、古迹等目；卷15~20为政经，分学制、选举、兵制考、田赋、杂税、恤政等目；卷21~23为风土，分习俗、物产、方言等目；卷24~26为职官，分前代名宦表、前代宦绩、国朝职官表、国朝宦绩等目；卷27~34为人物，分帝王、将才、儒术、忠烈、使节、孝义、国朝贞烈等目；卷35~37为艺文，分碑志、条议、风咏等目；

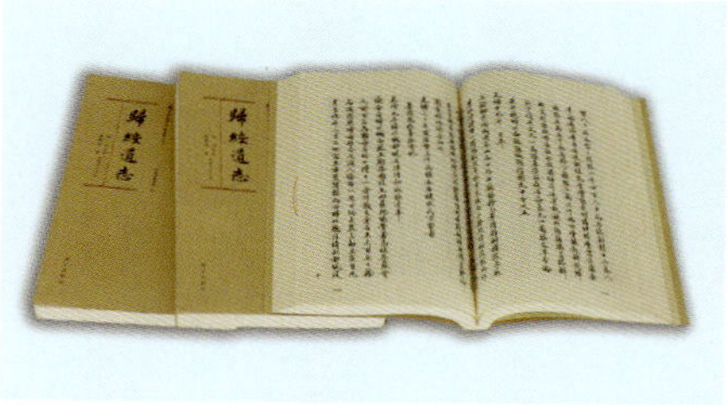

光绪《归绥道志》("内蒙古历史文献丛书"本)书影

卷38~40为藩部，分筹绥奏牍、筹蒙疏牍、藩部疆域世系等目。该志所用的文献主要有《归绥识略》、《晋政辑要》、光绪《山西通志》和属下各厅奉檄所辑的厅志或草成的厅志稿，以及一些档册案卷，其中包括《萨拉齐包头镇志略》《归化纪略业语》《宁远古迹志》和档册案卷等资料。大连市图书馆藏民国抄本残本。内蒙古图书馆藏抄本。

Guixian Zhi[Minguo]

《贵县志》[民国] 欧仰羲等修，龚政、梁崇鼎、梁岵庐等纂。1935年刊本。18卷。设18门108目。贵县(属广西贵港市)是太平天国早期活动发祥地之一，

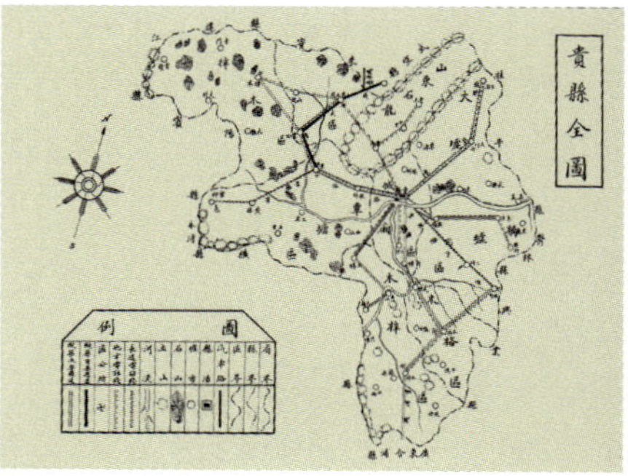

贵县全图

志中详记洪秀全、冯云山等在当地组织拜上帝会，进行反清活动等史料，人物门设太平天国先烈目，记石达开、秦日纲、林凤祥等人事迹。将近代科学分类运用于志体，注重记述当时经济、平民生活及科学文化，采用近代调查、统计、绘图、照片等方法和形式。建置、兵防、交通、教育、实业、学艺等门目时代特色突出。学校目附记县图书馆、阅报社等。烽堠营垒目附记飞机场位置及修建时间。邮电目附记电灯、无线电收音机等。林业目记造林、公私林业、试验场、苗圃。矿业目记公司开采、分析金银等，详记平天山银矿，用图示介绍土炉冶炼银矿法。科学发明目附记机械创作，记本籍留美博士李运华的制革发明、梁建枢创造的木制双织布机等。古迹门所记名胜配有图片，并收录较早的摄影图片。为民国时期广西方志善本之一。国家图书馆、中国科学院国家科学图书馆、北京大学图书馆、上海图书馆、广西壮族自治区图书馆、广西壮族自治区桂林图书馆等有藏。

Guiyangfu Zhi[Daoguang]

《贵阳府志》[道光] 周作楫修，萧琯、翟荣观、邹汉勋纂。清道光三十年(1850)刻本。110卷。其中冠编2卷、正编88卷、余编20卷。100余万字。记述时限上自先秦，下迄道光末年。冠编著录清康熙、雍正、乾隆、嘉庆各朝有关地方诏令、御赐碑文等。正编有纪、传、表、录、略、图诸体。大事纪所叙均为古今治乱及官吏铨除。传，有数人合传，也有以类相从者。其中，列女传以节、孝、贞、烈、贤、才分类；土司传记水西安

氏、水东宋氏、小谷、八番、金竹，及不见于史传而仅见于志册的中曹、白纳、虎坠等土司；苗蛮传记载白苗、花苗、青苗、仲苗、蔡家苗、宋家苗等 20 个支系。政绩录记载自汉代至清代地方官吏或使臣任职履历。略，以事类为纲，专详典章制度。学校略叙述书院废兴、学校沿革、义学增损；食货略载盐政、钱政、厂政等；武备略述弁兵、营汛、经费、器械等损益多寡；艺文略著录地方撰著，且将方志从史部中析出，另为一部，冠于经部之首。表，分表事和表人，表事如沿革表，记三千余年沿革大事；表人如职官表、选举表，可与政绩录、耆旧传互补。有疆里、山水、城郭、宫室等图，辅之以文。余编 20 卷，有文征、杂识两类，收录有关地方山水、建置、人物、掌故的原始文献及稗野之说等。国家图书馆、中国科学院国家科学图书馆、贵州省图书馆等有藏。国家图书馆、天津图书馆、南京图书馆等藏清咸丰二年(1852)补刻本。2005 年，贵州人民出版社出版贵阳市地方志编纂委员会办公室校注本，350 万字。

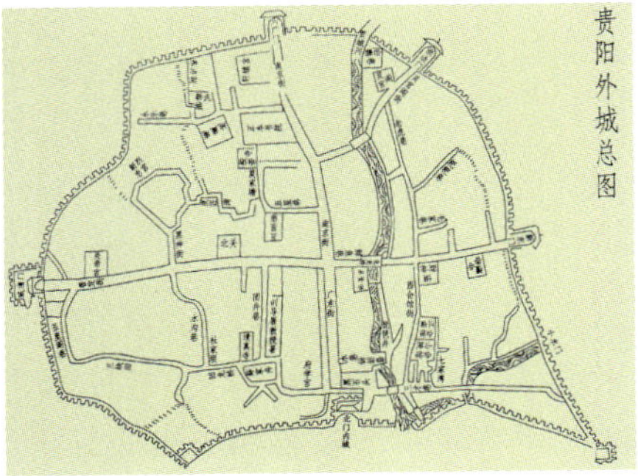

贵阳外城总图

Guizhousheng Tushuguan

贵州省图书馆 位于贵阳市北京路。创办于 1937 年。2004 年建成新馆。总建筑面积 2.3 万平方米。20 世纪 60 年代中期，将散存于北京、天津、上海等地的贵州方志资料借回，进行刻写油印或复印，先后油印 80 种贵州旧志。其中通志 4 种、府志 5 种、州志 11 种、县志 45 种、厅志 1 种、卫志 1 种、乡土志 11 种、杂志 2 种。20 世纪 80 年代，将藏于日本的万历《贵州通志》复印。该馆共藏有贵州历代旧志 159 种，其中省级 19 种、府州县志 120 余种，还有多种贵州或有关贵州的专志，如《贵阳山泉志》等。馆藏新编地方志 830 余种。图书馆利用馆藏贵州各类旧志及其他历史文献，编制《贵州历代自然灾害年表》《贵州矿产资料辑录》等资料类编。建有贵州府县志辑数据库，收集馆藏地方志 127 种，数据库包含书名、作者、年代、内容简介、版本、来源等项目。

Guizhousheng Zhi Minzu Zhi

《贵州省志·民族志》 主编翁家烈。2002 年贵州民族出版社出版。150 万字。设 18 篇 109 章 293 节。卷首有彩色照片 107 幅、黑白照片 5 幅、贵州民族分布图 1 幅，正文插统计表 38 个。上限不限，下限至 1998 年。在篇目设计上，以苗族、布依族、侗族、土家族、彝族、仡佬族、水族、回族、白族、瑶族、壮族、畲族、毛南族、仫佬族、满族、蒙古族、羌族为篇展开，详细记述各少数民族的族源族称、语言文字、社会经济与政治、教育与文化、风俗习惯等史料。设有民族工作专篇，全面反映中华人民共和国成立后，民族政策在贵州省的贯彻实施，以及贵州省民族工作的主要成就。大事记和附录还记载了唐、宋、元、明、清、民国各历史时期统治者实施的对贵州少数民族政策的史料，以及 1949 年后党和国家、各级人民政府颁布的有关贵州少数民族工作的主要文件。2005 年获贵州省哲学社会科学优秀成果奖一等奖。

西江千户苗寨

Guizhousheng Zhi Shenpan Zhi

《贵州省志·审判志》 主编查英。1999 年贵州人民出版社出版。120 万字。设 11 篇 55 章 181 节。卷首有彩色照片 59 幅、黑白照片 11 幅，附省人民法院、省高级人民法院院长简历及彩照，文内插名录、贵州省各级人民法院工作人员基本情况统计表等统计表格 18 个。上起明永乐十一年(1413)贵州建省，下至 1995 年，个别事项延至 1996 年。第一篇记述明清时期及民国时期的贵州审判，简述明清时期“民刑不分，诸法合一”的司法体制及司法制度的基本特征，即土流并治，多“门”审判；还记述了民国时期《中华民国临时约法》规定的三权分立原则及司法制度的基本特征。第二篇至第十一篇重点记述中华人民共和国成立后的贵州审判机关、审判程序和制度、审判刑事案件、审判民事案件、审判经济纠纷案件、审判行政案件、执行、申述与复查、民族地区的审判工作、行政管理等内容。其中，审判程序和制度、审判刑事案件、审判民事案件、审判经济纠纷案件、审判行政案件等 9 篇，重点记述了各项审判活动及其在各个历史时期各项工作的特点、经验与教训。2002 年获贵州省第五次哲学社会科学优秀成果奖二等奖。

《贵州省志·审判志》书影

Guizhou Tongzhi[Minguo]

《贵州通志》[民国] 刘显世、吴鼎昌修，任可澄、杨覃生等纂。1948 年刊印。170 卷，首 1 卷，约 800 万字。志分舆地、建置、前事、秩祀、食货、职官、学校、选举、武备、风土、宦迹、人物、列女、艺文、金石、古迹、土司、土民、杂志 19 门。卷首有舆图。记述上限追溯远古时期，下限至清宣统三年(1911)。舆地志的建置沿革考依据史书、旧闻，弥补前志所记贵州地理之缺漏。前事志仿朱熹《资治通鉴纲目》，详载贵州自殷代至清末的大事，并详考疆域建置沿革，与舆地志相辅相成。风土志详记气候、风俗、方言、方物。艺文志分类收录贵州人撰述或有关

民国《贵州通志》（“中国地方志集成”本）书影

贵州的著作，著录书名、卷帙、撰者，采录序跋代替提要。设土司志、土民志，记述土司与民族种类。国家图书馆、贵州省图书馆、贵阳师范学院图书馆等有藏。

Guizhou xiuzhi

贵州修志 贵州地方志的渊源，最早可上溯至东晋常璩撰《华阳国志》，其中涉及贵州地理沿革、民族风俗，后世方志考证贵州史地多引用其书。贵州修志始于宋代。元代贵州推行土司制度，因此出现土司志。自宋代至民国时期，贵州共编修志书约400种，存世约200种。1980年起，贵州全省开始建立各级地方志工作机构，开展新方志编修。至2010年，首轮省、市、县三级志书编纂任务基本结束。2002年开始部署第二轮修志工作。至2010年，共出版省志分志、市（地、州）志、县（市、区）志180余部。

贵州历代方志编修 宋代贵州编修的图经可考者有4种，分别为《遵义军图经》《思州图经》《黔州图经》《珍州图经》，主要记载贵州山川地理、建置沿革、风土人情，已佚。元代贵州编修的志书可考者有10种，分别为《黄平府志》《乌撒志略》《镇阳风土记》《贵州志》《顺元路安抚司志》《贵州宣慰司志》《金筑志》《遵义郡志》《播州宣慰司志》《永宁州志》，另外还有土司志，均已佚。明代贵州建省，修志有明显进展，大部分府、州、县都编有志书，有的地方多次续修。清代贵州修志达到一个高峰，有的志书在全国产生影响，如道光《遵义府志》、道光《大定府志》等。民国时期，贵州修志时断时续，多数是县志，还编有乡土志（乡土教材、史地调查）。编纂体例除沿袭旧例外，开始用新的科技观点和方法编纂志书，如《遵义新志》。

贵州明代修志 明永乐十一年（1413）贵州建立行省后，编修的各级志书可考者有85种，存世9种，包括通志3种，分别是弘治《贵州图经新志》、嘉靖《贵州通志》、万历《贵州通志》；府州志3种，分别是嘉靖《思南府志》、嘉靖《普安州志》、万历《铜仁府志》；杂志3种，分别是嘉靖《贵阳山泉志》、万历《贵州名胜志》、万历《东山志略》。已佚的76种志书中，包括通志5种、府志21种、州志15种、县志7种、卫志17种、土司志3种、杂志专志8种。明代贵州志书体例逐渐完备和定型，万历以后各朝贵州编修的各类志书的体例对清代修志产生重要影响。

贵州清代修志 共编修各级志书可考者有198种，存世89种，包括通志8种、府志18种、州志24种、县志28种、厅志7种、卫志3种、杂志1种。已佚的109种志书中，包括通志4种、府志28种、州志34种、县志36种、厅志3种、卫志4种。清代贵州的府、厅、州、县，除个别地方外，均修有志书。有的地方多次续修，如黄平州、平远州八修，桐梓县七修，毕节县六修，铜仁府、黎平府、黔西州五修，正安州四修。清代前期，贵州各级志书沿袭明代体例，道光以后编修的志书体例及资料较为紊乱。道光年间编修的《遵义府志》《贵阳府志》《大定府志》《安顺府志》《兴义府志》等均为质量上乘的志书。清代贵州还有部分私人编纂的志书，如《贵州志稿》《贵州志略》《贵州新志》《桑梓述闻》等。咸丰、同治以后，受西方文化影响，贵州出现一批用科学表现手段编修的乡土志，作小学堂教材和地理调查稿本，有的志书已引入科学思想，如《平越直隶州志》中删掉了方志中常见的荒诞迷信内容。

贵州民国时期修志 民国时期贵州各县设文献委员会，负责修志事务。但因时局不稳，修志时断时续。共编修各级志书102种，存世93种，包括通志4种、县志55种、区乡志3种、续府志3种、续州志3种、乡土志24种、专志1种。已佚的9种志书中，包括县志7种、乡土志2种。这一时期所修的府、州续志，多为补前志至清末一段史料而作。乡土志（乡土教材、史地调查）较多，是以实地考察记录为依据，引用现代科技思想与方法编纂的有创新意义的志书。1947年，李学灯主修、杨芝光主纂的《贵州省司法志》是贵州民国时期唯一的专志。

贵州新方志编修 中华人民共和国成立后至1980年，贵州全省除了在50年代末出版了一批具有反映地方概况性质的书籍外，未全面实质开展地方志编纂工作。1980年后，开始建立省、市、县三级地方志工作机构，开展新方志编修工作。至2010年，完成首轮省志分志、市（地、州）、县（市、区）志165部。此外，部分机关部门、企事业单位、乡镇村等也编纂部门志、专业志、乡镇村志。2002年贵州开始部署第二轮新方志的编纂工作。至2010年，有20余部新成果面世。在1993年全国新编地方志优秀成果评奖中，有49部（册）志书获奖，其中一等奖15部（册）、二等奖19部（册）、三等奖15部（册），获一等奖数位列全国第二。在1997年全国地方志评奖中，送评9部（册）志书，有7部（册）获奖，其中一等奖2部（册），二等奖5部（册）。在1987~2010年的9次贵州省哲学社会科学优秀成果评奖中，有42部（册）志书获奖，其中荣誉奖1部（册）、特别奖1部（册）、一等奖3部（册）、二等奖6部（册）、三等奖25部（册）、四等奖6部（册）。

贵州省级修志 首轮《贵州省志》由71部分志组成。为突出地方特色，设民族志、名胜志、旅游志、烟草志、煤炭工业志等分志。1986年出版第一部分志地理志（上），至2010年，除政府志外，均已出版。在全国地方志评奖中，交通志、教育志、科学技术志、地理志、名胜志、机械电子工业志、检察志获一等奖，物资志、地质矿产志获二等奖，黑色冶金工业志获三等奖。在贵州省哲学社会科学优秀成果评奖中，社会科学志、民族志、报纸志获一等奖，金融志、气象志、审判志、文学艺术志获二等奖，交通志、教育志、军事志、汉语方言志、民政志、文物志、武警志、工商行政管理志、宗教志、党派社团志获三等奖。二轮省志规划编纂32卷45册，设特色志6卷。编纂上限统一为1978年，下限记述到2010年末。

贵州市级修志 贵州省辖9个市、自治州、地区，1981~1986年，各市、自治州、地区先后成立地方志工作机构，开始新方志编修工作。这些市志、自治州志、地区志均由多卷分志组成，总计380部左右。至2010年，除《安顺地区志》《铜仁地区志》外，均已出竣。在全国地方志评奖中，《黔东南苗族侗族自治州志》的林业志、人物志两部分志及《毕节地区志人物志》《贵阳市志·教育志》《黔南布依族苗族自治州志·民族志》获一等奖，《贵阳市志》的城市建设志、建置志、宗教志，《黔东南苗族侗族自治州志》的地理志、名胜文物志，《遵义地区志》的名产志、商业志·供销志·粮食志·物资志·工商行政管理志两部分志及《黔西南布依族苗族自治州志·军事志》《六盘水市志·环境保护志》获二等奖，《黔西南布依族苗族自治州志·水利水电志》《六盘水市志·大事记》《铜仁地区志·交通志》及《贵阳市志》的民政志、体育志，《黔东南苗族侗族自治州志》的军事志、劳动人事志、金融志获三等奖。《黔东南苗族侗族自治州志》的劳动人事志获劳动人事部科研成果奖，人物志、林业志两部分志在贵州省社会科学优秀成果评奖中获奖。

贵州县级修志 贵州省辖88个县（市、区、特区），1980年后，陆续建立县级地方志工作机构。1988年，第一部县志《兴义县志》出版。至2008年，完成首轮修志任务，共出版县（市、区、特区）志86部（六盘水市钟山区、遵义市汇川区建制较晚，区志编纂任务列入第二轮规划）。在全国地方志评奖中，《紫云苗族布依族自治县志》《赤水县志》《遵义县志》《余庆县志》《瓮安县志》获一等奖，《石阡县志》《福泉县志》《安龙县志》《麻江县志》《清镇县志》《黔西县志》《三都水族自治县志》《平塘县志》《道真仡佬族苗族自治县志》《大方县志》《锦屏县志》《水城县（特区）志》《玉屏侗族自治县志》获二等奖，《雷山县志》《思南县志》《仁怀县志》《黎平县志》《兴义县志》《万山特区志》获三等奖。在贵州省哲学社会科学优秀成果评奖中，《遵义市志》（县级市志）获二等奖，《紫云苗族布依族自治县志》《桐梓县志》《修文县志》获三等奖。《桐梓县志》于1997年获国家新闻出版署书刊印刷优等品奖。《修文县志》于1999年获国家新闻出版署优秀图书奖。第二轮规划编修县（市、区、特区）志书88部。至2010年，已出版9部。

贵州规划外志书编修 部分机关部门、企事业单位、乡镇村等编纂的部门志、专业志有3000余部。其中较著名者有《黔东南风物志》《中国·贵阳经济技术开发区志（1993—2008）》《中国贵州茅台酒厂有限责任公司志》《盘江煤矿志》《青岩镇志》《沙滩文化志》《黔南州招商引资志》等。

贵州旧志整理 贵州自清代已开始对旧志进行整理。清代重刊旧志6种，民国时期重刊旧志7种。20世纪50年代后，开始大规模旧志整理工作。主要整理单位有贵州省图书馆，省文史研究馆，省、市、县地方志工作机构，省水利、交通、军事、财政、邮电、金融等行业系统的修志机构，以及专家学者。主要整理形式有考录、提要、辑佚、资料辑录、校点重印等。贵州省图书馆曾油印贵州旧志80种。

贵州旧志考录 贵州省图书馆于20世纪50年代对馆藏旧志目录进行整理，供馆内使用；于1981年对馆藏方志目录重新整理，辑录明代至民国时期存世方志142种。省地方志编纂委员会办公室于1985年编印《贵州地方志论纲》附《贵州地方志存佚目录》，收录宋代至民国时期贵州方志385种，其中存世志书190种，已佚志书195种，分别介绍纂修、版本、收藏情况。

贵州旧志提要 贵州师范大学教师张新民于1988年著《贵州地方志举要》，著录贵州明代至民国时期方志31种，介绍纂修人简历、修志始末、篇目与内容提要、志书特色，并选录重要内容。1992年，比利时根特大学东亚学部汉学中心用中文出版张新民所著《贵州地方志考稿》，这是首部在国外出版的贵州旧志考录专著。全书11卷，2册，50万字。介绍贵州存世省志25种、已佚志书8种，贵州各地存世志书154种、已

贵州首轮市级志一览表

志书名称	主编/总编/总纂	字数（万字）	出版年
《贵阳市志》	王萼华、王燕玉、王亚平、郑荣晴	1300	1985~2011
《黔南布依族苗族自治州志》	王巩汉、白俊德、李华、吴嘉甫、王廷举、陆兴和	1758	1986~2007
《铜仁地区志》	瞿政平、张绍明	1900	1986~2011
《黔西南布依族苗族自治州志》	黔西南自治州史志征集编委会	1911	1987~2010
《黔东南苗族侗族自治州志》	吴德海、杨正国、杨斌	2013	1989~2005
《遵义地区志》	何柱承、谢尊修、何世芳、刘作会	1400	1989~2006
《六盘水市志》	邓忠荣、斯信强、熊江义、汪龙舞、余朝林	2200	1990~2010
《毕节地区志》	陈治恪	1700	1991~2011
《安顺地区志（第一卷）》	王元国	70	2010

佚志书178种。考录纂修者简历，纂修区域建置，前志编修情况、序跋及篇目，前人对本志的考证，资料出处，进行内容提要、志书评介等。

贵州旧志资料类编　龙尚学于1985年著《贵州地方志序跋凡例选录》，录入28种贵州旧志的序跋40篇、凡例10篇、小序90则，内容包括注释各志纂修情况、版本、篇目提要和纂修人简介。贵州省图书馆于1982年出版《贵州历代自然灾害年表》，按地震、水灾、雹灾、旱灾、虫灾、贵州各种自然灾害6个部分摘录贵州公元27~1949年间各类旧志及其他历史文献300余种；1984年出版《贵州矿产资料辑录》，内容包括贵州各地区矿产、矿产分类表、矿产调查表3类，辑录明代至民国时期贵州的通志、府志、县志、厅志及其他文献200多种，反映贵州50多种矿产资源及分布情况。此外，省水利、交通、军事、财政、邮电、金融等行业系统的修志机构和省、市、县地方志工作机构编印各类旧志专题资料1000余种，2000余万字。如省地方志编纂委员会办公室编“贵州省地方志参考丛书”、省民族事务委员会编《民族志资料》、省水利厅编《贵州水利史志资料辑录》、省邮电局编《贵州省邮电志资料汇编》、省军区编《贵州军事大事记》、思南县编《思南六百年大事记》、清镇县编《清镇三百年大事记》等。

贵州旧志校点　省文史研究馆于1985年后组织馆员及专家学者校点注释民国《贵州通志》中的前事志、艺文志、人物志、宦迹志等，均由贵州人民出版社出版。贵州各级地方志工作机构从1980年起，陆续将收集到的旧志及地方文献进行校点注释、印行。如《贵阳府志》《遵义府志》《大定府志》《兴义府志》《荔波县志》《水城县志稿》《天柱县旧志汇编》《镇远府志》等。

贵州方志工作管理　省人民政府于1980年发出通知，成立《贵州省志》编写筹备组。省志编写筹备组在组织省志编写的同时，还到全省各地、州、市、县宣传开展修志工作。1983年11月，省地方志编纂委员会及办公室成立。全省各地区、自治州、市、县、特区也相继成立地方志工作机构，开展地方志编纂工作。至2010年，全省9个市(州)、88个县(市、区、特区)均设有地方志工作机构。全省地方志系统共举办各级各类方志业务培训班1000余次。

贵州省地方志编纂委员会及办公室　省地方志编纂委员会及办公室于1983年11月成立。至2010年，共进行5次编委会成员调整。办公室初期内设编辑组、资料组、联络组、秘书组，人事工作由省人民政府办公厅代管，财务工作由省文化厅代管。1984年7月，内设机构增加《贵州年鉴》编辑部。1987年4月，内设机构调整为方志编辑处、《贵州年鉴》编辑部、资料处、秘书处。1996年10月，《贵州年鉴》编辑部(后更名为贵州年鉴社)划归省人民政府办公厅管理，办公室内设机构为编辑处、资料处、秘书处。2001年，资料处更名为地情资料中心。2002年12月，办公室列入参照试行国家公务员制度范围管理。2007年2月，省机构编制委员会办公室明确省地方志编纂委员会办公室为省政府直属事业单位，副厅级，内设机构为三处一室，即秘书处、业务一处、业务二处、研究室。2010年4月，省政府决定将省档案局(馆)、省地方志编纂委员会办公室整合为省档案局(省地方志编纂委员会办公室、省档案馆)，同时将贵州年鉴社划入省政府办公厅管理。新机构为省人民政府直属正厅级事业单位，内设16个处室。历任编委会主任秦天真(1983~1996)、王广宪(1996~1999)、王寿亭(1999~2002)、王正福(2002~2009)、王晓东(2009~2012)、谌贻琴(2012~)。历任办公室主任叶梦林(1984~1985)、萧先治(1988~1996)、范同寿(1996~2002)、龙起佳(2002~2004)、彭钢(2004~2011)、王传福(2011~)。

贵州修志法规规章和规范性文件　省地方志编纂委员会于2001年颁布《贵州省地方志续修方案》，明确全省续修方志工作的组织领导、续修任务、编纂体例、编纂质量与出版等问题。省人民政府办公厅于2002年下发《贵州省人民政府办公厅关于加强全省地方志续修工作的通知》。省人民政府于2008年10月29日颁布《贵州省地方志工作规定》，2008年12月15日起执行。

贵州地方志信息化建设　省地方志编纂委员会办公室于2006年10月开通贵州省地方志网，列为省政府网站的子网站。首页设置有贵州方志全文数据库、修志动态、读志用志、省情百科、志鉴一览等栏目。省地方志编纂委员会办公室与贵州师范大学合作完成的“贵州省情(地方志)全文数据库”课题项目在网上运行。收录500余种新编贵州省三级地方志和年鉴，全部上网资料1亿多字。2010年后，省地方志编纂委员会办公室与省档案局合并，网站整合为贵州档案方志信息网。此外，省内的遵义市地方志编纂委员会办公室、黔东南州地方志办公室等单位也开通了地方志网站。

贵州省地方志协会　成立于1987年12月。会员350余人。至2010年，共召开3次会员代表大会，产生3届理事会。2012年12月改为学会，会长改称理事长。历任会长、理事长王虎文(1987年12月~1998年7月)、范同寿(1998年8月~2006年7月)、彭钢(2006年8月~2012年12月)、刘文晴(2013年1月~)。2003~2007年，共举办7期地方志业务培训班；2004~2010年，共举办7次全省学术研讨会。与省地方志编纂委员会办公室联合创办学术刊物《史志林》(前身为《贵州地方志编写通讯》《贵州地方志通讯》《贵州方志》)，至2010年，共刊出133期。

贵州方志馆藏　贵州方志收藏单位主要有省地方志编纂委员会办公室地情资料中心、贵州省图书馆、贵州师范大学图书馆等。省地方志编纂委员会办公室地情资料中心收藏各类志书900余部，其中省、市、县三级新编规划志书600余部，非规划类志书200余部，地情资料100余部，旧志20余部，总计5500多册。贵州师范大学图书馆除收藏有数十部贵州旧志外，还收藏有560余部新编地方志。

贵州方志研究成果 省内除地方志工作机构、地方志学会外，贵州大学、贵州民族大学、贵州省文史研究馆等机构和院校均有学者从事方志研究工作，先后出版理论专著21种，如史继忠著《方志丛谈》、杨军昌著《中国方志学概论》、张桂江著《地方志编纂与续修》、彭钢主编《地方志基础理论讲座》、龚力新著《县志编修求实说》、文思中著《实用方志学》等。

Guihai Yuheng Zhi

《桂海虞衡志》 范成大撰。此志为范氏于南宋乾道九年(1173)抵桂林，知静江府(治桂林)兼广南西路经略安抚使的两年间积累见闻资料，于淳熙二年(1175)离桂入蜀途中追忆见闻成书。为记述广西山川地理、物产资源、风土人情的风物志。桂指广西，虞衡为古时掌山林川泽之官名。1卷。分13篇。记述地域为宋广南西路，相当于广西壮族自治区全境及广东省部分地区。志岩洞，

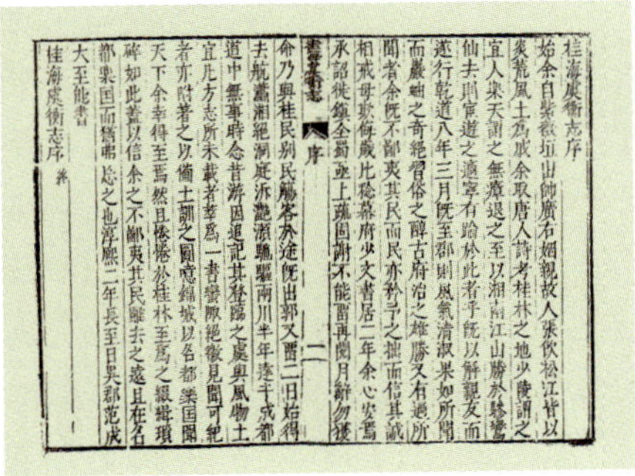

《桂海虞衡志序》书影

记其游览过的桂林城及附近的独秀峰、叠彩岩、龙隐洞、栖霞洞等26处峰峦、岩洞的分布及胜景，对桂林诸溶洞、太湖石成因进行研究，得出近于实际的论断。志金石，记生金、水银、丹砂、滑石等11种可作药用的矿物的产地、炼制及获取方法、质地性质、功能用途等。志香，收录沉水香、零陵香、橄榄香等11种。志酒，记瑞露酒、古辣酒、老酒。志器，记弓、刀、鼓、毯等兵器、乐器、纺织品、生活用品等共30件。志禽，记鹧鸪、孔雀、山凤等南方珍禽13种。志兽，记象、马、猿、犬、羊、猪等18种。志虫鱼，记珠、蚺蛇、鱼、虾等15种。志花，记南山茶、红豆蔻、茉莉花等花卉17种(《桂海虞衡志校补》记为16种)。志果，记荔枝、椰子、余甘子等55种。志草木，记树、竹、草27种。杂志记雪、瘴、风、水等风土地理情况及卷伴、绣面等风俗。志蛮，记载僚、瑶、黎等少数民族地理分布、历史、习俗、服饰、物产等。每篇前有小序，概述本篇要义和收录范围，其中志金石、志香、志草木、志蛮等篇对前人之说多有纠谬。此志以地区为单位分门别类记述。周去非《岭外代答》、王士性《桂海志续》、檀萃《滇海虞衡志》等均仿此志而作。存世版本源自陶宗仪节录本。有明抄本、明吴琯刻本、清刻本、"知不足斋丛书"本等，广西壮族自治区图书馆、广西壮族自治区桂林图书馆、广西师范大学图书馆、广西民族大学图书馆等有藏。1984年，广西民族出版社出版齐治平《桂海虞衡志校补》。1986年，广西人民出版社出版严沛《桂海虞衡志校注》，四川民族出版社出版胡起望、覃光广《桂海虞衡志辑佚校注》。

Guilin Fengtu Ji

《桂林风土记》 莫休符撰。唐光化二年(899)成书。为较早专记广西桂林的地记之一。原书3卷，已佚，存本1卷为清人从《永乐大典》中辑出。目录列46目，实见有文42目，缺苍梧火山、宜州龙采木等目；序1篇。记载桂林的祠、冢、庙、亭、寺、洲、城、渠、宅、潭、井等名胜古迹，人物传记，及掌故、地理山川与风光景色、民族风情、风物土产等。桂林目记述桂林唐代及唐代以前的地理沿革、历史发展脉络。重视山水风景和名胜古迹，兼顾桂林城周边象州、宜州、藤州、贵州等地的风景名胜，记载漓山、南溪山、隐山、尧山、独秀山、灵渠、黄潭、岩光亭、东山亭、拜表亭、舜祠、双女冢、伏波庙等十多处山水景观及古迹，记迁莺坊府郭、进贤坊、颜延之宅等名人故居和古建筑。还记有开元寺、西山延龄寺的修建史及重要事件，记载李给事、颜延之、李袭志、李靖、褚遂良、张九龄、陈都督、袁恕己、张鹭等名人逸闻逸事。东观、越亭、訾家洲、碧浔亭、欧阳都护冢、隐仙亭、李给事长歌等目夹录诗文，多为唐人逸诗，后被清人辑入《全唐诗》。所记内容附有考证议论，如灵渠等目于文后注"休符驳""休符驳议"。清《四库全书》《学海类编》及民国"丛书集成初编"等书中均有收录。广西壮族自治区图书馆、广西壮族自治区桂林图书馆、广西师范大学图书馆、广西民族大学图书馆等有藏。

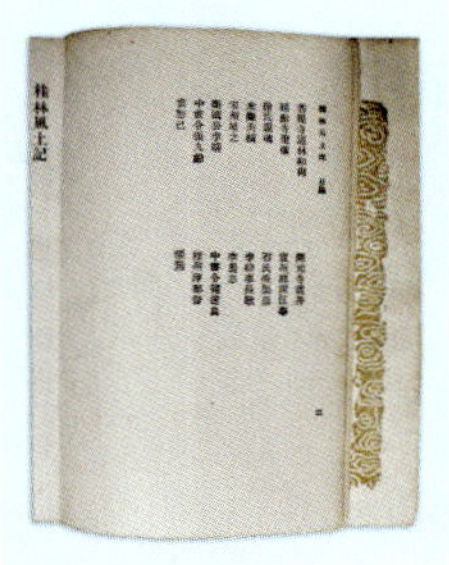

《桂林风土记》("丛书集成初编"本)书影

Guilinjun Zhi[Jingtai]

《桂林郡志》[景泰] 陈琏纂修，吴惠增补"近世名公著述一二，记重修庙学、祀典等废坠"等内容，"续附于后"。又作《桂林府郡志》。明洪武年间开始修纂，宣德年间刊刻，32卷，已佚。明景泰元年(1450)增补重刻，存23卷。卷首有舆图11幅。设69类目。记述上自唐虞，下至明洪武二十六年(1393)。原刻本记载桂林府境内星分、风俗、户口、税赋、城池、坊巷、藩邸、王府、官吏、公廨、学校、库仓、药局、兵防、人物、碑刻、寺观、楼观、义冢、物产；次记属领临桂、兴安、灵川、阳朔、荔浦、永福、义宁、修仁、理定、古、全州、灌阳12个州县；末为杂志、诗、文等。其中，杂志记载瑶、僮(壮)等少数民族及安南、暹罗、真腊等西南各国的历史，收录韩愈《黄家贼事宜状》、柳宗元《为裴中丞奏邕管黄家贼宜

景泰《桂林郡志》(广西壮族自治区图书馆藏本)书影

状》《为裴中丞伐黄贼转牒》《为裴中丞伐乞讨黄贼状》、张方平《上神宗论交趾备御九事》等有关“诸番蛮夷”羁縻土官溪洞山寨历代书状，瘴疠、虫毒、药方及各处物产等杂事。为广西存世最早的原本方志(非辑佚)、最早雕版书。国家图书馆藏残卷。广西壮族自治区图书馆、广西壮族自治区桂林图书馆藏传抄本。

Guilinshi Zhi

《桂林市志》 主编袁凤兰、黎明智、蔡永伦，总纂颜邦英。1997年中华书局出版。3册，533.2万字。设74个分志，下设366章1241节。配彩色地图8幅、黑白线图56幅、彩色照片212幅、黑白照片438幅。记述范围以桂林市区及郊区为主。上起远古，下至1990年，个别资料延至1995年。山水、文化、人物、军事等志突显桂林作为著名风景游览城市、国家历史文化名城，尤其是“抗日战争时期的文化城”“国民党桂系的统治中心”的特点。全志记述奇山157座、异洞2000余个、秀水161条、山水诗词近5000首、摩崖石刻2000余件、文物古迹500多处。2000年获广西地方志优秀成果奖一等奖。①《桂林市志·军事志》。设8章26节。记述桂林古代及近现代军事情况。军事院校章记载古代武学及近现代军校共24所，包括抗日战争时期隶属国民政府的中央军事政治学校第六分校、中央军政部军需学校第二分校、中央陆军大学参谋补习班等。重大兵事章记载古代及近现代发生在桂林的重大兵事16次，包括桂林抗日保卫战、中国军队收复桂林。②《桂林市志·山水志》。设4章20节。前3章记载独秀山、西山、虞山等奇山60多座，龙头石林、普陀石林等美石19处，七星岩、芦笛岩等异洞37处，漓江、桃花江等河流7条，榕湖等湖泊5处，八角塘、伏龙洲等池塘4处，蚂蟥洲等洲渚3处。历代山水诗文题咏章内容包括从南朝宋景平二年(424)至1987年174人的数百首诗词，既记录诗文，也记述作者和创作背景。附录记录周边阳朔、临桂、灵川、兴安、龙胜、资源6个县的景区19处。③《桂林市志·文化志》。设10章43节。记述全市各文化艺术种类、形式、形成及发展情况。其中文学、表演艺术、美术、书法、摄影艺术等章记述了桂剧、彩调、文场、渔鼓等地方特色表演艺术。抗战文化章记述抗日战争时期各界人士云集桂林开展文化活动的情况，涉及著名文化人士200余人。④《桂林市志·人物志》。设4章11节。人物传章收录桂林市籍及与桂林有较大关系的名人202人，包括李宗仁、白崇禧等国民党桂系代表人物，及李济深、陈劭先、谢顺慈、李任仁等。英烈章立传记述12人，其中有在桂林抗日保卫战中殉国的国民革命军将领陈济桓、吕旃蒙、阚维雍。除在传记中记载人物的抗日斗争事迹，还设置烈士表、桂林籍抗日阵亡将士表等人物表作为补充记述。

《桂林市志》书影

Guipingxian Zhi

《桂平县志》 主编凌崇征。1991年广西人民出版社出版。140万字。设28编132章467节。志首有地图、地貌图、城区图、水利设施图及照片27幅。上限不限，下限至1987年。对农民起义、桂平西山、佛教、名优特产的记述为志书特色内容。军事编记载大藤峡瑶民起义、太平天国金田起义、大成军在桂平的战斗。社会编宗教章记载佛教、道教、天主教、基督教。人物编设农民起义将领章，立传略记载侯大苟、萧朝贵、洪秀全、杨秀清等25人，列名录收录除立传以外的太平天国诸王、将领33人；立传记述高僧释宽能法师生平。旅游编记载大藤峡、太平天国金田起义地址、西山、白石山、紫荆山等遗址、遗迹，洗石庵、龙华寺等广西佛教主要活动场所。设名优特产编，记全国名茶之一西山茶、麻垌荔枝、龙眼、金田淮山、江口竹器、罗秀米粉等9种土特产，乳泉酒、榴花牌白砂糖、书写纸等6种名牌优质工业产品，西隆盛腊鸭、田螺汤、绿豆糕、敬慈斋馆素餐等风味食品。1993年在全国和广西的新编地方志优秀成果评奖中均获一等奖。

《桂平县志》书影

Guo Fei

郭棐(1529—1605) 字笃周，号梦菊。明广东南海人。嘉靖四十一年(1562)进士，授户部主事。后任夔州知府、湖广道屯田副使、四川提学、云南右布政使等。纂有《粤大记》《四川总志》《广东通志》《岭海名胜记》《西阳正组》《宾州志》及《夔州府志》(已佚)、《右江大志》(已佚)等。另著有《梦菊全集》《齐楚滇蜀诸稿》等。主张修志重明是非，“不虚不隐”，发扬史笔直书传统。①《宾州志》[万历]。宾州为广西宾阳古称。万历十二年(1584)始修，十五年成书并刊刻。14卷。约8.5万字。正文分十三志，下统35目。记事始于汉，止于万历十三年。山川目记述山、岭、洞、岩200余处，陂塘目记水利设施数十处，宦绩、选举、献徵三志记宋至明代人物数百人，兵防志详记军事驻防、兵员营堡、粮饷制度，经略志记州内民族起义斗争及朝廷征讨史实。日本内阁文库藏原刻本。②《西阳正组》[万历]。记述常德府沅江县、辰州府辰溪县的地理及人事，因大西山在此二县之南，故名。万历十七年纂。10卷。所载内容包括封疆沿革，山川标胜，戡勋烈，绥略规模，宦业订讹，献征纪最，仕林绮组，艺苑箐华，秩官补阙，古迹传奇。上海图书馆有藏。③《岭海名胜记》。万历二十四年刊行。22卷。分名胜古迹与文类两大项。文类分纪传、诗赋、奏疏、寺院碑记等。记有广东名胜20处。首叙其沿革，次而列图，再歌咏之，再次辑录有关诗文。所记书院、庙宇之金石碑刻，多不传。

Guo Songtao

郭嵩焘(1818—1891) 字筠仙，晚号玉池老人。清湖南湘阴人。道光二十七年(1847)进士。先后入曾国藩、僧格林沁幕。官至广东巡抚。曾以侍郎候补身份出使英、法，为中国第一任驻欧公使。晚年居养知书局，讲学著书，人称养知先生。主纂《湘阴县图志》《使西纪程》，参纂光绪《湖南通志》，并为黄海垣校正《桃源志》凡例作序跋。另著有《养知书屋遗集》《史记札记》等。在《湘阴县图志》例言中阐发方志源流，认为"地志体例，经始于北宋，至南宋而始备。唐以前，地志记山川、方域、物产而已"，"方志之记事，见于《吴郡图经》，盖自汉魏下及隋唐，纪地、纪人各为专书，宋初地志始合著焉"。在《湘阴县图志》序中，强调方志纂修当遵循史体，以修史的严谨态度对待修志，以求志书信今而达远；讲究修志宜图文并重；还认为方志为"史之一体"，应统合古今，不可偏废，其"事必溯其源而敢有苟略"；主张旧典不可废弃，否则"将使千百年迹隐而不章，后世何所取证焉"。

Guo Xiangsheng

郭象升(1881—1940) 字可阶，号允叔。山西晋城人。历任山西优级师范学堂教习、山西医学专门学堂监督、山西大学文科学长等职。受山西省公署委托，撰写《山西各县志书凡例》。1918年当选为第一届众议院议员兼清史馆纂修。1921年后，任山西省图书馆委员、山西省立教育学院院长、山西文献委员会常务委员等职。著有《清史讲义》《郭允叔诗文钞》《山西历代名贤概况》等。《山西各县志书凡例》，山西省公署于1917年颁发。该文总结历朝修志经验，列出目录和注意事项。认为"方志之书，肇于唐宋"，"明代求备而不精，清代尚雅而寡用"，主张编修新志要"因时制宜"，或赓续，或重修，或增新。主张县志采用图、略、传、表、考5种体裁，各体之下分纲目。强调地图用新测绘法绘制。要求增设生业略，含士农工商各业。

Guo Zizhang

郭子章(1542—1618) 字相奎，号青螺。明江西泰和人。隆庆五年(1571)进士。曾任山西按察使、贵州巡抚。后官至兵部尚书加太子少保。纂有《豫章书》《豫章诗话》《黔记》《郡县释名》《阿育王山志》等多种志书、杂记，多不传，其中《郡县释名》是中国第一部专门解释地名渊源的著作。《黔记》[万历]。万历三十一年(1603)成书，三十六年刊印。60卷。该志采用纪传体史书的体例，分纪、志、表、传四体。卷首有贵州全省大事记；卷末附古今西南夷总论，专论朝廷"羁縻"策略。全书内容侧重抚苗之策，并涉及贵州少数民族与土官情况。有原刻本存世。

Guojia Bowuguan Tushuguan

国家博物馆图书馆 中国国家博物馆位于北京市天安门广场东侧。2003年，在原中国历史博物馆和原中国革命博物馆基础上组建成立。方志收藏主要源自中国历史博物馆图书馆旧藏，据《中国地方志联合目录》统计，该馆收藏有宋代至民国时期的方志1262部，其中，1912年以前印刷或抄写的古代方志有886种990部，民国方志近300部。该馆于1987年编印《中国历史博物馆馆藏地方志目录》，包括1949年以后影印本在内，共收录方志2109种2594部。此外，原中国革命博物馆接收的董必武藏书、黎锦熙藏书中也有不少各类方志。黎锦熙所撰日记稿本和所著《方志今议》签批本也收藏于该馆。合馆后，陆续购进海内外出版社影印的一些方志丛书，所藏各类方志有3000余种。

guojia bu wei ju xiuzhi

国家部委局修志 从20世纪80年代初开始，水利、铁道、能源、气象、民用航空等系统各部委局陆续开始编修志书。中国地方志指导小组于1995年12月15日在北京举行国家各部委修志工作座谈会。公安部、农业部、铁道部、林业部、外交部、建设部、水利部、邮电部、煤炭工业部、国家体育运动委员会、国家环境保护总局、国家土地管理局、海关总署、全国供销合作总社、国家海洋局、中国海洋石油总公司、中国核工业总公司17个部委局修志部门参加会议。

能源部修志 能源部(1993年撤销，组建煤炭工业部，1998年撤销，于国家经济贸易委员会下设国家煤炭工业局，2001年撤销)于1988年成立《中国煤炭志》编纂委员会。至1999年，完成全部编纂出版工作。共30卷，约3000万字。包括综合卷和29个省、自治区、直辖市卷。卷下分设篇、章、节、目。综合卷设煤炭开发、煤炭工业生产、煤矿安全与环境保护、煤炭工业管理、科技与教育、职工生活、人物7篇专志及概述、大事记。省、自治区、直辖市卷以1990年行政区划为单元，分别记载境内煤炭行业的历史状况和发展进程。各卷均包括15个部分，分别为煤田地质与勘探、煤矿建设、煤炭生产、煤矿安全与环境保护、煤矿经营管理、煤矿专用器材设备生产、煤矿多种经营、煤炭科研与教育、煤矿职工生活福利、党群组织、人物和煤矿简介(煤炭企事业单位简介)12篇专志和概述、大事记、附录。

建设部修志 建设部于1986年建立建设系统专业志编纂指导委员会，归属建设部科学技术委员会。1988年6月30日，中国建筑业联合会建筑史志研究会成立。从1989年3月起，陆续举办4期编修专业志研修班。1991年6月，在郑州召开建设系统专业志编纂工作座谈会，提出各地在完成地方部署的修志任务基础上，各省、市建设系统编纂出版综合记录建设系统工作成就的城乡建设志和建筑志，有条件的也可单独出版房地产志、园林志等专业志，争取形成一套详细记载中华人民共和国成立后城乡建设成就的系列志书。1990~1992年，建设部专业志编纂指导委员会召开了3次大型评议会，分别评议《自贡市城市建设志》《福建城乡建设志》《常州城市建设志》,并与上海建设系统专业志指导小组联合召开全国建设系统专业志编纂理论研讨会。

铁道部修志 中国铁路史编辑部于1980年3月成立。1990年更名为中国铁路史编辑研究中心。1998年与铁道部档案处合并,更名为铁道部档案史志中心,下设档案(馆)处和史志室。各铁路局修志工作受地方政府推动,从编纂地方志中的铁路志发展起来。至2001年,铁道部部属企业中,14个铁路局均设有史志机构;铁路局下属47个铁路分局,中国铁路物资总公司,铁道部第一、二、三、四勘察设计院,铁道科学研究院等单位均设立史志机构,或在办公室内设史志人员;84个与铁道部脱钩的公司、局、厂设有史志机构,或内设史志人员。铁道部中国铁路史志编辑研究中心共举办4次业务培训,各铁路局及下属分局、单位组织各种类型修志业务培训,召开10次重要修志会议。铁路系统各单位参与编修省、自治区、直辖市志中的铁路志(铁道志、交通志铁路篇),出版22部;济南、呼和浩特、北京、哈尔滨、沈阳、成都、柳州、郑州、南昌9个铁路局出版铁路局志,36个铁路分局出版铁路分局志。另出版总公司志、工程局志、工厂志、设计院志、研究所志、院校志、工会志、公安局志、铁路站段志等350部。北京铁路局及南宁、青岛、乌鲁木齐、海拉尔4个铁路分局,洛铁公安处、宝丰机务段、三西工务段、三门峡工务段、洛阳生活段、月山车务段、济源车务段出版续志。牡丹江机车工厂、齐齐哈尔车辆厂、四方机车车辆厂、沈阳铁道制动机厂、平顶山轨枕厂、武昌车辆厂、西安铁路信号工厂出版工厂志。

水电部修志 水电部于1982年在武汉召开全国水利史志编写工作座谈会。会后,黄河水利委员会于1983年成立黄河志编纂委员会及黄河志总编辑室,之后,山东、河南黄河河务局,水文局,设计院,中游局,三门峡枢纽管理局等单位相继成立修志机构。至1998年,《黄河志》全部出版,黄河系统和地方有关单位出版《郑州市黄河志》《开封市黄河志》《中牟黄河志》《兰考黄河志》等地市县黄河志及《黄河三门峡水利枢纽志》《东平湖志》《山东黄河医院志》《引沁灌区志》等黄河专业志30多部。黄河志总编辑室编写的《河南省志·黄河志》《山东省志·黄河志》获1993年全国新编地方志优秀成果奖一等奖。长江流域规划办公室于1984年成立长江志编纂委员会及长江志总编室。至2007年,《长江志》全部出版。海河水利委员会于1983年成立海河志编纂委员会及海河志编辑办公室。至2001年底,出版《滦河志》《海河大事记》及《海河志》(第1~4卷)。2006年启动续修工作。淮河水利委员会于1983年成立淮河志编纂委员会和淮河志编纂办公室。至2006年底,《淮河志》出版,由《淮河大事记》《淮河综述志》《淮河水文·勘测·科技志》《淮河规划志》《淮河治理与开发志》《淮河水利管理志》《淮河人文志》7个独立卷组成,约550万字。2010年启动续修工作。

民用航空总局修志 民用航空总局于1995年成立民航史志编审委员会,下设民航史志编辑部。2000年底,启动《中国民用航空志》编修工作。至2002年底,民航系统共召开5次史志工作研讨会。《中国民用航空志》由综合卷(定名为总卷)及7个地区卷组成。地区卷以民航7个管理局所辖地区为单元,记述范围内民航行业的历史状况与发展进程。至2013年,7个地区卷出齐。

中国气象局修志 中国气象局于1982年成立当代中国气象史编委会,下设当代中国气象史编辑部。1986年召开全国地方志第一次工作会议后,中国气象史编委会及其编辑部承担了指导地方编修气象志的任务。1999年,中国气象年鉴编辑部并入,组建中国气象史鉴编辑部。2001年召开全国地方志第三次工作会议后,编辑部更名为中国气象局史鉴办公室,挂靠气象出版社,内设史鉴组、年鉴组、灾害大典组。至2002年,共召开6次气象史志研讨会议。各省、市、区、计划单列的气象志编辑部于1983年先后成立,出版的气象志由当地政府评奖,山西、上海、江苏、安徽、河南、广东、广西、四川、贵州、甘肃、青海、宁夏等省、直辖市、自治区气象志获修志优秀成果奖。

海关总署修志 国家海关总署于2006年10月启动《中国海关通志》编纂工作。成立了编纂委员会,中国海关学会承办通志编纂工作,成立了《中国海关通志》编辑部,并在广州、上海、天津、厦门设立了4个编辑组。2013年该书编纂完成,由方志出版社出版。全书记载时间跨度两千多年,全面、完整、客观、系统记述中国海关从古代、近代到当代的历史演变过程,涵盖中国海关机构的历史沿革、海关业务门类以及海关管理的各个方面。

Guojia Tushuguan

国家图书馆 前身是筹建于1909年的京师图书馆,1928年更名为国立北平图书馆,1950年更名为国立北京图书馆,1951年更名为北京图书馆,1998年更名为国家图书馆。总馆位于北京市海淀区白石桥南,古籍馆位于西城区文津街。总建筑面积25万平方米。1990年4月,成立地方志家谱文献中心。2009年1月,成立国家图书馆方志馆,收藏中国地方志和家谱文献,地方志收藏冠于海内外。该馆收藏旧志近7000种120000余册、缩微胶卷2000余卷、新编方志近5000种15000余册、专志近21000种23000余册,并收藏有方志学论著、地情资料、志稿、旧志标点本和校注本等。其中宋元善本包括《宝庆四明志》、绍定《吴郡志》、《开庆四明续志》、咸淳《临安志》、至正《金陵新志》等,明代善本包括《大明一统志》、洪武《苏州府志》、正德《武功县志》、嘉靖《平凉府志》等。该馆于2002年启动数字方志项目,数字化全部馆藏旧志,已在互联网上发布6000余种方志的图像,并完成"中国地方志人物传记索引""中国地方志论文索引"等项目。

H

哈 海 邗 涵 韩 汉
杭 禾 合 何 和 河
贺 鹤 黑 红 洪 呼
胡 湖 花 华 怀 淮
寰 皇 黄 徽 会 惠

Haerbinshi Zhi

《哈尔滨市志》 主编岳玉泉。1993~2000年黑龙江人民出版社出版。36卷,2380余万字。由总述和70部分志组成。上溯远古,下至1990年。旅游志、政权志、军事志突显哈尔滨作为国家历史文化名城、旅游城市的特点。在两次全国地方志评奖中,自然地理志获一等奖,金融志、公安志获二等奖。电子仪表工业、冶金工业、民政、侨务等19部分志在省级志书评奖中获奖。①《哈尔滨市志·旅游》。主编张相学。1998年出版。15万字。设4篇13章48节。志首配图照6幅。旅游资源篇重点记述哈尔滨三大景观——城市建筑、太阳岛、冰雪风光。主要记述中央大街秋林商店、马迭尔宾馆、教育书店,南岗区中山商场、黑龙江省博物馆、极乐寺、七级浮屠塔、基督教堂、圣母帡幪教堂,道外区清真寺等,涵括中西方不同流派的建筑;东北烈士纪念馆、中共满洲省委机关旧址、李兆麟墓、东北抗日暨爱国自卫战争烈士纪念塔、阿城金代上京会宁府故城遗址、呼兰萧红故居等文物遗迹,及斯大林公园、哈尔滨防洪纪念塔等。②《哈尔滨市志·政权》。主编岳玉泉。1998年出版。72万字。设地方权力机关、地方行政机关、地方检察机关、地方审判机关4篇,主编分别为房崇林、王好明、黎元祥、傅强。下设25章84节。配图照24幅。地方行政机关篇为特色篇章。记述从清末滨江关道设立至中华人民共和国时期约30个地方行政机关的建置,以90%的篇幅重点记述1949年后的情况。记述1949年前各历史时期地方行政机关的辖境、设治过程、机构、职掌、官员等情况及六届哈尔滨自治公议会代表国籍构成。全面记述沙俄强占哈尔滨铁路,攫取司法权、警察权与航道权,掠夺资源、倾销商品、投资设厂、城市建设等;清滨江县行政机关镇压同盟会会员梁廷栋等领导的革命军,以及在开辟商铺、市政设施建设、兴办教育、发展民族工商业方面的情况;抗日战争时期日军在哈尔滨的罪行等。对1959年领导机关上报不切实际的指标等失误也有记载。③《哈尔滨市志·军事》。主编傅金友。1994年出版。约30万字。设7篇21章63节。志首配图照11幅。驻军篇记述沙皇俄国军队、中国中东铁路护路军总司令部,日本驻屯军、关东军情报部、宪兵队、关东军731部队,及伪满洲国军等。战事篇记述清军及义和团围攻哈尔滨沙俄护路军,梁廷栋、梁廷越反清武装起义,及哈尔滨抗日保卫战、苏联红军进入哈尔滨、民主联军收复哈尔滨等。还记述解放战争时期哈尔滨作为东北地区"大后方",进行兵员组织和战勤动员的情况。

位于中央大街中段的马迭尔宾馆

Hafo Yanjing Tushuguan

哈佛燕京图书馆 位于美国马萨诸塞州波士顿市。1928年创建,时称汉和图书馆。1976年归入哈佛大学图书馆系统。至2012年6月,该馆藏书137万余册,其中中文图书79万余册,包括中国地方志、丛书、明清时期个人文集及12~19世纪的善本书籍等。据《美国哈佛大学哈佛燕京图书馆藏中国旧方志目录》统计,至2011年,该馆收藏1949年前的方志共2922种(善本764种)30230册,其中明代方志32种、清代方志2305种(顺治至乾隆年间方志732种)、民国方志585种;收藏以胶片形式存在的缩微方志(不含以馆藏纸本方志拍摄的胶卷)441种,其中宋代方志5种、元代方志3种、明代方志376种、清代方志45种、民国方志12种。此外,还藏有1949年以后影印出版的大型方志丛书,含子目4521种。收藏新编省、市、县、村志及专业志书3.6万种,以统计年鉴为主的各类中国年鉴6000余种。

Hamixian Zhi

《哈密县志》 主编王文邕。1989年新疆人民出版社出版。75万字。设24编111章。志首配新疆哈密县行政区划图、地貌图、彩照50幅。上起清代,建置沿革、大事记等章节溯至清以前;下至1983年。对1934年哈密行政公署设立前境内发生的各项大事尽量收录;1934年后,特别是中华人民共和国成立后,主要记述县辖单位之事,县境内的自治区、兵团、铁路、地区及军队系统的各项事业,仅在有关章节内简单记述。农业编共7章,主要记述种植业、畜牧业、林业、副业及生产关系变革,其中种植业章详记农业耕作技术、种植制度、耕作周期及作物品种,配1958~1983年农作物复播面积统计表、1949~1983年全县播种面积统计表和粮食油料产量表等6个表格;畜牧业章详记草场资源、草原建设、牲畜品种、畜病防治、畜牧分区等,配1949~1983年各类牲畜存栏数等表;设附录记述果乡五堡和县境内兵团农牧场。工业编记述采矿、化工、食品、烟草、

坎儿井龙口

毛皮、日用金属制品及建筑业。文化艺术编记述地方音乐、传统民间文艺形式，重点记述伊州大曲、哈密十二木卡姆、阿肯弹唱和社火，附哈密维吾尔族民歌22首。文物胜迹章记述古文化遗址、墓葬、庙祠遗址、岩刻、碑记等。单设哈密瓜编突显该县作为哈密瓜故乡的特点。单设哈密回王编，记述哈密回部札萨克制从清康熙三十六年(1697)至1930年统治哈密的历史，体现其统治时间之长、影响之大为新疆所有封建王公之冠。杂编收录古诗、轶事及地方文献。1993年获全国新编地方志优秀成果奖一等奖、自治区优秀志书奖一等奖。

Haikangxian Zhi[Kangxi]

《海康县志》[康熙] 郑俊修，宋绍启纂。清康熙二十六年(1687)刻本。海康县(县治位于雷州市境)在明、清时为雷州府附郭。全书上、中、下3卷。设18个门类，每类一志。以康熙十一年吴盛藻修《雷州府志》为蓝本续修，按类增入康熙十一年至二十六年事迹。其中星候志下的星野、气候二目分别标注“三县俱同府志”“府志已载”；设风候目记载飓风发生的规律、天象、破坏力等，附潮汐目。民俗志下分习尚、言语、居处、节序等目，其中言语目记载官语(中州正音)、黎语(琼崖临高之音)、东语(客语)等当地通行语言。除人物、烈女、名宦等志记人外，设勋烈表，分武烈、武功二目记武将功绩。此志为存世海康县旧志中最早的一部。故宫博物院图书馆、湖南图书馆等有藏。国家图书馆、广东省立中山图书馆、中山大学图书馆等藏1929年雷阳印务局铅印本。另有抄本存世。

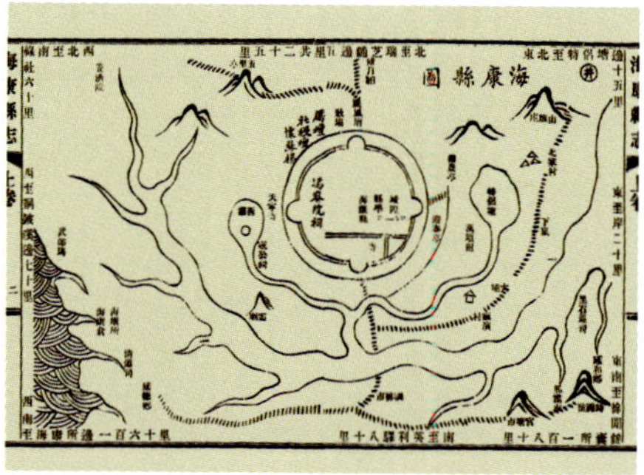

海康县图

Haikou Haiguan Zhi(1991~2001)

《海口海关志(1991~2001)》《海口海关志》续编编纂委员会编。2006年内部出版。约40万字。设19章84节。志首配图照132幅。在货物监管、进出境运输工具监管、报关管理、行李物品监管章中，重点记述海口海关在业务建设改革中的建树，从对进出口货物、运输工具的监管，到对旅检、邮递物品的监管；从对一般贸易货物的监管，到对加工贸易货物等各种新型贸易货物的监管；从对货物开始接收申报，到对货物的查验及放行过程中所涉及的各项作业环节；从对加工贸易货物前期的监管，到中期核查及后续的监管等改革措施。特别是1994年实行稽查制度，这是海关监管制度上一项根本性改革。在其他非贸易性物品监管节中，特别记述对海南省近半数的印刷品、音像制品、常驻人员自用物品监管。查缉走私章中分别记述货运渠道走私、海上走私、行邮渠道走私及出岛走私等各种走私活动及打击各种走私案例。

《海口海关志(1991~2001)》书影

Haikoushi Zhi

《海口市志》 主编林明、王海云、王经华。2004年方志出版社出版。300万字。设32编161章550节。卷首配图照196幅。上起事物发端，下至1996年，“四套班子”领导人名表图照延至2004年。居民·风情、旅游业、文化等编较具地方特色。此外，建置区划·自然环境编地震节中记载明万历三十三年(1605)琼州大地震的基本情况。工业编橡胶加工业章记述轮胎生产、橡胶靴鞋生产，胶板、胶带、胶管生产，日用橡胶制品生产、力车胎生产等内容。外事·侨务编华侨事务章记述华侨的来源、分布和侨胞在支援革命斗争、投资实业、兴办公益事业等方面的业绩及市政府的侨务工作与侨务政策。人物编设有丘濬、唐胄、海瑞、冯白驹等54个人物的传记和人物表录。①《海口市志》居民·风情编。设4章16节。记载海口的居民来源、人口规模、人口构成、婚姻、家庭、计划生育、方言、风俗和宗教信仰，其中方言章对海口话、长流话、疍家话3种方言的语音系统、词汇特点和语法特点有详尽记述。②《海口市志》旅游业编。设4章15节。其中旅游资源章记述五公祠、丘濬墓、海瑞墓园、秀英炮台遗址、假日海滩、秀英海滨游泳场、海口市人民公园、滨海公园、万绿园等市区景点和马鞍岭(石山)火山口、琼台书院、海底村庄、红树林游览区、东郊椰林、东山湖热带野生动物园、桂林洋、南丽湖、铜鼓岭等周边景观的基本情况。③《海口市志》文化编。设6章25节。其中文博事业章记述汉代铜鼓、元代铜佛像、明代铜钟、清代铁炮等馆藏文物，丘濬墓、海瑞墓、秀英炮台、镇琼炮台、中共琼崖地委第一次代表大会旧址、中共琼崖特委、海口市委旧址等文物保护单位，碑刻、木石匾额、石雕，及西天庙、五公祠古建筑群、天后庙、陈训屋、海公泉、邱公泉、中共海口市工委旧址、白沙门战斗遗址、华南公路修建工程烈士纪念碑、革命烈士纪念碑、金牛岭烈士公墓、李硕勋烈士纪念亭、冯白驹将军纪念碑、海口中山纪念堂等文化遗存。

《海口市志》书影

Hainansheng Zhi Nongken Zhi

《海南省志·农垦志》 主编王法仁。1996年海南摄影美术出版社出版。65万字。设行政体制、土地/人口、基本建设、橡胶种植业、多种种养业、工业/建筑业、商业/旅游业、经济技术合作、企业管理、科技工作、党群工作、社会工作12章,下设54节。配图片77幅。上起1952年,个别事项溯源,下至1990年。土地/人口章土地节详述占全省陆地面积25.2%的海南农垦的土地变迁(土地划入、土地划出、土地分布)、土地条件和土地利用;人口节记述职工来源、职工素质、人口自然发展和人口构成。基本建设章记述开荒营林、工程建设和设备购置,以及海南农垦发展橡胶、热带作物的失误和垦区农田水利建设的失误。橡胶种植业章记述胶园规划设计、橡胶种植和抚管、胶园间作、胶树灾害与防治、胶园更新、割胶、橡胶初加工和橡胶树副产品利用等内容。多种种养业章记述热带作物、农经作物、林业、畜牧业和渔业。附录二农垦人物记述雷贤钟、徐广泽等农垦界知名人士。1997年获全国地方志奖一等奖。

何麟书创办的琼安垦殖公司的账簿

Hainansheng Zhi Xinanzhongshaqundao Zhi

《海南省志·西南中沙群岛志》 主编李养国、温进辉。2008年南海出版公司出版。31.5万字。设地理环境、物产资源、开发治理、人口文化4篇,下设13章31节。配图照52幅。上起事物发端,下至1990年,概述、附录适当下延。物产资源篇重点记述风能、太阳能、潮汐能、波浪能、海流能、温差能、盐差能等再生资源,海水化学能源和海底石油天然气资源等的蕴藏量、分布等情况。开发治理篇设4章,分别记述历史上的开发治理、中华人民共和国的开发管理、南海及诸岛主权的捍卫、科学考察与领导视察,记述南海诸岛"是中国渔民最早发现、命名、开发和居住",并经历代政府和劳动人民的开拓、创业和经营,及中国政府"坚持不懈地维护和捍卫我国的南海权益及领土主权的尊严"等史实。附录中南海诸岛大事记记述中国自西汉至1995年对南海诸岛的管理情况,如"西汉朝廷派地方官员巡视今南海一带水域""南北朝时,'涨海'在宋水师巡逻之内""唐代朝廷将'涨海'列入政治版图"及宣统年间广东水师提督李准视察西沙群岛等;记述越南、菲律宾等国侵占南海诸岛等事件;南海诸岛中外地名对照表列有1983年公布的标准名称287个,对应的1935年公布名称、1947年公布名称、外文名称;收录部分超越下限1990年的重要资料;艺文辑存收录《周总理关怀西沙》《南沙考古调查》《南沙群岛主权的历史见证人》《国旗飘扬在曾母暗沙》等诗文。

Hainan Tiekuang Zhi

《海南铁矿志》 主编吴佑福。1984年内部出版。40万字。设7篇37章138节。卷首有彩照23幅、黑白图照20幅、彩图1幅;正文插图27幅、数据图表74个。上起1939年2月,个别章节溯至明正德年间;下至1983年底。在海南铁矿概况篇历史溯源章中列举日本侵占时期开采量、外运量和矿工死亡率。重点记述专业管理。在专业管理篇记载计划管理、生产管理、技术管理、铁矿石质量管理、设备管理、物资管理、劳资管理、财务管理、安全管理、能源管理、销售管理、环境保护管理等内容。其中,技术管理章重点记述技术规程的管理、采掘部署的管理、采场管理、边坡管理、排土场管理、总图运输管理、尾矿管理、科研管理、计量管理、福利设施技术改造、科技队伍、科技情报、科技图书馆状况和矿山技术改造展望等内容;环境保护管理章重点记述环境保护概况、环保机构设置、环保监测设备、环保实施与管理、"三废"治理措施与实效、处理污染装置与能力、排污交费及赔款、历年绿化情况等内容。

海南铁矿鸟瞰

Hainan xiuzhi

海南修志 海南方志编修始于晋代。至1950年海南解放前,共修全岛志,府、州、郡、县志,图经、乡土志和群岛志113部,存57部。20世纪80年代中期开始首轮新方志编修工作,2007年启动第二轮修志工作,至2010年底,共出版省志分志、市县志66种。

海南历代方志编修 海南最早的方志为东晋人盖泓所撰《珠崖传》,已佚。此后,至宋代始出现《琼州图经》《琼管图经》《琼管志》《琼台志》《万安军图经》《吉阳军图经》《南宁军志》《陵水县志》等方志。元代所修志书,可考的有蔡微所撰《琼海方舆志》和元大德年间冼雷所撰《临高县志》。元代以前的11种志书均无存。明代以后,海南志书编修进入繁荣阶段。至民国,编修各类方志102种,包括郡、府、道志19种,州、县志75种,乡土志3种,南海诸岛志3种及图经2种。存世57种,有全岛志12种,州、县志39种,乡土志3种,有关南海诸岛的志书3种。主要收藏于海南、广东和台湾三地,较为集中的收藏单位有海南大学图书馆、海南师范大学图书馆、广东省立中山图书馆、广东中山大学图书馆、广东省社会科学院图书馆、广东省博物馆、海南省民族博物馆、台湾图书馆、台湾大学图书馆等;日本藏18种。

海南明代修志 共编修志书约31

种。存世4种，其中2部为海内外孤本，藏于日本。①海南明代道府志。共编修11种，其中万历朝4次纂修。所修志书中，成化十四年(1478)的《琼州府志》(12卷)，正德六年(1511)王佐纂修的《琼台外纪》(5卷)，嘉靖年间郑廷鹄纂修的《琼志稿》(一作《琼志略》)，万历年间周希贤纂的《琼州府志》、韩鸣金纂的《琼州府志》、林如楚纂的《琼岛图说》，王佐纂修的《琼崖录》(3卷)、黄暾江纂的《琼州府志》，均无存，据《海南省志·西南中沙群岛志》载，《琼台外纪》中有"万州辖有'长沙、石塘'，说明南海诸岛的西沙群岛和南沙群岛是万州的管辖范围"的记述。仅正德十六年上官崇修、唐胄纂的《琼台志》(藏于天一阁)，万历年间戴熺、欧阳璨修，蔡光前纂的《琼州府志》(藏于日本国立国会图书馆)和嘉靖十六年(1537)顾可久编的《琼管山海图说》(藏于中国国家图书馆)3部存世。②海南明代州县志。儋州、万州、崖州3个州，文昌、会同、乐会、定安、澄迈、临高6个县编修志书20种。崖州、定安志书编修最为频繁，各有5种问世；嘉靖朝后编修的志书较多，有14种，其中嘉靖朝5部、万历朝4部。仅万历四十六年(1618)曾邦泰修、董绫纂的《儋州志》存世，共3册，藏于日本尊经阁文库。

海南清代修志　共编修郡志、府志、州志、县志57种，以康熙年间的志书最多，共28种。存世39种，其中日本藏有府志、州志、县志12种，东洋文库就收藏有9种。另有光绪十二年(1886)张廷标编的《琼山县乡土志》、宣统元年(1909)莫家桐编的《定安乡土地理志》、清末汤宝棻编的《崖州直隶州乡土志》存世。①海南清代府郡志。共编修6部，存5部。康熙十五年(1676)牛天宿修、朱子虚纂《琼郡志》(10卷)。康熙四十五年后，先后编修4部琼州府志。其中，《琼郡志》(一作《琼州府志》)在国家图书馆、广东省立中山图书馆有藏；吕子班编纂的道光《琼州府志稿》已佚。"台湾中央研究院"存有《琼州志》手抄本，具体编修年代不明。②海南清代州志。共编修志书8种，分别为万州志2种，有李炎(一作李琰)纂修的康熙本，胡端书修，杨士锦、吴鸣清纂的道光本；儋州志2部，有沈一成(一作沈一诚)所修康熙二十八年本，韩祐所修康熙四十三年本；崖州志4部，有张擢士修康熙七年本，李如柏、张擢士纂修康熙三十三年本，宋锦增辑、黄德厚分修乾隆本，钟元棣、张嶲、邢定纶纂修光绪本。其中，康熙七年《崖州志》、康熙二十八年《儋州志》已佚。③海南清代县志。各县共编修志书43种。其中，定安县7次修志，文昌、会同两县6次修志，澄迈、陵水两县5次修志，琼山县4次修志，乐会县3次修志，临高、昌化、感恩三县2次修志。存世28部。国家图书馆有康熙四十六年《临高县志》抄本；感恩县的2部旧志——康熙十一年本、康熙四十四年本均已佚。影响较大的有光绪《昌化县志》等。

海南民国时期修志　存世全岛志、县志、南海诸岛志共11种，占海南存世志书总数的20%。侧重对南海诸岛、黎苗等少数民族、华侨及近代外交关系的记述，如《海南岛志》附录收录《调查西沙群岛报告书》等文献；《海南岛新志》有海外侨民记录表，并设本岛与国际间的关系章，详细记载海南与西方国家的关系、日本侵略海南的原因及其占领海南后所修建筑的情况；《琼山县志》黎防志记述黎情、黎族峒村、黎峒关隘、抚黎、平黎等内容。①海南民国时期全岛志。存世4种。1930年王国宪纂成《琼崖志》，共10卷，仅存金石卷和部分艺文卷；1933年陈铭枢总纂、曾蹇主编《海南岛志》，共22章，以调查材料为主，内容着重经济类，日本有藏；1947年许崇灏纂成《琼崖志略》，共5章；1949年陈植编著《海南岛新志》，共11章，属简志。②海南民国时期县志。存世4种。分别为1917年徐淦修、王国宪纂的《琼山县志》；1918年李钟岳修、林带英纂的《文昌县志》；1931年周文海修、卢宗棠纂的《感恩县志》；1935年彭元藻、曾友文修，王国宪纂的《儋县志》。日本藏有《琼山县志》《儋县志》《感恩县志》。

海南新方志编修　海南各市县于20世纪80年代中期启动新方志编修工作。1990年中共海南省委办公厅、海南省人大常委会办公厅、海南省人民政府办公厅、海南省政协办公厅联合颁布《关于印发〈海南省志〉编纂方案的通知》，正式启动全省首轮修志。至2010年，共出版省志分志、市县志、专志200余种。有2部省志分志、2部县志获全国新编地方志优秀成果奖。全省二轮修志于2007年2月启动，规划编修省志分志、市县区志78部。此外，全省编纂乡镇村志、农场志、专志等150余种。

海南省级修志　海南省地方志编纂委员会于1989年成立。1990年《〈海南省志〉编纂方案》颁布。首轮《海南省志》规划编修65部分志。李养国、王琼文、梁振球任总纂。1993年5月《海南省志》第一部分志金融志出版，至2010年底，共出版48部分志。各卷下限统一定为1990年，个别适当下延，最晚的为2005年，有90余个厅局、高校等参与编纂。其中方言志、农垦志、农业志、气象志、海洋志、民族志、西南中沙群岛志、渔业志、自然地理志、动植物志、华侨志和民俗志等具有地域特色。金融志获1993年全国新编地方志优秀成果奖一等奖。农垦志在1997年的全国地方志评奖和全省志书质量评比中先后获一等奖。二轮修志规划编修《海南省志(1991~2010)》56部分志。

海南市县级修志　全省2个地级市、17个县(市)均在首轮有修志任务。其中，1990年出版的《临高县志》是全省第一部新编市县志；五指山市编修的志书主要记述该市更名以前的情况，志书以原行政区命名为《通什市志》；2002年海口、琼山两市合并前的琼山市也编有《琼山县志》。至2011年《东方县志》出版，首轮市县志全部出齐。《临高县志》《白沙县志》获1993年全国新编地方志优秀成果奖二等奖,《万宁县志》在1997年全省志书质量评比中获一等奖。二轮修志规划编修市、县、城市区志22部。

海南规划外志书编修　共编修150余种,包括《海南冶金志》《海南省口岸志》等省级专业志,《中国人民建设银行海南行政区分行志》《海南行政区药材场志》《海南铁矿志》等部门志和《海口海关志》等行业志;各市县编修的非规划志有《海口市粮食志》《海口市工商管理志》《海口市城建志》《琼山县农业志》《琼山县林业志》《三亚市财政志》《三亚市税务志》《琼海县文物志》《琼海市华侨志》《儋州市财政税务志》《临高县土地志》《万宁水利志》《琼中黎族苗族自治县财政税务志》《澄迈县人物志》《澄迈县祖源志》《白沙基建志》《昌江黎族自治县财政志》《陵水县土地志》等90余种;还有《东红场志》《东平场志》《新星场志》《南茂场志》《三道场志》《东路农场志》《南方农场志》《国营中建农场志》《国营黄岭农场志》等约20种农场志和《石山镇志》《保定村志》《马村志》等十余种村镇志。

海南旧志整理　海南旧志整理始于民国时期。民国初期,王国宪整理海南历代先贤文集和地方史志资料。1923年(一说1927年),唐品三与王国宪、王梦云等人合作创立海南书局,陆续出版了由王国宪整理的地方志书,如《琼州府志》(张岳崧编)、《琼东县志》(由嘉庆《会同县志》改名)等。1988年,海南省地方志编纂委员会及办公室成立

“海南地方志丛刊”收录旧志

志书名称	纂修/编著/采辑者	志书名称	纂修/编著/采辑者
《太平寰宇记·海南》	乐史	光绪《澄迈县志》	龙朝翊、陈所能等
《元丰九域志·海南》	王存	康熙《临高县志》	樊庶
《方舆胜览·海外四州》	祝穆	民国《临高采访册》	许朝瑞
《舆地纪胜·海南》	王象之	光绪《临高县志》	聂缉庆、张延、桂文炽、汪瑔
《古今图书集成·琼州府部》	陈梦雷	康熙《定安县志》	张文豹、梁廷佐
《古今图书集成·广东黎人岐人部》	陈梦雷	光绪《定安县志》	吴应廉、王映斗
《大明一统志·琼州府》	李贤	宣统《定安县志》	宋席珍
雍正《大清一统志·琼州府》	蒋廷锡等	宣统《定安县乡土地理志》	莫家桐
乾隆《大清一统志·琼州府》	和珅等	康熙《文昌县志》	马日炳
嘉庆《重修大清一统志·琼州府》	穆彰阿等	咸丰《文昌县志》	张霈、林燕典
嘉靖《广东通志初稿·琼州府》	戴璟、张岳等	民国《文昌县志》	李钟岳、林带英等
嘉靖《广东通志·琼州府》	黄佐	乾隆《会同县志》	于煌等
万历《广东通志·琼州府》	郭棐	嘉庆《会同县志》	陈述芹
康熙《广东通志·琼州府》	金光祖	康熙八年《乐会县志》	林子兰、陈宗琛等
雍正《广东通志·琼州府》	郝玉麟、鲁曾煜等	康熙二十六年《乐会县志》	程秉慥等
道光《广东通志·琼州府》	阮元、陈昌齐	宣统《乐会县志》	林大华等
《续修广东通志·海南》	朱庆澜、梁鼎芬等	万历《儋州志》	曾邦泰等
《广东通志稿·海南》	邹鲁、温廷敬等	康熙《儋州志》	韩祐
正德《琼台志》	唐胄	民国《儋县志》	彭元藻、曾友文、王国宪
万历《琼州府志》	戴熺、欧阳璨、蔡光前等	《儋县志初集》	王云清
康熙《琼郡志》	牛天宿、朱子虚	康熙《昌化县志》	方岱
康熙《琼州府志》	焦映汉、贾棠	光绪《昌化县志》	李有益
乾隆《琼州府志》	萧应植、陈景埙	康熙《万州志》	李琰
道光《琼州府志》	明谊、张岳崧	道光《万州志》	胡端书、杨士锦、吴鸿清
《海南岛志》	陈铭枢、曾蹇	康熙《陵水县志》	潘廷侯
《海南岛新志》	陈植	乾隆《陵水县志》	瞿云魁
《琼崖》	陈献荣	康熙《崖州志》	张擢士、李如柏
康熙二十六年《琼山县志》	潘廷侯、佟世南、吴南杰	乾隆《崖州志》	宋锦、黄德厚
康熙四十七年《琼山县志》	王贽、关必登	光绪《崖州志》	钟元棣、张嶲等
乾隆《琼山县志》	杨宗秉	《崖州直隶州乡土志》	汤宝棻
咸丰《琼山县志》	李文烜、郑文彩	民国《感恩县志》	周文海、卢宗棠、唐之莹
光绪《琼山乡土志》	张廷标	《南海诸岛地理志略》	郑资约
民国《琼山县志》	朱为潮、李熙、王国宪	《琼州志》	佚名
康熙十一年《澄迈县志》	丁斗柄、曾典学	《琼崖志》	王国宪
康熙四十九年《澄迈县志》	高魁标	《琼崖志略》	许崇灏
嘉庆《澄迈县志》	谢济韶、李光先		

后，陆续影印了正德《琼台志》、道光《琼州府志》等一批旧志，仅作内部保存。1990年，海南省地方志办公室创办内部刊物《海南史志》，在创刊号中刊载了由王君伟辑录、陈波校补的旧志目录“解放前海南地方志统计表”。2007年，经过众多专家学者和史志爱好者历经6年搜集、整理、编校的“海南地方文献丛书”全部出版，其中由洪寿祥任主编、周伟民任执行主编的“海南地方志丛刊”，辑录自宋代至1949年前的州志、府志、县志、乡土志、采访录以及南海诸岛历史资料共70余种，正史中涉及海南的地方志资料及8种《广东通志》中的琼州府部分也列入。2010年出版的“广东历代方志集成”（见广东修志）设琼州府部，收录海南地区存世57部旧方志中的影印本44部。各市县也先后开展旧志整理工作。1962年，郭沫若受崖县委委托，点校光绪《崖州志》民国刊本，2010年三亚市再印《崖州志》工作小组再次校订。1982~1983年，儋县文史办公室、儋县档案馆出版林冠群等校点本民国《儋县志》。1996年，昌江县志办校点出版光绪《昌化县志》。2010年，澄迈县地方志办公室校点出版康熙《澄迈县志》。

海南方志工作管理 海南于1984年12月12日成立海南行政区地方志编纂委员会及办公室。历任编委会主任章锦涛(1984年12月~1987年1月)、曹文华(1987年1月~1988年11月)，办公室主任吴志明(1984年12月~1988年6月)。各市县也先后成立地方志工作机构。1988年海南建省后，成立省地方志编纂委员会及其办公室，统一领导全省地方志工作，并于1989年成立海南省地方志学会(1993年改称海南省地方史志学会，2003年更名为海南省地方志学会)。至2010年，共召开7次全省地方志工作会议。2007年起，海南省地方志办公室先后在琼海、宁波、济南、成都、太原等地举办全省二轮修志业务培训班，培训修志人员300多人次。海口市地方志办公室先后组织召开汉珠崖郡学术研讨会、冼夫人学术研讨会、丘濬学术研讨会，并编辑出版《汉珠崖郡研究文集》《冼夫人研究文集》《丘濬研究文集》。

海南省地方志编纂委员会及办公室 省地方志编纂委员会办公室于1988年6月30日成立，下设秘书资料处和编审处，1991年4月调整为秘书资料处、省志编审处和市县指导处。1988年11月5日成立省地方志编纂委员会。1993年8月撤销编纂委员会，办公室改称海南省地方史志办公室。2001年12月与中共海南省委党史研究室合并为海南省史志工作办公室。2003年11月恢复省地方志编纂委员会。2004年3月成立海南省地方志办公室。2007年1月，海南年鉴社成建制划归省地方志办公室管理，2008年12月增设年鉴工作处(挂海南年鉴社牌子)。历任省地方志编纂委员会主任梁湘(1988年11月~1989年9月)、刘剑锋(1989年12月~1993年8月)、卫留成(2003年11月~2007年2月)、罗保铭(2007年2月~2011年9月)、蒋定之(2011年9月~)，历任办公室主任李养国(1989年3月~1999年8月)、王琼文(2003年5月~2008年1月)、梁振球(2001年12月~2003年5月任副主任，主持工作；2008年1月~2012年12月)、毛志华(2013年3月~)。1990年创办《海南史志》，季刊，内部发行。1996年改与省地方史志学会共同主办。1999年起，不定期出版。至2010年底，共出51期。与有关部门于2004年组织召开白玉蟾与海南道教学术研讨会，并编辑出版《白玉蟾与海南道教研究文集》。组织编印《方志编纂手册》，作为各市县和各部门的培训教材。曾组织人员赴东南亚和台湾交流方志资料。

海南修志法规规章和规范性文件 《海南省地方志工作规定》由海南省第四届人民代表大会常务委员会第二十二次会议于2011年5月31日通过，自2011年7月1日起施行。海南还先后制定、颁布《海南省2006—2010年史志工作发展规划》《海南省第二轮省市县三级志书编纂方案》《关于认真做好启动我省第二轮三级志书编修工作的通知》《海南省2011—2015年史志工作规划》等文件。

海南地方志信息化建设 海南史志网网站于2008年建成，由中共海南省委党史研究室、海南省地方志办公室主办。设机构设置、地方党史、地方志书、海南年鉴、海南概览、历史回眸、红色旅游、琼崖人物、影像海南、图说历史、法规文件、史志书库、在线留言13个栏目。其中地方志书栏目数字化省志分志55部、市县志19部。

Haixi Mengguzu-Zangzu Zizhizhou Zhi

《海西蒙古族藏族自治州志》 总编周亚民、王平顺、王来林。1999年陕西人民出版社出版。5卷，255.3万字。设20编95章382节。志首配自治州行政区划图、德令哈市市区图、照片210幅。上起古代，下至1990年底。在自然环境、自然资源、农牧等编中，突出记述海西州的柴达木盆地，及其在青海省乃至全国的矿产资源开发和经济发展中具有特殊战略地位的矿藏资源；还记述该州的野生动植物资源、畜牧业资源，雪峰、冰川、戈壁沙海、绿洲、奇泉、盐湖、残丘等“世界屋脊”风貌和高原荒漠景观，以及长江源头的“冰峰塔林”、昆仑的“雪谷天险”、察尔汗的“万丈盐桥”、都兰的“古墓”和“国际狩猎场”等旅游资源。第四卷和第五卷记述解放初期处理民族积怨、剿匪肃特、恢复生产、建立人民政权的历程，反映了该州民族关系的历史性变化，人口、民族、宗教、民族语言、生活等编章节突出蒙古族、藏族等少数民族的性格和生活特点；民

青藏铁路新起点格尔木

俗、文化等编章节记述蒙古族、藏族的英雄史诗、历史传说、民间故事、民歌、祝词、赞词、婚礼诵词、谜语、谚语、格言等民族历史文化；民族体育节记述赛马、赛牦牛、赛骆驼、射箭、摔跤、姑娘追、拉羊皮、拉拔牛等具有浓厚地方民族特色的体育运动。1997年，第二卷获青海省地方志优秀成果奖二等奖。

Haiyanxian Tujing[Tianqi]

《海盐县图经》[天启] 樊维城修，胡震亨、姚士粦纂。明天启四年(1624)刻本。16卷。约36万字。卷首附图。分

天启《海盐县图经》("中国方志丛书"本)书影

方域、食货、戍海、堤海、官师、人物、杂识7篇，列55目。记事止于天启元年。方域篇首列县图、县表、县建置考、县治城、县坊镇乡图，配旧县图等8幅图，之后依次列县职署、县名胜谱、县风土记，风土记详细记述元明服饰、谣俗物产、种稻饲蚕、鱼盐采鬻等；食货篇记户口、田土、税粮、役法、课程、盐课等内容。戍海篇、堤海篇突出海防要塞特点。戍海篇重点记述开设一卫七所、增设备倭把总等海防事宜，配海宁卫图、澉浦所图、乍浦所图、海宁卫海岸及海洋设备图；堤海篇重点记述历年修筑捍海石塘事宜及塘图、料价，配有杨公坚砌坡陀塘式、黄公五纵五横鱼鳞塘式等图。国家图书馆、北京大学图书馆、复旦大学图书馆、浙江图书馆等有藏。国家图书馆、首都图书馆、故宫博物院图书馆、南京图书馆等藏清乾隆年间重刊本。2009年，浙江古籍出版社出版校点本。

Haiyuan Ge

海源阁 位于山东聊城市古城区万寿观街。聊城人杨以增于清道光二十年(1840)创建。"以承祀事并籍藏书，取学记先河后海语，颜曰海源"是为建阁之始。为晚清四大藏书楼之一。据《楹书隅录》《海源阁宋元秘本书目》《海源阁书目》著录，原阁藏书224600卷，其中经类581部、史类816部、子类874部、集类1500部。珍本首推"四经四史"。阁藏方志170余部，以陕西、河南、湖北、江苏、山东方志较多，还收藏有河渠、边防、山水、古迹等专志近百种。后历经战乱，藏书散出，大部分入藏北京图书馆(中国国家图书馆前身)和山东省图书馆。北京图书馆主要收藏其精本170余部。山东省图书馆海源阁专藏收藏2198种2324部32410余册，占原阁藏书的70%；兼有少量宋元刊本和精校名抄本，并从中选辑了400余种报送《中国古籍善本总目》。齐鲁书社于1999年出版《山东省图书馆馆藏海源阁书目》，2002年出版《订补海源阁书目五种》。

Hanjiangxian Zhi(1988~2000)

《邗江县志(1988~2000)》 主编戴光明。2009年方志出版社出版。196.8万字。设30编139章574节。志首有地图1幅、彩照100幅，随文图片226幅、表格422个。上起1987年，下至2000年底邗江撤县建区。政区环境编设沿所变迁、驻邗单位、交通设施3章反映邗江与扬州市县同城互驻的附廓县建置特征及交通特点、优势。城乡建设编邗江建设区章反映市县分治时期邗江的城市化之路。增设历史文化遗产、社会工作2编，前者着重记载扬州历史文化在邗江地域的发育。牙刷业/衬衫业、建筑业/房地产2编体现产业特色，其中牙刷生产、牙刷销售2节记述杭集乡在20世纪80年代实行"五轮齐转"的工业发展模式及其对乡镇工业发展产生的促进作用。中共地方组织·主要思想教育活动章设邗江精神的宣传实践节，采用理性与感性相结合的记述方式，既反映邗江精神的形成过程，又记载邗江人实践这种精神的事例。突出对在世人物的记载，采用随文附简介的方法记述，全志章节后共附记30位在世人物。人物编设能人巧匠名录节，彰显其在地方社会经济发展中发挥的重要作用。附录收载《县委、县政府重要文件》《调研报告选录》《前志勘误》《邗江人民革命斗争史略》《邗江县插队知识青年专记》《邗江区域历史溯源》《地域变迁考证文选》等内容，其中《邗江区域历史溯源》揭示了邗江与扬州市县共同的历史源流。

《邗江县志(1988~2000)》书影

H

Hanfen Lou

涵芬楼 原址位于上海市闸北区宝山路。东方图书馆古籍藏书室。清光绪三十年(1904)商务印书馆编译所所长张元济建藏书室，藏书供编译人员参考。清宣统元年(1909)设图书馆，定名涵芳楼。次年改称涵芬楼。1924年藏书移入商务印书馆所建的东方图书馆，古籍善本室仍名涵芬楼。藏书以古籍善本和地方志著称。至1931年底，馆藏善本近5万册；馆藏地方志2641种25600余册，地域涉及全国22个省，包括元本2种、明本29种、清代及民国刊本2500余种。所藏方志数量在当时国内图书馆界列第三位，而所藏品种覆盖全国1753个府、厅、州、县，完整率为84%，居各大收藏机构之先。1932年，"一·二八"事变中，东方图书馆毁于日本侵略军炮火，涵芬楼藏书除移藏在金城银行保险库中的500余种5000余册善本精品得以幸免外，其余均与东方图书馆藏书一并毁于战火。1951年，商务印书馆将涵芬楼的善本精品转让，其中《永乐大典》25册献给国家，由北京图书馆(中国国家图书馆前身)收藏；其他全部由文化部收购，分别收藏于北京图书馆、上海图书馆。涵芬楼曾编有古籍

藏书目录四编三册(不含幸存的善本精品)。“一·二”八事变后编制了《涵芬楼烬余书录》,附录已毁善本1700种。

Hanchengxian Zhi[Qianlong]

《韩城县志》[乾隆] 傅应奎修,钱坫等纂,毕沅总裁。清乾隆四十九年(1784)刻本。16卷,首1卷。约17万字。分67个子目。配有汪平书院图、龙门书院图、少梁图等13幅详图。为韩城各旧志中材料最全面、内容最丰

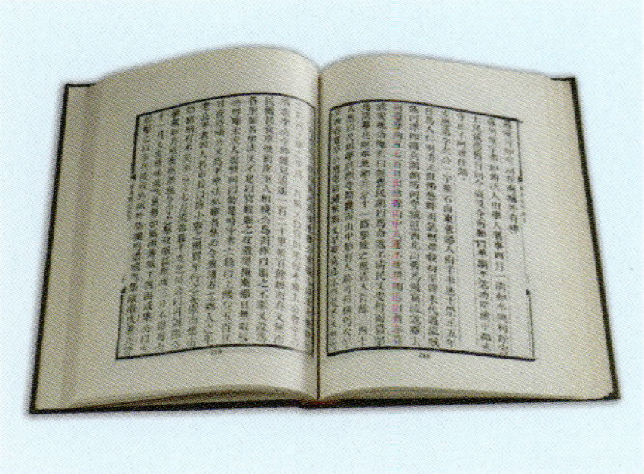

乾隆《韩城县志》(“中国方志丛书”本)书影

富的一个版本。叙事从上古至乾隆四十八年,详列清康熙至乾隆间80多年的事迹,囊括明万历三十五年(1607)张士佩撰著《韩城县志》及康熙四十二年(1703)康行僴主撰《韩城县续志》的主要内容。所附北斗魁入龙门图、东井图取自前志。人物和艺文所占比重较大,前者3卷多,后者6卷多。乾隆四十九年刻本流传较广,国家图书馆、陕西省图书馆、陕西师范大学图书馆等数十家图书馆有藏。另有清嘉庆二十三年(1818)重印本,上海图书馆、天津图书馆、南京图书馆等有藏。

Hantang Dili Shuchao

《汉唐地理书钞》 王谟辑录。清嘉庆十六年(1811)始刻。原定辑录388种,拟分12门;发刻时重新删定,改为前编4册、后编8册。根据1961年中华书局出版影印本出版说明,王氏在自序中说:“困于资力,迫于时日,谅不能一律剋期告竣,计惟当以前编为主,后编姑从庋置。”故重订目录时仅限于前编4册。第1册为天文星野及秦以前地理书26种,第2册为秦、汉至隋、唐地理书24种,第3~4册为各省古地理书199种,合计249种。目录订定后,未刻完,仅第1册、第2册见于各地学者及公私藏书目记载。所采典籍包括郦道元《水经注》、裴骃《史记注》、刘昭《郡国志注》、刘孝标《世说注》,《元和郡县志》《太平御览》《太平广记》《太平寰宇记》《元丰九域志》《舆地广记》《文献通考》,元、明一统志,以及《初学记》《北堂书钞》《玉海》等。有抄本与嘉庆原刻本流传,中国国家图书馆藏有嘉庆刻本。1961年中华书局影印本以原刻第1册、第2册为主,又以中国科学院历史研究所(后更名为中国社会科学院历史研究所)抄本加以比勘,增补未刻抄本20种,合计70种,书后附麓山精舍辑本66种。王谟(约1731—1817),字仁圃,又字汝上。清江西金溪县人。乾隆四十三年(1778)进士,授县令。后改任建昌府学教授。辑刻有“汉魏丛书”《汉魏遗书钞》《汉唐地理书钞》,编著《江西考古录》《江阳典录》《豫章十代文献略》《江西风土赋》等。强调志书的实用价值,主张志书内容要做到广征博采、资料翔实、无征不信。

Hantang Fangzhi Jiyi

《汉唐方志辑佚》 刘纬毅辑。1997年北京图书馆出版社出版。共40余万字。全书搜检40余种6000余卷类书、地志、史书和子书,共收录汉代至唐代的地记、图经、耆旧传、风土记、异物志及旧事杂记等已佚志书440种,始于西汉辛氏《三秦记》,迄于五代涂廙《豫章记》,凡古代所谓郡国之书及属于方志之一体者,概加收录,不包括存世方志。已佚方志一般均写明书名(包括异名)、纂修朝代、撰人及其简介、著录情况,并说明其行政区划治所至1992年的名称。书名均据佚文所题,如佚文题署不全,著者根据实际情况自定书名。佚文均据原文摘录,并注明出处,包括引书的书名、卷数、子目。佚文有经传抄羼入的文字或诸书不一者,均于文下注明。该书内容涉及陕西、甘肃、宁夏等23个省份500余个县的地理沿革和自然社会状况。刘纬毅(1931—),河南武修人。1958年北京大学图书馆学系函授班毕业。任河南省图书馆古籍文献部主任期间,发表《要重视地方志的编写》《中国方志史初探》等论文。1984年任山西省地方志办公室主任、《山西通志》副总纂。创办年鉴,草拟《山西省志编纂方案》《山西地方志行文暂行规定》和《〈山西年鉴〉编辑方案》,主编《山西通志·人物志》《山西通志·大事记》。退休后任中国地方史志协会旧志整理委员会委员、中国地方志协会学术委员等。著有《中国地方志》、《中国方志史》(合著)、《宋辽金元方志辑佚》(合辑)、《山西历史地名词典》,主编《山西古今地名词典》《山西文献总目提要》《三晋文化》等。

Hanyangfu zhi

汉阳府志 元始置汉阳府,1913年废。最早的府志为明宣德年间赵弼等修纂,已散佚。据《中国地方志联合目录》记载,存世明清汉阳府志有嘉靖志、万历志、康熙志、乾隆志。其中嘉靖志为最早的一部,后世称其“最为典则”;万历志为海内孤本。

《汉阳府志》[嘉靖] 刘汝松、贾应春修,朱衣纂。明嘉靖二十五年(1546)刻本。10卷。近9万字。分10志。每目下不分县,内容贯通全府。每目之首无小序,朱衣附按语。记述汉阳、汉川两地,内容较为简略,材料多来源于宣德志,名胜古迹部分摘引赵弼诗文并予以明显标识,补写了之前府志遗漏的大事,对旧志不明确的地方加以注释。府县沿革志记述汉阳的名称沿革;方域志详述安南王陈益稷寄居汉口之事,有关庙宇、寺观分别列入庙祀、方外中记述;创置志记载地方机构;庙祀志记载孔子、理学家、夏禹、关王等庙祀;宦迹志记晋至明嘉靖间曾作宦于府属各地的名人;选举志记明洪武至嘉靖间科举人物;人物志记宋代至明嘉靖间乡土人物传记;封守志列有历代获王号称谓的人

和出任地方军职人员的名单。艺文不列专志，有关文献附入相关各目。天一阁有藏。南京图书馆藏明万历十二年(1584)王琰增刻本。

《汉阳府志》[万历] 秦聚奎主持纂修。万历四十一年刻本。12卷。较嘉靖志，新增翼轸分汉之图、紫微垣星座图，及艺文、杂志2目；改沿革为舆地，方域为疆域，庙祀为祠祀，名小异而实大同；其余7目则名实相同。全书有19处"某某曰"的议论文字，指陈时事制度之利病得失，均为朱志所无。曾收藏于日本东京图书馆、东洋文库，后藏于日本国立国会图书馆。武汉地方志办公室编《明万历汉阳府志校注》，2007年由武汉出版社出版。

《汉阳府志》[乾隆] 陶士偰修，刘湘煃纂。清乾隆十二年(1747)刻本。50卷，首1卷。记述范围包括汉阳、汉川、黄陂、孝感4个县。收录《汉阳北极地

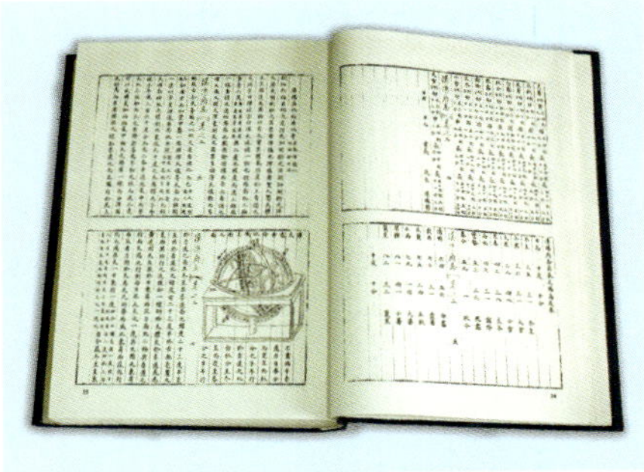

乾隆《汉阳府志》("中国地方志集成"本)书影

图考》《汉口北明旧碑记》《王公堤记》等资料。艺文类专收有关汉阳政治、民生的奏疏、文移，地方利弊书序，各学校修建碑记等。但分类不明，如各地田地多寡、钱粮数目等经济类内容收入舆地类；兵防目兼记武职人员姓名考辑等；典礼类中的四县庙制收录县学和书院方面的材料，易与公署相混。志书完稿后未能校勘，错误、脱文、衍文较多。卷目标识不清，未标出各目卷次，不易检索。国家图书馆、湖北省图书馆等有藏。武汉地方志办公室藏民国抄本。

Hanzhengjie Zhi

《汉正街志》 主编陈佑湘。2009年湖北长江出版集团湖北人民出版社出版。49万字。设7篇31章100节。配图片100余幅。上起事物发端，下至2008年。湖北武汉汉正街是古汉口镇发祥地，因濒临汉水、长江而形成著名商埠，其沧桑变迁也是汉口商业发展历史的缩影。为纪念汉正街小商品市场恢复开放30周年，在1997年出版的《汉正街市场志》的基础上增加人物、人口、名街名巷、卫生、宗教、街区建设和居民生活等篇章。汉正街市场的形成与变迁篇记述从武昌、汉阳市集，到汉口市场，直至成为汉口商业中心，"三镇市场"兴起、1949年后的蜕变与复兴。其后的市场经营、市场建设、市场管理、市场教育、环境卫生管理等篇，重点记述被称为"天下第一街"的汉正街小商品市场于1979年在全国率先开放后，逐渐成为华中地区最大的小商品批发市场的发展历程。市场文化篇从中介、招牌、度量衡、算盘、记数、拜师纳徒等方面记载交易习俗，并记述坐茶馆、看戏等休闲活动，以及恢复开放后社区内文化设施建设情况。

汉正街全景

Hanzhongdiqu Zhi

《汉中地区志》 主编郭鹏。2005年三秦出版社出版。4册，360万字。设36卷195章712节。配彩色及黑白图照近2000幅。上起远古，下至1995年。突出记述革命活动。总述概述汉中革命历史。设革命武装活动章，分7节记载红四方面军、红二十九军、红二十五军、红七十四师、红六师、八路军三五九旅及游击队、赤卫队等革命武装在汉中的活动情况。大事记记述1932~1935年红军活动。文物遗址·风景胜地卷设革命文物章，详载革命活动遗址10处、红军活动遗址8处、革命纪念建筑物9处、文献(文告、传单、印信)9件，及钱币、遗物、红军标语等。人物卷为何挺颖、陈浅伦、程德章、陈锦章等红军领导人立传，将革命烈士载入名录。附录收录红四方面军经陕入川经过和川陕革命根据地陕南苏区行政区划。单列地方志卷，分4章8节，方志编纂章重点记述1984年首轮修志开始后，地方志编纂组织实施情况；之后各章分别记载旧志整理与重印、方志研究、编纂管理等，其中旧志序言选辑章收录清光朝魁撰《〈汉中府志〉赘语》，订正严如熤修《汉南续修郡志》中错误近百处。农业卷重点记述茶叶、烟草等经济作物优势产业。交通卷突出记述运输建设成就。科技卷以农业、工业、医疗卫生科技为主，突出科技应用与成果。艺文卷所收诗文以咏记汉中人文、历史、风物为主，并收录流传普遍、历史久远的歌谣。风俗·方言卷详记各地风俗的不同；记述方言特列汉语字母与国际音标予以对照，个别音素在普通话中无对应的，予以描写说明。对于汉中各方面情况的记述，既有成绩，也有重大教训史实和有关资料，特别是附录中有"大跃进""文化大革命"时期的典型事例。对于有争议而尚无结论的问题，诸说并存。

《汉中地区志》书影

Hanzhou zhi

汉州志 汉州为四川广汉市旧称。广汉地志始于后汉，见于史籍引述的有《广汉图经》等。明嘉靖年间，广汉举人张一廉修纂州志，但门类多、内容庞杂烦琐；明万历三十年(1602)黄鸣阳辑

成州志8卷，未得流传。存世最早的汉州志为明宋守恕编《汉乘备录》(书口题“广汉志”)，上海图书馆藏明抄本(卷29~30)。清乾隆、嘉庆、同治年间均纂有汉州志。1988年，中共广汉县委办公室、广汉县档案馆编印《历代汉州志》，集乾隆志、嘉庆志、同治志、州人张邦伸撰辑《绳乡纪略》、英国传教士抄录《广汉志略》汇编成册。①《汉州志》[乾隆]。张珽修，侯国栋纂。乾隆十一年(1746)刻本。14卷，首1卷。15万余字。设封域、建置、田赋、学校、礼仪、职官、名宦、选举、人物、风土、杂记、文艺等类目。国家图书馆、南京大学图书馆等有藏。四川省图书馆藏抄本，乾隆二十二年李识蒙、吴煌增刻本。②《汉州志》[嘉庆]。刘长庚修，侯肇元、张怀泗纂。嘉庆二十二年(1817)刻本。40卷，首、末各1卷。46万余字。除图考、

清嘉庆《汉州志》、同治《续汉州志》(“中国方志丛书”本)书影

杂识、外纪，还列有45志，分别记述星野、沿革、疆域、公署、古迹、古帝王、金石、艺文等。国家图书馆、四川省图书馆、四川省博物馆、四川大学图书馆等藏嘉庆刻本、道光十三年(1833)增刻本。③《续汉州志》[同治]。张超等修，曾履中、张敏行纂。同治八年(1869)刻本。24卷，首1卷。分18门。内容较嘉庆志更为简明，人物较加详核，艺文门有新增内容。国家图书馆、四川省图书馆、重庆图书馆等有藏。

Hanggang Zhi

《杭钢志》 主编章健。1985年浙江人民出版社出版。120万字。设概述，建设，生产，管理，党群工作，文化、技术教育，生活福利，大事记8编，下设57章

杭州钢铁厂

238节。卷首配图照105幅。上起1956年2月，下至1983年底。突出记述建设、生产、管理方面的情况。建设编设筹建、兴建、调整、续建、改造、基建工作部门6章，反映杭钢建厂的全过程。生产编重点记述焦化分厂、超山耐火材料分厂、炼铁分厂、转炉炼钢分厂、电炉炼钢分厂、中型轧钢分厂、小型轧钢分厂、热轧带钢分厂、钢管分厂、薄板分厂等的概况及建厂过程、生产发展、经营管理等情况。管理编涵盖生产经营、财务、科技、质量、物资、能源、设备、销售、计量、安全生产、环境、厂务等方面，其中安全管理章特设重大伤亡事故分析节。另外，大事记编设历年厂级党政干部任职时间、大事年表、历年因工死亡事故3部分，其中历年因工死亡事故详细记录1958~1983年杭钢发生的59起事故。

Hangzhoufu zhi

杭州府志 杭州修志始于北宋，宋祥符《杭州图经》和明洪武、永乐、正统、景泰年间修纂的《杭州府志》已佚。存府志10种，有明代成化志、万历志，清代康熙志、乾隆志(2种)、光绪志(3种，包括光绪《杭州府志稿》)，民国志(2种，包括《新纂杭州府志稿》)。①《杭州府志》[乾隆]。郑澐修，邵晋涵等纂。乾隆四十九年(1784)刻本。在邵

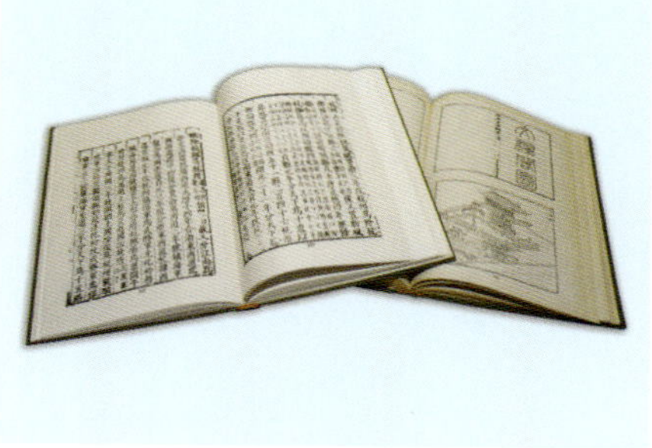

明万历、清光绪《杭州府志》(“中国方志丛书”本)书影

齐然修，汪沆等纂乾隆四十四年志的基础上续补修正而成。110卷，首6卷。首6卷记载皇帝对杭州的巡幸与诏令。志文分37门，与前志相比，增加海塘、水利等门。国家图书馆、浙江图书馆等有藏。②《杭州府志稿》[光绪]。陈璚修，丁丙、王棻等纂，罗榘等校订。光绪二十四年(1898)刻本。220卷。初稿为丁丙自编，陈璚聘王棻审改。王棻认为原稿建置、金石、名宦、人物稍未详核，而列女门委托孙树礼重加缀辑。上海图书馆藏艺文志、前志原委、列传。

Hangzhoushi Zhi

《杭州市志》 主编任振泰。1995~2001年中华书局出版。12卷，约1000万字。设38篇254章1101节3150目，附32篇。配彩照1326幅、地图10幅；随文插图81幅、表格995个。上起事物发端，下至1985年。将文物、风景名胜、旅游3篇设为第二卷主体，前置作为杭州特色。设人物篇反映杭州人民爱国爱乡、忠贞不渝，坚忍不拔、勇于创新，宁静致远、淡泊名利，关注民生、以民为本的“杭铁头”精神。将文献篇单独立卷，体现杭州“文献之邦”的特色。索引单独立卷，为综合性内容分析索引，设条目54813条。2004年获浙江省第五届地方志优秀成果奖二等奖。①《杭州市志》文物篇。设5章20节115目。记述六和塔、岳飞墓、飞来峰3处全国重点文物保护单位，良渚文化遗址、钱镠墓、吴汉月墓、灵隐禅寺等20处省级文物保护单位，南宋皇城遗址、南宋官窑窑址、龙兴寺经幢等22处市级文物保护单位，详细记载良渚玉器等珍贵馆藏文物52件。②《杭州市志》风景名胜篇。设4章12节84目。记述内容涵盖西湖风景名胜区、“两江一湖”风景名胜区和各县景区，对南宋西湖十景，元代钱塘十景，清代西湖十八景，新西湖十景，富春江、新

安江沿岸53个景点和天目山等23个景点有详细记述。③《杭州市志》旅游篇。设7章20节74目。全面记述西湖游览区、市区游览区、富春江游览区、新安江游览区、千岛湖游览区、西部和北部游览区的情况。④《杭州市志》人物篇。收录人物1215人。其中人物传略收录本籍人物419人、客籍人物122人、家世人物120人,记述家族46个。杭州市区革命烈士英名录列表收录1923~1985年杭州市区革命烈士482人。⑤《杭州市志》文献篇。篇幅占全志的12%。杭州地方文献载有234种1985年前的杭州地方文献的提要;著述目录著录1912~1985年与杭州有关的文选出版物1050种,载杭州籍人士编、纂、著、校、译的古今书目1万余种;文选选载杭州地方党史资料27篇、政府文告13篇、古今散文205篇;诗词曲·歌谣·楹联选选载古今诗词曲604首、歌谣114首、楹联640联;碑刻选选载碑碣刻石681石(处)。

《杭州市志》书影

Hechuan Shu

《禾川书》 谭尚书撰。禾川即江西永新县。清乾隆十一年(1746)王瀚修、陈善言等纂《永新县志》(10卷)刊印后,以挟私诈伪、滥冒冗秽,引发诉讼。后任知县程尚赟修《禾川新志正讹录》,希望杜伪诈而平息争讼。谭氏以此为基础,删除旧文4卷,并续记至乾隆四十年,修成定本。清同治十一年(1872)谭氏后人刊刻印行。共20卷。分沿革、封爵、形胜、山川、地理、学校、官署、书院、祠庙、丘墓、古迹、灾异、兵寇、风俗、秩官、选举、名宦、人物、列女、工伎、艺

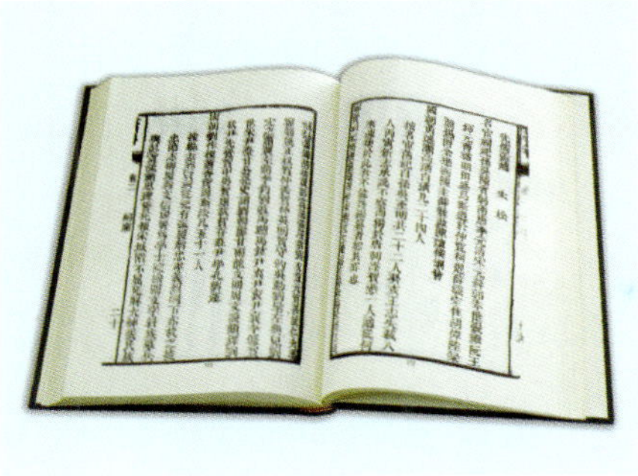

《禾川书》("中国方志丛书"本)书影

文、杂录22门。尤以艺文7卷内容丰富、考订精审,价值较高。对前志补正较多,如指清康熙十八年(1679)进士龙光条为捏记,且多方考订,言之确凿。该志为第一部私撰永新县志。上海图书馆藏同治十一年刻本。北京大学图书馆藏清宣统三年(1911)重刻本。另有乾隆四十年抄本。清光绪五年(1879),尹继隆纂《禾川书纠缪》。

Hepuxian Zhi

《合浦县志》 主编潘乐远。1994年广西人民出版社出版。148.5万字。设8篇71章311节,杂记、附录列入篇序列。志首有县行政区划图、题词8幅、照片149幅。上起秦始皇三十三年(前214),下至1990年,部分事项适当追溯或延伸。合浦为南珠产地,经济篇设合浦珍珠章,记述采珠业兴于汉代之前,历代滥采无度,至清代资源枯竭;记历代统治阶级横征暴敛、珠民的抗暴斗争、"合浦珠还"典故来源;记载古代育贝、植珠技术,1949年后珠贝育苗、人工植珠技术、珍珠养殖的发展及珠池污染问题。注重人文内容。科举教育节记述宋代开府学、书院、学塾,清代有书院26间。人物篇记述国民政府代理行政院院长陈铭枢、语言学家岑麒祥、音乐家张文纲等

县海水养殖开发公司珍珠养殖场

名人。文物胜迹节记载大士阁、合浦古墓群、海角亭、东坡亭、白龙珍珠城遗址等。地理、经济等篇充分反映了该县沿海特色。突出记载对外贸易、轻工业、农业、水产等,体现合浦为古代"海上丝绸之路"始发港,烟花爆竹、海盐、制糖、纺织品、陶瓷产地等经济特色。1996年获广西地方志优秀成果奖一等奖,1997年获全国地方志奖二等奖。

He Jingming

何景明(1483—1521) 字仲默,号大复。明河南信阳人。弘治十五年(1502)进士。官至陕西提学副使。为前七子之一。撰有《雍大记》,另著有《大复集》《何景明诗集》等。在正德《武功县志》序中,强调方志所载要"灿然明备","核事显义,用昭劝鉴","具其美恶",认为这是判别志书好坏之标准;关于志书功用,认为一部好志书可使人了解一地户口众寡、赋役省兴、财费靡约、产业富贫、地利饶减、民性强弱、风俗厚漓、吏治良奸、人才实虚、文教振萎等。《雍大记》,记述范围为陕西关中,因其地为古雍州,故冠此名。该志为何氏任陕西提学副使时所修,后以病去官,由佥事周宗化续成。明嘉靖元年(1522)刻本。36卷。正文内容包括考易、考迹、纪运、纪治、志献、志贲,其中考易实为沿革志,志贲为艺文志。该志广事搜集,于陕西之事几无所不载。

He Jingwu

何静梧(1938—2007) 湖南长沙人。抗战期间随父母迁至贵阳。贵阳师范学院历史系毕业。1980年参加贵阳市地方志办公室筹建工作,1982年调入贵阳市志编纂委员会办公室。1988年任市地方志编纂委员会办公室副主任、《贵阳市志》副总纂,1995~1999年主持市地方志编纂委员会办公室工作。为贵州省地方志协会常务理事兼副秘书长、贵州历史文献研究会理事。2001年退休后继续承担部分志书的编修工作。先后主持20余部志书的编纂工作,参

与《贵阳年鉴》《贵阳百年图鉴》及“金筑丛书”等书籍的撰稿。编著的《贵阳历史研究》一书，成为贵阳地方志编修工作的参考资料。主持编写的多部《贵阳市志》分志在全国地方志评奖和贵州省社会科学成果评奖中获奖。方志论文主要有《人物传编写三题》《关于提高〈贵阳市志〉质量的几个问题》等。

Hepingqu Zhi

《和平区志》 主编李润兰。2004年中华书局出版。166万字。设28篇124章376节，另设附篇。志首配图照83幅。上起明永乐二年(1404)，下至2000年。商业繁华区、金融街、南市3篇突出和平区作为天津市商业中心的地位。商业繁华区篇集中记述和平路滨江道、小白楼、黄家花园贵阳路3个著名商业区的形成发展，并记述名店。金融街篇围绕解放北路金融街，记述云集于此的各国银行和历史建筑。南市篇记述该地区的形成，旧社会以“三不管”和东兴市场为代表的娱乐业，以及新南市的开发改造。五大道和附篇反映和平区历史上有多国租界存在的特点，五大道记述马场道、成都道、大理道、睦南道、重庆道的历史建筑风貌，重点记述英国文法学校、剑桥大楼等建筑和徐世昌、顾维钧等中外名人的故居；附篇设4章25节，其中英法美日天津租界始末记述，以附篇体例寓褒贬。海光寺篇再现和平区的古老历史和近代以来的变迁，记述该地区的早期农业开发、古刹海光寺、天津机器西局和日本驻屯军司令部，选录历代有关海光寺的诗词赋50篇。2007年获天津市社会科学优秀成果奖三等奖。

南市牌楼

He Zhiqiang

和志强(1934—2007) 云南丽江人。纳西族。1956年毕业于重庆大学。1985~1998年任云南省省长、省地方志编纂委员会主任、《云南省志》总纂。提出地方志工作要实行“行政首长负责制”和“主编责任制”；志书编修必须抓住“一个关键、两个重点、一个保证”，一个关键即必须提高认识，加强领导；两个重点即必须抓好志书质量、抓好志书的开发利用；一个保证即要抓好提高修志队伍的素质，健全和稳定修志机构。认为编修新志的目的是促进经济建设，“为地方各级政府和职能部门提供借鉴”；通过编写地方志可以弄清“很多地方的历史问题”。在锡都个旧指导抗洪救灾时，提出利用志书中记载的相关史料制定抗洪方案。曾3次出席全省地方志工作会议并讲话。参与确定《云南省志》装帧设计。主持修志工作期间，《云南省志》82个分志完成70%，17部地(州、市)志完成80%。

Hezhou zhi

和州志 和州(治所位于安徽省和县)修志可追溯至唐代，至清末，共修15次。据明《国史经籍志》记载，和州最早的志书是唐长庆四年(824)刘禹锡编撰的《和州志》并附《和州图经》，已佚，存《诗序》。南宋庆元年间程九万修、黄宜纂《历阳志》，赵兴清编《历阳志补遗》，均佚。明正统、正德、嘉靖、万历年间各修志1次。清顺治年间修1次，康熙年间修3次，乾隆、道光、同治、光绪年间各修1次。

《和州志》［万历］ 唐诰修，齐珂、刘珽纂。万历三年(1575)刻本。8卷。约12.5万字。正文设舆地、田赋、官司、人文、秩祀、食货、武备、杂撰8门，下分75目。记事止于万历二年。人文门篇幅最大，子目设置繁细，其中乡贤列传收录关于张籍的资料，还收入《韩愈荐张籍状》《重与韩愈书》、贾岛《酬张籍诗》。舆地门的山川目中记有香淋泉，又名平疴泉，因泉水中有硫黄朱砂，“可以洗除生之疾”而得名。志中还记载了朝廷在和州各乡屯田十多个卫，以种植棉花出名，商人均以“乌江卫花”品牌销往全国的情况。

《和州志》［乾隆］ 刘长城修，章学诚纂。乾隆三十九年(1774)刻本。42卷。正文设皇言纪、官师表、选举表、氏族表、舆地图、田赋书、艺文书、政略、列传、阙访列传、前志列传。除文征、征述、论著外，其余仿《史记》体例，仅将世家改为政略，增加图。每篇前有序例、

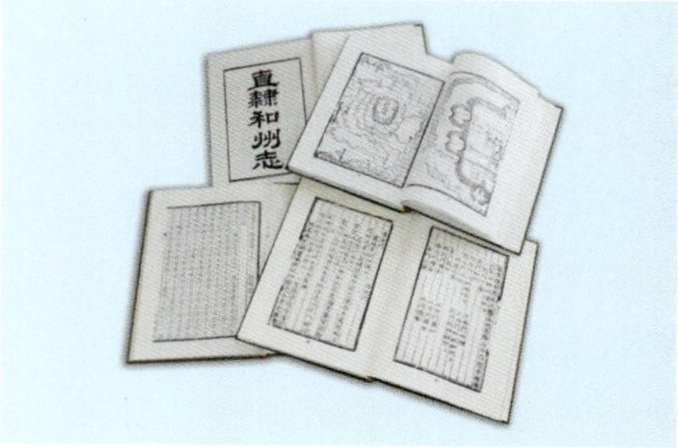

明万历、正统及清乾隆、光绪《和州志》(“中国方志丛书”本)书影

总论、序录等。用开方计里法绘图，附以图说，纠正旧志图的错误。阙访列传保存了大量史料。创前志列传，论述前志纂修得失。此为章氏主纂的首部志书，开章氏方志立三书之先河，是章氏创建方志学体系的奠基之作。卷16~18存世，收入1922年《章氏遗书》刻本，首都图书馆、北京大学图书馆、安徽省图书馆等有藏。另有1936年《章氏遗书》铅印本，北京师范大学图书馆、福建师范大学图书馆、武汉大学图书馆等有藏。

《直隶和州志》［光绪］ 朱大绅修，高照纂。光绪二十七年(1901)活字本。40卷，首1卷，补遗1卷。约52万字。分11类74目。记事止于光绪二十七年。食货志的田赋目中收录了明万历年间和州知州唐诰的《丈田方略》，全文10条；盐法目中载清同治四年(1865)曾国藩的《奏定淮盐章程》。艺文志的金石目中收录了和州、含山两地百余通碑，并注有碑文撰者。上海图书馆、安徽省图书馆、南京图书馆等有藏。

Hebei Kangri Zhanzheng Jianzhi

《河北抗日战争简志》 主编董经纬、

杨洪进。2005 年中国大百科全书出版社出版。74 万字。设大事记、地理、建置、政治、军事、侵华日军对河北的掳掠、人物 7 编，下置 26 章 69 节。上起 1931 年 9 月 18 日，下至 1945 年 9 月 2 日。抗日边区政府建置章分别记述晋察冀边区、晋冀鲁豫边区及日伪河北省的行政建置。军事编设重大战事章，分“七七事变”前的抗日斗争、“七七事变”及国民党军队抗日作战、共产党八路军敌后抗战、粉碎日军的残酷“扫荡”、挫败日军推行的“治安强化运动”、攻势作战、反攻受降 7 节，重点记述榆关（山海关）抗战、热河抗战、长城抗战、察哈尔抗战、华北事变、卢沟桥抗战、平津抗战、平绥路之战——南口、居庸关抗战、晋察冀抗日根据地游击战、冀东抗战、百团大战、“五一反扫荡”作战等重要战役。侵华日军对河北的掳掠编重点记述经济统治的政策及组织，对煤炭、铁矿石、盐、棉花、粮食等战略资源的掠夺，对传统民族工业的严重摧残，对劳动力的掠夺和对劳工的残害，强种鸦片、毒害人民等，及制造的正定县城郊十三村惨案、藁城县梅花镇惨案、沧县张辛庄惨案、井陉县核桃园惨案、长城沿线“无人区”惨案等。人物编记述冀中四烈士、赵官寨六十二烈士、挂云山六壮士、狼牙山五壮士，及冯玉祥、白求恩、张自忠、佟麟阁、贺龙、聂荣臻、徐向前等的抗日事迹，附记主要汉奸头目、主要日本侵略者头目。

《河北抗日战争简志》书影

Hebei Kexue Jishu Zhi

《河北科学技术志》 主编张妥。1993 年中国科学技术出版社出版。222 万字。设大农业、能源、工业建筑交通、医疗卫生体育、公共事业、财贸、新技术、基础理论、科学技术管理、科学技术服务、科技群众团体 11 篇，下设 70 章 366 节。卷首配图照约 80 幅。记述远古至 1988 年河北省地域内丰富的自然资源，自然科学各学科和国民经济诸行业科学技术发展的历史与现状，各领域科技人物及其取得的科技成就。其中获国家发明奖的有由河北省农科院昌黎果树研究所选育的“胜利”苹果新品种、省科学院微生物研究所研制的“小麦根际固氮菌剂”等；获卫生部甲级科技成果奖的有河北医学院第二医院眼病研究室开展的“眼底荧光血管造影研究”等；获省级奖的有石家庄市阀门一厂为国家核电工程秦山核电公司首次研制的风道止回阀，石家庄化工厂甲胺磷农药生产技术改造课题，河北省中医院教授李恩复研制的中成药摩罗丹，河北省医学科学院病理生理室开展的减轻心肌缺血、血液稀释治疗心力衰竭和心肌梗死边缘带等研究。附录设人物传记，立传人物有扁鹊、西门豹、崔蹇、祖冲之、郦道元、贾耽、李吉甫、郭守敬、张之洞、詹天佑等 67 人。

《河北科学技术志》书影

Hebeiqu Zhi

《河北区志》 主编李德崇。2003 年天津社会科学院出版社出版。202.69 万字。设 26 篇 129 章 528 节。大事记置于志尾。志首配图照 188 幅。上起明永乐二年(1404)，下至 1995 年，部分事物延至 2000 年或搁笔。概述后为撷萃，由 20 篇文章组成，记述孙中山、李大钊、周恩来、邓颖超、梁启超、曹禺等历史名人在天津河北区的活动，记述全国最早的政府报纸——北洋官报、华夏第一屏——“北京牌”电视机等 11 项全国之最，以及以原意大利租界为基础开发的海河意式风情区。区街企业篇记述该区作为天津传统的工业区，其区街经济的发展与现状、管理。商业／服务业篇设区属名店章，记述大天津食品商厦、川鲁饭店等知名企业。驻区工业篇详记工业布局、行业结构，及天津机车车辆机械厂、天津动力机厂、国营天津纺织机械厂等主要企业。设李叔同——弘一法师专篇，详述其生平、在艺术与佛学领域的成就和贡献等情况，并附有李叔同著作系年。宗教篇详细记述大悲禅院、清真寺及天主教堂等建筑。文物篇记述觉悟社、女星社旧址等革命纪念地，望海寺、李公祠等遗址、遗迹，梁启超、曹禺等名人故居。

大悲禅院

Hebeisheng Gaige Zhi

《河北省改革志》 主编许振彪。2003 年河北人民出版社出版。178.7 万字。设 24 编 113 章 390 节。志首配图照 14 幅，书末改革开放成就形象集锦配图照 600 余幅。上起 1978 年，下至 2000 年，个别事例延至 2002 年。编目依次为农村经济体制改革、国有企业改革、流通体制改革、所有制结构调整和完善、价格改革、计划投资体制改革、财税体制改革、对外经济贸易体制改革、金融体制改革、交通运输体制改革、电力工业体制改革、邮电电信体制改革、国土资源管理体制改革、建设体制改革开放、分配制度改革、社会保障制度改革、就业培训制度改

新建成的石家庄长途枢纽大楼

革、政治体制改革、司法体制改革、科技体制改革、教育体制改革、卫生药品管理体制改革、文化体育体制改革等；编后附录记述思想观念的变革及有关文件、法规、规章。全面记载了改革背景、改革类型、改革举措和改革成就。

Hebeisheng Tushuguan

河北省图书馆 位于石家庄市长安区东大街。其前身为清光绪三十四年(1908)创建于保定的直隶图书馆。1983年建新馆，1987年开馆。2009年改扩建后，建筑面积42980平方米。藏书330万册，其中古籍文献有8万册。馆藏方志主要收藏于地方文献部。据1997年编印的《河北省图书馆古籍目录》著录，该馆收藏的旧志，总志有10部，方志有270部。此外，该馆还收藏新编方志200余部，包括新旧方志排印本、影印本在内的地方文献有5000余种，该馆还收藏有贾恩绂的手稿和日记。

Hebeisheng Zhi Changcheng Zhi

《河北省志·长城志》 主编张平一。2011年文物出版社出版。约91万字。分4编21章58节。志末为河北长城历史大事记。配线图13幅、彩图1幅、照片58幅。上起西周，下至2007年。战国——金代长城编，设5章16节，分别记述燕国长城、赵国长城、中山长城、北魏明元帝赤城阴山长城、北魏“畿上塞围”长城、北齐长城、唐代长城、金代长城，内容涵盖历史沿革、走向、建筑结构、遗存情况等；自战国至金代长城沿线的行政、军事管理体制及长城屯戍和重大历史事件。明代长城编设8章，前两章记述蓟镇、昌镇、真保镇、宣府镇长城的走向、关隘、堡城，并附表记述长城关隘的名称、所属治所、现名称或所在地、始建年代、保存现状；第三章记长城建筑，详记遗存的敌台39座、墙台7座、烽火台27座、水关6座；第四章记述明代河北长城军事管理体制，包括都司卫所制与长城镇守制、河北长城诸镇的驻军；第五章记长城遗迹遗物；第六章记长城屯田，包括军屯、民屯、商屯；第七至八章为明、清长城纪事，记载明朝与瓦剌、鞑靼蒙古的征战，土木之役与兀良哈三卫南迁，庚戌之变与宣府互市，明朝与后金在长城沿线的征战，义和团运动及抗击八国联军的斗争，长城沿线抗日烽火等。长城保护与研究、长城文化分别单独设编，其中长城保护与研究编记述“爱我中华 修我长城”活动、长城普查与考察活动及学术研究；长城文化编收录历代与长城有关的诗词、文论、碑碣、传说，并记述河北境内的长城名胜古迹。

金山岭长城库房楼

Hebeisheng Zhi Meitangongye Zhi

《河北省志·煤炭工业志》 主编朱廷振。1995年河北人民出版社出版。65.6万字。设煤田地质与勘探、煤矿建设、煤炭生产、煤矿安全、煤炭加工利用、经营管理、煤矿专用产品、煤矿科技与教育8编，下设26章91节。志首配照片31幅，以及河北省煤田分布图、河北省矿区位置及交通图。多数篇章上起煤炭开发的发端，下至1988年，部分章节延至1990年。煤矿建设编设4章12节，记述体制与管理、建设项目、施工技术、煤矿设计等，其中矿区开发节记述峰峰局、邯郸局、邢台局、井陉局、开滦局、下花园矿、八宝山矿、兴隆局、蔚县矿区、秦皇岛柳江煤矿、保定灵山等矿区的开发、建设情况，附表记述1949~1988年河北省统配煤矿新井建设情况。煤炭生产编设开拓与掘进、采煤、煤炭生产辅助系统3章，下设13节，其中采煤方法节记述柱式采煤法、壁式采煤法、急倾斜煤层采煤法、水力采煤法、“三下”采煤等方法，附有井陉煤矿黄土充填采煤法巷道布置、黄土充填采煤单向填土法、双向填土法示意图；采煤工艺节记述打眼放炮落煤、采煤机械化(落煤、装煤、运煤)、采面支护、顶板分类管理等工艺，附表记述河北省统配煤矿创年产百万吨以上的采煤队及产煤量。

《河北省志·煤炭工业志》书影

Hebei xiuzhi

河北修志 河北修志萌芽于先秦。至民国时期，共编修方志1110余种。存世约650种。1981年开始首轮新方志的编修工作，2001年启动第二轮修志工作，至2010年底，共出版省志分志、市(地)志、县(市、区)志约300部。

河北历代方志编修 河北平山县于1978年出土的战国时期中山国国王厝墓的《兆域图》，是中国发现的最早的建筑平面图，也是世界上最早的有比例的铜版建筑图。东汉时期李恂纂的《幽州山川屯田聚落》、卢植纂的《冀州风土记》，标志着按行政区划记述河北事物的地方志已产生，后者是中国最早的具有地方志性质的著述之一。魏晋南北朝时期，西晋阳平元城(河北大名)人束晳撰有《三魏人士传》，南朝梁高阳人许善心撰有《方物志》《西域图志》等。到唐宋时期，形成以河北行政区域为记述范围的道、郡、路、府、厅、州、县各级地方志书。元代以前编修的志书，见诸史著录40余种，原书多佚。后修志代有传承。存世历代方志中，有省通志5种，府志49种，县志500余种，关志、水志等专志50余种。

河北隋至元代修志 隋朝新市人郎茂撰《州郡图经》100卷，以书付秘府；崔颐、姚思廉、虞世基等撰《区宇图志》250卷；曲阳人杜公瞻撰《荆楚岁时记》2卷。唐代宰相李吉甫所撰《元和郡县志》，是中国存世最早的全国总志，他还撰有《元和十道图》《古今地名》，其子李德裕撰有《西南备边录》《四戎记》《异域归忠传》等；宰相南皮人贾耽纂有《古今郡国县道四夷述》《贞元十道录》《地图》《吐蕃黄河录》《方志图》《三代地理志》《关中陇右山南九州别录》等；隐士卢鸿游历名山大川，纂有《华山记》《嵩岳记》《衡山记》《峨眉山记》。宋代饶阳人李宗谔所纂《祥符州县图经》1566卷，是宋代全国总志。

河北明代修志　共编修约270种，存世约90种，主要为嘉靖(26种)、万历(33种)两代所修。其中府州志存世31种，著名和比较有特色的有《滦志》《真定府志》《赵州志》《永平府志》《定州志》等。存世县志52种，著名和比较有特色的有《真定县志》《获鹿县志》《雄乘》等。境内边关要镇大多有专门志书，且皆有图有文。相关方志主要有王崇献纂修的正德《宣府镇志》；孙进芳修、栾尚约纂嘉靖《宣府镇志》；尹耕纂修的记述宣府镇、大同镇、偏头关、宁武关和雁门关情况的嘉靖《两镇三关志》；刘应节、杨兆修，刘效祖纂，记述蓟州、昌平、辽东、保定、紫荆关、居庸关、山海关情况的万历《四镇三关志》；王士翘纂修，记述居庸关、紫荆关、倒马关、故关情况的嘉靖《西关志》；及詹荣、张时显、邵可立、尚絅等纂修的《山海关志》等。修志人物中最负盛名者是理学家容城人孙奇逢，纂有《守容纪略》《畿辅人物考》《中州人物考》等。

河北清代修志　存世方志460余种，方志佚书存目42种。清代志书的覆盖面日趋广泛，于康熙年间首次编纂省通志《畿辅通志》，此后于雍正、同治、光绪年间两次编修，均有原刻本存世。大多数府州县都编纂志书，有的地区数次修志，还编纂多部专志和乡土志，出现一批名志佳作。与历朝历代相比，这一时期是修志的鼎盛时期，修志名人有宋起凤、纪昀等，宋起凤纂有《灵邱县志》《罗定州志》《富阳县志》《岭南风土略》《两都耆旧志》等十余部方志，提出“宁简勿繁，宁朴勿华，宁浅近勿深文，宁真切勿夸诞”等主张。①河北清代府州志。存世府州志82种。其中，遵化、永平、定州各有5种志书存世，赵州、滦州、深州、保安州各有4种存世，易州、蔚州、涿州、宣化、祁州、晋州、广平、磁州、沧州、保定各有3种存世，热河、宣镇、顺德、景州、冀州、河间、大名、霸州、安州各有2种存世，另有乾隆《正定府志》、乾隆《口北三厅志》、道光《承德府志》。著名和较有特色的有乾隆《正定府志》、乾隆《宣化府志》、康熙十八年(1679)《永平府志》、康熙五十年《永平府志》、乾隆《永平府志》、光绪《永平府志》、光绪《遵化通志》、康熙《保定府志》、光绪《保定府志》、康熙《河间府志》、乾隆《河间府新志》、康熙《广平府志》、乾隆《广平府志》、光绪《广平府志》、康熙《大名府志》、咸丰《大名府志》、乾隆《顺德府志》、康熙《赵州志》等。②河北清代县志。清代全省共有117县，存世志书342种。著名和比较有特色的有康熙《灵寿县志》、康熙《唐县新志》、康熙《迁安县志》、康熙《河间县志》、康熙《邢台县志》、康熙《新河县志》、康熙《平乡县志》、雍正《八沟厅备志》、乾隆《无极县志》、乾隆《万全县志》、乾隆《永清县志》、乾隆《衡水县志》、乾隆《大名县志》、光绪《安国新志稿》。③河北清代乡土志。存世23种，大多成书于光绪年间。主要有《赵州乡土志》《保安州乡土志》《祁州乡土志》等。④河北清代专志。据《河北历代地方志总目》所载，共有17种，主要是记述山海关、渔业、地理、河渠、盐法和人物等方面，其中仅记述永定河的志书就有4种。著名和比较有特色的有康熙九年陈天植等修、佘一元纂的《山海关志》，嘉庆年间王履泰纂修的《畿辅安澜志》。

河北民国时期修志　河北在中央政府规划和指导下，数次下令组织编纂志书。同时也有多部专志、志料问世，村志有1925年米迪刚、尹仲材编的《翟城村志》，1936年杨仲衡撰《清苑县东高家庄志》等。抗日战争全面爆发后，修志陷于停顿，1938~1943年沦陷期间编纂有《邢台县志》《宣化县汇览》《沙河县志》《鸡泽县志》《肥乡县志》《广平县志》《磁县县志》《固安县志》。另有以“事情”为名的志书9种，计有《正定县事情》《获鹿县及石门市事情》《丰润县事情》《滦县事情及唐山事情》《乐亭县事情》《清苑县事情》《定兴县事情》《徐水县事情》《望都县事情》等。这一时期的方志名人有王树枏、贾恩绂、王重民、李泰棻、傅振伦、孙楷第、刘崇本、王森然等。①河北民国时期通志。民国初期的直隶省和1928年直隶改称河北省后，河北共3次编修省通志，均未刊行。第一次编修于民国初期，贾恩绂任《直隶通志》总纂，全稿未竣。国家图书馆有抄本《直隶通志初稿·水道篇》9卷、《直隶通志稿·村庄表》一函7册；南开大学图书馆有原稿17册、杂稿5册。南开大学图书馆藏本虽名为《直隶通志稿》，实际只包括遵化、丰润、玉田三县，而以遵化最多最详。第二次编修于20世纪30年代初至抗日战争全面爆发前。1931年在省会天津组建河北省通志馆，编纂《河北省通志》。省政府秘书长刘善锜、瞿宣颖先后任馆长。王树枏、张国淦等任总纂。后因战乱辍止。部分志稿刊印。该志已散佚不全。有《拟河北通志大纲》及《〈河北通志〉资料长编》等存世。河北省地方志编纂委员会办公室搜集铅印稿47卷、稿本62册、志料24册，辑录并加校点，名为《河北通志稿》，1993年出版。第三次编修于抗日战争胜利后。1947年成立河北通志馆，谷钟秀任馆长，贾恩绂任总纂。贾氏在原《直隶通志》稿基础上，整理增补，1年后基本完稿成书。贾氏去世后，志稿由其子贾星孙带至长沙，“文化大革命”期间，书稿被抄，下落不明。②河北民国时期县志。存世县志有105种，多以县志、志料为名。其中有较大影响的是《盐山县志》、《新城县志》、《冀县志》(见王树枏)、《新河县志》《阳原县志》、《无极县志》(见王重民)、《南宫县志》(见贾恩绂)等。③河北民国时期专志。存世专志3种,有1920年版,林传甲纂,苏莘、少衡分纂的《大中华直隶地理志》;1926年版,于振宗著《直隶疆域屯防详考》;1936年版,张元弟著《河北省渔业志》等。④河北民国时期乡土志。主要有林翰儒编的《藁城乡土地理》、谢恩承等纂修的《宣化县乡土志》、刘耀卿著《衡水县乡土志》等。

河北新方志编修 河北于20世纪50年代末开始新方志编修工作,省人民政府文史研究馆专设地方志办公室,从事全省地方资料的搜集整理。1959年,徐迟、许法新等合纂的散文体《怀来新志》,由百花文艺出版社出版。同年,中国科学院语言研究所方言组对昌黎县方言进行调查,并整理成详、略两部分资料,略本作为准备编纂的《昌黎县志》方言部分,详本即《昌黎方言志》,署名河北省昌黎县县志编纂委员会、中国科学院语言研究所合编,1960年出版。1981年,河北筹备第一轮修志工作,1984年部署。至2010年底,共出版省志分志、市(地)、县(市、区)志259部。同时,编纂出版一批专业志、部门志、厂矿志、乡村志、年鉴及其他地情资料书,其中地情资料书1100余种。21世纪初,启动二轮修志。至2010年,通过评审、终审、交付出版的共78部。首轮志书在全国新编地方志优秀成果奖评奖中,有34部获奖;在省地方志优秀成果奖评奖中,有149部获奖。

河北省级修志 省地方志编纂委员会于1984年向省直各有关部门发出《关于立即着手编纂〈河北通志〉的通知》,部署由90多个省直部门、单位及有关国家驻省机构承担编纂任务。1989年制定《〈河北省志〉编纂工作细则》,规定各分志上限一般要追溯到各项事业的发端;下限根据各分志的进度,一般确定在20世纪80年代至2000年。1990年成立《河北省志》总纂组,聘肖风为总纂。篇目定为92部分志(卷)(含卷首1卷)。设长城志、海洋志、地震志、煤炭工业志、盐业志等,反映地域特色;设经济体制改革志、经济实力志、土地管理志、城乡建设志、环境保护志、乡镇企业志、旅游志等,体现改革开放引起的变化。1991年5~6月,人口志、地质矿产志率先出版,自此,《河北省志》编修工作进入全面撰稿和次第出书阶段。1993~2000年为省志集中出版阶段,共出版64部分志,占全部任务的66.8%。至2010年,共出版83部分志,占总任务的90.3%。在1997年全国地方志评奖中,哲学社会科学志、出版志、公安志、工会志获二等奖。在第一届至第八届省社会科学优秀成果评奖中,军事志获特别荣誉奖,哲学社会科学志获二等奖,新闻志、农业志、金融志、妇女运动志、政府志等获三等奖。科学技术志获1994年省科学技术进步二等奖。二轮省志编修工作于2007年启动,规划72部分志,其中65部行业(事业)志,7部特色志。其上限统一定为1979年,下限定为2005年;特色志上限不限,下限统一定为2010年。到2010年底,有10部志稿完成内部初审;有10个单位完成初稿。

河北市级修志 河北首轮市级志编修工作于2009年完成,共出版12部。在1997年全国地方志评奖中,《秦皇岛市志》获一等奖。《秦皇岛市志》《石家庄地区志》《石家庄市志》等在省级评奖活动中获奖。2002年制定《河北第二轮市、县(市、区)志编纂实施方案》,规划编修7部市志。

河北首轮市级志一览表

志书名称	主编/总编/总纂	字数(万字)	出版年
《邯郸市志》	陈朝卿	170	1992
《秦皇岛市志》	王岳辰、齐家璐	650	1994
《石家庄地区志》	张德良	176	1994
《张家口市志》	张旭明	299.5	1998
《石家庄市志》	李建英	364	1999
《唐山市志》	靳宝峰、孟祥林	534.4	1999
《保定市志》	尤文远	520	1999
《廊坊市志》	曹渊	300	2000
《邢台市志》	张西服等	200	2001
《衡水市志》	武铁良	230.9	2002
《沧州市志》	孟庆斌	518.7	2006
《承德市志》	邢燕群、王富鹏	282.8	2009

河北县级修志 河北首轮修志规划编修县(市、区)志164部,至2010年,已全部出齐。在1997年全国地方志评奖中,《晋县志》获一等奖,《辛集市志》《丰宁满族自治县志》《枣强县志》《武强县志》获二等奖。在第一届至第八届省社会科学优秀成果评奖中,《井陉县志》获一等奖,《武安县志》《盐山县志》获二等奖,《黄骅县志》《丰南县志》《邢台县志》等获三等奖。2002年制定《河北第二轮市、县(市、区)志编纂实施方案》,规划编修149部县级志书。

河北规划外志书编修 编修240余种,有《河北抗日战争简志》《河北科学技术志》《河北省改革志》《华北制药厂志》《陡河水库志》《秦皇岛港口近代史图志》《秦皇岛港口志》《耀华玻璃厂志》《白洋淀志》《浩然文艺绿化志》《沧州武术志》《定州风物志》《开滦煤矿志》等,以及乡镇村志56部,其中《瀛洲镇志》《西成村志》《石家庄地区集镇志》《南庄村志》《渔津洼村志》《白沟志略》《献县护持寺村村志》《韩村护持寺村志》8部为公开发行。

河北旧志整理 河北较大规模的旧志整理工作始于首轮修志开始后。河北大学地方史研究室于1984年前后,对全省各大图书馆和34个地、县藏书单位收藏的河北旧志进行调查，编写《河北历代地方志总目》一书，收入旧志626部。1986年省地方志编纂委员会办公室制定《关于旧志整理的方式与体例规范》，从旧志整理方式、旧志校点注释的体例规范、旧志整理的编务工作、旧志整理后的印刷方式等方面做出了具体规定，并先后征集、购买、复制外地收藏的河北历代旧志200余部；将中国天文气象资料普查时编列的地方志目录河北省部分单独印行为《河北省地方志目录》，收录旧志541部；组织编撰《河北地方志提要》，收录旧志605部。至2010年，省、市、县三级地方志工作机构共影印、重印、校点历代志书70余部，其中包括民国《河北通志稿》、章学诚修《永清县志》、李泰棻撰《阳原县志》等名志。

河北旧志校注出版表（含内部印行）

书名	整理者	出版年
《藁城县志集注》	藁城市志委	1989
《迁安县志译注》	潘秀华、李荣珊	1990
《沧州志》（乾隆版）	王树勋	1992
《文安县志译注》	《文安县志》编译组	1992
《真定县志校注》	李建英	1992
《河北通志稿》	河北省志办	1993
《乐亭县志稿译编》	王文清	1995
《肥乡县志》（合订本）	王福建、胡明政、郝千、张智芳	1997
《[乾隆]河间县志》	张喜聚等	1997
《山海关历代旧志校注》	张椿林等	1999
《邯郸县志》	郭绍德	2000
《沧州新志（清康熙十三年版）》	王振生等	2001
《秦皇岛历代志书校注》	齐家璐等	2001
《临漳县志》（2种）	董英、黄浩、杨克梧	2003
《钦定热河志》	承德民族师范高等专科学校避暑山庄研究室	2003
《康熙抚宁县志》	李利锋	2005
《承德府志（校点本）》	承德民族师范高等专科学校、《承德府志》校点组	2006
《广平府志》（光绪版）	杜振国	2006
《抚宁县志校注》	李利锋	2007
《邱县旧志校注》	杨凤奎、常利军	2007
《元氏县志》（5种）	元氏县志办	2007
《涉县志（校注）》	陈邢魁、樊春楼、李小虎	2008
《清代昌黎志书校注》（3种）	何志利、张玉万、李利锋等	2009
《临漳县志（清雍正九年）》	黄浩	2010
	【内部印行】	
《阳原县志》（民国版）	刘志河	1986
《昌黎县志》（康熙版）	梁守让	1993
《昌黎县志》（民国版）	梁守让	1993
《固安县志》（6种）	固安县志办	2001
《八沟厅备志》	吴宝泉	2002
《沧州志（清乾隆八年）》	沧州市志办	2004
《玉田县志（点校本）》（3种）	董连权、杨艺华	2007
《南皮县志（清光绪版）》	杜中州、赵永生、赵树森、王国青、丛景芬、张宝信	2009
《南皮县志（民国版）》	杜中州、赵永生、赵树森、王国青、高长生	2010

河北方志工作管理 河北于20世纪50年代末在文史研究馆专设地方志办公室，从事全省地方资料的搜集整理，“文化大革命”开始后，部分资料转入河北省档案馆。80年代初，省地方志编纂委员会办公室成立后，统一领导全省地方志工作。逐步建立省、市、县三级地方志工作机构，并成立各级地方志学会。先后召开7次全省地方志工作会议，召开具有一定规模的学术交流和专题研讨会9次。第二轮修志期间，每年都举办方志理论研讨会，已连续举办理论研讨班12期。

河北省地方志编纂委员会及办公室 河北于1981年成立省地方志编纂委员会，下设办公室，归省政协管理。办公室于1982年4月正式明确为处级单位，1983年移交省民政厅管理。1984年河北省地方志编纂委员会和河北省地名委员会，一套班子，两个牌子，但下属办公室分设。1986年，省地方志编纂委员会办公室挂靠省政府办公厅。1999年增挂河北年鉴社牌子。2007年列入参照公务员法管理范围。省地方志办公室相当于处级事业单位。历任编委会主任尹哲(1981年10月~1984年5月)、王东宁(1984年5月~1994年5月)、陈立友(1994年5月~1995年11月)、刘作田(1995年11月~1998年10月)、刘健生(1998年10月~2003年7月)、季允石(2003年7月~2006年10月)、郭庚茂(2006年10月~2008年3月)、付志方(2008年3月~2010年11月)、赵勇(2010年11月~2013年3月)。历任办公室主任卢振川(1983年12月~1990年11月)、许明辉(1991年6月~1998年3月)、王史源(1998年3月~2004年10月)、杨洪进(2004年10月~)等。

河北修志规章和规范性文件 首轮修志开始后，河北先后印发《河北省地方志工作3年(1995—1997)出书规

H

划》《河北省人民政府办公厅关于开展续修市、县(市、区)地方志工作通知》《河北省第二轮市、县(市、区)志编纂实施方案》《关于〈河北省志〉(1979—2005)编纂工作的实施意见》等文件。2008年2月省政府公布《河北省地方志工作规定》,6月省地方志编纂委员会出台《河北省地方志书编纂质量标准(试行)》,将第二轮修志工作纳入法治化、规范化的轨道。

河北省地方志学会　成立于1989年3月。至2010年,共历经4届。历任会长叶连松、王祖武、郑熙亭、王史源、杨洪进。自1986年起,学会将整理旧志工作列入工作要点,对河北历代所修志书情况及编写特点进行研究,对河北省志、府州县志以及方志学著述做研究评介,特别是对河北省4部省志(康熙、雍正、光绪三朝所编《畿辅通志》及民国时期所编《河北通志稿》)分别进行研究,从体例、方法、内容等方面做比较。多次举办或联合召开研讨会,议题涉及运用社会主义初级阶段理论指导修志、如何记述政治运动、新方志体例篇目、续志编纂等方面。组织编写或编辑《地方志编纂论文》《方志学新探》等出版物。组织地方志有奖征文及评定活动。与河北省地方志编纂委员会办公室联合出刊《河北地方志》双月刊。

Hedongqu Zhi

《河东区志》　主编郭俊杰。2001年天津社会科学院出版社出版。186万字。设27篇131章494节。志首配图照118幅。上起事物发端,下至1995年,个别事物略有延伸。以大直沽为首篇,突出直沽为天津城市之源的历史地位。其中,直沽史研究章综述学术界关于直沽历史研究的成果;直沽历史文献辑录章辑入元代王喜的今河图与治河图,及宋金元明正史、历代方志、《日下旧闻考》对直沽的记载;碑文与直沽诗歌选录章辑录元明清直沽的碑文、墓志和文人以直沽为题的诗歌;传说章收入关于大直沽历史起源和酿酒业发展的民间传说;附录关于大直沽的研究文章3篇。洋务运动在河东篇记述天津机器局、天津水师学堂、天津武备学堂,及河东电报、铁路、出版印刷等近代事业的发展,体现出河东为晚清天津洋务运动发展的重要地区。设洋务派孕育的维新人物——严复章,记述其在天津创办《国闻报》、翻译《天演论》等活动;设"洋务运动在河东"研究章,综述研究概况,记述重要的研究论著。该篇有关各章附有关创办机器局的奏折、机器局历年收支表、各学堂的制度条规等文献。2002年获天津市优秀志书(类)奖特等奖,2004年获天津市社会科学优秀成果奖三等奖。

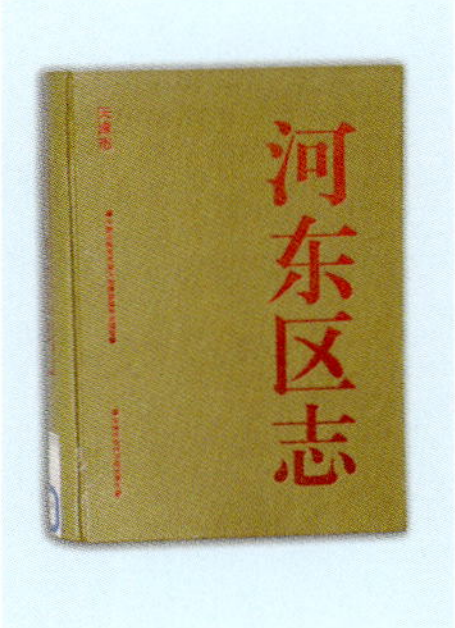

《河东区志》书影

Henan Dili Zhi

《河南地理志》　主编王文楷。编纂初期,曾将所集资料汇成《河南地理志资料选编》印行。1990年河南人民出版社出版。30.5万字。设位置与政区、城镇要地、地貌、气候、水文、土壤、生物、自然区8章,下分35节。配专业绘图18幅。记述以自然地理为主,兼顾人文地理。记述古今河南省所处的位置和地位,历代建置沿革;主要城市的形成和发展过程,黎阳关、伊阙关、函谷关、虎牢关、牧野、朝歌、孟津、广武等35处要地产生的自然和社会背景及其特点;全省地貌轮廓、地貌类型、地貌区划,及太行山、熊耳山、伏牛山、桐柏山、大别山等9座名山;古今寒暖和干湿变迁情况,气候要素、气候分区,气象灾害;洪汝河、沙颍河、唐白河、丹江、伊洛河、沁河、卫河等河道的历史变迁,地表径流的时空分布,淮河、长江、黄河、海河四大水系的水文特征和水文分区;古代河南土壤特性,现代土壤类型的理化性质和利用现状及土壤分区;古代动植物的演变、区系和起源,现代动植物的种属、类型及区划;自然地理分区及各区地理特征。

《河南地理志》书影

Henanfu zhi

河南府志　河南府志创修时间已不可考。明代陈宣、乔缙纂修弘治《河南郡志》为存世河南府志中最早的一部。国内国家图书馆、湖南图书馆等存残本,日本国立国会图书馆、尊经阁文库藏全帙。清顺治、康熙、雍正、乾隆年间各纂修一部府志,均存。乾隆志是存世河南方志中卷数最多的一部。

《河南府志》[顺治]　朱明魁修,何柏如纂。顺治十八年(1661)刻,康熙二年(1663)增刻本。27卷。分26门。图考中附图24幅,祥异、保里、关津、桥梁、形胜、水利、武备、后妃、王宫、僭窃、荐辟、封赠、荫袭、武科、乡贤、志节、补遗、隐逸、寺、观、庙、方技、建坊附记于各门目下。特立帝王、封建二目,突出洛阳九朝故都、王室宗藩重要封域的特色。国家图书馆、中国科学院国家科学图书馆、上海图书馆、河南省社会科学院图书馆有藏。

《河南府志》[康熙]　孙居湜、张圣业修,董正纂。康熙三十四年刻本。28卷。内容基本沿袭顺治志,续辑顺治十八年后30余年事。与顺治志相较,新增秩祀、书院二目,各为一卷,与学校目并立;将流寓、隐逸二目附于孝义目内;墓并入古迹目;祥异单独立目;杂志目中新增纪书细目,收本府及属县著作80种。国家图书馆、复旦大学图书馆等有藏。郑州市图书馆藏残本(卷5~28)。

《河南府续志》[雍正]　张汉纂修。雍正六年(1728)刻本。4卷。分35目。所记范围包括雍正二年后已不属河南府管辖的陕州及所领灵宝、卢氏、伊州三县。不再重录康熙志已记述的内容,补增旧志缺漏事项,续记康熙三十四年后近40年事,以田赋、盐课等目较详。较旧志新增颁赐、经、史、子、集等目,突出收录洛阳地区的文献，其中史目按朝代顺序排列，自周秦至明万历三十年(1602)，每书列有篇名、卷数、作者及提要；子目、集目以人为序著录。杂志目中增加纪梦、纪诞、纪表、防汛等细目，其中防汛目记载雍正二年以后兵丁、装备、饷银等武备情况。附志中矿洞目及所载“郡中可惜者数事”、本郡自然地质、地貌、植物、农作物的土宜情况等资料，为河南方志中少有。国家图书馆、浙江图书馆、郑州市图书馆等有藏。上海图书馆藏抄本。

《河南府志》[乾隆] 施诚修，童钰、裴希纯、孙枝荣纂。乾隆四十四年(1779)刻本。116卷，首4卷。分23纲，统126目。圣制、舆图、沿革表、帝纪各一门；列有星土、疆域、建置、山川、职官、田赋、户口、礼俗、物产、祠祀、学校、选举、圣迹、人物、古迹、艺文、金石、经籍、祥异等19志。职官志、田赋志、户口志、古迹志、金石志等分县编排，选举志、人物志、艺文志、经籍志、祥异志等按时代顺序记述。艺文志29卷，卷目最巨，下分诗、赋等22个细类。国家图书馆、河南省图书馆、洛阳市图书馆、开封市图书馆等有藏。另有清同治六年(1867)陈肇镛重校补刊本。

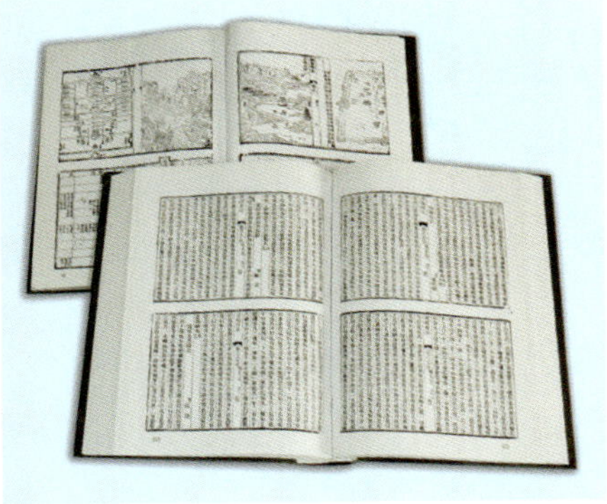

乾隆《河南府志》(“中国地方志集成”本)书影

Henansheng Fangzhiguan

河南省方志馆 位于郑州市经一路。省机构编制委员会于2004年2月批复同意省地方史志办公室挂河南省方志馆牌子。重点收藏新编方志、年鉴及各类地情资料书，馆藏图书3万余册。新编志书包括河南省首轮全部三级志书及部分已完成的二轮志书，部分行业志、部门志、村镇志、山水志；各省、市、自治区的首轮省级志书及部分市、县的首轮志书。年鉴包括省、直辖市、部分县(市)的综合年鉴及少量专业年鉴。入藏旧志多属整理重印的旧志，有300余卷旧志缩微胶卷。

河南省方志馆

Henansheng Kexue Jishu Zhi (1978~2000)

《河南省科学技术志(1978~2000)》 主编刘西琳。2005年中国宇航出版社出版。151.8万字。设7章53节。配照片70余幅。综述宏观展示新时期河南省科学技术事业的发展进步。科技资源与管理章记述科技机构、科技队伍、科技体制改革、科技政策与法规、科技计划、科技条件、科技成果、科技交流与普及。基础科学章记述数学、物理学、化学、天文学、地学、生物学等。之后所设4章，分别从粮食作物、经济作物、植物保护、土壤肥料、畜牧兽医、林业、蔬菜瓜果、食用菌、水产、农业区划与农业科技示范园区等方面记述农业科学技术；从地质矿产、煤炭、石油、电力、冶金建材、化工、机械制造、电子、轻工、纺织等方面记述工业科学技术；从气象、地震、环境保护、测绘、城市建设、交通、出入境检验检疫、公安等方面记述公用事业科学技术；从基础医学、临床医学、预防医学与公共卫生、地方病防治、中医中药、药物学、节育优生等方面记述医药卫生科学技术。设专章记述高新技术、高新技术产业、高新技术产业开发区。附录载录科技大事记、科技政策法规、科技进步奖项目，及自然科学学会(协会、研究会)一览表。全志立足科技发展、反映科技进步、记载科技成果、突出科技创新，以科技进步为主线，注重选取在行业中科技进步突出的、影响大的、经济效益和社会效益显著的、获奖级别高的科技成果进行重点记述，将科学发展与产业发展作为副线，彰显科技进步对经济和社会的影响。

《河南省科学技术志(1978~2000)》书影

Henansheng Tushuguan

河南省图书馆 位于郑州市中原区嵩山南路。清光绪三十四年(1908)创建。馆藏方志主要收藏于地方文献部。馆藏河南历代旧志260余种，包括据旧刊本重印本及影印本，其中收入《中国古籍善本书目》的明代万历八年(1580)《辉县志》，清代的顺治《息县志》，康熙五年(1666)《许州志》，康熙《嵩阳书院志》，乾隆《少林寺志》等为国内珍品孤本。馆藏复本数量在10部及以上的有1925年四川省图书馆重印的明嘉靖三十四年(1555)《巩县志》13部，清代康熙三十四年、同治二年(1863)《开封府志》，嘉庆二十四年(1819)《安阳县志》11部，1931年《续武涉县志》10部等。馆藏90余种旧志缩微胶卷。

Henansheng Zhi Huanghe Zhi

《河南省志·黄河志》 主编王质彬、袁仲翔、杨国顺，总纂邵文杰。1991年河南人民出版社出版。20.7万字。设概述及河流特征、改道决溢、勘测研究、河防工程、水库工程、引黄兴利、黄河防汛、河政8章。志首有河南黄河地图、河南黄河河道图及彩照14幅。上起事

花园口

物发端，下至1987年底。全面系统记述河南黄河的变迁及兴利防灾，对历史上河南境内黄河8次重大改道、三门峡水利枢纽工程的兴建等均有详细记述。《黄河决溢表》详列汉文帝十二年（前168年）到1945年河南境内有文字记载的决溢事件230余件。1993年获全国新编地方志优秀成果奖一等奖。

Henansheng Zhi Minsu Zhi

《河南省志·民俗志》 主编刘永立，总纂邵文杰。1995年河南人民出版社出版。36.4万字。设概述及生活习惯、生产习俗、贸易习俗、家族村社、人生礼仪、民间信仰、岁时节日、民间游艺8章。志首有彩照58幅。上起事物发端，下至1987年底。该志对中原的民间习俗有全面反映，其中统计的河南姓氏有单姓1070个、复姓16个。生活习惯、生产习俗两章中的数十幅绣像插图，直观形象，与文字配合，相得益彰。1997年获全国地方志奖一等奖。

民间社火中的独杆轿

Henan tongzhi

河南通志 河南省纂修通志始于明代，明、清官修通志7种，有成化志、嘉靖志、顺治志、康熙志（2种）、雍正志、乾隆志。以顺治志、雍正志最具代表性。民国时期未能修成完整的省通志。①《河南通志》［顺治］。贾汉复修，沈荃纂。清顺治十七年（1660）刻本。共50卷，约132万字。分30目，分别为图考、沿革、星野（祥异附）、疆域（形胜附）、山川（关津、桥梁附）、风俗、城池、河防、封建、户口、田赋、物产、职官、公署、学校、选举（武勋附）、祠祀、陵墓、古迹（寺观附）、帝王（后妃附）、名宦、人物、孝义、列女、流寓、隐逸、仙释、方技、艺文、杂辨（备遗附）。以明嘉靖《河南通志》为蓝本，删繁存疑，纠谬正讹，并参稽郡县新志，增补嘉靖后百余年事。记事止于顺治十六年。清康熙年间诏令各省修志，以该志颁发天下以为式。对清代以后志书编纂产生很大影响。国家图书馆等有藏。②《河南通志》［雍正］。田文镜、王士俊修，孙灏、顾栋高等纂。清雍正十三年（1735）刻本。80卷，约120万字。分43门。较前志，增设水利、兵制、漕运、盐课、邮传等类目，其中水利目以沟渠为纲，先记古渠，后记新渠，对开创及新疏浚的河渠则分注标明；兵制目详载抚标兵制及河北、南阳两镇兵制，包括编制、汛地、俸饷、马干等；漕运目详述卫河运道、河南漕粮及有漕本色，随漕折色的缴、兑数字；河防目占5卷，远多于前志中仅1卷的篇幅，详载黄河古道、黄河今道、河南黄河道，及通塞改道、历代河患、治理黄河等内容。舆图目采用计里画方工艺，列图34幅，八府七州舆图的大方位十分明确。删削艺文目。国家图书馆、安徽省图书馆等有藏。国家图书馆、河南省图书馆、南京图书馆等藏清道光六年（1826）补刻本。北京大学图书馆、郑州大学图书馆、河南师范大学图书馆等藏清同治八年（1869）补刻本。上海图书馆、河南博物院等藏清光绪二十八年（1902）补刻本。国家图书馆、故宫博物院图书馆等藏1914年河南教育司印历次补修本。

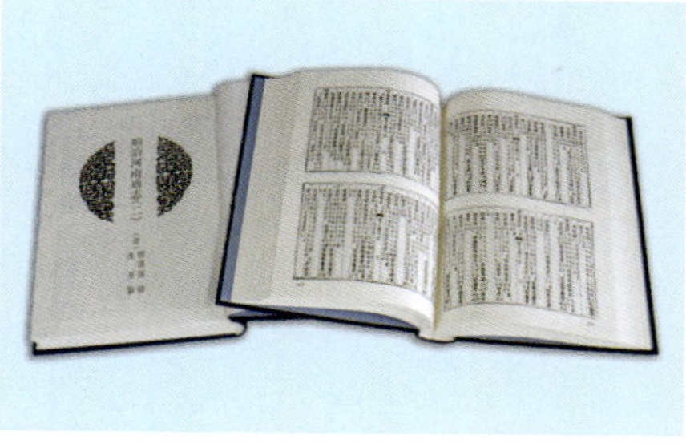
顺治《河南通志》（“中国地方志集成”本）书影

Henan xiuzhi

河南修志 河南修志始于东汉，在光武帝刘秀诏令下，河南诞生了最早的方志——《南阳风俗传》。自此“郡国之书，由是而作”。从汉代至民国时期，河南编纂的有据可考的各类方志共有960余种，其中存世方志568种7500余卷，散佚志书约400种。1981年开始首轮新方志编修工作，2000年基本完成首轮修志任务。2001年，第二轮修志工作全面启动，至2010年，共出版省志分志、市（地）志、县（市、区）志322部。

河南历代方志编修 汉代除编纂《南阳风俗传》外，同一时期修纂的还有《南阳文学官志》《陈留耆旧传》《陈留风俗传》。魏晋南北朝时期有《宜阳记》《魏地记》《洛阳记》《汝南记》《陈留记》《中州记》等。隋唐时期有《陈州图经》《东都记》《东京记》《中州颍川志》等。宋代纂修方志有“志”“记”“图经”等名称，见于书录的方志有《郑州图经》《京西路图经》《阳城记》《东京记》《东京新记》《汴都志》《汴都名实志》《重修都城记》《开封府图经》《畿内诸县图经》《西京图经》《洛阳京城图》《河南志》《（怀州）图经》《浮光图志》《相台志》《天禧南京图》《邓州地理志》《（信阳军）旧经》《义阳志》《浮光图志》《新浮光志》等。元代有《河南志》《浚州志》《考城县志》《郾城县志》《白马县志》等。除元《河南志》存世外，其他均已散佚。明代修志287种，散佚187种，存世100种、968卷。清代修省、府、州、县志470种，仅《河南通志》就前后5次修纂；存376种、5115卷。民国时期编纂方志90余种，以县志为主，其中《长葛县志》和《安阳县志》堪称代表。

河南明代修志 明代河南共修省志类志书7种，府志15种，州、县志265种，存省志2种，府志12种，州、县志86种。府、州、县志修1~2次者居多，南阳府、许州均3次修志，志书全部存世，其中永乐《颍川郡志》（即许州志）为河南存世明代志书中最早的一种。嘉靖朝修志成果最丰，其次为万历朝。存世明代河南方志中，嘉靖志51种、447卷，万历志31种、301卷，占河南存世明代志书的82.83%。明代河南著名的修志人物有王崇庆、崔铣、李濂、朱睦㮮等。其中王崇庆先后主修或参修了嘉靖《开州志》、嘉靖《内黄县志》、正德《长垣县志》，嘉靖《开州志》为存世最早的开州志。①河南明代省志。存成化《河南总志》、嘉靖《河南通志》。胡谧纂修的成化《河南总志》为河南第一部省志，也是全国纂修较早的省志，与成化《山西通志》同被誉为当时省志的“志坛双璧”。原存北平图书馆，后藏台湾。河南大学图书馆存藏据北平图书馆藏原书抄本，为海内孤本。②河南明代府志。存12种。其中正统《南阳府志》为最早的一种，嘉靖《彰德府志》以其简明、严谨而为人称道，正德《怀庆府志》以内容丰富、史料价值高被后志奉为范本。③河南明代州志。修32种，存14种，有嘉靖朝编修的《郑州志》《开州志》《濮州志》，万历朝编修的《汝州志》《陕州志》等。万历《陕州志》孤本入藏国家图书馆；万历《汝州志》孤本藏于日本宫内厅书陵部。④河南明代县志。修233种，存72种。其中成化《内乡县志》是最早的一部；嘉靖《郾城县志》为郾城县存世最早的县志，孤本入藏天一阁；万历《罗山县志》为罗山县存世最早的县志，孤本存于日本内阁文库；万历《内黄县志》刻本孤本存于国家图书馆；天启《中牟县志》为河南天启朝仅有的两部志书之一，另一部是天启《辉县志》。⑤河南明代专志。专记人物的有《中州人物志》《祥符乡贤传》等，专记经籍文献的有李濂的《祥符文献志》、朱睦㮮的《中州文献志》，专记胜迹、山水的有李濂的《汴京遗迹志》、陆柬的《嵩岳志》和《嵩岳文志》、傅梅的《嵩书》等。

河南清代修志　顺治十五年(1658)，时任河南巡抚的贾汉复组织大规模的全省修志活动，于两年后完成顺治《河南通志》。康熙帝下诏将此志作为全国修志范本。康熙二十九年(1690)，河南巡抚阎兴邦再次通令全省各府、州、县修志，并成立修志统辖机构，颁发修志牌照，对志书断限、取材、类目、序次等做出规定。清代河南共修省、府、州、县志470种，存376种5115卷。存志中顺治志61种、康熙志109种、乾隆志102种、光绪志38种，四朝合计占全省现存清志的82%。各府、州、县通常修志2~3次，鄢陵县、郏县均修7次。代表性修志人物有耿介、张沐、汤斌、景日昣、王聿修、武亿等。张沐在5年内连修《上蔡县志》《开封府志》《河南通志》；武亿主修或参修《偃师县志》《鲁山县志》《郏县志》《宝丰县志》《安阳县志》，其中《安阳县志》被纪昀誉为志书范本；武亿之子武穆淳修《浚县志》《安阳县志》。①河南清代省志。省志类志书存9种，其中《河南通志》有顺治十七年、康熙九年、康熙三十四年、雍正十三年(1735)、乾隆三十二年(1767)5种版本，均有存本。②河南清代府志。修28种，存27种，仅嘉庆《南阳府志》佚。存世府志中，《彰德府志》5种，《怀庆府志》《河南府志》各4种，《卫辉府志》《汝宁府志》《归德府志》《南阳府志》各3种，《开封府志》2种。③河南清代州县志。修423种，存340种。州志有顺治朝修的《陈州志》《邓州志》，康熙朝修的《郑州志》《许州志》等47种；县志有康熙朝修的《获嘉县志》《济源县志》《新野县志》，及乾隆《嵩县志》、嘉庆《密县志》等293种。其中康熙《获嘉县志》杂志中设方言漫录目，在清初志书中较为罕见。康熙《济源县志》孤本存于中国社会科学院历史研究所图书馆。④河南清代专志。山水志有景日昣的《说嵩》、王儒行的《惠济河辑说》等；寺院志有景日昣的《会善寺志》《龙潭寺志》，施奕簪、焦如衡的《少林寺志》，宋继郊的《相国寺志略》，任枫的《风穴志略》，屈启贤的《风穴续志》等；金石志有武亿的《偃师金石录》《安阳金石录》、黄叔璥的《中州金石考》、毕源的《中州金石记》等；书院志有窦克勤的《朱阳书院志》，李来章、李琇璞的《紫云书院志》，耿介的《嵩阳书院志》，史致昌的《彝山书院志》等。其他还有刘宗泗的《襄城文献录》，汪价的《中州杂俎》，汪为熹的《鄢署杂抄》，黄璟的《黎阳杂记》，傅松龄、王寿仁的《鹿邑县全图》，曹广权的《淇县舆地图说》，佚名撰《怀庆府八县水道图说》，罗景的《卧龙岗志》，等等。

河南民国时期修志　民国时期，河南修志随时局变动几起几落，修志机构数易其名。1914年成立中州文献征集处，1921年成立河南省通志局，蒋藩等任编纂，拟订《河南通志》简目26门。1923年改通志局为重修河南通志局，增设监修、核对，省志篇目减为19门。1929年，省主席韩复榘改河南通志局为通志馆，韩运章任馆长，关百益、刘景向任编纂，设河南新志编纂处，以半年时间草成《河南新志》稿。1934年，通志馆并入河南大学，校长刘季洪兼任馆长，胡石青任总纂，抗日战争全面爆发前已编纂《河南通志稿》7编36志，抗战全面爆发后中断修志。民国时期全省所修方志以县志为主，有少量镇志和风土志。共91种，其中修于20世纪20年代及其以前的25种，修于30年代的48种，修于40年代的18种。有些未刊印，部分残缺不全。①河南民国时期县志。河南民国时期所修方志主体为县志，约占总数(91种)的90%。有些未刊行，仅为手稿本。较有名的有《郑县志》《长葛县志》《安阳县志》《新安县志》《郾城县志》《封丘县续志》等。②河南民国时期专志。编纂数量较少，主要集中在水利和考古方面。水利志有《豫河志》《豫河续志》《豫河三志》《河南黄沁两河详图》《重修固始县水利续志》等；考古专志有靳云鹗的《新郑出土古器图志》和关百益的《伊阙石刻志》《伊阙石刻图表》《郑冢古器图考》《新郑古器图录》《河南金石志》《河南金石志图》等。

河南新方志编修　河南于20世纪50年代末60年代初普遍开展新志编修工作，有70多个县完成初稿，但未出书。之后修志工作中断。1981年，省委下发通知，发动全省各地、市、县和省直及中央驻郑机构101个单位建立修志机构。

至1982年，基本完成修志机构的组建，全省参加修志人员约17000人。1983年，省委批转《1983~1990年河南省地方志工作规划》。第一轮修志规划编修三级志书238部。至2004年，出版234部，省志和市辖区志全部完成，市(地)志完成88%，县(市)志完成98.7%。1998年，省委办公厅、省政府办公厅、省军区司令部联合发布《关于开始第二届三级志书编纂工作的通知》。2001年续志工作全面启动，规划编修省志1部、市县级志书168部。至2010年，已出版85部。编修三级新志书期间，出版各级各类部门志、专业志、乡镇志4000余部。在全国新编地方志优秀成果评奖中，有69部(卷)志书获奖；在省社会科学优秀成果评奖中，有92部(卷)获奖；在省地方史志办公室与省社科联、省地方史志协会联合举办的史志优秀成果评奖中，评出一等奖110项、二等奖186项、三等奖226项。1981~2009年，省史志系统针对第一轮志书开展9次评奖活动，评出一等奖49部、二等奖117部、三等奖149部，内容编写、体例框架、印刷装帧等专项优秀奖40部。

河南省级修志　第一轮《河南省志》编纂于1981年起步，由河南人民出版社分年度出版。1992年首批出版6卷8篇，1993年出版20卷29篇，1994年出版14卷28篇，1995年出版16卷23篇，1997年出版9卷12篇，至此，总计65卷100篇全部出版。约2000万字。1998年，《河南省志》电子光盘由中国大百科全书出版社出版，为全国第一张省志光盘。该志注重反映河南黄河文化及文物古迹众多的特点，注重反映民主革命时期的工、农、青、妇运动，设置黄河志、文物志、工人运动志、农民运动志、青年运动志、妇女运动志诸篇分志。在全国地方志评奖中，人民代表大会志·人民政治协商会议志、黄河志、金融志、煤炭工业志、植物志、动物志、铁路交通志·民用航空志、公路交通志·内河航运志、商业志·供销合作志、电力工业志、地名志、民俗志获一等奖；审判志、司法行政志、外事志、侨务志、旅游志、纺织工业志、冶金工业志、建筑材料工业志、科学技术志获二等奖。在省社会科学优秀成果评奖中，动物志、黄河志、煤炭工业志、公路交通志、内河航运志、地名志、邮电志、建筑志、测绘志、总述、共产党志、民主党派志、工商业联合会志、国民党志、政府志、工人运动志、农民运动志、石油工业志、化学工业志、著述志、人物(简介)、人物(传记)、科学技术志、民俗志、方言志、出版志、计量志、计划志、对外经济贸易志、乡镇企业志、机械工业志、社会科学志、市地县概况、附录获荣誉奖。2001年开始第二轮省志编纂。

河南市级修志　第一轮规划编修市(地)志16部。1982年开始搜集资料。至2001年，全部出齐。在全国地方志评奖中，《焦作市志》《洛阳市志·文物志》获一等奖，《开封简志》《信阳地区志》《新乡市志》获二等奖。在1992年、1993年、1997年省社会科学优秀成果评奖中，《洛阳市志·白马寺志·龙门石窟志》《洛阳市志·财政·税务·金融》获一等奖；《开封市志》第一分册、《南阳市志》《驻马店市志》获二等奖。2001年，第二轮市级志书编纂工作全面展开，规划编修18部省辖市志。至2010年，出版9部。在省地方史志办公室开展的第二轮综合志书优秀成果评奖中，《郑州市志(1991~2000)》《濮阳市志》获综合一等奖。

河南县级修志　第一轮规划编修县(市、区)志156部。1982年开始搜集资料。1985年，省地方史志编纂委员会举行首次县志评稿会，评议《淮滨县志》稿、《沈丘县志》稿，标志全省修志工作转入编纂成稿阶段。第一部新编县志《淮滨县志》于1986年出版。之后，又陆续出版《沈丘县志》《汤阴县志》《扶沟县志》《修武县志》。至2000年，市辖区志全部完成，县志完成98.7%。在全国地方志评奖中，《林县志》《新安县志》《濮阳县志》《新乡县志》《新郑县志》《新野县志》获一等奖，《沈丘县志》《渑池县志》《商丘县志》《长葛县志》《息县志》《密县志》《浚县志》《延津县志》《辉县市志》《孟县志》《永城县志》《夏邑县志》《襄城县志》《洛宁县志》《西平县志》《郾城县志》《太康县志》《洛阳市涧西区志》《安阳市郊区志》《郑州市二七区志》《宝丰县志》《南阳市志》获二等奖，《鄢陵县志》《扶沟县志》《郸城县志》《灵宝县志》《潢川县志》《商城县志》《沁阳市志》《确山县志》《方

河南首轮市级志一览表

志书名称	主编/总编/总纂	字数(万字)	出版年
《信阳地区志》	胡捷民	170	1992
《焦作市志》	郜世忠	184	1993
《许昌市志》	孙炳南	97	1993
《周口地区志》	向玺	166	1993
《南阳地区志》	彤良翰、田振方	300	1994
《平顶山市志》	韩向忱	193	1994
《新乡市志》	梁星三、王文博、许志超、王朝武	300	1994
《三门峡市志》	张孟军、黄国平、樊风悟、王慎喜	360	1995~1999
《洛阳市志》	刘典立、李贵基、宋克耀、王文超、郭俊民	1100	1995~2002
《商丘地区志》	杨子建、毕明魁	236	1996
《安阳市志》	陈文道	290.5	1998
《鹤壁市志》	姚仲杰、和玉琢	247	1998
《开封市志》	孙富山、刘施宪、李俊、吴治安、沙旭升、郭书学、赵道山、邱汉义、曹景宪、庞应水	700	1998~2004
《漯河市志》	宋金坤、吴念宗、李勇为	180	1999
《郑州市志》	马培中、经书威、张平	580	1999~2000
《驻马店地区志》	邱成文	242.4	2001

城县志》《偃师县志》《新乡市红旗区志》《虞城县志》《舞钢市志》《安阳县志》《伊川县志》获三等奖。在1992年、1993年、1997年省社会科学优秀成果评奖中,《林县志》获一等奖,《濮阳县志》《新安县志》《夏邑县志》《商丘地区志》获二等奖,《息县志》《睢县志》《鄢陵县志》《洛阳市涧西区志》《密县志》《安阳县志》《浚县志》《郏县志》获三等奖。2001年,第二轮县级志书编纂工作全面展开,规划编修150部县(市、区)志。至2010年,出版76部。在省地方史志办公室开展的第二轮综合志书优秀成果评奖中,《郑州市金水区志(1991~2002)》《潢川县志(1987~2001)》获综合一等奖。

河南规划外志书编修 第一轮志书编纂启动后,教育、交通、卫生、国土资源、电业、烟草等行业和部门在完成综合志书供稿任务的同时,开始编纂部门志和行业志,出版《信阳地区教育志》《郑州市交通志》《开封市卫生志》《许昌烟草志》《安阳市土地志》《长葛电业志》等。20世纪80年代中期出版了巩县《新中乡志》《孝义志》、安阳县《永和乡志》《水冶镇志》等乡镇、村志,多为内部出版。中国第一拖拉机厂总编辑室编《一拖厂志》,于1985年内部出版,为全省最早的企业类志书。较早出版的厂矿企业志还有《洛阳轴承厂志》《第二砂轮厂志》等。90年代开始公开出版村志,如《偃师县曲家寨村志》《白沙志》。2000年后,乡镇村志出版数量逐渐增多;股份制企业、民营企业开始修志,如《神火集团志》《河南心连心公司志》等;有些企业志编纂出版第二轮志书,如《河南油田志(1991—2000)》。两轮修志期间,共出版各级各类部门志、专业志、乡镇村志、厂矿企业志上万余部,特色专志有《黄帝故里志》《嵩山志》《陈氏太极拳志》《开封菊花志》等。

河南旧志整理 新方志编纂工作开始后,全省同时开展对旧志调查研究。从1980年7月起,省社会科学院历史研究所地方史志研究组编辑出版了《河南地方志综录》《河南地方志佚书目

河南旧志校注出版表(含内部印行)

书名	整理者	出版年
《重修滑县志(标注本)》	滑县史志委	1986
《长葛县志(标注本)》	长葛县志委	1987
《内黄县志》(民国版)	张清泉、曹秉仁、司耿光	1987
《许昌县志》(民国版)	许昌县志总编辑室	1987
《叶县志(清同治辛未)》	叶县史志委	1988
《宝丰县志(清道光十七年)》	宝丰县史志委	1989
《南乐县志校注》	史国强	1989
《宁陵县志(清宣统三年)》	宁陵县志委	1989
《商丘县志(清康熙四十四年)》	商丘县志委	1989
《密县志》(嘉庆版)	密县史志委	1990
《民权县志》(民国版)	民权县志委	1990
《睢州志(清光绪十八年)》	睢县志委	1990
《沈丘县志(校注本)》	沈丘县史志委	1991
《永城县志(清光绪二十九年)》	永城县志委	1991
《河南志》(徐松辑本校点本)	高敏	1994
《归德府志(清乾隆十九年)》	商丘地区史志委	1994
《汝阳县志(校注本)》	汝南县史志办	1994
《开州志(清光绪)》	濮阳县史志办	1995
《渑池县志》(2种)	渑池县史志委	1995
《南阳县志》(民国版)	南阳县志办	1996
《濮州志校注》	范县史志办	1999
《睢州志》(3种)	睢县史志办	1999
《封丘县志(整理本)》	封丘县史志办	2001
《鹿邑县志·点注》	鹿邑县史志办	2002
《偃师县志(点校本)》	偃师市史志委	2002
《叶县志(清康熙三十年)》	叶县史志委	2003
《嘉靖荥阳县志》	荥阳市政协	2006
《荥泽县志(点校注本)》	郑州市史志办	2006
《钧州志(点注)》	禹州市史志委	2008
《开封府志(整理本)》	开封市史志办	2009
《浚县志(校点)》(2种)	浚县史志办	2009
《禹州志(校注)》	禹州史志委	2009
《辉县志(简体校注本)》	辉县史志办	2010
《舞阳县志》(道光版)	舞阳县史志档案局	2010
《禹州志(校注)》	禹州史志委	2010
【内部印行】		
《巩县志(明嘉靖三十四年本)》	巩县志委	1983
《郏县志(清同治三年)》	郏县志总编室	1983
《登封县志(明嘉靖八年本)》	登封县志办	1984
《鲁山县志》(嘉庆版)	鲁山县史志办	1984
《重修信阳县志(点注本)》	信阳县志总编室	1985
《光州志》(乾隆版)	信阳地区地方史志总编辑室、潢川县志办	1985
《少林寺志(清乾隆十三年刻本)》	登封县志办	1985
《光山县志(乾隆)》	光山县史志委	1986

续表

书名	整理者	出版年
《温县志稿》(民国版)	温县志总编辑室	1986
《舞阳县县政概况(手抄本)》	舞阳县史志委	1986
《嘉靖郑州志校释》	郑州市史志委	1988
《河南新志(民国十八年)》	河南省史志委、省档案馆	1988~1990
《柘城县志》(光绪版)	柘城县志委	1988
《登封县志》(乾隆五十二版)	登封县史志办	1990
《巩县志》(2种)	巩县志委	1989
《荥阳县志、续荥阳县志(点校注本)》	荥阳县志委总编室	1989
《登封县志(清乾隆丁未年)》	登封县史志办	1990
《重修汜水县志(点校注本)》	荥阳市志办	1991
《洛宁县志(点注本)》	洛宁县地方志总编辑室	1992
《长垣县志(整理本)》	长垣县史志委	1993
《获嘉县志(整理本)》	获嘉县志委	1994
《新乡县续志(清康熙)》	新乡县史志办	1994
《鲁山县志(明嘉靖三十一年)》	鲁山县史志委	1995
《乾隆唐县志校注》	唐河县史志委、县图书馆地方文献室	1995
《嘉靖裕州志校注》	高元章、曾大海、刘德永	1996
《西平县志(校注本)》	西平县史志委	1996
《虞城县志(清光绪二十一年)》	虞城县志委	1996
《重修原武县志》	原阳县志委	1997
《新郑县志(标注本)》	新郑市史志委	1997
《确山县志(点校本)》	确山县史志委	1999
《叶县志(明嘉靖二十一年)》	叶县史志办	2000
《鲁山县志》(康熙版)	鲁山县史志办	2001
《修武县志(校注)》	修武县史志委	2002
《泌阳县志校注》	宋书秀	2003
《淮阳县志(整理本)》	淮阳县史志办	2003
《汤阴县志(乾隆)》	汤阴县史志委	2003
《重修原武县志》(民国版)	原阳县志委	2004
《孟县志》(康熙版)	孟州市委史志办	2004
《阳武县志(整理本)》	原阳县志委	2004
《重修上蔡县志》	上蔡县史志办	2005
《怀庆府志(点校本)》	焦作市史志委、沁阳市史志委	2005
《上蔡县志》(康熙版)	上蔡县史志办	2005
《覃怀志(点校本)》	博爱县志总编辑室	2006
《鲁山县志》(乾隆版)	鲁山县史志办	2007
《彰德府志(点校本)》	陈好宪、申焱	2010

录》《河南地方志提要》《河南古方志辑佚》《〈清实录〉河南史料》等旧志工具书。1982~1985年,全省整理旧志近100种。1988年7月,省地方史志编纂委员会与省档案局合作整理刊印1929年版《河南新志》。1991年10月20日召开全省旧志整理学术研讨会,对旧志整理的指导思想、目的、意义、整理方法和出版中的一些问题进行研讨。1991年,全省累计整理出版旧志45部。至2010年,整理旧志超过百部。

河南方志工作管理 全省建立地方志工作机构始于20世纪80年代初。1981年4月成立的新安县编史修志办公室是全省最早成立的地方志工作机构。至1982年,基本完成市、县两级地方志工作机构的组建。至1985年,全省各级地方志编纂委员会共培训修志人员60000余人次。2006年,卫辉市政府市志地名办公室开通读史用志热线电话,在全国属首例。2007年,濮阳市地方史志办公室和市法制办公室联合举办《地方志工作条例》执法资格培训。至2010年,省级地方志工作机构先后历经省地方志编纂委员会、省地方史志编纂委员会、省地方史志办公室3个阶段;18个省辖市均设立市地方史志办公室,其中新乡市称市地方史志局,158个县(市、区)均设有地方志工作机构;省辖市均成立史志协(学)会,为省史志协会的团体会员。全省地方史志系统共有356个单位、1554人分别被评为先进集体和先进工作者,其中洛阳市地方史志办公室被人事部、中国地方志指导小组授予全国地方志系统先进集体称号,省地方史志办公室等9个单位被中国地方志指导小组授予全国方志先进集体称号。郑州、焦作、舞钢、栾川等市县及省地方史志协会分别对修志先进集体和个人进行了表彰。河南史志系统先后举办主题为"城市续志篇目""历史文化名城修志用志""续志资料收集和条目编写""全省续志质量"等研讨会及各种形式学术交流会。

河南省地方史志编纂委员会 前身为1981年10月17日成立的河南省地方志编纂委员会。下设总编辑室,负责日常编务工作。1983年8月11日改为河南省地方史志编纂委员会。正厅级事业单位。内设办公室、《河南省志》编辑部(1983年10月前为河南省地方志编纂委员会总编辑室)、《中州今古》编辑部、《河南年鉴》编辑部、资料编辑室、地市县志研究室。1994年机构改革,省地方史志编纂委员会不再内设机构。历任编委会主任委员戴苏理(1981年10月~1983年10月)、邵文杰(1983年10月~1996年4月)、李志斌(1996年4月~2003年7月)、王明义(2003年7月~2007年

3月)、李成玉(2007年3月~2008年11月)、郭庚茂(2008年11月~)。

河南省地方史志办公室　省地方史志编纂委员会内设实体于1994年9月更名为省地方史志办公室,副厅级事业单位,为省政府办公厅代管机构,依照公务员管理。2004年2月挂河南省方志馆牌子。至2010年,内设综合处(挂党委办公室牌子)、省志工作处、市县工作处、年鉴工作处、资料信息处,下属事业单位有《中州今古》杂志社、河南省信息开发应用所。2004年5月10日被确定为全国第二轮修志工作试点单位。历任办公室主任鲁德政(1994年9月~1998年6月)、许还平(1998年7月~2008年6月)、霍宪章(2008年7月~)。主办《河南史志》《中州今古》。《河南史志》前身为《河南地方志通讯》,1982年创刊,初为不定期发行,后改为季刊,内部发行,至2010年,共计出刊150期。《中州今古》于1983年创刊,为双月刊,国内公开发行,2006年停刊,共计出刊144期。

河南修志规章和规范性文件　省地方史志编纂委员会制定了《关于落实〈河南省志〉任务的实施办法》,印制《〈河南省志〉分志承编责任书》《关于市、地、县(市)志稿评稿、审稿、定稿、出版试行办法》,省志编辑部制定了《关于编写〈河南省志〉若干问题的规定》《〈河南省志〉专志承编单位编纂人员的职责规定》《关于〈河南省志〉中内容交叉问题的处理意见》《〈河南省志·人物志〉编纂工作试行条例》等规定。

河南地方志信息化建设　省地方史志办公室与中国地方志指导小组和红旗出版社电子出版物编辑部于1997年联合开展省志电子版光盘的制作工作,1998年出版。渑池县地方史志办公室在全国县级地方志工作机构中较早建立地方志综合网站。2006年,河南省情网站开通试运行。2007年建设省情数据库,分设综合、年鉴、声像、大事、单项5个数据库,实现首轮省、市(地区)、县(市、区)三级志书,部分第二轮已出版市(地区)、县(市、区)志书及河南年鉴的数据加工入库。2009年,洛阳地情网开通。

河南省地方史志协会　成立于1984年10月,接纳各市(地)地方史志协(学)会为团体会员。1984~2010年共选举产生7届理事会。历届会长李之放(1984年10月~1992年7月)、李振华(1993年2月~1996年6月)、鲁德政(1996年6月~2006年2月)、许还平(2006年2月~2010年3月)、霍宪章(2010年3月~)。每年召开理事会议,开展培训、研讨、座谈、考察等相关学术活动。至2010年,连续14年被评为省社科联系统先进单位。

河南方志馆藏　省内方志收藏量较大的为河南省图书馆、郑州大学图书馆、河南大学图书馆等省级图书馆和省内历史悠久的重点高校图书馆。已建成河南省方志馆、新乡市方志馆、平顶山市卫东区方志馆。

河南大学图书馆　由位于开封市金明大道的金明校区图书馆、位于明伦街的明伦校区图书馆组成。前身为创建于1912年的河南留学欧美预备学校图书室,后随校名更替而数易其名,1984年恢复河南大学图书馆名称。至2010年10月,图书馆文献资源总量450余万册,其中线装古籍近20万册。馆藏地方志书700多种,省内志书219种,其中成化《河南总志》、嘉靖《河南通志》等为大陆唯一存藏刻本,抄本《息县乡土志》为国内孤本,其他珍品还有《东京志略》《相国寺志略》《汴梁水灾纪略》《大梁古迹考》《芸晖书屋笔记》等。2008年3月被国务院批准公布为全国古籍重点保护单位,馆藏嘉靖《河南通志》被列入首批《国家珍贵古籍名录》。

郑州大学图书馆　创建于1956年,2000年与郑州工业大学图书馆、河南医科大学图书馆合并组建新的郑州大学图书馆。馆藏1949年后河南各类地方文献4万余种,其中方志2000余种,包括河南新编三级志书、行业志、部门志、厂矿企业志、乡镇村志、旧志整理重印本。还收存河南各类年鉴、地方史、党史资料,有各类解放区出版物300余种。收藏各类古籍图书19万册,其中善本古籍126种、3664册。旧志存藏以江浙一带的地方志居多。有27种古籍被列入《国家珍贵古籍名录》。2009年被国务院批准公布为全国古籍重点保护单位。

河南方志研究成果　新方志理论研究始于20世纪80年代,从方志性质、体例、特点及新编方志资料、篇目、编纂、出书等方面进行广泛研究。省地方史志协会组织编写《河南史志论丛》《省志编纂概论》,后者在省社会科学评奖活动中获一等奖;与省地方史志协会组织编纂《河南新编地方志提要》《河南省新方志修志人物简介》。个人专著有杨静琦、于希贤编著的《地方志与现代科学》等十余部。

Henan Zhi

《河南志》　宋敏求纂。志名所称"河南",指北宋西京河南府治洛阳。原书20卷,久佚,存世《河南志》为缪荃孙辑佚、校订,收入清宣统二年(1910)《藕香零拾》刻本。4卷。分8目。学界有人认为此书实出自元人之手,而宫殿、坊市则直录宋氏书,有窜改。内容包括宋京城门坊、街隅、古迹,周、后汉、晋、后魏、隋、唐城阙和宫殿古迹。卷首有东汉东都城、魏金墉城、后魏洛阳宫城、西晋洛阳京城、宋西京城5幅图。除此之外,还记第舍、县镇、乡里、山川、津梁、亭驿、庙寺、陵墓、花卉、古贤人物、守官等。志中也记述了隋朝经济繁荣,孝文帝大兴土木、劳民伤财的情景;保存有《河南郡图经》,晋陆机、华廷俊等人《洛阳记》,唐韦述《东京记》等佚书的资料。国家

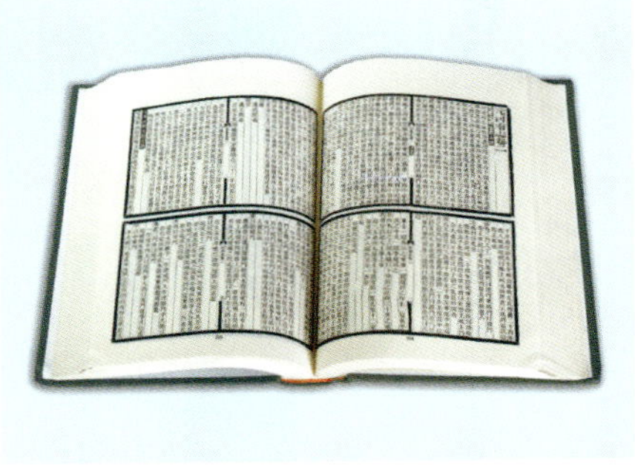

《河南志》("宋元地方志丛书"本)书影

图书馆等有藏。另有徐松《永乐大典》辑本、灵岩山馆本、抄校本等。1994年中华书局出版高敏点校本(以徐松辑本为底本)。

Heneixian zhi(jiuzhi)

河内县志(旧志) 河内县(治所位于河南省沁阳市)志创修于明万历年间。清顺治、康熙、道光年间3次修志,均存。①《河内县志》[万历]。侯加采、卢梦麟修,王所用纂。万历二十五年(1597)刻本。4卷。以图、表、志、传为纲,分图考、沿革表、天文志、地理志、建置志、田赋志、祀典志、职官年表、科贡年表、名宦列传、人物列传、艺文志12门。纲下领目,纲与目有小序,文后有纂修人的按语。卷前志例述及人物收录标准为“历宦必当致仕者”“名宦惟离职则书”“人物惟即世则书”。艺文志除御览目外,其余如疏、记所选文章多有关县内大事,如4篇《均粮疏》为怀庆府与河南农业经济资料。国家图书馆有藏,吉林大学图书馆藏残卷(存卷2)。②《河内县志》[道光]。袁通主修,方履篯、吴育纂。道光五年(1825)刻本。36卷。除卷1圣制外,依次为十图(县境、县境诸山、沁河、丹河、济河、县城、衙署、学宫、书院、武庙)、四表(纪事沿革、爵封、职官、选举)、十四志(疆域、山川、风土、祥异、田赋、水利、祠祀、学校、营建、兵防、古迹、经籍、金石、文词)、九传(循政、先贤、孝义、忠节、隐逸、流寓、艺术、列女、释道),末为志余、叙传。对旧志进行续补,如补充旧志职官、选举二门所缺金、元之前内容。水利志详载沁河、丹河源流,万历年间县令袁应泰率民工开山凿洞、兴修水利及其后的水利设施情况。国家图书馆、南京图书馆、上海图书馆、河南省图书馆、新乡市图书馆等有藏。

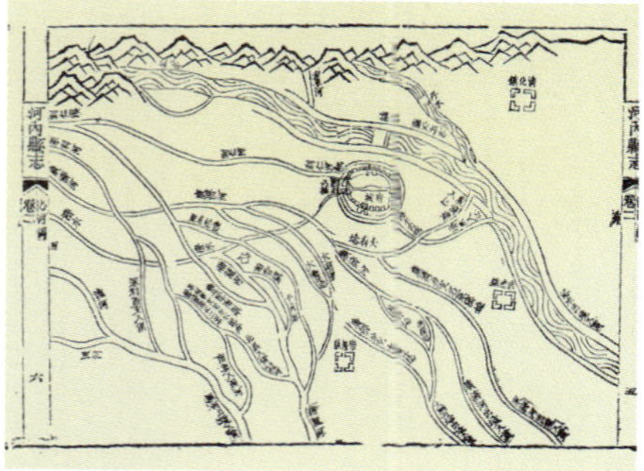

沁河图(道光《河内县志》)

Hetoucun Zhi

《河头村志》 吕镜湖等撰,河头村志编委会编。1994年黄山书社出版。30万字。设14章49节。志首配照片40余幅、地图2幅,随文配照片36幅。上限不等,下至1993年底,个别事件延至定稿前。志首记浙江永康市河头之最、河头村集体荣誉录。村民章记述姓氏、人口构成、生育、村民生活,详记吕、应、陈、李、徐、卢6个户数较多的姓氏的源流,并附《河头村民世系表》,首创社区姓氏统录法,将大姓小姓、远房近亲全部平等入志。人物章除记已故人物、健在人物外,名录中记述先进个人、在外工作人员、大中专文化程度人员、转业复退军人、现役军人、台胞、侨胞等。文化/体育章详载该村民间文娱、婚俗及体育活动,如富有当地特色的婺剧、迎龙灯、哭嫁、迎案、打罗汉、钓鱼打鳖等。该志被列入“浙江乡村社会研究丛书”。

《河头村志》书影

He Minxian

贺民贤(1939—1993) 陕西蓝田人。1958年进入中国人民解放军空军第一航空预备学校学习,先后在长春、沈阳等地服役。复员后在蓝田县文化馆、县委党校、宣传部、统战部等部门工作。1968年开始从事地方志编纂和研究。1986年任蓝田县地方志编纂委员会副主任、县地方志办公室主任。组织参与搜集志书相关资料600多万字。主编的《蓝田县志》获省哲学社会科学优秀成果奖三等奖。还主编《蓝田兵要地志》《蓝田大水灾》《蓝田县志通讯》等,指导修订《蓝田医药志》《蓝田水利志》《蓝田卫生志》《蓝田土地管理志》等。曾被评为省级地方志先进工作者。方志论文主要有《试论提高志书政治质量的几个问题》《略谈新编地方志记述“文革”的管见》等。

Hegangshi Zhi

《鹤岗市志》 主编赵学礼,常务副主编刘克。1990年黑龙江人民出版社出版。127.5万字。设28编136章459节。志首配图照75幅。上起事物发端,下至1985年,重点记述清光绪三十二年(1906)年后,从放荒招垦,至兴山镇、兴山市、鹤岗市近80年间的自然和社会发展的历史进程和现状。设煤炭工业编突显鹤岗作为国家重要煤炭基地的特点。设军事编反映鹤岗抗战史。文化编文物古迹章中记述日军侵略和残害中国人民的罪恶——东山万人坑。人物编为沈松年、左觉民、孙志盖等为鹤岗做出贡献的人物立传,对叛匪谭成玉、矿山恶霸杜文祥也有记述。1993年获全国新编地方志优秀成果奖二等奖。①《鹤岗市志》煤炭工业编。设5章22节。记述自1918年鹤岗煤矿开采后的历史。概况章重点记述兴华煤矿有限公司、鹤岗煤矿公司、鹤岗炭矿株式会社、鹤岗矿务局的情况;民国时期中国、俄国、日本及1949年后进行的地质调查、开采等活动,附兴山、南山、新一、兴安、富力等矿区1985年储量表。矿井建设章重点记述东山、兴安、南山、峻德竖井的情况。注重矿井安全方面的记述,如煤炭生产章设矿井通风节,记述通风设备更新、瓦斯鉴定、粉尘测定、防灭火、矿山救护等工作开展情况;地方煤炭工业章设矿井安全节,记述矿井安全管理机构、措施等,附1970~1985年鹤岗地方煤矿死亡事故表。②《鹤岗市志》军事编。设

《鹤岗市志》书影

5章14节。战事章记述抗日军袭击列车、抗联六军攻克鹤岗、梧桐河金矿矿警队起义等抗日活动，及三江人民自治军进驻兴山、智缴矿警队、消灭谭成玉叛匪等解放战争时期战役。

Heihediqu Zhi

《黑河地区志》 主编王兆明。1996年三联书店出版社出版。170万字。设3部类40篇185章632节。卷首配照片70余幅、地图3幅；随文配表格125个。上限不限，下限至1992年黑河地区撤销。采用三宝体（见体式）结构。设军事、外事、外贸、黄金等篇反映地域特色。建置篇设专节记述“江东六十四屯”的屯名、位置、居民。附录中的日本关东军罪行纪实收录《关东军作战命令甲字第三九八号其一》《关于“特殊输送”时护卫事宜命令》《平野宪兵队作战命令第一号》等文献，记载日本关东军731部队所属各支队布置地点、日本关东军各兵种向731部队及其各支队输送做细菌实验的活人等内容。1997年获全国地方志奖二等奖。①《黑河地区志》黄金篇。设4章13节。记述金矿沿革、开采方式、安全保卫、管理等内容。金矿沿革章中有清光绪二十六年(1900)至三十三年“区内各金厂均为俄人占据强采”、1935~1942年日本掠走黄金18万余两的记载，并对五道沟金矿、罕达汽金矿、八车力河金矿等矿区的开采情况进行记述。②《黑河地区志》外贸篇。设2章6节。重点记述中俄边境第一个民间互市贸易市场大黑河岛民贸市场及1991~1992年接待参贸人员、成交额，黑河地区边境经济贸易公司、中国黑龙江省黑河边境贸易公司、黑河国际经济技术合作公司等中俄边境上第一批合资企业的贸易概况。③《黑河地区志》军事篇。设6章27节。其中，机构、驻军章记载了日本关东军第四军司令部下设的123师团、135旅团、731部队孙吴支队、黑河特务机关、孙吴宪兵队所犯罪行，附表记述13个日本关东军军用机场。战事章中记载雅克萨战役、海兰泡惨案、江东六十四屯惨案、瑷珲保卫战、大岭伏击战、闹达罕遭遇战等战役。④《黑河地区志》外事篇。设5章16节。主要记述《中俄尼布楚条约》《中俄瑷珲条约》签订的背景、经过；中国军民与沙俄（苏）进行的反蚕食斗争、索还失地斗争；中苏关系恶化后，苏联越境挑衅，干涉中方巡逻、生产，绑架中国军民，从事间谍活动；地方政府对俄方不平等税收政策、遣返战俘等交涉事件；中苏（俄）地方政府间的友好往来等内容。

《黑河地区志》书影

Heilongjiang Lüyou Jingqu Zhi

《黑龙江旅游景区志》 黑龙江省地方志办公室与黑龙江省旅游局编纂。2009年黑龙江人民出版社出版。30万字。全彩页。随文配图约1000幅。全面记述景区的形成、发展的历史脉络、历史由来。收录景区367个，有亚布力、二龙山、乌吉密、日月峡、黑河滑雪场等冰雪旅游景区，五大连池、汤旺河、漠河、扎龙自然保护区等自然景区，还有索菲亚教堂、日军关东军731部队罪证陈列馆、黑龙江将军府、萧红故居等，反映大庆、伊春、黑河、绥芬河等特色城市的都市风光。重点记述金源文化旅游区中的金上京会宁府古城、阿骨打陵址公园、金上京历史博物馆等；兴凯湖旅游度假区中载入吉尼斯世界纪录的最小边界桥白凌河桥、王震将军陵园、北大荒开发建设纪念馆、湖滨鹿苑、兴凯湖大白鱼繁育基地和生态农业观光园等景点。记述工业游、农业游、科普游、影视基地游等情况，及漂流、滑雪、狩猎、赛马等旅游项目。

《黑龙江旅游景区志》书影

H

Heilongjiangsheng Zhi Guoying Nongchang Zhi

《黑龙江省志·国营农场志》 中国第一部全面记述北大荒开发的志书。主编郑加真。1992年黑龙江人民出版社出版。70万字。设6篇32章131节。配黑白图片116幅。上起1947年创建机械农场，下至1985年。体现国营农场的“四大”（大荒原、大机械化、大农场群、大商品粮基地）、“一小”（农垦小社会）的特点。开荒建场、现代化农业2篇篇幅占全书篇幅40%以上。开荒建场篇记述勘测设计机构、成果，开荒的进程、方式和土地利用，建厂沿革，及荣军、解放团农场，劳改农场，友谊农场，农建二师农场，青年垦荒队农场，铁道兵农场等的情况。现代化农业篇记述机械装备、技术队伍、机械化作业、农机管理等内容。用以事系人的笔法记述杨华、庞淑英等361名开拓者、创造者和英雄模范人物的事迹。1993年获全国新编地方志优秀成果奖一等奖。

《黑龙江省志·国营农场志》书影

Heilongjiangsheng Zhi Waishi Zhi

《黑龙江省志·外事志》 主编张镔。1993年黑龙江人民出版社出版。55万字。设5篇19章82节。志首配图照17幅。上起事物发端，下至1985年。边境事务篇设边境争端章，记述俄国、苏联蚕食中国领土，干涉中国边民生产等事件，重点记述七里沁岛事件、珍宝岛事件、月牙泡事件。重大涉外事项篇重点记述中东路与中长路建设始末，中

《黑龙江省志·外事志》书影

俄关于中东路沿线土地、地亩权、伐木、采矿、护路权、司法权、公议会与行政权的交涉，及中国代管中东路、国际共管中东路、中东路事件等；黑龙江、松花江航权交涉；庚子事件，陶有德串通法教士诬告案，法教士开枪打死来仓案，庚子教案，中俄《东三省交地章程》、中日《会议东三省事宜正约》的签订，金矿案，《中苏解决悬案大纲协定》及《奉俄协定》的签订，国联调查团到黑龙江省调查，美国人在桃山猎场枪伤中国人案，苏联民用飞机被劫持事件等。1993年获全国新编地方志优秀成果奖一等奖。

Heilongjiang xiuzhi

黑龙江修志 黑龙江方志编修始于清代。《中国地方志总目提要》著录存世黑龙江方志80余种。1982~2003年开展首轮新方志编修工作。1998年启动第二轮修志工作，至2009年，共出版省志分志、市（地）志、县（市、区）志264种。黑龙江省图书馆、黑龙江省地方志办公室资料室、黑龙江大学为主要方志收藏单位，其中黑龙江省图书馆藏省内旧志60余种、省外旧志20余种。

黑龙江历代方志编修 据《中国地方志总目提要》记载，存世1931年前编修的方志77种，包括省通志性质的方志12种，府州县志54种，乡土志、风土记7种，政务志、政书3种，山水志1种。1931年后编修的志书有《景星县状况》《安达县志》《庆城县略志》《绥滨县志》《依兰纪略》《依兰县开发纪略》《宝清县志》《牡丹江志》《龙江县志》《讷河县志》等。其中《龙沙纪略》（见《龙江三记》）是黑龙江省编修的首部志书。另据学者考证，《中国地方志总目提要》未著录的志书有清咸丰九年（1859）唐晏纂《渤海国志》、1922年黄维翰纂《黑水先民传》等。

黑龙江清代修志 黑龙江于清光绪朝以前编修的志书，多为流放人员撰修的纪略体著作，如《龙沙纪略》《宁古塔纪略》等。光绪二十三年（1897），黑龙江将军恩泽奏请纂修《黑龙江通志》，时逢北京会典馆督修各省会典、舆图，因此在屠寄主编《黑龙江舆图说》成功后，成立通志局。府、县、乡均按《黑龙江通志条目》的例式，制定修纂细目。因清末战乱，所成志书大多散佚，《黑龙江通志》的编纂也即告搁置。存世清代黑龙江志书18种，其中省志、府州县志、乡土志15种，另有康熙《宁古塔山水记》、乾隆《卜魁风土纪》、宣统《宾州府政书》。①黑龙江清代省志。有康熙《龙沙纪略》、嘉庆《黑龙江外纪》、同治《黑龙江通省舆图总册》、光绪《黑龙江述略》、光绪《黑龙江舆图说》5种存世，其中《龙沙纪略》《黑龙江外纪》《黑龙江述略》较为著名，《黑龙江通省舆图总册》为孤本方志。②黑龙江清代府州县志和乡土志。府州县志有康熙朝的《宁古塔纪略》《宁古塔志》，道光朝的《卜魁纪略》，光绪朝的《墨尔根志》《三姓志》（又名《依兰县地方志》），宣统朝的《巴彦州志略》《呼兰府志》7种存世；乡土志有光绪朝的《阿勒楚喀乡土志》《长寿县乡土志》《宁古塔地方乡土志》3种存世。其中，《墨尔根志》《长寿县乡土志》为孤本方志，《墨尔根志》为遵照《黑龙江通志条目》纂修的志书，日本东洋文库藏惜秒阴斋光绪三十年后抄本。

黑龙江民国时期修志 黑龙江在民国初至1931年共编修各种志书59种，以全省为记述范围的志书有7种；府县志有47种；乡土志有《双城县乡土志》《通河全县乡土略志》《虎林县乡土志草》3种；政务志有《黑河道尹政务志略》《黑河观察使筹办政务志》2种。此外，中东铁路局曾编修《江省民物志》（又名《黑龙江》），1929年由汤尔和译成中文。①黑龙江民国时期省志。共修有《黑龙江》（又名《黑龙江省全图》）、《黑龙江志略》《黑龙江志稿》《黑龙江通志稿》《黑龙江乡土志》《黑龙江乡土录》（又名《黑水方舆氏族沿革志》）、《黑龙江通志纲要》等志书，其中张国淦的《黑龙江志略》是黑龙江编纂较早的省通志，为孤本方志；张伯英的《黑龙江志稿》对黑龙江情况的记述最为详细、完整。②黑龙江民国时期府县志。省内呼兰、巴彦、双城、海伦、青冈、安达、通北、肇州、瑷珲、拜泉、望奎等30余个县、设治局均编修志书，其中拜泉、瑷珲、青冈等县3次编修，绥化、延寿、庆城、兰西等县两次编修。1919年出版的《瑷珲县志》是黑龙江省民国时期县志中影响较大的志书之一，书中以大量的篇幅记述从17世纪到20世纪初，沙俄侵略者侵占黑龙江的历史全过程和黑龙江流域的土地丧失给沙皇俄国的经过。

黑龙江新方志编修 黑龙江编修新志始于20世纪50年代。至60年代末，兰西、延寿、穆棱、宾县、木兰、齐齐哈尔、绥化、龙江、宝清、巴彦、虎林等市县先后修成志稿。80年代，全省首轮新编地方志工作启动，至2003年10月，完成全部修志任务，共编纂出版三级志书253部，记事上溯远古，下至1985年。此外，还编纂出版规划外志书1200余种，地方史、行业史等地情资料书百余卷。1998年，二轮修志工作启动，规划省志分志、市县区志255部。至2009年，已出版市县志11部。有47部志书在全国地方志评奖中获奖，有近百部在省级评奖中获奖。

黑龙江省级修志 省志编纂委员会于1982年成立。1984年正式下达《黑龙江省志》编纂方案，规划78卷，共100部。1988年第一部分志石油工业志公开出版。1999年公安志、方言民俗志·民俗篇两部志稿通过终审，至此，首轮省志编纂工作全部完成。总字数约5200万字。有98部公开发行。设林业志、国营农场志、煤炭志、石油工业志、黄金志、粮食志、军事志、外事志等分志，以突出地域特色；还设有出版图书期刊总目等特色分志。在全国地方志评奖中，金融志、国营农场志、铁路志、电力工业志、外事志、石油工业志、共产党志、大事记8部获一等奖，农业志、煤炭工业志、报业志、农机志、人物志5部获二等奖，人事编制志、畜牧志、财政志、审计志4部获三等奖。第二轮省志规划109部分志，至2009年，有41部完成初稿。

黑龙江市级修志　首轮修志工作中，全省13个市（地）有编修任务。至2002年，完成全部编修任务。在全国地方志评奖中，《大庆市志》《牡丹江市志》《佳木斯市志》3部志书和《哈尔滨市志·自然地理》获一等奖，《鹤岗市志》《双鸭山市志》《黑河地区志》3部志书及《哈尔滨市志·金融》《哈尔滨市志·公安》等获二等奖，《七台河市志》获三等奖。第二轮市（地）志规划13部。

黑龙江首轮市级志一览表

志书名称	主编／总编／总纂	字数（万字）	出版年
《大庆市志》	时永发	135	1988
《鹤岗市志》	赵学礼	127.5	1990
《双鸭山市志》	孙文采	173	1991
《七台河市志》	袁凤梧	120	1992
《哈尔滨市志》	岳玉泉	2380	1993~2000
《牡丹江市志》	王璟琳	250	1993
《绥化地区志》	赵泽民	237	1995
《伊春市志》	宁士敏、王利民	280	1995
《黑河地区志》	王兆明	170	1996
《鸡西市志》	罗树忠	233.3	1996
《佳木斯市志》	宋惠民	250	1996
《齐齐哈尔市志》	潘晓黎、褚唤民	435	1998~2000
《大兴安岭概况》	刘庚正	86	2002

“黑水丛书”收录的黑龙江旧志

旧志名称	修纂／编著／采辑者
【清】	
《渤海国志》	唐晏
《卜魁纪略》	英和
《富克锦舆地略》	祁寯藻
《黑龙江述略》	徐宗亮
《黑龙江外记》	西清
《黑龙江舆图说》	屠寄
《龙沙纪略》	方式济
《宁古塔地方乡土志》	富尔丹
《宁古塔纪略》	吴桭臣
《宁古塔山水记》	张缙彦
《三姓山川纪》	祁寯藻
【民国】	
《瑷珲县志》	孙蓉图、徐希廉
《布特哈志略》	孟定恭
《黑龙江》	缪学贤
《黑龙江通志纲要》	金梁
《黑龙江乡土录》	郭克兴
《黑龙江志稿》	万福麟、张伯英等
《黑龙江志略》	张国淦
《黑水先民传》	黄维翰
《呼兰府志》	黄维翰
《库页岛志略》	石荣暲
《龙城旧闻》	魏毓兰
《宁安县志》	王世选、梅文昭

黑龙江县级修志　黑龙江于20世纪五六十年代相继修成《兰西县志》《穆棱县志》《巴彦县志》等新编县志。首轮修志工作中，全省140个县（市、区）有编修任务。至2003年，完成全部编修任务。在全国地方志评奖中，《漠河县志》《方正县志》《克山县志》《阿城市志》4部获一等奖，《龙江县志》《延寿县志》《萝北县志》《汤原县志》《东宁县志》5部获二等奖，《安达市志》《泰来县志》《依安县志》《穆棱市志》《富锦市志》《桦川县志》《嫩江县志》《甘南县志》《虎林县志》《巴彦县志》《木兰县志》11部志书获三等奖。第二轮县（市、区）志规划133部。

黑龙江规划外志书编修　全省各地、各部门编纂出版部门志、单位志、厂矿志、风俗志、山水志等各种专志、乡镇志、村志、街道志等1200余种。有62部志书在省地方志优秀成果评选中获奖，其中《黑龙江省科学技术志》《黑龙江省林业志》等14部获一等奖。

黑龙江旧志整理　黑龙江旧志整理工作始于20世纪60年代。1960年黑龙江省图书馆整理油印部分旧志。1985年周诚望、董惠敏、赵江平整理《龙江三纪》。80年代末至90年代初，柳成栋先后整理《巴彦县志（民国六年本）》《巴彦州志辑略》《清代黑龙江孤本方志四种》《依兰旧志五种》等。90年代初，黑龙江对境内历史文献进行普查，发现存旧志近百种。1992~2006年，黑龙江省社会科学院历史研究所、黑龙江大学古籍研究所、黑龙江省地方志办公室、省图书馆等有关单位和人员整理黑龙江、吉林、内蒙古旧志，辑入“黑水丛书”中，其中黑龙江旧志20余部。至2010年底，黑龙江先后整理出版70余部旧志。

H

黑龙江方志工作管理 齐齐哈尔、兰西、巴彦等市县于20世纪五六十年代自发组织编纂志书，延寿县曾成立县志办公室。80年代初，由省地方史研究会、省档案学会共同负责全省地方志工作。省志编审委员会成立后，省、市、县三级地方志工作机构逐步建立，并成立省、市地方志学会。曾于2005年召开地方志学术研讨会，重点解决第二轮修志中面临的问题；2006年举办建设边疆文化大省研讨会等。

黑龙江省地方志编纂委员会及办公室 黑龙江于1982年成立省志编审委员会，常设机构为地方志研究所。王文举任副所长，主持工作。1987年省志编审委员会更名为省地方志编纂委员会。1988年研究所更名为省地方志办公室，为省政府直属的正厅级事业单位。历任编委会主任陈雷(1982~1997)、田凤山(1998~2001)、宋法棠(2002~2005)、张左己(2006~2011)、王宪魁(2012~)，历任办公室主任胡堤(1985~1986)、杨富贵(1987~1994)、许中仁(1995~1998)、齐乃忱(1999~2001)、孙景钰(2002~2010)、隋岩(2011~)。办公室下设秘书处、机关党委、省志指导处、省志编纂处、出版发行处、市县指导处、研究室和《黑龙江史志》编辑部。1991年，当代黑龙江省地方史、专业史的编纂研究任务统归省地方志编纂委员会领导，省地方志办公室主任兼任当代黑龙江研究所所长。1998年省地方志编纂委员会正式批准省地方志办公室的研究室、省志指导处、省志编纂处、省志出版发行处、市县志指导处，分别为当代黑龙江研究所的第一、第二、第三、第四、第五研究室。《黑龙江史志》于1982年创刊，国内外公开发行，至2010年底，共出版了241期。编委会自成立至2010年，共召开7次全省地方志工作会议。组织举办志书和年鉴评奖、地方志成果展、业务培训等活动，组织编写《黑龙江修志大事记》。

黑龙江修志法规规章和规范性文件 自20世纪80年代开展第一轮修志工作后，省人民政府办公厅先后印发《黑龙江省地方志编纂工作暂行规定》《黑龙江省续志工作规划》《黑龙江省人民政府办公厅关于全面开展全省第二届三级地方志编纂工作的通知》等；省地方志编纂委员会先后印发《〈黑龙江省志〉编纂方案》《黑龙江省地方志事业发展第十一个五年规划》等文件。省地方志立法工作始于2008年，2011年重新启动，制定《黑龙江省地方志工作条例(征求意见稿)》。

黑龙江地方志信息化建设 省地方志办公室于2000年开通中国龙志网站，同年获省科技进步三等奖。至2011年底，全省13个市(地)的地方志工作机构均建成区域网。网站收录的志书、年鉴等地情资料约4亿字，包括《黑龙江志略》《黑龙江志稿》等旧志19部及省首轮全部三级志书。

黑龙江省地方志协会 成立于1984年。每5年一届。至2010年，共历经5届。组织召开全省地方志工作与振兴东北建设老工业基地和建设边疆文化大省研讨会、全省第二轮修志"质量年"(省志)研讨会等，协助举办全国续志篇目理论研讨会、全国地方志协会工作经验交流会等。组织地方志业务培训班，共有1000余人参加。进行10余次论文评选，评选出《大方志·大事业·大产业》《考察21省市区地方志工作情况综述》等优秀论文。

黑龙江方志研究成果 省方志理论研究工作始于20世纪80年代初。除三级地方志工作机构、省市地方志学会外，黑龙江省社会科学院、黑龙江大学等机构和院校均有学者从事方志研究工作。至2010年，共出版多部方志理论专著、论文集、志书评论集、旧方志研究考述等，其中对黑龙江旧方志研究的代表作有方衍的《黑龙江方志简述》(收录黑龙江方志50种)、《黑龙江方志考稿》(收录黑龙江方志72种)，柳成栋、宋抵的《东北方志序跋辑录》(收录黑龙江方志44种)等。对方志编纂理论研究较为突出的有梁滨久、柳成栋等方志工作者。

Heilongjiang Zhi Gao[Minguo]

《黑龙江志稿》[民国] 万福麟修，张伯英等纂。1933年刊本。62卷，首1卷，大事记4卷。140余万字。分12类。记事上溯远古，下至"九·一八"事变。体例仿乾隆《盛京通志》和光绪《吉林通志》。学宫、学署列入建置志，驿站列入路政志，航务列入武备志，垦丈、氏族、户籍等列入经政志，职官仿《汉书》百官公卿表。志稿记述物产、矿产、税捐、关税、盐运、林商公司等方面的经济情况。专设交涉志，录有中国与俄国的边界条约、碑文、铁路协定等，内容涉及边界、租地、铁路、矿产、通商、航道、治安等。印本志目与原稿本略有不同，如印本中删掉了原稿本的仓储目。国家图书馆等有藏，北京大学图书馆藏稿本。1992年崔重庆等校点，收入"黑水丛书"中，由黑龙江人民出版社出版。

民国《黑龙江志稿》("中国地方志集成"本)书影

Hongcheng Zhi

《红城志》 主编薛文章、陈世栋。2009年甘肃文化出版社出版。60万字。设22章79节。卷首有全镇图照、建筑照片、出土文物照、历代名人书画、题词百余幅。该志以一个镇的历史发展和变化为记述范围，有关章节涉及周边地区的人物和事物。上起远古，下至2006年。红城镇位于甘肃省永登县中南端。

明代红城子城墙一角及排水口

志书反映不同历史时期该镇所辖范围的变化，以及当地与周边地区的联系。为突出该镇历史文化底蕴特色，专设文物古迹与胜景章，记述红城镇丰富多彩的马家窑、马厂类型文化遗址，以及把家坪遗址、庙儿坪、玉山古城、古晋会馆、文昌宫、东山楼阁、中流古刹、清明山、凤凰山等人文遗迹。还记载了该镇作为河西走廊要道、历代各民族必争之地，多样复杂的文化底蕴。专设两章记述诗词、楹联、民间小曲、碑记与文选，反映当地历史文化风貌。专设方言、谚语、俗语、歇后语章，直白地反映当地民间文化。人物章分3节，分别收录古近代人物161人、现当代人物278人和革命烈士8人。末为附录，分人物轶事、传说故事、史料集存3节。

Hongqiaoqu Zhi

《红桥区志》 主编王世新。2001年天津古籍出版社出版。140万字。设28篇131章369节。志首配图照124幅；志末附历史图照61幅。上起事物发端，下至1995年，大事记延至1999年。四个发祥地、红桥精粹、历史名园水西庄等篇最具特色。四个发祥地篇以三岔河口的兴旺为重点，说明红桥是天津城市的发祥地；以商业第一街估衣街、商业中心北门外大街、物资集散地河北大街为重点，说明红桥是天津商业发源地；以三条石机械铸造业为重点，说明红桥是天津机械铸造业发源地；以全国第一所现代大学北洋大学为重点，说明红桥是天津近代教育的发源地。红桥精粹篇记述全国最早的近代邮政代办机构华洋书信馆、全国最早的幼儿教育机构严氏蒙养园等全国之最9项、天津之最44项，并集中记述名厂名店、名街名宅、名人名著。历史名园水西庄篇记述清代著名园林查氏水西庄兴建、扩建、修葺的历史，及庄园在诗歌酬唱、刊刻图书、纂辑方志、金石图籍收藏、歌舞戏剧、园艺花卉等方面的情况，特别是记述清乾隆皇帝四次驻跸水西庄的情况，附录《天津文史·水西庄研究专

三岔交会

辑》目录、重要文章和查氏家谱。2001年获天津市社会科学优秀成果奖三等奖，2002年获天津市优秀志书(类)奖荣誉奖。

Hongtajituan Zhi

《红塔集团志》 主编柳万东，执行主编普学明。2006年云南出版集团公司、云南人民出版社出版。87万字。设8章46节。配彩照172幅、黑白照

21世纪初引进的卷烟辅料、成品自动物流输送系统

78幅、表格70个。上起1956年，下至2005年。全面记述红塔集团50年创业史，特别是中共十一届三中全会后，在“云烟之乡”玉溪飞跃崛起的发展史。反映红塔集团由小到大、由弱变强，成为中国第一、世界前列的现代化大型企业成长轨迹，深刻揭示“中国民族工业的一面旗帜”的变化规律。同时总结在中国烟草行业首创“三合一”体制和“公司+农户”模式的经验。记述其生产的“玉溪”“红塔山”“红梅”等中国名牌，特别记述连续7次蝉联“中国烟草第一品牌”的“红塔山”。获云南省十佳成果奖、云南省第十一次哲学社会科学优秀成果奖三等奖。

Hong Huanchun

洪焕椿(1920—1989) 浙江瑞安人。孙诒让外孙。高中毕业后，于1942年随舅父孙延钊在浙江图书馆工作，任研究辅导部主任，专攻方志学和目录学。抗日战争胜利后，两人受聘于浙江通志馆，分别从事《浙江通志》的总纂与分纂工作。1949年后，任教于金陵女子大学、南京大学历史系，并任南京大学古代史教研室主任。1958年编成《浙江地方志考录》，收录浙江古今存佚志书1800余种。后在此基础上编成《浙江方志考》。方志论文主要有《浙江通志纂修源流》《雍正浙江通志两浙志乘篇考异》《浙江现存方志综录》《宋元四明六志及其版本》《方志源流及江苏方志述略》等。另著有《黄宗羲著书考》《杭州地理掌故》《两浙书林清话》等。《浙江方志考》，1984年出版。60余万字。共著录浙江古今存佚志书2094种，包括省通志42种、府县志986种、乡镇志118种、山水志280种、舆图志20种、海防志23种、古迹志219种、游览志105种、风土志28种、文献志273种。所收志书每志一目，条目内容除介绍主要编纂人员、版本源流、收藏情况外，还介绍部分纂修人生平事迹，国内藏本较少的珍贵本、旧抄本、手稿本的内容，或摘录其序跋和后人评论。志书中的讹误，择要予以考订、修正。

Hong Liangji

洪亮吉(1746—1809) 字君直，又字稚存，号北江，晚号更生居士。清江苏阳湖(武进)人。乾隆五十五年(1790)进士，授翰林院编修。任国史馆纂修官、贵州学政等。曾参修《高宗实录》。嘉庆时，以越职言事获罪，充军伊犁。赦还回籍后，主讲本邑泽川书院。纂有三国、东晋、十六国《疆域志》，乾隆《府厅州县图志》《淳化县志》《长武县志》《澄城县志》《重修固始县志》《登封县志》《新修怀庆府志》，嘉庆《泾县志》《宁国府志》及《天山客话》等；另著有《比雅》《春秋左传诂》《洪北江全集》《卷施阁诗文集》等。为清代地理学派(见清代修志)代表人物。他重

载籍、重考证、因袭旧志体例在《泾县志》序中提出“一方之志，苟简不可，滥收亦不可”，认为“苟简，则舆图疆域，容有不详……滥收则或采传闻，不搜载籍，借人才于异地，移景物于一方。以致以讹传讹，误中复误”。并认为“凡一方志乘，有唐宋以来舆地图经可依据者，类皆登采严而叙致核”，指出以图经为依据，才能称为善本。同时提出“撰方志之法，贵因而不贵创，信载籍而不信传闻，博考旁稽，义归一是，庶乎可继踵前修，不诬来者矣”。主张志书即地理书，当多载地理，少及人文。《府厅州县图志》，乾隆五十三年成书。50卷。首列京师顺天府、兴京、盛京奉天府，次为十九布政使司所辖，次牧厂、新疆、外藩，次朝贡诸国；并附图21幅。记载各地疆域、山川、河渠、场所、道路等。

Hongzehu Zhi

《洪泽湖志》 主编荀德麟。2003年方志出版社出版。137.9万字。设19篇80章263节。志首配地图和洪泽湖卫星照片4幅，其他照片81幅；随文示意图67幅。后设图表、地名、人名3种索引。记述范围以洪泽湖水域及其周边地区与湖有关的事项为主，涉及水利功能等内容的延伸至流域。上起事物发端，下至2000年，大事记和附录延至2003年。全志体现洪泽湖作为淮河流域最大的湖泊型水库，具有防洪、灌溉、航运等多种流域性综合服务功能，同时又是全国著名的淡水水产品基地、风景旅游胜地的特色。洪泽湖大堤单独设篇，突出大堤地位。风景名胜篇详记湖区周边第一山、明祖陵、老子山、龟山、大堤胜迹等

入海水道与大运河水上立交

名胜古迹。旅游篇记述洪泗螃蟹节、盱眙龙虾节等旅游节庆活动。艺文篇收录与洪泽湖相关的文集、地方志、奏疏、上谕、论文、歌谣、神话传说、诗文选录等，其中“禹擒无支祁”神话传说，鲁迅曾认为其中的主人公就是《西游记》中孙悟空的原型，这对《西游记》之所以产生于苏北地区是一个令人信服的注脚。洪泽湖革命根据地专记篇记述抗日战争、解放战争时期洪泽湖根据地的历史和刘少奇、陈毅等在此创下的功绩。洪泽湖综合开发专记篇记载开发过程及成就。洪泽湖方言岛篇系统记述洪泽县西顺河镇洪祥村的地理、人文，从语音系统、同音字汇、词汇和语法等方面详记洪祥方言，并将它与洪泽话、徐州话、普通话进行比较，科学记录该方言的基本面貌，总结它的特点。汇考篇收13篇考证文章。

Huhehaoteshi Zhi

《呼和浩特市志》 主编李瑛。1999年内蒙古人民出版社出版。3册，254.3万字。设40卷191章721节。配照片50幅。上起公元前300年，下至1985年。记述从“云中郡”到归绥市，再到呼和浩特市的自然与社会各方面历史演变和发展情况。设民族、畜牧业、工业、文物古迹等卷，反映呼和浩特市作为国家历史文化名城、塞外古城、“召城”、中国重要毛纺织工业中心、“中国乳都”的特色。2000年《呼和浩特市志(上)》获内蒙古自治区第六届社会科学优秀成果奖优秀奖。2003年获内蒙古地方志奖二等奖。①《呼和浩特市志》民族卷。约5万字。设7章19节。着重记载蒙古族、满族、回族、达斡尔族的源流、语言、文化、人口分布等内容；简要记述生活在该市的朝鲜族、鄂温克族、鄂伦春族等其他29个少数民族的生产生活情况。②《呼和浩特市志》畜牧业卷。约50万字。设7章18节。记载从纪元以前阴山南麓北方少数民族狩猎、游牧的生产生活到明清时期土默特各部的游牧、半游牧的畜牧业，到中华人民共

《呼和浩特市志》书影

和国成立后，呼和浩特地区畜牧业的变迁，重点记述1949年后对草场资源的开发、养护及畜饲养业的发展。大小畜饲养业章设养牛业节，详记奶牛业的发展和牛的改良配种，对碾格图和永圣域奶牛场的情况记述详细。③《呼和浩特市志》工业卷。约10万字。设轻工业、重工业、手工业和乡镇、区街工业4章，下设19节。轻工业章设纺织工业节，着重记述自16世纪归化城(呼和浩特)建立前后的家庭手工业式毛纺作坊开始，至中华人民共和国成立后，尤其是改革开放后，呼和浩特地区纺织工业的发展及取得的成果，重点记述第一毛纺织厂、第二毛纺织厂、第三毛纺织厂、第四毛纺织厂、第五毛纺织厂、第六毛纺织厂、毛条厂等企业的情况。④《呼和浩特市志》文物古迹卷。约30万字。设5章14节。原始文化遗址章记载人类旧石器时代的大窑文化遗址，证明早在旧石器时代内蒙古地区就有人类生存。此外，该卷还重点记载大昭寺、五塔寺、席力图召、乌素图召等50余座召庙。

Hulunbeiermeng Zhi

《呼伦贝尔盟志》 主编程道宏、徐占江。1999年内蒙古文化出版社出版。3册，450万字。设61卷360章1272节。志首配彩照190幅，随文配黑白照片和示意图150余幅。上限据实上溯，下限至1989年。自然环境、外事旅游、林业等卷反映呼伦贝尔盟自然资源富饶及作为欧亚大陆通道的特色。附录介绍该地区1990~1997年国民经济和社会发展概况、100余个苏木(乡镇)地名的蒙古语含义及由来等。2000年获内蒙古自治区第六届

社会科学优秀成果奖二等奖。①《呼伦贝尔盟志》自然环境卷。设8章33节。植被章、自然资源章记载针叶林、阔叶林、灌丛、草原、草甸、沼泽等植被类型,1400余种野生植物,513种野生动物,包括41种国家重点保护野生动物,以及雪鸮、猛鸮、震旦雅雀等世界稀有鸟类。自然灾害章记载由寒温带和中温带大陆性气候引发的霜冻、低温冷害、白灾、暴风雪灾等。②《呼伦贝尔盟志》外事旅游卷。设机构、边界事务、外事往来、领事侨务、涉外工作、旅游6章,下设19节。边界事务章重点记述对中苏边界、中蒙边界的边界控制、合作、边境管理等;旅游章重点记述草原游、湖泊游、森林游、界河游、“国门”游、跨国游、古迹游、冰雪游8种特色旅游。③《呼伦贝尔盟志》林业卷。设内蒙古大兴安岭林业章、呼盟地方林业章,下设13节。记述森林资源、森林工业、植树造林、森林保护等情况。重点记述清嘉庆年间实行的移民封禁政策;清光绪六年(1880)废除封禁政策,沙俄对呼盟森林资源的掠夺;日本侵略者对呼盟地区森林的肆意砍伐;中华人民共和国时期实行的“以营林为基础、普遍护林、大力造林、采育结合、永续利用”方针。

巡逻在千里界河上的边防艇队

Hulunhu Zhi

《呼伦湖志》 主编徐占江。1989年吉林文史出版社出版。110万字。设9编34章。配照片24幅。呼伦湖也称呼伦池、达赉湖,是内蒙古自治区第一大湖、中国第五大湖。该志记述1986年前呼伦湖的地理环境、历史变迁、渔业发展、自然风光、文物古迹、社会人文和新中国成立后达赉湖渔场的建设及成就。自然环境编自然资源章,记载呼伦湖的鱼类、浮游植物、底栖动物、植物、兽类及鸟类,重点记述湖区的鸟类数量、列入“重点保护野生动物名录”中的数量、鹤的种类等。文物古迹·地名编和湖区战事纪略编,用4章24节的篇幅记载各个历史时期发生在呼伦湖畔的各少数民族的活动,如汉元狩

呼伦湖冬季捕鱼

四年(前119)春,汉武帝派卫青出塞至匈奴左贤王庭辖地,大败匈奴伊稚斜单于,并乘胜东进,攻至呼伦湖畔和克鲁伦河两岸,彻底击溃匈奴残余部众,此为汉朝兵力第一次到达呼伦贝尔。社会编记载世代居住在呼伦湖畔的蒙古族的生活习俗、渔工习俗和宗教信仰。艺文编记载与呼伦湖有关的民间传说、散文、诗词歌赋50余首。

Hu Qian

胡虔(1753—1804) 字雒君,号枫原。清安徽桐城(枞阳)人。曾入谢启昆幕,任清乾隆《南昌府志》、嘉庆《广西通志》协纂。后又总纂嘉庆《临桂县志》。因生活贫困,所著多不能刊行而致遗稿散佚,主要有《〈战国策〉释地》《诸史地理辨异》《汉南·江夏·豫章三郡沿革考》,皆署他人之名,仅《柿叶轩笔记》《识学录》为自刻之作。认为“府县志体例,本于史部之地理,而附益以传记”,方志发展历经“合诸书体例成一书,又分诸书以还各体”的过程;主张方志宜分图、表、录、传,与史书相应,又要义例分明。《临桂县志》,蔡呈韶、金毓奇修,胡虔、朱依真纂。嘉庆三年(1798)倡修,七年成书并刊刻。32卷。约45万字。正文分35类。记事起于秦汉,止于嘉庆年间。重山川、古迹。桂林摩崖石刻数量居全国第二位,该志收录绝大部分,包括全国仅有的元祐党籍碑等。名人题咏、序记杂文,分置各类之后,篇幅约占全志的1/3;艺文只载数目。有嘉庆七年刻本、清光绪六年(1880)补刻本。

Hu Qiaomu

胡乔木(1912—1992) 原名胡鼎新。江苏盐城人。早年就读于浙江大学。1937年到延安。1941年任毛泽东秘书、中共中央政治局秘书等。1949年后,任新闻总署署长、中国社会科学院院长、中央党史研究室主任、中央党史领导小组副组长、中共中央书记处书记等。为中共中央委员、中央政治局委员、中央顾问委员会常委、全国人大常委会委员、全国政协常委会委员。1980年,在中国史学会代表大会上首次提出“地方志的编纂,也是迫切需要的工作”,“要用新的观点、新的方法、新的材料和新体例,继续编写地方志”。1981年,在中国地方史志协会成立大会召开前夕,做出“新的地方志要比旧志增加科学性和现代性”的指示。1986年在全国地方志第一次工作会议上发表题为“关于地方志工作的几个问题”的讲话,指出志书篇目设计要科学、合理,应使读者看清各门类直接的影响和逻辑关系,“地方志应当提供一种有系统的资料,这种有系统、有组织的资料应是一个有机的整体”,“整部地方志从头到尾都力求严谨,要保持一种科学的、客观的态度”。志书要避免“政治化”倾向,“所谓‘政治化’,就是不适当地表现出一种政治的色彩,这样就减弱了著作的严谨性、科学性,使地方志染上了一种宣传色彩”。地方志不能编成政治宣传品,“地方志的价值,在于它提供科学的资料”,地方志书“是一部朴实的、严谨的、科学的资料汇集”,“尽管它不是一部科学的理论著作,但它究竟是一部科学文献”,

应“杜绝任何空话，摆脱任何宣传色彩”，能够经受历史的考验。1991年，在听取中国地方志指导小组工作汇报时，提出地方志的内容要丰富，能反映较深层次的实况；志书中任何一个门类都是一门专门的学问，“从事地方志工作，还是要搞学问，要把它作为学术工作来抓，本来不是行政性的事”。主张编写地方志必须具有严谨的学风，修志工作必须专业化；要提高志书质量，关键在于提高修志人员的素质，强调方志队伍的稳定和专业化。提倡重视志书的严谨性、科学性，志书要符合地方志规范；行文要正确运用技术方法，繁简适当，杜绝任何空话，做到惜墨如金。提出市志与其所辖县的县志的分工问题，工作的衔接、协调问题，志书体裁、索引、图表的优化处理问题，及出书进度与出版社发行问题需妥善解决等。

Hu Sijing

胡思敬(1869—1922) 字漱唐，号瘦篁，晚号退庐居士。江西新昌(宜丰)人。清光绪二十一年(1895)进士。后任吏部考功司主事、辽沈道监察御史、广东道监察御史等。清宣统三年(1911)辞官定居南昌。纂修《盐乘》，另著有《退庐文集》《退庐诗集》《退庐笺牍》等，校刻“问影楼丛刻初编”“豫章丛书”“问影楼舆地丛书”及《校勘记》等。在《盐乘》例言中，强调志书的资治功能，提出“善治民者，按籍而稽之，百里之内，了如指掌，政教并施，可不劳而理矣”。关于方志体例，认为应注意创新，强调“著书之体，首重简要”，门目设置要合理，对不该属某一门的资料，“不宜阑入，以紊方志体裁”。《盐乘》[民国]。16卷，首1卷。1913年始修，1916年成书，次年刊本。该志例言称：“改志为乘，而冠以五盐最古之名，亦犹行古之道。”“五盐”为新昌县古称，《盐乘》实为新昌县志。正文分28门82目，约15万字。记事止于宣统三年。与清同治《新昌县志》相比，该志在体例和内容上有所突破。卷首去皇言、恩泽，代之以沿革、地理，并配以全县地图。人物志中删去名贤、名臣、忠臣、宦业、文艺、武功、孝友、义士、善士、隐逸等目，以选举、宦族等五表代之；氏族志分八乡四十一都，先叙郡望，次叙始迁祖，对始祖官爵、支派、源流及迁自何时何地等记述翔实。食货志详尽收录物产、商业、人口、赋税等方面的资料，并专辟商业目。有1917年退庐刊印本。

Hu Zuanzong

胡缵宗(1480—1560) 初字孝思，更字世甫，号可泉，又号鸟鼠山人。明陕西巩昌府秦安(属甘肃)人。正德三年(1508)进士，授翰林院检讨，参与编修《孝宗实录》。后历任潼川州(四川三台)知州，安庆、苏州知府，山西、浙江、山东布政使司左参政，河南左布政使，山东、河南巡抚、右副都御史等。嘉靖十八年(1539)因河南巡抚官署失火，被罢官。后因作诗被诬陷入狱。出狱后开阁著书。有“关西夫子”之称。撰有《秦安志》、正德《安庆府志》《汉中府志》《羲台志》《巩郡记》《秦州志》《苏州府志》《巩昌府志》《潼川州志》等，另著有《鸟鼠山人集》《乐府》等，主持刊刻《艺文类聚》。在《安庆郡乘》引、《秦州志》序等文中对方志理论有所阐发。关于方志性质，认为“今之志，古之史也”，明确提出方志即地方史的主张；关于方志体裁，以所谓“马史班书”之史体立目，设述(或曰纪)、表、志、传；关于方志功用，提出应抑恶扬善，使文献有征；关于方志编纂，提倡以简为尚，应文婉而章，事博而约。《巩郡记》，甘肃见于记载的最早坊刻本。嘉靖二十五年清渭草堂刻本。已散佚。20世纪60年代，陆为公在兰州发现残刻本1~4卷，依残本目录，原为20卷。残本保存了明代巩昌府及所辖三州十四县的资料。《明史·艺文志》作30卷。

Hubeisheng Fangzhiguan

湖北省方志馆 位于武汉市武昌区洪山路。2000年5月开馆。设有地情资料库、展览中心、阅览厅等。至2000年底，省级地情资料库收藏全国三级新志书和本省各类地情书籍3000余部，其他各类文献书籍20000余册。主要有湖北首轮新编三级地方志书160余种、全国新编三级地方志书700多种；湖北省专志、部门志、其他湖北地情书800余种；湖北省三级年鉴近200种；历代纂修一统志和20个省的旧志200余种，其中湖北旧志100余种；省外部分省、市、县综合年鉴；专业年鉴；相关的历史类书籍、工具书、参考书、理论研究著述等；报刊合订本；电子录入志书、年鉴及地情丛书近500册，约3亿字。特色馆藏有首轮修志中编纂的《湖北省第二次工业普查资料汇编》《湖北地震史料汇考》《湖北新闻史料汇编》等资料，《辛亥革命史资料新编》8册，以及《长江人口发展史论》《长江流域人才地理》《长江流域的宗教与宗族生活》等反映长江文化的地情书籍。

Hubeisheng Tushuguan

湖北省图书馆 位于武汉市武昌区沙湖南侧。前身为清光绪二十八年(1902)张之洞在武昌创办的图书局。2012年建成新馆，总建筑面积10万余平方米。1951年购得方志学家张国淦所藏中国方志1698部18696册，1956年接受北京古籍文献研究组织“楚学精庐”和石荣晖私人捐赠湖北地方文献668种8149册，馆藏方志增至3256种58000册。1959年藏书家徐行可捐献线装古籍10万册。馆藏旧志6500部60000册、新志1000余部1300余册。馆藏孤本有清抄本陈诗《湖北旧闻录》、杨守敬手稿本《湖北通志·舆地志》等；善本方志244部，包括《湖北金石志》《大明一统志》等；稀见抄稿本方志有《湖北通志志余》《湖北通志(舆地志)稿》、光绪《荆州府志稿》、《福建通志采书抄》、光绪《保定府志稿》、《光绪太仓直隶州志稿》、光绪《四川宁远府会理州乡土志稿》、光绪《潜江县志稿》等。馆藏湖北地区方志800余种，其中旧志约270种，有嘉靖《湖广图经志书》、万历《湖广总志》、乾隆《湖北下荆南道志》等；新志 570 余种。

Hubeisheng Zhi Dizhi Kuangchan

《湖北省志·地质矿产》 主编夏湘蓉。1990 年湖北人民出版社出版。32.9 万字。卷首附湖北省地质图、主要化石图、矿产分布图，及武当山、神农架景区地质图等图 22 幅。正文分 7 个部分，系统记载全省地质调查研究和矿产普查勘探的历史及取得的主要成果，反映全省地质矿产事业发展史、基本情况和地质矿产的基本面貌及特征。以地质科技文献和科技档案资料为主要依据，每个条目都运用了实际进行的地质矿产调查研究成果或矿产普查勘探报告。记述角度把握了科学专著与地方志书的区别，如基础地质篇记述的对象，专业性极强，但该志不做任何定义性的解释。附录中收录有关全省分区地层、矿产分布、水资源分布等情况的表格 30 个。1993 年获全国新编地方志优秀成果奖一等奖。

《湖北省志·地质矿产》书影

Hubeisheng Zhi Gongye

《湖北省志·工业》 主编谷玉川。1995 年湖北人民出版社出版。144.3 万字。由冶金、机械、纺织、电力、石油、煤炭、化工、一轻、二轻、建材、电子、军工 12 部分志组成。核心部分为概述、行业、管理“三大块”结构，着重记述行业历史发展过程。从行业的全局出发，记述互不重叠，各有侧重。综述从整体上记述湖北工业发展的脉络，行业展示湖北工业门类的基本状况，管理记述湖北工业管理体制、内容与方法的变革，更好地展现湖北工业的优势、资源配置、产业结构和产品结构的特点、发展的基本规律与工业管理中的经验教训。1997 年在全国地方志评奖中获二等奖，在湖北省首届志书评奖中获一等奖。

湖北电力建设一公司进行大型国产机组首例小岛试验

Hubei tongzhi

湖北通志 湖北省志始修于明代，至清康熙三年(1664)湖广分治前，湖北属湖广行省，所修志书均为湖广通志。清雍正、嘉庆、宣统年间纂成 3 部《湖北通志》，其中嘉庆志为存世最早的一部于湖广分治后纂成的完整的湖北通志。另有清乾隆年间的《湖北通志检存稿》，清光绪年间洪良品纂辑《湖北通志志余》、杨守敬纂《湖北通志·舆地志稿》。①《湖北通志》[嘉庆]。吴熊光、吴烜修，陈诗、张承宠纂。嘉庆九年(1804)刻本。100 卷，首 5 卷。约 230 万字。正文设 15 门，以下细分 52 目。经济方面，于政典门内设田赋、屯田、物产、盐法、关榷、堤堰等目，没有关于农业生产、手工业制造的记述，商业经营情况也几乎没有记述。对兵事、人物、艺文的记载非常详尽。清末以后，有人认为此志是陈诗改窜章学诚《湖北通志》而成，并将其优点归功于章学诚，缺点归罪于陈诗。王葆心指出，章志为撰著体，陈志为纂辑体(见体式)，且陈诗擅长征引考据，故此志应是陈诗纂修。其记述手法以地为纲，以时代为序，且记载也较有重点。中国科学院国家科学图书馆、湖北省图书馆、武汉市图书馆等有藏。②《湖北通志检存稿》[乾隆]。章学诚运用“方志立三书说”编纂而成，是其学术成就为巅峰时期的代表作之一。乾隆五十九年(1794)脱稿，未刻。直至 120 多年后，吴兴刘承幹刻印《章氏遗书》，残存的《湖北通志》检存稿 4 卷、未成稿 1 卷才收入其中，包括皇言、皇朝编年二纪，方舆、沿革、水道三图，职官、封建、选举、族望、人物五表，府县、舆地、食货、水利、艺文、金石六考，经济、循绩、捍御、师儒四政略，正史补遗等五十三传，另有与其相辅翼的《湖北掌故》68 篇、《湖北文征》8 集，又附《湖北丛谈》4 卷于本志、掌故、文征之后。《章氏遗书》版本共 3 种：一是会稽徐氏抄本，即浙江图书馆排印本所据之底本；二是山阴何氏抄本，后经马夷初转抄，即《杭州日报》《中国学报》传印本，编次最有条理；三是刘承幹刻《章氏遗书》，此本据王宗炎编次的沈曾植藏本刊印。国家图书馆、首都图书馆、湖北省图书馆、南京图书馆、武汉大学图书馆等有藏。

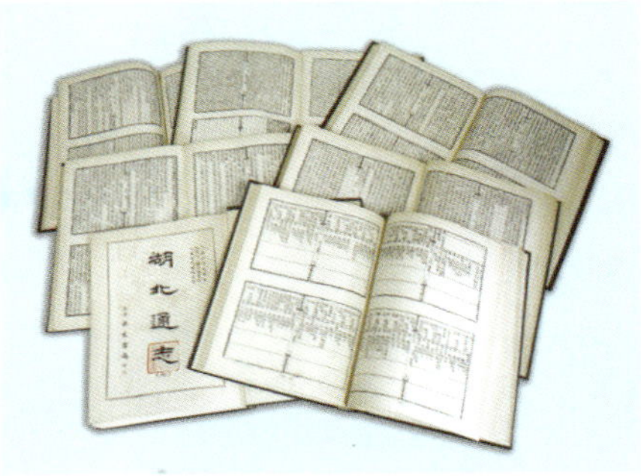
民国《湖北通志》(“中国省志汇编”本)书影

Hubei xiuzhi

湖北修志 湖北在明清以前已编纂多部地方史志书籍。清康熙三年(1664)设湖南布政使司之前，这一地区属湖广布政使司(司治在武昌)。据《中国地方志分论·湖北方志述略》统计，湖北省旧志约 400 种。1980~2002 年开展首轮新方志编修工作，2000 年，二轮修志工作启动，至 2010 年，共出版省志分志、市(地)志、县(市、区)志 148 部(册)。省内收藏方志数量较大的有省图书馆、省方志馆、省档案馆、武汉大学图书馆、湖北大学图书馆等。

湖北历代方志编修 湖北汉魏以来的舆地图经，存于著录者较多。有晋袁崧的《宜都山川记》、盛宏之的《荆州记》、郭仲产的《襄阳记》、习凿齿的《襄阳耆旧记》、梁元帝的《江州》和《荆南》等。明成化二十年(1484),提学副使薛纲主持纂修第一部《湖广通志》20卷,体例俱遵《大明一统志》,已佚。贺觉非在《中国地方志分论·湖北方志述略》中指出湖北省旧志约有400种。从《湖广图经志书》算起,共修纂了10种省级志书,其中有4部未出版和未完成的残稿,正式刊行的有嘉靖志、万历志、康熙志、雍正志、嘉庆志、宣统志6种。

湖北明代修志　明代,湖北属湖广布政使司。据《湖北省地方志目录》统计,存世明代湖北旧志70余种。通志均为两湖(湖北、湖南)统一编纂,多亡佚,存世40余种通志中,正德十六年(1521)底至嘉靖元年(1522)修成的《湖广图经志书》是最早涉及湖北、湖南两省的省志。其他还有万历《湖广总志》、万历《楚故略》(藏于美国国会图书馆)等。明代两次纂修《郧台志》,相当于省级通志。府、县志有38种。府志有万历《汉阳府志》、正德《德安府志》、弘治《黄州府志》、嘉靖《荆州府志》、嘉靖《汉阳府志》等。《天顺襄阳郡志》是明代最早记述襄阳的方志,卢弼重刊嘉靖《沔阳志》跋中称此志"当时与康海《武功志》、王九思《鄠云县志》称海内三名志"。卫所志中《施州卫志》曾多次纂修,其中沈庆撰《施州卫志》为恩施地区最早的一部地方志书,另有高维勉撰《施州卫志》、庞一得撰《施南卫掌故初编》、李一凤撰《施州卫志》等,多已不可考。明代武当道教发展臻于鼎盛,山志编修频繁,先后修纂6种:宣德六年(1431)《敕建大岳太和山志》、嘉靖十五年《大岳志略》、嘉靖三十五年《大岳太和山志》、隆庆六年(1572)《大岳太和山志》、万历三十八年(1610)《太和山图说》、崇祯十五年(1642)《玄岳登临志》。吴守忠纂有《三峡通志》,万历十九年刊印成书。

湖北清代修志　存世清代湖北旧志300余种。康熙、雍正两朝均修纂记述湖广的通志。嘉庆、宣统两朝也纂成2部通志,其中嘉庆志是两湖分治后的第一部湖北通志,宣统志为湖北最晚修成的一部通志,也是卷帙最多的一部。除已经刊行的4种通志外,还有《湖北通志检存稿》、光绪《湖北通志·舆地志》稿、《湖北通志志余》等。存世府、县志数百种,以荆州、黄冈、咸宁等地为多,各县基本都有一种以上的旧志。其中赵兆麟所纂顺治《襄阳府志》为湖北存世最早的府志;乾隆、光绪年间纂修的《荆州府志》均为梁启超称道的名志;同治《宜昌府志》为宜昌地区第一部府志。山水志有同治年间编修的《大别山志》《鹦鹉洲小志》《黄鹄山志》,以及道光《大洪山志》、乾隆九年(1744)《大岳太和山纪略》等,寺观志有《玉泉寺志》、光绪八年(1882)《洪山宝通寺志》等,书院志有光绪《问津院志》、嘉庆《紫阳书院志略》、陈诗《江汉书院志略》等。其他还有《荆州驻防八旗志》《万城堤志》《万城续堤志》《湖北旧闻录》《湖北金石志》《卯峒司志》《施州卫志》《荆州右卫志》、康熙《荆州卫志》、光绪《汉口山陕西会馆志》等,及记载清代郧襄地区灾荒情况的荒政文献《郧襄赈济事宜》(俞森著)。还有《湖北乡土地理教科书》(陈庆楼纂)、《黄安乡土志》、《江陵乡土志》、光绪《潜江乡土志》、《湖北省襄阳府宜城县乡土志》、《宜城县乡土志》、《宜城乡土志约编》、《监利风土志》等乡土志。

湖北民国时期修志　湖北民国时期的志书与明清两代相比较少,存世志书中除县志外,多是一些专志,但种类较少。编修乡土志依然盛行。除夏口、钟祥、麻城、英山、南漳、咸丰、京山、松滋8个县的县志为民国时期所编外,其他县志实为重印。存世专志有1915年排印的《汉口小志》、1925年刊行的《湖北堤防纪要》、1926年编修的《沙湖志》、1933年刊印的《汉口丛谈》《续汉口丛谈》《再续汉口丛谈》、1934年编修的《潜江旧闻录》、1936年刊印的《长春观志》,还有《琴台纪略》《大岳太和山志》《武当风景记》等。存世乡土志有《黄冈乡土志》《月山乡土志》《黄陂县乡土志》《乾镇驿乡土志》《通山县乡土志略》《宜都乡土调查志》《蒲圻乡土志》。

湖北新方志编修　全省在20世纪50~60年代开展的修志活动中,出版了《浠水县简志》《孝感县简志》《黄梅县简志》《汉川县简志》《石首县简志》等13部简志。1980年,中国史学会代表大会召开后,省社会科学院党委书记、副院长密加凡提议编修湖北省地方志,经省委、省政府研究决定,同意了这一提议。之后,逐步建立了省、市、县三级地方志工作机构。规划编修省志、地(市、州)志、县(市、区)志、部门志。1981年3月省地方志编纂委员会第一次全体(扩大)会议,原则通过了省志编纂方案,确定了编纂指导思想、体例及完成编纂任务的措施。1983年6月初步制定全省1983~1990年方志编纂规划及设想。9月13日省地方志编纂委员会发出《关于印发〈湖北省方志规划及设想〉的通知》。至2002年,全面完成三级志书编纂和出版任务,共出版省、地(市、州)、县(市、区)三级地方志书84部153册。2000年4月18日,省政府办公厅发出《关于编纂湖北省第二届省、市、县三级地方志书的通知》,全省第二轮地方志书编纂工作启动。

湖北省级修志　省地方志编纂委员会于1988年通过《〈湖北省志〉编纂体例及实施方案》和《湖北省志总纂篇目》。1990年,首部分志《湖北省志·体育》出版。至2002年《湖北省志·附录》出版,第一轮省志出版工作完成。全书约1500万字。43册,设卷首、附录和32个分志。所有工业门类专志归并于工业分志中,将公安、检察、审判、司法行政类分志并于司法分志中。记述断限1840~1985年。在全国地方志评奖中,《湖北省志·地质矿产》《湖北省志·财政》获一等奖,《湖北省志·工业》获二等奖。在1997年湖北省首届志书评奖中,《湖北省志·工业》获一等奖。二轮省志编修工作于2000年启动;2006年制定《第二届〈湖北省志〉编纂方案》，规划编纂77个专志。

湖北市级修志 全省首轮修志共编修地(市、州)志11部。1989年，《武汉市志·金融志》《武汉市志·商业志》率先出版。至2004年，全部出版，其中《黄冈市志》为首届、二届合修志书。在全国地方志评奖中，《武汉市志·商业志》《武汉市志·金融志》《武汉市志·新闻志》获一等奖，《武汉市志·税务志》获二等奖，《武汉市志·科学志》《武汉市志·教育志》获三等奖。在1997年全省首届志书评奖中，《荆州地区志》获一等奖。二轮市级志书编修工作于2006年启动，至2010年，已出版《武汉市志(1980—2000)》、《黄冈市志》。

湖北县级修志 全省首轮修志共编修县(市、区)志72部(册)。1985~1986年《通城县志》《松滋县志》先后内部出版。至2002年，全部出版。在全国地方志评奖中，《江陵县志》《红安县志》《崇阳县志》《枝江县志》《长阳县志》获一等奖，《浠水县志》《洪湖县志》《宜都县志》《老河口市志》《南漳县志》《远安县志》《应山县志》《汉川县志》《咸丰县志》《黄陂县志》《监利县志》《阳新县志》获二等奖，《汉阳县志》《京山县志》《竹溪县志》《大冶县志》《钟祥县志》《潜江县志》《随州志》等获三等奖。在1997年全省首届志书评奖活动中，《监利县志》《阳新县志》《神农架志》获一等奖。二轮县级志书编修工作于2006年启动，至2010年，已出版《江岸区志》《江汉区志》《硚口区志》等20部。

湖北规划外志书编修 全省编纂出版2000余种部门志、乡镇志、企业志、山水志、名胜志。省地方志办公室组织编纂《湖北地名趣谈》，1999年出版，以“趣谈”的方式，介绍湖北各地地名的由来、方位、特点，当地的风俗、物产及相关的掌故、传说等。各厅局组织编写了《湖北植物志》《湖北水利志》《湖北气象志》《湖北粮食志》《湖北检察志》《湖北体育志》《湖北风物志》等部门志、行业志。20世纪90年代出版《汉正街市场志》《黄鹤楼志》《武汉改革志》《归元禅寺志》《新沟镇志》等专志和街镇乡村志。21世纪初，出版了以《汉口租界志》《武汉票证：计划经济时期市民生活记忆》《木兰山志》《武汉电信志》为代表的专志系列；以《汉正街志》《新沟镇志》《新华村志》《江堤乡志》等为代表的名街名乡名镇名村志系列。其他市县编纂了《江汉油田志》《漳河水库志》《监利水利志》《荆门电力工业志》《宜昌大撤退图文志》《东西湖围垦志》等规划外志书。

湖北旧志整理 首轮新方志编修工作开始后，复印、翻印了一批旧志资料，松滋、恩施、随州、鄂城、咸宁、兴山、应山校点翻印了旧志。1984年6月，省地方志编纂委员会办公室召开旧方志整理工作会议。2008年，省政府办公厅下发《关于开展全省历代旧方志搜集整

湖北首轮市级志一览表

志书名称	主编/总编/总纂	字数(万字)	出版年
《武汉市志》	黎智	1250	1989~1999
《咸宁市志》	常守先、周鸿雁	140	1992
《荆门市志》	杨明森	142	1994
《襄樊市志》	孙樵声、胡久明	160	1994
《荆州地区志》	高先知	140	1996
《恩施州志》	任泽全	193	1998
《十堰市志》	梁国银	170	1999
《宜昌市志》	陈绍贤、周开钰	210	1999
《鄂州市志》	朱志军	180	2000
《黄石市志》	孙永平、李国斌、柯时若	250	2001
《黄冈市志》	刘善桥、卢祖煌	440	2004

湖北旧志校注出版表(含内部印行)

书名	整理者	出版年
《长阳县志》(道光版)	杨希贤	1986
《长阳县志》(同治版)	杨希贤	1986
《湖北通志·荆门辑》(民国版)	荆门市志办	1986
《襄阳耆旧记校注》	舒焚、张林川	1986
《大冶县志(同治版译注本)》	大冶市志委	1997
《民国夏口县志校注》	武汉市志办，武汉图书馆	2001
《宜昌府志》(同治版)	宜昌市档案馆、市志办	2002
《武昌县志》(光绪版)	鄂州市档案史志局	2004
《长阳县志(民国二十五年纂修)》	陈金祥	2005
《荆门州志(校注本)》	关明成	2007
《荆州府志》(光绪六年版)	荆州市志办	2007
《明万历汉阳府志校注》	武汉市志办	2007
《麻城县志(清康熙九年)》	陈国	2009
《武汉旧志序跋校注》	武汉市志办	2009
《襄阳府志》	乾隆《襄阳府志》点校整理工作委员会	2009
《麻城县志(清乾隆六十年)》	陈国	2010
《麻城县志(清光绪八年)》	陈国	2010
《郧阳旧志辑录(明·清·民国湖北通志摘选)》	潘彦文	2010
【内部印行】		
《宜昌县志初稿》(民国二十五年版)	宜昌市、宜昌县志办，县档案局	1986
《房县志(同治版本)》	房县志办	2002
《夷陵州志(明弘治九年刻本)》	宜昌市志办、夷陵区委史志办	2008

理工作的通知》，省地方志编纂委员会办公室下发《关于贯彻落实省政府办公厅〈关于开展全省历代旧方志搜集整理工作的通知〉的通知》，成立湖北省历代旧方志整理专家委员会和工作委员会。1980~2010 年，武汉市地方志办公室主编《明万历汉阳府志校注》《民国夏口县志校注》；主编《武汉旧志序跋校注》，收录武汉地区旧志 50 余种，按通志、府志、县志、小志 4 类编排，并将各志目录附在其书序跋之后；编著《明代武汉方志分类辑录》10 卷；点校、辑录旧志资料 152 万字，编成《灾异录》《物产录》《商路》《交通》等。武穴市地方志办公室整理重刊《清・广济县志》，集合康熙六年本(18 卷)、乾隆十六年本(22 卷)、乾隆五十八年本(12 卷)、同治十一年本(16 卷)4 种刻印本；黄冈市地方志办公室重刊《黄州府志》出版，包括弘治十四年本(10 卷)、康熙二十四年本(9 卷)、乾隆十四年本(20 卷)、光绪十年本(40 卷)4 种刻印本，宣统二年(1910)《黄州府志》拾遗 6 卷铅印本。长江出版社出版《郧阳旧志辑录》，辑录嘉靖《湖广通志》、嘉庆《湖北通志》、光绪《湖北舆地记》、民国《湖北通志》、民国《湖北县政概况》等志中有关郧阳地域(郧阳府)各县及襄阳府所辖各州的历史情况、社会环境、民俗风情、名胜古迹等内容。在对旧志进行整理时，除标点断句外，还对旧志记载的内容进行考证。2009 年整理重刊的乾隆《襄阳府志》于 2010 年在中南地区人民出版社优秀社科图书评选中获优秀图书奖。

湖北方志工作管理 省地方志编纂委员会办公室成立以后，立即着手组建全省地方志工作机构。1980~1986 年，全省地、市、州、县(市)87 个单位，省直 110 个单位陆续建立地方志编纂委员会或领导小组及其办公室或编辑室。全省地、市、州、县(市)除个别地方志工作机构与档案、党史编纂机构合署之外，绝大多数地方志工作机构都纳入了各级政府的工作序列，修志经费纳入了地方财政预算。湖北地方志协会(1982 年)、武汉地方志协会(1985 年)等相继成立。1981~2000 年，省地方志编纂委员会召开 4 次全体会议，组织 3 次分部类评稿活动、第二批试点县市志稿评议会，举办 3 期地方志理论、业务培训班。第二轮修志启动后，每年召开理论研讨暨培训会。重视与其他省市的交流工作。组织人员赴西安、成都、山南地区考察、交流，参与《山南地区志》的初审工作并参加西藏志稿评审会。组织省市县三级联合考察组到上海、山东、黑龙江等地考察地方志地情资料数据库及网站建设专项工作。改版后的湖北方志网于 2010 年 12 月启用。

湖北省地方志编纂委员会 湖北省于 1956 年以省文史研究馆为主体成立湖北省方志纂修委员会。1980 年 12 月成立湖北省地方志编纂委员会。下设办公室，设有综合处、省市县志工作处、年鉴工作处、省情信息资料处 4 个处室。与省地方志学会联合出版刊物《湖北方志》及内部资料《地方志工作》。历任编委会主任韩宁夫(1980 年 12 月 ~1986 年 1 月)、黄知真(1986 年 1 月 ~1986 年 8 月)、郭振乾(1986 年 8 月 ~1990 年 7 月)、郭树言(1990 年 7 月 ~1993 年 10 月)、贾志杰(1993 年 10 月 ~2000 年 12 月)、蒋祝平(2000 年 12 月 ~2002 年 5 月)、张国光(2002 年 5 月 ~2003 年 6 月)、罗清泉(2003 年 6 月 ~2010 年 4 月)、李鸿忠(2010 年 4 月 ~2011 年 4 月)、王国生(2011 年 4 月 ~)。历任办公室主任密加凡(1980 年 12 月 ~1987 年 12 月)、郭同新(1987 年 12 月 ~1989 年 6 月)、姚熙麟(1990 年 6 月 ~1996 年 11 月)、杜端三(1996 年 11 月 ~2004 年 9 月)、袁太平(2004 年 9 月 ~2009 年 7 月)、文坤斗(2009 年 7 月 ~)。《湖北方志》于 1981 年 1 月 15 日创刊，时名《湖北方志通讯》。1987 年 1 月改为《湖北方志》。2001 年第 5 期改版，双月刊。至 2010 年，共出刊 200 期。《地方志工作》于 1999 年 6 月创办，每月不少于 1 期，至 2010 年，共编印 150 期。

湖北修志规章和规范性文件 湖北省方志纂修委员会于 1956 年颁发《湖北县市简志凡例》。《地方志工作条例》颁布实施后，湖北省于 2007 年 4 月 5 日出台《湖北省地方志工作规定》。并于 2000 年开始，制定了“1+5”文件，即《省地方志编纂委员会关于印发〈第二届〈湖北省志〉编纂方案〉的通知》《关于全省第二届省志编纂工作若干具体问题的处理意见》《关于全省第二届市(州)、县(市、区)志编纂工作若干具体问题的处理意见》《湖北省第二届省、市(州)、县(市、区)三级地方志书编纂行文规则(修订稿)》《关于做好第二届〈湖北省志〉资料管理工作的通知》《〈湖北省志〉总纂程序及相关要求》等规范文件。

湖北地方志学会 前身为 1982 年 5 月 27 日在武汉成立的湖北省地方史志协会，为全国第一个省级地方志协会。成立大会通过了《湖北省地方史志协会章程》，选举产生由 46 人组成的第一届理事会。1986 年 8 月改名为湖北省地方志学会。历任会长密加凡(1982 年 5 月 ~1986 年 8 月，1986 年 8 月 ~1990 年 6 月，1990 年 6 月 ~2005 年 1 月)、袁太平(2005 年 1 月 ~2011 年 1 月)、陈章华(2011 年 1 月 ~)。学会每年举办不同形式的学术年会，并将提交会议的论文结集。

湖北方志研究成果 武汉地区于 20 世纪 80 年代先后成立了武汉地方志研究所、武汉华夏地方志研究所等学术团体，湖北大学历史系成立了地方志研究室(由朱士嘉负责)。其中华夏地方志研究所(民办)成立于 1989，朱文尧任所长，1997 年后停止活动，曾举办全国市县志编纂经验研讨会、全国续志座谈会；与广水市地方志办公室举行《应山县志》发行后社会效益调查；编辑《市县志编纂经验》(一、二辑)；内部出版《方志续修今议》；编辑《汉正街志》；编辑《华夏地方志研究所通讯》，不定期、内部发行，共出刊 40 期。两轮修志工作期间，省地方志编纂委员会办公室、省地方志学会编印《湖北修志工作手册》《湖北省第二届修志资料汇编》。孝感市地方志办公室编写《志书编纂十讲》,襄樊市地方志编纂委员会与襄阳、枣阳、宜城、南漳、保康、谷城、老河口地方志办公室共同编著《新方志编纂培训教程》(主编余国成),当阳地方志办公室牛军主编《市志编纂手册》。湖北人民出版社于2007年出版袁太平主编的《湖北省第二届修志基础教程》。长江出版社于2010年出版由胡蓉、卢申涛主编的《湖北省第二届地方志编纂理论研讨论文集(一)》,收录2008~2010年省市县志书编纂理论研讨会及刊登于《湖北方志》的近300篇论文。

Huguang tongzhi

湖广通志 湖南、湖北曾于明、清两代5次合修省志。其中明嘉靖《湖广通志》为存世最早的一种。清康熙志、雍正志的户口、田赋门类资料,均遵照《赋役全书》;驻防、丙弁按雍正时军制条列;名宦、乡贤新增者"悉送雍正二年部册核留登载"。志中均详记州县人丁、田亩、徭役、赋税等。①《湖广通志》[嘉靖]。薛纲纂修,吴廷举续修。嘉靖元年(1522)刻本。又名《湖广图经志书》。20卷。远溯魏晋南北朝时期荆湘地志及隋、唐、五代荆湖图经、志书,上承宋、元《荆湖南路图经》《荆湖北路图经》等,记事止于嘉靖元年。卷1概述全省简况,卷2~20分述武昌、汉阳、黄州、德安、荆州、岳州、襄阳、郧阳、安陆、沔阳、衡州、永州、郴州、长沙、宝庆、辰州、常德、靖州、施州等州府史事。多处记载尧、舜时隐士善卷遗迹。日本尊经阁文库有藏。国内存一部,原为浙江丁氏八千卷楼所藏,后卷1入藏天一阁,卷2~20入藏南京图书馆。②《湖广通志》[康熙]。徐国相、王新命总纂,宫梦仁、姚淳焘编纂。康熙二十三年(1684)刻本。80卷,图考1卷。上承明代湖广诸志,下辑明万历、天启、崇祯和清顺治、康熙五朝史事,记事止于康熙三年。列32门。类目体例与明万历《湖广总志》

康熙《湖广通志》("中国地方志集成"本)书影

略有不同。内容70%取材于旧志,但旧志错讹之处未能详加考证。新增内容多在艺文中。志中多处记载了善卷事迹。但因纂修开局于武昌,当时湖南、湖北已分省,是志为分修后合编,述事重湖北轻湖南。国家图书馆、上海图书馆、湖北省图书馆、恩施州图书馆等有藏。③《湖广通志》[雍正]。迈柱、魏廷珍修,夏力恕、柯煜纂。雍正十一年(1733)刻本。120卷,首1卷。体例类目大致以康熙志为本,稍有增并。分32门,附见11门。各地咨册未齐而有续增者,均分类载于各门类末尾。辑录资料分湖北、湖南两部分记载,记述详湖北略湖南。记载了有关善卷传说和记写善卷的诗文。对康熙志加订正,在沿革中每府州之后,于旧志疏漏之处间有考证。国家图书馆、湖北省图书馆等有藏。

Hunan Fangzhiguan

湖南方志馆 位于长沙市开福区德雅路。为湖南地方文献研究所办公地。1998年竣工。1999年10月开馆。总建筑面积4200平方米,集办公、藏书功能于一体。馆藏图书23948册。其中方志类6339册,包括部分省(自治区、直辖市)、市(地区、自治州)、县(市、区)、乡(镇)、村的旧志、新志、部门志、专业

湖南方志馆

志、特色志,及方志理论研究论著、方志工具书等;年鉴类图书1306册;其他湖南地情资料书1978册。

Hunansheng Zhi Hunan Jinbainian Dashi Jishu

《湖南省志·湖南近百年大事纪述》 主编谢华。湖南人民出版社出版。1959年出版第一版。67万字。以编年体和纪事本末体相结合,分近代和现代两部分,共348个事题,记录湖南1840~1949年的重大事件。书末附湖南近百年省级官吏表。1959年庐山会议后,谢华等组织原编写人员,加上省志办叶飞、方早成,进行修改工作。1962年出版修订本。共353题,近代部分165题,现代部分仍为188题。为贯彻中共中央庐山会议精神,把彭德怀的名字从有关内容中予以删除,但仍保留平江起义和红三军团攻打长沙等内容。"文化大革命"中,谢华等人因参与编写此书受到审查和批判斗争。中共十一届三中全

平江起义旧址——平江县天岳书院

会后,中共中央对彭德怀及所谓"彭、黄、张、周反党集团"做出平反恢复名誉的决定。1979年3月7日,中共湖南省委批准同意中共湖南省哲学社会科学研究所党组的《关于建议为湖南省志第一卷〈湖南近百年大事纪述〉及谢华等同志平反恢复名誉的请示报告》。撤销省委湘发〔1964年〕87号文件中对《湖南近百年大事纪述》做出的结论,为谢华及有关编写人员平反、恢复名誉,同意该书经省委宣传部审查后重新出版。湖南省哲学社会科学研究所副所长李楚凡主持,组织该所古近代史研究室、现代史研究室和图书资料室

的部分人员进行第二次修订。除恢复彭德怀的名字外，着重订正和增加了一些重要的政治史实，特别是对有关毛泽东、周恩来、彭德怀、贺龙等在湖南的革命活动和湖南的和平解放等事题做了较大修改和补充。1980年出版第二次修订本。正文为条目体，共353条，上篇近代部分165条，下篇现代部分188条。

Hunansheng Zhi Kexue Jishu Zhi

《湖南省志·科学技术志》 主编姚德喜、喻志均。1992年湖南科学技术出版社出版。109.2万字。设7篇26章102节。卷首有照片54幅。上限溯源，下至1985年。首列概述，综合记述科技发展历史，反映总貌。第一篇至第六篇按专业、学科分类，以章节或大目为单元，简记科技事业发展情况，各主要学科和专业有代表性的事项，着重记述科研与重要科技成果；简记科技推广应用及其经济、社会效益。第七篇综述科技队伍、机构、组织管理和服务，反映科技支持结构状况。1993年获全国新编地方志优秀成果奖一等奖。

《湖南省志·科学技术志》书影

Hunan Tongzhi[Guangxu]

《湖南通志》[光绪] 李翰章、卞宝第修，曾国荃、郭嵩焘、李元度等纂。清光绪十一年(1885)印行。288卷，首8卷，末19卷。体例遵循康熙《河南通志》。

光绪《湖南通志》("中国地方志集成"本)书影

篇目为志、目二重体，以纲统目。旧文约占80%~90%。首列诏谕，引录清顺治元年(1644)至光绪九年各朝谕旨；末附杂志，分纪闻、述异、摭谈、辨讹4个子目。正文分15个门类。依次为地理志、建置志、赋役志、食货志、学校志、典礼志、武备志、封建志、名宦志、职官志、选举志、人物志、方外志、祥异志、艺文志。其中武备志详记"苗防""会匪""教匪""粤匪"，及李星沅、江忠源、骆秉章、曾国藩、左宗棠等办团防、增水师，练湘勇、楚勇，组织镇压两江、湖广、湘黔、闽浙的太平军和剿灭"捻匪""回乱"等。人物志占总篇幅的1/4，详记历朝人物、国朝人物、忠孝、乡贤、节烈、耆寿等，有屈原、贾谊、司马迁、柳宗元、元结等寄住湖南者，王夫之、魏源等儒学名士，曾国藩、左宗棠、彭玉麟、胡林翼等近代将领；设技术目辑存湖湘历代能工巧匠、国手名医。杂志中立辨讹目。志中绘列90幅舆图，多出自湖南新化舆地世家邹氏之手。国家图书馆、中国科学院国家科学图书馆、湖南图书馆、湖南省博物馆等有藏，另有1934年商务印书馆出版影印本(书后有《湖南通志索引》)。

Hunan Tushuguan

湖南图书馆 位于长沙市韶山北路。前身是始建于1904年的湖南图书馆兼教育博物馆。1984年，新馆落成开放，主楼面积2.3万平方米。馆藏志书包括历代旧志和新编方志两类。藏有1949年以前湖南地方志近500种、民国时期湖南省志稿汇编资料2000余种。本省新编省、市、县志，专志和地方年鉴较为齐备。1985年，该馆编印《湖南图书馆馆藏湖南地方志目录》，收录本省方志523种，较为珍贵的有明清编修的《湖广总志》《湖广通志》《湖南通志》的初刻本和1948年编修的《湖南省志稿》的稿本。此外，该馆收藏外省方志2474部。旧志中，收入《中国古籍善本书目》的地方志有明代的正德《姑苏志》、弘治《河南郡志》、正德《朝邑县志》、嘉靖《泰安志》、万历《湖广总志》，清代的康熙《永州府志》、乾隆《武进县志》等，共60种。所藏清王言纪修、朱锦纂的清道光十年(1830)广西《白山司志》(18卷、首1卷、跋1卷)为海内孤本。该馆还收藏有近百种山水、祠庙、寺观、陵墓、堤垸、书院专志。

Hunan xiuzhi

湖南修志 湖南在三国时期已有志书问世。至民国时期，共编修方志约700种。1979~2008年开展首轮新方志编修工作，1999年启动二轮修志工作，至2010年，共出版省志分志、市(地、州)志、县(市、区)志291部。

湖南历代方志编修 据李龙如考证，湖南自魏晋南北朝至宋元编修方志154种，有三国时期魏杨元凤《桂阳记》、吴张胜《桂阳先贤画赞》，晋范汪《荆州记》、罗含《湘中山水记》，南朝齐梁黄闵《武陵记》、萧绎《荆南地志》、宗懔《荆楚岁时记》，唐《湖南风土记》、道士李沖昭撰《南岳小录》，宋田渭《辰州风土记》、范致明《岳阳风土记》、柳拱辰《永州风土记》，及《荆湖南路图经》《荆湖北路图经》《湘中新志》等。除《荆楚岁时记》(辑本)、《南岳小录》和《岳阳风土记》外，多已无存，其中《南岳小录》为唐代唯一存世的关于名山洞府之书。《中国古方志考》记元代湖南方志很少。元代方志均佚，辑佚本大都不载具体内容，或所辑材料极少，难以窥其全貌。明代至民国时期编修方志约550种。

湖南明代修志 明代，湖南与湖北同属湖广布政使司管辖，先后修纂嘉靖《湖广图经志书》、万历《湖广总志》和大量府、州、县志及专志。很多府、县志多次纂修，如长沙府在永乐、嘉靖、万历、崇祯年间均纂修府志，《永州府志》有洪武本(又名《永州府图志》)、弘治本、嘉靖本、隆庆本、万历本5个版本；平江县曾5次纂修县志，但无一存世。①湖南明代府志。存世的府志记述地域涉及长沙、衡州、岳州、永州、宝庆、常德、辰州等府。其中《长沙府志》有嘉靖本、崇祯本，《衡州府志》有嘉靖本、万历本，

《岳州府志》有弘治本、隆庆本,《常德府志》存嘉靖本,《辰州府志》存万历本。均为刻本。②湖南明代州县志。除洪武《靖州志》为抄本外,其余均为刻本。包括弘治《衡山县志》,嘉靖年间修成的《浏阳县志》《茶陵州志》《湘潭县志》《湘阴县志》《新宁县志》《新化县志》《安化县志》《澧州志》,万历年间修纂的《华容县志》《郴州志》《宁远县志》《道州志》《桃源县志》《慈利县志》《澧纪》《江华县志》,其中《江华县志》原有万历二年(1574)、万历二十九年两种版本,后者万历原刻本已佚,有清顺治十五年(1658)刻本传世,史事增至顺治十五年。有些珍贵版本,如隆庆《宝庆府志》、嘉靖《湘阴县志》,原刻本存日本国立国会图书馆。③湖南明代专志。嘉靖年间首创记述南岳衡山的《衡岳志》,万历四十年云霄、曾凤仪纂成《衡岳志》8卷,续刻《附录》1卷。嘉靖二十年(1541)刊行《九疑山志》,已佚;万历本存世,为最早的九嶷山志。正德九年(1514),陈论首纂《岳麓书院志》,万历年间吴道行重修,删并增补,崇祯六年(1633)成书10卷,已佚。存世书院志有《石鼓书院志》等。

湖南清代修志　清初两湖已分治,康熙、雍正时期,所修省级通志仍合湖北、湖南为一体,称《湖广通志》。乾隆中期,湖南始单独设局修志。清代,全省各府、州、厅、县纂修志书410余种,多数留存于世。还有专记土司、卫所、名胜等专志及乡土志纂成。①湖南清代通志。湖南先后于乾隆、嘉庆、光绪年间三修省通志,均存。乾隆二十一年(1756)正月开馆修《湖南通志》,翌年十二月修成,174卷,首1卷。嘉庆二十一年(1816)设局开馆再修通志,二十五年成书,228卷。同治七年(1868)第三次编修省通志,光绪十一年(1885)印行,315卷。②湖南清代府州厅县志。《中国地方志联合目录》记载存世湖南清代府、州、厅、县志有350种。名志有乾隆《常德府志》、同治《桂阳直隶州志》、顺治《宁乡县志》、乾隆《宁乡县志》、乾隆《衡州府志》、嘉庆《安化县志》、乾隆《清泉县志》、道光《宝庆府志》、光绪《湘阴县图志》(见湘阴县志)、光绪《湘潭县志》等。有些珍贵版本,如康熙年间修纂的《长沙府志》《岳州府志》《临湘县志》《永州府志》《邵阳县志》《麻阳县志》《安乡县志》,原刻本入藏日本内阁文库,国内仅《长沙府志》《岳州府志》《临湘县志》有收藏,其余均无完整原刻本;乾隆年间刻印的《宁远县志》《凤凰厅志》《麻阳县志》等入藏美国国会图书馆。③湖南清代专志。清代湘西各府、县、厅普修方志,还修有宣慰司志、卫志,如《永顺宣慰司志》,旧传为清初彭姓土司所作,记土司历代源流及顺治前后各类情况,原书久佚,残存抄本。另有康熙年间修成的《九溪卫志》《永定卫志》。其他专志有康熙《长沙府岳麓志》、乾隆《南岳志》、嘉庆《九疑山志》、道光《洞庭湖志》、乾隆《浯溪新志》等山水志,光绪《长沙定王台志》、光绪《长沙贾太傅祠志》、道光《炎陵志》等名胜志,康熙《大沩山古密印寺志》、雍正《衡阳紫云峰佛国禅寺通志》等坛庙志,同治《长沙岳麓书院志》、光绪《浏阳敬学堂志》等书院志,《楚南苗志》等民族志。④湖南清代乡土志。光绪三十一年后,郴州、宜章、耒阳、桂阳、清泉、永兴、桂东、邵阳、城步、益阳、会同、靖州、龙山、永定、安乡、辰州、浏阳等地编修了大批乡土志。其中朱蔚亭修、黄徵纂《浏阳乡土志》被誉为晚清乡土志翘楚。

湖南民国时期修志　省政府于1929年将筹修省志列入各个年度的行政纲要,未果。1946年5月省政府主席王东原在湘省参议会第一次会议上提出组设湖南省文献委员会。8月1日省文献委员会成立,负责办理全省政制、礼俗、人物、人民生活状况等调查,文献征集、保管、整理及宣扬,组织纂修省志、指导纂修县市志书及其他有关文献事项。初由王东原兼任主任委员,后改为仇鳌专任,聘黎锦熙、杨树达、李肖聃、李锐、王凤喈等81人为委员,下设编纂、采集、整理、总务4组具体从事省志资料采集整理和编纂工作。1947年4月召开首次省志编纂会议,通过《湖南省志编纂计划纲要》。篇幅初定1000万字。分设16个专志。记事断限从光绪五年至1945年。篇目设计摒弃旧志重人文、轻经济的陈规,遵循科学分类,注重国民生计。1949年10月裁撤文献委员会,修志历时3年,未能成书。志稿存于湖南图书馆。其他留存文献还有发表于《国民日报》湖南文献专栏的修志资料,辑录出版的《湖南文献汇编》2册、80万字。民国时期,79个县级行政建置单位中,出版县志的有宁乡、醴陵、嘉禾、宜章、汝城、宁远、蓝山、祁阳、慈利、石门、澧县、安乡、辰溪、溆浦、永顺、龙山等,长沙、城步、桃源、沅陵等县志修成稿本、抄本,加上部分县乡土志,总数约30种。最为称道的是《沅陵县志》,质量较好的还有《宁乡县志》《醴陵县志》《慈利县志》《宁远县志》《安乡县志初稿》。乡镇志有黄绍琼纂修的《湘阴县高明乡志》。

湖南新方志编修　湖南于20世纪50年代中后期开始编修新编省志。有的地(市)、自治州、县也编成志书初稿,内部出版,有《解放十年》(《武冈县志》首卷)、《湘乡县志十八卷》《衡阳市志第一卷》等。1979年开展第一轮省市县三级志书编修。至2008年,全部编修完成,共编修省志分志86部、市(地、州)志14部、县(市、区)志114部。还编修了丛书3部。1999年9月发布《关于续修省市县三级志书的通知》,启动第二轮省市县三级志书的编修,确定续志的下限为2000年。

湖南省级修志　中共湖南省委于1957年11月决定新修《湖南省志》。1958年6月成立省志编纂委员会,设办公室。1959~1962年,《湖南省志·湖南近百年大事纪述》《湖南省志·地理志》相继出版。“文化大革命”期间编纂工作停顿。1979年8月恢复编修。省志共32卷。卷首为序、凡例、总目、总述,卷末为纂修实录。卷下设86部分

H

志。1987~2005年陆续出版，约67.44%于1991~2000年出版。其中《湖南省志·湖南近百年大事纪述》《湖南省志·地理志》于80年代前期进行修订重版。记述上限最初定为1840年，许多内容追溯事物发端，突破了上限；下限除《湖南省志·湖南近百年大事纪述》为1949年，其余大多至1990年，最晚至1995年。在全国地方志评奖中，科学技术志、农林水利志·农业、贸易志·商业、军事志4部分志获一等奖，建设志·建筑业、新闻出版志·出版、农林水利志·林业、工业矿产志·轻工业、交通志·公路5部分志获二等奖，工业矿产志·冶金工业、财政志、农林水利志·畜牧业、农林水利志·农业机械、工业矿产志·机械工业、文化志·文化事业、农林水利志·水利、综合经济志·工商行政管理、建设志·测绘9部分志获三等奖。在省级地方志优秀成果评奖中，地理志(修订本)、公路志、军事志、教育志、金融志、政府志、文物志、邮电志、电力志、地质矿产志、审判志、共产党志、交通志·联运获一等奖。第二轮省志于1999年开始编修，至2010年，已出版29部分志。

湖南市级修志　湖南首轮共编修市(地、州)志14部，至2006年，全部出齐。志书大幅度增加经济内容。在全国地方志评奖中，《常德市志》《郴州地区志》获二等奖。在省级地方志优秀成果评奖中，《娄底地区志》《湘潭市志》《怀化地区志》获一等奖。第二轮市(地、州)志于1999年开始编修，至2010年，已出版3部。

湖南县级修志　全省第一部新编县志《古丈县志》于1989年出版。至2008年6月，《双牌县志》(两轮合一)出版，全省第一轮新编县志出齐，共114部。大幅度增加经济内容，如《衡阳郊区志》从郊区特点出发，将渔业、蔬菜、畜牧业独立设篇；《安乡县志》重点记述水利建设、农田基本建设；《长沙县志》反映本县粮食生产、乡镇企业总收入和肉类总产量进入全国百强县的经济风貌；《浏阳县志》单设花炮志，反映“花炮之乡”特色；《通道县志》设民族专章，并在各章都突出反映民族特色，将林业篇置于经济诸篇之首，体现林业县特色。注重革命历史，如《韶山志》《宁乡县志》《汨罗市志》《湘潭县志》分别记载了毛泽东、刘少奇、任弼时、彭德怀的革命历程。《双峰县志》历史地、客观地评价曾国藩等湘军将领，突出介绍以蔡和森为代表的革命英雄人物。《芷江县志》突显芷江作为中日两国“洽降”之地的历史地位。在全国地方志评奖中，《沅陵县志》《耒阳县志》《黔阳县志》《新晃县志》《韶山志》《湘潭县志》获一等奖，《华容县志》《衡南县志》《常宁县志》《桃江县志》《新化县志》《望城县志》《江永县志》《城步县志》《长沙县志》获二等奖，《攸县志》《零陵县志》《益阳市志》获三等奖。在省级地方志优秀成果评奖中，《通道县志》《资兴市志》《益阳市志》获一等奖。第二轮县(市、区)志于1999年开始编修，至2010年，已出版45部。

湖南规划外志书编修　共编修2000余种。省地方志编委会组织编纂《南岳志》《岳阳楼志》《武陵源风景志》《洞庭湖志》，前3部已出版；编辑《湖南乡镇简志》，于1995年出版；20世纪90年代末，开始组织编纂并出版“湖南省情系列丛书”。省经委系统组织下属8个厅局编修志书，安排692个基层厂矿编修厂矿志。水利厅、农业厅、轻工厅、二轻厅、气象局、建筑总公司等厅局编撰专题资料长篇或部门志，如《湖南水利志》《湖南农业志》《湖南建筑志》《湖南轻工资料》《湖南百年灾害》等。各地、州、市、县出版几千部分志，省交通系统编纂出版“湖南交通史志丛书”。桃源县地方志编纂委员会在县志出版前，出版了49部分志。其他还有“沅陵县地方志丛书”(50部)、《板杉区志》《王仙区志》等乡镇志，慈利县蒋家坪乡《长见村志》等村志，《株洲冶炼厂志》《株洲电力机车工厂志》《湖南省涟源钢铁厂志》《湖南锰矿志(1908—1985)》《锡矿山锑矿志(1982—1996)》《西洞庭湖农场志》《西湖农场志》《湖南省贺家山原种场志》《湖南省人民医院院志(1912—1998)》《观音桥派出所所志》等部门志。湖南教育出版社于1992年开始出版“三湘名校”丛书，为一批记述20世纪初叶创办并仍在办学的普通中学和中等职业技术学校的学校志，有的称“校志”，如《湖南省长沙师范学校校志(1912—1992)》《湖南省长沙市第一中学校志》；有的称“校史”，如《湖南省桃源师范学校校史(1912—1992)》。有些专志是自发编纂的，如1994年出版

湖南首轮市级志一览表

志书名称	主编/总编/总纂	总字数(万字)	出版年
《湘潭市志》	孔令志、蒋建国、张汉良	217.4	1993~1997
《株洲市志》	王汀明	777.2	1994~2000
《长沙市志》	李斌恺	800	1995~2004
《郴州地区志》	陶流贤	329.5	1996
《娄底地区志》	王焕明、丛树英、曾维亮	300	1997
《邵阳市志》	周泽民	691.6	1997
《益阳地区志》	傅玉辉、王美成、陆国柱	280	1997
《衡阳市志》	苏建民、贺同新、陈安众	488	1998
《怀化地区志》	刘永寿、薛忠勇	360	1999
《湘西州志》	黄秀兰	206	1999
《零陵地区志》	刘桂阳	350	2001
《常德市志》	应国斌	240	2002
《岳阳市志》	李湘岳	564	2002~2005
《张家界市志》	杨文久	132.2	2006

的由高中晓主编的《五雷山志》。1993年,《湖南农业志》6部分志获全国新编地方志优秀成果一等奖,2000年《湘西自治州民族志》获第三届全省地方志优秀成果一等奖。

湖南旧志整理 省地方志编纂委员会于1986年5月印发《湖南省旧志整理工作实施方案(草案)》,确定了旧志整理工作的任务和方法、类编项目及注意事项。成立省旧方志整理工作领导小组,要求各地(市)县地方志办公室确定专人分管旧方志的整理工作。该方案决定编纂出版专题资料类编,汇编《湖南省地方志综合目录》;校点名志,首先校点出版王闿运修纂的《湘潭县志》《衡阳县志》《东安县志》《桂阳直隶州志》;影印、复印缺漏志书。1986年8月7日,省地方志编纂委员会下发《关于执行〈湖南省旧方志整理工作实施方案(草案)〉的补充通知》,确定以选辑汇编专题资料为工作重点。全省各地旧方志整理工作陆续开展。常德市政府于2007年颁布《常德市旧志整理工作细则》。2008年8月,省委、省政府拨专款启动光绪《湖南通志》的校点出版工作。至2010年,市县两级整理、校注、出版旧方志36部,其中株洲市、张家界市、常德市各8部,郴州市5部,湘潭市、湘西土家族苗族自治州各2部,邵阳市、永州市、耒阳市各1部。

湖南方志工作管理 中共湖南省委、省政府于1986年2月召开全省地方志工作会议,6月,颁发《批转省地方志编纂委员会〈关于进一步做好地方志编纂工作意见的报告〉的通知》。14个市(地、州)、103个县(市、区)先后建立地方志编纂委员会,承担省志编纂任务的102个部、委、厅、局相继建立省志编写组。1996年4月省政府办公厅发出《关于进一步加强地方志工作的通知》,11月召开全省第三次地方志工作会议,推进修志工作发展。全省多次召开编纂工作会议、业务研讨会;除落实修志任务外,还对修志的先进单位和个人以及获奖志书进行表彰;举办方志骨干培训班,在各厅局举办专业课,参加全国地方志业务培训班,培育专兼结合的修志人才队伍。2007年,湖南地方志信息网开通,岳阳、长沙、株洲、邵阳、常德等也陆续建成史志网站并开通运行。

湖南旧志校注出版表(含内部印行)

书名	整理者	出版年
《兴宁县志(光绪元年乙亥重修)》	资兴市志委	1988
《常德府志校注》	常德市史志办	2001
《清同治直隶澧州志校注》	常德市史志办	2003
《桂阳直隶州志》	桂阳县史志办	2004
《清乾隆安乡县志校注》	安乡县史志办	2005
《慈利县志校注》	卓德元	2006
《九溪卫志》(康熙版)	熊曾武	2006
《九溪卫志》(民国版)	何文森	2006
《宁远县志》(民国版)	宁远县史志办	2007
《安乡县志校注》	何忠东	2008
《德山志补校注》	贵体健	2008
《桃源县志校注》	何忠东、梁颂成、周勇	2008
《炎陵志》(道光版)	李花蕾	2008
《衡阳府志(嘉靖)》	陈有期	2010
	【内部印行】	
《宜章县志》(民国版)	宜章县史志办	1984
《龙阳县志(校注本)》	汉寿县史志办	1986
《清同治安福县志校注》	临澧县史志办	2003
《清同治石门县志校注》	石门县史志办	2003
《民国石门县志校注》	石门县史志办	2004
《茶陵州志(句读·诠译本)》	株洲市茶陵历史与文化研究会	2005
《宜章县志》(嘉庆版)	宜章县史志办	2009

湖南省地方志编纂委员会 前身为成立于1958年6月的湖南省志编纂委员会。程潜任主任委员(1958年6月~1968年)。于省历史考古研究所设编委会办公室。1979年8月成立新的省志编纂委员会,万达任主任委员(1979年8月~1986年3月)。办公室设在省哲学社会科学研究所(后改名湖南省社会科学院)。1983年改名为湖南省地方志编纂委员会,由省社科院代管。1985年11月单独建制,为省直正厅级事业单位。编委会下陆续设办公室(综合处)、省志编纂处、县志指导处(市县志工作指导处)、《湖南年鉴》编辑部(年鉴工作处)4个处室及湖南地方文献研究所(湖南方志馆)。2002年省地方志编纂委员会纳入公务员管理。历任编委会主任为刘正(1986年3月~1995年11月)、王克英(1995年12月~1998年6月)、周伯华(1998年7月~2003年6月)、于幼军(2003年6月~2005年6月)、肖捷(2005年7月~2007年8月)、于来山(2007年12月~),历任主持编委会日常工作的是吴若虚(1985年7月~1989年2月)、禹舜(1990年12月~1993年7月)、肖友宝(1993年8月~1994年12月)、胥亚(1995年1月~2000年6月)、蔡四桂(2000年6月~2001年4月)、刘献华(2001年4月~2008年3月)、王晓天(2008年5月~2013年5月)、易介南(2013年5月~)。省志编纂委员会于1980年创办《湖南省志编纂情况简报》,不定期内部发行。1982年后,先后更名为《湖南地方志通讯》《湖南地方志》《湖湘春秋》。2009年改名为《湖南地方志》,与省地方志学会共同主办,双月刊,内部发行。

湖南省修志规章和规范性文件 省地方志编纂委员会成立后,先后制定《〈湖南省志〉编纂方案》《〈湖南省志〉行文通则》《〈湖南省志〉质量标准》《〈湖南省志〉各分志采、编、审工作职责》《〈湖南省志〉总编室工作职责》等规范性文件。省政府于2008年6月10日公布《湖南省实施〈地方志工作条例〉办法》,9月1日起正式施行。

湖南省地方志学会　成立于1988年9月。成立大会上讨论通过了《湖南省地方志学会章程》,选举产生第一届理事会。至2010年,已选举产生五届理事会。历任会长吴若虚(1988年9月~1989年2月)、禹舜(1990年12月~1996年11月)、胥亚(1996年11月~2000年4月)、蔡四桂(2000年4月~2002年3月)、刘献华(2002年3月~)。会员有团体会员和个人会员。学会于1990年、1996年、2000年、2002年召开学术年会。收集会员撰写的论文,于1990~1993年先后出版《湖南方志文集》第一至三集。

湖南方志研究成果　20世纪80年代出版的有关方志编纂工作的书籍有《方志编纂手册》(湖南省地方志编委会编)、《新方志编纂方法精荟》(周唤民、黄愿偿、朱益民编)、《编辑常用资料手册》(洪期钧主编)、《〈湖南省志〉优稿选评》(湖南省地方志编委会省志编纂处编)。1990年后,相继出版有关方志学学科建设领域的理论著作,有禹舜、洪期钧编著《方志编纂学》、任国瑞著《城市区志编纂学通论》、刘献华著《新方志发展创新论》等。研究湖南旧方志的著作有1995年出版的李龙如的《湖南地方志考评》等。

Huaguoshan Zhi

《花果山志》　主编孙锡华,总纂丁心昂。2005年中华书局出版。80.5万字。设12章52节。志首配彩色图照77幅;随文黑白图片128幅。上起源头,下至2004年末。历史沿革章着重记载花果山地区海陆变迁、山名演变和裁海复海过程。生态环境章记载构成花果山自然景观的山、石、洞、涧(沟)、泉(井)、潭、桥等,揭示地质景观性能构成的机理、环境生态的过渡性特点。物产资源章对中草药、名特优果品、云雾茶、金镶玉竹等茶竹资源、名木名花等做了记载,体现花果山为江苏重要野生植物资源库的特色。风景名胜章记载《西游记》境界——玉女峰、阿育王塔、东磊—丹霞岭、朝阳、吴庵古园林五大游览区。宗教章重点记载三元宫与三元信仰。山民章记载山民人口状况、生产、生活、信仰、山民习俗、方言谚语、山民的反霸求生、武装暴动及僧民抗日情况。人物章中记载有名人与花果山、游花果山名人等。最后一章从地理地望分析、云台风物比勘、地方文献检索、猴王原型寻觅等方面对《西游记》中花果山原型做文化考订。志末附录典籍文摘、文献选录。

《花果山志》书影

Huadong Shifan Daxue Tushuguan

华东师范大学图书馆　馆舍分设于上海市中山北路校区和闵行校区。总面积5.6万平方米。创建于1951年,馆藏文献以大夏大学旧藏书刊为基础,陆续接收震旦大学、光华大学、圣约翰大学等院校图书馆藏书。藏书近400万册,古籍约33万册,其中旧志2100余种。收藏的宋淳熙《三山志》明崇祯刊本为国内仅存的两本之一。2005年影印方志20种,编制"华东师范大学图书馆藏稀见方志丛刊",其中有《陕西通志》明嘉靖二十一年(1542)刻本、《新宁县志》嘉靖二十四年刻本、淳熙《三山志》崇祯十一年(1638)刻本及稀见的清早中期编刻的志书,此外,还有周子美《南浔镇志稿》、徐怀璋《昭觉县志稿》两部稿本及5部旧志抄本。馆藏新编方志近万种(包括专志),设有新方志文库。

Huayang Guozhi

《华阳国志》　常璩撰。约东晋永和十一年(355)前撰成。原名《华阳国记》。记载范围为晋代梁、益、宁三州,相当于四川、陕西汉中及云南部分地区。因该地区为《禹贡》所记梁州,且有"华阳黑水惟梁州"一语,故以"华阳"命名。全志12卷,约11万余字。篇目依次为巴志,汉中志,蜀志,南中志,公孙述、刘二牧(刘焉、刘璋)志,刘先主(备)志,刘后主(禅)志,大同(指晋统一)志,李特、(李)雄、(李)期、(李)寿、(李)势志,先贤士女总赞,后贤志,序志。所述始于远古,止于永和三年。该志横排门类,纵记古今,将地理、历史、人物三者相结合。记述4世纪以前以益州为中心的中国西南地区的历史与地理,包含政治经济、郡县沿革、古代氏族等重要史料,如古代巴国、蜀国的历史与传说,及秦统一巴蜀的过程,古蜀国蚕丛、柏灌、鱼凫、杜宇、开明等几代蜀王的故事,诸葛亮征南中的经过,李冰在蜀中兴修水利,各地农业生产情况,矿产、盐井、临邛火井和其他物产,30余个少数民族或部落的名称、分布、历史、传说、风俗等。先贤、后贤志及仕女目录等收录西汉至东晋益、梁、宁三州人物近400人,所载人物有简单目录,包括姓名、任官、籍贯等内容,每人名前有品题,如高尚、德行、至孝、雅望等。在序志中驳斥世俗间关于蜀国历史的种种虚妄之说。常璩对蜀事见闻真切,对巴蜀地理、风俗、人物和少数民族情况汇述详细,后世编修云南、四川志书者,均以此为据。全书从体例到内容,与后世方志相类似。存世刻本有明嘉靖张佳胤本、嘉靖刘大昌本、明天启李一公本、吴琯校刊《古今逸史》本、清嘉庆廖寅校刊本、清乾隆《函海》本、"汉魏丛书"本、"龙溪精舍丛书"本等,还有明愚忠堂抄本、"山水源头"抄本等抄本,较通行的是"四部丛刊"影印乌程刘氏嘉业

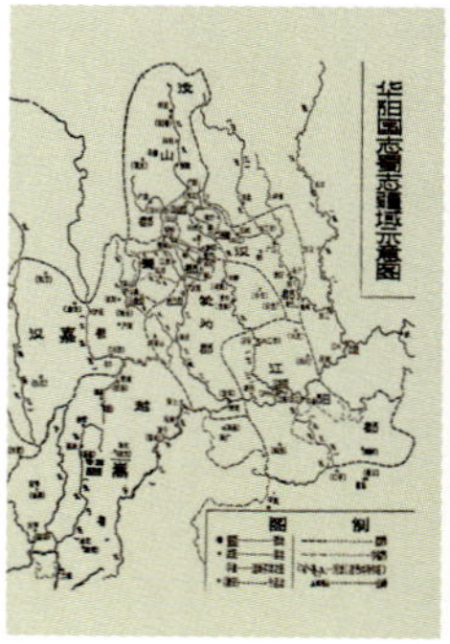
华阳国志蜀志疆域示意图

堂藏明钱叔宝抄本。国家图书馆、四川省图书馆、重庆图书馆、西南大学图书馆有藏。另有任乃强《华阳国志校补图注》、刘琳《华阳国志校补注》等。①常璩(约291—361)。字道将。蜀郡江原(四川崇州)人。初归附成汉李雄,撰有《梁益宁三州地志》《蜀汉书》。李势时期,官至散骑常侍。东晋永和三年桓温灭李势,任命常璩为参事,随至建康。因东晋朝廷重中原故族,轻蜀人,常璩受歧视,遂怀愤哀削旧作,改写成《华阳国志》。另有《汉之书》10卷,已佚,见于《隋书·经籍志》。②《华阳国志》与方志关系争议。历代认为方志源于《华阳国志》者较多,如傅振伦认为"《越绝》《华阳》二书,皆为方志之类……自古志逸,而此遂为地方志之所自昉"。来新夏认为该书是"最早四川省通志,也是我国现存最早的以'志'为名的方志"。谭其骧、黄苇等学者持反对意见。

Huayangxian Zhi[Minguo]

《华阳县志》[民国] 陈法驾、叶大锵等修,曾鉴、林思进等纂。1934年刊本。36卷,首1卷。50余万字。设12篇。卷首曾鉴题《民国华阳县志叙》,概述县志修志始末;林思进撰人物、《华阳县志叙录》及各目序25篇,其中《华阳今县疆域当有唐宋广都、贵平、灵池考》,明确志书所涉及的地域范围。书内附有华阳县境全图、华阳山水全图、华阳县属都江堰水利图及城区街道、各区乡镇全图,共13幅,另有20表。该志侧重记述人物、艺文。人物类附有世家表,为原无专门传记的华阳前代人物立传。艺文类搜集罗列历代邑人的著述目录,

民国《华阳县志》("中国地方志集成"本)书影

诗文辞赋散入各门之中。重庆图书馆、成都市图书馆、四川大学图书馆等有藏。四川省图书馆藏1932年稿本(存物产志、古迹志)。

Huaiqingfu zhi

怀庆府志 明洪武元年(1368)改元怀庆路为怀庆府(治所位于河南沁阳市),1913年废。《文渊阁藏书目录》《脉望馆书目》《四明天一阁藏书目录》均著录《怀庆府志》一种,仅称若干册。明弘治年间有府志一种,久佚。明正德、嘉靖再修,均存。清代有顺治志、康熙志、乾隆志。雍正年间有《覃怀志》手稿残本,即怀庆府志,覃怀为怀庆府旧称。

《怀庆府志》[正德] 周举修,何瑭纂。正德十三年(1518)刻本。12卷。设11门,下列77目。卷前有府城图、八景图。记载以"地"为标志。首记总疆域,再记城内、郊外,分野不淆;以记当时为原则,有关历史收入稽古门中。人物门有13目。田粮目载洪武二十四年、明永乐十年(1412)、明成化十八年(1482)府县田亩、税粮、不起科民地的数额。屯田、户口二目有上述三个年份的数额。种植目记载本地农作物的种植季节、种类及收获时间。对本地物产的记载中仅药类即达49种,另有对煤、石灰、炭的记载。姓氏目记载河内司马氏、济源县召姬氏、孟县于氏等怀庆一带世家大姓。该志为存世怀庆府志中最早的一种。台湾藏全本。上海图书馆藏抄本6卷。

《怀庆府志》[嘉靖] 孟重修,刘泾、娄枢纂。嘉靖四十五年(1566)刻本。13卷。分24门。后人有增补,序、跋为嘉靖四十五年所作,有明万历年间的资料。专列藩封门,记明代本地封王;田赋门以当朝为准,项数清晰,每项下用小字注自洪武以后历朝数额。艺文门多为碑记,诗赋极少。古迹、陵墓附入仙释门。

《怀庆府志》[康熙] 刘维世修,乔腾凤纂。康熙三十四年(1695)刻本。18卷。分42门。古迹、河渠记载详细。记灾祥,自周起,止于康熙三十四年,按朝代分条,记自然界各现象。古事门记自夏至清顺治改元发生的战事及农民起义。艺文门占全志一半篇幅,汇集各类文体,碑记类记载尤详。人物门大部分是抄录史书;对职官的记载简略,无任职年月。北京大学图书馆等有藏。

《怀庆府志》[乾隆] 唐侍陛修,洪亮吉等纂。乾隆五十四年(1789)刻本。32卷,首1卷,图经1卷。分14门。卷首为圣制、图经,圣制内列《世祖章皇帝亲政祭告济渎文》《谕祭唐儒韩愈墓文》等帝王祭告济渎庙、黄河龙王、历史名人之文。对沿革始末、疆域、形胜、山川、古迹、本地田赋、户口变化、乡饮酒礼、学额、书籍、学田、书院、社学、义

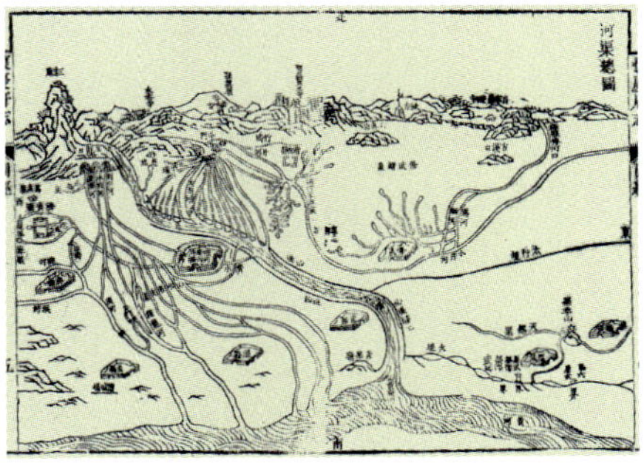

河渠总图(乾隆《怀庆府志》)

学等记载翔实。河渠门分3目,河防、堤工二目专记自晋代至乾隆二十七年,本境黄河决溢、修浚、波及县份、上谕与奏疏等;水利目记述水道源流、修举先后、灌溉区域,附有关碑记、文献。职官门详查历任姓名,补旧志缺载。兵防门记载清将领、驻防部曲姓名。未设灾祥目,有关本府史实资料,除黄河列入河渠门外,统汇入丛谈。国家图书馆、中国科学院国家科学图书馆等有藏。

Huairouxian Zhi

《怀柔县志》 主编张庆成、王宝骏。2000年北京出版社出版。131.9万字。设21编70章261节。配照片94幅、地图3幅、表格258个。上起事物发端,下至1990年。最具特色的是旅游、文化文物、农业、自然环境等编及方言章。旅游编记述慕田峪长城、红螺寺、雁西湖、黄花城长城等14处人文旅游资源,黑龙潭、喇叭沟门自然保护区等8

擦石口长城明代摩崖石刻“秦皇旧址”“观澜”

处自然旅游资源。文化文物编专设革命烈士墓碑节记述沙峪抗日纪念碑、黄花城革命烈士墓等7处烈士墓。农业编种植业章记述西洋参、虹鳟鱼等的种植养殖状况；水利章记述怀柔水库、大水峪水库、沙峪口水库等5处蓄水工程；林业章记述板栗、杏核、鸭梨等土特产。自然环境编记述白河、怀河、琉璃河等13条潮白河水系河流。方言章记述怀承小片方言的语音、方言差别、词汇等。附名人诗选，中央、市属及外地驻怀柔单位一览表，怀柔县1991~1995年国民经济和社会发展概要，'95NGO论坛场地筹备与接待工作。

Huaiyinshi Zhi

《淮阴市志》 主编荀德麟。1995年上海社会科学院出版社出版。3册，450万字。设54卷325章1264节。志首有照片220幅、地图2幅。卷末有事件索引1500多条、人名索引约700条。上限溯源，下至1987年，人物志延至1993年底。以史略取代概述和大事记，拓展了志书运用史体的规模。史略11万字，以引子开篇，后分古代的淮阴、近代的淮阴、现当代的淮阴3章，章下以历史时期划分设节，节下设若干目，重点叙述引起淮阴地区重大变化的历史

《淮阴市志》书影

事件和自然变迁，也叙述在各个历史时期的经济、社会盛衰特点和主体内容。通过对全局发展有重大影响事件的述评，把握地情整体特色，为各卷的分类记述提供总的历史背景。工业部类专设烟酒工业卷，反映烟酒工业在淮阴及全省整个国民经济中的地位。淮阴是农业大市、历史上著名的“洪水走廊”，志书增加种植业、水利两卷的记述分量，专设垦殖卷。专设洪泽湖卷，全面记载洪泽湖成湖、湖盆、洪泽湖大堤、湖区开发、湮废湖河城镇情况。人物卷53万字，占全书的13.5%。为495人立传，简介409人。在全省11部省辖市志中，所占比例最大，篇幅也最长。入志人物涵盖各行业和各阶层的代表。1997年获江苏省哲学社会科学优秀成果奖二等奖。

Huanyu Tongzhi

《寰宇通志》 官修地理总志。陈循、高穀、王文、萧镃、商辂总裁，彭时、刘俨等纂修。明景泰七年(1456)成书。119卷。按景泰五年政区建制，记载两京十三布政使司所辖151个府、37个直隶州、181个属州、1093个县；两京都督府的16个都指挥使司、4个行都指挥使司、中都留守司所属的374个卫、238个千户所；以及设于四川、云南、贵州各土司，最后为“外夷”各国。内容涵盖建置沿革、郡名、山川、形胜、风俗、土产、城池、祀典、山陵、宫殿、宗庙、坛壝、馆阁、苑囿、府第、公廨、监学、学校、书院、楼阁、馆驿、堂亭、池馆、台榭、桥梁、井泉、关隘、寺观、祠庙、陵墓(坟墓)、古迹、名宦、迁谪、流寓、人物、科甲、题咏等38门，逐项介绍。与历代总志多列户口不同，该书详列科甲，不列户口，为欠缺之处。书修成后，发生夺门之变，景泰帝退位，未能颁行。明天顺二年(1458)，明英宗以其“繁简失宜，去取未当”，命李贤、彭时等编《大明一统志》。《大明一统志》颁行后，此书即遭毁版，流传很少。存景泰七年内府刻本。天津图书馆藏全本，天一阁、国家图书馆藏残卷。1947年郑振铎将其收入“玄览堂丛书续集”印行。1984年正中书局据明内府刻本影印出版。

Huangming Changshu Wenxian Zhi

《皇明常熟文献志》 管一德纂。明万历三十三年(1605)刻本。初作12卷，目录不分卷。后重加修订并厘为18卷。书名“文献”，“文”为典籍，“献”为贤者，书中记述以人、文为主。辑录明洪武至万历间的常熟文献，尤以正德后为详。卷1文献之地类，记山川、建置沿革、市镇、村落、园亭、水利等；卷2~11献类，主要分门记载常熟历史人物，载“一门九进士”“两张翰林不由甲

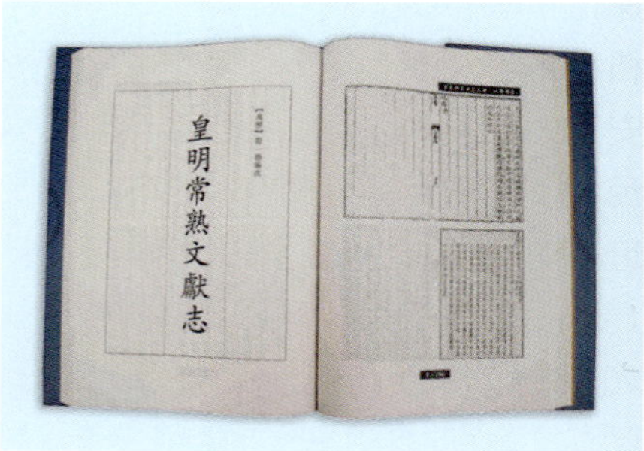

《皇明常熟文献志》(“中国华东文献”丛书本)书影

科”“四进士受廷杖”等百条。卷12~18文类，收录常熟政治、经济、社会、军事、文化、古迹等方面的文章，只选有关政事、人才、建置、沿革之文，其他一概不记。书末为文献附类，附录灾异、神异、风俗等，其中风俗记善俗十条、恶俗十条。每类有小序。科第、荐举、岁贡一一列有详传，并及先世和子孙。国家图书馆藏残卷。另有抄本。

Huang Chengyuan

黄诚沅(1863—1939) 字云生，号芷坪，小字云。壮族。武缘(广西武鸣)人，生于云南易门县。清光绪二十一年(1895)在善后局任职，兼洋务局委员，参加滇越勘界。次年，采用近代测绘方法撰成《云南通省舆地图说》16卷，并

编成《滇南界务陈牍》3卷。曾任云南南安州(云南双柏)知州、昆明知县等职。1912年返回武缘,创办起凤两等小学、坤英女子学校,并任教员,编写《武缘县乡土志》作为教材。修订其父黄君钜草撰的《武缘县图经》6卷,增补为8卷,以“地志善本”铅印发行。主纂《隆安县志》《上林县志》;倡修并参与编纂《广西通志》,任分纂,撰写《广西通志》稿地理编山、川目共5本;绘制或编著《广西全省明细地图》《广西郡县建制沿革表》《广西人文录》等。①《武缘县乡土志》[民国]。1912年成书。手抄本。按《乡土志例目》体例,以历史、地理课本的形式编写,共设45课。采用夹叙夹议的方法,如矿产课中提出削减无益开支以开采矿藏、增加民众收入的观点。增加前志没有记述的内容,如治境课记述宋时县境变迁等。入藏武鸣县档案馆,广西方志馆有复印本。②《隆安县志》[民国二年]。阳寿祺修,黄诚沅纂。光绪三十年始修,1913年广西邕垣玫瑰印书局铅印。分3册。6卷,首1卷。设20门20目。仿《通鉴》目录之意,将纪事编改为世纪。其他门类仿照嘉庆《广西通志》,列图、表、考、传等体裁。设纪一、图一、表四、考五、传八、杂记一。记事自明嘉靖十二年(1533)至1912年。中国科学院国家科学图书馆、北京大学图书馆、上海图书馆、广西壮族自治区图书馆、广西壮族自治区桂林图书馆等有藏。③《上林县志》[民国]。杨盟、李毓杰修,黄诚沅纂。1931年始修,1934年上林县图书馆铅印。16卷,首1卷。设10门48目。记事自唐虞至1934年。重点记述教育进步、农业生产、工艺改良、商务竞争等方面的内容。地理部舆图目收录县境全图和区域图共8幅,均以经纬度标方位、中心点、山川、村市及乡界线等;建设部附乡村表,详列各乡、村名,考沿革、方隅、形势、土质、距城里数;武备部军事目记载宋皇祐年间至民国时期当地治乱历史,包括农民起义的情况;艺文部设典籍存目,载有佚志《澄州图经》、明嘉靖《上林县志》、明万历《上林县志》等。国家图书馆、中国科学院国家科学图书馆、广西壮族自治区图书馆、广西壮族自治区桂林图书馆等单位有藏。

Huangdi Guli Zhi

《黄帝故里志》 主编刘文学。在《黄帝故里故都历代文献汇典》《黄帝故里通鉴》基础上编纂而成。2007年中州古籍出版社出版。115万字。设19卷,卷下设目。书前有新郑黄帝活动遗址、纪念古迹分布图,照片5组,共106幅。记述范围以新郑市黄帝故里故都为中心。上限不限,下至2007年3月。自然环境与人文地理卷重点记述裴李岗文化及其历史地位、裴李岗居民葬俗。黄帝世系与臣属卷记述黄帝父少典、母附宝,轩辕黄帝,元妃嫘祖,次妃嫫母、彤鱼氏、方雷氏,臣属风后、力牧,蚩尤。经济卷记载农业、手工业生产、建筑、交通、饮食等。政治卷记载建置、疆域,国号、国君、国都、国旗、国歌、诸侯号、黄帝族图腾、黄帝内阁、选举制。军事卷记载黄帝的战争观、黄帝时代的军事思想及军事理论著作、军事装备,以及黄帝与炎帝、蚩尤之战。文化卷内容包括文化艺术、天文历法、医药、祭祀、礼仪、婚丧。设卷记载黄帝与阴阳家、儒家、道家、墨家、法家、兵家、纵横家诸子。设卷记载河南、陕西、河北、山东等多地的黄帝与臣属活动遗址及纪念古迹。黄帝年代与考古学文化卷、学术研究卷反映学术界有关黄帝研究的情况,收录代表性观点。金石志卷记载碑刻25方、黄帝像、石熊、铜鼎、石坊、甬道铭文。艺文志卷记载古代文选33篇,新郑、灵宝、襄城、新密、黄陵、涿鹿等地古今诗词,名家题词,历年拜祖文和书法、绘画作品等。黄帝传说故事卷收录有熊氏的来历、黄帝城的来历、黄帝出世和升天的传说等19个传说故事。另设专卷记述寻根拜祖活动、黄帝故里文化资源开发与建设。

《黄帝故里志》书影

Huanghe Sanxia Yimin Zhi

《黄河三峡移民志》 主编常全光,总纂郭山吉。2005年兰州大学出版社出版。76.4万字。设2编20章122节。配甘肃刘家峡黄河三峡库区图、工程建设图3幅、照片40余幅、书画作品8幅。记事上溯事物发端,下限至2003年底。上编10章69节,全面记述库区蓄水前原貌;下编10章53节,系统记述移民搬迁、安置,及其后的生产、生活、重建家园的发展变化和建设新貌。库区建设、水电建设等章记述了刘家峡、盐锅峡、八盘峡3座水库及电站的建设,以及淹没的良田、公路、渠道,砍伐的树木,拆迁的房屋等损失。移民搬迁、移民安置、移民生产、移民生活等章记述了1958~1976年3次移民、开始新的创业生活的历程,还记述了安置区群众帮助移民安置生活、让地让房等事迹。移民遗留问题章记述了就近安置、开发造地、人多地少带来的生态恶化问题,水利工程不配套、设施老化引发的矛盾等诸多遗留问题。

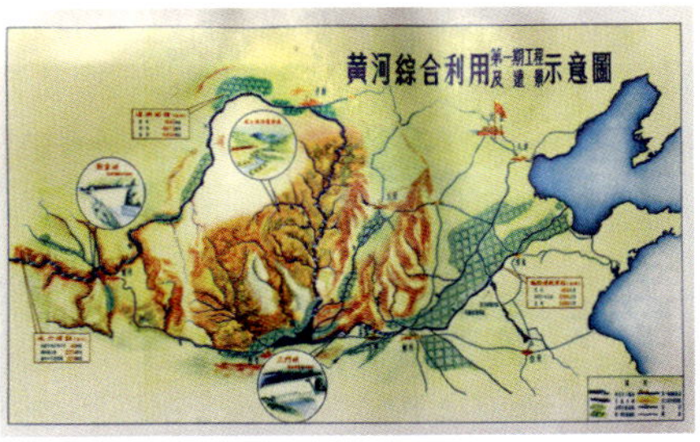

黄河综合利用第二期工程及选景示意图

Huanglingxian Zhi

《黄陵县志》 主编葛印怀。1995年西安地图出版社出版。120万字。设27分志142章455节。卷首配彩照73幅。上起有可考史料时,下至1989年底。单列煤炭志,与工业志并立,记载境内主要煤田,国营上畛子农场红石岩煤矿、陕西省煤炭建设公司第四工程处煤矿、延安地区车村煤矿、陕西省军区煤矿、芋园煤矿等省、地、县办煤矿8家，及乡镇、私营小煤矿。文物志专设一节记述旧志所载“黄陵八景”，详列景观名称并进行描述。除文物志外，还单独设志记述黄帝陵，突显黄帝陵人文特色，内容包括陵园、轩辕庙建筑、陵庙维修，及文物、古柏保护，收录相关史志资料，记述历代祭陵活动及名人祭陵，选录有关碑文、祭文、诗词对联。特设“文化大革命”志，记述“文化大革命”开始，形成派系，冲击公、检、法，“11·8”血案、“12·29”惨案等武斗事件，“文化大革命”政权，迫害干部，“改革”教育戏剧，粉碎“四人帮”，平反冤假错案，转移工作重点等内容。人物志人物简介章除记载本籍、客籍烈士外，还设节记载抗日战场上阵亡的黄陵籍国民党官兵。

郭沫若题写《黄帝陵》

Huang Pengnian

黄彭年(1823—1890) 字子寿。清贵州贵筑(贵阳)人。道光二十七年(1847)进士。曾入四川总督骆秉章、陕西巡抚刘蓉幕。同治九年(1870)被李鸿章聘为《畿辅通志》总纂，并主讲保定莲池书院。光绪八年(1882)迁按察使。后历任陕西、江苏、湖北布政使。著有《东三省边防考略》《历代关隘津梁考》《金沙江考略》《铜运考略》等，作《重修湖北通志纂校章程》；另著有《尔雅集韵》《陶楼诗文集》《二十一史提要》。在《畿辅通志》凡例中，指出“志书之体，至周应合景定《建康志》，分图、表、志、传为四篇，而体例始备……谢中丞启昆修《广西通志》，分典、表、略、录、传五篇，为确守《建康志》之例”，提出“今仿其式，稍加变通，用纪、表、略、录、传为之统类”。认为志书应以图为重，强调志书除总图外，应每州县一图。认为表在志书中执简驭繁，故将府厅县沿革、封建、职官、选举等改为表。主张不当以天文作志。认为“直隶政治有关民生休戚者，莫如水利”，特设河渠略。又认为“海防本入经政”，提出“因时立制”的主张，特设海防略，专门附通商事宜，皆前志所无。《重修湖北通志纂校章程》，载于宣统《湖北通志》，又见王葆心《方志学发微》。章程对方志门类、取材、编次、书法、行款和收掌等做了规定。关于方志门类，规定其应包括41类。关于取材，指出省志资料应主要来源于经史古籍、府志及采访册。关于编次和书法，规定征引书籍，必考原书，若原书已失，则以小字夹注“某书引某书”。认为对各种资料，可剪裁节并，润饰文字，但“不可改窜”，若附考证，以“谨按”小注之。每书首引各书，或“某代所著某书”，以后则简称书名。关于职官、府州县的名称，统依各代，“不得先后凌杂”，若外省县名，均冠以省份。每门小序，不少沿袭陈言，当“按切事实，标揭指要”。

Huangpuqu Zhi

《黄浦区志》 “上海市区志系列丛刊”之一。主编胡炜、周太彤。1996年上海社会科学院出版社出版。220万字。设41篇212章704节。卷首配照片159幅、地图4幅。上溯源头，下至1992年，部分内容适当延伸，大事记延至1994年。金融编记述钱庄、典当，外资、侨资银行，华资银行等金融机构。特色建筑编下设外滩建筑群、市优秀近代建筑、石库门房屋3章，记述近现代以来的特有建筑。人民革命斗争编反殖民主义斗争章中，记述反对掠夺居民土地、抗议不准华人进入公园、小车工人抗捐斗争、四明公所事件、黎黄氏案引起的斗争等事件；人民革命纪念物遗迹遗址章记述上海市人民英雄纪念塔、五卅运动纪念碑、人民革命斗争遗迹遗址。“文化大革命”纪略编记述“文化大革命”期间发生在境内的批判“海瑞戏”、迫害干部制造冤假错案、“红卫兵”闹市“扫四旧”、“《解放日报》事件”始末等重大事件。杂记编下设黄浦滩上领事馆、帝国主义控制上海海关始末、十里洋场的社会污垢、洋泾浜、若干地区变迁5章。1998年获上海市新编地方志优秀成果奖一等奖。

《黄浦区志》书影

Huangshan Zhi

《黄山志》 主编刘秉升。1988年黄山书社出版。39.6万字。设8篇33章。志首有黄山全图。记述范围为黄山风景区154平方千米。上起历史发端，下至1983年。胜景篇设10章，详细记述名峰、怪石、奇松、云海、温泉、时景、秀水、岩窦、岭径、石刻等内容，继承和发扬旧山志中突出形胜的传统，用全书1/4的篇幅详细记述黄山“四绝”（奇松、怪石、云海、温泉）。自然环境篇设4章记述地质地貌、气候、植物、动物等内容。建设篇设道路、屋宇、亭阁、水电4章。宗教篇主要记述道教、佛教等内容。游山名人篇按时间顺序设古代章、近代以后章。艺文篇设诗、词赋歌曲、散文、传说故事、黄山画派、书目辑存6章。旅游篇设服务章、游览章。管理篇设行政、园林、治安3章。附录包括文献辑存、旧志序录等。1990年获安徽省地方志优秀成果奖一等奖。

迎客松

Huang Wei

黄苇(1923—2008) 江西安义人。1946年考入复旦大学新闻学系。后在《解放日报》、《展望》周刊、上海社会科学院经济研究所任职。1977年入复旦大学历史系任教，开设方志学、中国地方志经济史料研究、新方志编纂学等课程。主持多届方志学大专班、方志学进修班。曾任上海史志研究会理事、中国地方史志协会学术委员、上海市地方史志学会副会长。与巴兆祥等合著《方志学》；主编《中国地方志词典》，获全国古籍优秀图书一等奖；方志论文主要有《论宋元地方志书》《章学诚方志学理论研究》《论地方志的继承与创新》等数十篇，部分结集为《方志论集》出版，其中《论地方志的继承与创新》获上海哲学社会科学优秀成果奖论文奖。另著有《上海开埠初期对外贸易研究》《近代上海地区方志经济史料选辑》《中国地方志经济资料汇编》等。主要方志理论有：关于起源，认为方志起自多源，时间大约在战国；关于方志性质，认为方志是"一方古今总览"；关于明朝以前方志发展史，提出"四段论"和"南宋方志定型说"，即秦汉发端，魏晋隋唐雏形，北宋过渡与南宋定型，元稳定发展，全面完成图经向方志的过渡，为明清方志大盛奠定基础；对章学诚"方志乃一方全史"的命题及"史家法度""三书四体""文人不可与修志"等观点进行批判性阐述。

Huang Xunba

黄勋拔(1933—2011) 广东潮阳人。1953年毕业于中国人民大学。曾就职于中共华南分局办公厅、中共广东省委办公厅、省档案局，参与指导20世纪50年代广东新编地方志工作。70年代后，任广东省救捞局办公室主任。1982~1983年与侯国隆合撰《编修广东地方志是一项紧迫的任务》《设想和建议》《关于广州市志体例的几点初步设想》等文，并向中共广东省委、省政府建议开展广东地方志编修。1983年任广东省档案局局长兼档案馆馆长。1984年兼任省地方志编纂委员会副主任、办公室主任，《广东省志》常务副主编。1986~1997年，专职负责广东省地方志的编纂工作。主持编修《广东省志》《当代中国的广东》；主编《广东之最》《广东名号》《中国名镇大事典·广东卷》《方志学八讲》，及期刊《广东地方志通讯》(后更名为《广东史志》)、《当代广东》、《广东防灾减灾年鉴》。为中国地方志协会理事、广东省地方志学会会长、中山大学客座教授。退休后，移居美国。其间，完成《广东省志》的总述、经济综述、政治纪要3部分志的主编工作，其中总述卷在2004年全省第一届新编优秀志书评奖活动中获一等奖。方志学专著有《方志编纂学论纲》。方志论文主要有《论地方志的功能和改革》《试论志书的真实性》《对本届修志若干问题的思考》《续志七题》等20余篇。提出"利用'活档案'澄清史实，是地方志的优势"。认为志书的篇目设计可以多样化，不应完全套用逻辑分类原则，应以逻辑分类为主，兼用分解法，在基本符合志体的条件下不拘一格，允许创新；选材要强调资料性、实用性、检索性，兼顾学术性；对"记而不论"要正确理解，不要绝对化；方志机构要发挥修志、研究、教育、咨询四大功能。

Huangyanxian zhi

黄岩县志 黄岩县(浙江省台州市黄岩区)修志始于宋祥符年间，至清光绪，9次修纂县志。存世县志有5种，包括明代万历志，清代康熙志(2种)、乾隆志、光绪志，以光绪志为佳。①《黄岩县志》[万历]。袁应祺修，牟汝忠等纂。明万历七年(1579)刻本。7卷，约12万字。以明谢铎《赤城新志》《赤城后集》以及南宋林表民《赤城集》为底本，采集史料编成。分舆地、食货、职官、人物、外志5门，下统50余条。人物门篇幅约占全志1/2。舆地门详述黄岩沿革及山川概貌。食货门详载自宋到明万历年间黄岩户口、田赋、徭役、盐法等变化情况。外志门有关于百余座寺院情况、灾异及倭寇入侵等的记述。天一阁有藏。②《黄岩县志》[光绪]。陈宝善、孙憙修，王棻纂；陈钟英、郑锡滜续修，王咏霓续纂。清光绪三年(1877)刻本。40卷，首1卷。约85万字。分12

光绪《黄岩县志》("中国方志丛书"本)书影

门87目。卷首配海防营汛图、盐法场界图、黄太水道图等图25幅。人物收录近700人传记，艺文志著录800余部著作。选举志记载进士260余人、举人260余人。金石志记载钟鼎文18种、摩崖11种、石刻及碑碣各8种。此外，版籍志所载户口、土田等，风土志所载土俗、民俗，职官志所述兵制、海防，建置志中对书院的介绍，均具有史料价值。杂志中有辨误、存疑、校议。将艺文志不及附载者，另编为《黄岩集》32卷。国家图书馆、中国科学院国家科学图书馆、上海图书馆、南京图书馆、南京大学图书馆有藏。故宫博物院图书馆、浙江图书馆等藏光绪六年校补刻本，王棻《黄岩志校议》2卷附于书后。

Huang Yanpei

黄炎培(1878—1965) 字任之，别号抱一。江苏川沙(属上海)人。清光绪二十五年(1899)中举。二十七年，入南洋公学，受知于蔡元培。三十一年，加入同盟会。辛亥革命后，任江苏省教育司司长。1917年与蔡元培等人创立中华职业教育社。"九一八"事变后，创办《救国通讯》；组织上海市民维持会(后更名为上海地方协会)支援淞沪抗战。后参与组织统一建国同志会(后改组为中国民主政团同盟)、中国民主建国会。1949年后，历任中央人民政府委员、政务院副总理兼轻工业部部长、全国人大常委会副委员长、全国政协副主席、中国民主建国会中央委员会主任委员等职。主纂民国《川沙县志》，编著有《黄炎培教育文选》《延安归来》等。

H

Huang Zhongzhao

黄仲昭(1435—1508) 名潜,以字行,号未轩。明福建莆田人。成化二年(1466)进士。官至江西提学佥事。主纂或参纂《八闽通志》《兴化府志》《延平府志》《邵武府志》;另著有《未轩集》。在为四志所作序言中,阐述其方志观点。认为志书内容应谨严核实,记述要详略得当,"不徒空言";强调应突出志书的教化功能,以"表彰先哲之典型,以讽励后学,庶几于世道少有所补";注重人物的记述,提出人物善恶并书以示劝诫。《邵武府志》[弘治],夏英、陆勉修,黄仲昭纂。弘治十八年(1505)夏英倡修,历时10个月脱稿。25卷。分18纪。记事止于成化十八年。第8~16卷存世,约9万字,分别为职官、文教、祀典、选举、人物5门。职官志录有自宋迄弘治间府及四属官员1300余人。国家图书馆藏孤本残卷。

Huang Zongxi

黄宗羲(1610—1695) 字太冲,号南雷,学者称梨洲先生。明末清初浙江余姚人。初参加"复社",师事刘宗周。清兵南下,曾起兵抗战。明亡,隐居故里,著书立说,屡拒清廷征召。曾游历四明山、雁荡山,纂成《四明山志》《台宕纪游》。还纂修过康熙《余姚县志》和《匡卢游录》等。与顾炎武、王夫之并称清初三大儒。有《黄宗羲全集》。在三篇《辞张郡侯修志书》及若干志乘序中,认为"志与史例""公志乃台阁之文""纂志者见其考索"、修志应避免"五累"(即"操笔者之非其人""不名一手而取材猥杂""体格一定而无所见长""见闻固陋,未有考索""乡邦之恩怨无人肯任之")、"纪传得实"等。《四明山志》,四明山为道教名山,位于浙江省东部,山脉横跨余姚、鄞州、奉化、嵊州、上虞5市区,该志主要记述余姚四明山情况。崇祯十五年(1642)纂成初稿。康熙十二年(1673)定稿。9卷。分名胜、伽蓝、灵迹、题考、丹山图咏、石田山房、诗话、文话、撮残9门。名胜门以约占全志1/4的篇幅,记述仗锡山、障龙岩、杀羊岩、寒草岩、奔牛陇、伏龟山、白水山等。伽蓝门记述仗锡延胜寺、雪窦资圣寺、奉慈禅寺、中峰庵、桃花坞、梨州寺等。丹山图咏门绘制有"四明洞天"图。天一阁藏有最早木刻本。

Huang Zuo

黄佐(1490—1566) 字才伯,号泰泉。明广东香山(中山市)人。正德十六年(1521)进士。历任江西佥事、广西学政、南京国子监祭酒等。主纂或参纂《广西通志》《广东通志》《广州志》《广州人物志》《香山县志》《南雍志》等;另著有《诗文集》《乐典》《诗经通解》《春秋传意》等。在明嘉靖《广东通志》序中,认为方志属史,"通志犹列国之史,孟子曰:'诸侯之宝三,土地、人民、政事。'程子曰:'治天下以正风俗,得贤才为本。'此修志大要也";在《香山县志》序中,认为志书载"风土以观美恶,民物以察登耗,政事以审弛张,教化以知兴替,官师以稽贤否,黎献以考盛衰,艺文以备征信,杂志以辨妖祥",强调志书的实用价值。①《广州志》[嘉靖]。黄佐纂修。嘉靖六年(1527)刻本,后有增补。70卷。叙事至嘉靖十三年。残存37卷,篇目为事纪、职官、山川、沟恤、户口、贡献、公署、学校、宫室、台榭、关梁、祠庙、陵墓、古迹、礼乐、艺文、选举、世家、传等。所记黄萧养起义史事及其他治乱之事、政事兴废、灾异变化等均详备核实。②《香山县志》[嘉靖]。香山县存世最早县志。邓迁修,黄佐纂。嘉靖二十七年刊刻。8卷。分风土、民物、政事、教化、官师、黎献、艺文、杂志8门,下设70目。风土门多述地理、建置;民物门载赋役、商贸情况;黎献门合选举、人物为一门,载科举、封荫、乡贤、人物资料。

Huizhoudiqu Jianzhi

《徽州地区简志》 主编何警吾。1989年黄山书社出版。50万字。志首配图照约50幅。记述范围为徽州地区所辖2个市、7个县。上限不限,下至1987年。全志采用类目体,分三个层次:第一层分16部分,第二层分59部分,第三层分201条记述。经济部分打破部门和行业界限,略去经济管理工作等共性内容,仅设农林水利、工交邮电、财贸金融3类,占27页篇幅。其中工业记述五匠和五坊自抗战时期至20世纪80年代的发展历程;设几个主要年份工业总值表,直接显现该地区及所属各县各个时期的工业状况。工业下分别记述食品制造、粮油加工、工艺美术品、木竹采运加工、纺织、塑料制品、日用化工、陶瓷、造纸、印刷、机械、电器、电子、冶金、化工、医药等,每一项又依据地区特色择其重要者进行精练记述。如工艺美术品项记有徽墨、歙砚、澄心堂纸、汪伯立徽笔、工艺竹编、螺钿漆器等徽州传统工艺美术品。人口民族节中设氏族目,列出徽州氏族的主要来源、外族来徽州的主要原因及其迁徽时的主要路线等,集中反映出徽州地区宗族观念强、宗族活动多的特点。1993年获全国新编地方志优秀成果奖一等奖。

《徽州地区简志》书影

Huizhoufu zhi

徽州府志 徽州府(治所位于安徽省歙县)修志可追溯至宋代,存世最早的一部是宋淳熙《新安志》(新安为徽州古称)。宋嘉定、端平、淳祐年间,元延祐年间,明洪武、景泰、成化、弘治、嘉靖年间,清康熙、道光年间均纂修府志。另有私人纂修和补正多种。

《徽州府志》[弘治] 彭泽修,汪舜民纂。以景泰志、成化志为蓝本,参考史传、诸家集录与金石之文而成。弘治十五年(1502)刻本。12卷。约30万字。卷首有州府及六县图,共15幅。正文分14门,下分50目。其中山川目记山川200余处,以《水经注》诸书考黄山、问政山、新安江等。土产目详述土特产形状、特点、药用、经济价值，又记纸、墨、砚等著名特产的种类及分布，特别是白滑纸、大龙凤墨等贡品。详载本地田地、户口、赋税等资料，反映了自南宋以后，全国经济重心南移和江南人民的负担加重的情况。详记人物，约占全书篇幅的1/3。安徽省图书馆、安徽省博物馆、天一阁、华东师范大学图书馆、中国科学院南京地理与湖泊研究所图书馆等有藏。

《徽州府志》[嘉靖] 何东序修，汪尚宁等纂。嘉靖四十五年(1566)刻本。22卷。约26万字。卷首为府城及所属六县地图，共14幅。正文分54目。各目均按府及6个属县分别记事。物产目除记载数百种动植物外，还记载金、银、铅矿的开采年代及位置。创兵防目，首列武职官表，次记军制、兵署、军官、阨塞、强兵、义兵、保甲、足食、武功，对兵防之制的记载尤详。祥异目记载了嘉靖三十四年“倭寇入绩溪县南，十七人死之”等资料。职官目首列监司于知府之上，武职官收入边防目，列在水利、桥梁二目之后，是其体例欠佳之处。除嘉靖刻本，另有明万历三年(1575)增刻本。国家图书馆、安徽省图书馆、天津图书馆、南京大学图书馆、复旦大学图书馆等有藏。

《徽州府志》[康熙] 丁廷楗、卢询修，赵吉士等纂。康熙三十八年(1699)刻本。18卷，首1卷。约90万字。志首有秦鄣郡治、汉丹阳郡县、山邑水源、歙县、休宁县、绩溪县、徽州府治城垣等地图、示意图、山水画35幅。正文分舆地、秩官、兵防、食货、营建、恤政、选举、人物、杂志9志，下设54目。每目前有凡例，揭示编纂方法，每目后附按语，为志书中所不多见。舆地志中建置沿革表记载较为突出，分世代、总隶、郡、歙、休宁、婺源、祁门、黟等栏，每栏按年代分述大事，千余年间的史地沿革、兴废治乱，悉有可考。人物志6卷，分16目，较前志增设经济传、风节传、绩学传等目。历史人物所占篇幅最多，约50

明嘉靖与清康熙、道光《徽州府志》(“中国方志丛书”本)书影

万字。除列女传只录简历外，共为1600余人立传，传记、人名录记万余人，传记中清人传记仅60余篇。孝友传记载聚众数十口、一日三餐必同席、有未到者不敢先食的义居数十年的事例。儒硕传保存了有关新安理学的资料。祥异目记载该地水、旱、地震等自然灾害，虎患和其他奇怪的自然现象等。国家图书馆、安徽省图书馆、天津图书馆、中国科学院国家科学图书馆、北京大学图书馆等有藏。

《徽州府志》[道光] 马步蟾纂修。道光七年(1827)刻本。16卷，首1卷。约152万字。志首有图37幅，包括秦楚汉之际郡县图、汉丹阳郡县图、吴新都郡治图、晋宋齐梁陈隋新安郡图、徽州府山阜水源总图、府治城垣图、府治公廨图，还有府属六县县图及县治城垣图，徽州府学宫图、紫阳书院图等地图、示意图，黄山前海、黄山后海、紫阳山、新安江、古城岩等山水画。正文分舆地、营建、食货、武备、职官、选举、人物、艺文8志和杂记，下设51目。记事止于道光六年。建置沿革表中记载府境“秦属会稽，楚汉之间属鄣郡”，还记载了各县历次修志的情况。重视水利，营建志下水利目载塘、堨、堤、坝2000余座，桥梁400余座，还记载寺、院、观、庵400余处。志中收录了明代汪伟的《遇籴奏疏》，是研究徽商的重要资料。食货志记载自汉代至清道光初户口、田土、租税、财政等。收录了《国朝汪梅鼎驱逐棚民奏疏》《道宪杨懋恬查禁棚民案稿》，后者记载了各县的棚和棚民数目，志中记6个县共有棚1563座、棚民8681人。艺文志书籍目收录自唐代至道光年间徽州人的著作3900多种。祥异目记清顺治三年(1646)至道光六年发生的37次水灾、8次地震，并有地震预兆资料。人物志所收人物数以万计，清代人物传记千余，多出自地方文献、碑铭、采访册。国家图书馆、安徽省图书馆、首都图书馆、南京图书馆等有藏。

H

Huiningxian Zhi

《会宁县志》 主编杜守琴、刘玉珩。1994年甘肃人民出版社出版。100万字。设10编75章354节。配行政区划图、红军会师前后行军路线图和彩照33幅。上起有史可考的秦汉时期，下至1989年底。重点记载1936年红军三个方面军在会宁会师，标志长征胜利结束的重大历史事件，并记述红军在会宁建立的县苏维埃政府、9个基层政权、抗日农民协会等，还有同国民党军进行的6次较大的战斗，及牺牲的近千名红军将士等。此外，在自然地理志编中，专设名优土特产品章，分节记述小杂粮、畜产品、毛纺织品、经济作物、野生植物等；并详记部分土特产品的营养成分、药用价值等。在经济志编中设专章记述国家专设“两西”农业建设专项、投资农业基础建设、发展现代农业产业的过程。在教育志编中记载会宁明清两代考中的20名文武进士、115名文武举人、396名贡生，及2名第一批赴日留学生等。最后收录5篇旧志序言。1999年获甘肃省社会科学优秀成果奖三等奖。

会宁县红军会师纪念塔

Hui'an Zhengshu[Wanli]

《惠安政书》[万历] 叶春及纂。明隆庆四年(1570)至万历二年(1574)编

H

纂。5卷。分12篇。篇目重点突出生业、教化与治理，内容着重记述现状，舆地、食货、武备等有关资料散见于图籍问、版籍考、地里考等篇中，立乡约篇记述乡约，里社篇记述虔祀社稷神的原则，保甲篇记述保甲的职责。除绘制全县总图外，还绘有在坊和34个都的地图共29幅，图上绘有山脉、河流、湖泊、港汊、海域、衙署、道路、街衢、堡寨、城垣、桥渡等。注意标注山水特别是水的位置。采用方格坐标式绘制地图，每个方格表示一里见方，近乎现代经纬坐标制图法。全书共有表格179个。在坊及各都均有表，在坊表为衙署、户、口、土、粮、渔盐，各都表为辖地、户、口、土、粮、渔盐。表内分栏，各表各栏均有调查数字。图表与文字记载并列。记述内容尽量说明这些资料可以供国计民生之用，如将田地按地力分为上、中、下三等，注明潦、瘠、卤、荒、没（淹没）等不同情况，作为征粮的依据；详记各都气候的不同与变化，为治理和生产服务等。志中还记载了作者兴利除弊的行政措施、事迹，如在水利方面，记修鸬鸠坝、王孙埭等。日本东京东洋文库有藏。1980年，傅衣凌影印带回国内。泉州历史研究会、惠安县地方志办公室等进行校注，收入“福建地方志丛刊”，1987年由福建人民出版社出版。

Huizhoufu Zhi[Jiajing]

《惠州府志》[嘉靖] 李（玘）修，刘梧纂。明嘉靖二十一年（1542）刻本。12卷。分22门46目。侧重舆地、人物等方面，对所辖归善（惠阳）、博罗、海丰、河源、龙川、长乐（五华）、兴宁、和平8个县及府治所在地的疆域、沿革、形势、山川、亭宇、桥梁、古迹等进行详细记载和考证。设秩官、选举、名宦、流寓、乡贤等门，将唐至嘉靖年间的职官、贤达、进士、举人、贡生等分别叙录。国家图书馆有藏。

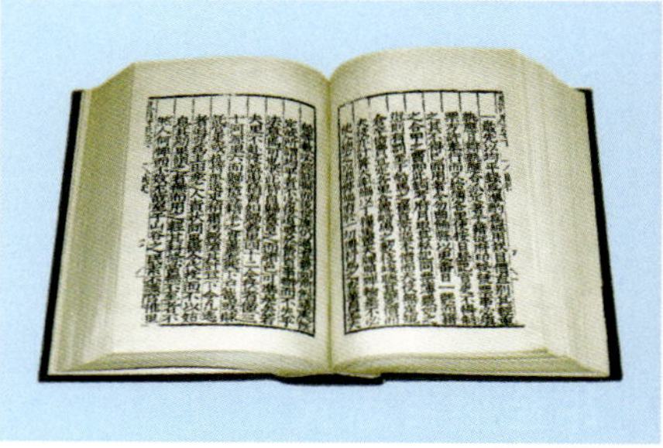

嘉靖《惠州府志》（“天一阁藏明代方志选刊”本）书影

J

畿 吉 即 济 记 纪
绩 蓟 嘉 郏 贾 简
建 剑 江 蒋 胶 焦
金 津 晋 京 泾 荆
井 景 靖 静 九 旧
军

Jifu tongzhi

畿辅通志 畿辅特指京师周围附近地区,清时为直隶省(河北)别称。清康熙、雍正、同治年间3次编修畿辅通志,其中康熙志为河北纂修最早的省志。①《畿辅通志》[康熙]。即《直隶省通志》。于成龙、格尔古德修,郭棻总纂。康熙二十二年(1683)刻本。46卷。记述直隶省所属的8个府、1个镇、19个州、112个县自黄帝至康熙十九年的情况,但缺载一些重要史事。国家图书馆、南京图书馆、北京大学图书馆等有藏。②《畿辅通志》[雍正]。唐执玉、刘于义、李卫修,陈仪、田易纂。雍正十三年(1735)刻本。120卷。约178万字。配图18幅。分31门,其中人物、艺文二门下设40目。建置沿革门对10个府、23个州、120个县自上古至雍正年间的疆域、沿革、山川、关津等有详细记载。设水利营田门,专门记述兴修水利、治河建堤、引水营田等情况,记载30余条河流的修堤、疏浚情况,并分县记载水利营田的过程,及营田亩数、收成。户口、田赋两门载有自汉代至清代河北各府、州人口、田地,及丁徭银、田赋银总数。盐政门对自北魏至雍正年间长芦盐政的沿革、疆域,及各盐场的界址、灶籍、灶地等有详细记载。物产门按谷、蔬、果、虫等13属,详细介绍各类物产的属性、特点、产地等,均为前志所未载。人物门比重较大,有20余卷。选举门纠正前志谬误。清初修一统志,有关直隶地情即采用此志。国家图书馆、天津图书馆、上海图书馆、福建省图书馆、山西省图书馆等有藏。国家图书馆、故宫博物院图书馆、浙江图书馆、甘肃省图书馆藏乾隆间《四库全书》本。③《畿辅通志》[光绪]。李鸿章修,黄彭年等纂。光绪十年(1884)刻本。300卷,首1卷。约750万字。分18门191目。记事止于清光绪十年。体例较前志有所改易,采用纪、表、略、录、传诸体,后附识余和叙传。每条皆注所采书名,新增海防、通商等门目。河渠志记述详细,设治河目,辑录自汉代至清代的治河理论。艺文志下列方志目,列有直隶统部及府州县志书目录。列传、杂传收入历代名人5700余人。国家图书馆、中国科学院国家科学图书馆、首都图书馆、吉林省图书馆、复旦大学图书馆等有藏。另有清宣统二年(1910)石印本及1934年上海商务印书馆影印本。

重印清代三部《畿辅通志》书影

Jilinsheng Fangzhiguan

吉林省方志馆 位于长春市南关区民康路。2006年建成开馆。建筑面积2500平方米。设有全国志书展室、年鉴展室、吉林省志鉴成果展室、综合展室、旧志展室、期刊展室、吉林作家作品展室、吉林省地方志编纂委员会委史室,及长春、吉林市、四平、辽源、通化、集安、松原、白城、长白山(延边朝鲜族自治州、白山市)等各市、地区的地情展室。至2010年,馆藏图书3.6万余种5万余册。其中全国志书展室收藏全国32个省级行政区(直辖市)及2个特别行政区等编修的三级志书,共4172种5513册。较齐全的有辽宁、黑龙江、甘肃、青海、山东、江苏、安徽、河南、四川、贵州10个省的志书。年鉴展室收藏全国专业、行业年鉴约280种,以及23个省(市、区)及港、澳、台出版的省级年鉴。吉林省志鉴成果展室主要收藏吉林省三级新编志书,全省各级综合年鉴及专业年鉴,以及《伪皇宫陈列馆年鉴》《吉林省地名志(录)》《吉林省文物志》等专志和其他省情丛书。综合展室主要收藏省情类书籍1366册,文件汇编372册,政治、党史类资料542册,历史、经济类书籍203册。旧志展室主要收藏吉林省及省外旧方志复制本245部、《古今图书集成》82部、"长白丛书"128册。期刊展室主要存有《盛京时报》影印版合订本、《吉林日报》装订本及《长春日报》《长春晚报》《新文化报》《东亚经贸新闻》《人民日报》5种报纸。在各市、地区的地情展室中,除收藏各市县志鉴外,还收藏有东北师范大学、吉林大学、第一汽车集团公司、北车集团公司、长春电影制片厂等高校、企业发展历程的相关画册,有关杨靖宇和记录金日成与张蔚华革命情谊的书籍等。其中,四平市、集安市地情展室还设有实物展示,展出公主岭苇子沟乡肖家屯遗址,高句丽王城、王陵,及贵族墓葬出土的文物等。

吉林省方志馆

Jilinsheng Tushuguan

吉林省图书馆 位于长春市朝阳区新民大街。清宣统元年(1909)成立,馆址最初设在吉林市。1954年迁至长春市。1958年建成新馆,馆舍面积1.3万平方米。馆藏历代旧志主要由历史文献部保存管理。图书馆曾于1963年编印《吉

吉林省图书馆

林省图书馆馆藏方志目录》，收录1963年9月以前入藏的各地方志1643种，包括中文方志1565种、日文方志78种。2008年建成中国国家数字图书馆吉林省分馆，其中“数字方志”收录中文方志、日文方志及其他地情资料6514种。①吉图馆藏中文旧志。藏千余种。其中馆藏本省旧志170余种，包括省通志15种、州志2种、府志2种、厅志2种、市志7种、县志61种、概况5种、报告书3种、事略7种、乡土志37种、一般状况29种、乡志2种，基本将本省存世旧方志收集齐全。多为清代、民国时期刊本，其中有日伪政府主持编修的《吉林省乡土志》《九台县一般概况》《通化县一般状况》等。馆藏的善本志书有明嘉靖《霸州志》、清同治《续天津县志》、清乾隆《献县志》等，其中《西域闻见录》、嘉靖《冀州志》、光绪《打牲乌拉志典全书》等为善本中的珍品。②吉图馆藏日文旧志。藏百余部。有日本驻屯军司令部于1904~1908年组织编纂的《北京志》，守田利远于1907年编著的《满洲地志》，山县初男于1912年编著的《最新支那通志》，东亚同文会于1917~1919年编纂的《支那省别全志》，东亚同文会于1941年编纂的《支那省别全志》，伪满绥中县公署总务科文书股于1937年编著的《绥中县一般状况（续编）》，伪满安东市公署、满洲事情案内所于1939年编著的《跃进安东》等。

Jilinsheng xiuzhi

吉林省修志 吉林省方志编纂始于清道光年间。此前有关吉林省的记载都附载于全国性的统志或东北的通志中，如元代的《大元一统志》《开原志》，明代的《大明一统志》《辽东志》《金辽志》，清代的《盛京通志》等。张缙彦的《宁古塔山水记》、杨宾的《柳边纪略》等书中也有吉林的相关记载。存世清代至1949年前的省志、府志、州志、县志、乡土志等共148种，其中包括东北沦陷时期编修的方志65种。1983~2010年开展首轮新方志的编修工作，2004年启动二轮修志工作，至2010年底，共出版省志分志、市（地、州）志、县（市、区）志169部。

吉林省历代方志编修 吉林省首部志书为清道光六年（1826）吉林将军衙门堂主事萨英额纂成的《吉林外记》。清光绪年间的《吉林通志》是吉林省第一部官修的省通志。此后吉林省的府、州、县志编修有所发展。民国时期，在20世纪30年代前出现修志高潮，基本形成县县有志的局面。东北沦陷时期，编纂出版了各类概况、状况、概要、乡土事迹、调查资料、调查书等。

吉林省清代修志 吉林省从道光年间开始编纂地方志。自规模最大的一次官修志书《吉林通志》纂修后，至光绪、宣统年间，府、州、县志有所发展。存世志书41种。①吉林省清代通志。编修的具有省通志性质的志书6种。继《吉林外记》后，先后有《吉林志略》《吉林通志》《打牲乌拉志典全书》《吉林地略》《吉林舆地略》等，其中《吉林外记》以摘录《盛京通志》中有关吉林将军辖境资料为主，结构也沿袭《盛京通志》，初具方志的体例和规模；光绪年间长顺主修的《吉林通志》，在东北三省首创典范，集资最巨，用人最多，为时最长，部头最大，内容最广，且颇多创新。②吉林省清代府州县志和乡土志。存世22种，包括光绪年间的《打牲乌拉地方乡土志》（又名《永吉县乡土志》）、《伯都讷乡土志》《辑安县乡土志》《怀德县乡土志》《洮南府乡土志》《开通县乡土志》《柳河县乡土志》《海龙府乡土志》《东平县乡土志》《奉化县乡土志》《怀德县乡土志续补》《西安县乡土志》《靖安县乡土志》《通化县乡土志》，宣统年间的《辽源州乡土志》《靖安县志》《安图县志》《辉南厅志》《长白汇征录》（原名《长白征存录》）、《东平县乡土志》《安广县乡土志》《西安县志略》。其中宣统《长白汇征录》为吉林省地方志中的上乘之作。③吉林省清代专志。存世专志有宣统元年（1909）刘建封著的《长白山江冈志略》，为首部记述长白山的专著，也是吉林存世旧志中唯一一部专志。作者与李廷玉等人奉命勘查吉林、奉天两省界，兼查长白山三江（松花江、图们江、鸭绿江）之源，归后著成此书。书中提出加强江防、边防，巩固边疆的策论。

吉林省民国时期修志 民国初期至1931年是吉林省修志的高潮期。存世志书42种。东北沦陷时期编修的志书中，存世65种，代表性的方志有《吉林新志》《吉林省乡土志》《长春县乡土志》《九台县一般概况》《额穆县志》《桦甸县一般状况》《续修怀德县志》《梨树县志》《双山县一般状况》《西安县一般状况》《东丰县一般状况》《通化县志》《柳河县一般状况》《海龙县志》《辑安县一般情况》《临江县志》《濛江县一般状况》《安东省抚松县一般状况》《长白县一般状况》《洮南县一般状况》《安广县概况》《开通县一般状况》《扶余县一般状况》《延吉县一般状况报告书》《和龙县一般状况》《珲春县一般状况》等。①吉林省民国时期省通志。吉林省于1931年前编修的通志存世6种，有《吉林省人文地理学》《大中华吉林省地理志》《吉林地志》（附《鸡林旧闻录》）、《吉林汇征》《吉林地理纪要》《增订吉林地理纪要》等。以《吉林省人文地理学》《大中华吉林省地理志》较为著名。②吉林省民国时期县志和乡土志。吉林省于1931年前编修的县志和乡土志存世36种。最早的为1913年纂修的《海龙县志》，此外，长春、农安、双阳、永吉、桦甸、磐石、怀德、梨树、辽源、双山、东丰、临江、通县、抚松、辑安、辉南、镇东、大赉、扶余、洮南、延吉、安图、珲春、奉天省洮安等县均编修县志或乡土志。《珲春县志》《永吉县志》为吉林省地方志书中上乘之作。

吉林省新方志编修 吉林省在20世纪五六十年代有13个县开展县志编纂工作，完成《长春市志·历史部分》《双阳县志》《抚松县志》《吉林省辑安县志》《辉南人民县志》等13部志稿。“文化大革命”开始后，修志工作停止。80年代恢复。1981~1982年伊通、怀德、海龙等10余个县率先开展县志编纂工作。1984年全省地方志第一次工作会议全面部署省、市(地、州)、县(市、区)地方志编纂工作。至2010年完成首轮修志任务，共出版《吉林省志》(首轮)89部，市(地、州)、县(市、区)志50部。2004年进入第二轮修志。各地、部门等编修专志约2000部。首轮省、市、县三级志书中，先后有28部志书获全国新编地方志奖，有20部获省社会科学优秀成果奖。

吉林省省级修志 中共吉林省委办公厅于1984年印发《吉林省志编修方案(草案)》，下达《吉林省志》编修任务。20世纪90年代后，分志陆续出版。至2010年，全部出齐，共49卷89部，其中《吉林省志·海关商检志》含2部。总字数4500余万字。资料长编几十亿字。记事时间原则上以清顺治十年(1653)宁古塔将军设立为上限，以1985年为下限。记事空间以1985年吉林省行政区划为准，个别按当时的行政区划记述。有108个单位参与编纂。《吉林省志·文化艺术志·电影》最具地域特色。在全国地方志评奖中，广播电视、文物、金融、粮食、教育、军事6部分志获一等奖，统计、人口、自然地理、社会文化、财政、检察6部分志获二等奖；在省社会科学优秀成果评奖中，医药、中国共产党、社会科学学术政府4部分志获一等奖，科技群众团体、人民代表大会、宗教3部分志获二等奖，铁道、对外经贸、出版、物价、人事、畜牧、水利、测绘、计划、总述9部分志获三等奖。第二轮《吉林省志》规划编修60部，承编单位92个。断限基本为1986~2000年。至2010年，已出版1部。

吉林省首轮市级志一览表

志书名称	主编/总编/总纂	字数(万字)	出版年
《长春市志》	张广益	3646.6	1990~2010
《白城地区志》	汪田	192	1992
《吉林市志》	胡国军等	2415.6	1992~2013
《四平市志》	郭永德	300	1993
《浑江市志》	张天鹏	130	1994
《辽源市志》	张江	200	1995
《通化市志》	高士心	175	1996
《延边朝鲜族自治州志》	安龙桢	250	1996

吉林省市级修志 全省8个市、自治州、地区在首轮修志工作中有修志任务。其中《长春市志》包括1部总志和78部分志，《吉林市志》包括56部分志；延边朝鲜族自治州、四平市、白城地区、浑江市等地所编志书，是本地区建置后公开出版的第一部志书。1990年8月《长春市志·对外经济贸易志》率先出版，至2010年，基本完成首轮市级志书编修工作。记述上限均追溯事物发端，下限截至1985年。在全国地方志评奖中，《长春市志·电影志》《白城地区志》《通化市志》获一等奖，《长春市志·金融志》《吉林市志·邮政志》《四平市志》获二等奖，《长春市志·审判志》《长春市南关区志》获三等奖；在省社会科学优秀成果评奖中，《延吉市志》获一等奖。二轮修志规划编修市州志9部。断限基本为1986~2000年。至2010年，已出版3部。

吉林省县级修志 全省42个县(市、区)在首轮修志工作中有修志任务。榆树县、双阳县、舒兰县、桦甸县、龙井县、和龙县、伊通县、通榆县、大安县、长白县、前郭县、长岭县12个县所编志书，是本地区建置后公开出版的第一部志书。1987年《集安县志》率先出版，至2006年，基本完成首轮县级志书编修工作。记述上限均追溯事物发端，下限截至1985年。在全国地方志评奖中，《伊通县志》获一等奖，《安图县志》《前郭尔罗斯蒙古族自治县志》《柳河县志》《梨树县志》《怀德县志》《通榆县志》获二等奖，《和龙县志》获三等奖；在省社会科学优秀成果评奖中，《通榆县志》获二等奖，《辉南县志》获三等奖。二轮修志规划编修县(市、区)志59部。断限基本为1986~2000年。至2010年，已出版《梅河口市志(1986~2000)》《柳河县志(1986~2000)》《大安市志(1986~2000)》等26部。

吉林省专志编修 全省有近2000部部门志、专业志、企事业单位志、山水志、名胜志、乡镇志等出版，总字数约6亿字。其中代表性的有《长白山志》《抚松人参志》《第一汽车制造厂厂志》《通钢志》等。

吉林省旧志整理 省内1985年开始开展旧志整理工作。省地方志编纂委员会成立旧志整理小组，编辑出版《吉林省旧志资料类编》，已出版《自然灾害篇》《矿产矿务篇》《林牧渔篇》，近70万字；1985年后，累计从吉林省、吉林大学、东北师范大学、辽宁省等图

吉林省旧志校注出版表(含内部印行)

书名	整理者	出版年
《吉林地志》	高阁元、于泾、邢国志	1986
《吉林通志》	李澍田等	1986
《吉林外纪》	史吉祥	1986
《吉林乡土志》	陈见微	1986
《吉林志略》	陈见微	1986
《延吉边务报告》	安龙祯	1986

续表

书名	整理者	出版年
《长白汇征录》	黄甲元、李若迁	1987
《长白山江冈志略》	孙文采	1987
《打牲乌拉志典全书·打牲乌拉地方乡土志》	金恩晖、梁志忠	1988
《吉林志书》	李澍田、宋抵	1988
《永吉县乡土志资料》	王利英	1988
《永吉县志》	李澍田等	1988
《造送会典馆清册》	曹殿举	1988
《珲春地理志》	安龙祯	1990
《珲春县志》	安龙祯	1990
《吉林新志》	李澍田等	1991
《大中华吉林省地理志》	杨立新	1993
《吉林地理纪要》	刘第谦	1993
《吉林地略》	杨立新	1993
《吉林汇征》	杨立新	1993
《吉林舆地略》	杨立新	1993

书馆复制旧志135种;2006年后,先后影印《吉林外记》《吉林志略》《吉林舆地略》《长白山江冈志略》。通化市地方志编纂委员会办公室影印《通化县志》(1927年)、《通化县志》(1935年),辽源市地方志编纂委员会影印《西安县志略》,梅河口市史志办公室影印《海龙县志》,柳河县地方志办公室影印《柳河县县志》及《柳河县政况概要》,集安市地方志办公室影印《辑安县志》。吉林师范学院(1999年与吉林医学院、吉林林学院、吉林电气化高等专科学校合并成立北华大学)组织吉林省内专家学者校点、标注《吉林外纪》《吉林志略》《吉林通志》《吉林志书》《吉林乡土志》《吉林地略》等20余部旧志书,均已出版发行。

吉林省方志工作管理 吉林省于20世纪80年代初,成立省地方志编纂委员会后,全省各市(地、州)、县(市、区)陆续成立地方志工作机构,并成立省、市地方志学会。建立以专职队伍为主、专家学者为辅、专兼职相结合的修志队伍。全省编制修志人员300余名,兼职人员上万人。共召开7次全省地方志工作会议、3次编委会会议。

吉林省地方志编纂委员会 省直属正厅级事业单位。1983年8月成立。编委会最初由办公室具体负责日常工作。办公室为副厅级建置,下设编审处、资料室、秘书处。1985年吉林省地方志编纂委员会改为常设机构,正厅级建制,原办公室撤销。2008年列入参照《中华人民共和国公务员法》管理事业单位,下设办公室、省直指导处、市县指导处、年鉴指导处、资料处、研究室。历任编委会主任于克(1983年8月~1985年10月)、高德占(1985年10月~1989年11月)、王忠禹(1989年11月~1993年5月)、高严(1993年5月~1996年5月)、王云坤(1996年5月~2003年6月)、洪虎(2003年6月~2005年3月)、王珉(2005年3月~2007年3月)、韩长赋(2007年3月~2010年2月)、王儒林(2010年2月~);历任主持工作的副主任王季平(1983年8月~1989年9月)、刘希林(1989年11月~1991年9月)、刘凤仪(1991年9月~1993年9月)、孙宝君(1993年9月~2002年1月)、刘淑坤(2002年1月~2012年8月)、李云鹤(2012年8月~)。编委会先后创办《吉林史志》《方志研究》《今古之窗》《吉林志鉴通讯》《今古大观》等,其中《方志研究》为国内外公开发行的刊物,1986年创刊,1994年由双月刊改为季刊,同年停刊,被全国志界誉为"南有《史志文萃》,北有《方志研究》"。

吉林省修志法规规章和规范性文件 省地方志立法工作始于2004年。2006年12月1日,省第十届人民代表大会常务委员会第三十次会议通过《吉林省地方志工作条例》,并于2007年1月1日起施行。吉林省印发的修志文件有《一九八四至一九九〇年吉林省地方志编纂工作规划提纲(草案)》《吉林省志编修方案(草案)》《吉林省地方志编纂工作暂行规定》《关于加强地方志工作的意见》《吉林省新编市、州、县(市、区)志工作规划》《吉林省地方志事业三年发展规划》《吉林省志书、年鉴编纂审查验收办法》《吉林省市(州)、县(市)志稿终审送审要求》《吉林省地方史志档案资料管理暂行规定》等。

吉林省地方志信息化建设 省地方志编纂委员会于1997年建成内部局域网。1999年拟定《关于吉林省省情信息库建设的初步方案》。次年,制定《吉林省情信息库建设方案》。2001年,吉林省情网开通运行。共有数字化志、鉴及地情类书籍206部,计1.7亿字。2010年,吉林省情网分成吉林省地方志编纂委员会网站和吉林省情网。省地方志编纂委员会网站于同年9月正式开通。

吉林省地方志学会 成立于1987年。有团体会员97个,市级地方志学会9个。至2010年,共选举产生5届理事会。最初主要是办学习班、培训班,自1988年起,每年召开学术交流会。学会从地方志的体例、篇目、编纂方法到读志用志等,先后进行比较深入具体的探讨,收到论文1000余篇,评选出优秀论文200余篇,先后出版6本论文集。

吉林省方志馆藏 省图书馆、档案馆、方志馆、各市级图书馆、社会科学院、高等院校均有方志收藏,藏量较大的有吉林省图书馆、省社会科学院、省方志馆,及吉林大学、东北师范大学等高校图书馆。吉林大学图书馆由中心馆和5个专业馆组成。中心馆设在中心校区,馆藏方志7000余种,其中线装本2786种，善本约500种，稀见方志50余种，馆藏方志涉及地区涵盖面较广，版本多为明、清两代及民国时期的抄本、刻本、油印本、石印或铅印本。另藏新影印方志2000余种、新编方志2000余种。

吉林省方志研究成果 除地方志工作机构外，省市地方志学会、吉林省图书馆学会、吉林省社会科学院、吉林大学历史系、东北师范大学历史系、吉林师范学院古籍研究所等机构和院校均有学者从事方志研究工作。有名的学者如吉林省地方志编纂委员会编审苑广才、党戈、齐景山、王中明、严寒，延边州地方志编纂委员会编审安龙祯，吉林市地方志编纂委员会编审王振夫，吉林省图书馆研究员金恩晖、陈久仁、曹殿举，吉林省社会科学院研究员付百臣，吉林大学历史系教授张博泉，东北师范大学历史系教授薛虹、付朗云，吉林师范学院古籍研究所教授李澍田等。1970~2010年，共编著出版(含内部刊印)方志理论专著、论文集、志书评论集、旧方志研究考述等近30部，其中方志基础理论研究代表作有《论方志写作》《编纂方法》《方志写作学》《新方志资料工作》《中国地方志论丛》《续志编修向导》《续志工作指南》《新方志资源论》等；论文集有《地方志论文选》《中国地方志论集》《中国地方志分论》“中国地方志评论丛书”《续志理论研究论文集》等；对吉林省旧方志研究的代表作有《吉林方志大全》《寻根集》《吉林省地方志考论、校释与汇辑》等。

Jilinsheng Zhi Xinwen Shiye Zhi Guang bo Dianshi

《吉林省志·新闻事业志·广播电视》 主编朱文才、姜兴坤。1991年吉林人民出版社出版。32万字。设5篇16章77节。上起1932年，下至1985年。记述吉林省无线广播、有线广播、电视广播50余年间的宣传工作和事业建设的历史、现状，反映吉林省广播电视事业发展历程和经验教训。重点记述了吉林电台较早地使用大功率发射机、面向农村的有线广播建设在全国首开先河、是全国较早创办电视广播的省份之一、广播电视维护管理在全国名列前茅等内容。1993年获全国新编地方志优秀成果奖一等奖。

《吉林省志·新闻事业志·广播电视》书影

Jilinsheng Zhi Guonei Shangye Zhi Liangshi

《吉林省志·国内商业志·粮食》 主编陈广德、李丹明。1991年吉林人民出版社出版。50万字。设9篇23章57节。配数据表格226个，黑白、彩色照片近百幅。上起清康熙三年(1664)，下至1985年。重点记述1949~1985年吉林省调整与健全各级粮食管理机构，建立国家粮油购销、仓储和工业企业，合理组织对粮食的分配与流通，加强对粮油的经营管理等内容，突出吉林省粮食生产在保证城乡人民生活和社会各方面日益增长的粮食需要，支援出口，稳定市场，支援社会主义经济建设等方面发挥的重要作用。征购篇记述征粮、购粮，并记述东北沦陷时期日伪政权推行“粮食出荷”政策对吉林省粮食进行掠夺的情况。销售篇市场销售章重点记述吉林省清代、民国、解放战争时期至新中国成立后粮油市场自由交易情况，并设配给制章，记述东北沦陷时期日本侵略者控制农产品流通，在粮食分配上实行配给制度的情况。调运篇记述吉林省粮油供应出口调拨、省间调拨、省内调拨及粮油运输情况，重点记述新中国成立后至1985年吉林省调出粮食(调出品种主要是玉米和大豆)供应国家出口和支援外省情况。1993年获全国新编地方志优秀成果奖一等奖。

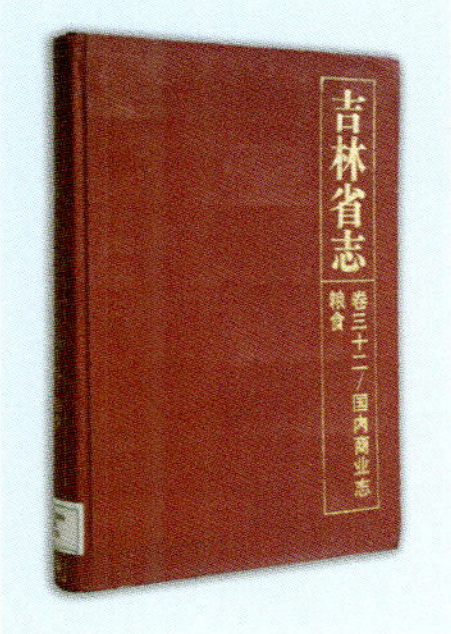

《吉林省志·国内商业志·粮食》书影

Jilin Tongzhi[Guangxu]

《吉林通志》[光绪] 长顺、讷钦修，李桂林、顾云纂。清光绪二十六年(1900)刻本。为吉林第一部大型官修省志。122卷，图1卷。约147万字。依乾隆《钦定盛京通志》成式，酌加损益。分13志，即圣训、天章、大事、沿革、舆地、食货、经制、学校、武备、职官、人物、金石和志余，下统41目。记述范围涵盖吉林与黑龙江部分地区。内容上溯唐虞肃慎朝贡，中经辽、金、元、明，下至鸦片战争之后，举凡吉林地方之经济、政治、军事、文化、教育、疆域、山川、边务、商务、交通、民族、资源、特产、人口诸项，备载无遗。注重记载满、蒙古、朝鲜、赫哲等少数民族先世在吉林地区的活动，其中收录有李重生《赫哲风土记》等民族学资料。国家图书馆、吉林省图书馆、吉林大学图书馆、东北师范大学图书馆等有藏。故宫博物院图书馆藏光绪二十二年朱丝栏抄本。吉林省图书馆、辽宁省图书馆、黑龙江省图书馆等藏1930年重印本。1986年，吉林文史出版社出版吉林师范学院(1999年与吉林医学院、吉林林学院、吉林电气化高等专科学校合并成立北华大学)古籍研究所整理本，由李澍田主点。

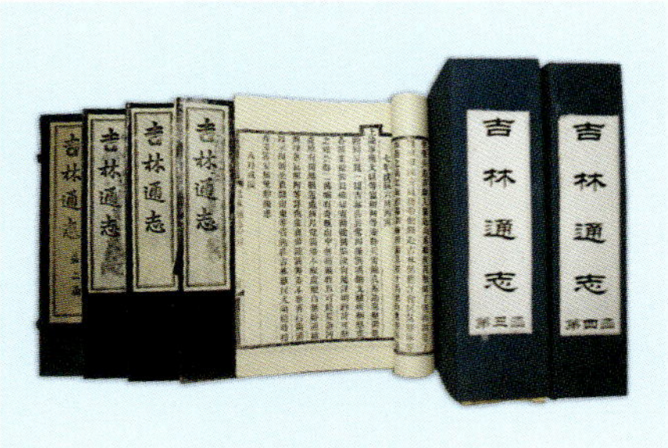

光绪《吉林通志》(1930年铅印本)书影
董德摄于2015年8月

Jimoxian Zhi

《即墨县志》 主编韩乃桂。1991年北京新华出版社出版。150万字。设35

即墨服装批发市场

篇 173 章 550 节。志首配地图 2 幅、彩照 79 幅,文内插图 8 幅。上起清道光二十年(1840),个别篇章适当上溯;下至 1987 年,1988~1989 年大事记要及有关政治、经济、文化、社会生活的资料附录于后。商业篇突出服装批发市场的发展对即墨经济的影响。特设土特名产篇,重点记述山东即墨的老酒与即墨镶边,反映即墨古老文化的传统工艺。电业、文物古迹单独设篇。杂记篇,收录有代表性的存史资料、考证、辨误、轶闻传说、诗文选辑等。1993 年获全国新编地方志优秀成果奖一等奖。

Jinanshi Zhi

《济南市志》 主编张福山、郭作贵。1997 年中华书局出版。8 册,约 800 万字。设 18 卷 113 篇 509 章。配图照 1018 幅。设人名、地名、组织机构、书刊文献文艺作品、图片、表格、其他 7 类索引。上起清道光二十年(1840),下至 1985 年。政区 / 自然环境 / 人口卷第一篇着重记述济南的地理位置、历史沿革、名称由来。泉水升格设篇,与风景名胜、旅游平列,放在第一册第二卷,记述济南的众多泉水,趵突泉泉群、五龙潭泉群、珍珠泉泉群、黑虎泉泉群的分布,“七十二名泉”的称号,曾巩、苏辙等历代文人对济南泉水的描写。交通邮电卷公路运输篇记述了济南的交通地位及 1949 年后的客货运输状况,特别记述了 1982 年建成通车的济南黄河公路大桥。商业卷饮食服务业篇着重记述中国四大菜系之一鲁菜,其主要发源地济南的聚丰德、燕喜堂、汇泉楼等著名饭庄,及对京津、华北、东北等地产生的影响;列表反映一个多世纪以来济南的名厨、名菜与名吃。政党·社会团体卷中国共产党地方组织篇记述济南作为中国共产党建立党组织较早的地区之一,在中国近代革命史上的重要地位,及王尽美、邓恩铭等在当地建立的进步团体。人物卷记载李清照、辛弃疾、张养浩、边贡、李攀龙、蒲松龄、王士祯、杜仁杰、元好问、张起岩、武汉臣、康进之、赵孟頫、李开先、周永年、马国翰等在中国文学史上占有较高地位的济南人,或因做官、游历与济南结缘的文人及其著作。2005 年获山东省新编地方志优秀成果奖一等奖。

《济南市志》书影

Jining zhilizhou zhi

济宁直隶州志 济宁直隶州(治所位于山东省济宁市)修志始于明代。莫伯良、周品、王翼廷曾修州志,原书已佚,但后志曾有记述,卷帙不详。存世的济宁旧志有 8 部,清康熙、道光、咸丰、光绪年间各 1 部,清乾隆、民国年间各 2 部。①《济宁直隶州志》[乾隆四十三年]。胡德琳、蓝应桂修,周永年、盛百二纂。乾隆四十三年(1778)刻本。34 卷,首 1 卷。约 55 万字。卷首记述宸翰、跸行、行宫、书堂、云楼、棕亭、月台、药栏、花砌、松坡、竹隶;列有州境图、州境里甲图、牧济录水利旧图,及金乡县、嘉祥县、鱼台县、文庙、院署、道置、州署等图 48 幅。正文分纪年、舆地、建置、古迹、封建、题名、职官、选举、宦迹、人物、列女、艺文拾遗、杂缀 13 门,内辖 38 目。舆地门详记城市街衢、风俗物产、漕河建置、人口地亩、徭役赋税等经济内容。古迹门载有本地著名园亭宅里,从中可见明清士大夫崇侈习尚之一斑。艺文拾遗门收录文章多关于本地民生利病,尤切实用。山东省图书馆及北京大学、南京大学等图书馆藏刻本;国家图书馆存卷 2~34。另有乾隆五十年王道亨、盛百二增刻本,山东省图书馆、济南市图书馆、首都图书馆、上海图书馆等有藏。②《济宁直隶州志》[道光]。徐宗干修,许瀚纂。道光二十一年(1841)刻本。10 卷,首、末、图各 1 卷。约 60 万字。卷首为序文、姓氏、志例、州志图 19 幅、天章志。正文设星野、五行、大事、方舆、山川、食货、风土、建置、兵革、学校、秩祀、名胜、职官、选

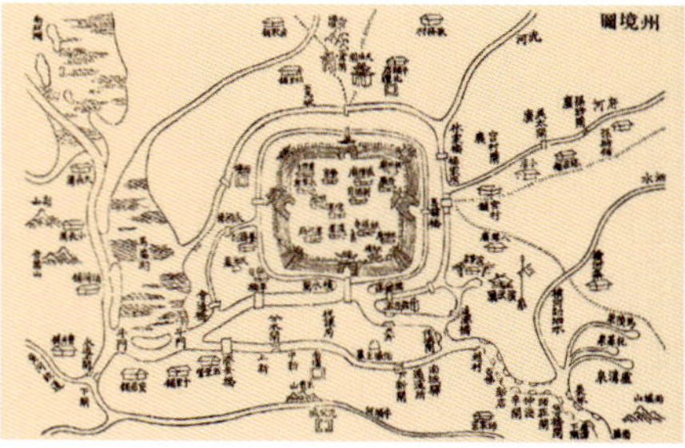

济宁直隶州境图(乾隆《济宁直隶州志》)

举、人物、艺文、杂稽 17 志,内辖 30 目。卷末为志原,附序文摘要及跋文。该志录上隶府、下领县,较有特色。山川志考本境河流漕渠。食货志载户口地亩及赋税徭役。风土志记街区里社与民风习俗。建置志记载仓储恤政。兵革志录历代兵事等有关民生之事,皆记注精审。艺文志录书目与诗文两类,既可考见本地学术源流,又备存乡邦文献。不立金石门,并入艺文志的碑目篇。人物志有专传、总传。山东省图书馆藏稿本。台湾藏道光刻本。山东省博物馆藏抄本残本。咸丰九年(1859),卢朝安纂修续志 4 卷,合刊刻印,山东省图书馆、山东省博物馆及济南、济宁市档案馆等有藏。

Jiyangxian zhi(jiuzhi)

济阳县志(旧志) 济阳县修志始于明代。明成化二十一年(1485),张瑞纂成县志一部,为济阳县首部县志,已佚。其后,万历年间,清顺治、康熙、乾隆年间及民国时期均修有县志,其中张尔岐

纂修康熙《济阳县志》9卷，未见传世，存张尔岐序(收入《蒿庵文集》卷2和后志内)，序中阐述了其修志观点、参加修志的情形和对历次济阳县志的评价。1997年，济阳县史志办公室整理修订万历、顺治、乾隆和民国本，辑为《济阳县志集》，1998年由济南出版社出版。

《济阳县志》［万历］ 侯加乘修，邢其谏纂。万历三十七年(1609)刻本。10卷。约8万字。卷前无序。正文设天文、地理、建置、贡赋、礼乐、职官、选举、人物、艺文、杂志10志，内辖58目。其中贡赋志载明代田赋数额及徭役类别，皆详明具体。该志为存世最早的济阳县志。山东省博物馆有藏。上海图书馆藏抄本。

《济阳县续志》［顺治］ 解元才修纂。与万历志合订刊刻。顺治七年(1650)刻本。目录前有县城图、县境图各一，艺文志、杂志未列入目录。正文前半部分为万历志原本，之后列天文补、地理补、建置补、公署补、文庙补、坊牌补、桥梁补、贡赋补、兵饷补、荒田补、盐斤补、礼乐补、祠祀补、县官补、主簿补、典史补、选举补、征荐补、恩选补、岁贡补、恩荫补、武举补、掾职补、乡贤补、贞烈补、文学补、杂志补、灾异补，以补前志所脱误。国家图书馆、湖北省图书馆有藏。上海图书馆藏抄本。

《济阳县志》［乾隆］ 胡德琳修，何明礼、章承茂纂。乾隆三十年(1765)刻本。14卷，首1卷。约35万字。卷首有志序7篇；例言6则；图20幅，含县城图、县治图、县署图、河图(8幅)、县域八景图(8幅)，各图后有小记。正文分舆地、建置、赋役、水利、礼乐、秩官、选举、人物、艺文、轶事10志，内辖76目。除艺文志5卷，约占全志篇幅的1/3外，余皆1卷。艺文志收张尔岐文居多，有《跋济阳县新城记》《跋济阳县创建县衙记》《曲堤塔记》《重修济阳释迦院记》《慈光寺重修大殿记》《新济艺文序》等。水利志详记河流渠道及宣防设施，附治河禀文、告示多件。志中也有错误，如人物志中乡贤目据旧志载

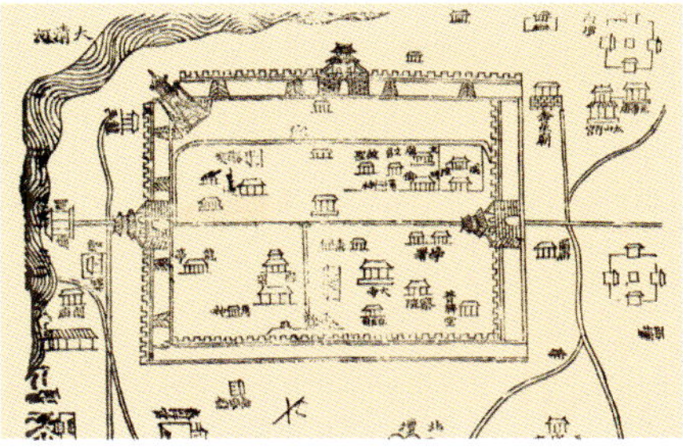

济阳县城图(乾隆《济阳县志》)

入《颜氏家训》中所记“济阳江禄”，为误将南北朝时期济阳郡混同于清代济阳之故。山东省图书馆、山东省博物馆、上海图书馆、甘肃省图书馆、山东大学图书馆、北京大学图书馆、复旦大学图书馆、吉林大学图书馆等有藏。

《济阳县志》［民国］ 卢永祥修，王嗣鋆纂。1925年刊本。20卷，首1卷。约60万字。续乾隆志而修，记述下限至1932年。卷首有志序7篇、旧志序8篇、简章13条、办事细则18条、暂行规则11条、大纲7则、县图10幅，还有人像、景物照35幅。正文分舆地、建置、户籍、赋税、水利、交通、典礼、教育、职官、选举、人物、列女、新政、兵事、艺文、轶事16志，内辖113目。体例仍同旧志，新设户籍、交通、教育、新政等志。兵事志录有《捻匪纪略》，将农民起义军称为“匪”“贼”。将列女从人物中分出单列。艺文内容较多，占5卷。卷末列有轶事目，略同于杂志。山东省图书馆、山东省博物馆、山东大学图书馆等有藏。

ji

记 方志体裁之一。即大事记，按年月日时序逐条简要记载一地的大事、要事。效仿纪传体史书中的本纪演变而成。南宋曹叔远《永嘉谱》首列年谱，以编年体记载建置沿革诸大事，已具大事记雏形。南宋高似孙《剡录》列有县纪年，用编年体记载全县历代大事，是方志设大事记之始，被后世效法。清章学诚把编年纪定为方志必备内容之一。谢启昆主修《广西通志》，创设前事略，记载秦至明代广西大事。在1929年颁布的《修志事例概要》中规定通志、县志都要设大事记。从此，大事记在方志中取得法定地位。新编地方志中均设大事记。记载本行政区域各个方面的大事、要事，为全书之经，一般置于志首，也有置于志末的。写法通常有三种：一是采用编年体，按事件发生的时间顺序排列；二是以编年体为主，兼用纪事本末体；三是采用编年体与纪事本末体分置并行的形式，前为编年体大事年表，后为纪事本末体大事纪要。大事记一般有篇幅限制，其条目采用提纲式写法，不必详写背景和发展过程，语言精练，对人对事一般不做评论。与正文相呼应，一些不宜在分志中设专篇专章记述，或不宜反映的内容，也可在大事记中记载。对了解地情、读志向导和检索也起了一定作用。

Ji Yun

纪昀(1724—1805) 字晓岚，又字春帆，号石云，道号观弈道人。清直隶献县(河北沧县)人。乾隆十九年(1754)进士。官至礼部尚书、协办大学士。曾受命为《四库全书》总纂官，主持纂定《四库全书总目提要》《四库全书简明书目》。主纂或参纂《钦定热河志》《历代职官表》《河源纪略》《钦定八旗通志》等，著有《纪文达公遗集》《阅微草堂笔记》等，主持纂修《大清会典》《清高宗实录》等。在《四库全书总目提要·史部地理类》序中，认为古代地志存世者以《禹贡》《周礼·职方》《山海经》为最早，并将清代前的方志发展演变做了简要概括。在嘉庆《安阳县志》序中，称“今之志书，实史之支流”，强调方志属史，同时指出史与志在编修方法上有所不同。指出志书存在夸饰和攀附两大弊端。赞赏赵希璜《安阳县志》图、表、志、传、记诸体具备而殿以艺文的做法，赞其书“每条必有考证”，其篇目“井井有条，多合古法”，“为地志之通例”。然纪氏推举宋、元人所修方志体例，与《四库全书总目提要》所言地志不当用史体说法颇为不合，已为后人指出。

Jixixian Zhi

《绩溪县志》 主编葛天顺。1998年黄山书社出版。176万字。设36章225节793目。有彩色插图107幅、黑白插图13幅、示意图32幅、人物肖像17幅、表格279个。记事上溯事物发端，下至1987年底。安徽绩溪县是低山丘陵山区，山多耕地少，当地人为谋求生路，历代多旅外经商务工，明正德年间已成为徽商中的一支劲旅。江南商埠中有“无徽不成镇，无绩不成街”的说法。在长达六七百年的时间里，商业中最有影响的是徽墨和徽菜。绩溪是徽墨的发祥地之一，其墨庄老店举世闻名；绩溪人经营的徽菜馆历久不衰；绩溪的造纸、制瓷、桑蚕、茶叶业均闻名。该志对此都专门设章立目做详细的记述，其中关于三天之都、澄心堂纸、天目瓷等的记述和首次面世的胡适手迹，都具有学术研究价值。该志以较大篇幅突出绩溪县的经济地位，重点记述社会经济制度的变革、生产力与生产技术的发展、各行业历史背景和兴衰的过程，特别是反映1978年后，改革开放政策的贯彻实施，使这个山区小县从封闭走向开放的变化。杂记章收集地方文选、杂闻、历代修志记略、明清县志序文选等。

徽墨——胡开文墨品

Jixian Zhi

《蓟县志》 主编郭新纪。1991年天津社会科学院出版社出版。127万字。设25编124章462节。志首配图照61幅。上起事物发端，下至1985年底。志补设1986~1990年蓟县经济和社会发展纪略。蓟县是天津唯一有山区的地区，志书设林果业编，记述特色产业，记述林权、植树造林、林业技术、林木保护等方面的情况。文物古迹编设盘山文物名胜章，记述盘山的历史沿革和自然、人文景观；独乐寺章记述该寺作为辽代建筑的形制特点和存世古壁画、碑刻；蓟县长城章记述古长城遗存、保护情况，重点记述黄崖关、太平寨2处长城名胜；翠屏湖文物名胜章除记述湖光山色外，还记述了该地区寺庙、行宫、塔墓等遗址；县城文物名胜章、零散文物名胜章集中记述楼阁、庙宇、碑刻和夏商至清代的陵墓、遗址等历史古迹。文化编艺文选录章收入历代诗词、碑文，并列目辑要重要著作；表演艺术章除记述皮影、鼓书等戏曲曲艺外，还对《海青歌》《寄枪》《吹打》《小放驴》《一出水》等民间婚丧音乐进行记谱保存；美术工艺章记述剪纸、泥塑等农村民间工艺美术。1993年获全国新编地方志优秀成果奖二等奖和天津市新编地方志优秀成果奖一等奖。

黄崖关关城一角

Jizhou zhi

蓟州志 蓟州(天津蓟县)最早的志书为明代《文渊阁书目》著录《蓟州图志》与《蓟州志》，已佚。明成化、嘉靖、崇祯年间曾编修蓟州志，嘉靖志存残本，其他均佚。清代编修4部蓟州志，康熙四十三年(1704)志、道光志保存完整，康熙十七年志存残卷，嘉庆志佚。民国时期，日伪政权曾编修《重修蓟县志》。

《蓟州志》[嘉靖] 熊相纂修。嘉靖三年(1524)刻本。18卷。在汪溥撰成化《蓟州志》基础上纂修而成。仿《大明一统志》体例，有所增益。分7纲38目。地理志详述建置沿革，记述州、邑名称变化；公署记明代蓟州仓、卫所、边防情况，涉及官军、马军、步军、名额、官员、军士俸布、月直岁之粮草等；田赋志记成化年间及嘉靖三年户口、人丁数额，卫所军士数额，田赋、课程、商税；杂志经略部分反映民众起义情况。对蓟州所辖渔阳、玉田、遵化、丰润、平谷5个县的情况也多有反映，如卷2记载工部分司主持的官营铁厂的建制、规模、产量、工人数额等资料。国家图书馆藏卷1~14，缺诗文4卷。天一阁藏卷1~4。

《蓟州志》[康熙十七年] 董廷恩纂修，路湛续修。8卷。约17.8万字。分7纲48条目。卷首有州郡图、城池图、公署图、学宫图等。记事至康熙十六年。对明代史实记述缺略较多，较多反映明末清初动荡史实。赋役志详细记载清初圈地投充情况，包括明代、清初及康熙十七年的人丁数量，清初逃亡投充的人丁数量等。国家图书馆藏清抄本卷1~5。

《蓟州志》[康熙四十三年] 张朝琮修，邬棠等纂。8卷。分8纲79目。在董志基础上纂辑，续增康熙十八年至二十五年的情况，并补缺正误。祥异载康熙十八年地震情况。赋役志详载里甲、户口、田赋情况，新增陵糈、盐法、学政、兵制、工作等目。陵糈目记载康熙年间疏浚蓟运河、恢复漕运的史实。建设志下的盘胜、盘刹二目，艺文志所收王于陛《独乐寺大悲阁记》、王弘祚《修独乐寺记》及疆域志中，均记述了盘山和独乐寺的情况。建设志附蓟州城、州署、学宫旧图和新图等。中国科学院国家科学图书馆、天津图书馆、南京图书馆、北京大学图书馆等有藏。

《蓟州志》[道光] 沈锐修，章过、金天瑞纂。道光十一年(1831)刻本。10卷，首1卷。约33万字。分10纲85目。在嘉庆年间赵锡蒲、蒋本德《蓟州志》稿本基础上纂辑而成。卷首有沈锐《重修蓟州志序》、康熙十七年志和四十三年志序文，蓟州境域图，蓟州星图，盘山图，崆峒山图，蓟州城旧图、新图，州署和学宫老图、旧图、新图等图12幅。增补康熙四十三年至道光十一年史事。赋役志占重要篇幅，田赋、旗租记载尤详，约2万字，有关投充、圈地和陵寝、御道占地及捐税等的经济史料较多，多为前志记载不详者。艺文志所收较前志丰富。国家图书馆、天津图书馆、山西省图书馆等有藏。首都图书馆、北京大学图书馆、广东省立中山图书馆、南京图书馆等藏清咸丰二年(1852)补刻本，艺文部分略有增补。台湾学生书局出版"新修方志丛刊"，收录道光刻本影印本。

崆峒山图（道光《蓟州志》）

Jiadingxian Zhi

《嘉定县志》 "上海市县志系列丛刊"之一。主编杨于白。1992年上海人民出版社出版。167.5万字。设7编36卷144章539节。卷首配题签、题词各1幅，照片126幅，地图(分布图)4幅。上溯源头，下至1987年，部分内容适当延伸。科学卫星城卷科研成果获奖项目章获奖项目节设24个条目记述24项获国家级、部级奖项目，获奖项目数量和奖级节设有嘉定科学城部属和市属科研单位1963~1987年科研成果获奖项目统计表、获国家级奖科研项目一览表；科研单位、科研生产联合体章设细目记述中国科学院上海原子核研究所、中国科学院上海硅酸盐研究所开发实验基地、核工业部第八研究所等科研单位。军事卷兵事章设10节，分别记述抗倭、"嘉定三屠"、罗汉党起义、太平

中科院上海光机所12# "神光"装置——激光器系统

军占领嘉定、齐卢之战在嘉定、"五抗"暴动、"三三"嘉定沦陷、"八一三"抗战在嘉定、八字桥战斗、群众抗日斗争等战事。传略卷设细目记述烈士19人、本籍名人84人、客籍名人10人。1993年获全国新编地方志优秀成果奖二等奖，1998年获上海市新编地方志优秀成果奖一等奖。

Jiahe Zhi[Zhiyuan]

《嘉禾志》[至元] 单庆修，徐硕纂。元至元二十五年(1288)刻本。嘉禾是宋时秀州别称，后秀州升为嘉兴府，嘉禾即指嘉兴。志书共32卷，分设43门，门下按路、府、县等分别记述。记述区域为元初嘉兴路地区，即嘉兴、海盐、崇德三县及松江府。其中碑碣内容占11卷，记载自三国、六朝以迄南宋的石刻之文，如《吴郡征北将军海盐侯陆府君碑》《梁秦驻山碑》《唐朝散大夫护军行黄州司马陆府君墓志铭》《唐朝散郎贝州宗城县令顾府君墓志铭》等。该志记有人物及进士题名，未专设官师，对前人的为官政绩有所遗漏。将水系细分为江海、湖泖、浦溆、溪潭、陂塘、河港、泾沟、堰插8类，分别记述，源流支络清晰整齐。分设专目记述楼阁、堂

至元《嘉禾志》（"中国方志丛书"本）书影

馆、亭宇。此志为浙江嘉兴市存世最早的府州级志书。元刊本已佚。上海图书馆、天津图书馆、南京图书馆、南京大学图书馆藏明清重刻本、清道光十九年(1839)、清咸丰七年(1857)刻本。嘉兴图书馆藏有精抄本。2010年上海古籍出版社出版点校本。

Jiaxingfu Tuji[Jiajing]

《嘉兴府图记》[嘉靖] 赵瀛修，赵文华纂。明嘉靖二十八年(1549)刻本。20卷。分方画、邦制、物土、人文4门，下分15目。方画配图22幅，据清周中孚《郑堂读书记补逸》载，"其地图则自吴、越分境以迄宣德后七县，每朝为一图，而后以明之府县各图继之，尤为宋、明诸志中所仅见"。邦制下分建置、公署、城隍、坛壝、祠庙、学校等目。物土下分山川、海塘、水利、田赋、户赋等目。人文下分官师、乡贤、选举、列女等目。志末设置丛记。天津图书馆、南京大学图书馆、上海图书馆、南京图书馆藏明刊本。南通市图书馆藏抄本。

Jiaxingshi Zhi

《嘉兴市志》 主编史念。1997年中国书籍出版社出版。3册，约406万字。设50篇。采用条目体结构，以篇为类，下设条目、子目、细目。志首配地图7幅、照片127幅；随文配黑白照片98幅、图表558幅(个)。上起事物发端，下至1990年，部分延至1994年。设历史记事、当代记事2篇取代大事记，用史志结合的手法，纵述自马家浜文化时期至1990年嘉兴数千年的发展史。其中，以蚕桑、海塘·水利、人物传记、文献史料、杂记丛谈等篇最具特色，凸显嘉兴鱼米之乡、丝绸之府、环境优越、文化昌盛的特点。正文后设历史年表、党和国家领导人来嘉兴视察记事、志余补记等。志末附索引5773条。2004年获浙江省第五届地方志优秀成果奖二等奖。①《嘉兴市志》蚕桑篇。重点记述蚕桑发展概况，栽桑、养蚕、选育蚕种、蚕茧收烘等生产过程和工艺，以及

《嘉兴市志》书影

蚕茧资源的加工利用等情况。②《嘉兴市志》人物传记篇。以传记、简介、名录的方式收录人物590余人,其中有唐代名相陆贽,宋代才女朱淑真,元代画家吴镇,明代收藏家项元汴、史学家谈迁,清代学者朱彝尊,近代科学家李善兰,国学大师沈曾植、王国维,出版界双星张元济、陆费逵,“民主人士左派的旗帜”沈钧儒,诗人徐志摩,文学巨匠茅盾等。③《嘉兴市志》文献史料篇。收录唐代李翰《嘉兴屯田纪绩颂并序》、罗马尼亚人米列斯《中国漫记》中有关嘉兴的记录,以及清代朱彝尊《鸳鸯湖棹歌一百首》、巴金《塘汇李家祠堂》、韩国金九《嘉兴避难经过》、冯宗孟《当湖蒙难录》(节录)等珍贵史料和文艺作品51件。

Jiaye Tang

嘉业堂 中国近代规模最大、藏书最丰富的私家藏书楼。属浙江图书馆古籍书库。位于浙江省湖州市南浔镇,建于1924年。全盛时期藏有方志1200余种35000余卷。1933年后,善本散出。1951年嘉业堂主人刘承幹将藏书捐给浙江图书馆,其中地方志书1123种。①嘉业堂藏普通古籍方志。据《嘉业堂藏书楼书目·史部地志》著录,共1217种35359卷,其中有铅印本22种、石印本5种、彩印本1种、海内孤本23种。地域涉及全国20多个省、自治区、直辖市,其中较多的有浙江方志147种、江苏方志142种、山东方志96种、江西方志96种、湖北方志94种、直隶方志90种、广东方志78种、湖南方志76种、四川方志74种、陕西方志74种、河南方志66种、山西方志53种、安徽方志52种、福建方志37种。②嘉业堂藏善本方志。据《嘉业堂藏书志·史部》著录,共103种1664卷,其中地理类著录91种1559卷,职官类著录5种51卷,金石类著录6种18卷,目录类著录1种36卷。有总志、省志、府志、州志、县志、山水志、乡镇志、学校志、金石志、经籍志等。

嘉业堂正门

Jiayingzhou Zhi[Guangxu]

《嘉应州志》[光绪] 吴宗焯、李庆荣修,温仲和纂。清光绪二十七年(1901)刻本。32卷,首1卷。约75万字。分32门。叙事至光绪二十六年。只记州事,不记属县事。内容包括嘉应州(治所位于广东省梅州市)36个堡的历史沿革、山川、城池、古迹、水利、物产、方言、礼俗、人物、艺文、丛谈等。博采典籍文献而成,附以己意,考订详核,尤以方言、礼俗二门为详。记“寇变”,以事为纲,采用纪事本末体,又以时代为次。国家图书馆、广东省博物馆、天津图书馆、中山大学图书馆等有藏。国家图书馆、广东省立中山图书馆等藏1933年伍心远庐补刻本。

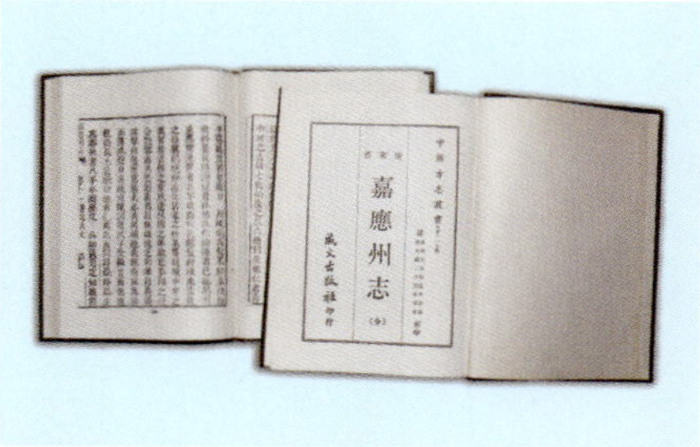

光绪《嘉应州志》(“中国方志丛书”本)书影

Jiaxian zhi(jiuzhi)

郏县志(旧志) 明弘治年间创修,曹豹修订。明万历年间,徐良榛重修。二书久佚。清顺治五年(1648)修成的一部县志,为存世最早的郏县志。清顺治十五年王昕再修,已佚,存序。清康熙二十三年(1684)张震维据王昕志续修,日本内阁文库藏刻本。康熙三十三年,金世纯再修。清代乾隆、嘉庆、咸丰、同治年间均有修志。清光绪三十四年(1908)辑乡土志2卷。除章玉森所修嘉庆志仅存序外,其他志书均存,其中张熙瑞纂修的同治志体例、篇目同咸丰志,主要增补捻军活动,实为咸丰志续志。

《郏县志》[顺治] 张笃行、石只文纂修。顺治五年刻本。8卷。设8志,统50目。记述有独到之处,如村店目除记载方位、名称外,还记其特点,深入风俗、物产、古迹名胜等。艺文类只收文两篇,其余为诗。其中有张笃行诗30篇,诗中反映了郏县破败的景象。但有关县内三苏坟的诗文收集很少。国家图书馆有藏。

《郏县续志》[乾隆] 张楣修,聂宪纂。乾隆八年(1743)刻本。为康熙三十三年志续补,又名《郏县续志卷之五》,意为附康熙志4卷之后,但康熙志并未重印于前。1卷。列34目。概括一地全貌,未列祥异目。除沿革、形胜、疆域、山水无增损外,学校、书院、义学、坛壝、仓、养济、坊巷、桥梁、赋役、邮传、水利、职官、人物、忠烈、乡贤、义士、荐辟、进士、贡士、例监、特典、孝子、武科、封赠、节烈、祠庙、寺观、陵墓、古迹、辨误、艺文、诗等分类款项,增补康熙三十三年后事,注意考覆详明、补缺。国家图书馆、北京大学图书馆等有藏。

《郏县志》[咸丰] 姜篪修,郭景泰纂。咸丰九年(1859)刻本。12卷。分53目。纲目编排突出职官志。杂事志

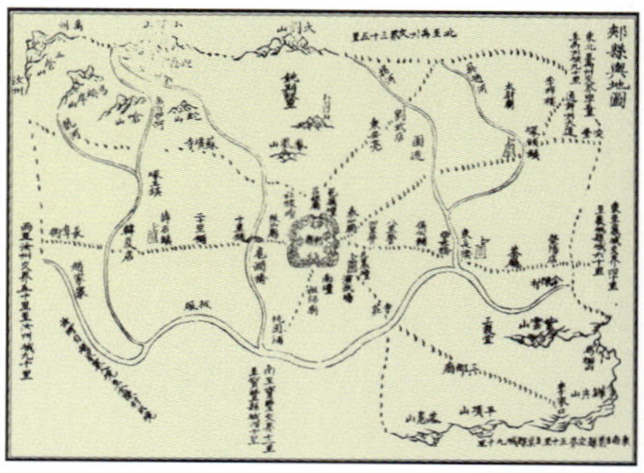

郏县舆地图(咸丰《郏县志》)

中兵燹目资料最丰富，采用纪事本末体，每事一篇，共5篇，其中《纪流贼事》《纪土贼事》为重录旧志，新增《纪鲁山土匪事》《纪教匪事》《纪捻匪事》。《纪教匪事》专载嘉庆五年(1800)安徽太和人刘之协在宝丰、郏县间传习白莲教，与郏县人姬三、姬四、马得良等倡"乱"，从者数万；宝丰人王远志、郏县人郭久醇于嘉庆六年造反举事。《纪捻匪事》记载咸丰五年至九年，捻军在郏县一带的活动。人物志中武功、义烈等目记载了"殉难"诸人。水利目记载本县一陂十三渠的引水、泄水、修葺年代、规模及开浚等情况。古迹目附记金石，收录自北齐至明代的古碑32通，记作者、字形、时代、匠人姓名，未录碑文。志中专门辑录旧志序跋，保存了清代本县志书纂修沿革的资料。户口、田赋等仅记咸丰八年资料，乾隆至咸丰100余年资料空缺。国家图书馆、天津图书馆、南京图书馆、中国科学院国家科学图书馆等有藏。另有1931年石印本。

Jia Dan

贾耽(730—805) 字敦诗。唐沧州南皮(属河北)人。天宝十年(751)以明经登第。贞元九年(793)征为右仆射、同中书门下平章事。在相位13年。绘有《关中陇右及山南九州等图》《海内华夷图》等，著有《皇华四达记》《陇右山南九州别录》《吐蕃黄河录》《古今郡国县道四夷述》《贞元十道录》等，多散佚。①《海内华夷图》。贞元十七年绘成。成图一轴。原图长3丈3尺，宽3丈，约比裴秀《地形方丈图》大10倍，比例尺为一寸折地百里(相当于1∶1 500 000)，用墨色、红色两种不同颜色分别标注古今地名，开创中国地图史上以朱、墨分注古今地名先例。此方法一直沿用至清末。该图已佚，缩本题名《华夷图》，南宋绍兴六年(1136)刻于石上，存于西安碑林。②《古今郡国县道四夷述》。共40卷。形式上是《海内华夷图》的文字说明，实际上考订历代地理沿革、边防，城镇都会的变迁，及各地人口增减，记述当时风俗、物产、经济状况，初具方志规模。原书已佚，缩写本为《贞元十道录》，敦煌莫高窟出土写本残页。

Jia Enfu

贾恩绂(1865—1948) 字佩卿。河北盐山人。早年就读于保定莲花池书院，师从吴汝纶。清光绪十九年(1893)中举。曾在太原梗阳书院、定县定武书院、北京贵胄学堂任教。1914年任直隶通志局总裁，纂修《直隶通志》。后任北洋政府财政部盐法志总纂、都门编书局编纂、临时执政府顾问等。1947年任河北省通志馆总纂，续修《河北通志》。纂有《盐山新志》《定县志》《南宫县志》《枣强县志》等。另著有《思易草庐日记》《史记评点》等30余种。在《盐山新志》叙例中，指出史与志有很大不同，"正史体大，可以义例为纲；方志体小，纯以事实为主"，批评章学诚"拘于义法，在以纪、表、志、传为衡"；提出"方志之体以区域为主，法度为辅。二者详，其在方志已为应有而尽有。此外征文献，详故实，均为讲舆地者所不废"，"以史裁衡之，'疆域'其纪也，'法制''故实'其志也，'文献'其传也，而'表'则附传、志各篇之后"。强调史识的重要性，认为"识不足则条例混淆、详略失体、判断乖方"。①《定县志》[民国]。何其章、吕复修，贾恩绂纂。1923年始修，1926年成稿，1934年刻本。22卷，首1卷。在旧志基础上增删而成，分舆地、政典、文献、志余4门，下分子目13篇。祠墓篇收录古中山国12座王陵，新政篇记述行政组织、财政、公安、自治、党务、商会、邮政、电政、铁路、模范村等内容。②《南宫县志》[民国]。黄容惠修，贾恩绂纂。1936年刊行。26卷。约12万字。正文分疆域、法制、文献、掌故4门，下设14目。贾氏认为疆域是"全志之主体"，法制是"整理疆域之具"，文献为"疆域之特产、文化之结晶"，掌故"如绘事然"。记事止于1933年。人物篇幅较大，入列传者290余人。新政门对清末至民国时期公安、财政等记录详细。③《枣强县志》[民国]。贾恩绂纂修。28卷。1936年刊行。有19卷存世，分别为舆地略(疆域、沿革、物产、古迹)、文献略(职官、循良列传、人物、艺文)、志余略(谣俗、兵事、金石、杂志)等。有1987年中国书店重印1936年刻本。

J

Jianming Fangzhi Bianzuan Xue

《简明方志编纂学》 姚金祥、何惠明著。1994年南海出版公司出版。41万字。设31章139节。全书大致分7部分：方志与方志学基础知识，修志的意义、任务和指导思想，方志编纂的方法和步骤，各种方志的编纂研究，方志编纂的专题研究，方志的评审、验收、出版，新方志编纂的回顾和展望。对于方志的起源、形成和发展，列举学术界的各种学说，认为方志源于春秋战国时期，秦汉发端，《越绝书》为方志鼻祖，三国、两晋迄于隋唐出现地记；北宋图经盛行，南宋方志正式定型，元代全面完成图经向方志的过渡，明清进入全盛时期，民国时期体例有所创新。认为编纂新方志的任务包括志书编纂、地情咨询、学术研究、宣传教育、资料保管、旧志整理等。从8个方面展开对方志编纂方法和步骤的论述。还论述了省志、城市志、专业志、地州志、县志、城市区志、乡镇志、山水祠庙志等的特点和编纂方法。在方志编纂的专题研究中，探讨概述、大事记、政治部类、经济部类、人物志等专题的编纂方法和注意事项，并研究方志编纂中的升格现象，以及图表、照片、数据的地位、作用、种类、设置和入志问题。还就志稿的评议、修改、审定验收、编辑出版等问题提出见解。①姚金祥(1945—)。1968年复旦大学毕业。1981年始编研地方志。历任上海市地方志办公室副主任、"上海乡镇旧志丛书"编辑整理委员会副主任等职。主编《奉贤县志》《中国共产党上海市奉贤县组织史资料》等，著有《志海学泳集》，合著《中国地方志词典》《新编方志评论集》《方志学》等，发表方志论文近百篇。②何惠明(1952—)。曾

J

就读于华东师范大学中文系、复旦大学历史系，后从事文物考古、地方史志编研工作。历任上海市地方志办公室编纂处处长、《上海通志》总纂室主任、松江区地方史志办公室主任、上海地方史学会常务理事。主编《松江县志》《松江年鉴》《茸城志谭》等，编著《松江文物胜迹志》《九峰志》等 10 余部志书，发表方志论文 20 余篇。

Jianshuixian Zhi

《建水县志》 主编杨丰。1994 年中华书局出版。120 万字。设 25 篇 120 章 429 节 637 目 769 子目。配彩照 64 幅、黑白照 170 幅。上起有史料可考之时，下至 1987 年。概述、大事纪年、人物为史体，政治、军事、经济部类中增加纪事本末体的大事纪略，以弥补编年体大事记的不足。各分志中增加发展概况或无标题简述，纵述事业兴衰，增加宏观性综合记述，并专设宏观经济篇。为突出建水县国家级历史文化名城和国家级风景名胜区的特点，以及“滇南邹鲁”“文献名邦”和“诗书郡、礼乐邦”的美称，重点记述教育、文物胜迹等内容。其中教育篇记述明清两代建水 111 名文武进士、1273 名文武举人，“临半榜”名称的由来，以及包见捷、萧崇业、傅为詝、张履程等著名人物。文物胜迹篇分历史文物、革命文物、居民衙署、风景名胜 4 章，记述了文物、古建筑、古民居以及多处风景名胜。农业篇记述了建水传统农业及特色农业发展的历程。民族宗教篇从语言文字、饮食、服饰、住宅、婚俗、丧葬、信仰、节日和经济发展状况等方面对世居建水的多个民族做了详细记述，

彝族烟盒舞

并在《文化·体育志》中增设民族歌舞章。因建水方言很有特色，专设方言篇。1996 年获云南省地方志优秀成果奖二等奖，1997 年获全国地方志奖二等奖。

Jianmenguan Zhi

《剑门关志》 四川自宋代有关志后第一本全面系统记述剑门关境域风土、人文的专志。张述林（主笔）、邓元煊、王珏编纂。1995 年巴蜀书社出版。20 万字。设 4 编。篇下未分章节，按地域进行记述。全面记述剑门关境内，以剑门驿道为限，不涉县治，自昭化天雄关到剑阁汉阳镇，东西百里区境内的自然风

剑门关隘口

物。注重记述剑门关地理环境和境内发生的重大事项以及与剑门关、剑门山有关的艺文。蜀道编分南北两栈记述境内古道。舆地编中收录包括梁山、大剑山在内的 43 处自然景观。纪事编收录蜀迎石牛、张仪伐蜀等 44 个事件。艺文编收录自三国到近代与剑门关有关的诗、词、赋 161 篇。志中还收录了剑门关道简图、剑门关楼和明代仇英《剑阁图》。1995 年获四川省哲学社会科学优秀科研成果奖三等奖。

Jiangjinxian Zhi

《江津县志》 主编钟永毅。1995 年四川科学技术出版社出版。110 万字。设 27 篇，附录艺文、名录各 1 篇。配彩色、黑白照片 84 幅。上限不定，主要收录 1923 年后的资料，下限至 1985 年。大事记附专题记述，记载辛亥革命、五四运动、江津学生留法勤工俭学、战干团惨案、冯玉祥来津发动节约献金、血战火海的“32111”钻井队、保护四面山林区等重要史实。柑橘为江津著名特产，书中单独立志进行记述。柑桔（橘）志分设 5 章，详记境内国营、集体、户营等不同经营体制的果园，甜橙、红橘、酸橙等柑橘资源，果树的栽培、病虫害防治、果实贮藏方式等内容。志中还反映了抗日战争时期，江津作为大后方著名的津沙文化区的文化地位。人物志采用传记、传略的形式记述陈独秀、阎松父等本籍及寓居江津的近百位名人，并收录烈士名录。1996 年获四川省地方志优秀成果奖方志类二等奖。

《江津县志》书影

Jianglingxian Zhi

《江陵县志》 主编浦士培。1990 年湖北人民出版社出版。140.5 万字。分 110 卷，设 29 部分志。配图片 60 余幅。上限不限，下限至 1985 年。建置志设建都卷，用约 6000 字的篇幅简要记述自楚文王元年（前 689）至北宋乾德元年（963），先后建此的楚郢都、临江国都、晋安帝都、齐和帝都、梁元帝都、后梁都、萧铣帝都、唐南都、荆南国都。附藩封，记载自楚亶王国起，至明惠王国止，历代 21 个藩封王国建国于江陵的史实。除在建置志中体现江陵作为楚都所在地的重要地位，在彩色插图、总述、大事记及城乡建设环境保护、文化、教育、文物、人

明代荆州城城垣

物等分志中采取不同形式，多角度地表现楚文化在县境内的影响。专设堤防农田水利志，分述荆江大堤、干支民堤、长湖库堤的历史和现状，县内排涝工程、灌溉设施所及各类水利工程的管养情况。1993年获全国新编地方志优秀成果奖一等奖。

Jiangnan tongzhi

江南通志　清顺治二年（1645）设立江南省，后分为江苏、安徽两省。清代共修成康熙和乾隆两部《江南通志》。①《江南通志》［康熙］。于成龙等修，张九征、陈焯纂。康熙二十三年（1684）刻本。76卷。平列体结构。分33门。各门均有无题小序，或阐述主旨，或追溯本源，或点明重点。记述内容涵盖苏、皖两省，记事一般上自各类事物的起始发端，下迄康熙二十三年。对赋役、盐法、漕运等收录较详，其中明万历年间的资料尤

乾隆《江南通志》（“中国地方志集成”本）书影

多。精绘黄、淮二河堤岸，长江各汛、沿海各汛、太湖港等图。设有河防、江防、海防、水利4门。水利门结合水患、治水实绩，收录前人治水主张，供后人参照、比较，总结治水经验。有关宗教的记载较为谨实。因成书仓促，未脱草率编就之病。该志为存世江南地区最早的一部通志。国家图书馆、南京图书馆、中国科学院国家科学图书馆、北京大学图书馆等有藏。②《江南通志》［乾隆］。尹继善等修，黄之雋等纂。乾隆元年（1736）刻本。200卷。首4卷为顺治、康熙、雍正帝的诏谕，序目1卷。纲目体结构。设10志，统68目。在康熙志基础上纠错补漏。记事上自周秦，下迄乾隆元年。河渠、杂类二志为康熙志所无。搜采资料较康熙志丰富，详于对赋役、盐法、水利、漕运的记述。精于史事考订，设辨讹目，如力主金山周公墩非周康王遗迹、米芾未知山阳县、宗泽墓不在镇江等。国家图书馆、故宫博物院图书馆、南京图书馆、上海图书馆、无锡图书馆等有藏。2010年广陵书社出版影印本。

Jiangningfu zhi

江宁府志　清初将明代应天府改称江宁府（江苏南京）。清代江宁所修府志共有4部，分别是陈开虞纂34卷康熙志、于成龙纂修40卷康熙志、姚鼐纂嘉庆志、汪士铎等纂同治志。①《新修江宁府志》［嘉庆］。吕燕昭修，姚鼐纂。嘉庆十六年（1811）刻本。56卷。志首为姚序，其后分列21门。记载人物尤为翔实。作者注重搜访并参诸旧史，对省志内容进行补阙正讹。国家图书馆、南京图书馆、南京大学图书馆等有藏。国家图书馆、中国科学院国家科学图书馆、南京图书馆等藏清光绪六年（1880）刻本，书后附校刊记1卷，用以校订原书讹误。②《续纂江宁府志》［光绪］。蒋启勋、赵佑宸修，汪士铎等纂。光绪六年刻本。15卷，首1卷。分图说、驿递、田赋、军制、祠祀、学校、实政、建置、名迹、艺文、大事表、秩官、守令表、科贡表、兵事表、人物、拾补、勘误等门。此志续纂嘉庆志。义例多以前志为准则而补缀残阙。虽题“续纂”，而有续，有不续，且有创例。天章无可续，则删去。图说较嘉庆志完备。驿递改附于舆图后。军制志记述驻防标营、绿营之制及营汛各地，为前志所未详记。实政门为前志所无。艺文门上卷续嘉庆、道光以后江宁府所辖七县名贤著述，只辑书目，不收诗文；下卷记金石。南京图书馆、浙江图书馆、上海图书馆、杭州大学图书馆等有藏，另有光绪十年重印本。

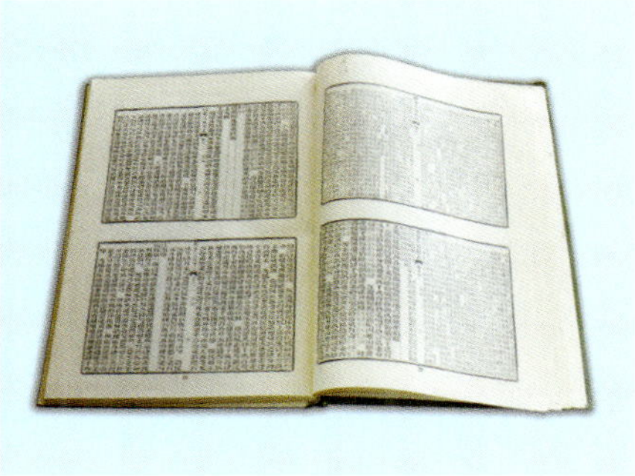

光绪《续纂江宁府志》（“中国方志丛书”本）书影

Jiangningxian Zhi[Wanli]

《江宁县志》［万历］　周诗、石允珍修，李登等纂。明万历二十六年（1598）

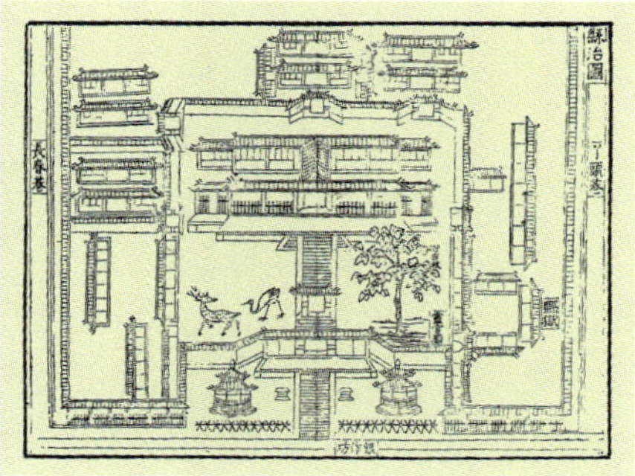

江宁县治图

刻本。在刘雨所纂《正德江宁县志》基础上重修。又题名为《重修江宁县志》。10卷。卷前附县境图、县治图。正文分纲列目设置篇目，设沿革表、官守表、科贡表、地理志、建置志、版籍志、户口志、祠宇志、古迹志、宦迹传、人物传。各表、志前均有无题小序，阐述编写缘由。志中记载境内山川、楼阁、第宅、冢墓，收录与邑治有关的艺文。凡是立例、纪闻、征事，都采集其他名志中的优点、实事。注重对人物的记载。国家图书馆等有藏。北京大学图书馆藏抄本。1985年广陵古籍刻印社据南京大学图书馆藏刻本出版影印本。

Jiangsusheng Fangzhiguan

江苏省方志馆　位于南京市梦都大街。2010年4月建成开馆。建筑面积5156平方米。共5层。一层设多功能厅、临展厅、采编室、综合服务区。二层设展厅、贵宾接待室，展厅面积约400平方米，主题是“方志之乡”，运用现代化展览技术，展示和传播江苏方志历史文化。三层设志鉴、地情书刊借阅室，电子阅览室，旧志、工具书阅览室。四层设会议室、信息资源开发室、专家研究室。五层为志书、年鉴、文献资料库房及附属设施。至2010年底，馆藏图书1万多种10万多册（单本2.5万册、复本7.7万

册),录入数据库2200多册,有期刊资料120多种。所藏60%为江苏省三级志鉴书籍、全国各地志鉴书籍及部分旧志,包括明刻本《越绝书》、光绪《常昭合志稿》原本旧志;30%为江苏地情书,10%为各种报刊及图书资料。

J

Jiangsusheng Tongzhi Gao[Minguo]

《江苏省通志稿》[民国] 缪荃孙、冯煦、庄蕴宽、吴廷燮等纂修。在清宣统《江苏通志》稿本基础上纂修而成,历经5次编修和整理补充,1945年完成初稿。为江苏自清代建省后第一部省志稿。352卷。约800万字。设22个分志。记事上自西周,下限多止于清末。日伪江苏省政府解散后,除大事、建置、民政、都水、司法、邮传、古迹、列女、灾异9类100卷少量印行外,大部分为稿本,故称《江苏省通志稿》。1960年,南京图书馆和省文史馆进行校订、圈点,志稿增至392卷,但未出版。1986年,江苏省地方志编纂委员会办公室组织订正、校点整理,江苏古籍出版社于1991~2003年陆续出版。共11册,1509万字。第1册为大事志,第2册为方域、都水、建置3志,第3册为民政、礼俗、度支、货殖4志,第4册为职官志,第5册为选举志,第6册为武备、司法、邮传、邦交4志,第7册为文化志、经籍志,第8册为古迹志、金石志,第9~10册为人物志,第11册为宗教、列女、灾异3志。湖北省图书馆、河南省图书馆等藏1927年影印本,南京图书馆、吉林省图书馆、吉林大学图书馆、江苏师范大学图书馆藏1945年铅印本。

《江苏省通志稿》(江苏古籍出版社版)书影

Jiangsusheng Zhi Caizheng Zhi

《江苏省志·财政志》 主编姜其温。1996年江苏古籍出版社出版。2册,142万字。设24章。志首有1950~1990年江苏省各个时期财政收入构成图、1950~1990年江苏省财政收支总数发展速度图、照片55幅。上限不定,下至1990年。专设财政收入综述、财政支出综述两章,弥补平列体省志专业志"见木不见林"的不足,较好地处理了综述章与全书概述及相关章下无题引言的关系。概述对江苏"境域上是个小省,财政上是个大省;财政收入上是个富省,财政支出上是个穷省"这一历代财政特点进行描述。据实记述了"大跃进"、人民公社化、"文化大革命"中财政经济工作的失误和问题,特别是20世纪80年代末、90年代初通货膨胀,经济效益恶化、经济秩序混乱的现象。1997年获全国地方志奖一等奖。

《江苏省志·财政志》书影

Jiangsusheng Zhi Fangyan Zhi

《江苏省志·方言志》 主编鲍明炜。1998年南京大学出版社出版。112.8万字。设8章。志首有江苏省方言分区图1张。将江苏方言分为江淮、吴、北方3个方言区,分68个点记述江苏各地方言音系。详细描写南京、扬州、泰州、苏州、常州、徐州、赣榆7个方言片代表点音系的声母、韵母、声调、音变、异读、内部差异、音节表等。相较1960年的《江苏省和上海市方言概况》,记述的方言音系数量更多,词汇更充实,并新增语法部分,字音对照表、常用词对照表、语法例句对照表、同音字汇、江苏省方言地图。附录收录江苏省方言研究人才培养、江苏省方言研究文献目录。1999年获江苏省哲学社会科学优秀成果奖一等奖。

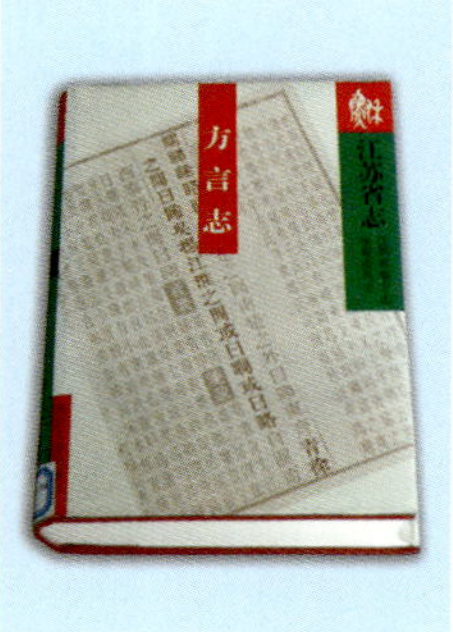

《江苏省志·方言志》书影

Jiangsu xiuzhi

江苏修志 江苏方志编修可追溯至东汉《吴越春秋》。据《江苏旧方志提要》著录,江苏历代各种旧志共1170种,其中流传下来的志书七八百种。1987年全面部署首轮修志工作,至2007完成。第二轮修志于2005年开始。至2010年,共出版省志分志、市志、县(市、区)志248部(册)。

江苏历代方志编修 江苏历史上不少著名人物特别是阮元、江藩、焦循、李兆洛等清乾嘉时期的朴学家参与修志。《四库全书总目提要》收录明代以前都会郡县志之"尤雅者"和所收历代著名古迹志中,江苏志书都占全国同类志书的1/4。乡镇志、村志、乡土志等小志编修尤为发达,可考的有367种,接近江苏历代所修旧志的1/3。

江苏汉至五代时期修志 汉代江苏地区已有《沛国耆旧传》《广陵郡图经》问世。据张国淦《中国古方志考》所载,魏晋南北朝及以前,修有郡国志、地记、人物传、风土记等39种,如《阳羡风土记》《三吴郡国志》《南徐州记》《吴县记》《娄地记》《京口记》等。隋唐后,图经、地记不断涌现。可考的有隋《江都图经》,唐《吴地记》《江东记》《删治吴地记》《淮阴图经》《扬州记》《(润州)图经》《京口续志》,五代《(润州)图经》等。

江苏宋元时期修志 宋元时期江苏地区编撰志书110余种。府志、州县志大体各半,体例和收录范围趋于定型。存世代表作有宋《吴郡图经续记》《景定建康志》《吴郡志》、元《金陵新志》《无锡县志》《重修琴川志》,嘉定、至顺年间所修两部镇江志,咸淳《毗陵志》、至正《昆山郡志》、淳祐《玉峰志》

及续志、天历《茅山志》等。

江苏明代修志 共纂修志书261种，其中府志34种、州县志160种、专志67种。考知成书年代明确的214种。存世150余种。①江苏明代府志。存15种。有《扬州府图经》、洪武《苏州府志》、永乐《常州府志》、成化《重修毗陵志》、正德《常州府志续集》《姑苏志》《淮安府志》、嘉靖《惟扬志》、万历《应天府志》《重修常州府志》《淮安府志》《扬州府志》《重修镇江府志》、天启《淮安府志》、崇祯《淮安府实录备草》。②江苏明代州县志。存70余种。州志存16种，其中徐州有正统、弘治、嘉靖、万历4种，太仓州有弘治、嘉靖、崇祯3种，通州有嘉靖、万历等3种，泗州有嘉靖、万历2种，泰州有万历、崇祯2种，海州有隆庆1种，高邮州有隆庆1种。县志存60余种。③江苏明代专志。存世专志中有反映漕运和水利的《嘉靖漕运通志》、崇祯《南河志》，专记山水的《慧山记》、成化《虎丘山志》《阳山志》、嘉靖《邓尉山志》、嘉靖《金山杂志》、正德《京口三山志》、万历《京口三山全志》、万历《京口三山志选补》、嘉靖《石湖志略》《三吴杂志》（专记太湖）、天启《湖隐外史》（专记环汾湖一带之事）等，寺庙志有万历年间编修的《金陵梵刹志》《金陵玄观志》《鹤林寺志》，其他还有嘉靖《龙江船场志》、万历《吴社编》（专记苏州庙会之事）、万历《浒墅关志》、万历《常熟文献志》等。

江苏清代修志 清代，江苏首次编纂了省级通志，府、州、县多次修志，苏南地区不少县编纂了合志。很多文人参与志书的编纂，出现了一批良志佳作。①江苏清代省级通志。康熙朝纂成《江南通志》。雍正九年(1731)再修通志，黄之雋主持编修，在康熙本的基础上润色、纠错、补漏，增添康熙二十二年(1683)后的内容，历经5年修成乾隆《江南通志》。宣统元年(1909)置通志局，翌年五月开始纂修通志，缪荃孙为总纂。1911年辛亥革命爆发，编纂停顿。1912年8月通志局停办。志稿共12个分志，后仅缪荃孙的《江苏金石志》、陈作霖的《江苏兵事纪略》单独刊行。②江苏清代府州县志。顺治朝，仅六合、溧水、高淳、句容、丰、沛、吴江、海门、安东、徐州、海州等州、县修成10余种志书。康、雍、乾三朝，大部分府、州、县都编纂了志书。有的地区数次修志。有些县纂修合志，如无锡和金匮，荆溪与宜兴，武进与阳湖，昆山与新阳，都编纂了合志。咸丰朝，仅苏北地区邳州、清河、兴化、靖江等州、县编纂了志书。在士绅的大力推动下，同治、光绪年间，江宁、徐州、苏州、扬州、常州、淮安等府及所辖各州、县，太仓、通州两直隶州及其属县均编纂了志书。梁启超在《中国近三百年学术史》中提及的清代名志中记述江苏地域的有乾隆《太仓州志》、乾隆《江宁府志》、嘉庆《扬州府志》、咸丰《邳州志》（见鲁一同）、咸丰《清河县志》、同治《苏州府志》等。③江苏清代乡镇志。康熙至道光年间先后纂成《吴郡甫里志》《平望镇志》《盛湖志》《黎里志》《同里志》《瓜洲志》《练湖志》等。太平天国战争结束后，《锡山梅里志》《盛湖志》《光福志》《泰伯梅里志》《杨舍堡城志稿》《盛湖志补》《周庄镇志》等近20种纂成。一些乡镇多次修志。出现编纂合志的范例，如光绪朝马幼良纂成《四镇略迹》。存世77种乡镇志中，嘉庆《北湖小志》（见焦循）、咸丰《甘棠小志》均为名志。④江苏清代乡土志。有光绪、宣统年间修成的《高邮州乡土志》、马锡纯《泰州乡土志》、陈作霖《上元江宁乡土合志》、刘师培《江宁乡土地理教科书》（江宁指江苏一省）、顾国珍《昆新乡土地理志》等。无锡也有《锡金乡土地理》《锡金乡土历史》等乡土志。常熟出现仿照小学课本编纂的乡镇乡土志《东塘市乡志》。⑤江苏清代专志。山水志数量最多。南京、镇江、无锡、苏州、通州、连云港、句容等地的名山、名湖都有专志，有些多次编纂，如金山有5种山志，焦山、云台山有3种山志，太湖有3种湖志。还有记述虎丘、沧浪亭、平山堂、休园等名胜古迹的志书纂成。榷关志方面，浒墅关在康熙和嘉庆两朝两度修志。南京灵谷寺、镇江金山龙游寺有寺志，其中灵谷寺志两次编纂。驻防扬州的扬州营编纂了《扬州营志》，驻防镇江的旗营纂成《京口八旗志》。盐场志有康熙《淮南中十场志》、道光《两淮通州吕四场志》、同治《两淮通州金沙场志》。

江苏民国时期修志 民国时期，江苏数次组织编修省志，基本成稿。民国初，政区合并或更名的州、县大多编纂了记述下限至清宣统三年的续志。1918年、1929年两度下令各地纂修志书，这一时期江苏编纂的志书的框架体例出现了变化。①江苏民国时期通志。辛亥革命后，原江苏通志局解散。1918年3月于南京设通志局，续修省志，冯煦任总纂。历时十余年，形成草稿300余卷，后因志局撤销，未能形成全稿。1927年8月冯煦病逝后，所存遗稿220册及参考书等由省图书馆收存。1929年江苏通志编纂委员会成立，于镇江开局修志，庄蕴宽任总编纂。修志历时3年中止，之后仅柳诒徵的《书院志》《礼俗志》《钱币志》和金蘅意的《艺文志》等数种专志单独刊行。1944年汪伪江苏省政府于苏州设通志编纂委员会，吴廷燮任主编，1945年完成初稿350余卷，日伪政府解散后，仅部分卷册少量印行，大部分为稿本，称《江苏省通志稿》。记述江苏全境的志书还有1912年林传甲纂成的《大中华江苏省地理志》、1932年省民政厅纂成的《江苏各县概况一览表》、1935年赵如珩汇编的《江苏省鉴》、1935年李长傅纂成的《江苏省地志》、1936年商务印书馆铅印出版的《江苏六十一县志》、1942年吴廷燮纂辑的《江苏备志稿》。②江苏民国时期市志。主要有1932年清秘阁南京分店出版发行，由陈乃勋、杜福堃等编纂的《新京备乘》；1935年南京正中书局出版发行，由柳诒徵、王焕镳编纂的《首都志》，共和书局出版，由南京市政秘书处编纂的《新南京》；1949年中华书局出版，由刘绍桢、唐圭璋等纂成的《南京小志》。③江苏民国时期县志。民国时期全省共61个县。1918年江苏省长公署通令所属各县重修县志。为编修

J

江苏通志，向全省征集资料，促进了县志的编修。在此背景下，《续修江苏通志无锡征访类稿》《泰兴县志续》《泰兴县志补》《泰兴县志校》和《邳志补》(后附《邳志再补》1卷)等问世。民国初期所修县志以续志居多，并以原行政区划名命名，记述下限一般为清宣统三年，如昆山县《新昆两县续补合志》、吴县《吴长元三县合志》(付印时改为《吴县志》)、常熟县《重修常昭合志》、太仓县《镇洋县志》、淮安县《续纂山阳县志》、淮阴县《续纂清河县志》、江都县《甘泉县续志》、高邮县《三续高邮州志》、泰县《续纂泰州志》等。民国中后期编纂的志书较多地记载民国史实，如王汾纂修的《盱眙县志略》，除沿革外，其余各篇均不涉及民国前的人和事，新增教育、金融、交通、救济、卫生、财政等篇目。一些县多次修志，如江都县有《江都县续志》《江都县新志》，盐城县有《续修盐城县志稿》《续修盐城县志》《盐城续志校补》。④江苏民国时期乡镇志。苏州一带编修的乡镇志较多，有《木渎小志》《相城小志》等12种。其他地区纂有《瓜洲续志》《王家营志》《无锡富安乡志》《崔堡小志》《曹甸小志初稿》等。⑤江苏民国时期专志。民国时期，南京编修的专志最多。有缪荃孙《秦淮广记》、潘宗鼎《金陵岁时记》、夏仁虎《玄武湖志》、傅焕光《总理陵园小志》、王焕镳《明孝陵志》、张惠衣《金陵大报恩寺塔志》、夏仁虎《秦淮志》。名山、寺庙均有专志，其中武进天宁寺首次修志。人物志有唐文治《乙亥志稿》、王慧言《乙亥志稿二编》、张嘉荣《慰志汇编》等。以江苏全境为记述范围的专志有刘季辰、赵汝均编著，农商部地质调查所、江苏实业厅于1924年印行的《江苏地质志》。以江苏长江以南地区尤其是太湖流域为记述范围的专志有1922年秦绶章和姚文枬等编纂的《江南水利志》。⑥江苏民国时期乡土志。有《江苏省乡土志》《首都乡土研究》《江宁县乡土志》《扬州风土记略》《南通县乡土志》《淮阴区乡土史地》《淮阴风土记》《姜堰乡土志》等16种。

江苏新方志编修 江苏省在20世纪50~60年代有近20个县组织编修新志，泗阳、泰兴、宿迁、涟水、沛县、吴县等县修成部分志稿，“文化大革命”开始后，修志工作停止。80年代恢复。1987年3月全省地方志第一次工作会议全面部署省、市、县三级修志工作。首轮修志于2007年结束。2005年开始第二轮修志。在全国地方志评奖中有21部获奖，在全省哲学社会科学评奖中有20部获奖，在省地方志系统举行的4次地方志优秀成果评比中有60部获奖。

江苏省级修志 江苏于1986年成立省志编纂委员会。胡福明任总纂。至2007年，全部出版，为江苏第一部完整的省志。共92卷、108部(篇)、118册，7500余万字。记事下限不一，最晚至2007年。设蚕桑丝绸志、风景园林志、江苏人民革命斗争纪略等特色分志。在全国地方志评奖中，财政志获一等奖，供销合作社志获二等奖。在全省历届哲学社会科学优秀成果评奖中，方言志、综合经济志获一等奖，民俗志获二等奖，旅游志、社会科学志、体育志、军事志获三等奖。在全省地方志优秀成果评比中，陶瓷工业志获一等奖。第二轮省志由50本(卷)分志、10本(卷)专志和若干丛书组成。10本(卷)专志分别为建置、市县概况、开发区、民营经济、工艺美术、吴文化、文化遗产、江河湖泊、名城名镇名村、江苏老字号。断限为1978~2008年。

江苏市级修志 全省除新设立的泰州、宿迁两市外，其余11个市均在首轮有修志任务。其中南京市采取简志—市志丛书—通志三部曲的形式编修志书。1986年出版的《南京简志》为全国第一部新编城市志。2011年“南京市志丛书”出齐，共66部。通志《南京市志》列入二轮修志。其余10部省辖市志中，《镇江市志》于1993年率先出版，2007年最后一部市志《连云港市志》出版。由于江苏1983年实行市管县体制，南京、镇江、苏州、无锡、常州编修的市志记载范围一般以市区为主，1983年后覆盖全市。长江以北的市因所辖范围与过去的地区基本对应，市志所记内容基本涵盖全市地域，通贯古今。市志注重设置反映地方特色的卷目，如《无锡市志》的乡镇工业卷、《常州市志》的城市经济体制改革卷、《镇江市志》的著作卷、《扬州市志》的名胜园林旅游卷、《盐城市志》的海涂开发卷、《淮阴市志》的洪泽湖卷等。在全国地方志评奖中，《苏州市志》获一等奖，《无锡市志》《宿迁市志》《镇江市志》获二等奖，《南京简志》获三等奖。在全省哲学社会科学优秀成果评奖中，《常州市志》《扬州市志》获一等奖，《淮阴市志》获二等奖，《南通市志》《连云港市志》获三等奖。在全省地方志优秀成果评奖中，《镇江市志》《南京市志丛书·自然地理志》获一等奖，《盐城市志》《泰州志》获特等奖。2000年江苏颁发续修地方志工作规划，除《南京市志》外，其余市级志书均有续修任务，其

江苏首轮市级志一览表

志书名称	主编／总编／总纂	字数(万字)	出版年
《南京简志》	杨之水	130	1986
《镇江市志》	张世阊等	287	1993
《徐州市志》	董献吉	350	1994
《无锡市志》	庄申	500	1995
《常州市志》	黄元裕	510.8	1995
《苏州市志》	陈晖	483.5	1995
《淮阴市志》	荀德麟	450	1995
《扬州市志》	薛庆仁、夏泽民	560	1997
《盐城市志》	韩建勋	482	1998
《南通市志》	邵建、乔显曾	435.2	2000
《连云港市志》	秦光汉	418	2007

中泰州、宿迁两部市志为创修，记事通贯古今。2005年启动第二轮修志工作。规划编修市志13部。至2010年，已出版《南京市志》（共12册）7册。

江苏县（市）级修志　全省有首轮新修县志任务的县（市）共64个。1983年出版的《如东县志》为全省第一部正式出版的新修县志。1999年首轮新修县（市）志完成。如东县、常熟市志书出版修订本。首轮新编县（市）志记事多通贯古今、详今略古，下限一般为1985年或1987年。县（市）志中注重设置体现地方特色的篇目，如《宜兴县志》的陶瓷卷、《昆山县志》的血吸虫病防治篇、《沛县志》的武术编、《海门县志》的围垦治坍卷、《江都县志》的江都水利枢纽卷、《靖江县志》的建筑安装/海洋工程篇等。在全国地方志评奖中，《江阴市志》《沙洲县志》《武进县志》《江都县志》获一等奖，《靖江县志》《如东县志》《高淳县志》《常熟市志》《金湖县志》《盐城县志》获二等奖，《丹阳县志》《盱眙县志》《宜兴县志》获三等奖。在省哲学社会科学优秀成果评奖中，《南通县志》获三等奖。在全省地方志优秀成果评奖中，《洪泽县志》获特等奖，《无锡县志》《吴县志》《金坛县志》《盐城县志》《金湖县志》《铜山县志》获一等奖。二轮修志规划编修县（市）志64部。至2010年，出版7部。《邗江县志（1988~2000）》被列为全国二轮修志试点。

江苏城市区级修志　首轮新方志编修初期，对城市区志编纂未作明确要求，但部分省辖市的区内部印行或出版了区志。1988年出版的《白下区志》为全国第一部出版的城市区志。1997年江苏全面启动城市区志编纂。至2006年，首轮城市区志编纂工作结束，共出版39部。在全国地方志评奖中，《广陵区志》获二等奖。在全省地方志优秀成果评奖中，《秦淮区志》《栖霞区志》《下关区志》《建邺区志》《清河区志》获特等奖，《广陵区志》获一等奖。二轮规划编修城市区志33部。至2010年，苏州平江区、沧浪区、金阊区、郊区，常州钟楼区、郊区，徐州贾汪区、九里区，共8个区的区志完成出版。

江苏规划外志书编修　共编纂专志948种，乡镇（街道）村（社区）志345种。省级专业志有《江苏商业志》《江苏石油商业志》《江苏省工会志》《江苏科学技术志》《江苏科技群英志》《江苏省水文志》《江苏省司法志续编》。一些行业系统组织编写了系列丛书，如江苏省邮电志系列、"江苏土地志丛书""扬州卫生志系列丛书"等。原武进县、昆山市、常熟市普遍修纂了部门志和行业志，张家港市修纂了乡镇地名志丛书。行业志、部门志、专业志中的代表作有《南京建置志》《南京城墙志》《扬州市工业交通志》《丹阳市农林志》《海州民俗志》《雨花石志》等。新编乡镇志在苏南地区的昆山、常熟、武进、吴江等地基本实现普遍修纂，并开始第二轮续修。乡镇村志代表作有《洞庭东山志》《盛泽镇志》《扬名镇志》《东亭镇志》《玉祁镇志》《同里镇志》《武家嘴村志》《尧南社区志》等。山水名胜志代表作有《花果山志》《洪泽湖志》《茅山志》《惠山志》等。

江苏旧志整理　江苏省部分地区于1949年后自发开展旧志整理工作。无锡泰伯文献馆筹备处、扬州古籍书店、泰州新华书店、南通市图书馆、六

江苏旧志校注出版表（含内部印行）

书名	整理者	出版年	书名	整理者	出版年
《重修丹阳县志》（光绪版）	丹阳县志办	1985	《虎阜志》	张维明	1995
《丹阳县志补遗》（民国版）	丹阳县志办	1985	《太湖备考》（外二种）	薛正兴	1998
《吴地记》	曹林娣	1986	《至顺镇江志》	杨积庆等	1999
《吴郡图经续记》	金菊林	1986	《朐阳纪略（标点注释本）》	张卫怀	2000
《吴郡志》	陆振岳	1986	《元和唯亭志》	徐维新	2001
《清嘉录》	王迈	1986	《（新千年整理全本）徐州府志》	赵明奇等	2001
《乾隆六合县志（点注本）》	张世明	1986	《重修常昭合志》	常熟市志办	2002
《光绪六合县志（点注本）》	张世明	1986	《北湖小志·北湖续志·北湖续志补遗》	孙叶锋	2003
《安东县志》（康熙版）	涟水县志办	1989	《吴中小志丛刊·石湖志》	陈其弟	2004
《寒山寺志》	张维明	1990	《吴中小志丛刊·阳山志》	陈其弟	2004
《至正金陵新志》	田崇	1991	《吴中小志丛刊·寒山寺志》	陈其弟	2004
《江苏省通志稿》	江苏省志办	1991~2003	《吴中小志丛刊·金山杂志》	陈其弟	2004
《宝应历代县志类编》	宝应县志委	1991	《吴中小志丛刊·红兰逸乘》	陈其弟	2004
《隆庆海州志（标点本）》	张卫怀、汤兆成	1992	《平山揽胜志·平山堂图志》	曾学文、高小健	2004
《康熙六合县志（点注本）》	张世明	1992	《广陵通典》	田汉云等	2004
《（标点注释）嘉庆海州直隶州志》	仲其臻等	1993	《东林书院志》	无锡市史志办	2004
《康熙海州志（标点本）》	高金吉、张卫怀、汤兆成	1994	《扬州西山小志》	刘永明	2005
《康熙昆山县志稿》	昆山市志委	1994	《咸淳毗陵志》	朱玉林、张平生	2005

续表

书名	整理者	出版年
《梅里志·泰伯梅里志》	吕锡生	2005
《漕船志·王家营志·钵池山志》	荀德麟等	2006
《漕运通志》	荀德麟、何振华	2006
《洪武京城图志》	欧阳摩一	2006
《淮安河下志》	荀德麟等	2006
《金陵古今图考》	欧阳摩一	2006
《明孝陵志》	周钰雯、王韦	2006
《明永乐常州府志》	朱玉林、张平生等	2006
《秦淮志》	杨献文	2006
《吴邑志·长洲县志》	陈其弟	2006
《续纂淮关统志·淮关小志》	荀德麟等	2006
《张家港旧志汇编》	张家港市史志办	2006
《常熟乡镇旧志集成》	常熟市志办	2007
《东林书院志》	无锡市史志办	2007
《金陵大报恩寺塔志》	杨献文	2007
《金陵梵刹志》	何孝荣	2007
《分湖三志》	吴江市志办	2008
《淮阴区乡土史地·淮阴风土记》	毛立发、方宏伟、王信波等	2008
《金陵琐志九种·东城志略》	陈济民	2008
《金陵琐志九种·凤麓小志》	朱明	2008
《金陵琐志九种·金陵物产风土志》	陈济民	2008
《金陵琐志九种·金陵园墅志》	王明发	2008
《金陵琐志九种·南朝佛寺志》	许延长	2008
《金陵琐志九种·石城山志》	朱明	2008
《金陵琐志九种·运渎桥道小志》	王明发	2008
《金陵琐志九种·钟南淮北区域志》	许耀华	2008
《乾隆淮安府志》	荀德麟等	2008
《盋山志》	张增泰	2009
《景定建康志》	王志高等	2009
《震泽镇志续稿》	吴江市志办	2009
《正德淮安府志》	荀德麟、陈凤雏、王朝堂	2009
《天启淮安府志》	荀德麟、刘功昭、刘怀玉	2009
《献花岩志·牛首山志·栖霞小志·覆舟山小志》	刘文庆、卢海鸣、夏仁琴、朱明	2010
《(标点注释)云台新志》	张卫怀、鲁金武、葛百权	2010
《道光吴江县志汇编》	吴江市志办	2010
《光绪淮安府志》	荀德麟、周平等	2010
《昆山宋元三志》	陈其弟	2010
《明隆庆丹阳县志校注》	丹阳市史志办	2010
《儒林六都志》	吴江市志办	2010
《武进阳湖合志(点校本)》	武进区志办	2010
【内部印行】		
《云台新志》	连云港市博物馆、连云港市图书馆	1978
《沛县志(译本)》	沛县志办	1981
《安东县志(译注本)》	涟水县志委	1982
《海门县志》(嘉靖版)	海门县志办	1984
《丰县志(标点注释翻译本)》	王文升	1985
《睢宁县志稿》(民国版)	睢宁县志办	1985
《溧阳县志(译本)》	溧阳县志办	1987
《盱眙县旧志辑要》	盱眙县志办	1988
《苏州史志资料选辑·吴县乡土小志》	苏州市志办	1989
《靖江县志今译》	靖江县志办	1994
《苏州史志资料选辑·醇华馆饮食脞志》	臧寿源	1996
《桃源县志》(2种)	泗阳县志办	1999
《泗阳县志(民国版注释本)》	泗阳县志办	2000
《苏州史志资料选辑·苏州府纂修识略》	陈其弟	2000
《苏州史志资料选辑·吴县志(校补)》	王学雷	2000~2007
《苏州史志资料选辑·烬余录(乙编)》	陈其弟	2002
《苏州史志资料选辑·石湖志略》	陈其弟	2003
《苏州史志资料选辑·姑苏小志》	朱剑琳、顾霞、朱春阳	2004
《扬州水道记》	徐炳顺	2004
《苏州史志资料选辑·穹窿小记》	朱春阳	2005
《苏州史志资料选辑·吴郡通典》	陈其弟	2005
《苏州史志资料选辑·吴郡志略》	朱剑琳、顾霞	2005
《苏州史志资料选辑·松陵见闻录》	吴江市志办	2006
《苏州史志资料选辑·天平志》	朱剑琳、顾霞、朱春阳	2007
《苏州史志资料选辑·吴郡西山访古记》	陈其弟	2007
《苏州史志资料选辑·分湖志》	沈春荣、沈昌华、陈其弟	2008
《苏州史志资料选辑·灵岩山志》	陈其弟	2008
《苏州史志资料选辑·虎丘山志》	朱剑琳、顾霞、陈其弟	2009
《苏州史志资料选辑·五亩园小志题咏合刻》	陈其弟	2010

合县档案馆等单位于20世纪50~60年代,以手抄、油印等形式复制了南京、扬州、泰州、南通等地旧方志。自80年代起,江苏省地方志办公室组织了3次旧志清查工作,先后组织编纂《江苏地区期刊与方志综录》《江苏旧方志提要》《江苏旧志收藏整理普查总表》。2010年8月江苏省旧志整理中心成立,对省内主要图书馆、档案馆、市县所藏历代旧方志摸底,确定旧志馆藏情况。与中科院南京地理与湖泊研究所、南京图书馆、江苏省档案馆建立联系,签订部分旧志扫描合同,对省内主要图书馆、档案馆等的特有藏书进行协商整理。同年,南京启动《金陵全书》整理出版工作,分甲、乙、丙三编,甲编为方志类,首批出版《景定建康志》《万历上元县志》《建康实录·建康实录校记》《南京特别市市政(府)公报》,共9册。两轮修志期间,江苏旧志整理成果还有江苏古籍出版社整理出版的"江苏地方文献丛书"第一辑,广陵书社整理出版的"中国佛寺志丛刊"及续编、"中国道观志丛刊"及续编、"中国风土志丛刊""吴中小志丛刊""扬州地方文献丛刊"及《常熟乡镇旧志集成》(20种),省地方志办公室组织整理出版的《江苏省通志稿》,淮安市地方志办公室组织整理出版的"淮安文献丛刊",南京市地方志办公室组织整理出版的"南京稀见文献丛刊"等。其中《平山揽胜志》是已知最早的平山堂专志,《重修常昭合志》(点校本)获全省地方志优秀成果特等奖,《新千年整理全本〈徐州府志〉》获省第八次哲学社会科学优秀成果奖三等奖。部分市县采取电子光盘的形式对志书进行保存和转播。2003年,镇江市地方史志办公室制作《镇江方志》。2006年,吴江市文化广播电视管理局策划,市图书馆出品,江苏电子音像出版社出版《纵览吴江:吴江五百年古代地方志汇编》。2007年,常州市地方志办公室、常州年鉴社制作发行《龙城典藏》。

江苏方志工作管理 江苏省在20世纪80年代中期前,未建立统一的修志管理机构,江苏省社会科学院、省档案局均曾介入新方志的推动工作。省地方志办公室和省地方志学会成立前,苏南地区通过苏锡常市志协作会和苏锡常县志协作会自发地开展横向交流活动,如东、武进两县分别邀请国内知名方志专家对县志稿进行研讨。省地方志办公室成立后,统一领导全省地方志工作。逐步建立省、市、县三级地方志工作机构,并成立省、市地方志学会。至1985年,全省11个市、64个县(市)中有46个市、县(市)成立地方志工作机构。

江苏省地方志编纂委员会及其办公室 省地方志编纂委员会成立于1986年1月。下设办公室。1989年,办公室内设秘书处、市县志指导室、省志编纂室、资料室。1990年前,由省社科院代管。1990年后,划归省政府办公厅代管。1992年撤销资料室,成立研究室,省志编纂室、市县志指导室分别更名为省志编纂指导处、市县志指导处。1998年,省地方志办公室确定为省政府直属副厅级事业单位,《江苏年鉴》编辑部划归省地方志办公室。2010年增设江苏省方志馆、年鉴工作处,研究室增挂信息处牌子。历任编委会主任顾秀莲(1986年1月~1989年12月)、陈焕友(1989年12月~1995年9月)、郑斯林(1995年9月~1999年3月)、季允石(1999年4月~2003年2月)、梁保华(2003年2月~2008年7月)、罗志军(2008年7月~2011年5月)、李学勇(2011年5月~)。历任办公室主任盛思明(1986年1月~1991年9月)、汪文超(1991年9月~1997年9月)、王建中(1997年9月~2006年3月)、方未艾(2006年3月~)。省地方志办公室于1986年11月创办《江苏地方志》,季刊。1990年第1期(总14期)起,由内部期刊改为公开出版。2001年起,改为双月刊。2006年江苏省地方志网站试运行。

江苏修志规章和规范性文件 省地方志办公室与常州市地方志办公室于1987年联合举行《武进县志》审批验收会,此后,所有省志专业志及各市县区志在成稿过程中均召开志稿评审会,其中《广陵区志》《扬州市志》《邗江县志》及续修《高淳县志》均邀请省外知名方志专家参加审稿。《地方志书质量规定》出台前,省地方志办公室曾制定并发布《江苏省地方志行文规范》,为主要业务规范。2008年12月,省政府发布《江苏省实施〈地方志工作条例〉办法》,自2009年1月1日起施行。2009年10月,省地方志编纂委员会制定《江苏省地方志书审查验收及出版办法》,自发布之日起施行。

江苏方志学术交流活动 省地方志学会成立后,每年都有针对性地召开学术讨论会,先后召开方志基础理论研讨、新编县(市)志的比较研究、市县志比较研究和续志编修、全省读志用志续志等研讨会。组织境外方志文化交流活动主要有4次:赴日考察日本史志工作及史志工作的文化环境;与香港大学联合举办江苏省赴港修志高级研修班,就香港和江苏的修志情况进行互动交流;赴台查阅所藏江苏旧志和有关地方文献资料,与玄奘大学、台北市文献委员会等进行学术交流;访问英、德两国,就收藏、利用、保存中国地方志的情况进行了解并开展方志学术业务交流。

江苏省地方志学会 成立于1994年8月。至2008年,共历经4届。历任会长汪文超(1994~1998)、王建中(1998~2008)、方未艾(2008~)。第一届学会下设年鉴、区志、乡镇志3个工作委员会。第二届学会下设地方志、年鉴、地情文献3个学术工作委员会。学会与苏州大学合作举办地方志硕士研究生班,举办续修志书培训研讨班、主编理论研讨班、全省续志篇目研讨班、地方志业务培训班等,对全省地方志工作者进行上岗培训。

江苏方志馆藏 江苏旧志收藏较为集中的单位主要有南京图书馆古籍部、南京大学图书馆古籍部、中科院南京地理与湖泊研究所、南京博物院、苏州图书馆古籍部等。以收藏新方志为

J

主的方志馆有江苏省方志馆、苏州方志馆、南通方志馆、扬州方志馆、南京市浦口区方志馆、南京栖霞区方志档案馆等,还有吴地方志馆、苏州东山方志名人馆等民办、地方办的方志馆。苏州方志馆位于苏州市五卅路。1998年9月开馆。建筑面积400平方米。一楼门厅有方志馆简介、阅览室、仓修良捐赠书籍陈列室。二楼有古籍馆(其中存有汪葆楫捐赠的700多册书籍)及保存新旧志书的密集架库房,馆藏1000多册古籍、地图和碑刻拓片,2万多册志书及地情书。收藏的新方志中有苏州市乡镇志100多种,打印的市志分志稿、各厂矿企事业单位的专业志稿600余种。在收藏的4000余种旧志中,有苏州旧志近200种,有宋元明旧志260种。

江苏省方志研究著述表

著作名	编著者	出版年
《县志编修探微》	刘光禄、李明、杨向东、陈有清等	1983
《新地方史志学简编》	王春瑜、李明、杨向东	1986
《新方志编纂实践》	李明	1988
《〈如东县志〉评论文选》	中共如东县委史志工作委员会	1987
《实用方志编纂研究》	李明、徐瑞清	1989
《方志笔谈》	乔显曾等	1990
《省市志编纂实用手册》	吕武进等	1990
《方志管理学》	李明、薛兴祥	1991
《方志实用编纂问答》	南京市地方志编纂委员会办公室	1991
《〈广陵区志〉志余文集》	杨杏芝、张锦堂	1991
《新方志编纂学》	吴奈夫	1991
《徐州地方志通考》	赵明奇	1991
《武进编史修志文论集》	武进县志办、武进县地方史志协会	1992
《新志探微》	张天弓	1992
《江苏旧方志提要》	徐复、季文通	1993
《扬州地方志研究》	许卫平	1993
《志苑耕耘录——苏州市县新方志编纂实践文集》	苏州市志办	1994
《方志新论选》	常州市志办	1995
《〈广陵区志〉评介》	杨杏芝、张锦堂、张炎荪	1995
《江苏当代方志论文选(1980~1994)》	江苏省地方志学会	1995
《志苑新葩——苏州市乡镇志专业志编纂实践文集》	苏州市志办	1995
《常州方志评论集》	徐瑞清等	1998
《江苏当代方志论文选(续编)》	江苏省地方志学会	1998
《城市区志编纂概论》	杨杏芝、张一雷	1999
《新编地方志续修手册》	孙乃昌等	2001
《志坛耕耘录·无锡地方掌故》	谈汗人	2001
《南通方志文论集》	钱泽麟等	2002
《中国近代方志学》	许卫平	2002
《郁有满方志年鉴文集》	郁有满	2005
《无锡方志释考》	钱建中	2006
《地方志实用手册》	茆贵鸣	2007
《开创广义方志学之我见——张尚金文论集》	张尚金	2007
《连云港方志志》	韩世咏	2007
《志海拾贝——薛奇达方志文论集》	薛奇达	2007
《苏州地方志综录》	陈其弟	2008
《张家港史志研究文集》	张家港市委史志办	2009
《编史修志文集》	黄元裕	2010
《史志文论集》	吴奈夫	2010
《感悟修志》	陈其弟	2010

江苏方志研究成果 江苏省社会科学院历史所曾参与省地方志办公室的筹建,早期从事地方志研究的学者有沈嘉荣、季士家、王家典等。省地方志办公室、南京市地方志办公室均设有研究机构,苏州大学社会学院设有地方史志研究室。20世纪80年代初至2010年,全省地方志工作机构及省内高校学者编著出版(含内部刊印)方志理论专著、论文集、志书评论集、旧方志研究考述等60部,其中《县志编修探微》《新地方史志学简编》获江苏省哲学社会科学优秀成果奖三等奖。

Jiangxisheng Fangzhiguan

江西省方志馆 位于南昌市红谷滩新区。2011年建成开馆。建筑面积约5000平方米。馆内设展厅、电子阅览室、读者阅览室、书库等。书库设省志馆、域外馆、著作馆、家谱馆和11个设区市馆,共收藏纸质图书3万余种4万余册。包括行政区域志29700余册、各级专志3900余册、年鉴2200余册、家谱2300余册、其他书籍和期刊2000余册,其中省内志书和家谱等1242种2438册,可在电子阅览室中查阅。此外,馆内局域网还建立了中国数字方志库,数字化旧志10700余种10万余册,共800余万页。

江西省方志馆

Jiangxisheng Jiaotong Zhi

《江西省交通志》 主编傅凤翔。1994年人民交通出版社出版。93.4万字。设8篇33章。配图表、照片百余幅。

井冈山登山公路

上起夏代,下至1990年。记述江西除铁路、民航外的交通事业发展历史和现状。重点反映江西近现代交通行业状况,公路干线、内河干流记述从详,县乡公路、厂矿林区专业公路、小河支流记述从略,专业运输记述从详,非专业运输记述从略,体现专业特点的管理记述从详,一般管理记述从略。着重记述赣江在古代交通中的作用、民国时期江西特有的“苏区交通”、“围剿”公路等内容。1997年获全国地方志奖一等奖。

Jiangxisheng Suqu Zhi

《江西省苏区志》 主编夏道汉。2004年方志出版社出版。56万字。设10章46节。卷首配江西苏区及游击区分布图(1929~1937)、彩照39幅。记述范围涉及井冈山革命根据地及中央苏区的赣西南区和湘赣、湘鄂赣、闽浙皖赣苏区在江西境内的辖区。上起1927年8月,下至1937年7月。武装斗争章记述根据地创立初期斗争、1930年至1935年的5次反“围剿”及三年游击战争,重点记述

1927年9月初,毛泽东在安源张家湾召开地方中共组织和军事负责人会议,讨论秋收起义军事行动计划,图为会议旧址

万安、东固、信丰等地暴动,大柏地斗争,九打吉安,白沙、中村、中洞、富田、广昌、建宁、莲塘、良村、黄陂、老营盘、高兴圩、草台岗等战斗。人物章立传人物有闽浙赣革命根据地和红十军的主要创立者方志敏,东固革命根据地和赣西南革命根据地的重要创建人之一李文林,被王明“左”倾教条主义诬为“江西罗明路线”的代表毛泽覃、古柏,及黄公略、赵博生、季振同等红军将领。

Jiangxisheng Tushuguan

江西省图书馆 位于南昌市洪都北大道。始建于1920年。建筑面积2.5万平方米。馆藏历代旧志1200余种,其中有298种被列入《中国古籍善本书目》,不少为孤本。该馆较完全地收录民国以前编修的江西地方志,共625种,占《江西省地方志综合目录》著录的存世志书数量(857种)的70%。其中完整本方志

江西省图书馆

602种,包括省志9种、府志48种、县志340种、地理志11种、山水志25种、名迹志32种、物产志11种、人物志23种、文献志103种;残缺本23种。有明嘉靖刻本《江西通志》、万历刻本《白鹿洞书院志》,清康熙刻本《南昌郡乘》《庐山志》等。其中馆藏《江西通志》为嘉靖四年(1525)刻、十七年增修、三十五年递修本,是存世江西通志中最早、最完备的版本,为后世江西通志的祖本。作为唯一完帙,半页9行,行20字,四周双边,刻印俱佳,入选第二批《国家珍贵古籍名录》。

Jiangxi Tongzhi[Guangxu]

《江西通志》[光绪] 刘坤一、刘秉璋、李文敏修,刘绎、赵之谦等纂。清光绪七年(1881)刊刻,180卷,首5卷。该

光绪《江西通志》(“中国省志汇编”本)书影

志与光绪《山西通志》被称为“志坛双璧”。在继承前人修志传统的体例基础上,对章学诚的“四体说”加以变通,用典、表、略、录、传五种体裁设纲归类。设地理沿革、职官、选举、封爵四表,舆地、山川、建置、经政、前事、艺文、胜迹七略,宦绩录、列传、方术、列女、仙释等篇目。志中记载太平军在江西的活动情况及各地农民起义,清军团练的围歼情况,对前者的记述有歪曲污蔑之词,对清军进行称颂,体现了作者的政治立场。详细记述九江口岸开放后关税的变化、租界的出现、外国舰艇的运输等,反映了外国商品经济对中国传统自然经济的侵蚀。增加漕运、榷税、仓储、盐法、鼓铸、陶政等财政经济方面的内容,比清朝前三部通志重人文轻经济的做法有所改进。南京图书馆藏稿本。国家图书馆、上海图书馆、江西省图书馆、江西省博物馆等藏光绪刻本。故宫博物院图书馆藏抄本。

Jiangxi xiuzhi

江西修志 江西方志编修始于三国时期,是中国较早开展修志活动的地区之一。至民国时期,编纂的方志(政区志)约有1190种,位居全国前列。存世旧志(政区志)约500种。1979年开始开展首轮新方志的编修工作,至2000年,全省已全面完成市、县两级首轮修志任务。2000年,第二轮修志工作全面启动,至2010年底,共出版省志分志、市(地)志、县(市、区)志260部。省内收藏全国旧志1200余种,集中存放在江西省方志馆、江西省图书馆、江西省博物馆等。

江西历代方志编修 江西地方志编修历经三国至唐代的萌芽时期、宋元

的发展时期、明清的繁荣时期,民国时期走向衰落。有徐整、严嵩、刘绎、谢启昆、吴宗慈等历史名人参与修志。江西存世省通志、府州县志数量,统计不一,1935年朱士嘉《中国地方志综录》著录为460余种,《中国地方志联合目录》著录为479种,江西师范学院(1983年更名为江西师范大学)历史系江西地方史教研组编印的《江西历代地方志存书目录》著录为549种,江西省省志编辑室内部出版的《江西省地方志综合目录》著录为527种,黎传纪、易平合著的《江西方志通考》统计有483种(仅政区志,含存、阙数)。明嘉靖《江西通志》、清康熙《西江志》、清光绪《江西通志》等被称为名志佳作。

江西明以前修志 据张国淦《中国古方志考》记载,明以前,江西有通志类志书11种,府、县志类184种,均已亡佚。《旧唐书·经籍志》和《隋书·经籍志》著录的由豫章人、东吴太常卿徐整纂的《豫章旧志》8卷和《豫章烈士传》,是江西最早的方志。自三国后,各类志书时有纂修。晋代有熊默的《豫章旧志》3卷和熊欣的《豫章旧志后撰》1卷。张须无的《九江图》是江西最早的一部图经。南北朝刘宋时期,有雷次宗的《豫章记》,仿地理志设12目,是后世推崇的江西早期地记。还有刘澄的《江州记》(不分卷)、梁元帝萧绎的《江州记》3卷等。隋唐时,各州郡官修方志28种。有文献记载的省通志有董慎的《续豫章记》等,州郡志有张容《九江新旧录》《南康记》等。宋元时期,图经、地记广泛出现。与前代方志相比,宋元江西方志在体例上趋向成熟,内容丰富,并首次出现了以"江西"命名的省级图经,如《江西诸郡图经》《江西图经》等。府、县志有李宗谔的《洪州图经》、洪刍的《豫章职方乘》、孟猷的《上饶志》和李观民修、童宗说纂《宜春志》10卷等,元时有赵迎山的《续豫章志》13卷,刘有庆、潘斗元的《续豫章职方乘》14卷,《吉州郡志》等。

江西明代修志 永乐朝编修的《东昌志》(又名《吉安县志》)是江西存世最早的志书,原版已佚,只存清初手抄本。弘治后纂成并保存下来的较多。除政区志外,专志编纂也得到重视。据《江西方志通考》统计,明代存世区域志52种(含存、阙数)。①江西明代省志。据《江西方志通考》统计,明代江西共纂修省通志7种,存世5种。以"通志""大志""图说""书"等多种形式出现,有嘉靖年间编修的《江西通志》《江西省大志》,万历年间编修的《饶南九三府图说》《江西省大志》《江西舆地图说》《江西省志》和《豫章书》。其中《江西省志》《豫章书》已不存。其中,嘉靖四年(1525)林庭㭿、周广纂成的《江西通志》,是存世最早的江西省志,也是江西首部以"通志"命名的省志。该志仿古史奸臣酷吏传例,在藩省及饶州、南康、建昌、临江四府设奸宄目,收录朱宸濠逆藩首恶及从党等13人。万历三十八年王宗沐修的《江西省大志》以记载经济为主,设赋书、均书、藩书、溉书、实书、险书、陶书7卷,陶书卷设建置、砂土、人夫、役官、回青、窑制、供亿、运役、柴料、颜色、解运、御供等类目,首次详细记载明代景德镇的陶瓷生产。②江西明代府州县志。据《江西方志通考》载,江西在明代确切可考的府县修志342次,几近历朝修志总和的两倍。部分府县多次修志,如吉安府曾12次修志,为江西明代所修府志次数之最。武宁、泰和两县各修县志8次,堪称县修志之冠。据《江西方志通考》统计,有47种传世。府志中存世版本最多的是《抚州府志》,存弘治、嘉靖、崇祯刻本,《袁州府志》存正德、嘉靖刻本。其中弘治《抚州府志》是江西存世最早的府志。县志中存世最早原刻本是黄文鷟修、涂绂等纂的正德《新城县志》,保存最多的是《铅山县志》,有嘉靖、万历刻本。③江西明代专志。存世明代专志有山水名胜志、书院志等,以山志居多,名山多有志,有万历朝的《武功山志》《阁皂山志》《鹅湖峰顶志》等。院志中,以白鹿洞书院修志最多,曾5次修志,有鲁铎撰《白鹿洞志》8卷,李梦阳撰《白鹿洞书院新志》8卷,郑廷鹄撰《白鹿洞志》19卷,周伟、戴献策等撰《白鹿洞书院志》12卷,李应昇撰《白鹿洞书院志》7卷,第一种已不存,后四种被收入《白鹿洞书院古志五种》中。此外,还有寺庙、道观志,如释得清纂修的《庐山归东志》等。

江西清代修志 清代江西编纂的志书在数量、种类、质量上超过明代。同治、光绪两朝出现修志热潮。清末,乡土志开始编纂,建昌、铅山、婺源、东乡、赣县、南康等县均编有乡土志并存世。据《江西方志通考》载,清代存世区域志397种(含存、阙数)。①江西清代省志。据《江西方志通考》载,清代江西共编修具有通志性质省志7种,即康熙朝的《江西通志》《西江志》,雍正朝的《江西通志》,嘉庆朝的《江西全省图说》,同治朝的《江西全省舆图》,光绪朝的《江西通志》《江西全省舆图》。7部省志全部刊刻成书并存世。其中,康熙五十九年(1720)白潢主修、查慎行等纂的《西江志》,以及光绪七年(1881)刘坤一、刘秉璋、李文敏修,刘绎等纂的《江西通志》影响较大,是旧志中的上乘之作。②江西清代府州县志。据《江西方志通考》载,江西在清代确切可考的府、州、县、厅修志512次,存世志书有390种。同治、光绪两朝为江西府、州、县修志高潮。江西巡抚刘坤一为纂修通志,令各府、州、县限期修志,是江西历史上府、州、县纂修志书最全的一次。康熙朝的《南昌郡乘》《新建县志》《潋水志林》等均为名志。赣州府曾7次修志,南昌府和袁州府(宜春)曾6次修志,是修志次数较多的府。赣州府的长宁县(寻乌县)15次修志,有7种传世,是清代江西修志最多的县。此外,婺源10次修志,存世7种。③江西清代专志。存世专志中,山志有康熙《庐山志》、乾隆《龙虎山志》等,书院志有《白鹿洞书院志》康熙十二年本、五十九年本等,道观寺庙志有康熙《庐山秀峰志》、光绪《万寿宫志》(又名《逍遥山万寿宫志》)、光绪《慧力寺志》等,水利志有乾隆《南陂坂灵波水利志》等，桥志有道光《重修黄洲桥志》、光绪《抚郡文昌桥志》等。

江西民国时期修志　江西于1940年在临时省会泰和县创办江西通志馆，次年开始编纂《江西通志》，吴宗慈任总纂。1945年，江西通志馆迁到南昌。后改名为江西省文献委员会。1949年5月通志馆解散，编成《江西通志稿》数百册。县志、专志较少，乡土志编修得到延续。这一时期江西存世各类志书约50种，其中专志有《西山志略》《庐山志》《庐山续志稿》《江西青云谱志》等，乡志有《吉安县河西坊廊乡志》。编修志书的同时，以吴宗慈、辛际周为代表的修志人，对方志编纂理论进行探索，如吴宗慈的《修志丛论》提出“方志者，史也，非文也”，方志是“汇记一地方古今纵横之史迹”。①江西民国时期县志。据《江西方志通考》载，江西在民国时期编修县志36次，存世33种，且相当部分为稿本。较著名的有1919年刘人俊等纂的《大庾县志》、1948年张声懋等纂的《崇义县志》稿本等。其中《崇义县志》设自然、经济、社会3篇，并增设地质、司法、新闻事业等新门目，已具现代方志形态。②江西民国时期乡土志。据《中国地方志总目提要》载，存世江西民国时期乡土志有《德安乡土课本》《浮梁县乡土纪略》《奉新乡土志稿》《兴国县乡土韵语》《万载县乡土志》《大庾县乡土志》《寻乌县乡土志》7种。

江西新方志编修　江西省新方志编纂工作始于20世纪50年代。1958年中共江西省委、省人民委员会召开会议，讨论县志编写工作，方针是“厚今薄古”。同年，大余县率先组织编修县志，未成，后铅印《大余县志》资料4集。1959年，《金溪县志》《于都县志》等6部县志编纂完成，成为全省第一批新编县志成果。1960年，《奉新县志》铅印出版，次年，中央档案馆向全国推荐该志篇目。至60年代中期，全省有20余部县志编纂完成，约占全省应修市县志书的25%，多为油印本或稿本。所编志书体例不够规范，“左”的色彩比较浓厚。“文化大革命”开始后，修志工作停止。中共十一届三中全会后，修志工作逐渐恢复，部分市、县重新成立修志机构。80年代初期，全省三级地方志工作机构相继成立。1987年，全省地方志工作会议在南昌召开，研究部署全省地方志“七五”规划任务。至2010年，首轮《江西省志》和省辖市区志编修工作基本结束，全省市、县两级91部地方志的编修和出版任务全部完成，各地、各部门还编写了乡镇志、村志、专业志、部门志。先后有29部(卷)志书在全国地方志评奖中获奖。续修地(市)、县(市、区)两级地方志工作于2000年全面启动，至2010年底，已出版《南昌市志(1986—2004)》《高安市志(1986—2006)》《兴国县志(1986—2000)》《宜春市志》等市、县志81部。

江西省级修志　江西于1983年12月成立地方志编纂委员会。1988年《江西省志》编纂工作会议在南昌召开，全面部署修志工作。1993年1月第一部分志《江西省人事志》内部出版。4月，《江西省石油化学工业志》和《江西省纺织工业志》作为首批公开出版的分志，由中共中央党校出版社公开出版。至2010年底，规划的90部分志中已出版88部，2部完成初稿，总字数约6500万字。其中，人事、军事工业、标准、中国共产党江西地方组织、民主党派江西省地方组织、外事、劳改劳教、军事、新闻9部为内部出版。记事上限追溯事物或事业发端；下限一般断至1990年，个别分志适当延伸，如地震志、新闻志、方志编纂志下限为2000年。设钨钽铌工业志、苏区志等区域特色志书。在1997年全国地方志评奖活动中，《江西省交通志》获一等奖，《江西省动植物志》获二等奖。在省第二届地方志优秀成果评选中，《江西省电力工业志》《江西省交通志》《江西省铁路志》《江西省动植物志》《江西省测绘志》《江西省水利志》《江西省公安志》《江西省教育志》8部志书获一等奖。二轮省志计划编纂102部分志，时间断限为1991~2010年，承编、参编单位130余家。

江西市级修志　全省首轮市级志书编修于1982年启动。1989年6月出版的《景德镇市志略》是江西省第一部公开出版的市志。至2010年，首轮市级志书全部出齐，共9部。记述时限原则上不限上限，下限至20世纪80年代中期。在全国地方志评奖中，《新余市志》获一等奖，《景德镇市志》(第一卷)获二等奖。在首届省新编地方志优秀成果评奖活动中，《新余市志》获一等奖。二轮市级志书规划11部，至2010年底，已出版5部。

江西首轮市级志一览表

志书名称	主编/总编/总纂	字数(万字)	出版年
《景德镇市志略》	林景悟	43	1989
《景德镇市志》	林景梧、冯世祥、吴仁生、李欣、江寿如、黄梅玲、陈新平	416.2	1991~2009
《新余市志》	万南生	195	1993
《赣州地区志》	庄诗椿	524.6	1994
《萍乡市志》	黄式国	210	1996
《南昌市志》	陈中漳、罗长江	615.7	1997
《上饶地区志》	何细贵	311.7	1997
《鹰潭市志》	李振雨	396	2003
《九江市志》	凌凤章	603.9	2004

江西县级修志　全省82个县(市)在首轮修志工作中有修志任务。自1979年武宁县开始编纂县志，至2000年，首轮县级修志任务全部完成。记述时限原则上不限上限，下限一般至20世纪80年代中期。万年、玉山两部县志为全国地方志编纂工作“六五”计划首批成果，其中1982年8月出版的《万

年县志》是全省首轮修志第一部出版的志书。1985年12月出版的《玉山县志》是1949年后全省第一部公开出版的志书，是中国地方志指导小组选送给中央领导同志审阅的全国三部新县志之一。在两次全国地方志评奖活动中，《丰城县志》《宜春市志》《铅山县志》《修水县志》《新干县志》《玉山县志》《峡江县志》7部志书获一等奖，《宜丰县志》《石城县志》《于都县志》《南昌县志》《高安县志》《瑞昌县志》《余江县志》《都昌县志》《贵溪县志》《德兴县志》10部志书获二等奖，《兴国县志》《宁都县志》《安义县志》《金溪县志》《乐安县志》《余干县志》《德安县志》《莲花县志》8部志书获三等奖。在全省首届新编地方志优秀成果评奖活动中，《宜丰县志》获一等奖。二轮县级志书规划100部，至2010年底，已出版76部。

江西规划外志书编修 共编修3300种。如1989年先后出版第一部林业志《新余林业志》、第一部苏区志《弋阳苏区志》。《滕王阁志》《翠微峰志》《宜春地区名优特新产品志》《石门街镇志》《新昌镇志》《崇义县水利电力志》《九江市教育志》《景德镇市政协志》《南昌市交通志》《九棉一厂志》《都昌县邮电志》《江西分宜发电厂志》《上饶地区卫生志》《萍乡地方煤炭志》《萍乡市粮食志》15部在1997年江西省第二届地方志优秀成果评比中获一等奖。

江西旧志整理 江西校订重印旧志工作规模较大的有20世纪80年代江西省博物馆对《江西通志稿》的整理，1983年，民国《江西通志》稿整理组成立，由陈柏泉负责，1985年出版，共100册，650余万字，除整理旧志材、采集新志材外，对体例有所新裁，新增人物，订正旧志讹误。其他还有2005~2006年南康市地方志办公室对历代6部《南康县志》的整理，2009年武宁县地方志办公室对7部《武宁县志》点校汇编等。在专志方面，1995年白鹿洞书院古志整理委员会整理出版《白鹿洞书院古志五种》，由中华书局出版；20世纪90年代至21世纪初，江西名山志整理委员会整理出版"江西名山志丛书"，由江西人民出版社出版。至2010年，全省各地重印再版的各类志书（府志、县志、州志、厅志、山志、书院志、寺庙志等）约百部。此外，相关单位将旧志中的资料进行整理，如江西省气象局资料室于1978年编印《江西省气候史料》，江西省水利厅水利志编辑室于1988年编印《江西历代水旱灾害辑录》，省志编辑室于1987年编印《江西地方志风俗志文辑录》等。

江西方志工作管理 江西于1958年召开全省档案和革命史工作会议，

江西旧志校注出版表（含内部印行）

书名	整理者	出版年
《石城县志》（道光版）	赖谨、赖盛庭等	1982
《广昌县志》（同治版）	广昌县志编纂领导小组办公室	1983
《大庾县志》（民国版）	李瑞照等	1984
《都昌县志》（同治版）	都昌县志委	1985
《会昌县志》（同治版）	会昌县志办和县博物馆	1985
《江西通志稿》	省博物馆江西通志稿整理小组	1985
《赣州府志》（3种）	赣州地区志编委会	1986
《兴国县志》（同治版）	兴国县志编委会	1986
《雩都县志（同治版）》	于都县志办	1986
《崇义县志》（嘉靖版）	崇义县志委	1987
《德兴县志》（民国版）	德兴县志委	1987
《南安府志·南安府志补正》	赣州地区志委	1987
《宁都直隶州志》（道光版）	赣州地区志委	1987
《星子县志（同治版校点本）》	政协星子县委员会文史委员会	1989
《安远县志》（同治版）	安远县志办	1990
《白鹿洞书院古志五种》	白鹿洞书院古志整理委员会	1995
《阁皂山志》	傅义	1996
《龙虎山志》（乾隆版）	张炜、汪继东	1996
《庐山志》（民国版）	胡迎建	1996
《石钟山志》	徐寞磐、刘义政	1996
《麻姑山志》	曹国庆、胡长春	1998
《青原志略》	段晓华、宋三平	1998
《西山志略·云居山志·武功山志·怀玉山志·华盖山志》	王咨臣，何明栋、卢川，何明栋、罗宗阳，曾子鲁，吴小红	2002
《南康县志》（康熙二十二年版）	南康市志办	2004
《南康县志》（嘉靖版）	南康市志办	2005
《南康县志》（道光版）	南康市志办	2005
《南康县志》（同治版）	南康市志办	2005
《南康县志》（乾隆版）	南康市志办	2006
《南康县志》（民国版）	南康市志办	2006
《浮梁县志（道光）》	浮梁县史志档案局	2007
《白鹭洲书院志》	高立人	2008
《万寿宫通志（外一种）》	陈立立、邓声国	2008
《德化县志》（同治版）	九江县志办	2009
《归宗寺志》	星子县志办	2009
《武宁县志》（7种）	武宁县志委	2009
《义宁州志》（同治版）	修水县志办	2009
《宁州志校点本》	修水县志办	2010

要求各级党委、政府加强对县志编写工作的领导。各县、区相继成立修志机构。“文化大革命”时，各地修志工作停止，机构解散。中共十一届三中全会后，武宁县于1979年率先成立地方志工作机构，并于次年开始编纂县志。至1982年，万年、玉山、永修等20余个县成立地方志工作机构。1983年底，江西省地方志编纂委员会及办公室成立后，统一领导全省地方志工作。逐步建立省、市、县三级地方志工作机构，并成立省、市地方志学会。各级地方志工作机构多次召开地方志工作会议，举办或参与全国及地方学术研讨、评稿、审稿、展览、培训等各类活动。

江西省地方志编纂委员会及办公室 江西省地方志编纂委员会于1983年12月成立，隶属中共江西省委。设办公室和《江西省志》等5个编辑室。1985年改由江西省人民政府领导。编委会常设机构为办公室。至2010年底，办公室内设秘书处、方志处、年鉴处、指导处和机关党委，下设江西省方志馆和后勤服务中心2个二级法人事业单位。历任编委会主任委员马继孔(1983年12月~1991年7月)、吴官正(1991年7月~1996年8月)、舒圣佑(1996年8月~2001年6月)、黄智权(2001年6月~2001年11月)，彭宏松(2001年11月~2003年7月)、吴新雄(2003年7月~2011年10月)、鹿心社(2011年10月~)。历任办公室主任为王田有(1983年12月~1991年7月)、张伊(1991年7月~1997年4月)、谢军(1997年4月~2004年8月)、刘斌(2004年8月~2012年7月)、梅宏(2012年7月~)。1985年办公室创办《江西地方志通讯》(后改为《江西方志》)，至2010年底，已出122期。1985年省志编辑室创办《修志文丛》，1990年2月终刊，共出37期。21世纪初开始，每年均召开1~2次设区市地方志办公室主任会议。

江西修志规章和规范性文件 首轮修志工作开始后，江西先后印发《江西省人民政府关于印发〈江西省志编纂工作会议纪要〉的通知》《江西省地方志编纂委员会办公室关于建立志书专项审查制度及严格验收审批手续的规定》《江西省地方志工作“九五”规划》《江西省人民政府关于开展续修地(市)、县(市)两级地方志工作的通知》《江西省地方志续修工作若干规定》等文件。2008年3月江西省人民政府颁布《江西省实施〈地方志工作条例〉办法》，后又颁发《江西省第二轮地方志书审查验收规程》《江西省地方志编纂委员会关于志书审查验收和出版印刷工作有关问题的通知》《江西省续修地方志行文通则》等重要地方性法规文件。

江西地方志学会 成立于1994年。历任会长张伊(1994年11月~2001年5月)、刘斌(2001年5月~2014年5月)、梅宏(2014年5月~)。会员由全省从事地方志、年鉴事业的单位会员(团体会员)和个人会员两类组成。学会的最高权力机构是会员代表大会，下设执行机构理事会。组织编写《当代方志学概论》《江西省地方志论文选集》等。

江西方志研究成果 江西方志研究工作始于民国时期。吴宗慈在1940年出任《江西通志》馆馆长兼总纂、江西省文献委员会主任委员时，考察、整理全省各类旧志数百种，撰写《江西全省方志史略》《论今日之方志学》《修志丛论》《江西通志体例述旨》等论著。20世纪80年代初至2010年，全省地方志工作机构及省内高校、学者编著出版(含内部刊印)方志理论专著、论文集、志书评论集、旧方志研究考述等数十部，其中方志基础理论研究代表作

江西方志研究著述表

著作名	编著者	出版年
《江西通志体例述旨》	吴宗慈	1941
《江西全省方志史略》	吴宗慈	1942
《修志丛论》	吴宗慈	1947
《江西旧志总目》	刘志和、黎传纪	1987
《江西古志考》	黎传纪、易平	1989
《新编方志体例比较与研究》	朱祥清	1989
《关于提高志书质量的思考与实践》	江西省志办	1990
《方志文体研究》	金达迈	1991
《方志政治性研究》	王田有	1991
《县志编纂研究》	泰和县志办	1993
《耕耘集》	范茂芝	1996
《江西交通史志编纂综录》	傅凤详	1996
《中国当代方志编纂学研究》	俞红飞、程慧	1996
《当代方志学概论》	刘柏修、刘斌	1997
《江西方志通考》	黎传纪、易平	1998
《江西省地方志论文选集》	江西省志委和方志学会	2003
《叩门集——戴佳臻方志文选》	戴佳臻	2004
《探史觅知》	段绍镒	2004
《史志年鉴聚言》	邓振胜	2005
《续志编纂论文集》	詹跃华	2007
《蹒跚学步志苑行——刘柏修方志论文集》	刘伯修	2008
《回顾与思考——〈高安市志(1986—2008)〉主编工作手记》	戴佳臻	2010
《志鉴编纂丛说》	詹跃华	2010
《志苑偶拾》	段绍镒	2010

有《当代方志学概论》《方志政治性研究》等，论文集有《江西省地方志论文选集》《蹒跚学步志苑行——刘柏修方志论文集》《回顾与思考——〈高安市志(1986—2008)〉主编工作手记》，对江西旧方志研究的代表作有《江西省地方志综合目录》《江西历代地方志存书目录》《江西旧志总目》《江西古志考》《江西方志通考》等。

J

Jiangzixian Zhi

《江孜县志》 主编巴桑次仁。2004年中国藏学出版社出版。80万字。设11篇42章168节。配图照66幅。上起事物发端，下至2000年底，重点记述1951年西藏和平解放后的内容。工商业旅游业篇民族手工业节记述传统手工业的发展，并设卡垫、氆氇、制陶、帐篷、藏纸等条目记述手工业产品及相关企业；旅游

帕拉庄园遗址

景点节记述江孜宗山抗英遗址、白居寺、帕拉庄园等。文化卫生篇歌舞节记述产生于江孜的舞蹈、民歌，绘画节记述具有后藏特点的江孜流派及代表作，语言节记述江孜方言、谚语和歇后语。军事篇战事章记述地方战事，如贡松夏卡之战、1418年之战、火鼠年江孜之战、火羊年卫藏江孜之战等，专设江孜抗英保卫战节详细记述抗英保卫战的经过及战役。附录辑录皇帝谕旨、原西藏地方政府时期江孜宗差税种类、校场演武厅碑文、江孜法王令、抗英小史5篇史料摘录，辑录江孜地区工作几个突出和有特色的问题、对西藏江孜人民抗英斗争历史调查的回顾、“列丁星”的由来等11篇重要文献。

Jiang Fan

蒋藩(1871—1944) 字恢吾，号蓼庵居士。河南杞县人，祖籍河南睢县。清光绪二十八年(1902)举人。1915年受聘任《河阴县志》总纂。1919年受聘任《杞县志》总纂，历时十余年，因故未成，存采访册76册。1922年应省长张凤台之聘任河南通志局纂修，撰有《河南通志修校日程》等。方志专著有《方志浅说》。另著有诗文集《梧荫楼诗钞》《梧荫楼文钞》《梧荫楼骈体文钞》等。①《河阴县志》[民国]。胡荃、高廷璋修，蒋藩纂。1915年纂修，1917年成书。22卷。仿章学诚“三书”“四体”体例而稍易其体，设图、沿革考、疆域考、山川考、建置考、古迹考、民赋考、风俗物产考、学校考、兵事考、艺文考、职官表、选举表、宦绩传、人物传、列女传、杂记，附金石考2卷、文征3卷。记事止于1917年，但未涉及民国初期新政诸事。②《方志浅说》。1932年成书。为前人修志经验的总结。全文分11个部分，一为方志之原始与其变迁，二为方志与国史之异同，三为通志与通史之异同，四为省志与一统志、郡县志之异同，五为修志三要(才、财、材)，六为修志三长(才、学、识)，七为修志二纲(采访、编纂)，八为采访四术(躬亲、专治、择要、耐劳)，九为编纂四则(体例精、材料丰、去取审、文字洁)，十为成书三期(校旧志、纂长编、刊定本)，十一为结论。蒋藩认为“方志在学科中占历史、地理之一部”，方志兼历史、地理二义，“故治历史、地理学，必治方志”，还将方志与国史进行比较，提出“方志之体与国史同，而修志之责亦与修史并重”的主张。

Jiang Menglin

蒋梦麟(1886—1964) 原名梦熊，字兆贤，号孟邻。浙江余姚人。先后就读于浙江高等学堂(浙江大学前身之一)、上海南洋公学(上海交通大学前身)。后赴美留学。1917年回国，历任《新教育》(月刊)主编、北京大学校长等职。1927~1930年任浙江大学校长，其间写成《续修浙江省志提案》。1945年后，任行政院秘书长、中国农村复兴委员会主任等。著有《西潮》《孟邻文存》《谈学问》等。《续修浙江省志提案》，载《语言历史学研究所周刊》1929年第7期81号。蒋梦麟以省志稿出于前清遗老之手、内容及精神均不符合现代要求的缘由而提出此方案。主张解散方志旧体，以编辑年鉴、专门调查及省史三书取而代之。认为新修的省志要“以现代之立场，以切用为目的”，其材料应侧重现状、切于实用、注重物质。提案中拟定年鉴门目为地理，地质、矿物及动植物概论，户口，民族，党部组织，行政组织，治安，教育，宗教，农业，工业，商业及金融，交通，财政，建设，民生16门，专门调查包括全省地图、地质、气象、民族、经济，省史门目为建置沿革、大事记、度支志、工程志、民生志、教育志、人物志、民俗志、志余9门。

Jiang Xiangnan

蒋湘南(1795—1854) 字子潇。清河南固始(淮阳)人。道光十五年(1835)举人。专事游幕、讲学，先后主讲于关中书院、同州书院。纂有《蓝田县志》《留坝厅志》《泾阳县志》《同州志》《夏邑县志》《鲁山县志》《华岳图经》《江西水道考》等，参修《陕西通志》。另著有《中州河图书》《九河既道解》《砖工记》《七经楼文钞》等。①《蓝田县志》[道光]。胡元煐修，蒋湘南纂。16卷，附文征4卷。记事止于道光十九年。该书将纲纪法度与忠孝节义以图、表、志、传的体例表现。县境图、山川图、道里图均用开方之法确定长度，建置、官署、书院等图以《三辅黄图》为本。职官、选举等志打破前志非传非表类似花名册的形式，有事迹者入循吏传，无事迹者入表存名。田赋志依道光十九年《赋役全书》而做，较为详细。艺文志、金石志补前志之缺，其中金石志附有对铭文的考证翻译。将古迹、风土列入土地志。国家图书馆藏道光二十二年刻本。②《留坝厅志》[道光]。贺仲瑊修，蒋湘南纂。道光二十二年刊刻。10卷。约9.1万字。该志依照正史体例，设图八、表二、志五、

传二,附足征录4卷,分列21门。记事自乾隆三十年(1765)至道光二十二年。对《汉中府志》《读史方舆纪要》《三省边防备览》和道光《陕西通志》等书中的错误多有纠正。有道光二十二年刻本。③《泾阳县志》[道光]。胡元煐总纂,蒋湘南编辑。道光二十一年始修,次年刊刻。30卷。约12万字。正文设39门,无目,附《泾渠志》3卷。有图。记事止于道光十九年。该志在旧志基础上重修,对其县境行政区划、道路、河流标绘清晰准确,尤以泾渠职官纪事表、龙洞渠志、泾渠原始3卷记载详明,水经注水道图记载阐述更为精细。有道光二十二年刻本。④《同州府志》[咸丰]。李恩继、文廉修,蒋湘南纂。该志由李恩继于道光二十五年倡修。咸丰元年(1851)成稿,翌年由文廉付梓刊行。34卷,首2卷,附3卷。记事止于道光三十年。正文分图、表、志、传4门62目,约50万字。图3卷,30幅,有同州府疆域总图、分图,山川图和历代府境疆域图。疆域总图详注各州、县兵防、户口、境界、山川、镇铺等。历代疆域图包括自夏商至雍正16朝的详图。图后有文,对其沿革详加注释,可与纪事沿革表互证。表8卷,7目,其中纪事沿革表2卷,详记自上古至乾隆九年(1744)的重要传说、大事、自然灾害、疆域归属等史料。有咸丰二年刻本。

Jiao'ao Zhi[Minguo]

《胶澳志》[民国] 赵琪修、袁荣叟纂,唐廷章、马天徕参订。1928年刊本。为唯一记述青岛市区的旧志。12卷。60万字。1922年中国政府接管青岛后称之为胶澳商埠,1929年改称青岛市,故该志称《胶澳志》。正文设沿革、方舆、民社、政治、食货、交通、教育、建置、财赋、人物、艺文11志,后附大事记及反映胶澳商埠区境、青岛市街、胶澳东部和西部地形山脉、崂山游览等图8幅,其中青岛及附近周年雨计分配略图、青岛周年有雾日期有雨日数及雨量变差图、青岛周年气象变差图3幅是现代科

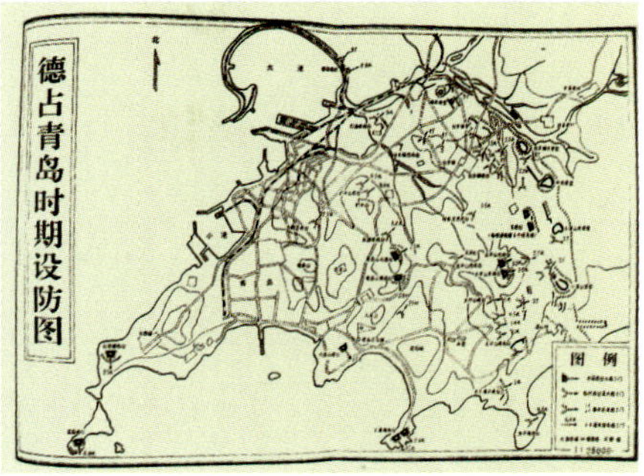

德占青岛时期设防图

学图表,为古代方志所无。该志记载了1897~1927年30年间德国、日本侵占青岛和中国北洋政府统治青岛3个时期的青岛历史。沿革志、艺文志、大事记的记载尤详。沿革志对德国侵占始末、日本侵占始末和中国收回始末都立题详记,记述了德国租借青岛之前的对外侵略形势,指出"在德人心目中视租借同于割让";还记述了日本占据青岛,在山东半岛北海岸登陆,经过掖县、昌邑、平度、潍县、高密等地,到达胶州,甚至沿胶济铁路进至济南,直至提出"二十一条"的史实。建置志中设有港湾、沟渠、桥梁(附堤堰)、水道、公产、市廛6部分,均为现代统计资料。交通志中立专目记述道路、邮电、航运、胶济铁路。食货志虽沿用古志门类名称,但内容为农业、林业、渔业、盐业、矿业、商业、工业等。艺文志的书目表分汉文、和文(即日文)、德文、英文、法文5种,列有中外书目125种,其中汉文书目49种,多是古籍,另有英、德、法文各种杂志上发表的谈论胶澳问题的文章数百篇。大事记记述帝国主义和封建军阀的罪恶史及人民的斗争史。该志对帝国主义入侵时期的政治、经济和文化状况,以及地形、交通、财赋等与国计民生有关的资料,有较详细的记述。该志的突出特点:一是集中反映了青岛成为半殖民地半封建社会的历史过程;二是在编志方法上,借鉴了古志的经验,同时针对城市的特点,又有不少创新;三是在编纂时,依据德、日侵略者侵占青岛时的档案及其他文献,而这些资料多散佚。山东省内外各大图书馆多有藏。2000年黄河出版社出版校点本。

Jiao Xun

焦循(1763—1820) 字里堂,号半九主人。清江苏甘泉(扬州)人。阮元督学山东、浙江时,焦循曾入其幕。嘉庆六年(1801)中举。后应礼部试不第,即返乡。建雕菰楼,读书著述。参与纂修嘉庆《扬州府图经》《扬州府志》,纂嘉庆《北湖小志》《邗记》等,另著有《易通释》《里堂学算记》《雕菰楼文集》等,编有《扬州足征录》等。在所撰《上郡守伊公书》和《覆姚秋农先生书》等信札中对方志理论有所阐述。在编纂方法上,认为"仅用纂录,不易一字,而标以出处"之说,不合志体,此种办法"实皆述古,不及今时事"。在修志体例上,主张方志应统合古今,"国史宜本《汉书》,郡志当依《史记》"。在方志类目上,认为志书乃"一郡典型,千秋著作",并不是仅供诗人取材的。主张"按事立格,依文树义"。反对以"传闻为本,闻见为虚,舍实事求是之路,趋无可奈何之途"的修志态度。①《北湖小志》。北湖为焦氏世居之地。嘉庆十三年刻本。6卷,首1卷。有图16幅。正文分叙6篇、记10篇、传21篇、书事8篇、家述2篇,共47篇。叙记载北湖地理条件和民情风俗;记专载古迹名胜,包括开元寺记、畲芳社记、梓潼祠记、涌芬庄记、锥坝记等;传包括忠孝、节义、文学、武事、贞烈、人物传与私传;书专载奇闻轶事,包括人瑞、天时、物异、金石、诗话、轶闻、鬼神、疑义等;家述专载焦氏世系大事。国家图书馆有藏。②《扬州府图经》[嘉庆]。书名题《广陵图经》。编年体志书。阮元修,江藩、焦循纂。嘉庆六年修。8卷。作者搜寻历代群籍有关扬州周至明代的史事,依朝代沿革为序,分阶段剪接成书。有嘉庆十一年刻本。1981年江苏古籍刻印社校刊刻印本。③《邗记》。嘉庆二十年刻本。焦氏纂辑《扬州府图经》时,随手笔录有关材料,后编纂成此书。6卷。全书载述春秋吴城邗至唐代扬州的有关事迹,按卷次分为建置沿革、名宦、政绩、选举表、人物列传等。有光绪十年(1884)吴丙湘校刊本。

J

Jinhuashi Zhi

《金华市志》 总纂章关键。1992年浙江人民出版社出版。175万字。设43编210章539节。卷首配彩照31幅、彩图4幅。上起事物发端，下至1989年底。以水利、低丘红壤开发、传统名优特产等编最具特色，反映金华经济自古以农为本，逐渐成为浙江第二粮仓的特点。1993年获全国新编地方志优秀成果奖一等奖。①《金华市志》水利篇。设3章10节。小水电建设章水电站建设节，有关于1960年3月14日毛泽东视察双龙水电站、1980年在全国水利管理会议上金华县和武义县被评为小水电建设和管理先进县、1983年12月国务院批准武义县为全国100个农村电气化试点县之一的记述；流域梯级开发节重点记述以双龙水电站为骨干的"一垄八站"的兴建情况，金华梅溪、武义麻阳港等小流域多级开发和壶源江、浦阳江跨流域开发的情况，及小流域梯级开发产生的国际影响。②《金华市志》低丘红壤开发篇。设4章12节。记述低丘红壤的面积、分布等，由零星垦殖到成片开发、由单一利用到综合经营的情况。重点记述金华市石门农垦场、武义县桐琴果园、金华县九峰山茶场、兰溪市茶场、东阳市东白山茶场等特产新基

义乌小商品市场

地的粮、茶、桑、果种植情况。③《金华市志》传统名优特产篇。重点记述金华火腿、东阳木雕、东阳竹编、义乌南枣、金丝琥珀蜜枣、金华佛手、义乌红糖、武义宣莲、磐安药材、兰溪乌桕、永康生姜和茉莉香花等传统名优特产，及传统名特产的恢复、发展和创新。

Jinling Xinzhi[Zhizheng]

《金陵新志》[至正] 张铉纂修。元至正四年(1344)刻本。15卷。仿照纪传正史体例，分图、通纪、世年表、志、谱、列传诸大类，尤以通纪具有创例意义。卷1地理图，载金陵山川封疆总图、旧建康府城形势图、集庆路图和所辖各县图、台城古迹图等图18幅，各有图考，著山川、郡邑形势所在。卷2金陵通纪，以见历代因革、古今大要。卷3金陵世年表，于总叙后列表，记述自周元王四年

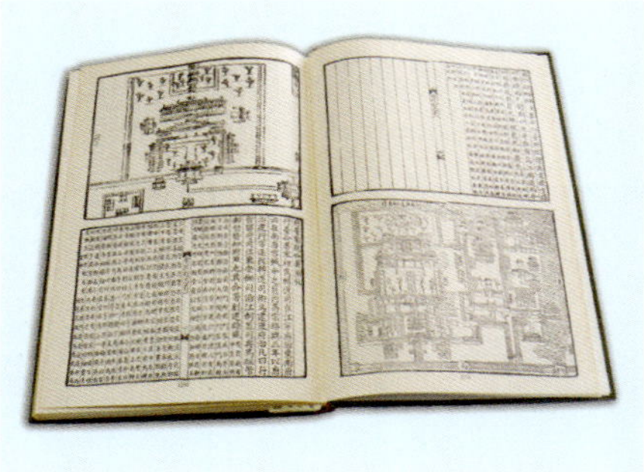

至正《金陵新志》("中国方志丛书"本)书影

(前472)至至正三年1800余年间要事。卷4~13依次为疆域、山川、官守、田赋、民俗、学校、兵防、祠祀、古迹、人物十志。记述下限为至正三年，收录范围除所领江宁、上元、句容三县及溧水、溧阳二州外，于江南诸道行御史台的建置、沿革、人事变动等也都详加记载。书中有关山川、郡邑、官署、古迹、形势沿革的考证最为详审。此志为续《景定建康志》而作，部分前志已有内容不再俱载，如删去前志中的留都录、文籍二门，改儒学为学校，改武卫为兵防，改风土为民俗，改城阙为古迹。但卷15论辨中的诸国论、地名辨、奏议及纪世表、纪年表元代以前的内容，基本上均转录自前志。张铉在修志本末中详细阐发了方志源流、内容作用及编纂原则等，为元代方志理论较有系统者。国家图书馆有藏。上海图书馆、南京图书馆、南京大学图书馆等藏明正德十五年(1520)补刻本。中国科学院国家科学图书馆、中共中央党校图书馆、吉林省图书馆等藏1948年南京市通志馆《南京文献》铅印本及抄本多种。1991年南京出版社出版田崇校点本。

Jinshanxian Zhi

《金山县志》 "上海市县志系列丛刊"之一。总纂朱炎初。1990年上海人民出版社出版。约165.4万字。设40编192章644节。卷首配题签1幅、题词2幅、照片150幅、地图4幅。上溯源头，下至1985年，概述、大事记延至1988年。建置编中纠正旧志中的2处错误，如旧志记载金山隶属"秦代为娄县"，事实上为海盐县，县城后陷为柘湖。金山三岛编历史变迁章中根据《太平寰宇记》、绍熙《云间志》、吴聿撰《观林诗话》等史料重新考证"金山沦海"时间为南宋淳熙朝至绍熙朝之间的12世纪80年代后期，修正旧志中的错误。海塘编设细目记述金山海塘、卫南海塘、西塘、东塘等海塘的情况。外患编设倭寇骚扰章、日军侵略章，倭寇骚扰章设2节记述永乐卫城之战、嘉靖平倭记，日军侵略章设4节记述日本侵略军在金山卫登陆、日伪"清剿""清乡"、日军侵略罪行、抗击日军等内容。金山农民画编分4章记述金山农民画的发展历程、艺术风格、展览销售及收藏出版情况。收藏出版章记述中国美术馆、中国画研究院等单位收藏金山农民画藏品，中外出版社出版金山农民画画册、明信片、挂历和中国邮电部发行《今日农村》特种邮票4枚等史实。杂记编重大事件章中分4节记述老鸦嘴案记略、钱圩镇饥民畚米、"天下第一军"、北张乡农民暴动的情况。1993年获全国新编地方志优秀成果奖二等奖，1998年获市新编地方志优秀成果奖一等奖。

金山农民画特种集邮

Jintaxian Zhi(1990~2008)

《金塔县志(1990~2008)》 主编桂发荣。2010年甘肃文化出版社出版。2卷，211.8万字。设25编138章466节。配彩图75幅、彩照2008幅、表201个。概述部分配彩照238幅，照片中穿插文字叙述。大事记增录有关酒泉卫星发射中心1958~1989年的内容。正文每编、

章之首均设无题小序。专设中国酒泉卫星发射中心编，从基地早期建设、中国载人航天工程、旅游观光景点记述等方面详记酒泉卫星发射中心的发展历程和建设成就，突出甘肃金塔县作为酒泉卫星发射中心后勤保障重要基地和“神舟”飞船升起地的特点。资源物产编设5章18节，配图照193幅，展现当地历史风貌，动植物、河流、矿产、旅游等资源和地方特产。居延文化编设6章24节，配图照32幅，记述古代居延文明及其历史和军事地位；特设居延汉简考古章，记述县境内发现的汉简数量、源流、流失、学术价值，及分类、整理和研究情况。非物质文化遗产编设5章18节，辑录方言、俚言俗语、宝卷、民歌、故事、生活习俗、民间工艺技能等民间事物，如秧歌、宝卷、剪纸、布贴画、金塔黑醋酿造技艺等。前志补遗勘误编设5章17节，配照片58幅，对境内一些古县名的变化、划分及隶属关系作了补充，对公元前后两次建立匈奴政权、霍去病居

《金塔县志(1990~2008)》书影

延南征过会水、金塔县东沙窝古绿洲的毁灭、金塔寺的金佛被盗之谜、金塔县和平解放等古今事件作了记述，特设前志勘误章纠正疏漏和错误。

Jinxian Zhi

《金县志》 主编薛天忠。1989年大连出版社出版。88万字。设29编131章370节。配照片200幅。上起清道光二十三年(1843)，部分编章适当上溯，下至1985年末。金县地处辽东半岛南部，联结东北腹地与大连旅顺。军事编设2章记述沙俄、日本帝国主义对金州实施军事占领和殖民统治半个世纪里

建设中的大连经济技术开发区

所犯下的罪行；刘家店2000余名农民暴动反抗沙俄残酷统治、曲氏满门妇女为维护中华女性尊严同扑一井殉难、阎世开宁死不给日军带路等金州人民反抗侵略者的事迹。当地盛产水果，也是辽宁渔业生产基地之一。志中专设一编记述果树业，记述当地三十里堡苹果、友谊乡花黄桃、湾里乡大樱桃、金县小国光苹果等品种及栽培、管理。设水产编记述水产资源、捕捞养殖等情况，养殖章重点记述贻贝、海带人工养殖。城乡建设环境保护编记述大连经济技术开发区建设初期情况。志中还记述坐落于境内的中国四大国际深水中转港之一大窑湾港及金石滩旅游区、大黑山风景区等。附录收录《南金乡土志》《元管军上百户张成墓表》、“曲氏井”等乡土文献简、碑记及轶闻。1993年获全国新编地方志优秀成果奖一等奖。

Jin Yufu

金毓黻(1887—1962) 又名毓绂，号静庵，别号千华山民。辽宁辽阳人。1916年毕业于北京大学国文科。后任奉天省议会秘书、东北政务委员会机要处主任秘书、辽宁省政府委员兼教育厅厅长等。总纂《长春县志》。“九一八”事变后，被迫任伪奉天图书馆副馆长。1934年任伪奉天通志馆总纂，纂成《奉天通志》。1936年借赴日考察之机逃至上海，任南京中央大学史学教授，兼任国民党政府行政院参议。1947年任国史馆纂修、沈阳博物馆主任。1949年任教于北京大学。1952年任中国科学院历史研究所(后更名为中国社会科学院历史研究所)研究员。1956年发表《普修新地方志的拟议》一文。编著《渤海国志长编》。校印《辽东志》《全辽志》《全辽备考》等，收入东北文献汇编“辽海丛书”。辑出《大元一统志》15卷，并作考证、附录各1卷。另编著有《辽东文献征略》《中国史学史》《宋辽金史》及“辽海丛书”等。①《长春县志》[民国]。张书翰、马仲援修，赵述云、金毓黻纂。1931年成书，有定稿本存世。6卷。约20万字。体例依《吉林通史》，分舆地、食货、政事、人文4纲，下设31目。人文志中列公私藏书目。正文内容与目录略有出入，如舆地志缺疆域、山川、城镇等目。艺文目中未设公家藏书目录。对经济方面的内容记载详细。②《渤海国志长编》。刊行于1934年。20卷，40余万字。该志引用中国、朝鲜、日本史籍百余种，仿旧史体例，立纪、表、传、考4体记述渤海国229年的史实。全文分总略上、总略下、世纪、后纪、年表、世系表、大事表、属部表、宗臣列传、诸臣列传、士庶列传、属部列传、遗裔列传、地理考、职官考、族俗考、食货考、文徵、丛考、余录等门。③《普修新地方志的拟议》。载《新建设》1956年第5期。分三部分，第一部分论述方志价值，第二部分论述新志内容和体例，第三部分列新志拟目。金毓黻认为新修地方志应以县市志为主，采用表、传、志等体裁。篇目应以历史、地理、经济、政治、人文为序排编。记载疆域、山川宜于排比铺陈，记载地方大事，必须按时间顺序，其他门类记载政事、人文又宜纵横并用。所立门类，除大事称表、人物称传外，其余均名为志。门类设置应因地制宜。文中还对记载人物、表格运用、征引材料的处理等作了论证。

Jinnanqu Zhi

《津南区志》 主编何荣林。1999年天津社会科学院出版社出版。146万字。设25编126章452节。志首配图照98幅。上起事物发端，下至1995年。建

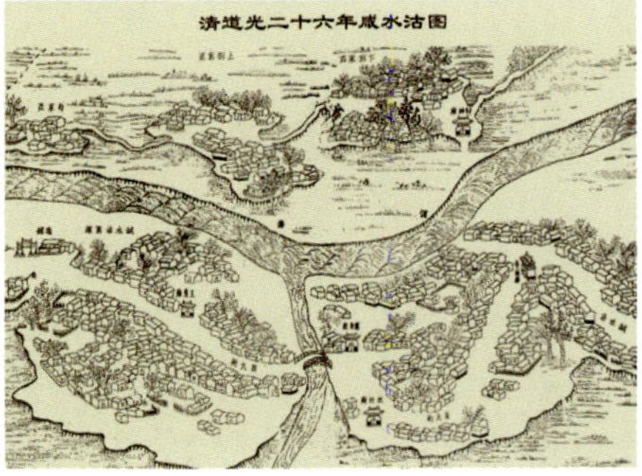

清道光二十六年(1841)咸水沽图

置政区编设名镇章,记述咸水沽、小站、葛沽3个名镇;设明星小康村章,记述惠丰村等30个明星小康村。小站要事纪略编小站练兵章记述清政府在小站编练新式军队的历史事件和周盛传、胡燏棻、袁世凯、张之洞、段祺瑞等在小站的事迹;小站稻章记述小站明代以后种植稻米的演变过程,重点叙述清代淮军周盛传部驻扎屯垦对小站稻发展的贡献,及中华人民共和国成立后小站稻的发展,并收录清盛军垦田图、周盛传与李鸿章关于屯垦的文牍往来等历史资料;小站"四清"章记述陈伯达插手小站"四清"运动,酿成冤假错案,及复查平反的全过程。附录分重要批示、文献选录、碑文选录、驻境官吏、历史考证、往事回忆、民间传说、土匪部队8个部分。其中,重要批示收录毛泽东在《中国农村的社会主义高潮》一书中对迎新合作社的批示;历史考证收录周汝昌等学者的考证文章3篇,特别是对宋代"三女砦"设置考证,对明确津南历史发端有重要意义。2002年获天津市优秀志书(类)奖一等奖。

Jinjiangshi Diming Zhi

《晋江市地名志》 主编颜呈矿、许嘉丰,执行主编蔡长安。2007年方志出版社出版。71.7万字。设政区地名、街路名、自然体名、人工建筑地名、名胜古迹地名、晋江与港澳台及海外相关地名、历代政区沿革与地名、地名研究与管理8章,下设23节。配图照636幅。上限不限,下限至2003年。第1~5章分别记述晋江各级政区、住居点、街路、自然体、名胜古迹及人工建筑等地名的由来和变迁,如市名"晋江"源于晋朝中原移民对故土的怀念;详细记述晋江近万个自然村地名的基本情况。第6章考证晋江地名与港澳台及海外相关地名的关系,典型的有冠姓地名、冠籍地名,如晋江有郑成功故乡安平镇,台湾有台北安平镇(安平区)、台南市安平路。第7章辑录晋江历代政区沿革和古今地名对照,文、表、图结合,如表格有古代城内隅铺地名表、古代城外乡里地名表、1944年晋江县各乡镇保所辖村地名表、1988年晋江县各乡镇村地名表等。第8章记述晋江地名研究和管理工作的历史,如20世纪80年代初在民政局下设地名办公室负责地名命名、更名及管理工作,出版《晋江县地名录》《晋江县文史资料·地名钩沉》等事。附录收录大事记、晋江市地名录、晋江县部分古今地名对照表。

《晋江市地名志》书影

Jinjiangshi Zhi

《晋江市志》 主编陈苗。原为《晋江县志》,后改名为《晋江市志》。1994年上海三联书店出版。2册,282万字。设42卷210章728节。卷以地理、经济、政治、人文为序编排。上起事物发端,下限原至1988年,后增设补篇卷,延至1992年。水产、乡镇企业等卷突出晋江作为福建省改革开放排头兵、海洋捕捞大县等地方经济特色,反映了"三胞"眷属对兴办乡镇企业起到的重大作用。华侨卷记述从隋唐五代至中华人民共和国成立前后晋江人移居海外及分布情况、主要侨乡,记载华人华侨在侨居地开创事业并支援、建设家乡的史实。在教育等卷设置华侨捐资等节体现晋江籍华侨所做贡献。晋台关系卷从地缘、血缘、经济、文化、风俗等方面记述,体现晋江为台胞主要祖籍地之一的特点。其中,地名关系节详载晋江冠姓、冠籍地名及纪念地名等,两岸贸易节记载清代台湾鹿港与晋江蚶江对渡及"台运"这一两地贸易专项。补篇卷分3章,从经济、政治、社会发展等方面集中记述晋江撤县建市前后(1989~1992年)的重大社会变革及取得的成就。1997年获全国地方志奖二等奖、福建省地方志奖一等奖。

《晋江市志》书影

Jinxian Zhi

《晋县志》 主编张喜聚。1995年新华出版社出版。157万余字。设35篇172章547节。配历史图照179幅。末附人名、地名、机构名、事件及其他索引。上起事物发端,下至1990年,部分史实延至1994年。设经济总情,列经济类之首。设土特名优产品篇展示地方特色。将中共晋县地方组织升格为编,与党政要务编一起反映地方党政领导的作用。将乡镇企业升格为编,详记其发展和用人、分配、经营等诸种机制

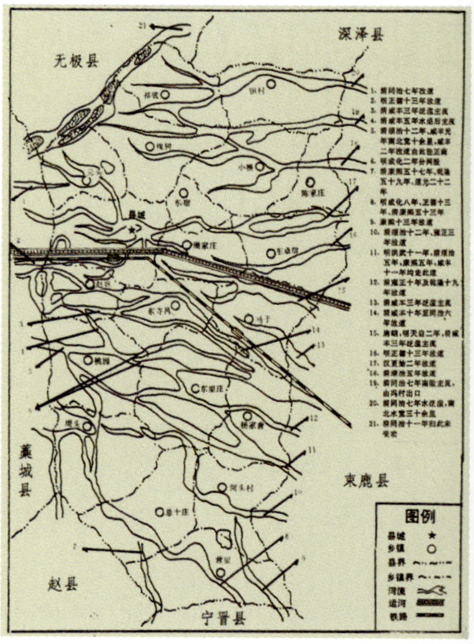

滹沱河历史变迁图

及问题。文化编列史志编纂章，另设艺文编反映著述。杂记收录《吕正操在小樵》《朱德在侯城》《董必武教子务农》和《魏征籍贯考》等史实和考证文章。自然环境编河流章所附《滹沱河历史变迁图》，反映滹沱河自唐代以来的历史变迁，对滹沱河以及海河其他支流的历史变迁都有重要研究价值。1996年获河北省地方志优秀成果奖一等奖，1997年获全国地方志奖一等奖。

Jingdu Daxue Renwen Kexue Yanjiusuo

京都大学人文科学研究所 位于日本京都府。1939年成立。1948年东方文化研究所和西洋文化研究所并入。所藏汉籍多源于原东方文化学院京都研究所。①京都大学人文科学研究所方志收藏。据《京都大学人文科学研究所汉籍目录》统计，该所收集中国方志2378种。按编修时代分，有唐以前志书2种、宋代志书31种、元代志书6种、明代志书281种、清代志书1663种、民国志书395种。按记载的地域范围分，有通志114种，府、卫、市志308种，州、厅志242种，县志1694种，乡镇志20种。②东方文化研究所。前身是1929年成立的东方文化学院京都研究所。1938年独立并更名为东方文化研究所。京都研究所于1929年在天津收购陶湘的藏书共574种，其中有《太平寰宇记》《齐乘》《宋元四明六志》等方志50余部。至1937年底，有乾隆《汾州府志》、《绛州志》、《解州志》、同治《畿辅通志》、民国《良乡县志》等1159部。其中，总志19部、通志64部、府志196部、县志866部、乡镇志14部。按涉及地域分，较多的是山东143部、河南121部、浙江118部、陕西116部、河北115部、江苏109部、山西105部。1937年后，继续收集方志。据《东方文化研究所续增汉籍目录》统计，1937年9月至1941年2月，新增《重修毗陵志》、同治《饶州府志》、光绪《浙江便览》《通州志》《平阴县志》、宣统《承德县志》、民国《香河县志》《归绥县志》《歙县志》等方志159部。

Jinghuiqu Zhi

《泾惠渠志》《陕西省水利志·工程志》组成部分。主编叶遇春。1991年三秦出版社出版。33.8万字。设2篇20章61节。卷首配彩色图照35幅。上起引泾发端，下至1987年。上篇记述中国古代不同历史时期引泾灌溉水利工程，重点记述郑国渠、白渠、郑白渠、丰利渠、王御史渠、广惠渠和龙洞渠的修建过程、经营管理及防洪灌溉情况，对于相关史料记载不一的内容，采取诸说并录的方式加以注明，附录收录关于引泾灌溉工程的文章。下篇从规划设计、兴建与改善、组织管理、田间工程、用水管理等方面详记泾惠渠建设、发展、经营情况。科学研究章记述泾惠渠在规划、勘探、建设过程中形成的气象、水文及水土分析研究等成果，重点记述科研成果在实际生产、生活中的示范、推广效果。投资与效益章结合国家对泾惠渠的资金投入记述泾惠渠在农业、林业、水电等方面产生的综合效益。

泾惠渠鸟瞰

Jingxian zhi(jiuzhi)

泾县志(旧志) 泾县修志始于南宋，至清道光九年(1829)，共修志15次。宋嘉定志已佚。明代有宣德元年(1426)志，成化十二年(1476)《泾县增志》，嘉靖三十一年(1552)志、四十一年志，万历三年(1575)《泾县补志》、十三年《泾县补志》。嘉靖三十一年志、四十一年志存世。清代有顺治十三年(1656)志，康熙《泾县补遗》《泾县续志略》，乾隆十八年(1753)志、二十年志，嘉庆十一年(1806)志，道光五年《泾县续志》。两部乾隆志、嘉庆志、道光志存世。

《泾县志》[乾隆十八年] 郑相如纂修。45卷，首1卷。正文分沿革、职官、选举、舆地、山川、建置、赋役、学校、武备、礼祀、祥祲、名迹、氏族、艺文、列传、杂纪16门，下设122目。详载山川、名迹、艺文、列传。山川门还记载骚人墨客的笔迹，黄象山五色碎石返照有光等奇异自然景观。族姓宗祠目中记宗祠分布及数量。武备门中记载了顺治二年清兵攻泾县城，县令尹民兴率众反抗，城破后清兵屠城的情况；还记载了顺治十六年海寇犯京口(镇江)的情景。故宫博物院图书馆、北京大学图书馆等有藏，附志余2卷。

《泾县志》[乾隆二十年] 王廷栋修，钱人麟纂。10卷，首1卷，志余2卷。约34万字。分封域、营建、学校、礼祀、食货、官师、选举、人物、艺文、摭遗10门，下设75目。记事原止于乾隆十九年，续增至二十年。该志有三大特点：一是田赋分乡记载；二是乡图记载较详，城内分东、南、北三隅，隅辖图，图辖甲；三是诗赋按山、水、古迹、风俗、官廨、津梁、市镇、书院、祠庙、寺观、冢墓、物产、杂咏记载，如记物产"琴鱼"，有琴高炼丹修真、得道成仙骑鲤鱼上天的典故，并收录梅尧臣和欧阳修的琴鱼诗。安徽省博物馆、天津图书馆、上海图书馆、北京大学图书馆等有藏。

《泾县志》[嘉庆] 李德淦、周鹤立修，洪亮吉纂。嘉庆十一年刻本。32卷，首1卷。约110万字。卷首为县境全图、山境全图等图14幅。正文分23门91目。记事止于嘉庆十一年。在两部乾隆志的基础上撰成，体例较前志完备，内容翔实。山水门记黄究山、大蓝山(有李白放歌台)、血岭等名山160余座，桃花潭(汪伦会李白处)、石山瀑布、水西瀑布等江、潭、瀑近百处，还有陂泽410余处。古迹门记名胜古迹120余处，历代名官宦、名人冢墓190余座。收录49篇碑文，皆来自两部乾隆志，并校正多处碑文错误。此志重视舆图疆域，重载籍而不轻信传闻，征引详博，博采唐宋

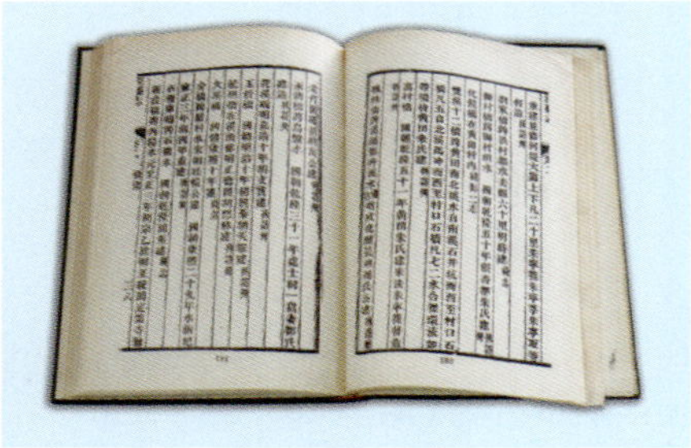

嘉庆《泾县志》（“中国方志丛书”本）书影

以后舆地图经，文尤雅驯，考录结合，雅俗结合。国家图书馆、安徽省图书馆、首都图书馆、山西省图书馆、河南省图书馆等有藏。另有1914年泾县翟氏石印本。

《泾县续志》［道光］ 阮文藻修，赵懋曜等纂。道光九年刻本。9卷，附府县两志乐翰题名2卷。约13万字。正文分16门52目。记事止于道光九年。学校、书院、坛庙、官署、桥梁、津渡、古迹、寺观、食货、职官、选举、人物、列女、艺文、灾祥等内容均续嘉庆志，记嘉庆志以后事及前志漏载者。职官、选举、人物等门共补人物2000余人，立传记述者1400余人。列女占全志篇幅的1/3，懿行收196人，尚义收338人。户口详记嘉庆十一年至道光四年间逐年户口数。安徽省图书馆、山东省图书馆、中国科学院国家科学图书馆、故宫博物院图书馆等有藏。另有1914年泾县翟氏石印本。

Jingzhoudiqu Zhi

《荆州地区志》 主编高先知。1996年红旗出版社出版。140万字。分47卷，设215个类目533个子目。配图片67幅。上起清光绪六年(1880)，下至1993年。经济部类28卷，占全书篇幅的50%，突出工农业“块头大”、人口多的“大荆州”特点。其中，工业卷全面记述地区工业体系，并附1949~1993年荆州地区工业总产值表；水利卷置于农业卷前，反映水利在荆州的重要位置，体现出“水荆州”的特征。文物名胜旅游卷突显“古荆州”的历史文化特色。1997年在湖北省首届志书评奖中获一等奖。①《荆州地区志》水利卷。设5个类目21个子目。主要记述全区的防洪、排涝、灌溉三大水利工程体系及每个历史时期水利工作重点的转移。详细记述荆江大堤、长江干堤等水利工程在历史上多次修建的过程，并设抗灾纪实目，记述新中国成立后荆州地区抗击洪涝干旱等灾害的概况。②《荆州地区志》文物名胜旅游卷。设3个类目13个子目。附楚都纪南城文化遗址分布示意图。记述全国重点文物保护单位5处、省重点文物保护单位68处。名胜部分记述江陵、钟祥等人文景观和空山洞、徐家寨、莫愁湖等自然景观。旅游部分记述了荆州地区1979~1993年旅游资源、线路、接待等情况。

荆江大堤

Jingzhoufu zhi

荆州府志 元置荆州府，1912年废。明、清先后7次编修府志，5次成书。最早的明洪武志，《永乐大典》有载，已佚。国内存世最早的为明嘉靖十一年(1532)王宠怀纂《荆州府志》。清康熙、乾隆年间多次重修。其中乾隆年间修有乾隆二十二年(1757)志、乾隆五十三年志，全本未得流传。光绪志是第一部纲目俱全、体例完备、记述全面的荆州府志。①《荆州府志》［乾隆］。来谦鸣、叶仰高修，施廷枢纂。乾隆二十二年刻本。58卷，首1卷。分32类。有类无目。卷前有荆州府八邑全图、荆州府城图、荆州府学图、荆州府治图、荆州府八县疆域图、荆州府长江图等13幅图。记述范围为荆州府辖8个县。记述断限自楚文王伐申至乾隆二十一年八月。保存大量文献史料，对许多问题进行考证辨伪，但重政治、轻经济。国家图书馆、故

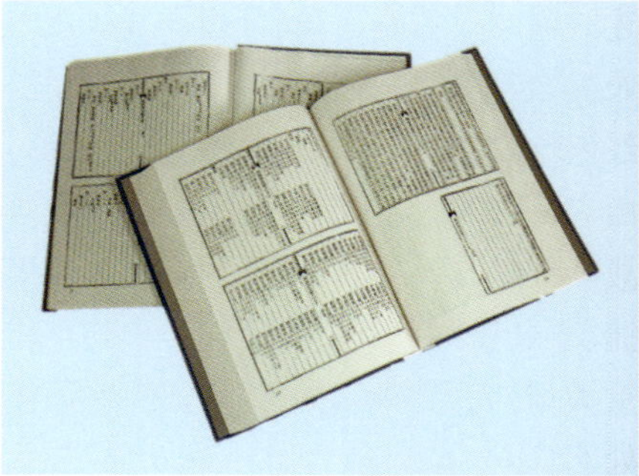

光绪《荆州府志》（“中国地方志集成”本）书影

宫博物院图书馆、上海图书馆等有藏。②《荆州府志》［光绪］。倪文尉等修，顾嘉蘅等纂。光绪六年(1880)刻本。80卷，首1卷。分13个门类，63个细目。130余万字。卷首有荆州府全境图、荆州府城图等图10幅。记述范围为当时荆州府所辖7个县。记述断限自楚文王至光绪四年。体例上较前志更加完备。与乾隆志分设户口、田赋、恤政、军制、纪兵、江防等目不同，光绪志中有关赋役、食货的内容合并设为经政志，将军制、纪兵等合并设为武备志，将江防升格为纲，设堤防志。设置新的门类以反映地方特色，如设洋棚目。2007年湖北人民出版社出版荆州市地方志办公室整理本。

Jinggangshan Zhi

《井冈山志》 主编邹馥光。1997年新华出版社出版。130万字。设25卷108章368节。志首配彩图3幅、彩照99幅，随文配照片90幅、题词56幅。记述地域范围为井冈山革命根据地时期包括原根据地各县，中华人民共和国成立后按1995年井冈山市行政建制所辖地域。上起1927年湘赣边界红色政权创立，下至1995年。以革命根据地卷、初期开发与老区建设卷及革命文物章最具地方特色。风景名胜卷重点记述龙潭景区、主峰与笔架山景区、井冈山革命烈士陵园、南山公园、挹翠湖游园的开发建设情况。影照雕塑绘画翰墨卷收入党和国家领导人与爱国人士在井冈山的活动照片、墨宝。教育卷设希望工程章，附台湾同胞扶助长坪乡希望工程纪要。①《井冈山志》革命根据地卷。设4章19节。其中红色政权章记

述红色政权的创建，湘赣边界暨各县工农兵政府、工农兵苏维埃政府的设置，红色政权的整顿。中国红军章记述井冈山红军来源、军队序列，芦溪战斗、大汾战斗、新城战斗、五斗江战斗、龙源口大捷、永新困敌、黄洋界保卫战等战役与重大战斗，及三湾改编、建立茅坪留守处和医院、宣布三大纪律和六项注意、井冈山会师、红五军上井冈山、红五军重返井冈山等重大事件等。②《井冈山志》初期开发与老区建设卷。设4章13节。其中井冈山的初期开发章记述井冈山垦殖场的建立和井冈山管理局的设置等。一代开发建设者章记述下放干部、转业军官、上海青年与当地群众一道开发建设井冈山的事迹。老区建设章记述老区的扶贫开发、资金投向、投资效益、队伍建设等。③《井冈山志》科技文化卷。设6章21节。其中革命文物章记述中国红军第四军黄洋界哨口营房、中国红军第四军军部、新遂边陲特别区工农兵政府公卖处、中国红军第四军军官教导队、中国红军第四军军械处、中共湘赣边界特委等革命旧址，大井、茨坪、八角楼、三湾村等毛泽东旧居，洋桥湖朱德旧居，茅坪陈毅旧居等，龙江书院、井冈山革命烈士陵园、会师桥、望月亭等革命纪念建筑。

中共湘赣边界特委旧址

Jingxingxian Zhi

《井陉县志》 总纂梁建楼。1986年河北人民出版社出版。120.7万字。设38篇。志首配图照60幅。上起事物发端，下至1984年。井陉以盛产优质焦煤著称，志书将煤炭从工业编中分离出来，单设煤炭编，分勘测、开采、洗煤、运销、管理、矿工6个部分，对煤炭工业的历史沿革、煤炭的储量、煤层、煤质、矿井的开采状况、技术改良、矿务管理及矿区的生产生活情况都作详细而精确的记述。苍岩山是河北省著名游览胜地，志书单设苍岩山编，引用史书、古碑记，对古刹福庆寺的由来及建筑风格、壁画彩塑进行考证，对“苍岩山十六景”进行描绘。此外，志书还单设烈士英名录编。1988年获河北省第二届社会科学优秀成果奖一等奖。

苍岩山

Jingding Jiankang Zhi

《景定建康志》 马光祖修，周应合纂。南宋景定二年(1261)成书。50卷。建康为南京在南北朝时期及宋代的旧称。此志取乾道、庆元两部《建康志》合而为一，补充由庆元至景定60余年建康之事，正讹补缺，考辨精核，较前二志完备。仿正史纪传体编纂，录、图、表、志、传五体并用。分15个大类，除图、表外，有10志、10传。留都志、建康图、建康表、古今人表等为乾道志、庆元志所无。文籍志设专目收录露布、表状等历来不被文学家所重视的公文，反映了当时当地的许多社会现实。地名辨论述丹阳之名本出建业等6则。清孙星衍重刻时补入至正《金陵新志》所增职官、科举、财赋额等方面的内容，重刻《后序》中称此志“体例最佳”。至正《金陵新志》、嘉靖《真定府志》、乾隆《登封县志》等名志都采用此志体例。上海图书馆、山东省图书馆藏明影抄宋本，台湾藏清钱大昕藏抄宋本，中国科学院国家科学图书馆、复旦大学图书馆、天津图书馆等藏清嘉庆六年(1801)金陵孙忠愍祠刻本。其他还有清乾隆间抄本等。2009年南京出版社出版点校本，收入“南京稀见文献丛刊”。

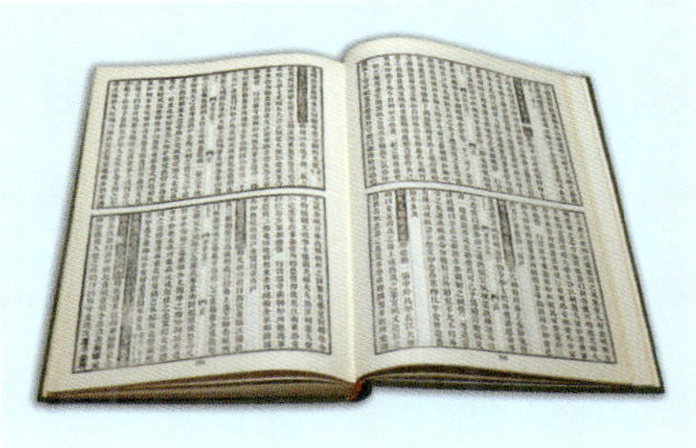
《景定建康志》(“中国方志丛书”本)书影

Jing Shengming

景生明(1924—1992) 陕西梅邑(旬邑)县人。曾任陕甘宁边区《关中报》主编、中共青海省委秘书长、青海省副省长。1986年在青海省新方志编纂工作启动时，担任省地方志编纂委员会副主任、编辑部总编辑、《青海省志》总编，主持全省地方志编修工作。组建修志队伍、主持制定修志规划，并带领修志人员深入市县调查研究、指导工作。提出政治类志稿中运用“不回避，也不集中；必须写，但分散去写”的方法记述1949年后的历次政治运动，既写出当时的某些决策失误和损失，又写出纠正这些失误所采取的政策措施及转变和新的起点；对“反右斗争”“四清运动”和“文化大革命”等的记述，要重视重大失误造成的后果，但不淋漓尽致地描述。主张经济类志稿中特别记述好三个关键，一是新中国成立初期的经济建设，二是纠正“五风”和三年经济困难时期所采取的措施和实施措施后经济的恢复和变化；三是1979~1985年城乡经济体制改革的起始情况。认为民族宗教类志稿中应把握四个要点，一是不否认历史上各民族之间曾有过争斗、杀伐及暂时的分裂割据，但更要反映各民族和睦相处、共同发展占主导地位和主要内容的真实历史面貌；二是充分尊重青海各世居民族作为江河源头的主体开发者、建设者地位及其为祖国文明建设做出的历史贡献，用翔实的资料写出在这个特定地域世代繁衍生息的少数民族的真实风貌；三是要突出江河源头民族文化在黄河流域文化乃至整个华夏文化中占有重要地位的基调，激发各族人民热爱祖国、建设祖国的热情；四是极其慎重地处理1958年平叛斗争、边界纠纷、教派纠纷等记述难点，既不避讳历史上出现的错误，又把重点放在党的民族政策的整体实施和民族地区的发展变化上。这些观点大多被载入1995年4月中共青海省委、省政府转发的《青海省地方志编纂委员会关于1987—1994年省志编写工作总结》。

Jing'an Shushi

靖安舒氏 北宋末年，淮南西路舒州怀宁县人舒达先，致仕后乐靖安山水韶秀、风俗淳茂，卜衙背居之，为衙背舒氏始祖。开基后，明代至民国间，自第十六世舒卷起，先后有十世、15人主修或协修靖安县志9种，其余历代参与修志工作的族人多达数十人。①舒光远（1522—？）。字文耀，号鼎峰，由廪生应明万历二十一年（1593）癸巳选贡生任福建晋江县尹。明嘉靖四十二年（1563），与邑庠生舒卷共同纂修《靖安县志》，嘉靖四十四年成书。共6卷，设二图、53目。②舒其琯（1621—1707）。字白子，号越凌，清康熙十七年（1678）举人，任鄱阳县教谕。康熙三十一年主纂《靖安县志》。舒铣（1625—1707）、舒调臮（1629—1707）、舒大儒（1633—1707）同修志书。康熙三十二年刊刻。共8卷。卷首配地图5幅，标注详确。正文设45目，卷末附《革弊实纪》1卷。依嘉靖志"繁者删之，缺者补之，信者存之，疑者阙之"，内容偏重于资治。③舒亮友（1691—1773）。字季嘉，号益斋，清乾隆九年（1744）贡生，选授崇义县学训导。乾隆十六年主纂乾隆《靖安县志》。舒照（1702—？）同修志书。同年成书刊刻，10卷，首1卷。正文设12门，100子目。订正前志中山水、水利、人物、古迹等门类中的遗阙，对学宫、厂粮、艺文等门目内容进行补充。乾隆二十八年，舒亮友续修《靖安县志》10卷，首1卷，同年成书刊刻。乾隆十六年刻本、乾隆二十八年增补本均存。④舒化民（1782—1859）。字以德，号自庵。清嘉庆十二年（1807）举人，历任长清、历城知县，德州知州、苏州知府、浙江督粮道、杭嘉湖海防兵备道等。苏州为其建专祠，与清官况钟（明代靖安人）同祀并传。清道光六年（1826）主修《长清县志》。道光二十八年纂《靖安县续志》2卷。⑤舒懋官（1763—1832）。字长德，号荚房。清乾隆五十八年进士，历任广东英德、丰顺、新安、香山县令。嘉庆年间于任上主修《新安县志》。清道光三年纂道光《靖安县志》。其侄舒恭行同修志书。后因故中辍，翌年续修，由懋官次子舒恭受主持纂修。道光五年成书。16卷，首1卷。正文分10门82目，后附8小目，约6万字。记事止于道光四年。改沿革、职官表为志，以求体例统一。⑥舒孔恂（1835—1897）。字信臣，号若人，舒化民幼子，清同治元年（1862）举人，任工部候补主事、都水司行走。纂成同治《靖安县志》。舒懋颐同纂志书。全志16卷，首1卷。分10门76目，约14万字。记事止于同治八年。与道光志相比，改水利津梁自建置门入地理门。人物传中宦迹门只列有实政者。武备志武事目记述明正德五年（1510）胡雪二率众华林聚义与清顺治十六年（1659）"白头兵"起义的史实。次年，纂成《续纂靖安县志》，10卷，首1卷，附团练、宾兴、广额各1卷，约7万字。记事自道光二十八年至同治八年。依前志体例，内容多有删补。水利志详细记述境内陂塘变化。所附团练卷，列各乡、村团练纪略，且载有战绩报告、抄单多件，记述太平军活动。⑦舒信宝（1884—1942）。号荆山，舒懋官曾孙，舒恭受嫡孙。豫章法政专门学校毕业，江西省师范讲习所讲师。1935年任靖安县县志馆副馆长兼主纂，纂修民国《靖安县志》，1938年完稿，因抗战爆发，未刊印，志稿散佚。17卷，首1卷。正文分17门56目，约20万字。记事止于1938年。体例新旧参半。设建设、保安、民政、司法等体现时代性的类目。注意图表及统计方法的运用。靖安县档案馆藏有部分志稿。

Jing'anqu Zhi

《静安区志》 "上海市区志系列丛刊"之一。主编史济良、瞿钧。1996年上海社会科学院出版社出版。170万字。设34编180章638节。卷首配题词1幅、照片277幅、地图4幅。上溯源头，下至1992年，大事记和部分内容延至1994年。静安古寺编为首编，下设历代变迁、建筑文物、佛事交往、经济事务、历史影响5章，记述静安寺被视为境内历史发展的源头及一度成为全国和上海的佛教重点寺庙之一，中国第一个全国性佛教组织——中华佛教总会成立等内容，附重建静安寺记、重建静安古寺碑记、静安八咏事迹、静安八咏诗选。商业编下设南京西路商业街、特色街市等6章，记述6个商业街和特色街市，以展现静安区在上海商业中心的地位。人物卷已故名人录中列表记述民国时期在境内生活过的盛宣怀、孙中山、康有为、张太雷、向警予、杨开慧、彭湃、恽代英、聂耳、钱壮飞、阮玲玉、蔡元培、陈独秀、史沫特莱、周璇、李达、宋子文、章士钊等133人。特记编记述上海展览中心的建筑特色、展览业务、会务庆典、宾客接待、经营管理等内容。专记编收录谢晋元孤军营、汪伪特工总部、中统局上海办事处、金都大戏院事件、"文化大革命"纪略、南京西路重大建设工程简介。1997年获全国地方志奖二等奖，1998年获市新编地方志优秀成果奖特等奖。

《静安区志》书影

Jingjiatang Wenku

静嘉堂文库 位于日本东京。1892年由三菱公司第二代社长岩崎弥之助与其子岩崎小弥太创建。先后收购日本藏书家如楢原陈政、山田以文、竹添光鸿、岛田重礼、杉原平助、小越信介的旧藏。1907年购得陆心源藏书4172部43996册，其中方志约403种421部，有6部为皕宋楼旧藏，54部为十万卷楼旧藏，361部为守先阁旧藏。包括总志6种、通志

25种、府志117种、州志40种、县志208种、乡镇志7种。按朝代分，唐代志书2种、宋代志书30种、元代志书8种、明代志书18种、清代志书345种。稀见志书有咸淳《毗陵志》30卷（宋刻本）、嘉定《赤城志》40卷（明弘治刻本）、至元《嘉禾志》32卷（旧抄本）、隆庆《楚雄府志》6卷、顺治《续吴江志》不分卷、康熙《新修靖江县志》18卷、康熙《弋阳县志》10卷、康熙《翁源县志》7卷、乾隆《盐城县志》10卷图1卷、乾隆《砀山县志》10卷、道光《尤溪县志》10卷、咸丰《解州志》16卷。

Jiuhuashan Zhi

《九华山志》 总编谢澍田。1990年黄山书社出版。40万字。设自然环境、胜景、佛教、文物、建筑、人物、艺文、旅游、管理、杂志10篇，下设52章94节。志首配彩色插图48幅。记述范围为以九华山为核心的风景区。上起事物发端，下至1989年。首列自然环境、胜景两篇，记述因地质、地貌、气候等自然条件而形成的奇峰怪石、幽谷深潭、飞瀑流泉、晓日云海等胜景奇观。继设佛教篇，为全志重点，记述九华佛教沿革、寺院、组织、教育、经济、佛事活动等，突出九华山作为地藏道场在佛教名山中的地位、影响及其在佛教文化方面的特点。文物、建筑、人物、艺文、旅游、管理等篇也围绕佛教这个重点，从各个方面反映九华山佛教兴衰与社会经济、政治、文化的关系，反映其在新、旧社会不同的时代特点，全方位体现九华山风景奇秀和佛教文化名山的特色。该志记述宗教活动但不宣扬宗教教义；划清宗教信仰与封建迷信的界限，扫除旧志中灵异神秘之气和怪诞无稽之说；将民间俗教（如土地会、观音会等）同宗教分开，将宗教习俗载入附录。

九华山门

jiuzhi zhengli

旧志整理 旧志是相对于1949年后新编方志而言，包括宋、元、明、清及民国时期所编方志，也包括地记、图经等。历代方志编纂者和研究者都十分看重以往志书文献的记录和保存，传世官私目录对各代编修的方志均有著录，一些明清志书收录有旧志序跋和相关资料，成为今人研究和整理旧志的重要依据。清乾隆年间编修《四库全书》，自《永乐大典》中辑出失传的多部宋元方志，当时的一些学者还对旧志进行校勘和重印。清后期至民国时期，王谟、陈运溶、缪荃孙、张国淦、谭其骧、朱士嘉、史念海等学者参与到对旧志的校勘、辑佚、考录、编目工作中，对流散海外的方志进行调查和统计，总结经验和概括理论，如傅振伦《中国方志学通论》设方志之整理章，提出志书整理方法。中华人民共和国成立后，全国地方志系统于20世纪80年代初开始大规模且有系统的旧志整理工作。1983年4月，在河南省洛阳市召开的中国地方志规划会议上通过《中国旧方志整理规划实施方案》，明确1983~1990年的旧志整理任务。1984年3月，中国地方志指导小组在天津召开旧方志整理工作会议，成立旧方志整理工作委员会。会议上提出志书整理的基本形式有原本复制、校点翻印、类编资料、辑录佚志，及编辑方志目录、提要、专题索引等，并将资料类编作为重点。之后，各省、自治区、直辖市相继成立专门机构或指定专人负责旧志整理工作。主要包括6方面内容，一是对历代存佚方志进行全面调查和编制联合目录；二是分时代、分区域大规模重印旧志；三是继续进行旧志辑佚和校勘，完成历代地理总志和一些名志的校点出版；四是方志资料类编；五是编制方志索引；六是建设方志数据库。一些地方制定了相应的规划和方案，如《关于旧志整理的方式与体例规范》（河北省）、《福建省古旧地方志整理出版方案》等。至90年代初，与旧志整理研究相关的论文已发表30余篇，有朱士嘉《整理研究地方志刍议》《整理研究地方志意见书》、来新夏《旧志整理工作的回顾与展望》、张舜徽《怎样进行旧地方志的整理》等。

J

Junshizhi bianzuan

军事志编纂 军事志是全面系统、客观准确地记述中华人民共和国各行政区域军事历史和现状的资料性文献，是地方志的重要组成部分。内容主要包括军事地理、军事组织、军事活动、军事人物等。体裁主要有述、记、志、传、图、表、录等。组织编纂模式与国家及省、市、县级地方志编纂相适应。军事志编纂随着中国新编地方志事业的发展而逐步兴起。20世纪80年代初，各省军区（卫戍区，含同级警备区）在省委、省政府的统一领导下，开始编纂军事志，并将其作为各省地方志的重要组成部分单独立卷出版。全军军事志指导小组成立后，统一组织全军军事志工作。各军区成立相应的指导小组，各省军区成立领导小组，形成全军军事志三级管理体制。各省军区、军分区、人武部按要求落实在职与聘用、专职与兼职相结合的修志队伍，逐步形成军事志三级修志体系。至2001年底，第一轮军事志编纂工作结束，全军共编纂出版军事志书2552部（篇）。至2013年底，全军第二轮军事志编纂工作计划单独出版的志书有3123部，除64部县级军事志与地方志书合编出版外，其余的全部出版。还组织编纂《汶川特大地震抗震救灾志·抢险救灾志》《舟曲特大泥石流兰州军区抢险救灾志》《西北战事志》等专题志书，以及《贵州红色战事汇编》、《打胜仗》（战斗精神故事集）、《雪山作证》（专题纪录片）等多种军事志开发利用成果，编辑出版《军事志理论研究》《军事志编纂理论与实践》《军事志概论》等理论著作。形成涵盖军事地理、军事组织、军事

J

活动、军事人物等内容的军事志志书体系。军事志工作由追述历史向同步存史转变，由单一编纂军事志向“志、鉴、记”体系转变；工作内容由相对单一的组织编纂工作，扩展到组织管理、编纂指导、理论研究、开发利用等一系列工作；工作范围逐步从省军区系统向全军各单位拓展。

全军军事志指导小组及办公室 全军军事志指导小组是全军军事志工作机构，在中央军委领导下，在中国地方志指导小组指导下，对全军军事志编修工作进行宏观业务指导。下设办公室为其办事机构。

沿革 1996年，根据全国地方志第二次工作会议精神，国务院商请中央军委，建议军事志编纂工作由军队统一组织。1997年6月，经中央军委批准，中央军委办公厅印发《关于成立全军军事志指导机构等有关问题》的通知，成立全军军事志指导小组。组长由解放军总参谋部一名副总参谋长兼任，副组长由军事科学院分管科研工作的副院长兼任。历任组长钱树根、张黎、吴胜利、孙建国、王冠中。小组成员由各军区、各军兵种、武警部队分管领导，各总部机关相关部门和军事科学院相关研究部的领导组成。全军军事志指导小组办公室最初设在军事科学院军事百科研究部，2003年改设在战争理论和战略研究部，2013年改设在军事历史和百科研究部。研究部部长兼任办公室主任。历任办公室主任李玉、李正全、王福成、刘继贤、姚有志、寿晓松、赵丕、曲爱国。

职责 全军军事志指导小组负责贯彻执行国家有关编修地方志和军委、总部有关编修军事志的指示和要求，研究和制定落实措施；结合军事志编修的实际情况，制定编纂条例、体例规范和有关政策性规定；督促检查全军军事志、军事年鉴、军事大事记的编修工作，组织经验交流，指导学术讨论；进行调查研究，掌握编修情况，解决各地军事志编修工作中的学术和技术问题。办公室承办全军军事志指导小组日常事务，完成指导小组交办的工作任务，向指导小组提供政策建议，对军事志编纂队伍进行培训；编辑《中国军事志》《军事志工作简报》等刊物，编撰《军事志编纂工作手册》等资料性工具书；负责与中国地方志指导小组办公室的沟通协调工作。

主要活动 全军军事志指导小组成立后，印发《关于军事志续修工作的意见》《军事志编纂工作规定》《军事志编纂和公开出版保密规定》《军事志志书质量标准及评审办法》《军事志编纂细则》《军事年鉴编纂细则》《全军军事志工作“十二五”规划》等文件。1998年、2006年和2012年，组织召开三次全军性军事志工作会议。2004年，在山东威海举办首次全军军事志编纂骨干培训，400余人参训。①全军军事志第一次工作会议。1998年2月16~18日在北京召开。会议由全军军事志指导小组组长、副总参谋长钱树根主持。中央军委委员、总参谋长傅全有代表中央军委出席会议并作重要指示。军事科学院院长刘精松、政委张工，全军军事志指导小组副组长、军事科学院副院长李运之出席会议。中国地方志指导小组常务副组长郁文参加会议并讲话。全军军事志指导小组成员和各军区、省军区分管军事志工作的领导出席会议。会议重点审议并原则通过《军事志编纂工作暂行规定》《一九九八年全军军事志工作意见》，对军事志编纂工作面临的形势和需要解决的主要问题进行了深入研究，取得共识，并对1998年的军事志工作进行部署安排。中央军委办公厅印发《全军军事志第一次工作会议纪要》。②全军军事志第二次工作会议。2006年10月12日在北京召开。中央军委委员、总参谋长梁光烈出席会议并讲话。全军军事志指导小组组长、副总参谋长张黎做工作报告。军事科学院院长郑申侠、政委刘源出席会议，全军军事志指导小组副组长、军事科学院副院长葛东升作会议总结。中国地方志指导小组常务副组长、中国社会科学院副院长朱佳木参加会议并讲话。全军军事志指导小组成员和各军区、省军区分管军事志工作的领导出席会议。会议全面总结军事志工作的主要成绩和基本经验，部署“十一五”时期的军事志工作，编纂军事年鉴列入军事志工作规划，要求各军区、省军区都要编纂军事年鉴。会上通报表彰军队荣获中国地方志指导小组奖励的全国方志先进集体和全国方志先进工作者。中央军委办公厅印发《全军军事志第二次工作会议纪要》。③全军军事志第三次工作会议。2012年7月27日在北京召开。中央军委委员、总参谋长陈炳德出席会议并讲话。全军军事志指导小组组长、副总参谋长孙建国做工作报告。军事科学院院长刘成军、政委孙思敬，全军军事志指导小组副组长、军事科学院副院长任海泉出席会议。中国地方志指导小组常务副组长、中国社会科学院副院长朱佳木参加会议并讲话。全军军事志指导小组成员和各军区、省军区分管军事志工作的领导出席会议。会议全面总结全军第二轮军事志编纂工作的主要成绩和基本经验，启动全军第三轮军事志续修工作，部署当前和今后一个时期的军事志工作。总参谋部通报表彰96个全军军事志工作先进集体和96名全军军事志工作先进工作者。中央军委办公厅印发《全军军事志第三次工作会议纪要》。

军事年鉴 系统记述本行政区域军事活动或驻军单位全面建设发展情况的年度资料性文献。通常分为区域军事年鉴和单位军事年鉴。2007年中央军委办公厅印发《全军军事志第二次工作会议纪要》，把编纂军事年鉴列入军事志工作规划，各军区、省军区相继开展军事年鉴编纂工作。2008年全军军事志指导小组印发《军事年鉴编纂细则（试行）》，分13章51条，对军事年鉴的指导思想、编纂原则、组织领导、编纂程序、框架设置、编纂规范、出版、保密等做出规定。2012年中央军委办公厅印发的《全军军事志第三次工作会议纪要》中要求全军师以上单位编纂军事年鉴，团级单位编纂军事大事记。至2014年，全军编纂出版军事年鉴600余部。

K

喀 开 柯 崆 孔 库
会 宽 奎 昆 崑 括

Kanasi Zhi

《喀纳斯志》 主编崔先立。2007年新疆人民出版社出版。26万字。设地理环境、人文环境、自然景观、文化景观、建设旅游、保护管理、艺文选7个分志。志首配图照34幅及用国画手法绘制的《喀纳斯山水胜景图》。上限不限，下限至2006年末。概述简明扼要记述新疆喀纳斯的地理位置、山地环境、气候、自然风光、景区规模等。大事记详记公元前770年至2006年的大事要闻。分志部分着重记述20世纪90年代以后喀纳斯的开发历程，反映喀纳斯的自然风光、风景资源、人文景观、现代旅游等特色，着力突出喀纳斯旅游资源优势、发展成就和前景。地理环境部分记述喀纳斯的地质、地貌、气候、水文、土壤、植被、野生动植物、大型真菌。自然景观分志为该志的重点内容，详细记述地文景观、水体景观、生物景观、奇异天象及喀纳斯四谜。在记述自然景观时，先按资源类型分为四类，在各类型中根据景点的共性提炼出具有概括性的标题，每个标题下涵盖若干具体景点。文化景观分志中记述图瓦人风情习俗及哈萨克族风情习俗，内容翔实，图文并茂。艺文选收录有关喀纳斯的诗词、散文32首(篇)及歌曲3首，且每首都附图片。附录收录喀纳斯周边景点简介及文献辑存。

喀纳斯湖

Kaifengfu zhi

开封府志 开封府志的纂修可追溯至宋代，有新、旧《开封府图经》《畿内诸县图经》，均佚。明代有万历年间刊本存世。清代两修府志，顺治志存残本3卷，康熙志保存完整。仅记开封城的有李濂修纂的嘉靖《汴京遗迹志》和萧愚修纂的民国《开封小记》。①《开封府志》[万历]。宋伯华修，朱睦㮮、曹金纂。万历十三年(1585)刻本。34卷，设34目。各目皆有前序、后论。除星野(有图)外，均按先府后县顺序记述。禨祥记事自周襄王二十七年(前625)起至明万历十三年，明代较详。连带记述府及属县的疆域和城池情况。荐举、科目、选贡、赠荫4目所记内容均以明代为主。古迹目不做考证。藩封目专记周定王橚的世系后裔。日本内阁文库藏全帙。国家图书馆藏残卷。②《开封府志》[康熙]。管竭忠修，张沐纂。康熙三十四年(1695)刻本。40卷。分29目。志中保存了有价值史料，补缀前志未载的兵制、河防、漕运、盐法、驿站等一府大事，其中，河防目从大禹导河、汉文帝十三年(前167)河决酸枣(延津)写到康熙二十九年，职官、选举二目均续前志。但全志在整体性、系统性及收录内容方面有为人诟病之处，如帝王目自神话传说中的庖羲氏、神农氏写起，下迄北宋的8位皇帝，一一立传。章学诚论此曰："历代帝王后妃，史尊纪传，不籍方志。"御制赞、颂、诏敕在艺文门中占有一卷，但与开封府无特殊关系，《春秋》《战国策》中有关郑、梁、魏、秦等国文章被一并选入。国家图书馆等有藏，另有同治二年(1863)修锓本。2009年北京燕山出版社出版开封市地方史志办公室整理本。

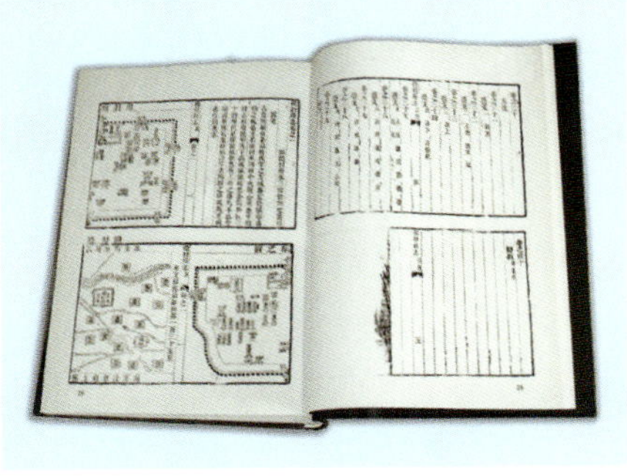

康熙《开封府志》("中国地方志集成"本)书影

Kaifengshi Zhi

《开封市志》 主编沙旭升、孙富山。1996~2001年北京燕山出版社出版。6册，500多万字。设38卷。上起事物发端，下至1985年底，个别内容有所延伸。突出体现开封作为六朝古都、有2700多年建城史的历史文化名城特色，展现开封城的历史变迁。建置区划卷记述从夏朝到1952年开封的建置沿革，北宋东京城区、明开封城区、清开封城区、民国时期及1949年后开封的行政区划变化。城市建设卷收录开封历代城址变迁示意图、北宋东京图、光绪二十四年(1898)祥符县(开封)城图、1948年开封市城关区全图、开封市总体规划图(1981~2000)。记述从春秋战国时期到民国时期开封古城状况，详记北宋开封(东京)作为国都的城市规模及风貌，体现其当时为世界大都会的地位。文物胜迹卷古建筑章记述唐相国寺、北宋铁塔和繁塔、宋金故宫·龙亭等45处古建筑，宋都御街、包公祠、清明上河园等胜迹；珍藏文物章记开封博物馆珍藏的陶瓷器、金属器、书画拓本、石刻墓志等各类珍贵文物近百件。风味特产卷记述汴京糕点，包括源于北宋

《开封市志》书影

的东京“三酥”“三饼”“三糕”等风味糕点，马豫兴桶子鸡、糖醋鲤鱼带焙面、煎扒鲭鱼头尾等开封传统历史名菜。注重反映滨黄河的地理特色及其兴衰变化与黄河的密切关系。黄河卷设10章记述河道变迁、历代河患、堤防、险工、河道整治、防汛、引黄兴利等，内容包括北宋以后，黄河因泥沙淤积逐渐在开封段形成“地上悬河”；从金代到民国，境内黄河决堤339处。在河南省社会科学优秀成果评奖中，第三、四册获一等奖，第一册获二等奖。在省地方史志优秀成果评奖中，第一册获一等奖，第五、六册获二等奖。

Kaizhou zhi

开州志 开州(治所位于河南省濮阳市)历代所修志书中，存世最早的是明嘉靖志，序中记载了明天顺年间曾修州志；据《文渊阁书目》著录，明正统前修有《开州图》《开州志》各一种，均不存。明万历、崇祯间所修州志均佚，存序。清代康熙、嘉庆、光绪三修州志，均存。①《开州志》[嘉靖]。孙巨鲸修，王崇庆纂。嘉靖十三年(1534)刻本。10卷。分10志。田赋志有事实，有议论，反映当时民生疾苦。地理志中的沿革、里甲、山川、镇屯、方物等目记述简要。官师志、人物志不以类别，而是按朝代排列人物。志中还记载了孙巨鲸亲率闾里150人盟誓订立的乡规民约。天一阁有藏。②《开州志》[嘉庆]。李符清修，沈乐善纂。嘉庆十一年(1806)刻本。8卷，首1卷。设8门。因风俗与全国大体相同，故不列出，归为地理；因无特出产物，不立专门而附于田赋。注重文献资料，内容皆有出处，以沿革、山川、古迹、人物最为翔实，均以一统志、正史为据，引证考辨。依照正史逐一补入旧志未载的开州历代分藩和旧志遗漏的战事、职官等，删除人物、列女中的错误等。国家图书馆等有藏。③《开州志》[光绪]。陈兆麟修，祁德昌纂。光绪八年(1882)刻本。8卷，首1卷。目录延续嘉庆志，设8门。在旧志基础上续补。对农民运动、黄河决口成灾等多有记载。记述涉及同治四年(1865)八月捻军与地主武装在境内进行的一次战斗，记载捻军歼灭地主武装2000余人的名单。地理志设黄河目，详载黄河泛滥情况，并于卷首绘制黄河流经开州地图。对村庄、集市的记载详尽，有文有图，所载市集20多处，反映当时集镇贸易的繁荣。人物所占篇幅较大，入录列女较多。国家图书馆等有藏。1995年中州古籍出版社出版濮阳县地方史志办公室校注本。

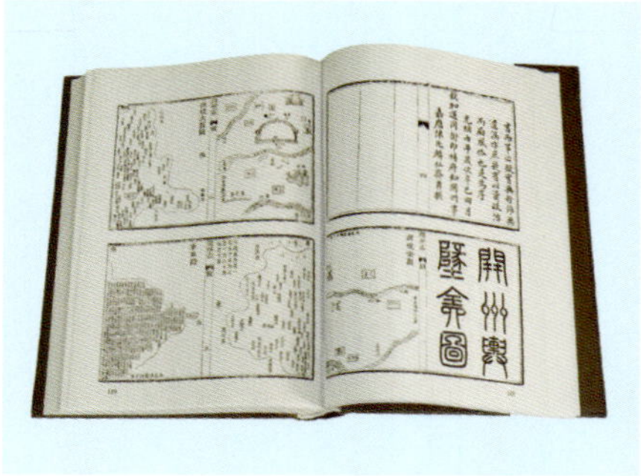

光绪《开州志》(“中国地方志集成”本)书影

Kepingxian Zhi

《柯坪县志》 主编阿布都沙塔尔·阿木冬。1992年新疆大学出版社出版。71万字。设24卷86章232节。志首配新疆柯坪县区域图、照片55幅。后设表格索引。上限不限，下限至1990年，个别资料断于1985~1990年。自然环境卷记述县域地质、地貌、气候、水文、土壤、自然资源、自然灾害，附19个表格反映日照、降水、地温、水资源、土壤分类等情况，后有附录详记1991年2月25日发生的6.5级地震情况。工业卷记述手工业、采矿、加工工业及乡镇企业，用10个表格详记工业生产、个体户加工、服务业的基本情况。商业卷记述经营体制、商品流通、饮食服务、外贸等内容，用9个表格反映1959~1990年国营和供销合作商业销售情况、1960~1989年县社会商品零售总额情况、1950~1989年农牧产品主要品种收购数量，以及1956~1989年生产资料、肉食、絮棉供应情况。专设重大政事卷，记述民国时期的重大事件及1949年后抗美援朝、减租反霸、肃特反特等重大政事。文化卷记述民族音乐舞蹈、文艺创作、文物、胜迹、民歌、传说等，附民歌16首，多以赞美柯坪、歌颂祖国、歌唱新生活为主题，还记述了柯坪名称的由来。设方言熟语卷，从类别、语言、词汇、语法四方面列举大量方言词汇，收录当地常用谚语和歇后语。人物卷立传31人，人物表列有受自治区表彰的先进模范人物、离休干部、柯坪籍在外地工作的县团级以上干部和副教授名录。1993年获全国新编地方志优秀成果奖三等奖。

齐兰古城

Kongtongshan Xinzhi

《崆峒山新志》 主编黄毅、张连举、张怀宁，总纂魏柏树。2008年甘肃文化出版社出版。85万字。设15章35节。志首有图片105幅，名人题字、题诗、题画、篆刻照片60余幅，古人补泾水图、崆峒山景区景点游览示意图各1幅。上起古籍所记载之发端及有关传说，下至2007年。记述甘肃崆峒山的历史、地理、气候、植物、动物、自然风光、人文景观、景观特色、宗教、文物、艺文选萃、崆峒武术、学术研究、旅游、机构管理等内容。人文景观、文物等章记载仰韶、齐家、商周等文化遗址150多处，省级重点文物保护单位12个，馆藏文物2755件。艺文选萃章收录李白、杜甫等众多文人墨客神游崆峒的诗颂、墨迹及有关崆峒山的诗词、游记、故事和散文。志书还记述了崆峒山关于黄帝、秦皇汉武、王符等的传说。附录收录嘉庆《崆峒山志》、崆峒山风景名胜区资源调查评估报告、首次规划、二次规划、丹霞地貌论文择录、文献、甘肃崆峒山风景名胜区总体规划及2首歌曲。

《崆峒山新志》书影

Kong Shangren

孔尚任(1648—1718)　字聘之,又字季重,号东塘,别号岸堂,自称云亭山人。清山东曲阜人。孔子第六十四代孙。曾任康熙朝国子监博士、户部主事、员外郎等。纂有《平阳府志》《莱州府志》《阙里新志》等。另著有诗文集《湖海集》《长留集》《岸堂文集》等,以剧本《桃花扇》最为著名。曾修《孔氏家谱》。①《平阳府志》[康熙]。平阳府,山西临汾旧称。刘棨修,孔尚任、高孝本等纂。康熙四十六年(1707)始纂,依各县旧志,根据明万历府志增补,次年成书并付梓。后在职官类空处补刻,记事止于康熙四十九年。36卷。卷首有天文、府境、府城、府署、府学、十二景及所领六州二十八县图50幅。正文设36目,附历代兵氛目。体例安排克服万历志"杂乱不清,叙事笼统"的弊病。各目均有序。新增兵燹目,记述上古至清代兵事。有康熙四十七年刻本、四十九年补刻本存世。②《莱州府志》[康熙]。陈谦修,孔尚任、刘以贵纂。康熙五十年始修,增修万历三十二年(1604)旧志,次年刊刻。12卷。该志图文并重,首列莱州府境图、平度州境图、胶州境图和所辖各图,还有海运图、胶莱河图、东海庙图及大泽山、崂山图。正文分12目。对土田、户口、税粮、海运、盐课等经济内容记载甚详。赋役志详记海运路线。兵防志详记海防建置。艺文志约占全志的1/3。中央党校图书馆藏有木刻本,美国国会图书馆藏有活字本。③《阙里新志》[康熙]。明弘治《阙里志》的续作。24卷。43万字。版心有"金丝堂"3个字。每卷一志,卷首均录有小序。正文篇目为图像志、礼乐志、世家志、事迹志、史记世家、祀典志、宗子世纪代五经博士、受官恩泽、世袭知县、四氏学禄、尼山书院学禄、洙泗书院学禄、孔庭族长、林庙举事、人物志、甲科、乡科、监生、岁贡、林庙志、山川志、古迹志、恩典志、弟子志、历代诰敕、御制祭文、论祭圣裔文、御制赞、撰述、明朝碑记、艺文志、辞赋、铭辩颂杂体、奏疏、表章、墓志、墓表、神道碑。孔府藏残本21卷。国家图书馆、曲阜文物局、兖州市图书馆藏康熙四十四年重印本。

Kongzhai Zhi

《孔宅志》　孔毓圻、孔毓埏、孔傅誌、于準、张廷枢、魏学诚、宜思恭、王原总裁,孙鋐、杨宏谦、杨陆荣、王时沛、张元灏、孙锁、黄宗琬、陆晟纂修。清康熙五十六年(1717)成书,六十一年刊刻,后又补入雍正初年事迹,雍正二年(1724)刊刻。8卷。孔宅位于松江府青浦县(上海市青浦区)境内。卷首收录当地儒生呈请康熙帝为孔宅题写匾联而获得成功的相关事实、相关文件,以及随后在孔宅扩建、祭祀、祥瑞、纂修《孔宅志》等事务中的重要公文、呈文、题记。卷1包括《孔宅志》旧序,《圣门志》《一统志》《松江府志》等书有关资料摘编,署名分别为沈霞和贾式金的两篇《孔宅考》及圣裔留寓世表。卷2、卷3为规制,考述孔宅各项建筑设施的由来和

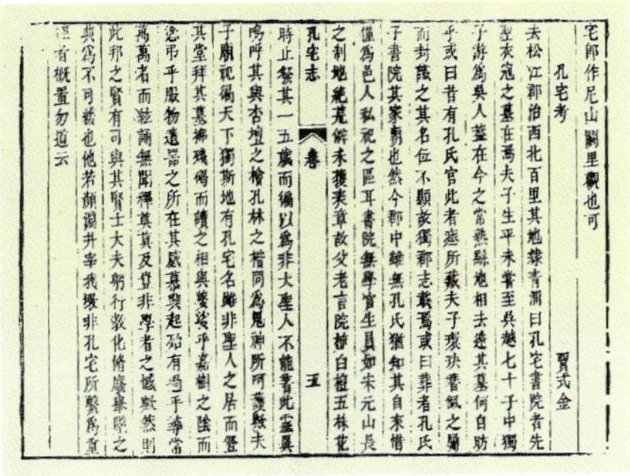

宅郎作尼山闕里觀也可
孔宅考　賈式金
去松江郡治西北百里其地隸青浦曰孔宅書院者先
聖衣冠之墓在焉夫子生平未嘗至吳越七十子中獨
子游為吳人墓在今之常熟縣地相去迸其墓何自昉
乎或曰昔有孔氏官此者巫所藏夫子遺玦晉瓴之屬
而封識之其名位不顯爰獨郡志載焉或曰菲者孔氏
子書院其家則也然今郡中歸無孔氏猶知其自來惜
僅為邑人私祀之區耳書院無學官生員如宋元山長
之制地既荒僻未獲表章故父老言院前白檜五株並
孔宅志　卷一　五
時止祭其一五歲而編以為非大聖人不能當此靈異
嗚呼其與杏壇之檜孔林之楷同為鬼神所呵護歟夫
子廟祀徧天下獨斯地有孔宅名雖非聖人之居而暨
其堂拜其墓拂殘碣而讀之想與雙槐乎嘉樹之陰而
遙弔手服物遺器之所在其感慕興起殆有當乎尋常
萬萬者而徒誦無闕釋奠及登非學者之憾歟然則
此邦之賢有司與其賢士大夫躬行敎化脩廢舉墜之
與為不可緩也他若顏淵井李我墩非孔宅所繫為並
從有概置勿道云

《孔宅志·孔宅考》书影

废兴历程,并收集相关的吟咏诗词及碑记、纪事文与书信。卷4为书院,汇集孔宅学堂、书院之沿革、兴废的史事和资料,以及相关诗文。卷5为古迹,记述孔宅古屋、古物、古树等等,实际多为歌咏景观与祥瑞的诗赋。卷6为祭式,收录有关孔庙的祭祀礼仪、文献。卷7为学规,收录历代孔宅书院规则方面的文献。卷8为庙田、祀田,叙述孔宅田产数量与经营状况。卷末称"功祠牒繇",载有官府对为孔宅事业做出贡献的官绅予以表彰的公文。该志孤本藏于日本国立国会图书馆。

Kuchexian Zhi

《库车县志》　主编斐孝曾。1993年新疆大学出版社出版。120万字。设36卷,卷下设条目。志首配照片83幅。上限不一,下限至1990年。建置区划卷记该县历经汉唐龟兹国境、唐龟兹都督府辖区、明清之际库车阿奇木伯克辖区、清光绪宣统时期库车厅、州边区等政区沿革变迁情况,配6个表格。地理环境卷配11个表格,记述地质地貌状况,突出其特有的日照、干旱等气候特征及其环境下适宜生长的动植物。设土特产卷,详记地毯、小刀、羊羔皮、杏四大名产,重点记述当地黑色羊羔皮被称作紫羔皮、成为常例贡品的缘由及被自治区定为"三北羊"羔皮生产基地县的情况;详记小二毛、大二毛等羔皮种类及羔皮筒、羔皮帽等制品;还记述杏的栽培历史及杏干、杏脯、杏罐头、杏酱等制品,以表格反映1949~1990年杏产量及加工制品情况。设专卷记述龟兹乐舞,系统叙述龟兹乐的乐理、乐曲、乐器、龟兹舞、龟兹戏剧及龟兹乐在中原王朝和国外的传播等,对龟兹乐与维吾尔族乐舞进行比较,配20幅龟兹乐舞线描插图。设专卷记述龟兹石窟艺术,包括石窟建筑、壁画艺术、雕塑、题字等,重点记述佛教故事画、佛经故事画、佛教人物画、裸体人像、飞天像、山水、动物、法器等壁画艺术;配石窟建筑类型表;记述7处石窟、513个洞窟的形成时间、鼎盛和衰落

时期以及独特的艺术风格。重大政事卷设16个专题，所记每一重大政事都有确切事实、数据、过程。金融卷附清代库车所铸的几种红线拓图。1995年获新疆地方志优秀志书奖一等奖，1997年获全国地方志奖一等奖、自治区第三届哲学社会科学奖三等奖。

《库车县志》书影

Kuaiji zhi

会稽志 以会稽（浙江绍兴旧称）冠名志书始于东晋，其时有贺循《会稽记》、虞预《会稽典录》、孔晔《会稽记》等，多已佚。以会稽命名的府志有宋嘉泰《会稽志》、宝庆《会稽续志》，县志有明代万历《会稽县志》，清代康熙《会稽县志》、道光《会稽县志稿》等。1992年团结出版社出版《会稽方志集成》。

《会稽典录》［东晋］ 虞预纂。24卷。记述上起春秋、下迄三国的范蠡、计倪、周昕、朱育等数十个历史人物生平事迹，唐刘知幾在《史通》中将其列入郡书一类，是一部较早的人物志著作。传本早佚，存世辑本有王谟《汉唐地理书钞》本、陶宗仪《说郛》本、王文濡“古今说部丛书”本、鲁迅辑刊《会稽郡故书杂集》本、张寿镛“四明丛书”本，另有冯贞群校勘记1卷。

《会稽志》［嘉泰］ 沈作宾等修，施宿纂。嘉泰元年（1201）刻本。20卷。正文设117目。其中姓氏、迎送、古第宅、古器物、求遗书、藏书等目，为他志所不详，清周中孚评其体例与笔法“详略得中，纪叙典核，而鉴裁精当，亦地志中之极有体要者”。原本已佚，存明正德五年（1510）仿宋重刻本、清嘉庆十三年（1808）王家襄影印清嘉庆采鞠轩本及明、清多种抄本，还有1926年影印嘉庆本。国家图书馆、浙江图书馆、上海图书馆等有藏。

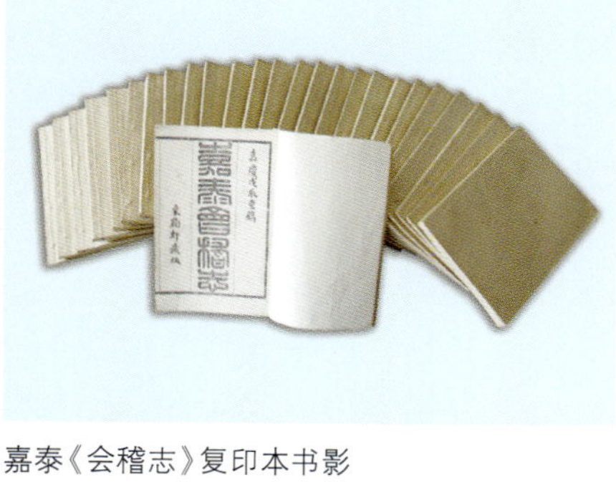
嘉泰《会稽志》复印本书影

《会稽续志》［宝庆］ 张淏纂修。宝庆元年（1226）刻本。续嘉泰《会稽志》纂修。7卷，分50目。该志续记嘉泰元年以后事，并为前志订误补缺，如增补进士题名，自淳化至嘉定，极为详备。原本已佚，传本有明正德五年仿宋重刻本、清嘉庆十三年王家襄影印清嘉庆采鞠轩本、1926年影印嘉庆重刊本，均与嘉泰《会稽志》合刻，末附宋人孙因撰《越问》1卷，凡序1篇、赋15篇，皆论会稽事。国家图书馆、南京图书馆、浙江图书馆、北京大学图书馆等有藏。

《会稽县志》［万历］ 杨维新修，张元忭、徐渭纂。万历三年（1575）刻本。16卷。卷首设图志。正文分地书、治书、户书、礼书4纲。地书下分沿革、分野、形胜、山川、风俗、物产。治书下分设官、作邑。户书下分户口、徭赋、水利、灾异。礼书下分官师、宦迹、选举、人物、祠祀、古迹、寺观。地书、治书、户书并重，考实不避讳俚俗。每书冠以总论，每类各有分论。志中还有归田、全免患田、均平、均差、一条鞭、水利、废寺等考。国家图书馆、天津图书馆、上海图书馆、南京大学图书馆有藏。浙江图书馆藏抄本。

Kuandianxian Zhi

《宽甸县志》 主编卫庆堂。1993年辽宁科学技术出版社出版。128万字。设26编93章345节。志首配县地势图、政区图、照片31幅。上溯起源，下至1985年。宽甸满族自治县森林覆盖、林木蓄积量、药用植物资源种类均居全省首位，是辽宁东部山区栽桑养蚕基地县。硼矿储量、产量居全国首位。志中设编详载林业、蚕业。自然资源编矿藏节、工业编采掘工业节中重点记述硼矿储量、产量、矿点等，附该县1985年硼矿基本情况表。设药材节记载全县784种药用植物分布情况。农业编药材栽培节记录石柱参、普通参、西洋参等药材产量。文化编文物·形胜章收录白石砬子山、峥嵘山、天桥沟、虎山（含明长城东端起点虎山长城）、青山沟滴水砬子瀑布、鸭绿江6处名胜。志中还记载柳条边等与满族生活相关的历史文化遗存。大事记及军事编详载1934~1938年杨靖宇率抗联战士以天桥沟为中心建立中心抗日游击区，并成立东北第一个红色抗日民主政权——四平乡政府等资料。外事·侨务编记述县境内中朝边境事务、外事交往、朝鲜侨民等。商业编专设一章反映该县对外贸易情况。交通编航道、渡口节对浑江、云爱河，下露河、浑江口、长甸河口、蒲石河口等对外贸易通道也有记载。1993年获全国新编地方志优秀成果奖一等奖。

万里长城东端起点——虎山

Kuiguanchu Zhi

《奎管处志》 主编葛显乔。1998年方志出版社出版。74万字。设14编57章238节。志首配图照64幅。后有人名、表格索引。上起1953年单位组建，下至1996年底。其中自然环境、水利资源、水利建设、水利工程管理4编记述奎屯河管理处人改造自然，开发水利资源，建设、管理水利工程的创业过程，突出水利专业特点。建设工

《奎管处志》书影

程编记述奎管处人建设新城的创业精神。此五编构成全书的主业记述。人口、人才，人物两编构成记人部类，增强对人本身记述，以表现在40多年的开发建设中英雄模范人物的事迹和思想境界，怀念为水利事业而逝世的人物。丛录编收录文献辑要、文章荟萃、诗歌、趣闻逸事等。图片设计将历任处正职党政领导设专版，以彰显他们在创业中发挥的重要作用。2000年获兵团史志优秀成果奖一等奖。

Kunmingshi Zhi

《昆明市志》 主编王廷琛等。1997~2003年人民出版社出版。10册，1076万字。设58卷436章1642节。上起有据史料时，下至1988年，特殊情况适当延伸。该

《昆明市志》书影

志在第1分册采用了诸多彩色版面，突出“春城”的特点。设自然灾害章，分7节反映自东汉永初四年(110)至1987年昆明境内的地震、旱、涝、霜冻、大雪、冰雹、大风等灾害，总结出三年一旱年、九年一大旱年、五年一小旱年的规律。在植物章中记述常见植物、主要植被、经济植物、珍贵植物(珍稀濒危保护植物和古树名木)，特别记述尚存的1100年树龄的唐梅、800年树龄的宋柏等百余株珍贵名木。在第74卷中特设两部分方言的内容，一部分为趣味性，另一部分为学术性，各4章22节。人物传中记述了明代晋宁昆阳人郑和7次下西洋，历经亚洲、非洲等地区30多个国家，沟通“海上丝绸之路”，为航海所做的贡献；记述了明代杰出的药物学家、音韵学家兰茂在李时珍《本草纲目》成书100多年前就已写成《滇南本草》；还记述了民国初期就任云南省政府高级顾问的昆明人缪云台、诞生于昆明的聂耳及其所作《义勇军进行曲》、1923年创办“东陆大学(云南大学)”的唐继尧等。在旅游卷中重点反映境内的湖、山、石、洞、泉、瀑布、花卉、古树、园林名胜、风土人情等全国著名旅游城市的资源优势。附录收录国立西南大学纪念碑、“一·二一”运动始末记、劝告袁世凯取消帝制电、卢汉宣布昆明起义宣言通电、昆明市人民政府印发《滇池综合治理大纲》的通知、《路南石林风景名胜区保护条例》和《昆明历史文化名城保护条例》等。在2005年云南省地方志成果评比中，第1、第10分册获特等奖，第2、第4、第5~9分册获二等奖。

Kunshanjun Zhi[Zhizheng]

《崑山郡志》[至正] 李罗帖木儿修，杨譓纂。元至正元年(1341)纂成。崑山于元元贞元年(1295)升为州，故志名《崑山郡志》。6卷。分风俗、山、坊、园亭(庵、堂、轩、楼附)、冢墓、古迹、名宦、封爵、进士、人物、释老、土贡、土产、杂记、异事等15目。杨维祯《序》称22卷，阮元疑6卷为成书之后删定而成，周中孚《跋崑山郡志》疑所存6卷为残本。杨维祯认为此志“博而能要，事核而不芜”，但人物传多收当时生人，未免有标榜之嫌，且叙述详略欠当。台湾藏清嘉庆间《宛委别藏》本。国家图书馆藏嘉庆七年(1802)邹鸣皋抄本。无锡市图书馆藏清锄月种梅室抄本。甘肃省图书馆、湖北省图书馆、无锡市图书馆等藏清咸丰元年(1851)嘉定钱氏刻本。苏州市图书馆、四川大学图书馆、贵州省

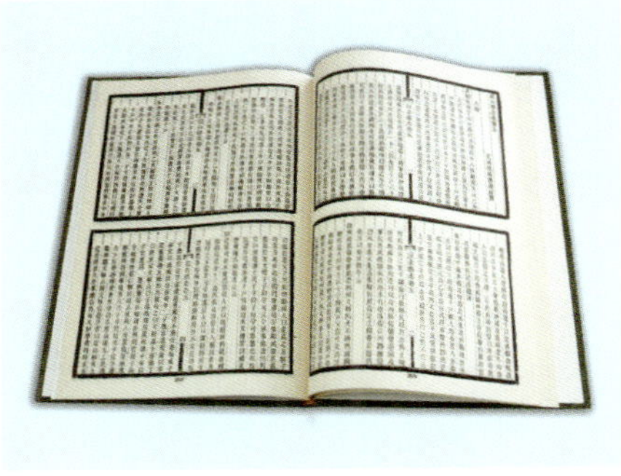

《崑山郡志》(“中国方志丛书”本)书影

图书馆藏清光绪二十八年(1902)缪氏东仓书库刻本。浙江图书馆、南京图书馆、杭州大学图书馆等藏光绪年间刻“观自得斋丛书”本、清宣统元年(1909)《汇刻太仓旧志五种》本。2010年陈其弟校点注释，与南宋淳祐《玉峰志》、咸淳《玉峰续志》合为《昆山宋元三志》，广陵书社出版。

K

Kuodi Zhi

《括地志》 地理总志。李泰主修，肖德言、顾胤、蒋亚卿、谢偃、苏勖等修撰。李泰(618—652)，字惠褒，唐太宗第四子，唐贞观十年(636)封魏王，十二年，奏请修撰《括地志》。十六年成书。又名《魏王泰坤元录》《贞观地记》《贞观地志》《魏王地记》《括地象》。550卷，序略5卷。其蓝本为《贞观十三年大簿》。体例上吸收了《汉书·地理志》和顾野王《舆地志》的特点。全书按贞观十道排列358个州，以州为单位，分述辖境各县的沿革、地望、得名、山川、城池、古迹、神话传说、重大历史事件等，全面反映盛唐时代行政区划和地理情况。该书征引保存了魏晋南北朝时期许多地理书中的珍贵资料，在散佚前已得到广泛应用，如唐张守节作《史记正义》，主要依靠此书解释古代地名。南宋时，该书散佚，散佚后，仍被各家抄引。清嘉庆二年(1797)孙星衍将唐宋人著作中征引的《括地志》遗文辑为8卷，收入“岱南阁丛书”中，为《括地志》最初的辑本。后朱记荣在“槐庐丛书”刻本中附辑了陈其荣补辑的遗文5条，曹元忠在《南箐札记》本中补辑数条。国家图书馆、天津图书馆、南京图书馆等藏孙星衍辑本。1947年世界书局出版王恢辑《括地志新辑》。1980年中华书局出版贺次君辑校本，从日本泷川资言编撰《史记会注考证》引古本《史记正义》，从《通典》《初学记》《太平御览》《太平寰宇记》《长安志》《大藏音义》等古书中补辑出十余条，编成《括地志辑校》4卷，约13万字，内容包括整部《史记》的地名解释，为研究《史记》和中国上古、中古历史地理的主要参考资料。

L

拉 来 莱 兰 阆 雷
耒 类 黎 李 丽 郦
连 莲 梁 辽 廖 猎
林 临 灵 岭 刘 琉
柳 龙 卢 庐 泸 鲁
陆 录 麓 吕 滦 轮
罗 洛

Lasashi Zhi

《拉萨市志》 主编许成仓。2007年中国藏学出版社出版。2册，240万字。设5卷29篇128章490节。配图照280幅。编制中文、藏文、英文目录及索引。记述范围以市辖七县一区为主。上起事物发端，下至2000年底，重点记述1951年西藏和平解放后的内容。①《拉萨市志》政治卷。设6篇24章130节。政事纪要篇前2章分别记述历代中央官员在拉萨的活动；中共拉萨市委（工委）、市政府施政情况，包括贯彻《十七条协议》、"稳定发展"的方针及中共西藏工委制定的"农区26条""牧区30条"政策，进行平叛改革、镇反运动、"文化大革命"运动，改革开放与经济建设情况，发展社会事业等。第3章以23节篇幅记载拉萨在汉藏民族交流中的作用以及成为格鲁派活动中心、建立噶丹颇章地方政权及噶厦政府、英军入侵拉萨与《拉萨条约》的签订、丹结林事件、人民解放军进驻拉萨并成立西藏军区、平息拉萨地区骚乱等重大事件，还有修建纳金电站、当雄机场、羊八井热电站等建设活动。第4章记述中央第三次西藏工作座谈会后，北京市、江苏省对拉萨市的援助工作情况。②《拉萨市志》经济卷。设8篇44章164节。反映拉萨在社会主义建设时期社会经济情况发生的巨大变化。农业所占篇幅最大。工业篇注重对藏族传统手工业发展的记述，专设小节记述纺织工业、酿酒业等相关行业及企业。③《拉萨市志》文化卷。设9篇38章119节。文学、艺术篇专设小节记述流行于拉萨地区的谚语、歌谣、藏戏、歌舞、曲艺、雕塑等。文物篇记述曲贡遗址等古遗址2处、古墓葬7处、宫殿2处、林卡1处、古宅11处、石窟1处、石刻1处、摩崖6处、碑刻14处，主要宫殿、寺庙及文物保护机构所藏壁画、唐卡、塑像、经卷、印鉴等文物。体育篇专设一节反映赛马、赛牛、藏式摔跤等传统体育活动。医疗卫生篇专设一节记述藏医发展情况。④《拉萨市志》社会卷。设4篇14章49节。民族宗教篇记述拉萨民族宗教管理事务及相关政策，藏族、汉族、回族在拉萨繁衍情况及其他少数民族的数量、人口，着重反映苯教、藏传佛教、伊斯兰教在拉萨的传承发展及宗教活动场所的分布情况，以及大昭寺、甘丹寺、色拉寺等寺庙。民俗篇记述拉萨居民衣食住行各方面的特点、习惯，藏历新年、萨嘎达瓦节、雪顿节、沐浴节、燃灯节等节日，生育、婚庆、丧葬习俗，宗教、节日及生活中的礼仪、禁忌等。

《拉萨市志》书影

Lai Xinxia

来新夏(1923—2014) 浙江萧山人。1946年北平辅仁大学历史学系毕业。曾任南开大学历史学教授、校图书馆馆长、图书馆学系主任、地方文献研究室主任，中国地方志协会理事等职。主要从事古典目录学、中国近代史、方志学和图书文献学等方面的研究。主编或与人合编《方志学概论》《中日地方史志比较研究》，著有《中国地方志》《志域探步》，撰有《略论地方志的研究状况与趋势》《旧志整理工作的回顾与展望》等论文，另著有《古典目录学》《林则徐年谱新编》《近三百年人物年谱知见录》等。①《中日地方史志比较研究》。南开大学与日本独协大学方志学国际合作项目成果。来新夏、[日]齐藤博主编。日文版本于1995年出版，中文版本于1996年由南开大学出版社出版。27.1万字。分2篇14章55节。第一篇为中国地方史志研究，共9章，即论文9篇，分别为郦家驹《中国纂修新方志工作的回顾与展望》、来新夏《略论地方志的研究状况与趋势》、谭其骧《地方史志不可偏废旧志资料不可轻信》、史念海《再论历史地理学与方志学》、傅振伦《史志的语言》、林衍经《史志关系论》（日文版未收）、杨静琦《新方志与现代科学结合》、费黑《县志的体例、篇目设计和总纂》、陈桥驿《中国〈慈溪县志〉与日本〈广岛新史〉的比较》（日文版未收）。第二篇为日本地方史志研究，共5章，即论文5篇，分别为《地方史与民众史》（色川大吉、芳贺登演讲稿，齐藤博主持）、大滨彻也《近现代地方史的课题》、齐藤博《市史编写问题》、犬井正《关于关东地方史志类中"志"与"史"的若干考察》、齐藤博《立足于地域社会史的原点》。②《志域探步》。来新夏著。1993年南开大学出版社出版，15.8万字。分上、下编。上编是对清代、民国方志的研究和对中华人民共和国成立后方志编写情况与趋势的分析，重点是新编地方志应如何取材编写、应如何审稿评志等。下编收录重印《畿辅通志》前言，及《萧山县志》序、"天津风土丛书"总序、《河北地方志提要》序等15篇为地方志写的序言，其中重印《畿辅通志》前言详尽说明了该志的编修过程，评价了志书的特色、价值。

Laiwuxian zhi

莱芜县志 莱芜修志始于宋代，宣和年间钟离修纂县志，仅存其目。此后，明嘉靖、万历，清康熙、光绪、宣统，民国年间均编修有志书，至1935年，共修成8部县志。其中明万历年间修有两部，一部是万历二十四年(1596)王命说主修、鲁邦教编纂的《重修莱芜县志》,已佚;一部是万历四十五年胡士奇主修、亓诗教编纂《增修莱芜县志》,吉林省文物考古研究所、吉林师范大学有藏。莱芜市地方史志办公室标点注释嘉靖、康熙、光绪、宣统、民国本,辑为《莱芜历代志书集成》,2009年中国图书出版社出版。

《莱芜县志》[嘉靖] 陈甘雨纂修。嘉靖二十七年(1548)刻本。8卷。约3.5万字。正文分图考志、地理志、贡

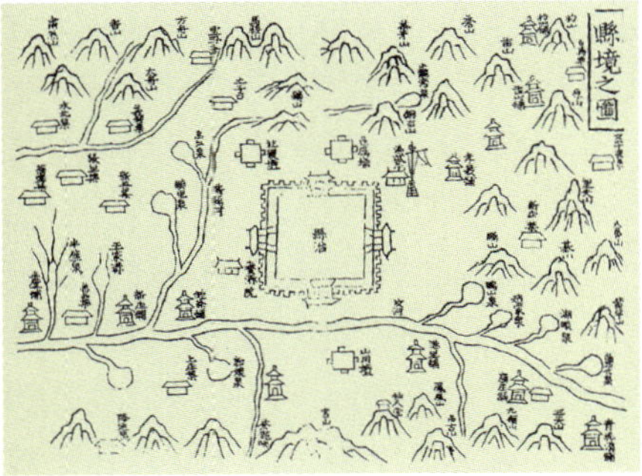

县境之图(嘉靖《莱芜县志》)

赋志、建设志、政教志、人物志、文章志、杂志8门,内辖37目。各志沿用大序、小序的传统,大序为前言,小序为各细目之叙。贡赋志中徭役篇记本地徭役编签实行"门、丁二项,定为三等,三等之中,列为九则"的三等九则"门丁制"及其弊端。文章志收录元翰林学士李谦《莱芜铁冶都提举司纪绩碑》,刘敏中《崔公提举德政碑》两文,记元代官府在莱芜设立铁冶都司及铁冶都司内部弊端。志中所载为考见明代中期徭役制度及元代冶铁工业生产提供了具体史料。为存世最早的莱芜县志。天一阁有藏。

《新修莱芜县志》[康熙] 钟国义纂修,叶方恒续纂修。康熙十二年(1673)刻本。继明万历志而修。10卷。约12万字。正文分图考志、封域志、建置志、赋役志、秩官志、人物志、艺文志7门,内辖54目。赋役志详记明末清初本地田地丈量及赋役征敛诸端,言切时弊。艺文志收历代邑人疏文,皆关系民生利病之作。山东省图书馆、南京图书馆、故宫博物院图书馆等有藏。

《莱芜县志》[民国] 张梅亭、王希曾纂修。1922年刊本。据张梅亭私撰光绪志稿本整理而成。22卷,首1卷。约16万字。记事止于宣统三年(1911)。卷首有图考4幅,分别是莱芜县总图及县南段、中段、北段分图各1幅。正文分地理志、建置志、官师志、官师表、田赋志、学校志、选举表、艺文志、金石志、人物志、大事记11门,内辖35目。田赋志中户口篇详载明代以后人口数字,对人口升降原因详加考析,尤切要害;田制篇除详列田赋数额外,对康熙以后因田赋繁重、人口剧增、山田日辟、山林滥伐造成的严重自然后果直言抨击,不乏卓识之论。国家图书馆、上海图书馆、山东省图书馆、山东省博物馆等有藏。

Lanzhoushi Zhi

《兰州市志》 主编马琦明等。1988年启动。规划64卷,2300余万字。1996年人事、邮政两部分志率先出版,至2010年,已出版50余部。由兰州大学出版社出版。上起事物发端,下至1990年,个别事物适当下延。较具代表性的有邮政、自然地理、自然资源、市政建设、瓜果、文物、文献、方言等分志。已出版的各卷(册)90%以上获甘肃省优质印刷品奖、优秀图书奖和省地方史志优秀成果奖。①《兰州市志·邮政志》。主编梅建生。1996年出版。43万字。志首置兰州市邮政局、所网点图,县局、所网点图,历史照片31幅。正文记述了兰州邮政自清光绪三十年(1904)创办以后,发展成为西北邮政枢纽的历程。专设集邮章,配有纪念邮戳、图表等。获省地方史志优秀成果奖一等奖。

中山桥

②《兰州市志·瓜果志》。主编马琦明、杨来胜。2005年出版。36.5万字。配兰州市瓜果产区分布示意图、照片55幅。设自然概况、瓜类、果树、科技、经营5篇。系统记述当地气候与瓜果种植起源、发展演变、引进国内外品种的过程和栽培现状。其中不少图片和资料属首次展示,并对部分传说进行考证和纠改。③《兰州市志·文物志》。主编王国礼。2006年出版。50万字。设文物、文物管理2篇,下设11章。文物篇记载史前文化遗存、馆藏文物、钱币、现代文物等,包括市、县(区)两级博物馆收藏文物18000多件。其中兰州市境内史前文化遗址165处,长城烽燧遗址162处,古旧城址、城堡109处,古墓葬116处,典型民居18处,石窟寺、摩崖石刻、金石碑刻200多处。④《兰州市志·地方文献志》。主编邓明。2011年出版。111万字。志首选录珍贵文献书影50帧。设著述、艺文2篇。著述篇记述自汉到1990年兰州人士的著述,以及外地人关于兰州的著述。有著述者308人、著述机构24个,著、编、译书638种,存世332种。艺文篇选录存世的有关文献资料,分文章、韵文2章12节,收录文章166篇、韵文934首。⑤《兰州市志·方言志》。主编赵浚、张文轩。2002年出版。72.7万字。设6篇21章91节。首排《左传》《说文解字》《方言》《切韵序》等历代古籍,以及照片16幅。正文记述兰州方言形成的地理历史、政治文化、经济商贸、战乱灾异、移民流动等原因,以及其收集、研究成果。设方言熟语篇,按成语、惯用语、歇后语、谚语分章设节。语料标音举隅篇列示一发即逝的语调图像图形和国际音标注音。附录收录兰州方言的研究概况及研究资料目录。

Langzhongxian Zhi[Xianfeng]

《阆中县志》[咸丰] 徐继镛修,李惺等纂。清咸丰元年(1851)刻本。8卷。16.5万字。设25目。附县治城内图、县治城外东南图、县治城外西北图、县

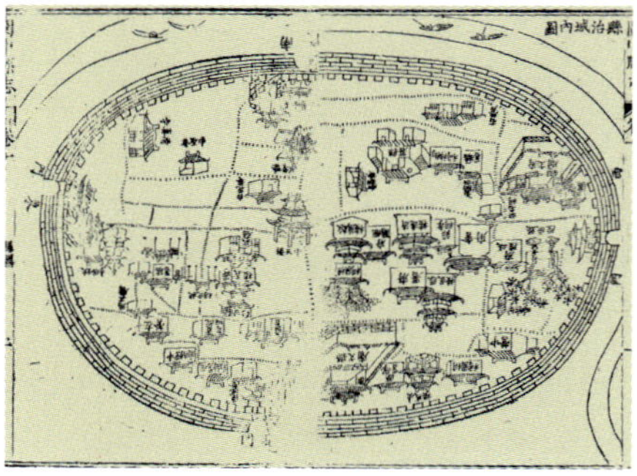

阆中县治城内图

治乡场图。卷1记历代沿革考、疆域、山川(山系、水系)、城池(记城池建设和变迁、城市营建及街道设置)、场市(记乡级集市贸易场镇及乡级行政机构的设置)、关隘(记境内南津、五吉、滴水等七关及天生、长生、玉皇等四十三寨)、津梁(桥、渡)、衙署(记兵、政、试院等场所)。卷2记祠庙(庙堂、祠堂、祭祀)、寺观。卷3记古迹、户口、风俗、物产、赋税、仓储、兵制、学校。卷4设选举目,记进士、举人、贡生、武进士、武举。卷5设人士目。卷6记列女、官师、流寓、冢墓。卷7~8为志余。四川省图书馆、泸州市图书馆、四川大学图书馆等有藏。

Lei Cizong

雷次宗(386—448) 字仲伦。南朝宋豫章南昌(江西南昌)人。少入庐山,师事沙门释慧远。曾在建康鸡笼山开儒学馆,为皇太子及诸王讲《丧服经》。纂有《豫章记》《豫章古今记》等,另著有《略注丧服经传》《毛诗序义》,均已佚。①《豫章记》。南朝宋元嘉六年(429)撰。有《汉唐地理书钞》辑本和《荆湘地记》辑本。内容大致分传说、旧事、古迹、建置、冢墓、地理、风俗、地名、故城、物产、山水、人物12类。正德《南昌府志》序称:“豫章之有志,始于雷次宗。”②《豫章古今记》。存《说郛》辑本。1卷。分郡城县、城阙、宝瑞、寺观、术艺、鬼神、变化、神祠、山石、水沙、津济、泉池井、冢墓、翘俊14个部类。另有《汉唐地理书钞》辑本。《四库全书总目提要》卷77也载有此书,但未著撰人,有学者认为此书并非雷氏所著,是他人托名之作。

Leifeng Zhi

《雷锋志》 主编宋凤鸣、关殿军。1998年白山出版社出版。193.6万字。设17编。志首收录党的三代领导人题词、三代领导集体倡导学雷锋活动照片、雷锋手迹和雷锋遗像16幅。题词赞誉编收录党和国家及其他领导人、知名人士题词62幅和照片20幅。生平事迹编记述雷锋传略及21位亲人的小传。著述文献编收录雷锋日记143篇、诗文65篇、讲话19篇、书信13封。精神内涵编既有对雷锋精神的分析,又有对其思想来源的揭示。社论选辑编收录14家全国性报刊于1963~1996年发表的69篇社论(评论)。经验做法编记述从理论概括出来的经验体会及单位学雷锋的先进经验、典型做法。传人简介编记述雷锋班及19任班长的事迹,全军、中央军委、总政治部、总参谋部、各大军区等表彰的学雷锋先进集体、先进人物。研究概况编记述学雷锋研究会、抚顺市学雷锋研究会等7家机构团体,16次经验体会交流会,20次座谈会,11次研讨会,41项图书和刊物重要研究成果,及《雷锋日记诗文选》《学雷锋研究》等图书、刊物研究成果。纪念文物编记述9次展览活动、7家纪念馆、13处纪念建筑、17个命名称号。文艺作品编记述戏剧、诗歌、曲艺等6类有关雷锋的文艺作品,包括戏剧60部、电影7部、电视15部、诗歌54首、曲艺20部、歌曲52首。世界影响编记述国际友人对雷锋的赞颂及外国人学雷锋的事迹。大事举要记载1960年9月至1996年全民学雷锋的590件重大事件和沈阳军区学雷锋的要事、活动。附录收录与雷锋有关的图书、报刊文章、文艺作品的名称和出处。

《雷锋志》书影

Leizhoufu Zhi[Wanli]

《雷州府志》[万历] 欧阳保等纂修。明万历四十二年(1614)刻本。共22卷。约48万字。设20志。详细记载雷州(治所位于广东省雷州市)及属县的历史演变,雷州客语、东语、黎语等数语并存的情况。记述自明洪武元年(1368)至嘉靖四十二年(1563)近200年间事条共55条,包括战事、灾害。明确雷州西湖(原移罗湖)上最早的人工景物建筑始于南宋绍兴年间。书中具体列出万历年间雷州三县墟集数目、分布情况为海康县有市6个、墟26个,遂溪县有墟6个,徐闻县有墟9个,全府共计墟、市47个。记载雷州府建有平湖、怀波、崇文、文会院、文明、起秀、贵生等书院7座。雷州古为产珠之地,志中有关于采珠业的事纪9条,还记载与采珠业相关的文献。还有记存历代十贤的过迹,记述寇准在海康的诗5首。日本尊经阁文库有藏。该志为存世3部雷州府志中最早的一部,另两部为清康熙十一年(1672)《雷州府志》和嘉庆十六年(1811)《雷州府志》。

Leiyangshi Zhi

《耒阳市志》 总纂陈列菊。1993年中国社会出版社出版。168.9万字。设27篇124章445节。文前有耒阳市政区图、交通图、彩照84幅。上起清道光二十年(1840),下至1990年。将煤炭与电力从工业编中抽出,专设能源编记述,突出耒阳的能源产业在湖南的经济地位,内容包括煤炭资源、勘探、开采、生产、购销、管理机构等,火力、水力发电供电设施,生产生活用电、管电情况;专设小节记述白沙矿区局、董溪煤矿、芭蕉煤矿、畔塘煤矿4家煤炭企业及耒

蔡子池——蔡伦造纸之处

阳电厂、遥田水电厂，附记沼气的开发利用。林业篇设专章记述境内油茶的品种、面积、产量及栽培史、垦复情况，记述耒阳建设油茶商品生产基地并得到联合国粮食计划署援建的史实。对历史人物资料进行考证，记述造纸发明家蔡伦是东汉桂阳郡耒阳县人，其住宅位于城南蔡子池畔，详《汉书》仅记述蔡伦为“东汉桂阳人”之略，纠正《辞海》在“桂阳”后括注“今湖南郴州市”之误。文物胜景章中记载有蔡伦墓、蔡侯祠等遗迹。1993年获全国新编地方志优秀成果奖一等奖。

Leibian Chang'an Zhi

《类编长安志》 骆天骧撰。元元贞二年(1296)刻本。10卷。约20万字。分33门。记述范围为元安西路总管府所辖8个州及直辖12个县，较宋敏求《长安志》新增商州的4个县。记述范围相当于陕西西安、咸阳、铜川、渭南、商洛、杨凌五市(区)大部地域。叙事自西周至元。此书是将宋《长安志》分类改编，增添金、元史实而成。分类较杂乱，但所述长安金、元史多不见于其他文献，如石刻门下著录长安及其附近的140多通碑刻。仅抄本传世，有日本静嘉堂文库藏影元抄本(为皕宋楼旧藏)、南京图书馆藏抄本(丁氏八千卷楼旧藏)等。1990年中华书局出版黄永年校点本。2006年三秦出版社出版修订本。

leimuti

类目体 按事物属性分类目编排的体式。最低层次为目。层次标题不冠序号，仅以字号大小或不同字体区分。根据分类是否有纲(门)统领，有纲目体、平目体两种表现形式。在志书编纂中，也有志书采用纲目与条目结合体。新编志书中，还出现“板块类目体”一词，如《秦皇岛市志(1979—2002)》《中国·秦皇岛经济技术开发区志(1984—2003)》的篇目设计采用板块类目体，每个板块由4个层次组成——板块、类目、分目、条目，条目为志书主要内容的基本单元。①纲目体。又称门目体。宋朱熹修《通鉴纲目》始创。原指以大字为提要，以小字分注称为目，每事均有提纲、纲简目详的一种体式，又称大志体。方志采用这一体式，先分若干大纲(或类、门、志)，其下再分细目，层层统属，较平列体优越，因而被普遍推广。以政区为纲的结构多见于全国性的总志及一省通志。以事类为纲的结构始见于宋，嘉定《赤城志》、元《重修琴川志》、明正德《松江府志》、清乾隆《西宁府新志》等均属此体。以政区、事类混合为纲的结构类型相对较少，出现于宋代、明代。宋乾道五年(1169)张津纂《四明图经》是较早采用此种结构的志书，其他还有宋方万里《宝庆四明志》、明王元正《四川总志》及周季凤《云南志》等。②平目体。又称条目体。方志中只有一层类目，并列平行、互不统属。北宋朱长文元丰《吴郡图经续记》较早采用此种体式，其他较为典型的还有绍定《吴郡志》、绍熙《云间志》及元至正《崑山郡志》等。因官方提倡，明清时期此种结构的志书较盛行，如明嘉靖《山东通志》、清贾汉复修《河南通志》《陕西通志》等均采用此体。其特点是类目清晰，便于编纂、检索，但无纲统领，显得松散，缺乏整体性，乾嘉后此种体例使用较少。民国时期有部分志书如白永贞《海龙县志》等采用此结构。

Li Jinxi

黎锦熙(1890—1978) 字劭西，号鹏庵。湖南湘潭人。清光绪三十二年(1906)秀才。宣统三年(1911)毕业于湖南优级师范学堂史地部。1916年发起组织中华国语研究会。1919年任教育部国语统一筹备会委员兼国语讲习所导师。后任北京高等师范国文系教授、国立北平大学第一师范学院院长等。1938年被聘为陕西城固续修县志委员会总纂，拟定《城固县志续修工作方案》，并将该方案增订成《方志今议》一书，系统阐述其方志学思想。后纂成《洛川县志》。1948年任北平师范大学文学院院长兼国文系主任，兼任中国大辞典编纂处总主任。1949年参与组建中国文字改革协会。同年5月至次年2月，任北京大学校委会主席。1955年当选为中国科学院哲学社会科学部委员。著有《新著国语文法》，主编《汉语辞典》《学习辞典》等。主纂《同官县志》，校订《黄陵县志》《宜川县志》等，体例仿《洛川县志》。鉴于修志资料搜集不易，黎氏在《洛川县志》序中对其在《方志今议》中所订材料收集的3种方法进行修正，其一，实际调查可代以方桌访问，即“征约耆氓，东西南北，四乡各一，方桌围坐，按籍逐事询记其现状及近年经过”；其二，档案整理可代以报告抄送；其三，群书采录可代以旧志剪贴。①《城固县志》[民国]。余正东修，黎锦熙纂。1938年始修。次年余离任，修志中止。共编成地质志、分坝地志、气象志，并搜集整理出许多资料。所存资料在“文化大革命”中大部被毁。②《洛川县志》[民国]。余正东修，黎锦熙、吴致勋纂。1942年始修，1944年铅印。28卷，40余万字。该志依《方志今议》所述修志之法，设26门112目。记述时间上至周武王，下迄1943年。特辟大事年表、地质志、工商志、交通志、社会志、自治保甲志、财政志、军警志、司法志、党团志、卫生志、方言谣谚志等。其中，方言谣谚志包括方言谱、方言分类词汇、俗谚类征、歌谣小集等目，约6万字。有财政志、教育志、方言谣谚志3种单行本刊行于世。

Li Ciming

李慈铭(1829—1894) 本名模，字式侯，后更名为慈铭，字爱伯，号莼客，晚号越缦老人。清浙江会稽(绍兴)人。光绪六年(1880)进士，官至山西道监察御史。撰有《乾隆绍兴府志校记》《嘉庆山阴县志校记》《拟修郡县志略例八则》《越中先贤祠目》等，所撰《越志略例》《会稽新志》已佚。另著有《唐代官制杂钞》《宋代官制杂钞》《元代重儒考》《国朝经儒经籍考》《军兴以来忠节

L

小传》等,多保存在《越缦堂日记》《越缦堂文集》中。①《拟修郡县志略例八则》。载《越缦堂文集》卷12。分8部分。该文阐述府县志的编纂原则和主张,认为方志修编应当注重疆域、山川,“地方以疆域为重,疆域之限、村镇域邑,古今易名,当以山川为识”;人物传的收录标准“勿遗勿滥”,并要注意每个人物的贡献大小,对于无事迹可记载者,虽显贵也不必收入;撰写应注意隐恶扬善,即“有善可纪者,略其疵,恩桑梓也”;艺文志的编纂应仿照《崇文总目》《四库全书总目提要》,不单记载书名、作者,而且要记载每部书的卷数和内容要点;“海防,今日尤重,旧志附于武备,所载甚疏,宜为《越中海防志》,详列各海口、岛澳之纵横,戍守之要害,墩台城塞之制,弁兵沙船之数”。②《乾隆绍兴府志校记》。不分卷。李慈铭称此志尚为佳志,但山川、人物、祠祀等卷,体例错杂,记载疏冗,多不胜驳。故手校此志,于地理、选举、人物、古迹、陵墓诸篇,逐一考订,补缺、正误、辨讹、删滥。尤其重视对人物志的纠谬。主张乡贤传不宜分儒林、文苑、隐逸、孝行、忠义诸名目,区分过细则势必滥杂。该书辑入《越缦堂日记》。浙江图书馆藏有李氏手校本,国家图书馆藏有1929年铅印本。③《嘉庆山阴县志校记》。不分卷。有1930年铅印本。百余条。除辨伪订误外,还对志书体例提出意见。认为该志所采用的三宝体结构“非著书之体”,缺陷很大,无法将寺观、冢墓、书籍、碑刻、艺术等内容纳入志,因而否定这一体例在志书编纂中进一步发展的可能性。

Li Jifu

李吉甫(758—814) 字弘宪。唐赵州赞皇(河北赞皇)人。历任太常博士,忠州、郴州、饶州刺史,淮南节度使,元和年间曾两度拜相。编撰有《元和郡县图志》《十道图》,另著有《六代略》《元和国计簿》《百司举要》《古今地名》等,多已佚。存世的《元和郡县图志》残本是中国保存最早的地理总志。李氏在《元和郡县图志》序中阐发地理对治理国家的重要性,认为“当今之务,树将来之势,则莫若版图地理之为切也”;批评古今地理学著作不得其要,“或搜古而略今”,“多传疑而失实”,“流于异端,莫切根要”,尤于“丘壤山川、攻守利害,本于地理者,皆略而不书”,如此“将何以佐明王,扼天下之吭,制群生之命,收地保势胜之利,示形束壤制之端?”

Li Shang'en

李尚恩(1945—1999) 内蒙古武川县人。1969年毕业于内蒙古师范大学汉语言文学系。1984年任武川县常务副县长。1986年任武川县地方志编纂委员会副主任、《武川县志》主编。建立县志编写班子,明确分工;首倡挖掘武川县历史文化,率先整理大青山抗日游击根据地的史料;主持召开全县资料员培训会,提出具体要求和限期责任;多次走访曾经在大青山战斗过的杨植霖、郝秀山、李方汉、黄厚等革命前辈;详审、修改县志初稿。1988年《武川县志》出版,为内蒙古自治区第一部出版的县级志书,并获1993年全国新编地方志优秀成果奖一等奖、1998年内蒙古地方志奖特等奖。曾促成大青山英雄纪念碑的建立。

Li Shutong——Hongyi Fashi Yingzhi

《李叔同——弘一法师影志》 主编郭凤岐。为纪念弘一法师诞辰120周年编纂。2000年天津人民出版社出版。全书以照片为主,以文辅照。收录照片550余张。志文约12万字。分在世、出世、后世3篇。在世篇有成长津沽、旅居沪滨、东渡扶桑、投石问路、育才武林5个单元,记述李叔同出家前的经历及其在艺术上的成就,收录李叔同幼年和青少年时期照片、早年书信、绘画作品、演出剧照等图片。出世篇分入山为僧、掩关永嘉、启关游方、因缘殊胜、浙东风月、南闽梦影、黄花晚节、殷红绚彩8个单元,记述李叔同出家成为弘一法师后的经历,记述他复兴南山律宗的贡献,及弘扬佛教、培育人才的艰辛和“念佛不忘爱国”的情操,收录弘一法师在游历过程中的留影、墨迹、篆刻作品、驻锡过的寺院和徐悲鸿、黄永玉绘制的弘一法师画像等珍贵图照。后世篇记述法师圆寂后有关纪念、研究的情况,收录天津、泉州等地纪念馆(室)、公园收藏的照片、法师著作和后人研究著作书影、各种纪念和研讨会议照片、有关影视剧剧照等。2002年获天津市优秀志书(类)奖一等奖。

《李叔同——弘一法师影志》书影

Li Shuanqing

李拴庆(1942—2009) 河北武安人。1967年河北大学化学系毕业。后参军,1978年转业回武安,先后在县工业局、广播局等处任职,是武安电视台第一批专题片的撰稿人和策划人。1987年任武安市地方志办公室主任。2008年发起成立武安历史文化研究会,被推选为会长。主编的《武安县志》获河北省和全国第一届新编地方志优秀成果奖一等奖。撰写的《谈谈志书语言》一文获河北省第一届地方志优秀成果奖。组织编纂《武安学子录》《武安文学艺术人物录》《戏曲编导杨兰春》《武安平调落子剧本选》《武安县志校注》《脉脉文心》等。著有《一石诗选》《拾零集》等。

Li Taifen

李泰棻(1896—1972) 字革痴,号痴庵。察哈尔省阳原县(属河北)人。毕业于北京高等师范学校,后任国立北京大学、北京女子师范大学教授。1925年任绥远特别行政区教育厅厅长、通俗讲习所所长。1931年被绥远省主席聘为绥远通志馆总纂,草拟《绥远通志》序列门目和调查提纲,派员广为搜访,纂定半数以上的文稿,后辞职回京。1934年纂成《方志学》一书,对方志的选辑、整理、鉴定进行系统论述，是中国最早以方志学命名的方志学专著。次年，纂成民国《阳原县志》。后任天津特别市教育局局长、北京大学文学院院长、汪伪政府“国史编纂委员会”主任委员。1949年后，任教于宣化中学、张家口师范专科学校。后调天津、吉林等地从事历史研究工作。著有《今文尚书证伪》《西洋近百年史》《国民军革命史稿》等。

Li Wenyan

李文彦(1937—2009) 云南洱源人。白族。1953年毕业于云南省农业干部学校。1958年起，任玉溪县政府办公室秘书。1982年后，任玉溪县地方志办公室副主任、总编辑，红塔区地方志、年鉴工作顾问，中国地方志协会理事、云南省地方志学会副会长，中国年鉴研究会学术委员会委员、云南省年鉴研究会常务理事兼学术委员会主任等职。主编《玉溪市志》《玉溪市年鉴》，开创省内编纂县(市)级年鉴先河。此外，还主编和指导编纂《方志编纂文辑》《方志总纂论文集》《志鉴文集》《玉溪市志资料选刊》等史志、年鉴、地情书籍、方志理论著作等书刊20余种、约3000万字，并总结出“漫长历史典型化，深刻道理通俗化，枯燥事物故事化，语言文字规范化”的开发利用志书的经验。方志论文主要有《全面开展地方志工作，为社会主义的两个文明建设服务》等十余篇。被评为云南省地方志先进工作者。

Li Wenzao

李文藻(1730—1778) 字素伯，晚号南涧。清山东益都(青州)人。乾隆二十六年(1761)进士。曾任广东恩平、潮阳等县知县，官至桂林府同知。主纂《诸城县志》，参纂《历城县志》，另著有《南涧文集》《岭南诗集》《泰山金石考》《山东元碑录》等。在所作志书序言中，提出“志与史同也，亦异也。扬往迹以励将来，同也。史编天下之大，志录一邑之小”，论述史志性质与异同关系，指出编修史志宗旨的同一性，认为方志“欲存故实而已，非有褒贬予夺之法也”，史、志的社会作用相同而编纂方法上有不同之处。在方志具体编纂方法上，主张宜辑旧文，不著一字，以示征信；所引资料皆注明出处，方称严谨；志书体裁宜用图、纪、考、表、录、传六体。①《诸城县志》[乾隆]。宫懋让修，李文藻纂。乾隆二十八年修成，次年刊刻。46卷。50余万字。志前有旧序2篇。该志分图1卷、总纪2卷、考12卷、表11卷、录2卷、列传18卷，于各篇设小序言明此体例沿革之由。总纪实为编年大事记，上起周惠王十二年(前665)，下迄乾隆二十九年。以考最具特色，包括星野、疆域、山川、建置、古迹、田赋、武备、风俗、方物、艺文、金石等考，占全志篇幅的1/4。其中，古迹考对历来有争议的齐长城问题、越王勾践徙都琅琊问题均有考证。②《历城县志》[乾隆]。胡德林修，李文藻、周永年纂。乾隆三十二年始修，三十六年成书，三十八年刊刻。50卷，首1卷。约50万字。志前有域疆、县署、学宫等图。卷首为圣制、宸翰。正文采纪、考、表、录、传等体，分15门44目。地域、山水、建置、古迹、艺文、金石等考学术水平较高。列传门占全志的1/4，特设一行传，褒扬举善。全志诗赋散文分隶各门之中，不入艺文考。该志广集各家之说，不加论述，为清代方志纂辑体代表作之一。

Li Zhaoluo

李兆洛(1769—1841) 字绅琦，后更字申耆，晚号养一老人。清江苏阳湖(武进)人。嘉庆十年(1805)进士。十三年，任安徽凤台知县。十九年辞官，先后主讲真儒书院、敬敷书院、暨阳书院。纂《凤台县志》，主纂《东流县志》《怀远县志》，参与纂修道光《江阴县志》、道光《武进阳湖县合志》，校刊重印咸淳《毗陵志》。编著有《养一斋文集》《历代地理志韵编今释》《历代舆地沿革图》《皇朝舆地韵编》《皇朝一统舆图》等。在其所作序言中，主张方志应为治理地方而作，“志者，心之所志也。志民生之休戚，志天下之命脉，志前世之盛衰，以为法鉴也。志异日之因革，以为呼吁也”；认为“志尚征实，所以传言，一事一语，必据其所自来”，运用资料要“详稽而慎取，统贯而条分自明”。强调编纂方志态度要十分严谨，主张修志者要亲自“周历县境，审地形，察水道，访遗志，稽古籍，考金石”。《怀远县志》[嘉庆]，孙让修，李兆洛主纂。嘉庆二十二年春开始编修，至年底已完成过半，李氏因事离去，由董士赐续修，次年完稿，二十四年付梓。记事止于嘉庆二十三年。正文分志、记、表、传四大类，设28门87目，约30万字。在此前志书基础上，删减、增补而成。大事记记述明嘉靖年间怀远农民起义，收集有家乘中记载的李自成起义军到达怀远的资料。有嘉庆二十四年刻本、1937年铅印本。

Li Zhimin

李志敏(1907—1990) 山西原平人。12岁因家贫离乡谋生。1926年参加革命工作。1929年发动、指挥“唐山兵变”。抗日战争、解放战争时期，先后任中共山西省委特委特派员、中共介休县委书记、决死一纵队三十八团团长、八路军一二九师教育科科长、太行军区军事部部长、中共运城地委书记等。1949年后，曾任华北纺织管理局党委书记、天津市委副秘书长、天津市工业部副部长、山西省委副秘书长等职。20世纪60年代初即宣传编修新方志。1978年任山西省政协副主席、党组副书记，随后兼任省地方志编纂委员会副主任、办公室主任，省委党史资料征集委员会主任，中国地方志协会副会长兼秘书长，中国地方志指导小组成员。1980年6月在《光明日报》发表《地方志的编修工作急待开展》，10月在中国地方史研究会筹备会议上作题为“有钱难买回头看”的发言。曾参与起草《中国地方史志协会章程》《关于方志学研究工作的建议》《关于新省志、新市志、新县志编纂方案的建议》《1983—1990年中国地方志事业发展规划及设想》等草案，参与修订《关于新编地方志工作条例的建议》《中国地方志整理规划(1982—1990)》《中国旧方志整理规划实施方案》。

Lijiang Naxizu Zizhixian Zhi

《丽江纳西族自治县志》 主编李汝明。2001年云南人民出版社出版。155万字。设36卷171章614节1549目。配彩照138幅、黑白照92幅、表格173个。上起事物发端,下至1990年。为突出地方特色,将世界文化遗产、国家历史文化名城丽江古城,国家AAAAA级风景名胜区玉龙雪山,世界自然遗产核心区域的著名风景名胜区老君山,世界记忆遗产东巴文化等设专卷做翔实记载。设民族卷对世居县境的纳西、汉、白、傈僳、彝、普米等民族的源流、社会经济、生活习俗、文化形态、语音文字等做翔实记载。设土司卷记载宋末元初至清雍正年间,受中央王朝封授,管理经营滇西北地区的纳西族土司木氏的传袭、统治区域及势力范围、向朝廷纳贡及受封赐,以及土司领主的社会、经济、文化状况。设宗教卷对境内的藏传佛教噶玛噶举派,汉传佛教、道教等

木氏土司府署

的传入、寺观、派别、信徒、活动等做记述。附录中的东巴经书节选采用象形文字原文、国际音标注纳西语音、汉文直译对注、汉语意译相互对照的方法。志书还选载人类起源和迁徙的来历、董术战争等东巴经典故事。2005年获云南省地方志优秀成果奖特等奖。

Li Jiaju

郦家驹(1923—2012) 江苏南京人。1947年毕业于复旦大学历史系。1949年参加工作。1957年调入中国科学院历史研究所(后更名为中国社会科学院历史研究所),任历史所学术秘书、宋辽金元研究室主任、历史所副所长、历史所学术委员会副主任、宋史研究会副会长等职。1985~2001年任第一届、第二届中国地方志指导小组成员、秘书长。1985~2002年任第二届、第三届中国地方志协会副会长、常务理事。主要代表作有合著《中国史稿》第五册、《中国屯垦史》中册,以及论文《论宋代的屯田和营田》《两宋时期土地所有权的转移》《宋代的隐田漏税和政府的对策》等。在担任中国地方志指导小组领导期间,主张指导小组必须具备必要的政治、学术上的权威性和必要的工作条件,应切实加强指导小组办公室的建设,使之成为能够贯彻指导小组意图的办事机构。主张进一步提高对地方志工作意义的认识,要求各地方政府加强对地方志工作的领导,采取必要措施推动工作。认为编修地方志是一项长期持续不断的工作,志书每隔若干年要续修一次。强调要特别重视保证和提高新方志的质量,始终把志书质量放在最重要的地位,认为志书质量取决于修志队伍水平,应该把提高修志队伍的质量放在重要的位置。认为旧志整理工作是一项专业性很强的学术研究工作,必须在有关专家学者的指导和参与下才能够做好。提倡各地引进现代化手段,使地方志工作机构拥有的资料数据化、规范化。其间,充分发挥中国地方志指导小组成员特别是专家学者的作用,组建各种专业指导组。主持修改《新编地方志工作暂行规定》,并于1985年4月由中国地方志指导小组印发。制定《中华人民共和国地方志工作条例(草案)》。组织举办1993年在中国革命博物馆举办的全国新编地方志成果展览会、1997年开展的全国新方志评奖活动。协调军事志和各种部门志的编纂指导。筹建方志出版社。

Liannan Yaozu Zizhixian Xianzhi

《连南瑶族自治县县志》 主编杨金隆。1996年广东人民出版社出版。120万字。设24编。配图片78幅。上限不限,下限至1988年,个别事项延至1990年。记述广东连南从贫穷落后的农耕和半农半林社会向现代社会迈进的历史过程。以民族篇最具特色,设4章13节,约3万字,篇幅约占全书的3%。其中瑶族、壮族各设一章,均对族称、族源进行追溯,并对民族迁徙路线、分布情况及其分支、社会经济、家庭、宗族组织、历代反对民族压迫的斗争等进行详尽记述。共产党民族政策的实施章设实行民族区域自治、培养民族干部、制定特殊政策和自治条例、消除民族隔阂、扶持瑶区建设5节,以约8000字的篇幅详记民族工作情况。

瑶族耍歌堂——过州

Lianfeng Zhi[Shunzhi]

《莲峰志》[顺治] 王夫之撰。清顺治四年(1647)刻本。原作以篇为卷,分13卷。2.7万字。同治《船山遗书》收录此志,5卷本,为后人将13卷本合并编排而成,篇目顺序、字数与13卷本相同。记事上起南宋,下至明末,分门记述南岳衡山七十二峰之一莲峰(全称莲花峰)及峰下方广寺的情况。卷1首列明神宗敕谕,次载明嘉靖《莲峰翰墨志》刘阳、周怡二序。卷2~5依次记沿革、形胜、名迹、附丽(山水)、名游(列朱熹、张栻、尹台、湛若水等18人游峰事迹)、祀典、祭文、祭田、神宿(列方广海尊者等10人)、物产(列香稻、罗汉芋、巨材、虎、猿等23种)、序记(收录有张栻《游南岳唱酬序》、朱熹《南岳游山后记》等12篇)、诗(收录朱熹、张栻、顾璘、张居正、谭元春等44人诗作110首)。最后

总序记述修志经历、篇目。志中所记之事均为编撰者所见所闻,并有所考订。1992年岳麓书社出版《船山全书》,《莲峰志》列为第11册。

Liang Hanbing

梁寒冰(1909—1989) 山西定襄人。早年就读于太原国民师范学校、北平师范大学。20世纪30年代起,长期从事中共的军运、统战和城工工作。1949年后,任中共中央华北局宣传部副部长,中国社会科学院历史研究所分党组书记、副所长,中国史学会理事会常务理事兼秘书长等职。1981年起,任第一届、第二届中国地方(史)志协会会长、常务理事,第一届中国地方志指导小组副组长。推动全国各地修志机构的建立;开展调查研究,总结推广各地的好经验、好成果,组织召开指导小组各种会议及全国地方志第一次工作会议,赴各地指导落实会议精神;提出建立专、兼职修志队伍(即方志办公室人员和协会会员)。有方志论文《整理旧方志与编纂新方志刍议》《关于编修城市志的几个问题》《新修地方志与两个文明建设》《地方志工作要适应改革的新形势》等,结集为《新编地方志研究》出版。另著有《中国社会发展史》《唯物论与唯心论》《历史学理论辑要》《中国现代革命史教学参考提纲》等。认为地方志是科学的资料书,不同于阐述社会历史发展规律的史学论著,应脱离历史学成为独立的学科。提出建立马克思主义方志学理论,将马克思主义、毛泽东思想作为编写地方志的指导思想,从搜集、甄别、整理、选用资料到科学分类、排列资料直至编辑成书的全过程,都要用马克思主义的立场、观点和科学方法进行统率,这样才能使新方志与旧方志从根本上区别开来,使新编志书具有思想性、科学性、现代性、知识性和稳定性。在志书的功用方面,认为修志是了解国情的基础性工作,要注重其经济效益、社会效益和现实意义,要"详今略古、古为今用",充分体现时代性。认为各级修志机构应是一个调查研究单位,既要总结过去的经验教训,又要研究未来的发展趋势,方志队伍要向研究方向发展,"人才就是质量"。主张修志体制要实行责、权、利结合的主编责任制。对旧方志应批判地继承,通过多种方式进行选择和整理。

Liang Qichao

梁启超(1873—1929) 字卓如,号任公,又号饮冰室主人。广东新会人。清光绪十五年(1889)举人。后师从康有为,协助其组织"公车上书"活动,参与发起强学会,发起戊戌变法运动。变法失败后逃亡日本。辛亥革命后,任北京政府司法总长、制币局总裁。1915年赴云南参与策划反对袁世凯复辟的护国战争。1917年任段祺瑞执政府财政总长。次年,退出政坛。曾主持清华学校国学研究院,任北京图书馆(中国国家图书馆前身)馆长。方志理论著述主要有《清代学者整理旧学之总成绩——方志学》《说方志》及《龙游县志》序等。另著有《饮冰室合集》。①《清代学者整理旧学之总成绩——方志学》。中国近代史上方志研究的经典著作。1923年撰。初载于《东方杂志》1924年第21卷18期,后载入《中国近三百年学术史》,收入《饮冰室合集》。该文对清代公私所著方志做全面评述,一是肯定章学诚在方志史上的地位,提出清代修志多有名家,"然其间能认识方志之真正价值、说明其真正意义者,则莫如章实斋","方志学之成立,实自实斋始也",第一次提出"方志学"一词。认为章学诚对方志学的贡献"首在改造方志之概念";二是创立"三书"之议,并在《湖北通志稿》中充分实践;三是提倡州县设立志科,"使文献得有所典守而不坠,而国史取材亦可以有成式而免参差芜猥之患";四是阐明省志与府志、府志与县志的不同地位。对方志的功能,提出方志保存了史家著述不载的许多重要资料,"以我国幅员广,各地方之社会组织、礼俗习惯、生民利病,纷然殽杂,各不相侔者甚多。而畴昔史家所记述,专注重一姓兴亡及所谓中央政府之囫囵画一的施设,其不足以传过去、现在社会真相明矣","各地方文化发展之迹及其比较,明眼人遂可以从此中窥见消息,斯则方志之所以可贵也"。还论及方志的编纂要求,认为纂修方志最主要的工作是调查事实、搜集资料,强调方志编纂应详略适度,并批评过去"方志之通患在芜杂"。总结方志纂修中的经验得失,指出方志"编纂之形式率沿唐后官局分修之旧","由地方官奉行故事,开局总修",其弊在于"位置冗员,钞撮陈案,殊不足以语于著作之林","故得良史甚难,而省志尤甚"。②《说方志》。撰于1924年。收入《饮冰室合集》。从史学角度强调加强对地方专史即方志的研究,"治中国史,分地研究极为重要",而"地方的专史就是方志的变相"。对方志发展史有所分析,认为"大抵初期作品,囿于古代图经的观念,以记山川、城邑、宫室、名胜等为最主要部分;稍进,则注重人物传记;更进,则及于古迹、遗文、金石等;更进,则注重现代风俗、掌故、经制因革等。而年代愈晚,则陈迹之需考证者愈繁,故去取别择,亦成为专门技术……要之,自宋迄明六七百年间,方志观念日趋扩大,其内容日趋复杂"。对前人称为良作的志书做评价,称顺治《河南志》为天下模式,雍正《浙江通志》为诸志中完善者,而陕西、山西为最好,福建次之。对康熙《邹平县志》、乾隆《历城县志》、章学诚所修之七八种志及洪亮吉父子所纂之志,也倍加赞赏。

Liaodong zhi

辽东志 明永乐年间创修,正统八年(1443)初刻,弘治、嘉靖年间三度重修,前志已佚。后李辅重编《全辽志》。嘉靖十六年(1537)前版本已不见,嘉靖十六年刻本《辽东志》为存世最早的东北地区总志。《辽东志》最通行的版本是民国"辽海丛书"本,此外有民国油印本。

《辽东志》[正统] 毕恭、王祥纂修。9卷。据毕恭序,此志于永乐十四年(1416)创修,存稿。正统八年初刻,为最早的《辽东志》。原书失传。分建置、沿革、分野、疆域、城池、里至、山川、形胜、坊郭、屯堡、烽堠、土产、贡赋、户口、学校、军卫、廨宇、铺舍、坛场、寺观、桥道、驿程、宦绩、人物、杂志、诗文。

《辽东志》[弘治] 陈宽、韩斌修,邵奎等纂。弘治元年(1488)刊刻。9卷。据陈宽重修《辽东志》后序中记载,正统八年《辽东志》"全书无存","所得者皆掇拾于残篇断简暨耆旧闻见",因此"欲图完书","立义类,定凡例,因其旧而增其新,正其讹而补其阙"。较旧志有所补充和订正,如风俗、形势分开叙述,对人物、流寓来历详加补录,分司、监苑、卫所系于"公署",对关隘、水道、驿传都有记载。注重对边政的记述,对朝鲜、女真"今虽不内属,以昔多辽地,今仍旧附录以传"。

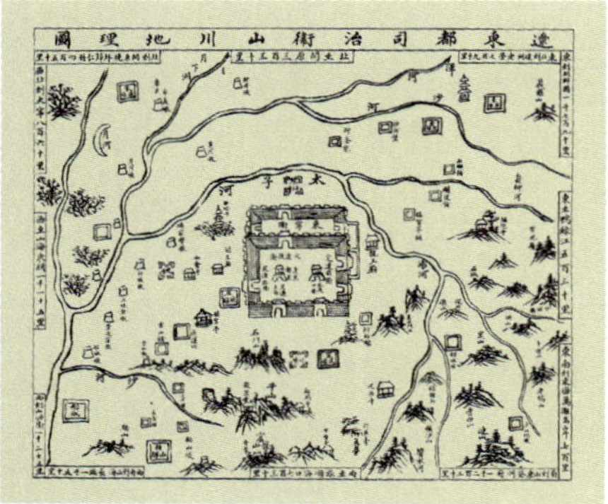

辽东都司治卫山川地理图(弘治《辽东志》1934年印本)

《辽东志》[嘉靖] 有两部,其中嘉靖八年本由潘珍修,徐文华、刘琦、程启充纂。此志为嘉靖十六年重修《辽东志》所本。嘉靖十六年志由任洛等纂修。9卷,附图1卷。凡例记载"旧志分地,各自为类,今志分类,各载其地","旧志属物比类,靡有统纪,今提其纲,为志九"。所称"旧志",即嘉靖八年稿本。于此可见两本之异同。该志分地理志、建置志、兵食志、典礼志、官师志、人物志、艺文志、杂志、外志。天津图书馆、台湾藏嘉靖十六年重修刻本。另有1934年铅印"辽海丛书"本。

《全辽志》[嘉靖] 李辅修。嘉靖四十五年刻本。6卷(一说12卷)。设图考志(星野附)、沿革志、山川志、赋役志(岁运附)、边防志、兵政志(军器粮赏附)、马政志、职官志、选举志、宦业志、人物志(贞淑附)、典礼志、风俗志、方物志、祥异志、故迹志、杂志(流寓方伎)、艺文志、外志(外夷国卫史考)。以补充本朝资料为重,删去郡名、营图、长编、爵命、使命,增加星野、海道、马政,详录人物、流寓、关梁、递驿、风俗等。"各有论著,以备经略,以垂法戒"。金毓黻校印《全辽志》云:"观其凡例,于旧志纲目,多所更定,大异于前次之续修,故易名为《全辽志》,此又可考而知也……所谓李辅重修《辽东志》十二卷,即今本之《全辽志》。"据金毓黻考,从问世到明万历三十七年(1609),《全辽志》在多次翻印中做了少数修改。国家图书馆有藏。国家图书馆、辽宁省图书馆、南京图书馆、上海图书馆藏抄本。另有1934年铅印"辽海丛书"本、油印本。台湾藏有民国金毓黻校订铅印本。日本人前田利为藏有一稿,于1912年铅排付印。

Liaoningsheng Tushuguan

辽宁省图书馆 位于沈阳市沈河区万柳塘路。前身为1948年开馆的东北图书馆。1949年从哈尔滨迁至沈阳。1955年更名为辽宁省图书馆。1997年建成新馆,建筑面积3.3万平方米。馆藏旧志包括善本方志、普通古籍方志、日文志书三大类。除少量日文志书由信息咨询部保存,其余由特藏部保存管理。图书馆还收藏与地方志相关的杂志、山水志、专志、游记、外纪类善本古籍92种95部。1949年后复制、影印的历代旧志约150种。2012年影印馆藏稀见方志47种,编制"辽宁省图书馆藏稀见方志丛刊",其中半数属独家收藏,包括《安庆府潜山县志》顺治十一年(1654)刻本、民国《凌源县志》稿本等。①辽图馆藏善本方志。共100种129部。其中总志34种。明代方志17种,最早的为天顺五年(1461)《大明一统志》。有省通志(雍正《陕西通志》、乾隆《山西志辑要》、道光《钦定新疆识略》等)13种,地方府、州、县志(万历《绍兴府志》、道光《永宁州志》、康熙《费县志》等)53种。以刻本居多(乾隆《宣化府志》、雍正《陕西通志》、乾隆《盛京通志》等),最早的为明正德元年(1506)刻《姑苏志》,最晚的为清光绪年间刻《临安志》。有清嘉庆十三年(1808)武英殿聚珍版《畿辅安澜志》、同治《陪都纪略》等少量活字本。有若干抄(稿)本,除《奉天通志》为1934铅印通行本底本外,其余为抄本或油印本,最晚的为1939~1940年《锦县志拾遗》稿本。②辽图馆藏普通古籍方志。有1750余种,多为清中晚期印行,少数是清初刊本。稀见的有顺治《安庆府潜山县志》、宣统《海城县乡土志》,仅辽图存藏。按地域分,山东志书有320余种;浙江志书有210余种;东北地区志书约有430种,其中辽宁方志约200种、吉林方志165种、黑龙江方志约65种,东北沦陷时期所修志书41种;四川、河南、河北、陕西、山西等地志书入藏均超过百种;西藏、新疆、青海、台湾等地志书也有收藏。馆藏版本中,清代方志多为刻本,民国方志以铅印本居多,其次为抄(稿)本,也有少量油印本、石印本、复制本等。③辽图馆藏日文志书。有110余种,多为要览(如《奉天市要览》)、地方事情(如《营口事情》)等,涉及地域主要是东北三省。还有部分记山水、古迹的志书,游记有《满洲河川志》《道教丛林太清宫志》《满蒙纪行》等。

Liaoningsheng Zhi Jianshe Zhi

《辽宁省志·建设志》 主编张有忠。2003年辽宁人民出版社出版。111万

沈阳故宫

字。设6篇18章58节。配彩照74幅;随文图照228幅,包括各时期总体城市规划图17幅、古代建筑图28幅、工业建筑图30幅、公共建筑图134幅、住宅建筑图19幅。上起清道光二十年(1840),部分内容适当上溯;下至1985年。主要内容包括城市规划、城市建设、村镇建设、建筑业、科研教育和建设管理。城市规划方面,记述了12个省辖市和4个县级市的城市总体规划情况,并客观记述沙俄、日本侵略辽宁期间编制的"铁路附属地"市街计划、"都邑计划"。建筑业方面,专设古代建筑节,记述北魏年间思燕塔(朝阳北塔)和义县万佛堂石窟,隋唐时期北镇庙和广济寺,辽金时期义县奉国寺和辽阳白塔,明代九门口长城和兴城古城,清代沈阳故宫和关外三陵等独具辽宁特色的古建筑;按行业划分,记述辽宁38项代表性工业建筑工程,并配置1949~1985年该行业建成投产的大中型项目及主要单项工程表;按用途划分,记述196项公共建筑;从民族、城市、村镇三个方面,记述汉、满、蒙古、回、锡伯等民族住宅建筑特点,城市、村镇住宅建设的发展变化,并记述张氏帅府、杨宇霆公馆、"红房子"(华工收容所)、大连姊妹楼、沈阳铁西工人村等典型住宅建筑。

Liaoningsheng Zhi Jinrong Zhi

《辽宁省志·金融志》 主编赵锡安,执行总纂苏长春。1996年辽宁科学技术出版社出版。2册,102万字。设9篇42章150节。配图照144幅。上起清道光二十年(1840),下至1985年。金融机构篇含私营、官办、外资金融机构,人民金融机构,货币印制机构,分述银行64家,其中私营22家、清政府设立的4家、民国政府设立的15家、伪满洲政府设立的6家、抗战后国民党统治区设立的3家、辽宁解放区及中华人民共和国成立后设立的14家,以及清末民国私营、官办的保险机构及其他金融机构。外资金融机构章分述英、美、法、

民国时期中国银行大连分行旧址

俄、日等籍外资银行23家、保险机构103家,兼并私营和官办银行、对民族资本实行的金融掠夺。人民金融机构章重点记述各类银行的设立及其在国民经济中的作用,以及确立的金融体系。货币篇收录辽宁各金融机构发行的货币,对"过炉银"的记载再现当时营口经济发展,成为当时东北地区金融中心的情况;通过对奉票及挤兑风潮的记述,映射出民族金融业由盛转衰,日本帝国主义对辽宁及东北地区的金融掠夺等情景;设专章收录鸦片战争后在辽宁地区发行的沙俄卢布票、日本军用手票、朝鲜银行票等外国货币。记述解放区金融机构在支援解放战争、发展地方经济建设和统一东北地区货币、保障市场货币流通等方面发挥的作用。存款、贷款、外汇等篇重点记述1949年后辽宁金融业在稳定金融秩序,恢复发展国民经济,支持国家、地方经济建设等方面的作用及其发展历程。

Liaoning xiuzhi

辽宁修志 辽宁最早的地方志书是金明昌元年(1190)编修的《辽东行部志》。历代可考的旧方志有约280部,其中省级方志90部,府、州、县志约190部。20世纪80年代初至2005年,开展首轮修志工作,2006年二轮修志工作全面开展,至2010年,共出版省志分志、市志、县(市、区)志162部。省内方志主要藏于辽宁省图书馆、省地方志办公室资料室。其中省地方志办公室资料室收藏省内志书877册,外省志书1247册。

辽宁历代方志编修 辽宁在元代、明代编修志书较少,有据可考的仅十余部。清代,辽宁修志进入上升期,至民国时期,达到第一个修志高峰。所撰90部省级方志中,中文方志65部,存世60部(其中卷数不全或有缺失的志书2部);日文旧方志25部,均有馆藏,仅1部曾翻译成中文出版。

辽宁清以前修志 金代王寂于明昌元年、二年修的《辽东行部志》《鸭江行部志》,是最早记述辽宁地区的志书。元大德三年(1299)政府为编修《大元一统志》诏令纂修《辽阳图志》。此后,有《沈阳路图册》《辽阳路图册》《开元志》《广宁旧志》等五六种,均亡佚。明代所修志书有据可查的仅10部。永乐年间诏令天下郡邑"咸为图志以进",辽东地方官吏组织编修《辽东志》,正统八年(1443)完成。弘治元年(1488)、嘉靖八年(1529)、嘉靖十六年先后三次重修,其中嘉靖十六年编修的《辽东志》为辽宁存世最早的志书。嘉靖四十五年第四次重修《辽东志》,易名为《全辽志》。明代辽宁地区还编修了《辽纪》《全辽备考》《全辽略记》等。明代,辽宁编修的县志有据可查的有两部,其中《开原图说》为万历末年编修,《开原新志》已亡佚。

辽宁清代修志 清代,辽宁编修出一批省、府、厅、州、县级志书,志书门类内容拓宽。特别是清末,辽宁修志处于上升期,清末11年间编修的省级志书可考者有12种,其中由国人编纂和由日、俄殖民者编纂的志书各占一半。国人编纂的志书以私修居多,如咸丰二年(1852)隋汝龄编纂的《辽海志略》、光绪三十四年(1908)寿鹏飞编纂的《奉天新志》、宣统三年(1911)吴廷燮编纂的《奉天郡邑志》等,其中《奉天郡邑志》记述了奉天境内42个县的建置沿革情况,成为清末辽宁方志的代表作。官修志书较少,以《盛京通志》《东三省政略》为代表,后者重在记述当时的政务、军务与实绩,为辽宁清代最有影响的志书。清代,辽宁最早的县志是康熙十六年(1677)的《铁岭县志》,也是存世东北地区县志中最早的一种,清代、民国时期多次续修,使铁岭成为全省县志较完

备的县。编修的州、县志还有康熙十七年《开原县志》和《辽阳州志》《辽阳县志》《广宁县志》《盖平县志》《海城县志》《锦州府志》《锦县志》《宁远州志》等。光绪朝后期出现编修乡土志的热潮，其间编修的61种县级志书中有乡土志48种。清末所编各种专志中，以《盛京疆域考》最具代表性。

辽宁民国时期修志 民国时期，中央政府和地方政府十分重视修志，仅1916~1931年，省、县两级政府及省修志主管部门就发出各类修志函件40件；1926~1928年，奉天省长公署连续下发《训令各县迅即编辑县志》《训令申斥未送志书各县》《训令催各县具报修志情形》，要求各县迅即设馆修志。1928年成立奉天通志馆，张学良亲任总裁；各县相继设立修志机构。民国时期，辽宁方志代表作以《奉天通志》为最，还修有《大连要览》《辽阳县志》《义县志》《营口县志》等市级志书10部、县级志书51部。东北沦陷时期，编修市、县志110部，其中日文县志48部。这一时期，辽宁所修志书大致有3种情况：一是沿袭旧志体例，由地方士绅和文化机构编写的志书，1933~1942年共修16部县志；二是日伪政权要求各县按照统一目录，编印出的一批"县政一鉴""县政一般状况"类志书，这类县志的门类设置基本模式相同；三是日本统治机构为达到统治、掠夺目的和掌握各地自然、政治、经济、民风、文化、教育等情况而编写的志书。后两类虽不算标准的地方志，但对研究东北沦陷时期日本对辽宁的统治有一定的资料价值，这一时期编纂的志书也带有明显的殖民地烙印。解放战争时期，境内的国统区和解放区都未能举修志之事，仅有个别县编修过志书。

辽宁新方志编修 辽宁于20世纪50年代中后期开始县志编修工作，成书、成稿仅存4部。20世纪80年代初开始首轮新方志编修。1981年，全省第一部县志《台安县志》出版。1982年，辽宁省修志工作全面启动。省、市、县三级地方志编委会及其办公室普遍开展组织发动、队伍培训、理论研究、业务交流和志书编纂等工作。2005年，首届修志工作全部结束，成为全国第九个全面完成省、市、县三级志书编纂规划任务的省份。2006年，全省第二轮修志工作全面启动。至2010年底，辽宁志书获中国图书奖1部；全国新编地方志优秀成果奖22部(卷)，其中一等奖6部(卷)、二等奖10部(卷)、三等奖6部(卷)；全国地方志优秀成果奖5部(卷)，其中一等奖1部(卷)、二等奖4部(卷)；省地方志优秀成果奖92部；省社会科学优秀科研成果奖数十部。

辽宁省级修志 首轮省志编修工作于1986年全面启动。规划由77部分志组成。除大事记、地理志、建置志由省地方志办公室负责编纂外，其他分志由有关省(中)直部门承编。2001年机构改革后，省轻工业厅、省纺织工业局、省机械工业厅等部分承编单位撤并，由省地方志办公室承担后续编纂及出版工作。1992年，《辽宁省国防科技工业志》内部出版；1996年，地震志公开出版。至2005年底，省志最后一部分志大事记出版，标志首轮《辽宁省志》编修工作全面完成。总字数4984.8万字。在两次全国地方志评奖活动中，地震志获一等奖，电力工业志获二等奖。2006年，续修省志工作启动。2007年9月，省政府办公厅印发《辽宁省第二轮修志工作规划》，明确《辽宁省志》84部分志的设置、承编分工及编纂要求。

辽宁市级修志 全省有13个省辖市开展了首轮修志工作，修志下限为1985年。1997年，丹东市率先完成首轮志书编修任务。2004年，《大连市志·统一战线志》出版，至此，首届市级志书编修工作全部完成，共出版152册(211卷)，总字数11689万字。编修与出版的规模较不均衡，6~8卷本居多；《大连市志》最多，60卷(78册)、4020万字；《锦州市志》最少，3卷、330万字。在两次全国地方志评奖活动中，《沈阳市志·综合卷》《鞍山市志·城乡建设

辽宁首轮市(地)级志一览表

志书名称	主编/总编/总纂	字数(万字)	出版年
《沈阳市志》	慕绥新、孟杰、殷蔚然、张毓茂	1362.7	1989~2000
《鞍山市志》	丁江、许文龙、陈国山、赵青远、王珉、姜涛、赵宝林、丁明、刘永琦、董逊、聂秀峰、陈正斌、王春贵	1406	1989~2001
《丹东市志》	徐通火、张其卓、李鸿璧、陈松贵、林盛先、于锡奎	819.8	1991~1997
《本溪市志》	李伟、刘恒华	475	1991~2004
《营口市志》	李鸿彦、凌秉志、赵化明、黄文海、周丛一	570	1992~2004
《阜新市志》	杨柏林、杨立成	410	1993~2000
《辽阳市志》	解文欣、郭洪仁	623	1993~2003
《大连市志》	大连市地方志编纂委员会办公室	4020.1	1993~2004
《抚顺市志》	高凤岐、邓欧、刘诗	1960	1993~2005
《锦州市志》	卢锁玲、牛广臣	330	1994~1997
《朝阳市志》	郭亨、董砚国	1929	1996~2004
《铁岭市志》	李瑞清、刘大文、张克江、孟繁德、李成斌、张殿荣、李辉	230	1997~2001
《盘锦市志》	王发学、高原	331	1998~2000

卷》《本溪市志·第一卷》获一等奖,《沈阳市志·第七卷(交通邮电)》《沈阳市志·第十卷(财税审计金融)》《大连市志·自然环境志水利志》《鞍山市志·综合卷》《鞍山市志·农业卷》《丹东市志·第九卷(科教文化)》《营口市志·第一卷》《阜新市志·第一卷》获二等奖。二轮市级志规划编修14部56册。至2010年末,已出版《沈阳市志·综合卷》《沈阳市志·政治卷》《鞍山市志·卷一》《抚顺市志·卷一》《葫芦岛市志·综合卷》《葫芦岛市志·政治卷》等4部7册。

辽宁县级修志 辽宁第一部新编县级志为1981年出版的《台安县志》。至2005年,全省最后一部县级志《盖州市志》终审定稿。至此,首轮县级新方志编修工作全部完成。共出版44部,5087万字。均为一卷册。20世纪80年代中期,部分市辖区开始区志编纂工作。1989年沈阳市沈河区出版全省第一部区志。到2005年,全省56个市辖区中已编修区志的有36个。在两次全国地方志评奖活动中,《岫岩县志》《金县志》《宽甸县志》获一等奖,《铁岭县志》《清原县志》《新民县志》《桓仁县志》《辽阳县志》获二等奖,《东陵区志》《苏家屯区志》《法库县志》《北镇县志》《弓长岭区志》《银州区志》获三等奖。2006年二轮县级修志工作启动。2007年省政府印发《辽宁省第二轮修志工作规划》,将区志列入三级修志规划,明确要求已编修区志的36个区续修区志,其他20个区创修区志。至2010年,共出版县(市、区)志24部28册。

辽宁规划外志书编修 从20世纪80年代起,省直部门与单位开始编辑出版部门志、专业志。编纂出版《"九一八"事变图志》《辽宁乙丑水灾志》《辽宁公路志》《辽宁省科协志》《辽宁省国防科技工业志》《辽宁省财政志》《辽宁图书发行志》等55种部门志、专业志。其中,《辽宁纪检监察志》《辽宁省政协提案志》《辽宁省环境保护志》《辽宁烟草志》《辽宁移动通信志》等创本省本行业修志先河,《辽宁省政协提案志》为全国首创;《辽宁烟草志》配套出版《辽宁烟草志图鉴》《辽宁烟标大观》。辽宁第一部乡志《葛家乡志》于1984年出版,第一部镇志《腾鳌镇志》于1982年出版,第一部村志《后蚂虹嘴村志》于1992年出版。至2010年,各市出版行业、部门志、厂矿志、院校志共计636部,乡镇村志34部(乡志10部、镇志20部、村志4部)。

辽宁旧志整理 辽宁省于20世纪80年代起开始整理出版旧志。1983年东北文史丛书编辑委员会校点影印出版《奉天通志》5卷本。1984年辽沈书社影印出版"辽海丛书"5卷本。1985年省地方志办公室编印《辽宁地方志书序跋选》,选录明代至民国时期重要省、府、厅、州、县志序跋306篇;1987年编印《辽宁地方志书凡例小序选》,选录明代至民国时期各级志书凡例43篇、小序(专业志序)538篇。1996年昌图县将宣统《昌图府志》、民国《奉天昌图县志》、民国《续修昌图县志》归集成册,出版《旧志合璧》。海城、桓仁、台安、新宾、盖州、新民、法库等县(市)也整理出版了本县旧志。1999年开始全省历史上首次系统整理出版旧志工作。省地方志办公室对全省旧志整理做出统一部署,成立由省、市修志部门领导及专家组成的辽宁省旧方志整理委员会。省地方志办公室牵头,组织各市地方志(史志)办公室开展旧志整理及出版工作。旧志整理按现有行政区划与体制,依市设卷。全省旧方志整理出版坚持"大统一、小自由"的原则,书名统一为《辽宁旧方志·××卷》。到2010年,出版营口、鞍山、丹东、葫芦岛、阜新、盘锦、铁岭、辽阳、抚顺、朝阳、沈阳等11卷,共计14函、83册。省地方志办公室编辑整理《辽宁旧方志·奉天通志》,共8函、32册,采用原版扫描影印方式,力求保持原貌,并整理编排《人名音序索引》和《地名音序索引》,于2010年付印。

辽宁方志工作管理 新编地方志工作开始后,至1986年,省、市、县三级政府均成立了由主要领导担任主任的地方志编纂委员会,省、市、县均成立了地方志(史志)办公室。《地方志工作条例》颁布后,省、市地方志(史志)办公室全部参照公务员管理。全省多次召开地方志工作会议、省志编纂工作会议、地方志工作电视电话会议。各级地方志工作机构开展多种形式的业务培训、理论研讨、学习交流和志稿评审等活动。组织赴法、意、德等欧洲国家和美国考察交流。举办学术成果评奖活动、全省修志成果展览。表彰先进工作者258人(次)、先进集体129个(次)、优秀志书14部、优秀地情书4部、优秀年鉴6部、优秀丛书5部、优秀论文13篇。

辽宁省地方志编纂委员会及办公室 辽宁省地方志编纂委员会筹备组于1982年12月成立,副省长陈北辰任筹备组组长。办公室设在辽宁社会科学院。1984年4月29日,辽宁省地方志编纂委员会及其办公室(省地方志办公室)正式成立。办公室为省政府办公厅领导的副厅级事业单位。1986年确定为副厅局级建制的事业单位,内设秘书处、省志总编室、市县指导处3个处室(均为副处级)。1997年3月挂辽宁省人民政府地方志办公室牌子,两个牌子、一套人马,单位性质、职责任务、人员编制不变。2005年内设机构由副县处级调整为县处级。2008年5月12日调整为辽宁省人民政府地方志办公室,为参照公务员法管理的事业单位,机构规格相当于副厅级。历任编纂委员会主任全树仁(1984~1992)、岳岐峰(1992~1994)、张国光(1998~2000)、薄熙来(2000~2004)、张文岳(2004~2007)、陈政高(2008~)。历任办公室主任姜传芳(1984年4月~1986的6月)、苏长春(1986年6月~1997年11月)、高静(1997年11月~2011年3月)、赵云升(2011年4月~)。省地方志编纂委员会筹备组办公室于1983年8月创办《辽宁地方志通讯》,不定期出刊,至1987年5月,共出刊20期。1987年8

L

月改名为《方志天地》。1993年停刊。2003年6月16日，省地方志办公室创办《辽宁方志工作通讯》，为不定期出刊，至2010年，共出刊13期。

辽宁修志规章和规范性文件 省地方志办公室于1987年制定《辽宁省志质量规定》，对政治、内容等方面提出具体质量要求；制定《辽宁省志行文通则》。2006年以后，沈阳、鞍山、抚顺、营口市及康平县出台《地方志工作管理办法》。2008年连续下发《辽宁省志(1986—2005)编纂规定》《辽宁省志(1986—2005)编纂指导工作方案》《辽宁省地方志书审查验收办法(试行)》《辽宁省地方志书编纂规划备案规定》等规范性文件。各市、县(市、区)也相应制定一批规范性文件。省委、省政府及省政府办公厅先后下发《关于确保志书质量，切实搞好新志书编纂与出版工作的报告》《关于认真做好辽宁省志出版发行工作的通知》《关于进一步加强修志工作的通知》《辽宁省第二轮修志工作规划》《辽宁省志(1986—2005)编纂工作方案》等文件。

辽宁地方志信息化建设 沈阳、鞍山市地方志(史志)办公室于20世纪90年代初将计算机引入修志工作，实现办公自动化。2001年省地方志办公室及沈阳、大连、鞍山、本溪、营口等市地方志(史志)办公室投入使用内部局域网，并建成省、市内部图书、资料数据库，实现从资料采集、传递转换、编辑加工、图像文字处理到排版、印前处理等采编全过程数字化，沈阳、大连出版电子版(光盘)志鉴，由锦州军分区与锦州工学院联合研制开发的“军事志编纂管理系统”于年末在沈阳军区范围内推广使用。至2003年，全省大部分市地方志(史志)办公室安装局域网。大连市史志办公室建立全省第一个市级史志网站——大连史志网。2008年大连市财政投入76万元建设史志资料电子阅览室，建有电子信息检索系统和计算机网络管理系统，网站搭载“中国大连”政府网平台，史志办编纂出版的158部各类书刊上亿字数的信息全部入网。2009年建设省级地情网站——辽宁省地方志，为省政府网子网站，于2010年底试运行。至2010年，12个市建立史志网站，6个市、4个县(市)区在政府公共网站或门户网站设立地方志子网站。

辽宁省地方志学会 成立于1986年7月16日。至2010年，共召开3次会员代表大会，选举产生三届理事会，历任会长林声(1986年7月~1998年4月)、董伟(1998年4月~2010年6月)、高静(2010年6月~)。有团体会员15个、会员415名。学会成立后，举办学术年会并开展学术成果评选活动，与省地方志办公室联合举办省志专业志主笔研讨会、全省续修志研讨会、全省续志篇目研讨会、全省市志续志篇目研讨会。1999~2006年与美国密歇根大学中国问题研究所所长李中清等进行学术交流活动。

辽宁方志研究成果 全省自1982年起，出版方志研究著作35部。20世纪80年代，出版14部，呈现“二多”特点，一是地方志系统外单位和个人编著的研究著述多；二是内部出版多，约占一半。90年代，出版18部，大部分由地方志系统编著，均公开出版。2000年后，出版3部。

辽宁省方志研究著作表

著作名称	著(编)者	出版时间
《编修地方志档案选编》	孙景悦、董慧云	1983
《东北地方志考略》	郝瑶甫	1984
《历代名人论方志》	王晓岩	1986
《教育志学》	齐红深、王克勤	1988
《方志实践》	卢锁玲等	1989
《方志体例古今谈》	王晓岩	1989
《新志书编纂求索》	张其卓	1990
《志海求艺》	张其卓	1991
《方志演变概论》	王晓岩	1992
《城市志研究》	殷尉然	1993
《方志论谈集》	王发学	1993
《志海探微》	王万涛	1993
《笔耕集》	杨柏林	1994
《地方志综合性年鉴研究》	张　炯	1994
《方志年鉴笔谈》	陈国山	1994
《鉴坛求索》	苘茂安	1994
《实用新方志学》	白俊山	1994
《修志实用手册》	杨柏林	1994
《当代中国志坛群星集(第一集)》	邵长兴	1995
《新编方志文论》	苏长春	1996
《年鉴社会学研究文论》	张　炯	1997
《当代中国志坛群星集(第二集)》	邵长兴	1998
《史坛微言》	崔长久	1999
《史苑撷英》	王万涛	2000
《史志文集》	梁恩宝	2000
《邵长兴方志文存》	邵长兴	2001

Liaoning Yichou Shuizai Zhi

《辽宁乙丑水灾志》 全国第一部水灾专志。主编林声。1988年辽宁人民出版社出版。40万字。设4篇21章65节。志首配图照7幅，内文配有各种图片、插图和随文图。记载1985年(农历乙丑年)辽宁历史上最严重的洪涝灾害，部分内容延至1986年底。成灾篇记载1985年天情、雨情、水情、河况及大水成灾的原因，详述盘锦、鞍山、丹

《辽宁乙丑水灾志》书影

东、铁岭、营口、辽阳、大连、沈阳8个重灾区的农业、公路、铁路、邮电、水利、电力、乡镇企业、粮食、水产、林业、商业、供销、教育、卫生14个系统成灾情况。抗灾篇记述抗灾组织机构、气象和水文监测预报、抗灾通信情况，其中抗洪抢险章重点记述大伙房、葠窝、清河、柴河等水库洪水调度，辽河大堤、辽河油田、辽河化肥厂、辽阳市区、浑河、太子河抢险及各行各业的抗灾抢险。救灾篇从组织领导、慰问、抢救与安置、生活救济、生产自救、税收减免、保险、捐助、医疗防疫、水毁工程修复等方面记载全省救灾情况。英模篇记述英模表彰情况、省内英模报告和赴京汇报情况、英模事迹，设李秀海等9名烈士传略。附录收录中央文电，省委、省政府、沈阳军区等单位文电，报刊言论、倡议书、日记等。1991年获省社会科学优秀科研成果奖一等奖。

Liaojiawancun Zhi

《廖家湾村志》 主编廖光达。2000年黄山书社出版。22.5万字。设廖家湾村由来、廖氏子弟行踪、解放后的廖家湾、文化/教育/体育、人物5编，下设13章68节。卷首配历史照片和彩色照片15幅。上限不限，下至1999年。安徽淮南廖氏系明代兴国功臣楚国公廖永安后裔。志书根据廖家湾村（位于淮南市田家庵区）的实际情况，以记人为主，不受体例拘泥，不受地域范围限制，而以廖氏子孙的行踪为线索，记述廖家湾村的由来。廖氏子弟行踪编记述廖氏子孙参加辛亥革命、大革命运动、广州起义、抗日战争、解放战争等的事迹。解放后的廖家湾编主要记述廖氏子弟投身社会主义建设、发展改革、创建企业的事迹。文化/教育/体育编记述廖氏一族的氏族制度和独特的民俗风情，以及狮子舞、采莲灯、朝山会、盾牌对马等节日习俗和传统民间艺术；记述廖氏一族尊师重教的传统，廖元翘、廖明轩等创办廖家湾小学、发展教育的历程；还记述了该村的业余和民间传统体育活动。人物编用传略、轶事形式记述了多位廖村名人，另设廖氏历代闻人名录，廖氏子弟解放后县、团级以上干部及高级知识分子人员名录，廖氏子弟黄埔（系列）军校学生名录、廖村英烈录。

《廖家湾村志》书影

Liedecun Zhi(zengdingban)

《猎德村志》（增订版） “广州市天河区村志系列丛书”之二十。2012年广州市猎德经济发展有限公司（猎德村委会）编。24.5万多字。配彩照325幅。设概述、大事记、自然地理、建置、人口、姓氏宗族、公共设施、乡村建设、乡村管理、政治、经济、教育、医疗卫生、文化教育、社会、人物、文献资料附录。上起宋代开村，下至2010年。猎德村是广州市在政府支持下第一个整体拆迁后重建的村落。该志详细记载村落面貌，每条街巷的由来、长宽路况，每个祠堂、庙宇的历史、现状，附街巷、庙堂的实地测量绘制图及照片；对宗族来源、世系、族谱、掌故、风俗习惯、民谣、乡音等的记载有浓厚的人文气息。志中记载了村庄于2010年重建的经过及建设新貌、政策措施和操作过程，为研究当代“城中村”起因、发展、消亡的历史演变过程提供了资料。

《猎德村志》书影

Lin Chuanjia

林传甲（1877—1922） 字归于，号奎腾，又号魁云。福建侯官（属福州）人。清光绪二十八年（1902）乡试第一。曾任京师大学堂文学教授、黑龙江将军衙门文案处帮办及学务处提调。1917年在中国地理学会发起编纂《大中华地理志》，被推举为总纂。曾在湖南、湖北、北京等地兴办教育、创办学校。纂有《黑龙江乡土志》《龙城旧闻录》《察哈尔乡土志》等，著有《福海归程记》《湖南驿程记》《满蒙回藏地名释义》《黑龙江最新地图》《辽金元三史蒙拾》等。在《筹笔轩读书笔记》中，认为“志文尚简要，实史家之准则”，推崇咸淳《临安志》的“简要有史法”；对志书也多有评论，如称《大清一统志》“惟图表最精，叙人物、写风景太多”等。①《黑龙江乡土志》。清末民初，广西巡抚张坚师令林氏修纂。不分卷。约2.5万字。记事至光绪三十四年。分历史、格致（植物、动物、矿物）、地理3编，每编80课。后附儿歌10首。采取一问一答的形式，有图有解。其中16课、28课、30课、34课、42课均述及黑龙江少数民族问题，初具志书规模。有宣统间刻本、1913年铅印本。②《大中华地理志》。林氏通过《地学杂志》呼吁各省、县、区设置编辑支部，并动员各地中学校、师范学校师生参与调查工作，计划全国各县每县编纂1册。至1920年，游历15省，三四月即成一志，先后编纂并出版了山东、安徽、浙江、江苏、江西、福建、湖北、京师、京兆、山西、直隶、河南、吉林等省地理志及《易县志》，余者因其病逝未及实现。其中《大中华吉林省地理志》分为总论、天象、疆域、山脉、水系、地质、建置、气候、物产、政治、军警、经济、自治、人民、宗教、教育、实业、交通、县志、蒙旗、旧界、结论22篇，共160章，每章前均有提要简述本章概况。旧界篇详述被俄国割去的东海滨旧地、海参崴、伯利、双城子、庙尔、黑龙江下游、库页全岛等处情况，另分两章阐述俄国经营库页和日本分据库页史实。

L

Lin Tianwei

林天蔚(1927—2005) 广东高州人。1948年广东省立文理学院史地系毕业。20世纪70年代在香港大学中文系讲授方志研究。1987年起,与广东省地方史志办公室开展学术交流。1988年起,执教于台湾政治大学历史研究所,主讲地方文献研究,并开设方志学、族谱学两门课程。1995年写成《方志学与地方史研究》一书,后订正补益,2001年成《地方文献论集》,增订本改名为《地方文献研究与分论》。主编、合编《地方史资料研究论文集》《中古史研讨会论文集》《亚太地方文献研究论文集》《岭南文化新探究论文集》等论著、论文集,发表史志论文近百篇。another著有《宋代香药贸易史稿》《隋唐史新编》《隋唐史新论》《宋史试析》《香港前代史论集》《宋代史事质疑》等。《地方文献研究与分论》,林天蔚著。2006年北京图书馆出版社出版。分方志、谱学、金石碑刻、专题研究4篇。方志篇设方志之源流、发展与功用,方志理论与方志理论家,新方志之兴起与新方志之拟目,海峡两岸之修志机构,《中日地方史志比较研究》评介,清代方志学名著名录(以电脑光碟印制)6章;专题研究篇收录作者对明清6部《广东通志》的研究等。认为汉唐以后的地志、地记、图经都是杂记式,至宋代,创造了人、地、事、物4项原则,每项下细目繁多,但均以地方为限,全面(貌)地表达一地之史与地,故正式发展成为方志。认为清代方志研究者可分为体例派、考证派、史法派三派。建议新方志分为总志(应属史部)、分志(应属地部)、文物志,增设家谱一目。

Linxian Zhi

《林县志》 主编张旺增。1989年河南人民出版社出版。119.5万字。设22卷。志首有题词2幅、政区图1幅、彩照33幅。上起林县建置,下至1985年。为突出地方特点,在篇目设置上有较大突破。在地理卷后设天门会农民起义卷、革命根据地卷,列于党政团体卷之前,着重记述民国时期林县农民起义武装天门会反军阀、反豪绅,受中国共产党的影响和帮助,在当地活动长达10年的情况;突出记述抗日战争时期,中国共产党在此开辟革命根据地,及林县革命根据地作为晋冀豫边区中心,冀南、太岳、冀鲁豫边区的连接点,从陕甘宁、晋绥边区到山东、华中等抗日根据地的交通要道,为新民主主义革命胜利做出的重大贡献。单设红旗渠卷,列于水利电力卷前,详细记述林县人民在县委、县政府领导下,经过10年艰苦奋战,在太行山山腰建成人工"天河"红旗渠的壮举,突出红旗渠在彻底解决林县缺水问题、带动林县经济发展、改变林县面貌方面发挥的重要作用,弘扬艰苦奋斗的红旗渠精神。还设立单卷分别记述林县因修红旗渠而发展的建筑业及外交事务。获1988~1989年河南省第四次社会科学优秀成果奖一等奖,1993年获全国新编地方志优秀成果奖一等奖。

红旗渠分水闸

Lin Zexu

林则徐(1785—1850) 字元抚,又字少穆,号竣村老人。清福建侯官(属福州)人。嘉庆进士,入翰林院。先后任江苏巡抚、湖广总督等职。道光十七年(1837)受命为钦差大臣,前往广东禁烟。组织幕僚翻译英国人慕瑞所著《世界地理大全》,亲加润色、编辑,辑成《四洲志》。二十一年被充军伊犁,途经镇江,嘱魏源撰《海国图志》。曾绘制边疆地图。二十五年被重新启用,历任陕甘总督、陕西巡抚、云贵总督等。主修道光《湖北通志》,后聘俞正燮主其事。另著有《林文忠公政书》《信及录》《畿辅水利议》《滇轺纪程》等。在道光《大定府志序》及与黄宅中的书信中,阐发方志理论。关于方志功用,认为志书不仅能广罗旧事,殚治见闻,而且可以损益古今,兴利除弊,具有资治之实用。关于志书编纂,主张资料采访要全面而周到,且"宜精而确",批评《大定府志》对周有声生平"采访似为未周"。指出志中所载每事必注所出,"不以己意为增损",力求朴实传信。关于对入志人物的遴选与评论问题,强调要持论公正,不应以个人感情论定是非。认为序言为全志之提纲,使"读者观一序而会全书之总旨"。并对清代一些方志进行评述,认为李兆洛《凤台县志》、邹汉勋《大定府志》等可称清代名志。

Lin'an san zhi

临安三志 临安府(治所在浙江杭州)为南宋行在,有"临时安家"之意。南宋乾道、淳祐、咸淳年间先后3次纂修《临安志》,今人合称"临安三志"。临安三志编纂有体,记载详备,是中国古代方志中的上乘之作,向为史家称道。1983年浙江人民出版社出版《南宋临安两志》,包括乾道、淳祐两志标点本。2002年杭州市地方志办公室组织影印《临安三志》,西泠印社出版。

《临安志》[乾道] 周淙纂。乾道五年(1169)刻本。原书15卷,存前3卷。卷1行在所,分宫阙、皇子府、宗庙、郊社、三省、台阁、学校、经筵、宫观、庙宇、苑囿、院、所、三衙、寺监、司、内诸司、仓场、库、局、府第、馆驿、军营;卷2分历代沿革、星度分野、风俗、州境、领县、户口等;卷3牧守(附政绩),记载从三国吴至宋代共190人。此志为存世最早的杭州方志。馆藏较多的版本有光绪年间"粤雅堂丛书"本、"武训堂丛书"本、"武林掌故丛编"本、孙氏寿松堂刻本、"清芬堂丛书"本、"校经山房丛书"本和1937年"丛书集成初编"本。国家图书馆、浙江图书馆、上海图书馆等有藏。其他版本还有影宋抄本、清李氏借书堂抄

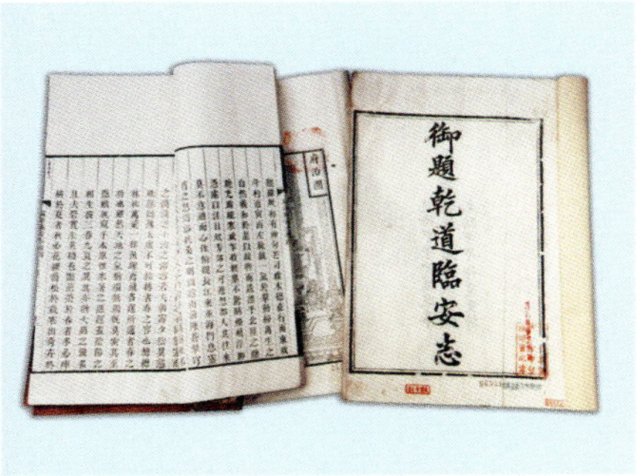

乾道《临安志》、咸淳《临安志》书影

本、会稽章氏刻本、乾隆间竹书堂刻本、蒲圻张氏大典辑本等。

《临安志》[淳祐] 赵与筹修，陈仁玉等纂。淳祐十年(1250)刻本。据陈仁玉《淳祐临安志序》，全志52卷，分12门90类。清存第5~10卷，城府、山川各3卷。城府记载城社、宫宇、旧治古迹、今治续建、学校、楼观、园馆、军营、厢隅、军营、坊巷、界分、桥梁、仓场库务、馆驿。山川记载城内、城南、城西、城东诸山，及亭馆、古迹、城内外诸岭、诸洞、诸石、诸坞、峪衕关、江、湖、河渠、水闸。每门前有序论，各目前后有按语。国家图书馆、南京图书馆藏抄本。

《临安志》[咸淳] 潜说友纂。咸淳四年(1268)刻本。100卷，存世96卷，为临安三志中内容最详备、保存最完整的一部。卷首有宫城图、京城图、浙江(钱塘江)图、西湖图。卷1~15行在所录，记宫禁曹司之事，其后为府志，分疆域、山川、诏令、御制、秩官、官寺、文事、武备、风土、贡赋、人物、祠祀、寺观、园亭、古迹、冢墓、恤民、祥异、纪遗等目。全志引文皆注出处，对前志之误多有订正，重大事件则列专题考证。国家图书馆、南京图书馆、日本静嘉堂文库藏咸淳刻本残本。国家图书馆、中国科学院国家科学图书馆、浙江图书馆、天一阁等藏清道光十年(1830)钱塘汪氏振绮堂仿宋刻本、同治六年(1867)补刻本。其他版本还有清康熙田文抄本、卢文弨抄本、曲阜孔氏青林橘书屋抄本、黄澐抄本、马氏道古楼抄本、赵谷林小山堂抄本、绣谷亭抄本、琴趣轩抄本、海宁马锦碧梦馆抄本等。

Lingaoxian Zhi

《临高县志》 主编苻孟彪。1990年广东人民出版社出版。75万字。设7编51章206节。卷首有彩图6幅、地图5幅，正文插图66幅。上限不定，下限至1985年。志书于海南省成立之前纂成，于海南省成立之后出版，行文仍沿旧制。选录清康熙四十六年(1707)、光绪十七年(1891)旧县志所记要事、重要资料，载入大事记及有关编章。军事编中改旧志以“贼”“匪”作乱的记述，公正记载王琳、王细保领导的农民起义，符黑三及番溪、番西等黎峒暴动。文化编设专节记述地方特色表演艺术临高木偶戏的来源、发展及改革情况，还记述临高方言演唱的民间小戏临剧。社会编宗教寺庙章设目记载伏波庙(忠显王庙)、高山庙、冼太夫人庙3座较有艺术价值的寺庙，列表记录1985年县域寺庙情况。经济编设渔业章，记述本县海洋捕捞、海水淡水养殖的发展及渔业机械使用、渔业技术改革、渔港建设等，附记临高县珍珠养殖场；设热带作物章记载管理机构，橡胶、香茅、胡椒、椰子、咖啡、剑麻等热带作物生产，附记国营洪华农场。附录选宋方世功《澹庵泉记》、明唐舟《临高县修城记》等历代文章9篇，并列表辑录本籍人士的著作。1993年获全国新编地方志优秀成果奖二等奖。

《临高县志》书影

Linhai Shuitu Yiwu Zhi

《临海水土异物志》 三国吴沈莹撰。又名《临海异物志》《临海土物志》《临海水土物志》。临海指的临海郡(浙江临海县)。此书见于《隋书·经籍志》《唐书·经籍志》《唐书·艺文志》《通志·艺文略》《国史经籍志》等著录。以记载翔实著称，多为历代著述所征引，如《艺文类聚》《太平御览》《太平寰宇记》等书均征引此志。志书内容主要分为民族和物产两部分，记录夷洲、安家、毛民3个古代少数民族的社会生活，风土人情，对夷洲的叙述尤为详细；记载东南沿海鳞介类海产、虫鸟、竹木、果藤等野生动植物，其中海域特产记有247种。较详细地记录了吴黄龙三年(230)孙权遣将卫温、诸葛直率一万人船队航海至夷洲(台湾)，这是中国历史上对大陆与台湾大规模海上交往的首次记录。该志是世界上最早记述台湾的文献。原书已不传。有明陶宗仪《说郛》本1卷、清杨晨“台州丛书”(后集)本、杨绍翰增辑本(收入“崇雅堂丛书”)、王谟《汉唐地理书钞》辑本、洪颐煊辑本等。当代学者张崇根于1975~1978年辑成全书，1981年农业出版社刊行鲍景贤誊写本原迹。

Linjiangfu Zhi[Longqing]

《临江府志》[隆庆] 管大勋修，刘松纂。明隆庆六年(1572)刻本。14卷。分14门。续明嘉靖十五年(1536)志而作，增设农政、防圉、艺文等门。官师门除县令及封爵等个别条目外，记述均上起宋代，下迄嘉靖年间。赋役门户口目记述上起北宋元丰三年(1080)，下迄隆庆五年。舆图收录新刊临江疆域、郡城、郡治、郡学及清江、新淦、新喻、峡江等辖县图8幅，及重刊宋临江军旧城图、旧治图，洪武己巳(二十二年)志疆域图、郡城图、郡治图，弘治壬戌(十五年)志郡城图、郡志图等7幅。疆域门水目记述临江名称的由来。农政门记述临江出产的稻、蔬、果、竹、木等，及茗、白药、玄参、乌药、薄荷、百部、枳实、枳壳、陈皮、茱萸等几十种药材。赋役门对明代“一条鞭法”有详细记载，其中户口目详记临江府户数、人口发展情况。天一阁有藏。国家图书馆、江西省图书馆、首都图书馆、赣州市图书馆等数十家图书馆有藏。

Linquxian Zhi

《临朐县志》 主编傅绍信。1991年山

山旺化石陈列馆（右上：柯氏柄杯鹿化石）

东人民出版社出版。121万字。设36篇157章437节。志首配地图2幅、彩照25幅。上起清道光二十年(1840),下至1987年。设篇突出记载山旺化石、风景名胜、桑蚕、烟草、林业、水利等。对危害甚重的旱灾的记述,采用分类归纳的办法,寻找出自宋朝以后900余年间县内中旱、大旱、特大干旱等旱灾的发生规律。卫生·医药篇中记述了境内所产800多种药材及名贵的全蝎。蚕桑、农业篇突出体现临朐"粮桑之乡"的特点。文物胜迹篇中记述了有"化石宝库"之称、被列为国家自然重点保护区的山旺化石,有"冶源烟霭三冬暖"之称的冶源老龙湾,有"百丈瀑布六月寒"之誉的沂山,被列为潍坊市千里民俗旅游点的石门红叶、唐代佛雕、明朝石塔等胜迹。文化篇中记述文艺、书画创作情况及演出活动,突显本县"小戏之乡""书画之乡"的特色。还记述汉代以操行称名于世的管宁、邴原,明代江北第一位状元马愉,明清之际出八进士、三举人的冯氏一家,另有傅国、迟凤翔、马益著等临朐历代名人,或为朝廷重臣,或以文章垂世。1992年获山东省社会科学优秀成果奖三等奖,1993年获全国新编地方志优秀成果奖一等奖。

Linxia Huizu Zizhizhou Zhi

《临夏回族自治州志》 总编方钰。1993年甘肃人民出版社出版。2册,215万字。设36分志171章563节966目。上册卷首有照片24幅,设17分志91章308节。下册卷首有照片40幅,设19分志80章255节。该志将气象志从自然地理志中分离出来单设,对本地特殊复杂的气候气象及灾害发生情况加以特别记述。军事志重点记述发生在境内的历代重要战事及解放初期的数次剿匪战斗,并点到了1958年广河、东乡等部分地区发生的武装叛乱。民族宗教志中民族章按民族设节,共列西羌、鲜卑族、吐谷浑、吐蕃、回族、汉族、东乡族、保安族、撒拉族、土族10节,重点记述回族、汉族、撒拉族及甘肃特有的东乡族和保安族的形成发展和风俗习惯。宗教章记述临夏州内伊斯兰教、佛教、道教、基督教四大教派的演变由来、产生发展、主要特点、信教人数、分布情况,及国际宗教友好交往等内容,特别记述被誉为"中国小麦加"的河州穆斯林聚居区的经堂教育和著名宗教学者,以及格底目、伊赫瓦尼、虎费耶等教派门宦。其余志文中,大多设与民族宗教相关的章节,如教育志设民族教育章,文化艺术志设民族民间文艺章,还有其他志中设

穆斯林古尔邦节会礼

寺院道观的建筑文化特色、少数民族特需用品、民族特需品供应、民族民间体育等节。在人物志中,按各民族人口比例,确定入志人物,收录传记和简介的人物119人,包括功勋人物、民族宗教界人士及大批国民党军政人物,其中包括民国时期在本地出任过省主席的马鸿宾等7人,马步芳、卢忠良等军长13人,还收录黄德魁、鲁瑞林、杨清峰等个别年事已高、贡献较大的在世人物;人物表收录129名英烈、53位名人、80位先进模范。1993年获全国新编地方志优秀成果奖一等奖,1996年获第三届甘肃省优秀图书奖。

Linziqu Zhi

《临淄区志》 主编朱乐平。1989年

临淄殉马坑

国际文化出版公司出版。140万字。设34卷185章。志首配地图4幅,文内插图100余幅。上起清道光二十年(1840),部分内容适当上溯;下至1985年。文物古迹单独列卷,记述临淄作为齐国故都长达638年所遗留的深厚文化底蕴,临淄"地下博物馆"美誉的由来,东周墓殉马坑、排水道口、孔子闻韶处、城墙残垣等遗址,齐都遗址博物馆馆藏的2100余件重要出土文物。人物卷中增列古代人物传略节、古代人物简介节,记载临淄古代著名政治家、思想家、军事家及其他著名人物。农业卷中记述了贾思勰及其所著《齐民要术》,总结临淄农业发展经验,还记述临淄的"蚕桑女红"等。1993年获全国新编地方志优秀成果奖一等奖。曾获省社会科学优秀成果奖三等奖。

Lingshouxian zhi(jiuzhi)

灵寿县志(旧志) 灵寿县志见于明《文渊阁书目》著录的分别有《灵寿县图志》《灵寿县志》,其书不可考见。明嘉靖、万历及清康熙、同治年间共修成

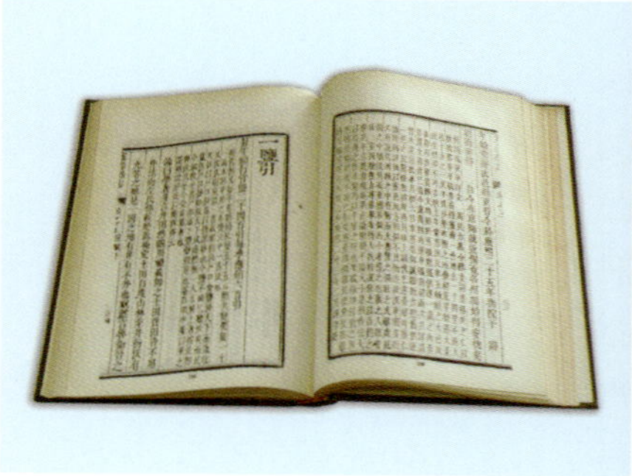

康熙《灵寿县志》("中国方志丛书"本)书影

5部县志。以万历四年(1576)志、康熙二十五年(1686)志、同治十二年(1873)志较为著名。①《灵寿县志》[万历]。张照修,王缵等纂。万历四年刻本。10卷。分别为地理、建置、物产、征赋、官师、选举、人物、祀典、古迹、艺文,下设72目。物产卷分类记述,记载颇详。人物卷和艺文卷详记乐毅传及《乐毅报燕惠王书》。上海图书馆有藏。南京图书馆藏清抄本(卷8~10)。②《灵寿县志》[康熙]。陆陇其修,傅维樗纂。康熙二十五年刻本。10卷。约9.3万字。分10门29目。卷首配县图。卷末附录1卷,录有陆氏《财务条陈》《答修志议》。记事止于康熙二十五年。该志以"灵寿土瘠民贫,居官者不可纷更聚敛,士著者不可侈靡争兢"为修志宗旨,为后世所推崇。卷目基本承袭万历志,征赋改为田赋,不设古迹卷,增设灾祥卷。重视对赋税的记载,相关内容约占全书篇幅的1/3,如记该县所产制玉器用的解玉砂,因官派征用,使人民负担过重。对无关地方利病的,如佛老寺观等,均不记录。田赋志搜集明末清初刊定"一条鞭法"时的相关资料。每志前后均有序论,多出自陆陇其之手。国家图书馆、首都图书馆、石家庄市图书馆、南京图书馆、安徽省图书馆等有藏。③《灵寿县志》[同治]。刘赓年续纂修。10卷,末1卷。同治十二年刻本。该志在康熙志的基础上,于各类之后续康熙二十六年至同治十一年史事,另续入前志未收而据《正定府志》补入的内容,并加以注明。所增文字约为旧志篇幅的3/5。国家图书馆、北京大学图书馆、清华大学图书馆等有藏。另有1929年重印本。

Linghai Yutu[Ming]

《岭海舆图》[明] 姚虞撰。1卷。有图12幅,首为全省总图,次广州府图、韶州府图、南雄府图、惠州府图、潮州府图、肇庆府图、高州府图、廉州府图、雷州府图、琼州府图,终为南夷图。各图有序有记,总图《岭海舆图总纪》述布政司、按察司、领府十、盐课提举司、市舶提举司、都司领卫、户口、田粮、官兵、马匹、器械;其他各图记述沿革、形势、利病、州县、户口、田粮、课税、官兵、马匹。《四库全书总目提要》称此书"略于前代而详于当代,略于山川而详于厄塞,略于职官而详于兵马、钱粮,略于文事而详于武备。于志乘之中,别为体例"。有清光绪十七年(1891)排印本、浙江郑大节家藏本(收入清《四库全书》)、1937年上海商务印书馆重印本。

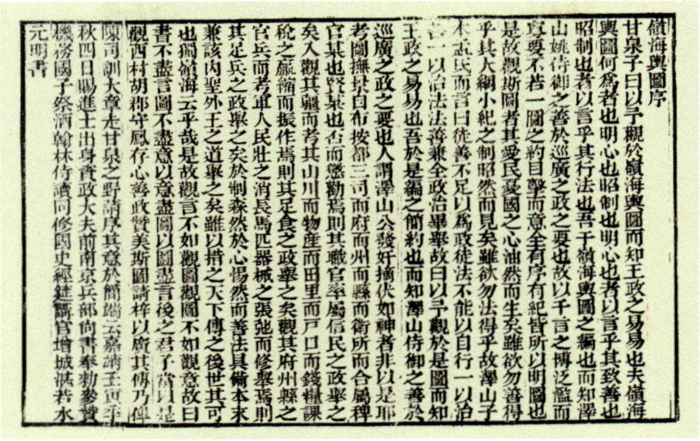
嶺海輿圖序
甘泉子曰以予觀於嶺海輿圖而知王政之易易也夫嶺海
輿圖何爲者也明心也昭制也明心也者以言乎其致善也
昭制也者以言乎其行法也吾于嶺海輿圖之編也而知澤
山姚侍御之善於巡廣之政之要也故以千言之博泛濫而
寡要不若一圖之約目擊而意全有序有紀皆所以明圖也
是故觀斯圖者其愛民憂國之心油然而生矣雖欲勿善得
乎其大綱小紀之制昭然而見矣雖欲勿法得乎故澤山子
本孟氏而言曰徒善不足以爲政徒法不能以自行一以治
心一以治法法善兼全政治畢舉故曰以予觀於是圖而知
王政之易易也吾於是編之簡約也而知澤山侍御之善於
巡廣之政之要也人謂澤山公發奸摘伏如神者非以是耶
考圖撫按自布按都三司而府而州而縣而衛所而合屬稗
官某也賢某也否而懲勸焉則其職官率屬信民之政舉之
矣入觀其疆而考其山川而物產而田里而戶口而錢糧課
稅之贏縮而振作焉則其足食之政舉之矣觀其府州縣之
官兵而考軍人民壯之消長馬匹器械之張弛而修舉焉則
其足兵之政舉之矣於制森然於心惕然而善法具備本末
兼該內聖外王之道舉之矣雖以措之天下傳之後世其可
也獨嶺海云乎哉是故觀言不如觀圖觀圖不如觀意故曰
書不盡言圖不盡意以意盡圖以圖盡言後之君子當以是
觀西村胡郡守夙存心善政贊美斯圖請梓以廣其傳乃俾
隙司訓大章走甘泉之野請序其意於簡端云嘉靖壬寅季
秋四日賜進士出身資政大夫前南京兵部尚書奉勅參贊
機務國子祭酒翰林侍讀同修國史經筵講官增城湛若水
元明書

《岭海舆图序》书影

Liu Bannong

刘半农(1891—1934) 原名寿彭,改名复,字半农,号曲庵。江苏江阴人。早年参加辛亥革命。1917年任北京大学预科教员,并参与编辑《新青年》,是五四新文化运动的倡导者之一,撰有《奉答王敬轩先生》等文章。1920年赴欧洲留学,获法国国家文学博士学位。1925年回国,先后任北京大学、辅仁大学国文系教授,北平大学女子文理学院院长等。曾为语丝社成员。纂有《新繁县志》,论文有《重修山东通志事例商榷》。另著有《中国文法通论》《四声实验录》《中国文法讲话》《半农杂文》等,编有《初期白话诗稿》,译著有《法国短篇小说集》《茶花女》等。①《重修山东通志事例商榷》。载《山东省立图书馆季刊》1931年第1卷第1期。认为"时代既殊,体制自异"。提出修志应以内部所颁《修志事例概要》,于旧志当有所变革,宜设图、表、纪、志、传,首列党治以崇党;图宜分省图、市县图、城埠图、山水总图、山脉图、沿海图等;表应设气候表、沿革表、疆域表、风俗物产表等;大事记采用记事本末体,备具因果,指陈得失;又设大事表,年经事纬,一事一格,约辞省文,随年分书;凡新生事物,如外交、交通、实业、司法、学校、内政、财政、宗教等,都应立类详载;风俗应博采生聚、活计、习尚、节文、作息、趋舍、饮啄、游处、服用、方言、谣谚、剧曲、歌曲。强调方志应记武术。②《新繁县志》[民国]。侯俊德等修,刘半农等纂。1930年县长周鹏嵩延请士绅十余人开局重修县志,数月后编出初稿,未刊印。1942年侯俊德聘洪绍庆为馆长,刘半农为总纂,修订、增补旧稿,重新编次,历时两年稿成。继任县长吕崧云委托原志馆分纂陈策勋等校勘后,于1946年铅印。34卷,首1卷,附文征22卷。约50万字,其中文征20万字。正文分21门,仅人物列传下列12目,其余门类均未列细目。物产门约6万字,详记品种名称、生长情况、栽种、用途、特点等。事纪门收录1937~1945年因修建成都凤凰山飞机场、太平寺机场、黄天坝机场及新津县机场等征调本县民工的情况。

Liu Guanglu

刘光禄(1933—1984) 安徽萧县人。1959年毕业于中国人民大学历史档案系,留校任教。后在北京师范大学讲授中国档案史、中国古代史等,并开创中国方志学课程。20世纪60年代起,研究新旧方志的编修和存在问题。80年代呼吁修志,参与各地志书篇目及新志书的评审,并在各地举办的方志培训班任课。曾任中国地方志协会理事,全国旧志整理工作委员会委员,安徽省地方志编纂委员会顾问等职,受聘担任湖南、山西、武汉、威海、如东、萧县、代县等省、市、县修志顾问。方志学专著有《中国方志学概要》,编写《方志学》(教材)、《方志学讲座》,参与编著《县志编修探微》《方志学引论》。方志论文主要有《关于县志体例问题的商榷意见》《清代方志概述》《关于编修县志的几个问题》《关于编写专志的若干问题》《议城市志》《略谈我国古方志体例的演变》等。《中国方志学概要》,1983 年出版。分 6 章。系统地叙述方志产生和发展的历史,阐述旧方志理论的研究和社镇志、厂矿志的编纂工作,探讨志书的篇目体例、方志学的批判继承及新志书编写方法等。

Liu Pansui

刘盼遂(1896—1966) 名铭志,字盼遂。河南息县人。1925 年考入清华国学研究院,师从王国维、梁启超等。毕业后先后任教于河南中州大学、河北大学、清华大学、河南大学、燕京大学。1946 年后,任北京师范大学中文系教授。参与编纂民国《长葛县志》,总纂民国《太康县志》,校阅民国《汲县志》。另著有《段王学五种》《文字音韵学论丛》《论衡集解》等。在《长葛县志》叙例中,将修志之法分为“别出心裁”“续编”两种,“前者较后者为宜矣”。认为旧志体例陈陈相因、腐旧老套,应予“革新”以适应时代需要。主张县志记事,贵在简赅。认为志书中于小引篇后多下论断,“有乖史体”,主张据事直书,其义自见,要求将志中“前引后论,一并删除,见仁见智,惟待阅者”。主张将艺文志分为书目、唐前文目、金石目、文存四目,“皆注明出处,以示不妄”。批评旧志人物强分名目,有违史裁,提出人物传应以时代为序编排。

Liu Qianchang

刘乾昌(1931—1988) 山东威海人。1947 年毕业于威海市立二中。同年入伍。曾任山东省军区政治部宣传处副处长。1981 年转业后,任山东省地方史志编纂委员会办公室(后更名为山东省地方史志办公室)副主任。曾到百余个地市县指导修志工作。主持制定《县志编纂基本要求》《县志行文规定》《县志基本篇目》等文件。1982 年为全省 3 期方志培训班授课,并主持把讲稿印成《方志编纂学浅说》一书。提议并组织编辑《山东各地概况》。曾任《中国地方志综览》的编委和撰稿人。有关方志的论文、诗词等被编入《刘乾昌方志论文选》《刘乾昌方志诗词选——修志吟》中。《刘乾昌方志论文选》,山东省地方史志编纂委员会办公室编。1991 年山东人民出版社出版。41.8 万字。收录《地方志应该志什么》《漫谈志书的质量保证》《也谈方志性质的表述》《志书资料长编编辑漫谈》《谈志书的竖写》《省志的分志可否小而全》《纂修地区志小议》《志书的条目体与章节体》《编纂新县志的基本要求》《关于地方特点问题的辨析》《史德刍议》《志书的科学性在于真实性》等 60 余篇文章。

Liu Wenqi

刘文淇(1789—1854) 字孟瞻。清江苏仪征人。嘉庆二十四年(1819)优贡生。以课徒游幕为生。总纂《重修仪征县志》,纂《扬州水道记》《楚汉诸侯疆域志》等,撰《宋元镇江志校勘记》等。毕生研究《左传》,著有《春秋左传旧注疏证》《春秋左传旧疏考正》《青溪旧屋文集》等。在《上阮相国书》《与王子涵司马论修县志书》等文中,提出方志编纂应将体例列为首位,体例明确,编纂才有法可循,志书质量才能保证;方志应直书其事,文辞质朴无华,以传信为根要,重要人事不能遗漏;旧志不可遗弃,旧志不仅保存地方史料,还可参校新志。特别提出资料的准确性对于志书质量的关系,所用资料必须有据可稽,方能传信。认为方志具有资政存史功能。①《扬州水道记》。清道光十七年(1837)成书。二十五年,江西抚署刻本。4 卷。该书据《左传》《吴越春秋》《水经注》等书,考证邗沟的水道、漕运、治河、水源、埭堰、堤岸、闸门等各类设施及古运河演变的全貌。卷首为春秋至清代扬州水道沿革图说 10 幅;卷 1、卷 2 为江都运河事;卷 3 为高邮运河事;卷 4 为宝应运河事。另有清同治十一年(1872)淮南书局补刻本存世。②《重修仪征县志》[道光]。王检心修,刘文淇、张安保等纂。道光三十年刻本。50 卷,首 1 卷。体例仿乾隆《江南通志》,正文篇目分为建置、舆地、河渠、食货、学校、祠祀、武备、职官、选举、人物、艺文、杂类 12 志。卷末附有旧志序文、论赞及江藩校补旧志 1 卷。此志重视旧志内容载录,于各门之前保留旧志有关内容,再增以新事;凡与旧志异同处,详考其得失。

Liuqiu zhishu

琉球志书 琉球自明洪武五年(1372)至清光绪五年(1879)一直为明清王朝的附属国。第二尚氏王朝时期,琉球王府组织人员以日文编纂了《琉球国由来记》,后有琉球人以此为基础,以汉文撰成《琉球国旧记》。①《琉球国由来记》。向维屏、向维潘、向弘业、颖德安主持修撰。清康熙五十二年(1713)成书。21 卷。记述王城之公事、官职列品、事始、城中御岳并首里中御岳年中祭祀、国庙、玉陵、泊村由来记、那霸由来记、唐荣旧记全集、诸寺旧记、密门诸寺缘起、各处祭祀等内容。1975 年平凡社《伊波普猷全集》收录《〈琉球国由来记〉解说》一文。②《琉球国旧记》。琉球人郑秉哲等以汉文纂修。清雍正九年(1731)成书。20 卷,卷下分若干目。因事立目,有古图经之体。正卷 9 卷,设首里、泊、那霸、唐荣、官职、废官、知行、公事、事始、古城、关梁、岛尻、中头、国头、寺社、久米岛、马齿山、叶壁山、宫古山、八重山 20 目;附卷 11 卷,设神殿、神轩、岳、森、威部、泉井、江港、官职、官爵、火神、钟铭、郡邑、郡邑长、驿、风俗 15 目。

Liu Yazi

柳亚子(1887—1958) 原名慰高,字安如,后改名弃疾,字亚子。江苏吴江人。早年曾加入同盟会和光复会。清宣统元年(1909)创办并主持南社。曾任临时大总统府秘书。1918 年组织成立松陵文献保存会,编有《吴江文献保存会书目》。1923 年主编《新黎里》月刊,为编纂《新吴江县志》做资料准备。国民党改组后，任江苏省党部执行委员会常委兼宣传部部长。1932年上海通志馆成立，被聘为馆长，组织编纂《上海市通志》。在他的主持下，上海通志馆还编辑了《上海市通志馆期刊》《上海市年鉴》等。1934年与天一阁范氏商洽拍摄弘治《上海志》，1940年交中华书局影印出版。抗日战争爆发后，上海通志馆解散，柳氏至香港避难。曾与李济深等人筹组中国国民党革命委员会，任常务委员兼秘书长。1949年后，当选为中央人民政府委员、民革中央常务委员、华东军政委员会副主席等。1951年被任命为中央文史馆副馆长。另著有《柳亚子诗词选》《磨剑室诗词集》等。

Liu Yizheng

柳诒徵(1880—1956) 字翼谋，号劬堂。江苏镇江人。清光绪二十一年(1895)秀才。后入南京江楚编译官书局，受业于缪荃孙。民国时期，先后在南京高等师范学校、北京女子大学、东南大学、重庆中央大学等校任教，曾任江苏省立第一图书馆(后改名为江苏省立国学图书馆)馆长、江苏省临时参议会参议员、国史馆协修等。1929年被聘为江苏省通志编纂委员会常务编纂，分纂的《江苏书院志》《江苏社会志》《江苏钱币志》均刊行于世。1934年与叶楚伧主编《首都志》，推荐王焕镳任编辑。1948年当选为中央研究院院士。1949年后，任上海市文物保管委员会委员。另著有《中国文化史》《国史要义》《历代史略》《中国版本概况》等。在为民国《鄞县通志》等志所作序中，主张方志编修应"求先民之伟烈，勖国族之复兴"，注重对历史活动的记述；认为志书应有裨实用，于各种官私史籍、档案皆应留心，"逮政教之大、谣俗之细"皆应著录。

Liuzhoudiqu Zhi

《柳州地区志》 主编黄嘉猷、韦绪。2000年广西人民出版社出版。200万字。设47个分志，202章712节。志首有地区行政区划图、1950~1995年柳州地区社会经济发展示意图、领导人来访照片16幅、少数民族风情照片18幅。记述范围包括10个县(市、自治县)、1个开发区。上起事物发端，下至1995年12月，大事年表和图片延至1999年12月。未设建置篇目，相关内容在行政区划志中记载。大事记包括大事年表、大事纪略，大事纪略收入明代柳州农民起义、辛亥革命与柳州独立、解放柳州地区、土地改革、人民公社、"文化大革命"等重大事件23件。突出境内多民族的特点，民族志设5章15节，记载壮、汉、瑶、苗、侗5个民族的源流、分布、语言文字、风俗习惯等，记述汉族的桂柳方言，壮、瑶、苗、侗各民族的语言，各民族通用语言桂柳话，鸟鲊、酸肉、酸鸭、酸鱼、打油茶等特殊饮食习俗。突出支柱产业糖业，将原分属农业、工业的甘蔗与制糖两部分内容合并设糖业志，设甘蔗、土糖、机糖、管理4章，反映蔗区发展，引导和扶持甘蔗生产及甘蔗生产起伏对糖业的重要影响；土糖的传统工艺、生产历史和终结；机糖生产的发展，大中型糖厂建设、现代制糖工艺、生产规模和产量等。反映了糖业从传统工业向现代化工业发展并成为支柱产业的变化。2002年获广西地方志优秀成果奖一等奖。

侗族芦笙踩堂

Longhushan Zhi

《龙虎山志》 主编张金涛、吴文戈、杨金红、卢越明、黎云、周佐明。2007年江西出版集团江西科技出版社出版。80万字。设4卷12章55节。卷首配龙虎山卫星遥感影像图、龙虎山景点示意图、彩色照片7幅，随文配黑白照片约150幅。记述范围以江西龙虎山风景旅游区为中心，主要记述龙虎山规划范围内的史实。上限不定，下限至2005年底，个别延至2006年底。摘录乾隆年间道士娄近垣所撰《龙虎山志》的部分内容，作为与新志的衔接和存史。地理/旅游卷重点记述丹霞地貌与仙水岩、龙虎山、上清宫、马祖岩、洪五湖、鬼谷洞六大景区和国家地质公园，附红军上清会师纪略等文献。天师道卷记述天师道的沿革、流派、经典著作，重点记述嗣汉天师府、大上清宫、正一观、兜率宫等宫观及天师世家等，并将天师女眷设节单独记述，还记述龙虎山的宗教活动、授箓传度、正一天师道的传播和正一天师道的研究，附有关天师道的文章与论著、龙虎山地区的其他宗教。文化卷着重记载龙虎山道教文化的同时，记述境内崖墓文化、鬼谷子文化、象山文化，附记畲族文化、角山文化。居民/经济/人物卷中关于居民生活、风俗、经济等记述较简略，人物单列一章，记述古代名人、道教人物、当代地方人士和景区主要负责人。附录有元、明、清时期所修龙虎山志序言4篇及《汉天师世家》序等。

龙虎山景点示意图

Longjiang San Ji

《龙江三纪》 旧志丛书。周诚望、董惠敏、赵江平校点。1985年黑龙江人民出版社出版。收录清代编纂的《柳边纪略》("昭代丛书"本)、《龙沙纪略》(《述本堂诗集》本)、《宁古塔纪略》

(“知服斋丛书”本),所记均为作者在东北边疆的见闻。

《柳边纪略》[康熙] 杨宾撰。康熙三十五年(1696)至四十六年间成书。为第一部全面、详细记述东北情况的志书。柳边,即插柳为边,又称柳条边、盛京边墙,崇德至康熙时陆续修筑的柳条篱笆,为禁止边内居民至边外打猎、采参和放牧之用。边外为盛京、宁古塔、瑷珲三将军所辖地区。全书共5卷。约6万字。第1~4卷重点记述古迹位置、东北特产、流人遭遇等,其中还解释了“档案”一词的由来。第5卷为作者出塞沿途及在宁古塔期间所作长短诗约80首。有木犀轩藏清抄本、清道光年间刊“昭代丛书”本、清光绪年间刊“仰视千七百二十九鹤斋丛书”本等。

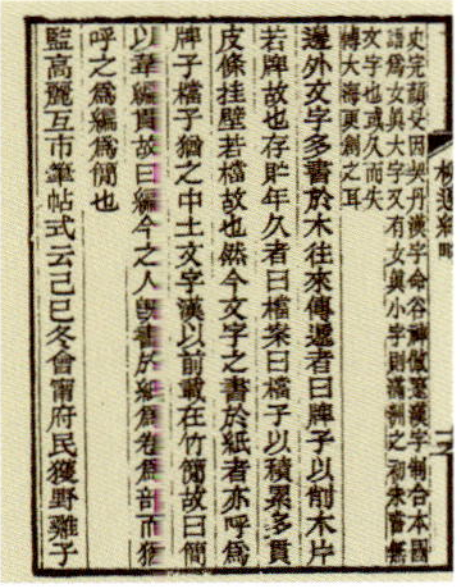
文字也或久而失傳大概更創之耳
邊外文字多書於木往來傳遞者曰牌子以削木片
若牌故也存貯年久者曰檔案曰檔子以積累多貫
皮條挂壁若檔故也然今文字之書於紙者亦呼為
牌子檔子猶之中土文字漢以前載在竹簡故曰簡
以韋編貫故曰編今之人既書於紙竟為卷為部而猶
呼之為編為簡也
監高麗互市章帖式云己巳冬會甯府民獲野雞子

《柳边纪略》书影·关于档案的记载

《龙沙纪略》 方式济撰。关于成书时间,有康熙五十一年至五十五年、雍正十年(1732)前、乾隆二十二年(1757)前3种说法。为第一部详细记述黑龙江情况的志书。“龙沙”为龙堆沙漠简称,引申为塞外之意。全书不分卷。分9门,列144条。此书为作者亲自游览调查之后所作。采用笔记体形式。其中方隅门重点记述稽林乌喇(吉林市)、宁古塔、新城、伊兰哈喇(黑龙江依兰)、卜魁(黑龙江齐齐哈尔)、墨尔根(黑龙江嫩江县)、艾浑(黑龙江黑河市爱辉乡)等边疆重镇位置、建置沿革等;山川门考察江河及其支流的源流、流向等,纠正辽、金诸史中的谬误,多为《盛京通志》所不载;经制门记述清政府在黑龙江境内设置的三镇二十驿建置,首次记述中国与沙俄边境城市的互市贸易情况,并详细记述捕貂方法等。有清嘉庆刻《借月山房汇抄》本(道光年间据此有重编本)、道光“昭代丛书”本、光绪《小方壶斋舆地丛钞》本等。清咸丰年间,何秋涛考订此书,辨证失考处40余条。

《宁古塔纪略》 吴桭臣撰。“宁古”满语意为“六”,“塔”满语意为“个”,相传清皇族先祖兄弟6人曾居此地,故名宁古塔。为清代东北边疆重镇、犯人流放地。有新、旧两城,相距约25千米。清代先后设昂邦章京、将军等镇守此地。吴桭臣之父吴兆骞以科场案流放宁古塔,吴桭臣生在此地。康熙二十年举家返回家乡。康熙六十年写成该志并刊行。共1卷,记述在宁古塔的生活情况及南归所经驿站里程。有道光年间“赐砚堂丛书”本、“昭代丛书”本,据传光绪年间有重印本及“知服斋丛书”本、“渐西村舍汇刻”本、《小方壶斋舆地丛钞》本等版本。国家图书馆藏清抄本。

Longyandiqu Zhi

《龙岩地区志》 总编林金禄。1992年上海人民出版社出版。235.2万字。设39卷190章695节。配地图10幅、照片80余幅。上限不限,下限至1987年,个别事项延至1990年。农业卷经济作物节记述龙岩名产晒烟与烤烟种植历史。工业卷详述卷烟工业作为该区支柱产业的历史。为突出龙岩为省重要林区、矿区的特点,林业卷以7章约8万字的篇幅,记述森林资源、山林权属、造林育林、森林保护、林区建设、林业产品、林业管理等内容。矿产卷详记境内煤、铁、锰、钨、铅、锌等金属矿,石灰岩、白云岩、高岭土、膨润土、耐火黏土、地下水和地热等非金属矿资源。注重龙岩的革命老区特色,重点再现闽西人民在中国共产党的领导下,进行新民主主义革命、社会主义革命和建设的发展历程。除专设共产党卷外,还在军事卷设苏区军事章,记载红军部队、赤卫队等革命武装,长岭寨战斗、三打龙岩城、上杭战斗、朋口战斗、温坊战斗、松毛岭战斗等重要战事,设专节记述古田会议。文物卷用两章的篇幅记载革命遗址19处、纪念建筑物20处、革命文物藏品125项。文物卷中对客家土楼的记载,及方言卷设两个专节对闽西客话区及其形成与特点的记述,反映了龙岩的客家文化特色。1993年在全国和福建的新编地方志优秀成果评奖中均获一等奖。

古田会议旧址

Longyouxian Zhi[Minguo]

《龙游县志》[民国] 余绍宋纂。1925年刊本。40卷,首、末各1卷。100余万字。承袭三书体体例,分前录、正志、附志、后录4部分。卷首为叙例,卷末为《前志源流及修志始末》,记述龙游历代纂修县志的概况及余绍宋等人纂修县志的经过。正志23卷,分设15门。附志17卷,分丛载、掌故、文征。其中通纪记述自周代至清代两千余年的主要事项。图表采用表格的形式记载村落的归属、地名、距县城的里数、交通位置、居民状况。该志重视少数民族,特别是在龙游的畲族,在氏族考和风俗考中,用较多篇幅记载了畲族的迁入历史、现存人数、家谱情况,及畲族的服饰、劳作、交往、祭祖、丧葬、婚嫁等,并有翔实考证。食货考记述户口、田赋、水利、仓储、物产。艺文考收录著述类书籍213种。国家图书馆、中国科学院国家科学图书馆、浙江图书馆、南京图书馆、广东省立中山图书馆等有藏。1999年语丝出版社出版标点横排简化字本。

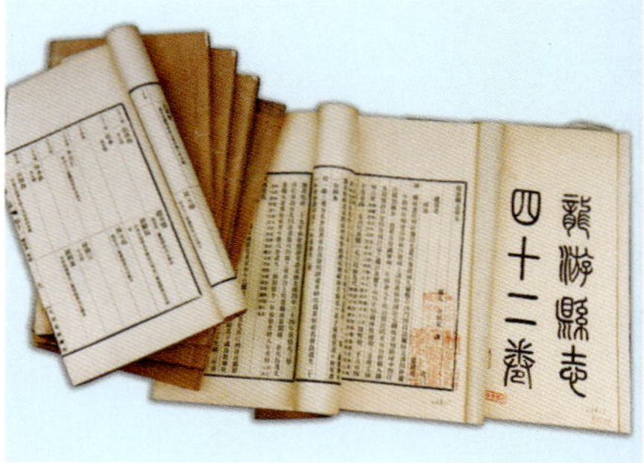

民国《龙游县志》书影

Luwanqu Zhi

《卢湾区志》 “上海市区志系列丛刊”之一。主编陈华、胡瑞荣,总纂许洪新。1998年上海社会科学院出版社出版。190万字。设36编142章474节。卷首配题词1幅、照片153幅、地图4幅。上溯源头,下至1993年,总述、大事记延至1996年。文录编汇编政令规约、章程通告、函电、专报、碑铭、契证、诗文、墨迹等78篇,收录了大量境内晚清至民国时期的重要文献。补记编记述1994~1996年全区的重要工作内容。革命史迹编下设中国共产党成立史迹、孙中山居处史迹、中国共产党机构会址史迹、其他史迹4章,在中国共产党机构会址史迹章中记述中国共产党代表团驻沪办事处(周公馆)旧址、中共早期党校旧址、中共江苏省委机关旧址、中共江苏省委第二次代表大会遗址、大同幼稚园、新四军驻沪办事处旧址等;在其他史迹章中记述《星期评论》编辑部旧址、中国青年社旧址、复社旧址、中共江苏省委地下印刷所旧址、明夷印刷局旧址等。专记编收录《江南机器制造总局》《法租界》《法商电车电灯公司》《客籍乡帮团体》《抗战期间嵩卢损失辑录》《青红帮》《烟赌娼》《俄侨社区》《大韩民国临时政府》9篇专记,其中法租界记述境内北部清光绪二十五年(1899)十二月与1914年相继被辟为法租界,到1946年收回的情况。附录收录新旧路名对照表,旧新路名对照表,卢湾区境现有里、坊、弄、村一览表,湮没里、坊、弄、村一览表。2009年获上海市第二届地方志优秀成果奖一等奖。

位于思南路上中共代表团驻上海办事处(周公馆)旧址(庄前鹏2000年摄)

Lu Zhenchuan Fangzhi Wenji

《卢振川方志文集》 卢振川著。1999年方志出版社出版。约33万字。收录文章10篇、序言6篇、讲稿7篇、志稿评审意见14篇。文章部分,研究了新志的编纂指导思想问题,阐发新方志的指导思想是唯物史观;认为志书的整体性是由客观世界的整体性决定的,地方志只要把握住所记事物同周围事物的联系及相互作用,就不难从志书结构的设计中找到增强志书整体性的做法;论述了概述应该具备的五种功能是总括地情、沟通联系、彰明因果、提炼精华、评量得失;分析了大事记的主线、大事记与章节大事的对应等问题;对如何提高志书的政治质量,以及如何解决政党、政权与政治运动等记述难点做了研究;关于经济记述,强调加强经济综情、经济效益与乡镇企业等层面或专题的记述。序言部分收录作者为《新方志编纂探论》《河北古代人物综录》等著作所作的序。讲稿部分收录作者在各种志稿评议会上的讲话。评稿意见部分收录作者对《枣强县志》《大厂回族自治县志》等书稿的评审意见。卢振川(1930—2014),河北丰南人。1983年开始从事地方志工作。历任河北省地方志编纂委员会办公室主任、河北省地方志编纂委员会副主任。

Lushan zhi

庐山志 晋代已有记述庐山的志书。《四库全书总目》著录有晋释慧远《庐山记略》、宋陈舜俞《庐山记》、明桑乔《庐山纪事》、清毛德琦《庐山志》等。民国以前的庐山志,属山水专志类。1926年成立庐山管理局(县级),隶属九江。1930~1949年改隶江西省政府(厅级),吴宗慈按区域志体例编修《庐山志》《庐山续志稿》,并著《庐山志副刊》。

《庐山志》[康熙] 毛德琦编纂。以桑乔《庐山纪事》、吴炜《庐山续志》为底本,辅以他书,纠讹正谬编纂而成。15卷。卷首著录历代序文十余篇,继附庐山总图。卷1记星野、舆地、祀典、隐逸、仙释、物产、杂志、灾祥。卷2~13为山川分记,详述庐山诸峰岭、溪涧、道路、寺观及其他古迹。卷14~15为艺文,分文、诗两类,汇总两晋后历代所作游山题记吟咏。清康熙、乾隆、道光、同治、宣统及民国年间多次刊印、重刻。江西省图书馆藏康熙五十九年(1720)顺德堂重刻康熙三十九年本及宣统、民国年间补刻本。

《庐山志》[民国] 吴宗慈纂。1933年刊本。12卷。分地域、山川胜迹、山政、物产、历代人物、艺文、杂识7纲,下列30目。该志采用当时先进的技术,全面调查庐山的自然情况,如聘请植物学家、庐山植物园创办人胡先骕主持全山生物调查,请地质学家李四光负责全山地质勘查,并请蔡元培派专人到庐山实测经纬度及海拔高度,运用科学方法绘制有关地图。山政纲记述各租借地诸交涉案,以及行政机构、教育、礼俗、方言等与政治相关的内容,在中国山志纂修史上属首例。历代人物纲分名人、释、道3目,收录晋至清与庐山相关的名人。该志所列参考书目300余种,是历史上所修庐山志中最科学、最完整的一部。

《庐山续志稿》[民国] 吴宗慈纂。1946年刊本。7卷。依1933年印行的《庐山志》,增设大事记纲,共8纲14目。卷首设绪论、特载。增记政治与军事史实。如特载详记国民政府军政首脑,特别是蒋介石在庐山的活动;艺文纲中专辑目选辑蒋介石理念、驻山言论;对国民政府统治期间与庐山有关的军事(庐山军官训练团)、教育、三青团训练班、金融、电讯、邮政等方面的情况也多有记述;卷末大事记专记“庐山孤军对日抗战之始末”。

Luzhoufu Zhi[Jiaqing]

《庐州府志》[嘉庆] 张祥云修,孙星衍等纂。清嘉庆八年(1803)刻本。54卷,图1卷。约130万字。参照吴道明的万历《庐州府志》、张纯修的康熙《庐州府志》制定体例,设十五志、三表、一录。大体沿袭前志,部分类目分属稍有不同,如将前志沿革、星野、疆域、风俗(土产)四志立为一志,将前志人物、孝义、列女、隐逸、侨寓、方技、仙释等合为一志,将前志艺文志析分为杂文、文籍两志,前志祥异志附属星野改列大事志。内容以旧志为基础,搜集清康熙三十五年(1696)至嘉庆八年史事,精于考订,于沿革、古迹、金石尤著。北京大学图书馆、南京图书馆等有藏。

Luxixian Zhi[Qianlong]

《泸溪县志》[乾隆] 顾奎光修,李涌纂。清乾隆二十年(1755)刻本。24卷。17万余字。分36门,附15项。首列12幅邑景图。沿革以列表的形式记述历代建置,并载历朝征伐戍守及抚绥苗、瑶之事。祥异记载明洪武三十年(1397)至乾隆十八年县域内水旱、凶荒、地震次数。邻境记载镇筸(位于凤凰县)、乾州、永绥、永顺、保靖等地建置沿革及“苗民哨寨路”。名宦记载马援传,详述其事迹及东汉建武二十三年(47)“武陵蛮反”情况。还收录罗泌《槃瓠辨》、刘应中《平苗序》等文。故宫博物院图书馆、重庆图书馆等有藏。湖南图书馆藏抄本。

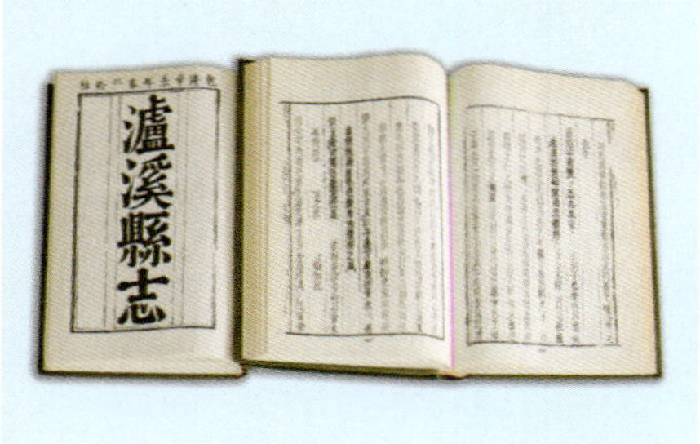

乾隆《泸溪县志》(“中国方志丛书”本)书影

Ludianxian Zhi

《鲁甸县志》 主编邬永飞。1995年云南人民出版社出版。115万字。设30卷125章386节。配图照68幅。上限不限,下限至1988年。记述了鲁甸的历史沿革,朱提银的发源及命名,以及清乾嘉年间,境内大办乐马厂银矿的情形。将县内乡镇企业、烟草升格为卷,体现鲁甸系农业大县、烤烟生产大县的特色,对鲁甸的核桃、桐油、优质烤烟的生产和绵羊的养殖做详细记述。对清乾隆元年(1736)至1988年的气象、地震、泥石流等自然灾害做详尽记述。还记述了4名国家级运动健将、1名全国田径十佳运动员,突出鲁甸的科技事业和体育运动。文物胜迹卷中记述省级文物保护单位野石、马厂新石器遗址、云南省十大清真寺之一拖姑清真寺,彰显鲁甸丰厚的文化底蕴。1995年获云南省地方志优秀成果奖一等奖,1997年获全国地方志奖一等奖。

民间工艺

Lushanxian zhi(jiuzhi)

鲁山县志(旧志) 有文献可考的鲁山县志有8部。明代有嘉靖志、万历志两种(已佚),清代有顺治志(已佚)、康熙志、乾隆志、嘉庆志、道光志(存残卷)。

《鲁山县志》[嘉靖] 姚卿修,孙铎纂。嘉靖三十一年(1552)刻本。10卷。10门,下领60目。每门各有叙文,或为目作题解,或说明所领目的旨意。山川目反映当地复杂地貌,除山10座、川21条外,还记岭、峪各8处,沟7条,石、泉各5处,湖4个,崖、坡、坪、园各3处,机、湾各2处,冈、峡、凹、墁、溪、涧、潭、渡各1处。记经济类内容详细,有明洪武二十四年(1391)、永乐十年(1412)、成化十八年(1482)、弘治十五年(1502)、嘉靖元年田亩、贡税及所收丝绢数,其他如课钞、户口情况也有记录。徭役目记载明代三大徭役之一的均役,其中力差、银差20多种。人物门附会较多,但也有可供参考资料,如对唐代诗人元结的记载。天一阁有藏。

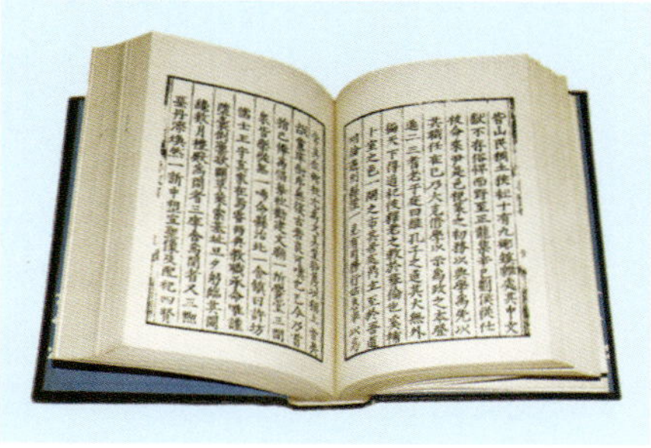
嘉靖《鲁山县志》(“天一阁藏明代方志选刊”本)书影

《鲁山县全志》[乾隆] 马慧姿、徐若阶修,傅尔英、宋足发纂。乾隆八年(1743)刻本。9卷。每卷一志,分别为舆地志、山川志、田赋志、建置志、职官志、选举志、人物志、艺文志、杂志。设70目。职官志仅收守、镇鲁阳者。特立山菜类,收录山药、木耳、凤尾、猴头、鹿茸、羊肚、珍珠花、蕨、树花等十余种,采集民谣记载木耳采植方法;还记山蚕、姜等;收录药材48种。山川地理均以勘察为准。村庄目分区记载。里甲目中清初移民,田赋志中阔布、行税目,人物志中寿官、农官目,均反映本县特点。国家图书馆、上海图书馆等有藏。

《鲁山县志》[嘉庆] 董作栋修,武亿纂。嘉庆元年(1796)刻本。26卷。分二纪(圣制、帝赉)、四图、四表(沿革、爵封、职官、选举)、七志(地理、典祀、田赋、兵防、水利、艺文、金石)、四传(史、集、列、列女)、二记(循政、大事),共20门,其中地理志领沿革、疆域、山川、建置、古迹、里甲、风土、物产、茔墓9目,采辑金石遗文与县中墟聚、里居、山川、关隘对演互见,究其历史渊源,为志书一大特点。如记香稻,引《文选·南都赋》(张衡著)“滍皋香秔(粳)”;记银,引《新唐书·地理志》“鲁山县有银”。存在重古略今或详古无今的问题,如兵事目只引典籍中的兵事,不记明清兵事,艺文志未收唐宋之后的作品。国家图书馆、中国科学院国家科学图书馆、河南省图书馆等有藏。

Lu Xun

鲁迅(1881—1936) 原名周树人,字

豫才。浙江绍兴人。清光绪二十四年(1898)入南京江南水师学堂,后改入江南路矿学堂。二十八年,赴日本仙台学医。后弃医从文。宣统元年(1909)回国,参加革命活动。五四运动中,成为新文化运动的倡导者。1930年起,先后发起成立中国自由运动大同盟、中国左翼作家联盟和中国民权保障同盟等进步组织。方志著作有《中国矿产志》和《会稽郡故书杂集》。注重对方志旧志资料的收集与整理。曾收集《华阳国志》《水经注》《洛阳伽蓝记》等古代志书,并校刊善本;在《绍兴八县乡人著作》中收录《越绝书》《剡录》和嘉泰《会稽志》等书;利用嘉泰《会稽志》整理大量地方文献;以教育部的名义向各省区征集最新志书。①《中国矿产志》。光绪三十年编纂成书;三十二年,由上海普及书局出版。全志1卷本,5万余字。由序、例言、正文、图表组成。正文分导言、本言两部分,共22章42节。导言为该志首创,概括全志各章节内容,论述中国地志矿产的形成和发展。本言介绍中国18个省份的矿产资源及分布情况。图表附正文后,有中国地相图、中国各省矿产一览表、地质时代一览表、中国矿产全图4张图表及《中国矿产志》广告。其中中国矿产全图为日本农商务省地质矿山调查局秘本,他将该图放大12倍,图中附世界各国地质构造图两张,目的是要"使我国民深悉国产之所自有,以为后日开采之计,致富之源,强国之本,不致家藏货宝为他人所攘夺"。该书是中国人编著的第一部矿产专志,也是第一部由中国人自己编写的地质矿产科学著作。②《会稽郡故书杂集》。绍兴地方旧志辑佚。共8种,5万余字。1915年在绍兴刻本刊行。辑录谢承《会稽先贤传》、虞预《会稽典录》、钟离岫《会稽后贤传记》、贺氏《会稽先贤像赞》、朱育《会稽土地记》、贺循《会稽记》、孔灵符《会稽记》和夏侯曾先《会稽地志》8种有关会稽郡史地佚书。前4种主要记述古代会稽人物事迹,后4种则载古代会稽的山川地理、名胜传说。所录佚文主要辑自《太平御览》《北堂书钞》《初学记》《太平寰宇记》等古籍。在总序中,鲁迅提出方志的功能是用遗、景行、思故。该书被收入《鲁迅全集》(1973年)中。

Lu Yitong

鲁一同(1805—1863) 字兰岑,又字通甫。清江苏清河(清江)人。道光十五年(1835)举人。后屡次会试不第,遂专心于学,所作刊成《鲁氏遗著》。纂有《邳州志》《清河县志》《清河风俗物产志》等。在清咸丰《邳州志》后序中,指出州县志具有重要的基础作用,明确提出州县志质量直接关乎一统志之生命。其修志体例循雍正前奉功令修志之成式,平列门目,通体不见一图一表。①《邳州志》[咸丰]。董用威、马轶群修,鲁一同纂。道光三十年始纂,咸丰元年(1851)刻本。20卷,首1卷。分12类,下设27目,附5目。该志详载本州疆域、山川、民赋、军政、官师、人物,对风俗、物产、集镇、运道、河防、水旱灾害等记述尤详;将封建、贡举、艺文纳入附录,不单独立卷。此志不征长官序文,不作凡例。有咸丰元年刻本。②《清河县志》[咸丰]。吴棠修,鲁一同纂。咸丰四年始修,同年刊刻。24卷,首1卷。设14门,领46目。清河地处淮上,蓄泄水利尤其重要。该志立川渎3卷,最为实用。工程另为1卷。人物削去子目,艺文不录繁文,仅著书目。另有清同治四年(1865)补刻本、1919年再补刻本。

Lu Xinyuan

陆心源(1834—1894) 字刚甫、刚父,号存斋,晚号潜园老人。清浙江归安(湖州)人。咸丰九年(1859)举人。历官福建盐运使、岭南东道兵备使,分巡广东高廉道,以罢官归。筑皕宋楼、十万卷楼、守先阁3个藏书楼,光绪年间大部分藏书被日本静嘉堂文库收购。纂有同治《湖州府志》、光绪《归安县志》《皕宋楼藏书志》,作《类编长安志跋》《至正金陵志跋》等。另著有《潜园总集》。《归安县志》[光绪],李昱等修,陆心源、丁宝书纂。光绪七年(1881)开始编修,八年刻本。52卷,首1卷。约50万字。设11门56目。记事止于七年。水利目引《浙西水利备考》《东南水利略》等书,有关于同治年间水利工程时间、土方、人工等的记述。祥异目记述上溯宋太平兴国年间,记载太湖泛滥等自然灾害,删除旧志迷信内容。杂识三收录湖州府金石,其中汉、晋古砖砖文等史料价值较高,可补府志之缺。杂识四详列陆氏所藏三代彝器、宋版书籍125种及多种晋唐宋元名人书画。志书对湖州蚕桑丝织及特产湖笔叙述甚详。

Lu Yu

陆羽(733—804) 又名疾,字鸿渐,又字季疵,别号竟陵子、茶山御史等。唐复州竟陵(湖北天门)人。上元元年(760)迁隐苕溪(浙江湖州),专心著述。所撰《茶经》为中国第一部有关茶叶的专著。纂有《吴兴志》《慧山记》《杼山记》《虎丘山记》《武林山记》《顾渚山记》《灵隐天竺二寺记》等关于湖州、苏州、杭州的方志,及《南北人物志》,均已佚。①《灵隐天竺二寺记》。广德年间撰。该书除记灵隐、天竺二寺外,还详细考述杭州城西各处山泉、名胜、古迹,实为杭州城西地志。咸淳《临安志》引录30余处,约700字。②《吴兴志》。或题《吴兴图经》《吴兴图记》。约大历初撰。该书存迹于颜真卿《梁吴兴太守刘恽西亭记》《项王碑阴述》等。陆心源在同治《湖州府志》凡例中有"湖郡有专志,肇始于唐陆羽《吴兴图经》"之说。

lu

录 方志体裁之一。又称附录。置于志文后,收录与志文密切相关的地方文献和珍贵资料原文,也有专门记载事件的。具有存史留实和补充印证等作用。宋至民国时期,方志附录名称有纪遗、杂录、杂览、杂记、摭遗、别录、摭谈、丛记、外记、丛谈、丛志、丛考、杂纂、杂缀、杂志、杂辨、拾补、拾余、归余、丛录等；内容一般包括志余珍补、民间传说、古今趣话、重要考辨、异闻轶事、存疑待考等。新编地方志中大多称附录，也称丛录、总附、增余、杂志、杂录等，置于章节后的附录多称附。附录按形式可分为文存和杂志（杂记）两种。文存大多是原文抄录或摘录，无须文字加工，一般收录文献辑存、序跋选辑、诗文选录、专题考辨、回忆录、限后资料辑存等。其中，文献辑存主要包括中央对本地专门发出的指示，重要地方文献，重要领导人有关本地发展的重要讲话、指示、批示，本地社会经济发展某项事物权威性的调查报告，对地方产生重大影响的重大事物、事件报告，具有代表性的乡规民约等。杂志（杂记）一般收录名人轶事、地名掌故、民间传说、奇闻异事等。附录以类排序，不设章节。收录标准依据重要程度、存史价值、特色价值、关联程度、补充价值、拾遗价值等。收录原始资料有全文照录、全文选录、核心内容节录三种形式。附录强调文献的原始性，所录文献均要注明出处、制发机关、作者、时间等。选录、节录文献还要注明原始文献标题。如发现原文有错误的字句、标点等，用括注形式予以改正。

Lushanjingshe Congshu

“麓山精舍丛书” 陈运溶辑。清宣统年间湘西陈氏刻本。2008年岳麓书社影印，收入“湖湘文库”。全书共2辑。第1辑为辑佚类，86种，共6册，陈氏校刊，长沙学院街萃文堂承印，所收皆有关湖南及所属各州道地记和图经、传记、遗集等，多辑自佚书。辑有《周官总义职方氏注》1卷、《晋纪》1卷、《历朝传记》9种9卷、《荆州记》3卷并附录1卷、《荆湘地记》29种29卷、《荆湖图经》36种36卷、《太平寰宇记拾遗》7卷、《太平寰宇记辨伪》5卷、《荆楚岁时记》1卷、《湘中名贤遗集五种》5卷、《陶阁史诗集》2卷并附录1卷。第2辑为释地类，共6册，所辑为中西交通史各书。辑有《后汉书·大秦国传补注》1卷、《古海国遗书钞》12种12卷、《大清一统志舆图海道集释》7卷、《亚欧两洲沿岸海道纪要》3卷并书末1卷。该丛书辑录了大量湖南及湖北部分地区已亡佚的地记、图经，涉及该地区古代有关经济、政治、社会、文化等历史和两湖地区方志发展源流等内容。陈氏辑录佚文，或加按语考证，或在所撰佚书序中说明。陈运溶（1858—1918），字子安，号芙畦。湖南善化（长沙岳麓）人。毕生致力于著书、辑书和刻书，尤其是搜寻、辑录湖南古地理、古艺文佚书。所辑图书有《湘城访古录》《湘城遗事记》及“麓山精舍丛书”等数百卷，且都是自辑、自撰、自行刊印。朱士嘉在《中国地方志浅说》中认为，在王谟、马国翰、陈运溶等辑佚名家中，“陈运溶的贡献最大”，他辑录的古方志“每部篇幅有限，少则几条，多则二三十条，但还能反映各个地区的气候、地貌、土壤、水利、资源、土特产及经济、政治、文化的发展概况。关于少数民族的生活也有所记载”。

Lü Lüheng

吕履恒（1649—1719） 字元素，号坦庵。清河南新安人。康熙三十三年（1694）进士。历任宁乡县（中阳）知县、仓场总督等。四十一年，以王文炜所修万历《宁乡县志》为蓝本，搜集近事并参考府志，续修县志。有《制义诗集》传世。其弟吕谦恒、次子吕宣曾、曾孙吕燕昭也曾编修方志。①《宁乡县志》［康熙］。10卷，首1卷。卷首有县境、山水图4幅。正文设天文、地理、建置、典礼、制祀、文教、武备、赋役、土产、职官、人物、选举、艺文13门，下设95目，附2目，5.5万字。风俗目记述厚葬等习俗。户口记当时人口较万历年减少一半。知县目详记吕履恒家世及其仕迹宦迹。有康熙四十一年刻本。②吕谦恒（1653—1728）。字天益，号涧樵。康熙四十八年进士，改庶吉士，授编修，官至光禄寺卿。纂有《一统志万姓通谱》。③吕宣曾（约1674—？）。字扬祖，号柏岩，又号伊蔚。康熙五十三年举人。后任永兴县知县、靖州知州等职。主修乾隆《永兴县志》、乾隆《靖州志》。著有《读礼说》《柏岩诗草》等。④吕燕昭（生卒年不详）。字仲笃，号玉照。乾隆三十六年（1771）举人，历任通州知州，苏州府、凤阳府、江宁知府等职，诰授朝议大夫。主修嘉庆《江宁府志》。

Lü Nan

吕柟（1479—1542） 字仲木，号泾野。明陕西高陵人。早年师事薛敬之。正德三年（1508）状元。官至南京礼部右侍郎。学宗程朱理学。纂有《解州志》《阳武县志》及《高陵县志》（见关中八志）等，与马理合纂嘉靖《陕西通志》。另著有《泾野集》《四书因问》《易说翼》《书说要》《诗说序》等。①《解州志》［嘉靖］。嘉靖四年（1525）成书。体例多借鉴正史，如设职官考，记述历代解州、属县及盐务的官制；记人物时，先为关、柳、裴、魏等世传家族作传，再为明贤列传；每篇后均有“吕泾野曰”赞语。清康熙四年（1665）乔庭桂增户口、贡赋、选举、书院、亭阁5篇。②《阳武县志》［嘉靖］。范箕修，吕柟纂。嘉靖六年成书。共3卷，分地理、建置、祠祀、田赋、官师、人物、选举7门。约3.5万字。该志在弘治志基础上删订而成，内容简略。体例与康海《武功县志》（见关中八志）相同，卷数、门类、序次也别无二致。藏浙江天一阁。

Lü Qiushan

吕秋山（1927—1998） 河北晋县人。1944年参加革命。1949年随军南下。1979年起，任黄山管理局局长、党组书记兼中共黄山市（黄山区）市委书记。1983年兼任《黄山志》编纂委员会主任，调集编修人员，组织班子，开展业务培训，落实任务。1985~1988年历任安徽省地方志编纂委员会副主任兼办公室主任、党组书记，省地方志学会会长。曾任安徽省人大常委、省人大常委会教科文卫工作委员会副主任。方志论文主要有《采取切实措施，把握志书质量》《如何抓好志书编纂工作》等。认为志书的质量是志书的生命，要保证志书质量，必须从认识和措施两个方面解决问题；认识方面，要保证志书质量必须增强质量意识，必须统一对志书性质的认识，必须确立衡量志书质量的标准。

Luanzhou Zhi[Jiajing]

《滦州志》[嘉靖] 陈士元纂修。明嘉靖二十七年(1548)刻本。分世编、疆理、建置、壤则4类，设26目，附记属县情况。世编记郡邑沿革，分象纬、祥异、华夏、变更、秩官、科贡、貤封等目，系编年排比。疆理记述滦州(滦县旧称)之地理，分民情、古迹、域界、里制、山水、胜概、风俗、往迹等目。建置记载州之建设，分城池、署廨、儒学、仓库、铺舍、街市坊牌、楼阁、桥梁、秩祀、寺观等目。壤则记本州及所属乐亭县之政事，分户口、田赋、盐法、物产、马政、兵政、驿传7目。户口反映境内从辽至嘉靖年间户口变迁的情况；田赋详述田地、赋税、课贡等项数额，及各部门所用杂役人数与支付银两数额；盐法对盐场、盐户之数量，盐课定额，巡盐散官人员编制等内容均有详细说明；物产分门别类地介绍该州的农副产品、手工业产品及野生动植物；马政记载种马、岁表大马、牧马草场的数额，马厂、点马厅的规模，管理人员的编制；兵法叙述演武厅的规制，民壮、屯田、子粒豆的数量。滦州以前无民壮，明正统年间，奉诏选户丁三取其一，给以屯田，领以军职，兵法目附载境内开平中屯卫的设官、屯田、粮草详情；驿传记述境内各驿站、递运所的人员编制及兑银数额。国家图书馆、天一阁藏残卷。北京大学图书馆藏清康熙十八年(1679)刻本。

Luntaixian Xiangtuzhi

《轮台县乡土志》 顾桂芬修。清光绪三十四年(1908)成书。不分卷，列14目，约1.2万字。编次大抵按清学部所颁《乡土志例目》。记事至光绪三十四年。其中，地理位置、交通要道、水系、风俗、物产、商务等内容记载精赅，所载该县城西的古柳树、城东南的轮台故城，对考古学有一定的参考价值。有光绪三十四年抄本、1955年湖北省图书馆辑《新疆乡土志稿二十九种》打印本、1976年新疆维吾尔自治区图书馆重印本。

Luojiangxian zhi(jiuzhi)

罗江县志(旧志) 存世罗江县旧志有清乾隆志，嘉庆七年(1802)志、二十年志，同治志。①《罗江县志》[乾隆]。沈潜、阚昌言等纂修。乾隆十年(1745)刻本。14卷，首1卷。古迹后附祈雨灵文碑文，水利后附张文黻《农书》、沈潜《农蚕说》(清代四川“四大农书”中的两部)，学校后附沈潜《学规隅拟》等，约占全书篇幅的1/3。中国科学院国家科学图书馆有藏。国家图书馆、四川省图书馆藏残本。②《罗江县志》[嘉庆七年]。李调元纂修。原名《梓里旧闻》。10卷。卷1记沿革、城池、县署、名宦、各署简况；卷2记城内；卷3~8以东、南、西、北为四乡，分别记述四乡地理位置、河流及灌溉水系、风土人情、文物和碑记考证、文人墨客及其诗文；卷9记人物；卷10记孝道、道释、技术、土产。征引史实均注明出处。所载金石文均照式绘制于旁。各卷尾附历代诗人咏罗江及己作。四川省图书馆、成都市图书馆、四川大学图书馆等藏有嘉庆七年刻本、嘉庆十四年李鼎元重校《函海》本、清光绪八年(1882)广汉钟氏乐道斋刻《函海》本、1937年商务印书馆铅印“丛书集成初编”本，南京大学图书馆藏《李雨邨所著书》本。③《罗江县志》[嘉庆二十年]。李桂林修，邓林纂。据前志纂修而成。36卷。分38个类目。卷首附诸图。征引每条均标记出处。收录祠庙、寺观、道路、桥梁序文碑记较多，可识兴建由来。四川省图书馆、重庆图书馆、重庆博物馆等藏嘉庆二十年

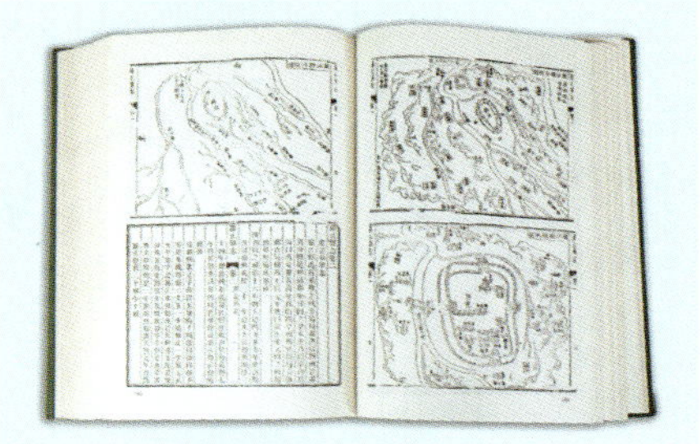

嘉庆二十年《罗江县志》(“中国地方志集成”本)书影

刻本、同治四年(1865)重刊本。1992年巴蜀书社据同治本出版影印本。1997年罗江县人民政府重印。④《续修罗江县志》[同治]。马传业修，刘正慧、唐懋德等纂。同治四年刻本。24卷。约12万字。设24个类目。记述上起嘉庆二十年，下至同治三年。志中记载马传业任内事较多。所收录的杨懋修纂《李雨邨年谱》为研究李调元生平及著述的重要史料，但未详考其所辑、著书时间，前后错置十分突出；刘正慧撰《醒园故址序》严重失实，记载不公，滥入徇情内容。四川省图书馆、四川省社会科学院图书馆、重庆图书馆、泸州市图书馆等有藏。

Luo Yuan

罗愿(1136—1184) 字端良，号存斋。宋徽州歙县(属安徽)人。绍兴二十五年(1155)以荫补承务郎。乾道二年(1166)进士，授饶州鄱阳县知县，未赴任。八年，任赣州通判、鄂州知州。淳熙二年(1175)受徽州知府赵不悔之聘，编纂淳熙《新安志》。另著有《尔雅翼》《鄂州小集》等。在《新安志》自序中称其志为儒者之书，具有微旨，主张志书为著述之书，反对把方志简单地变成资料汇抄；要求志书编纂者必须学问渊博，用自己的观点对资料进行选择、考证，然后编纂。清代章学诚注意到罗氏“意存著述”，肯定了罗氏用修志者的观点来选择资料的做法。

Luoyangshi Jianxiqu Zhi

《洛阳市涧西区志》 主编马振九。1988年海潮出版社出版。40万字。设

第一拖拉机厂履带式拖拉机装配线

15篇71章191节。志首附照片84幅。上起1955年建区，个别内容记自事物发端；下至1985年底。涧西区是河南洛阳市的工业区、科研院所集中区。工业篇中专门记述了洛阳市第一拖拉机制造厂、洛阳轴承厂、洛阳矿山机械厂等大型企业。科学技术篇、教育篇记述了洛阳有色金属加工设计研究院、洛阳船舶材料研究所等部属科研机构，以及中国人民解放军外国语学院等大专院校。1993年获全国新编地方志优秀成果奖二等奖。

Luoyangshi Zhi

《洛阳市志》 总纂刘典立、李贵基、宋克耀、王文超、郭俊民。1995~2002年中州古籍出版社出版。18卷，1100万字。设49篇，总述、大事记、附录纳入篇。记述范围为整个洛阳市行政区，总述整体，详记市区，简介县情。上起事物发端，下至1990年。突出古、今两个主题，重点反映洛阳悠久的历史、十一朝古都之特色。在总述、大事记等篇中，从旧石器时代开始，记述各个朝代洛阳的兴衰。第14卷文物志和第15卷白马寺志、龙门石窟志集中彰显古都特色。①《洛阳市志·文物志》。主编徐金星。1995年出版。59.2万字。志首有洛阳市文物古迹分布图、彩照70幅、黑白照101幅。设石器时代遗址，城址，作坊遗址，墓葬，建筑，石窟寺，碑碣、墓志、石刻，馆藏文物，近现代史迹，文博事业10章。城址章重点记述周都周城与王城、汉魏洛阳城、隋唐东都城等古城遗址。墓葬章记述洛阳数以万计的历代墓葬，重点记述东周王陵、东汉皇陵、曹魏皇陵、西晋皇陵、北魏皇陵等8个陵墓区及狄仁杰、杜甫、白居易、颜真卿、范仲淹等11位名人墓，专门记述壁画墓。建筑章突出记述白马寺、古唐寺等佛教建筑，上清

龙门石窟奉先寺

宫等道教建筑，及名人故里祠庙、会馆等。因龙门石窟另立卷，故该志在记述洛阳石窟寺时，仅对龙门石窟的整体情况进行记述，主要详记小型石窟。志中记述碑17座、墓志70块、石刻22座。馆藏文物章记述青铜器70件、陶瓷器103件、金银玉石器37件。1997年获全国地方志奖一等奖。②《洛阳市志·白马寺志·龙门石窟志》。主编徐金星。1996年出版。48万字。卷前有白马寺平面示意图，龙门石窟西山、东山立面示意图，龙门石窟保护范围图，白马寺彩照14幅，龙门石窟彩照50幅。两志均首设概述，末为附录。白马寺志设寺院创建，沿革，高僧、佛籍，建筑，佛像，法物供器，碑碣、塔志(铭)、石刻，墓地，佛事活动，管理、接待10章。龙门石窟志设石窟营造，洞窟造像，碑刻题记，景观胜迹，库藏石刻、墓葬，石窟的保护与利用，石窟研究7章。重点记述洞窟造像、碑刻题记。记述北朝洞窟造像10个、隋唐洞窟造像29个，内容涵盖洞窟位置，名称由来，洞深、高、宽，洞窟石像描述，石像所反映的故事，及现代对洞窟的研究情况；以表格形式统计北魏造像题记72幅、隋唐造像题记368幅，逐一记述北魏至五代后的碑记60多块。获1996~1997年度河南省社会科学优秀成果奖二等奖。

M

马 满 毛 梅 美 门
蒙 米 密 绵 民 闽
名 明 缪 莫 漠 牡

Ma'anshanshi Zhi

《马鞍山市志》 主编李昌志,总纂陶锡良。1992年黄山出版社出版。161万字。设28编145章510节1127目。志首有马鞍山市政区图、马鞍山市城区图、黑白照片4幅、彩色照片35幅。上限不限,下限至1987年。矿业编重点记述安徽马鞍山矿山的勘探、开采、管理等内容。特设钢铁工业编,重点记述1949年后国家建设马鞍山第一代小高炉群及马钢发展成为大型钢铁联合企业的历程,详记马鞍山钢铁公司、马鞍山市轻工轧钢厂等8个钢铁企业的机构沿革、职工队伍、企业特点、生产水平和经济效益,重点记述冶炼、轧制、辅助生产等环节的工艺和代表性企业,突显马鞍山市为全国七大铁矿区之一、以采矿冶铁著称的经济特点。名胜古迹编重点记述名山9座、泉湖4处、洞穴7处、矶石3处、亭台7座、楼阁4座、古墓葬13座、古遗址18处、碑碣8座、石刻2处、烈士陵墓1座、革命烈士纪念塔1座、湮没古迹12处、湮没文物13件,附表记述市重点文物保护单位、市出土文物及境内湮没古迹。人物编载有18名人物传略,列表收录革命烈士65名、劳动模范53名,附14名古代人物简介。附录包括文献辑存和诗文辑存两部分。1993年获全国新编地方志优秀成果奖一等奖。

《马鞍山市志》书影

Ma Guangzu

马光祖(约1201—1270) 字华父,号裕斋。南宋婺州金华(属浙江)人。宝庆二年(1226)进士。历任户部尚书、江东安抚使、建康府知府、知枢密院事兼参知政事等。曾与周应合编纂《景定建康志》,在序言中提出方志为职方氏所掌,认为修志的目的在于"有补于世","忠孝节义,表人材也;版籍登耗,考民力也;甲兵坚瑕,讨军实也;政教修废,察吏治也;古今是非得失之迹,垂劝鉴也"。强调修志应为治理地方服务,突出志书的实用价值。主张修志要"前志之阙者补之,舛者正之,庆元以后未书者续之"。提出对主笔人选的要求,主笔者应由"博物洽闻,学力充赡"、有丰富修志经验的人承担;主张志书应速成,要求在任内成书。

Mahufu Zhi[Jiajing]

《马湖府志》[嘉靖] 李行简修,余承勋纂。明嘉靖三十四年(1555)刻本。马湖府为四川屏山县旧称。全书7卷,约5万字。设15目。附府地理图,载有全境、山脉、水系、府治及下设行政区划;府境内图,记载当时创设的司衙、院所、仓库、宫祠、寺庙、门楼、堂舍、亭铺、驿站、关隘、祭坛、官井等重要建筑。志中详记马湖府历史沿革、行政区划、创设官舍、秩官名表,专设特表记载西南少数民族聚居地区改土官为流官的缘由和经过。记述道路、桥梁、楼阁、堂舍,既载明方位,又附相关诗文详叙其来龙去脉。内容选择注重经济人文并重,载人口、田赋、贡课、庸调、物产、祭祀及相关礼仪。设儒学目记载办学起源、教育机构、建筑、乡贤名宦等。详记每一义田边界、由来和产量。设专卷记述良牧、秩官、人物、孝义列传。在志中分散载有大量山水、古迹、道路、楼堂、矿产、儒学、德政、箴言、祭文等。记述自汉武帝时期至明嘉靖年间发生在府境内的重大事件,如汉武帝元鼎二年(前115)平西南夷、置六郡;明洪武四年(1371)改为马湖府,领四长官司;弘治九年(1496)改设流官知府。天一阁有藏。宁夏回族自治区图书馆、四川省图书馆、四川省博物馆、四川大学图书馆等藏抄本。

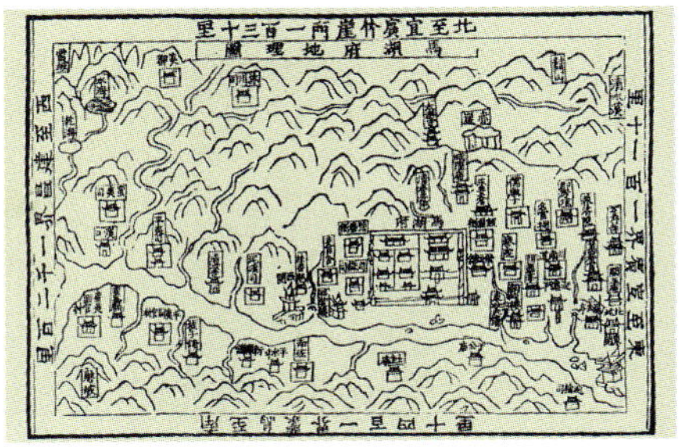
马湖府地理图

Manzhoulishi Zhi

《满洲里市志》 主编夏恩训。1998年内蒙古人民出版社出版。166万字。设37卷181章607节。配照片77幅。上起清光绪二十二年(1896),下至1996年。满洲里原称"霍勒津布拉格",蒙语意为"旺盛的泉水"。1901年因东清铁路的修建而得今名,俄语为"满洲里亚",音译成汉语为"满洲里"。满洲里市是一座拥有百年历史的口岸城市,素有"东亚之窗"的美誉。志书专设外事卷记载满洲里清代边界的划定与中华人民共和国成立后的边界、涉外事件、外事工作、外国驻在机构、口岸、海关等方面的内容,其中海关篇对满洲里口岸1908~1996年的货运监管情况进行详细叙述。在流通产业卷设外贸产品收购、边境贸易、对外贸易运输3章,记载满洲里的对外贸易情况,突显满洲里作为中国最大陆路口岸的特殊地位。

满洲里国门

Mao Qiling

毛奇龄(1623—1716) 原名姓,字大可,号初晴,世称西河先生。明末清初浙江萧山人。清康熙十八年(1679)举博

M

学鸿词科，授翰林院检讨、明史馆纂修、会试同考官。撰有《越绝书书后》《三辅黄图书后》《杭志三诘三误辨》《萧山县志刊误》《湘湖水利志》《蛮司合志》等，另著有《西河合集》等。①《杭志三诘三误辨》。1卷。康熙三十二年(1693)毛氏考汉、魏、六朝诸史志和旧志，对《杭州府志》诘其故、摘其误，各3条，编成该书。《四库全书总目提要》对于“三诘三误”有简要概括。国家图书馆藏康熙年间刻本。②《萧山县志刊误》。3卷。该书按沿革、名称、封属、坊里、古迹、人物6个方面列举出康熙《萧山县志》错误80条。其中，沿革2条、名称1条、封属2条、坊里2条、古迹38条、人物35条。国家图书馆藏康熙年间刻本。

Meizhoushi Zhi

《梅州市志》 主编杨增培。1985年始编《梅县地区志》，1988年梅县地区改为梅州市，改为编纂《梅州市志》。1999年广东人民出版社出版。3册，260多万字。设33篇172章649节。配图照512幅。上起后晋开运二年(945)置敬州，下至1990年底，人物传延至1995年底。重点记载梅州人民在中国共产党领导下，进行新民主主义革命、社会主义革命和建设的历程及改革开放后发生的巨大变化。文化·艺术·出版篇、华侨·港澳台同胞篇突出“文化之乡、华侨之乡”特色。体育篇专设一章记述足球运动在梅州地区的起源、普及，列表记载1949~1990年梅州市向国家队输送运动员、梅州市(含各县区)足球队参加省级以上各项足球比赛获优胜成绩，体现了梅州在全国足球运动发展史上的重要地位。志中专设客家妇女、客家与客家研究2篇，突出客家特色。客家妇女篇设专章记述梅州客家妇女在家庭、社会的地位与发挥的作用，其勤俭朴素、洁身自爱、相夫教子、尊老敬贤的传统美德；分设小节记述童养媳、等郎妹、隔山娶等旧时特殊婚俗；记述梅州自清末开始倡办女校，并于20世纪20年代开始组织举办妇女夜校，及1949年后兴起妇女进夜校学习文化的热潮；设专章记述了梅州客家妇女的参政情况。客家与客家研究篇详记客家迁徙、形成、分布及文化特征，设专节记述客家精神；以中华人民共和国成立为界限，分章节记述客家研究的兴起、发展、研究趋向，成立客家研究机构，举办各类学术活动，等等，列表收录1979~1995年梅州学人客家研究专著91部、主要论文140篇。方言篇、客家山歌章、客家山歌剧节等篇章节的记述中均反映了客家文化。2004年获广东省新编优秀志书奖二等奖。

兴宁围龙屋

Meiguo Guohui Tushuguan

美国国会图书馆 位于美国华盛顿哥伦比亚特区。建于1800年。总面积34.2万平方米。图书馆于1918年接受美国农业部专家施永格建议，大量采集中国地方志。后东方部主任恒慕义与骆克博士先后到中国，访得西南各省方志，尤以四川省为多。恒慕义此前在山西省任教时，曾收集北方各省方志，以山西省为最。此外，图书馆经王文山介绍，于1933年购得高鸿裁所藏山东全省的地方志118种，其中不乏稀见本。其他如抱经楼、稽瑞楼、铁琴铜剑楼等收藏的部分方志，也流入了该馆。1939年，朱士嘉受聘任该馆东方部中文编目主任，编制《国会图书馆藏中国方志目录》，著录中国方志2939种56989卷，有通志、府志、直隶州志、州志、直隶厅志、厅志、县志、关志、镇志、乡土志等类型，有宋代志书23种、元代志书9种、明代志书68种、清代志书2376种、民国志书463种；地域涉及各地区，包括新疆、内蒙古和西藏等边远地区，以河北(282种)、山东(279种)、江苏(252种)和四川(252种)居多。其中天启《成都府志》、乾隆《越中杂谈》和乾隆《寿光县志》均为世间孤本，另有稀见方志约100种。1939年后，图书馆收藏的1949年以前的方志数量不断增加。1957年馆藏3609种；1977年6月底，馆藏3750种60000余册；至2012年，馆藏约4000种。馆藏乡镇志多为他馆所罕见，其中珍本有康熙《浒墅关志》、嘉庆《马陆志》、道光《洪塘小志》等。馆藏清代方志多为名家学者所纂修，如乾隆年间顾栋高《淮安府志》、章学诚《永清县志》、戴震《汾州府志》、崔述《大名县志》、钱大昕《鄞县志》、孙星衍《邠州志》、洪亮吉《淳化县志》及道光年间阮元的《广东通志》等。美国各州立图书馆、大学图书馆及其他各国图书馆先后从该馆复制中国方志。1995年后，致力于中国新编方志和年鉴的收集。

Menyuanxian Zhi

《门源县志》 主编董增恩、祁郁春。1993年甘肃人民出版社出版。75万字。设地理、经济、政治、文化、社会、人物6编，下设44章184节。志首配青海门源回族自治县行政区划图、县城现状图、县城全图、照片51幅。上溯秦汉，下迄1989年。重点记述社会主义革命和建设时期青海门源县在经济、政治、文化等方面取得的成就和基本经验，记述门源县的地形、水资源、草场资源，以煤、铁、铜、金为主的金属和非金属矿藏分布，以及青稞种植基地、青海省商品油料基地、现代高效畜牧业典范、百里油菜花AAAA级景区等，反映自然资源多样性的特点，突出回、汉、藏、土、蒙古、撒拉等民族不同的宗教信仰、民族文化、风俗习惯等。1993年获全国新编地方志优秀成果奖一等奖。

《门源县志》书影

Menggu Youmu Ji

《蒙古游牧记》 张穆编纂，何秋涛校补。清同治六年(1867)刻本。16卷。卷1~6为内蒙古(漠南蒙古)四盟二十四部四十九旗，卷7~10为外蒙古(漠北蒙古)四盟四部八十六旗，卷11~16为卫拉特蒙古(漠西蒙古)各部落盟旗。归化城土默特、察哈尔、热河、呼伦贝尔及伊犁各内属蒙古旗和驻防旗未载。大致以各旗为篇，分总叙和分叙两部分。总叙主要叙述各部落分支，分布境域、地理沿革、归附清政府先后、管辖旗数等；分叙主要记述各盟旗建置先后、世系传承、爵秩递嬗、牧地分布、道里四至等。对漠北和漠西地区的山川形势、地理沿革情况的阐述尤详。志书从明边防角度出发，记载了中俄交界地区的互市、卡伦、台站、中俄界碑的设置情况，简要记述了俄罗斯的自然地理状况。对清朝皇帝在木兰围场的木兰秋狝、满蒙联姻、土尔扈特部回归等都详加记载。重视计算地理位置，以京师为中心，以喜峰口、古北口、独石口、张家口为起点确定方位，表明从此四口至各部的里数以及各部至京师的里数。对一些重点地区加以考证或解释，如论述伊克昭盟其名实为大庙，蒙语谓“伊克”为大，“昭”为庙。记述、注释土谢图汗部内额尔德尼昭(光显寺)的名称渊源、地理位置。还记载了康熙年间蒙古活佛哲布尊丹巴呼图克图驻守额尔德尼昭与噶尔丹对抗，并劝说外藩各部归附的历史。对成吉思汗的陵墓所在地也提供了重要史料依据。该志是中国第一部以蒙古盟旗制度作为研究对象的专志，19世纪末被译为俄文、日文出版发行。《续修四库全书总目提要》称其“所载各地距离，大都确实可靠”。版本有同治刻本、清光绪十七年(1891)铅印《小方壶斋舆地丛钞》本、光绪二十九年石印“皇朝藩属舆地丛书”本。国家图书馆、中国科学院国家科学图书馆、内蒙古图书馆、北京师范大学图书馆、内蒙古师范大学图书馆等有藏。1928年商务印书馆刊印“国学基本丛书”，收录该志。

同治六年《蒙古游牧记》篇目

卷1	内蒙古哲里木盟游牧所在：科尔沁、扎赉特、杜尔伯特、郭尔罗斯
卷2	内蒙古卓索图盟游牧所在：喀喇沁、土默特
卷3	内蒙古昭乌达盟游牧所在：敖汉、奈曼、巴林、扎鲁特、阿鲁科尔沁、翁牛特、克什克腾、喀尔喀左翼
卷4	内蒙古锡林郭勒盟游牧所在：乌珠穆沁、浩齐特、苏尼特、阿巴噶、阿巴哈纳尔
卷5	内蒙古乌兰察布盟游牧所在：四子部落、茂明安、乌喇特、喀尔喀右翼
卷6	内蒙古伊克昭盟游牧所在：鄂尔多斯
卷7	外蒙古喀尔喀四部总叙
	外蒙古喀尔喀汗阿林盟游牧所在：土谢图汗部
卷8	外蒙古喀尔喀齐齐尔里克盟游牧所在：赛音诺颜部
卷9	外蒙古喀尔喀鲁伦巴尔和屯盟游牧所在：车臣汗部
卷10	外蒙古喀尔喀扎克必拉色钦毕都哩雅诺尔盟游牧所在：札萨克图汗部
卷11	额鲁特蒙古总叙
	阿拉善额鲁特蒙古游牧所在
卷12	青海额鲁特蒙古游牧所在
卷13	额鲁特蒙古乌兰固木杜尔伯特部赛音济雅哈图盟游牧所在
卷14	额鲁特蒙古新旧土尔扈特部总叙
	珠勒都斯旧土尔扈特蒙古乌讷恩素珠克图盟南路游牧所在
	珠勒都斯中路和硕特蒙古巴启色特启勒图盟游牧所在
卷15	和博克萨里旧土尔扈特蒙古乌讷恩素珠克图盟北路游牧所在
	库尔喀喇乌苏旧土尔扈特蒙古乌讷恩素珠克图盟东路游牧所在
	晶河旧土尔扈特蒙古乌讷恩素珠克图盟西路游牧所在
卷16	额济纳旧土尔扈特蒙古游牧所在
	布勒罕河新土尔扈特蒙古青色特启勒图盟游牧所在
	哈弼察克新和硕特蒙古游牧所在

1991年山西人民出版社出版张正明、宋举成点校本。

Milinxian Zhi

《米林县志》 主编张凤清、刘金柱。2009年中国藏学出版社出版。约100.9万字。设20篇62章232节。配图照206幅。编制中文、藏文、英文目录。上起事物发端，下至2005年底。巡视与援助篇第二章记述福建省对米林县在人才、项目、资金等方面的援助情况和援助效益。军事篇战事节记述历史上米林发生的重大战事，如中印边境自卫反击战中的梅楚卡地区战斗、林卡尔战斗、依米来果战斗等。工商粮贸篇民族手工业节记述响箭头制作、服饰制作、金银铁器加工、竹编、藤编、手工木制器皿的加工制作等。文化篇设文物节收录境内的热嘎村工布王庄园遗址1处、造像2处、碑刻3处、寺庙2座，设舞蹈节记述流行于米林的藏族舞蹈、珞巴族舞蹈、门巴族舞蹈和宗教舞蹈，如工布博、玛恰霞布卓、嘎巴鼓舞、驯牛舞、都怒舞、索木多罗、屯多嘎尔、苯教舞蹈等，设民间文学章记述流行于米林的故事、谚语和歌谣。语言篇珞巴语章记述珞巴语语音、词汇、语法。在考中收录

珞巴民俗文化节暨黄牡丹旅游节

藏医南方学派考略。在专记中收录十年援藏工作纪实、护林灭火英雄班等内容。附录辑录重要文献、乡镇及村名汉藏文对照表。

M

Mizhixian Zhi

《米脂县志》 主编贺国建。1993年陕西人民出版社出版。120万字。分30卷，设28分志141章342节。卷首配

杨家沟中共中央十二月会议旧址

彩照60幅，文中插黑白图照170余幅、彩照18幅。上起原始社会，下至1989年，概述延至1990年，大事记及部分事件延至1991年。注重对陕西米脂县历史上农民起义的记述，军事志设专章记述元末贺洪、高庆起义，明末李自成起义，清同治年间回民起义军入境等，人物志为贺洪、高庆、李自成、艾能奇、李过、高一功、李来亨等农民领袖、义军将领7人立传，附录收录高照初等《李自成族裔考》、柳义南《李自成起义前职业与参加起义考》，及邹兆辰、郗志群《关于李自成行宫的考察》等考征文录。文物志纪念地遗址节中记载杨家沟革命旧址，并详记毛泽东在此完成《目前形势和我们的任务》等11篇重要理论文章撰写的史实。除设文物志记述境内古迹外，城乡建设志中详载米脂城修建史、城内街巷格局等，专设一节记述衙署、学宫(书院)、文庙、华严寺、盘龙山古建筑群、牌坊等十多处古建筑。艺文志全文收录刘成章《米脂赋》，民间传说节中记载了貂蝉的传说及“米脂的婆姨”之说的出处。1993年获全国新编地方志优秀成果奖一等奖。

Mi Jiafan

密加凡(1917—2005) 湖北武汉人。高中毕业后，于1936年在武昌开展地下学生救亡活动。1938年起，先后在湖北省石首县、公安县、晋绥边区等地工作。曾入延安马列学院学习。1949年后，历任中共湖北省委宣传部副部长、省文联党组书记等职。1978年创建省社会科学院，任党委书记、副院长兼省科学技术协会副主席等职。1980年底，任湖北省地方志编纂委员会副主任委员兼办公室主任。任内，搭建修志班子，推动省市县三级修志机构建立健全；组织省志总纂班子，并任常务副总纂，主持日常工作。1996年主持编纂“长江文化研究文库”系列丛书。方志论文主要有《修志实践中提高的几个思想认识问题》《〈湖北省志〉体例的方法论探讨》等。认为章学诚提出的“志属史体”和《嘉庆汉阳府志·序》中表述的“志为史之集，史为志之成”是对地方志书性质的准确阐述，与朱士嘉“方志是记载地方自然和人文情况的著作”互为补充。这一主张成为主导湖北省修志的总体认识。主张实事求是地记述客观事物，倡导方志体例继承创新，提出《湖北省志》应采取“纪纲志类，详近略远，综述历史，分陈事项”的编纂方法。

Miyunxian Zhi

《密云县志》 主编鲍星时。1998年北京出版社出版。114.3万字。设21编69章259节。配图照82幅。上起事物发端，下至1990年。水利章设专节记述密云水库的规划与施工，潮河主坝、白河主坝、九松山副坝、北白岩副坝、京密引水渠等主要建筑及附属设施，水库在防洪、灌溉、城市供水、发电、养鱼等方面产生的效益，为修建水库进行的移民安

密云水库白河主坝

置情况，还记载了沙厂水库、半城子水库、遥桥峪水库等中小型水库23处以及塘坝工程53处。文物章记载了7处古城遗址，10处古聚落遗址，5处古窑址，9处古墓葬，20处碑、碣、石刻，10处革命纪念地(碑)；除记载北齐长城外，还详细记载了境内明长城的建造，修筑的敌楼、战台、烽火台，特别是61处明长城关口及古北口城、墙子路城、曹家路城、石塘路城4处重要营城。战事章专设一节记述清及清以前的战事16件，其中有周德威大战刘守光，契丹阿保机攻占古北口、檀州等地，黄友战郭药师，窝斡战败温迪罕阿鲁带，杨博、周益昌力战俺答兵5件发生在古北口一带的战事；专设一节记载民国时期战事22件，其中分别以约1000字的篇幅记述古北口抗战和古北口保卫战，详载交战双方的兵力、战斗经过、伤亡情况。

Miyunxian Zhi[Minguo]

《密云县志》[民国] 臧理臣、朱颐等修，宗庆煦等纂。1914年刊本。8卷，首1卷。分天文图说、舆地图说、舆地、表、沿革考、学校考、田赋考、兵制考、县议事会、警务、商会、政略、事略、艺文、诗歌等类目。卷首有密云县全图、密云商务总会图、密云高等小学校图等舆图15幅。舆图按经纬线绘制，用符号、度数等标注山川、城镇、道路、电线等位置，标注图例、比例尺等，是存世北京方志中最早采用比例尺的舆图。志书内容补充了自清光绪七年(1881)至1914年间密云县历史变迁，较多补叙民国建立后的新兴事物。县议事会、警务、商会3目分别记述机构成立的原因、时间、组织、章程、人员名额、设址。学校考记述历代学制、前清学制、书院，记载废除科举、改革教育制度情况，还记载了初等、高等小学的数目及其建立时间、设址、课程。舆地下设矿产目，记述金、银、石棉、铁、煤、水晶石、石榴石7类矿产。未设巡幸、皇恩、宸翰等旧志门类，疆域、关隘、山、河等目虽沿袭旧志体例，但对新变化都加以记载。对旧

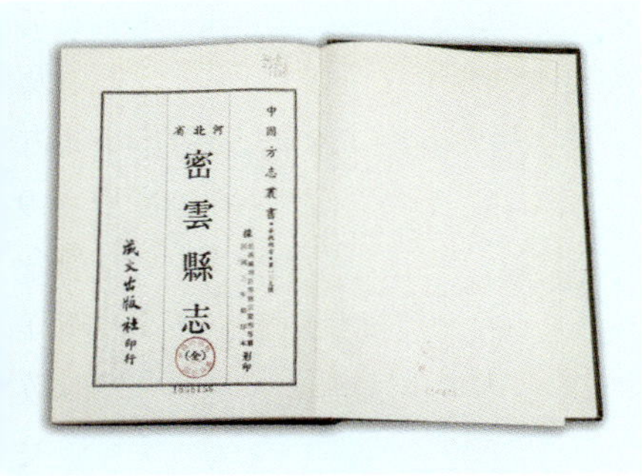

民国《密云县志》（“中国方志丛书”本）书影

志中略而未载的“墙子路边外界限地址”补图立说。国家图书馆、北京大学图书馆、首都图书馆等有藏。2009年中国书店出版孙剑伟校点本。

Mianyangshi Zhi(1840~2000)

《绵阳市志(1840~2000)》 主要编纂人员有王志强、余正道、许登义等。2007年四川人民出版社出版。3卷，383万字。设28篇125章。配照片149幅、1951~2000年政区图4幅、表214个。主要记述从直隶绵州、第十三行政督察区到绵阳地区、绵阳市自然与社会各方面历史演变和发展情况。卷首专题纪事集中记述17个专题。自然科学技术、国防与电子工业等篇体现绵阳作为国家“三线建设”重点地区、国防军工和科研生产基地，全国唯一“军转民科技兴市试点市”，中国西部科技城、电子城的特点。书中收录专家针对史学界有争议的问题撰写的专文，如《广汉郡治考》考证了广汉郡治“乘乡”的位置，《涪城考》纠正了古代方志将“涪城”与“涪城县”混为一谈的谬误。卷尾为文存、附录。2008年获四川省地方志优秀成果奖一等奖，2009年获四川省哲学社会科学优秀成果奖二等奖。①《绵阳市志》国防与电子工业篇。记述绵阳国防电子工业的源起、发展及成就，包括“一五规划”时期、1969~1973年“三线建设”时期落户绵阳的军工企业和国防科研院所，主要军工电子产品，实施“军转民”开发的民用产品，形成的集团公司等。②《绵阳市志》自然科学技术篇。反映境内科研机构、科技力量、科研成果及对经济社会发展的贡献，详记实施“科技兴绵”战略及建设“绵阳科技城”，内容包括中国工程物理研究院、中国空气动力研究与发展中心、中国燃气涡轮研究院、西南应用磁学研究所、西南自动化研究所等18家国防科研院所，西南科技大学等6所大专院校，四川长虹电子集团、四川九洲电器集团等50家大中型企业，19位中国科学院院士和中国工程院院士，853位对国家有突出贡献的专家及享受国务院“政府特殊津贴”的专家。③《绵阳市志》人物篇。采用传、录、评传(上古传说人物)3种形式，收录古代、近现代人物136人，有嫘祖、大禹等上古传说人物，赵蕤、李白、文同等本籍文化名人，陈宛溪、袁诗荛等实业家、革命者，扬雄、刘备、诸葛亮、欧阳观等客籍人物。

中国燃气涡轮研究所试车台(1994)

Minguo xiuzhi

民国修志 民国时期是中国地方志由传统方志向现代方志过渡的重要时期。编纂了众多方志，据黄燕生编制的《民国方志分省统计表》，纂修方志超过100种的省区有四川、河北、江苏，超过50种的省区有浙江、山东、河南、云南、广西、陕西、广东、吉林、福建、辽宁、黑龙江、贵州、甘肃，修志少的是台湾、宁夏。志书涉及省志、市志、县志、乡镇志、乡土志、风土笔记、调查记等类型。篇幅最大的通志是1938年成书的《福建通志》，有51总卷、611分卷；最著名的市志是《首都志》(即南京市志)；县志形式多样、体例规制不拘一格，有不少名志。一些学者，如王国维、梁启超、胡适、张尔田、刘承幹、张其昀、王树枏、吴廷燮、柳亚子、全毓黻、刘盼遂、朱希祖、董作宾、余绍宋、柳诒徵、黄炎培等，都曾参与志书的编修及介绍，郭象升、胡思敬、邓之诚、蒋梦麟、刘半农、吴宗慈、朱希祖、张国淦、李泰棻、黎锦熙、王葆心、傅振伦等在方志编纂及理论研究方面颇有建树。民国时期，方志学研究成为这一时期研究的重要内容。高度重视和重新评估方志的科学价值，系统总结历代方志理论尤其是对章学诚方志学理论予以较高评价，是这一时期方志研究的两大特点。

民国修志简史 民国时期修志大致可以日本军国主义发动全面侵华的1937年、日军投降、中国抗日战争结束的1945年为界，分为前期、中期和后期三个时期。南京国民政府成立之初，因纂修省志需要而成立通志馆，形成政府主持创办、学者参与纂修、社会多方协助的修志格局。据统计，民国时期的通志馆共成立23个，包括21个省级通志馆、2个市级通志馆。各省市通志馆编纂了一批高水平的通志，而且推动了全国市、县志书的纂修。据不完全统计，三个时期纂修及刊印的方志数量分别为约1110种、219种、105种。

前期(1912~1937)修志 民国时期的志书绝大部分是在这段时期编修的。1914年北洋政府教育部咨令各地编修乡土志，作为学校教材及供清史馆征用。1916年内务部会同教育部通饬纂修县志。浙江、黑龙江、河南、广东等省陆续成立通志局或通志馆编修通志，但常因时局动荡而中辍。一些完稿或付梓的通志、县志多为清末开修，民国初完成，如1915年铅印本《山东通志》。当时印行了一批较有特色的县志，如《盐山新志》《龙游县志》《新修合川县志》《崖州志》《慈利县志》，张梅亭纂《莱芜县志》、韩垌纂《洪洞县志》、符璋等纂《平阳县志》、劳乃宣等纂《阳信县志》等。全国大规模修志从1928年开始。1928年11月1日奉天通志馆率先成立。南京国民政府内政部于1929年

12月颁布《修志事例概要》，凡22条，要求各省应于省会所在地设立省通志馆，对各省方志编纂的组织机构、纲目审核、取材范围、类目设置、内容取舍、文字书写及印刷装订均做出具体要求，但不强求一律。进一步推动了全国各省通志馆的创建。广东、安徽、山东、河南、河北、云南、陕西、甘肃、新疆、湖北等省相继成立通志馆，上海市以及改省不久的绥远、热河、察哈尔三省也分别设立通志馆，形成全国兴建通志馆的热潮。20世纪30年代为民国修志最盛的一段时期，有468部方志纂修或刊印，有1936年《甘肃通志稿》、1932年《黑龙江志稿》、1933年《续修陕西通志稿》、1935年《察哈尔省通志》等通志，《首都志》《长葛县志》《阳原县志》，傅振伦纂《新河县志》、黄炎培纂《川沙县志》、贾恩绂纂《定县志》《南宫县志》等市县志，还有冼宝干等纂《佛山忠义乡志》等乡镇志。

中期(1938~1945)修志　1937年“七七事变”爆发后，广东、安徽、山东、河南、河北、绥远、热河、陕西、甘肃、新疆、上海等地的通志馆相继停办。一些退居后方的学者做了不少方志编修工作，黎锦熙参与编纂的《洛川县志》《同官县志》《黄陵县志》《宜川县志》《城固县志》皆为当时名志。其他特色方志还有《徐沟县志》及顾颉刚、傅振伦主持编纂的《北碚志》，后者堪称民国方志中最具创新意义的一部，但未能修成。1944年5月国民政府颁布《地方志书纂修办法》，但受局势所限无法实现大规模修志。这一时期，日本在东北建立“满洲国”，为了加强统治，伪政府也主持编修志书。伪政府于20世纪30年代编修过《营口县志》《北镇县志》《额穆县志》等。北平沦陷时期，吴廷燮等人于1938~1939年编修的《北京市志稿》为当时市志巨帙。

后期(1945~1949)修志　抗日战争胜利后，南京国民政府内政部于1946年10月1日重新颁布《地方志书纂修办法》，规定地方志书分省志、市志、县志3种，省志30年一修，市、县志15年一修，志书编纂事宜由各省、市、县的文献委员会负责。颁布《各省市县文献委员会组织规程》，对文献委员会的组织、任务做了规定。同年，成立南京通志馆，但并未开展修志工作。部分通志局、馆恢复工作并刊行部分志稿，如1948年《重修浙江通志稿》、1948年《贵州通志》、1940年《江西通志》、1949年《湖南省志稿》、1949年《广西通志稿》、1946~1949年饶宗颐总纂的《潮州志》等。民国时期出版的最后一部通志是1949年出版的《新纂云南通志》。1948年成立的台湾通志馆，在国民党当局败退台湾后不久，被改组为台湾省文献委员会，民国通志馆的历史宣告结束。

地方志书纂修办法

（中华民国三十五年七月十六日行政院第751次会议通过，
内政部三十五年十月一日修正公布）

第一条　地方志书之纂修，依本办法行之。

第二条　地方志书分左列三种：一、省志。二、市志。三、县志。

第三条　志书纂修期间，省志30年纂修一次，市志及县志15年纂修一次。

第四条　各省、市、县纂修志书事宜，应由各省、市、县政府督促各省市县文献委员会负责办理。

第五条　各省市县文献委员会编纂志书时，应先编拟志书凡例、分类纲目及编纂期限，层转内政部备案。

第六条　纂修志书应依左列规定：

一、志书文字遇有用满、蒙、回、藏文字注音字母，以及外国文字时，得附载原文。

二、志书舆图，应以最新科学方法制绘精印，订列专册。

三、编制分省、分市、县舆图，对于国界、省界、市县界变更沿革，应清晰划分，并加附说明。

四、省、市、县志书应绘制行政区域分图，并须将山脉、水道、交通、地质、物产分配、雨计分配、雨量变差、气候变差以及繁盛街市、港湾形势、名胜地方，分别绘制专图。

五、地方名胜古迹、金石拓片以及公家私家所藏各种古物，在历史上有重要价值者，应摄影片编入。

六、各地方重要及特殊方物，应将原物摄制影片编入，并详加说明。

七、各省、市、县土地、户口、物产、实业、地质、气候、交通、赋税、教育、卫生以及人民生活、社会经济各种状况，应分年精确调查，制成统计比较表编入。

八、各省、市、县志书应特列大事记一门。

九、各省、市、县志书艺文一门，应文学、艺术并重，如书画、雕刻及其他有关艺术事项，均宜兼采。武术技击另列一门。

十、编列诗文词曲，无分新旧，但以有关文献及民情者为限，歌谣戏剧亦可甄采。

十一、各省、市、县志书艺文书目，应仿《四库全书提要》例，编列提要。

十二、凡乡贤名宦之事迹及革命先烈暨抗敌殉难诸烈士之行状，均可酌量编入。但不得稍涉冒滥。

十三、天时人事发现异状，确有事实可征者，应调查明确，据实编入，但不得稍涉迷信。

十四、省、市、县志书，除图表外，应一律以国产坚韧纸张印刷，订为线装本。

第七条　各省、市、县志书编纂完成，应将志稿送请内政部核定，俟核定后，始能付印。

前项志稿之核定，由内政部组织志书审核委员会办理之。

第八条　各省、市、县志书印刷完成后，应分送行政院、内政部、国防部、教育部、中央图书馆暨有关机关备查。

第九条　本办法自公布日施行。

（摘自《中国方志文献汇编》，原载《中华民国国民政府公报》第2666号）

说明：文献原为竖排，故其中称“左列”

民国修志特点 民国时期，西方近代科学思想的传播、新文化运动的开展深刻影响了方志编修事业。这时期编修的志书呈现新旧相杂的特点。一些志书开始注重对近现代社会现象、国计民生的记载。如1935年《迁江县志》记载了劳工、佃农、失业、无业、残废等社会问题，及交通、教育行政、实业行政、选举、农业、林业、矿业、渔业等内容。志中保留了大量反帝、反封建斗争的史料；1948年《醴陵县志》记载了人民抗日斗争；1920年《瑷珲县志》、1933年《黑龙江志稿》记录了沙俄罪行；1918年《霸县志》、1936年《涿州志》、1943年《固安县志》记载了义和团运动；1925年《涡阳县志》记载了捻军等。记述增强科学性，注重实地调查采访，如采用科学方法绘制地图、获得数据，以晷度、经纬度取代星野、星占、象数，删略祥瑞、仙事等带有迷信色彩的门目。增设议会、团体、警察、交通等新类目。民国中期后，党务作为重点内容被列入地方志。如1928年江苏省颁发的通志拟目有党务记门。大部分志书增添关于新政、新法的内容，保留忠义、孝友、列女、祥异、五行等旧志类目，部分出自前清遗老之笔的方志依然恪守旧制，如朱之英修、舒景蘅纂《怀宁县志》。体例创新有增设概述，使用照片、统计表，编制索引，用国际音标标注方言，用国际通用学名记录动植物等，志书结构出现由纲目体转向章节体的尝试。对如何兼顾晚清、民国两代述事这一问题的处理方式也体现了修志体例的变革。有的分编记事，如邱自芸修，邬荣治、郭选英纂《南康县志》，分两编，第一编述事止于清末，采用旧例，第二编述事自民国纪元起，采用新体。有的分纂两志，如《新纂云南通志》《续云南通志长编》，前者新旧志目并存，述清末之事，后者采用新目，述民国之事。有的断代述事，如1934年《安徽通志稿》的民政考户口编分3节，分别记述建省以前、清代、民国以后的户口统计。民国时期国势凌弱、边事日非，为巩固国防，纂有大量记述蒙古、西藏等边疆地区的志书。

民国方志学研究 民国时期方志学研究侧重于方志性质、方志编纂理论、方志目录学等方面。一些期刊在推动方志学研究和普及宣传方面发挥了积极作用，影响较大的有《方志双月刊》、《禹贡》（半月刊）等。各省区通志馆馆刊、一些省立图书馆馆刊都专门或偏重登载涉及方志编研的论文。

民国方志理论研究 民国时期对方志性质和编纂理论展开讨论，有人提出要改变旧志体，余绍宋主张将文征、掌故、丛载归为一类，作为正志的附志，其纂修的《龙游县志》即采用此体例；傅振伦认为应把图、表分别附于有关门类中和设立别录门。一些学者还对资料搜集与整理的范围、编纂方法的创新、续修志书的原则进行了系统研究。出版了李泰棻《方志学》（1935）、傅振伦《中国方志学通论》、黎锦熙《方志今议》、甘鹏云《方志商》、寿鹏飞《方志通义》等方志学专著。据王中明编制的《中国地方志论文索引1911—1949》统计，相关的研究论文有384篇，较有影响的有梁启超《清代学者整理旧学之总成绩——方志学》、瞿宣颖《志例丛话》、朱士嘉《方志之名称与种类》、吴景超《中国县志的改造》、于乃仁《方志学略述》、庄为玑《方志研究刍议》、洪焕椿《浙江通志纂修源流述略》、蒋藩《方志浅说》、万国鼎《方志体例偶识》、王庸《地志与地图》等。

民国方志目录编制 民国时期方志目录、提要、考录的数量大幅增加，以《续修四库全书总目提要》涉及方志最多，提要著录3100余部。1972年，台湾商务印书馆整理出版部分书稿，其中有方志1987种，全部提要原稿存中国科学院图书馆，后全部出版。缪荃孙编制《清学部图书馆方志目》首创馆藏方志专目，还有江瀚等编《故宫方志目》《故宫方志目续编》、谭其骧等编《国立北平图书馆方志目录》、张允亮编《国立北京大学图书馆方志目》和万国鼎、储瑞棠合编《金陵大学图书馆方志目》等馆藏书目。较著名的私家藏志书目有王体仁编《九峰旧庐方志目》、冯贞群编《天一阁方志目》、任凤苞编《天春园方志目》、郑慧英编《广东三大图书馆所藏全省方志目录》。朱士嘉编《中国地方志综录》为馆藏方志联合目录之发端。瞿宣颖著《方志考稿（甲集）》，为任凤苞天春园藏方志撰写提要，共著录600余种，创方志提要专目。考录类提要有萨兆寅《福建方志考略》、俞寰澄《浙江方志综录》、郝瑶甫《东北方志提要未定稿》、张国淦《中国地方志考》、张维《陇右方志录》等。方志索引有王重民编《清代文集篇目分类索引》，收录方志序跋近8000条；江苏省立图书馆编《民国吴县志列传人名索引》，收录人物5000余条。民国时期形成馆藏方志专目、馆藏方志联合目录、方志提要专目、方志索引4种类型，奠定了中国方志目录学的基础。

民国方志统计 对方志种类、分布及历代编修状况进行初步统计和分析，是民国时期方志学成果之一。朱士嘉最先从事此项工作，1932年发表《中国地方志统计表》，初步统计宋、元、明、清、民国方志。1934年徐长楣编《民国二十二年以来所修刻方志篇目》，就其所见370种民国方志做分省编目。1935年朱士嘉又编制地方志统计表17个，有宋代地方志统计表、元代地方志统计表、明代地方志分省统计表、清代地方志分省统计表、清代各省地方志分类统计表、民国各省地方志分类统计表、民国地方志分省统计表、明代各布政使司地方志分类统计表、明代地方志分类统计表、清代地方志分类统计表、历代各省地方志分类统计表、历代地方志分类统计表、历代地方志分省统计表、馆藏方志种数统计表等，另有统计图15幅，附于《中国地方志综录》之后，为认识和研究中国历代方志纂修的兴衰、各地区方志的分布、各类型志书的比例提供了可靠依据，为方志学研究者做进一步分析提供了便利。

民国方志整理 民国时期方志整理工作主要是对历代方志的重印、辑佚、校勘与考证。采用新式标点印行旧

M

志的丛书有商务印书馆“丛书集成初编”、鲁迅“会稽郡故书杂集”。对历代方志进行考录、辑补的一些地方文献丛书，如“北京历史风土丛书”“北京史迹丛书”“京津风土丛书”“上海掌故丛书”“东北文献丛书”及《金陵琐志》等，也以影印的方式收录了当地的方志。苏州宋代《吴郡图经续记》《吴郡志》等古代名志被多次翻印。对旧志进行纠谬补阙、考辨校勘的有王国维《乾隆浙江通志考异》、朱士嘉《临安三志考》《宋临安三志版本考》等。汇编唐代图经、地志的有罗振玉等辑《敦煌石室遗书》和《鸣沙石室佚书》，对历代方志进行全面考录、辑补的有张国淦《中国方志考》。利用方志资料进行科学研究成为民国时期的一种时尚。王焕镳利用《江宁府志》《明史》《明实录》、明清笔记资料，于1933年编成10万字的《明孝陵志》。章鸿钊编著《古矿录》10卷，辑录历代正史地理志、全国总志、各省通志及部分府县志中有关矿藏的资料。陈垣利用至顺《镇江志》，考证元代也里可温教(基督教)在中国传播的状况。胡适《红楼梦考证》引述了顾颉刚在《江南通志》中查到的清康熙、雍正年间江宁织造和苏州织造的职官表，由此推论曹雪芹的家世和生平，在红学研究中取得重大突破。

Min Shu

《闽书》 陆梦祖修，何乔远纂。明万历四十四年(1616)成书，四十八年又有增补，崇祯二年(1629)刊行。共154卷。约254万字。何乔远(1558—1631)，字穉孝，晋江人。《闽书》是其编纂的志书中最著名的一部，该书仿《水经注》体例，设分野、方域、建置、风俗、版籍、捍圉、前帝、君长、文莅、武军、英旧、方伎、方外、宦寺、闺阁、岛夷、灵祀、祥异、萑苇、南产、蓄德、我私22志。志下按府、县依次记载，重要门下又分细目若干，如英旧志下分缙绅、韦布、闾巷、侨寓、裔派等。该书对闽之山川地理、政治经济、文化典籍、风土人情等论述翔实。福建省图书馆藏崇祯二年刊本。福建人民出版社于1994~1995年出版校点本。

Mingshanxian Zhi[Guangxu]

《名山县志》[光绪] 赵懿纂辑。清光绪十八年(1892)刻本。15卷，首1卷。34万字。分34个类目。对山川水道和张献忠、蓝大顺等领导的农民运动有重要记述。物产目详细记载蒙山茶历史、典籍、艺文等方面史料。附图展现名山当时地形地貌、里甲分布、城池和八景形势。学校目详细记述国学典章制度和孔庙祭祀方面内容。考放于条目之后，有利于查阅。国家图书馆、四川省图书馆、四川大学图书馆等藏原刻本、光绪二十二年校刻本。

蒙顶仙茶图

Mingdai Nanzhili Fangzhi Yanjiu

《明代南直隶方志研究》 张英聘著。2005年社会科学文献出版社出版。43.1万字。设10章21节。第一章论述南直隶行政区域范围、明朝统治者对方志编修的倡导及南京留都的文化氛围等因素对南直隶修志的影响，附南直隶辖域变更情况统计表。第二章记述南直隶方志从宋元时期到明代的编修沿革，附南直隶各地区、各时期方志编修及散佚情况统计表；介绍南直隶方志的种类及5部府志、4部州县志。第三章介绍南直隶修志人员的构成、分工、修志制度与经费保障等内容。第四章主要论述南直隶方志的定型化和规范化。第五章介绍南直隶方志在方志理论方面的创新和发展，以及形成的方志流派。第六章介绍南直隶方志中所反映的地情特点、政治状况、社会经济、军事地位、社会生活、文化教育、人物事迹等内容分别与《大明会典》《明实录》《明史》和明人笔记文集相比较，阐述其史料价值。第七章介绍南直隶方志续修的名称与形式、体例与方法。第八章重点介绍明清以来学者对南直隶方志的评价，以及在编纂特点、方法、编纂弊端等方面的评估。第九章着重阐述南直隶方志对后世的影响和启示。第十章为明代南直隶府州县志、专志、山水志、乡镇志等编修情况统计表。张英聘(1966—)，河北广宗人。1988年获河北大学历史学学士学位，1996年获中国人民大学历史学硕士学位，2003年获南开大学历史学博士学位。1988~1993年在河北省邢台师范专科学校任教，后任中国地方志指导小组办公室副研究员、联络处处长。主要从事明史和方志学史研究。参与撰写论著多部，发表论文20余篇，著有《中国历史与文明》。

Mingdai xiuzhi

明代修志 朱元璋于明洪武三年(1370)诏儒士魏俊民等“类编天下州郡地理形势、降附颠末为书”。永乐年间，成祖朱棣诏令天下郡县卫所修纂志书，督促编呈方志。正德时已出现“天下藩郡州邑，莫不有志”的局面。到嘉靖、万历年间，达到鼎盛。明代官修方志为主流，私撰志书较少。据2004年出版巴兆祥《方志学新论》辑录，明代修纂方志3470种。《中国地方志联合目录》著录973种。明代志家在纂修方志的同时进行方志理论研究，为后人留下了许多可资借鉴的修志经验，并影响了清代方志学流派的形成。

明代修志简史 明代最早的全国区域志书为洪武三年修成的《大明志书》，编类天下山川、州郡形势及各地降附始末。洪武二十七年修成《寰宇通衢》，这是一部记述全国交通驿程的地理总志。永乐十年(1412)颁布《修志凡例》17则，规定志书内容应包括建置沿革、分野、疆域、城池、里至、山川、坊廓、乡镇、土产、贡赋、风俗、形势、户口、学

校、军卫、廨舍、寺观、祠庙、桥梁、宦绩、人物、仙释、杂志、诗文24门，还规定了各类目编写原则。永乐十六年，诏纂天下郡县志书，颁降《纂修志书凡例》21条，在永乐十年的凡例基础上对志书类目进行增删损益。自永乐凡例颁行，各地以此为蓝本，制定了更为具体的修志凡例。嘉靖年间，湖广布政使司左参政丁明颁布《修志凡例》26则，规定了志书的内容和各类目的具体编纂方法，且相较永乐凡例增加了地图要素，是已知最早由地方官拟定的修志细则。地方修志形成以地方官主持、乡绅和名人学士参加的纂修体制。据《中国地方志联合目录》统计，存世明代方志中，浙江113种，江苏、河南各96种，河北88种，福建83种，安徽72种，山东68种，山西53种，广东49种，江西48种，陕西47种，湖北37种，湖南29种，四川21种，上海15种，甘肃14种，广西、云南各10种，北京、贵州各7种，宁夏6种，辽宁3种，天津1种。

明代全国性志书　洪武年间成书的有《大明志书》《大明清类天文分野之书》《寰宇通衢》；景泰、天顺年间大规模编修全国性志书，编成《寰宇通志》和《大明一统志》。均存。传世者还有盛敬《形胜要略》、沈一贯《大明一统舆图广略》、蔡汝楠《舆地略》、曹学佺《大明一统名胜志》、张天复《皇舆考》、孙麟《大明一统志集略》、郑晓《皇明地理述》、陆应阳《广舆记》、程百二《方舆胜略》、程禹谟《山河舆地考》、卢传印《职方考镜》、陆化熙《目营小辑》等，多属私撰。

明代省志　明代13个布政使司(俗称行省)所纂志书称“通志”者居多，有成化《山西通志》、弘治《八闽通志》，及嘉靖年间修纂的《浙江通志》《江西通志》《山东通志》《河南通志》《陕西通志》《湖广通志》《广东通志》《广西通志》等16种；称“总志”的有成化《河南总志》、万历《湖广总志》，及嘉靖、万历间纂修的3部《四川总志》；称“大志”的有嘉靖、万历年间成书的两部《江西省大志》；称“大记”的有万历《闽大记》、万历《粤大记》；称“书”的有万历《闽书》；称“图经”的有嘉靖《湖广图经志书》。各布政使司普遍修志，有的省区

M

纂修志书凡例

（明永乐十六年颁降）

建置沿革　历叙郡县建置之由，自《禹贡》、周职方氏所属某州，并历代分合废置与夫僭伪所据，逮国朝平定属某府所管。

分野　属某州天文、某宿分野之次。

疆域　在郡之上下左右，四方所抵界分若干里，广若干，袤若干。四至，叙邻县界府地各若干里。八到，叙到邻近府州县治若干里。陆路、水路皆叙其至本府若干、布政司若干、南京若干、北京若干。陆路言几里，水路言几驿。

城池　所建何时，续后增筑何人，有碑文者收录，及城楼、垛堞、吊桥之类悉录之。

山川　叙境内山岭、江河、溪涧之类所从来者。旧有事迹及名山大川有碑文者皆录，其余虽小山小水，有名者亦录。

坊郭镇市　其坊厢都里，分镇市录其见在者。如古有其名而今废者，于古迹下收之。

土产　贡赋　田地　税粮　课程　税钞　自前代至本朝洪武二十四年，并永乐十年之数，并悉录之。

风俗　叙前代至今习俗异同。

形势　论其山川雄险，如诸葛亮论钟山龙蟠、石城虎踞之类。

户口　自前代至本朝洪武二十四年、永乐十年，版籍所载，并详其数目。

学校　叙其建置之由，续修理者何人。廨舍、堂斋、书籍、碑记并收录。学官、科贡人才并详收录。有碑记者亦录之。

军卫　叙置建何代，衙门、廨舍、教场、屯田去处，田亩、岁纳子粒之数，武臣功迹，并采录之。碑记之类亦收。

郡县廨舍　自前代建置，以至本朝见在者详叙之。古时所建不在此及废者，于古迹下收之。所属衙门，如馆驿、镇所、仓场、库务、申明旌善亭、坛场、铺舍并详收录。有碑文者亦录之。

寺观　叙其创建何时，续修若何，及有碑文者并录之。如废，收古迹下。

祠庙　如文庙详录其创建，祭器、乐器、碑记，悉录无遗。其他祠庙，亦叙创建、因何而立。封敕、制诰、碑记之类，并收录之。

桥梁　叙创建之由，在于何处，继后何人修建。有碑记者亦收录之。

古迹　凡前代城垒、公廨、驿铺、山寨、仓场、库务，古有而今无或改移他处者，基址亦收录之。陵墓、前代帝王、名臣贤士者，并收录之。亭馆、台榭、楼阁、书院之类，或存或废，有碑记者，亦备录于后。津渡见在某处，路通何方。岩洞、井泉之有名者，亦收录。龙湫亦载何处，或有灵异可验者。前代园池何由而建。本朝桑枣备载各都某处。陂堰、圩塘之类，见何代开渠。如无考者，止书见存某处，废者亦见因何而废。寺观、庵庙，虽废亦录。墟巷之类，凡废者俱收录之。

宦迹　自前代开创政迹相传者、有题名者，备录之。至本朝某人有政迹悉录之。见任者止书事迹，不可谀颂。

人物　俱自前代至今。本朝贤人、烈士、忠臣、名将、仕宦、孝子、顺孙、义夫、节妇、隐逸、儒士、方技及有能保障乡闾者并录。

仙释　自前代至今有名、有灵迹者，收录之。

杂志　记其本处古今事迹难入前项条目。如人事、风俗可为劝戒，草木虫兽之妖祥、水火荒旱、幽怪之类可收者，录之，以备观考。

诗文　先以圣朝制诰别汇一卷，所以尊崇也。其次，古今名公诗篇、记序之类，其有关于政教风俗、题咏山川者，并收录之。浮文不醇正者，勿录。

（选自明正德《莘县志》，“天一阁藏明代方志选刊”本）

一修再修，如云南自洪武至天启年间，官修、私撰省志9种。据《中国地方志联合目录》统计，存明代省志共37种。

明代府州县志　明代各府、州、县志与各省通志体例相同，述事详略不一。许多方志因地制宜，结合本地特点编制篇目。纂修上有所创新。有些方志“不志天文”，如嘉靖《临安府志》；有的方志“不书星野”，如嘉靖《耀州志》；有的纂修者主张简练高古，如正德《朝邑县志》。一些府、州、县志一修再修。名志有正德《姑苏志》、康海的正德《武功县志》（见关中八志）、祝允明《兴宁志》等。

明代乡镇志　明中叶后，乡镇志修纂渐多，体例基本遵循府、州、县志，内容相对较简。名作有董谷所纂嘉靖《澉水续志》等。也有不依这类体例的乡镇志，如崇祯末仁和县沈谦所撰《临平记》，卷1~2为纪事，卷3为杂记，全书仅100余条，末附临平十咏，分年记事。

明代边关卫镇志　明代出现以关为单位所修的方志，称边志、关志、卫志、镇志，主修多为守御官员。如詹荣《山海关志》、刘效祖《四镇三关志》，其中《山海关志》有詹荣、张时显、邵可立、尚䌹等纂修的数个版本。产生于嘉靖、隆庆年间的郑晓的《九边图志》、许论的《九边图论》、魏焕的《皇明九边考》、兵部的《九边图说》4部长城图籍，在明代边防图籍编撰史上具有举足轻重的地位，后三部图籍甚至影响了后世对九边的认知与研究。许多边关志于防务之外兼述其他，与府、县志无大差别。王庸撰有《明代北方边防图籍录》，对存佚明代边关卫镇志书有系统考录。

明代专志　包括山水志、风土志、古迹志等。体例与一般记述行政区划的方志不尽相同。如嘉靖《雁山志》记浙中雁荡山，分山水、寺院、土产、诗文4类；僧人传灯纂崇祯《幽溪别志》，记天台山幽溪，分形胜、开山沿革、重兴规制、宗乘、泉石、人物、金汤、檀度、福田、塔墓、古迹、著述、赠遗、余学等16个部分，形式上近于县志，内容集中于山水名胜。

明代修志特点　明代志书有多种类型，包括全国一统志、各省通志、府州志、县志、乡镇志及各类专志等。内容、志体、对资料的运用、修纂方法技巧均已臻于成熟。内容包括地理、政治、经济、军事、教育、文化、科技、社会生活、名胜古迹、人物、少数民族、自然灾害等，涵盖了当时自然与社会的各个方面。一些修志者开始将史家的褒贬笔法运用到人物传中，如正德《武功县志》、唐胄的正德《琼台志》、柳瑛的成化《中都志》均善恶并书。志体有繁体、简体、通纪体、断代体等类型，以繁体、通纪体较多。还出现纪事本末体，多见于简志，如正德《武功县志》、正德《朝邑县志》。明志保存了许多珍贵资料，如嘉靖《寿州志》记淮南第一桥，隆庆《潮阳县志》记载广东沿海人民抗倭斗争和海上贸易情况，嘉靖《钦州志》记载当地潮汐的情况。江苏的一些方志记载了当地名产、特产（如米花糖、饴枝糖）的生产过程。志书体例方面，大多按照建置沿革、分野、疆域、城池、山川、坊郭镇市、土产、贡赋、风俗、户口、学校、军卫、郡县廨舍、寺观、祠庵、津梁、古迹、人物、艺文等门类谋篇布局。采用纲目式二级分类或三级分目的志书日益增多，单列门目的志书渐次减少。明志常有炫奇之作，有“全书编年为主，作一篇文字而不分门类者”，如黄克升的嘉靖《长光县志》、颜木的万历《随志》等，其中万历《随志》不仅编年系事，而且自问自答；有的志书以州县别为卷次，卷中另分门类，如闻人诠修、陈沂纂嘉靖《南畿志》。资料运用方面，明志多注重掌故、广采文献，引用原始档案较多，收有不少图谱，尤其是地图资料。

明代方志理论研究　关于修纂方志，明人进行了广泛的探讨，或尚繁，或尚简；关于方志性质，或认为史志各为主从，或主张史志相为表里。明人对方志多源有新的认识，如卢廷选提出，方志是记事、记人之书的合流，源出先秦杂述中的地理书和郡书。杨廷和指出，方志为古代各类型史书的融合，指出“古之为史者，有表，有书，有传，志符其一体耳。今之为志者，或纪建置，或纪山川，或纪土田、户口、祥异，或纪风俗、人才，盖兼诸体而杂出者”（《弘治重修蒲州志》序）。在修志原则和方法上，明人普遍将文直事核、义严词工作为善志标准。有些志家针对当时的修志弊端总结了注意事项。

Miao Quansun

缪荃孙(1844—1919)　字炎之，又字筱珊，晚号艺风。江苏江阴人。清光绪二年(1876)进士。后任国史馆协修。五年，协助张之洞纂修《顺天府志》，后为总纂。十二年，与刘万源纂成《昌平州志》。十九年，至武汉重修《湖北通志》。后曾领南京江楚编译官书局事，任江南高等学堂监督、江南图书馆（南京图书馆前身）总办、京师图书馆（国家图书馆前身）正监督。纂成《清学部图书馆善本书目》《清学部图书馆方志目》。1914年清史馆重开，任总纂。草拟全书凡例，并编写儒林、文苑、孝友、隐逸、土司、明遗臣等传。1918年《江苏通志》重议开局，缪氏将所藏1.08万种碑铭拓本编录考订成《江苏金石志》，单独印行。次年，纂成《江阴县续志》《江苏通志·金石卷》。另著有《艺风堂藏书记》《艺风堂文集》等。①《昌平州志》［光绪］。吴履福等修，缪荃孙、刘万源纂。光绪五年始修，十二年刻本。18卷。22目。土地记详载昌平建置沿革、废置分合等情况，还记述昌平故城、万年故城、军都故城、军都新城、广武废县、芹城、白浮图城、昌平等的地理位置和地理区域所及，以及境内各村庄山峪的位置等。会计簿记载明清两朝夏税秋粮的征收情况。首都图书馆藏光绪十二年刻本。另有1939年铅印本。②《江阴县续志》。陈思修、朱宝璇续修，缪荃孙纂。1921年刻本。28卷。约43万字。记事自光绪五年至清宣统三年(1911)。正文分23门65目。创设民族门。内容上，废科举与学堂，增加对清初实业兴起的记述。

Mo Naiqun

莫乃群(1911—1990) 又作莫迺群。广西藤县人。1935年赴日本求学。次年回国,从事抗日救国活动。1944年秋,创办《广西日报》(昭平版),抗日战争胜利后任《广西日报》总编辑,一直坚持抗日救亡和争取人民民主的宣传。1949年后,历任广西省副省长,广西省人民委员会副主席,自治区(省)人民政府副主席、政协副主席、民盟中央常委及广西主委等职。1959年后,兼任广西通志馆馆长、广西文史馆馆长、广西历史学会会长、广西书法家协会主席。组织开展广西史志研究学术活动,搜集抢救有关太平天国、中法战争、辛亥革命和新民主主义革命的资料,包括调查采访和口碑资料,汇编成《太平天国革命在广西调查资料汇编》《中法战争调查资料实录》和《忠王李秀成自述校补本》。组织文史馆馆员和参事室参事等撰写戊戌变法后亲历、亲见、亲闻的历史情况。1981年当选中国地方史志协会第一届理事会常务理事。促成恢复自治区通志馆,仍任馆长。主持制定首轮新编《广西通志》编纂方案和广西市县志发展规划,与自治区档案馆协调,重新明确自治区通志馆负责组织指导市县修志的职责,多次参加市县地方志编纂人员座谈会,对新编志书篇目稿提出修改意见。1986年任广西地方志编纂委员会副主任。促使各单位领导重视修志工作。曾发表方志论文《统一思想,修好新志》,引导全区修志坚持实事求是的基本原则和政治质量。主编《广西地方简史》《广西历史人物传》《广西文史资料选辑》"桂苑书林丛书""广西史志资料丛书",先后汇编、整理出版30余种广西古籍文献及史志资料。个人出版有诗集《晚晴集》等。

Mohexian Zhi

《漠河县志》 主编王树才。1993年中国大百科全书出版社出版。143.5万字。设25编132章506节。志首配彩色图照50幅。上起事物发端,下至1990年底。以综合经济、黄金、林业、军事、外事、文化、森林防火等编最具特色。综合经济编记述黑龙江漠河自然人文条件、经济优势和效益,记述漠河所有制及产业、流通结构。黄金编、林业编篇幅约占全志的12%,突显黄金开采、木材生产在漠河经济发展中的地位。黄金编重点记述漠河矿务总局、奇漠金矿局、漠河采金株式会社、黄金公司等各个时期矿务机构的演变,附采金文告8种,详记手工探矿和机械钻探方法,及老沟、小北沟等13个金矿的生产发展和演变历史。林业编森林资源章详记森林的面积、蓄积、森林分布、资源消长、资源调查等内容。军事编重点记述波雅科夫、哈巴罗夫、切尔尼戈夫斯基等率领沙俄军队入侵事件,以及雅克萨战争、驱逐沙俄金匪等抗击沙俄战事。外事编记述中俄领土争端、停战谈判、签约划界,中俄、中苏边境斗争,勘界立碑,边境巡护,中苏对应村镇等。文化编旅游章记北极光、白夜、雾凇等自然景观,北极村、黑龙江源头、古站蛇形大湾等地理景观,古人类遗址、古墓葬、松苑原始森林公园、栖林集日本关东军大本营遗址等人文景观。详记1987年大兴安岭"五六"特大森林火灾,大事记专记火灾、救灾、灾后重建的大事115条;设森林防火编,在"五六"火灾章中以2.7万字的篇幅详记火灾起因、灾情状况、抢救伤员、紧急救灾、疏散灾民、国际援助、扑火始末、火灾损失、灾后反思等内容;城乡建设编灾后复建章、民政编救灾章均记述相关内容。1993年获全国新编地方志优秀成果奖一等奖。

灾后恢复的漠河县城一角(左下:被"五六"大火烧毁的县城一角)

Mudanjiangshi Zhi

《牡丹江市志》 总编辑王璟琳,常务副总编辑孙润书。1993年黑龙江人民出版社出版。3卷,250万字。设31编197章721节。卷首配图照150余幅。上起事物发端,下至1985年底。以工业、商业、军事等编最具特色,凸显牡丹江作为综合性工业城市、边贸城市、旅游城市、边陲战略要地的特点。附录收录牡丹江边墙调查记等史料。1993年获全国新编地方志优秀成果奖一等奖和黑龙江省地方志优秀成果奖一等奖。①《牡丹江市志》工业编。设21章102节。重点记述轻纺、化工、机械、建材等行业情况,详记桦林橡胶厂、磁头厂、木工机械厂及磨料磨具厂、钢纸总厂、化工二厂、化工五厂、树脂厂等企业。②《牡丹江市志》商业编。设12章42节。其中旅游章记述国家重点风景名胜区镜泊湖、濒临中苏界水乌苏里江的虎头区、兴凯湖、牡丹峰、三道关和渤海国上京龙泉府遗址等旅游资源,接待中外旅客的数量。对外贸易章重点记述涤棉纱、家具、电石、磨料、硼砂、石棉制品、劳动布、中长花达呢等出口产品的购销情况。③《牡丹江市志》军事编。设6章23节。重大战事章记述清末乜河抗俄战斗、烟筒沟伏击伪满洲国森林警察、代马沟截击日本军列车、苏联红军解放牡丹江战斗、粉碎"5·15"反革命暴乱等。驻军章记述自清顺治九年(1652)后,清靖边军、沙俄占领军、国民政府军、日军、人民军队的驻兵情况。

碾子沟工业区

M

N

南 内 宁 农 怒

Nanchangshi Zhi

《南昌市志》 主编陈中漳、罗长江。1997年方志出版社出版。7册，615.7万字。设40卷227章948节。志首配彩图3幅、彩照95幅、黑白照片5幅、题词2幅。记事不设上限，主要记述清道光二十年(1840)至1985年江西南昌的历史与现状，个别门类内容适当下延。分别单独立卷记述“八一”起义、滕王阁、青云谱、乡镇企业。①《南昌市志》乡镇企业卷。设5章9节。企业记述章记述进贤县温家坝砂石公司、安义鼎湖砂轮厂、江西省进贤县泉岭消防器材厂、进贤梅庄锅炉厂、江西省进贤铆钉厂、进贤县李渡出口花炮厂、南昌市郊区蔬菜加工厂、南昌市顺外汽水食品厂、新建县玻璃厂、南昌县可锻铸铁厂等32家企业，名优传统产品章记述糕点印模、雪枣坯、宗山米粉、黄洲荸荠、桃花酒药、郭家菜刀、联尾竹板、杂米粉等。②《南昌市志》“八一”起义卷。设起义背景、准备、经过、胜利4章，下设16节，详细记述“八一”起义的整个过程。记述攻击敌第五方面军总指挥部战斗、占领江西省政府战斗、贡院战斗、新营房战斗、大校场战斗、天主堂和匡庐中学战斗、攻战敌南昌卫戍司令部战斗、牛行街战斗、第二十五师起义等重大事件。③《南昌市志》滕王阁卷。设概况、历代兴废、当代重建、新阁结构与陈设4章，下设17节。重点记述滕王阁名称由来、历代规模盛况，当代重建的缘由、筹备、实施等。④《南昌市志》青云谱卷。设5章13节。自然景观章重点记述白莲同池、闲锄芝圃、卧听松琴、白牡千树、七星山枕、龟蛇对戏、一涧九曲、五里三桥等20个景点，唐桂、罗汉松、苦槠树等古树名木3种。修缮陈列章记述青云谱的殿宇偶像、道院修缮、八大山人纪念馆建设、陈列与收藏，重点记述《个山小像》《双鹰图轴》《墨荷图轴》《椿鹿图轴》《桐鹤图轴》《草书五绝诗轴》《行书临兰亭序大轴》等书画珍品。艺文章附八大山人即朱道朗考略。

《南昌市志》书影

Nanhaishi Zhi(1979~2002)

《南海市志(1979~2002)》 主编汪会洲、张明亮。2009年广东人民出版社出版。180万字。设30编145章611节。配图照339幅。设11组专题照片，共224幅，其中城乡风貌组图反映出一镇一特色、3个村镇的新旧对比、农民公寓、外来工公寓、渔民公寓、农民新居等。内容与前志有12年的重复衔接，重复部分采取“略前志所详，详前志所略”的方法记载。重点记载改革开放，有10章35节的标题有“改革”字样，记载各项事业改革开放的史实，避免改革开放独立设编而出现内容与各分志重复的现象。工业、商业、服务业等编专设小节记述管理体制改革、经营体制改革、产权体制改革等。人物录收录伊藤良一(日本人)、麦美伦(美国人)2位南海市荣誉市民，反映二人在广东南海市改革开放中做出的贡献。旅游业编中记载各旅行社组织本市居民前往全国各地和国外旅游的人(次)数，反映改革开放带来的人民生活条件改善提高和消费观念的改变。设5篇专记，从不同角度，具体展示“南海农村土地股份合作制”等南海改革开放中一些牵涉面较广、影响力较大的事情(事件)。

《南海市志(1979~2002)》书影

Nanhaixian zhi

南海县志 存世7种南海县志，分别为明万历三十七年(1609)志、崇祯十五年(1642)志，清康熙三十年(1691)志(17卷，日本藏)、乾隆六年(1741)志、道光十五年(1835)志、同治十一年(1872)志、宣统三年(1911)志。①《南海县志》[道光]。潘尚楫修，邓士宪等纂。道光十五年刻本。44卷，首、末各1卷。凡例以黄佐《广东通志》和阮元《广东通志》为准。南海地处西、北两江下游，潦害严重。志书仿《史记》《汉书》河渠沟洫例，设江防略门，下设基段目，详记桑园围、西乐围、永安围、大洲小围、赵涌小围、沙利围等约80处大小堤围的位置、基长、脚宽、基面宽、起止、修筑情况、围内村庄、窦穴，并记载了堤围决口情况；设目记载潦期、抢救、筑护、疏浚情况。杭州大学图书馆、中山大学图书馆、华南师范大学图书馆等有藏。国家图书馆、广东省立中山图书馆、广东省博物馆等藏同治八年广州富文斋重刻本。②《南海县志》[同治]。郑梦玉等修，梁绍献等纂。同治十一年刻本。26卷，首1卷。为续修，体例效仿前志，有新增。图说2卷，计

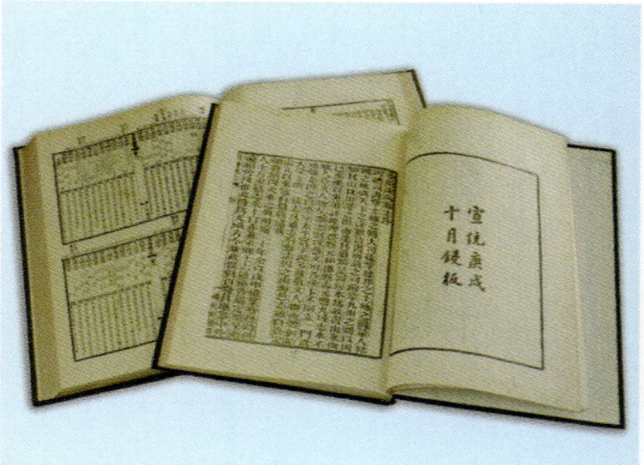

清同治、宣统《南海县志》(“中国方志丛书”本)书影

166幅图，对前志中的图进行了较多更换与补充。设江防略补门，增补前志。国家图书馆、广东省立中山图书馆、暨南大学图书馆等有藏。广东省立中山图书馆、中山大学图书馆等藏光绪二年广州富文斋补刻本。另有民国广州留香斋重印本。

Nanhai Zhi[Dade]

《南海志》[大德] 陈大震、吕桂孙纂修。元大德八年(1304)刻本。实则广州路志。元致和后续有增纂。20卷，首尾残缺。存卷6~10，分别是户口、土贡、税赋、物产、社稷、坛壝、城濠、学校、兵防等门。叙事至元致和元年(1328)。分类之下，先总述全境，次录事司及各属县乃至相关各地情况。户口门列举自汉晋至元大德八年广州路的历代户口数，尤其重视记录宋代广州的主、客户数及其变化，对元代广州路及其所属七县的僧数记录较详细，宋元期间的4次户口统计为其独有，可补正史所缺。记载方物名色众多，所记增城荔枝其时已有14个品种。专列舶货门，记录与广州有交往的116个国家和地区。志中详细记述元代广州路兵防，并附有旧志所载前代镇成屯防，以及所志水马站、河渡、局务仓库、旧志诸司仓库、廨宇、旧志诸司公廨等的方位和规模。所载蕃国中，除东南亚一带外，还记载有弼施罗(伊拉克巴士拉)、默茄(沙特阿拉伯麦加)、勿斯离(埃及开罗)、层拔(坦桑尼亚桑给巴尔)、弼琶罗(索马里柏坛拉)、茶弼沙(非洲西北部)等，证明宋至元初对外交往已发展到非洲等地。该志为广东存世最早的元代方志。国家图书馆、天一阁藏元刻本残卷(卷6~10)。广东省立中山图书馆、中山大学图书馆、广东省博物馆藏抄本。

《(元)大德南海志(残卷)》书影

Nanhai zhudao zhi

南海诸岛志 南海诸岛古称万里石塘、石星石塘、万里长沙。东汉《异物志》对泛指南海诸岛的"涨海崎头"有所记载，为志书中记述南海诸岛之始。明清时期官修《广东通志》《琼州府志》《万州志》等都辑录有西南中沙群岛的资料，将其列为海南岛的附属岛屿。其中《广东通志》中有明正德七年(1512)"立海防营于万州"的记载，正德《琼台志》中也有将西沙、南沙群岛作为中国海防区域的记载。民国时期，编修《南海诸岛地理志略》《西沙群岛小志》《团沙群岛小志》，后两部仅存手稿，中共中央党校图书馆有藏。1947年商务印书馆发行《南海诸岛地理志略》。郑资约编著。4万余字。随文配太平岛石碑、南海附近地体构造图、地形鸟瞰图等图照15幅、表格3个。设绪言、地质地形、气象气候、岛屿滩险志要、经济产物、地位价值、史之回顾7章，分17节。绪言中有"南沙群岛则居南海之最南部，其最南之曾母暗沙……为我国领土之向南突出最远部分……我国最南部之国界，即包绕南沙群岛之东南西三面"的记述。气象气候章台风节记述台风发生地带、季节分布等。史之回顾章引述历史文献，证实南海诸岛一向为中国领土；记述日本、法国等国入侵海岛的史实及中国为维护领土完整所采取的措施。书后附南海诸岛新旧名称对照表。中共中央党校图书馆、广东省立中山图书馆等有藏。

Nanjing Bowuyuan

南京博物院 位于紫金山南麓中山门内半山园。前身是1933年始创的国立中央博物院，1950年改此名。1959年与江苏省博物馆、江苏省文物管理委员会合并。占地8.3万平方米。1950年接收华东文化部和南京图书馆移交方志360部。后接收原江苏省博物馆藏方志432种4942册，江苏省文物管理委员会藏方志175种823册。至1977年，该院已收藏方志1466种。其中，善本方志37种，有元刻本《新编方舆胜览》、明万历刻本《重修常州府志》等早期刻本，还有清康熙二十二年刻本《江宁县志》、康熙三十年刻本《吴县志》、清抄本《玉峰志》《玉峰续志》，及《马鞍山志》等海内孤本；普通古籍方志1429种，其中，江苏本省410种、上海市86种、山东省105种、浙江省160种、安徽省49种、福建省17种。江苏及东南地区方志约占2/3。

南京博物院

Nanjing Daxue Tushuguan

南京大学图书馆 位于江苏省南京市鼓楼区汉口路。前身为清光绪二十八年(1902)清政府创办的三江师范学堂藏书楼。1915年改名为南京高等师范图书馆，1921年改称东南大学图书馆，1924年齐孟芳捐款建造孟芳图书馆，1928年改称中央大学图书馆，1949年改此名。1952年接收原金陵大学文理科藏书。馆舍总面积约5万平方米。馆藏方志源于中央大学和金陵大学的旧藏，其中金陵大学的收藏始于19世纪20年代。馆藏方志由古籍特藏部收藏管理。其中历代旧志4000余种，新修方志3000多种。新编方志中，省志209种、县志3205种，另有乡镇志、专志等。还存藏2万多册件与地方志相关的文史资料、党史革命史资料、台湾同乡会文献，与地方志一起形成地方文献特藏。此外，馆藏还有与地方志相关的山水志、寺院志、游记等文献。①南大馆藏善本方志。馆藏善本方志300多种。刻印时间最早的是元张铉纂、至正四年(1344)集庆路儒学溧阳州学溧水州学刻、明正德十五年(1520)南京国子监重修的《金陵新志》。稿本方志有《昌平志外志稿一卷补稿一卷》(麻兆庆撰)、

N

民国《新城县志》18卷(刘崇本纂)等。孤本方志40余种,如清顺治《悠县志》6卷[朱英炽修,邓永芳、刘自烨纂,张潜增修,顺治十七年(1660)刻、康熙十九年(1680)增修本]、康熙《六合县志》12卷(洪炜修,汪铉纂)、乾隆《直隶深州总志二十卷首一卷》(伊侃、邹云城纂修)、乾隆《南丰县志》40卷(庐崧等修,陆嘉颖等纂,嘉庆十六年王茂源补刻本)等,并有宋乾道《临安志》等精抄本方志。馆藏有明嘉靖四十四年(1565)《古今游名山记》,万历三十五年(1607)《普陀山志》《金陵梵刹志》等一批善本山水志、寺庙志。②南大馆藏普本方志。藏约3000种40000册。地域涉及全国,以江苏、浙江、四川等省居多,其中江苏方志372种4103册,浙江方志278种3725册,四川方志388种5027册。还收藏有《广西通志》《铁岭县志》《台湾小志》等台湾、新疆、黑龙江、广西等边疆省区志书。清代方志多为刻本、石印本,民国方志以铅印本为主,馆藏有相当数量的抄本。

Nanjingshi Zhi

《南京市志》 主编高耘、秦学清、金承平、李兰,总纂秦学清。1997年在《南京简志》和"南京市志丛书"基础上始编《南京通志》,2010年更名为《南京市志》。共12册(编)、99卷,约1200万字。至2010年,已由方志出版社出版总述·大事专记·地理·人口·环保、城乡建设、交通·邮电、贸易·金融·旅游、工业、农业·水利、经济综合管理7册。上起事物发端,下至1999年底,着重记述近代特别是中华人民共和国成立后的

《南京市志》书影

情况。体裁方面加强述体,除志首设总述、卷下设概述外,每册(编)之首设综述。不设附录,所有资料均纳入条目正文记述。在志文中难以展开详记的重要事件、地方掌故、名人逸事,归入志末杂记编专门记述。大事专记列六朝名都崛起江东、南唐再兴金陵城、一统天下明初京师、《南京条约》的签订、太平天国在南京、中华民国临时政府和孙中山、中华民国政府定都南京、侵华日军南京大屠杀、民主革命时期的南京工人和学生运动、南京解放、南京"文化大革命"十年纪略、南京改革开放综述12个专篇。志中还设置有开发区、小城镇、证券期货、精神文明建设等体现时代特色的卷、章。

Nanjing Tushuguan

南京图书馆 位于江苏省南京市玄武区中山东路。前身可追溯至清光绪三十三年(1907)创办的江南图书馆和1933年建立的中央图书馆。1954年定此名。2006年建成新馆,建筑面积7.87万平方米。馆藏历代旧志近6000种12000部。其中善本500余部,稀见方志近百种,稿本数十部,抄本300余种400余部。南图所藏方志以苏、浙、冀、鲁、川、豫、赣、晋、皖、粤等地区较多,也藏有闽、蜀、鄂、湘、桂、黔、陇、辽、京、津、沪等地区的方志。还藏有山水志、名胜志、寺庙志、风俗志等专志及游记、外记等。2003年与线装书局合作,影印出版《南京图书馆孤本善本丛刊第一辑——明代孤本方志专辑》。2012年影印馆藏方志144种,编制"南京图书馆藏稀见方志丛刊",其中孤本方志53种。①南图馆藏善本方志。约500部。孤本或仅南图独家存藏全本的有数十种,明代孤本方志有14部,刻本有明嘉靖二十六年(1547)《嘉定县志》、万历《旌德县志》、万历《江西省大志》、万历《福州府志》,清顺治《平阳县志》、光绪《冠县志》;抄本有民国《洛川县志续编》等;稿本有清乾隆《银川小志》、同治《直隶赵州志》、光绪《奉天通志稿》、民国《包

20世纪50年代的南京图书馆

头志稿》等。仅三四家单位存藏的稀见志书有200余种,其中仅有两家收藏或两家藏全本的方志有数十种,有宋绍定《吴郡志》,元至正《金陵新志》,万历《四镇三关志》、万历《栝苍汇纪》,清康熙《胶州志》、康熙《建平县志》、康熙《息县续志》、康熙《桃源乡志》、康熙《定番州志》、乾隆《武宁县志》、同治《宿松县志》等;其他流传较少的还有康熙三十二年(1693)《萧山县志》、乾隆《河津县志》、乾隆《德化县续志稿》、道光《贵池县志》、民国《奉贤县乡土志》等。②南图馆藏江苏旧志。约700种1800部。其中抄本100种100余部。孤本或南图独家收藏的明清方志有弘治《重修无锡县志》、万历《宝应县志》、顺治《丹徒县志》、宣统《吴长元三县合志》、民国《泰兴县志稿》、民国《江苏省通志稿》等。稀见的明代志书、名家批校抄本、批校题跋本有弘光《州乘资》、嘉靖《荆溪外纪》、万历《重修常州府志》、宝祐《重修琴川志》15卷图1卷(乾隆五十四年吴卓信抄本,吴卓信跋并录明龚立本、清陆贻典跋)、《吴郡图经续记》3卷(清袁氏贞节堂抄本,清陈增校并跋)、《横溪录》9卷(清瞿启甲铁琴铜剑楼抄本)、《沙头里志》10卷(清钱绥盘听邠馆抄本,钱式嘉跋)等。还藏有乡镇志、乡土志的抄稿本,孤本有《河下志》《直塘里志》《璜泾志略》《无锡富安乡志》《东塘市乡志》《乙亥志稿》等,仅两三家单位收藏的有清抄本《白蒲镇志》《高邮州乡土志》《唐市志》等。此外,还有光绪《江宁乡土地理教科书》、

光绪《常昭乡土历史教科书》、《江苏通志太仓州镇洋县征访补册稿》(稿本)、《鹿苑乡土小志》(抄本)等乡土志。

Nankai Daxue Tushuguan

南开大学图书馆 位于天津市南开区卫津路。1919年始建,是中国最早的私立大学图书馆。有4座馆舍,总建筑面积3.35万平方米。藏书348万册,其中古籍30万册,线装方志2000余种。包括影印、新编方志在内,馆藏方志4000余种,地域涉及全国各省、直辖市、自治区。该馆收藏古籍方志中,列为孤本的有稿本《蒲城志》、稿本《新城县志》、梁仁政纂修《鹿县志》、唐致敬编《沭阳乡土志》和《滁县乡土志》等数十种。

Nankaiqu Zhi

《南开区志》 总纂王树凯。1998年天津社会科学院出版社出版。140万字。设14篇72章351节。志首配图照104幅。上起元泰定三年(1326)天后宫建立,下至1995年。南开精华篇列全国第一辆无轨电车、天津最早的集市等全国之最、天津之最28项,记述周恩来在南开中学、大学就读情况,记述老城厢、著名学府、知名街道、百年老字号、文物古迹、民间工艺等。南开为天津旧城老城厢所在地,志书设厢风卫俗篇集中反映天津居住、人生礼仪、岁时节日、民间信仰、服饰、家族等方面的传统民俗。人物篇本、客籍兼收。立传人物中,客籍人物约占20%;学术、教育界人物约占38%,包括张伯苓、马千里、张彭春、杨石先、曹禺等名人。文化/卫生/体育篇设艺文章,列

周恩来邓颖超纪念馆揭幕仪式

目记述聂士成等近代名人的著作,选录明代李东阳《创造天津卫城碑记》等碑文、诗词、匾额、楹联等。附录收录毛泽东关于天津市第十一区(南开区)"五反运动"批示和周恩来致天津市十五中学(南开中学)学生会信件的影印件等重要文献。1999年获天津市社会科学优秀成果奖二等奖。

Nanningshi Zhi

《南宁市志》 主编甘梦祥、谢汝煊、宋福民、林国强,总纂陈谟志。1998年广西人民出版社出版。4册,722万字。设5卷79分志。各卷首配图及照片,共有图21幅、照片约1000幅。上限尽量追溯事物发端,下限一般止于1990年,大事记延伸至1992年。建置政区、城市规划、市政公用事业、园林等志反映南宁历史悠久、城市建设变化巨大。民族、方言等志突出少数民族地区特点。突出1949年前中共地方组织和群众团体,中国共产党志专设一章记大革命时期至解放战争时期16个中共南宁地方组织及其主要人员和活动。群众团体志记载1949年前工人组织和工人运动,农民协会、共青团组织及其活动等。军事志对抗日战争时期国民革命军对日军进行的昆仑关战役记述详细。"菜篮子"工程志篇目设置新颖,分4章记载菜、肉、鱼、果等副食品生产。2000年获广西地方志优秀成果奖一等奖。①《南宁市志·建置政区志》。设4章19节。记载东晋以后南宁一直为县、郡、州、府、路、道、省、自治区政治中心。设南宁城章,详记从南宁晋城遗址至宋代古邕城及之后历代南宁城池的变化。②《南宁市志·园林志》。设7章21节。记载人民公园、南湖公园、青秀山风景区等16处公园、风景名胜,并记载城市绿化、古树名木、市树市花、苗圃花圃、盆景、花事活动等,突出"绿城"特点。③《南宁市志·民族志》。设4章21节。重点记壮族、汉族的来源与分布、传统社会组织、经济生活、生活习俗、宗教信仰、文化教育,略记回、瑶、

昆仑关战役纪念碑

苗、侗等其他少数民族来源、习俗,并记民族事务。④《南宁市志·方言志》。设2章7节。壮族方言章中主要记具壮语南部方言特征的那龙壮话、具壮语北部方言特征的三塘壮话,及1957年国务院批准推行的以壮语北部方言为基础方言、以壮语武鸣音为标准音的拼音壮文。汉语方言章记民国初年后随着广东人迁入增多而在城区逐渐流行起来的白话、宋代狄青南征平定侬智高后屯戍将士留居南宁形成的平话、由南迁的中原人士带来的下廓街官话。⑤《南宁市志·军事志》。设8章39节。专设一节记载1939年12月至1940年1月发生在距南宁50千米处的昆仑关抗日战事,分昆仑关山地攻坚战、仑促防御战两个阶段,记载国民革命军收复昆仑关的经过及昆仑关再次失守,记载了勇占石牛山、巧夺罗伞顶、会攻界首地区、血战罗塘南等战斗。

Nanxiongxian Zhi

《南雄县志》 主编罗凯燊。1991年广东人民出版社出版。130万字。设6篇44章。配图照66幅。上限不定,下限至1987年,大事记述及1987年后的一些重大事件。记述注重体现广东南雄的地域和时代特点。经济编设黄烟章,记述烟区分布、面积和产量、种植技术、烟叶调制、经营等内容,体现了南雄的经济产业特色。单独设章记述县境内水土保持与环境保护工作。自然环境章设专节,从古生物分布、古生物化石挖掘两方面,记述南雄"红层"古生物化石。不回避失误,实事求是地反映1949年后耕地严重减少的事实,对实行"纯竹林"的失误能寓教训于史实记述之

南粤雄关

中。1993年获全国新编地方志优秀成果奖一等奖，1994年获广东省优秀社会科学研究成果奖三等奖，2004年获广东省首届新编优秀志书奖一等奖。

Nanyangshi Zhi

《南阳市志》 主编史定训。1989年河南人民出版社出版。142.6万字。分10个部类，设36卷186章634节。配地图2幅、彩照21幅。上起远古，下至1985年，重点记述中华人民共和国成立后的历史与现状。注重反映城市地理特点及历史文化名城特色。从自然地理的角度记述南阳盆地地情。详述城区布局，在地质地貌、气象水文、土壤生物等节中突出记述为城市建设服务的内容。岩土工程地质节反映了市境内不同地区的建筑承受力，分别记述良好、一般、较差等建筑场地，为市政建设提供基础依据。城市规划章收录明唐王府花园、玄妙观西北园、医林会馆等被保护范围内的古迹。人物传收录范蠡、百里奚、诸葛亮、张衡、张仲景、王鸿儒等历代名人67人，及杨廷宝、郭宝军、任白涛等现代名人。商业卷记述南阳商业发展史、商人团体等内容，突出体现南阳从先秦时期就是著名工商业城市，东汉时期与京都洛阳并立为全国两大中心城市的经济地位。1993年获全国新编地方志优秀成果奖二等奖。

医圣祠

Nanyue Zhi

《南岳志》 "湖南省志丛刊"之一。主编谭岳生。1996年湖南出版社出版。87.4万字。设13篇47章122节。前有南岳地形图、照片42幅。以1984年南岳划为县级行政区后界定的区划为界，重点记述南岳区辖境内的山川和文化。上起远古帝王巡狩南岳，下至1992年，重点记载清李元度《南岳志》所记下限以后110多年的历史。地理·建置

南岳大庙全景

沿革篇只写限于南岳区辖境四至以内的诸峰地质地貌、山川走势流向、动植物等，及南岳行政建置沿革。形胜篇详写区辖境内四十四峰及各峰胜迹，诸峰中有十岩、六洞、十二台、十三亭、十泉、四池、六潭、八溪涧、一坛、二云梯、一石林、一仙境。辖境以外二十八峰只标峰名，以存七十二峰之说。设附录记南岳区内四十四峰以外诸峰。石刻篇采录尚存摩崖或碑刻的古今石刻，详记禹碑。祠庙篇记南岳庙、忠烈祠等祠庙11处。书院学校篇记南岳书院等在区辖境内先后存在的书院17个，记国立长沙临时大学文学院、湖南省立第二职业学校、岳云中学、南岳完小等高等院校9所，中等专业学校3所，中学8所，小学3所。宗教篇主要记载佛教、道教。人物篇记胡安国、何炳麟等本籍人物，李白、杜甫、李泌、朱熹、张栻、王守仁、徐霞客、王夫子、蒋介石、毛泽东等名游，张道陵、李冲昭等名道，惠海、齐己等名僧在南岳的形迹、贡献和影响。突出记述儒、道、释融于一山的文化特点。

Nanzhengxian Zhi

《南郑县志》 主编朱林枫。1990年中国人民公安大学出版社出版。90万字。设26个分志，下设135章362节。卷首配彩照56幅，文中插图表217幅（个）、照片56幅。上起事物肇始，下至1987年，部分资料延至搁笔。重点记述1921~1987年，特别是中共十一届三中全会以后的史实。1959~1961年县建制撤销，记事从略。经济类内容为全志主体，设9个分志，占全书篇幅的35%。农业志首章记述生产关系变革，之后分述种植业、畜牧业，体现了南郑作为陕西省粮油基地县和畜牧先进县的经济特点。工业志详述烟草、化工、建材、印刷装潢和农副产品加工等县骨干产业。军事志中记载境内历代用于军事的花石梁、青石关、回军坝、巫山垭、梅子坝关防、庙坝关六大关隘，大佛洞、观音洞、干龙洞等有利于防空袭空投、利于隐蔽的13个洞穴，及大河坎、睁家坝、黄官、新集等具有战略地位的重镇。专设"文化大革命动乱纪略"目。为突出南郑为川陕革命根据地重要组成部分的特点，人物志专设一节为英烈立传；文物志中设革命文物节，记载中共陕南军委遗址、何挺颖烈士故居等革命遗迹及文物。1993年获全国新编地方志优秀成果奖一等奖。

中共陕南特委代表会遗址——龙岗寺

Neimenggu xiuzhi

内蒙古修志 内蒙古方志编修始于清代。至民国时期，所修具有通志性质的

志书、道志、市盟志、厅旗县志约百种。因内蒙古地区在1949年前分别隶属于各省，在《山西通志》《黑龙江志稿》《吉林通志》《甘肃通志》《朔平府志》等方志中也记述了内蒙古旗县的情况。1982年开始首轮新方志编修工作，2003年启动二轮修志工作，至2010年底，共出版自治区志分志、盟（市）志、旗县（市、区）志165部。方志工作者及自治区内高校、图书馆学者等从事方志研究工作，编著出版的方志理论专著有张文桂、荣竹林的《方志编纂学概论》（1998）等，旧志提要有忒莫勒的《内蒙古方志考述》等。内蒙古图书馆、内蒙古社会科学院图书馆为主要方志收藏单位，其中内蒙古图书馆藏内蒙古旧志80余种。

内蒙古历代方志编修 据《中国地方志总目提要》载，内蒙古存世历代方志93种，其中清乾隆初年直隶分巡口北道金志章撰成《口北三厅志》，是内蒙古方志的发轫之作。存世方志中约40种为稿本、抄本，或连载于报刊者。按成书时间分，存世方志包括清代编修的志书21种、民国时期编修的志书72种，其中沦陷区编修的志书10种；按记事范围分，有通志（包括清光绪《归绥道志》）23种、道志（地区级志书）19种、厅县旗志47种、乡土志2种、府第志1种、驻防志1种。其中，乾隆《口北三厅志》、乾隆《钦定热河志》、民国《察哈尔乡土志》、民国《察哈尔省通志》记述范围涉及河北省部分地区；乾隆《河套志》记宁夏事居多；用满文编纂的《呼伦贝尔副都统衙门册报志稿》，是内蒙古第一部由少数民族文人编纂的方志，有满文抄本、蒙文抄本传世。亡佚志书有光绪年间张焕《和林格尔厅志》、韩凤楼《归化纪略从语》、土默特参领都格尔扎布《土默特志略》、宁远通判乔桐荫《宁远厅古迹志》、《萨拉齐厅包头镇志略》《萨拉齐厅乡土志》、贾栩《陶林厅志略》、陈时隽《兴和新厅志稿》、宁存校《宁远厅志略》、任秉铨《托克托厅采志录》等。另有光绪年间日本参谋本部编，下村修介、关口长之纂《内蒙古通志》，光绪二十九年（1903）王宗炎翻译，书名为《蒙古地志》。

内蒙古清代修志 存世清代方志有通志6种、地区级志书5种、厅州县旗志10种，其中，《绥远全志》（见绥远志）、《归绥道志》《土默特旗志》均为蒙旗垦务大臣兼绥远城将军贻穀聘请高赓恩在归绥道各厅志稿基础上纂成，《土默特旗志》星度分野、气候、疆域与前两书同，故从略。蒙旗事略入《土默特旗志》，蒙语类译入《绥远全志》卷10。①内蒙古清代通志。乾隆五十八年（1793）沈宗衍纂成的《蒙古沿革志》为内蒙古首部具有通志性质的志书。道光元年（1821）龚自珍始撰《蒙古图志》，次年稿成过半，毁于火，仅残存《拟进上蒙古图志表文》及象数志、水地志、台卡志、声类表、寄爵表、氏族表、册降表、乌梁海表等的序文。道光二十九年张穆撰成《蒙古游牧记》，记载蒙古各盟部旗的源流、方域、山川及清廷统治蒙古的史事。光绪年间，留学日本的谷思慎利用日文文献编纂《蒙古通志》未果，仅成《蒙古山脉志》。光绪三十三年姚明辉以《蒙古地志》为基础，增补史料，撰成《蒙古志》3卷，内容较为全面，改变前志只记沿革、舆地的局面。同年，《绥远道志》成书，记述所属十二厅情况，范围相当于民国时期的绥远省。②内蒙古清代地区级志书。存世内蒙古地区级志书为乾隆年间陈履中纂的《河套志》，和珅、梁国治修纂的《钦定热河志》；咸丰年间钟秀纂的《古丰识略》及张曾增订本《归绥识略》；光绪年间的《呼伦贝尔副都统衙门册报志稿》。③内蒙古清代厅州县旗志。清代，归绥道所辖十二厅除武川、东胜外，均编修志书，仅存光绪《土默特旗志》，光绪《五原厅志略》（又名《五原厅志》）两种，《归绥道志》采用书目形式列有各厅志稿名称。存世志书还有乾隆《口北三厅志》、咸丰《和林格尔厅志》（又名《和林格尔城志》）、同治《和林格尔厅志略》，及光绪年间的《归化城厅志》《绥远全志》《赤峰州调查记》《丰镇厅志》《新修清水河厅志》。

内蒙古民国时期修志 内蒙古民国时期存世方志中，除沦陷区的10种志书外，有通志17种、地区级志书13种、厅县旗志29种，还有林传甲纂的《察哈尔乡土志》、民国初年的《突泉乡土志》抄本、《绥远城驻防志》抄本等。所存志书以简体志居多。①内蒙古民国时期通志。有《内蒙古纪要》、《绥乘》、《蒙古鉴》、《绥远》、《全蒙旗沿革志》、《绥远概况》、《绥远省分县调查概要》、《绥远通志稿》（见绥远志）、《绥远志略》等存世。其中，《绥远概况》《绥远省分县调查概要》《绥远通志稿》为官修志书；卓宏谋纂《蒙古鉴》于1919~1935年间先后印行4版，详细记述自治区域划分、俄蒙交涉、百灵庙会议及地方自治委员会设立等情况，还记述了日本的侵略政策，并收录田中奏折。②内蒙古民国时期地区级方志。有《河套图志》《呼伦贝尔志略》《伊克昭盟志》《乌兰察布盟调查概况》等，其中张一鹏纂的《河套图志》以历代河套治理为主要内容，并绘有西汉、北魏、唐、辽、金、元、清代河套地图；张家璠纂的《呼伦贝尔志略》在疆域沿革、建置、山水、古迹、政治、军事、外交等方面资料丰富、考证严谨。③内蒙古民国时期县旗志。有《布哈特志略》《集宁县志》《绥远集宁县志略》《热河省经棚县志》《林西县志》《呼伦县志略》《临河县志》《归绥县志》《和林格尔县志草》等存世。④内蒙古沦陷区志书。在沦陷区，日伪政权多次饬令各县旗编志，先后编有《赤峰县志略》、《赤峰县事情》、《赤峰县地方事情》、《宁城县志》、《西科后旗志》（又名《科尔沁右翼后旗志》）等。此外，还有文睿华《公主府志》、阎毅先《武川县志略》、韩绍祖《萨拉齐县志》、孙斌《包头市志》和《鹿野纪闻》等。

内蒙古新方志编修 内蒙古自治区新方志编修工作始于20世纪60年代，1976年，内蒙古自治区革委会农林局编成《内蒙古农作物品种志》，巴林左旗、昭乌达盟(1983年改称赤峰市)、土默特旗(1965年分为土默特左、右旗)曾组织编修志书,后因“文化大革命”中断。1982年,内蒙古自治区地方志编纂委员会及办公室(时称总编室)成立后,全区三级修志正式启动。内蒙古自治区第一轮修志规划自治区志分志74部、盟(市)志12部、旗县(市、区)志101部。至2012年,第一轮修志工作基本完成,9部(卷)志书在全国新编地方志评比中获奖,1部志书在全国少数民族图书评比中获奖,百余部志书在自治区级评比中获奖。第二轮修志工作于2003年全面启动,规划自治区志分志、盟(市)志、旗县(市、区)志193部。各地、各部门还编写了乡镇志、村志、专志约900种。

内蒙古省级修志　内蒙古自治区地方志编纂委员会于1982年下发《内蒙古自治区新编地方志工作试行方案》,规定自治区志的名称为《内蒙古通志》,后更名为《内蒙古自治区志》,规划74部分志。至2010年,已出版52部分志。《内蒙古自治区志》记事上限自建置之始、事物发端,规定下限至1990年,但各专业志的下限参差不齐,最早的为1987年,最晚的至2008年。设畜牧志、草原志、沙漠志等特色分志。在全国地方志评奖中,大事记获一等奖。在内蒙古自治区第六届社会科学优秀成果评奖中,共产党志获特别奖,大事记、畜牧志获荣誉奖,民用航空志、水产志、地质矿产志获优秀奖。在内蒙古地方志奖评奖中,大事记获特等奖,电力工业志、政府志获一等奖。第二轮自治区志编修工作于2003年正式启动,规划80部自治区志分志。

内蒙古市级修志　全区12个盟(市)在首轮修志工作中有修志任务。至2004年,全部出齐。记述上限尽可能追溯事物发端,下限参差不齐。在全国地方志评奖中,《赤峰市志》《乌海市志》获二等奖。在内蒙古自治区第六届社会科学优秀成果评奖中,《呼伦贝尔盟志》获二等奖,《阿拉善盟志》获三等奖,《呼和浩特市志》(上册)获优秀奖。

内蒙古首轮市级志一览表

志书名称	主编/总编/总纂	字数(万字)	出版年
《赤峰市志》	武国栋	340	1996
《乌海市志》	史继法	120	1996
《锡林郭勒盟志》	张魁义	231	1996
《巴彦淖尔盟志》	王治国	239	1997
《兴安盟志》	金耀东	113.6	1997
《伊克昭盟志》	伊克昭盟地方志编纂委员会	500	1997
《阿拉善盟志》	额尔敦巴特尔	159.3	1998
《呼和浩特市志》	李瑛	254.3	1999
《呼伦贝尔盟志》	程道宏、徐占江	450	1999
《哲里木盟志》	杨青锋	220	2000
《包头市志》	张和增	64.2	2001
《乌兰察布盟志》	孙继光	248.8	2004

在内蒙古地方志奖评奖中,《赤峰市志》《乌海市志》获特等奖,《巴彦淖尔盟志》《哲里木盟志》获一等奖。第二轮内蒙古盟(市)、旗县(市、区)志编修工作于2003年正式启动,规划12部。

内蒙古县级修志　全区101个旗县(市、区)在首轮修志工作中有修志任务。至2010年,全部出齐。在全国少数民族图书评比中,《巴林右旗志》(蒙文版)获二等奖;在全国地方志评奖中,《武川县志》《翁牛特旗志》获一等奖,《宁城县志》、《敖汉旗志》、《鄂伦春自治旗志》、《科尔沁右翼前旗志》、《土默特旗志》(下卷)获二等奖;在内蒙古自治区第六届社会科学优秀成果评奖中,《红山区志》获二等奖,《喀喇沁旗志》获三等奖,《固阳县志》《根河市志》《林西县志》获优秀奖;在内蒙古自治区科技成果评奖中,《巴林右旗志》(汉文版)获二等奖;在全自治区优秀志书评奖活动中,《武川县志》、《鄂伦春自治旗志》、《敖汉旗志》、《土默特旗志》(蒙文版下卷)获一等奖;在内蒙古地方志奖评奖中,《武川县志》《翁牛特旗志》获特等奖,《莫力达瓦达斡尔族自治旗志》、《乌兰浩特市志》、《土默特旗志》、《喀喇沁旗志》、《阿拉善左旗志》、《察哈尔右翼中旗志》、《东乌珠穆沁旗志》(蒙文版)获一等奖。第二轮内蒙古自治区盟(市)、旗县(市、区)志编修于2003年正式启动,规划101部。

内蒙古专志和乡镇村志编修　全自治区编纂行业志、部门志、村镇志等约900种,包括《内蒙古当代医学人物志》《内蒙古林学院志》《扎鲁特旗广播电视志》《和林格尔县文物志》《大杨树煤矿志》《扎兰屯商业志》《多伦县粮食志》《昂素镇志》等。其中,《呼伦湖志》《乌拉盖综合开发区志》《包头铝厂志》《乌日图高勒乡志》等较有特色。在内蒙古自治区第六届社会科学优秀成果评奖中,《清水河方言志》《呼伦贝尔盟民族志》获三等奖;在第二届内蒙古地方志奖评奖中,《呼伦湖志(续志—1987~1997)》获专志特别奖。

内蒙古旧志整理　内蒙古旧志整理工作始于20世纪80年代。1983年,宁城县志办内部铅印经纳古单夫编辑的民国《宁城县志》。1985年,内蒙古自治区地方志编纂委员会办公室对旧志中的自然灾害、矿产、渔业、畜牧业、水利、科技、土特产、名胜古迹、人物、民族、疆域沿革等相关条目进行整理、分类,出版《内蒙古旧志整理》。2003年,内蒙古文化出版社出版《呼伦贝尔志略》影印本。2007~2009年,内蒙古图书馆辑成“内蒙古历史文献丛书”,收录的旧志包括《归化城厅志》《鄂托克富源调查记》《伊盟右翼四旗调查报告书》《伊盟左翼三旗调查报告书》《伊克昭盟志》《伊克昭盟概况》《清水河县概略》的校点本,《和林格尔厅志略》标点本,

《新修清水河厅志》校勘本,《哲里木盟十旗调查报告书》《归绥道志》《和林格尔县志草》《武川县志略》《土默特特别旗调查报告》等影印本。2007年,内蒙古人民出版社整理出版《绥远通志稿》,第十二册附册为《归绥识略》;克什克腾旗档案馆校点《热河省经棚县志》。2008年,包头市档案局与市图书馆整理编辑“包头历史文献选编”,收录《土默特旗志》《包头市志》《新包头市志》《鹿野纪闻》《萨拉齐县志》等标点注释本。2010年,巴彦淖尔市地方志编纂委员会办公室整理光绪《五原厅志略》和民国《临河县志》,辑为《巴彦淖尔市旧志两种》出版。

内蒙古方志工作管理 内蒙古自治区从1982年开始对地方志编修工作进行系统管理,各盟(市)、旗县(市、区)相继成立地方志工作机构,部分自治区直属委、办、厅、局成立相应处室。至2012年,在12个盟(市)地方志工作机构中,处级以上建制11家,均为参照公务员法管理事业单位,旗县(市、区)地方志工作机构中有46%实现参公管理;全区地方志总编制为445人,正式在编437人,专兼职修志人员近千人。自治区先后组织召开5次全自治区地方志工作会议,组织3次全自治区优秀志书评奖活动,举办或参与多次全国及地方学术研讨、评稿、审稿、展览、培训等各类活动,连续参加四届科普周活动,2000年在上海·内蒙古自治区干部培训基地举办新方志理论研讨会。此外,自治区还逐步完善了修志相关法规,加强了方志信息化建设,并着手筹建内蒙古自治区方志馆。

内蒙古自治区地方志编纂委员会及办公室 内蒙古自治区地方志编纂委员会于1982年9月成立,日常办事机构为总编室。总编室成立之初相当于厅局级建制,具体负责组织规划和指导全自治区地方志的编纂工作,同自治区文史馆合署办公。1984年,自治区地方志编纂委员会明确为虚设厅局级机构,总编室明确为处级机构,与文史馆分设,成为自治区人民政府办公厅所属的全额拨款事业单位。1987年总编室设立区志指导组、盟市旗县志指导组、刊物编辑组、综合组4个业务组。1992年,总编室改称办公室。2005年,办公室转为参照公务员法管理事业单位。2009年,办公室升格为副厅级建制,内设综合处、自治区志业务处、盟市志业务处、地情资料处4个职能处室。自治区地方志编纂委员会历任主任王铎(1982年9月~1985年5月)、白俊卿(1985年5月~1987年7月)、赵志宏(1987年7月~1995年10月)、宝音德力格尔(1995年10月~2003年5月)、连辑(2003年5月~2010年11月)、巴特尔(2010年11月~)。办公室(总编室)历任主任杨达赖(1982年9月~1984年6月)、杜烦(1984年7月~1986年6月)、富景玉(副主任主持工作1986年7月~1991年12月,主任1991年12月~1995年2月)、乌日吉图(1995年3月~2002年4月)、张建功(2002年4月~2010年9月)、杨泽荣(2010年10月~)。编印内部业务交流刊物。1983年1月,《内蒙古地方志通讯》创刊,不定期内部发行,1987年更名为《内蒙古地方志》,1988年改为季刊,2003年改为双月刊,2005年更名为《内蒙古史志》,至2010年底,共出版126期。

内蒙古修志规章和规范性文件 自治区地方志立法工作始于2009年。2012年9月21日,自治区第十一次政府常务会议正式通过《内蒙古自治区地方志工作规定》,并以189号自治区主席令公布,从2012年12月1日起正式实施。此外,内蒙古自治区制定、颁布的修志类文件有《内蒙古自治区人民政府办公厅关于加快全区志书编纂工作的通知》《内蒙古自治区人民政府办公厅关于进一步做好地方志编纂工作的通知》《内蒙古自治区人民政府办公厅关于开展第二届新方志编纂工作的通知》《内蒙古自治区人民政府关于加快完成第一轮自治区专业志编纂任务有关事宜的通知》《内蒙古自治区人民政府关于加快推进第二轮修志工作的通知》等。

内蒙古地方志信息化建设 内蒙古自治区地方志编纂委员会办公室于2002年在自治区人民政府办公厅局域网建立地方志主页,同年12月改为内蒙古区情网。设有区情概览、经济纵横、聚焦时政、科教文卫体、内蒙古风情、大事扫描、风采展示、自然资源、对外开放、民族宗教、方志内蒙古、内蒙古之最、人物长廊、图像内蒙古14个一级栏目,62个二级栏目。办公室自2009年开始制作自治区三级志书电子版,至2012年,自治区第一轮12部盟(市)志、101部旗县(市、区)志电子版全部制作完成。

内蒙古地方志学会 成立于1997年,挂靠于内蒙古自治区地方志编纂委员会,业务主管单位为内蒙古自治区社会科学联合会。至2012年,内蒙古地方志学会有团体会员40余个、个人会员180余名。

Neimenggu Zizhiqu Zhi Junshi Zhi

《内蒙古自治区志·军事志》 主编昭日格图、王印清。2002年内蒙古人民出版社出版。75万字。设10篇44章。志首配彩照80幅、黑白照片50幅。上起1948年,下至1999年,个别内容延至2001年。战事篇打破全志上限的范围,分古代战事、中华民国战事、中华人民共和国成立后战事3个部分,从战国秦汉时期记起,突出体现内蒙古地区民族变迁、政权频繁更迭、战争时有发生、为历代兵家必争之地的地域特点。军事人物由传略、简介、名录三部分组成,以内蒙古地区出生的本籍军人为主,记载冒顿单于、呼韩邪单于、拓跋珪、耶律阿保机、铁木真、林丹汗等少数民族政权统治者,还记载了荣耀先、云亭、席尼喇嘛、嘎达梅林等为维护祖国统一和民族尊严而献身的革命先驱。2003年获内蒙古地方志奖二等奖和最佳校对奖。

《内蒙古自治区志·军事志》书影

Neimenggu Zizhiqu Zhi Zhengfu Zhi

《内蒙古自治区志·政府志》 主编韩志然。2001年方志出版社出版。138万余字。设机构设置、编制、政府官员、体制与职权、施政纪略、政府办公厅工作、盟市自治旗政府简况7篇，下设43章170节。志首配照片约230幅。上起1912年，下至1999年，大事记、人民政府及办公厅领导名录等内容延至2001年2月28日；机构改革部分内容，因党政机构人员编制难以分开，故予以同时记述。机构设置篇适当上溯，简要记述清代内蒙古地区的统治管辖体系与多元辖属关系，驻防将军、都统、总管，外藩蒙古盟旗，地方道、州、厅、县等情况。2003年获内蒙古地方志奖一等奖和最佳校对奖。

原绥远省人民政府旧址(1949年12月~1954年3月)

Ningbofu zhi

宁波府志 明洪武十四年(1381)取“海定则波宁”意，改明州为宁波府。明《文渊阁书目》著录永乐志一部，未刊，已佚。明天顺、成化、嘉靖年间，清康熙十三年(1674)、康熙二十二年、雍正年间均纂修府志。其中康熙十三年志未刊，已不传；康熙二十二年志未刊，存抄本。

《宁波府简要志》[成化] 黄润玉纂，黄溥续纂。天顺年间修，成化年间续修。为浙江唯一一部以“简要志”命名的古代志书。共5卷。分15门80目。记事至天顺六年(1462)。《四库全书总目提要》称“是编以旧志太冗，乃删除繁赘，定为是编”。国家图书馆、北京大学图书馆藏清抄本。国家图书馆、浙江图书馆等藏1935年张氏约园“四明丛书”刊本，为通行本。

《宁波府志》[嘉靖] 周希哲、曾镒修，张时彻等纂。嘉靖三十九年(1560)刻本。42卷。设10门，分别为舆地图、沿革表、秩官表、选举表、疆域志、经制志、物土志、杂志、书(海防、河渠、兵政、田赋)、传，下分44目。舆地图中绘有郡境图、郡治图，及鄞县、慈溪、奉化、定海、威远、舟山、象山等地的城图、县境图、县治图等13幅。乾隆《鄞县志》序称其论赋税、海防，尤见经济。原刻本流传，并有张氏约园抄本。国家图书馆、南京图书馆、浙江图书馆、浙江大学图书馆等有藏。

《宁波府志》[康熙] 李廷机修、左臣黄、姚宗京纂。康熙二十二年修，未刊。33卷。有府境图、郡治图、鄞县境图、慈溪县境图、慈溪县治图、奉化县境图、奉化县治图、定海县境图、定海县治图、威远城图、舟山境域图、象山县境图、象山县治图。国家图书馆藏抄本31卷。

《宁波府志》[雍正] 曹秉仁等修，万经等纂。雍正十一年(1733)刻本。36卷，首1卷。卷首为天章、御制、宸翰，分设36门，附祥异。对海防、兵制、舆图、山川、形胜等有关军事内容的记载详明。而塘堰、坝闸、田赋、盐政等经济情况亦见大略。有原刻本、清乾隆六年(1741)补刻本、清道光二十六年(1846)刻本、清同治六年(1867)补刻本。国家图书馆、上海图书馆、浙江图书馆、南京图书馆等有藏。

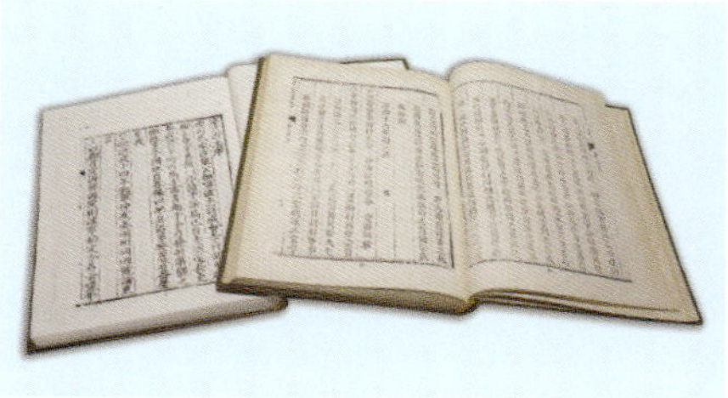

明嘉靖、清雍正《宁波府志》(“中国方志丛书”本)书影

Ningboshi Zhi

《宁波市志》 主编俞福海。1995年中华书局出版。3册，430余万字。设49卷262章850节。配彩图6幅、黑白地图53幅、彩照380余幅，随文黑白照片580余幅。上起事物发端，下至1990年，大事记延至1994年。经济部类篇幅约占全书40%。以海港口岸、军事、文物、名胜旅游、学派与著述等卷最具特色，反映宁波作为港口城市、国防前哨、军事重地和历史文化名城的特点。卷末附索引3600余条。1997年获全国地方志奖一等奖。①《宁波市志》海港口岸卷。设6章27节。记述古代、近代、现代港口的变迁，宁波、镇海、北仑3个港区的位置、坐标、航道、面积等，石浦港、穿山港等其他港埠9个，货运的运量、货种、货物流向和客运的运量及外轮代理、理货情况，以及港界、航标、锚地、岸线、引航等情况。专设海事记略，记述市舶司、浙海关行署、税务司(浙海关新关)、天宁关、浙海关监督署、税务司浙海关并设航政处、上海江海关宁波分关、中华人民共和国宁波海关的演变，海关监管、关税、缉私，及入出境检查、检验、检疫等情况。②《宁波市志》军事卷。设6章25节。重点记述曾旌起义等起义起事24起，金兵攻破宁波城等其他兵事3起，辛亥革命宁波光复、解放宁波战役，以及历代驻防、兵役情况和民兵、拥政爱民工作，附日本侵略罪行、日军投掷鼠疫杆菌、救助盟军飞行员等内容。③《宁波市志》文物古迹卷。设6章21节。重点记述河姆渡遗址、上林湖越窑遗址、它山堰、保国寺、天一阁5处全国重点文物保护单位，郭塘岙青瓷窑址等窑址14处，八字桥遗址等遗址5处，祖关山等墓葬4处，古建筑和历史遗地、遗迹148处，革命遗址、纪念建筑30处，摩崖石刻6处，石雕5处，碑刻1116方，馆藏文物50037件，以及文物普查、发掘和展出情况。④《宁波市志》名胜旅游卷。设

北仑港区(左上：北仑港10万吨级卸货码头)

2章11节。重点记述溪口雪窦山名胜区、东钱湖景区、天童寺景区、阿育王寺景区、招宝山景区、四明山胜迹6处，记述天一阁园林景观、月湖等其他景观8处，以及旅游线、旅游设施、旅游机构情况。⑤《宁波市志》学派与著述卷。设2章7节。记述四明、姚江、浙东等学派的源流、主要学说和庆历五先生(杨适等)、淳熙四先生(杨简等)、王守仁、黄宗羲、万斯同、全祖望等代表人物，还记述经部、史部、子部、集部等传本书目1340余种、版本2000多部。

Ningdu Tuanjie Shuiku Zhi

《宁都团结水库志》 主编唐小峰。1989年内部发行。18万字。设14章54节。配彩图1幅、彩照16幅、黑白照片19幅，插页9页。记述范围以江西团结水库库区为主。上起1971年工程勘察设计开始，下至1988年底。内容涵盖库区管理、规划设计、枢纽工程、电站工程、渠系工程、施工管理、民工、移民、建库投资、运行管理水库效益、综合开发、管理体制、职工生活等方面，重点记述建库工程和经营管理。在管理体制章中设以库带队节、乡局合一节，分别记载乡(水库所在地员布乡)、局管理体制的变化。施工管理章记述修建水库中的羊足碾、刨毛器、捡坡机、梯形梁、预制吊装肋拱矩形渡槽5项节省人力、物力、财力的技术革新。民工章记述水库修建时期的民工组织、民工生活、劳动竞赛和民工中的先进典型。移民章记述1973~1976年，库区分3次妥善转移安置635户、3082人，实现不留任何遗留问题。附录有艺文选录、建库期间干部和技术人员名录等。

《宁都团结水库志》书影

Ningguofu zhi

宁国府志 宁国府(治所位于安徽宣州)修志始于南宋嘉定九年(1216)，至清嘉庆二十年(1815)，共修9部志书。其中南宋1部，已佚；明洪武、成化、嘉靖、万历年间各1部；清顺治、康熙、乾隆、嘉庆年间各1部。嘉靖志、万历志、康熙志、乾隆志、嘉庆志存世。

《宁国府志》[嘉靖] 黎晨修，李默纂。嘉靖十五年(1536)黎晨校刻本。10卷。9万字。记事止于嘉靖十三年。志首冠以秦至明府境图、领属县境图等图13幅。正文分制置纪、秩统纪、次舍纪、表镇纪、职贡纪、防圉纪、人文纪、禋祀纪、杂纪9门。其中表镇纪记佛子岭等山、岭、水、溪360余处。人文纪记自汉迄元有劳于郡者68人，古今人物106人，历代进士、乡贡、岁贡912人，并记东汉永和四年(139)至嘉靖年间旱、涝、饥、蝗、山崩等情况。无艺文门类，少量诗文归于各有关条下。天一阁、上海图书馆(存卷5~7)有藏。

《宁国府志》[万历] 陈俊修，沈懋学、梅鼎祚等纂。万历五年刻本。20卷，图1卷。约36万字。志首有皇明宁国府境、宣城县境、秦鄣郡、唐宣州州县、宋宁国府县、元宁国路县等地图20幅并附图说。正文共27门，分二纪(郡纪、杂纪)、三表(官师表、选举表、象纬表)、七志(方舆志、官次志、食货志、学校志、明禋志、防圉志、艺文志)、十五传(良吏传、名臣传、方伎传、外教传等)。其中郡纪始自帝喾，迄万历二年，逐年记述沿革、疆域变迁、境内军政大事、自然灾害。方舆志以三山(黄山、天目山、九华山)、三水(句溪、泾川、青弋江)为主，按县分别记述其名称、位置、特征、名胜古迹，并摘录有关诗文。食货志记载自西汉至嘉靖历代户口、人丁、田亩、赋税数目。该志详记艺文，收录谢朓、张九龄、李白、韦应物、杜牧、李煜、欧阳修、王安石、文天祥等人之作，以及沈括《宣州监务谢表》、韩愈《与崔大夫群书》。载籍中收录著作176部，记版本、卷数、序等，集宁国府文献之大成。日本国立国会图书馆有藏。

《宁国府志》[康熙] 庄泰弘等修，刘尧枝等纂。康熙十二年(1673)刻本。32卷，首1卷。约57万字。记事止于康熙十一年夏。分25门48目。详记山川，分县记山300多座。对山川胜迹记载较详，如记敬亭山有关于谢朓、李白等的胜迹，桃花潭有关于李白与汪伦的胜迹。名宦中有文天祥传，附《文公劝农文并序》。方伎中记载诸葛高制笔，欧阳修赞其“海内称第一”。国家图书馆、天津图书馆有藏。

《宁国府志》[乾隆] 宋敩修，钱人麟等纂。乾隆十八年(1753)刻本。34卷。约62万字。记事止于乾隆十八年。分34目。资料翔实，如分县记载田赋，以清朝赋役为主，从康熙五年开始记述；建置沿革表详记安徽建省经过；记载古迹516处，收录诸如明初所办织染局的内部人员结构等重要资料。国家图书馆、北京大学图书馆、上海图书馆等有藏。

《宁国府志》[嘉庆] 鲁铨、钟英修，洪亮吉、施晋纂。嘉庆二十年刻本。36卷，首、末各1卷。约180万字。记事上起夏商周三代，下迄嘉庆十三年。志首有宣城历史地图、宁国府境全图。正文分四表(沿革表、疆域表、职官表、选举表)、七志(舆地志、营建志、食货志、学校志、武备志、艺文志、人物志)、杂志，下设63目。人物志10卷，约占全志篇

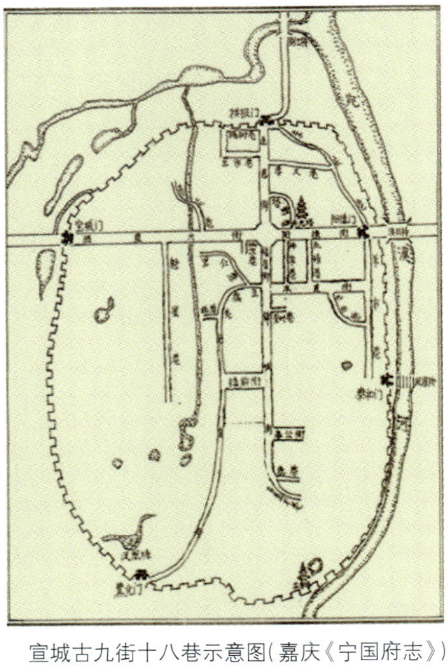
宣城古九街十八巷示意图(嘉庆《宁国府志》)

幅的1/3,其中名宦传有285人。洪亮吉撰疆域表、舆地志等卷,内容最为翔实,古迹500余条,考证精确。沿革表考证精审,如记秦郁郡,多说并存后择一而从之。风俗中多次讲到江南文化发达的原因。安徽省图书馆、甘肃省图书馆、中共中央党校图书馆等有藏。安徽省图书馆、首都图书馆、青海省图书馆等藏1919年泾县翟氏宁郡清华斋影印本。

Ninghuaxian zhi(jiuzhi)

宁化县志(旧志) 宁化自明代至民国时期先后5次修志。明嘉靖年间首纂,万历、崇祯年间两度重修,清康熙及民国初年各修有一部县志。嘉靖志、万历志已佚,存崇祯志、康熙志及民国志。

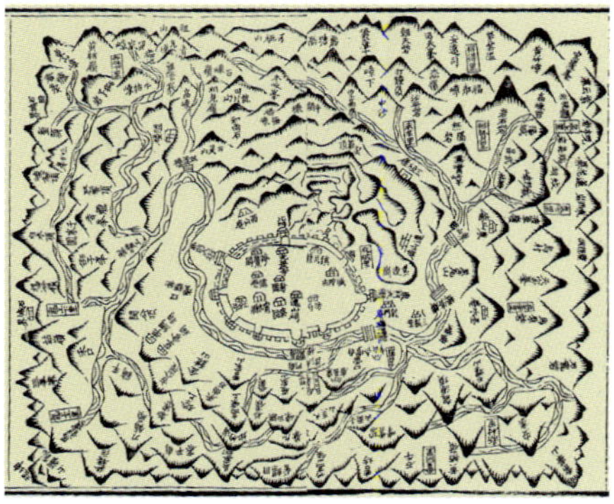

县境山川图(康熙《宁化县志》)

①《宁化县志》[崇祯]。张仕俊修,阴维标纂。崇祯八年(1635)刻本。10卷。分38目。约8万字(缺卷10)。志书中题咏、历官、选举、宸翰四个部分所占比重较大。个别部分记述过于简单、资料不翔实是此书缺憾。国家图书馆有藏。福建师范大学图书馆、湖北省图书馆藏抄本(缺卷10),宁化县档案馆藏抄本复本。②《宁化县志》[康熙]。祝文郁修,李世熊纂。康熙二十三年(1684)刻本。7卷。34万字。以三宝体为纲,分土地、人民、政事三部,纲下按事分类,共52目,每目均有概述。不设艺文志收录诗文,而是各附于事条之后或人物传中;土产所占比重最大;次为人物,分9个子目。中国科学院国家科学图书馆、上海图书馆、北京师范大学图书馆、南开大学图书馆等有藏。国家图书馆、福建省图书馆、厦门大学图书馆等藏同治八年(1869)蒋泽沅重刻本。宁化县志编纂委员会以同治重刊本为底本校点整理,1989年福建人民出版社出版。

Ningxia Shuili Zhi

《宁夏水利志》 主编吴尚贤。1992年宁夏人民出版社出版。65万字。设6篇30章79节。志首有自治区水系图,水资源、灌溉、水工制图,照片67幅;文中配图以篇为单元编号。上限不定,部分水利史料溯至民国、清、明、元、夏、宋时期;下限至1985年,有些事件或工程视需要适当下延。综述篇全面记述宁夏自然地理与社会经济、水资源、水旱灾害、水利史略、水文工作、水工设计与建设、水利管理及科研与教育等发展情况。引黄灌区篇记述青铜峡枢纽的规划设计、施工、管理运用,重点记述卫宁、河东、河西、陶乐等灌区的灌溉渠和排水沟工程,以及历代黄河洪水灾害、抗洪纪要、河道变迁与治理等,附大量图表。山区水利篇主要记述引黄灌区以外地区的泉水溪流灌溉、水库建设等情况,特别记述沈家河水库、寺口子水库等14座中型水库和11座小型水库。水利管理篇记述宁夏历代水利机构的设置,渠道、排水沟、水库、扬水站、机井等工程的管理,量水、配水、养护等灌溉管理,以及水利管理的相关规章制度。人物与艺文篇收录历代治水人物41人、水利劳模5人,碑记10篇、诗词22首、论文16篇。治水人物均记述其治水事绩,不涉及其他事绩。水利劳模只记自治区和水电部评定的人员。大事记篇设宁夏引黄灌溉历史年表、“建国以来水利大事记”两章。附录收录水利工程的传统施工方法、习用水利名词释义等6篇。1993年获全国新编地方志优秀成果奖一等奖、自治区科技进步奖二等奖。

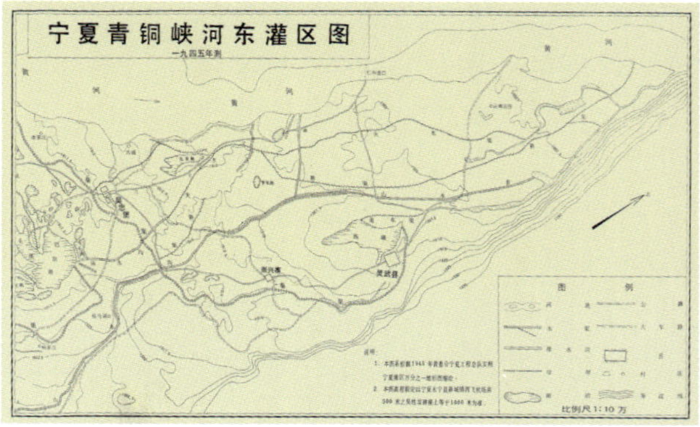

宁夏青铜峡河东灌区图

Ningxia Tongzhi Minzu Zongjiao Juan

《宁夏通志·民族宗教卷》 主编李岚、王俭、马力。2010年方志出版社出版。56.4万字。设6篇18章67节。志首有宁夏回族自治区行政区划图、照片162幅。上限不定,下限至2000年;2001~2009年的大事按编年体写入限外辑要。机构/团体篇主要记述国家级、自治区级、地市县级伊斯兰教团体,自治区级和地市县级佛教、天主教、基督教团体。民族篇重点记述回族的源流与分布、人口,回族地区经济、教育、艺术、卫生体育与武术、语言及风俗习惯等,还记述汉、满、蒙古、东乡、党项等民族的源流、分布、民族风情、宗教信仰等。宗教篇约占全志篇幅的1/3,以伊斯兰教、佛教、道教、天主教、基督教等自治区内五大宗教设章,记述各个宗教的教派门宦、宗教场所及活动等内容;特设西夏宗教章,记述西夏党项人的原始宗教,西夏汉传佛教、藏传佛教的传入途径、译经、寺院、僧官、僧人,以及西夏道教的管理机构与制度、经籍与绘画等。民族区域自治篇主要记述民主革命时期、中华人民共和国初期的民族区域自治,以及宁夏回族自治区的筹备、成立、发展、建设成就。民族事务和宗教事务篇主要记述历史上的民族、宗教事务和中华人民共和

各民族青年相约宁夏贺兰山下

国时期的民族、宗教事务。文献选编收录相关文件19份及重要文献目录。

Ningxia Tongzhi Xingzheng Jianzhi Juan

《宁夏通志·行政建置卷》 主编张锋。2010年方志出版社出版。42.9万字。设2篇13章40节。志首有宁夏回族自治区行政区划图，秦代至中华民国各时期、陕甘宁省、宁夏省、甘肃省辖属时期、宁夏回族自治区的宁夏行政建置略图，照片115幅。地域范围为2000年宁夏回族自治区界内，唯西夏时期、民国时期的宁夏省写出界外，将全部建置逐一列具。上起发端，下至2000年底；2001~2009年的建置沿革及行政区域变动按编年体写入限外辑要；少量图片及重要文献的选录亦延至2009年。上篇建置沿革，按朝代从先秦至中华人民共和国分设9章，下设27节。西夏时期独立成章，并将建置与行政区划合写。陕甘宁边区升格独立成章。建置沿革采用词条式写法，以建置名称为词目，先注治地，释文内容为前朝建置、本朝建置沿革、方位、上隶、下辖、人口、属地等。下篇行政区划，设古代政区、民国政区、当代宁夏省及甘肃省辖属政区、宁夏回族自治区政区4章，下设13节。略述秦汉至清代的行政区划，详述民国时期及当代的行政区划。文献选编收录二十四史地理志节选、重要文件28份、碑铭2篇、2003年宁夏行政区划统计表53张。

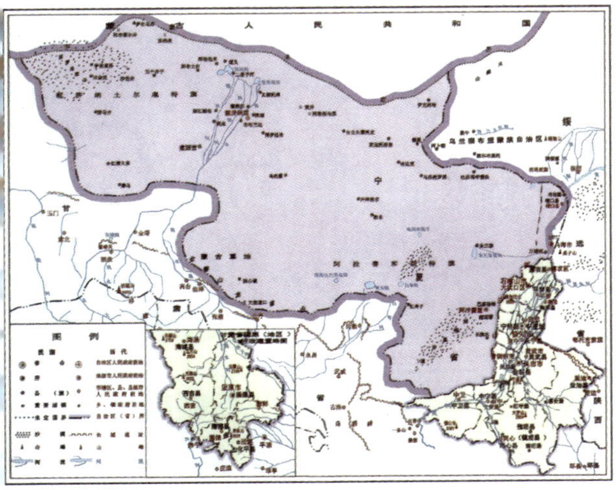

中华民国宁夏省行政建置略图(1929~1949年)

Ningxia Xinzhi[Hongzhi]

《宁夏新志》[弘治] 王珣修，胡汝砺纂。明弘治十四年(1501)刻本。8卷。约5万字。卷目为宁夏总镇，人物、宦绩、朝使、俘捷、祥异、仙释、乡饮、祭祀、经籍，灵州、韦州、花马池营、兴武营、宁夏中卫、广武营，沿革考证，赫连夏考证，拓跋夏考证，文章，杂咏。首冠宁夏城图、国朝混一宁夏境土之图。卷1宁夏总镇，下设53个小类，主要记载宁夏自然地理、经济地理、风土人情、名胜古迹等内容。其中藩封小类引《皇明祖训》，对庆靖王府藩封进行记述，还记载了上至宗藩、镇巡三司，下至贱役、贱女等260种“人品”；人品小类依次列出宗藩、镇巡三司、学校出身、王府官、府卫官、儒释道、女德、庶民、武列等15类，其中庶民中列有“回回”，说明明朝弘治时期宁夏已有回族生活的事实；物产小类记述货、谷、花、果、木、瓜叶、药、畜兽、禽、介、虫11类；市集小类记载遵化坊有专门的羊肉市；寺观小类记载有宁静寺北的回纥礼拜寺。卷2包括人物、宦绩、朝使、俘捷、祥异、仙释、乡饮、祭祀、经籍9个大类。人物类下设宗室文学、流寓、科目、监生等12个小类；宦绩类下设主将、副将、镇守内臣、巡抚等8个小类。宗室文学小类和经籍类中详尽介绍了文学和艺术方面的代表人物及其作品；对当时宁夏镇上画工、刊字工、金箔匠、银匠、表背匠、笺纸匠、金线匠、织机匠、绣匠等66种匠人的记录，反映了宁夏手工业作坊数量多、工种齐全的特点，据此可考证明代经营边疆政策之得失。卷3主要记载灵州、韦州、花马池营、兴武营、宁夏中卫、广武营6处州营的沿革、界至、户口、赋役、公署、人物、宦绩等。卷6拓跋夏考证介绍了西夏立国前后22位重要人物的生平事迹，重点介绍了夏国12位国主的事迹；

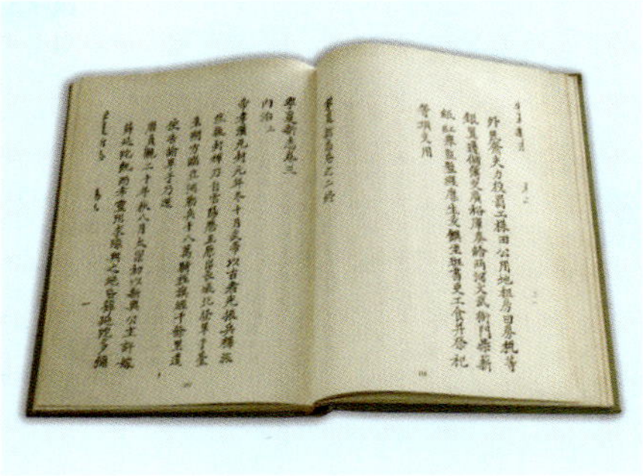

弘治《宁夏新志》抄本(“中国方志丛书”本)书影

以编年体例叙述西夏国历史上的大事、要事，从《宋史·孙甫传》《容斋三笔》等文献中辑录西夏遗事，胡汝砺还在该卷中对西夏历代国主的治国思想及特点进行了简短的概述性评价。卷8杂咏收录诗词文207篇，包括唐、宋、元、明四朝与宁夏有关的诗歌191首、词13首、文章3篇。刊印间有疏漏。天一阁有藏，缺卷7(文章)。甘肃省图书馆、宁夏大学图书馆等藏抄本及抄本影印本。

Ningxia xiuzhi

宁夏修志 宁夏修志发端于唐宋，兴盛于明清。历代纂修的各种旧志有35种，流传下来的有33种。宁夏新方志编修工作始于20世纪80年代。至2010年，共出版省志分志、市级志、县(区)级志64部(卷)，省级专业志35部。

宁夏历代方志编修 宁夏宋代修有《安定郡图志》，元代修有《开成府志》，均佚。明代《宣德宁夏志》是明太祖朱元璋十六子、分藩宁夏的庆王朱㮵所撰，是宁夏存世方志中最早的一部。明以后，宁夏地区方志的纂修逐渐发展并步入鼎盛。存世明、清、民国时期的府志、道志、州志、县志、厅志、乡土志等，共有30余种。

宁夏明代修志 明代宁夏地方政府较重视方志纂修。宁夏巡抚罗凤翱曾阐述宁夏修志的重要性：“朔方为雍要塞，经略防御，审画攸关。筹边者将按图而运之，簿书其忘乎？”宁夏和固原两地编纂并刻印多部镇、州级方志，其中以嘉靖、万历两朝为盛。存世明代所修宁夏志书共6种，突出反映九边军事重镇的政治、经济和文化。①宁夏明代通志。正统年间,《宣德宁夏志》刊印问世,成为宁夏方志的祖本。其后,弘治《宁夏新志》、嘉靖《宁夏新志》、万历《朔方新志》相继问世并流传下来。其中,嘉靖《宁夏新志》反映了明代西北军屯经济的特点,堪称军事封建主义边塞经济的标本,对研究明代九边的政治、军事、文化科技和社会生活等各方面都有重要的资料价值。②宁夏明代州县志。宁夏明代编纂的州县志,保存下来的有嘉靖和万历年间的《固原州志》两种。其中嘉靖《固原州志》是固原地区存世最早的方志。

宁夏清代修志　自康熙朝开始,除雍正、咸丰、同治三朝,其他各朝均有志书问世。存世府志2种、州县志16种。有康熙年间编修的《隆德县志》《朔方广武志》,乾隆年间编修的《银川小志》《宁夏府志》《中卫县志》《盐茶厅志备遗》,嘉庆年间编修的《灵州志迹》《平罗县志》,道光年间编修的《续修中卫县志》《平罗纪略》《续增平罗纪略》《隆德县续志》,光绪年间编修的《平远县志》《灵州志》《宁灵厅志草》《花马池志迹》《海城县志》,宣统年间编修的《固原州志》。其中乾隆《宁夏府志》是明清以来宁夏地区内容最详备的志书,流传较广,影响较大;宣统《固原州志》附有《硝河城志》,志中附志或志中有志,在宁夏属第一部;光绪《平远县志》是同心县历史上第一部县志,也是该地区最重要的书籍文化遗存。

宁夏民国时期修志　民国时期编修有道志、县志和专志,有9部存世。宁夏于20世纪30年代开始设立修志机构。1937年初,筹设通志馆,因抗日战争爆发而中止。1941年夏,省志筹备委员会成立,马鸿逵兼督修,翦敦道、海涛兼监修,刘佩黻、张天吾、张庆荣、石生琦为委员,但未开展编志的实际工作。1943年11月宁夏省通志馆正式成立,马鸿逵自兼馆长,聘请兰州名儒张维任总纂,同时设置机构,颁布《宁夏省通志馆组织规程》,下达修志"训令"。后通志编纂工作停止,但资料收集工作未中断。①宁夏民国时期省志。马福祥、陈必准于1917年主持编纂《朔方道志》,吴复安主笔编纂。次年,因吴复安病故而止。1924年马福祥之子马鸿宾继续主修,王之臣主笔,完成编纂。1926年出版。马鸿逵也曾有意编纂《宁夏省志》,后因种种原因,只完成省志阶段性成果和资料汇编《十年来宁夏省政述要》,保存不少历史资料。②宁夏民国时期县志。有《豫旺县志》《盐池县志》《固原县志》《西吉县志》《重修隆德县志》《化平县志》6种县志存世。该时期除豫旺县、盐池县外,固原、西吉、隆德、化平等县都属于甘肃省管辖。③宁夏民国时期专志。有1946年宁夏省政府编印的《宁夏资源志》和1946年国民政府资源委员会编的《宁夏省人文地理图志》油印本存世。

宁夏新方志编修　中华人民共和国成立初期,宁夏开展市县修志工作。20世纪80年代,宁夏首轮修志工作正式开展,新编地方志包括《宁夏通志》、市县(区)志、部门行业志,其中部门行业志由自治区级各厅局成立编纂委员会单独组织编纂。各市县(区)所属各行业、部门、乡镇、村、农场和企事业单位也组织力量编修地方志,基本形成省、市、县(区)三级修志完整网络。

宁夏省级修志　宁夏于1986年5月首次提出《宁夏通志》的编纂工作。1997年3月正式提上政府议事日程。2001年正式启动。自治区主席马启智、副主席冯炯华分别任编纂委员会主任、主编。规划25卷。分别由自治区19个单位牵头,70多个厅、局、部、委和其他相关单位参与编修。至2010年,除人物、建设环保、政权政协、艺文、卷末外,均已出版。因《宁夏通志》下限为2000年,与中国地方志指导小组要求的第二轮修志的下限一致,因此,《宁夏通志》的完成也标志着宁夏第二轮省级志书编纂任务的全面完成。

宁夏市县(区)级修志　宁夏自1958年起,部分市县先后成立编史委员会或编写小组,收集市县志资料,吴忠县编成《吴忠简志》,盐池县、惠农县分别编成《盐池县志》初稿和《惠农县志》初稿。1979年,吴忠县精编《吴忠县志》,未能完稿。20世纪80年代,市、县(区)新方志编修工作全面启动,首轮规划编修28部。1986年,宁夏首部新方志《盐池县志》出版。至2010年,宁夏首轮市县(区)级志书全部完成。其中《石嘴山市志》《银川城区志》《银川郊区志》《银川市西夏区志》《石嘴山区志》《石炭井区志》《陶乐县志》《红寺堡开发区志》下限超过2000年,属首轮与二轮合修。1997年《中卫县志》获全国地方志奖一等奖。2000年后,第二轮修志工作全面启动,宁夏若干市县(区)相继完成二轮修志,原来没有完成首轮修志任务的市县(区)则延长下限,将首轮与二轮合并编纂。至2010年,共完成地市级二轮志书1部、县(区)级二轮志书16部。

宁夏首轮市级志一览表

志书名称	主编/总编/总纂	字数(万字)	出版年
《固原地区志》	王恽	100	1994
《银川市志》	李春阳	180	1998
《吴忠市志》	马英杰	167.5	2000
《石嘴山市志》	黄立均	226	2001

说明:《石嘴山市志》属首轮与二轮合并编纂

宁夏省级部门行业志编修　《宁夏通志》编修工作启动前,宁夏规划编纂自治区级部门行业志约60部,已出版35部。《宁夏通志》编修工作启动后,对省级部门行业志书采用科学分类的方法进行编纂,将首轮与二轮省级专业志合并。下限断至1990年底。其中《宁夏水利志》获全国新编地方志优秀成果奖一等奖、自治区科技进步二等奖,《宁夏邮电志》获1997年全国地方志奖二等奖。

宁夏省级部门行业志一览表

《宁夏水利志》《宁夏商业志》《宁夏畜禽疫病志》《宁夏财政志》《宁夏电力工业志》《宁夏科技志》《宁夏粮食志》《宁夏气象志》《宁夏供销合作社志》《宁夏邮电志》《宁夏农垦志》《宁夏物价志》《宁夏审判志》《宁夏卫生志》《宁夏农业志》《宁夏长途电信传输志》《宁夏测绘志》《宁夏体育志》《宁夏军事志(上、下)》《宁夏机械电子工业志》《宁夏林业志》《宁夏人事劳动志》《宁夏动物寄生虫病志》《宁夏民用航空志》《宁夏出入境检验检疫志》《宁夏税务志》《宁夏科技志(1986—2000)》《宁夏审计志》《宁夏农垦志(1989—2004)》《宁夏水利新志》《宁夏司法行政志》《宁夏公安志》《宁夏工会志》《宁夏招标与成套志》《宁夏审计志(2004—2007)》

宁夏旧志整理 在编修新志书的过程中,宁夏旧志的整理工作开始受到关注和重视,涌现出高树榆、陈明猷、吴忠礼等整理旧志的代表学者。旧志整理的形式主要为校注和影印。至2010年,校注整理的宁夏旧志有20余种。影印成果多为丛书。"中国方志丛书"(台湾成文出版社,1968年版)塞北地方卷最早收入7种宁夏旧志的影印本。"宁夏历代方志萃编"从存世宁夏旧志中精选出19种加以影印。"宁夏地方志丛刊"收入10种旧志。当代地方志工作者整理并公开出版的旧志中,吴忠礼整理的《宁夏志笺证》获宁夏哲学社会科学优秀成果奖著作类一等奖、自治区政府奖著作类一等奖。

宁夏方志工作管理 自治区各地市县和有关部门于20世纪80年代相继建立地方志工作机构。1982年盐池县、中宁县、贺兰县、固原县率先成立地方志工作机构。至1986年,已有22个地市县相继成立地方志编纂(审)委员会。编委会下设办公室,一般分独立常设和合并常设两种。至2010年,除石嘴山市大武口区、吴忠市利通区(并为吴忠市地方志办公室)外,其他5个市、6个区、13个县(市)均保留地方志工作机构。自治区直属有关部门也相继成立地方志编纂委员会或编纂领导小组。1980年,宁夏公路交通史志编纂委员会编辑部、宁夏财政志办公室相继成立。1982年,宁夏水利史志编纂委员会成立。编委会或编纂领导小组下设办公室或编辑部,具体负责专业志书的编写工作。至2010年,自治区直属部门保留修志机构30家,一般分常设机构和临时机构两种。此外,还成立地方志协会等学术团体。

宁夏地方志编审委员会及办公室 宁夏地方志编审委员会于1985年成立。1987年6月,自治区党委第十九次常委会议决定,自治区地方志编审委员会由自治区人民政府领导。编委会下设办公室,由宁夏社会科学院代管。内设业务指导科、年鉴指导科、综合科、资料征集科。主要负责自治区三级志书编纂的行政督导、业务联系指导、志书质量把关和审批出版工作,协调、督促、检查、指导全区各个厅局、企事业单位、各市县(区)的修志工作。历任编委会主任黑伯理(1985年7月~1987年6月)、马英亮(1987年6月~1994年1月)、马文学(1994年1月~1999年5月)、冯炯华(1999年5月~2008年4月)、王正伟(2008年4月~)。历任地方志办公室主任吴忠礼(1984~1994)、黄秉丽(1994~1998)、郑彦卿(副主任代为主持日常工作,1998~2000)、刘天明(2000~2008)、邱兴荣(2008~)。自治区地方志办公室先后组织举办多期全区方志业务理论培训班,培训内容包括地方志的源流、性质、功能、体例、篇目、资料工作、修志的指导思想等内容。1985年创办《宁夏史志》,双月刊。至2010年,共刊出145期。

宁夏修志规章和规范性文件 宁夏于2007年颁布《宁夏〈地方志工作条例〉实施办法》,制定《宁夏回族自治区地方志工作规划(2008—2020)》。2010年地方志宣传日期间,自治区地方志办公室组织全区各市、县(市、区)地方志系统举办地方志专题宣传活动,以自治区地方志编委会文件形式下发《关于开展"5·18地方志宣传日"专题宣传活动的通知》,在全国率先开展"5·18"地方志宣传日活动。2009年自治区人民政府办公厅下发《自治区人民政府办公厅关于实行地方志资料年报制度的通知》,对地方志资料报送程序、报送种类及数量、报送形式及期限、对资料的保管和利用做出详细规定。

宁夏地方志协会 成立于1992年7月。挂靠单位为自治区地方志编审委员会办公室,业务主管部门为宁夏社会科学界联合会,登记管理机关为自治区民政厅。理事会是协会的权力机构,每届任期三年。历任会长马启智、吴忠礼、陈健玲、张万寿。协会在每年科技周期间,都组织自治区地方志办公室人员进行方志宣传活动。先后参与组织多次论文评选活动和学术研讨会。与自治区地方志办公室联合主办《宁夏史志》。

Ningxia Zhongyao Zhi(di-erban)

《宁夏中药志》(第二版) 主编邢世瑞。2006年宁夏人民出版社出版。分上、下卷,279.6万字。配插图691幅,包括墨线图591幅、彩图20幅、药材照片80幅。内容由总论、各论、附录三部分组成。其中总论设6章29节,介绍宁夏的自然环境、中药资源调查及文献资料、中药资源状况、资源区划、中药材生产基地建设和规范化种植技术研究等;各论收载宁夏出产的植物药468种、动物药49种、矿物药7种,附载72种。每种药材的编写内容包括正名、别名、历史、来源、栽培技术、采集加工、资源利用、药材鉴别、化学成分、药理作用、炮制、性味与归经、功能与主治、用法与用

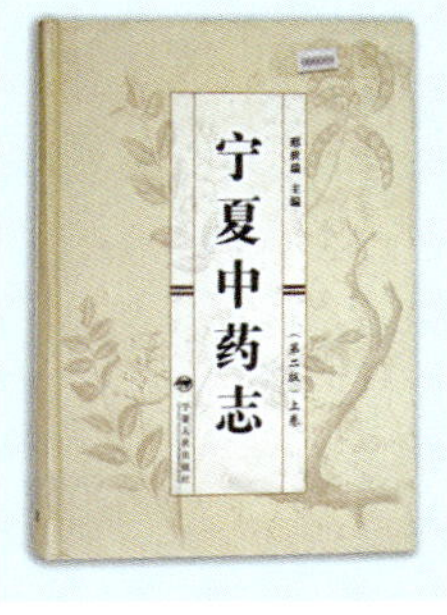

《宁夏中药志》(第二版)上卷书影

量、应用举例、注、参考文献。两卷均设附录，内容包括非常用中药简述(收载中药236种)、中文索引、拉丁文索引。

Nongbashi Kenqu Shihezishi Zhi

《农八师垦区石河子市志》 主编黄梧生、曹烈等，总纂黄登来。1994年新疆人民出版社出版。130万字。设27卷97章。有黑白、彩色图照95幅。记述范围以1985年农八师垦区的区域和石河子市的行政区划为准。上限因事而异不取齐；下限至1985年，部分内容有所下延。在辑补卷中收1986~1992年农八师垦区石河子市大事记、1986~1992年农八师垦区石河子市概况。石河子以军垦闻名，有“兵团缩影”之称。该志用大量资料记载农八师垦区的开发和石河子新城的建设，还记述民族团结、军民团结、垦区农场和地方群众相互支援等内容，以及革命烈士、英雄模范人物的事迹和师、市人民在生产、生活中形成的一代新风。该志既是一部地方志，又是一部屯垦志。编者把农八师与石河子市作为统一的整体，采用合志体的方法进行编纂，“以合为主，合中有分，以通贯同，因异分述”。既突出新疆生产建设兵团农八师垦区独有的军垦特色，也凸现新疆石河子市浓郁的地域特色。1995年获兵团史志优秀成果奖一等奖、新疆维吾尔自治区新编地方志优秀成果奖一等奖，1996年获兵团社会科学优秀成果奖一等奖，1997年获全国地方志奖二等奖。

石河子市街心花园

Nongershi Zhi

《农二师志》 总编王野苹。1995年新疆人民出版社出版。120万字。设

库尔勒垦区棉田中耕

29编151章198节。上起1949年，下至1990年，部分内容适当上溯或下延。其中1991~1994年概况及大事记以附录形式列于志末备考。篇目上增设序编，分设解放战争纪实、历代屯垦两章，所记载内容是农二师建制之前发生的史实，廓清农二师屯垦戍边的源头，记述发生在农二师境域外的农二师起源红军部队的战斗历程以及发生在农二师境内却不是农二师所为的历代屯垦史。正文记述农二师前身于山东渤海地区建军、参加西北解放战争、进军新疆、转业南疆巴音郭楞蒙古自治州的发展进程；突破种属界限，将塔里木马鹿和库尔勒香梨分别升格为编，记述其性质、产品来源、特征、销售等情况；将土地单独设编，突出记述兵团各师、团对戈壁、沙漠、碱滩和荒原的开发，以改造重盐碱为中心、田林渠路综合治理、建立国营农场群的开发历程，并对开发焉耆、库尔勒、塔里木、若(羌)且(末)4个垦区的历史过程及卓有贡献的人物重点记述；重点分述农二师党政军企合一、工农兵学商并存、农林牧副渔综合经营、执行特殊使命的联合体特征；突出有经济地位和科研价值的事项，及国营农牧团场规模大、机械化程度高、技术力量强、经济效益高的优势与特点。2000年获兵团史志优秀成果奖二等奖。

Nongliushi Kenqu Wujiaqushi Zhi

《农六师垦区·五家渠市志》 总纂文定讴。2001年新疆人民出版社出版。182.3万字。设7篇52章315节。配图照500余幅及政域图、垦区地域变化示意图。上起1949年，大事记溯至屯垦发端的西汉时期；下至2001年，创新编方志在志书下限当年出版的先例。地理篇记述农六师三个垦区和五家渠市的建置区划、自然环境、自然资源、环境质量状况，包括秦汉历史追述、五家渠建市行政区划、垦区地质地貌气候物候的科学记载、文物古迹自然景观的真实描述、绿洲生态环境中频繁的自然灾害记录，以及20世纪末所采取的保护生态环境措施。屯垦人、建设篇记载农六师及前身新四旅、十七师在革命战争中的沙漠平叛剿匪、北塔山边境斗争的经历和屯垦戍边中艰苦创业的成就、英雄模范的事迹等，还有对挫折失误的记述。附录收入垦区作者半个世纪发表的113篇散文，作为该书的形象补充。后附多篇特记、专记。

团场哈密瓜种植基地

Nongqishi Zhi

《农七师志》 主编梁德元。1995年人民出版社出版。130万字。设10编64章295节。配黑白、彩色图照87幅。上起事物发端，下至1990年。志书创设开发垦区编，作为第一编置于志首，既交代农七师的由来和屯垦戍边的历史使命，又突出农七师的特色。在该编中，编者运用史书常用的记叙、描写等笔法，渲染了农七师军垦战士的生活劳动场景。第二至九编各分志依次分为环境、居民、社会实践活动三大部类。

20世纪50年代初马拉犁

其中环境部类设建置编、地理编，因新疆生产建设兵团是先组建各师、团，后开赴垦区，故建置在前，地理在后。居民部类设人口编、人物编，将人物编由后提前，意在突出人物。社会实践活动部类设经济、政治、军事、文化4编。大事记后移至第十编丛录中。1996年获新疆维吾尔自治区哲学社会科学优秀科研成果奖二等奖，2000年获兵团史志优秀成果奖一等奖。

Nongsanshi Sishibatuan Zhi

《农三师四十八团志》 主编林易。1999年新疆人民出版社出版。38.9万字。设7篇36章138节。志首配团场土地规划图、照片50幅。上起1966年，下至1994年，部分内容延至1995年。篇目设置突出经济结构特点和军垦特色，记述了各族职工28年来在塔克拉玛干大沙漠边缘风餐露宿，使昔日荒漠碱滩变成粮棉果畜生产基地、团部建成绿洲新镇、城镇化建设初具规模的历史发展进程。在经济篇中，对作为团场经济支柱的农业、果业的记述，在篇幅上占有较大比重。在农业章中，对农业生产，特别是农业科技推广运用和林果业等方面做详尽记述；在园艺章中，突出记述被评为国家、自治区优质果品——兵团名优特产品5号贡梨。在政治篇中，专设人民武装章，对民兵组织机构、军事训练、武器弹药管理等都做了全面记述。2000年获兵团史志优秀成果奖一等奖。

农业机械

Nongyishi Tudi Zhi

《农一师土地志》 主编金武宁。1998年新疆人民出版社出版。21.3万字。设8章39节。上起1950年，下至1997年底。全书遵循"事以类聚"原则，以资源、土地利用、土地保护、土地管理4章为重点，辅以屯垦章，既动态记述农一师垦区以土地为基础条件的屯垦史，又反映垦区土地资源的变动状况，完整地展示农一师垦区土地资源的历史和现状，再现屯垦前的自然荒漠及垦区农田棋布、林木成带、片片绿洲的景象。屯垦章记述20世纪50年代初，步兵五师进驻塔克拉玛干沙漠北缘开荒造田，到60年代垦区大面积开荒结束，随后集中进行条田改建和农田水利配套工程建设，以及把植树造林、种植牧草等与农田、水利进行同步规划、同步发展的屯垦历程。附录收录大量有关土地资源确权文献和土地管理规章。2000年获兵团史志优秀成果奖一等奖。

人工营造沙漠植被

Nongyishi Zhi

《农一师志》 主编杨振华。1994年新疆人民出版社出版。110万字。设30篇128章365节。志首配农一师在南疆垦区分布示意图、彩图48幅，内文穿插50余幅图片。上起1950年初，建置沿革溯其发端；下至1993年底，个别重大事物适当下延。正文将政治部类排于经济部类前，突出部队集体转业屯垦戍边，发展经济、文化和社会各项事业的兵团特点。该志不囿于地方志地域属性，开篇设建制篇，记述农一师前身三五九旅从土地革命战争、抗日战争、解放战争到部队集体转业屯垦戍边的

20世纪60年代，农一师五团用自制的播种机播种

历史沿革，展示"三五九旅传人"继承和发扬"南泥湾"精神，履行屯垦戍边使命的军垦特色。鉴于农一师是国家长绒棉商品生产基地，志书将长绒棉升格独立成篇，详细记述长绒棉产业的发展，突出产业特色。1995年获兵团史志优秀成果奖一等奖。

Nujiangzhou Jiaotong Zhi

《怒江州交通志》 主编王玉球。2000年云南人民出版社出版。70万字。设9章33节。书前有照片36版160余幅。上起事物发端，下至1997年。驿道、公路、桥涵、运输等章记录峡谷步道、溜索、竹筏、独木舟、藤蔑桥、天梯、救命房、人马驿道等独特原始的交通设施；反映当地独龙族、怒族、傈僳族、白族、普米族等少数民族在交通闭塞的情况下人背马驮的出行和运输状况；实录各族群众修路建桥，使大峡谷交通发生巨大变化的史实；呈现交通部和云南省交通厅对怒江州交通扶贫的业绩。志书中有数幅照片随文插配，展现了怒江大峡谷的自然景观和人文景观。随着怒江州的发展，志书中所记的很多场景和事项均已消失。

溜索

O

欧

Ou Huaguo

欧华国(1933—1994) 湖南宁乡人。1950年考入军事干部学校。1952年底,参加抗美援朝。转业后到青海省交通厅公路局从事文字工作。1982年起,历任青海公路交通史志编审委员会副主任,史志办副主任、副编审、总编辑等职。先后任《中国丝绸之路交通史》《青海公路交通史》《青海省志·公路交通志》《当代中国的青海公路交通》《青海公路交通史志编纂文集》的主编和《中国公路交通史编纂综录》副主编。担任编委和审定的专著有14部。发表史志论文30余篇,其中有23篇被收入《青海公路交通史志编纂文集》中。

Ouyang Xian

欧阳贤(1932—1996) 贵州天柱人。侗族。大学毕业后,在贵州黔东南州人民委员会办公室工作。1981年后,任《黔东南州概况》编写组组长兼总编、黔东南州民族研究所所长。1986年任黔东南州地方志办公室副主任。1987年任《黔东南苗族侗族自治州志》副总编辑。该志设分志48部,欧阳贤负责联系指导财政、商业、人物、民族、农业等20部,并参与志稿撰写和总纂事务。至1992年,负责分纂的20部分志完成15部,欧阳贤请求延长退休时间,于1996年10月去世前5天完成最后一部分志水利志初稿的总纂,他参与撰写和指导的多部分志在全国地方志评奖和贵州省社会科学成果评奖中获奖。主编分志人物志时,他走访全州16个县市,组织117名撰稿人,征集200余位传主60余万字的资料,后确定入传人物193人。曾任《天柱县志》特约总纂,修改150万字的县志稿。

P

番 盘 彭 蓬 毗 篇
平 蒲 浦 普

Panyuxian zhi

番禺县志 秦代设番禺县，至民国，两千余年间县治大多在广州，凡记广州的方志，大多涉及番禺。据阮元《广东通志·艺文略》记载，有关番禺的方志有宋《番禺纪异》(5卷，冯拯撰)、《番禺记》(1卷，王德琏撰)、《番禺建立城池》(1卷，佚名撰)、《番禺新志》，元《番禺客语》(1卷，黄溍撰)，明万历《番禺县志》(郑升修)，已佚。清康熙年间曾三修县志，乾隆、同治年间两修县志，共5种。民国时期修续志1种。存世县志有康熙志、乾隆志、同治志、民国志4种。

《番禺县志》[康熙] 孔兴琏修，彭演、薛起蛟、陈阿平纂。康熙二十五年(1686)刻本。20卷。详记山川、人文、忠孝、水陆、道里、税户、物产等。艺文占2卷，另有1卷收录赋诗。国家图书馆有藏。

《番禺县志》[乾隆] 任果、常德修，檀萃、凌鱼纂。乾隆三十九年(1774)刻本。20卷。在前志基础上，或因，或创，删繁补缺而成。在纂修过程中，参考了二十一史、《明史》《风俗通》等文献资料及诸家文集、文房书吏文案，补充许多人物传记，并附书目于艺文末。国家图书馆、故宫博物院图书馆、北京大学图书馆等有藏。

《番禺县志》[同治] 李福泰修，史澄、何若瑶纂。清同治十年(1871)刻本。54卷，首1卷、附录1卷。体例多参照阮元《广东通志》，设沿革、舆图，采用略的形式，记载舆地、建置、经政、前事、古迹、艺文、金石；以列传记人物，占21卷；列表记职官、选举；末为杂录。前事略、

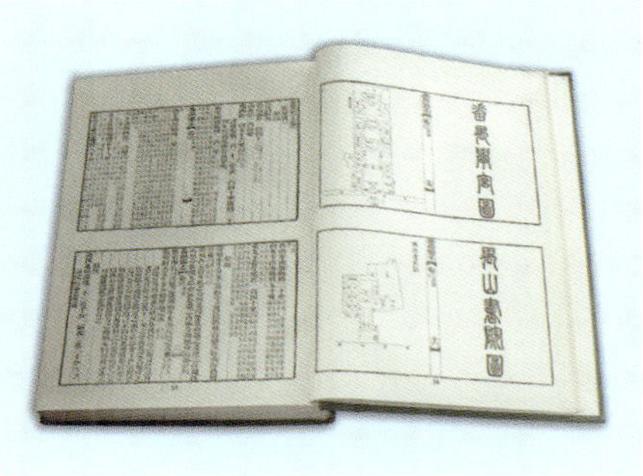

同治《番禺县志》("中国方志丛书"本)书影

金石略资料精详。卷末设附，记事至光绪七年(1881)。国家图书馆、广东省立中山图书馆、华南师范大学图书馆等有藏。

《番禺县续志》[宣统] 梁鼎芬、卢维庆等修，丁仁长、吴道镕、梁庆桂纂。宣统三年(1911)刻本。44卷，首1卷。以同治志为基础，订伪补阙，立13目，统74子目。叙事自同治八年至宣统三年。地图由海军测量局绘制，有总图、分区并图、捕属图、分司图、县署图、学宫图等，县图和分司图有比例和经纬线，又设标示山水、禾田、民居的图例。华南师范大学图书馆、广西壮族自治区博物馆等有藏。国家图书馆、中国科学院国家科学图书馆、广东省立中山图书馆等藏1931年重印本。广东省博物馆藏稿本(不全)。

Panjiang Meikuang Zhi

《盘江煤矿志》 主编任碧初。2005年贵州人民出版社出版。160万字。设8篇50章227节。书前有盘江煤电集团公司地理位置图、交通位置示意图、盘江矿区煤炭资源分布图、煤炭产品销售示意图、照片126幅。上起20世纪60年代"大三线建设"时期盘江矿区开发，下至2004年。大事记按"五年计划"分期排列。盘江矿区概况篇主要记述贵

老屋基矿

州盘江矿区的自然、经济、人文地理，矿区的地质构造与井田分布，煤层赋存的自然特征，以及煤种与储量。建设改革发展篇记述盘江煤矿矿区开发、投产、矿务局筹建，企业整顿、劳动用工制度改革、政治体制改革和现代企业制度的建立，以及矿区总体规划、改扩建工程等内容。生产篇记述矿井开采、生产、改造、采煤、运输、供电、排水、通风等生产操作和条件，选煤的生产能力、工艺系统、技术改造及产品，以及安全管理、安全培训等内容。公司组织结构篇记述了16家分公司、4家子公司、5家控股公司、11个教育卫生与后勤服务单位。管理篇设16章74节，记述煤矿的管理体制，及生产技术、机电运输、通风、煤质、运销、基建、物资、财务、人事、行政、科技、环境保护等方面的管理情况。

Panshan zhi

盘山志 盘山，又名四正山、无终山、盘龙山、东五台山、田盘山，位于天津蓟县县城西北12千米，以五峰八石、三盘胜境著称于世，有"京东第一山"的美誉。清代至民国时期共修成3部盘山志，分别是清康熙《盘山志》、乾隆《钦定盘山志》和民国《说磐》。

《盘山志》[康熙] 智朴和尚编，朱彝尊、王士祯校注。康熙三十年(1691)刻本。10卷，补遗5卷。约17万字。分述名胜、人物、建置、物产、游幸、文部、诗部等内容。详细记载康熙帝游历盘山的情况。收录孔尚任和洪昇与智朴的诗词唱和。清同治十一年(1872)，李江补修，补修本重绘盘山图，图前有李江按语，卷后附有《盘山志跋》，介绍智朴的学识、著述及与康熙帝的交往。中国书店出版社于1997年出版吴孟麟、刘卫东校点同治补修本。

《钦定盘山志》[乾隆] 蒋溥、汪由敦、董邦达修。乾隆二十年(1755)刻本。16卷，首5卷。前有乾隆御制序及蒋溥等人进表。前5卷为巡典、天章。之后16卷依次分图考、名胜、寺宇、流寓、方外、艺文、物产、杂缀8门。对乾隆皇帝

主持建设的盘山行宫——静寄山庄记载尤详。图考有盘山全图,静寄山庄全图,静寄山庄内八景、外八景、新增六景等图40幅。收录乾隆咏盘山诗270首和《济源盘古考证》《盘山千尺雪》等文。有乾隆二十年武英殿刻本。

《说磐》[民国] 周崧年辑。署名熊涛轩甫(周崧年别号)。1915年刊本。志书前有弁言、磐山(即盘山)全图。正文分上、中、下3编,下编分3个部分。内容以康熙志、乾隆志为基础,参考有关府县志,佐以游历见闻,删繁就简,对人文景观做一定辨证。内容涵盖疆域名胜、山庄寺宇、人物土产、古今艺文、逸闻遗事等。校点本收入《天津通志·旧志点校卷(中、下)》,2001年由南开大学出版社出版。

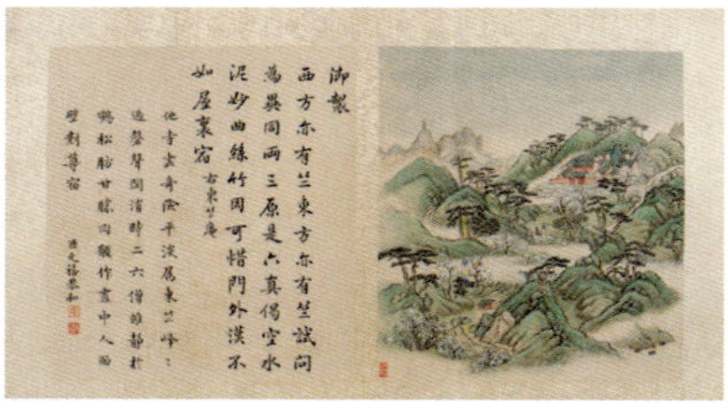

东竺庵图(允禧《盘山十六景图册》)

Pengcheng Zhi[Zhengtong]

《彭城志》[正统] 宋骥纂修。明正统三年(1438)刻本。彭城为江苏徐州旧称。据权谨《彭城志序》、宋骥《重修彭城志序》,此志为明永乐十八年(1420)所修志书的重修本。永乐志已佚,此志为所存记述徐州的方志中最早刻本。19卷。除记述历代建置沿革外,还列有郡表,并有考证历史的建郡本末总考。职役目仅著明朝一代之制。山川目对河防、漕运记载尤详。创设僧正司目,记明洪武十五年(1382)在石佛寺设置的僧人、道士管理机构。古迹目中杂著附收录《古迹总论》《都邑考》《徐戎辨》3篇文章。萧、砀、丰、沛四县各占1卷,简略分述建置、疆域、形胜、城垣、坊街、学校、古迹等。杂志目记载州邑及各县祥异之事。碑、记、杂述、序、诗专门设目,其中记设两卷,前一卷记载自唐韩愈至元末,后一卷仅记明初;杂述多为抒情散文,也有杂文;序收录时文、表文

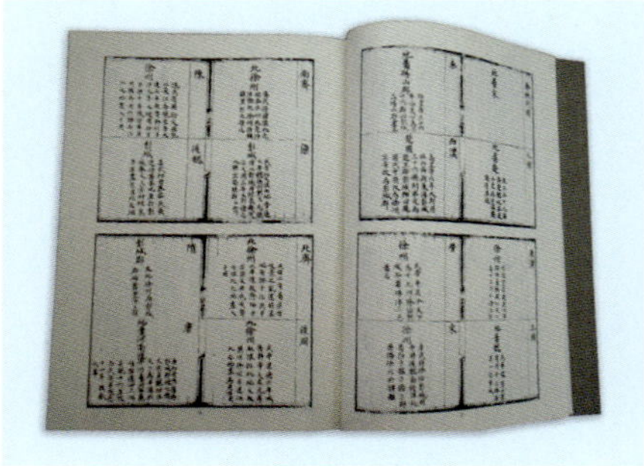

《正统彭城志》("原国立北平图书馆甲库山本丛书"本)书影

4篇;诗收录汉高祖《大风歌》,及谢灵运、李白、白居易、苏轼、文天祥等30多人的诗歌。国家图书馆藏明抄本。北京大学图书馆藏抄本残本。

Pengzhou Zhi[Zhengde]

《蓬州志》[正德] 吴德器、徐泰纂修。明正德十三年(1518)刻本。10卷。分设23目。学校目记述最详,记载蓬州(治所位于四川省蓬州县)儒学随州迁徙情况;记载景贤堂的位置、修建时间、修建人、形制、作用等,在《景贤堂记》一文中记载所供祀名宦、乡贤,并提及"乡贤若司马相如",且相如县因司马相如而得名;《蓬州重修儒学记》记载学校损毁重建的过程,并指出明朝廷重视修建学校。祠庙目中记载司马长卿祠位置"在州四十步许",《司马长卿祠堂记》中提及"县以长卿得名古矣,闻之长卿当居此地"。名臣记载隋、唐、宋、元及本朝在蓬州任职的官吏。流寓目中记载司马相如故宅位置,并引用唐李义山诗"梓橦不见马相如,更欲南行问酒墟"。志中保留了70多首与蓬安有关的诗、词、文。卷首明正德十三年王充栋序已佚,存卷

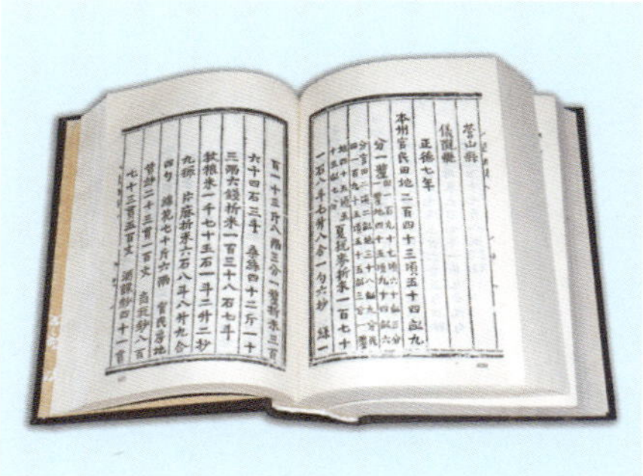

正德《蓬州志》("天一阁藏明代方志选刊续编"本)书影

1~10。为存世蓬安旧志中最早的一种。天一阁有藏。云南省图书馆藏抄本残本。蓬安县地方志办公室有重印本。

Piling Zhi[Xianchun]

《毗陵志》[咸淳] 史能之纂修。南宋咸淳四年(1268)刻本。毗陵为江苏常州古称。30卷。卷首列有郡治、郡城、郡境图和晋陵、武进、无锡、宜兴四县县境图,共7幅。记事上溯春秋吴季子食采邑于延陵,下迄成书之年。设地理、诏令、官寺、秩官、文士、武备、风土、祠庙、山水、人物、词翰、财赋、仙释、观寺、陵墓、古迹、祥异、碑碣、纪遗(附辨疑)19个类目。其中,地理下分郡县表、叙州、叙县、

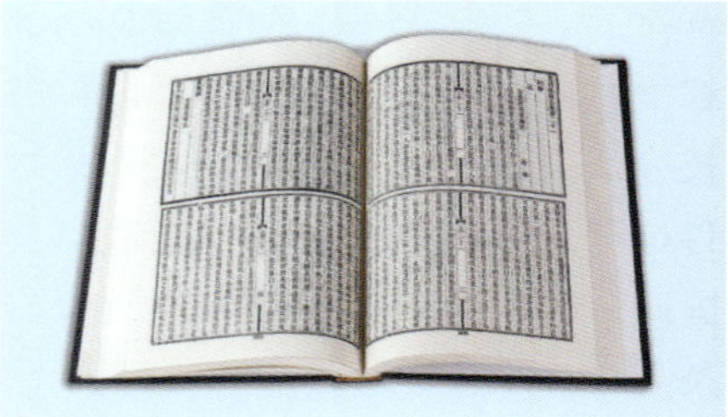

咸淳《毗陵志》("宋元地方志丛书"本)书影

县境、路程、水程、分野、城郭、坊市、乡都、桥梁等细目;官寺下分州治、郡官厅、四县治、县官厅、馆舍、仓库、场务、诸坊等细目;秩官下介绍历代封统、郡守、县令、郡守题名、通判题名、两教授题名、知县题名;祠庙下分设细目,记载社稷风雨坛及诸庙;风土下记述户口、风俗、土贡、土产。记人物、词翰均分别记述前朝、本朝。此志为存世最早的常州地方志。日本静嘉堂文库藏咸淳四年刻本(卷7~19、卷24),国家图书馆藏明初刻本(卷1~19及卷21~30),北京大学图书馆、上海图书馆、南京图书馆(不全)藏清乾隆五十年(1785)张德荣抄本,国家图书馆、南京图书馆、浙江图书馆等藏清嘉庆二十五年(1820)赵怀玉刻李兆洛校本,上海图书馆藏清海宁陈鳣抄本,另有元延祐四年(1317)李敏之重刻本。2005年,广陵书社出版朱玉林、张平生校点本。

pianmu

篇目 也作门目、类目、编目。旧志称为门类。篇目经过整理可形成志书的目

录。篇(编)是目录最大(一级)单元,也可指志书的分志。章是篇下层次(二级)单元。章下是节。节下设目,目单指条目。篇目是编纂一部志书的总体设计框架。新志与旧志的篇目有较大不同。旧志的篇目设计大致分3种类型,一按体分门,如按纪、谱、考、传四体拟定篇目;二按事分门,一事一门,互不统属,自宋以后多采用此方法;三按类分门,将事物分门别类加以归纳。新志篇目设计沿用旧志按类分门的传统,从当代社会分工、科学分类出发,进行创新和发展。部分篇目沿用旧志篇目名,多数篇目为新志独有。1982年,在全国地方志整理工作座谈会上,一些方志专家和历史学家草拟了一份分类目录,分自然编、经济编、政治编、军事编、社会编、文化编、科技编、人物编八大类,下设107个小类。1983年,在全国地方史规划座谈会上,中国地方史志协会提出《新编地方志工作条例》建议,附录了《新编省志基本篇目》《新编市志基本篇目》《新编县志基本篇目》。2008年,中国地方志指导小组印发的《地方志书质量规定》指出:"篇目设置符合'事以类聚'、'类为一志'的基本要求,科学分类与现实社会分工(现行管理体制)、全志整体性与分志相对独立性的关系处理妥当。"并根据各地实际分类,将涵盖内容大致分为七大类、37个小类。

Ping'anxian Zhi

《平安县志》 主编铁进元。1996年陕西人民出版社出版。80万字。设6编3录43章181节。志首配县行政区划图、县地势图、县城图、清代平戎驿简图、照片74幅,文内有表格200个。上起秦汉时期,下至1990年。内容体现平安县作为青海东部地区政治、经济、文化中心和交通枢纽的中心地位,除在文前两个序和总述中予以强调以外,在正文经济、政治、文化等编章节中也有充分的记述。军事章中的重大兵事、历史军事要塞等节,文化章中的文物名胜节,及民族、宗教、民俗等章节中,突出记述汉朝大将军赵充国西征时屯田置县的遗迹、历代兵家必争的小峡口、中国藏传佛教格鲁派创始人宗喀巴大师削发皈依的夏宗古寺等地方特色事物和历史文化。1997年获全国地方志奖二等奖、青海省地方志优秀成果奖一等奖。

《平安县志》书影

Pingdingxian Zhi

《平定县志》 主编穆建民。1992年社会科学文献出版社出版。130万字。设23卷121章409节。志首有彩色图照63幅,文中配图37幅、表147个。上起清道光二十年(1840),有些篇目追溯至西汉建元元年(前140);下至1990年。篇目设计注重突出山西平定文化特色,属文化范畴的教育科技、卫生体育、文化、民情风俗、方言、文献辑存等内容占6卷40章131节。人物卷为84人立传,其中文化类人物42人;设名录章收录2223名革命烈士,单设闻人名录节收录党政军领导干部、科教文苑人士、劳动模范、先进工作者共648人,其中文化类人物352人。附录文献辑存卷设5章,从志书、文稿、碑铭、诗文、书目5个方面收录金元以后各类文献典籍105件(篇),记述书目370多种。通过记述娘子关、娘子关保卫战、七亘伏击战等关隘要地、著名战事,反映平定地理位置的重要性。1993年获全国新编地方志优秀成果奖一等奖。

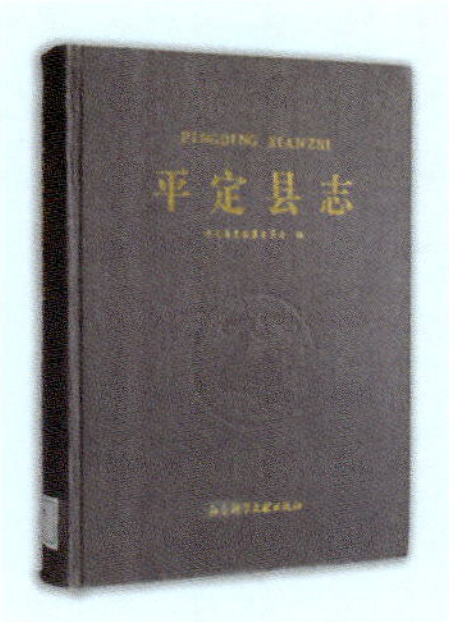

《平定县志》书影

Pingguxian Zhi

《平谷县志》 主编孙维华、胡尔森。2001年北京出版社出版。115.5万字。设20编94章327节。配图照125幅。上起汉高祖十二年(前195)建县,下至1990年。自然地理编地貌章列表收录县境内35座主要山峰、79条沟谷、23处洞穴,并设条目详述东纸壶、丫髻山、茅山等12座山峰,京东大溶洞、天门洞等5处洞穴。旅游业章记述金海湖、京东大峡谷、飞龙谷、鱼子山革命纪念地等自然、人文、革命遗址景区的开发经营情况。工业编设黄金开采章,记述金矿分布、探矿找矿、黄金采选,着重记述晏庄、万庄、上镇三大矿区及南山村矿区。商业/旅游业编设专章记述副食品和棉麻土特产品,反映平谷作为北京主要黄金产地、首都副食品及果品基地之一的地域特点。文化编设文物章,重点记述40处古遗址、6处古建筑、58处古墓葬、80余件历代造像石刻。交通/邮电编专设一节记述从东汉末期开辟平虏渠、泉州渠,开辟水运,到1940年泃河水运停止,其间境内水路交通状况。附录收录黄帝陵在平谷县的文献资料、古代诗作28首,补充1991~1999年平谷县国民经济、社会发展概要和大事便览。

京东大峡谷龙门湖

Pingliangfu Zhi[Jiajing]

《平凉府志》[嘉靖] 赵时春纂。明嘉靖三十九年(1560)刻本。13卷。29万字。分17门。前3卷为府志,之后各卷为三州七县志,依次为平凉县、泾州、灵台县、静宁州、庄浪县、固原州、镇原县、华亭县、崇信县、隆德县。府志较详,州县志中以泾州、静宁州、固原州内容最多,隆德、庄浪、崇信三县内容较少。记载了各县人口递减、田地荒芜、宗藩欺凌百姓等"他书之不敢言"的内容;设寇戎志,记秦、汉、十六国、唐、宋兵事,对明中期防御蒙古部族的战争的记述较为详尽,如"满四之变";城郭条后附"平

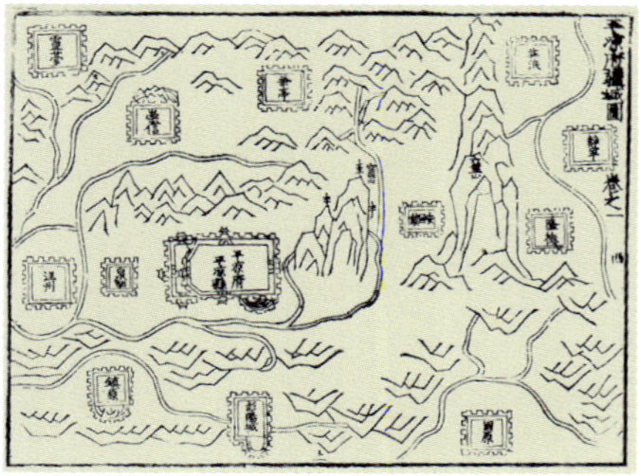

平凉府疆域图

凉五侯庙辨谓”，考证平凉五侯；不设艺文，有关文献附于志后；兵制志记述山西回回、土鞑、河西番族、啰哩各族的居民，及四川保儿“啰哩”之变等情况。泾州，记述明中叶以后农村凋敝、民生疾苦状况，列酷吏传，叙述韩藩宗室凌辱官府、欺害人民及韩藩护卫军屯恃势侵夺等事；人物传附录贞女节妇辨，论述女子为未婚夫殉节之事。华亭县，记述当时社会风气的紊乱。隆德县，记述徭役不均的情况。1944年，张维补校，在其《陇右方志录》中称该志：“指斥时政，能言人所不敢言。于民生疾苦兢兢焉，惟恐言之不尽。”指出其不足：“议论邻于自是者亦不少。”中国科学院国家科学图书馆、中央民族大学图书馆有藏，甘肃省图书馆存卷2，故宫博物院图书馆存卷1~3。1999年，平凉地区地方志办公室组织校勘辑补，内部刊印。南京图书馆藏张维《补校平凉府志》本。

Pingyangxian zhi(jiuzhi)

平阳县志（旧志） 平阳县志创修于明正统年间。章惠修、方燧纂正统志；王约修，孔彦雍、包瑜纂弘治志；陈彦生续纂嘉靖志，均不存。明代所修平阳县志仅隆庆志存世。清顺治、康熙、乾隆、同治、光绪年间6次修志（康熙年间修两次）。同治志未成书，稿已散佚；光绪志稿本未刊行，无传本；马腾霄修、陈文谟等纂顺治八年（1651）志（8卷），石金和修、施鋐纂康熙十二年（1673）志（10卷），金以埈修、吕弘诰等纂康熙三十三年志（12卷），均有传本，以乾隆志卷数最多、影响较大。清代另有杨诗撰《平阳县志考》1卷，温州市图书馆藏抄本；叶嘉棆纂《平阳县志补正》1卷，无传本。民国时期修县志1部，卷数远超历代所修平阳县志，具体例、搜罗、考据、叙述“四善”，为近代浙江方志之佳作。①《平阳县志》［乾隆］。徐恕修，张南英、孙谦纂。乾隆二十五年（1760）刻本。20卷，首1卷。约17万字。分12个门类。记事止于乾隆二十二年。防圉志下设海防目。专设水利志，记载河道、塘埭的情况，重点记述沿海陡门的重要性。志末附捐资助修名单，计360余人。国家图书馆、北京大学图书馆、浙江图书馆、温州图书馆等有藏。还有同治间补板本、1918年补刻本。苏州图书馆藏抄本。②《平阳县志》［民国］。王理孚修，符璋、刘绍宽纂。1926年刊本。98卷，首1卷。分舆地、建置、学校、食货、武卫、风土、职官、选举、人物、神教、经籍、古迹、金石、杂事十四志，另有补遗、正误、考异，文征内编、外编。采用科学方法测量河流山脉，分乡论述水利情况。全志搜集的材料中，有的来自谱牒，如宋之才《使金贺生辰还海复命表》等篇，可补史书之缺。文征中诗词，部分来自冒广生《永嘉诗传》（未见传本）。中国科学院国家科学图书馆、故宫博物院图书馆、浙江图书馆、温州市图书馆等有藏。

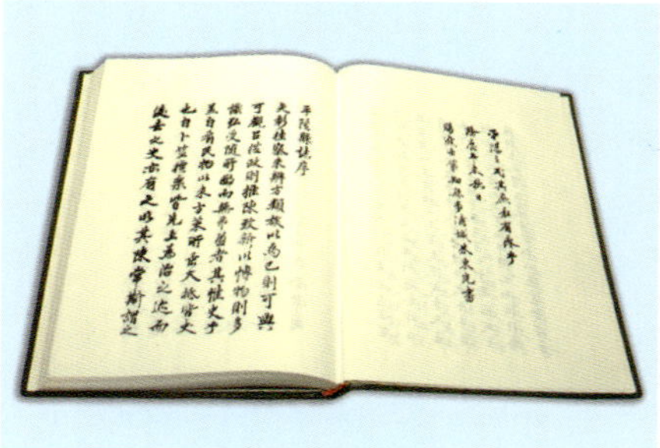

隆庆《平阳县志》康熙年间增补抄本（“中国方志丛书”本）书影

Pingyaoxian Zhi

《平遥县志》 总纂冀有贵。1999年中华书局出版。173万字。设26编121章388节。卷首配平遥县旅游图、地图、彩照154幅。上起尧帝初封于陶，下至1998年；下限之后的要事、大事，以限外辑要的形式附于编末。志书内容突出反映山西平遥的国家历史文化名城、世界文化遗产、晋商发祥地等地方特色。文物编、旅游编重点记述境内古遗址、古墓葬、古建筑、碑刻、石雕、革命文物、馆藏文物及自然、人文景观。其他编章也注重对历史遗产的记述，例如，工业编中记载了始于唐代的平遥推光漆器，城乡建设编中记述古城建设、古店铺、古民宅，平遥之最所收的126条中约1/3为历史之最。除文化编设

平遥古城鸟瞰

著述章收录史志编纂情况，附历代邑人部分著述一览表，收入148篇著作；另设艺文编，收录诗词115首、文赋17篇；丛录以收录历史文献为主，有历代县志序跋选、古今碑文选、文献辑存。商业编设专节记述平遥商帮，附1948年平遥城内“干”字形商业街店铺分布示意图9幅。金融编设专章记述平遥票号，对票号业务与管理、资本及盈利情况、主要财东情况均予以详记，配有图表。人物编以传、简介的形式记载120多人，在世闻人类记载14人，名录收录英雄模范人物、革命烈士、高级科技人员1926人。以当代人物居多。所记人物中包括清代票号创始人雷履泰，及毛鸿翙、李箴视、刘庆和等十多位票号人物。2000年获山西省地方志优秀成果奖一等奖。

Pu Xiaorong

蒲孝荣（1916—1996） 笔名蒲菲于、菲于。四川成都人。1941年毕业于四川大学史学系。20世纪60年代初，任《四川省志地理志》古代沿革地理编纂。70年代中期，编纂《四川历代政图志》。其间，奉四川省哲学社会科学研究所之命，编纂完成《四川历代政区治地今

释》，于 1978 年内部刊行。1980 年后，主要从事地方志工作，草拟《四川省地方志实施方案》，任四川省地方志编委会专职委员兼总编。参加制定《四川省地方志工作规划纲要(1986—1990)》，制定《四川县志编著方案》，参与省志、市县志培训。任中国地方志协会常务理事、四川省地方志协会副会长。1985 年后，任四川省哲学社会科学研究所地方史研究室副主任、省社会科学院历史研究所副所长。1988 年退休后，任四川省志审核委员会委员，负责终审和出版审批。编著《四川政区沿革与治地今释》《四川主要河流释名及其沿革》《四川各市、县名称的由来》等，主编《中华人民共和国地名词典·四川省》，参编《四川省情》等。发表方志论文和讲话 30 余篇，主要有《谈新县志的编纂》《当前地方史志工作的形势与公路交通史的编修工作》等。

Puchengxian Zhi

《浦城县志》 主编蒋仁。1994 年中华书局出版。210 万字。共 36 分志，设 39 卷 180 章 621 节。配彩色地图 5 幅、黑白线图 5 幅、彩色照片 68 张。上起新石器时代晚期，下至 1988 年，图片收录延至 1994 年 8 月。经济综述、政治综述两卷宏观记述浦城经济、政治概貌，重点反映中华人民共和国成立后的情况。文物胜景、风俗、方言、著述等卷着力表现地方文化特色。其中文物景胜卷详记新石器时代晚期遗址 21 处、青铜时代遗址 220 处，辑录闽越王馀善为抗击汉军所筑的 3 座军事城堡，唐宋元明时期的古窑址、古建筑及革命文物等。著述卷设 3 章 8 节，第一章收录 245 人的著述 392 部(种)4128 卷(本、篇)、各类论文 193 篇、书画 36 幅为作品目录；后两章收录散文 46 篇、诗词赋骚 173 首、楹联 26 对。人物卷立传记述 104 人、列事略记述 85 人、列表收录 1328 人，有"芝城之母"练隽、理学家真德秀、文学家江淹、馀善、章得象、吴充等，烈士英名录收录 195 人。附录引用 1988 年中国社会科学出版社出版的《百越民族史》对闽越国在浦城活动情况的记述，分析认为闽越王冶都设在浦城。1997 年获全国地方志奖二等奖、福建省地方志奖一等奖。

《浦城县志》书影

Putong Fangzhixue

《普通方志学》 韩章训著。1999 年方志出版社出版。25 万字。设 13 章 32 节。绪论阐述新方志学建设的目标、途径、研究对象、任务，并勾勒出方志学理论体系大纲。方志观念章辨析一般方志观、方志编纂观、文本观、接受观、发展观等概念范畴，肯定"事业说"的方志整合观念。方志价值和效益章论述方志六大价值和四大效益，并对志书功能进行静态和动态分析，认为其主要功能是存史鉴戒。方志特性章从整体、编纂、文本、接受 4 个角度进行归纳，并阐述新方志基本特性和新特点。方志本体和本质章中提出方志是一项以编修和使用方志文本为核心，以交流地情信息为根基的学术文化事业，并分析方志主体与客体、编纂与接受间的相互关系。第五章从自律性和他律性两方面论述方志发展规律。方志编纂章论及修志者的班子组建原则、职业道德和方志编纂、志文论断基本原则。方志作品章分析志书内容与形式的要素和相互关系，并对新志纲目设计进行论述。第八章、第九章阐述方志传播、阅读、批评活动的性质、作用、原则、标准等问题。方志发展方略章探讨当代方志的发展途径、战略和策略。方志学科章对整体学科体系进行阐述，认为一级分支学科包括方志理论、方志学史、方志批评、方志史 4 个部分，其中方志理论又可再分为 6 个分支，并对各分支的内涵外延进行界定。第十二章从宏观和微观两个层面介绍方志研究方法。韩章训(1942—)，福建尤溪人。1968 年复旦大学中文系毕业。1986 年开始编研地方志。任浙江省衢州市地方志办公室副主任、浙江省方志协会常务理事等职。主编《开化县志》《衢州市志》等，著有《方志学基础教程》《方志编纂学基础教程》等专著，发表方志论文 80 余篇。

P

Putuoqu Zhi

《普陀区志》 "上海市区志系列丛刊"之一。主编张一雷。1994 年上海社会科学院出版社出版。146.6 万字。设 40 卷 159 章 551 节。卷首配题词 1 幅、照片 111 幅、地图 7 幅。上起清光绪二十五年(1899)境内开始城市化，适当上溯；下至 1990 年，部分内容延至 1993 年。工人运动卷下设早期活动、五卅运动、参加上海工人三次武装起义、"四一二"反革命政变后的斗争、抗日救亡、争民主反内战运动、解放前夕的斗争 7 章，记述不同历史时期境内的工人运动。民族卷记述区境内民族人口、习俗、活动和区民族工作情况。工业卷记述普陀区的老工业区(以纺织工业为主)，北新泾工业区、桃浦工业区等新兴工业区。新风范例卷下设个人模范事例、群体模范事例两章，分别收录 17 名个人、3 对夫妇、4 个群体的模范事例。曹杨新村卷记述上海市第一个大型工人新村从 1951 年始建时的 1 个村 48 幢二层楼住宅发展到 9 个村 700 多幢住宅，及居民从 1000 余户发展到 3.2 万户、10 万余人口的过程。玉佛禅寺卷记述玉佛寺的佛事、寺藏文物、重大活动及管理。专记·附记卷中，专记设药水弄今昔、"文化大革命"两篇，附记设敌伪军警恶霸罪行篇。1998 年获上海市新编地方志优秀成果奖二等奖。

1990 年改建后的药水弄新貌(左下：1949 年前药水弄一角)

Q

七 栖 祁 齐 岐 钱
黔 乔 谯 钦 秦 青
清 庆 琼 瞿 区 全

Qibaozhen Zhi

《七宝镇志》 主编夏根福，总纂王孝俭。2010年上海人民出版社出版。158.8万字。设32章164节。卷首配照片195幅，其中黑白照片35幅，拍摄时间为1947~2006年；地图13幅，绘制时间为清康熙九年(1670)至2006年。上溯源头，下至2006年，大事记等延至2008年。重点设土地，商业，房地产业、住房、用房，文物胜迹，土特产等章。土地章记述上海市七宝镇从拥有近2万亩耕地到无寸土可耕的过程。房地产业、住房、用房章记述住宅小区的建立，力求还原七宝镇城市化的进程。商业章篇幅20万字，记述从传统商业到现代商业、从集镇商业到城市商业的发展过程。农业章记述100多样农用工具，配有绘制的农具线描

1982年七宝镇蒲汇塘鸟瞰图

图。设土地改革节，分5个部分，其中，土地改革全过程与结果部分划出18种阶级成分，分别为地主17户、工商地主14户、地主工商10户、自由职业兼地主4户、雇农1户、佃贫农36户、贫农93户、佃中农9户、中农79户、富裕中农5户、富农9户、半工半农半商半农99户、小土地兼农23户、自由职业兼农10户、宗教兼农1户、失业工人2户、小资产兼农2户贫民69户，附1949年七宝镇各阶级成分情况表。卷末附特记9篇及大事记。

Qixiaxian Zhi

《栖霞县志》 主编于法。1990年山东人民出版社出版。99.4万字。设26编141章。志首配地图2幅、彩色图照29幅。上起清道光二十年(1840)，部分内容适当上溯；下至1985年。自然地理编全面记

牟氏庄园

述山东栖霞县地理，境内山峰、河流、名胜古迹，重点记述境内20个重点文物保护单位，包括国内规模最大、保存最完整的古镇都牟二黑子地主庄园。人物编记述元代道教全真派创始人丘处机及其在养生学方面的研究、清代农民起义领袖于七及其率众以牙山为根据地举旗抗清的事迹、学者郝懿行及其经学代表作《尔雅义疏》、现代经济学家韩及宇及其多种经济学著作等。1993年获全国新编地方志优秀成果奖一等奖。

Qixian Zhi

《祁县志》 主编武殿琦。1999年中华书局出版。118万字。设20编102章313节。志首配照片139幅、县政区图、县城图。后有索引1010条。上起

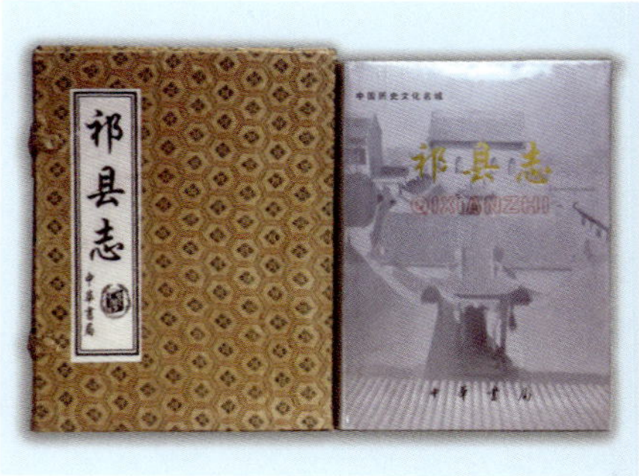

《祁县志》书影

事物发端，下至1993年底；另设限外辑要，延至1998年。自然环境编重点记述祁县关于地震的内容，附1968年后ML ≥ 1.0级的地震目录。工业编记述电力、机械电子、冶炼铸造、化工建材、织染、酿造等多个行业，及山西最早的近代印刷企业“文和斋”、山西首家民族资本工厂等。交通邮电编记述祁县作为山西省交通枢纽的便利交通条件及古时的两条驿路。商业编记述旅蒙商、东北帮、湖广川贵帮等祁县商帮及其经营的茶庄、钱庄、当铺、票号、粮店、药材等行业，重点记述乔、渠两家巨商的发展和经营。军事编记述子洪口、来远镇、北关镇等关隘要塞和五云山、白狮岭等制高点，重点记述发生在祁县的历次战役，附记日本驻祁县侵略军、日伪地方武装、日军暴行录等。教育科技编记述创办于金代的学宫及后建的昭馀书院遗址、山西最早的县办中学和县立女子小学。文化编记述祁县较早的晋剧班社上下聚梨园、戏剧曲艺、县图书馆馆藏、宋版书《昌黎先生集考异》等孤本、文物管理馆藏历代名家真迹等内容。人物编收录历史名人、中共早期地方组织领导人、抗日烈士，对范建功、韩希休等反面人物也有记载，还记载了阎定础、武汝扬等当代名人。

Qi Yunshi

祁韵士(1751—1815) 原名庶翘，字谐庭，号鹤皋，又号筠禄，晚号访山。清山西寿阳人。乾隆四十三年(1778)进士。任国史馆编修、户部主事等。嘉庆十年(1805)谪官伊犁，增纂《西陲总统事略》，并录其大要，撰成《西陲要略》(又名《新

疆要略》)4卷。还籍后,主讲兰山书院、莲池书院。另纂有《西域释地》,著有《蒙古王公表传》《藩部要略》《西陲竹枝词》等。《西陲总统事略》[乾隆],又名《伊犁总统事略》。松筠修,汪廷楷原辑,祁韵士增纂。嘉庆十四年成书。12卷。约13万余字。该志卷1为乾隆统一新疆事略;次为新疆舆图;次分述疆域、山水、卡伦、军台;次为官制兵额、兵书、城池衙署、疆域山川、坛庙祠宇、粮饷、训练、军器、营务成案、兵屯、旗屯、回屯、屯务成案、钱法、船工、图籍、教学、世职、孝节、牧厂、厂务成案、卡伦、会议卡伦成案;次为塔尔巴哈台、乌鲁木齐、回疆各城事略,土尔扈特、哈萨克、布鲁特源流,霍罕路程记,汉乌孙、唐西突厥释地,哈萨克马说,渥洼马辩,厄鲁特旧俗纪闻,回俗纪闻。记伊犁事尤详。除嘉庆刻本外,还有清道光十九年(1839)刻本等。

Qisheng

《齐乘》 于钦撰。元(后)至元五年(1339)成稿,其子于潜于至正十一年(1351)刻印。6卷。4万字。书名沿袭春秋时晋国史书《晋乘》。于钦(1284—1333),字思容,祖籍文登,他认为"有关于当世,有益于后人"的事,莫如"著述以彰显,修志以传世"。该志依据地理总志的性质、范围、体例要求,采取按类分门与按事分门相结合的方法拟定纲目。内容分沿革、分野、山川、郡邑、古迹、风土、人物,后附于潜作《释音》1卷和跋。记述范围以元代山东东西道宣抚司所辖益都、般阳、济南三路为主,附记古代曾为齐邑的高唐、禹城、长清、聊城、东阿、临邑等县。沿革以时为经,因地系事,上溯远古的氏族部落;分野以构成中国古代天球坐标系统的"入虚度"记述,具体说明古代山东主要地区的地理位置;山川以路为目,由大到小记述;郡邑以地为目;古迹以类分目;风土以时为经,独立成篇;人物依朝代顺序记述,对所记齐地人物分别立传,或做简要介绍。在自然方面,记载有齐地山脉102座、河流22条,并记载湖、泽、海,翔实记录了七十二名泉的泉名和位置,明确指出济南泉水远不止72个;还记载了一些已佚的古地理书内容。在经济方面,记载有莱芜、文登等地的铁矿,栖霞境内的黄银矿,长清产的中药半夏,胶州产的中药桔梗、防风、乌头、天雄,文登沿海的海牛、海驴、海狸,青州种植的牡丹等。艺文类的记载涉及碑铭、石刻、诗词、神话、传说等各个方面。不记载户口、赋役、学校等内容,也无配图。于山川、郡邑、人物的记录,错漏较多,顾炎武撰《山东考古录》辨之多处,胡德琳重刻此志时,命周嘉猷考证6卷。此志为中国最早以"乘"为名的志书,也是山东省唯一一部元代志书。至正刻本已佚。国家图书馆、南开大学图书馆等藏明嘉靖四十三年(1564)刻本。台湾藏清康熙年间抄本。2007年,中国文史出版社出版校注本。

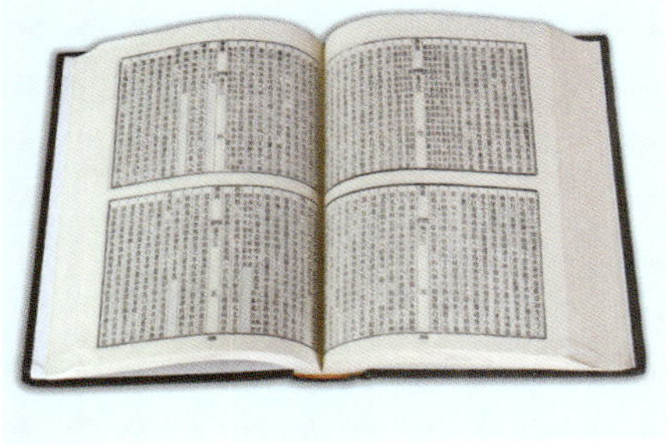

《齐乘》("宋元地方志丛书"本)书影

Qiqihaershi Zhi

《齐齐哈尔市志》 总编潘晓黎。1998年黄山书社出版第一卷。至2000年,全部出齐。分综合、政治、经济、文化4卷,435万字。设31篇236类目。配照片156幅、行政图2幅、表856个。上起远古,下至1985年底,重点记述清康熙三十年(1691)建城以后的情况。以军事、工业、农业、人物等分志记述最具特色,突显齐齐哈尔为爱国主义教育基地、国家商品粮基地、畜牧业基地、重工业基地的特点。后设专记。附录中的地方史志提要收录《龙沙纪略》《卜奎风土记》《黑龙江外纪》《卜奎纪略》等11部。①《齐齐哈尔市志》军事篇。设8章33节。战事章记述黑龙江寿山将

《齐齐哈尔市志》书影

军等抗击沙俄斗争、中国抗日战争的首战——江桥抗战、光复齐齐哈尔战役、解放齐齐哈尔战役等重要战役。专记列有3005次军火列车、哗变士兵抢掠事件、吴俊升枪杀叛兵事件、吴俊升诱杀收编土匪、关东军化学研究所5个条目。②《齐齐哈尔市志》工业篇。设17章78节。设机械工业章、冶金工业章,突显齐齐哈尔为机械钢铁城的特点。机械工业章记述重型机械、铁路车辆、机床、锻压机械、农林牧业机械、通用件、变压器、电线制造等行业的产销情况,对"文化大革命"期间的生产情况也有记述。重点记述龙江机务段,齐齐哈尔机车车辆制造厂,齐齐哈尔第一、二机床厂,齐齐哈尔第一重型机器厂等企业。冶金工业章记述黑色金属冶炼及压延加工业、铸造业的情况,重点记述齐齐哈尔钢厂、齐齐哈尔市铸锅厂、齐齐哈尔市钢管总厂、富拉尔基钢厂等企业,还记载生产的特种钢和特种钢材产销情况。重点记述了黑龙江化工厂,齐齐哈尔化工总厂,和平、建华、华安三大军工生产企业的情况。③《齐齐哈尔市志》农业篇。设9章36节。种植业章列表记述玉米、小麦、大豆、高粱、谷子、水稻等粮食作物,马铃薯等蔬菜作物,甜菜、葵花、烟草等经济作物,内容包括播种面积、总产量、平均亩产量等。畜牧业章设节记述哈拉海军马场、黑龙江省齐齐哈尔种畜场的情况。④《齐齐哈尔市志》人物篇。有人物传、人物表。传记收录清代以后本籍和外籍名人113人,其中有在抗击沙俄侵略斗争中为国捐躯的将军寿山,率军在江桥打响抗日武装斗争第一枪的将军马占山,爱国志士金剑啸、王甄海,劳动模范马恒昌、富海等,民族工

商业者杜玉瑾、贺铁华等。

Qi Zhaonan

齐召南(1703—1768) 字次风,号琼台,晚号息园。清浙江天台人。乾隆元年(1736)入翰林院,先后任《大清一统志》《大清会典》《续文献通考》纂修官和副总裁等,撰写《大清一统志》中的河南、山东、江苏、安徽、福建、云南及外国等部分。官至礼部右侍郎。纂有《水道提纲》《浙江诸水编》《蒙古五十一旗考》《山东诸水考》,参与纂修乾隆《永嘉县志》《温州府志》《天台山方外志要》和《天台齐袁两先生游记》等,另著有《礼记》《史汉功臣侯第考》《后汉公卿表》《宝纶堂文钞》等。①《温州府志》[乾隆]。李琬修,齐召南、汪沆纂。乾隆二十七年刊刻。30卷,首1卷。正文分31门92目。约90万字。记事止于乾隆二十五年。卷首对温州海防、海汛、海塘、海关、瓯江、飞云江等要处分列全图。兵制门重点记述温州海防史、海防要塞、避风港、暗礁、对外贸易等。盐法门略述宋、元、明温州盐政,详录清顺治三年(1646)及十六年、康熙三年(1664)、雍正三年(1725)、乾隆七年、乾隆十五年关于温州盐法的奏疏。有清同治四年(1865)补版增刊本、1914年重补本。国家图书馆、上海图书馆、浙江图书馆等有藏。②《天台山方外志要》[乾隆]。天台山位于浙江东部,为佛教天台宗和道教南宗发祥地。乾隆三十二年齐召南在释传灯创修的万历《天台山方外志》(30卷)基础上增删作《天台山方外志要》(10卷)。次年夏,稿未定而召南病逝。乾隆三十九年,经齐召南胞弟齐世南校订刊行。该志设全图(十六景图)、山、水、寺观、祠庙、古迹、高僧、神仙、高士、物产、艺文11门。清嘉庆二年(1797),阮元督学浙江时,又命陈韶、严杰重订,增为12卷。有乾隆三十九年息园订本、嘉庆七年重订本。

Qishanxian Zhi

《岐山县志》 主编朱德钧。1992年陕西人民出版社出版。120万字。设26卷132章357节367目。配彩色图照89幅。上限不等,下限至1989年。自然地理卷详记陕西岐山县境内山区、原区、川道、河谷、河流、水泉,展示了岐山“两山夹一川,两水分三塬”的地形地貌特征。文物卷比重较大,文化遗址章记述双庵、周原两处遗址,列表记载主要古文化遗址26处;古墓葬章记载周太王墓、李淳风墓等留存古墓葬4座,仓颉墓、伯夷叔齐墓等已毁古墓葬4座;甲骨文章详记凤雏宫室建筑基址出土的甲骨文的特征、分期,并部分选释;专设一章记述商周青铜器,列有出土青铜器简目表,设目简介重要者26件,其后选录商周后青铜器13件;名胜古迹章专设一节记述诸葛亮庙、诸葛亮病逝之地五丈原及其附近的斜峪关、落星湾、魏延城、三刀岭等传说与诸葛亮分兵屯田、伏兵火烧司马懿、司马懿驻扎帅营有关的地点;还记载了古建筑、石刻及出土的铜钱币、镜鉴。方言卷从声母、韵母、声调、音变等方面详载岐山方言的语音、词汇及语法特点,分设专节列出同音字表,并对岐山方音与普通话语音进行概括比较。1993年获全国新编地方志优秀成果奖一等奖。

凤雏甲组宫室(宗庙)建筑基址

Qian Daxin

钱大昕(1728—1804) 字晓徵,又字辛楣,号竹汀,晚号潜研老人。清江苏嘉定(属上海)人。乾隆十九年(1754)进士,擢翰林院侍讲学士。三十四年,入直上书房。后任詹事府少詹事、提督广东学政等。晚年主讲钟山、娄东、紫阳等书院。参修续通志、一统志等,纂有乾隆《鄞县志》和嘉庆《长兴县志》等,另著有《潜研堂文集》等。其方志义例散见于《鄞县志局与诸同事书》、《长兴县志》凡例、《续通志列传》总序及宋、元、明方志题跋等文中。认为志书人物应以时代为次,不必分类,以“既遵古式,又息争端”。对于方志与国史之别,认为“国史美恶兼书,志则有褒无贬,所以存忠厚也”。提出“古人志乘,皆寓史法,不私其亲”,主张修志应秉笔直书。提出志书应着重写本籍人,不当录外籍者。主张修志宜占有充足资料,通晓前代官制,明辨古今地名异同。批评《剡录》主纂高似孙不通前代官制,以致史实多有舛误。认为纂修列传,除正史之外,必取材群书,详加折中,于可征信者入正文,以求“信今传后”。

Qiantangjiang Zhi

《钱塘江志》 “浙江省志丛书”之一。主编戴泽蘅,中国江河水利志研究会、浙江省地方志办公室、浙江省水利志编纂委员会参与编纂。1998年方志出版社出版。101万字。设10篇47章171节。卷首配钱塘江水系图、新安江水系图、兰江水系图、富春江及钱塘江水系图、钱塘江河口图、钱塘江主要水利工程分布图、钱塘江海塘形势图,及彩照26幅;随文配黑白照片近30幅、图表约180幅(个)。志末附索引2500余条。上起事物发端,下至1989年底。全志完整记述钱塘江的形成与演变过程,及其相关水系的环境和资源、治理开发管理的历史与现状,兼及相关的人文、胜迹。如水系及其环境篇,为全面记述钱塘江水系情况,越省境而书,记及北源安徽境域,突破行政区域的限制;河口治理开发和海塘建设篇,重点记述河口、海塘的科学研究、治理规划、治江和围涂、塘工技术、江南海塘和浙东海塘等;人文篇,包括人物、论著、名胜古迹、诗词楹联等章节,收录人物43人、著述百余种、名胜古迹48处、诗词楹联94首(联)。此外,志书还对钱塘江

海宁潮

做历史、具体的考察，运用考古发掘和历史文献，记述人类与江水做斗争的历史；附录部分设置钱塘江流域面积100平方千米以上河流基本特性表，包括编号、干流、支流、主峰及其高程、起讫点及其高程、分河段值、河源起算的累计值等项目。2004年获浙江省第五届地方志优秀成果奖一等奖。

Qiandongnan Fengwu Zhi

《黔东南风物志》 主编吴谋高。2010年云南美术出版社出版。2册，75万字。设5篇。一般一条一图，或一条多图，全书共1804幅图片。风光篇列有名山秀峰、江湖瀑布、奇岩幽洞、地质奇观等目。风土篇列有地方物产、风味饮食、工艺物宝、古树名花等目。风俗篇列有民族节日、婚恋习俗、社交结谊、祭祀宗教等目。风云篇列有市县溯源、祠堂会馆、摩崖碑刻、遗址故居等目。风采篇列有名村名寨、民族服饰、民族舞蹈、民歌民调等目。附录列有民族节日概览表、非物质文化遗产代表作名录、国家级重点文保单位、国家级风景名胜区、国家级自然保护区、国家级生态博物馆、文化艺术村寨等。该志所辑风物条目以鲜活存在风物为主，少数已消失但仍有文化遗迹和文化影响的做简单记述。物质文化和非物质文化均以原生于民间、来源于"自然"的风物为主，着重于唯一性、活态性、乡土性、历史性。还记有黔东南苗族侗族自治州境内世居的少数民族9个，大小民族节日近400个，民族服饰300多种，国家级非物质文化遗产39项、保护点53个，中国民间绘画、艺术之乡10个，全国重点文物保护单位5个。

丹寨县苗族锦鸡舞

Qiao Hong

乔虹(1921—1999) 河南西峡人。1947年进入解放区。曾在北方大学等校学习。1949年随军进入天津，在市人民政府政策研究室工作。次年，调入市城乡建设委员会。20世纪60年代主持编修《天津城市建设新志》。1985年自天津市规划局离休后，主持编修《当代天津城市建设》。1987~1996年，任《天津通志·城乡建设志》主编，在卷首设综述，在各篇设概述，在各章设概况或无题小序，采用史体，夹叙夹议，有述有论，全面记述历史和现状，发掘特点和规律；坚持秉笔直书，不溢美、不隐恶，不因人废事，对袁世凯任直隶总督时对天津城市建设的贡献给予充分记述；注意到各地城市建设中存在共性，坚持突出重点、抓住特点，设重点工程卷和市容管理卷。该志于1997年获全国地方志奖一等奖和天津市优秀志书成果特等奖。对修志中搜集到的资料进行整理、研究和考证，编成《天津城市建设志略》。

Qiao Zhou

谯周(约201—270) 字允南。三国时巴西郡西充国(属四川)人。曾任蜀中散大夫、光禄大夫。入晋，拜骑都尉、散骑常侍等。纂有《蜀本纪》《三巴记》《益州志》《巴蜀异物志》等，均已佚。另著有《论语注》《法训》《古史考》《五经然否论》等。清代王谟《汉唐地理书钞》收录有《三巴记》《蜀本纪》《巴蜀异物志》辑本。①《三巴记》。三巴，旧为巴郡，东汉末刘璋分巴郡为永宁、固陵、巴三郡，后又改为巴、巴东、巴西三郡，称为三巴，范围约为四川嘉陵江和綦江流域以东大部。《三巴记》又名《巴记》，不分卷，书中载有疆域沿革、山川地理、人物、风俗等。可视为后世完备方志的雏形。综记三郡，具有合志性质。原书被《隋书·经籍志》《旧唐书·经籍志》《新唐书·艺文志》、顾怀三《补后汉书艺文志》、侯康《补三国艺文志》、姚振宗《三国艺文志》等著录。②《巴蜀异物志》。又作《谯周异物志》。西晋泰始六年(270)撰。是谯周以乡邦人士身份撰写本土历史，论述方域沿革、民俗风情、物产地理的专书。

Qinding Rehe Zhi[Qianlong]

《钦定热河志》[乾隆] 和珅、梁国治纂修。清乾隆四十六年(1781)刻本。120卷。分为天章、巡典、徕远、行宫、围场、疆域、建置沿革、晷度、山、水、学校、藩卫、寺庙、文秩、兵防、职官题名、宦迹、人物、食货、物产、古迹、故事、外记、艺文24门。记述塞北山川风物及历史变迁，反映了清朝前期承德社会的政治、民族、宗教、经济、军事、文化状况。其建置沿革表及各种图绘详细，为该志一大特色。内含行宫插图109幅，记避暑山庄康熙御题36景、乾隆御题36景及其他景致；木兰围场图1幅，标示70余所分围场；还有承德府及各县全图8幅、文庙图13幅、建置沿革图12幅、藩卫图7幅、寺庙图24幅，另有建置沿革表7个。版本有乾隆年间内府稿本、武英殿本，

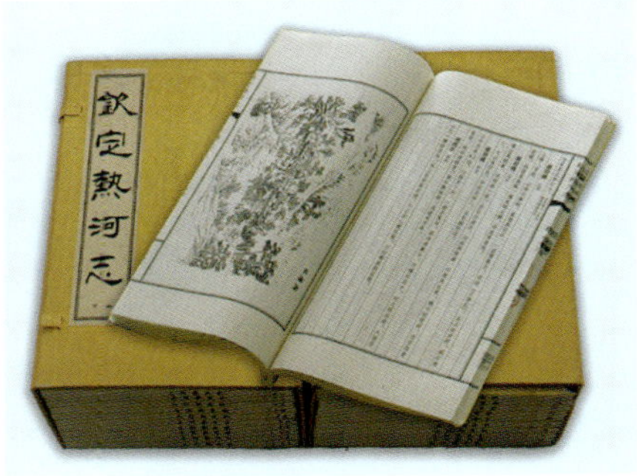

乾隆《钦定热河志》影印本书影

北京故宫博物院图书馆有藏。1934年，经金毓黻校勘，选入“辽海丛书”。2003年，天津古籍出版社出版承德民族师范高等专科学校避暑山庄研究室校点本。

Qinzhou Zhi[Jiajing]

《钦州志》[嘉靖] 林希元纂修。明嘉靖十八年(1539)刻本。9卷。设28目。卷首有钦州、钦州城、灵山县、灵山城四图。采用志、按、论、考、图、表、传、录8种体裁，创设类似于大事记的历年志类。记载范围涵盖本州及领属灵山县，着重记述经济内容，详记民情、民生、物产、户口、钱粮、赋税等，约占全志篇幅的1/3。如记载糯米15种、鱼类54种，详述各种物产的性质、特征、传入经历、得名缘由、制作方法、重量、可食与忌食等；对唐宋至明朝的户口人数有详细的统计与记载，嘉靖年间户口尤详，增记军户、灶户、疍户、力士户，及军口、灶口、弓兵铺兵口、疍口、力士口等。注重记述兵防，突出地域特征、经济地情与边防地情融为一体的地方特色。记与安南接壤的山川地情，巡检司、海北兵备道、守备、千户所等机构的设置与装备，溪峒、营堡与备倭情况，余靖、岳飞次子岳霖等兵备使臣、州官在兵防中的政绩。记载潮汐、气候，突出滨海地域特征。记钦州与安南等东南亚国家的贸易路线及安南使者经钦州北上朝贡的路线，不乏广西外事、外贸、航运海运的重要资料，入志资料多来自耳闻目睹、实地调查的第一手资料，反映钦州自古是中国海上贸易通道之一。天一阁有藏。广东省立中山图书馆藏抄本。

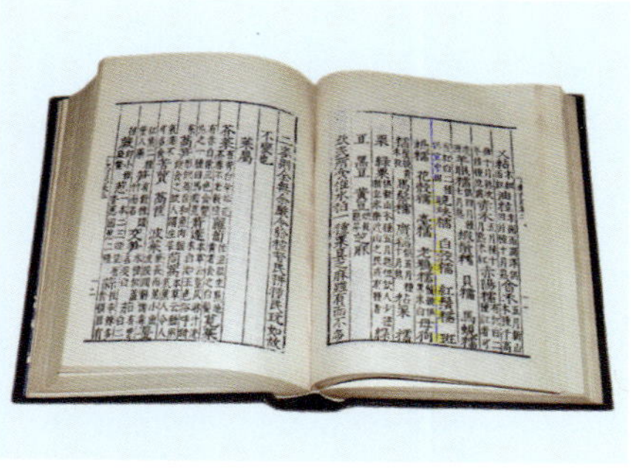

嘉靖《钦州志》(“天一阁藏明代方志选刊”本)书影

Qin'an Zhi[Jiajing]

《秦安志》[嘉靖] 胡缵宗纂。明嘉靖十四年(1535)刻本。9卷。约5.5万字。正文设建置、地理、职官、礼制、学校、人物、田赋、艺文八志。削标目琐屑之弊，平列门类，不分细目。各分志记述均先以小序缘起，后列条目，再逐一记述。清顺治年间增刻，建置、职官、学校、人物、艺文等志有所增补。建置志梳理了秦安境内自先秦至明嘉靖年间的建置

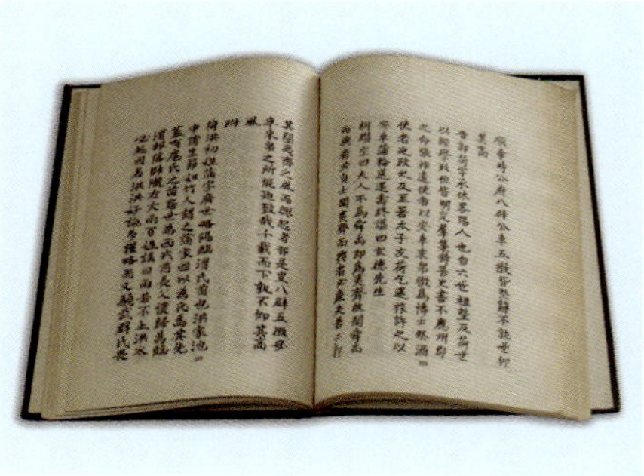

嘉靖《秦安志》(“中国方志丛书”本)书影

沿革，附《重修秦邑城池记》，记载明弘治十八年(1505)加固、增修秦安县城始末。地理志记述当地形势、山川分布、典故、古迹及发生在境内的历代战事和遗址，还记载明代县城街道、庙宇、牌坊等主要建筑设施和境内集镇、堡寨等，列举秦安景物“八观”“十咏”，对境内古城遗址进行考证。职官志记载境内历代官职的设置和历任知县、教谕、典史、阴阳训术、医训科等人物生平事迹。职官志(续)记载嘉靖年间官吏人物。礼制志记述官方礼制、祭祀和民间婚丧贺礼。学校志记载境内的教育制度、机构设置、学校分布、历年科考登第人物等。学校志(续)附载《国朝进士举人题名记》《国朝贡生题名记》。人物志记载明以前秦安名人18人，录载明代本籍外任官员、教谕、训导、孝贤有德之人，后附记列女。人物志(续)除汉代李翕外，记载嘉靖之后人物。田赋志记载当时户口、地亩、特产、贡赋徭役、学生岁课、官吏俸廪等。艺文志记载碑记、诗、文。艺文志(补)录入《西狭颂》《秦邑赋》等文。中国科学院国家科学图书馆、吉林大学图书馆等有藏。甘肃省图书馆、天津图书馆等藏顺治年间增刻本。甘肃省图书馆、首都图书馆、上海图书馆等藏抄本。北京大学图书馆藏民国晒印抄本。

Qinbian Jilüe

《秦边纪略》 梁份纂。原名《西陲今略》。6卷。卷1分述全秦边卫、河州卫、西宁卫、庄浪卫，卷2记凉州卫，卷3记甘州卫，卷4分述肃州卫、靖远卫，卷5分述宁夏卫、延绥卫，卷6杂记河套、外疆、嘉峪关至哈密路程、嘉峪关至赤金路程、近疆西夷传、河套蒙古、蒙古四十八部落考略、西域土地人物略、嘎尔丹传，志末设附录。志书内容涉及内蒙古南部、陕北、宁夏、甘肃大部、青海东北部及新疆南部，东西横跨6个省(区)，以卫(府)为纲，下系镇、城、边堡的墩台、建置沿革、山川形势、道路驿站、官司戎伍、攻防得失、农畜物产、风俗人情等，以及沿边蒙古部落、土族、藏族、撒拉族的分布和活动情况，还记载了喀尔喀蒙古、西域土地人物等内容。河州卫、西宁卫两篇可视为有关青海史的专篇，河州卫还记录了西宁东关和西川多巴的回族商业活动。近疆西夷传是记录青海蒙古的专篇。嘎尔丹传较完整地记载了嘎尔丹与康熙帝正式为敌前的历史事迹，取材多出自实地考察，特别是所记嘎尔丹一生前期事迹，完整详尽。清代有《灰画集》雍正刊本、澹宁堂藏雍正抄本、卢镐宝风楼藏乾隆抄本、吴坤修《半亩园》同治刻本，后由宋联奎辑入“关中丛书”。1987年，青海人民出版社出版赵盛世、王子贞、陈希夷注释本，取明代张雨《边政考》图分别附于各卷之首，以弥补原图的缺失。1989年，该注释本获青海省第二届哲学社会科学优秀成果奖二等奖。

Qin-Han xiuzhi

秦汉修志 秦汉之际是中国方志历史上的发轫时期。秦统一中国后，为了对各郡县实施有效管理，依当时的区划绘制地图，记录各地的山川、聚落、交通、户口。汉代地图也很发达，并出现了作为中央政府的征录之书的郡国地志。

部分秦汉佚志简目

秦：《秦地图》

两汉：《哀牢传》、《巴郡图经》、王商《巴蜀耆旧传》、赵谦《巴蜀耆旧传》、郑廑《巴蜀耆旧传》、祝龟《巴蜀耆旧传》、《长安图》、《陈留风俗传》、圈称《陈留耆旧传》、袁汤《陈留耆旧传》、朱赣《地理书》、《地理图簿》、《地形图》、《冯翊耆旧传》、《扶风耆旧传》、《关辅古语》、《汉中耆旧传》、《冀州风土记》、《交州异物志》、《京兆耆旧传》、《荆州文学记官志》、《九江寿春记》、《会稽贡举谱》、《庐江耆旧传》、《鲁国先贤赞》、《南阳文学官志》、《沛国耆旧传》、《三辅黄图》、《三辅耆旧传》、《三秦记》、《十三州记》、司马相如《蜀本纪》、严君平《蜀本纪》、阳城子玄《蜀本纪》、尹贡《蜀本纪》、郑廑《蜀本纪》、郑谦《蜀本纪》、《司空郡国舆地图》、《西京图》、《幽州山川屯田聚落百余卷》、《舆地图》、《云阳记》、《驻军图》

秦汉时期，各种杂述较多，唐刘知幾《史通》将这些杂述划分为10类，即偏纪、小录、逸事、琐言、郡书、家史、别传、杂记、地理书、都邑簿。其中，郡书、地理书、都邑簿多记郡国及畿辅诸事，所载门类虽不齐全，叙述较为简约，但于一方山川、都邑、道里、物产、户口、人物、民情、风俗，都有所收录，体例初步具备，各自有所载内容和形式，开启了后世方志的一个重要方面。秦汉所修郡书、地理书、都邑簿等存世不多，除《三辅黄图》《三秦记》《陈留风俗传》等有辑本流传，其余仅见书目。

秦代修志　考古发掘证实，秦代地图绘制精细，记录的内容丰富。天水放马滩秦墓地图描绘了当时的区域地形，并且地图上有几十处文字标注，分别说明山峰、河流、道路、桥梁、村落、关隘等。《史记》记载：刘邦攻入咸阳，萧何首先"收秦丞相御史律令图书藏之"，以便刘邦称帝后了解天下户口、民间疾苦、阨塞之所、强弱之处、郡县山水等。其中的"图"即指地图。

汉代修志　汉代地图的文字被后世史籍征引，一般称为某郡某州图，也有称为图经，如保存在《华阳国志》中的《巴郡图经》，其内容不仅有疆域、里至的描述，还有户口、经济、设官等方面的记录。汉武帝时，为了掌握全国经济、地理和地方向朝廷输运贡赋情况，命令各地方政府把记载当地物产、贡赋和交通等的资料随同计书上送太史保存。这一时期撰述的地记或地志有《上党国记》等。其后刘向、朱赣关于地理、风俗的论述也属地志范畴。朱赣撰著的《地理书》（已佚）是成书于西汉末年的一部记述地理风俗的总志。东汉王朝建立后，光武帝下令撰修《南阳风俗传》。后又出现耆旧传、先贤传、风土记、风俗记、异物志、水道记、山水记等。这些著述的内容和形式，为后世方志所取法，影响很深。

Qinhuangdaoshi Zhi

《秦皇岛市志》　主编王岳辰、齐家璐。1994年天津人民出版社出版。10卷，650万字。设67志330章991节。各卷卷首共配图照300余幅。不设上限，下限至1990年。分别将港口、玻璃工业、铁路桥梁工业升格为志。港口志记述秦皇岛港由中国沿海七大港口中最落后的港口，转变为世界煤炭输出第一大港、中国大陆仅次于上海的第二大港的情况。玻璃工业志记述中国乃至亚洲最早使用机器生产平板玻璃的耀华机械制造玻璃有限公司（后改名为耀华玻璃企业集团）情况。铁路桥梁工业志重点记述中国最大的生产铁路桥梁的工厂之一——山海关造桥厂（后改名为山海关桥梁厂）。商业志中特设专章反映商业体制和市场及主要商业机构，记述商业经营体制、商业流通体制和商业管理体制的变化，以及商业市场、主要商业机构的发展和变化。设口岸志，记述海关、进出口商品检验、国境卫生检疫、进出境植物检疫和边防检查。中国共产党地方组织志、工人组织志突出记述中共党员、一大代表王尽美到山海关建立中共山海关党小组，领导山海关铁路工人开展大罢工，以及秦皇岛码头工人大罢工、柳江煤矿工人大罢工情况。中国共产党地方组织志特设主要决策章，记述中共秦皇岛地方组织在武装斗争、组织建设、经济技术社会发展和政治运动4个方面的主要决策。军事志重点记述明代李自成与吴三桂石河之战、20世纪20年代直奉第二次交战、30年代国民政府军抗击日本侵略军的榆关之战、40年代的解放和保卫山海关之战等。旅游·休养疗养志重点记述山海关、北戴河、黄金海岸、南戴河、碣石山、天马山、背牛顶等旅游区。文物志重点记述山海关小毛山新石器时代遗址、卢龙阚各庄殷商时代遗址、北戴河秦始皇行宫遗址等文化遗存，丰富明史内容的抚宁天马山石刻、傍水崖古战场碑文等，以及填补中国兵器史空白的石雷石、石炮、火铳等。长城志主要记述北齐长城遗址的情况。1996年获河北省地方志优秀成果奖一等奖，1997年获全国地方志奖一等奖，2001年获河北省首届修志成果奖特等奖。

秦皇岛港丙丁杂货码头工程

Qin Shihuangdiling Zhi

《秦始皇帝陵志》　主编袁仲一、杨正卿。1997年三秦出版社出版。24.3万字。设5章46节。不设大事记。卷首配彩图24幅，文中配黑白插图53幅。上起秦庄襄王时期，下至1994年。重点

秦始皇兵马俑博物馆一号坑展厅

记述秦始皇帝陵的环境、布局和墓葬的特点。第一章从政治、军事两方面记述秦始皇的生平及主要事迹，突出其推进政治改革和统一六国。第二章记述秦始皇帝陵的选址、修建时间、布局特点、防洪等配套设施，对修建陵园的土方工程、建筑材料和陪葬品的用工量进行推算，显示其工程浩大。第三章重点记述陵园出土的兵马俑的排列造型、制造工艺及艺术特点，彰显兵马俑的写实、逼真和宏大，反映当时手工业的水平。第四章记述了秦始皇帝陵出土的青铜剑、金钩、矛、戈、戟、钺、殳等各类兵器及制作工艺，重点记述青铜兵器的合金成分及铸造、锉磨、抛光、钻孔等工艺。第五章记述秦俑坑的发现、发掘过程，突出记述秦始皇兵马俑博物馆的建设历程、设计理念和国内外参观留言。附录收录古人咏秦始皇帝陵诗词及秦始皇造陵逸事。

Qingdaoshi Zhi

《青岛市志》 总编郑世侗、高国耀、张书荣、郑真何、周志公、王柴、王现军、张子忠。1994~2002年，由大百科全书出版社、新华出版社、五洲传播出版社、方志出版社出版。61册，约1400万字。除《总目录》《青岛世纪图志》外，设67个分志，下分354篇1095章。配插图1056幅。上起清光绪十七年(1891)青岛建置，下至1990年。其中海港、海洋、海关、盐业、园林绿化、市政工程、崂山、旅游、电子仪表工业、纺织工业、一轻工业等分志突出了地方特点。1997年，海港志获全国地方志奖二等奖。2005年，志书获山东省新编地方志优秀成果奖二等奖。①《青岛市志·海港志》。设5篇16章47节。以生产力发展为主线，从海港分布、海港建设、港口生产、港口管理、港口服务等方面记述青岛海港及其生产的发展与变化，展示了这种发展变化的时代脉络。重点记述青岛港与121个国家和地区的450余个港口之间的通航贸易，及1990年吞吐量位列上海、大连、秦皇岛之后居全国海港第四位的事实。②《青岛市志·海洋志》。设5篇23章72节。内容包括海洋地质地貌、海洋物理、海洋化学、海洋生物、海洋调查研究。重点记述1959年成立的中国第一所专门培养海洋科学专业人才的高等学府——山东海洋学院，彰显青岛市在中国海洋科学研究中的特殊地位。记述设在青岛的国家海洋局北海分局、国家海洋局第一海洋研究所、地矿部海洋地质研究所、中国科学院声学研究所北海研究站等研究机构，以及占中国海洋科技人员总数50%以上的研究人员。还记述了诞生在青岛的海洋科学研究工作重要研究成果，如童第周对海鞘卵子的分裂球进行的多种配合研究，对文昌鱼人工授精、胚胎发育机理的研究；曾呈奎对中国海藻分类方面的研究成果等。

《青岛市志》书影

Qinghaisheng Dianli Gongye Zhi

《青海省电力工业志》 “中国电力工业志丛书”分册之一。主编黄佐、肖耀玉。1996年中国当代出版社出版。73万余字。设10篇50章170节。志首配1990年青海电网主网地理接线图、彩照72幅。上起1939年，下至1990年底。记述省电力工业发展的历史，突出生产力发展的主线，反映省电力工业发展的全貌。该志记述详今但不简单略古，将

龙羊峡水库

中华人民共和国建立前后青海电力工业的发展情况进行对比。把水电生产建设作为重点，设电力建设篇，记述青海黄河水电资源及境内列为国家水电建设基地的龙羊峡、李家峡、西宁朝阳等10座大型水电站。专设农牧区电力章，反映青海电力工业的地方特点、民族特点和行业特点。根据青海电力工业大电站、大机组、大电网的发展情况及新设备、新技术出现等特点，详尽记述青海电力科技和教育的发展历程。对中华人民共和国建立后历次政治运动，遵照“宜粗不宜细、宜散不宜集”的原则，散记于大事记和各篇章中。党群工作篇只记述中共及其领导的群众团体组织在青海电力系统的活动。人物篇只列1990年及以前的副局级以上领导人员简历和全国劳动模范主要事迹，对长期奋战青海高原、为青海国民经济和社会发展做出贡献的青海电业职工的业绩也有所记述。

Qinghaisheng Tushuguan

青海省图书馆 位于西宁市城西区西关大街西端，新宁广场南侧。始建于1935年。前身是青海省立图书馆。

青海省图书馆

1949年后，更为此名。1997年，新馆正式开馆，总建筑面积1.2万平方米。馆藏全国各省、自治区、直辖市新旧志约400种。旧志以明清刻本居多，另有清稿本、抄本。其中，本省旧志有青海省最早的志书乾隆《西宁府新志》和《西镇志》《西宁府续志》《大通县志》《丹噶尔厅志》《碾伯所志》《循化志》《贵德县志稿》《玉树县志稿》《青海志》等；本省新编方志有《青海省志》81种，西宁市志21种，州、县志42种，省专业志4种。

Qinghaisheng Zhi Caitao Zhi

《青海省志·彩陶志》 主编张武明。1995年黄山书社出版。10万字。设6章29节。配图照110幅。上溯远古，下至1985年。主要内容为青海地区彩陶的发现、分布和发掘，彩陶类别，彩陶制作工艺，彩陶纹饰，典型彩陶记述和学术研究。记述彩陶的发掘出土，对仰

彩陶文物

韶文化、马家窑文化、齐家文化、卡约文化、辛店文化等类型的彩陶文化类属及纹饰和制作工艺的研究，以时代早晚为顺序，系统展示青海彩陶文化的发展历史，从彩陶实物的具体表象中印证并梳理青海地区史前文化发展脉络，展示出青海史前各类彩陶文化的特点。1997年获全国地方志奖二等奖、青海省地方志优秀成果奖一等奖。

Qinghaisheng Zhi Changjiang Huanghe Lancangjiang Yuan Zhi

《青海省志·长江黄河澜沧江源志》 主编韩荣。2000年黄河水利出版社出

澜沧江源头

版。30万字。设3章31节94目。附源区彩照22幅。不设上限，下限至1985年。该志分长江源、黄河源、澜沧江源三章，每章记述发源地区的自然环境、地貌地质、气候、水文、土壤、植被、资源、行政区划、民族、人口、交通运输、畜牧业、艺文、神话及古迹等情况，并以一定篇幅记述历代对江河源区的考察情况，重点记述中华人民共和国成立后对三江源区进行的考察、勘测与规划。记述事物上下限时间跨度长、地域跨度大，资料丰富，特别是将江河源区的旅游资源、考察活动、艺文（碑、记、诗词、文选、神话传说、有关影视作品）分别设专章记述。

Qinghaisheng Zhi Dizhi Kuangchan Zhi

《青海省志·地质矿产志》 主编章午生。1993年青海人民出版社出版。31.4万字。设11章45节。志首有青海省地质图，主要金属、非金属矿产分布图，主要非金属矿产地名称对照表，照片22幅。不设上限，下限至1985年。正文系统记述青海盐湖、石油、天然气、煤、油页岩、有色金属、黑色金属、贵金属、稀有金属、稀土金属等矿产资源的储量、分布、类型、开发条件等情况，反映青海资源

柴达木盆地百万吨盐湖项目采盐船

大省及国家资源重要战略接续区的特点，展现青海地质矿产事业的发展历史与现状。1997年获全国地方志奖一等奖、青海省地方志优秀成果奖特等奖。

Qinghaisheng Zhi Minzu Zhi

《青海省志·民族志》 主编多麻加布。2008年民族出版社出版。55万字。设9章69节。配表格19个，图照256幅。不设上限，下限原则上断至1985年。古代民族章记述历史上曾

定居后的牧民新生活

活动在青海省的羌、月氏、鲜卑等古代民族的部落活动、政治、经济、文化情况。汉族、藏族、回族、土族、撒拉族、蒙古族、哈萨克族等章从青海省7个世居民族的人口源流、政治生活、生产经营、教育体育、科研卫生、文学艺术、风俗习惯、宗教信仰、语言文字等方面，记述青海各民族的历史活动和中华人民共和国成立后青海民族工作的成就与失误。民族工作章重点记述改革开放以来，青海省认识青海民族工作重要性的过程，贯彻落实党的民族政策，建立推进民族区域自治制度，使青海各民族走上共同富裕的小康道路。该志在论述青海民族工作、民族问题的同时，注重引用和吸收国内有关民族问题和民族工作的最新科研成果。

Qinghaisheng Zhi Tang-Bo Gudao Zhi

《青海省志·唐蕃古道志》 主编张永溪。1996年黄山书社出版。10万字。设4章18节。配图照29幅。不设上限，下限至1985年。主要内容为古道的形成、古道走向及程站、古道的历史地位、学术研究与古道考察。该书从政

唐蕃古道赤岭

治、经济、文化、历史、民族、宗教、自然、地理、交通、物产和风土人情等方面，从青海有远古人类活动开始，一直记到近现代，对唐蕃古道的形成、走向变迁、历史地位和影响做科学的记述，以大量的史料和谨慎的学术研究态度，紧扣“古道”二字和民族关系这个主题进行叙述。特别是对发展巩固藏汉民族团结，促进青藏高原各项建设事业的发展进行重点记述。1997年获青海省地方志优秀成果奖二等奖。

Qinghai xiuzhi

青海修志 青海修志发端于南朝刘宋时期。历代所修志书，包括府志、县志、厅志、所志等，有30余种，大多散佚。20世纪80年代开始新方志的编修工作，首轮志书编修工作于2008年全面完成；共出版省志分志、州（地、市）志、县（市、区、工委、行委）志130部。2006年12月，第二轮志书编修工作全面启动。

青海历代方志编修 青海省南朝刘宋至明代修志数目不多，多已散佚，存世8种，分别为南朝刘宋时期段国撰修的《沙州记》，唐《吐蕃黄河录》，宋《青唐录》两种和《元符陇右录》，元《河源志》，明嘉靖、万历《西宁卫志》。《青唐录》由李远撰成，汪藻增录，记载北宋和唃厮啰青唐政权间的关系、战争、朝贡、赐封等，对青唐与西夏、回鹘、契丹间的战争、联姻，以及青唐政权的疆域、政治、经济、文化和唃厮啰家族成员的各种活动也有记载，特别是记述青海东部地理、风俗及宋蕃有关史事较详，且来自作者亲历。潘昂霄撰《河源志》是中国保存最早的有关河源勘查的记录，记载了都实考察河源的行经路线、道里、沿途景观、少数民族等情况，首次记述积石州以上黄河及主要支流的名称，描述河源区的水文特点和地理状况，绘有河源位置图。清代至民国时期编修方志20余种。历史上青海的一些藏传佛教寺院、蒙藏部落、少数民族文人学者也撰修过一些蒙藏文志书。

青海清代修志 所修志书近20种，除3种西宁志、《秦边纪略》、康熙《碾伯所志》、乾隆《循化厅志》、光绪《采录大通县乘帙稿》、光绪《丹噶尔厅志》外，还有多种专志问世，有黄河源头志、地理志、少数民族志、宗教志、寺院志等，如《河源纪略》《青海志》《青海地志略》《青海史》《塔尔寺志》《佑宁寺志》《湟中行记》《湟中杂记》《平回志》《西宁军务节略》等。其中李天祥纂康熙《碾伯所志》是青海最早的县志；龚景瀚纂修《循化志》，对山川地理多亲履其地，考证尤详；张庭武修、杨治平纂《丹噶尔厅志》，对嘉庆、道光时丹噶尔的商业、内地与蒙藏间经济文化的交流等记载尤详；康敷镕著《青海志》是青海蒙古族、藏族的民族志；《塔尔寺志》是青海藏传佛教寺庙志，有3种，作者分别是色多六世、嘉木样二世晋美旺布，色多五世意希力丹嘉措，以色多六世版本最为有名；《佑宁寺志》有3种，作者分别为桑木吉珠门巴·洛桑坚巴措成活佛、土官·洛桑却吉尼玛、阿旺钦饶嘉措活佛，以土官·洛桑却吉尼玛版本最为出名；杨毓秀编纂的《平回志》据同光之际镇压西北回民起义的奏疏、记述纂辑而成；《西宁军务节略》，据有关“河湟事变”的电旨、电奏底稿纂辑而成。

青海民国时期修志 共修有5种志书，分别为1914年周希武著《玉树调查记》，1919年刘运新修、廖傒苏等纂《大通县志》，1928年杨希尧撰《青海风土记》，1940年姚钧纂修《贵德县志稿》，1943年许公武纂《青海志略》。青海省民政厅于1932年制定《青海省风土概况调查大纲》，后编《青海省介绍》及《青海概况》两种。20世纪80年代，青海人民出版社汇集19种调查录辑成《青海风土概况调查集》出版。国民政府于1938年成立青海省志略编纂委员会，于1947年12月成立青海省通志编纂委员会，但因时局不稳，未修成志书。

青海新方志编修 青海省首轮新方志的编修工作始于20世纪80年代，2008年全面完成编修任务。其间，共编修省、州、县（区、市、行委）三级志书130部，另有军事志7部、部门志4部、行业志13部、乡镇志1部、村志6部。有22部志书在全国地方志评奖和全省哲学社会科学评奖中获奖。2006年12月，省人民政府下发《青海省地方志工作总体规划（2006年—2015年）》，确定到2015年总体完成第二轮省、州、县三级志书127部。至2010年，已出版《海西州志（1991—2002）》《大通回族土族自治县志（1986—2000）》。《青海花儿志》《青海藏毯志》《青海藏医药志》《三江源生态文化志》《河湟文明志》《热贡文化艺术志》6部特色志和《玉树大地震救灾重建志》等特种志编纂全部启动。在各级政府修志规划之外，一些党政机关、人民团体、企业、事业单位以及乡镇、街道、村也组织力量编修新方志。

青海省级修志 青海省志编纂委员会曾于20世纪五六十年代主持编纂《青海省志》，并于1979年出版《青海省志》第一卷《青海历史纪要》，后中断。全省首轮新方志编修工作于1987年正式启动，省地方志编纂委员会组织编纂《青海省志》。景生明、马石纪、马彦海、谢佐、谭奇先后任总编，王昱、郭璟、李文实、马石纪、胡守忠、徐锦华、刘德然分别担任副总编。全书设计83卷。为突出地方特色，设长江黄河澜沧江源、青海湖、高原生物、地质矿产、彩陶、唐蕃古道等分志。1993年8月，第一部分志《青海省志·物价志》出版；1999年旅游志受条件限制，调入二轮修志规划；2008年底，最后一部分志《青海省志·民族志》印制完成。累计出版分志

81部。在全国地方志评奖中，地质矿产志获一等奖，电力工业志、彩陶志获二等奖。在青海省新编地方志优秀成果评奖中，地质矿产志获特等奖，电力工业志、彩陶志、农业渔业志、气象志获一等奖。

青海州县级修志 在首轮修志中，至2010年，省所辖6个州、1个地区、1个市和46个县（市、区、工委、行委）共编修州志6部、县（市、区、工委、行委）志40部；《西宁市志》规划48部分志，完成18部。下限原则上至1985年，部分内容适当下延。海东地区因成立较晚，没有修志任务；玉树州的6个县和西宁市大部分县的修志任务因各种原因，调入二轮编修。在全国地方志评奖中，《共和县志》《门源县志》《祁连县志》获一等奖，《乐都县志》《湟中县志》《大通县志》《民和县志》《平安县志》《天峻县志》获二等奖，《达日县志》获三等奖。在青海省新编地方志优秀成果评奖中，《平安县志》《天峻县志》等获一等奖。

青海规划外志书编修 省内一些机关、团体、企业、事业单位还编纂出版了一批部门志、行业志、专业志。部分乡镇、村、社区和寺院也编纂出版志书。全省规划外志书有50余种。较著名者有《西宁方言志》《青海方志资料类编》《青海木本植物志》《青海经济植物志》《青海经济动物志》《青海省农作物品种志》《中国藏药志》《青海区域地质志》《夏琼寺志》《夏琼寺文殊殿志》《隆务寺志》《广惠寺志》等。其中，《青海方志资料类编》获青海省优秀科研成果二等奖，《青海木本植物志》获青海省科技进步二等奖，《青海经济动物志》获西北西南第三届科技优秀图书一等奖，《夏琼寺文殊殿志》获北方十五省市自治区哲学社会科学优秀图书奖。

青海旧志整理 省旧志整理工作始于20世纪80年代。至2010年，全省保存的民国以前的14种汉文旧志，除宣统《青海地志略》和宣统《青海记》外，其余12种均已整理出版和重印。青海人民出版社于20世纪80年代出版乾隆《西宁府新志》点校本、民国《西宁府续志》点校本、《循化厅志》重印本等；大通县志编委会译注、季学银总编《大通县志（译注本）》，1985年出版；省民族事务委员会少数民族古籍办公室组织整理《青唐录》《碾伯所志》《大通县志》《贵德县志稿》《丹噶尔厅志》5种旧志，合编为《青海地方旧志五种》，1989年出版；赵盛世、王子贞、陈希夷校注《秦边纪略》，1987年出版，获省第二届哲学社会科学优秀成果奖二等奖；王继光辑注万历《西宁卫志》，王昱、马忠校注顺治《西宁志》，1993年出版。吴均校释民国《玉树调查记》（附《宁海纪行》），1986年出版。藏文旧志整理成果有《塔尔寺志》《塔尔寺志略》《隆务寺志》《夏琼寺志》《夏琼寺文殊殿志》《瞿坛寺志》《佑宁寺志》《佑宁寺简志》等，其中青海民族出版社于1982年出版的藏文版旧志光绪《塔尔寺志》获同年举办的西北西南九省区书装封面设计一等奖，1986年出版的郭和卿汉译本获第三届全国书装艺术三等奖。

青海首轮市（地、州）志一览表

志书名称	主编/总编/总纂	字数（万字）	出版年
《西宁市志》（17部分志及大事记）	罗铁、马占云、刘乃山、谢宝华、翁全夫、李涤非、冯义、陈静君	625.5	1990~2010
《海西蒙古族藏族自治州志》	周亚民、王平顺、王来林	255.3	1995~1999
《海北藏族自治州志》	曹琦、张有德	120	1996
《海南藏族自治州志》	金志仁	120	1997
《黄南藏族自治州志》	唐淯任	170	1999
《果洛藏族自治州志》	华贡杰	120	2001
《玉树藏族自治州志》	樊大新、土登洛章、王昇	130	2005

青海方志工作管理 省人民政府于2006年制定印发《青海省地方志工作总体规划（2006年—2015年）》，明确要求县级以上地方人民政府地方志工作机构统一命名为地方志办公室。至2010年，全省8个州（地、市）、46个县（市、区、工委、行委）均设有地方志工作机构。

青海省地方志编纂委员会及办公室 前身为省志编纂委员会，1958年成立。1986年，省委在省社科院成立省地方志编纂委员会，下设编辑部作为常设机构。2002年，编辑部更名为青海省地方志编纂委员会办公室。办公室下设综合处、业务指导处和青海年鉴社。历任编委会主任马万里（1986年12月~1999年8月）、金基鹏（1990年4月~1992年12月）、田成平（1992年12月~1997年2月）、白恩培（1997年4月~1999年8月）、赵乐际（1999年8月~2003年10月）、杨传堂（2003年10月~2004年12月）、宋秀岩（2004年12月~2010年1月）、骆惠宁（2010年1月～）。历任编辑部总编辑景生明（1986年12月~1992年12月）、马世纪（1993年1月~1994年10月）、马彦海（1994年10月~1997年2月）、谢佐（1997年2月～2000年9月）、谭奇（2000年9月～2003年1月），历任办公室主任谭奇（2003年1月~2007年3月）、刘德然（副主任主持工作2007年3月~2011年4月）、王振青（2011年4月～）。创办《青海地方志通讯》期刊，后更名为《青海方志》，2000年恢复为省地方志办公室内部工作简讯，2010年改版。编辑发行《地情研究》12期。

青海修志规章和规范性文件 省首轮地方志工作启动后，省政府、省志编委会先后印发《青海省地方志编纂规划》《青海省地方志出版审定程序暂行规定》《青海省州县志参考篇目》《〈青海省志〉编写行文规则》《青海省第一届社会主义新方志编修工作总结》《青海省第二届社会主义新方志续修工作方案》《青海省地方志工作总体规划（2006年—2015年）》等。2008年，省地方志办公室提出出台《青海省实施〈地方志工作条例〉办法》或《青海省地方志工作条例》,建立保障地方志工作长效机制的建议。2010年,省人大教科文卫委员会提出将省地方志立法列入省政府"十二五"立法规划,并起草《青海省实施〈地方志工作条例〉办法》上报省政府。

青海省地方志研究会　青海省地方史志研究学会于1982年8月成立,1999年7月19日更名为省地方志研究会。挂靠单位为省地方志编纂委员会办公室,登记管理机关为省民政厅。创办《青海地方史志研究》,期刊的主要栏目有专论、方志学研究、地方史研究、民族与宗教等,1985年改名为《青海史志研究》。该研究会曾将2002~2004年3次年会暨修志理论研讨会的论文进行分类整理,收集57篇论文辑成《研究与探索》。

青海方志馆藏　省图书馆、博物馆、档案馆、高等院校和省方志办资料室为方志收藏的主要单位,收藏量较大的有青海省图书馆、青海师范大学图书馆。青海师范大学图书馆始建于1956年,1997年与青海教育学院图书馆合并,组建成新的青海师范大学图书馆,至2010年12月,馆藏书总量约93万册(件),馆藏地方志168种400余册,其中青海新旧方志115种。

青海方志研究成果　省地方志编纂委员会办公室利用省志专业志、州县志篇目研讨,三级志书审稿和工作会,协调会方式进行理论研究和探讨,编印《方志理论与新志编纂》《青海省情与方志》等书。省财政厅、商业厅、交通厅、邮电局、青海日报社等参与编纂地方志的单位先后编印论文集。省地方志研究学会研究史志理论和实际问题,并举行学术讨论会,编成《研究与探索》一书。青海师范大学历史系地方史志研究室结合地方史志教学,调查研究青海地方史志的理论和实际问题。

Qingtianxian zhi(jiuzhi)

青田县志(旧志)　青田县志创修于宋,嘉靖《浙江通志》著录南宋绍定年间修县志一部,志久佚,纂修人无考。明正统以前修县志1部;景泰年间,单瑛修、叶仕宁纂县志4卷;嘉靖三十三年(1554),李楷修、陈中州纂县志4卷,均不存。清代4次纂修县志。康熙二十五年(1686),张皇辅修、钱喜选纂县志12卷,同年刊刻,分12门73目,卷首配图说。雍正六年(1728),万里续修,沈渊懿续纂县志,12卷。乾隆四十二年(1777),吴楚椿纂修续志6卷,分6门。光绪元年(1875),雷铣等修、王棻等纂县志18卷,首1卷,次年刊刻,分12门68目,合康熙、乾隆两志增删而成,内容、体例较前志完备。存世清代青田县志,于国家图书馆、南京图书馆、上海图书馆、浙江图书馆、北京大学图书馆、复旦大学图书馆等有藏。

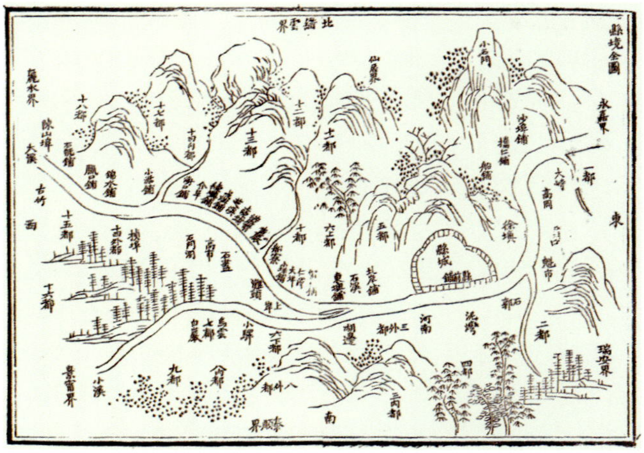
县境全图(光绪《青田县志》)

Qingdai Taiwan Fangzhi Yanjiu

《清代台湾方志研究》陈捷先著。1996年台湾学生书局出版。分6节。一为引论,对中国方志发展史,包括历代修志的特点、编修体例、修志宗旨及各个朝代流传下来的志书,都做了简明的论述;二为台湾古方志的拓荒者——谈康熙时期的几部府县志;三为台湾方志文化的茁壮——乾隆时期台湾方志探论;四为多元方志义例的移入——略评嘉道时期台湾方志的优劣;五为清季台湾方志的发展——同光时期台湾4种县厅志述要;六为结论——兼论清代台湾方志的史料价值。全书对具备方志内容并有义例可言的21种清代台湾方志,考察其编纂经过,指出其采用的宋元以来方志编修的方法与体裁,点出台湾本地前后所修志书的因袭发展关系,介绍了清代台湾地区方志学发展的概况及其与中国传统方志学的渊源关系。陈捷先(1932—),江苏江都人。1956年台湾大学历史系毕业,1959年获台大历史研究所硕士,1990年获韩国圆光大学名誉博士学位。历任台湾大学历史系主任、历史研究所所长、台湾大学名誉教授、南开大学历史系客座教授等职。专攻清代史、满族研究、方志学、族谱学。著有《东亚古方志学探论》、《满洲丛考》、《清史杂笔》(一至八辑)、《康熙写真》、《雍正写真》、《乾隆写真》、《不剃头与两国论》及中英文论文百余篇。

Qingdai xiuzhi

清代修志　清代是中国封建社会编修方志的全盛期。清统治者的重视和倡导为大规模广泛修志提供了条件。康、乾、嘉三代为纂修一统志下发的诏令及省发修志檄文,促进了各地普遍修志。各府及直隶州志要经各省最高长官督抚监修及审查,各州县志由各省学政负责。政府官员、州府县学教授、教谕、训导、乡进士、乡贡进士、举人、太学生、贡士等无不参与其中。据《中国地方志联合目录》载,存世清志5700多种,约占全国存世方志的70%。除新疆、辽宁、吉林、黑龙江及西南个别省份外,其他各省几乎所有县一级行政单位都修有志书,存世县志约3600种,约占清代方志总数的65%。除省、府、县志外,还有州志、厅志、道志、边关志、卫所志、乡镇志等。南方省份所编乡镇志中,江苏有200余种,占明清两代江苏所修乡镇志总数的88%以上。河北、山东、山西、河南等北方省份方志的编修比以往发达,传世种类均在300种以上。以往未曾修志的边远地区也有方志纂成,如清廷统治者重视作为女真发祥地的东北地区的方志编纂，曾6次编修《盛京通志》，吉林、黑龙江、台湾、西藏等地区也先后有方志问世。清代私家撰修志书之风盛行，例如存世的66种扬州清代志书中，近30%为私撰。以章学诚、戴震、钱大昕、李文藻、全祖望、孙星衍、洪亮吉等为代表的文人学者，在编纂体例、内容详略、材料取舍、编修方法等方面展开探讨，尤其是章学诚的方志理论已形成一套较为完整的体系，民国时期进行方志学研究的学者中，不少人受章氏理论的影响。

清代修志简史 清代各朝修志较为均衡。据仓修良《方志学通论》统计：顺治朝204种、康熙朝1397种、雍正朝182种、乾隆朝1154种、嘉庆朝399种、道光朝541种、咸丰朝103种、同治朝387种、光绪朝1133种、宣统朝211种。府州县志卷帙大都较少，但也不乏鸿篇巨制，篇幅最大的府志是光绪《杭州府志稿》(220卷)，县志中的巨帙是乾隆《吴县志》(112卷)。出现综括两三县的合志，如陕西的《咸宁长安二县合志》，江苏的《上元江宁两县志》《昆新两县志》《常昭合志》《吴长元三县合志》等。还修成大量山水志、坛庙志、书院志、人物志等专志。

清代早期修志 清初，有些地方开始自发修志。顺治十七年(1660)，贾汉复修、沈荃纂《河南通志》是清代第一部通志。据统计，顺治年间河南编修志书数量(59种)居全国首位，安徽(25种)、陕西(27种)、山西(18种)、山东(14种)、河北(13种)、浙江(11种)、江苏(10种)、江西(8种)、湖北(7种)、甘肃(5种)、福建(3种)、湖南(2种)、广东(2种)、青海(1种)、云南(1种)等省也纂成一些志书。康熙十一年(1672)，朝廷诏令各省参照《河南通志》编纂通志，供明史馆、一统志馆参考。二十二年，礼部奉旨檄催各省设局纂修通志，并限期完成。康熙十年至五十九年，直隶及十五省陆续编修了通志，江西、陕西、河南、贵州四省还续纂了新的志书。康熙朝总计纂修省、府、州、县各类志书近1400种，为清代纂修志书最多的一朝。顺治、康熙两朝编纂的志书中，质量较高的有康熙年间修纂的《济阳县志》《邹平县志》《德州志》等。除纂修新志外，还对明末的志书进行增刻、补刻，以万历年间的志书最多。康熙年间出使琉球的官员所撰《使琉球杂录》《中山传信录》等，体裁虽未脱“使录”，但已具备方志性质。

清代中期修志 雍正六年(1728)，为尽快完成一统志，朝廷下旨令各省重修通志，并详查名宦、乡贤、孝子、节妇等人物事实，汇送一统志馆。七年，颁布诏令，规定各省、府、州、县志六十年一修。各省府大都设立志局或志馆，由省府长官主修，聘学士名流编纂，有的是由地方官员担任编修。志书修成后呈报上一级审查。雍正、乾隆两朝共新修通志18种，续修通志4种，其中成书最早的是雍正九年纂成的《广东通志》，最晚的是乾隆二十二年(1757)成书的《湖南通志》。这一时期修纂的通志卷帙普遍较康熙时期增多，门目涉类较广，如康熙《浙江通志》有50卷，雍正志有280卷，比康熙志增加17个类目。修府、州、县、志1200多种，数量较多的是四川(115种)、河南(103种)、山西(100种)、江西(91种)、河北(89种)、陕西(82种)等省。有乾隆《登封县志》、乾隆《富顺县志》、乾隆《广济县志》等名志。嘉、道两朝受雍乾时期修志之风的影响，一些地方官吏仍重视修志。其间约有830种志书成书印行，以四川(120种)、江西(84种)最多，有些地区(如辽宁、青海)无志书问世。所修志书中有道光《云南通志》、道光《广东通志》等佳作。

清代晚期修志 咸丰年间为有清一代修志最少的时期，据统计，有80余种志书问世，其中纂成志书数量最多的四川有十余种。同治年间，清廷复倡文化之业，各地再次大兴修志。光绪十五年(1889)，清廷因编修《大清会典》而诏令各地修志。同、光、宣三朝所修各级志书约1100种，四川最多，约120种。其中光绪年间修成通志15种，有光绪七年成书的《江西通志》、光绪八年成书的《湖北通志》、光绪十一年成书的《湖南通志》、光绪十二年成书的《畿辅通志》等。府、州、县志修纂数量较大，如河北省清代共修纂约420种，仅光绪年间就修纂86种。这一时期修纂的光绪《山西通志》、宣统《西安县志略》等佳志为学界所推崇。光绪三十一年，清政府学部下令编修乡土志，颁行《乡土志例目》，光绪、宣统年间，全国编修乡土志约460种，主要用作小学教材。

清代修志特点 清代皇帝对修志高

雍正上谕

(清雍正六年)

雍正六年十一月二十八日上谕。“一统志总裁大学士蒋廷锡等奏称：本朝名宦人物，各省志书既多缺略，即有采录，又不无冒滥，必得详查确核，采其行义事迹卓然可传者，方足以励俗维风，信今传后。请敕谕各该督抚，将本省名宦、乡贤、孝子、节妇一应事实，详细查核，无阙无滥，务于一年之内保送到馆，以便细加核实，详慎增载等语。朕惟志书与史传相表里，其登载一代名宦人物，较之山川风土尤为紧要，必详细调查，慎重采录，至公至当，使伟绩懿行，逾久弥光，乃称不朽盛事。今若以一年为期，恐时日太促，或不免草率从事。即如李绂修《广西通志》，率意徇情，瞻顾桑梓，将江西仕粤之人，不论优劣，概行滥入，远近之人，皆传为笑谈。如此志书，岂堪垂世？著各省督抚，将本省通志，重加修葺，务期考据详明，采摭精当，既无阙略，亦无冒滥，以成完善之书。如一年未能竣事，或宽至二三年内纂成具奏。如所纂之书，果能精详公当，而又速成，著将督抚等官，俱交部议叙。倘时日既延，而所纂之书，又草率滥略，或至有如李绂之徇情率意者，亦即从重处分。至于书中各项分类条目，仍照例排纂，其本朝人物一项著照所请，将各省所有名宦、乡贤、孝子、节妇一应事实，即详查确实，先行汇送一统志馆，以便增辑成书。钦此。”

(内容原载《世宗宪皇帝实录》卷75)

乡土志例目

（光绪部颁　光绪三十一年）

奏定学堂章程所列初等小学堂学科，于历史则讲乡土之大端故事及本地古先名人之事实；于地理则讲乡土之道里、建置及本地先贤之祠庙、遗迹等类；于格致则讲乡土之动物、植物、矿物。凡关于日用所必需者，使知其作用及名称，盖以幼稚之知识，遽求高深之理想，势必凿枘难入。惟乡土之事为耳所习闻，目所常见，虽街谈巷论，一山一水，一木一石，平时供儿童之嬉戏者，一经指点，皆成学问。其引人入胜之法，无逾此者。然必由府厅州县各撰乡土志，然后可以授课。海内甚广，守令至多，言人人殊，虑或庞杂，用是拟撰例目，以为程式。守令虽事繁，但能征本地读书能文者二三人，按月考查，依例编撰，不过数月即可成书。孳必求其详核，文必期于简雅，俟采辑成编，一面将清本邮寄京师编书局，一面录副详报本省大吏，以免转折迟延。经局员审定删润，俾归一律，订成定本，并各种教科书发交各府厅州县以为小学课本，庶可成完全之学科，迪童蒙之知识，他日进学成才，皆基于此，贤守令幸勿忽视。□乡土凡分为四，曰府自治之地（所辖之州县不与焉），曰直隶州自治之地（所辖之州县不与焉），曰州，曰县。今于四者均名曰本境。

历史　本境何代、何年置（所谓本境者，即现在之府州县名也）。未置本境以前，唐虞、夏、商、周属何州，春秋战国属何国，秦汉以降，何代属何郡县，何代改何州名、县名。既置本境以后，何代属何郡、何州、何府。

政绩　官本境者有惠政，均记之，以年月先后为次，约分三大端（统古今而言，后仿此）：兴利、去害、听讼。

兵事　有全在本境者，或本境有何叛党，或他境有何叛党来犯本境，均录其事之本末。有涉及本境者，如一大兵事或在本境为战地，或以本境为险要，或在本境屯驻，则节录在本境一要事。

奏定学堂章程所列初等小学堂学科，于历史则讲乡土之大端故事及本地古先名人之事实；于地理则讲乡土之道里、建置及本地先贤之祠庙、遗迹等类；于格致则讲乡土之动物、植物、矿物。凡关于日用所必需者，使知其作用及名称，盖以幼稚之知识，遽求高深之理想，势必凿枘难入。惟乡土之事为耳所习闻，目所常见，虽街谈巷论，一山一水，一木一石，平时供儿童之嬉戏者，一经指点，皆成学问。其引人入胜之法，无逾此者。然必由府厅州县各撰乡土志，然后可以授课。海内甚广，守令至多，言人人殊，虑或庞杂，用是拟撰例目，以为程式。守令虽事繁，但能征本地读书能文者二三人，按月考查，依例编撰，不过数月即可成书。事必求其详核，文必期于简雅，俟采辑成编，一面将清本邮寄京师编书局，一面录副详报本省大吏，以免转折迟延。经局员审定删润，俾归一律，订成定本，并各种教科书发交各府厅州县以为小学课本，庶可成完全之学科，迪童蒙之知识，他日进学成才，皆基于此，贤守令幸勿忽视。□乡土凡分为四，曰府自治之地（所辖之州县不与焉），曰直隶州自治之地（所辖之州县不与焉），曰州，曰县。今于四者均名曰本境。

历史　本境何代、何年置（所谓本境者，即现在之府州县名也）。未置本境以前，唐虞、夏、商、周属何州，春秋战国属何国，秦汉以降，何代属何郡县，何代改何州名、县名。既置本境以后，何代属何郡、何州、何府。

政绩　官本境者有惠政，均记之，以年月先后为次，约分三大端（统古今而言，后仿此）：兴利、去害、听讼。

兵事　有全在本境者，或本境有何叛党，或他境有何叛党来犯本境，均录其事之本末。有涉及本境者，如一大兵事或在本境为战地，或以本境为险要，或在本境屯驻，则节录在本境一要事。

耆旧　以本境之乡贤为后学之感劝，约分为二：事业，以实行为凭，孝（善于父母）、友（善于兄弟）、睦（亲于九族）、姻（亲于外亲）、任（信于友道）、恤（恤振忧贫）是也。学问，以著述为凭，经史子集，小学、舆地、算学、校勘、医学、理化是也。凡历代名儒、名臣、功臣、名将、循吏、忠节为本境人者，均应收入。惟已见正史及国史有传者，不必详录全传，但著录姓名，注明见何史何传。其事迹果能感动人心者，亦须节录一二。不见正史、国史者，应稍详。附名宦祠、乡贤祠（忠义、节烈附入）。

人类　本境于旗汉户口外有他种人者，务考其源流，叙其本末世系，现在户口若干，聚居何村、何山，其风俗大略，均应编入。其种约分回、番、畲、猓、苗、猺、獞、狑、犽、狼、皿、犾、打牲、貂、黎、土司。如土司不属府州县者，则由布政司查明编辑。

户口　本境户口丁数，务查明现在实数编入。如有兵荒疾疫及因农商各事情形变迁，致与生齿盛衰聚散有相关之故者，详悉载入。并查近年来本境旗户（男口、女口）若干，汉户（男口、女口）若干。

氏族　本境有何大姓，某姓如何受氏，何时自何处迁居本境，至今传几代。

宗教　本境所有外教务查明编入。回教人若干（回教与回种有分别，回种系真阿剌伯人，可编入人类门。回教有阿剌伯人，有旗汉人，入教者均编入此），喇嘛黄教、红教人若干，天主教人若干，耶稣教人若干。

实业　凡齐民不入他教者，务查明实业，分而为四：士若干，农若干，工若干，商若干。

地理　本境在省城之何方向、若干里（凡言方向，分四正四隅。言里数以人行道计）；在府城之何方向、若干里（凡府与直隶州自治地，无此录）；本境四界系何境，如本境之界不止四境者，则以四隅向明之；本境分为若干区，或名为乡，或名为村，或名为圃，或名为里，各就其旧称记之。何区在城之何方向、若干里，区之四界系何区，城内区内有何古迹、祠庙、坊表、桥梁、市镇、学堂。

山　某山在本境治所之何方向、若干里，何区内，或盘亘数区。山之何方，距何水若干里，指最近处。如近山有数水，均详之。山内有何水源，其水向何方流。

水　叙水道之源委，约分为四：有源委全在本境者。某水源出本境治所之何方向、若干里，何区何山，其水向何方流，经历何区、何市镇，至何处与何小水会。其小水发源何区、何山，向何方流，经历何处来会，又向何方流至何处入何水，约行若干里。有源委均不在本境者。某水发源何境、何山、何方，流至何处入本境（入本境处在本境治所之何方、若干里），向何方流至何处，有何水自何方来注，又向何方流过何城、何区、何镇市、何大山之麓（须明山之何方向），至何处出本境（出本境处在本境治所之何方、若干里），入何境内，行境内若干里。有源在本境而委在他境者。叙法略同源委全在本境者，但后不言入何水，而言至何处出界入某境，行境内若干里耳。有源在他境而委在本境者。叙法略同源委均不在本境者，但后不言出本境，而言入何水，行境内若干里耳。又有人力沟通之水道，务载明何方，自何处上承何水，向何方行过何地，至何处注何水。凡水之可通舟楫者，务注明自委上溯至何区、何地可行大船，自何区、何地至何地可行小船（可以所载之石计大小），或可行筏。凡濒海之境则须明海岩之湾曲、港汊及所辖之岛屿，并注明海岸、岛岸之湾港何处可泊轮船，何处可泊民船。濒长江、大湖之境，亦须记江湖之港何处可停泊。凡山间之水道可行船者，务注明何处湍急，流何处为平流水；有春夏涨而秋冬枯者，须分别注明。

道路　自本境治地起出城之何方，行若干里，为何地（每十里必记一地名），又行若干里逾何山岭，渡何水，至何地与何支路会。其支路何方自何地来，经何地，道何山水，行若干里来会。本路又向何方行若干里（逾山渡水过何地，同前），至何地，或左或右，分一支路，其支路向何方行（计里逾山渡水过地，同前），至何地，或会何路，或出界，或止本境。路又向何方行若干里（同前），至何地，出何界，与何境何路接。

物产　分天然产、制造产二端。天然产，动物、植物、矿物是也，用三者之本质制成器物，则制造产也。今以天然产列上，制造产列下。动物、动物制造、植物、植物制造、矿物、矿物制造，制造之品虽多，其本质不外动植矿三类，如虎豹牛羊皆天然动物产也，其骨、革、齿、毛所制之物皆动物制造也。丝出于蚕，蚕为动物产，丝则为动物制造。布出于棉，棉为植物产，布则为植物制造。他如金、银、铜、铁、锡、玉、石所制之器皆然。兹举一二，以概其余。或有合数质为一器者，则取其多数而归类焉。惟天然产、制造产均应分大宗、常产、特产，而注记之。又有本境之天然而在他境制造者，或他境之天然而在本境制造者，尤应分别详载。

商务　本境所产之物、所制之品，何项在本境销行，每发若干。何项运出本境（注明水运、陆运），在何地销行，每发若干。自他境何地运入本境之何货物（注明水运、陆运），在何地，每发销行若干。

（选自2010年方志出版社出版《中国方志通鉴》下册）

度重视，建立了严格的审查制度，规定方志修成后要报上司审定，各府、州、县志修成后，先由各省学政初审，再送督抚裁定；各省通志修成后，须送礼部审核，有的须经皇帝钦定；全国总志必须由皇帝审阅批准才能刻印。乾隆帝曾亲自审阅一统志文稿。乾隆四十四年，清廷谕令各省督抚悉心核查省、府、州、县志书，如有登载应销各书名目及悖妄著书人诗文者，一概刊削。乾隆朝有几宗文字狱就与修志有关，如乾隆四十六年的叶廷推《海澄县志》案、乾隆四十七年的高治清《沧浪乡志》案等。类目体、纪传体、三书体、纪事本末体等多种方志体式并行。重视编制全国舆图，以康熙《皇舆全览图》、乾隆《内府舆图》等为代表。清后期志书篇目有所创新改进，增加新内容，如程其珏修光绪《嘉定县志》设起存款目目，俞樾等纂同治《上海县志》设海关目，罗宝书纂光绪《开原县志》设商务目，金正元增修的宣统《承德县志书》设工艺、铁道、电信、商埠等类目。志书还注意反映外国资本主义侵略和反清斗争。大批学者参与修志，如师范纂《滇系》，钱大昕纂修乾隆《鄞县志》、嘉庆《长兴县志》，俞正燮纂修《黟县志》，洪亮吉纂《泾县志》《澄城县志》《淳化县志》《固始县志》《怀庆府志》等。清代志书的另一特色是更加注重编纂边疆地志，涉及范围广，包括西北、东北、蒙古、西藏、台湾等地区；编纂数量大，仅西北地区志书就有300余种。

清代方志理论研究　清代继续了宋、元、明志家对方志性质、渊源、功用的讨论、辨析，更重视对编纂方法的系统探究。讲求训诂考证的学风渐盛，志家更多地注意方志纂修中的资料采集和史实考辨。

清代方志史研究　在史志关系研究方面，清代志家普遍指出，史与志在名称、体裁上虽不同，但作用相同，两者存在表里关系。清代学者不仅研究方志的起源，也着意从史学角度深入探寻方志的发展、演进脉络。纪昀在《四库全书总目》地理类序中总结了方志的演变及特点。乾嘉以后对方志史的评述多据此说，阐述更为透彻、详细，如郭嵩焘《湘阴县图志序》、缪荃孙《重修信义志序》均论述了志体、志例来历，主张“至宋而流传始多”和“至宋而体格大备”。这些观点，为后世人所肯定并成为方志史研究的重要依据。

清代修志方法研究　清代学者对判断善志的标准有不同阐述，均贯彻了“文约事备”“文直事核”的修史原则。如章学诚提出“要简、要严、要核、要雅”，伊辟在顺治《朔州志》序中概括“若雅、若当、若真、若备”，詹惟圣在康熙《临县志》序中认为“搜采必详，考订必核，好恶必慎而不私，去取必严而不滥”，黄彭年在《重修唐县志》序中提出“例必严、文必简、古事必真、近事必备”，林则徐提倡志书宜详。不少人赞同“作史莫难于志”。关于修志的难点，冯达道在《顺治重修河东运司志》序中概括为“四难”，即“敬慎之难”“详核之难”“审定之难”“裁制之难”；白潢在康熙《江西通志》序中提出“五难”，即“征信难”“折衷难”“持择难”“博稽难”“绝情尤艰”；章学诚在《修志十议》中概括的“五难”为“清晰天度难”“考衷古界难”“调剂众议难”“广征藏书难”“预杜是非难”。清代志家多注重有关国计民生方面的内容，道光《大定府志》凡例中表示“志书所纪，须有关于吏治民生”。有些志家提出应选择性地登载诗文序赋，如康熙《萍乡县志》不载无关风土、政治、文行者，乾隆《娄县志》只收录有关兴废利弊的文章。有的志书艺文不列专志，而是分载于其他相关类目下，如乾隆《德化县志》。王棻撰《光绪青田县志凡例》，分“编次之例”“改并之例”“增删之例”“名实之例”“阙疑之例”几部分，对方志编纂提出改进意见。一些学者总结归纳历代及当时的修志弊端，主要是采集不同、去取不严、立论不公等，如白潢在康熙《江西通志》序中指出八种弊病，张镔在道光《兴义府志》序中概括出“十六病”。

清代方志编纂流派 清代在“征实考信”的治学风气下，出现了戴震的讲求沿革、钱大昕的考证人物、洪亮吉的严守义例、章学诚的重视史法等主张。近现代史志论著中，一般将清代方志理论研究情况概括为两大流派，即地理派和历史派。①地理派。又称旧派，或考据派、厚古派、纂辑派。主张修志要厚古薄今，贵因而不贵创。注重对地理沿革的考证，所修志书中地理内容较为详尽，对其他史事的记载比较简略。以戴震、洪亮吉、孙星衍等为代表。戴震在乾隆《汾州府志》例言及乾隆《应州志》序中多次提到“古今沿革，作志首以为重”，认为“志之首沿革也，有今必先有古”；洪亮吉主张“一方之志，沿革最要”，认为“地志者，志九州之土也”。梁启超在《中国近三百年学术史》中指出，“乾嘉考证学，可以说是清代三百年文化的结晶体”。地理派修纂的志书代表作有戴震《应州续志》、洪亮吉《澄城县志》、孙星衍《偃师县志》、谢启昆《广西通志》等。②历史派。又称新派，或文献派、详今派、著述派。其特点是将撰述与记注分开，强调对各类资料的概括，而不是比类纂辑文献。以章学诚为代表。章学诚批驳了戴震“志以考地理”的观点，指出“方志如古国史，本非地理专门”，提出“志属信史”和“方志乃一方全史”的观点。体例规制方面，章氏推崇规矩法度，主张“志乃史体”，应遵循“史家法度”，一方面是指在体例上循《史记》《汉书》纪传之例，叙事中不负《春秋》微言要旨；另一方面是指措辞命意上的基本要求。从方志性质、体例、编纂方法、方志辨体等方面引申出的章学诚理论，为方志学的形成和发展奠定了基础。

清代方志整理 清代学者在编纂方志、探讨方志理论的同时，对古代方志展开整理和考证工作。《四库全书》史部地理类收历代志书数百种，纪昀等人主持编写的《四库全书总目提要》，对每部志书的体例、内容、作者、版本、优劣得失，逐一撰写提要。嘉庆年间，周中孚仿《四库全书总目提要》撰写《郑堂读书记》，其《补逸》列地理书332种，包括总志10种、通志20种、府县志86种、镇志3种、水利志13种、山川志51种、古迹志45种、杂记志66种、其他地理书38种，每种各为提要。辑录散佚旧方志是清代整理旧方志的最大成绩。如王谟《汉唐地理书钞》收古地记70余种，马国翰《玉函山房辑佚书》和王仁俊《玉函山房辑佚书补编》收录唐以前地志约60种，陈运溶“麓山精舍丛书”收录宋以前图经、地记近百种。

Qinghua DaxueTushuguan

清华大学图书馆 位于北京市海淀区清华园。前身为清宣统三年(1911)创办的清华学堂图书室，1912年称清华学校图书室。1919年，图书室独立馆舍(老馆东部)落成，更名为清华学校图书馆。1928年改名为清华大学图书馆。图书馆系统由校图书馆及文科、经管、法律、建筑、美术、医学、金融7个专业图书馆组成，建筑总面积5.7万平方米。馆藏古籍23万册。1929年，清华大学购入丰华堂藏书5420种47546册，为清华古籍采购的最大一宗。①清华大学图书馆方志收藏。包括历代旧志及新编方志两类。旧志收藏于古籍书库中，共1445种，其中善本方志342种，孤本方志中有《遵化县志料》《乐亭县志料》《正定县志料》等14种民国河北修志局方志底稿，仅该图书馆珍藏。新编方志收藏于文科图书馆之方志馆，已收藏北京、上海、浙江、江苏等24个省、自治区、直辖市地方志3000多册。②丰华堂方志收藏。堂主人为杭州杨文莹、杨复父子，杨复曾任浙江藏书楼监理。杨氏父子世居杭州，所藏书籍中有浙江省明代至民国时期方志230种2402册，其中多有孤罕稀见之本。杨复注重搜集原刊初印之本，所收藏的志书体现一地修志的延续性，如《杭州府志》有明万历六年(1578)、清康熙二十五年(1686)、乾隆四十四年(1779)、乾隆四十九年、宣统三年和清朱丝栏精抄本6种版本。除各种刻本、抄本外，丰华堂还藏有稿本方志，如清鲁燮光所辑《湘湖志》、咸丰年间王振纲纂《上虞县志备稿》等。

Qingyangdiqu Zhi

《庆阳地区志》 总编卢造钧。1998年兰州大学出版社出版。5卷，932.8万字。设54个分志，下分320章1141节。配图照500幅。记事上限追溯，下

陕甘边革命军事委员会驻地华池县南梁堡寨子湾土窑

限至1985年。卷名分别为雄浑的黄土地貌、丰富的物产资源、悠久的历史文明、光荣的革命老区、瞩目的发展成就。第3卷中的文化志记述庆阳为“黄河古象”“环江翼龙”的故乡，介绍在此出土的中国第一块旧石器，产生于此的《黄帝内经》，以及境内发现的仰韶文化、齐家文化、寺洼文化等1500余处遗址；还记述了《高楼万丈平地起》《绣金匾》《边区十唱》等新民歌和新剧种陇剧。第4卷中的政权志除记述庆阳历代政权的变迁，还设工农民主政权章，记述中国工农红军在正宁县建立的境内第一个临时革命政权和选举产生的陕甘边区苏维埃政府，并附当时各级建置、人员职务名单及行政区划图。在其他各卷的各分志中，也设有相关章节，专门记述陕甘边区政权时期的相关事宜，如第4卷中的军事志共设5章，每章中均设相应小节，专门记述陕甘边区时期的军事情况；审判志设边区审判机关节，记述边区高等法院的建立及各县级法院和分庭的设立。第5卷中的人物传略有王符、傅玄、李梦阳、王伦等历史人物148人，马锡五、刘巧儿等现代人物272人；简介历史人物287人、当代名人1455人；另有表记、名录，总计收录各个方面人物5560人。专设人名索引。附录字数为80余万字，包括分类细微的原始典籍、文献及考辨史论等。2000年获甘肃省社会科学优秀成果奖二等奖、省地方史志优秀成果奖一等奖。

Qingying Yishu Daxue Tushuguan

庆应义塾大学图书馆 位于日本东京。所藏中国方志主要分布在新、旧图书馆和附属研究所——斯道文库。该馆于明治时期开始收集中国方志，有康熙《柳边纪略》(5卷)、康熙《龙沙纪略》(1卷)等。据巴兆祥编制的《庆应义塾大学图书馆中国地方志目录》载，至2000年，该馆共收集1949年以前的中国方志2111种，其中唐以前9种、宋代33种、元代17种、明代383种、清代1261种、民国408种。地域涉及30个省、自治区、直辖市，其中北京18种、上海65种、天津8种、河北136种、山西42种、内蒙古15种、辽宁20种、黑龙江12种、陕西111种、甘肃42种、宁夏17种、青海13种、新疆70种、山东103种、江苏216种、浙江231种、安徽153种、江西259种、福建92种、台湾45种、河南86种、湖北40种、湖南27种、广东93种、广西40种、四川85种、贵州11种、云南48种、西藏8种。

Qiongjiexian Zhi

《琼结县志》 主编张军、益禧边巴。2010年中国藏学出版社出版。约86.5万字。设14篇55章220节。配图照245幅。编制中文、藏文、英文目录。上起事物发端，下至2000年底，重点记述1951年西藏和平解放后的内容。政权政务篇施政节记述吐蕃政权时期、帕竹地方政权时期、宗政府、琼结县人民政府施政。公检法篇传统审判节反映西藏和平解放前的审判制度。工商粮贸篇民族手工业节记述雪康卡垫厂、氆氇生产、铁木加工、水晶玉石厂、藏衣缝制等藏族手工业和企业。文化篇戏曲歌舞章记述琼结县文艺表演队、琼结宾顿巴、民间歌谣、民间歌舞，如果谐、琼结久村卓谐、堆谐、阿谐、谐钦等；文物章收录境内的钟木赞拉康、白日寺、帮嘎村新石器时代遗址、杰布沟塔群、藏王墓群、雪康村石棺葬、琼结“奴玛”、墀德祖赞石狮、墀松德赞记功碑、墀德松赞墓碑等拉康与寺庙14处、古遗址5处、古塔4处、古墓葬9处、名胜3处、石雕石碑4处，及馆藏银器、铜器、瓷器等文物。军事篇战事节记述琼结发生的重

琼结县水晶玉石厂生产的玉石产品

大战事，如地方势力间战事、中国人民解放军平息叛乱。在考中记述琼结巴(第巴琼结巴家世)、五世达赖喇嘛家世及事迹、贵族庄园豁卡简况。

Qiongtai Zhi[Zhengde]

《琼台志》[正德] 唐胄纂。明正德十六年(1521)刻本。44卷。约31万字。卷首有琼州府、府城、府治及辖县等图16幅。正文分40目。记事上起汉元封元年(前110)海南设郡，下讫正德五年。做表记述郡邑沿革并进行考

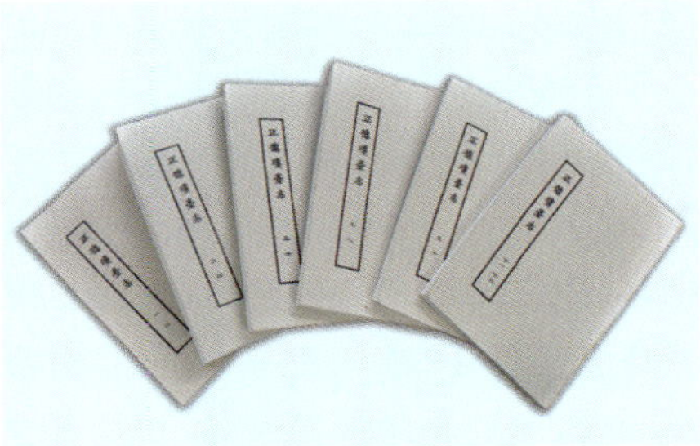

正德《琼台志》(海南省地方志办公室影印本)书影

证。户口、田赋、土产、兵防、海道、职官、人物等目记载详细，人口数字记述尤详，除将历代海南人口数字列表外，对各朝海南人口增耗原因多有分析。土产目记载谷、菜、花、果、杂植、草、木、竹、畜、禽、兽、虫、鱼、石、药、货、布帛及饮馔、器用、工作等用品700余种；详记特产，对旧志中记载但已消失的特产加注记，补记旧志未记特产。人物目记载名德、孝友、儒林、文学、隐逸、进士、吏员、艺术、杂技等20余类。罪放目下录唐、宋、元流放于琼台的人物36人。为存世海南旧志中最早的一部。天一阁存残本(卷1~21，卷24~42)。

Qiongzhoufu Zhi[Daoguang]

《琼州府志》[道光] 明谊修，张岳崧纂。清道光二十一年(1841)刻本。44卷，首1卷。约38万字。卷首为序、琼州府总图及所辖琼山、澄迈、儋州、崖州等十三州县图和历代沿革表。设舆地志、建置志、经政志、海黎志、职官志、选举志、官师志、人物志、艺文志、杂志10门。下分89个细目。记事止于道光

务功能的关系。田嘉在总结讲话中提出，要继续深入贯彻落实《地方志工作条例》工作，务必在2008年全面完成首轮修志收尾工作，全面推进第二轮修志工作。就如何实现地方志事业的可持续发展，提出5点建议：坚持以科学发展观统领全国地方志工作；继续坚持地方志工作的5条基本经验；依法修志，长期坚持学习、宣传和贯彻落实《地方志工作条例》；始终抓好编纂质量、理论研究、地方志资源的开发与利用三项重点工作；逐步建立三个工作保障体系，即地情资料收集、管理、使用体系，志书编纂质量管理和质量标准体系，咨询服务体系。

2008年全国省级方志工作机构主任会议　于2008年3月在海南省海口市召开。会议主题是学习贯彻中共十七大精神，进一步落实《地方志工作条例》，交流2007年工作情况，通报2008年的工作安排。中国地方志指导小组秘书长兼办公室主任田嘉出席会议并做题为“认真学习贯彻党的十七大精神，努力开创地方志工作的新局面”的讲话。会议安排12个省、自治区、直辖市地方志工作机构及全军军事志指导小组负责人介绍修志工作情况。会议对地方志工作机构和队伍建设工作、地方志事业的可持续发展、地方志工作的法制建设成果、第二轮修志工作进展展开讨论和交流，并对年鉴工作予以充分关注。

2009年全国省级方志工作机构主任会议　于2009年3月在福建省厦门市召开。会议主题是贯彻落实第四次全国地方志工作会议精神，交流2008年工作情况，通报2009年的工作安排。中国地方志指导小组组长朱佳木、秘书长兼办公室主任田嘉出席会议并讲话。28个省、自治区、直辖市和全军方志工作机构的负责人做会议发言。会议重点交流各地在传达贯彻第四次全国地方志工作会议精神方面积累的经验及法制化建设、志书编修工作的进展。与会代表还介绍了在编纂出版年鉴、方志理论研究、地方志资源开发与利用、地方志系统信息化建设、旧志整理、方志队伍建设等方面取得的成果。

2010年全国省级方志工作机构主任会议　于2010年4月在江苏省南京市召开。会议主题是贯彻落实第四次全国地方志工作会议精神，交流2009年的工作情况，通报2010年的工作安排。中国社会科学院副院长、中国地方志指导小组常务组长朱佳木出席会议并讲话，指导小组秘书长兼办公室主任田嘉做总结讲话。与会代表结合本地实际情况进行交流，各省、自治区、直辖市及武警方志工作机构的负责人做会议发言；指导小组办公室部分处室的负责人对涉及各地的相关工作做介绍和说明。朱佳木在讲话中分析了全国地方志系统在第四次全国地方志工作会议召开一年后取得的成绩和存在的问题，强调要加强方志办自身的学习意识、研究意识、创新意识、服务意识，努力建设学习型、研究型、创新型和服务型的“四型”方志办。

2011年全国省级方志工作机构主任会议　于2011年3月在广东省深圳市召开。中国社会科学院副院长、中国地方志指导小组常务组长朱佳木做题为“大力弘扬创新精神，把地方志工作不断推向前进”的讲话，指导小组秘书长兼办公室主任田嘉做总结讲话。会议主题是深入贯彻落实第四次全国地方志工作会议精神，学习贯彻刘延东在会见全国地方志系统表彰先进大会与会代表时的讲话精神和中国地方志指导小组四届二次会议精神；总结交流2010年全国地方志工作，安排布置2011年全国地方志工作任务；重点交流如何抓好志书质量制度建设和加快首轮修志扫尾工作问题。会议安排6个省分别就志书质量制度建设、首轮修志扫尾情况、两轮修志情况等问题做典型发言。会议印发《中国地方志指导小组办公室2010年工作总结》《中国地方志指导小组办公室2011年工作要点》《全国省级方志工作机构主任会议各地交流材料汇编》《全国省级方志工作机构会议制度建设材料选编》等材料。朱佳木在讲话中着重从制度创新、体制机制创新、工作内容创新、志书编纂创新、资料收集创新、质量管理创新、学科理论创新、方志资源开发利用创新、修志队伍组织与培训创新9个方面对如何用创新精神推进地方志工作进行分析论述。

2012年全国省级方志工作机构主任会议　于2012年4月在湖北省宜昌市召开。中国社会科学院副院长、中国地方志指导小组常务组长朱佳木出席会议并做题为“不断增强依法修志的能力，推动地方志事业大发展大繁荣”的讲话。中共中国地方志指导小组办公室党组书记田嘉做题为“认真学习十七届六中全会精神，为加快方志文化建设做出新贡献”的讲话。指导小组秘书长兼办公室主任李富强做总结讲话。朱佳木在讲话中指出，增强依法修志的能力主要体现在10个方面，强调《地方志工作条例》在开展地方志工作中的重要性。田嘉指出，掌握全面系统、客观真实、科学有效的地情资料是方志文化建设的基础性工作，大力加强地情资料建设、完善地方志成果体系、开发利用地情资料和地方志成果是方志文化建设要做的三项重点工作。会上，中国地方志指导小组办公室印发《全国地方志工作机构2011年工作总结及2012年工作要点》《全国省级方志工作机构主任会议各地经验材料汇编》；8个省市地方志工作机构负责人介绍本地的做法和经验；与会代表围绕事业单位分类改革、依法加强对地方志工作的督察指导等问题，进行分组讨论；中国地方志指导小组办公室部分处室及方志出版社负责人介绍2012年本部门的工作安排。

quanguo xinbian difangzhi chengguo zhanlan

全国新编地方志成果展览　中国地方志指导小组主办的全国性地方志成果

展览活动。在全国地方志第一次工作会议期间，举办了小型的全国地方志成果展，展出已出版的志书、期刊等。首轮修志过程中，举办了两次全国性地方志成果展和一次博览会。①全国新编地方志成果展览会。中国地方志指导小组与中国革命博物馆联合主办，举办两次，均在北京举行。第一次于1993年3月举办，展出了除西藏和台湾外，全国29个省、自治区、直辖市及计划单列市的5000余种志书、年鉴、地情书、方志理论著作等成果；第二次于1999年10月举办，各省、自治区、直辖市与国家有关部委、新疆生产建设兵团、解放军、武警部队的修志机构及国家图书馆等45个单位参展，展出新编省志、市志、县志约4000种，加上部门志、行业志、名山大川志和方志理论著作，共约10000种。②全国方志、地方年鉴及有关历史图书博览会。中国地方志指导小组主办，吉林省地方志编纂委员会承办。1995年9月在长春举行。各省、自治区、直辖市及国家有关部委等39个单位的1500余种图书参展。

Quanjiaoxian Zhi

《全椒县志》 全椒县地方志编纂委员会编。1988年黄山书社出版。110.5万字。设33章123节。配彩色插图13幅、黑白插图23幅、表格146个。上起事物发端，下至1984年。农业章重点记述安徽全椒作为全国首批农村经济体制改革县试行联产承包制的经验。工业章记述中国机械工业500强企业全椒柴油机总厂的发展史。全椒是清代讽刺小说作家吴敬梓的家乡，该志在概述、大事记及有关章节突出吴敬梓及其著作《儒林外史》。在吴敬梓纪念馆题词书画节中记述陈毅、郭沫若、老舍、何香凝、臧克家等人有关吴敬梓的作品。在文学艺术创作节中记述《儒林外史》的中外各种版本、译本，以及英、美、法、日、苏等国大百科全书对《儒林外史》的评论。方言章专门附《儒林外史》中的全椒方言词汇。人物传记中用2000多字记述吴敬梓的一生。遗址、胜迹节记述东汉阜陵城遗址、南梁丰乐城遗址、唐大历年间所建神山寺及唐代诗人韦应物的

全椒县吴敬梓纪念馆

诗作《寄全椒山中道士》。风俗章附全椒名菜点简介及地方食品菜肴的制作方法。劳动人事章专设下放知青节，记载知青插队的人数、来源、招工、招生、返城情况。交通章公路建设节记有1982年全椒县交通志编写小组提出"利用原庐州古道开辟新线"得到国家批准。这条新线即后来的312国道，也就是再后来上海到新疆伊宁的高速公路的最初设想。这一建议的提出是方志界读志用志的典型。大事记记载"大跃进""文化大革命"的重大失误及三年困难时期非正常死亡人数等。1993年获全国新编地方志优秀成果奖二等奖。

R

仁 任 日 阮 瑞

Renhexian Zhi[Jiajing]

《仁和县志》[嘉靖] 沈朝宣纂修。明嘉靖二十八年(1549)成书,未刊。为浙江仁和县首部志书。共14卷。义例仿明洪武《杭州府志》。分17门86目。记事自北宋太平兴国三年(978)钱江县改立仁和县,至明嘉靖年间。设有水利门,记载城内水利、六井、城外水利、修筑海塘要略、潮候、陡门、闸、笕、堰等。北京大学图书馆、南京图书馆、南通市图书馆藏清抄本。有清光绪十九年(1893)丁丙校勘本,编入"武林掌故丛编"第十七集中,共6册,故宫博物院图书馆、上海图书馆、复旦大学图书馆、天一阁等有藏。

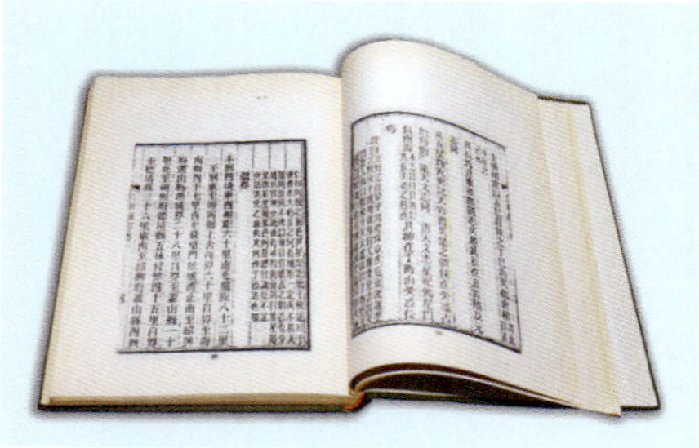

嘉靖《仁和县志》("中国方志丛书"本)书影

Renshouxian Zhi

《仁寿县志》 主编苟安庆。1990年四川人民出版社出版。86.6万字。设27编110章385节868目。配图照27幅。上起1911年辛亥革命,下至1985年。补史之缺,续史之无,如政区建置章沿革节填补了旧志所缺的"蜀汉"和"夏"等朝代,县名考证节对四川仁寿县的命名缘由进行考证。经济综述、政事等编及县情数据统计集中概括县情,宏观综合反映重要史事,其中县情数据统计汇集1949~1985年国民经济发展的各项基本数据。记述如实反映地方特色、体现时代精神,如水利编设专章记述有"川西第一海"之称的黑龙滩水库;除文物章记载约30处地面文物及馆藏文物外,还在城建环保编设名胜古迹章,详载境内奎星阁。编纂有所创新,如记述中共仁寿县委会工作时,不以部门立目,而是从党的建设这一角度立目;教育编设思想品德教育节,增强教育编的思想性和完整性;附录增加科技文献,辑录《思维论》撮要、仁寿县的自然历,编制寿民录等。1993年获全国新编地方志优秀成果奖一等奖。曾获四川省第五次地方志优秀成果奖一等奖。

《仁寿县志》书影

Ren Naiqiang

任乃强(1894—1989) 字筱庄,四川南充人。1915年考入北平农业专门学堂。1921年回南充,任南充县实业局局长兼县立中学教务主任及史地教员。参与编纂《新修南充县志》,撰舆地、农业两篇。1935年任西康建省委员,后任西康县政人员训练所所长,兼授"康藏史地"课。1940年任西康通志馆筹委会主任。撰《西康通志撰修纲要》《康藏史地大纲》。1943年任华西协和大学边疆研究所教授、研究员。同年,绘成百万分之一康藏标准全图及西康各县分图,后成为解放西藏进军用图之蓝本。1946年转任四川大学教授。后任西南民族事务委员会委员,参与筹建西南民族学院。1981年受聘担任四川省社会科学院特约研究员。受聘担任数市县修志顾问。认为《华阳国志》"开我国地方史志创造之局,有如《史记》之于我国史籍"。纂有《西康图经》。编著有《四川史地》《西康十一县考察报告》《华阳国志校补图注》。①《西康通志撰修纲要》。分撰修纲要、分类纲目表、征集志材办法三部分。纲要规定,全志除卷首外,设地理、史事、人民、产业、政务、类纂等6篇,81卷,篇下各设类目,类目后附列"内容撮要";史事篇以编年体记历代政治、经济、文化之重要史事,按朝代设目。体例新颖,各篇均重地图、照片与统计表之应用,主张平等对待藏、汉民族,客观记述有关情况。据此所纂《西康通志稿》部分稿本存四川省档案馆。②《西康图经》。作者以1929年西康考察札记与回川所收资料为基础编纂。1932年后,陆续出版境域、地文、民俗3篇。针对当时康藏界务纠纷与西康建省争议,从地理、历史、民俗文化等方面说明康藏境域的界分、历史变迁和西康建省的理论依据与实践途径 。境域篇分部分(地方政治势力分布)、辨名、疆域、省会、界务、县界问题等,记述了清代、近代康藏划界情况及新省划界问题,对重要地域与民族的名称做考辨诠释。地文篇分地形、地质、山脉、正译四部分。民俗篇分上下编,上编记番族,下编记汉族与其他各族。"虽笔记体,而隐具章节"。各篇均有图。地图用现代科学方法绘制。重要名称附注英文或藏文。

Riben Fengtu Ji

《日本风土记》 侯继高撰。明万历二十一年(1593)著。5卷。该书参考薛俊《日本国考略》、郑若曾《筹海图编》和《郑开阳杂著》等书编纂而成。分114目,其中87目为新设。如君臣礼节目,反映在德川时代,地方武臣确有一年一度入朝上贡之举。在贸易目,记述日本当时通行的货币情况,对商业、商品交换的情况亦有反映,特别是对一些生活日用商品的价格做了介绍。商船所聚目,对当时日本商船货物的集散地有较为详细的介绍,对中国人移民日本的情况有所反映。志中还记述了鸟铳等西洋火器传入日本后,很快为其所掌握的情况。该书最有创见之处是对日本语言文字的介绍,字书、以路法字样二目将日本文字的字母构成、文字特点、应用、书写、读法和读音一一列出。歌谣目介绍39首日本歌谣，皆以草书（日文平假名）为主，旁注汉字音，后附呼音、读法、释音、切意四栏。此外，对日语词汇，以及山歌、乐曲、象棋、围棋等娱乐方面的知识，也有一定反映。存世抄本、刻本均附于《全浙兵制考》后，分有录无书和有录有书两类。存世抄本有天津图书馆藏日本旧抄本和《四库全书总目提要》著录本。存世刻本有日本内阁文库藏明万历刻本和日本延宝五年(1677)林鹅峰抄本。1915年，日本珍书同好会据万历刻本油印单行本。1961年，京都大学国文学会再次据万历本刊印。

Riben Guozhi

《日本国志》 黄遵宪撰。清光绪十三年(1887)成书。40卷。50余万字。采用典志体，分国统志、邻交志、天文志、地理志、职官志、食货志、兵志、刑法志、学术志、礼俗志、物产志、工艺志，共十二志。卷首附《中东年表》，将中、日两国纪年相互对照；地理志、食货志、兵志、物产志等志中配表格百余个。该志以"外史氏曰"发表观点。主张"史家纪述，务从实录"，强调"名从主人"，所记官名、地名、事物名等，"皆以日本为主，不假别称"。黄遵宪(1848—1905)曾任驻日本大使馆参赞，以"知日"闻名，他在此书中以大量篇幅介绍日本明治维新后的情况，凡牵涉西法，尤加详备，以期适用于中国；在序、论中批判秦汉以后"君尊而民远"的专制主义，肯定西方的法治，主张学习近代科技和管理经济的方法、发展民族工商业、建立强大的国防、进行文体和字体改革，并提出了一系列改良主张。此书写成后未引起重视。甲午战争结束后，曾任总理衙门章京的袁昶读了此书，认为战前力劝重臣翁同龢主战的文廷式、张謇二人如能读到此书，必不敢轻于言战。有光绪二十四年浙江书局刊本存世。另有《日本国志序》一卷，存光绪二十三年孟夏锓木板绍郡中西学堂刊本。2005年，天津人民出版社出版《日本国志》标点本。

《日本国志》点校本书影

Riben shizhi

日本史志 日本地方史志的起源大约可追溯到8世纪初期的风土记，日本学术界一般以江户时代为界，之前编修的风土记称为旧风土记，之后编修的风土记称为新风土记。15世纪出现以村为记述范围的旧记。江户时代传入日本的中国方志对近世日本的地方史志编纂产生了重要影响。1663年完成的《艺备国郡志》的凡例中明确指出标题仿效《大明一统志》。黑川道祐著、1683年成书的《雍州府志》(10卷)全以汉文书写。关祖衡、并和勇修纂，1734成书的《日本舆地通志》(61卷)；源元甫著、1751年成书的《三国地志》，体例均仿照《大明一统志》。1801年，幕府在昌平坂学问所设置地志编修取调所，主持编纂了《新编武藏风土记稿》《御府内风土记》《新编相模国风土记稿》等，均以《大明一统志》为范本。其他如寒川辰清著、1716年成书的《近江舆地志略》(又名《近江国舆地志略》《淡海国舆地志》，100卷)，松平定能著、1814年成书的《甲斐国志》(123卷)，也可见中国方志的影响。明治时期，日本政府重视了解国情，推行编纂皇国地志。同时，愈加注重了解东亚各国尤其是中国的国情，纂修了《南岛志》《琉球新志》《冲绳志》《冲绳志略》等有关琉球的志书，《支那省别全志》(18卷)、《新修支那省别全志》(9卷)两套有关中国的志书。明治及其以前的日本地方史志大都以志为名，横分门类，竖写发展，采用记述体的方式。20世纪初，日本开始以府县等各级自治体为主体规划编写地方史志(或称自治体史)，并出现以史为名称的地方史志，如1901年始修的《大阪市史》、1908年出版的《仙台市史》等，昭和时期编修数量大增。志体开始向史体转变。战后的地方史志大多按时序记述本地的历史发展状况。记述注重地方情况与庶民生活的科学研究，文体方面出现客观记述与理论分析结合的情况。"史"的名称及史体成为日本地方史志的主流，当代出版的地方史志中仍有以"志"为名者，如1985年成书的奈良县《生驹市志》，1986年成书的京都府《八蟠市志》，1990年始纂的长野县《盐民市志》《饭山市志》，1985年完成的广岛县《熊野町志》及《广懒村志》。

旧风土记　和铜六年(713)，元明天皇颁布的诏谕中要求畿内七道各国撰写上报风土记，内容包括郡内物产(具体指银、铜、草木、禽兽、鱼虫等)、土地肥瘠情况、山川原野名号的由来、古老旧闻传说等，并为各郡乡拟定好的名称。诏谕发布以后，先后编成《播磨风土记》《常陆风土记》《出云风土记》《肥前风土记》《丰后风土记》等，为旧风土记的代表。

新风土记　相较旧风土记，记载更详细，内容更具体，名称、种类更丰富，除部分仍冠以风土记的名称外，出现大量称"志"的著作。分藩撰和私撰，具有代表性的有《会津风土记》《常陆国志》《芸藩通志》《武藏风土记稿》《五畿内志》等。还出现不少介绍名胜古迹、具有导游性质的地方史志书籍，如《东海岛名所记》《江户名胜志》等。

旧记　也称年代记、村明细账、村由来记等。15世纪以后出现，18世纪后期至19世纪进入兴盛期，这一时期也被称为"由来的时代"。旧记以村的由来、村内领主的变迁、村民先祖的系谱、村之间的争斗等为记述对象，如1836年修成的《八条领村鉴》、1845年修成的《八条领向御取个付记录》等。

皇国地志　明治二年(1869)，民部省下设立地理司，负责记录地方情况。明治五年，陆军省向各府县发布命令，要求各地调查地理风土情况并上报；政

R

府在正院中设置地志课，发布政令，责成各省（即中央各部）、府县依据陆军省所颁诸条令，收集资料，记录成书。在此基础上，相继编成《兵要日本地理小志》《日本地志略》及部分地区的《日本产物志》等。明治七年刊行的77卷本《日本地志提要》为这一时期修志的重要成果。明治八年颁行《皇国地志编辑例则及着手方法》，分第一号村志（46则）、第二号郡志（38则）、第三号着手方法并图式一枚，明确规定地志应涉及的内容及编纂方法。各府县据此编纂大量郡志、村志。皇国地志的编纂至明治十九年基本终止。

自治体史 明治三十四年，大阪府开始编纂《大阪府志》，两年后成书。同时，大阪市委托学者编纂《大阪市史》，参照和吸收德国、意大利编写市史的经验，编纂通史2卷、法令2卷、史料1卷。《大阪市史》是首部日本的自治体自己规划编写的地方史志，开辟了日本地方史志编纂的新阶段。战后以自治体史为特征的地方史志编纂掀起了新的高潮。日本都、道、府、县、市、町、村各级自治体基本上都编写了地方史志，有些地方甚至一编再编。

Ruan Yuan

阮元（1764—1849） 字伯元，号芸台。清江苏仪征人。乾隆五十四年（1789）进士。后任山东、浙江学政。嘉庆、道光年间，历任兵部、礼部、工部、户部侍郎，浙江、江西、河南等省巡抚，湖广、两广、云贵总督等。曾在杭州创立诂经精舍、在广州创立学海堂。道光十五年（1835）进京，任体仁阁大学士。主修嘉庆《扬州府图经》（见焦循）、道光《广东通志》和《云南通志稿》，从《永乐大典》中辑录绍熙《仪征志》、嘉定《真州志》，编辑《山左金石志》《两浙金石志》等。另编著有《经籍籑诂》，校刻《十三经校勘记》，汇刻《皇清经解》，撰《畴人传》《积古斋钟鼎彝器疑识》，编辑《两浙輶轩录》《淮海英录集》等。重视图绘，提倡“今则一县一州为一图，沿海洋汛又为长图，按册读之，灿然为毕著矣”。在《嘉定、至顺〈镇江志〉刊本》序中，立志书记人记事的原则。在道光《重修仪征县志》序中，批评明代修志者“多炫异居功，或蹈袭前人而攘善掠美，或弁髦载籍而轻改妄删”，因而出现“新志甫成，旧志遂废”的情况。

Ruilishi Zhi

《瑞丽市志》 主编陈江。1996年四川辞书出版社出版。117万字。设6卷，下分44章230节。配彩照176幅、插图14幅、表格127个。上起1932年瑞丽设治局建立，部分内容溯至傣文史籍有记载的勐卯古代；下至1990年底，部分内容适当延至1992年底。为充分体现瑞丽地方特色，特设口岸、农垦、旅游、边境外事、民族、宗教、土司、山官8个专章。民族章记述傣、景颇、德昂、傈僳、汉等民族的历史渊源、地域分布、语言文字、生活习俗、社会形态。土司章和山官章记述土司、山官的发展沿革及其政治、经济、军事特点，反映边疆民族地区在政治历史演变上的独特性和各族人民的反压迫斗争。在边境外事、口岸、旅游、农垦等章中，反映边疆各族人民保卫疆土、反对侵略的斗争，以及边线的界定、边民的互市，还反映中华人民共和国时期对边疆的开发与建设，展示边疆地区未来发展的独特优势。为反映瑞丽改革开放取得的成就，在城镇区乡章中，专门记述姐告边境贸易区、瑞丽边境经济合作区和弄岛经济开发区。在旅游章中记述颇具特色的中缅边境一日游、亚热带风光游和少数民族风情游。在口岸章中，详细记述瑞丽最大的支柱产业——边贸的发展情况，以彰显“口岸明珠”的光彩。在农垦章和农业章中，重点记述橡胶、甘蔗等热区作物的种植情况。政权章记述了勐卯国政权、麓川土司政权、勐卯土司政权、民国地方政权、人民政权等资料。1998年获云南省地方志优秀成果奖一等奖。

瑞丽国门

S

三 沙 山 陕 剡 上
韶 邵 绍 深 神 沈
省 盛 施 十 石 史
首 寿 书 述 双 顺
朔 四 寺 泗 松 嵩
宋 苏 绥 隋 遂 孙
索

Sanfang Qixiang Zhi

《三坊七巷志》 主编黄启权。2009年海潮摄影艺术出版社出版。80万字。设建置沿革、自然环境、坊巷概略、古建筑、坊巷文化、文苑、人物、朱紫坊专记、鳌峰坊专记9章，下分设50节。配彩照200幅、地图10幅、黑白照片134幅。三坊七巷是福建省福州市中心市区的一个历史文化街区。三坊，指衣锦坊、文儒坊、光禄坊；七巷，指杨桥巷、郎官巷、塔巷、黄巷、安民巷、宫巷、吉庇巷。该志记述范围以历史上的三坊七巷为主，涉及朱紫坊、鳌峰坊。上起事物发端，下至2007年5月1日，个别事项有所延伸。反映历史、环境、地理位置、古建筑特点、文化活动、历史人物、相邻街区等内容，突出书香文化、民俗文化。其中坊巷章逐一记述三坊七巷的方位、形成历史、规模、支巷布局等内容。古建筑章记述沈葆桢、严复、林觉民等43处名人的故居，光禄吟台、水榭戏台、二梅书屋等14处花厅园林，黄巷葛氏大院、安民巷鄢家花厅等23处古民居，天后宫等26处寺庙宗祠。坊巷文化章记述教育、卫生、科技、诗社活动、书香、民俗、宗教、祠馆、商业、饮食等地方特色文化。文苑章收录林觉民《与妻书》、冰心《我的故乡》、华严《郎官巷里的童年》等文章39篇，以及历代咏三坊七巷的诗词。人物章以传略记279人，列举14个由科举走上仕途的名门世家。

鸟瞰三坊七巷

Sanfu Huangtu

《三辅黄图》 作者姓名不详。关于成书年代有多种说法，一般认为作于东汉时，魏晋隋唐间又有增补，故掺入后世地名及杂说。三辅，指陕西关中地区，东起函谷关，西至陇关，南至武关，北临晋关，大体上指关中盆地。颜师古《汉书注》谓汉代长安以东为京兆，以北为左冯翊，渭城以西为右扶风，三个政区均为京畿辖地，合称三辅。此书始著录于《隋书·经籍志》，1卷，原有图，久佚。后人改编为2卷(收入《直斋书录解题》)或3卷(收入《郡斋读书志》)。存6卷本，疑为南宋绍兴年间苗昌言校刻时所析。书中主要记载秦汉时期三辅的城池、宫观、陵庙、明堂、辟雍、郊畤、苑囿、池沼、台榭、街市、楼馆、陵墓、风俗、杂类等，以汉代长安为主，间涉先秦旧迹。记各项建筑，均指出所在方位。古代及民国时期校本有南宋苗昌言校本，明吴琯校本，清孙星衍、庄逵吉校本、毕沅校本。现代校本有张宗祥《校正三辅黄图》、陈直《三辅黄图校正》、何清谷《三辅黄图校注》《三辅黄图校释》。

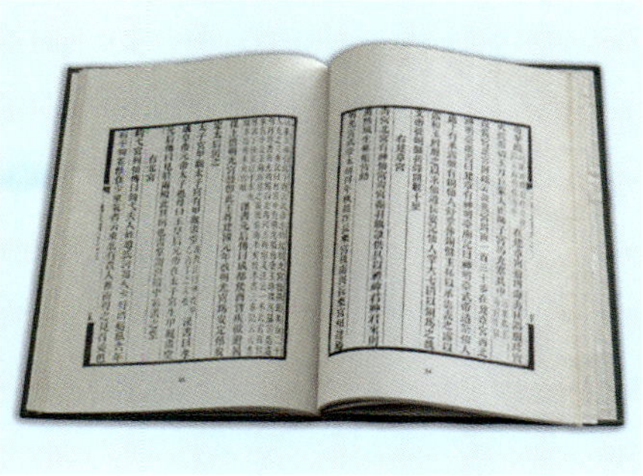

《三辅黄图》乾隆刊本("中国方志丛书"本)书影

Sanguo-Wei-Jin-NanBeichao xiuzhi

三国魏晋南北朝修志 三国魏晋南北朝时期为地记发展繁荣时期。以人物为主要内容的有耆旧传、先贤传等，以地理风俗为主要内容的有异物志、水道记、山水记(或山川记)、地记、风俗记等。多为私人撰修。这一时期，以全国区域为范围编纂的总志有晋挚虞《畿服经》、南朝陈顾野王《舆地志》、北魏阚骃《十三州志》等，以《畿服经》较为完备，其内容综括地理和史事，不仅记地理风俗，还记人物事迹。三国两晋时期的地志多记述异物，并以"异物志"命名；未以"异物志"命名的州郡地志，也多记载各地稀有动植物。反映了当时大量北人南迁后，需要对南方地理风土加以了解和认知历史情况。除地记外，各区域各类史地著述繁多。黄燕生《中国历代方志概述》一文中阐述："就其形式而言，大致分为记人、述地两类。记人一

部分三国魏晋南北朝佚志简目

三国：《巴蜀异物志》、苏林《陈留耆旧传》、《地理记》、《关中图》、《广州先贤传》、《桂阳记》、《桂阳先贤画赞》(又称《桂阳先贤传》)、《汉中记》、何晏《冀州论》、卢毓《冀州论》、《江东旧事》、《荆扬己南异物志》、《会稽土地记》(又称《会稽土地志》《会稽记》)、《会稽先贤传》、《濑乡记》、《临海水土物志》(又称《临海水土异物志》《临海异物志》《临海水土志》)、《娄地记》(又称《吴娄县记》)、《洛阳记》、《南州异物志》、《秦记》、《汝南先贤传》、《三巴记》(又称《巴记》)、《三吴郡国志》、《三州论》、《上党记》(又称《上党郡记》)、谯周《蜀本纪》、《土地记》、《吴先贤传》、《吴县记》、《吴兴录》、《西河旧事》(又称《西河故事》)、《宜阳记》、《益州志》、《永昌郡传》(又称《永昌郡记》)、《豫章旧志》、《豫章列士传》

晋：《巴蜀志》、《白褒鲁记》、《长沙耆旧传》、《陈留志》、《楚国先贤传》、《地理书》、《分吴会丹阳三郡记》、《关中记》、《广陵烈士传》、《广陵耆老传》、顾微《广州记》、裴渊《广州记》、《河南郡图经》、《河南十二县境簿》、《畿服经》、《济北先贤传》、《济阳录》、裴秀《冀州记》、荀绰《冀州记》、王范《交广二州记》（又称《交广二州春秋》《交广春秋》）、黄恭《交广记》（又称《交广二州记》《交州记》）、王隐《交广记》、邓中岳《交州记》、刘欣期《交州记》、《交州杂事》（又称《交州杂记事》《交州杂记》）、《晋中州记》、范汪《荆州记》、《荆州先贤传》（又称《荆州先德传》）、《九江图》、《会稽后贤传》、贺循《会稽记》、《会稽先贤像赞》、《鲁国先贤传》（又称《鲁国先贤志》）、《洛阳宫地记》、《洛阳宫舍记》、《洛阳故宫名》、华延儁《洛阳记》、陆机《洛阳记》、杨佺期《洛阳记》（又称《洛阳图》《洛城图》《洛阳京城图》）、《南方草木状》、《南方草物状》（又称《南方记》）、《南中八郡志》（又称《南中八郡异物志》《南中八志》）、《南中志》、晏谟《齐地记》、《汝南记》、伏琛《三齐略记》（又名《三齐记》《齐记》）、《三吴土地记》、任熙《蜀本纪》、张勃《吴地记》、环济《吴记》（又称《吴地记》）、顾夷《吴郡记》（又称《吴地记》）、《吴兴山墟名》、《武昌记》、《西河记》、《西京记》、《湘中记》（又称《湘中山水记》《湘川记》）、《湘州记》、《浔阳记》、《浔阳录》、《兖州记》、《宜都山川记》、裴秀《雍州记》、《中山记》、《珠崖传》（又称《朱崖传》《朱崖故事》）

十六国：段龟龙《凉州记》（又称《凉记》《西凉记》）、张资《凉州记》（又称《凉记》）、《凉州异物志》（又称《凉土异物志》《西凉异物志》）、《西河记》

南北朝：《安城记》（又名《安成记》）、《长安记》、《长沙志》、《仇池记》、《代都略记》、《丹阳记》、《地记》、陆澄《地理书》、《东阳记》、《国山记》、《汉南记》、《淮南记》、《建安记》、《建康宫殿簿》（又名《建康宫阙簿》）、《建康记》、《江乘地记》（又名《江乘记》）、《江陵记》、《江州记》、《江左名士传》、刘澄之《交州记》、姚文咸《交州记》、《京邦记》、《京口记》、《荆楚岁时记》、《荆南地记》、《荆南记》、《荆南图副》、《荆南志》（又名《荆南地志》）、《荆州地理记》、郭仲产《荆州记》、刘澄之《荆州记》、盛弘之《荆州记》、庾仲雍《荆州记》、《荆州图》、《荆州图副》（又名《荆州图副记》《荆州图记》）、夏侯曾先《会稽地志》（又名《会稽志》《会稽记》《会稽记》）、《会稽郡十城志》、《梁州记》、《临川记》、《临海记》、《陇西记》、《庐陵异物志》、《洛阳地记》、《洛阳伽蓝记》、《南方异物志》、《南荆州记》、邓德明《南康记》、王韶之《南康记》、《南徐州记》、阮升《南兖州记》、阮叙之《南兖州记》、《南雍州记》、《南雍州记》（又名《襄阳记》）、《南越志》、《鄱阳记》、解道康《齐地记》、《齐州图经》、《钱塘记》、《青州先贤传》、《三晋记》、《三晋山险记》、《三齐记》、《沙洲记》、《十三州志》、《始安郡记》、《始兴记》、《寿阳记》、《太山郡记》、董览《吴地记》（又名《吴地志》）、陆道《吴地记》（又名《吴郡记》）、《吴郡地理志》（又名《吴地记》）、《吴郡缘海四县记》（又称《吴郡临海记》）、《吴兴记》、《武昌先贤志》、鲍坚《武陵记》、黄闵《武陵记》、武安贫《武陵记》、崔鸿《西京记》、薛寘《西京记》、《湘东记》、郭仲产《湘州记》（又称《湘中记》）、佚名《湘州记》、甄烈《湘州记》、《湘州营阳郡记》、刘芳《徐地录》（又名《徐州记》）、《徐州地理志》、杨晔《徐州记》、刘义庆《徐州先贤传》、佚名《徐州先贤传》、《宣城记》、山谦之《寻阳记》、王缜之《寻阳记》、《浔阳记》、刘澄之《扬州记》、阮升《扬州记》、《阳城记》、《邺城记》、《邺都故事》、《义兴记》、李膺《益州记》（又名《李膺蜀记》）、任预《益州记》、《雍州记》、《永初山川古今记》、《永嘉记》、《舆地志》、《豫章记》、《豫州记》、《沅川记》、《沅陵记》、《赵记》、《州郡志》

类，有国史、载记、郡书，以及《史通·杂述》所列《竹林名士》等小录，《列女》《逸民》《忠臣》《孝子》等别传；述地一类，有各种类型的地理书、都邑簿和图经。”文中还指出，这一时期也“出现了一些融汇诸体、兼言史地的著作，如地理书兼述人物的《畿服经》《南康记》，史书兼言山川风土的《越绝书》《华阳国志》，这些综合性地方史志的出现，萌始了方志的雏形。”

Sanshan Zhi[Chunxi]

《三山志》[淳熙] 梁克家、陈傅良纂。南宋淳熙九年(1182)修成。原书40卷，后人补至42卷。清钱大昕认为多出的卷31、卷32进士题名为淳祐年间朱貔孙等人续补。三山为福建省福州别称。福州在唐天宝年间曾名长乐郡，故《宋史·艺文志》又称该志为《长乐志》。全书以纲统目，分设地理、公廨、版籍、财赋、兵防、秩官、人物、寺观、土俗9类，记述范围包括当时福州及所辖12个县。重视对地方掌故的记载，公廨、版籍、兵防、秩官所占比重较大。无艺文志；人物只收科第，详载当地学校教育及科举考试。注重记述与地方风俗教化有关的内容，如土俗列有本地的土贡福州产荔枝，详述岁贡荔枝的数量；还列有《劝用医》《五戒》《戒山头斋会》《教民十六事》《戒生口牙》《戒船户》《戒禁蓄蛊》《戒去野葛》八项戒谕，记述为官者对百姓的教谕；多收谣谶。清朱彝尊认为，在寺观类下附记山川稍显不妥。此志为福州存世最早的旧志。华东师范大学图书馆藏明崇祯十一年(1638)越山草堂刊本、清乾隆年间张德荣抄本。台湾藏明谢氏小草斋

淳熙《三山志》（“宋元地方志丛书”本）书影

抄本。福建省图书馆藏清抱山堂抄本。福建省博物馆、福建师范大学图书馆、北京大学图书馆藏抄本。日本内阁文库藏明万历四十一年(1613)刻本。2000年,海风出版社出版福州市地方志编纂委员会校点本。2003年,方志出版社出版陈叔侗校注本。

Sansheng Bianfang Beilan

《三省边防备览》 严如熤辑。清道光二年(1822)刻本。三省指川、陕、鄂,三省之边区主要包括清代陕西的汉中府、兴安府、商州,四川的保宁府、绥定府、夔州,湖北的郧阳府、宜昌府,相当于川、渝北部、陕南与鄂西北山地,也指自然地理上所称的秦巴山地。严如熤与三省官员查勘边境,历时半载,将亲身经历或耳闻与前著《三省山内风土杂识》《边境道路考》合辑纂成此书。14卷。分舆图、道路、水道、险要、民食、山货、军制、策略、史论、艺文10门。打破传统以政区为记述范围的写法。志书专述边防事宜,选载事项以与边防有关者为标准。舆图有14幅图,包括边境总图、分区图及险要图,其中,边境交界相连险要图详细标出险要之处,并有较详细的说明。民食、山货二门专记水利兴修,详载各县堰、塘的分布和灌溉田亩,农作物名称、种植及出产情况,山民食物结构,山内物产、木厂、盐厂、铁厂、纸厂等。道路考以陆路交通为主,以县为中心,详记里数、所经地点、沿途险要之地、道路使用状况,除记载大路,也注重对山区交通尤其是山间小路的记载。志中反映出当时川、陕、鄂三省边界的人口来源及组成情况,为明清移民"江西迁湖广,湖广填四川"这一说法提供了例证。书中对山内民风土俗的记述中,记载了清香、圆顿、太阳、天主、白莲5种宗教及各种宗教的发展情况。

Sanxingdui Tuzhi

《三星堆图志》 主编秦安禄。2005年四川人民出版社出版。20余万字。由文物志、考古志、学术志三部分组成。考

凸目青铜兽面像出土现状(敖天照 摄)

古志对历年文物考古工作者在遗址进行调查、发掘、文物修复的进程及各级领导对遗址的重视和保护工作进行简要记录。学术志突出对重点文物的记述。文物志按遗址出土文物的质地分类编写并注明出土时间与地点。全志展示了自1929年春月亮湾阶地发现玉石器起至2002年,三星堆遗址区出土的各类文物的概貌,记录了3000年前蜀国遗存和已知文化遗迹的现状,汇集了专家、学者对三星堆文化研究的成果,有关报道和遗址的大事、要事等。共收录有关三星堆考古发掘与三星堆文物(青铜器、金器、玉器、石器、陶器等)图片约1000幅,特别记述了三星堆一号坑、二号坑出土的器物。志中还收录若干关于三星堆祭祀坑以外的发现材料,如1986年春发掘的部分资料、三星堆遗迹可能在北部月亮湾一带台地的推论等。附录收录三星堆大事记、三星堆文化研究文献目录等。2007年获四川省哲学社会科学优秀科研成果奖一等奖。

Sanyashi Zhi

《三亚市志》 主编黄亚贵。2001年中华书局出版。150万字。设28编125章464节。卷首配图照205幅。上起事物发端,下至1990年,附录、概述、大事记延至1999年,彩照部分延至2001年3月。建置编建置沿革节记述三亚市自西汉的临振县(属汉珠崖郡),隋代临振郡,唐代振州、延德郡、宁远郡,宋代崖州、珠崖军、吉阳军,明代崖州,民国时期崖县,到1984年三亚市(县级)和1987年三亚市(地级)的建置沿革情况。自然环境编设港湾节,记述三亚港、港门港、铁炉港、琊琅港、烧旗港、担油港、头灶港、崖州湾、后海港、坎秧湾、琊琅湾11个港湾。人口编设农民生活节,以表格形式详细列举1983年、1985年、1987年、1989年、1990年农村调查户的基本情况、人均总收入、人均总支出、现金收支情况、人均纯收入、主要耐用物品年末拥有量、主要实物消费量等情况。农业编设南繁育种节,记述1963年起,全国28个省、市、区440个单位在三亚冬季育种的情况。旅游编记述天涯海角、南山大小洞天、亚龙湾、大东海、小东海、鹿回头、南端点火台、落笔洞、南山文化旅游区、三亚湾、榆林湾、三美湾、海棠湾、竹湾、蜈支洲岛、西岛等57个景点的景观特征和兴趣对象。交通邮电编设航海线节,分别列有三亚港1984~1990年的国内、国际进口、出口货运航线分布表及国内客运航线分布表等5个表格。人物编设古代名贤节,有鉴真、卢多逊、丁谓、赵鼎、胡铨、黄道婆、陈明甫、钟芳、王煶等人物传记。附录中收录有1962年郭沫若《序重印〈崖州志〉》,清康熙三十三年(1694)李如柏《〈崖州志〉序》,乾隆二十年(1755)李璜《重修〈崖州志〉序》,光绪二十七年(1901)钟元棣《重印〈崖州志〉序》,光绪三十四年邢定纶《重修〈崖州志〉序》,共5篇旧志序。

天涯海角景区

Shazhou Dudufu Tujing

《沙州都督府图经》 甘肃存世最早的图经,也是存世唐代图经中门目最多、篇幅最长的一部。修纂于武周之时(一说为唐开元年间)。清光绪三十四年(1908),法国人伯希和得自敦煌藏经洞,

原稿存于法国巴黎国家图书馆。首尾残缺，其存者长不逾三丈，有经无图。文字510行，计7073字。初定名为《沙州记》。宣统元年(1909)，罗振玉易名为《沙州志》，以残卷影印本收入《敦煌石室遗书》。1913年，易名为《沙州图经》，收入《鸣沙石室佚书》。1916年，伯希和据卷尾“沙州都督府图经卷三”字样，定名为《沙州都督府图经》。书中记载天象、盐池、渠、泽、堰、堤、亭驿、县学、社稷坛、杂神、寺庙、冢、古城、祥瑞、歌谣、古迹、行政机构、区划等，还保留部分新疆地域内容。水渠、泊泽、池堰条记述独利河、兴湖泊、三泽(东泉泽、大井泽、四十里泽)、二堰(长城堰、马圈口堰)等其他图籍未载的内容；记宜秋渠、孟授渠、阳开渠、都乡渠、北府渠、三丈渠、阳安渠等七渠的名称，其中除都乡渠在五代后晋高居诲《使于阗记》中有记载外，其余均未见记载。盐池条记述东、西、北三所盐池。驿路条对唐代丝绸之路在敦煌域内的19所驿站，如新井驿、广显驿、乌山驿等，记载较详。杂神条特别提到祆神，记载火祆教传入中国的情况。古堤条提到北凉灭西凉战役中的一些重要问题。因“唐代图经，久绝于世”，而此残卷可纠他史旁志之谬，故被后人称为“人间鸿宝”。

Shandong Daxue Tushuguan

山东大学图书馆 位于济南市山大南路。创建于清光绪二十七年(1901)。馆舍总面积1.5万平方米。馆藏古籍4.3万种，其中方志1500余种。按种类统计，有各省通志83种、府志144种、州志138种、县志1112种、乡土志39种、卫志17种。按省区分，山东254种、江苏212种、浙江211种、河北165种、河南129种、陕西114种、四川98种、山西65种、安徽53种、广东49种，其余各省为数不多。按刊刻时代分，明代3种、清代900余种、民国时期约600余种。馆藏善本方志149种，除明代3种外，大多是清刻本，另有抄稿本6种；其中有通志8种、府志15种、州志24种、县志94种、乡土志1种、其他7种。馆藏的254种山东方志中，有通志4种、府志16种、州志13种、县志211种、乡土志10种；其中，清康熙朝27种、雍正朝3种、乾隆朝40余种、嘉庆朝10余种、道光朝20余种、咸丰朝8种、同治朝3种、光绪朝40余种、宣统朝5种，民国时期60余种。版刻年代较早的有万历《安丘县志》、雍正《乐安县志》、康熙《诸城县志》、乾隆《金乡县志》，均属馆藏善本；《泗水乡土志》《博山乡土志》也较稀见。

Shandong Huanghe Zhi

《山东黄河志》 主编鲍锡成。1988年山东省新闻出版局准印。80万字。设黄河简况、治黄基本工作、防洪工程、防汛防凌、水利、管理、机构人物及其他7篇，下设26章。志中插有彩图12幅，另有1959年9月毛泽东在济南泺口视察黄河、山东黄河济南段河道鸟瞰、战胜1958年大洪水、黄河入海口(卫星照片)等图照。上起清咸丰五年(1855)黄河在河南兰阳铜瓦厢决口改道北流、夺大清河从山东入海，下至1985年。概述对黄河的地位、河道、流域情况、水资源及水患做记述，重点记述1978年后的治黄政策、投资、管理等内容。黄河简况篇从流域简况、山东黄河概况、河道变迁、灾害四个方面全面记述黄河的基本情况。治黄基本工作篇包括水文工作、测绘与勘探、规划与设计、科学技术工作四个方面。防洪工程篇主要记述1949年后山东黄河的防洪任务和措施。防汛防凌篇主要记述山东黄河防汛工作中的险情抢护、清障、迁安救护，详记防洪斗争，设防凌章，主要记述凌汛成因和灾害、防凌措施、防凌斗争纪实。水利篇第十八章记述山东黄河的水资源利用、引黄灌溉工程、放淤与稻改、城镇工业用水；第十九章记述位山、洛口、王旺庄3处枢纽工程的兴废历程；第二十章记述汶河及其他支流的治理情况。管理篇主要记述山东黄河工程管理中的堤防、河道、涵闸管理，以及综合经营与计划管理、物资供应与管理、石料采运等。机构人物及其他篇主要记述山东黄河的治理机构从晚清、民国到当代的沿革，当代治河人物及治黄英模等。1991年获山东省社会科学优秀成果奖二等奖。

《山东黄河志》书影

Shandongsheng Fangzhiguan

山东省方志馆 位于济南市千佛山南麓。1996年建立。2003年，新馆建成并投入使用。面积5000多平方米，有藏书库、阅览室、办公室、会议室、展览室、接待室、多功能厅等，集志书收藏、机关办公、学术研究、展览交流于一体。馆藏志书、年鉴及地情资料类书刊5万余册，其中新编地方志书5000余种20000余册，包括山东省志书2600余种7200余册，外省志书约1600种2600余册；旧志130余种，多为残缺本；省内整理的旧志80余种。年接待读者2000余人次。方志馆还建成机关办公局域网，初步实现文字处理电脑化、信息传输网络化、机关办公无纸化。2002年编辑出版《山东省新编地方志目录》，收录全省新编志书、年鉴及地情资料类书目5036条(种)，其中志书类3519条、地情资料类944条、年鉴类573条，为全国收录书目最多的区域性新编地方志目录。

山东省方志馆

Shandongsheng Tushuguan

山东省图书馆 位于济南市二环东路。创建于清宣统元年(1909)。2002年，新馆建成开放。建筑面积5万平方米。馆藏方志包括历代旧志和新编志书。其中,山东历代旧志 528 种,约占海内存世山东旧志(640 种)的 82%,最早的为《齐乘》乾隆刻本。清代志书占 68%,其中康、雍、乾三朝志书有 305 种。清代编纂的山东方志已有 82 种成为孤本,有少量入藏山东省图书馆。民国时期山东所修 83 种志书,基本入藏。还收藏有 50 余部稿本,如道光《济宁直隶州志》、光绪《高密县乡土志》、光绪《莱芜县志》、宣统《聊城县志》等。馆藏旧志中有 58 种善本被收入《中国古籍善本书目》,其中明刻《兖州府志》为海内孤本。入藏的新修省、市、县三级志书基本齐备,有 150 余种 300 余部。另存新修的三级部门志、行业志、专业志、厂矿志、山水志、学校志、风物志、人物志等 400 余种。

山东省图书馆

Shandongsheng Weisheng Zhi

《山东省卫生志》 主编张青林。1992 年山东人民出版社出版。137.6 万字。设 12 篇 54 章。配图照、表格 140 余幅。上起清道光二十年(1840),下至 1985 年,有些事物有所逾限。内容包括卫生行政、公共卫生、防疫、专科病防治、中医、西医、中西医结合、妇幼卫生、医学教育、医学科学研究、医学卫生团体、医林人物。全面记述山东卫生事业的历史和现状,详记道光二十年以后,西方医学在山东的传播;民国时期,教会医院发展迅速,中医遭受压抑,山东中医界为此采取的措施,以及全省流行的传染病及死亡人数;1949 年后,山东开展的各种传染病的防治工作及取得的成绩;中共十一届三中全会以后,全省医疗卫生系统及医学教育的发展情况等。还记述麻风、皮肤着色霉菌病、黑热病等疾病的防治,角膜病和烧伤治疗、内耳开窗术、断肢(指、趾)再植、肝肾移植、中医文献整理、喉咽癌切除成形术等方面取得的成就;在全国率先基本消灭丝虫病,控制疟疾、白喉、地方性甲状腺肿发生的事迹。1993 年获山东省社会科学优秀成果奖三等奖。

《山东省卫生志》书影

Shandongsheng Yanye Zhi

《山东省盐业志》 主编李秀文。1992 年齐鲁书社出版。90 万字。设 14 篇 47 章。志首配山东省盐业分布图、彩照 96 幅,文内插图 28 幅。上溯起源,下至 1988 年,部分内容适当下延。记载山东盐业的兴衰起伏,系统反映山东盐业的历史与现状。记述炎帝时代“煮海为盐”的夙沙部落;春秋时代,齐国首创盐法;“古代产盐莫胜于山东,盐法之兴莫先于山东”之说的由来;1949 年后特别是改革开放后,山东的原盐、加工盐、盐化工、海产养殖等的发展规模和不断涌现的新产品。重点记述山东盐业总产值、原盐产量、溴素产量、对虾产量、销盐量、利税、出口创汇 7 项指标在全国各产盐省市的排名,以及“鲁盐”的盛名。1998 年获山东省社会科学优秀成果奖三等奖。

《山东省盐业志》书影

Shandongsheng Zhi Kongzi Guli Zhi

《山东省志·孔子故里志》 主编苏庆恭。1994 年中华书局出版。47.2 万字。设 9 篇 37 章。志首配照片 110 余幅,附英、日、韩文目录。上限起于孔子诞生,即鲁襄公二十二年(前 551);下限

孔庙鸟瞰

因事而异,大事记、文物管理、孔子研究和故里建设止于 1992 年,其余诸篇,有的止于 1992 年以前,有的记至 1948 年前。重点记述孔子的思想学说体系,孔氏宗族的繁衍与管理,孔庙、孔林、孔府的建筑、人文景观及思想文化内涵,反映了孔子思想和中国传统文化博大精深的内涵,再现了孔子故里 2000 余年的沧桑变迁,全面记述了国家和山东人民保护孔子故里、建设孔子故里、研究和整理孔子故里文化遗存的成就。附录选录历代有关孔子的艺文,包括诏诰、奏疏、碑文、诗、乐章、辞、赋等;选录文物保护文献 12 则;还记述了孔子在国外的影响,主要是对朝鲜、日本及西方国家文化的影响。1997 年获全国地方志奖一等奖。

Shandongsheng Zhi Taishan Zhi

《山东省志·泰山志》 主编杨庆蔚、于连荣。1993 年中华书局出版。45 万字。设 8 篇 30 章 85 节。记述范围以泰山主峰及其周围的主脉为主,以 1949 年后泰山管理部门确定的泰山面积(426 平方千米)为环界,不受行政区划限制,并因事而异适当向外辐射。上起有史实可供稽考,下至 1990 年。以自然地理、风景名胜、文物、旅游为重点篇,体现泰山自然景观的雄奇壮伟和泰山文化的博大精深。自然地理篇记述泰山的形成与演变、地质地貌、气候、植被、矿藏、土特产等内容。风景名胜篇和文物篇重点记述泰山的松柏、溪泉、云雾、旭日东升、云海玉盘、石坞松涛等自然景观,以古建筑和碑刻为主体的人文景

S

南天门

观，如秦泰山刻石、汉衡方碑、张迁碑、晋孙夫人碑、南北朝经石峪金刚经、唐纪泰山铭等2500余处碑碣摹刻，再现了人与自然和谐交融的中国传统文化特点。封禅祭祀·宗教篇记述古代帝王封禅和祭祀泰山的历史现象，以及泰山的宗教、民间信仰的演变等。文学艺术篇摘要辑录历代著名政治家、文学家的颂岱作品及当地流传广泛、乡土气息浓郁的神话传说，如孔子《丘陵歌》、曹植《飞龙篇》、李白《登岱六首》、杜甫《望岳》、苏辙《灵岩寺》、姚鼐《登泰山记》等。人物篇记述对泰山保护、建设和泰山文化发展有重要贡献者的事迹。史事史迹有异说者，诸说并存；内容交叉者，用此详彼略或互见法处理。1995年获山东省社会科学优秀成果奖三等奖。

Shandong tongzhi

山东通志 山东省官修通志始于明嘉靖年间，明、清两朝共修纂5部，分别为明嘉靖志和清康熙志、雍正志、同治志、宣统志。其中嘉靖志为山东省第一部官修通志，也是山东唯一一部明代省通志；宣统志为历代山东通志中卷帙最多、文字最多的一部。①《山东通志》［嘉靖］。袁宗儒修，陈沂、陆釴等纂修。嘉靖十二年(1533)刻本。40卷，约100万字。平列36目，事以类聚，篇目为图考、建置沿革、星野、疆域、山川、形势、风俗、物产、田赋、户口(民役附)、封建(王府宫附)、职官、兵防、城池、漕河(海运附)、桥梁(闸坝附)、公署、学校(书院附)、科目(荐举附)、祠祀、陵墓、寺观、宫室、古迹、帝王(后妃附)、圣贤(圣裔附)、名宦、人物(外传附)、流寓、仙释、孝义、列女、艺文、遗文、灾祥、杂志。对明代山东全省地理形势、物产风俗、人口升降、土地田赋、漕运海道、兵防建置、官署机构等与国计民生有关内容的记述尤为详细。志中刊载了大量舆图。天一阁原藏两部，均散出，一部曾为吴氏侧海楼所收藏，1930年入藏北平图书馆，后存于台湾；另一部(卷4~40)入藏上海图书馆。1966年，天一阁补藏原刊本1部。山东省图书馆、国家图书馆(不全，有胶卷)、北京师范大学图书馆(不全)、南京图书馆、南京大学图书馆、上海图书馆(不全，有胶卷)、天津图书馆(有胶卷)等有藏。北京大学图书馆有明万历四十二年(1614)刻本抄配本，南京图书馆、上海图书馆、南京大学图书馆藏有此刻本原本。②《山东通志》［宣统］。张曜、杨士骧修，孙葆田、于宗潼纂。宣统三年(1911)完稿，1915年山东通志刊印局铅印本，又称民国《山东通志》。200卷，首9卷，附录1卷，补遗1卷，128册，约620万字。卷首置列圣训典，记清代各个皇帝对山东的诏谕上令；至圣世纪，记孔子年谱。卷内分舆图、通纪、疆域志、职官志、田赋志、学校志、典礼志、兵防志、河防志、艺文志、人物志、杂志12个门类，类下细分子目。另外还有附录、补遗、附传、跋等。

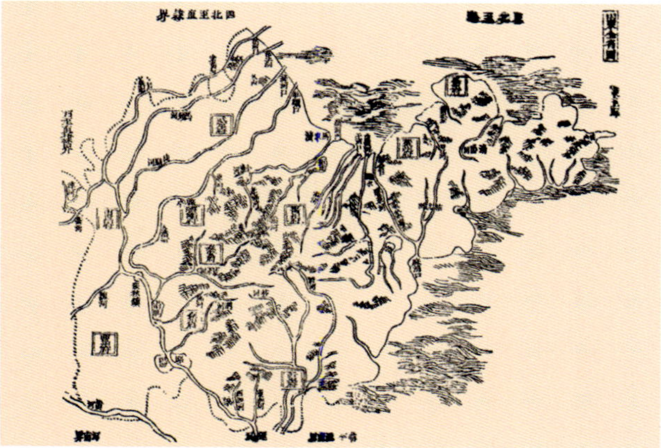

山东全省图(乾隆《山东通志》)

记事截至宣统三年，通纪、宦迹、人物等以明清两代为详，以前为略。尤以图表、疆域、沿革最工，于黄河、运河的记载更详。此志将进士、举人等目归入学校内，在其他地方志的体例里很少见。山东省内各文化部门都有收藏。另有1934年上海商务印书馆影印本、山东通志刊印局初印本影印本、2006年山东大学出版社出版影印本。

Shandong xiuzhi

山东修志 山东修志始于汉晋时期。历代所纂方志可考者有900余种，有7000余卷3000余册，约1300万字。存世600多种，其中刻本450余种，铅印本120余种，丛书本2种，稿本、抄本58种。1981~2004年，开展首轮新方志的编修工作。2001年，第二轮修志工作全面启动。至2010年底，共出版省志分志、市(地)志、县(市、区)志285部。

山东历代方志编修 编修有省通志32种，府、州、县、镇、卫等志书871种。据张国淦《中国古方志考》载，汉晋至元代，山东编纂的方志可考者有36种，见于著录者有《齐乘》、《兖州记》(晋荀绰纂)、晋修《三齐记》、《三齐略记》、《齐记》(晋伏琛纂)、《齐地记》(晋晏漠纂)、《齐地记》(齐解道康纂)、《青州先贤传》、《海岱志》、《京东路图经》、《齐记》(宋张朏纂)、《齐记补》等，仅有《齐乘》留存下来。存世明、清、民国时期的志书中，有省通志十余种，府志30余种，州志60余种，县志420余种，里镇志、卫所志、口志十余种，以及乡土志70余种。修志最多的单位修有19次之多。

山东明代修志 编修有通志、府志、州志、县志220种，存世77种，包括通志1种、府志8种、州志13种、县志55种。有24种已成孤本。其中嘉靖《山东通志》是山东第一部官修通志，也是山东唯一一部明代问世的通志。卫志较有名者有弘治《威海卫志》等。乡镇志亦有所见。①山东明代府志。嘉靖朝有2种，分别为《青州府志》和《莱州府志》；万历朝有5种，分别为《兖州府志》2种、《青州府志》《莱州府志》《东昌府志》;泰昌朝有1种,为《登州府志》。②山东明代州志。州志较著名的有景泰《德州志略》、弘治《泰安州志》、嘉靖《武定州志》、嘉靖《德州志》、万历《德州志》、天启《德州续志》、崇祯《武定州志》等。③山东明代县志。存世最早的县志刻本是成化《嘉祥县志》和弘治《章丘县志》。嘉靖朝编修的《淄川县志》《莱芜县志》《章丘县志》,万历朝编修的《济阳县志》《章丘县志》,及正德《章丘县志》等,均被誉为名志佳本。④山东明代专志。明代山东方志已普及到乡镇,如编纂有弘治《阙里志》、万历《陋巷志》。此外,崇祯《崂山志》、崇祯《高密全城记》等也较有名。

山东清代修志　共修有各类志书500余种。有的志书编修数次,如《山东通志》修纂4次,淄川和滕县志修纂5次,新城(桓台县)志修纂6次,掖县志修纂7次。乡镇志的编纂也呈兴盛之势。清代全省编纂的方志中,已有82种成为孤本。①山东清代通志。存有康熙《山东通志》、康熙《山东肇域记》(见顾炎武)、雍正《山东通志》、同治《山东通志》、宣统《山东通志》等。②山东清代府志。共编修24种,顺治、康熙两朝共9种,雍正、乾隆两朝共9种,嘉庆至咸丰朝5种,同治、光绪年间修1种。其中康熙朝修《莱州府志》《登州府志》《济南府志》,乾隆朝修《曹州府志》《沂州府志》《东昌府志》,嘉庆《东昌府志》,及道光《济南府志》等都是较有名的志书。③山东清代州县志。编纂州志50余种,流传下来的有46种。编纂县志284种。较著名的有康熙朝修《德州志》《济阳县志》《邹平县志》,雍正朝修《重修莒州志》《乐安县志》,乾隆朝修《临清州志》《济宁直隶州志》《历城县志》《诸城县志》《沾化县志》《郯城县志》,嘉庆《续修郯城县志》,及道光朝修《济宁直隶州志》《重修胶州志》等。梁启超在《中国近三百年学术史》中,列数十部"可称者",前6部中有5部是山东方志,分别是康熙朝修《德州志》《济阳县志》《邹平县志》与乾隆朝修《历城县志》《诸城县志》。④山东清代里镇卫所志。以经济和文化发达地区编修为多。如《颜神镇志》《张秋镇志》《高阳志》《羊角沟镇志》《龙口志》《靖海卫志》《威海卫志》《灵山卫志》《阙里新志》等。⑤山东清代乡土志。清末全省纂修乡土志65种,70%以上的县编过乡土志书。除《滨州乡土志》是宣统朝所修外,其余均是光绪朝所修。其中,府乡土志有莱州府修1种,州乡土志有平度州、胶州、德州、东平州、滨州、济宁州、高唐州所修7种,余下的57种为县乡土志。⑥山东清代专志。多数为山水志。山志有康熙朝编《长清灵岩志》《五莲山志》,光绪朝编《长清五峰山志》《泰山志》《崂山续志》,雍正《马山志》,以及同治《峄山志》等。水志有《山东诸水编》《历代黄河变迁图考》《运河水道编》《趵突泉志》《济渎考》《胶莱河舆图》《山东黄河全图》等。另有道光朝修《章丘节孝志》《济南金石志》等。

山东民国时期修志　全省于1912~1936年编修的方志可考者有88种,其中州志1种、县志82种、乡土志5种。抗日战争全面爆发后,全省修志工作基本中断,仅有禹城县继续完成修志任务,并铅印出版。另有部分专志问世。较著名的县志有《续修沾化县志》《禹城县志》《济阳县志》《续修邹平县志》《牟平县志》《潍县志稿》《重修莒志》《续修历城县志》《续修长清县志》《重修商河县志》《即墨县志稿》《续平度县志》《续修博山县志》《重修新城县志》《新修桓台县志》《续滕县志》《利津县续志》《莱阳县志》《莱芜县志》《栖霞新志》等。

山东新方志编修　全国人大山东代表王祝晨于1954年全国人大一届一次会议期间,建议"早早动手编修地方志"。至1966年,有49个县(市)完成志书初稿。首轮新方志编修工作始于1981年。2004年底,首轮修志工作全面结束,共编纂省志1部、市(地)志14部、县(市、区)志128部。志书上限为1840年,下限原则上至1985年。2001年,第二轮修志工作全面启动。规划编纂省志1部、市志17部、县(市、区)志139部。至2010年,已出版省志分志8部、市(地)志书3部、县(市、区)志书44部。此外,全省共出版规划外志书3000多种。

山东省级修志　新编《山东省志》工作于1981年启动。1982年,《山东省志》第一次编纂工作会议召开。至2004年,84卷全部出版,共88部分志。该志突出山东齐鲁文化一山一水一圣人的特点,设置泰山志、黄河志、孔子故里志。在全国地方志评奖中,电力工业、黄河、孔子故里3部分志获一等奖,民政、水产、计划、军事4部分志获二等奖。在1990~2002年山东省社会科学优秀成果评奖中,方言志获一等奖,金融志获二等奖,泰山、财政、计划、医药、文物、审计、民俗、农业8部分志获三等奖。在山东省新编地方志优秀成果评奖中,大事记、丝绸、化工、文化、石油工业、外事、民俗7部分志获一等奖。第二轮《山东省志(1986—2005)》规划编纂83部分志,至2010年,已出版铁路、税务、工商行政管理、质量技术监督、烟草、财政、林业、共产党8部分志。

山东市级修志　全省范围大规模市(地)级新方志编修工作始于20世纪80年代初。至2002年底,共出版14部(含规划外志书1部)。在全国地方志评奖中,《枣庄市志》《淄博市志》获一等奖,《德州地区志》《潍坊市志》《青岛市志·海港志》获二等奖。在1990~2002年山东省社会科学优秀成果评奖中,《淄博市志》获二等奖,《烟台市志》《潍坊市志》获三等奖。在山东省新编地方志优秀成果评奖中,《济南市志》《东营市志》《临沂地区志》获一等奖。2001年,第二轮市(地)志编修工作全面启动,规划编纂17部。至2010年,已出版《泰安市志(1985—2002)》《滨州地区志(1979—2000)》《淄博市志(1986—2002)》。

山东首轮市(地)级志一览表

志书名称	主编/总编/总纂	字数(万字)	出版年
《德州地区志》	徐洪岭	122.9	1992
《枣庄市志》	枣庄市地方史志编纂委员会	275	1993
《烟台市志》	赵修基、慕香有	282	1994
《青岛市志》	郑世侗、高国耀、张书荣、郑真何、周志公、王柴、王现军、张子忠	1400	1994~2002
《潍坊市志》	宋科富	320	1995
《淄博市志》	赵加洋、荣炳华	392.3	1995
《滨州地区志》	张春圃、赵润来	122	1996
《济南市志》	张福山、郭作贵	800	1997
《泰安地区志》	戴永和	125	1997
《聊城地区志》	齐保柱、周广馥	168	1997
《菏泽地区志》	李明先	149.6	1998
《东营市志》	魏滋生、李德辉	185.8	2000
《临沂地区志》	李兴河、张理田、赵建峰、赵丹峰	335.6	2001
《济宁市志》	杨亦农、邵伟	322.5	2002

山东县级修志 首轮规划编修县(市、区)志122部。1983年,《庆云县志》在山东省率先出版(内部印行)。至2002年底,共出版128部(含规划外志书6部)。第二轮县(市、区)志规划编纂139部。至2010年,已出版44部。在全国地方志评奖中,有《临淄区志》《临朐县志》《栖霞县志》《滕县志》《即墨县志》《东平县志》《文登市志》7部获一等奖,《利津县志》《阳谷县志》《邹平县志》《招远县志》《莱芜市志》《泗水县志》《东明县志》《宁津县志》《肥城县志》《胶南县志》《威海市志》《寿光县志》《蓬莱县志》《薛城区志》14部获二等奖,《寒亭区志》《夏津县志》《五莲县志》《诸城市志》《蒙阴县志》5部获三等奖。在1990~2002年山东省社会科学优秀成果评奖中,《青州市志》《临淄区志》《利津县志》《临朐县志》《桓台县志》获三等奖。在山东省新编地方志优秀成果评奖中,《莱西县志》《牟平县志》《胶州市志》《长岛县志》《福山区志》《桓台县志》《高密县志》《潍城区志》《乐陵县志》《章丘市志》《莱州市志》《荣成市志》《乳山市志》《日照市志》《莒县志》《沂水县志》16部获一等奖。

山东规划外志书编修 共编有3000多种。其中,省级专志180余种,市(地)级专志500余种,县级专志2100余种,乡镇志324种,村志51种。较著名的有《山东黄河志》《山东省卫生志》《山东省盐业志》《颜真卿志》《王羲之志》《崂山志》《蒙山志》《五莲山志》《济宁山水志》《沾化冬枣志》《平阴玫瑰志》等。在1990~2002年山东省社会科学优秀成果评奖中,《山东黄河志》获二等奖;《山东省卫生志》《山东省盐业志》获三等奖。1999年,《颜真卿志》获山东省第五届精神文明建设"精品工程"图书入选作品奖。

山东旧志整理 山东省在民国及清代就对旧志有所整理,主要包括校勘、辑佚、重印等。校勘方面主要有万历《胶州志》、雍正《州志别本》、道光《新志刊误》、道光《刘志疏证》、道光《胶州志前编》、道光《胶志疏证补》、同治《即墨县志》等。辑佚的旧志有《兖州记》《三齐记》《三齐略记》《齐记》《齐地记》《青州先贤传》《齐记补》《海岱志》《齐州记》、元《邹平县志》、宋《莱芜县志》、《山阳先贤传》《鲁国先贤赞》《濮州地理志》等。重印旧志,如后朝翻刻前朝

山东旧志校注出版表(含内部印行)

书名	整理者	出版年
《峄县志(点注)》	峄城区史志办	1986
《高唐县志稿》	侯立中、燕玉庆	1986
《泰山道里记》	施永林、舟子、愚夫	1987
《曹州府志》(乾隆版)	菏泽地区史志办	1988
《趵突泉志校注》	刘泽生、乔岳	1991
《鱼台县志(校点注释本)》	鱼台县史志办	1991
《成武县志》(道光版)	卞文成	1992
《费县旧志资料汇编》	费县史志办	1992
《历代邹县志十种》	孔宪尧、刘凤桐、孟庆丰、王轩、张信民、张延龄	1995
《昌邑古县志集》	潍坊市新闻出版局	1996
《马山志》	即墨县史志办	1996
《济阳县志集》	济阳县志集编辑委员会	1998
《蒙阴县清志汇编》	李大晋、张德新、郭淑吉、胡振华	1999
《胶澳志(一九二八年版校点本)》	崂山区史志办	2000
《夏津县旧县志校注》	潘友林	2000
《沾化县志(民国版整理本)》	沾化县史志委	2000
《夏津县志(古本集注)》	夏津县志办	2001
《东明县新志(译注增补本)》	程宪芳	2002
《冠县志》	冠县史志办	2002
《灵山卫志校注》	胶州市史志办、市档案馆	2002
《崂山志》	刘洵昌、王诵亭	2003
《沂水县清志汇编》	张金霞、刘云程	2003

续表

书名	整理者	出版年
《诸城县志(清乾隆甲申年)》	邹金祥	2003
《即墨志》	即墨市史志办	2005
《明清商河县志集》	姜国新	2005
《源远流长的东莱文明——平度旧志校注》	吴绍田	2005
《聊城旧县志点注》	聊城市史志办	2006
《泰山志校证》	周郢	2006
《益都县图志(点校本)》	隋同文	2006
《历城县志(正续合编)》	张华松等	2007
《〈齐乘〉校注》	王新生、郭能永	2007
《青城县志》(民国版)	青城县志委	2007
《商河县志》(民国版)	商河县史志办	2007
《峄县志(点注本)》	峄城区志办	2007
《崂山续志(点校本)》	孙鹏	2008
《乐安县志》(乾隆版)	广饶县史志办	2008
《历代东平州志集校》	东平县史志办	2008
《招远县志》	宋桂俊	2008
《莱芜历代志书集成》	莱芜市史志办	2009
《乐安县志》(雍正版)	广饶县史志办	2009
《德州旧志九种校注》	德州市文化广电新闻出版局	2010
《临淄县志(民国九年)》	临淄区史志办	2010
《潍县乡土志(点注本)》	寒亭区史志办	2010
《〈齐河县志〉校注汇编》	郝德禄	2010
《文登县志(点注)》	文登市史志办	2010
《新泰县志》(顺治版)	马东盈	2010
《新泰县志》(天启版)	马东盈	2010
《滋阳县志(校点本)》	兖州市史志办	2010
【内部印行】		
《曹县志》(光绪版)	王灵波	1981
《蒙阴县民国志资料》	郭淑吉、王正斋	1987
《续修武定府志(稿本)》	刘沛然	1989
《沂水县志》(道光版)	刘云程	1990
《东明县新志(点校)》	鲍大雪	1991
《新城县志》(天启版)	桓台县史志办	1994
《平度县志》	平度市政府	1995
《昌邑古县志集》	昌邑县史志办	1996
《焦志疏考》	杨墨	1997
《曹南文献录》	张威华、王洪言、金云祥	1998
《临朐县志》	临朐县政治协商委员会	2003
《利津县志》	利津县史志办	2007
《东明县志》	东明县史志办	2008
《安东卫志(文白对照本)》	日照市岚山区史志办	2009
《新泰县志・新泰县乡土志》(光绪版)	新泰市史志办	2009
《嘉靖青州府志》	青州市史志办	2010
《齐乘・益都金石记》	青州市史志办	2010
《续修定陶县志》	张峰、吕玉杰	2010

志书、后代再版前代志书较为普遍。首轮修志开始后，山东省校点、影印、重印旧志150余种，资料汇编有《山东方志民俗资料汇编》《山东省地震史料汇编》《淄博旧方志经济资料汇编》《邹县旧志汇编》《黄县旧志序跋凡例》等。

山东方志工作管理 省地方志资料征集委员会于1957年成立，在全省范围内开展地方志资料征集工作，并编辑出版《山东省志资料》20辑。至1966年，全省各市县共建立修志机构87个。20世纪80年代初，省地方史志编纂委员会成立。市(地)、县(市、区)也成立了地方史志编纂委员会。至2010年，全省17个市、140个县均设有地方志工作机构。

山东省地方史志编纂委员会及办公室 山东省地方史志编纂委员会于1981年成立，下设办公室，业务工作由省社会科学院代管，行政事务由省政府办公厅负责。1983年12月，省政府第二十六次常务会议研究决定省地方史志编纂委员会办公室为比厅局低半格的单位，内设秘书处、编审处、县志编纂指导处、资料编辑部。1986年增设《山东年鉴》编辑部，与资料编辑部合署办公。1996年4月，省地方史志编纂委员会办公室改为省地方史志办公室，隶属省政府办公厅领导，内设人事秘书处、省志编审处、市县基层志编纂指导处、年鉴工作处(省情资料处与之合署)，开始筹建山东省方志馆。2008年，内设五处一馆，分别是人事秘书处、省志编审处、市县基层志编纂指导处、年鉴工作处、省情资料处、山东省方志馆。历任编委会主任王众音(1981年10月~1988年4月)、赵志浩(1988年4月~1995年3月)、李春亭(1995年3月~2002年5月)、张高丽(2002年5月~2003年6月)、韩寓群(2003年6月~2008年9月)、姜大明(2008年9月~2013年9月)、郭树清(2013年9月~)，历任办公室主任席星加(1981年10月~1987年3月)、李化诚(1987年3月~1991年7月)、张守富(1993年6月~1999年8月)、刘

S

秋增(1999年8月~2011年10月)、钟华(2012年5月~2013年7月)、刘爱军(2013年7月~)。1982年1月创办《山东史志通讯》《山东史志资料》。1987年,两刊合刊,更名为《山东史志丛刊》。1992年编印增刊1期,集中刊载《济南方言志》《长岛方言志》和《曲阜方言志》,总计数十万字。同年停刊,共出版31期。1996年创办《志与鉴》,2008年更名为《山东史志》,与山东省地方志学会共同主办,季刊,公开发行。

山东修志法规规章和规范性文件　省地方史志立法工作始于2002年。2005年9月29日,省十届人大十六次会议审议通过《山东省地方史志工作条例》,于2005年12月1日起施行。省政府和省地方史志编委会还颁布了一系列修志文件,如省政府下发的《关于续修新方志有关问题的通知》《关于转发〈山东省续修新方志工作纲要〉的通知》,省地方史志编纂委员会下发的《2001—2005年山东省地方史志事业发展规划》《山东省地方史志事业"十二五"发展规划》等。

山东方志学术交流活动　省地方史志办公室先后到其他省市区考察学习。与港澳台及国外文化部门也有交流,如中国台湾地区的中国文化大学、国民党党史馆、"国史馆台湾文献馆",美国国会图书馆和韩国学民文化社等。韩国学民文化社曾三次向省方志馆捐赠古籍数十种,共百余册;韩国孔氏会向省史志博物馆捐赠木版拓本《孔子圣迹图》和《华城阙里志》等。

山东地方志信息化建设　省地方史志办公室于1996年建成省情资料库。至2007年10月,全省17个市、140个县(市、区)全面完成地情资料库、地情网站建设任务。至2010年,省情资料库建有专题数据库99个、年鉴库19个、其他数据库6个。省情网于1998年开通运行,除省情资料库外,还设置近20个一级栏目、100多个二级栏目。省地方史志办公室制定《山东省地情网站管理规定》,对地情网站的建设理念、内部管理、栏目设置、信息发布、安全保密等做出明确规定和要求。2008年6月,中国地方志指导小组办公室将省地方史志办公室确定为全国"一网两库"建设唯一试点单位。省委办公厅、省政府办公厅转发《山东省续修新方志工作纲要》,规定续修三级志书出版后,由省地方史志办公室统一制作出版全省续志光盘。至2010年,省地方史志办公室制作的省志、市县区志光盘收入省志分志87部、市志13部、县区志113部,约2亿3250万字。

山东省地方志学会　成立于1985年2月。历任会长王众音(1985年2月~1988年12月)、张敬焘(1988年12月~2005年3月)、刘秋增(2005年3月~)。1985年与省地方史志办公室共同主办《山东史志通讯》。1989年召开"建国40周年方志理论研讨会",收到论文40余篇。1998年与省地方史志办公室组织编写《方志学基础教程》。1989年6月和1993年初,两次组织向中国地方志协会评选报送年会论文的工作。1989~2004年,组织开展参加全省社会科学优秀成果的推荐申报工作。2005年3月28日通过《山东省地方志学会章程》。

山东方志馆藏　省内馆藏旧志较多的单位有山东省图书馆(藏528种)、山东大学图书馆(藏254种)、山东师范大学图书馆(藏244种)、济南市图书馆(藏236种)、山东农业大学图书馆(藏61种)、山东曲阜师范大学图书馆(藏136种)、青岛市博物馆(藏97种)、济南市博物馆(藏62种)、青州市文管会(藏50种)。20世纪50年代末60年代初编纂的58种市、县志稿本,分别入藏各自县、市的档案馆等文化部门。80年代后编纂的各级各类志书主要收藏于省、市、县三级史志部门、三级方志馆和三级公共图书馆。省内108家方志馆(省级1家、市级12家、县级95家)收藏有新旧志多种。

山东省史志博物馆　全国第一家专业地方史志博物馆。位于山东省方志馆内。2010年3月30日开馆。展览面积1000余平方米。由旧志编纂与传承、新方志编纂与管理、年鉴管理与出版、方志馆建设、方志工作信息化、方志开发与利用、志坛名家闻人、方志整理与收藏、内外交流9个部分组成。收藏有史志文献、文物3000余件,图片1000余幅,志鉴著作及地情类图书3000余种。

青岛方志馆　青岛市图书馆于1998年初内设志书室,首批入馆志书1200余册。2002年,市图书馆扩建,在新馆内单设方志馆,面积120平方米。收藏省、市、县志及专志、地情资料类书刊6000余册。先期收藏重点为省志、副省级城市志、沿海开放城市志、历史文化名城志及海港、海洋、铁路等方面的专志。

潍坊市情资料馆　成立于1997年,隶属潍坊市史志办公室。有书库6间,面积160平方米。收藏各类志书和地情资料类书刊等1000余种5000多册,其中,省、市、县志500余册,旧志50余种,省、市、县年鉴2500册,文献专著及各类工具书2000余册。为潍坊市情资料库提供入库资料1000余万字。

烟台方志史料陈列馆(烟台市方志馆)　位于烟台市烟台山上,隶属烟台市地方史志办公室。2002年5月竣工。建筑面积251平方米,内设3个展室、1个图书室、1个特藏室。收藏省内外各类新志书、年鉴、地情资料及其他同类文献5000余册。该馆与烟台摄影家协会、民俗艺术协会、烟台港等单位合作,常年举办"烟台老图片""胶东面塑""烟台港港史发展史""芝罘胜景书画作品展"等展览。不定期以专题形式举办烟台地情史料陈列展览。该馆多次被评为全省优秀方志馆,于2011年被烟台市委宣传部命名为烟台市爱国主义教育基地。

山东方志研究成果　省内从事方志研究的机构除三级地方志工作机构外,还有省地方志学会及济南、青岛等17个市级地方志学会。山东大学、山东师范大学、曲阜师范大学等高校的学者安作璋、徐北文、山曼、王汝涛等,也从事地方志研究工作。全省出版方志理论著作百余种。在对旧志的整理研究中，编辑的目录主要有《山东地方志书目》《山东省地方志联合目录》等。省内不少市、县对本地旧志进行普查，编辑区域性志目，如《烟台市地方志藏书目录》《泰安地区历代方志目录》等。旧志研究专著主要有王桂云、鲁海编著《山东地方史志纵横谈》和王桂云编《山东方志汇要》等。

山东方志研究著述表

著作名	编著者	出版年
《山东地方志书目》	山东省地名领导小组办公室	1981
《方志编纂学浅说》	山东省史志办	1982
《方志学基础》	王复兴	1987
《方志编纂学》	王复兴	1989
《山东方志汇要》	王桂云	1989
《青州市志评价集》	青州市史志办	1990
《编志实践录》	刘玉平	1991
《方志文集》	宫栾鼎	1991
《刘乾昌方志论文选》	山东省史志办	1991
《志苑文论集》	张景孔	1991
《地方史志编纂新论》	刘宗泽	1992
《省志编纂学》	王复兴	1992
《新方志论丛》	李明忠	1992
《〈邹平县志〉编修纪念册》	邹平县史志办	1992
《〈桓台县志〉评论集》	桓台县史志办	1993
《地方志论文集》	张守德	1994
《方志实践与探索》	李广星	1994
《方志学研究文集》	刘栋良	1994
《修志纪念文集》	赵修基	1994
《志评》	张景孔	1994
《补阙集》	崔介	1995
《新方志纵横论》	刘希汉	1995
《齐鲁新志春秋》(1~10卷)	山东省史志办	1996
《新志编修十五年》	孙奎祯	1996
《吕明强理论作品选》	吕明强	1998
《年鉴编纂与经营探要》	吕明强、李今山、孙凌	1998
《修志随笔》	张守富	1998
《全国城市志济南研讨会文集》	李效武、陈世荣	1999
《方志学基础教程》	山东省史志办	2000
《修志回眸》	王光辉	2000
《2000山东省年鉴学会优秀年鉴论文选》	刘秋增、孙其海	2001
《史志工作者对振兴山东的思考》	山东省史志办	2001
《史志诗文选》	亓长发	2001
《悦堂志论》	张景孔	2001
《地情资料库建设研究与应用》	刘秋增、孙邦信	2002
《修志十讲》	胡爱华、张远辉	2003
《省志续修概论》	山东省史志办	2004
《实践与探索》	刘秋增	2004
《东营史志论坛》	东营市史志办	2005
《2004年度地方志资政文集》	山东省史志办	2005
《志鉴华章——枣庄市史志工作者文集》	胡爱华	2005
《山东省新编地方志总目提要》	山东省史志办	2006
《2005年度地方志资政文集》	山东省史志办	2007
《2006~2007年度地方志资政文集》	山东省史志办	2008
《山东史志事业发展规律探索》	刘秋增	2009
《山东省第二轮修志理论探讨与实践创新——全省修志理论研讨会论文集》	山东省史志办	2010

Shanhai Jing

《山海经》 中国早期地理著作。作者不详。近代学者多认为非出于一时一人之手，大抵先是口头传说，至战国成书，秦、汉两代又有增补。全书共18篇，3.1万字。分《山经》5篇、《海经》8篇、《大荒经》4篇和《海内经》1篇。其中《山经》成书最早，约在战国时期，5篇依次为《南山经》《西山经》《北山经》《东山经》《中山经》，总称为《五藏山经》。以山为纲，对远及黄河和长江流域之外地区的自然条件进行综合性记述，记载400多座山，先按方位分为南、西、北、东、中五区，每一区又分成若干山系，再以方向道里为经纬，把每个山岳连接起来，附载山区特有的矿产、植物、飞禽、走兽的名称、形态和用途，还有民族、祭祀、巫医、怪异等方面的内容。其中关于矿物的记载，是世界文献中最早者。《海经》8篇，分别为《海外南经》《海外西经》《海外北经》《海外东经》4篇及《海内南经》《海内西经》《海内北经》《海内东经》4篇，专门记载海内外殊方异国传闻，夹杂大量古代神话，是秦或西汉初年的作品。《大荒经》(东、南、西、北4篇)和《海内经》，据考本为《海经》中的文字，刘歆校定《山海经》时定为13篇，删去部分内容，逸出在《山海经》外流传，称《大荒经》和《海内经》，晋郭璞为《山海经》作注时，又将它们收录进来，独立成篇。自宋代以来，学者述及方志起源，往往提到《山海经》。宋欧阳忞《舆地广记》序称："凡自昔史官之作，

《山海经》内文书影

与夫《山经》地志，旁见杂出，莫不入于其中，庶几可以成一家之言，备职方之考。”民国时期王庸认为“《山海经》一书，不仅为中国原始之地志，亦可谓中国最古地图之残迹矣”。黄苇认为“若谓《山海经》亦是后世方志源头之一，确无不可。”仓修良持不同看法，认为《山海经》与方志在形式、体例、结构全无共同之处。

Shanxisheng Tushuguan

山西省图书馆 位于太原市。前身为1919年成立的山西教育图书博物馆。之后多次更名，一直是图书、博物合署办公。1960年，山西省图书馆开馆。馆舍由文源馆和长风馆组成。文源馆位于解放南路文源巷，总建筑面积1.8万平方米；长风馆为主馆区，位于长风商务区，建筑面积5万平方米。1982年，图书馆运回寄存在祁县战备书库里的地方文献资料。1991年建立地方文献室，2001年独立为地方文献部。1959年编辑《山西省图书馆地志目录》，收录馆藏旧方志、杂志、游记；1980年编辑《山西省地方志联合目录》，著录存世山西地方志463种5100卷，包括各级政区通志、关志、山水志、寺庙志等；1965年编辑《山西地方文献书目》；1984年编制《山西文献书目》，收录1937年以前的山西历史文献，地方志收至1949年，包括书稿、档册、舆图、拓片等；1991年编辑《山西省图书馆藏地方文献书目》；1998年编辑《山西省图书馆普通线装书目录》；2009年编辑《山西新编方志书目提要》。

山西省图书馆

Shanxi tongzhi

山西通志 山西省官修省通志始于明代，明、清两朝共纂修《山西通志》7种，分别为明成化志、嘉靖志、万历志和清康熙志、雍正志（另有嘉庆校刻本）、乾隆志、光绪志。民国时期纂有《山西省新志稿》。以嘉靖志、光绪志最负盛名。①《山西通志》［嘉靖］。杨宗气修，周斯盛纂。嘉靖四十三年（1564）刻本。32卷，约50万字。体例仿《大明一统志》。分设20门，分别为图考、建置沿革、星野、山川、风俗、物产、田赋、户口、祠祀、封建、职官、学校、古迹、帝王、名宦、人物、选举、艺文、武备、杂志，附26目。记事止于嘉靖四十年。各门目下先记省、府、州，次述所领各州、县。建置沿革门详记都指挥使司、卫所设置及旗军的驻防、马匹配置情况。对海防、关隘、战事的记述翔实，武备门附大同边图、

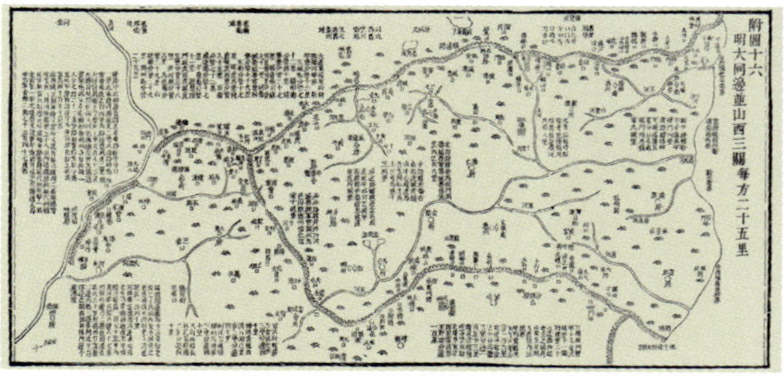

明大同边并山西三关图（光绪《山西通志》）

三关总图，标注清晰，还从土堡、堑窑、烽墩、虏情、虏侯、防秋、诘边、招降、用间、入贡等方面记述明廷与蒙古俺答汗的战事、往来情况。志中还记载了100余处内地关隘。艺文门收录邑人著述450余部。山西省图书馆藏刻本、抄本。国家图书馆、上海图书馆、天津图书馆、河南省图书馆、北京师范大学图书馆等藏部分卷册。②《山西通志》［光绪］。曾国荃、张煦等修，王轩、杨笃等纂。光绪十八年（1892）刻本。184卷，首1卷。约340万字。分图、谱、考、略、记、录6门，下统细目。图分疆域、府州厅县，谱分沿革、量度、三代世谱、秦汉以来列谱、职官、贡举，考分府州厅县、山川、关梁、古迹，略分田赋、水利、盐法、秩祀、学制、营制、公署，记分巡幸、荒政、大事、经籍、金石、风土，录分名宦、乡贤、忠烈、孝友、义行、纪实、儒行、文学、隐逸、艺术、方外、列女。志中征引书籍500余种，均注明出处。地理、金石考证精细，考一门中加按语以辨旧说之误数百条。国家图书馆、山西省图书馆、山西师范大学图书馆、长治市图书馆等藏光绪刻本、1935年补版重印本。1990年，中华书局出版校点本。

Shanxi Tongzhi Dizhen Zhi

《山西通志·地震志》 主修王森浩、李修仁，总纂樊宝珠，主编齐书勤。1991年中华书局出版。40万字。设6编16章62节。配图照23幅、表23个。上溯远古，下至1985年。山西有一系列断陷盆地构成的断陷带，是地震活动区域。该志全面记载山西历史地震与现代地震活动，地震监测预报，地震地质，工程地震，地震学术，管理体制等情况。在地震记录方面，记述从远古到1985年山西的117次强烈地震，其中包括中国根据历史文献确定的第一个8级大地震，即元大德七年八月初六（1303年9月17日）洪洞赵城地震。在地震监测方面，记述了1952年10月8日崞县发生5.5级地震次日，中国科学院地球物理研究所和地质部派专家携带小“51”式水平地震仪进行现场地震监测。这是山西省第一个有较完整仪器记录资料的地震，也是1949年后中国开展的首次地震现场考察。附录山西省621次历史地震目

运城市安邑兴国寺塔屡遭大震破坏，1941年《补修兴国寺塔下层碑记》详载其事

录、183次现代地震目录、山西地震大事年表等。1993年获全国新编地方志优秀成果奖一等奖。

Shanxi Tongzhi Jinrong Zhi

《山西通志·金融志》 主修王森浩、李修仁，总纂樊宝珠，主编张尚喜。1991年中华书局出版。50万字。设2编。志首配图照33幅，文内插图12幅、表110个。上起事物发端，下至1985年。上编记述中华人民共和国成立前的金融业，下设货币、旧式金融业、现代金融业、根据地和解放区金融机构等章；下编记述中华人民共和国成立后

日升昌票号铺面

的金融业，下设金融机构、货币管理与流通、信贷外汇金融管理、代理国库、存款、贷款、拨款监督与财务管理、汇总结算、信用合作业务、信托投资业务、保险等章。记述了山西历代制造的货币、民间借贷，山西各类金融机构和业务的发展状况，山西的票号、山西官钱局、山西省银行等地方金融机构，以及民主革命时期在山西流通的各种货币等内容，填补了历代通志不记述地方货币、金融业的空白。1993年获全国新编地方志优秀成果奖一等奖。

Shanxi Tongzhi Minzheng Zhi

《山西通志·民政志》 主修胡富国、孙文盛、郭裕怀，总纂梁志祥、侯文正，主编孙有福。1996年中华书局出版。50.2万字。设民政机构、基层政权、行政区划、优待抚恤、退役军人安置、荒政救灾、社会救济、社会福利事业、收容改造与遣送、婚姻登记管理、殡葬管理、社会团体登记管理12编，下设36章。志首配图照63幅。上起清道光二十年(1840)，个别追溯至发端；下至1985年。全面记述了山西民政事业的历史与现状，体现了地方特色和时代气息。除设专节记述拥军支前外，还对抗日战争时期山西“三种政权”并存的史实做了记述。山西是革命老区，全志用1/4的篇幅记述了土地革命、抗日战争、解放战争和中华人民共和国成立后各个时期的劳军慰问、群众支前、军供兵站、军民共建共育、优待补助、死亡抚恤和烈士褒扬等情况。末设附录，包括大事年表、法规选录、限外辑要、索引。1997年获全国地方志奖一等奖。

《山西通志·民政志》书影

Shanxi xiuzhi

山西修志 山西修志最早可追溯至魏晋时期。据任根珠在《山西旧志整理与研究》中所做统计，山西有各类旧志898种，存世536种，佚362种。据《中国地方志总目提要》记载，山西方志存458种。1980~2012年开展首轮新方志编修工作，2003年启动二轮修志工作，至2010年，共出版省志分志、市(地)志、县(市、区)志216部(册)。

山西历代方志编修 山西从魏晋时期开始修志，到隋唐、宋元时期得到发展，修志覆盖全省区域，不仅方志数量大幅增加，体例臻于成型，名称趋于统一，内容不断扩展，而且出现了专志。明代，山西官员主持、文人参与的修志模式成为主流，志书种类定型、体例完善，一些学者开始进行方志理论研究。清代山西除了大量纂修方志外，还有旧志辑要类著作问世。民国时期，山西方志处于转型期，在编纂方式、修志观念、志书内容上，均反映出明显的时代特点。

山西汉代至五代时期修志 山西最早的方志为《上党记》。据历代书籍的征引情况及专家考证，认为其为晋人所作。该书存佚文20多条，记载了建安十一年(206)曹操围壶关之事，以及上党郡所属各县(山西壶关、长子、屯留、潞城、高平、襄垣等)的地理形势、风俗等。东晋大兴二年(319)，后赵石勒“命记室佐明楷、程机撰《上党国记》”。北魏有王遵业著《三晋记》10卷，仅见《太平寰宇记》有引文一条；佚名撰《并州总管内诸州图》1卷，《隋书·经籍志》著录。隋代有李播撰《方志图》，《新唐书·艺文志》著录，明初犹存，后佚。唐代山西修志14种，全省性的有《并州记》《河东图》《河东记》《西河记》，府州志有《太原事迹杂记》(又名《晋阳事迹杂记》《晋阳记》)、《代州图经》《岚州图经》《解州图经》《绛州图经》《隰州图经》《潞州图经》，专志有《古清凉传》《羊头山记》。其中，李璋于唐大中八年(854)完成的《太原事迹杂记》佚文40余条，记述了太原城池、宫廷、住宅、寺庙及所属县的地理、人事，包括有关李渊晋阳起兵时发号施令地点的记述。释慧祥撰《古清凉传》是山西存世最早的方志，共2卷，上卷分立名标化、封域里数、古今胜迹3篇，下卷分游礼感通、支流杂述2篇，12000多字，记述了清凉山山名来源、五台山地理位置、寺院建造及佛事兴衰，是最早记述五台山的著作。

山西宋辽金元时期修志 宋代山西修方志16种，其中全省性的有《河东路图经》《河东路地图》《河东路地界图》3种，府州志有《并州图经》《晋阳图经》《太原地记》《平晋图经》《辽州图经》《宪州图经》《汾州图经》《上党图经》《绛州图志》9种，专志有《广清凉传》《续清凉传》《盐池录》《龙门记》4种，多数为北宋大中祥符年间官修方志。其中，《河东路图经》114卷，为山西元以前方志中之巨帙。留传下来的有《广清凉传》《续清凉传》。金代有《晋阳志》《平遥图经》《云中图》《雁门志》《五台县志》《泽州图经》《浑源州记》《应州记》8种，其中《五台县志》是山西第一部以“县志”命名的志，

蔡硅撰《晋阳志》中有对山西煤窑的最早记载。有名家参与修志，如《浑源州记》《应州记》，撰者朱弁为南宋初著名学者。蒙古时期、元朝修有《泽州图记》《河津县总图记》《平定州志》《朔州志》《代州志》《五台县志》《平阳志》《汾州志》《汾西县志》《河中志》《应州图经》11种。其中，李俊民于蒙古乃马真后元年(1242)撰《泽州图记》完整地保存在《庄靖集》中，为国内存世唯一作于蒙古时期的方志。志中记述了泽州(山西晋城)及所属县的地理沿革，其间记载历史大事，详细记载蒙古骑兵攻金造成的危害。

山西明代修志　明代山西修方志317种，永乐朝最多，达101种；次为万历朝95种，嘉靖朝52种。另有樊得仁等修嘉靖《龙门志》同撰释镇澄撰万历《清凉山志》，赵之韩、王濬初同撰万历《恒岳志》，郭相《龙门志》等记载名山名胜的志书；嘉靖《三关志》和《宁武关志》等记载军事要地的志书；詹荣《河东运司志》、蒋春芳万历《河东运司志》等反映盐业生产、盐政内容的志书。①山西明代通志。有3部。第一部是成化《山西通志》，也是全国存世省志中最早以“通志”命名的一部，李侃修，胡谧纂，成化七年(1471)始修，十一年付梓，17卷，113万字，分41门，附11目，宗藩、碑目二目与关于41个县煤窑开采石炭的情况及省内铁器产地、种类、特点等的记载，为研究山西明代宗藩、金石学和“煤铁之乡”的历史提供了参考。第二部是嘉靖《山西通志》，杨宗气修，周斯盛纂，嘉靖四十二年(1563)成稿，次年付梓，32卷，约50万字，分20门，附26目，志中有中国历史文献中最早关于陨石的详细记录。第三部是万历《山西通志》，李维桢纂修，万历四十四年(1616)成书，崇祯二年(1629)付梓，30卷，110万字，分20门，附23目。详细记载山西地理形势，对明代山西境内长城和宁武关、偏头关及土堡的配置等情况有具体记载。康熙《山西通志》称其为“信书”。②山西明代府志。有《太原府志》《大同府志》《平阳府志》《汾州府志》等。其中佚名纂洪武《太原志》为存世最早的太原府志。16万字，分25目，引征资料包括《晋阳事迹杂记》《晋阳志》《雁门志》《并州图经》《晋阳图经》《平晋图经》《宪州图经》等已散佚的古代方志。张昌修纂的《平阳志》洪武十五年(1382)刻本是省内最早的地方志原刻本，也是存世孤本。③山西明代州县志。有李咨纂修、李高补修成化《襄陵县志》，马暾纂修弘治《潞州志》(潞州最早志书)，王有容修、田蕙纂万历《应州志》，陈宗凯修、周弘禴纂万历《代州志》，乔因羽修、晋朝臣纂万历《洪洞县志》，米世发修、郑宗周纂天启《文水县志》等250多种。

山西清代修志　清代山西修志书432种，其中康熙朝98种，光绪朝、乾隆朝分别为96种和84种。其中，省志5种、府志13种、州郡志59种、县志355种。并且涌现出一批以考据见长的方志，如戴震参与编写的乾隆《汾阳府志》、杨深秀修光绪《闻喜县志》、张佩芳作乾隆《平定郡志考正》、刘大鹏纂光绪《晋祠志》等。王轩、杨笃等纂修的光绪《山西通志》被公推为良志。还有桂敬顺撰乾隆《恒山志》等专志和乡土志，其中冯济川纂《山西乡土志》为中国存世最早的省级乡土志。还出现了杨笃、王轩、杨深秀、徐继畬等终身致力于修志事业的专家。①山西清代通志。有5种。第一部是康熙《山西通志》，穆尔赛修，刘梅纂，康熙二十一年(1682)刻印，32卷，104万字，分32目，附10目，其中杂志目详载明末李自成起义军在山西境内的活动。第二部是雍正《山西通志》，觉罗石麟修，储大文纂，雍正十二年(1734)刻就，230卷，近470万字，分40门，附5目。嘉庆十六年(1811)衡龄校刻雍正志，为第三部。第四部是乾隆《山西志辑要》，雅德修，汪本直纂，乾隆四十五年(1780)删削雍正通志，同年付刻，体例近乎《大清一统志》，15万字。第五部是光绪《山西通志》，曾国荃、张煦等修，王轩、杨笃等纂，光绪十八年(1892)付刻，是存世《山西通志》中最负盛名的一部，184卷，340万字，分图、谱、考、略、记、录6门，其中王轩撰《山西疆域沿革图谱》、杨笃撰《山右金石记》有油印本传世。②山西清代府志。有13种，其中包括刘棨修，孔尚任、高孝本等纂康熙《平阳府志》；孙和相修、戴震纂乾隆《汾州府志》；张淑渠、姚学瑛等修，姚学甲等纂乾隆《潞安府志》；朱樟纂修、田嘉谷补辑雍正《泽州府志》；周景柱等修纂乾隆《蒲州府志》。③山西清代州郡县志。州郡志有59种，如叶士宽、雷畅修，吴正纂雍正《沁州志》；俞廉三纂修、杨笃参订光绪《代州志》；陶易、姚学瑛修，龚敬身、沈荣勋纂乾隆《平定州志》；王克昌修、殷梦高纂康熙《保德州志》；谢汝霖修纂康熙《永宁州志》；胡文烨等修纂顺治《云中郡志》。县志有355种，如李焕斗、王五鼎纂康熙《广灵县志》；李荣和、刘钟麟修，张元懋纂光绪《永济县志》；潘锦修、伊翊道纂康熙《曲沃县志》；王轩纂修光绪《洪洞县志》；陈作哲修、杨深秀纂光绪《闻喜县志》；姜恒修、于公胤纂康熙《长治县志》；张贻官修、郭维恒等纂光绪《风台县续志》。此外，山西吴大猷编撰的光绪《保德州乡土志》是中国最早的乡土志。

山西民国时期修志　民国时期，山西大规模修志始于1917年，山西省公署下达了编修新志的训令，比国民政府于1929年通令全国修志早12年，并颁布了《山西各县志书凡例》，规范全省修志工作，明确规定县志应由图、略、传、表、考五部分组成。1918年，山西各县普遍设立修志局。到1930年，先后有万泉、朔县、闻喜、虞乡、解县、五台、芮城、临晋、介休、襄垣、曲沃、武乡、翼城、新绛14个县编写了县志。民国时期，山西修志书78种，以抗日战争前所修居多。志书一般以详今略古、古今兼叙的原则编修，富有特色。一是志书时代性较强。因时代特色鲜明而为人称道的如余宝滋修、杨韧田纂民国《闻喜县志》；张敬颢、杨如梅修，常麟书、常赞春编撰民国《榆次县志》；李凯朋修，耿步蟾编修民国《灵石县志》；刘文炳撰著民国《徐沟县志》。如1931年编修的《崞县志》（未刊稿本），载有忻代宁公团的斗争事迹，《安邑县志》（未刊稿本）载有李岐山的传记和墓志铭。二是志书注重反映经济建设。如耿步蟾主修《灵石县志》，详细反映了该县矿产分布和开采情况，还记录了劳动人民积累创造的百余条农谚并予以归类；《解县志》农业条记述地方农工商业。官府还督令编修村志，如1945年，虞乡县电令各治村修志，并颁布统一纲目，提出具体要求。三是编纂了若干专志、村志，如李贵申撰民国《灵石县西河底村四字联语志》，杨恩浚撰民国《洪洞县蜀村志》。日本人也编修了3部反映山西的志书，分别是日本东亚同文会编纂的《支那省别全志》第17卷《山西省志》，侵华日军"北支那派遣军"第二十师团编纂的《山西大观》，平遥日伪政府编纂的《平遥地志》。民国时期，山西方志理论研究中有独到见地的首推郭象升。①山西民国时期省志。主要有3种，分别是于人俊纂民国《山西省新志稿》、石荣暲纂民国《山西风土记》、实业部国际贸易局编纂《中国实业志·山西省》（1937年出版）。其中，《山西风土记》是国内现存最早的省级乡土志。②山西民国时期县志。有多种，如何荣、程瑶阶修，张文瑞、王景命纂民国《万泉县志》；李玉华、万寿田纂修民国《大同县志》；胡宗虞修、吴命新等纂民国《临县志》。

山西新方志编修 山西省人民委员会于1959年7月召集有关部门研究地方志工作，并成立五人小组，负责起草方案。1959年，盂县人民志起草委员会内部刊印《盂县人民县志》。20世纪60年代，山西先后编辑刊印了《晋城县志（初稿）》《祁县志（上册）》《陵川县志（未定稿）》《闻喜县志·革命斗争史》《闻喜县志·革命烈士》《昔阳县志》《山西矿产志》等。大同、榆社、和顺、河津、岚县、五寨、岢岚等县翻印部分旧志。据不完全统计，20世纪50年代末60年代初，除已刊印的志书（稿）外，有30余个县基本完成初稿并打印成册，50余个县完成部分初稿，因"文化大革命"中断。中共十一届三中全会后，山西为新时期较早开展地方志工作的省份之一。全省各级各部门所修省、地、县三级志书、专业志、部门志、区域志、年鉴以及《山西大典》等地情书籍共1000余部、数亿字，并涌现出燕居谦等全国修志先进人物。

山西省级修志 首轮《山西通志》由山西省地方志编纂委员会、山西省史志研究院编。2002年出齐。共50卷，分66册，4952万字。上限追溯事物发端，下限至1985年，个别事物适当下延。在全国地方志评奖中，地震志、金融志、民政志获一等奖。在全省地方志优秀成果评奖中，总述、粮食志、体育志、气象志、冶金工业志、财政志、党派群团志、政务志·政府篇、军事志、民俗方言志、大事记获一等奖。二轮《山西省志》编修于2003年启动，规划近百部。至2010年，出版人物志（上）、军事志、交通志。

山西市级修志 首轮规划编纂市（地）志10部，至2010年，已完成9部。在全国地方志评奖中，《吕梁地区志》获二等奖。在全省地方志优秀成果评奖中，《吕梁地区志》《晋中地区志》《阳泉市志》获一等奖。第二轮修志始于2003年，规划编纂11部，至2010年，已出版《晋中市志》《晋城市志(1985—2008)》。

山西首轮市级志一览表

志书名称	主编/总编/总纂	字数（万字）	出版年
《吕梁地区志》	任勋禄	118.1	1989
《晋中地区志》	孙庚午、刘树岗	108.5	1993
《长治市志》	和声、刘奇	143.3	1995
《阳泉市志》	陈霈、孟宏儒	240	1998
《晋城市志》	秦海轩	375	1999
《太原市志》	张升、张国宁、安捷、杨志忠、任根珠、张玉玲	853	1999~2009
《忻州地区志》	白卯成	179.3	1999
《运城地区志》	董洪运、刘文豹	238.3	1999
《大同市志》	要子瑾、姚斌	370	2000

山西县级修志 首轮规划编纂县志117部，至2010年，已全部完成。在全国地方志评奖中，《平定县志》《孝义县志》《榆次市志》获一等奖，《曲沃县志》《永济县志》《五台县志》《高平县志》《原平县志》《襄汾县志》《河津县志》《阳高县志》《万荣县志》《黎城县志》《盂县志》获二等奖。在全省新编地方志优秀成果评奖中，《平陆县志》《兴县志》《交城县志》《古交志》《平遥县志》《阳曲县志》《沁县志》《汾阳县志》获一等奖。第二轮修志始于2003年，规划编纂县（市、区）志119部，至2010年，已出版19部。

山西规划外志书编修 山西各级方志部门编辑出版专志、专史数百种，以及部门志、厂矿志、公司志、乡镇志、村志等。如《山西水土保持志》《山西省工会志》《山西同风集团志》《己巳雁北地震志》《运城地区交通志》《古交矿区建设志》《晋城金石志》《晋城市人民代表大会志》《高平市供电志》《龙门村志》《西铭村志》《河底地志》《南坳村志》《神山村志》等。2001年启动的"山西省旅游景区志丛书"编纂工作，已编纂出版《五台山志》《管涔山志》《小西天志》《壶口志》《晋商文化旅游区志》《王莽岭志》《关公文化旅游志》《上党风景名胜志》《永乐宫志》《绵山志》《大寨风物志》《钰山志》《阳泉风景名胜志》《太行山大峡谷志》《北岳恒山志》《晋祠志》《灵空山志》《雁门关志》。省地方志办公室与省重点工程领导小组办公室联合编辑大型史册性志书系列，已编纂出版《2009山西重点工程大事志》《2010山西重点工程大事志》等。

山西旧志整理 据不完全统计，明、清、民国时期，山西翻刻旧志75种，包括

S

山西省旧志校注出版表(含内部印行)

书名	整理者	出版年
《和顺县志》(民国版)	和顺县志委	1980
《寿阳县志》(光绪版)	寿阳县志委	1981
《保德州志》(康熙版)	保德县志办	1982
《河津县志》(光绪版)	河津县志委	1982
《吉州全志》(光绪版)	吉县志委	1982
《吉州乡土志(清末本)》	吉县志委	1982
《隰州志》(2种)	隰县志委	1982
《壶关县志》(2种)	壶关县志委	1983
《浑源州志》(乾隆版)	浑源县志办	1983
《偏关志》(民国版)	偏关县志办	1983
《平顺县志》(附《平顺乡志》)	平顺县志委	1983
《吉州志》(康熙版)	吉县志办	1984
《天镇县志》(光绪版)	天镇县志办	1984
《应州志》(万历版)	应县志办	1984
《永和县志(康熙四十九年)》	永和县史志征编领导组	1984
《霍州志(明嘉靖三十七年版)》	霍县志办	1985
《吉州志》(乾隆版)	吉县志办	1985
《平定州志》(光绪版)	平定县志办	1985
《蒲县续志》(民国版)	蒲县志委	1985
《乡宁县志(民国版本)》	乡宁县志委	1985
《直隶霍州志续编》	霍县志办	1985
《大宁县志》(光绪版)	大宁县志委	1986
《大同府志》(正德版)	大同市志办	1986
《恒山志》	张凤瑞、沈慧云	1986
《霍山志》	山西人民出版社	1986
《晋祠志》	山西人民出版社	1986
《静乐县志》(康熙版)	静乐县志委	1986
《平陆县志》(2种)	平陆县志委	1986
《清凉山志》	山西人民出版社	1986
《太平县志·襄陵县新志合刊》	襄汾县志委	1986
《续静乐县志》(雍正版)	静乐县志委	1986
《霍州志(清康熙十二年版)》	霍县志办	1987
《阳高县志》(雍正版)	阳高县志委	1987
《直隶霍州志》	霍县志办	1987
《安邑县志》(民国版)	山西人民出版社	1988
《怀仁县新志(注释)》	怀仁县志办	1988
《浮山县志》(民国版)	浮山县志委	1988
《续修汾西县志》	汾西县志委	1988
《续修岢岚州志》	岢岚县人民政府	1988
《云中郡志》(顺治版)	大同市志办	1988
《广灵县志(清合订本)》	广灵县志办	1989
《山西通志》(光绪版)	山西省社会科学院	1990
《支那省别全志》(中译版)	山西省志委	1990
《太原府志》(万历版)	杨淮	1991
《孝义县志》	孝义县志办	1991
《左云乡土志》	左云县志办	1991
《左云县要览》	左云县志办	1991
《大同县志》(道光版)	许殿玺	1992
《关帝庙志》(乾隆版)	宋万忠、武建	1992
《洪洞县水利志补》	郑东风、张青	1992
《洪洞县志》(民国版)	张青、姬海珍	1992
《山西省志(中国分省全志·第十七卷)》	孙耀、孙蕾、仁平	1992
《徐沟县志》(民国版)	乔志强等	1992
《左云县志(光绪本)》	左云县志办	1992
《朔州志》(雍正版)	—	1993
《汾州府志》	李裕民、马夏民	1994
《清嘉庆版介休县志(介休文史资料第五、六辑)》	政协介休市文史资料委员会	1994
《朔平府志》(雍正版)	李裕民	1994
《永和县志》(民国版)	永和县史志征集委员会	1994
《潞州志》(弘治版)	张作宾、陈天华、刘书友、宋中文	1995
《宁乡县志》(康熙版)	李裕民	1995
《安邑县志(续编)》	运城市志办	1996
《黎城旧志五种》	刘书友等	1996
《潞郡旧闻》	陈天华、杨著荷	1996
《文水县志(明天启五年)》	李裕民	1996
《乡宁县志(明万历版)》	乡宁老龄文史研究会	1996
《乡宁县志(清光绪版)》	乡宁老龄文史研究会	1996
《乡宁县志(清康熙版)》	乡宁老龄文史研究会	1996
《乡宁县志(清乾隆版)》	乡宁老龄文史研究会	1996
《永宁州志》(光绪版)	李文凡、李晨生	1996
《山西大观》(中译版)	山西省史志研究院	1998
《山西通志》(成化版)	李裕民、任根珠	1998
《旧志辑录》	胡永祯	1999
《山西志辑要》	张仁、任根珠	2000
《平陆县志》(2种)	平陆县志办	2003
《永济县志》(光绪版)	杨兆民等	2004
《太原府志集全》	太原市志委	2005
《沁源县志(点校·注释)》(民国版)	沁源县史志办	2006
《沁源县志》(光绪版)	沁源县史志办	2006
《沁源县志》(万历版)	沁源县史志办	2006
《沁源县志》(雍正版)	沁源县史志办	2006
《山西旧志二种》	任根珠	2006
《山西省志》(民国版)	孙耀等	2006
《大同府志》(乾隆版)	大同市志办	2007
《汾阳县志(清康熙)》	张立新、贾平	2007
《清雍正山西通志》	山西省史志研究院	2007
《襄垣县志(民国版)》	路建伟等	2009
《襄垣县志(清乾隆·光绪版)》	路建伟等	2009
《汾阳县志》(顺治版)	汾阳市史志办	2010
《河津县志(校注本)》	河津市志办	2010
《〈临县志〉校注》	临县史志办	2010

通志5种、州府志13种、县志等57种。1949~1978年，山西重印了9部旧志，省内出版社影印、汇函部分山西志书。“文化大革命”时期，旧志整理工作停止。大规模整理旧志兴起于首轮修志工作开展之后，1979~2005年，整理刊印旧志137种，包括省志6种，府志12种，州志25种，郡志2种，县志63种，乡土志3种，山、水、寺等志7种，分类整理19种。山西方志工作者从国内外图书馆搜集部分旧志辑佚出版，有李裕民编著《山西古方志辑佚》《晋志钩沉》，刘纬毅辑《汉唐方志辑佚》，刘纬毅、郑梅玲、王朝华、赵树婷辑《宋辽金元方志辑佚》，等等。还编印刘纬毅主编《山西文献总目提要》，祁明编《山西地方志综录》《山西方志要览》，杨准、张莉编《太原古方志索引两种》等旧志书目、索引。出版任根珠主编《〈清实录〉山西资料汇编》，齐书勤编《山西地震资料》，郭展翔编《山西方志物产综录》，张杰编《山西自然灾害年表》，谢鸿喜辑释《〈水经注〉山西资料辑释》，张博文、王满仓主编《运城灾异录》，郭齐文、吴秀峰等编校《太谷历史文献辑录》等旧志资料汇编。翻译出版日本编修山西志书的中译版。20世纪90年代，旧志整理成果被列入全省修志优秀成果评奖中，在1993年、1997年、2000年举办的三次评选中，《山西通志》(成化版)、《〈清实录〉山西资料汇编》获一等奖，《太原府志》(万历版)、《黎城旧志五种》、《潞州志》(弘治版)、《朔州志》(雍正版)、《朔平府志》(雍正版)、《永宁州志》(光绪版)、《旧志辑录》(右玉县)获二等奖，《广灵县志(清)合订本》、《山西志辑要》、《永济县志》(光绪版)获三等奖，《潞郡旧闻》获优秀奖。

山西方志工作管理　山西是中华人民共和国成立后在全国较早成立地方志工作机构的省份之一。省级地方志工作机构经历了山西省地方志编纂委员会、山西省史志研究院、山西省地方志办公室3个阶段。1977年12月成立的寿阳县志编纂委员会下设办公室，是全省最早自发成立的地方志办公室。1979年，临汾市委李百玉以《县志应当续订重修》上书中共中央宣传部，建议在全国开展修志工作。1980年，山西省政协副主席李志敏在《光明日报》发表《地方志的编纂工作急待开展》，山西省图书馆古籍部刘纬毅在《红旗》杂志发表《要重视编写地方志》。1980年7月，召开全省第一次地方志工作会议，修志工作全面展开。到1987年，全省各地区(市)和县相继成立地方志工作机构，组织了编纂队伍。1988年12月15日，省地方志学会成立，樊宝珠、郭裕怀、李茂盛先后任会长。1996年1月，省年鉴研究会成立，侯文正、赵群虎先后任会长。2010年5月，山西地方志网建成。同年，山西省省情(方志)馆列入省国民经济和社会发展第十二个五年计划纲要。

山西省地方志办公室　前身为1980年5月10日成立的山西省地方志编纂委员会。编纂委员会下设山西省地方志办公室(正厅级)，设秘书、编审、联络、通讯4个组，1984年2月调整为秘书处、编审处、研究处、资料处、年鉴处。历任编委会主任王谦、武光汤、李修仁、王森浩、胡富国、孙文盛、刘振华、孟学农、于幼军。历任办公室主任李志敏、李希孟、樊宝珠、杨志贤。1994年6月10日，中共山西省委、山西省人民政府决定撤销中共山西省委党史研究室、山西省地方志编纂委员会及其办公室，组建山西省史志研究院。下辖地方志研究所，负责地方志的编研工作。1997年，地方志研究所同时挂省地方志办公室牌子，代省政府行使管理全省地方志工作的职能，下设第一编研室、第二编研室、第三编研室，分别负责省志、市县志、旧志整理工作。历任史志研究院院长郭裕怀(兼)、梁志祥、樊吉厚。2009年7月，省地方志办公室独立办公，为省人民政府直属正厅级建制的事业单位。内设综合处、人事处、省志一处、省志二处、市县志处、旧志处、开发利用处、专志处、省情信息处、年鉴期刊处10个处。办公室主任李茂盛(2009年6月～)。1980年8月，《山西地方志通讯》创刊，1987年7月，更名为《山西地方志》，1993年6月更名为《沧桑》(双月刊)。至2010年，《沧桑》已出刊114期。

山西修志法规规章和规范性文件　省地方志编纂委员会提交《全省地方志的编纂工作情况和今后意见》《关于加强全省地方志编纂工作的报告》，制定《山西省志编纂方案》，讨论通过《山西省地方志编写行文暂行规定》《〈山西通志〉及地、市、县(区)志版式规定》。省史志研究院提出《关于加强史志工作的若干意见》，编制《山西省史志科学九五规划》《山西省2001年至2005年史志科学编研课题》《2006年—2010年山西省史志科学编研课题规划》等规划，制定《第二轮〈山西通志〉编纂工作实施方案》《山西省地方志审查验收工作暂行规定》《山西省第二轮修志行文规定》等。2009年12月，省地方志办公室召开全省地方志工作会议，全面部署二轮修志工作，并研究制定《山西省地方志“十二五”工作规划》。2011年5月23日，省十一届人大常委会第二十三次会议审议通过《山西省地方志工作条例》，7月1日起执行。

山西方志研究成果　山西地方志工作者撰写出版了数十部专著和论文集。专著有刘纬毅著《中国地方志》，刘纬毅、诸葛计、高生记、董剑云编著《中国方志史》，曹振武著《拾秋集》，高海编著《方志编纂学入门》，任根珠编著《西樵志语》《新方志“概述”点评》《新方志概述比较与研究》，刘伯伦著《方志新议》，张松斌著《实用中国方志学》《方志学探微》，祁明、武承著《新方志编纂二百问》，祁明编著《山西方志要览》，等。编辑的文集有省史志研究院编《山西省方志论文集萃》《山西省第二轮修志论文集》，省地方志办公室编《新方志理论与实践研讨会论文汇编》，张志俊、贾生金等编辑《襄汾县志评论集》等。《中国地方志》于1993年获山西省优秀成果一等奖。

Shaanxisheng Difangzhiguan

陕西省地方志馆　位于西安市西大

街70号。2009年竣工开馆。建筑面积4000平方米，内设陈列馆、阅览室、学术报告厅、书库及省级地情资料信息中心等。馆内有藏书4万余种10万余册。收藏的地情资料、方志资料、古籍资料、年鉴资料、宗谱资料、历史典籍、工具书、艺文资料共计4万余册。特色馆藏有5000余册台湾版各省旧方志、台湾版近代史资料，其中陕西省代表志书有《西安府志》《延安府志》《陕西志辑要》《续兴安府志》《中部县志》《咸阳经典旧志稽注》；新编陕西省首轮地方志书；全国24个省市新志960册，其中有江苏省志90册、安徽省志70册、山东省志74册及青海省志70册等。此外，还入藏超大型的综合性丛书"万有文库"，中华书局出版的《中华民国史》《中华民国史大事记》《中华民国史人物传》等。

2005年陕西省地方志馆大门楼揭牌仪式

Shaanxisheng Tushuguan

陕西省图书馆 位于西安市长安北路与南二环路交会处。始建于清宣统元年(1909)。2001年，新馆对外开放，建筑面积4.2万平方米。古籍书库分善本书库和普通古籍书库。馆藏志书包括善本方志、普通古籍方志、影印古旧方志、新编地方志、杂志、山水志、专志等。馆藏历代旧志约1800部，范围覆盖29个省、自治区、直辖市，其中，陕西322种、浙江106种、江苏92种，其他数量较多的有山东49种、河南46种、湖北41种、安徽38种、广东31种、河北29种，甘肃、青海、宁夏、新疆、四川、云南、贵州、西藏等西部九省市和自治区180余种。馆藏中有山水祠庙志等杂志、专志百余种，有宋《长安志》、元《类编长安志》、正德《武功县志》、正德《朝邑县志》等名志。20世纪80年代复制影印陕西地方志100余种补充馆藏，编纂影印出版"乡土志丛编"（第二、三辑），收录馆藏镇安、富平、佛坪、洋县、兴平、留坝、南郑、略阳、白水9种清末编纂的乡土志，其中佛坪、洋县、留坝、南郑、略阳、白水6种乡土志均为独家收藏。90年代与国家缩微中心合作制作陕西省旧方志缩微胶卷百余种。2006年影印馆藏稀见方志55种，编制"陕西省图书馆藏稀见方志丛刊"。①陕图馆藏善本方志。共260余部，其中外省善本方志有50余部，省通志有雍正《山东通志》、乾隆《甘肃通志》等，府志有乾隆《西宁府新志》、乾隆《重修台湾府志》等，县志有康熙《莱阳县志》、雍正《海阳县志》等。其中明天顺年间刊刻的《重刊襄阳郡志》为馆藏善本方志中刊刻时间最早的一种。据1985年《中国地方志联合目录》著录，为陕图独家收藏。馆藏陕西善本方志208部，其中独家收藏的有康熙《中部县志》、乾隆《安塞县志》等。有些是一县存世最早的县志，如《中部县志》是该县明志失传后的首部县志，康熙《山阳县初志》是明成化年间山阳建县后首次修志。②陕图馆藏普通古籍方志。有1560部，其中外省方志1030部、陕西方志530部。民国铅印本、油印本、影印本约996部。有30余种方志收藏单位不足4家，如光绪年间活字本《宁羌州乡土志》,《砖坪厅志》《盩厔县乡土志》《泾阳乡土志》《府谷县乡土志》等抄、稿本，及道光《凤县志》等，其中光绪《黑龙江述略》据1985年《中国地方志联合目录》著录，仅陕西省图书馆和台湾收藏。还有记载陕西古迹、山水、祠庙等的山水专志、杂志，如康熙《渭阳十胜》、咸丰《华岳图经》、同治《陕西南山谷口考》、民国抄本《华岳金石志》等。

轩辕黄帝陵全景

Shaanxisheng Zhi Huangdiling Zhi

《陕西省志·黄帝陵志》 主编何炳武、刘宝才。2005年陕西人民出版社出版。78万字。设黄帝传略、黄帝陵、轩辕庙、黄帝祭祀、黄帝陵祭文、历代咏黄帝陵诗词、黄帝陵楹联、整修黄帝陵工程8章。卷首配彩图79幅。上起汉武帝元封元年(前110)，下至2004年。以"天下第一陵"——黄帝陵为记述对象，分别对黄帝、黄帝陵庙、黄帝祭祀、黄帝文化等方面做系统的记述。后附文献资料及黄帝陵研究著述选录等。黄帝传略主要记载黄帝的生平、黄帝部落与其他部落的战争和融合，以及黄帝在创建文字、音乐、舞蹈、绘画等方面所做的贡献，相关内容均以口口相传的资料及文字典籍考证为据。志书从考古发现、陵墓地理环境以及历史与现状等方面记述黄帝陵的全貌。对黄帝祭祀活动，从先秦时期记述到2004年，重点记载历代祭祀礼仪、古代帝王祭祀及民国后的公祭活动。整修黄帝陵工程章重点记述中华人民共和国成立后，对黄帝遗迹、黄帝陵墓建筑及周围古柏树的保护措施。2006年获陕西省哲学社会科学优秀成果奖三等奖。

Shaanxisheng Zhi Yandi Zhi

《陕西省志·炎帝志》 主编霍彦儒。2009年陕西出版集团三秦出版社出版。105万字。设炎帝故里、炎帝传略、炎帝族的迁徙、炎帝与中华远古文明、炎帝与中华民族的形成、炎帝陵、炎帝祠、炎帝祭祀、祭炎帝文选、炎帝研究、炎帝艺文选11章，下设36节。卷首配彩图62

幅。在概述中,以古籍记载和近、现代多位权威学者的研究成果及宝鸡市境内新石器时代仰韶文化遗址的基本状况,论证渭河支流清姜河即《国语·晋语》指出的“炎帝以姜水成”中的“姜水”,得出“多数学者认为宝鸡是炎帝故里、姜炎文化的发祥地”的结论。炎帝故里章分设两节叙述宝鸡地区的自然和生态环境及考古学文化。考古学文化节重点对关桃园遗址等49处重要仰韶文化遗址做了记述。炎帝传略章以文献传说、考古印证、习俗相承3个目的篇幅,继续深化第一章的叙述。专设炎帝族的迁徙章,以3节篇幅记述炎帝族以渭水流域为中心,分别向东北、东南、西北、西南方向的迁徙。在炎帝与中华远古文明章炎帝的发明节中,分别从农业、手工业、医药、交易、艺术、房屋、天文7个方面,总括历代文献典籍的有关记载、考古发掘的成果、专家学者的研究结论。炎帝与中华民族的形成章全景式描述炎、黄部族在华夏族形成过程中的核心地位。专设祭炎帝文选章,收录历次“公祭”炎帝的祭文和社会各界“民祭”炎帝的部分祭文。在炎帝艺文选章中,精选碑文、文赋、民间传说、诗词、楹联、题词、歌曲7类有关炎帝的文学艺术作品。在炎帝祭祀章祭祀礼仪节中,引述古代典籍中有关各类祭祀活动礼仪、程序等的资料。在炎帝研究章中,除综合记述从古至今有关炎帝研究的情况外,还以列表的形式,记载民国和中华人民共和国时期关于炎帝研究的科研成果。

《陕西省志·炎帝志》书影

Shaanxi tongzhi

陕西通志 陕西省通志创修于明代,明、清、民国时期共纂修6部,分别为明嘉靖志、万历志,清康熙六年(1667)志、康熙五十年志、雍正志,民国志,其他具有省通志性质的还有嘉靖《雍大记》、万历《雍胜略》及道光《陕西志辑要》。其中,嘉靖志是存世陕西方志中最早的一部通志,康熙六年志与顺治《河南通志》同被清廷定为修志范本,雍正志则是篇幅最大、内容最为翔实的一部陕西通志。

民国《续修陕西省通志稿》书影

《陕西通志》[嘉靖] 赵廷瑞修,马理、吕柟等纂。嘉靖二十一年(1542)刻本。40卷。记述范围相当于陕西、甘肃、宁夏三省区全境,包括青海、新疆、内蒙古等省区部分地域。内容分土地、文献、民物、政事4纲,下列分目,包括星野、山川、封建、疆域、建置沿革、河套西域、圣神帝王遗迹、古迹、圣神、经籍、帝王、经、史、子、集、名宦、乡贤、流寓、艺文、户口(附差徭)、田赋(附屯田)、物产、仙释(附寺观)、职官、水利(附漕运)、兵防、马政、风俗、灾祥、鉴戒等。附天象、地理、山脉、河流、城池、物产等图200余幅。详载西北各地社会、政治、经济、文化的发展及变迁。注重记述不同时代人们的价值取向及伦理道德观念。设专卷记述当时已不属于明朝的河套、西域地区,并绘制河套图、西域土地人物图。国家图书馆、天津图书馆、华东师范大学图书馆、陕西三原县图书馆等藏嘉靖刻本。三秦出版社于2006年出版陕西省地方志办公室校点本,获全国古籍出版社联合会举行的2006年度优秀古籍图书奖一等奖。

《陕西通志》[康熙六年] 贾汉复修,李楷等纂。32卷,首3卷。约200万字。分28门。记事止于康熙四年。资料较前志大为丰富。建置沿革门详记各府县历代归属、建筑设施、名称演变等。人物门增补万历志修成后60年间人物资料。贡赋门详记商周至康熙二年陕西地亩、人口、贡赋、军户等资料。记隐逸、流寓、方技、仙释,备载贤哲及具有创造才能之人。艺文门约占全志总篇幅的1/4,收录皇帝御书、大臣奏折、文人游记等各类文章诗赋。国家图书馆、陕西省图书馆、南京图书馆等有藏。该志纂成后,又有韩奕续修,王功成、吕和锺等续纂。康熙五十年刻本。32卷,首1卷,图1卷。图卷为最大特色,有天文图12幅及多幅地图。首都图书馆有藏。

《敕修陕西通志》[雍正] 刘于义修,沈青崖纂。雍正十三年(1735)刻本。100卷,首1卷。为康熙旧志的基础上续加增订而成。体例仿前志,分32个门类,类下设目。附地图130余幅。记事止于雍正十年。注重考证资料,凡例中规定“山川必究其脉络,人物必详其世系,古迹必核其时地。合者收之,不必旧志之所有;不合者去之,不必旧志之所无也”。艺文类除收录有关政事的名篇佳作外,有关人情风俗、嗜好歌谣、畸行遗言、谈天说鬼、探求事物发展起源和结果的文章及历代传述的旧事,均有采录。《四库全书总目提要》评介其“订古证今,详略悉当”。国家图书馆、陕西省图书馆、陕西历史博物馆等藏雍正刻本。国家图书馆、南京图书馆藏底稿本部分卷册。

Shaanxi xiuzhi

陕西修志 陕西方志的源头可上溯至周,初步发展始于秦汉,并略具雏形。魏晋南北朝时期出现多部地记,常为后世有关陕西的地方史志著述征引。隋唐时期出现官修总志。北宋《长安志》为中国方志成型期的里程碑式作品。存世历代编修的方志共526种。首轮新方志编修工作开始于1982年,至2009年,编纂任务全部完成。2000年,二轮修志工作启动。至2010年,共出版省志分志、市(地)志、县(市、区)志211部(册)。

陕西历代方志编修 《秦地图》为见于记载的陕西地志中最早的作品,久佚,存清王谟《汉唐地理书钞》辑本。东

S

汉记述陕西情况的汉辛氏《三秦记》、杨震《关辅古语》、赵岐《三辅决录》、祝龟《汉中耆旧传》、杨修《西京图》等相继问世。成书于汉魏之际的《三辅黄图》被后世视为中国早期地志代表作之一。魏晋南北朝时期，有关陕西的地志有《关中记》《三辅决录注解》《雍州记》《关中记》《三辅故事》《西京新记》《西京记》《梁州记》《汉中记》《汉水记》等。隋唐两代，陕西为国都所在地，《括地志》《元和郡县图志》等总志的修纂促使陕西方志进一步发展，这一时期较有影响的著作有《华山精舍记》《两京新记》《京西京北图经》《汉中记》《兴元旧话》《洋州图经》等。宋代陕西方志可考者有宋敏求《长安志》、吕大防《长安图记》、程大昌《雍录》、阎苍舒《兴元志》、郑郧《洋州古今志》等。元代陕西方志的发展虽略有停滞，仍有骆天骧《类编长安志》、李好文《长安志图》、史志经《华山志》等修成。明清时期，陕西修志进入兴盛期，70%以上的县修纂志书始于明代，清代历届陕西官员对修志工作均大力倡导。民国时期，历届治陕官员对修志工作给予了一定支持，如宋哲元担任省主席时，利用行政权力为通志局督催稿件，在任期间，保证通志局经费充裕，使志书得以顺利编修。

陕西明代修志　存世的明代志书有60余种。据张国淦研究，陕西第一部省志为洪武、永乐年间修成的《陕西志》，之后有成化《陕西通志》、嘉靖《雍大记》（见何景明）、龚辉《全陕政要略》、嘉靖《陕西通志》、万历《陕西通志》等问世。成化志体例仿一统志，到嘉靖志，已使用纲目体。成化志已佚。各府州县普遍兴修志书。以康海为代表的明代志家开始撰述简体方志，“关中八志”为此风习之滥觞。以马理、康海、吕柟为代表的作者摆脱传统地理图经规范的影响，将大量人文历史内容注入方志述作，用经纶致用、安邦济民的儒学观点指导志书编纂，在编修实践中提倡志书“惩恶劝善”的教化功用，志书中表现出强烈的资治、教化意识。

陕西清代修志　康熙《陕西通志》被作为省级志书的样本颁行全国，之后有雍正《敕修陕西通志》问世。乾隆年间，毕沅两次抚陕，幕下云集孙星衍、洪亮吉、严长明、钱坫等学者，其中许多人参与编纂《关中胜迹图志》《关中金石记》等史志书籍，整理校订《长安志》《类编长安志》等古志，编修陕西各府、州、县志。受乾嘉朴学的影响，清代陕西方志注重史料考证，如乾隆《澄城县志》及孙星衍主纂的《醴泉县志》《直隶邠州志》等均以考证精详享名于世。严长明纂《西安府志》，参阅关中文献约1500种。受“经世致用”之学的影响，修志者注重利用文献记载与野外实地考察相结合。章学诚的方志理论提出后，在陕西也有回响，重要代表作有蒋湘南的《蓝田县志》《留坝厅志》《泾阳县志》《同州府志》等。有的府县多次修志，如康熙二十八年（1689）滕天绶修《汉南郡志》，嘉庆年间严如熤纂修《汉南续修郡志》。康熙十二年谭吉璁修成《延绥镇志》，是万历《延绥镇志》之后第二部记述延绥镇的志书。

陕西民国时期修志　陕西于1916年成立通志局（1931年改为通志馆）。宋伯鲁、宋联奎任总纂，于1934年修成《续修陕西省通志稿》，铅印成书。民国时期的修纂者大多历经辛亥革命和新文化运动洗礼，具有不同程度的民主科学思想，力主在方志内容和体例上创新，提出修志要为现实需要服务，重视方志的时代性与实用性，并将此理念用于编纂实践，表现在增加新类目、内容，采取新的表现形式，从实际出发发掘资料，注重调查研究、拓宽资料来源等。名志有黎锦熙参与编纂的《洛川县志》《同官县志》《中部县志》，范紫东编《乾县新志》，宋联奎纂《咸宁长安两县续志》和吴廷锡、冯光裕主编《重修咸阳县志》等。

陕西新方志编修　陕西于20世纪50~60年代开始新方志编修工作，1963年中断，其间西安市编出《新西安志提纲》《西安胜迹志略》等十余种书稿；50多个县建立地方志工作机构，编写县志，完成初稿（草稿）129册、460余万字。1982年开始首轮新方志编纂工作，至2010年，出版三级志书204部（册），其中含再版1部；至2012年，首轮三级地方志书全部出版，共255册。首轮新编地方志分别在全国新编地方志优秀成果、全国优秀图书、陕西省优秀图书、陕西省哲学社会科学优秀成果、陕西省新编地方志优秀成果、西安市优秀社科成果等评奖中获奖。1997年2月底，陕西首部地方志影视版《黄陵县志》影视版完成摄制。2000年，省政府颁发《关于开展续修地方志工作的通知》。2003年，省地方志办公室开始二轮志书试点工作，确定渭南市志办、省水利厅志办两个单位为全国续修志试点单位。2004年，确定省军区、省交通运输厅、省水利厅、渭南市、碑林区、永寿县、南郑县和黄陵县为省二轮修志工作试点单位，县区试点单位后扩大到20个。2006年，中共陕西省委办公厅、省政府办公厅联合印发《陕西省第二轮三级志书编纂规划》，规划编纂118部。

陕西省级修志　第一轮《陕西省志》于2009年编纂完成，至2010年，出版88册，至2012年12月，全部出版。共81卷94册，7869万字。全志上迄事物发端，下限一般至1990年。该志突出陕西独特的地质地貌、丰富的文物资源、悠久的历史文化和壮美的名山大川，设置黄土高原志、水土保持志、文物志、炎帝志、黄帝陵志和太白山志6部分志。在全国地方志评奖中，铁路志、行政建置志、农牧志获一等奖，财政志、测绘志、科学技术志获二等奖，石油化学工业志获三等奖。在陕西省哲学社会科学优秀成果评奖中，政务志、共产党志获二等奖，物价志、文物志、计划志、人口志、黄帝陵志获三等奖，人物志（中）获荣誉奖。在陕西省新编地方志优秀成果评奖中，煤炭志、邮电志、水利志、军事志、公路志、人物志（上）获一等奖。2003年开始二轮省志试点工作，省交通运输厅、省军区、省水利厅为试点单位。规划编纂16卷89册，2011年调整为15卷75分册，增加海关志、监察志、信访志、扶贫开发志、食品药品监督管理志、残疾人事业志等志。至2010年，已出版大事记(1949~2009)、知识产权志、军事志(1991~2005)。

陕西市级修志　首轮市(地)级修志工作于1982年启动，规划编纂10部。至2006年，全部出齐。在全国地方志评奖中，《渭南地区志》获一等奖，《西安市志》(第1卷)获二等奖。在陕西省哲学社会科学优秀成果评奖中，《榆林地区志》获二等奖。在陕西省新编地方志优秀成果评选中，《宝鸡市志》《咸阳市志》《铜川市志》《延安地区志》《西安市志》(第5卷)获一等奖。第二轮市级志书规划编修11部省辖市(区)志，其中《渭南市志》是对第一轮《渭南地区志》的重修，延安、榆林、汉中、安康、商洛五市市志分别是对第一轮地区志的续修，非政区的《杨凌农业高新技术产业示范区志》为新修。至2010年，已出版《渭南市志》第1卷、第2卷、第3卷。

陕西首轮市级志一览表			
志书名称	主编/总编/总纂	字数(万字)	出版年
《榆林地区志》	艾建国	140	1994
《渭南地区志》	杨树民	167.2	1996
《西安市志》	王建廷、赵璧	843	1996~2006
《铜川市志》	张立	152	1997
《宝鸡市志》	王建章	380	1998
《延安地区志》	高希圣、周维新	183	2000
《咸阳市志》	尚行韬、任清芳、尹学成	452	2001
《安康地区志》	牟广钧	173	2004
《汉中地区志》	郭鹏	360	2005
《商洛地区志》	杨建国、徐新荣	137	2006

陕西县级修志　首轮县志编修工作于1982年启动。1985年开始城市区志的编修。第一轮规划编修县级志书105部，其中县(市)志93部，城市区志12部。1987年，《户县志》《渭南县志》先后出版，至2004年《杨陵区志》出版，完成全部出版任务。个别志书按行政区设立时间确定上限，如《子洲县志》。无统一记述下限。2003年，全省第一部再版志书《扶风县志》出版。在全国地方志评奖中，《南郑县志》《渭南县志》《岐山县志》《米脂县志》获一等奖，《临潼县志》《汉阴县志》《安康县志》《韩城市志》《凤翔县志》《永寿县志》《山阳县志》《澄城县志》《宜君县志》《延长县志》《陇县志》《府谷县志》《合阳县志》获二等奖，《石泉县志》《西乡县志》获三等奖。在陕西省哲学社会科学优秀成果评奖中，《蓝田县志》获三等奖。在陕西省新编地方志优秀成果评奖中，《大荔县志》《清涧县志》《城固县志》《旬阳县志》《洛南县志》获一等奖。2003年开始第二轮编修工作。规划编修106部(县志80部、县级市志3部、市辖区志23部)，其中《王益区志》《印台区志》为新修，《户县志》《佳县志》《旬邑县志》《渭南市临渭区志》为重修，其余为续修。至2010年，已出版《佳县志(重修)》《蒲城县志(1991—2005)》《白水县志(1984—2003)》。

陕西规划外志书编修　省地方志办公室组织编纂《秦始皇帝陵志》《茂陵志》《陕西植被志》。省文化厅编纂出版《陕西戏曲志》。省军区组织编纂117部市军分区、县(市、区)人武部军事志。省武警总队组织编纂15个支队、武警西安指挥学院、武警陕西总队医院共17部武警志。省烟草专卖局组织编纂十多部烟厂志。陕西师范大学组织编纂《西安市地理志》《汉中专区地理志》及榆林地区、渭南地区、咸阳地区、商洛地区、延安地区、安康地区、铜川市、宝鸡市共10个省辖市或地区的地理志。省水利厅组织编纂地方水利志丛书，已出版《宝鸡峡志》《泾惠渠志》《陕西省水文志》《陕西省三门峡库区志》《冯家山水库志》《洛惠渠志》《石头河水库志》《交口抽渭志》《东雷抽黄志》及西安市、宝鸡市、咸阳市、渭南市、汉中地区、商洛地区、长安县、蓝田县、丹凤县、临渭区、榆林县等市(地)县(区)水利志。省人民防空办公室编纂《陕西省人民防空志》，内部出版。省交警总队编纂《陕西省道路交通管理志》及西安、宝鸡、咸阳、铜川、渭南、汉中、商洛等分志。西北大学、陕西师范大学、西安植物园、西安园林局组织编写《西安植物志》。部分中高等院校、中小学编写校志，如《西北大学校志》《长安大学校志》《西安建筑科技大学校志》《乾县师范校志》《三原县南郊中学校志》《旬阳中学校志》等。还有《陕西省水利电力勘测设计院志》《西电公司志》《西北国棉一厂志》《西安变压器电炉厂志》《西北国棉二厂志》《陕棉十二厂志》《西安电力整流器厂志》《宝鸡发电厂志》《宝鸡铁路医院志》《西安仪表厂志》《陕西轻工业设计院志》《陕西纺织机械厂志》《西安石油仪器总厂志》《韩城发电厂志》《西北电力设计院志》《陕棉十三厂志》《西北国棉五厂志》《太白酒厂志》和梁山炉具公司编纂的《梁山志》等厂矿企业志，及《燃灯寺村志》《关山镇志》《三原南关村志》《南堡村志》等乡镇志、村志问世，内部出版的有《金鸡滩乡志》《后柳区志》《金渠乡志》《第五村乡志》等。省公祭黄帝陵工作委员会办公室编纂《黄帝祭祀大典图志(1980~2007)》。各市志办组织编纂出版或内部出版大量专志、部门志。

陕西旧志整理　元代骆天骧改编《长安志》，修成《类编长安志》，开陕西旧志整理先河。明中期后，各府县普遍翻刻本地前代旧志。清及民国时期，毕沅、孙星衍、王谟、张澍等众多学者通过各种方式对陕西旧志进行整理。民国时期，陕西通志馆于1934~1936年编印“关中丛书”8集，翻刻52种秦地或秦

S

陕西旧志校注出版表(含内部印行)

书名	整理者	出版年
《校正三辅黄图》	张宗祥	1958
《三辅黄图校证》	陈直	1980
《游城南记》	陈元方等	1989
《类编长安志》	黄永年	1990
《〈直隶商州总志〉点注》	徐新荣、李文实等	1992
《续修南郑县志》(民国版)	朱林枫、陈显远、邓长泰、李成畴、郭鹏	1993
《三辅黄图校注》	何清谷	1995
《延安府志(校注)》	姬乃军、韩志侃	1999
《白水县志校注》	白水县志办	2000
《郃阳县全志》(乾隆版)	王士哲	2001
《重修凤翔府志》	何志虎、赵忠虎	2002
《雍录》	黄永年	2002
《保安县志略校注》	薛悦彦、姜永明、白建义	2003
《延川县志(点注)》	冯瑞荣	2003
《游城南记(校注)》	史念海、曹尔琴	2003
《邠州志译注》	黄金来	2004
《关中胜迹图志》	张沛	2004
《三辅黄图校释》	何清谷	2005
《关中佚志辑注》	陈晓捷	2006
《类编长安志》(修订本)	黄永年	2006
《两京新记辑校·大业杂记辑校》	辛德勇	2006
《南山谷口考校注》	李之勤	2006
《宁羌州志校注集》(5种)	宋文富	2006
《三秦记辑注·关中记辑注》	刘庆柱	2006
《三水县志(清乾隆)》	刘敏卓	2006
《陕西通志》(嘉靖版)	董健桥等	2006
《西京杂记》	周天游	2006
《延绥镇志(校·注本)》	刘汉腾、纪玉莲	2006
《直隶邠州志》	曹剑	2006
《栒邑县志(民国续纂)》	刘敏卓	2007
《宜川县志(校注本)》	薛天云等	2007
《民国延川县志点注》	冯瑞荣	2008
《清涧县志(清道光本)》	杨明芳、郝省三、惠世新	2008
《长武县志(清宣统二年)》	长武县志委	2009
《黄陵县志(校注)》	何炳武、陈一梅、张学领、高叶青	2009
《鄜州志(校注)》	张北琳、曹子英、李育乐	2009
《武功县志(稿簿)》(民国版)	武功县志委	2009
《安塞县志(校注)》	冯生刚、何炳武、高叶青	2010
《〈定边县志〉笺证》	马骥、纪国庆	2010
《〈定边县乡土志〉笺证》	马骥、纪国庆	2010
《渭南志》(明版)	梁玉珍、姜继业	2010
《民国·校订兴平县志》	张录选、张鸿杰	2010
《民国·乾县新志》	乾县志办	2010
《民国·武功县志稿簿》	武功县志委	2010
《民国·续修醴泉县志稿》	礼泉县志办	2010
《明万历·咸阳县新志》	张歆、张鸿杰、王鹏超	2010
《明正德·武功县志》	武功县志委	2010
《清光绪·永寿县新志》	永寿县志办	2010
《清康熙·淳化县志》	赵东、徐化、任西锋	2010
《清康熙·三水县志》	旬邑县志办	2010
《清乾隆·三水县志》	旬邑县志办	2010
《清宣统·长武县志》	长武县志办	2010
《清宣统·重修泾阳县志》	泾阳县志办	2010
《雍大记校注》	吴敏霞等	2010
【内部印行】		
《神木县志(道光二十一年)》	神木县县志党史红军史编纂委员会	1982
《宜君县志》(雍正版)	李幼芳	1982
《佛坪乡土志》	郭鹏	1983
《朝邑县志(校注)》	大荔县志委	1984
《华州初志》	华县志委	1984
《重刻孙立山先生富平县志》	富平县志办	1985
《定边县志(校注本)》	纪国庆、王树茂	1985
《汉阴县志》(民国版)	汉阴县志办	1985
《山阳县志点释》	陈道久、陈书启	1985
《镇安县志点释》	刘国光	1985
《佛坪厅志》(光绪版)	郭鹏	1986
《康熙续修商志注》	牛树林等	1987
《石泉县志校注》	李佩今、陈绪刚、陈应麟、许少先	1987
《勉县志》(光绪版)	王致义	1992
《嘉靖城固县志校注》	穆育人	1995
《民国咸阳县志》	秦都区志办	2004
《重续兴安府志(校注)》	万安祥	2005
《兴安州志(校注)》	万安祥	2005
《重修辋川志》	曹永斌	2006
《续商州志》	牛树林、廉高林	2007
《续修醴泉县志稿》	礼泉县志办	2007
《陕西怀远县志(校注本)》	邵培禄、雷建忠	2008
《耀县大香山志》(民国版)	刘耀林、贾爱君	2008
《留坝厅志(校注)》(外二种)	郭鹏	2009
《商州直隶州乡土志》	童正家、杨建国	2009
《耀州志(校注本)》	雷天启	2010

人文献，其中收录《雍录》《关中胜迹图志》等名志。1949年后，旧志整理工作循影印、校点注译、辑佚、类编4种途径展开。1982年进行旧志普查，编制《陕西地方志联合目录》，各级地方志工作机构采集、购进大批旧志，一些珍稀旧志先后被发现。1984年7月，陕西省旧志整理工作委员会成立，制订"六五"期间整理规划。据不完全统计，海峡两岸出版机构及省内地方志工作机构影印出版陕西旧志529种(次)，全省各级地方志工作机构整理出版旧志101种(次)。陈直、史念海、黄永年、何清谷等学者对《三辅黄图》《游城南记》《雍录》《类编长安志》等旧地志所作校点注译本，为驰名学界的经典版本。《汉唐方志辑佚》《宋辽金元方志辑佚》《永乐大典方志辑佚》《永乐大典方志辑本》等当代方志辑佚著作中均辑录多种陕西旧志。2006年，三秦出版社出版"长安史迹丛刊"。2009年，咸阳市方志办启动《咸阳经典旧志稽注》编纂工作，至2011年底，全部出版，包括域内13个县市区的旧县志15部。省地方志办公室组织整理、校点嘉靖《陕西通志》，在2007年全国古籍出版社联合会举行的2006年度优秀古籍图书奖评奖中获一等奖。各级地方志工作机构编纂旧志类编资料，如凤翔县志编纂委员会办公室于1987年选辑明清5种《凤翔府志》《凤翔县志》材料，编成《旧志资料类编》。

陕西方志工作管理 自20世纪80年代开始，陕西先后成立省地方志编纂委员会、省地方志办公室，负责全省地方志编纂的规划、指导、审查、出版工作。各市、县相继成立地方志工作机构。至2010年，10个设区市、107个县(市、区)、1个高新农业科技示范区，均设立地方志工作机构，其中市、县(市、区)地方志工作机构中，单列机构22个，归属政府办23个，与党史办合并43个，与档案部门合并22个，与档案、党史部门合并7个。发起召开全国省志专业志研讨会，联合八省召开全国革命根据地修志理论研讨会、全国人物志研讨会。开展修志队伍培训、专业技术评聘、表彰先进工作。先后有14家地方志工作机构被评为全国方志系统或方志工作先进集体，30人次被评为全国方志系统先进工作者，47家单位、18个市县志办公室被评为全省地方志系统或地方志工作先进集体，1286人次被评为全省地方志系统或地方志工作先进个人，8人被授予特别荣誉奖。1992年，省地方志编纂委员会开展全省首次优秀方志论文评选活动，评出91篇优秀论文，其中一等奖10篇、二等奖21篇、三等奖34篇、优秀奖26篇。

陕西省地方志编纂委员会及办公室 陕西于1982年6月2日成立省地方志编纂委员会，为省政府直属的具有行政职能的正厅级事业单位。下设办公室。1983年12月，内部机构调整为省志编审室、古籍整理出版编辑室、市县志联络组、《陕西年鉴》编辑室、《陕西地方志通讯》编辑室、秘书处。1993年12月，内部机构调整为秘书处、省志处、地县志处、出版发行处(保留《陕西地方志》编辑部名义)。1996年，省地方志编纂委员会改为议事协调机构，省长任主任；另设省地方志办公室，职能、职级同原省地方志编纂委员会。办公室设秘书处、省志处、市县志处、出版发行处(保留《陕西史志》编辑部名义)。1997年9月成立陕西年鉴社。2001年7月设立党组纪检组和内设监察室。历任编委会主任陈元方(1982年6月~1990年10月)、冀东山(1990年10月~1991年1月，副主任主持工作1994年1月~1996年1月)、朱星联(1991年1月~1994年1月)、滕云(1996年1月~1996年7月)、程安东(1996年7月~2002年5月)、贾治邦(2002年5月~2004年10月)、陈德铭(2004年10月~2006年5月)、袁纯清(2006年6月~2010年6月)、赵正永(2010年6月~2012年12月)、娄勤俭(2012年12月~)。历任办公室主任滕云(1996年7月~2000年7月)、周伯光(2000年7月~2004年12月)、刘培仓(2004年12月~2013年2月)、张仁华(2013年2月~2013年12月)、王锦春(2013年12月~)。1982年创办《陕西地方志通讯》，1988~1994年先后改名为《陕西地方志》《陕西地方志通讯》《陕西史志》，2007年改名为《陕西地方志》为内部双月刊，至2010年，出刊167期。

陕西修志规章和规范性文件 陕西省地方志编纂委员会于1984年制定《陕西省地方志编写行文通则》，1985年制定《对〈陕西省地方志编写行文通则〉的几点补充意见》，1986年与中共陕西省委保密委员会联合印发《关于在修志中做好保密工作的通知》，1987年与省出版总社联合印发《陕西省新编志书出版事项的规定》，同年，制定《陕西地方志书审稿暂行规定》。省政府于2007年9月27日颁发《陕西省实施〈地方志工作条例〉办法》，11月1日起施行。2007年5月28日、2008年7月29日，省地方志办公室先后印发《陕西省第二轮三级志书行文规范》《陕西省第二轮三级志书出版印刷规范》。2008年9月16日，西安市政府公布《西安市地方志管理办法》，于11月20日开始执行。

陕西地方志信息化建设 宝鸡市地方志办公室于2002年将《宝鸡市志》《宝鸡年鉴》和有关资料制成网页，加入市政府信息网。同年，《汉中地方志》网页在政府信息网上建立，渭南市地方志办公室将《渭南年鉴》的内容编入市政府信息网。延安市地方志办公室出版《延安年鉴》5卷(2000~2004)多媒体光盘，并将全文录入中国知识资源总库中国年鉴全文数据库(CAFD)。2004年，西安市地方志办公室出版首张《西安年鉴(2004)》光盘，与书同步发行。2005年，西安市地方志办公室完成地情资料网站框架设计和《西安市志》《西安年鉴》、第一轮出版的市属区县志目录和《西安史志通讯》78期的数字化工作。同年，商洛市开通商洛地方志网页，《铜川年鉴》加入铜川信息网。2006年12月，陕西省地情网正式开通，商洛市地方志办公室、安康市地方志办公室也相继开通网站。2007年，省地方志办公室帮助两个县级地方志办公室建成地情网站。2008年,省地情网站完成改版升级。2009年,省地情网完成网络编纂平台的软件设计,具有建设陕西省资料长编库、志稿库和网上投稿审稿的功能。同年,省地方志办公室结合全省地情网站建设规划,开始建设统一标准、同一平台、资源共享、互联互通的省地情网站群,为市县地方志单位设计制作站群内子网站。至2010年,全省共有省级地情网站1个、市级地情网站6个、县级地情网站10个,十余个县设有地情相关网页。

陕西省地方史志协会 成立于1996年10月16日,并召开第一届理事会议。第一届理事会由45名理事组成,选举产生常务理事24人,常务理事会议选举滕云为首届会长。经滕云提名,常务理事会议通过史念海、霍松林等16名专家、学者为省地方史志协会学术委员。1997~1999年,协会连续3年召开理论研讨会,在1998年的研讨会上,除总结协会工作、研讨方志理论,还调整、增补协会理事至55名、常务理事至30名。

陕西方志馆藏 陕西省地方志馆是省内主要方志收藏机构,其他收藏方志较多的单位有陕西省图书馆、陕西历史博物馆、陕西省考古研究院图书馆、陕西师范大学图书馆、西北大学图书馆、西北农林科技大学图书馆、延安市图书馆、宝鸡市图书馆、咸阳市图书馆等。陕西师范大学图书馆由长安校区图书馆、雁塔校区图书馆组成。馆舍面积近6万平方米。内设文献建设部、编目部、计算机与信息服务部、数字化部、长安校区借阅部、雁塔校区借阅部、馆办公室。收藏线装本方志1400余部,大陆及台湾出版的大型方志丛书多部。藏书中有《帝京景物略》崇祯八年(1635)原刻本等稀见版本。

陕西方志研究成果 陕西地方志工作者在方志学基本理论、志书编纂实际问题、历史资料等方面取得了研究成果。出版有董健桥《方志问答》《知行集》,杨树民《方志新论》,徐新荣《方志求索路》,郭鹏、李佩今《地方志与国情教育》,张世民《历史应用学浅论》,陈崇凯、张世民《新方志编纂学讲义》等论文集、专著。省地方志编纂委员会编辑《全国省志专业志质量研讨会论文选集》《修志工作参考》及续编。省地方志办公室编《修志工作参考(三)》《全国人物志研讨会论文集》《陕西方志论文选》等。宝鸡市地方志办公室编《宝鸡市地方志工作文集》《全国部分城市、西北地区第六次城市志协作会论文集》。

Shan Lu

《剡录》 史安之修,高似孙纂。南宋嘉定七年(1214)成书。剡县为浙江嵊县古称。全书共12卷。原刻本已佚。明抄本传世,11卷(卷7佚),《四库全书》将卷11~12并为1卷,著录为10卷。卷1为县纪年、城境图、官治志、社志、学志、修学碑、渊源堂、进士登科题目、叙雪楼、戴溪亭、版图、兵籍,卷2为山水志,卷3为人士、列女、仙道、高僧,卷4为古奇迹、古阡,卷5为书、文,卷6为诗,卷7为画、纸、古物,卷8为道馆、僧庐,卷9~10为草木禽鱼诂(上、下)。县纪年采用编年体记载一方之大事。卷5收录阮裕、王羲之、谢灵运等14人著述及阮、王、谢三氏家谱之名目42种,并列其卷数,开方志设大事记和记载本地人著述书目先例。山水志仿郦道元《水经注》体例。人物列传,考证精赅,不尚议论。草木禽鱼等门,详考物,兼及传说,条目多可独立成篇。馆藏较多的刻本有清道光八年(1828)李式圃刻本、同治九年(1870)嵊县县署刻本、光绪年间刻“邵武徐氏丛书”本。国家图书馆、天一阁、故宫博物院图书馆、浙江图书馆、甘肃省图书馆、广东省立中山图书馆等有藏。抄本有明抄本(卷7佚)、清抄本。日本静嘉堂文库藏吴岫影写元刊本(6卷)。

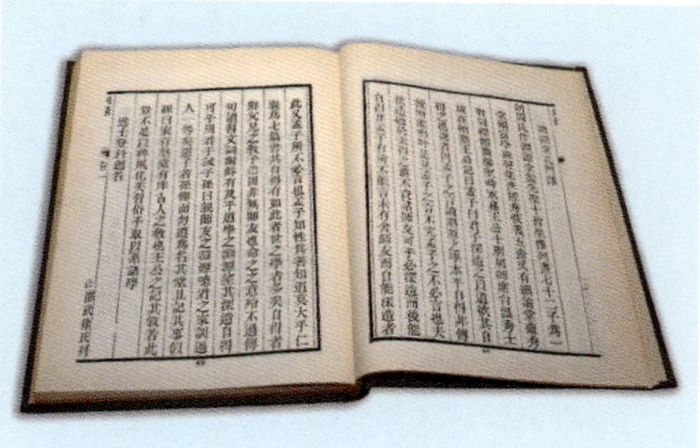

《剡录》(“中国方志丛书”本)书影

Shanghai Meishu Zhi

《上海美术志》 主编徐昌酩,执行主编黄可、吴景泽、茅子良。2004年上海书画出版社出版。135万字。设美术创作与美术设计、美术教育与美术研究、美术展览与美术市场、美术机构与美术社团、人物5编,下设23章。卷首配题词2幅、留言1封、彩色插页66页、彩色版图303幅。上起公元前4000年的“马家浜文化”时期(原始社会新石器时代晚期),下至2000年。该志根据美术学科惯例,将美术史上发生的各种美术现象分门别类地叙录,反映上海辖境内美术的历史和现状,体现时代特征和地方特色。全书除设综述和23个美术门类专题史概述外,还收录历年美术著作96种、美术期刊177种、报纸美术副刊47种、美术机构与美术社团310个,立传记述美术家561人。后有附录一、二,及主要参考资料。附录二为美术活动纪年,记述自5000多年前新石器时代至2000年的美术活动大事。

上海中国画院成立纪念合影

Shanghai Mingyuan Zhi

《上海名园志》 “上海特色志丛书”之一。主编朱敏彦、王孝泓。2007年上海画报出版社出版。43.9万字。配照片458幅。正文采用平行列目体,以46座知名度颇高、有代表性的公园立目。前言记述上海园林从魏晋南北朝就开始逐步建造的历程。志中记述明代中叶至清代中叶,市境内的数百处宅邸园林;被辟为通商口岸后,开始修建的中西合壁式花园，以营利为目的对公众开放的私有园林；抗日战争期间，华界大部分被毁的公园；上海解放时市区的14座公园；至2006年，上海的144座各类公园，如豫园、秋霞圃等与苏州园林相似的古典园林，黄浦公园、中山公园等西式现代城市公园，长风公园等中西合璧园林。在豫园条中记述其规划布局、历史沿革、重要景点、主要活动等，以及宣统年间，任伯年、虚谷、吴昌硕等书画名家在藏书楼举办的“豫园书画善会”。黄浦公园条记述公园名称由公共花园、外摆渡公园、大桥公园、外滩公园、春申公园逐渐演变为黄浦公园的过程。设章节记述早期入园规则对中国人的歧视，收录了清光绪十一年(1885)工部局在公园门口竖牌子公布的园规，以及国人的抗议等。2009年获上海市第二届地方志优秀成果奖二等奖。

豫园明代大假山

Shanghai Shifan Daxue Tushuguan

上海师范大学图书馆 分设在上海市徐汇区桂林路和奉贤区奉炮公路的上海师范大学两个校区内。前身是1954年以华东速成实验学校图书馆为基础的上海师范专科学校图书馆。2002年，徐汇、奉贤两校区的图书馆合并。全馆总面积35146平方米。馆藏各类旧志2100余种(部)，加上“中国地方志集成”“稀见中国方志丛刊”等所藏，剔去重复部分，实际收藏各类旧志约3800种(部)。以江、浙、沪三地方志为主，凡省志、府志、县志、乡镇志、专志，尽可能收齐，其他省市志书则以省志、府志、重点县志、著名乡镇志、专志为主；在江、浙、沪三地方志中，以上海的地方志为

上海师范大学徐汇校区图书馆

重，注重乡镇小志的收集与典藏。收藏的上海各类旧志110种(部)，仅次于上海图书馆。珍本方志有清稿本《(上海县)二十六保志》、清抄本《杨行志》等。辑得上海散佚方志宋代景德《华亭图经》、祥符《华亭图经》、《续青龙志》，元大德《松江郡志》(一名《松江志》)、至正《续松江志》，明洪武《上海县志》、永乐《松江府志》、正德《松江府志》、成化《松江通志》，清康熙年间的《九峰志》《续金山卫志》《朱里续志》《黄溪志》《贞溪志》等，有20余种。先后编制《上海方志资料考录》《上海方志通考》。2002年建立近代上海方志数据库，将清道光二十年(1840)后上海的27种府县志、乡里志电子数据化。

Shanghai Shi Tongzhi Gao[Minguo]

《上海市通志稿》[民国] 主编柳亚子，副主编徐蔚南(一说主修柳亚子，主编徐蔚南)。设计25编。250万字。全志采用公元纪年和白话文。至1937年抗日战争爆发，已完成560余万字。纂成历史、地文、外交、金融、学艺、社会事业及九十年大事表等14编，上海概势、法制、军备、财政、交通、商业、工业、农林渔牧、人物、上海沿革写真(图片集)、上海历史地图(地图集)11编未完成。历史部分分上、中、下3编，完成81.8万字。上编记述上海的溯源、兴起、展开、倭寇、蜕变、繁华、开埠等；中编记述第一特区公共租界的开展、治理现状，公共租界与“一·二八”淞沪抗战，英美租界独立时代、洋泾浜北首外人租界时代，五卅惨案等；下编记述第二特区法租界的诞生、成长，民国时期的法租界，太平军和小刀会等。地文编完成16万字，记述天文地质、黄浦江、吴淞江、星象及自然气象的资料等。外交编完成52.4万字，记述上海外交的开始、机构的变迁、租界外交、法权外交、税权交涉、特殊事件外交(包括吴淞铁路案、四明公所血案、大闹会堂案、五卅惨案、华民被杀三大惨案)等。金融编完成16.8万字，记述上海的钱庄、国内银行、外国银行、中外合办银行、储蓄机关、票号的原始材料、货币、票据、银洋钱行市、证券市场、金融市场等。日本占领上海时期，完成稿及收集的资料存震旦大学图书馆，1945年交上海市文献委员会，1949年后，交上海市文化局，存上海博物馆。有草稿、誊清稿、油印稿和抗日战争前夕准备出版的中华书局清样稿。志稿部分提要自1933年起陆续在《上海市通志馆期刊》刊出，后抽印10种单篇。

Shanghai Tongzhi Guan

上海通志馆 位于上海浦东新区华东路。1993年开工建造，1996年开馆。建筑面积5600余平方米，设管理部、资料部、培训部3个部门。主要收藏范围为上海地区规划内外所有志书(含综合年鉴)、专业年鉴，上海地情资料书，全国各省(自治区、直辖市)三级志书及部分专志。2003年，将全国各省(自治区、直辖市)三级综合年鉴纳入征集范畴。至2010年，馆藏各类志书、年鉴、地情资料书约2.8万册。先后编辑出版《上海防疫史鉴》、《中国新方志5000种书目提要》、《上海历史上的今天》(中英文版)等书。

上海通志馆

Shanghai Tushuguan

上海图书馆 位于上海市淮海中路。建于1952年。1956年,徐家汇藏书楼并入。1958年,历史文献图书馆并入。1995年,与上海科学技术情报研究所合并。1996年,新馆对外开放,建筑面积8.3万平方米。馆藏方志包括历代旧志、新编方志,其中入藏新编方志约3万种。1979年编辑《上海图书馆地方志目录》,收入馆藏旧志5400余种。2011年影印馆藏稀见方志246种,编制"上海图书馆藏稀见方志丛刊",其中孤本方志104种、抄稿本50余种。①上图馆藏历代旧志。共5400余种90000余册,占馆藏古籍总量的16%,仅次于国家图书馆,居国内第二位。所藏方志覆盖面广,江、浙、皖、赣、冀、闽、晋、豫、鄂、湘、粤、桂、京、津、沪等地区90%以上的县志,均有收藏;其他省份,通常70%的县志有收藏,最少也有40%的县志有收藏。其中,有不少地区历朝历代、不同时期撰修的方志都有收藏,如江苏省常熟县自宋代至民国时期,官修方志10种,馆内均有收藏;上海县自明朝洪武年间至民国时期,官修方志11次,除洪武《上海县志》久佚不传外,其他10种县志在馆内均有收藏。入藏方志的版本有宋以后刊本、稿本等,其中有存世7种宋代刊本方志之一《吴郡志》,明成化《金华府志》、弘治《常熟县志》、崇祯《松江府志》、清顺治《长兴县志》、康熙《台湾府志》等海内外孤本,俞樾所纂《上海县志》、钱熙泰所纂《金山县志稿》《安享志稿》等稿本精品方志。②徐家汇藏书楼。原全称上海徐家汇天主堂藏书楼,

上海图书馆

又称汇堂石室。位于漕溪北路。清道光二十七年(1847),上海天主教耶稣会在徐家汇建修书室。经咸丰十年(1860)和光绪二十三年(1897)两次扩建,藏书楼正式形成。馆藏方志2900余种。其中包括少量中国边疆地区的方志,较为罕见。1949年后,并入上海图书馆。

Shanghaixian Zhi

《上海县志》 "上海市县志系列丛刊"之一。主编王孝俭。1993年上海人民出版社出版。35篇,191.5万字。设31个分志,下分189个分目、1039个条目。卷首配题词1幅、照片147幅、彩色地

马桥古文化遗址(右下:新石器时期马桥人头骨复原像)

图10幅、黑白地图5幅。上溯源头,下至1984年,部分内容延至1992年底。该志承旧志传统,采用条目体,分篇、分目、条目三个层次论述。军事篇兵事分目记述抗倭、太平军进军上海西郊外围战、虹桥机场事件、日机轰炸、县境沦陷、日伪"清乡"、抗战战事等境内的重要事件。人物篇中的元、明、清进士榜用表格形式收录1321~1905年中进士的280人名单,计有元朝3科3人、明朝69科194人、清朝50科83人。特记篇分上、下篇,上篇记述1843年前上海县的农业、手工业、商业、典质、钱业、航运业、赋役、会馆公所,1843~1928年上海开埠、租界设立、工业、金融业等情况;下篇记述马桥古文化遗址、马桥文化,有关黄道婆及其影响的资料,龙华寺、塔,七宝皮影戏,淞沪警备司令部、龙华烈士陵园,抗日战争纪事,"文化大革命"纪事等重要事物,突出地方特色。1997年获全国地方志奖一等奖,1998年获上海市新编地方志优秀成果奖特等奖。

Shanghaixian zhi(jiuzhi)

上海县志(旧志) 上海县志始修于明代,1949年前的修志行为有记载可考的有13次。明代五修县志,洪武三年(1370)顾彧编修第一部上海县志(抄本),之后弘治、嘉靖(两修)、万历年间四修县志;清代康熙、乾隆(两修)、嘉庆、咸丰、同治年间六修县志;民国时期两修县志。共成书11种(刊行10种,抄本1种)。洪武志已佚,《永乐大典》有所引用;嘉靖十七年(1538)黄标撰《上海县志稿》10卷毁于倭患;咸丰志以嘉靖三年县志为本编撰,后因县令刘郇膏卸任而未完成。1947年设县文献委员会,拟重修县志,未成。存世版本中较有影响的是同治志。

《上海志》[弘治] 郭经修,唐锦纂,朱曜校正。弘治十七年(1504)刻本。8卷。分疆域、山川、田赋、祠祀、建设、古迹、官守、人品等八志,下分38个细目。第一历史档案馆和天一阁有藏。1937年,中华书局影印出版柳亚子抄本。1940年,中华书局出版影印本,卷末附柳亚子跋文。国家图书馆、首都图书馆、上海图书馆、上海博物馆、复旦大学图书馆、华东师范大学图书馆等藏影印本。

《上海县志》[嘉靖] 郑洛书修,高企纂。嘉靖三年刻本。8卷。卷首有上海县境图、上海县市图。正文分总叙、山水、风俗、物产、户役、贡赋、建置、祠祀、官师、名宦、登用、人物、古迹、杂志、文志15门。其中文志2卷,收录宋元诗赋、章奏、题咏、碑文等。卷末有高企撰《书〈上海县志〉后》,阐述修志原委及资料依据。上海博物馆藏嘉靖刻本和抄本。1932年,上海传真社以吴兴周越然藏本出版影印本,与正德《金山卫志》合函,题为《松江府属旧志二种》,上海图书馆、复旦大学图书馆、华东师范大学图书馆等有藏。

《上海县志》[万历] 颜洪范修,张

之象、黄炎、姚遇、张所敬、顾成宪、黄体仁、朱家法等纂。万历十六年(1588)刻本。刊行后印有增补本，下限至明万历十八年。10卷。分地理志、渠河志、赋役志、建设志、秩祀志、官师志、选举志、人物志、艺文志、杂志，志下细分61目。卷首有地图3幅。修纂时县西境已分设青浦县，故县域与前志不同，每类前有小序。上海图书馆藏万历十六年刻本、孙氏瓜瑞堂抄本；国家图书馆藏万历以后印本，缺卷7~8。

《上海县志》[康熙] 史彩修，叶映榴、朱在镐、张锡怿、曹垂灿、唐士恂、董弘度纂。康熙二十二年(1683)刻本。12卷。约30万字。分40门。志前有县治图、县图、儒学图。重点记述田赋、水利二门。国家图书馆、上海图书馆、南京图书馆、北京大学图书馆、中山大学图书馆等有藏。上海博物馆藏抄本。

《上海县志》[乾隆十五年] 李文耀修，叶承、谈起行纂。12卷，首1卷。卷首有历代县志序8篇、凡例20条、目录及地图5幅。内容较康熙志增加积贮、关榷、书院、例宦、循吏等细目。中国科学院国家科学图书馆、故宫博物院图书馆、上海图书馆(有抄本)、南京大学图书馆等有藏。

《上海县志》[乾隆四十九年] 范廷傑修，皇甫枢等纂。12卷，首1卷。内容较范志增加了建置乡保、堰闸护塘、育婴堂、同善堂、馆职、儒士、例贡杂职、武途等细目。上海图书馆等有藏。上海博物馆藏清末抄本。

《上海县志》[嘉庆] 王大同、陈文述、方佐、卢焌、叶机修，李林松纂。嘉庆十九年(1814)刻本。20卷，首1卷。卷1志疆域，卷2~3志水利，卷4~5志赋役，卷6~7志建置，卷8~9志职官，卷10~11志选举，卷12~17志人物，卷18志艺文，卷19志余，卷20为叙录、历修姓名、小序。各门类下分细目，如志水利下分海、黄浦、吴松江、潮汐、支水、堰闸护塘、历代治水诸绩、古今治水议略等目，志艺文下分经部、史部、子部、集部、游宦著述、方外著述、金石等目。兵燹、祥异、遗事、辨证归入志余。清陆庆循撰《嘉庆上海县志修例》，纠正其体例不当之处。国家图书馆、上海图书馆、天津图书馆、湖北省图书馆等有藏。柳州图书馆藏抄本残卷。

《上海县志》[同治] 应宝时修，俞樾、方宗诚纂，冯桂芬厘定。同治十年(1871)刻本。32卷，首、末各1卷。分20门，下设49个细目。首卷图说收图19幅。建置门下海关目记述上海自清康熙二十四年弛海禁、设海关以后，关口的设置，及每年税银的数量、进出口税率、纳税标准等情况。兵防门附历代兵事目，记述英兵入侵上海之事。杂记门下寺观目附记董家渡、徐家汇教堂，反映外国宗教势力侵入上海的历史过程。版本有同治十年刻本、同治十一年上海文庙南园志局王承基重校本、光绪八年(1882)补刻同治十一年本。国家图书馆、上海图书馆、南京图书馆、天一阁等有藏。

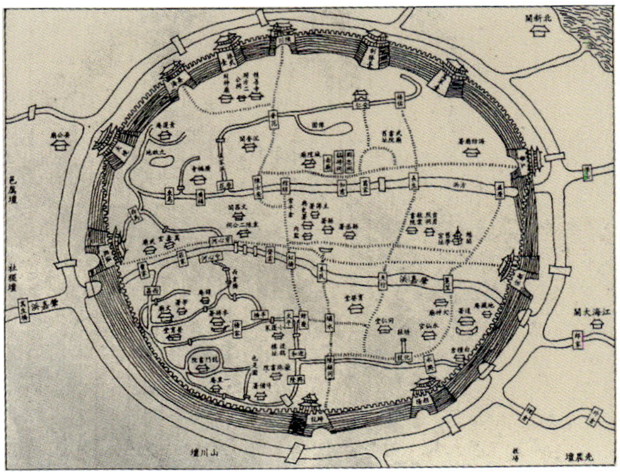

上海县城图(清同治《上海县志》)

《上海县续志》[民国七年] 吴馨、洪锡范、沈宝昌、景菘修，姚文楠等纂。1918年刊本。30卷，首、末各1卷。分20门。记事上起同治十年，下迄宣统三年(1911)。新增24个子目，撰写前志有差错的补遗考证，附于差错所在的门或卷末。1935年，胡怀琛撰《上海县续志札记》，指出该志的14处错误。国家图书馆、上海图书馆、复旦大学图书馆等有藏。

《上海县志》[民国二十五年] 吴馨、江家嵋、洪锡范、潘忠甲等修，姚文楠等纂。1936年刊本。20卷。记述上限为1912年，下限为1938年。篇目依前志成稿，有增损。所记1912~1923年的内容均依1918年续志。卷末有勘误表。国家图书馆、上海图书馆、北京大学图书馆、上海博物馆等有藏。

Shanghai xiuzhi

上海修志　上海修志始于魏晋南北朝时期，域内存世最早的地记为晚唐陆广微《吴地记》，存世最早的志书为南宋杨潜等修纂的绍熙《云间志》。首部府志为元至元年间的《松江府图志》，存世最早的府志为明顾清正德《松江府志》。首部县志为明洪武年间顾彧编修的《上海县志稿》，存世最早的县志为唐锦纂弘治《上海志》。首部乡镇志为北宋梅尧臣著嘉祐《青龙杂志》(已佚)。据《上海通志》统计：宋至民国时期，上海地区共编修志书254种，存世132种。20世纪80年代开始新方志的编修工作。1995年，区县志开始第二轮编修。2010年，全市第二轮修志工作正式启动。至2010年，共出版通志、区县志、专志系列150余部。

上海历代方志编修　据《方志学通论》载，三国吴古娄县(属上海部分地区)已有顾启期《娄地记》(已佚)修成。晚唐陆广微《吴地记》、北宋朱长文《吴郡图经续记》中均有上海地区相关的文字记载。据《上海方志资料考录》载，元代松江府四修志书，分别为至元《松江府图志》、大德《松江郡志》、至正《续松江志》、《松江图经》；嘉定有至元《练川志》；崇明县于至元、至正年间两次修州志，均佚。据《上海通志》统计，宋至民国时期，上海编修的志书中，宋8种，元7种，明37种，清162种，民国时期40种；分为市志1种，府志15种，州志2种，县志86种，厅志2种，卫志5种，乡镇志143种。存世方志中，有市志1种、府志8种、县志59种、厅志2种、卫志1种、乡镇志61种。编修频率最高的是嘉定县，共16次修志：元代1次；明代7次，分别为洪熙《练川志》、明中叶《练川志稿》、正德《练川图记》、《嘉定县志》4种（嘉靖朝3种，万历朝1种）；清代7次（《嘉定县志》）；民国时期1次。

上海明代修志　共纂修府、县、卫志26种，存世14种。其中松江府6次修志，以正德《松江府志》最为有名；嘉定县7次修志；崇明县5次修志；上海县5次修志，华亭县、青浦县各修1次，金山卫2次修志。黄苇等著的《方志学》记述明代乡镇志有6种，有殷聘尹编嘉定县崇祯《外冈志》存世。此外，还有人物、山水和寺庙等方面的专志及杂志，如万历《云间人物志》、范濂万历《云间据目抄》等。

上海清代修志　清代松江府于康熙二年（1663）、二十年，嘉庆、光绪年间4次修府志。县级建置到嘉庆十五年（1810）形成十县一厅格局，共有官私修县、厅志48种（汪祖绶修同治《青浦县志稿》为光绪《青浦县志》的初稿，未计入），存35种（光绪《重修宝山县志稿》部分佚失）。嘉定县、崇明县编修县志频率最高，7次编修；上海县、青浦县、金山县、宝山县、南汇县都有4~6次编修志书；奉贤县、川沙厅较少，各编修2次。该时期乡镇志多为私人编修，也有续修，形成一定周期。如金山枫泾镇，自嘉庆至宣统朝，先后四修，有嘉庆《枫溪小志》、同治《清枫泾志》、光绪《重辑枫泾小志》、宣统《续修枫泾小志》。嘉定县乡镇志编修最多，存12种，有续志1种（宣统《黄渡续志》）、合志1种（嘉庆《石冈广福合志》）。乾嘉时期，上海地区修志学者有钱大昕、钱大昭、陆锡熊等。

上海民国时期修志　主要是市、县志书编修，多集中在抗日战争前。抗日战争爆发前，上海所属10个县均开局修志，其中7个县纂成志书10种，松江、奉贤有未竟残稿，金山县志稿情况不明。1932年，《上海通志》开编，因抗日战争爆发中辍，仅完成过半志稿。乡土志纂成24种，存19种。乡镇志存8种。以民国《上海市通志稿》、民国《川沙县志》等为代表的市、县志，在体例、编纂方法等方面，颇多创新发明，为传统方志向近代方志的嬗变提供了成功的经验。

上海新方志编修　上海为市、区（县）两级修志。县志编修在上海市农业委员会领导下率先启动。20世纪80年代，区县、市相继成立地方志工作机构，并发布《“七五”期间上海地方志编纂工作规划》，规划市志、区（县）志和专志3个系列。1989年，市地方志编纂委员会明确《上海市志》编纂步骤。1991年确定“一纲三目”体系。“一纲”为《上海通志》（相当于原规划中的《上海市志》），“三目”为“上海市县志系列丛刊”“上海市区志系列丛刊”“上海市专志系列丛刊”。至2010年，除“上海市专志系列丛刊”中的《上海普通教育志》，其他全部出版，总字数约1.6亿字。因除崇明县外的大部分郊县已撤县建区，原县志续修和新区志创修任务并举，区县续志规划25部，至2010年，共编修出版13部，其他12部已进入编修阶段。市级专志续修，至2010年，已完成《上海科学技术志（1991~1999）》等十余部。在全国地方志评奖中，有3部志书获一等奖，5部志书获二等奖。在上海市新编地方志优秀成果评奖中，有85部获奖，其中特别荣誉奖1部，特等奖6部，一等奖15部，二等奖18部，三等奖39部，提名奖6部。2010年1月，全市第二轮修志工作全面启动，规划编纂市级志书两套，一为《上海市志（1978—2010）》，共155部分志（卷）；一为上海市级专志，包括65部大型企事业单位志。区县志将自1995年开始编纂的25部续志正式纳入规划。

《上海通志》　自成体系的省级市志。1987年提出编纂《上海市志》设想。1991年改名为《上海通志》。1994年，编辑委员会成立，下设通志编纂室。总纂黄美真，副总纂刘其奎、王孝俭。2005年11月，由上海人民出版社和上海社会科学院出版社联合出版。共10册，1083万字，列总述、大事记、后记及分志46卷。上限追溯事物源头，下限至1995年。为突出地方特色，设外事卷，旅游卷，对外贸易、经济合作卷，金融卷，浦东开发开放卷，开发区卷等分志。在第八届上海市哲学社会科学优秀成果评奖中获一等奖，在上海市第二届地方志优秀成果评奖中获特别荣誉奖。

“上海市县志系列丛刊”　上海10个郊县志的总称。1980年12月，崇明县地方志编纂委员会成立，开始编纂新县志。至1984年，10个县均成立地方志工作机构。1987年9月，上海第一部县志《奉贤县志》出版。1993年4月，《上海县志》出版。至此，县志丛刊全部出齐。《上海县志》《松江县志》《川沙县志》获全国地方志奖一等奖、上海市新编地方志优秀成果特等奖。《金山县志》《嘉定县志》《奉贤县志》获全国地方志奖二等奖、上海市新编地方志优秀成果一等奖。

“上海市县志系列丛刊”书目

县志名称	主编/总编/总纂	字数（万字）	出版年
《奉贤县志》	姚金祥	157.3	1987
《崇明县志》	周之珂	143.7	1989
《川沙县志》	朱鸿伯	143.7	1990
《金山县志》	朱炎初	165.4	1990
《青浦县志》	冯学文	134.4	1990
《宝山县志》	朱保和	157.9	1991
《松江县志》	王健民、何惠明	174.9	1991
《嘉定县志》	杨于白	167.5	1992
《南汇县志》	薛振东	116.7	1992
《上海县志》	王孝俭	191.5	1993

“上海市区志系列丛刊”　上海12部城区志的总称。1987年开始编纂《黄浦区志》。1994年，上海第一部区

“上海市区志系列丛刊”书目

志书名称	主编/总编/总纂	字数(万字)	出版年
《普陀区志》	张一雷	146.6	1994
《杨浦区志》	施叔华	162	1995
《黄浦区志》	胡炜、周太彤	220	1996
《静安区志》	史济良、瞿钧	170	1996
《闵行区志》	徐尚武、汪祖超	83	1996
《吴淞区志》	顾伯民	82	1996
《南市区志》	顾启良、孙卫国	156	1997
《徐汇区志》	萧一华	165	1997
《卢湾区志》	陈华、胡瑞荣	190	1998
《闸北区志》	钱学忠、曹一丁、郭天成	192	1998
《长宁区志》	齐允海、董正祚、姜樑	182	1999
《虹口区志》	王明辉、姚宗强	183	1999

志《普陀区志》出版。1999年,《虹口区志》出版。至此,区志丛刊全部出齐。《普陀区志》和《杨浦区志》反映了老工业区特色;《黄浦区志》重点突出集贸易、金融、购物、服务、文化、娱乐、行政管理等多功能于一体的中央商务区特点;《卢湾区志》和《虹口区志》采用升格法,详记近现代文化发展和革命历史遗迹;《静安区志》突出静安古寺和以寺兴区的特点;《闸北区志》详述两次淞沪抗战和铁路上海站及以站兴区的特色;《南市区志》抓住上海发祥地的特点,着力反映老城厢的兴衰及城隍庙等名胜古迹;《长宁区志》从城乡接合的区位特点出发,重点记述改革开放以后虹桥开发区带动区内经济和科技文化发展所产生的变化。在全国地方志评奖中,《静安区志》获二等奖。在上海市新编地方志优秀成果评奖中,《静安区志》获特等奖,《黄浦区志》《卢湾区志》获一等奖。

“上海市专志系列丛刊” 市地方志编纂委员会于1987年5月启动。规划110部,1亿余字,均为首次编纂。1994年,《上海电力工业志》率先出版,至2010年,出版109部。在编纂过程中内部印刷成书的有《上海财税志资料长编》《上海粮食志资料长编》《上海园林志资料长编》等。由上海社会科学院出版社出版(其中《上海郊县工作志》《上海饮食服务业志》为内部印刷本)。在全国地方志评奖中,《上海财政税务志》获二等奖。在上海市哲学社会科学评奖中,《宝钢志》《上海地名志》《上海外事志》获三等奖。在上海市新编地方志优秀成果评奖中,《上海财政税务志》获特等奖,《宝钢志》《上海租界志》《上海工运志》《上海公路运输志》《上海科学技术志》《上海电力工业志》《上海文物博物馆志》《中共上海党志》《上海人民政府志》《上海对外经济贸易志》10部获一等奖。《上海科学技术志》获全国科技系统志书一等奖、1997年上海市科技进步奖。

上海规划外志书编修 市地方志办公室编纂了“上海特色志系列丛书”,包括《上海名镇志》《上海名街志》《上海名建筑志》《上海名园志》等数种。各区、县地方志办公室相继组织编纂出版大量区、县专志和地名志、乡镇志,如奉贤县、青浦县专志(稿)均出版30种,《奉贤县物价志》编有续志《奉贤县物价志(续编)》。除南汇县外,郊县均编纂出版地名志。南汇县编修乡镇村志约40种。公司、工厂、文艺院团(馆、宫)、学校、研究院所、医院编修志书200余种。

上海旧志整理 市文物保管委员会在20世纪60年代编辑出版“上海史料丛编”,整理了部分稀见的乡镇旧志。崇明、嘉定、金山、松江等县(区)地方志办公室翻译、校点一批旧志,内部印行,如《崇明县志译本》、光绪《嘉定县志》、民国《嘉定县续志》、乾隆版和光绪版《金山县志》、《云间志》、《光宣华娄续志残稿》、《佘山小志》、《干山志》、《张泽志》等。21世纪初,上海乡镇旧志、上海府县旧志整理工作先后启动。2005年,华东师范大学图书馆编辑“华东师范大学图书馆藏稀见方志丛刊”,内收明代至民国方志20种。

“上海乡镇旧志丛书” 上海市地方志办公室编。上海社会科学院出版社出版,2006年出齐。收上海市存世全部乡里旧志67种,主要为明、清、民国时期志书(稿)(仅《大场里志》为20

“上海乡镇旧志丛书”书目

明代:《龙华今日》《泖塔记》《外冈志》

清代:《安亭志》《厂头镇志》《淀湖小志》《二十六保志》《法华乡志》《法华镇志》《方泰志》《干山志》《干巷志》《寒圩志》《黄渡续志》《黄渡镇志》《纪王镇志》《金泽小志》《孔宅志》《娄塘志》《罗店镇志》《马陆志》《南翔镇志》《盘龙镇志》《七宝镇小志》《石冈广福合志》《淞南志》《塘湾乡九十一图志》《西岑乡土志》《续外冈志》《续修枫泾小志》《颜安小志》《杨行志》《月浦志》《张泽志》《张泽志稿》《章练小志》《真如里志》《蒸里志略》《重辑枫泾小志》《重辑张堰志》《朱泾志》《珠里小志》《紫隄村小志》《紫隄村志》《紫隄小志》

民国:《长水塔志》《陈行乡土志》《大场里志》《二区旧五团乡志》《嘉定疁东志》《江东志》《江湾里志》《练溪祠庙寺观录残稿》《龙华志曹永安钞本》《龙华志共读楼钞本》《明心寺志》《七团乡小志》《钱门塘乡志》《三林乡志残稿》《上海明心寺志》《上海特别市高行区概况》《上海特别市真如区调查统计报告表册》《佘山小志》《盛桥里志》《望仙桥乡志稿》《望仙桥乡志续稿》《西林杂记》《徐汇记略》《杨行乡志》《圆津禅院小志》《月浦里志》《章练风俗述略》《章练续志》《真如里志》《真如志》

世纪60年代作品，但记述内容以1949年前为主）。按乡镇所在区位，分为14册；另附1册，专收寺庙旧志及介绍旧时上海地区宗教场所的著作8种。整理过程中，保留原书（稿）的题记、序跋、图版、注释、引文等，删除重复部分，保留原目；部分未成书稿本，由整理者根据正文补编目录。标点整理者均撰整理说明，交代作者、内容、该书重要价值、整理工作概况及其他需说明的情况，置于各志之首。丛书一律采用繁体字，横排。

“上海府县旧志丛书” 上海市地方志办公室组织整理。丛书整理出版委员会成立于2007年。收录的旧志主要是1949年前上海行政区划内的府志、卫志、县志、厅志。20世纪五六十年代，上海个别县编有内部印行的方志，保留了较多难以查找的史料，亦作为特例编入。在修志过程中形成的资料集与属于某个历史时期县级行政当局编写的存世极少的县况报告，作为附录编入。丛书整理规则与“上海乡镇旧志丛书”基本相同。一律采用繁体字，横排，由上海古籍出版社出版，采取府县立卷形式。至2010年，已出版《奉贤县卷》《南汇县卷》。

上海方志工作管理 崇明县于1980年12月首先成立地方志工作机构。此后，市、区、县及其他相关单位相继成立地方志工作机构。至1988年，有68个局级以上单位建立地方志工作机构。1991年，有140余家承担市级志书编修任务的单位成立地方志工作机构。至2010年，有18个区县成立地方志办公室，除闵行区地方志办公室为单列机构，其他地方志办公室均与党史办公室或档案局馆合署。为加强全市修志业务，成立市地方史志研究会。市政府及市地方志办公室组织十余次学习考察团，赴美、英、日、德等国家学习、交流。

上海市地方志编纂委员会及办公室 市地方志编纂委员会于1987年5月成立。下设市地方志办公室，正局级。办公室下设秘书处（组织人事处）、市志工作处、专志工作处、区县工作处、年鉴工作处（上海年鉴编辑部）、研究室（信息处）6个处，下辖上海通志馆、当代上海研究所两家二级事业单位。历任编委会主任钟民（1987年5月~1998年3月）、龚学平（1998年12月~2007年7月）、殷一璀（2007年7月~）。历任办公室主任吴云溥（1987年11月~1992年11月）、黄美真（1992年11月~1997年12月）、沙似鹏（副主任主持工作1997年12月~2007年9月）、李丽（2008年7月~2010年10月）、刘建（2010年10月~）。创办《上海地方志》（原名《上海修志向导》《上海志鉴》）内部期刊，双月刊。至2010年，出版130余期，载文3000篇，900余万字。

上海修志规范性文件 市地方志办公室根据《新编地方志工作暂行规定》，制定并下发《上海市地方志编纂工作的若干规定（试行）》。市人民政府办公厅转发市地方志编纂委员会《关于上海市续修地方志工作的若干规定》，印发《上海市地方志工作2006—2010年规划》《上海市第二轮新编地方志书编纂规划》。市地方志编纂委员会制定《〈上海市志（1978—2010）〉编纂实施方案》《上海市级专志系列编纂实施方案》等文件。

上海地方志信息化建设 市地方志系统信息化建设始于2000年。2004年5月，市地情网站——上海通开通。市地方志办公室发布《上海市地方志办公室关于公务网密码设备的使用管理规定》《上海市地方志办公室关于接入上海市公务网的运行管理规定》等。2008年，《上海通志》“上海市县志系列丛刊”“上海市区志系列丛刊”“上海市专志系列丛刊”全部上网。2010年完成开发数字化上海地情资料库项目，项目由通用地情资料管理子系统、志书编纂管理子系统、年鉴编纂管理子系统、地情刊物管理子系统、办公信息管理子系统和系统管理子系统组成。至2010年，17个区（县）地方志办公室中，有独立网站3家，在区（县）政府网站中有网页的6家，在档案局网站中有网页的2家。

上海市地方史志学会 成立于1992年2月。1999年、2005年，学会理事会两次换届，首届会长唐振常，二届、三届会长邹逸麟。以团体会员为主，至2010年，有团体会员35家，会员420人，理事106人，常务理事45人。1997年4月举办专记研讨会。2003年获“上海市社会科学优秀学会”称号。2004年7月，成立市地方史志学会方志理论专业委员会（成立时为理论研究组），先后召开十余次理论研讨会。2006年举办“改革开放30年与上海市志之关系”专题研讨会，获上海市社会科学界第五届学术年会“学会学术活动月”组织奖。与上海市地方志办公室合办《上海地方志》杂志。

上海方志馆藏 商务印书馆东方图书馆的涵芬楼在20世纪20年代收藏国内22个行省2641种地方志，居国内图书馆方志收藏第三位，1932年“一·二八事变”中，所藏志书绝大部分与图书馆建筑一并烧毁。徐家汇藏书楼收藏国内地方志2900余种，居国内图书馆方志收藏第四位，所藏志书于1949年后归入上海图书馆。据《上海图书馆事业志》统计，以上海地区部分图书馆旧志的藏量，以上海图书馆最多，有5400余种；上海师范大学图书馆、复旦大学图书馆、华东师范大学图书馆均2000余种；上海辞书出版社图书馆约2600种，中科院上海文献情报中心约900种。20世纪80年代中期至90年代初，上海图书馆、复旦大学图书馆、华东师范大学图书馆、上海师范大学图书馆等陆续开展新编地方志书的征集收藏工作。1996年，上海通志馆开馆，为上海首家专门征集收藏地方志书的机构。至2010年，上海图书馆、复旦大学图书馆的志书馆藏量均在2万种以上。

上海方志研究成果 上海地区1949年后的方志理论专家主要有谭其骧、陈旭麓、唐振常、吴贵芳、邹逸麟、胡道静、黄苇、巴兆祥等。1981~2010年，上海地区专家、学者和方志工作者共出版（含内部出版）论著30余部。研究论著可概括为专著、编著、文论集、旧志整

上海方志研究著述表

著作名	编著者	出版年
《方志论集》	黄苇	1983
《中国地方志词典》	黄苇	1986
《上海方志资料考录》	上海师范大学图书馆	1987
《稀见地方志提要》	陈光贻	1987
《奉贤县志文论集》	周正仁	1990
《金山县志论评》	朱炎初	1992
《上海郊县修志十年》	姚秉楠	1992
《新编方志评论集》	姚金祥、黄汝珍、周正仁	1992
《城市区志上海协作研讨会议论文集》	张一雷	1993
《方志学》	黄苇等	1993
《茸城志谭》	何惠明	1993
《简明方志编纂学》	姚金祥、何惠明	1994
《上海市普陀区区志编纂实践文集》	张一雷	1994
《上海区志编纂十年》	刘其奎	1998
《中国方志学史》	陈光贻	1998
《上海专志编纂十五年》	沙似鹏	2002
《方志编修教程》	朱敏彦、梅森	2004
《方志学新论》	巴兆祥	2004
《上海方志研究概要》	梅森	2004
《中国新方志5000种书目提要(上海通志馆藏)》	朱敏彦	2004
《上海方志提要》	姚金祥	2005
《上海续志编纂研究》	姚金祥	2005
《上海方志基础理论研究文集》	朱敏彦	2007
《上海方志通考》	陈金林、徐恭时	2007
《志海学泳集》	姚金祥	2007
《奉贤县续志文论集》	丁惠义、马莉苑	2008
《三十年实践与探索:方志论集》	何惠明、欧粤	2008
《中国地方志流播日本研究》	巴兆祥	2008
《地方志书内容要素探微》	梅森	2009
《惠音集》	丁惠义	2009
《范洪涛方志文集》	范洪涛	2010
《宋朝方志考》	顾宏义	2010

理、方志辞典、新方志目录六大类。新方志编修初期，部分郊县还编写了培训教材。1982年，嘉定县地方志办公室编写《编史修志业务学习教材(一)》。2003年，市地方志办公室编写30余万字的续志培训教材《方志续修十六讲》，次年3月改名为《方志编修教程》，由方志出版社出版。

Shaoshan Zhi

《韶山志》 总纂萧旺琦。1993年中国大百科全书出版社出版。58万字。设7篇41章160节。志首有韶山市政区图、韶山旅游示意图、照片67幅。上起清道光二十年(1840)，下至1990年，部分史事适当追溯。政治篇主要记述中华人民共和国成立前后的中国共产党韶山地方组织的机构和活动，1949年后发生的“文化大革命”、拨乱反正等11项重大活动，白马团之战、彭家冲剿匪等战事，附记日本侵略军在韶山的罪行。文化篇特别记述毛泽东同志纪念馆征集和展出的《诗经》、砚台、听课笔记本、日记本等文物17件，并配有插图9幅。为突出韶山特色，单设毛泽东纪念地篇，重点记述毛泽东故居、南岸、毛氏宗祠、松山一号楼、滴水洞一号楼等旧址，及毛泽东在其间的活动，特别记

毛泽东诞生地韶山冲

述1959年和1966年毛泽东回韶山的情形及郭沫若、邓小平为毛泽东纪念馆题写的馆名。人物篇采用传记、传略的形式记述毛泽东、毛泽民、杨开慧等69人的事迹，以表录的形式记述未入传的高级军政官员、烈士、国民政府确认的抗日阵亡将士等。后有丛录，包括重要文告、毛泽东给韶山人民的书信、艺文选录等内容。1993年获全国新编地方志优秀成果奖一等奖。

Shao Jinhan

邵晋涵(1743—1796) 字与桐，又字二云，号南江。清浙江余姚人。乾隆三十六年(1771)进士。三十八年入翰林院。后任四库馆纂修官、左中允、侍讲学士等。纂有乾隆《余姚县志》《八旗通志》《杭州府志》等，另著有《尔雅正义》《南江札记》等，所辑《旧五代史》与欧阳修《五代史》同列于二十四史。《余姚县志》[乾隆]，唐若瀛修，邵晋涵纂。乾隆四十三年修，四十六年刻本。40卷。所载内容为建置、疆里、山川、津梁、古迹、城池、衙署、湖陂、物产、田赋、灾祥、风俗、学校、祠祀、职官、名宦、选举表、列传、列女传、寓贤传、经籍、艺文、坟墓、庙观、丛谈等，附重修余姚图8幅。该志强调志书不但要载地理、记人物，还要详经济。物产门记载甚详，载余姚出产的谷物、蔬菜、瓜果、花草、草药、茶、竹、木、禽、兽、鱼、土产、特产等上千种。国家图书馆藏乾隆四十六年刻本。

Shao Wenjie

邵文杰(1915—2004) 河南新安人。1930年入新安县师范学校学习，后任校

共青团支部书记。1933年在开封被捕。出狱后，先后在中共豫西特委、洛宁中心县委、洛宁地委等处担任领导职务。曾入延安马列学院、中央高干训练班、延安中央党校学习。1949年后，任副省长兼省计划委员会主任、党组书记，省人大常委会副主任、党组副书记等职。1981年任省地方志编纂委员会副主任委员，1983年任主任委员、党组书记、《河南省志》总纂，1985~1994年任中国地方志指导小组成员。著有《社会主义方志谈》《续方志谈》等，方志论文主要有《在八省市民族志工作座谈会上的讲话》《关于保证志书质量的几个问题》《把志书质量更提高一步》《修志工作的质量问题》等。另著有《邵文杰文集》《征途》。《社会主义方志谈》，1986年出版。收入作者关于地方志的讲话和文章33篇。提出20世纪80年代修志应出三套丛书，分别是省市县三级社会主义新方志、经过整理的省府州县旧志、地方史志资料。提出新方志的功用是“继承历史，反映现实，服务四化，有益后世”。强调方志的编纂要质量第一，要“大胆写稿，认真修改，慎重出书”；人物志应打破生不入传的旧例；志书体例采用多篇多章体；修志机构属于学术机构。创议编纂《河南年鉴》。

Shaoxingfu zhi

绍兴府志 绍兴府志纂修时间有文献可考者，始于明代，《文渊阁书目》著录两部明代绍兴府志，已佚，纂修人名氏无考；弘治十三年(1500)，戴冠纂修府志42卷，稿成未刊，已佚；嘉靖初，南大吉纂修府志12卷，首1卷，已佚。明代所修绍兴府志，仅存万历志。清康熙、乾隆年间纂修府志5种，均有存本。①《绍兴府志》[万历]。萧良干等修，张元忭、孙矿纂。万历十五年(1587)刻本。50卷。分18门。疆域志、城池志、署廨志、山川志、古迹志、水利志、祠祀志、武备志等门附图，有图101幅。此志纂修尽修撰者之所长，所载发前志所未明，补旧志所未备，于旧志讹误多有纠正，如孙矿纂疆域诸志，张元忭编职官、选举、人物。末为序志门，自《越绝书》《吴越春秋》以下绍兴地志诸书，一一考其源流得失。国家图书馆、南京大学图书馆、浙江图书馆有藏。②《绍兴府志》[康熙]。康熙年间共修成4种绍兴府志。康熙十一年(1672)，张三异修、王嗣皋纂府志一部，次年刊刻。58卷。国家图书馆、上海图书馆、南京图书馆、天津图书馆、清华大学图书馆、日本宫内厅书陵部等有藏。康熙二十二年，王之宾续修、董钦德纂府志58卷。康熙三十年，李铎修、王凤采纂府志58卷。浙江图书馆、上海图书馆、南京图书馆、天津图书馆、辽宁省图书馆等有藏。③《绍兴府志》[乾隆]。李亨特修，平恕、徐嵩等纂。80卷，首1卷。分十八志下统117目。国家图书馆、北京大学图书馆、上海图书馆等均有收藏。浙江图书馆藏本曾经李慈铭批校。李慈铭校、蔡冠洛辑录《乾隆绍兴府志校记》，存稿本、《清代稿本百种汇刊》本、清抄本、1929年铅印本。

明万历《绍兴府志》(复印本)书影

Shaoxingshi Zhi

《绍兴市志》 总纂任桂全。1996年浙江人民出版社出版。6册，543.5万字。设45卷247章747节。卷首配彩照98幅、彩图34幅，随文配黑白照片834幅。索引1册，6万余条，分目与子目、人名、地名、著述书目、图照、表格6类。上起远古，下至1990年，大事记延至1993年。编纂形式遵循“详今明古”原则。设名家学术思想、文物古迹、戏曲曲艺等卷，凸显绍兴文化之邦、文物之邦的特点。设光复会专章，记述光复会筹建、起义活动等。设艺文专卷，篇幅约占全书的1/8，收入文25篇、赋7篇、诗词曲408首、歌谣74首、著述8012种。设丛录卷，记述“绍兴师爷”和“堕民”的起源、演变、作用、影响、消亡等。在人物记述上，共立传525人，以事系人1.3万人。1997年获全国地方志奖一等奖。①《绍兴市志》名家学术思想卷。设7章。记述王充的朴素唯物主义、魏伯阳的道家炼丹理论、支遁的佛学观、王羲之的书法学说、嵇康的玄学思想与乐论、徐渭的诗文和戏曲理论、王守仁的阳明心学，章学诚、范文澜的史学思想，蔡元培的教育思想、马寅初的经济学思想，及鲁迅的哲学观、教育观、历史观、文艺观、美学观等。②《绍兴市志》文物古迹卷。设9章26节。记述境内历代文化遗存360处、文物3.5万件。重点记述后旺、后郭渎等新石器文化遗址4处，丁头弄、西施山等商周时期遗址10处，庙湾、梧桐等青瓷、印纹陶、釉陶窑址29处，来王殿、宣何公馆太平天国革命军《劝谕》等太平天国遗迹6处，大通学堂、秋瑾纪念碑等辛亥革命遗址及纪念建筑6处，北撤会议旧址、齐村惨案纪念碑等新民主主义革命遗址及纪念建筑11处，墓葬20处，名人故居30处，历史建筑145处，以及摩崖20处、碑版95件、造像8尊等，附录史载舜禹遗迹30处。③《绍兴市志》戏曲曲艺卷。设6章29节。记述新昌调腔、绍剧、越剧等大型剧种，诸暨乱弹、绍兴滩簧、目连戏、孟姜戏等小剧种，平湖调、词调、莲花落、宣卷等曲种，内容包括剧本、音乐、表演、舞台美术、团体、艺人等。设剧作及论著章，记述明初至民国初剧作家60余人、作品200种，并附记已不再用于演戏的庙台、河台、街台等十余座。

《绍兴市志》书影

Shaoxingxian Zhi

《绍兴县志》 主编傅振照。1999年中华书局出版。4 册，409.9 万字。设 42 编 206 章 743 节。配图照 1400 余幅。记述范围，1983 年前按山阴县、会稽县两县追溯历史，1983 年后按现域记述现状。上起事物发端，下至 1993 年，个别事物延至 1998 年 3 月。卷首设史略和大事年表。志末附目与子目索引 2700 余条、人名索引 6000 余条、地名索引 5000 余条、引书目录 2700 余条、图照目录 907 条、表格索引 423 条。以土地、水利、民族·人口、会党·中国国民党、教育、文物·胜迹、人物等编最具特色。土地编重点记述撩荒垦殖、围湖造田、围涂造田的情况。水利编详记治江治水历史，并设鉴湖专章，详记鉴湖开发历史、功能、历代关于鉴湖的争议及历代对鉴湖围垦的情况。民族章设于越部族专节，记述活动地区、人口等情况。人口章记述流动人口和老龄人口等改革开放后的新情况、新问题。设堕民专章，记述其由来、地位、职业、除籍等，并附《洪武四年禁止再呼堕民铜碑》等文献 14 篇。光复会及民初诸党章重点记述光复会筹建、起义活动、活动据点等。旧学章设学塾节，记述 5 所社学，21 所义学、义塾，14 所私塾，29 所学院等的情况。文物·胜迹编记述文化遗址 6 处、越窑窑址 14 处、舜禹遗迹 7 处、越国遗迹 26 处、陵寝墓冢 11 处。人物编设绍兴师爷专章，记述其盛衰、幕学、幕道等。2004 年获浙江省第五届地方志优秀成果奖一等奖。

《绍兴县志》书影

Shenzhenshi Zhi

《深圳市志》 总纂李意珍、戴北方，执行总纂陈宏在、黄玲。规划编纂基础建设、改革开放、第一二产业、第三产业、经济管理、政党政权、法制政务、教科文卫、社会风俗 9 卷，84 个分志，约 1000 万字。至 2010 年 6 月，已由方志出版社出版教科文卫、法制政务、经济管理、第一二产业、政党政权 5 卷。上起 1979 年 1 月，下至 2000 年 12 月。着重反映深圳作为中国最早建立的经济特区的历史地位，突出改革开放“试验场”和“窗口”的先锋示范作用。经济部类占总卷数的 1/3。按三次产业设篇布局，重点突出支柱产业。编纂上注重研究社会变革，反映记述主体多元化的局面。如从社会变革出发，将财政、税收分别独立设志，纳入经济管理卷；分设银行志、证券志、保险志，记载金融业，纳入第三产业卷，展示深圳金融业的支柱产业地位；设口岸志，突出深圳在全国率先进行口岸管理体制改革、深港口岸合作等特色；设深港关系志，反映深圳毗邻香港的特殊历史关系；设中英街志，反映沙头角中英街地处深港边界，自清末即是中英两国外交关系前沿，改革开放后成为特区最早开放的一个窗口，香港回归后又成为一国两制的对接点的特殊历史地位。注重于详略之间为读者提供查考线索，如法制政务卷专设立法志，集中反映深圳获得地方立法权后法制建设的探索与成果，列表记载 1992 年 7 月至 2000 年 12 月深圳市人民政府规章、法规的名称及发布、通过时间；外事志列表记载世界各国部长级以上团组访问深圳情况、重要外宾访问深圳名录、深圳市领导率团出访情况、深圳市荣誉市民等。教科文卫卷突出反映深圳地方文化的开放性、兼容性和创新性，记述了很多引进人才、技术及对外交流的实例。设多个专记，如文化志设打工文学专记，记述打工文学的缘起、发展及社会影响，列表记述 1986~2000 年的主要作品；设李云迪参加第十四届肖邦国际钢琴比赛始末专记，记述李云迪为国争光的过程。其他专记内容还有税务志中的宝日税案，农业志中的港澳流动渔民，建筑业志中的建筑业创造的“深圳速度”和两万基建工程兵集体转业建设深圳特区等。志中记载了建市后发生的特区第一风波（1980 年）、租界风波（1983 年）、“6·20”逃港风波（1987 年）、“8·10”股票风波（1992 年）、清水河大爆炸（1993 年）等重大历史事件。记述除收录档案资料外，注重载入口述资料，或在相关篇章节目后设口述实录、访谈录、当事人讲述等。

深圳市华侨城（2000 年）

Shennongjia Zhi

《神农架志》 主编崔竟中。1996 年湖北科学技术出版社出版。60 万字。分 14 卷，设 62 个类目、138 个子目。志首配神农架林区行政区划图、题词 4 幅、照片 157 幅。上起唐贞观元年(627)，下至 1990 年。以自然环境，森林资源，野生动物资源，野生植物资源，旅游资源，土地、矿藏、水资源 6 卷篇幅记述自然与资源状况，约占全志总字数的 1/3，突出动、植物资源丰富的特点。对神农架“野人”等奇异事物，在科学技术卷中予以记载。文化·教育卷记载神农架的特殊风俗（包括迷信禁忌）、民情等，并进行新旧对比。1997 年在湖北省首届志书评奖中获一等奖。①《神农架志》自然环境卷。设 6 个类目、16 个子目。记述林区地质地貌、气候、水文、河流土壤及自然、人工植被。地貌目记海拔 2000 米以上的山峰 130 余座、海拔 800~2000 米的山峰 250 余座。水文目记载 4 个水系的大小河流 18 条，泉、瀑

民国《石城县志》（"中国方志丛书"本）书影

纂修县志始于明嘉靖二十四年(1545)，至1931年，编修、重修县志共9种，是湛江地区历史上修志数量最多的县。其中仅康熙年间纂修的县志就有多种：梁之栋修、黎民铎纂康熙六年(1667)志；李琰重辑、李尚志重订康熙十一年增订本，分为上、下编，共11卷，国家图书馆有藏；周宗臣、韩锷纂修康熙二十五年志，分上、下编，共11卷，类目与前志一致，天一阁有藏；孙绳祖纂修康熙五十一年志，5卷，分48目，故宫博物院图书馆藏乾隆年间重印本。清代所修县志还有黄绍统撰修乾隆四十五年(1780)志、张大凯撰修嘉庆二十五年(1820)志、光绪十八年(1892)志。①《石城县志》[光绪]。蒋廷桂修，陈兰彬纂。光绪十八年刻本。9卷，首、末各1卷，体例仿阮元《广东通志》，又有所变通。分8纲，统47目。不必专设门目的则以类附，如八景附入山川，典礼附入坛庙，道路附入津梁，五代同堂附入耆寿等。国家图书馆、广东省立中山图书馆等有藏。②《重修石城县志》[民国]。钟喜焯修，江珣纂。1931年刊本。10卷，首、末各1卷。叙事至清宣统三年(1911)。以光绪志为基础调整类目，将选举统归入人物，图改用陆军测量局图，以近代科学分类编排子目，增修语言，详志实业，艺文书目按四库四部分编，记事提前并补记其要者。国家图书馆、广东省立中山图书馆、中山大学图书馆等有藏。首都图书馆、南京图书馆、华南师范大学图书馆等藏1960年油印本。

Shijiazhuangdiqu Zhi

《石家庄地区志》 主编张德良。1994年文化艺术出版社出版。约176万字。设29编156章429节。志首配图照40幅。上起1912年，下至1987年。设志补，记述1987年后重要事件，其中经济、政治两章延至1992年，大事记延至1993年地、市合并。首载毛泽东、周恩来、刘少奇、朱德等37位中国共产党和国家领导人对石家庄地区的指示、批示、讲话、题词。设西柏坡、中共石家庄地方组织等编及军事编堡垒户等章节，突出革命老区特点。1996年获河北省地方志优秀成果奖一等奖。①《石家庄地区志》西柏坡编。设原西柏坡村、党中央在西柏坡、最后一个农村指挥所、搬迁及重建、西柏坡轶事5章，下设13节。最后一个农村指挥所章主要记述全国土地会议、九月会议、1949年1月政治局扩大会议、中国共产党七届二中全会等重要会议、活动等，并列有毛泽东在西柏坡的重要著作书目。西柏坡轶事章记述"扎根树""边区创举"、插秧种稻、雨夜救亲人等9段轶事。②《石家庄地区志》中共石家庄地方组织编。设12章11节。重点记述晋县农民抗捐抗税斗争、慈峪暴动、五县农民联合暴动、水泉暴动、藁南农民武装暴动等第一次和第二次国内革命战争时期党领导的重大斗争，以及战争年代城市工作和敌工工作、中华人民共和国建立后地委重大经济战略举措。附1927年以前老党员名录。③《石家庄地区志》人物编。设2章2节。立传人物百余人，有战国时期名将乐毅，唐代名相魏徵、李吉甫，宋代大将曹彬，金代文学家蔡松年、王若虚，元代数学家李治，明代"东林党"领袖赵南星，清代历史学家傅维麟，抗日名将郝梦龄、何基沣，"子弟兵母亲"戎冠秀，爆炸英雄李混子，等等。

河北石家庄西柏坡纪念馆

Shijiazhuangshi Zhi

《石家庄市志》 主编李建英。1999年中国社会出版社出版。5卷，364万字。设25篇155章670节。各卷卷首共配图照163幅。上起事物发端，下至1990年。以交通邮电、工业、文物名胜等篇最具地方特色。2001年获河北省地方志优秀成果奖二等奖。①《石家庄市志》交通邮电篇。重点记述京广干线、石太干线、石德干线及运煤支线新井支线和凤山支线等，京广、石太、石德铁路交叉处的石家庄铁路枢纽，中国北方重

《石家庄市志》书影

要的客运中转站、全国三大编组站之一石家庄火车站，中国四大邮件处理中心之一石家庄邮政枢纽大楼，及全国邮政系统第一个由微机控制的邮袋分拣机械化车间等的情况。②《石家庄市志》工业篇。设11章97节。其中纺织工业、医药工业、电子工业3章突显石家庄为全国重要的纺织基地、全国生产抗生素和化学原料药的重要基地、全国电子工业中心城市的特点。重点记述棉纺一、二、三、四、五、六、七厂，第一印染厂，第二印染厂，纺织经编厂，全国最大的制药联合企业、有"东亚第一药厂"之称的华北制药厂，全国26个重点制药企业之一第一制药厂，全国半导体和通讯研究中心——国家重点电子研究所第十三所和五十四所，国家定点生产电视机的企业之一石家庄电视机厂，及国家重点工程上安电厂等机构、企业的情况。③《石家庄市志》文物名胜篇。设2章10节。重点记述国家重点文物保护单位龙兴寺，省重点文物保护单位西洋村遗址、小客遗址、天护陀罗尼经幢、千佛崖石窟、新城铺遗址、赵佗先人墓、吴禄贞墓等遗址、墓葬、石刻、古建筑，

苍岩山风景区、龙泉寺风景区、西山森林公园，仿建的宁荣街、荣国府、西游记宫、降妖幻境，及安葬着国际主义战士白求恩和印度友人柯棣华、爱德华大夫的华北军区烈士陵园的情况。

Shishouxian Zhi[Qianlong liushinian]

《石首县志》[乾隆六十年] 王维屏修，徐佑彦纂。章学诚参与编纂。清乾隆六十年(1795)刻本。为石首建县后的第三部县志。8卷，首、末各1卷。此志将乾隆元年县志各项加以归并增纂，分8门54目。末为志余。编者坚持撰述必有依据，按条理分门别类。首列编年门，记载清康熙二十三年(1684)至乾隆五十六年恤政恭纪，后附史册中所载唐、宋、元、明历代恤政，并录史册可考灾祥。方舆志详记疆域、沿革、地理，其中江防目详记境内堤垸、渡口、湖港、津梁等，并设《江防总论》《江防考》《江湖分合源流考》。之后依次为建置、民政、秩官、选举、人物、艺文等志，其中人物志末绘有十景图，艺文志收录《绣林景献记》《学宫七柏赋》《玉田寺重修佛殿记》《玉田寺重修殿宇记》《创建华严庵碑记》《创建般若庵记》等文。章学诚作《为毕秋帆制府撰〈石首县志〉序》《与石首王明府论志例》二文，但未刊入志。国家图书馆、故宫博物院图书馆、北京大学图书馆、天津图书馆有藏。

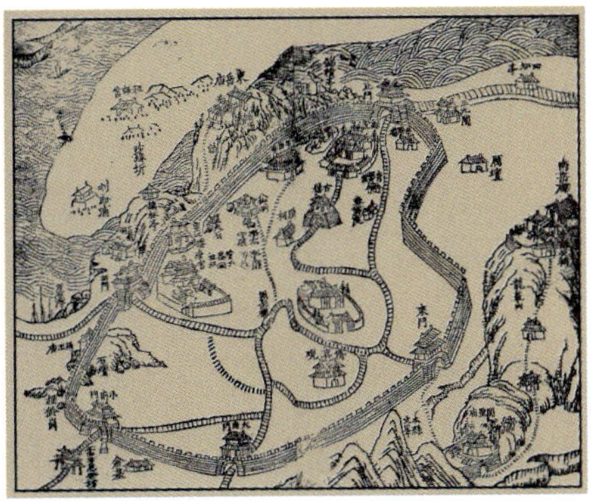

方舆图(局部)(乾隆六十年《石首县志》)

Shizhuji Jianshi

《石柱记笺释》 郑元庆撰。清康熙四十一年(1702)刻本。5卷。3万余字。前列颜真卿《石柱记》原文及朱彝尊补记德清、武康两县内容，后为考证辨误。凡山川、湖塘、溪泽、陵墓、宅院、古器之得名、所处位置、方圆、物产、古迹、掌故等，均一一为其核证，所引诸书约百种。国家图书馆有藏。其他版本有清咸丰三年(1853)刻“粤雅堂丛书初编”本、民国时期商务印书馆“丛书集成”本。

Shizhuxian Zhi

《石柱县志》 总编秦应斌。1994年四川辞书出版社出版。100万字。设32卷164章525节。配地图2幅、彩照65幅。上起清宣统三年(1911)，下至1985年。单设土家族卷，详记重庆石柱县的民族来源、分布、习俗，石砫土司的沿革、承袭、隶属统治、经济、文化概况等，设章记述民族政策落实情况。单设黄连卷，详记黄连的栽培发展，气候、土壤、植被等生长条件，其药用价值、经济价值、地区效益，详列宜连山地的分布及区境内乡村，概述老、新产区的范围及产量，1949年后石柱县支援外地引种、栽培黄连的情况，黄连生产经营所有制，黄连栽培管理、加工、收购与销售。

《石柱县志》书影

Shi Menglan

史梦兰(1812—1898) 字香崖，号砚农。清直隶乐亭(属河北)人。道光二十年(1840)举人。光绪二十四年(1898)加国子监祭酒衔。纂有《迁安县志》《抚宁县志》《乐亭县志》《永平府志》等，另著有《叠雅》《金史宫词》《永平诗存》《止园诗话》《畿辅艺文考》等40余种。在《永平府志》凡例中，主张志书应依《景定建康志》之例，分图、表、志、传，有纲有目，以统诸事；强调舆图在志书中的重要地位，“盖志地理者，必详舆图也”。要求重视表体在志书中的应用。对于人物传记的记述，认为“史传各人遇有嘉言懿行、轶于正史之外者，必据其书附于各传之后”，主张将采录诸史各传分为“生于此者”和“宦于此者”两种情况，对前者“首尾备录”，对后者“则节录其有关斯地之事”。在《畿辅艺文考》中，认为志属史之一体，其所载包括土地、人民、政事，实“该史之全”。①《迁安县志》[同治]。韩耀光修，史梦兰纂。同治十二年(1873)文峰书院刻本。18卷，首、末各1卷。记事止于同治十一年。卷首载图33幅。正文分8门29目。该志图、文、表并重，沿革、水道、职官、选举均入表。舆地门包罗较广，除疆域、山川、村庄、古迹等外，祥异之事也含在其中。卷末所收叙录为韩耀光所撰，论述迁安志书沿革。②《抚宁县志》[光绪]。张上龢修，史梦兰纂。光绪三年刊本。16卷，首1卷。记事止于光绪二年。正文设24门，无细目。此志门类简括，删汰旧志艺文、礼典、星野等门，艺文分附山川、古迹、城池等门下，礼典附于有关事类之下；重视考证，考订辨疑之事附于正文后；叙事详核，赋役、盐课二门对该县赋役课税、差徭杂派及衙署支销均详列细数。③《乐亭县志》[光绪]。蔡志修等修，史梦兰纂。光绪三年成书并刻本。15卷，首、末各1卷。记事止于光绪三年。正文设地理、建置、职官、选举、人物、食货、武备、杂志8门，下分42目，约18万字。各门目前均有小序，总括其意。辨伪目揭示旧志谬误并补正。人物分隶于职官门、选举门、人物门之下。不立艺文门，将有关诗文、著述分附于各门。④《永平府志》[光绪]。游智开修，史梦兰纂。光绪二年始修，五年刻本。72卷，首、末各1卷。记事止于光绪五年。正文设22门53目，90余万字。体例以图、表、志、传为纲，尤重图绘，共载图50幅，利于考察永平府辖诸邑沿革变迁及各边口要隘。

Shi Nianhai

史念海(1912—2001) 字筱苏。山西平陆人。1932年进入北平辅仁大学历史系学习。1935年经顾颉刚介绍,成为张国淦助手,为撰写《中国方志考》搜集资料和草拟文稿。曾在复旦大学、兰州大学、西北大学等校任教。1978年后,任陕西师范大学历史地理研究所所长、国家古籍整理出版规划领导小组顾问、陕西省社科联副主席、陕西省历史学会会长等职。1982年任陕西省地方志编纂委员会副主任,组织草拟省志篇目,并在陕西地方志工作会议上原则通过。与曹尔琴合著《方志刍议》。与顾颉刚合著首部中国历史政治地理研究专著《中国疆域沿革史》。其学术论文集结为《河山集》,为中国首部历史经济地理论文集。《方志刍议》,1986年出版。约13万字。由9篇论文组成,探讨方志学与历史地理学、新旧方志、史与志之间关系。在《论旧方志与新方志》一文中,详细分析旧方志利弊,强调新编方志应注重借鉴旧方志的资料和成果,坚持正确的指导思想,撰述以探索事物演变规律为主。在《论方志中的史与志的关系》一文中,以前人对史志关系的论述为基础进一步探索,强调应注意史与志的具体运用。在《方志的续旧与创新》《方志的纂修与实地考察》《方志的纂修和对自然与社会演变规律的探索》《论方志的断限问题》等文中,对编修新方志中的资料获取方式、断限与创新等问题进行了论述。还从体例、记述内容等方面论述了《长安志》和《元和郡县志》的记述特点及在方志群书中的地位。

Shoudu Tushuguan

首都图书馆 位于北京市朝阳区华威桥东南侧。前身是京师图书分馆、京师通俗图书馆和中央公园图书阅览所,2001年、2012年,新馆一、二期先后对外开放,总建筑面积达9.4万平方米。馆藏志书包括善本方志、普通古籍方志、新编方志三大类。善本方志和普本方志按其内容所涉地域分别由历史文献中心和地方文献中心保存管理,北京地区方志由地方文献中心保存管理,该中心也保存北京地区方志的现代出版物;其他地区新编方志则由典藏文献库本库保存。该馆还收藏与地方志相关的杂志类、山水志类、专志类、游记类、外纪类善本古籍144种177部。2011年影印馆藏稀见方志34种,编制“首都图书馆藏稀见方志丛刊”,包括清刻本6种,清代及民国抄本13种,稿本11种,民国铅印本、石印本各2种,按《中国地方志联合目录》著录,其中有19种仅见于首都图书馆收藏。①首图历史文献中心馆藏善本方志。共108种123部。地域涉及全国20多个省、自治区、直辖市,以北方地区的河北、山西、陕西等省为多,其中河北方志26种、陕西方志16种、山西方志14种、江苏方志12种。有省通志(顺治《河南通志》、康熙《陕西通志》、乾隆《甘肃通志》等)8种,地方州、府、县、区志(正德《武功县志》、康熙《通州志》、乾隆《汾州府志》等)100种。馆藏版本类型多为刻本(康熙《临潼县志》、乾隆《盛京通志》、乾隆《西华县志》等),也有少量抄本,其中光绪《莎车府志》无刻本流传,仅该馆存清宣统元年(1909)抄本1部,有些馆藏抄本志书对应的刻本存世量极少,如清康熙《张秋志》仅国家图书馆有康熙刻本。馆藏成书时间最早的是明崇祯八年(1635)虞山毛氏汲古阁刻清修版《吴郡志》,最晚的是清宣统抄本《奉天备志》,其他大都为清初至乾隆时期的版本。②首图历史文献中心馆藏普通古籍方志。共计500余种,多为清中、晚期版本,其中数量最多是江苏志书(《盱眙县志稿》《金陵通志》等),有110多种;其次是河北志书(《南皮县志》《直隶定州志》《唐山县志》等),有60多种;浙江、四川、山西、山东等省区方志(《咸淳临安志》《富顺县志》《长治县志》《益都县志》等)入藏也均在20种以上。还收藏有西藏、新疆、黑龙江、广西等边疆省区志书(《西藏通览》《西陲总统事略》《黑龙江述略》《广西通志》等),其中新疆志书多以乡土志为主,且稀见本较多,如《哈密乡土志》等。保存于历史文献中心的民国方志(《温州府志》《河南通志》《朔州志》等)有490余种,全国90%以上的省区志书均有入藏。版本类型,清代方志多为刻本、石印本,民国方志则以铅印本居多。③首图地方文献中心馆藏北京地区方志。共约1300件册。涉及地域覆盖北京现行全部行政区划,包括清代编修的方志(光绪《顺天府志》、光绪《昌平州志》等)、民国时期编修的志书(《北京市志稿》等)及大量1949年后新编志书(《北京志》,北京各区、县志等)。其中善本方志有清康熙三十六年(1698)《通州志》、雍正二年(1724)《通州新志》、乾隆四十八年(1783)《通州志》、康熙《大兴县志》、康熙六十年《怀柔县新志》各1部,乾隆七年《延庆州志》2部,还有一部分山水、寺庙、风俗专志(《上方山志》《永定河志》《弘慈广济寺新志》《京都风俗志》等)。载体形式有刻本、抄本、石印本、铅印本、复制本、缩微胶卷等。

Shoudu Zhi

《首都志》 叶楚伧、柳诒徵主编,王焕镳主纂。1935年刊本。首都,即中华民国首都南京市。全书分上、下集。16卷。50余万字。设24目。有图52幅、照片75张、表60个。其图从《同治上江两县总图》及最早的《六朝故城考图》到《明朝天宫图》,共附42幅历代手绘图例,还附有自清末即有的南京摄影测量之影印图多幅,反映各时期南京的山川地貌和古迹建筑分布状况。该志不限于旧志门类,自立义例。记述上起建置之始,记述范围限于管辖所及,1927年后的内容只详记南京市,江宁县政则欠缺。气候、警政、自治、司法、外交等目为旧志所无,约占全书篇幅的40%。

《首都志》(整理本)书影

详记交通、礼俗、方言、宗教等目。人物目仅表其名，以省篇幅，未载近代、当代人物。艺文目专列公藏版籍、私家藏书及南京掌故书目。国家图书馆、南京图书馆、南京博物馆、浙江图书馆等藏1935年南京正中书局铅印本、1947年上海正中书局再版本。

Shou Pengfei

寿鹏飞(1873—1961) 谱名祖泗，字洙邻。浙江会稽(绍兴)人。清光绪二十九年(1903)优贡。曾任吉林农安县知县、东三省屯垦局科长等职。光绪三十四年纂成《奉天新志略稿》，作为小学乡土教材。辛亥革命后，历任山东盐运使、北京平政院首席书记官等职。1941年撰成《方志通义》，系统阐述其方志学理论。1949年后，任中央文史馆馆员。纂有《易县志稿》《历代长城考》等。主要方志论文有《方志本义管窥》等。另著有《红楼梦本事辨证》。《方志本义管窥》，1944年撰。认为善言志例不如揭橥志义，明晓方志本义比创立方志体例更至关重要，"多见而识"为方志本义；方志非趋时之作，毋作一时之见，琐记逸闻；方志立言，当从平民立场；据事直书，劝惩自见；方志内容"不贵应有之尽有，而贵应无之尽无，与其强所不知以求其备，不如付之阙如，以待来者"；编纂志书最忌胸无主旨，随俗论为转移，要"勿染官气"、"勿蹈文人习气"、"勿蹈新学习气，勿尚词章，勿言考据，勿类晚近政治报告体裁，勿学名士谬为风雅襟度，勿趋时尚，勿贡媚諛，勿志琐事，勿导游观"。

Shouyangxian zhi(jiuzhi)

寿阳县志(旧志) 清康熙、乾隆、光绪朝三修县志，均存。其中康熙志为存世最早的寿阳县志。①《寿阳县志》[康熙]。吴祚昌纂修，李敦续修。康熙五十六年(1717)刻本。8卷。5万字。分舆地志、建置志、赋役志、官政志、选举志、人物志、艺文志、杂志8门，统37目。有县境、县治、学宫三图。李敦在吴志基础上增补知县、典史、教谕、训导、守备、进士、乡举、明经、例贡、孝友、贞烈、诗等内容。国家图书馆有藏。②《寿阳县志》[乾隆]。龚导江纂修。乾隆三十六年(1771)刻本。10卷，首1卷。5万字。分26目，附12目。卷首三图，较前志增补县属村庄图和描绘山水方隅曲折的山川图，合县城、县治、学宫为一图。不设分野目，归入沿革附记；增补旧县志未记载的村庄、市镇；详考境内水道并附记桥梁。城池目附关隘，官署目附仓廒，兵防目附塘汛。记名宦，由旧志记入职官改为记入宦迹。记乡贤、学行、孝友、贞烈、耆德、仙释，由旧志统于人物门改为单列门目记载乡贤(附记文苑)、孝义、列女，仙释及碑记附于各寺观下。山西省图书馆、上海图书馆等有藏。③《寿阳县志》[光绪]。马家鼎修，张嘉言纂。光绪八年(1882)刻本。13卷，首1卷。22.5万字。志前有地图3幅。分11门，统62目。其中山川

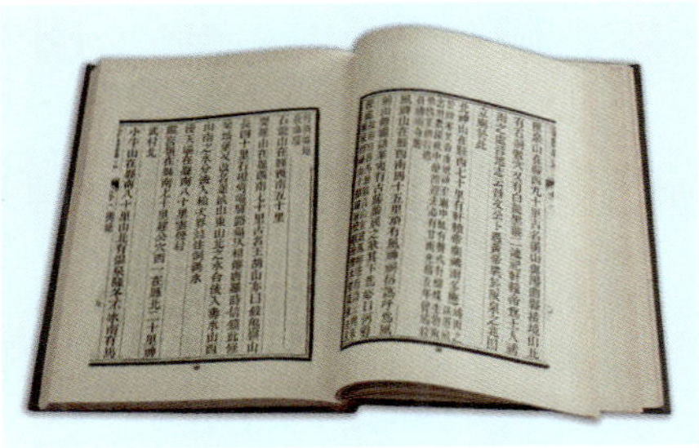

光绪《寿阳县志》("中国方志丛书"本)书影

目记述县域主要山岭、河渠、洞泉90余处，附记古迹传说、奇异景观等。政绩目记载历任知县治理该县功绩。艺文志分诗、文二目，收录包括韩愈《夕次寿阳驿》等咏颂县域山川风景的诗文130余首。山西省图书馆、中国科学院国家科学图书馆、北京大学图书馆、上海图书馆等有藏。故宫博物院图书馆、天津图书馆等藏光绪十六年陈守中补校本。1981年，寿阳县志编纂委员会标点注释，兼收祁隽藻《马首农言》。

Shuyuanjie Zhi

《书院街志》 主编潘胜屏。2010年出版。25万字。设10卷35章104节。配彩图55幅。上起1986年建立书院街道办事处，部分重大历史事件、重要人物溯至唐至德二年(757)；下至2009年。书院街地处孝感古城中心区，历来是湖北孝南区(原孝感县)政治、经济、文化、交通中心，原名跑马街，以驿兵疾马从此入城、出城命名。1914年，因当地的办学盛况和琅琅书声改名书院街。志书内容涵盖地理、经济、政治、教育、科技、文化、民情、风俗、人物等，记述境内的明月楼、八角楼、白骨塔等名楼、名塔，"帝子停骖""宋太祖沽酒处""骡马不当差"等石碑3座，历代封建王朝为辖区贞妇烈女修建的牌坊十余处，城隍庙、龙王庙、杨四庙、广化寺等宗教遗存十余幢，西湖桥、革命烈士陵园、后湖游乐园等革命传统教育阵地、名胜古迹、人文景观6处。还记述1949年后，政治、经济、科教文化等各领域的成就。经济部分主要记述辖区从1986年到2005年的第一、三产业的发展情况，在城市建设节中还着重记述后湖冲沟改造工程、市经济适用房工程、航空南路立通工程等建设项目。教育科技部分附1993~2008年学区小学段义务教育四率统计表、1988~2008年教师专业技术职务统计表、受区级以上表彰教师登记表、省级以上教科研成果统计表等，展示了书院街教育和科技的兴盛情况。

《书院街志》书影

shu

述 方志体裁之一。即总述、概述、无题述，是对一地或一类事物、一个单位的历史和现状全面情况的综合概括记述。源于旧志门类的小序或引言。宋代志书已出现以阐发义例为主要内容的编前小序，如宋《景定建康志》。清章学诚创立序例。民国时期黄炎培纂《川沙县志》，在全志之首设导言，在各分志前设概述，为方志创设概述之始，目的"重在简略说明本志内容之大要，而不

S

尽阐明义例也”。新编地方志中皆设概述。1998年，中国地方志指导小组颁布的《关于地方志编纂工作的规定》，确认“述”这一体裁。新编志书之首一般都设有总述或概述，篇或章下设无题小序，概括介绍一地或一事物全面情况。编写概述以记述为主，适当议论。写法主要有：浓缩式，将各分志记述的主要内容加以提炼浓缩，分类记述；鸟瞰式，是一种宏观概述法，撇开各编、章的具体内容，站在全志高度申大势，说大略，谈特点，述优劣，揭示规律；史体综述式，将断限内历史划分为若干阶段，对各时期的政治、经济、文化等内容进行扼要记述，反映一地古今概况；纵横伸展式，纵述主线，横列特点，不受志书编、章和内容的限制；先叙后议式，先简述一地基本情况，再评论优劣之势。

Shuangfengxiang Zhi

《双峰乡志》 主编李国光、华文忠。1993年内部发行。60万字。设8篇34章126节。配照片31幅，规划图、地图各1幅。不限上限，下限至1990年，主要经济指标延至1992年，大事记延至1993年。志书记江西宜丰县双峰乡事，内容涵盖环境、变革、执政、军事、建设、民情、人物、旧政。执政、军事篇只记1949年后的情况。变革篇设人民革命斗争章，记述土地革命时期的革命斗争；设生产关系变革章，重点记述土地改革；设经济体制改革章，详细记述改革开放后的经济体制改革。专设旧政篇，记述1949年前政党社团、行政机构和国民党的保甲制度，民政、治安等政务，及中华人民共和国成立前的武装组织等。对双峰乡革命斗争史的记述较详，志中记述了杨福山、杨万选的革命活动，红色工会、农会会员参加“黄岗五七暴动”，宜丰县第二区第二、第五乡苏维埃政府的成立情况等，还记述了留存的红军标语，中共宜丰县委、县苏维埃政府遗址，红军医院遗址，双峰大战遗址等革命遗迹。附录收录乡境边界、山林、水利、土地、权属等重要文件。

《双峰乡志》书影

Shuntianfu zhi

顺天府志 顺天府为明清时期北京地区称呼，辖域包括北京市及北京周边一些地方。记述北京的5部存世方志中有4部为《顺天府志》，分别于明永乐、万历和清康熙、光绪年间纂成，其中万历志为顺天府第一部完整的志书，光绪志规模最大、内容最为详备。

《顺天府志》［永乐］ 佚名纂。原本已佚。《永乐大典·顺天府》收录20卷。光绪十三年(1887)缪荃孙从《永乐大典》中抄出7~14卷。书中详记顺天府，略述州县，其中顺义县仅记沿革。反映了很多元代及以前的事情，征引资料多来自元《析津志》、《大元大一统志》(见一统志)、《舆地要览》、宋《太平寰宇记》等。人物所占比重较大，列有名宦、人物、忠节、孝行、贞妇、仙释等，下属各县中收录了诸如韩汝嘉、徐邈、梁德珪等有影响的历史人物。设军屯目，记固安县还列有民屯内容，反映了明初重视军事屯田。注重记述重要山川、河流、古迹，如记昌平县设关隘目，描写了居庸关四周的屏风山、翠玉峰等景致，考证了过街塔、玉峰寺、仙人枕等关内古迹，还收录《居庸叠翠八咏》等诗文，并按所处地点列出古北口、祁沟关等重要关隘。国家图书馆、中国科学院国家科学图书馆藏《永乐大典》辑录本。北京大学图书馆藏缪荃孙艺风堂传抄《永乐大典》本卷7~14。2009年，中华书局出版阎崇年校注本。

《顺天府志》［万历］ 谢杰、沈应文修，谭希思、张元芳纂。万历二十一年(1593)刻本。6卷。约20万字。分为地理志、营建志、食货志、政事志、人物志、艺文志，下设36目。各州县未单独列篇目，内容并入相关篇目中。每卷及篇目开端有序言。政事、人物篇幅超过全志1/3，人物志分选举、功烈、节孝、乡贤、隐逸、流寓、仙释7类，多以表的形式介绍。注重经济资料，如食货志详记各县人口、官民田地、徭役、养马地等，其中马政目在永乐、康熙二志中均未曾记录。艺文志全文收录碑刻、题咏等，如乐毅的《报燕惠王书》《女史箴》等。对山川河流、物产、风俗的记述简单。部分内容记述至明末，如政事志下历官目中的顺天府府尹、府丞表，或为后人补充。为北京明代方志中的唯一刻本，国家图书馆有藏，天津图书馆藏卷1、卷6。1959年，中国书店出版影印本。

《顺天府志》［康熙］ 张吉午纂。康熙二十五年(1686)成书，未刊。原8卷，存卷2~8。约33万字。依次为地理、建置、食货、典礼、政事、人物、艺文，下设52目。体例参阅万历志，各州县均未立卷记述。二者不同之处在于万历志将徭役列入食货志，该志将其列入政事志。政事志所占篇幅最大，重点记述历官。人物志收录5350人。征辟、理学等目及艺文收录册文、古诰、奏疏、议、论、书、序、箴等文体的文章。艺文记清初奏疏、部覆25件，为《清世祖实录》《清圣祖实录》《康熙起居注册》《皇朝经世文编》等所未编录。特设典礼卷，分经费、祀享二目记录“圣驾躬耕藉田”“方泽坛祭祀”等内容。该志修成后200余年不为人知，清末民初由内阁大库流入京师图书馆。国家图书馆藏正写本子，为孤本。2009年，中华书局出版阎崇年校注本。

《顺天府志》［光绪］ 万青藜、周家楣修，张之洞、缪荃孙纂。张之洞起草《修书略例》。光绪十二年(1886)刻本。130卷。约350万字。分京师、地理、河渠、食货、经政、故事、官师、人物、艺文、金石10志，末为序录、附录。志下细分97目。设方言目为后世所仿效。经政志营制目与故事志兵事目，二者相合，开军事志之肇端。兵事目列数太平军进军直隶、英军舰侵入大沽口、火烧圆明园等重大战事。艺文志中，《记录顺天事之书》收录了自周代至光绪年间北

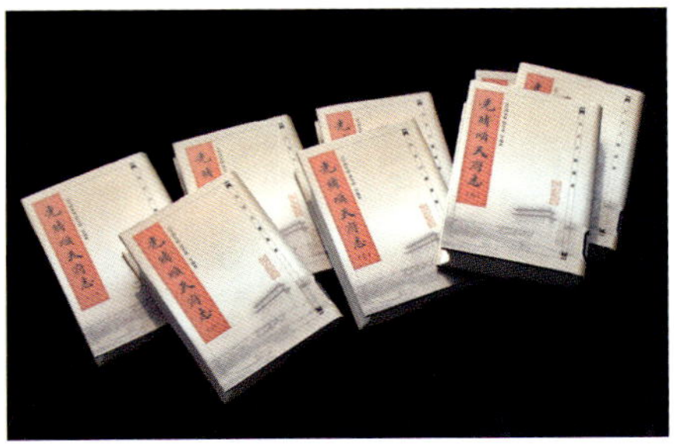

《光绪顺天府志》（“北京古籍丛书”本）书影

京方志和有关北京史志的专书229种，其中明清210种。全书征引内容均注明出处，包括书籍、碑拓843种，有些后世已散佚或消失，该志为唯一可供参阅的资料。书中大量使用图表。对村镇、山川、河流、寺庙、古迹等的记载在前人基础上多有补充，达到最大程度的表现，尤其是对域内河流之源、水道脉络的记述，超出历代府志。除光绪十二年刻本，另有光绪十五年重校本、光绪二十八年补刻本，国家图书馆、首都图书馆、北京市方志馆、北京大学图书馆等有藏。其中重校本对内容做增删，增加2000多字、两个校勘表。河北省博物馆藏稿本。1987年，北京古籍出版社出版校点本，共16册，2001年合并为8册重印。

Shuofangdao Zhi[Minguo]

《朔方道志》[民国] 马福祥、陈必淮、马鸿宾修，吴复安、王之臣纂。1926年天津华泰印书馆出版。为宁夏首部省志。据王之臣序：“以前明迭修朔方志，且宁夏近改朔方，府已改道，因名之

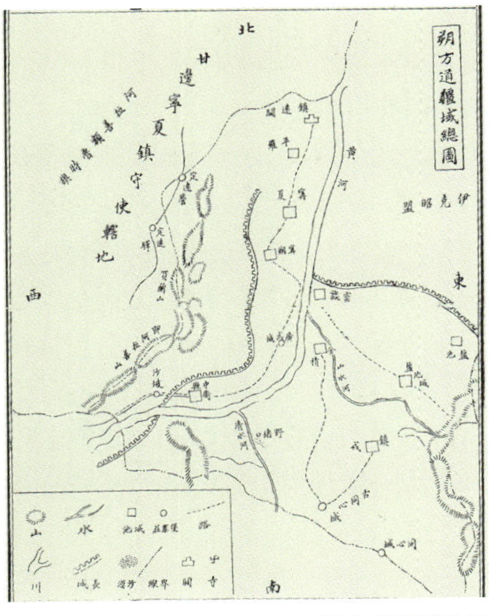

朔方道疆域总图

曰《朔方道志》。”31卷，首1卷。约48万字。内容分列天文志（附祥异）、舆地志（附方言、陵墓）、建置志（附寺观）、水利志、贡赋志（附户口）、学校志、兵防志、职官志（附明藩制、客官）、人物志、艺文志、志余，下统85目。该志抄录明清宁夏方志的主要内容，还记载从清乾隆至民国初180多年的史实。民国初期，内蒙古部分地区属于宁夏，志中保留了有关蒙汉民族关系、蒙古部族的史地资料。国家图书馆、甘肃省图书馆、宁夏壮族自治区图书馆等有藏。

Sichuan Junxian Zhi[Minguo]

《四川郡县志》[民国] 龚煦春纂修。1936年刊本。为民国《重修四川通志》唯一公开发行部分。12卷。有表，无图。按朝代顺序设卷，依次为两汉蜀汉、晋宋齐、梁代、西魏、北周、隋代、唐代、五代、宋代、元明、清代疆域沿革及历代疆域沿革表，其中表格纵栏分析某县政区沿革，横栏列出同一时期各县行政区划情况。作者以正史地理志为主，兼采其他舆地专书，共数十种，以考订疆域沿革。汇总有关四川建置沿革的资料，对各个郡县名称由来、历史沿革等广征博引。书中考订了一些有争议的问题，如考订巴东郡的名称；以实事求是的态度保存了一些疑问，如永宁县条中保留“谯周《巴记》：灵帝分涪陵，置永宁县。治未详”。国家图书馆、四川省图书馆、成都市图书馆、重庆图书馆等有藏。另有1946年四川永宁铁夫李氏重校刊本。1982年，四川大学历史研究所四川地方史研究室和温江地区史志办据1936年刊本校勘，1983年成都古籍出版社出版。

《四川郡县志》（校点本）书影

Sichuansheng Tushuguan

四川省图书馆 位于成都市锦江区总府路。始建于清宣统三年（1911）。1982年建成新馆，另有馆舍多处，总面积约2.9万平方米。馆藏方志包括历代旧志、新编方志两大类，由地方文献部保存管理。馆藏历代旧志670余种，其中善本有万历《四川总志》（34卷）、万历《重庆府志》（86卷）、康熙《长寿县志》（10卷）、乾隆《中江县志》（12卷）、嘉庆《直隶叙永厅志》（48卷）、民国《四川通志》等。藏有清代嘉庆年间张澍的私修四川地方志《蜀典》，为稀见的初稿本。馆藏新编方志2700余种，主要为四川省志及各市州县志，另收录有大事记、年鉴、地名录、专业志、山水志、学校志、厂矿志、部门志若干种。1956年编印《四川省图书馆馆藏方志目录》，1961年增订，著录方志1149种，其中四川方志571种。1958年与四川大学图书馆编印《四川省各图书馆馆藏四川方志联合目录》，著录539种。1981年与四川省中心图书馆委员会编印《四川省地方志目录（初稿）》。

四川省图书馆

Sichuansheng Zhi Renwu Zhi

《四川省志·人物志》 主编任一民、吴嘉陵、官振维。2001年四川人民出版社出版。2册，108万字。收录1840~1985年对四川以至全国有影响或有重大贡献的已故川籍人物，兼收这一时期对四川有重要影响和重大贡献的已故客籍人物。涉及地域以1985年四川辖区为范围。共收录人物1040人，记述字数根据人物影响大小有所不同。采用人物传、人物录两种体裁记述。其中人物传373篇，分军政界、经济界、文化界3类，文化界含科教、文卫、宗教等领域；人物录654条，不分类。立传人

《四川省志·人物志》书影

物包括赵世炎、朱德、陈毅、罗瑞卿、吴玉章等无产阶级革命家、军事家、党和国家领导人，张澜等著名爱国人士，饶国华、王铭章、李家钰等川军抗日将领，卢作孚、陈开沚等商界名人，王光祈、张大千、方文培等文化科教界名人。除单人立传外，还根据人物所处时代、相关历史及人物间联系设立13组合传，分别为李永和、蓝朝鼎、蓝朝柱，廖观音、曾阿义，余栋臣、张桂山，鹏咏梧、江竹筠，杜关、杜黄，黄继光、邱少云，库里申科、史迪威、鹿地亘，刘继陶、刘象曦，杨文光、杨粲三，黄锡滋、黄明安，罗淑、马宗融，严雁峰、严谷声，鹏椿仙、易心莹，在经济界类中还记述了王三畏堂、李四友堂、颜桂馨堂、吴景让堂4个盐业世家，反映了四川近代盐业的兴盛。曾获四川省第十次地方志优秀成果奖一等奖。

Sichuansheng Zhi Wenwu Zhi

《四川省志·文物志》 主编姜明华。1999年四川人民出版社出版。2册，90万字。设文物事业、古代文物、近现代文物、民族文物4篇。卷首配重点文物彩照，各篇随文配黑白照片和线描图。上起旧石器时代，下至近现代。记述了重要传世文物、出土文物、古建筑、古遗址、石刻摩崖等，同时也反映了四川省文物事业发展的状况。卷首有概述，各篇之首有简述。综合性的概述和简述弥补了文物记述条目式的不足。该志注重对具体文物的说明和描述。2000年获四川省第九次哲学社会科学优秀科研成果奖一等奖。曾获四川省第九次地方志优秀成果奖一等奖。

乐山大佛

Sichuan tongzhi

四川通志 四川最早于明正德年间开始纂修省志，明、清共纂修省志7部，分别为正德志、嘉靖志、万历九年志、万历四十七年(1619)志、康熙志、雍正志、嘉庆志，民国时期所修省志未能成书刊行。其中嘉靖志是明清四川省志中地位较高、文采出众的一部，对明以后所修四川省志有发凡起例的作用。嘉庆志是明清所修四川省志中篇幅最巨、内容最丰富的一部。

《四川总志》[嘉靖] 刘大谟修，杨慎、王元正、杨名等纂。王元正、杨名负责总志和郡县志编纂，杨慎负责艺文志编纂。完成不久，周复俊、崔廷槐重编。明嘉靖二十四年(1545)刻本。共80卷，卷1为帝后纪、藩封志、监守志，主要记述在蜀称帝、封王、做官的人；卷2为全蜀名宦志，主要记述历代在蜀做官，有政绩、才学、名声的官员；卷3~15为郡县志，详细记载各府州建置、祠庙、宫室、公署、人物、科举等各项情况；卷16为经略志、杂志，前者记述四川经济、交通、军事，后者记叛臣、盗贼、灾异、祥瑞等；卷17~80为全蜀艺文志，在全书中所占比重最大，分8门47目，部分目下又设细目，著录有关四川的诗文辞赋、记传碑铭等，其中收录有宋代罗泌《姓氏谱》、元代费著《古器谱》等后世已不传的文献。国家图书馆、天津图书馆藏嘉靖刻本。四川省图书馆、四川大学图书馆藏抄本。

《四川通志》[嘉庆] 常明修，杨芳灿、谭光祜等纂。清嘉庆二十一年(1816年)刻本。204卷，首22卷。约388万字。设天文、舆地、食货、学校、武备、职官、选举、人物、经籍、纪事、西域、杂类十二志，下设63目。舆地、人物所占分量较重。舆地志详细记载四川各府、州、厅、县的疆域沿革、形势山川、关隘津梁、古迹寺观等，并有精详考证，附刻图表。人物志分乡贤、宦迹、文苑、儒林等10类，各类按府、州、县记载。无论官绅、平民，凡有一行、一技可称者即录。较重视经济。食货志分田赋、户口、榷政、盐法、茶法、钱法、木政、仓储、蠲赈、物产等目。经籍志只著录蜀人著述，有关诗文辞赋、记传碑铭、奏疏公牍等则附载于其他门类。西域志中收录

嘉庆《四川通志》("中国省志汇编"本)书影

诸如"驻藏大臣题名""西域职官政绩"及地方官员出入西藏所作诗文等不见于其他西藏地方志书记载的资料。志中所记沿革、江源、堤堰、边防、土司等均有较高史料价值。之后府、州、县志编纂多以该志为蓝本。国家图书馆、中国科学院国家科学图书馆、四川省图书馆、四川省博物馆、四川大学图书馆等有藏。

Sichuan xiuzhi

四川修志 四川修志历史可追溯至汉晋时期，宋以前志书大多不存。宋元时期除修纂区域性总志，还纂修有路、军图经。明以后大规模纂修方志，存世明清及民国时期志书近700种。1982年，全省开始普遍修志，至2003年，完成首轮修志工作，2006年开展第二轮新方志编纂工作，至2010年，共出版省志分志、市(地、州)志、县(市、区)志309部。

四川历代方志编修 汉晋时期已

有记述巴蜀、梁益地区的地记、地志及多种关于地方人物、风俗的专记。南朝梁有李膺《益州记》及佚名撰《益州谱》,南朝宋有刘澄之《梁州记》等。隋、唐至宋时,蜀中图经及方志编纂盛行。南宋王象之《舆地纪胜》所引蜀中诸州图经达130种。隋有《益州谱》、张氏《江图》、刘氏《江图》、卢求《成都记》等。唐代部分少数民族地区已编有图经,此后历代四川均重视少数民族地区方志编纂。五代有《续成都记》《青城山甲记》《蜀程记》《峡程记》《华阳记》《锦里耆旧传》等。宋代地记、地志类,仅成都即有赵抃《成都古今集记》等5种《成都记》及袁说友《成都志》,成都附近的永康军(都江堰市一带)有《永康图经》等6种图经、地志。明清时期,多次编修省级志书,普遍编修府、州、县志。民国时期,修志时断时续。四川、西康所修通志仅成稿本,成书问世者多为县志。

四川汉晋时期修志 汉晋时已出现多种名称的方志类著述。主要是称为"记(纪)"的记述巴蜀、梁益地区的区域性总志。西汉有司马相如、扬雄、严遵、郑廑、尹贡等《蜀纪》《蜀本纪》数种及来敏《本蜀论》;东汉有赵宁《乡俗记》,还出现了较早以"图经"为名的《巴郡图经》,是已知最早出现的州郡志,已亡佚;晋常璩《华阳国志》所存《巴郡图经》佚文,记述有巴郡的建置、疆界、户口、道里、盐铁官等内容;蜀汉有谯周《蜀本纪》《益州记》《三巴记》《(巴蜀)异物志》、温子升《永安记》、陈术《耆旧传》;晋有王崇《蜀书》、王隐《蜀记》、孙盛《蜀谱》、常宽《梁益篇》、常璩《汉之书》和常宽、杜龚《蜀后志》、任豫《益州记》、袁休明《巴蜀记》、黄容《梁州巴记》、佚名撰《巴汉志》、陈寿《益部耆旧传》及佚名纂数种《耆旧传》等记述地方人物、风俗的专记。多亡佚。存世《华阳国志》融史、地、人、物于一书,并以"志"为名,为后世方志之滥觞。

四川唐代修志 唐代所修志书均已亡佚,仅部分古籍存有佚文。后人引用的唐代图经有《嘉州图经》《雅州图经》《梓州图经》《(剑州)图经》《剑州旧图经》《川中图经》《陵州图经》《丹棱图经》《新津县图经》《(通州)图经》《(汉州)图经》《(阆州)图经》《玄武金水两县图经》等。少数民族地区编有《(松州)图经》《(维州)图经》《(奉州)图经》《(静州)图经》《(悉州)图经》《(恭州)图经》《(柘州)图经》《(翼州)图经》《嶲州图》《雅州图经》《黎州图经》《黎州汉源县图经》《黎州通望县图经》等图经。其他方志类著述还有《蜀记》《益州理乱记》《西南夷事状》《西戎记》《西戎记》《西南备边录》《戎州记》《游蜀记》《锦里新闻》《华阳风俗录》《阴平县记》《巴南山川记》《青城山记》《江记》《古郫志》《剑南地图》《成都记》等。还出现了两县合志。

四川宋元时期修志 区域性总志有任弁纂《梁益记》。据《通志艺文略》及《宋史艺文志》著录及引用,路一级的图经有《川陕路图经》《益州路图经》《利州路图经》《夔州路图经》《梓州路图经》;军一级的图经有《怀安军图经》《南平军图经》《广安军图经》《云安军旧图经》。州图经有《阆州图经》《南剑州图经》《利州图经》《隆庆图经》《果州图经》《蓬州图经》《长宁图经》《梓州旧图经》等,及李宗谔《祥符州县图经》中的一批州图经。一些地方多次修志。成都有赵抃《成都古今集记》、王刚中《续成都古今记》、范成大《成都古今丙记》、胡元质《成都古今丁记》、孙汝听《成都古今前后记》5种以"古今记"为名的志书(后统称"宋成都古今五记")及袁说友《成都志》等;永康军有《永康图经》《永康军图经》《永康旧记》《永康军旧经》、虞刚简《永康军图志》、张增《永康军志》等;阆中有朱涉《阆苑记》、何求《阆苑前记》、曹无忌《阆苑续记》、王震《阆苑新记》等;嘉定有吕昌明《嘉州志》、郭公益《嘉定志》、林洁己《嘉定续志》等。撰述图经较多的李宗谔,撰有《云安军旧图经》《剑州图经》《开州图经》《普州图经》《威州图经》等。除地理专志之外,出现了山水志、渠堰志、关隘志、边防志、物产志、人物志、风俗志等多种专志。有郭友直《剑南广记》、宋如愚《剑南须知》、邓嘉猷《西南备边志》、高载《泸州地里书》、李常《续东京至益州地里图》、陈延禧《蜀北路秦程记》、李用和《游蜀记》、王恽《剑门关志》、沈立《剑南物风录》、《蜀江志》、张韪《岷江渠堰谱》、宋祁《益部方物略记》、石庆嗣《梓潼风俗谱》、卢鸿《峨眉山记》、勾台符《岷山异事》、《青城山方物志》、范仲立《青城山乙记》、刘甲《蜀人物志》、勾延庆《续锦里耆旧传》、王灼《糖霜谱》及佚名纂《沈黎备边录》《东京至益州地理图》《西川使程记》《峨眉山记》《离堆志》等。元朝无留存州县志书且罕有著录。费著撰《成都志》实为以袁说友《成都志》写本订讹重刊,已佚,仅存题为费著撰的《岁华纪丽谱》等9谱,仍来自袁志。

四川明代修志 明代,四川开始编纂省志(总志)。弘治年间开始,府、州、县志编纂较多。明代志书,据曹学佺《蜀中广记》引用,已达100余种。总志和府志质量尚可,州县志佳作不多。存世省、府、州、县志书有20种,主要为嘉靖、万历年间所编。还有《天全六番招讨使司志》《大渡河土千户所志》等少数民族地区所修志书。崇祯年间胡世安所撰《译峨籁》为存世最早记述峨眉山的专志。①四川明代总志。自成化间创修《四川总志》,先后共5次修纂。存世4种,分别是正德十三年(1518),熊相纂《四川志》;嘉靖二十年(1541),刘大谟、王元正等对正德《四川志》增损纂成《四川总志》,杨慎编《全蜀艺文志》64卷附于其后,收录有关四川的诗文1873篇,有名氏的作者631人,有350余篇诗文不见于前代文献。万历七年(1579),虞怀忠、郭棐承嘉靖志体例、增广内容纂成《四川总志》;万历四十七年,吴之皞、杜应芳等纂《四川总志》,末卷有杜应芳辑《续补全蜀艺文志》,收录洪武至万历年间四川文人作品及采木、平播等方面文献资料。此外,还有曹学佺撰《蜀中广记》、杨慎《蜀志补罅》、何宇度《益部谈资》、谭希思《四川土夷考》、莫如松《威茂边政考》、刘泌《蜀省全图》、刘启周《舆地图考》等具有全省总志性质的方志类著述。②四川明代府志。较早为李敏成化《成都志》及嘉靖二十二年所修《顺庆府志》《保宁府志》。其他府志有周洪谟《叙州府志》、姚缔虞《马湖府志》、杨慎《雅州府志》及《成都志余》等。《马湖府志》曾两度纂修，成都也多次纂修府志，除李敏《成都志》外，还有陈廷器《成都府志》、彭韶《成都志》、佚名撰《成都志》及冯任、张世雍修纂的天启《成都府志》等。天启《成都府志》内容最为繁富，嘉靖三十四年余承勋纂修的《马湖府志》最为简略。所修府志仅天启《成都府志》和嘉靖年间编修的《顺庆府志》《保宁府志》《马湖府志》《成都志余》残本存世。③四川明代州县志。最早的是永乐年间编纂的《泸州志》《内江县志》。一些州、县志多次纂修，汉州及富顺、井研等县三度修志，嘉州四度修志，内江六修县志。所修州、县志大多亡佚，存世仅有正德年间，吴德器、徐泰修纂的《蓬州志》；嘉靖年间，陈讲等纂修的《潼川志》，余承勋纂修的《青神县志》，束载、张可述修纂的《洪雅县志》；万历年间，王廷稷、李彭年修纂的《营山县志》，余茹、康丕显补修的《青神县志》，李采、范醇敬修纂的《嘉定州志》，陈时宜、张世雍修纂的《潼川州志》，宋守恕纂《汉乘备录》。

四川清代修志　存世清代志书，四川所修最多，《中国地方志联合目录》著录477种。清代四川修志主要集中于康雍乾三朝、同光时期，所修志书分别存160余种、120余种。修志者对方志性质及史志关系、方志的意义作用、省志与府州县志的区别等方面的见解，散见于志书序跋、凡例中。嘉庆十七年(1812)《营山县志》蒋予蒲序认为"一统志为天子之志，通志为封疆大臣之志，县志为县令之志，借志以察吏治，恤民隐，问民疾苦"。乾隆二十三年(1758)《射洪县志》刘益序认为"安民之方，莫先富、教；而所以富之教之者，则详具于志书"。光绪十八年(1882)《名山县志》崔志道序提出修志为民的观点。嘉庆《四川通志》凡例提出，府、州、县志宜详，省志宜志其要。康熙八年(1669)《绵竹县志》李如梃序提出，省志应严，教天下之贤人，使知一善不足名；县志应宽，以鼓励天下之中人，使知凡有所长皆可记录。大多修志者主张收集资料应口碑、文献、实物并重。①四川清代通志。存世3种。蔡毓荣、钱受祺等纂修，康熙十二年成书的《四川总志》为清代四川首部省志。雍正十一年(1733)，黄廷桂等修，查阿郎、张晋生等纂《四川通志》，乾隆元年刊印。嘉庆十七年，常明修，杨芳灿、谭光祜等纂《四川通志》，二十一年刊行，为清代最后一部通志，也是明清所修四川省级志书中篇幅最巨者。其后府、州、县志编纂多以此为蓝本。②四川清代府志。存世16种，其中康熙朝4种，乾隆、道光朝各3种，嘉庆、光绪朝各2种，咸丰、同治朝各1种。分别为康熙年间，佟世雍、何如伟等纂《成都府志》，何源濬纂修《叙州府志》，佚名纂《龙安府志》，李成林修、罗承顺等纂《顺庆府志》，《顺庆府志》还有康熙四十六年袁定远增补1卷刻本、嘉庆二十二年黄铣补刻本；乾隆年间，曹抡彬修、曹抡翰纂《雅州府志》，佚名纂《龙安府志》，张松孙修、李芳谷纂《潼川府志》；嘉庆年间，宋鸣琦修、陈一沺纂《嘉定府志》，佚名纂、仅以抄本流传且记事至咸丰三年(1853)的《宁远府志》；道光年间，黎学锦、徐双桂等修，史观等纂《保宁府志》(另有张嗣鸿纂补刻本图考1卷、补遗1卷)，陈崇礼纂修《宁远府志》，邓成咏、张方觐等纂《龙安府志》；咸丰年间，佚名纂《宁远府志》；同治年间，文良、朱庆镛等修，陈尧采等纂《嘉定府志》；光绪年间，王麟祥修、邱晋成等纂《叙州府志》，阿麟修、王龙勋等纂《新修潼川府志》。其中何源濬修《叙州府志》有所辖各县分卷，无本府建置、地理、职官、政事等基本情况，实为县志汇编。另有何东铭纂《邛嶲野录》，体例与府志同而内容更详，实为私修府志。两种《宁远府志》与佚名纂《宁属舆地志略》《邛嶲野录》均为记述凉山彝族自治州一带情况的志书。③四川清代州县志。清代四川州、县大多修有志书，有30余个州、县修志5次以上；泸州、德阳、绵竹、新宁、太平、永宁等州、县、厅先后七修志书，内江九修志书。李调元、段玉裁、李榕、张澍等学者都曾参与志书修纂，张澍纂有大足、兴文、屏山3部县志。质量佳者有康熙年间的《中江县志》，乾隆年间的富顺、遂宁、西昌、盐亭、珙县等县志，嘉庆年间的汉州、邛州、直隶泸州等州志，彭县、华阳、威远、罗江、乐山、洪雅等县志及《马边厅志》；道光年间的巴州、茂州、江安、乐至等州、县志；咸丰年间的《天全州志》《阆中县志》《巴塘志略》；同治《剑州志》；光绪年间的《增修崇庆州志》《蓬州志》《西充县志》《太平县志》《越西厅志》《绵竹县乡土志》等。

四川民国时期修志　民国时期，四川最早出版的志书为1912年的《乐至县乡土志》《盐边厅乡土志》。民国初至20世纪30年代中期，四川编纂的方志类著述约300种；除地方志书外，还有地情著述，其中县政概况有50余种，还有一些调查资料；少数民族地区方志及地情概况的编纂得到进一步重视，川康边政设计委员会组织编纂民族地区《概况资料辑要》49种，刘赞廷纂康巴地区图志及县志20种，还有《西康夷务调查报告》《大小凉山夷区考察记》《四川省雷马峨屏调查记》《四川宁属农牧调查报告》等调查资料多种，图经、概况、调查报告等90种，约占民国时期四川所编方志类著述的1/3。1939年，川、康分治，西康省也开始编纂省志。20世纪20~30年代编纂出版的志书体例多承袭旧志，对现状反映较少，甚至无视辛亥革命的大变革。40年代出版的志书，编纂体例与表现方法有所创新，内容方面注意反映新事物，但往往新观念与陈腐思想夹杂。存世民国志书200余种。

①四川民国时期通志。四川通志局于1920年5月23日成立，负责编纂《四川通志》及指导全省修志，是年拟出通志《征采纲要》十条与《县志纲要》十一条。后各议俱废。1924年5月，重修四川通志局成立。至1931年，完成未定稿300余册。至1936年，由陈忠信补辑成书。1939年交四川省图书馆收藏，后辗转移存，仅余120册。龚煦春所撰地理门于1935年以《四川郡县志》为名单刻印行。1942年9月，四川省通志馆成立，李肇甫兼任馆长，1948年聘陈廷杰为通志馆馆长后，设编纂部，聘林山腴为总编纂，罗孔昭等为编纂。以廿五史、数十县乡土志稿本及通志馆所有志书、资料为基础，着手编纂一部小型省志。1944年完成全稿，称《四川方志简编》，后移交四川省图书馆。有关四川省情的著述，还有1939年四川省政府编印《四川省概况》、1940年蒋冬白撰《新四川九章》、1942年柳定生编《四川省历史乡土教材》、1946年郑励俭编《四川新地志》、1949年陈宗棠编《四川乡土常识》等。②民国时期西康省志。西康省通志馆于1943年6月成立。张怡荪为总纂，蒙文通、曾缄、彭云生、邓少琴、闻囿等为纂修。1948年编成《西康通志》志稿17种、西康省总图5幅、西康省各县分图55幅，及未收入通志的《刑法志》《茶法志》《佛典志》《康族语文志》等19种志稿。稿本存四川省档案馆。关于西康省情的著述，有1912年傅嵩炑撰《西康建省记》、1934年梅心如编《西康》、1935年任乃强纂《西康图经》、1936年张蓬舟编《西康》、1937年佚名纂《西康志稿》及杨仲华编《西康纪要》、1941年西康省政府秘书处编《西康概况》及李亦人编《西康综览》，还有冯云仙编《西康地志》等。③四川民国时期县志。全省150个县最早出版的县志是1915年的《荥经县志》《峨边县志》，后者是民国时期四川最早问世的民族地区县志。最后一部县志是1949年的《资阳县志稿》。不计康巴地区图经与各县概况、乡土志等，自1912年至20世纪20年代，共出版县志102种（含重庆地区15种），其中14种（含重庆地区2种）为重印清末旧志，新修者88种。四川地区于民国时期新修县志仅75种，加上康巴地区20种图经，共新修县志95种。邛崃、德阳、简阳、阆中等县曾两修县志。1920年，重修四川通志局印发《县志纲要》，提出“疆域以测量为准”、经济资料“当调查详确”、人物生存不录、不可虚加考语、俗称十景八景及天文星野一概删去等要求。多数志书承袭旧志体例，一些志书下限断至清宣统三年（1911），即使下限延至民国时期，对辛亥革命之类重大社会变革亦不置一词，佳志不多。有的志书篇目体例与表现方法有所创新，增加新名目、新门类。

四川新方志编修 四川一些市县于20世纪50年代末开始修志，仅留下20余种稿本。1982年召开全省首次地方志工作会后，全省普遍开展修志。至2003年，基本完成首轮三级志书编纂任务，共编修省志分志64部，市、州、县级志165部。市、县志普遍在部门（行业）志、乡镇志的基础上编纂。有50余部市、县、区志填补了现行政区无志书的历史空白。对具有地方特色的事物，多升格设志。多设有综合管理、经济综述（总貌）等专篇。2004年4月，中国地方志指导小组将四川省作为全国第二轮修志试点。2006年开始第二轮三级志书编纂工作。市、县志较多采用条目体编纂，多设专题记述及乡镇概况或县区概况。突出地方特色的同时，重视社会人文方面的内容。着力反映改革开放以后的发展变化，适当反映发展进程中的问题与不足。至2010年，出版县级志书74部、出版及交付出版市（州）志9部。

四川省级修志　省志编纂工作始于1960年。1981年开始编修首轮省志。1992年，首部分志冶金工业志出版。2003年全部出齐，共64部分志，79册，约4000万字。上限为道光二十年（1840），下限为1985年，部分内容适当上溯或下延。大事记述采用编年体与纪事本末体相结合的写法。各分志不设人物传。经济类分志约占50%。设都江堰志、峨眉山志等特色分志。在1997年全国地方志评奖中，地理志获一等奖，财政志、交通志、商检志获二等奖。在1992~2010年的四川省哲学社会科学成果评奖中，文物志获一等奖，电子工业志、金融志获二等奖，大事记述、邮政电信志、纺织工业志、气象志、地震志、军事志、民俗志、民族志获三等奖，宗教志获优秀成果奖。在第四次至第十一次四川省地方志优秀成果评奖活动中，轻工业志（上）、都江堰志、商业志、电力工业志、交通志（上）、金融志、粮食志、化学工业志、广播电视志、机械工业志、医疗卫生志、报业志、对外经济贸易志、哲学社会科学志、体育志、文物志、军事志、宗教志、地质志、人物志、大事记述、民俗志、出版志、外事志获一等奖。1997年规划续修工作。2006年下发编纂方案，规划编修93卷。地理、民俗等变化不大的事项不再单设分志，增设川剧、川酒、川菜、川茶、大熊猫、青城山、九寨沟、黄龙、乐山大佛、武侯祠等特色分志，增（补）设残疾人工作、食品药品监督、出入境检验检疫、国土资源、国有资产管理、扶贫开发、乡镇企业、人口与计划生育、烟草、方言、市州概况等分志。断限为1986~2005年。2010年11月成立《四川省志》审核委员会。

四川市级修志　全省首轮修志规划编纂成都、重庆、自贡、渡口（攀枝花）、泸州5部省辖市志，阿坝、甘孜、凉山3部民族自治州志。首部民族自治州志《阿坝州志》于1994年出版。首部省辖市志《攀枝花市志》于1995年出版。至2002年，全省规划的市、州志编纂出版任务全面完成。共8部（不含《重庆市志》），约5000万字，其中《阿坝州志》出版汉、藏文两种版本，为全国首部藏族自治州志；藏文版为简编本，为首部少数民族文字地方志。在规划编纂的志书之外，编纂出版了《乐山市志》《德阳市志》。市（州）志上限一般为道光

S

四川首轮市级志一览表

志书名称	主编/总编/总纂/编译人员	字数(万字)	出版年
《成都市志》	刘佳一、鞠庆山、马开钦、郭杨等	3000	1993~2010
《阿坝州志》	李茂	360	1994
《攀枝花市志》	杜维宣	147	1994
《阿坝州志》(藏文版)	言培、林修、格桑尼玛、谢扎等	118	1996
《甘孜州志》	谢椿人	320	1997
《自贡市志》	叶俊忠、罗恬楚	230	1997
《泸州市志》	游瑞林	230	1998
《凉山彝族自治州志》	龚书桥、王林吉	440	2002

二十年,部分事物适当追溯;下限一般为1985年。在1997年全国地方志评奖中,《成都市志·公用事业志》、《攀枝花市志》、《阿坝州志》(藏文版)获二等奖。在1992~2010年的全省哲学社会科学成果评奖中,《自贡市志》《甘孜州志》《成都市志·教育志》《德阳市志》获三等奖,《乐山市志》获优秀成果奖。在第四次至第十一次四川省地方志优秀成果评奖活动中,《成都市志》的建筑志、邮政志、勘测志、川剧志、园林志、市政建设志、水利志、教育志及《乐山市志》《阿坝州志》《泸州市志》《德阳市志》《凉山彝族自治州志》获一等奖。第二轮市(州)志规划编纂21部。至2010年,已出版绵阳、遂宁、达州、南充、攀枝花、甘孜6部市(州)志。断限一般为1986~2000年。在1992~2010年的四川省哲学社会科学成果评奖中,《达州市志(1911~2003)》获二等奖,《遂宁市志》获三等奖。

四川县级修志 全省首轮修志规划编纂193部县(市、区)志(含重庆辖县)。西昌县、白沙工农区撤销后,未修志;乐山市析置为3个县级区后,均编有区志。原重庆市与涪陵、万县、黔江3个地区合设为中央直辖重庆市后,四川规划编纂的县级志书有157部。首部县级市志《内江市志》于1987年出版,首部县志《什邡县志》于1988年出版,首部区志《大安区志》于1991年出版。1992年,出版新龙、汶川、普格、喜德等首批民族地区县志。至2000年,全省规划的县(市、区)志编纂出版任务全面完成。共157部,近2亿字。在规划编纂的志书之外,编纂出版了成都、自贡、攀枝花、泸州、乐山等市规划外的10部区志,约900万字。县志上限一般为宣统三年,部分事物适当追溯;下限一般为1985年。在1997年全国地方志评奖中,《西昌市志》《北川县志》获一等奖,《成都西城区志》《自贡市自流井区志》《威远县志》《蓬安县志》《德格县志》获二等奖。在1992~2010年的四川省哲学社会科学成果评奖中,《营山县志》获二等奖,《岳池县志》《阆中县志》《新都县志》《高县志》《万源市志》获三等奖,《木里藏族自治县志》《德昌县志》《犍为县志》获优秀成果奖。在第四次至第十一次四川省地方志优秀成果评奖活动中,《彭县志》《开江县志》《仁寿县志》《盐亭县志》《平常县志》《宜宾县志》《巴塘县志》《黑水县志》《成都市龙泉驿区志》《成都市西城区志》《金堂县志》《长宁县志》《会理县志》《宣汉县志》《广安县志》《蓬溪县志》《北川县志》《蓬安县志》《内江县志》《威远县志》《峨边彝族自治县志》《德格县志》《广元县志》《汉源县志》《德阳县志》《简阳县志》《茂汶羌族自治县志》《白玉县志》《美姑县志》《雷波县志》《九龙县志》《高县志》《德昌县志》《绵阳市志》《昭觉县志》《屏山县志》《松潘县志》《筠连县志》《江油县志》《乐山市市中区志》《南充市志》《万源市志》获一等奖。第二轮规划编纂县(市、区)志181部。至2010年,已出版74部县级志书。

四川旧志整理 省内地方志工作机构于1988年校点印行旧志书30多部。清嘉庆《宜宾县志》、道光《盐源县志》的校注本获四川省地方志优秀成果奖。2005年整理同治《直隶绵州志》、同治《潼川府志》、清《石泉县志》、《雅州府志》《康巴旧志小辑》《华银山志》《茂州志》《邛崃三部旧志》《彭县志》《汶志纪略》及“成都市历代旧志丛书”,其中《邛崃三部旧志》《彭县志》《汶志纪略》出版。2009年3月开展全省旧志普查工作,对普查结果进行汇总并登录,分类编制简目,建立全省旧志信息数据库,对旧志整理人员进行培训。起草制定《全省旧志抢救保护整理出版规范》《旧志数字化处理及数据库建设规范》等标准。颁布《四川省旧志整理工作方案》,刊印《四川历代旧志目录》。

四川方志工作管理 首轮修志开始后,至1989年,全省已建立县以上地方志工作机构221个,有修志任务的省级各部门和中央在川单位大都设立地方志编辑室或办公室;成立了省地方志协会,10个市、地、州和70个县建立了地方志协会;省志编纂委员会举办或委托举办培训班,培训近800人。除省地方志编委会创办有方志期刊外,有14个市、地、州和9个省级机关也办有方志期刊。成都、广安等市开通了地方志网站。

四川省地方志编纂委员会 四川省志编辑委员会于1960年6月1日成立,李大章(1960年6月~1972年12月)任主任委员。1981年10月成立四川省地方志编纂委员会,任白戈任主任委员(1981年10月~1984年10月)。1984年以后,历任主任委员何郝炬(1984年10月~1985年9月)、顾金池(1985年9月~1988年9月)、谢世杰(1988年9月~1993年10月)、蒲海清(1993年10月~1996年11月)、张中伟(1996年11月~2002年2月)、杨崇汇(2002年2月~2004年7月)、蒋巨峰(2004年7月~2007年7月)、魏宏(2007年7月~)。编委会于1982年创办《四川地方志通讯》,后改为《四川地方志》,2000年改为《巴蜀史志》,双月刊,国内外公开发行，到2010年12月，共出刊170期。

四川省地方志协会　成立于1985年9月12日。历任会长彭长登(1985年9月~1988年12月)、林超(1988年12月~1991年12月)、曹希之(1991年12月~1995年1月)、秦安禄(1995年1月~2011年12月)。2011年12月26日更名为四川省地方志学会，马小彬任会长(2011年12月~)。选编出版《四川省新方志论文选集》《四川省地方志论文选》《四川方志艺苑》《四川地方志论文专著索引》等，编辑有《四川省地方志协会通讯》。1986年开展第一次地方志优秀成果奖评奖活动(成果包括志书、年鉴、论文、其他地情书)，每两年一次，已进行15次，评出省、市、县三级志书一等奖200余个、二等奖约300个。地方志优秀成果还参加了四川省人民政府哲学社会科学奖评奖。与省地方志编纂委员会联合举办“经济综述”学术讨论会等。

四川修志法规规章和规范性文件　四川省第十届人民代表大会常务委员会第四次会议于2003年7月通过《四川省地方志工作条例》，2003年10月1日起实施。2007年，省人民政府颁布《〈四川省地方志工作条例〉实施办法》。中共四川省委办公厅、省人民政府办公厅颁布、印发《〈四川省志〉编纂方案》《四川省地方志工作2010年目标规划纲要》《关于全面开展四川省第二轮修志工作的通知》《〈四川省志〉(1986—2000)编纂方案》《四川省第二轮三级志书2006—2010年度编纂工作安排意见》等文件。

四川方志馆藏　省内方志主要藏于四川省图书馆、四川大学图书馆、西南民族大学图书馆、四川省地方志编纂委员会方志馆等处。

四川省地方志编纂委员会方志馆　位于成都市花牌坊街省档案馆13楼。1997年开馆。收藏四川省和全国各级各类志书、年鉴等地方志资料、重要的历史文献以及各门类图书、工具书约20万册。还存有“丛书集成初编”《清实录》“四部丛刊”初编等30余套丛书。负责旧志普查、征集、整理、研究等工作。特辟四川名人名作珍藏馆，2007年3月1日开馆，专门收集、珍藏、展示四川各界知名人士的代表作品。已有马识途、流沙河、周克芹、王火、蒙文通、朱清时等四川各界名人的个人资料和代表作品入馆珍藏。

四川大学图书馆　西南地区藏书规模最大的大学图书馆。位于成都市。由4个分馆组成，包括位于武侯区望江路望江校区内的文理分馆、工学分馆，位于人民南路华西校区内的医学分馆，位于双流航空港经济开发区江安校区内的江安分馆。始建于1896年。馆舍总面积63100平方米。馆藏旧方志1213种，加上不同版本，共计1413部25579卷，包括通志、府志、州志、厅志、县志、乡土志、里镇志、山水寺庙志等。其中省内各地旧志约531种，约占旧志总数的44%。馆藏新编方志以四川地区志书居多，有《四川省志》《成都市志》等，涵盖了全省各个市县。还收藏有《贵州省志》等省外方志。

西南民族大学图书馆　中华人民共和国成立后最早建成的民族高等学校图书馆之一。位于成都市。馆舍包括3个部分，分别为位于一环路南四段的武侯校区图书馆、位于太平园路的太平园校区资料中心、位于双流县临港路的航空港校区图书馆(南馆、北馆)。馆舍面积5万平方米。始建于1951年。馆藏志书以四川、云南、贵州、重庆、西藏等西南地区各省、自治区、直辖市及各州、县的古籍方志、新编方志为主。其中古籍方志600余种，包括刻本、抄本、稿本、铅印本等。馆藏旧志善本有乾隆《贵州通志》(46卷)、嘉庆《黔西州志》(8卷)、康熙《云南府志》(26卷)、雍正《安宁州志》(20卷)等11种。馆藏新志540余种。

Sikuquanshu Zongmu Tiyao

《四库全书总目提要》　清代官修图书目录专著。又称《四库全书总目》，简称《四库提要》。永瑢、纪昀等编。乾隆五十四年(1789)，武英殿刻版；六十年，浙江地方官府据武英殿刻本翻刻；同治七年(1868)，广东书局以浙本为底本翻刻；1965年，中华书局据浙本影印，1997年又出版标点本。全书200卷，300余万字。共收各省献呈书籍10254种172860卷。包括收入《四库全书》的“应抄”书籍3461种79309卷，“存目”书籍6793种93551卷。卷首分列乾隆圣谕，四库馆臣所上表文及编书人员职名和凡例，大致记载全书纂修经过、编书人员及编书体例。正文篇目按经、史、子、集分为4部，每部分若干小类，类下又分子目，子目后有按语，简要说明此类著作的源流及划分类、目的理由，另外在每类后面都附录存目。其中，卷68~78为史部地理类，前有小序，200余字，对地方志的源流及得失做了概括性说明。卷68~71择方志“尤雅者录之”，收录方志150部4799卷，编为10类。卷72~78为存目之书，属于“芜滥之编”，收录方志432种4882卷，亦编为10类。编类次序均为宫殿疏、总志、都会郡县志、河防、边防、山川、古迹、杂记、游记、外纪。每志除论述各书大旨、著作源流外，还列作者爵里、考该书得失、辨订文字增删、篇帙分合等。该书共收录方志提要582篇，对志书体例颇多评述，关于类目设置、归类、地方特色及体裁等问题着墨颇多。地理类提要还批评了前人编撰志书过程中存在的牵强附会、空发议论、盲目崇古、顺序不当、夸饰风景、嗜博务多等弊端。后世学者据此书又陆续编著出版了《续修四库全书总目提要》《四库提要辩证》等。

Siming liu zhi

四明六志　四明为浙江宁波府别称，以境内有四明山得名。宋、元时期，所修志书(包括郡志与县志)可考的共有10种，其中4种已佚，存南宋乾道《四明图经》、宝庆《四明志》、开庆《四明续志》，元大德《昌国州图志》、延祐《四明志》、

四明六志书影

至正《四明续志》。清徐时栋曾作校勘，辑为《四明六志校勘记》，咸丰初刊本为9卷，附《四明它山水利备览》2卷；同治年间陈子相补刊本为31卷，包括札记20卷，补遗2卷，校勘记、佚文4卷，杂录2卷，作者2卷，余考1卷。今人延用徐时栋称法，称“四明六志”。

《四明图经》［乾道］ 张津纂修。乾道五年(1169)成书。12卷。卷1总叙明州，卷2~7分述鄞县、奉化县、定海县、慈溪县、象山县、昌国县。卷8~11为诗文，包括古赋、古诗等。卷12为太守题名记、进士题名记。书首有黄鼎序。据《开有益斋读书记》载，“其诗篇、碑记，尤多宝庆诸志之所遗。《众乐亭诗》今贺监祠中，其碑虽存，剥蚀过半。独此书所载《邵必记》及各诗为全”。此书为存世最早的四明志。原书已佚。传本为清全祖望自《四明文献录》辑出，非足本，图亡佚。国家图书馆、浙江图书馆、南京图书馆等多家藏咸丰四年(1854)徐时栋烟屿楼《宋元四明六志》本。国家图书馆、上海图书馆、浙江大学图书馆藏抄本。

《四明志》［宝庆］ 胡榘修，方万里、罗濬纂。据乾道《四明图经》体例重新增订成书。南宋绍定二年(1229)付梓。21卷。各以图冠其首。前11卷为郡志，卷首有罗濬序，分9门，叙郡、叙赋、叙兵等门类下分46个子目，卷12以下为鄞、奉化、定海、慈溪、象山、昌国各县志，每县自为门目。绍定以后事迹，为后人增益。该志保存最早示意地图，计府境、郡圃、府治、鄞县境、鄞县治、鄞县罗城、奉化县境、奉化县治、定海县境、定海县治、昌国县境、昌国县治等图12幅(慈溪、象山无图)；门类分目已较完备；户口、赋税等数据分年代纵向记叙，且较为详细；记叙对外贸易进出口商品种类、通商贸易国家和地区；市舶务和造船场等机构，是存世南宋四明三志中较完备的一部。国家图书馆藏宋刊本，为海内孤本，是存世浙江旧志中最早、最完善的古刊本。国家图书馆、天一阁、浙江图书馆、中国科学院国家科学图书馆等多家藏咸丰四年徐时栋烟屿楼《宋元四明六志》本。另有明、清抄本等。《直斋书录解题》《文献通考》《国史经籍志》《续通志》等均有著录。

《昌国州图志》［大德］ 冯福京修，郭荐纂。7卷，首、末各1卷。分8门56目。卷首为州官前序、州官请耆儒修志牒、图，卷末为郭荐等缴申文牒。该志以文为主，图为辅，内容突出地方特色，如记物产，分五谷、布帛、禽类、海族、河塘鱼、畜类、花类、果类、竹类、药类、蔬菜、木类等目。原刊本已佚。有清乾隆年间《四库全书》本、清抄《四库全书》本、咸丰四年徐时栋烟屿楼《宋元四明六志》本、同治重刊本。南京图书馆、浙江图书馆藏抄本。

《四明续志》［开庆］ 吴潜修，梅应发、刘锡等纂。12卷。分37目。其中兵寨、烽燧、巡检等军事类记述较详；所记吟稿2卷、诗余2卷，共339首，占全志内容的1/3，且均为佚文，可补史文之缺。国家图书馆藏元开庆元年(1259)刻本。浙江图书馆、天一阁、宁波市图书馆等藏咸丰四年徐时栋烟屿楼《宋元四明六志》本。上海图书馆藏清抄本。

《四明志》［延祐］ 马泽修，袁桷等纂。延祐七年(1320)成书。20卷。分沿革、土风、职官、人物、山川、城邑、河渠、赋役、学校、祠祀、释道、集古，共十二考。以郡为纲、事以类聚。各考细分子目，有总考州郡，有分考各县，每考各系小序。元刻本卷9城邑考下、卷10河渠考上、卷11河渠考下佚。传本存17卷及目录2卷，其中赋役考最为详核，记有各辖县(州)田土、炉户田、僧道田、驿户田、职田、弓兵狱卒、衙前祗候曳刺、秋粮实征粮钞、各县州实征粮钞、录事司实征粮钞、夏税额科钞数、税课周岁该办钞、官降契本、酒醋课岁办钞、茶课岁办钞、铁冶课钞、盐课、织染周岁额办缎匹、杂造军器岁办、皮货额办、沙鱼额办、鱼鳔额办等目。故宫博物院图书馆、甘肃省图书馆等藏乾隆年间《四库全书》本。国家图书馆、天一阁、浙江图书馆、上海图书馆、北京大学图书馆等藏咸丰四年徐时栋烟屿楼《宋元四明六志》本。另有清抄本。

《四明续志》［至正］ 王元恭修，王厚孙、徐亮纂。至正二年(1342)修纂，为续补延祐《四明志》而作。12卷。分13门。沿用旧有体例，多增补延祐以后事及前志所缺略资料，如记载堤堰；新增土产门。元刻本无存。通行本为咸丰四年徐氏烟屿楼《宋元四明六志》本。国家图书馆、上海图书馆、南京图书馆、日本静嘉堂文库等藏抄本。

Sizhou Zhi

《四洲志》 中国第一部较系统的世界地理著作。林则徐组织幕僚翻译英国人慕瑞所著的《世界地理大全》，亲加润色、编辑而成。清道光二十一年(1841)刊印。1卷。简要叙述世界四大洲(亚洲、欧洲、非洲、美洲)30多个国家的地理、历史和政治状况。通行有《小方壶斋舆地丛钞补编》本。魏源以该书及其他资料为基础，编成《海国图志》。

Sicunzhen Zhi

《寺村镇志》 主编韦敏。1999年广西人民出版社出版。57万字。设13篇54章156节。寺村镇属广西象州县。志首有镇地图、题词及彩色照片44幅。上限不拘，下限至1997年，个别内容酌情延伸。资料翔实，如人口章记载人口总量有1937年、1942年、1950~1997年数据；民族章对壮族、汉族的族源、迁徙、分布、姓氏有具体交代；民俗分项细致，记载民间棋艺，详记炮棋、三棋、老虎棋、跳棋的具体玩法，配有棋盘图；居民生活章有卜棍村农民生活状况调查。

经济内容突出农业、乡村工业、基础设施和商业。农业篇以生产关系章、生产条件章最详。乡村工业篇重点记支柱产业重晶石矿开采加工。基础设施篇记交通、邮电、村镇建设、供电供水、环境保护。商业篇设寺村牛市节,记载历史悠久的牲畜交易场所。注重对1949年前革命斗争历史和民众抗日史实的记载。党派、社团、政权篇记抗战时期和解放战争时期象县中共组织活动,党的外围群众组织曦社、春风社及其活动,及1927年建立的农民协会、妇女协会。军事篇设革命据点村庄章,收录抗战时期和解放战争时期革命据点交址村、中团村;兵事章记载救援盟军飞行员、抗击侵华日军、解放前夕人民武装斗争等战事。人物传略收录烈士6人、文化界人士4人、军政界人士6人,名医及能工巧匠记收录4人。附录除文告、碑记选录、诗文联选辑外,设纪物、纪事、杂录专题。2000年获广西地方志优秀成果奖三等奖。

重晶石矿机采场

Si-Hong He Zhi

《泗虹合志》 方瑞兰修,江殿飏、许湘甲纂。安徽唯一一部合志。清光绪十四年(1888)刻本。19卷。约26万字。卷首有图15幅。正文分12门81目。记事止于光绪十三年八月。泗虹指泗县、虹县。志书除部分内容分述外,如建置志分述泗、虹建置,水利志分述"泗病在淮、虹痛在濉"等,全书浑然一体。水利志中关于四大水系情况记载详备,对河流分段、每段长度、每段土方数量均有记载。新增武备志1卷,分4目,详载捻军活动,保留了研究捻军史的资料。艺文志保留了明州进士常三省的《上北京各衙门水患议》,可供研究历代受淮、濉之害。国家图书馆、安徽省图书馆、首都图书馆、湖北省图书馆、天津图书馆等有藏。

《泗洪合志》("中国方志丛书"本)书影

Songjiangfu zhi

松江府志 元至元十五年(1278)设立松江府。元、明、清三代官修府志有元大德三年(1299)《松江郡志》、至正十七年(1357)志,明正统六年(1441)志、成化九年(1473)志、正德七年(1512)志、崇祯三年(1630)志、崇祯四年志,清康熙二年(1663)志、康熙二十年志、雍正志、嘉庆二十三年(1818)志(见孙星衍)、光绪十年(1884)志。私修府志皆属简志,其中以松江府命名的有康熙年间佚名纂辑《松江府志略》、光绪三年闵山茙辑《松江府志摘要》。

《松江府志》[正德] 陈威、喻时修,顾清撰。正德七年刻本。32卷。约40万字。分31目71小目。卷首有府城图、府境图。以成化《云间通志》为底本,增补成化后的内容。记事追溯源头,下至正德元年。后世松江府纂修郡县志,多以此志引征史料为据。顾清在自序中强调"述而不作"。志书详述春秋时期至明代所辖区域的地理、行政区划沿革、物产、田赋、学校、寺观、古迹、宦绩等。天一阁有藏。国家图书馆、上海图书馆藏残卷。

《松江府志》[崇祯] 方岳贡修,陈继儒等纂。崇祯三年刻本。58卷。不分纲目,图经包括历代建置图、九峰图、黄浦图、倭寇海洋来路之图、青浦县水利图等27幅。崇祯四年,俞廷锷重新修订,新增地图9幅、文字36卷,共94卷。上海图书馆藏残卷。

《松江府志》[康熙] 郭廷弼主修,周建鼎、包尔赓等纂。康熙二年刻本。54卷,图经1卷。120万字。体例基本沿袭崇祯志。国家图书馆、中国科学院国家科学图书馆、北京师范大学图书馆、上海图书馆、上海博物馆、复旦大学图书馆、华东师范大学图书馆等有藏。康熙二十年,鲁超修、林子卿等撰《补辑松江府志》,20卷,已佚。松江图书馆藏清闻人倓抄本(分25门)。上海图书馆、松江博物馆藏抄本。

《松江府志抄》[雍正] 闵世倩纂。又称《云间志略》。辑自正德志、崇祯志和康熙志。辑有华亭县、娄县、上海县、青浦县,无南汇县、奉贤县、金山县。分43门。约4.4万字。重点记述山、水、掌故及名胜古迹等,还有对孙权在青龙江造青龙战舰的记载。复旦大学图书馆、上海图书馆藏抄本。

《松江府续志》[光绪] 博润修,姚光发、张云望、仇炳台纂。光绪十年刻本。40卷,首1卷。首卷图经有松江府全境五里开方水道图、提督署图等图。正文分十志(疆域、山川、建置、田赋、学校、武备、艺文、名迹、祥异、拾遗)、二表(职官、选举)、五传(古今人、艺术、寓贤、方外、列女)。国家图书馆、第一历史档案馆、首都图书馆、上海图书馆、上海博物馆等有藏。

清嘉庆、光绪《松江府志》("中国方志丛书"本)书影

Songjiangxian Zhi

《松江县志》 "上海市县志系列丛刊"之一。主编王健民、何惠明。1991年上海人民出版社出版。174.9万字。设32卷148章664节。卷首配照片141

S

清代醉白池

幅、彩色地图5幅、黑白地图1幅。上溯起源，下至1985年，部分内容适当延伸，大事记延至1989年底。建置卷记述旧县名“华亭”改名松江，及上海开埠前作为上海地区政治、经济、文化中心的情况；记载了约6000年前，先民在境内活动的迹象，以及崧泽型和良渚型等古文化，包括在一些遗址中发现的商、周时代后的遗物。文物古迹卷古文化遗址章记述广富林、汤村庙、平原村、姚家圈、北竿山、钟贾山、佘山等遗址；园林章记述方塔园、醉白池及古倪园、啸园等13座园林遗迹。九峰三泖卷记述凤凰山、佘山等12座山和1条河；收录描写九峰三泖的94首诗词，《干山志》《西佘山居记》《书山居》3篇志、记，附九峰山石采挖概况。文献卷收录孙中山在松江清华女校欢迎会上的演讲等3篇演讲，及1923年松江救国同志会简章、1949年5月的松江县人民政府命令、1949年10月中共中央主席毛泽东关于《转发松江县召开各界人民代表会议经验》的电报等6份文件。该志有两大特点：一是不沿袭旧志谬说，在大事记、建置沿革等篇中载及旧县名“华亭”，皆始自东汉建安二十四年(219)陆逊封华亭侯，摒弃旧志的寿梦已建亭之说；二是特辟“松江府记略”，保存了1912年松江府撤除前元明清三代松江府和元以前这个地区的历史资料。1993年获全国新编地方志优秀成果奖一等奖，1998年获上海市新编地方志优秀成果奖特等奖。

Song Yun

松筠(1752—1835) 字湘浦，号百二老人，人称松公。玛拉特氏，蒙古正蓝旗人。乾隆时，以翻译生员考授理藩院笔帖式。充军机章京，为乾隆帝所赏识，累委重任。历任驻藏大臣、陕甘总督、伊犁将军、两江总督、两广总督、东阁大学士、武英殿大学士等。曾命祁韵士增纂汪廷楷《西陲总统事略》原稿；后又命徐松增纂，名为《钦定新疆识略》。另纂有关西藏地区的地志嘉庆《西招图略》、道光《卫藏通志》等。著有《西藏巡边记》《绥服纪略》《藏宁路程》等。《西招图略》[嘉庆]，又名《西藏图说》。嘉庆三年(1798)成书。1卷。全书分28门，另有图15幅并附图说，书末附录成都至后藏路程等。约1.6万字。图说载有总图1幅、边防关隘图14幅，由远及近，起聂拉木、吉隆、廓尔喀，迄里塘、打箭炉。该书在门类设置上与传统志书有所不同，例如不设建置、地理、田赋、艺文等，而将相关内容分散于各条中。道光二十七年(1847)王师道重刻，增入乍丫地图及其图说。有道光三年刻本、道光二十七年重刻本。

Songshan Zhi

《嵩山志》 主编耿直。2007年河南人民出版社出版。145万字。设13编76章350节。书前有图6幅、领导视察照片32幅，嵩山风景照片和文物古迹照片近百幅。记述范围西至香山，东至青屏山，北至敖仓山，南至风穴山，以太室山、少室山为主，四周余脉为次。上起有资料可查的上古时代，下至2005年。篇目设置遵循先自然后人文，按照自然遗产、物质文化遗产、非物质文化遗产依次排序。围绕嵩山为众山之祖、地处中原、为炎黄两帝活动的区域、文化遗

少林寺鼓楼

迹众多等特点，突出记述嵩山36亿年地质历史，历经的“嵩阳运动”“中岳运动”“少林运动”等前寒武纪三次构造运动，太古代、元古代、古生代、中生代、新生代五个时代的地层出露；重点反映古文化遗址，儒学、道教、佛教荟萃，少林武术。注重地质史料和人文史料的收集与使用，引文出处明确。

Songdai xiuzhi

宋代修志 宋代被认为是中国方志的定型时期，方志数量增多，内容增广，体例趋于完善，出现方志理论，为后世方志的发展奠定了基础。存志较少，有些宋代佚志有部分内容辑于《永乐大典》存世。张国淦《中国古方志考》统计，宋代修纂方志1016种(总志40种)，存世34种(总志5种)。顾宏义《宋朝方志考》则收录路、州、府、军、监、县、镇、乡等志1031种，存29种。一些志书序文、跋语中有方志理论相关阐述，后世认为章学诚的方志理论多受宋代方志理论的影响。

宋代修志简史 北宋沿袭唐代的定期呈报图经的制度，所修图经数量超越前代。北宋末，图经开始向定型方志过渡，至南宋，方志体例日趋完备，有些方志虽沿用图经之名，但其体例、内容与定型方志无异。直称某郡志、某县志者逐渐增多，但也有一些著述以记、录、谱、乘、编、图志、类编、会要、补遗等为名，州、县先后所撰志书名称相同时，则在志名中加纂修年号或以“续志”“新志”相区别。传世两宋所修方志中，州、府志较多，县志相对较少；两浙路最多，其次是东南三路(福建路、广南东路、广南西路)。南宋方志数量多于北宋。

北宋修志　宋初，朝廷令各地编修进呈图经，规定诸路图十年一上，各州县(隔三年或隔六年)逢闰年造图，称闰年图或闰年图经，又称五等丁账簿，主要记录各州户籍，也记沿革、疆域、吏员、户口、贡赋等项。朝廷在各路、州造送图经的基础上汇编图经总集和全国区域图志。据《续资治通鉴长编》载，

部分存世宋代方志

志名	修纂者
雍熙《太平寰宇记》	乐史
熙宁《长安志》	宋敏求
《元丰九域志》	王存
政和《舆地广记》	欧阳忞
《岳阳风土记》	范致明
绍兴《吴郡图经续记》	朱长文
绍兴《雍录》	程大昌
乾道《临安志》	周淙
乾道《四明图经》	张津
淳熙《三山志》	梁克家、陈傅良
淳熙《桂海虞衡志》	范成大
淳熙《岭外代答》	周去非
淳熙《新安志》	赵不悔修，罗愿纂
淳熙《严州图经》	董弅修，陈公亮重修，刘文富订正
绍熙《云间志》	杨潜修，朱端常、林至、胡林卿纂
嘉泰《会稽志》	沈作宾等修，施宿纂
嘉泰《吴兴志》	李景和等修，谈钥纂
嘉定《赤城志》	齐硕等修，陈耆卿纂
嘉定《镇江志》	卢宪
嘉定《剡录》	史安之修，高似孙纂
《宝庆四明志》	胡榘修，方万里、罗浚纂
宝庆《会稽续志》	张淏
宝庆《舆地纪胜》	王象之
绍定《吴郡志》	范成大纂，汪泰亨等增订
嘉熙《方舆胜览》	祝穆
淳祐《临安志》	赵与筹修，陈仁玉等纂
淳祐《玉峰志》	项公泽修，凌万顷等纂
宝祐《澉水志》	罗叔韶修，常棠纂
宝祐《琴川志》	孙应时修，鲍廉增补
宝祐《寿昌乘》	佚名
宝祐《仙溪志》	赵与泌修，黄岩孙纂
《开庆四明续志》	吴潜修，梅应发、刘锡等纂
开庆《临汀志》	胡太初修，赵与沐纂
《景定建康志》	马光祖修，周应合纂
《景定严州续志》	钱可则修，郑瑶、方仁荣纂
咸淳《临安志》	潜说友
咸淳《毗陵志》	史能之
咸淳《玉峰续志》	谢公应修，边实纂

宋太祖开宝四年(971)重修天下图经，未成；六年，卢多逊出使江南，从南唐得江南诸州图经；八年，宋准奉诏修定诸道图经，即《开宝诸道图经》(已佚)。太宗朝修有《海外诸域图》《太平寰宇记》《天下图》《山川郡县形胜图》等。真宗朝修《职方图》《海外诸蕃地里图》《祥符州县图经》《九域图》等。仁宗朝修有《皇祐方域图志》等。神宗朝修有《十八路图》《天下州县图》《元丰九域志》《广东会要》等。宋徽宗大观元年(1107)创置九域图志局，主持全国区域志的编修。北宋初期所修志书中，以《太平寰宇记》《祥符州县图经》对之后修志影响较大，尤以后者影响至深。北宋中后期所修志书中，熙宁《长安志》对南宋州、县志的编纂有较大影响，而《吴郡图经续记》则是存世两种完整的宋图经之一。

南宋修志　南宋时，各地盛行修志，县志编修逐渐普遍，并出现了乡镇志。主要由地方官主持，请士人、幕僚编修，体例因人、因地而异。高宗朝修有《清远县志》等。孝宗朝修有《临安志》《新安志》《三山志》《严州图经》《雍录》《广州图经》《增江志》等。光宗朝修有《韶州新图经》等。宁宗朝修有《会稽志》《剡录》《舆地纪胜》《赤城志》《保昌志》等。理宗朝修有《会稽续志》《四明志》《四明续志》《吴郡志》《澉水志》《玉峰志》《仙谿志》《寿昌乘》《临汀志》《景定建康志》《严州新定续志》《潮州图经》等。度宗朝修有《临安志》《毗陵志》等。传世宋代方志多是南宋时期编修。

宋代修志特点　宋志体例逐渐完善并趋于定型。梁启超认为宋志是图经、政纪、人物传、风土记、古迹、谱牒、文征诸体的荟萃。张国淦有“方志之书，至赵宋而体例始备。举凡舆图、疆域、山川、名胜、建置、职官、赋税、物产、乡里、风俗、人物、方技、金石、艺文、灾异无不汇于一编”之言。朱士嘉概括宋志特点为“风格严谨，文字简练，内容翔实。上承《史记》《汉书》的余绪，下为方志编纂学打下良好的基础”。宋志内容较唐代图经、地志更加广泛。定型方志的内容由以地理为主体扩展到人文历史方面，大都详述各地沿革，所记地方官制、吏制、兵制和民变、兵变情况多为正史、政书所不详；经济方面，设有物产、田制、赋税、商业、贸易等多项；设置人物志、艺文志、杂志，且人物、艺文在综合性方志中逐渐占有重要位置；标注文献出处、卷尾留空行以备修补、附设文集等编纂方法多为后世修志所传承。

宋代方志理论　宋代学者在方志

的性质、源流、功用和编纂方法等方面提出了见解。方志源流方面，王存、程大昌、王象之等承袭地理书之说，认为方志起源于《禹贡》《山海经》；马光祖、郑兴裔等认为方志源于周代古方国之史；司马光将方志视为人事、地事并重的书体，溯方志源流于周代，但与马、郑等表述略有不同。方志编纂方面，周应合《景定建康志修志本末》阐述较为典型，将方志编修分为定凡例、分事任、广搜访、详参订4个步骤。方志功能方面，宋代志家普遍提到志书的资鉴、教化作用。

Songyuan Fangzhi Congkan

“宋元方志丛刊” 中华书局于1990年出版。8册。收录存世的完整和较为完整的宋元方志40余种。在影印底本的选择上，不以刊刻年代的早晚作为取舍依据，而是尽可能择取字迹清晰、附刊有后世学者写的校勘考证等研究成果的足本。第一册包括《云间志》《长安志》《类编长安志》《雍录》《齐乘》《吴郡图经续记》《吴郡志》《淳祐玉峯志》《咸淳玉峯续志》《至正崑山郡志》，第二册包括《琴川志》《景定建康志》，第三册包括《无锡志》《嘉定镇江志》《至顺镇江志》《咸淳毗陵志》，第四册包括《乾道临安志》《淳祐临安志》《咸淳临安志》，第五册包括《淳熙严州图经》《景定严州续志》《至元嘉禾志》《澉水志》《嘉泰吴兴志》《乾道四明图经》《宝庆四明志》，第六册包括《至正金陵新志》《开庆四明续志》《大德昌国州图志》《延祐四明志》，第七册包括《至正四明续志》《嘉泰会稽志》《宝庆会稽续志》《剡录》《嘉定赤城志》，第八册包括《新安志》《淳熙三山志》《仙溪志》《河南志》《寿昌乘》《大德南海志》。

Suzhoufu Zhi[Tongzhi]

《苏州府志》[同治] 李铭皖、谭钧培修，冯桂芬纂。清同治十三年(1874)修成稿本。光绪八年(1882)刊行。150卷，首3卷。设33门。体例遵乾隆志，略有变通。卷首有图、巡幸。12幅舆图以绘图新法并参用咸丰、同治两次履地实测绘制而成。田赋门记载赋额一项，据同治二年新定科则列表，附旧章于后，使实征本色与折色的名数一目了然，并且缕述田赋的层层加码及所致弊端，造成“吴下人民负担之重，国内为最”的状况，又远溯宋代以后田亩、户口、赋税、漕运、解支数、屯田、芦课、杂税、盐铁诸法的史实，考述翔实。记述内容反映苏州地方特征，如人物门中记载经学的吴派、医学的温病学派、绘画的吴门派等代表人物及成就，山、古迹、第宅园林等门详载域内名胜、园林，杂记门中记述藏书家黄丕烈的“百宋一廛”藏书及苏城阊门孙春阳南货铺经营规模和特色等。志中也体现了反对太平天国的政治思想，对反太平军有功者立传褒扬，对太平军的人物、苏福省(太平天国以苏州为中心而建立的行政区)及其推行的措施均弃之不载。苏州市图书馆存稿本。江西省图书馆、无锡市图书馆存同治抄本。国家图书馆、天一阁、南京图书馆、南京大学图书馆等藏光绪刻本。

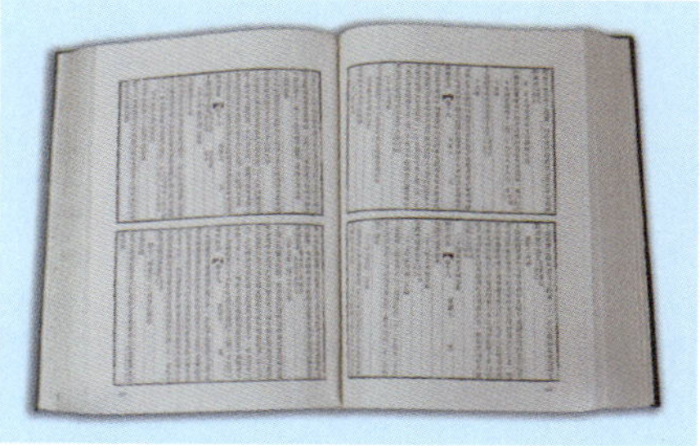

同治《苏州府志》(“天一阁藏明代方志选刊”本)书影

Suzhoushi Zhi

《苏州市志》 主编陈晖。1995年江苏人民出版社出版。3册，483.5万字。设54卷368章1079节。志首配地图3幅、照片296幅。记述地域范围，民国时期以吴县城厢为主；1949年后事项限于苏州市区；1983年实行市管县后，对所辖六县(市)另设县(市)概况专卷，并在相关卷中兼及。上限溯源，下限至1985年，大事记延至1992年。城巷河桥、园林名胜等卷体现苏州“河巷相依、河街相邻”“园林甲江南”的特色，除专设园林名胜卷外，建筑卷中还设园林建筑章、古典园林节，记述著名园林27处。丝绸工业、工艺美术等卷体现苏州“丝绸之府”“工艺之市”的经济特色。将饮食服务从商业卷中析出单独设卷，并专设一章记述苏州名菜名点。文学艺术、文物两卷突出反映苏州的文学艺术、文化遗产特色。设政事纪略卷，详记24个重大政治事件。杂记卷记载96则遗闻逸事。1997年获全国地方志奖一等奖。①《苏州市志》城巷河桥卷。设4章11节。首章城垣记述史籍所载隋以后苏州城城垣的变迁修建，至1985年苏州古城尚存城墙残迹；13座城门的位置、来历、废毁情况。之后3章均分城内、城外记述。街巷章记载街巷名称、起止、长宽、路面状况，主要街巷改建拓宽、名称演变情况。河道章记载大小河道约60条，附表收录清、民国、1949年后城内废弃的78条河道的方向、名称(方位)、长度。桥梁章记载360余座桥梁的名称、位置、改扩建过程、长宽、跨度等，明代及明以后拆除废弃的290座桥梁的名称及位置。②《苏州市志》工艺美术卷。设22章50节。用18章的篇幅分别记述苏绣、缂丝、宋锦、剧装戏具、织毯、红木家具和小件、漆器、玉雕、雕刻(附泥塑)、扇子、桃花坞木刻年画、民间工艺、苏裱、姜思序堂国画颜料、笔墨纸砚、金银器、仿古铜器、乐器等的沿革、技艺及代表产品。之后设章记述苏州广告业的发展，工艺美术配套产品的种类及产销情况，刺绣研究所、工艺美术研究所、刺绣厂、红木雕刻厂、民族乐器厂、檀香扇厂等主要工艺美术厂(所)及管理机构。③《苏州市志》图书卷。设3章18节。刻书章分别记述官刻、坊刻、私刻的历史，详记明清时期刻书事业，除单列目进行记述外，还列表记载部分书坊刻书、私家刻书情况。藏书章设小节记载书院、寺庙、私家藏书情况。图书馆章记述境内图书馆的

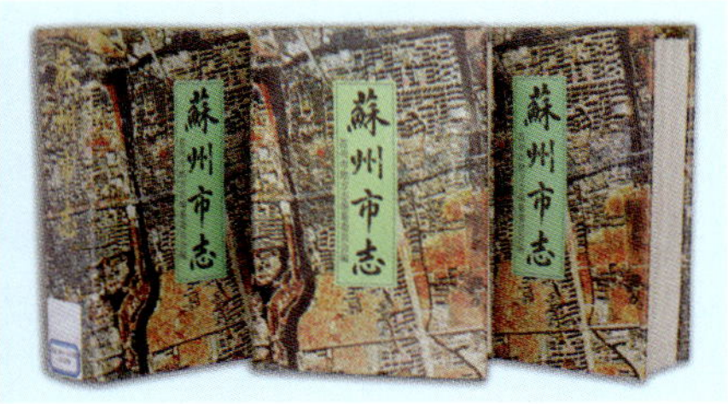

《苏州市志》书影

发展情况、相关研究机构、人才培养，并简介部分图书馆。著述章收录苏州历代方志目录、《吴县志·艺文考》补遗、民国及以后的著述要目。

Suifenheshi Zhi

《绥芬河市志》 主编刘欣。2000年黑龙江人民出版社出版。152万字。设27编105章322节。志首配彩色图照85幅。上起绥芬河有史料记载的清咸丰十年(1860)，下至1989年。设交通/邮政、口岸管理、外事、政党/社团等编，突显绥芬河市作为区域性口岸物流中心城市、沿边开放城市、革命老区的特点。交通/邮电编设铁路、公路两章，记述绥芬河以中东铁路为轴心，辐射东北亚广大地区的跨国交通枢纽的情况，重点记述滨绥线(原中东铁路东段)、日本侵略军修建的绥芬河至东宁三岔口的轻便铁路、绥满公路及边防公路——会晤路等线路，绥芬河站、宽沟站、红花岭乘降所等站点的情况。口岸管理编重点记述绥芬河口岸管理权的更替，军政委员会、外事委员会、口岸管理委员会等领导、协调机构，中国外运公司绥芬河分公司、黑龙江省国外贸易公司驻绥芬河办事处等国际贸易机构的情况。外事编重点记述中俄(苏)边界、边界争端问题，中东路、国际联运事项、中长铁路合办等重大涉外事件。政党/社团编设政党章，重点记述中共绥芬河铁路支部、绥宁特别支部委员会、五站支部等绥芬河市党组织，绥芬河市党组织常设机构，绥芬河地下交通站、军政总支委员会、军政委员会党组等中央省直驻绥芬河口岸党组织的情况，对绥芬河地下交通站负责的中共与共产国际间的文件传递和往来领导人的护送、护接工作有详细记述。

绥芬河口岸

Suihuadiqu Zhi

《绥化地区志》 主编赵泽民，常务副主编滕守军。1995年黑龙江人民出版社出版。2卷，237万字。设25篇135章597节。志首配彩色图照60余幅。上起事物发端，下至1990年，重点记述清顺治五年(1648)绥化地区建立旗制后的历史。以自然地理、农业、军事等篇最具特色。附录设杂拾，记述为安置抗日战争时期有功群众组建的救国屯，还记载日本开拓团以及伪满政府抓劳工等情况。①《绥化地区志》自然地理篇。设8章25节。自然资源章重点记述东部低山丘陵暗棕壤林业基地区、东部冲积洪积平原黑土草甸土壤商品粮基地区、中部平原黑钙土农牧结合区、西部冲积湖积低平原草甸黑钙土盐渍土壤半农半牧区、嫩江松花江沿岸低平地草甸土农牧渔综合发展区5个土地资源区，矿泉水、泥石岩、石膏、磷矿石、石油和天然气等20余个矿种，草炭资源，芦苇、小叶樟等轻工造纸原料，羊草、稗草、草木樨、紫苜蓿等牲畜饲草，延胡索、藿香、小茴香、节骨草、狼毒草等入药植物。②《绥化地区志》农业篇。约27万字，约占全书总字数的11%，为比重最大的篇章。设8章54节。畜牧业章重点记述松嫩草原、山间草场与河套草原的产草量、载畜量、牧草种类等，详记闻名世界的羊草。基地县建设章重点记述被国务院批准为全国农业现代化综合科学实验基地县的海伦县；被省政府确定的绥化、海伦、肇东、肇源、肇州等12个商品粮基地县，望奎、庆安、绥棱3个大豆出口生产基地县，绥化、海伦、望奎、兰西、肇东5个商品猪基地县，肇源、肇东、肇州等7个商品牛基地县，安达、肇东2个奶牛基地县的情况。③《绥化地区志》军事篇。设4章15节。战事章记述辽金出荷店(肇源茂兴)之战，攻打肇源城之战、海伦冰趟子之战、安达拉锯式的抗日之战等抗击日本入侵的战争；望奎的莲花泡、青冈的王家围子、安达金家粉坊等剿匪战斗；平息肇州的逢世隆叛乱，肇源的姬兴洲叛乱，海伦的“大刀会”“党炮”等叛乱的战斗。

《绥化地区志》书影

Suiyuan zhi

绥远志 清晚期开始出现关于绥远(原为内蒙古的一部，清中叶以后曾设置厅治，隶属山西省朔平府)的志书，有咸丰《古丰识略》《归绥识略》，光绪《归绥道志》《绥远全志》《土默特旗志》《归化城厅志》，民国《绥乘》《绥远通志稿》等。其中《绥远全志》《绥远通志稿》影响较大。

《绥远全志》[光绪] 贻穀修，高赓恩纂。清光绪三十四年(1908)刻本。又名《绥远志》《绥远旗志》。专叙驻绥远城(呼和浩特新城区)的满洲八旗。共10卷。卷首为序、职官录、帝制纪、诏谕、宸翰、凡例。正文分疆界公所图、疆域沿革表、山水、城垣、故城郡县考、官制考、职官表、官制兵制表、世职表、俸饷表、经政略、学制、选举表、仕宦表、学堂各表、宦绩、人物、烈女、方言19门。图、表共计29幅，包括区域地图和各级衙署建制图。除故城郡县考中对内蒙古西部地区历史上盛乐、定襄、武川等85个故城有简单考证外，其他内容均围绕绥远城满洲八旗编写。其中

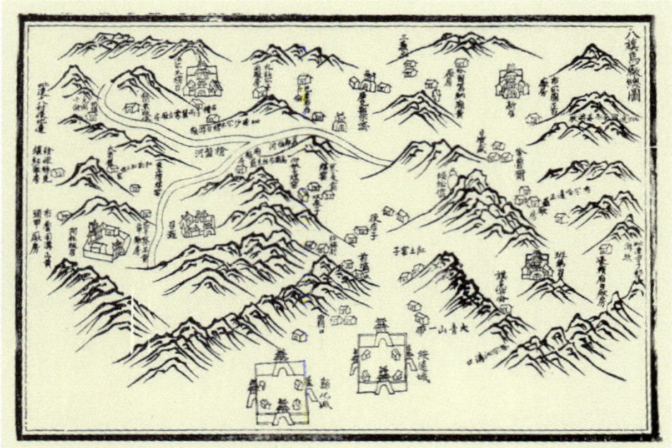

八旗马厂总图(光绪《绥远全志》)

官制兵制表记叙由乾隆帝任命的绥远将军,及下属的副都统、满洲协领、佐领、防御、骁骑校的人数,蒙古八旗与汉军八旗的协领、佐领、防御、骁骑校的人数。方言门为汉语注音蒙古语的词汇对照,有天文、地舆、城池、宫室、音乐、政事、文学、技术、器用、五谷、蔬菜、花卉等41类,译文占全书篇幅近1/10。国家图书馆、内蒙古图书馆、辽宁省图书馆、首都图书馆等有藏。内蒙古自治区地方志编纂委员会办公室资料室存影印本。

《绥远通志稿》[民国] 郭象伋、阎肃、李泰棻、荣祥等编纂。1936年底成稿。120卷。约200万字。1939年,傅增湘继任总纂,修订出第二稿。116卷。分设六志,下统36门70子目。1944年,由伪蒙古联盟自治政府内政部送交日本东京东亚文化研究所印刷出版,次年装订成册,后毁于东京大轰炸。1946年,国民党绥远省政府从傅增湘处得到初稿113卷。1956年,内蒙古图书馆从傅增湘遗物中寻回第二稿半数草稿。1970年,荣祥、郭灵墅等12人编成第三稿,未印。2007年,志稿由内蒙古人民出版社出版,100卷,420万字。其中99卷为史料,1卷为大事记,分编装订12册,并录有省域、要隘、各县局及盟旗舆图22幅。其中疆域、沿革卷,除按省、县、盟旗三部分记述外,还把北方少数民族历史上的分合迁徙贯穿其中,卷后附绥远省历代疆域沿革表。垦务卷稽考史籍,追述历代在绥远地区经营垦殖的情况,详细记述清末在内蒙古进行的大规模放垦经过,附统计表格,列明全省各地放垦土地面积。水利卷着重记述黄河后套的水利发展,对河套渠道的修建及灌溉面积均有记载,还记有开发河套、兴修水利的人物,总结历代治水经验。商业卷记述材料均来自实地调查,并对省内各行业经营情况及输入输出的货品和价格分别文字和统计表格予以说明。列女卷中有关于花木兰的记载。内蒙古图书馆有藏。2007年,内蒙古人民出版社出版整理本。

Suidai xiuzhi

隋代修志 隋代结束了长期分裂割据局面,国家重现一统,为加强中央政府对地方的控制和管理,隋炀帝于大业年间,诏令各郡上呈风俗、物产、地图等类书籍,汇编总志,是中国有记载大规模纂修图经之始。隋炀帝敕秘书学士18人修十郡志,由内史侍郎虞世基总裁,编成图志800卷。隋炀帝因部帙太少,要求重修,成《区宇图志》1200卷。尚书左丞郎茂也编撰了《诸州图经集》100卷,隋朝官修总志还有《诸郡物产土俗记》151卷。这些地理总志内容各有侧重,皆据各州郡图经及各种地记汇编而成,卷帙众多,为前代方志所不及,为以后历代封建王朝纂修这类方志创立了格局,奠定了基础。隋代各地图经均已散失不传,但后代史籍中往往征引其内容。如《太平寰宇记》卷10记陈州商水县,引有隋《陈州图经》、郎蔚之《陈州旧图》,《太平御览》卷64引有《固安图经》,《舆地纪胜》卷83引有《随州图经》。

部分隋代佚志简目

《潮州记》《陈州旧图》《陈州图经》《丹阳郡图经》《东郡图经》《固安图经》《弘农郡图经》《淮阳图经》《淮阴图经》《冀州图经》《江都图经》《历阳图经》《洛阳图经》《洺州记》《区宇图志》《上谷郡图经》《随州图经》《魏郡图经》《襄国记》《宣城郡图经》《雍州图经》《幽州图经》《诸郡物产土俗记》《诸州图经集》

Suiningshi Zhi

《遂宁市志》 总编谢志成。2006年方志出版社出版。2卷,391.5万字。设38篇76章341节。配历史图片126幅。上限不限,下限至2004年。主要记述东晋永和三年(347)遂宁得名以后,从设郡、州、府、督察区、专区到建市的1600多年间,自然与社会历史演变和发展情况。正文突出反映中华人民共和国成立后到建市前,遂宁的二轻工业在

广德寺全景

全省的重要地位及建市后的发展。工业篇18万字,设9章26节,记述工业产业结构调整,食品、纺织、化工、机械、能源等工业的发展历程;特别记述了建市后,市委、市政府实施强化“科技兴工”“工业强市”战略,逐步建立以食品、纺织工业为支柱,化工、机械、医药、电子、建材、饲料等门类比较齐全的工业体系。设经济体制改革篇,反映遂宁坚持改革开放、扩大对外合作的时代特点。名胜旅游篇记述观音故里、中国死海等具有地方特色的事物。人物篇收录本籍及客籍在遂宁历史上有一定贡献和影响的人物193人,其中历史人物按界别和性质划分英烈、党派、行政等12类,收录张鹏翮、邹和尚、陈子昂、杨闇公、旷继勋等188人;当代人物简介收录特别优秀的、有突出贡献的、在国

内外有重大影响的在世人物5人,即邓昌友、李家顺、李国栋、李小宁、何训田。2010年获四川省哲学社会科学成果奖三等奖、四川省地方志优秀成果奖志书类一等奖。

Sun Xingyan

孙星衍(1753—1818) 字渊如,又字伯渊,号季逑。清江苏阳湖(常州)人。乾隆五十二年(1787)进士。任刑部郎中、山东督粮道等。晚年主讲钟山书院。主纂或参纂《醴泉县志》《直隶邠州志》《三水县志》《庐州府志》《松江府志》《偃师县志》《关中胜迹图志》《澄城县志》等。另著有《尚书今古文注疏》《周易集鲜》《明堂考》等,刻有“平津馆丛书”等。为清代地理学派(见清代修志)代表人物。在《直隶邠州志》序中,主张直隶州志应专志州志,不当及其属县;认为“旧志荒略,所载故实,不著原书,今悉正其讹谬”,应一一注明引书出处;批评明代朝邑、武功二志“皆非著述之体”,推崇《景定建康志》。主张“方志以考据存文献”,重视史实及地理考证,尤重古代史料,而对当时的史料重视不够。①《直隶邠州志》[乾隆]。邠州为山西彬县古称。25卷。王朝爵修,孙星衍等纂。乾隆四十九年纂修,同年刊刻。正文设25目,有四图,约14万字。卷1~4记述范围包括长武等地,卷5以后专记邠州。记事止于乾隆四十九年。重考稽,各目皆有所出,地理、古迹仿乐史《太平寰宇记》、宋敏求《长安志》,人物仿高似孙《剡录》。有乾隆四十九年刻本、道光二十四年(1844)补刻重印本等。②《三水县志》[乾隆]。11卷。朱廷模、葛德新修,孙星衍纂。始修于知县朱廷模任上,葛德新继任后续修,乾隆五十年成书并刊刻。11卷。约6万字。该志在参考林逢泰修、文倬天纂的康熙志基础上,补康熙十六年(1677)至乾隆五十年史事。正文设14目,附补遗1目。对三水地理沿革考证精详,记载详细。还详记康、乾时期三水户口、钱粮及县政开支等。有乾隆五十年刻本。③《松江府志》[嘉庆]。宋如林修,孙星衍等纂。嘉庆十七年(1812)开始编修,二十三年成书并刊刻。84卷,首2卷,图1卷。由图、表、志、传组成,志、表、传前有小序以撮其内容大要。卷首为巡幸、宸翰。正文分18门,约180万字,配图38幅,并附图说。田赋志记载详尽,下分田赋、科则、田亩、漕运、解支、赈恤、役法、户口、杂税、芦课、积贮、关榷、盐法等目,共10卷。拾遗志记述明洪武十八年(1385)至二十年连续大灾,饿民“烹子疗饥肠”的惨况。对前人疏浚之法、水稻品种、捕鱼之术等记述详细。有嘉庆二十三年松江府学明伦堂刻本。

Sun Yirang

孙诒让(1848—1908) 字仲容,号籀庼。清浙江瑞安人。同治六年(1867)举人。后屡试不第。光绪元年(1875),捐刑部主事,任官数月后引疾归故里。光绪三十二年,任学部谘议官、浙江学务议绅和浙江省教育总会会长。曾兴办学校多所,将浙江各郡邑地志手校后收藏。纂有《温州建置沿革表》《温州古甓记》《瑞安建置沿革表》《温州经籍志》和光绪《永嘉县志》,辑录《永嘉郡记》,刊刻“永嘉丛书”。撰《瑞安县志局采访人物条例》《瑞安县志总例》,对方志理论多有阐发。另著有《周礼正义》《墨子间诂》等。①《瑞安县志总例》。载《籀遗文》下卷。分纂辑、测绘、校雠、采访、检查案牍、缮写6个方面。认为郡县志“实兼正史志、表、传三者之体”,要“以体裁渊雅、援证详博为宗”,要仔细推敲义例、门目是否适当,搜集资料要“择其与各史及唐、宋、元、明古籍相关涉者,逐条考校,补阙定讹”。注意“多立图表,以理纠错之端;多附小注,以广异同之辨;考证必究其本原,以惩剽窃稗贩之弊;记录必详其出处,以杜凭虚撰造之嫌”。同时指出,“凡考订方舆,以图学为最重”,强调重修县志时,首先要弥补旧志对图学疏略不讲的弊病,要用近代地图绘制方法绘图并请测绘专家实测。主张采访分为分访和专访两种,采访“务宜破除情面,秉公查核,不可徇私阿好,略涉夸饰,有乖公论”。对于古迹、冢墓,提出要“亲自按地游历,悉心查核”。②《温州经籍志》。光绪五年成书。有1921年浙江图书馆刊本。36卷。内篇33卷,为本籍人著述;外篇2卷,录外籍人为本地所作者;辨误1卷。共著录唐宋以后1300余位学者的1759部著述。该志仿《文献通考·经籍考》和《经义考》例,每书注明书籍的存、佚、缺或未见情况,采录原书序跋及前人的评议识语,以说明作者生平、著书旨意及流传端绪,间加按语以考证,申发其精奥、订正其讹误。

suoyin

索引 方志体裁之一。旧称备查、通检、引得。是志书重要检索手段,也反映志书含有的知识主题的数量。一般放在附录后。通常由说明、标目和引码三要素组成。索引说明,又称例言,主要用于说明索引的编纂原则、编纂方法、排列顺序和检索方法,有总说明、分类索引说明。索引标目,指列入索引的被检索对象的名称,又称条目、款目、主题词、标引词等。索引引码,又称注码,即标目在志书中出现并有记述内容的页码。引码含页码、卷码和栏目代码。清以前旧志不设索引,20世纪30年代始为旧志编制索引。1934年,上海商务印书馆先后影印六省通志(浙江、广东、畿辅、湖南、山东、湖北),在方志后附四角号码索引,均为综合性索引。至80年代初,为旧志编制索引取得较多成果。首轮修志中,较早编制索引的是浙江《萧山县志》(1987出版),设有表格索引。1998年,中国地方志指导小组颁布《关于地方志编纂工作的规定》,规定“全书要附有索引”。2008年颁布的《地方志书质量规定》将索引列为方志体裁之一。索引编制质量的高低,成为衡量志书质量的重要标准之一。多卷本志

S

书也可编制总索引。①索引编制范围。以专志、人物、大事为主。具体内容包括目与子目、大事、人名、机关团体或单位名、地名、照片、图表、名特产(物产)、地方掌故、文物、名胜古迹等。可分为专题性索引和综合性索引两大类。专题性索引又称分类索引,是提取志书信息主题词并按事物分类编制的索引,包括人名索引、地名索引、图表索引、事件索引、掌故索引、风俗索引、名胜古迹景观索引、参考文献索引等。综合性索引指把志书中人、事、物等具有独立意义的概念提炼成标目,汇集在一起组成索引,常见的有条目索引和内容索引。条目索引又称标题索引,是将志书所有目及子目名称汇集在一起组成的索引。内容索引又称主题索引,是将志书中出现的人物、地名、书刊名、图表、会议、机构、事件、专题资料等一切有实质意义的内容拟制标目,汇集在一起组成索引。②索引编制注意问题。标目数量应反映志书中所含可供检索的信息,防止重大遗漏。标目的选择,尽可能采用具有检索性的名词化短语;标目在正文中应有记述内容。引码不必过多,选择提供信息量较大的页码做引码。志书编纂过程中要对索引有所考虑,加强对知识内容主题的提炼。选择了解全书内容的人员编制索引,如参与志书编写工作的编辑。

T

台 太 谈 郯 谭 汤
唐 特 腾 滕 体 天
田 汀 通 同 桐 童
图

Taibei Gugong Bowuyuan

“台北故宫博物院” 位于台湾省台北市郊阳明山脚下双溪至善路。始建于1962年，1966年开馆。有藏品70万件，主要来自抗日战争时期南迁四川的北平故宫博物院，自南京西迁四川的国立中央图书馆、国立中央博物院筹备处、中央研究院历史语言研究所等单位。收藏方志3000余种，主要包括故宫博物院的清宫旧藏1603种14306册，其中有明版20部、清版1544种、民国版及抄本39种；日本侵占中国期间成立的华北交通株式会社(属南满洲铁道公共运输公司)旧藏1089种9565册，大部分为清代和民国方志；北平图书馆旧藏，1934年文物南迁时，北平图书馆精选甲乙库珍本6万余册运至上海，1941年又从中选取善本2万余册分装102箱运至美国国会图书馆暂存，1965年交“台北故宫博物院”保存，这批古籍善本中，有方志459种2303册，其中有明版419种、清版16种、抄本19种，均为传世方志中的珍本。所藏方志中有宋元方志66种，其中宋版2种、元版6种；稀见方志62种，其中海内孤本34种。

Taihai Shicha Lu

《台海使槎录》 黄叔璥著。清康熙六十一年(1722)始作。为作者在巡台御史任中所著《赤嵌笔谈》《番俗六考》《番俗杂记》的合刊本。又名《台湾使槎录》。共8卷，122目，约10万字。卷1~4为《赤嵌笔谈》，记述台湾地形、气候、潮汐、水程、城堡、一般风土、地震灾异及郑成功抗清和朱一贵起义等事。卷2除记述当地武备军事外，所记婚嫁、岁时节令、服饰、贸易等习俗，均可见其与大陆文化习俗的关系。还记载当时台湾与漳州、泉州、建宁、厦门、上海、宁波、山东等地的海船贸易情况及贩运的各类商品名目。卷3主要记载台湾农作物、特色土产、热带水果、奇花异木、草药、海产、鸟兽鱼虫等。卷5~7为《番俗六考》，所谓“六考”，指对其居处、饮食、衣饰、婚嫁、丧葬、器用六方面考察。叙述涉及北、南两路十三个地区的一百五六十个村社。还附30余首番歌，内容涉及生产、打猎、爱情、游戏、送公文、颂丰年、劝诫、饮酒、纳粮、娶妻、思念亲人、歌颂祖先等。卷8《番俗杂记》中有关台湾少数民族风俗的记载也较详尽。有清乾隆元年(1736)刻本、“畿辅丛书”本及1936年上海商务印书馆“丛书集成”初编本。

Taiwanfu zhi

台湾府志 明郑成功占据台湾时期，无修志记载。清康熙二十三年(1684)置府设县，开始修志。至乾隆二十九年(1764)，7次纂修府志(康熙年间4次纂修)，共刊行6种。康熙、乾隆年间分别刊行3种。其中康熙年间首次纂修的府志为台湾置府后的第一部府志，第二次所修志书为此后历次纂修台湾府志蓝本，第三次及乾隆朝的前两次修志为重修，最后一次修志为续修。康熙四十九年，宋永清等在康熙三十三年志的基础上，增补康熙三十五年至四十九年间台湾府政军民情风俗诸事，称为《增修台湾府志》，未刊行。

《台湾府志》[康熙] 蒋毓英主修，简称蒋志。成书时间无明文记载。10卷。设25目。记事止于康熙二十四年。对选举内容没有记载。记述明郑氏占据台时期旧事，包括清、郑双方斗争情况，如清政府招降郑氏集团将领等。人口目记载当时台湾府实际人口、少数民族及男女人数等，为后志所不详载。志中记述许多显示中国早期传统的风俗，如人们对飓风形成的一些习惯看法，与大陆尤其是闽粤地区相一致的民风，在神灵信仰与崇拜方面与内地居民类似的某些风尚。还记载了城隍庙、东岳庙、上帝庙、关帝庙、观音庙等庙宇建筑，400余种物产的生产条件、形状、用途，部分记产地。上海图书馆有藏，又有影印本。

《台湾府志》[康熙三十五年] 靳治扬主修，高拱乾纂辑，简称高志。以蒋志草稿增补纂成。10卷。约18万字。设81目。增记鱼市、街5条等。在经济、人物、地理、科举、艺文等方面也有增补，分目更细，更正蒋志中的某些错误。所记一府三县的户口统计资料，户数与蒋志完全相同，人口数只以蒋志所记的男子人口数为基数，疏于统计。国家图书馆、福建省图书馆、中国科学院国家科学图书馆、南京大学图书馆等有藏。日本内阁文库藏补刻本。福建师范大学图书馆藏抄本。另有1960年“台湾文献丛刊”本、1968年《台湾方志汇编》本。

《重修台湾府志》[康熙五十年] 周元文主修，陈瑸等纂。简称周志。10卷，首1卷。在高志基础上增补而成，类目基本与高志相同。所增多属康熙三十五年后的资料，增补多在规制、秩官、武备、赋役、艺文等志，并将康熙三十五年至四十九年间新修部分另行刻板编入。秩官志所载职官，如陈瑸、梁文科、冯协一、王珍、张宏、俞兆岳、张琮、陈亮采、张知宰等到任或卸任年月多在康熙五十一年后，还有迟至五十七年者，可推断此志曾经增补。南京图书馆、上海图书馆、台湾等有藏。另有1959年油印本、1960年“台湾文献丛刊”本、1968年《台湾方志汇编》本。

《重修福建台湾府志》[乾隆七年] 刘良璧主修，钱洙、范昌治纂辑。通称刘志。20卷。25万余字。首卷专载圣谟。当时台湾增设彰化县、淡水厅、澎湖厅。故该志与高志、周志不同，志中县、厅分志。志体仿通志而略变通。正文分 18 目。职官篇占 2 卷，余篇各 1 卷。以高志为蓝本，增补职官、田土、艺文等目内容；重新绘制舆图；仿高志体例，原名目择一为主，其余作附，稍加变通。福建省图书馆、北京大学图书馆、武汉大学图书馆、中山大学图书馆、日本国立国会图书馆有藏。另有 1960 年“台湾文献丛刊”本。

《重修台湾府志》［乾隆十二年］范咸、六十七（字居鲁，巡视台湾户科给事中）修纂。25 卷，首 1 卷。纲目根据刘志与高志增删而成，分 12 纲，下设 92 目。不设典谟，有关台湾的谕旨均散入各卷之中，其余删去；关于台湾人口、流寓人口及其来源的问题有不少记述；封域、风俗、物产、杂记等门，正文简洁而附考详细。国家图书馆、上海图书馆、山东大学图书馆等有藏。河南省社会科学院图书馆藏抄本。另有 1960 年“台湾文献丛刊”本。

《续修台湾府志》［乾隆三十九年］余文仪主修，黄佾纂。简称余志。26 卷，首 1 卷。分 12 纲。在范志的基础上进行增补，包括建置、形胜等 38 目，艺文纲新增一卷。各卷附考中增加考语。增补资料主要是乾隆十二年后内容，所增字数为重修志的 1/5，以规制、职官、赋役、土田、租赋、武备、官秩、艺文所补为多。国家图书馆、故宫博物院图书馆、南京图书馆等藏原刻本、同治十一年（1872）补刻本。

台湾府总图（乾隆三十九年《续修台湾府志》）

Taiwan xiuzhi

台湾修志 明代已有记述台湾地区的志书。万历年间陈第撰成《东番记》。台湾修志始于清康熙二十四年（1685），历经清代、日据时期、光复后 3 个时期。清代一般设立临时志局，主要编修府、厅、县志；日据时期有各级编纂课室、史料编纂会等，各郡市、街庄编纂有市史、要览、概况、大观等类似中国方志的书籍。1945 年后，各级行政区划均成立专门的编纂机关，着手纂修方志，并进行志书搜集、整理、研究、数字化及方志学研究。从 20 世纪 80 年代末开始，台湾与大陆地区开展方志学术交流活动。

台湾清代修志　清廷收复台湾后，设府县管辖。台湾府志先后编修了 6 部。雍正五年（1727）设置澎湖厅、淡水厅。嘉庆十六年（1811）置噶玛兰厅。澎湖入治后不久即开始修志，并有专志、续志，150 年间共四修澎湖志。淡水厅、噶玛兰厅直至道光年间始有志书修成。除官、私修志书外，台湾地区还编纂了采访册。①台湾清代厅志。共 9 种。以厅志命名的有道光十一年（1831）至十二年，陈淑均纂修《噶玛兰厅志》；十四年，郑用锡修成《淡水厅志稿》；十七年，柯培元纂修《噶玛兰志略》；十九年，李祺生续辑《噶玛兰厅志》；同治九年（1870）陈培桂聘杨浚重修《淡水厅志》，翌年刊行。雍正十二年至乾隆元年（1736）、乾隆五年，周于仁、胡格相继纂辑《澎湖志略》；乾隆三十一年至三十三年，胡建伟辑《澎湖纪略》；道光九年，蒋镛、乌竹芳辑《澎湖续编》；光绪十八年（1892），林豪辑成《澎湖厅志稿》（刊行后称《澎湖厅志》）。②台湾清代县志。共 7 种。最早的一部是康熙五十六年，周锺瑄、陈梦琳修成的《诸罗县志》。康熙年间还修有 2 部，分别为李丕煜、陈文达合修，康熙五十八年刊行的《凤山县志》；王礼修、陈文达等纂，康熙五十九年刊行的《台湾县志》。乾隆年间修有 2 部，分别为鲁鼎梅、王必昌纂，乾隆十七年刊行的《重修台湾县志》；宇文仪、王瑛纂修，乾隆二十九年刊行的《重修凤山县志》。嘉庆年间有薛志亮修、谢金銮与郑兼才同纂，嘉庆十二年刊行的《续修台湾县志》，道光元年郑兼才改补重刻，道光三十年薛锡熊增修补刻。道光年间有李廷璧、周玺纂修，道光十六年刊行的《彰化县志》。成稿未刻的县志还有沈茂荫、谢维岳纂修，光绪十九年成稿的《苗栗县志》；屠继善纂修，光绪二十一年成稿的《恒春县志》；叶意深、郑鹏云、曾逢辰、陈朝龙修纂，光绪十九年成稿的《新竹县志初稿》。③台湾清代私修志书。有清初季麟广纂《台湾郡志稿》；康熙二十四年，林谦光撰成《台湾纪略》，康熙二十七年，王喜纂修《台湾志稿》；嘉庆年间，谢金銮撰成《蛤仔难纪略》；光绪年间龚柴《台湾小志》等。④台湾清代采访册。道光十年，黄本渊、曾敦仁等曾纂成《台湾县采访册》。清代采访册大都在光绪十八年至二十一年间编纂成书。主要有卢德嘉纂辑《凤山县采访册》、倪赞元编纂《云林县采访册》、佚名编纂《台湾县采访册》、胡传纂辑《台东州采访册》、陈朝龙纂辑《新竹县采访册》、蔡国琳纂辑《安平县采访册》、王廷楷纂辑《埔里厅采访册》、吴鸾纂辑《台湾采访册》、吴德功纂辑《嘉义管内采访册》等。

台湾日据时期修志　日本于清光绪二十一年占据台湾。1920 年，地方行政开始实行州厅、郡市、街庄三级制。1922 年，台湾总督府设史料编纂委员会，编有《台湾史料》稿本 59 册。日据台湾的 50 年间，各行政机关均设有编纂股，负责编纂事务。纂修志书、采访册 50 种，有“志”“事情”“综览”“地方”“概况”“纪要”等不同名称。中小学校、教员、教育会编印的郡市志、街庄志、乡土志较多。其中，记述涵盖全台湾的有光绪二十一年，日本参谋本部编纂的《台湾志》；光绪二十三年，日本中央政府拓殖务省南部局编印的《台湾形式一斑》；光绪三十四年，台湾总督府官方文书课印行的《台湾统治综览》；1945 年，台湾总督府编印的《台湾统治概要》，等等。县厅志、采访册有光绪二十三年编成的《台南志略》和郑鹏云、增逢辰等纂修的《新竹县志初稿》，二十五年完成的《台南县志》,二十七年编成的《嘉义管内采访册》和《台北厅志》,二十八年编纂的《南部台湾志》,三十二年成书的《桃园厅志》《新竹厅志》,1919 年重刊的《台北厅志》等。郡市志有光绪二十三年蔡振丰纂辑的《苑里志》,二十四年林百川、林学源纂辑的《树林志》,1930 年台北市役所编印的《台北市十年志》,1934 年高雄市役所编印的《高雄市制十周年志略》,1935 年嘉义市役所编印的《嘉义市制五周年纪念志》,1937 年刊行的《北斗郡大观》,富永丰编纂、1944 年刊行的《大溪志》等。街庄志有 1926 年编印的《大嘉义》《新竹街要览》,1931 年刘克明编纂的《中和庄志》,1933 年编印的《板桥街志》《龟山庄全志》《芦竹庄志》《大园庄志》《桃源街志》,1934 年编印的《莺歌庄乡土志》《三峡庄志》。除《新竹县志初稿》《嘉义管内采访册》《苑里志》《树林志》为中文外,其余均为日文。

台湾光复后修志　第二次世界大战结束后,台湾倡修地方志始于 1946 年。台北县长路桂祥邀集地方人士 20 余人召开台北县修志委员会会议,并召开台北县志编纂委员会会议。1948 年颁布《台湾省通志馆顾问委员会组织规程》,于台北市设置台湾省通志馆。翌年公布《台湾文献委员会组织规程》,改组通志馆,成立台湾省文献委员会,林献堂任主任委员,林熊祥任总编纂。1952 年,各县市成立文献委员会。1958 年,省文献委员会由二级机关降为三级机关。1972 年,各县(市)文献委员会被裁撤。1983 年公布新修订的《地方志书纂修办法》。1991 年,省文献委员会订立修志机关与文献书刊奖励金办法。1997 年,内政主管部门修订《地方志书纂修办法》,明令乡镇公所可视需要纂修方志,乡志需送县政府与省文献委员会审查。20 世纪 90 年代起,台湾开始编修机关志、寺庙志,前者于 1998 年中止,后者已出版的有《镇澜宫志》等。1949~2005 年,共修成省通志、省直辖市志、省辖县(市)志、县辖乡镇(市、区)志近 300 种 1200 余册。其中,省志有《台湾省通志稿》及增修版、《台湾省通志》(整修版)3 个版本;省直辖市台北、高雄均有 2 个版本市志;县(市)志有《基隆市志》《桃园县志》《花莲县志》《南投县志》《嘉义市志》《嘉义县志》等 200 多种,乡镇(市、区)志有《中和乡志》《台湾埔里乡土志稿》《鹿港镇志》《深坑乡志》《安平区志》等约 60 种。2002 年,省文献委员会改制为"国史馆台湾文献馆",2003 年开始纂修《台湾全志》,至 2005 年,已出版卷首史略、大事志、职官志。

台湾方志整理　日据台湾时期,曾组织搜集清代纂修的台湾方志与采访册稿。第二次世界大战后,多位专家学者对台湾方志进行整理、研究。1957 年出版《台湾公藏方志联合目录》。1959~1961 年,台湾银行经济研究室编成"台湾文献丛刊"。1960~1989 年,台湾成文出版社出版"中国方志丛书"。1967~1969 年,台湾学生书局出版"新修方志丛刊"。1978 年,台湾中国地志研究会编成"宋元地方志丛刊"。20 世纪 80 年代末 90 年代初,高志彬编纂《台湾文献书目解题方志类》,陈明终、周雪玉、林淑玲等搜集官修乡镇志 60 种并进行计量研究,宗青图书出版有限公司出版《台湾方志集成》(清代篇)。2002 年,李其霖、杨莉芃、雷敦渊编制《台湾地方志书目》。2003 年,卞凤奎发表 1949 年以后台湾地方志书一览表。台湾汉学研究中心通过送存制度收藏大量台湾方志,并配合政府相关数字化计划,进行乡土文献的征集、搜购、整理工作,建立战后台湾官修方志目录。

台湾方志信息化建设　台湾于 1999 年开始推动典藏数字化计划。台湾汉学研究中心于 1996~2000 年开始馆藏数字化,2001 年加入官方科技计划,项目包括所藏报刊、善本古籍、地方文献 3 个数字化子计划。项目建立数据库,针对地方志的诠释资料分析,以中国机读编目格式 2001 年版为著录规范,以每卷册为分析著录单位,著录基本书目信息、目次篇章内容及对应页码,以供读者网络查询及浏览。至 2004 年 9 月,完成 800 册台湾方志的全文影像。"中央研究院"汉籍电子文献的台湾方志数据库收录清代纂修台湾志书,是检索 1945 年前台湾方志的重要数据库。

台湾方志学术交流　台湾的大学、学术团体从 1988 年开始与广东方志学界进行方志学术交流。20 世纪 90 年代后,台湾举办多次方志学学术研讨会。中国地方志指导小组办公室曾两次组织考察团赴台湾进行学术考察。大陆地区与台湾组织方志文化交流活动由东部沿海省份扩展到中部、西部省份,继广东之后,上海、湖北、贵州、四川、江苏、福建等地方志机构先后组织赴台湾考察。2001 年,四川省地方志编纂委员会与台北市文献委员会达成成套志书交换协议,交换《四川省志》与《台北市志》,海峡两岸方志文化交流的内容由最初的志书编纂问题探讨,逐步扩大到交换史志资料、共同修志。2009 年,福建省地方志编纂委员会与台湾妈祖联谊会签订了共同编纂《妈祖文化志》的协定。

台湾方志馆藏　台湾收藏地方志类文献的机构有"国史馆台湾文献馆",台北市文献委员会等各县、市文献委员会,"中央研究院傅斯年图书馆"、台湾图书馆、"台湾故宫博物院"图书馆等收藏单位,还有台湾大学、中兴大学、中正大学等高校图书馆。①"国史馆台湾文献馆"。台湾省整理文献史料的专责机构。位于南投市中兴新村光明一路。文献大楼珍藏日据时期的档案史料,包括"台湾总督府公文类纂"13000 余卷、"台湾总督府专卖局公文类纂"12000 余卷、"台湾拓殖株式会社文书"2800 余卷等。还收藏有战后省级机关(构)档案史料,可分为台湾省行政长官公署时期档案、逾时 30 年以上永久保存档案、经检选之逾保存期限拟毁档案 3 种,累计达数十万卷。②台湾图书馆。位于台北市中山南路。馆藏地方志、乡土文献及地方政府出版品(包括公报、统计、小册子、宣传品等)等各种地方文献。下设汉学研究中心,出版《汉学研

地志。张国淦《中国古方志考》收录唐志约80部,著者可考者约60部。

唐代图经 唐袭隋例,实行图经的定期编修制度。设专门的官吏管理。建中元年(780),朝廷规定各州的图经每三年一送。后改为五年一造送,如州县有创造及山河改移,即不在五年之限。《新唐书·百官志》中有图经五年一修的记载。据唐代全国区域志《元和郡县图志》等书引录,唐代州县图经有《润州图经》《夷陵图经》《茶陵图经》《岳州图经》《邵阳图经》《湘阴图经》《汉阳图经》《夔州图经》等十几种。清陈运溶(见"麓山精舍丛书")辑《荆湖图经》中,"唐人所撰"者有《长沙图经》《衡州图经》《衡山图经》《道州图经》《朗州图经》《澧州图经》等。唐代图经大都散佚,20世纪初,在敦煌藏经洞中发现实物残卷(见敦煌遗书)。

唐代地记 唐代最早纂成的地理总志是《括地志》。唐玄宗时,有《开元十道要略》《天宝初年地志》等总志修成。此后编修的总志还有《古今郡国县道四夷述》40卷、《贞元十道录》4卷、《郡国志》2卷、《域中郡国山川图经》1卷、《诸道山河地名要略》9卷、《十道四蕃志》10卷、《两京新记》、《岭表录异》等。《贞元十道录》《诸道山河地名要略》有敦煌发现的残卷。存世较完整的唐代地理总志是李吉甫纂著的《元和郡县图志》,是典型的图、志兼括之体。宋《太平寰宇记》《舆地纪胜》及元明清一统志,从体例考察,均是《元和郡县图志》的继承和发展。唐高宗时,遣使前往康国(乌兹别克斯坦撒马尔罕北)、吐火罗(阿富汗),访其风俗、地产并绘制成地图,由史官许敬宗编纂成《西域国志》60卷。唐代地记为宋代修志奠定了基础。后世有学者认为日本的风土记也受到唐代地记的影响。

部分唐代佚志简目

地志:《巴南山川记》《并州记》《成都记》《楚地记》《德化县记》《东京记》《古今郡国县道四夷述》《姑熟记》《古郪志》《(海州)旧记》《河北记》《河东记》《河洛记》《湖南风土记》《建康地记》《江夏风俗记》《江夏记》《金陵地记》《金陵记》《荆渚记》《九江记》《九江录》《郡国志》《开元十道要略》《两河记》《两京新记》《岭表录异》《岭南异物志》《闽川名士传》《闽中记》《洺州风土记》《南城县罗城记》《南海郡传》《鄱阳记》《鄱阳县记》《蕲春郡记》《谯内记》《秦州记》《饶州记》《三郡记》《十道四蕃志》《蜀记》《蜀中记》《苏州记》《苏州冢墓记》《遂安县志》《太原故事》《太原事迹杂记》《唐开元(朗州)旧记》《天宝初年地志》《吴地记》《吴兴杂录》《吴兴志》《五溪记》《西京记》《襄沔记》《襄阳风俗记》《新州记》《信安记》《信都记》《续南越志》《续襄阳耆旧传》《宣州记》《燕赵记》《扬州记》《宜春记》《宜都县记》《益州地理志》《颍川记》《幽都记》《郁林异物志》《域中郡国山川图经》《云南记》《张掖记》

图经:《安定图经》《(贝州)图经》《(蔡州)图经》《(沧州)图经》《茶陵图经》《长沙图经》《常山图经》《(常州)图经》《潮州旧图经》《成州图》《楚州图经》《(处州)图经》《(代州)图经》《(道州)图经》《(邓州)图经》《(定州)图经》《坊州图经》《(沣州)图经》《(奉州)图经》《福州图经》《(复州)图经》《(恭州)图经》《谷城县图经》《(光州)图经》《海内华夷图》《汉阳郡图经》《(汉州)图经》《(濠州)图经》《和州图经》《河东图》《河南图经》《衡山图经》《怀宁图经》《(济州)图经》《(蓟州)图经》《建康图》《建州图经》《(剑州)图经》《江宁图》《江宁图经》《江夏图经》《江州图经》《(绛州)图经》《泾阳图经》《荆州图经》《(静州)图经》《九江图经》《(康州)旧图经》《夔州旧图经》《夔州图经》《朗州图经》《(阆州)图经》《黎州汉源县图经》《黎州通望县图经》《黎州图经》《(梁州)图经》《(辽州)图经》《临桂图经》《临海图经》《(灵州)图经》《陵州图经》《陇州图经》《(潞州)图经》《罗州图经》《洛阳地图》《(孟州)图经》《(明州)图经》《(洺州)图经》《莫州图经》《(睦州)图经》《内黄图经》《南郡图经》《南康图经》《虔州图经》《青州图经》《(饶州)图经》《润州图经》《沙州都督府图经》《沙州图经》《陕县图经》《(升州)图经》《寿春图经》《(舒州)图经》《(松州)图经》《(宋州)图经》《(苏州)图经》《(通州)图经》《望江县图经》《(维州)图经》《(温州)图经》《西州图经》《(悉州)图经》《歙县图经》《歙州图经》《(隰州)图经》《相州图经》《(襄州)图经》《新津县图经》《信州图经》《盱眙图经》《玄武金水两县图经》《(严州)图经》《(扬州)图经》《杨子图经》《郫县图经》《宜春图经》《(翼州)图经》《邕州图经》《尤溪县图》《渝州图经》《豫章图经》《(柘州)图经》《(涿州)图经》《(淄州)图经》

Tang Jin

唐锦(1474—1555) 字士。原籍晋阳灵石(属山西),明洪武年间迁至上海。弘治九年(1496)进士,历任大名府东明县知县、南京刑部郎中、江西提学副使等。纂有弘治《上海志》和《大名府志》等。另著有《龙江集》等,参修《大明会典》。在《上海志》凡例中,认为志书篇目应纲目并举,以纲统目,系事均以类相从,先地理,次经济、人物等;人物立传应遵循"盖棺论定"的原则,"名宦于去任者纂其功,乡宦于谢事者述其行,盖要其终以定论也"。《大名府志》[正德],韩福、石禄修,唐锦纂。韩福在弘治十一年任大名知府后,受命纂修府志,即将脱稿时离任。石禄于弘治十七年继任后,聘请唐锦续修,正德元年(1506)纂成。10卷。卷首有大名府及所辖州县疆域图12幅。该志与《上海志》门类基本相同,唯改建设为公宇,改人品为人物,增设登用志、文章志。嘉靖《大名府志》称唐锦"多取于亭夫里魁之言"。《明史·艺文志》《古今图书集成》均著录唐锦《大名府志》28卷。天一阁藏10卷本。

Tangshanshi Zhi

《唐山市志》 主编靳宝峰、孟祥林。1999年方志出版社出版。5卷，534.4万字。设30编19章53节。卷首配图照90余幅。上起事物发端，下至1986年，个别重大事物适当延伸记述。对独具地方特色的内容，如开滦煤矿工业等，采取适当升格、记述从详等方式处理。志书将孙中山拟意建设的“北方大港”——京唐港进行详细记述。记述“小站稻”、玉米、小麦、花生、杂粮等作物，京东板栗、磨盘柿子、金星苹果等干鲜果品，鱼虾蟹贝等水产品等，凸显唐

震后重建的唐山火车站（左下：唐山大地震中倒塌的火车站）

山“冀东粮仓”“板栗之乡”的特点。记述冶金、电力、煤炭、建材、机械、陶瓷等优势行业，突出唐山“中国近代工业摇篮”“北方煤都”“北方瓷都”的特点。着力记述具有特色的文化内容，突出唐山为评剧、皮影、乐亭大鼓、唐剧诞生地的特点。记述马克思主义的早期传播、共产党组织的率先建立情况。记述开中国煤炭工人罢工之先河的开平煤矿工人罢工、为中国铁路工人罢工之始的开平铁路大罢工及开滦五矿同盟大罢工，以及辛亥滦州起义、长城抗战、冀东抗日大暴动等武装斗争。重点记述唐山大地震，在唐山大地震编中以15万字的篇幅全方位记述1976年“7·28”大地震，在重建唐山编中以约31万字的篇幅记述震后开展的发展生产、重建家园的活动。重视对人物的记述，入传人物有戍边将领戚继光，革命志士李大钊、邓培、节振国等，近代实业家唐廷枢、周学熙等，当代劳动模范孟泰、中医专家岳美中、学者裴文中、艺人白玉霜，以及戏剧《杨三姐告状》中人物原型杨国华等。

Tang Shu

唐枢（1497—1574） 字惟镇，又字惟中，号子一，人称一庵先生。明浙江归安（浙江吴兴）人。嘉靖五年（1526）进士，授刑部主事。曾游历九边及越、蜀、滇、黔险阻厄塞。纂有《孝丰县志》《乌程县志》《归安县志》《桐乡县志》《湖州府志》，大多已佚。《湖州府志》［万历］，唐氏于隆庆末始修，因逝未成，由张应雷续修，万历四年（1576）完稿，六年刊刻。14卷。志前附湖州府及属县图。正文设土地、人民、政事3门，每门下设10目，是明代三宝体志书的代表作。记事止于万历四年。政事门保存的史料较为丰富，修筑、刑禁、邮递等目价值较高。后人对该志有褒有贬，《四库全书总目提要》称：“然如沿革之中参述祥异，体例亦未能精当也。”有万历六年刊本、1963年上海古籍书店影印本存世。

Tang Xiaofeng

唐小峰（1928—2005） 江西龙南人。1948年毕业于龙南师范学校。1985年开始从事地方志的研究和编纂。曾任宁都县地方志办公室副主任、县志编委会副主任兼办公室主任等。主编《宁都县志》《宁都团结水库志》《翠微峰志》《宁都水利志》等，其中《宁都县志》获1993年全国地方志优秀成果奖三等奖。任《宁都交通志》《宁都公安志》《宁都粮食志》《琳池垦殖场志》《宁都邮电志》《宁都教育志》的编纂策划、顾问。曾3次被评为省级地方志先进工作者。编纂《宁都团结水库志》时，提出融乡村志和专业志为一体，以新观点、新方法、新体例进行编纂的“杂志”主张，侧重记载水库及相关内容。编纂《宁都县志》时，提出按照“立足当代，统合古今”的原则，事溯发端，承上启下，古今兼收，以今为主；以经济为重点，以专志为主体，着力体现苏区斗争、“文乡诗国”、农业大县等宁都特色。发表《论新方志的教化功能和国情教育》《关于地方志“官书”、“政书”的思考》《县志出版应如何开拓方志工作新领域》等方志论文11篇、修志杂文2篇。

tezai

特载 主要源于报刊和年鉴。年鉴特载收录当地党政领导人讲话、政府工作报告、调查报告、综合性文章以及一些跨类或无类可归的材料等。首轮新编志书中，个别志书设置了特载，如河南省《新乡市志》特载刊登领导讲话、政府工作报告、典型单位纪实等5个方面的内容。二轮新编志书中，河南省《新野县志》、安徽省《濉溪县志续编》等设有特载。特载一般置于志首，也有的放在志末，如《哈尔滨市南岗区志（1991~2000）》就在附录之前设特载卷。2007年印发的《中国地方志指导小组关于二轮地方志书编纂的若干意见》中指出：“慎用‘特载’、‘专记’等形式，必须运用时应处理好与正文的关系。”

Tengchongxian Zhi

《腾冲县志》 主编吕文超。1995年中华书局出版。168万字。设28卷143章487节。配地图2幅、照片85幅、表格273个。上起有史料记载时，下至1985年。志书在地理卷区域章中记述了云南腾冲的地理位置、与缅甸接壤、赴缅经商等内容，及侨乡、和顺、绮罗等乡名的来源。在林业卷中，记述了腾冲

腾冲国殇墓园

T

县的林业资源及大树杜鹃、秃杉、银杏等名特林木。在侨务外事卷中,全面记载了马嘉里事件、中缅勘界等清末民初至解放初期中国外交史上的几个重大事件。在军事卷中设重要战事章,回顾了明朝三征麓川、清末回民起义、辛亥腾越起义、解放初期边纵部队平息匪乱等历史上的重要战役;专设抗日战争章,详述从日军占领腾冲开始,中国远征军阻敌东进,直至在美军队配合下收复腾冲的一系列战役。另在人物卷烈士名录章设腾冲抗战阵亡军官及地方人员节,记录在收复腾冲战役中为国捐躯的远征军阵亡军人数量及部分阵亡军官名单。在教育、文化、人物等卷中,记述腾冲县自明成化七年(1471)创立文学宫后,社学、义学、学院、私塾等的发展;记述了中国农村图书馆中藏书量最大的和顺图书馆、私人开办的木欣图书馆等;还记载了李根源、张之光、张问德、刘楚湘等历史名人。在民族宗教卷中,记述了傣、回、傈僳、佤、白、景颇等少数民族及其语言、服饰、习俗与宗教信仰。腾冲与东南亚的密切联系、"滇省第一侨乡"的称号等内容在交通、商业、海关、侨务外事、民族宗教等卷中都有表述。

Tengxian Zhi

《滕县志》 主编李广星。1990年中华书局出版。106万字。设9编73章。志首配地图2幅、彩照54幅,文内插图29幅。上限因事溯源,下限至1987年底。记述山东滕县优越的地理位置、便利的交通及"九省通衢"的古称。记载境内394处古文化遗址、50处古墓葬、3处古建筑、200余件出土汉画像石;重点记述中国在黄淮地区发现最早的新石器时代遗址"北辛文化"遗址、省级重点文物保护单位滕国故城、全国重点文物保护单位薛国故城等。军事编详记日本侵略军的罪行,中国军民誓死反抗、顽强斗争的行为和战果等。1993年获全国新编地方志优秀成果奖一等奖。

滕县滕国故城遗址

ticai

体裁 志书的表现形式。基本体裁有述、记、志、传、图、表、录等,以志为主;另有序跋、凡例、索引、编纂始末。早期方志的体裁单一。两汉魏晋南北朝时期,地记的体裁只有传和志,如《兖州先贤传》《徐州先贤传》《华阳国志》等。东汉至隋唐时期的图经,增加了图,自此,图成为方志的主要体裁之一。宋代,方志基本趋于定型,体裁受纪传体史书影响很大。周应合《景定建康志》效仿史书纪传体,设有图、表、志、传等体裁,还有录和拾遗;每大类前设序一篇,说明编纂宗旨。南宋高似孙《剡录》首列县纪年,用编年体记载全县历代大事,是方志设大事记之始。元代,张铉至正《金陵新志》设图、通纪、世年、表、志、谱、传、摭遗、论辨等体裁。《延祐四明志》各篇为避开书名"志"而称"考",共设十二考,明人修志多效仿;各考之前设小序,简述所记内容概要。宋元方志,唯淳祐《玉峰志》有凡例5条,且只在所记范围上规定了几项原则。明代修志注重订立凡例。永乐十年(1412)颁布的《纂修志书凡例》是最早的全国性凡例。明代按纪传体编修的志书,用图、表、纪、志、传5种体裁。也有称志为考的,如隆庆《岳州府志》中的志皆称考。清代方志所用体裁有记、志、传、图、表、录等。章学诚很重视编年体大事记,认为是一书之经、全书之纲。他编撰的方志的主体部分各篇不称志,《和州志》《永清县志》称"书",《湖北通志》称"考"。谢启昆主修的《广西通志》用表、略(志)、录、传等体裁。民国时期,黄炎培的《川沙县志》志首设导言,卷前设概述,一是阐明义例,二是说明内容概要。首轮新方志设置述体,即志书前设概述,编(分志)、章前设无题述(又称无题小序)。中国地方志指导小组于1988年颁发的《关于地方志编纂工作的规定》规定:"地方志的体裁,一般应包含述、记、志、传、图、表、录等,以志为主体。"

tili

体例 指方志编纂所应遵循的体式、模式或规定法则,是方志内容和形式的统一。志书体例包括志书名称、断限、篇目、体裁、体式、文体、文风、结构逻辑等要素,是编纂志书的统一准绳。历代学者对方志的体例有很多论述。唐刘知幾在《史通》序中说:"夫史之有例,犹国之有法。国无法则上下靡定,史无例则是非莫准。"清方苞在《与一统志馆诸翰林书》中主张一部志书体例要统一。民国傅振伦、李泰棻、甘鹏云等也论述了体例的重要性。对志书体例的确切定义和内涵研究始于20世纪80年代。此后,不少志书编纂者和研究者提出很多创见。中国地方志指导小组于1985年颁布的《新编地方志工作暂行规定》规定新方志的体例包括类型和名称、年代断限、体裁、框架和篇目、大事记、立传人物、文体、资料、字数、版式10项。2008年,中国地方志指导小组印发《地方志书质量规定》,对体例做了新规定,包括志体、凡例、名称、体裁、篇目设置和整体布局5项。

tishi

体式 方志的篇目结构和表述形式。从表述方式分,传统志书主要有纂辑体、著述体,较多的是两种形式兼用。从篇目结构看,传统志书有类目体、纪传体、编年体、纪事本末体、分期体、三书体、三宝体、四纲体等。清末章节体引入志书编纂,渐次普及。首轮新方志编修普遍采用此体。第二轮新方志编修在沿用章节体的同时,又出现章节与条目结合体的体式。

纂辑体 又称编纂体、纂录体。早期志书常见体式。按一定体例和要求,将材料分门别类进行编纂，不用作者自己的语言。对引据之书，录原文，不另作注。对出于自己的考证，则加“注”或“按”，以示区别。纂辑体志书以清乾嘉时代最多且最有名，如李文藻乾隆《历城县志》、莫友芝道光《遵义府志》等均为纂辑体。该体式能保存资料原貌，但卷帙浩繁，重典籍轻现实。与此相类似的为类书体，即按编纂类书的方法编纂方志，将资料按类编排，并注明资料出处，或附载引用书目，以示言之有据，如《方舆胜览》《寰宇通志》等。

著述体　又称撰述体、撰著体。明清以来流行的志书体式。主张广泛搜集资料，在整理、分析资料的基础上，用作者自己的语言撰写志书。宋罗愿率先提出采用著述体修志，清章学诚继承和发展了这一主张。新编地方志均采用此体。

纪传体　原是以人物传记为中心编写内容的传统史书体裁，司马迁《史记》始创。方志中指以记、表、志（考、略）、传、述、录、谱等为大类，其下设子目，目以类归的体式。因此，也有人将其归入纲目体。最早使用此体编修的志书是《景定建康志》，后成为修志常用体式，明雷礼《真定府志》、清洪亮吉《登封县志》和《淳化县志》、李文藻《诸城县志》等，均采用此体，以谢启昆嘉庆《广西通志》影响最大。嘉庆《浙江通志》、道光《广东通志》及一些府、县志书，均仿谢志而略加变通。一些新编地方志采用的史志结合体（又称史志体），即由此体演变而来。

编年体　原是正史体裁，源于《春秋》。方志中指总体不分门类，以时间为序记事的体式。明黄光升《长兴县志》、颜木《随志》，清汪中《广陵通典》，民国王树枏《冀县志》、吴昌绶《吴郡通典备考》等少数志书采用此体。乾隆后已不多见。

纪事本末体　原是正史体裁，南宋袁枢《通鉴纪事本末》始创。方志中指以历史事件为中心设立篇目，按时间顺序系统记述的体式。明康海《武功县志》、韩邦靖《朝邑县志》及清代冯甦的《滇考》等少数志书属此体。

三宝体　语出《孟子》：“诸侯之宝三，土地、人民、政事。”方志中指在总体上分为土地、人民、政事3门的体式。也有加“文献”分4门者，亦称三宝体。明陈鎜《广平县志》、唐枢《湖州府志》，清李元仲《宁化县志》、赵弘化《密云县志》、杜延甲《河间府志》，民国时期《静海县志》《霸县志》等，均采用此体。该体式结构过于简单，难以包括一地古今纵横之事，并不盛行。清嘉庆后已不多见。20世纪80年代末90年代初，出现“新三宝体”概念，有学者将其内容具体分为环境、居民、经济、政治、文化5个部分，此体式注重对社会内容的记述。部分新编地方志，如《开化县志》《青州县志》《东阳县志》《武清县志》《黑河地区志》等均设有居民篇。也有学者认为，居民篇只是将民俗、方言、人物等内容与人口合在一起叙述，仅位序有所变化，并非实际意义上的体式创新。

四纲体　由三宝体演变而来的一种体式。有以“略”称，分地略、政略、人略、献略，如宣统《武缘县图经》；有以“类”称，分土地类、人民类、政事类、文章类，如嘉靖《醴泉县志》；有以“纪”称，分纪地、纪官、纪人、纪事，如光绪《浔州府志》；有以“谱”称，分年谱、地谱、名谱、人谱，如宋《永嘉谱》，亦称四谱体；有以“书”称，分地书、治书、户书、礼书，如万历《会稽县志》，亦称四书体。

分期体　部分述古、部分述今的结构形式。采用此体式编修的志书如唐贾耽的《贞元十道录》，首卷叙古，其余3卷叙今。其他还有北宋《舆地广记》、南宋《皇朝方舆志》等。此体式虽古今分明，但前后分割，影响志书整体性，而南宋方志已经定型，横分门类、纵述古今的结构居统治地位，因此古今分编未能得到发展，后世即使采用，也多为续志、补志，如民国《南康县志》。首轮修志之初有采用分期体的，如《呼玛县志》，之后不再使用此体。

三书体　章学诚所创方志体式。主张将方志分为志、掌故、文征3个部分，志为主体，以纪、谱、考、传等4种体裁分4个门类，是方志的著述部分；掌故为关于一方的典章制度，文征为一方文献专辑，二者为方志的资料部分。章氏纂《湖北通志》最为典型，但未成书。其后，全面采用三书体的志书不多。嘉庆《清平县志》、光绪《利津县志》在篇目上只有二书，不足三书。民国时期有少数志书采用此体，但篇目设置有所改动，如张森楷《新修合川县志》、余绍宋《龙游县志》、李泰棻《阳原县志》、张新增《博山县志》、舒孝先《临淄县志》等。蒋梦麟曾主张解散方志旧体，分编省史、年鉴和专门调查三书，称新三书体，但并未实施。

Tianchangxian Zhi

《天长县志》　总纂夏文蔚、张云年、李伍伦。1992年社会科学文献出版社出版。100万字。设29章144节。有彩色图片105幅、黑白插图36幅，表格127个。上起事物发端，下至1985年底；设1986~1990年大事纪略，反映志书下限后县安徽天长发生的重大变化。建置区划章中记载县名来历与唐玄宗的关系，及历代建置沿革、境域变化；记述中华人民共和国成立后，安徽天长县与江苏六合县之间的县界问题。自然环境章记载本县地质、地貌、气候、水文条件及自然资源，着重记述境内优势矿产资源石油和铁的主要产地、储量、品质、开采情况，除记述1471~1985年旱涝情况、1949~1985年自然灾害情况外，还收录旧志中记载的历次灾害情况及异常自然现象。经济类内容所占篇幅较大，分设章节记述农业、林牧渔业、工业、交通、邮电、商业、金融等，其中粮油经营单独设章；工业、商业两章中均设小节记述县内主要公司、企业。文化、

《天长县志》书影

T

风俗宗教等章注重反映当地民风民俗。方言章从语音、语汇、话语等方面记述天长话的特点。1993年获全国新编地方志优秀成果奖一等奖。

T

Tianchun Yuan

天春园 见天津图书馆。

Tianfu Guangji

《天府广记》 孙承泽纂。天府形容自然条件优越、形势险固、物产丰富之地，此处指北京。志书记录了明末清初北京的城市与社会风貌，备载北京历史、地理、人物掌故，及明中央政府官署、典章制度。44卷。卷1记建置、形胜、险隘、分野、风习；卷2记府县置、城坊；卷3记府县学、武学、书院；卷4记城池；卷5记宫殿、后市、鼓院；卷6记郊坛，附斋宫、神乐观、牺牲所；卷7记山川坛、先农坛、旗纛庙、地坛、朝日坛、夕月坛、先蚕坛、高禖坛；卷8记社稷、宗庙、奉先殿、景神殿、玉芝宫；卷9记帝王庙、大庙、庙祀；卷10记内阁、六科、尚宝司、中书科、光禄寺；卷11~32记宗人府、吏部、户部、仓场、礼部、贡院、兵部、戎政、工部、钱局、刑部、都察院、大理寺、通政司、詹事府、翰林院、太常寺、四裔馆、太仆寺、国子监、钦天监、观象台、鸿胪寺、太医院、行人司、上林苑、衍圣府、五军府、锦衣卫、京卫、外卫；卷33~34记人物；卷35记岳麓；卷36记川渠、水利；卷37记名迹；卷38~40记寺庙、石刻、陵园；卷41~44记赋、诗。国家图书馆藏清抄本。1962年，北京出版社出版校点本。

《天府广记》（北京古籍出版社版）书影

Tianjin Fangdichan Zhi

《天津房地产志》 主编康天锦。1999

《天津房地产志》书影

年天津社会科学院出版社出版。118.9万字。设3篇15章80节。志首配图照72幅。上起明永乐二年(1404)，下至1990年，大事记延至1998年。遗址/名建筑/故居章篇幅较大，记述佛照楼旅馆等革命遗址13处，中共天津市委办公楼等办公楼16处，北洋大学等学校15处，马大夫纪念医院等医院14处，第一工人文化宫等文娱体育场所15处，估衣街等商业街和商场12处，汇丰银行等金融街与银行旧址20处，利顺德等宾馆饭店18处，广东会馆等会馆祠堂7处，文庙等庙宇教堂18处，剑桥大楼等公寓住宅10处，英国领事馆旧址等外国领事馆、工部局、兵营旧址17处，怡和公司旧址等外国公司旧址12处，周恩来故居等名人故居55处。对每栋建筑均记述其历史沿革、建筑风格，并配以照片，较全面地反映天津建筑风貌，体现天津“近代建筑博物馆”的城市特色。房地产产权管理章房地产契证节以图文并茂的形式记述清代、租界、中华民国、中华人民共和国房产契证的形制特点和演变历程。2002年获天津市优秀志书(类)奖荣誉奖。

Tianjin Jingji Jishu Kaifaqu Zhi

《天津经济技术开发区志》 主编李勇。2004年中华书局出版。120万字。设16篇75章287节。志首配图照63幅。上起1984年开发区成立，下至2000年。以《邓小平视察开发区》一文作为特篇，列于正文之首，记述邓小平视察开发区及题词“开发区大有希望”的全过程。外资及港澳台企业、区属企业篇，记述三星(中国)电子有限公司、顶新国际集团、泰达集团等重要企业，突出开发区招商引资的重要功能。立篇记述开发区最大投资商摩托罗拉公司的发展战略、产品与市场、员工队伍和参与公益事业的情况，附录《摩托罗拉的泰达缘》。高新技术产业篇记述开发区支持高新技术产业发展的规划与政策及以创业中心和风险投资为重点的创新体系建设，并集中记述无框架脑立体定向仪、宝方新型改良巴布剂技术等8项新产品、新技术。专设泰达精神篇，以5章12节描述“开放、开拓，励精图大业；求新、求实，众志建新城”的泰达精神。2007年获天津市社会科学优秀成果奖三等奖。

天津海关、天津开发区投资服务中心、图书馆

Tianjin Tongzhi Chengxiangjianshe Zhi

《天津通志·城乡建设志》 主编乔虹。1996年天津社会科学院出版社出版。2册，220万字。设13卷96章387节。配图照625幅，其中卷首配图照20幅。上起明永乐二年(1404)，下至1990年。记述城市规划、工程地质勘查与城市测绘、市政工程、公用事业、城市园林、重点工程、建筑工程、房地产管理、市容管理、环境保护、环境卫生、科学技术与职工教育、村镇建设等方面的基本情况。加强综述、概述、概况和无题小序3个层次的纵向叙述，以发掘特点与规律，全面反映记述对象的历史和现状。突出改革发展的时代特征，综述设天津市城建体制的变革目，房地产管理卷设住房制度改革节，记述改革措施和取得的成果；建筑工程卷施工管理章、村镇建设卷村镇规划章，都充分反映城建体制的改革发展。设重点工程卷，记述海河改造、震后恢复重建、引滦入津、气化、天津站综合改造、东郊污水处理厂、天津

《天津通志·城乡建设志》书影

广播电视塔等工程和经济技术开发区建设等,反映天津城乡建设新面貌的重点工程。设市容管理卷,记述拆除临建棚、整顿市容市貌等内容,以反映市容环境改善的进程。采用"文苑入志"方法,在明清时期的城市园林、风景游览区、津门景观、津门十景、古代建筑、近代建筑等节、目的记述中,引用前人诗词,提升志书的文化内涵。采用大事重记、以事系人的方法,没有单设大事记和人物卷。1997年获全国地方志奖一等奖、天津市优秀志书成果奖特等奖。

Tianjin Tongzhi Fuzhi Zujie

《天津通志·附志·租界》 主编罗澍伟。1996年天津社会科学院出版社出版。65.5万字。设12章32节。首配天津市区图、1913年天津各国租界位置图、1937年天津各国租界及特别区位置图、光绪十四年(1888)天津租界洋行分布图、1913年天津租界洋行分布图、1915年前后天津市区及租界位置图,及1860~1861年英、美、法三国租界(紫竹林租界)位置图。上起清咸丰十年(1860)天津英租界设立,下至1945年中华民国政府全部收回租界。天津曾设有英国、法国、美国、德国、日本、俄国、意大利、奥匈帝国、比利时九国租界,是全国城市中租界最多者,该附志专记租界,内容涉及租界的划定、扩张与收回,

天津日本租界旭街

租界管理机构,金融,房地产业,工业,商业,市政及公用设施,交通,邮电,文化,教育,体育,卫生,人口,宗教,租界恶疾,租界人物,并附录有关租界设立、扩张、收回的条约与租界管理规章等文献。1997年获天津市优秀志书成果奖一等奖。

Tianjin Tushuguan

天津图书馆 由复康路馆、文化中心新建馆和海河教育园区新建馆3个馆舍组成,总面积12万平方米。前身是始建于清光绪三十四年(1908)的直隶省图书馆。藏历史文献74万册,其中线装本古籍54万册,民国时期书报刊文献20万册。馆藏方志包括善本方志、普本方志和新编地方志三大类。其中明清地方志以任凤苞先生天春园捐赠部分为主,加上本馆旧藏,共3700种5300余部。馆藏方志中,有明版49种、清版2512种、民国版756种。收藏范围包括全国各省、自治区、直辖市,涉及市、县、乡、镇、村共1800余个,其中河北省各市、县方志最多,有310余种;山东、四川、山西、江苏、浙江五省方志233种;在直辖市中,收藏重庆方志较多,为77种;台湾方志有14种。①天图馆藏善本方志。共1051种,约占全部馆藏善本书的12%。列入《中国古籍善本总目》的国家级善本方志383种。其中景泰《寰宇通志》、天顺《大明一统志》、弘治《八闽通志》、嘉靖《辽东志》及万历《云南通志》等较为珍贵,西湖书院抄《水经注》、康熙年间内府抄《钦定热河志》及乾隆年间抄《西湖志纂》等为稀见之本。②天图馆藏天津方志。所藏天津方志较为齐全,包括康熙《天津卫志》、乾隆四年(1739)《天津县志》、同治九年(1870)《天津县志》、民国《天津县新志》,以及康熙十一年(1672)《静海县志》、康熙十二年《宝坻县志》、康熙四十三年《蓟州志》、乾隆七年《武清县志》、乾隆四十四年《宁河县志》等。除原版明清方志外,还注重新编方志的购藏。基本收藏了1949年后陆续出版的新编市、县志主要方志。③天春园。近代方志收藏家任凤苞藏书楼。天春园藏志量大质精,在民国时期居私家藏志者之首。因其得到原抄本《康熙大清一统志》、清内府刻本《方舆路程考略》和《皇舆全览》三残本,特辟专室储之,名曰"三残书屋",并镌印钤盖藏志中。其收藏方志近2600种。朱士嘉《中国地方志综录》记载,任氏所藏志书包括一统志、省通志、府志、厅志、州志、县志、乡镇志、乡土志,涉及全国22个省。以乾隆前的志书居多。瞿宣颖于1930年所著《方志考稿(甲集)》中,以提要形式介绍天春园600余种志书。1936年,任氏自编《天春园方志目》,著录方志2536种。1952年,任氏将天春园所藏方志全部捐献给天津市人民政府。据1957年编印的《天津市人民图书馆藏方志目录》记载,馆藏方志中有2591种为任氏旧藏,由历史文献部保存。

天津图书馆古籍珍善本书库

Tianjin xiuzhi

天津修志 天津方志见于文献记载最早的为明正统六年(1441)《文渊阁书目》所列《蓟州图志》和《蓟州志》,均已亡佚。当时蓟州为顺天府所辖,明正德十四年(1519)《天津三卫志》可视为真正意义上的最早记述天津的方志,之后修志代有传承。天津历代先后编修府志、州志、卫志、市志、县志、山水志、乡镇志、风土志、人物志、坛庙志、乡土志、盐法志等50余种。存世府志、州志、卫志、市志、县志共26种。此外,日本驻屯军司令部组织编纂方志1种,日本占据时期编纂方志2种。20世纪80年代中期开始首轮新方志编修工作。21世纪初,二轮修志工作启动。至2010年,共出版

市简志、市志分志、区县志 79 部。

天津历代方志编修 天津官修方志始于明代，清代进入鼎盛时期。私修方志自清代后较多，有乾嘉时期蒋玉虹撰《天津县志稿》和民国时期《天津杨柳青小志》《天津志略》等。存世方志中，最早的为明嘉靖朝纂修的《蓟州志》，数量最多的为清代编修的州、县志。

天津明代修志 明代天津共修卫、州、县志 12 种。其中，以嘉靖朝最多，共 4 种；有记长芦盐区的专志 2 种，分别为冷宗元修《长芦鹾志》7 卷，何继高、冯学易、闵远庆纂《长芦盐法志》13 卷。所修方志除嘉靖《蓟州志》有残卷存世外，均已佚。①天津三卫志。天津于永乐二年(1404)设天津卫，翌年设天津左卫，转年增设天津右卫，合称三卫，辖 143 个屯庄，区域范围在今天津城内。正德、万历两朝均编修《天津三卫志》。据《明史・艺文志》载，正德《天津三卫志》由天津兵备副使胡文璧编纂，胡氏于即将完稿时升迁离任。正德十四年，志稿由天津副使吕盛补完付梓。万历二十年(1592)，胡曰懋在正德版基础上纂成卫志。乾隆初年，两志已佚，序言和跋语保存于康熙《天津卫志》中。②天津明代州县志。据文献记载，天津市管辖的武清、宝坻、蓟县、静海在明代均编修方志，有陶允光、许铤等纂修万历《武清县志》，王士用纂修天启《静海县志》，及 5 种宝坻县志、3 种蓟州志，除两部宝坻县志为稿本外，其他均刊刻成书。

天津清代修志 清代是天津修志的鼎盛时期，共修卫志、府志、州志、县志 25 种。其中，以康熙朝最多，乾隆、光绪朝次之；康熙朝与乾隆朝所修方志相比，后者质量较佳。除存世的 19 种卫志、府志、州志、县志外，还有山志、盐法志、风土志、人物志等专志，多为私人修纂。此外，日本驻屯军司令部曾组织编纂《天津志》。①天津清代卫、府志。清代天津编修卫志 1 种、府志 2 种。康熙十四年(1675)，天津清军同知高必大纂成《天津卫志》，该志为纂修《大清一统志》而奉召纂修。志中的“天津卫城图”是存世最早的天津地图。雍正年间，天津首任知府李梅宾筹划编修《天津府志》，程凤文任知府后，于乾隆二年(1737)设局，聘吴廷华任总纂，乾隆四年成书。光绪二十五年(1899)，徐宗亮、蔡启盛纂成《重修天津府志》，54 卷，首、末各 1 卷，约百万字，是天津旧志中篇幅最大的一种。②天津清代州县志。清代天津编有州、县志 19 种，存世 16 种。其中乾隆《天津县志》、同治《续天津县志》均存；《武清县志》6 种，存世 5 种(残卷 1 种)，另有《武清县城乡总册》存世；《宝坻县志》3 种，存世 2 种；《蓟州志》4 种，存 3 种；《静海县志》2 种，均存；《宁河县志》2 种，均存。③天津清代乡土志。光绪朝周登皞编纂的《宁河县乡土志》，为天津存世旧志中唯一一部乡土志。该志收集保存的近代史史料较多，以历史编内容最为充实，如政迹中李培之条记述其在庚子事变中的活动；耆旧中记述咸丰八年(1858)清将史荣椿、龙汝之在大沽炮台击退英法舰队的事迹等。④天津清代专志。存世专志约 10 种。山水志有康熙《盘山志》、乾隆《钦定盘山志》(见盘山志)等，坛庙志有《天津淮军昭忠祠录》等，盐法志有雍正《新修长芦盐法志》、嘉庆《长芦盐法志》等。此外，专志性质的著作还有《津门保甲图说》等。

天津民国时期修志 民国时期天津志书大多修于抗日战争以前，且多为私人著述。存世市志 2 种、县志 4 种，重要的有《天津县新志》《天津志略》《天津市概要》等。张江裁编纂的《天津杨柳青小志》，为天津存世旧志中唯一一部镇志。专志有《天津游览志》、《说磬》(见盘山志)、《长芦盐法志》等。天津沦陷时期编修的方志有 1940 年出版的《武清县事情》和 1944 年出版的《重修蓟县志》。①天津民国时期市志。1931 年，宋蕴璞纂成《天津志略》，采用篇章节目体，个别编下设有综述，对物产、金融、工业、商务、交通、公用事业记载较详尽，其中商务编用约占全书 1/7 的篇幅记述商业聚集地、贸易兴盛时间、通商前后比较、1919~1930 年进出口额、天津租界商号等。1934 年，王韬编《天津市概要》，以收集当时天津资料为主，对河北省政府概况和财政税收记载尤详。②天津民国时期县志。存世志书有《天津县新志》《天津政俗沿革记》《津门精华实录》《静海县志》4 种。高凌雯纂修的《天津县新志》，对近代史事、人物、著述记述较翔实，并设《志余随笔》6 卷，收录其修志中作札记 400 余条，大多为新志未收的旧事、佚文及考订资料。《天津政俗沿革记》原为王守恂参与编辑《天津县新志》的采访手记，后由门人赵生甫整理成书，经王守恂删改并由金钺勘校定稿，1938 年出版。

天津新方志编修 天津实行市和区县两级修志格局。1985 年，首轮修志工作启动。《天津简志》《天津通志》为天津市人民政府规划、天津市地方志办公室组织编修的省级地方志，区县志由各区县人民政府地方志工作机构编修。2004 年，18 个区县的地方志书全部出齐。2008 年，《天津通志》最后一部分志出版。至此，首轮修志工作全面结束。二轮修志工作于 2002 年启动，至 2010 年，已出版市志分志、区县志 14 部。在各级政府修志规划之外，一些党政机关、人民团体、企业、事业单位、乡镇、街道、村也组织力量编修新方志。有 9 部(卷)志书在全国地方志评奖中获奖，88 部在天津市优秀志书成果、天津市社会科学优秀成果评奖中获奖。

天津市级修志 天津在首轮修志期间先后编有《天津简志》《天津通志》。2007 年，第二轮《天津市志》编修工作启动，规划 56 部，至 2010 年底，已出版武警志、铁路志、公路运输志、文化艺术志、中国共产党天津志、司法行政志、监察志、海事志、大事记(1979~2008)、烟草志、规划志、统计志 12 部分志。①《天津简志》。天津市第一部新编地方志。主编杨大辛。1985 年开始编修。1991 年出版。约 188 万字。设 30 篇 142 章 648 节。记述时限自清咸丰十年(1860)

至1986年，有的事物为追述渊源适当上溯，政权、政法、军事内容自1949年1月起，个别统计数字截至1985年。按现代社会分工、国民经济分类，并结合天津市行政管理部门的设置分类叙述政治、经济、文教、科技、社会生活等方面的情况。1994年获全国新编地方志优秀成果奖二等奖和天津市新编地方志优秀成果一等奖。②《天津通志》。于1990年开始编修。1994年10月，第一部分志大事记出版，至2008年8月，最后一部分志工业志印制完成，累计出版分志46部。记述地域范围以1990年区划为准。记事时限原则上自明永乐二年至1990年，有些事物适当向上追溯或向下延伸。设附志・租界、照片志等有特色的分志。一商志、工业志、农业志为内部出版。在全国地方志评奖中，城乡建设志获一等奖，政权志・政府卷获二等奖；在天津市第六届至第十一届社会科学优秀成果评奖中，军事志获二等奖，金融志、科学技术志、照片志、政协民主党派志・民主党派卷、文化艺术志获三等奖；在天津市优秀志书成果评奖中，有29部分志获奖，其中城乡建设志、政权志・政府卷、军事志、旧志点校卷获特等奖，金融志、大事记、地震志、体育志、财税志、附志・租界、商业志・粮食卷、科学技术志、公安志、港口志、邮电管理志、人事志、人民防空志获一等奖。

天津县级修志　首轮修志中，天津市所辖18个区县均完成编修任务，分别由天津社会科学院出版社、天津古籍出版社、中华书局出版。在全国地方志评奖中，《武清县志》《静海县志》获一等奖，《蓟县志》《宁河县志》《汉沽区志》《东丽区志》获二等奖；在天津市社会科学优秀成果评奖中，《南开区志》获二等奖，《河西区志》《红桥区志》《河东区志》《和平区志》获三等奖；在天津市优秀志书成果评奖中，《静海县志》《汉沽区志》《东丽区志》《塘沽区志》《河东区志》获特等奖，《武清县志》《蓟县志》《大港区志》《津南区志》《北辰区志》获一等奖。2008年，区县志第二轮编修工作启动，规划22部，至2010年底，已出版《武清县志(一九九一～二〇〇〇)》《宝坻县志(1990~2001)》。

天津首轮区县志一览表

志书名称	主编/总编/总纂	字数(万字)	出版年
《蓟县志》	郭新纪	127	1991
《宁河县志》	任宜芳	120	1991
《武清县志》	马悦龄	140	1991
《大港区志》	徐长喜	140	1994
《宝坻县志》	吴静顺	150	1995
《汉沽区志》	邵振鹏	160	1995
《静海县志》	张培生	141	1995
《东丽区志》	陈章伟	166	1996
《塘沽区志》	周宝发	152	1996
《河西区志》	王戈	140	1998
《南开区志》	王树凯	140	1998
《津南区志》	何荣林	146	1999
《北辰区志》	宋联洪	220	2000
《河东区志》	郭俊杰	186	2001
《红桥区志》	王世新	140	2001
《河北区志》	李德崇	202.69	2003
《西青区志》	沈正国、燕连玉	203	2003
《和平区志》	李润兰	166	2004

天津规划外志书编修　共编修约200种，总字数1000余万字。其中，由市水利局组织编纂的“天津水利志”丛书，包括《天津水利志》《海河干流志》《引滦入津工程志》《于桥水库志》《北大港水库志》及各区县水利志。由市规划局组织编纂的《天津地名志》，按区县分为18册，详细记述天津市地名演变、发展等方面的内容。中国近代邮政起源于天津，市邮政局编纂的《天津邮政志》对研究中国邮政史有重要参考价值。天津的名乡、名镇、名村也编写地方志书，津南、西青、北辰、东丽等区县曾推出系列丛书。在天津市社会科学优秀成果评奖中，《天津市城市规划志》《天津经济技术开发区志》获三等奖。有32部志书(分志)在天津市优秀志书成果评奖中获奖，其中《李叔同——弘一法师影志》《海河志》《王庆坨镇志》《王稳庄乡志》《新立村志》《天津市城市规划志》获一等奖。

天津旧志整理　天津旧志整理工作始于20世纪80年代。1984年，经国家教育委员会古籍整理研究工作委员会批准，南开大学地方文献研究室成立，开展包括地方志在内的地方古籍文献的整理工作，校点整理的18部旧志辑入“天津风土丛书”《天津通志・旧志点校卷》中。其中，“天津风土丛书”收入风土志性质的著作《津门杂记》《津门杂志》《津门纪略》和人物志《敬乡笔述》。1986年，市地方史志编修委员会总编辑室以《二十世纪初的天津概况》为名印制日本驻屯军司令部编的《天津志》。各区县的地方志工作机构也开展旧志整理工作，校点整理的方志由市方志办辑为《天津区县旧志点校》出版。除校点整理外，还有《重修蓟县志》《天津淮军昭忠祠录》等23部旧志影印出版，收入“中国地方志集成”“中国祠墓志丛刊”等丛书中。天津学者和出版单位也参与其他地区旧志的整理工作。南开大学来新夏点校的《闽小记》《闽杂记》和《萧山县志稿》分别由福建人民出版社、天津古籍出版社出版，主持选编的《中国地方志历史文献专集》由

天津旧志校注出版表

旧志名称	整理者	出版年
《二十世纪初的天津概况》	侯振彤(翻译)	1984
《津门纪略》	张格、张守谦	1986
《津门杂记》	丁緜孙、王黎雅	1986
《津门杂志》	罗淑伟	1986
《敬乡笔述》	张守谦	1986
康熙《盘山志》	吴孟麟、刘卫东	1997
光绪《重修天津府志》	李福生	1999
康熙《天津卫志》	陈作仪、李福生	1999
乾隆《天津府志》	李福生	1999
道光《津门保甲图说》	李丽中、张格	2001
民国《天津县新志》	李福生	2001
民国《天津志略》	李福生	2001
乾隆《天津县志》	李福生	2001
《说磬》	赵耀双、李福生	2001
《天津政俗沿革记》	焦静宜	2001
同治《续天津县志》	李福生	2001
《杨柳青小志》	张月光、李福生	2001
《志余随笔》	李福生	2001
光绪《宁河县志》	田莉	2008
康熙《宝坻县志》	徐洪志、张殿成	2008
民国《静海县志》	王敬模、张国梅、袁守云、王卉	2008
乾隆《宝坻县志》	徐洪志、张殿成	2008
乾隆《武清县志》	杨振关、李久云、董凤巢	2008
同治《重辑静海县志》	王敬模、张国梅、袁守云、王卉	2008

学苑出版社出版。南开大学历史学院吴振清等校点的《日本国志》由天津人民出版社出版，何孝荣点校的《金陵梵刹志》《金陵玄观志》分别由天津人民出版社和南京出版社出版。天津图书馆历史文献部辑有《天春园藏善本方志选编》等。

天津方志工作管理 天津市地方史志编修委员会于20世纪80年代中期成立。此后，全市各区县陆续成立地方志编修委员会办公室。全市各级地方志工作机构有工作人员百余人，有专职修志人员千余人，兼职修志人员万余人。天津先后召开全市地方志工作会议6次，组织举办新编地方志优秀成果评奖3次，并举办或参与全国及地方学术研讨、评稿、审稿、展览、培训等各类活动。

天津市地方志编修委员会及办公室 天津市地方史志编修委员会于1984年成立，1990年改为市地方志编修委员会。下设总编辑室，1990年改称办公室，是市政府负责地方志工作的职能部门，设秘书处、规划研究处、市志指导处、区县志指导处、年鉴指导处和市地方志馆。历任编委会主任张淮三(1984年5月~1989年2月)、聂璧初(1989年2月~1994年1月)、张立昌(1994年1月~1999年7月)、李盛霖(1999年7月~2004年7月)、戴相龙(2004年7月~2008年10月)、黄兴国(2008年10月~)。历任办公室(总编辑室)主任李克简(1984年5月~1988年7月)、董坤靖(1988年7月~1991年3月)、郭凤岐(1991年3月~2004年5月)、何志英(2004年5月~2010年5月)、苏长伟(2010年5月~)。1985年创办内部刊物《天津史志》，至2010年底，已出版131期。2008年开通天津市地方志网，数字化方志28部。

天津修志规章和规范性文件 天津先后制定、颁布《〈天津通志〉第二轮编修工作规范》《区县综合年鉴编辑出版工作规范》《天津市地方志书审查验收办法》《〈天津通志〉编修工作流程》《二轮修志篇目参考意见》《关于地方志书人物篇撰写参考意见》《关于进一步明确地志办机关〈天津通志〉岗位责任制的暂行规定》等规范性文件。

天津方志馆藏 主要方志收藏单位有天津图书馆、南开大学图书馆、天津市地方志馆等。天津市地方志馆成立于2006年。主要收藏各地方志和天津地情资料文献，收藏天津市新编地方志4万余册，全国其他地区新编地方志和旧志整理本5000余册，各类年鉴600余册，学术著作、刊物6000余册，天津地方史料文献3000余册，天津修志过程中收集、形成的文献资料1300余册，天津历史照片3万余幅。

天津方志研究成果 天津在方志方面的相关研究主要分为两个方向：一是关于历代方志及方志学的研究，主要研究者为高等院校和科研机构的学者，至2010年底，公开发表论文、书评120余篇，著作有来新夏著《中国地方志》《志域探步》及其主编的《方志学概论》《中日地方史志比较研究》(与齐藤博合编)等；二是关于新编地方志的理论研究，主要研究者是地方志工作人员，公开发表论文、书评80余篇，相关作品有郭凤岐《方志论评》和《志苑杂纂》等。此外，市地方志办公室编有《海峡两岸地方史志比较研究文集》等。

Tianmenxian Zhi[Qianlong]

《天门县志》[乾隆] 胡翼修，章镳、章学诚纂。清乾隆三十年(1765)刻本。

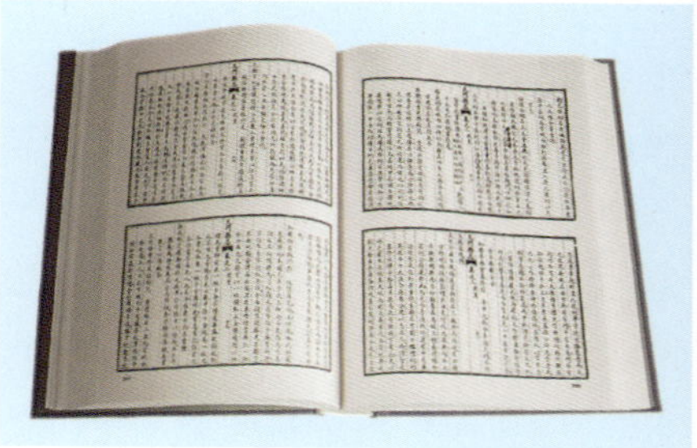

乾隆《天门县志》("中国地方志集成"本)书影

24卷，首1卷。每卷一序，卷首为《图说总序》，简要说明此卷的要领、目的，卷首舆图开创“以图补史之不足”的法则。卷1~8为八考，记邑中应记之事；卷9为五表，记邑中应记之人；卷10~23为十四传，记邑中仁德卓著、忠孝节义之人，及奇闻异事、畸言琐事、文林杂事等，有未列入者，附入第24卷余编中，以求区分著述和资料。章学诚作序《修志十议呈天门胡明府》，即方志界所熟知的“修志十议”，归纳史上修志弊端、易出现的问题，并提出解决措施，指出应“乘二便，知三长，去五难，除八忌，而立四体以归四要”，并在《天门县志艺文考序》中提出设置文征。中国科学院国家科学图书馆、故宫博物院图书馆、南京图书馆等有藏。湖北省图书馆藏抄本。国家图书馆等藏1922年石印本。

Tianshuishi Zhi

《天水市志》 主编刘玛丽，各卷主编分别为夏锡勇、王世明、刘雁翔。2004年方志出版社出版。3卷，321万字。设

麦积山石窟全景

48编251章755节。卷首有天水市行政区划图、地形图、卫星地貌图、主要旅游景点交通图及照片400余幅。后有文字索引与表图索引。上起远古，下至1989年，总述、大事记、旅游、伏羲文化、大地湾文化、秦文化、三国文化、麦积山石窟文化、人物、附录等延至2000年。上卷以自然概貌、建置、城建、政治类分志为主；中卷以科技、经济类分志为主；下卷以教育、文化、人物、民俗风情类分志为主。为突出天水历史文化资源优势，将伏羲文化、大地湾文化、秦文化、三国文化、麦积山文化升格为编，并将与这五大文化相关的文物遗迹发掘、祭祀典礼、战事、人物与文物保护、诗文、学术研究与交流等集中记述。为突出天水加工工业基础雄厚的特点，将工业分上、下编，按行业设19章54节，反映以机械制造、电子电器、轻工纺织三大行业为主导的门类较为齐全的地方工业体系及多家中华老字号、国家和省部级优质产品、出口商品。为突出天水农林土特产质地优良、品类繁多的特点，在林果业编中专设林果特产章，将花牛苹果、梨、桃等设节记述。为突出记述天水作为陇东南最大商品集散地的特点，在商贸编中突出记述有特色的专业市场。附录收录资料文件辑存、学者见闻、天水学人著作录、新编志书概览等。2005年获甘肃省社会科学优秀成果二等奖、省地方史志优秀成果奖一等奖。

Tianyi Ge

天一阁 中国最负盛名的明代地方志收藏单位，也是中国存世最早的私家藏书楼。楼名取义于汉郑玄《易经注》中“天一生水”之说，以克火患。位于浙江宁波市海曙区天一街。明嘉靖四十年(1561)始建，四十五年建成。原为明兵部右侍郎范钦藏书处。馆藏古籍总量占全国存世古籍的5%。据史料记载，全盛时期藏明代地方志435种，存世271种，占全国存世明代地方志总数的34%，其中孤本有正德《云南志》、正德《赵州志》、嘉靖《宁海州志》、万历《兖州府志》及《吴山志》《罗浮山志》《齐云山志》《香泉志》《摄山栖霞寺志》等164种。1999年，天一阁南园“水北阁”开设中国地方志珍藏馆，收藏新编志书，至2010年，收藏三级志书、专业志、部门志、乡镇志、山水志、人文景观志等共计1.8万册，是中国收集新编地方志最多的机构之一。其中，所藏三级志书数量占全国总数的91.7%。上海古籍书店、上海书店先后影印天一阁明代方志，出版“天一阁藏明代方志选刊”及续编。2009年，宁波出版社影印出版“天一阁明代方志补刊”，收方志88种。有关天一阁馆藏方志的目录有1936年冯贞群编著

天一阁

的《天一阁方志目》、1982年骆兆平编著的《天一阁藏明代地方志考录》、2001年龚烈沸编著的《宁波古今方志录要》。

Tianyige Cang Mingdai Fangzhi Xuankan

“天一阁藏明代方志选刊” 上海古籍书店1960~1965年出版。以线装丛书形式，影印浙江宁波天一阁所藏明代方志107种，其中河南17种、江西10种、河北9种、江苏9种、浙江9种、安徽9种、福建8种、山东8种、广东7种、湖南5种、湖北6种、四川4种、贵州2种、云南1种、陕西1种、山西1种、甘肃1种。这些方志包括县志、州志、府志、通志，内容包括各地政治、经济、军事、文化、社会、生活、人物、奇闻逸事等。1981~1983年改为精装本，合订68册，分批出版。

Tiandongxian Tudi Zhi

《田东县土地志》 主编凌天清，总纂卢伟、罗忠良。2005年广西人民出版社出版。49.2万字。设16章95节。志首有县行政区划图、土地利用总体规划图及彩照27幅。上限尽量追溯，下限至2000年。前三章主要反映建置政区、土地自然环境、土地资源等基本情况。第4~16章记土地所有制度、土地使用制度、土地市场、土地赋税费、土地调查与地籍管理等。突出地方特点，重视使用历史资料，土地所有制度章特别记载了土司统治时期、

《田东县土地志》书影

T

地主占主导时期的土地所有制,详记雇佣、租佃、自耕、互助合作等从唐代至1949年后土地使用制度的发展变化情况,并反映1929~1930年右江苏维埃政权开展土地革命,颁布和实施土地管理办法的历史。附录全文收录右江苏维埃政府颁发的《土地法暂行条例》《共耕条例》及1981~1997年县人民政府颁发的有关土地管理的法规、公告、批复意见等文献。其他章节以1949年后内容为主,尽可能地挖掘1949年前的资料。2008年获广西地方志优秀成果奖二等奖。

Tian Rucheng

田汝成(1503—1557) 字叔禾。明浙江钱塘(杭州)人。嘉靖五年(1526)进士。官至广西右参议、福建提学副使等。所纂《西湖游览志》《西湖游览志余》均刻于嘉靖二十六年,万历十二年(1584)重刻。清人姚靖将两志增删为26卷,其中《西湖游览志》8卷,冠以16幅图,改题为《西湖志》。《志余》18卷。另著有《炎徼纪闻》《辽记》等。在《西湖游览志》叙中,提出方志属史,山志、湖志皆为志书一种,编修志书应将征引文献、搜集见闻和实地考察结合起来。

Tingzhoufu Zhi[Qianlong]

《汀州府志》[乾隆] 曾曰瑛、王锡缙等修,李绂、熊为霖纂。清乾隆十七年(1752)刻本。45卷,首1卷。各卷首多有小序。注重对事物的起点、转折点、终点的记述,对建置沿革,户口、赋税变化,城池、桥梁、学校的兴建,邮驿、衙署的设置,山川的考证,官宦科名人物,及物产、艺文的记述尤为详尽。艺文约占全志篇幅的1/4,收录序29篇、论4篇、原2篇、说2篇、记81篇、传9篇、疏奏8篇、策1篇、议1篇、申详揭禀5篇、碑(文)9篇、考3篇、书13篇、启2篇、箴2篇、颂3篇、铭3篇、引3篇、题辞2篇、书后2篇、跋3篇、墓志2篇、墓表3篇、学规1篇、赋9篇、诗198首。北京大学图书馆、首都图书馆、厦门图书馆、长汀县档案馆等有藏。国家图书馆等藏清同治六年(1867)刻本。2004年方志出版社出版王光明、陈立校点本。

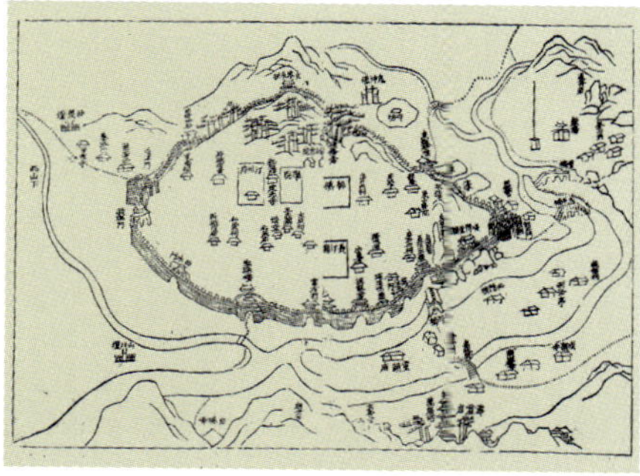

汀州府图(乾隆《汀州府志》同治六年刻本)

Tonghuashi Zhi

《通化市志》 主编高士心。1996年中国城市出版社出版。175万字。设23篇146章517节。配图照约200幅。上起19世纪中叶清朝对长白山区开禁,下至1985年底,个别内容稍有延后。1941年,通化市由通化县城区析出设治。为反映城市发展的连续性,建市前的内容以经济部类为主贯通记述,因县志已详细记述,市志从略。政治部类由建市治起记述。通化是民族英雄杨靖宇率领抗日联军杀敌的主战场,该志通过在人物篇为其立传、在军事篇设痛击邵本良目、在文化篇文物/胜迹章设靖宇陵园目等,记述杨靖宇事迹及纪念活动。此外,工业篇也颇具地域特色。1997年获全国地方志奖一等奖。①《通化市志》军事篇。设8章26节。设战事章,重点记述以王和达、董毅敏、刘永和等人为首的抗俄忠义军攻占通化,孙秀岩部和张佐良部保卫通化,杨靖宇率抗联一路痛击汉奸邵本良,歼灭国民党保安司令部,平定"二三"反革命暴乱,东北民主联军辽东军区开展"四保临江"战役等重要战事。②《通化市志》工业篇。设17章62节。饮料工业章设葡萄酒节,重点记述厂办葡萄园、社队葡萄园等原料基地,红梅牌中国通化葡萄酒、天池牌人参葡萄酒等国家优质酒,天池牌高级味美葡萄酒、天池牌红葡萄酒等省优质酒。纺织工业章设人造毛皮节,重点记述通化市出口拳头产品之一平剪绒、

靖宇陵园

被评为纺织工业部"三大支柱"创新产品的仿草狐毛皮、获国家科技进步二等奖的仿紫貂毛皮,及成为世界最新时装面料、"可与号称世界之冠的奥地利名牌产品媲美"的仿水獭、黄狼皮和黑三针、宽隐条、宽竖条等超高档人造毛皮。医药工业章设中成药节,重点记述全国21个重点中药厂、东北口服液滋补营养药主要产地之一通化市制药厂及利民制药厂的情况,强力天麻杜仲丸、归芪蜂王浆、参芪蜂王浆、健脑灵、喉痛消炎丸、天麻丸等省优质产品。

Tongxian Zhi

《通县志》 主编孙自凯、张洪林。2003年北京出版社出版。151.5万字。设27编103章326节。配照片147幅、地图5幅、表格194个。上起事物发端,下至1996年底。较北京其他区县志,增设能源编,分3章记述电力、煤炭、石油与其他能源。林业编增设古树名木节,记述境内北仪阁古槐、潞河中学国槐、东寺庄银杏树、管头楸树等古树,美国核桃树、紫藤、卫茅等名木。工业编增设社会福利工业节,记述北京市通县精密合金厂和北京通县低压电器厂。乡镇建设·环境保护编增设两节,分别记述境内主要

大运河森林公园及漕运码头

集镇及新村建设的情况。政权·政协编增设一节记述境内日伪政权成立、活动情况。文化编增设一节记述境内文人著述的情况。水利编以两节篇幅记述运潮减河、凤港减河等新河开挖情况及节水工程。社会编以两节篇幅记述境内语言中与普通话不同的部分字音。教育编增设勤工俭学节，记述境内勤工俭学的发展情况，另设一节记述潞河中学等学校。书后附1997~2000年通州区国民经济与社会发展概要、1997~2000年资料选辑。专记记述漕运、伪“冀东防共自治政府”、通县“四清”运动和通县地区“四清”大会战、曹雪芹墓葬刻石。

Tongguanxian Zhi[Minguo]

《同官县志》[民国] 余正东、田在养修，黎锦熙总纂。1944年刊印。同官为陕西铜川市旧称。该志以黎氏《方志今议》体系编纂，分30篇，每篇为1卷，共4册。有图(卷1疆域总图)、表(卷3大事年表、卷25氏族表)、文录(卷30丛录)，各篇中附有图、表、谱或文件。正

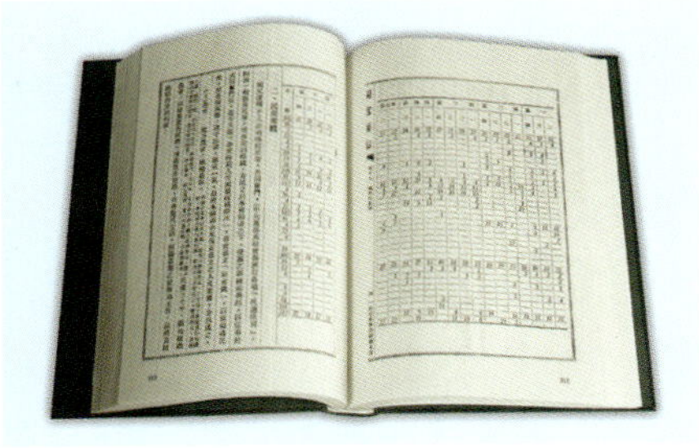

民国《同官县志》("中国地方志集成"本)书影

文分设26篇。将《方志今议》中拟定的农矿志，分为农业与矿业两篇，以突出该县矿业的发达；合作志更名为合作救济，党务志改为党团社会。丛录仅辑入旧志叙例。艺文依事类分入各篇。体例和方法一反旧制，在志书中记载地质情况，用国际音标记录方言读音，均为黎氏首创。国家图书馆、中央民族学院图书馆、南京图书馆、上海图书馆、浙江图书馆等有藏。

Tonglizhen Zhi

《同里镇志》 主编计东生。2007年广陵书社出版。123万字。分图片、文

退思园

稿、电子光盘3个部分。设22卷。志首列19组图照，志末设事物和人物两种索引。上限不定，下限至2003年底，大事记及图片延至2006年底。集中设退思园、旅游、文物古迹、老宅、艺文、人物、文化、风俗方言宗教8卷，反映同里风土、人文。退思园卷设5章，记述退思园概貌、园主和设计者、园林与景点、名人与退思园、逸闻。旅游卷第1~3章重点记载崇本堂、嘉荫堂、耕乐堂、陈御史府(珍珠塔景园)、丽则女学、陈去病故居等景点，罗星洲、大庙2处寺庙，同里历史文物陈列馆、松石悟园、根雕园、性文化博物馆、古风园等展馆。老宅卷系统记述境内99座历史老宅，在存世老宅部分记载富观街、鱼行街、上元街、新竹街、新镇街、东溪街、三元街7处老宅群。电子光盘分上下集，上集收录纸质版镇志内的图文及顺治《屯村志》、嘉庆《同里志》等5部旧志，下集收录《话说运河——水乡小镇》《同里》《同里印象》等影视片。

Tongzhi Shang-Jiang Liangxian Zhi

《同治上江两县志》 莫祥芝、甘绍盘修，汪士铎纂。清同治十三年(1874)刻本。宋、元、明、清时期，上元、江宁两县在南京同城分治。同治年间纂修两县合志。30卷。首卷为天章，详录清代皇帝诗文。主体29卷，分28门。分记、考、谱、录、图五类，卷1圣泽记，记载皇家之事。卷2~13为考，记大事、山、水、城乡、田赋、食货、学校、兵、祠祀、建置、艺文，其中城厢考对于历代城郭、宫室苑囿等标举坊里，前闻旧迹分注于下，详载其本末；田赋考、食货考的论述反映了编者注重经济的思想。卷13~20为谱，记秩官、科贡、列女、古今人、古迹，清咸丰三年(1583)以后的兵事、忠义、贞烈，其中“咸丰三年以来兵事”中详述太平天国战事始末；“古今人物”为其独创。卷21~26为录，记名宦、乡贤、忠义孝悌、旧耆、方伎、方外。记、谱为表，考即志，录即传。末两卷分别为图、说，摭佚。全志记人物约占一半篇幅。各门类开篇均有无题小序，录名宦、录乡贤、录忠义孝悌等末还以“论曰”阐述观点。南京图书馆、南京大学图书馆、苏州市图书馆、无锡市图书馆等有藏。甘肃省图书馆、广东省立中山图书馆、四川省图书馆等藏清光绪二年(1876)重印本。广陵古籍刻印社出版影印本。

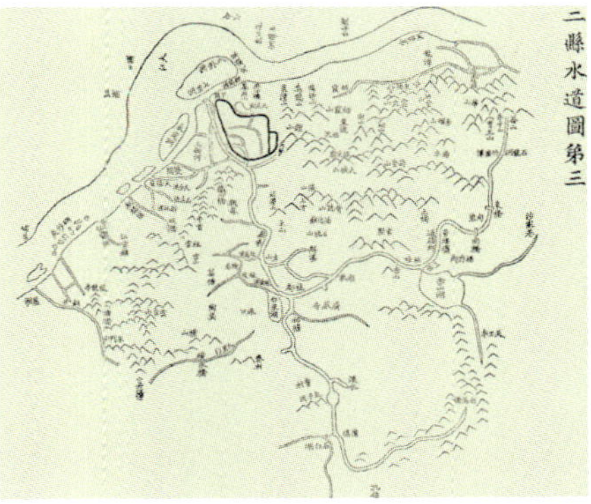

上元、江宁二县水道图(局部)

Tongchengxian Zhi

《桐城县志》 主编潘忠荣。1995年黄山书社出版。130万字。设23章105节。有彩色插图82幅、表格153个。上起事物发端，下至1987年。重点记述安徽桐城县境内野生动植物、矿物资源，包括金钱豹等国家级保护野生动物13种，银杏、金钱松、鹅掌楸、杜仲、凹叶厚朴等珍稀树种7种，以非金属为主、金属次之的矿产资源；还记述了该县以

桐城县六尺巷旧址

T

产稻为主的农业，由原来的小型手工作坊发展到以电力、机械、建材、化工、陶瓷、纺织、洗染、棉加工、服装鞋帽、造纸、印刷、食品、塑料加工、文教用品为骨干的小型工业体系，以及电讯、交通、科技卫生、教育等行业。附录为文献辑存、外地名人题咏桐城诗文辑存。1997年获全国地方志奖一等奖。

Tong Chengxu

童承叙（生卒年不详） 字汉臣，又字士畴，别号内方。明湖北沔阳人。正德十六年（1521）进士。后任国子司业、左庶子兼翰林院侍讲等。纂有《沔阳志》，另著有《平汉录》《内方集》。《沔阳志》［嘉靖］，曾储修，童承叙纂。明嘉靖十年（1531）刻本。18卷。约9万字。采用纪传体，分一纪、四表、七志、十传，分别为郡纪、郡县表、封爵表、秩官表、人物表、提封志、创设志、河防志、食货志、秩祀志、儒学志、兵戎志、秩官列传、人物列传、良牧传、名将传、死事传、名贤传、逸士传、侨寓传、孝义传、外传，每门后有“史氏曰”和“赞曰”。此志与康海《武功志》、王九思《鄠县志》并称为海内三名志。初刻本藏天一阁。

tu

图 方志体裁之一。分地图、统计图、示意图、绘画、照片等。图形象直观，可丰富志书内容，增强可读性，提高志书价值，还可节省文字，美化版面。方志之图始于图经。图经始见于东汉，盛行于隋唐至北宋。南宋时，以“志”为名的方志成为主要形式，图仍是方志主要体裁之一。清戴震认为，‘地图及沿革表，志开卷第一事也”，强调了地图在志书中的重要地位。民国时期编纂出版的方志中，图的运用有较大进步。1929年，国民政府颁布《修志事例概要》，特别强调要尽量采用新技术：“舆图应由专门人员以最新科学方法制绘精印，订列专册，以裨实用”；“地方名胜、古迹、金石拓片，以及公家私家所藏各种古物，在历史上有重要的价值者，均应摄制相片编入，以存史迹”。新编地方志中，图的安排有插页和配文两种形式。2008年，中国地方志指导小组印发《地方志书质量规定》规定：“图的制作规范，要素齐全，包括必要的图题、图例和注记。”①地图。根据志书各部分的需要设置，自然地理类地图包括地形地貌图、山脉水系图、气候图、植被图、土壤图、降水图等；社会经济类地图包括行政区划图、人口分布图、农业区划图、工业布局图、交通图、邮电图、商业网点图、旅游线路图、文物分布图、学校分布图、方言图等。基础底图须采用测绘部门最新绘制的标准资料图，涉及疆界的地图需由测绘部门绘制或审定。②统计图。有条形图、曲线图、象形图等，所显示的统计资料的数量关系须符合科学性。③示意图。有组织机构示意图、隶属关系示意图、水利示意图、航道示意图等。它是一种略图（不是“绘画”），目的是把内容较复杂的事物及特定事物相互间的关系用图形表示，让读者一目了然。④绘画。即把事物形象画出来，如农具、建筑物、动植物等都可用绘画形式来显示。绘画通常采用白描手法，抓住事物特点，用简练的线条把事物形象勾勒出来。⑤照片。是重要的形象资料，真实性是其他资料无法比拟的。收集照片资料要和文字资料同步进行。选取照片要全面，包括地形地貌、城市建筑、政治活动、经济发展、文化建设、典型人物等，照片须有资料性和存史价值。

tujing

图经 早期方志名称之一。北宋李宗谔《祥符州县图经》序称：“图则作绘之名，经则载言之别。”说明图经是图、释文合一的著述。已知最早有文献记载的图经是东汉王逸纂《广陵郡图经》（《文选》芜城赋注引录）和《巴郡图经》（《华阳国志》巴志引录）。《巴郡图经》，据汉桓帝时巴郡太守但望于永兴二年三月上疏曰：“谨案《巴郡图经》境界南北四千，东西五千，周万余里。属县十四，盐铁五官，各有丞史。户四十六万四千七百八十，口百八十七万五千五百三十五。远县去郡千二百至千五百里，乡亭去城或三四百，或及千里。”这段文字表明，图经内容包括建置、疆域、属县、设官、户口、里至等项，与后世方志的地理部分相应。隋朝为了解各地情况、加强统治，朝廷于大业中诏天下诸郡纂修图经，有郎蔚之《隋诸州图经集》100卷（佚）、虞世基《隋区宇图志》1200卷（佚）等。唐袭隋例，要求地方政府定期呈报图经。唐建中元年（780）下诏各州郡每三年（后改为五年）编造图经，上达尚书兵部职方。唐代存世图经实物，有20世纪初在敦煌藏经洞发现的《沙州都督府图经》《西州图经》等。据《沙州都督府图经》所记文字，唐代图经门类较以往有较大增扩，内容更加充实。仓修良在《从敦煌图经残卷看隋唐五代图经发展》一文中指出，“隋唐五代图经乃是卷首有图、以文字为主进行详尽阐释说明的一种历史著作”。北宋大规模组织编造图经，主要在太祖、太宗、真宗时期，朝廷在地方呈送图经基础上编次整理，汇纂图经总集和全国区域图志。主要成书有《开宝诸道图经》（佚）、《祥符州县图经》（佚）和九域志。宋大观元年（1107），中央设立九域图志局，对推进图经、图志的编纂起到重要作用。南宋时期，图经逐渐为方志取代。元、明、清三朝，尽管也有志书称图经、图志，但体例内容与定型方志无异。

W

皖 万 汪 王 望 威
巍 韦 惟 渭 魏 文
翁 瓮 乌 巫 无 吴
梧 五 武

Wanzhi Shigao

《皖志史稿》 宫为之著。1997年安徽人民出版社出版。33万字。设6章。导论阐述方志界说、方志起源和方志史分期等问题，认为方志源于图经，流于多体，将其发展史分为5个阶段。皖志雏形章阐述皖图经、皖郡书、皖地记3种形态，并按历史时期分别举例说明。志体定型章首先叙述五代和宋朝安徽所修图经、地记、志书的概况，其次阐述南宋方志定型的原因、基本标志和方志理论的萌芽，最后分析罗愿的方志理论及其《新安志》产生的原因、体例及成就。体例的统一章首先介绍元朝《大一统志凡例》和明朝《纂修志书凡例》及其对方志发展的贡献，再分别介绍元、明皖志的编修状况、皖方志理论，并简介正统《和州志》、弘治《徽州府志》、正德《安庆府志》、万历《宁国府志》等志书。体例的高度成熟章首先概述清朝安徽修志的盛况，其次阐述清朝皖志的价值，包括在方志理论方面的发展情况，最后论述章学诚的皖志《和州志》和《亳州志》。体例微变章主要介绍民国时期安徽修志概况及皖志体例的微变和方志理论的发展情况，并简介《怀宁县志》《歙县志》《太和县志》等志书。后附安徽历代佚志考，收录从东汉至清末共332部佚志，其中类似省志4部，府、州、县志328部。宫为之(1939—)，安徽含山人。1966年合肥师范学院历史系毕业。1981年开始对安徽存世旧志进行研究。曾任《志苑》杂志责编、安徽省地方志办公室省志处业务指导、安徽省地方志学会理事。担任《安徽省志·石油化学工业志》《安徽省志·煤炭工业志》《安徽省志·民政志》等5部专业志特约编辑。发表方志论文十余篇。

Wan Guoding

万国鼎(1897—1963) 江苏武进人。1920年毕业于金陵大学农林科。曾任金陵大学农业图书研究部主任，中央政治大学教授兼地政系主任。20世纪30年代起，组织搜集农史资料，分类汇集成《中国农史资料》《中国农史资料续编》《方志综合》《方志分类》《方志物产》等。1953年起，历任河南农学院、南京农学院教授，中国农业科学院、南京农学院农业遗产研究室主任。编有《金陵大学图书馆方志目》，主持编写中国第一部《中国农学史》，组织编辑《中国农学遗产选集》，撰有《秦汉度量衡亩考》《耦耕考》《中国田制史》等。《金陵大学图书馆方志目》，万国鼎、储瑞棠合编。1933年刊于《金陵学报》。收录金陵大学1932年12月前收藏的单行本方志2104种(复本不计)，包括元刻本1种，明刻本17种，抄本、稿本百种，罕见清代志书多种。目录编次省依“金陵大学图书馆丛刊”第二种之《中国图书分类法》，府县大体依照《大清一统志》排序。著录项目包括志书名、修纂者、卷册函数、版本，所缺志书列入府县名，以备续增。书末附方志地名索引。

Wanxianshi Zhi

《万县市志》 总编魏光和、于官六，总纂魏光和。2001年重庆出版社出版。194.4万字。设30篇145章502节。配彩色地图2幅、彩色照片143幅、黑白图片数百幅。上起清宣统三年(1911)年，下至1992年撤市设区。万县市自东汉建安二十一年(216)设羊渠县始，历为川东门户，川东北、湘鄂西、陕南、黔东的物资集散地。志中军事篇详细记载1919~1945年驻万县的军事机构，包括夔绥总司令部、四川靖国军援鄂司令部、川鄂边区绥靖公署等民国时期军政机关，国民革命军第二十军军事政治学校、国防部万县青年职业训练班等军事学校；设重大活动、联防绥靖、抗击外侮、兵事纪略4节详记这一时期发生的重大历史事件，包括1937年驻万县第十三旅独立第二团田冠五部首先开拔出川抗战、1926年英国兵舰酿成“九五”惨案始末等。商业篇详记境内商业演变，商业成分，粮油经营，农产品、副食品、日用工业品、生产资料、医药采购供应，饮食、服务业，集市、货栈贸易与交流会，对外贸易，等等。交通篇反映了地区水、陆、航空等运输优势。2003年获重庆市哲学社会科学优秀成果奖三等奖。

长江十大港口之一——万县港

Wanyuanshi Zhi

《万源市志》 主编唐艺。2009年中国文史出版社出版。2卷，180万字。设40篇180章738节。配图照164幅、表224个，附主题索引与表、图、人名、地名索引。上起1986年，下至2005年。正文前设18个专题记述，其中有2个专题反映万源是革命老区、川陕革命根据地的一部分，万源保卫战战史陈列馆是全国100个“红色旅游经典景区”之一。重视人与自然环境的关系，注重人文。自然环境篇物候章记述农民世代观察自然、顺应自然、适应自然，进行农事活动的经验。将竹鼠、锦鸡、娃娃鱼等动物列为山珍收入土特产篇，在自然环境篇中记其名而未列入土特产，反映出对自然生态与资源保护利用观念的变化。志中明确记载“万源四宝”（旧院黑鸡、

万源保卫战战史陈列馆

秦巴北鲵、萼贝、巴山雀舌)。环境保护篇反映环境污染状况及不良影响。居民篇人口经济章设人均资源指标节、人均经济指标节,反映自然资源与经济社会资源的占有情况、利用情况和效益。记述经济建设成就时不回避困难和问题,关注民生问题,如实记述部分国有工商业企业经营困难、亏损、破产的史实;设素质、健康状况等节,反映人口文化素质和青少年及幼儿的健康与营养状况。人物篇以传记、简介记述40人,以名录收入省部级以上表彰的先进人物和高级知识分子414人。艺文篇突破时间上限,简述宋代至民国时期文艺创作概况、作家诗人群体概况,重点记述当代作家、艺术家。科技篇反映万源科研机构、科技力量、科技活动、科研成果及对经济社会发展的贡献,翔实记载实施科技兴市战略的历程,收录科技拔尖人才、有突出贡献和享受国务院"政府特殊津贴"的专家16人。附录分重要文存、补遗、勘误、获省级部门以上表彰的先进集体名录,其中《白沙工农区概况》填补了设置于1978~1993年的白沙工农区无史志记录的空白。2010年获四川省哲学社会科学优秀成果奖三等奖、四川省地方志优秀成果奖一等奖。

Wang Fenggang

汪凤刚(1935—1990) 安徽黟县人。早年就读于黟县县立初级中学(后更名为黟县中学)。1953年调至玉山县,先后任县委办公室副主任、教育局局长等职。1980年任玉山县委常委、宣传部部长,县志编写领导小组组长。主编《玉山县志》《七一水库志》《画家柳子谷》,前两部志书分别是江西省第一部公开出版的三级志书和第一部公开出版的新编专志,《玉山县志》于1993年获全国地方志优秀成果奖一等奖,在江西省新编地方志优秀成果评奖中获对修志事业贡献突出荣誉奖。后任玉山县委组织部部长、县政协主席等职。认为新编地方志书应把握时代脉搏,体现改革这一时代特点。主张从实际出发,采用细分门类、多卷并列的结构形式;应把有关政治运动内容分散在各卷之中加以记述,并把握好粗与细、详与略的关系;在全志之首增设概述,以期达到提纲挈领、总揽全书的效果;立传人物要坚持"人民志书写人民"的宗旨,做到"眼睛向下,本地拔尖",从知识分子、劳动模范、人民教师、能工巧匠、饮食服务人员等阶层中发掘优秀人物立传入志。

Wang Baoxin

王葆心(1867—1944) 字季芗,别字晦堂,晚号青垞老人。湖北罗田人。早年曾任罗田、郢中、潜江等地书院院长及学堂教习。清光绪二十九年(1903)中举。历任礼部图书馆总纂、学部主事等。民国时期任湖南省官书报局总纂、京师图书馆总纂、湖北国学馆馆长、武汉大学教授等职。1932年任湖北通志馆筹备主任兼总纂,撰《重修湖北通志条议》1卷,作为湖北修志方案。"七七事变"后,任罗田县志馆馆长。著有《明季江淮七十二寨纪事》《虞初文志》《方志学发微》《增补修志通则》《采访志书条例》等,撰有《清代方志学撰著派与纂辑派争持评论》,与甘鹏云合纂《湖北文征》。另著有《古文辞通义》《历朝经学变迁史》《经学研究前后编》。著作多未刊行。1957年王氏后人将家藏未刊遗稿捐献给湖北省文史研究馆,后书稿转到湖北省博物馆保存。《清代方志学撰著派与纂辑派争持评论》,载《北平世界日报·图书馆周刊》1936年第56、58、60、61期。文中对清代新、旧两派的渊源、成长、特征、势力消长、争论情况及其后果有详尽的论述,对有关方志的源流、性质、体例及史料价值等问题也有所涉及。

Wang Bingxiang

王秉祥(1916—1993) 原名王东平。甘肃宁县人,祖籍陕西旬邑县。14岁在杨虎城部当兵。1935年后,历任中共关中地委组织部副部长、陇东地委书记等职。1949年后,任甘肃省委书记兼省政法委书记、省政协主席、全国政协常委等职。1983年在省人大六届一次会议上,联名十余位省人大代表,提交《关于重视编修甘肃地方史志的议案》,大会据此做出《关于重视编修甘肃地方史志的决定》。1984~1993年兼任甘肃省地方史志编纂委员会主任。任内,基本建成省、地、县三级地方史志工作机构;制订全省修志规划;主持《甘肃省志》的编纂,并审定数百万字的志稿;主持起草《民族地区修志意见》,意见规定甘肃民族地区修志的基本原则、方针政策、审定程序等;多次深入地、市、州、县和省直部门督察指导工作;重视革命老区的修志工作。主持修志工作期间,新编《甘肃省志》72卷完成22卷,83部县志完成20部,其中《甘肃省志》的概述、大事记和《康县志》获全国优秀图书奖。个人著有《解放战争时期我军与国民党在陇东地区斗争纪实》等。

Wang Chang

王昶(1725—1806) 字德甫,又字琴德,号述庵,又号兰泉。清江苏青浦(属上海)人。乾隆十九年(1754)进士。二十二年,乾隆皇帝南巡,召试第一,赐内阁中书,入军机处。后官至刑部右侍郎。晚年主讲娄东书院。参修《大清一统志》,主纂乾隆《青浦县志》、嘉庆《直隶太仓州志》,另编著有《金石萃编》《春融堂集》《明词综》等。在《直隶太仓州志》考证凡例中,认为志人物"贤奸皆宜直书其名,直举其事","志人物则必考实在,盖意存矜慎,期取信于后世";主张以史法写志,据事直书,以继"古人直笔之遗"。认为方志要"为异日作史张本,故官名、地名一切当从史例"。《青浦县志》[乾隆],杨卓、孙凤鸣修,王昶纂。乾隆五十三年刻本。40

卷。约50万字。正文设37目。记事至乾隆五十二年。重视田赋、水利,田赋中历述列朝赋法、蠲免、赋额,对青浦赋税沿革梳理清晰。抄本藏江苏省地理研究所,国家图书馆藏初刻本。

Wang Dengpu

王登普(1938—2007) 笔名青野。河北辛集人。1962年河北北京师院函授部中文系结业。曾任河北辛集市文化馆馆长、市广播局副局长、市计生委副主任、市民政局副局长等。1986年任辛集市地方志办公室主任。为河北省作家协会会员、省地方志学会理事、省地方志学会学术委员。1988年、1992年、1994年3次被评为河北省地方志先进工作者。主编《辛集市志》,撰写地理编、政治编、军事编、文化编、社会编和人物编的绝大部分志稿和大事记、经济编的部分志稿,约120余万字,该志获河北省优秀志书一等奖、河北省首轮修志特等奖、全国地方志奖二等奖。撰有《辛集皮毛志》,主编《辛集市志文论集》,发表方志相关论文200余篇,文集有《新方志琐谈》《新方志琐谈续集》《新方志编研论稿》《续修志书编研新稿》等。《新方志编研论稿》,1997年出版。收录方志论文36篇,多是对新志编纂实践的总结和个人的认识体会。其中对新方志的指导思想、主编素质、体例、资料、凡例、序言、附录、标题、数字、图、表、地方特点及其体现方法、语言、人物、以事系人、大事记、1949年后农村生产关系变革的记述、如何充分反映中国共产党丰功伟绩和执政地位、记述"大跃进"应注意的问题等方面,都做了比较深入的思考,并付诸实践。

Wang Fen

王棻(1828—1899) 字子庄,号柔桥、耘轩。清浙江黄岩人。同治六年(1867)举人。历任九峰、清献、东山诸书院主讲,以教学、著述终其身。其甥喻长霖将其著述辑为"玩芳草堂丛书",凡经、史、子、集29部,计734卷,其中方志编纂居其半。主纂或参纂光绪《黄岩县志》《青田县志》《杭州府志》《太平续志》《永嘉县志》《仙居县志》及《九峰山志》《台州学统》等。曾辑录自晋至清代台州先哲337人传记,成《台州学统》100卷,分气节、性理、经济、词章、训诂、躬行6门。在《黄岩县志》叙录中,认为"地志之书,昉于《尚书·禹贡》《周礼·职方》。《禹贡》记九州山川、土田、物产、贡赋之数,《职方》兼人民、树畜,《汉书·地理志》因之,并及分野、户口、古迹、风俗,此皆志之本也"。阐明了方志编修的基本内容。对统志与州县志的区别,认为"统志之传于今者以唐《元和郡县志》为最古,其所记述,惟此数端而已。自宋《太平寰宇记》始载人物兼艺文,后世州县志必详人物、艺文者实昉于此"。对于史、志的区别,认为"志之体仿于史,而其旨实与史异,据事直书、美恶并载者,史之体也;征文考献,称美而不称恶者,志之体也"。在修志中重视征文考献,认为"邑之所重在文献"。重视艺文志,在《太平续志》自序中,提出"今续修斯志,其义例当一循其旧,而于艺文、金石尤加详焉,盖邑之所重在文献,而文不足则献亦何自而传"。

Wang Guohua

王国华(1933—2007) 辽宁锦县人。1948年就读于北京辅仁大学附中。1951年参加革命工作。历任中共北京市委监委干事、北京市政协文史委员会副主任等职。1984年7月起,任北京市档案局党组书记兼北京市档案局局长、档案馆馆长。其间,主持创办《北京档案》《北京档案史料》刊物。1986年任北京市地方志筹备小组成员,参与筹组北京市修志领导机构和办事机构的工作。1989年兼任北京市地方志编纂委员会办公室主任,组织开展修志工作。同时参与创办《北京年鉴》的策划和组织领导工作。1999年退休后,任《北京志》和《北京年鉴》常务副主编,参与工业卷、档案卷的志稿审读和百余部分志的终审工作。撰写论文50余篇,著有《京华谭史录》《北京城墙存废记》等。

Wang Guowei

王国维(1877—1927) 初名国桢,字静安,又字伯隅,号观堂。浙江海宁人。清光绪十八年(1892)秀才。二十七年,赴日本留学。回国后,任清学部总务司行走、图书馆编译、上海仓圣明智大学教授等,翻译《日本地理志》《教育学》。辛亥革命后,以清朝遗臣自居。1919年与张尔田负责《浙江续通志稿》寓贤、掌故、杂记、仙释、封爵5门的纂述。后考订乾隆《浙江通志》,撰《乾隆浙江通志考异》。1922年起,任北京大学国学门通讯导师、清华研究院导师、溥仪"南书房行走"等。在分纂《浙江续通志稿》期间,撰写《两浙古刊本考》《乾隆浙江通志考异》《五代两宋监本考》《乾隆浙江通志补》。另著有《观堂集林》等。①《乾隆浙江通志考异》。残稿4卷。是三氏据《太平寰宇记》、淳祐《临安志》、咸淳《临安志》等书记载考订乾隆《浙江通志》的建置、山川、城池各门舛伪。卷1考订建置沿革类,共170余条;卷2、卷3考订山川、河流类,共900余条;卷4考订城池等,19条。是修撰浙江通志的重要参考书。有1940年石印《海宁王静安先生遗书》本。②《两浙古刊本考》。1922年撰。2卷。辑录考订宋、元两代杭州府刻版古籍182种,嘉兴、湖州、宁波等地刻版古籍300余种,分郡府排列。部分尚有传本。

Wang Guoxian

王国宪(1853—1938) 原名国栋,字用五,又字圣轩,号尧云,晚号更生老人。广东琼山(海南琼山区)人。清末优贡。曾任广东省乐昌县教谕、广东省议会议员等职,参与创建私立琼海中学(海南中学)。修纂《琼崖志》《琼山县志》《儋县志》《王氏经籍志》《琼台书院志》等,主编"海南丛书",编辑《王氏合族大谱》《琼崖耆宿集》《海忠介公年谱》《丘文庄公年谱》,校点补刊宋代《苏文忠公海外集》《白玉蟾真人集》

巍山县南诏古街

志首配自治县行政区划图、照片 81 幅。上起 1911 年,部分内容上限适当放宽,有的溯至始端;下至 1990 年。该志突出记述了巍山作为唐代南诏的发祥地、云南推行土司制度最长的地区之一的悠久历史。为全面反映民族区域自治和地方民族特点,专设人口民族、风景名胜文物、宗教、文献等分志。在人口民族志中,主要记述世居境内的汉、彝、回、白、苗、傈僳 6 个民族的饮食、服饰、婚丧嫁娶、节庆、禁忌等风俗习惯。在风景名胜文物志中分章记述县境内的文物古迹、革命遗址、风景名胜、名观寺庙、金石等,重点记述省级重点文物保护单位巍宝山古建筑群,州级重点文物保护单位拱辰楼、太阳宫(含双塔)、圆觉寺双塔、山龙山于图城遗址、蒙舍城遗址等,突出该县文献名邦的特色。在宗教志中,记述县境内的巫教、道教、佛教三大宗教及天魔牙寺、伏虎寺、降龙寺、灵岩寺等道佛寺观。在文献志金石选录中专文收录道观、佛寺、文庙、南诏土主庙、墓志铭表、城池、津梁等的碑记。在文化志中列节记述民族民间艺术,如汉族的盒子灯烟火、龙灯、彩灯和高台社火,彝族的打歌,彝、苗等民族的山歌,以及起源于道教音乐的洞经古乐等。1996 年获云南省志书类优秀成果奖一等奖。

Wei Shu

韦述(?—757) 唐郑州武阳(河南原阳)人,祖籍京兆(陕西西安)。年少举进士。历任集贤院直学士、工部侍郎、右散骑常侍,封方城县侯。任史官 20 年,主撰武德后国史。纂有《两京新记》,著有《高宗实录》《唐春秋》《唐职仪》《开元谱》《御史台记》,参与编修《唐六典》等。《两京新记》,"两京"指西京长安和东京洛阳。又名《东西京记》。据《玉海》载,为开元年间撰。5 卷。仅存第 3 卷,详细记述坊寺、宅观、园祠等,藏日本金泽文库,刻入"佚存丛书"中。宋代宋敏求据此书著《长安志》《河南志》。另有南菁札记本、吴县曹氏辑本。

Weiyang Zhi[Jiajing]

《惟扬志》[嘉靖] 朱怀干修,盛仪纂。明嘉靖二十一年(1542)刻本。惟扬即古扬州,因《禹贡》有"淮海惟扬州"而得名。此志为存世最早的扬州府志,也是最早记述扬州的方志。原刻本 38 卷,平列门目 19 类。卷 1 郡邑古今图,所记溯自远古扬州,对唐宋之前的记载往往包含江淮南北广阔区域。各门目迄止时间不一,有的记至明初,有的记至嘉靖二十一年。创设历代志,博采诸史传文集,从唐尧时的扬州至明洪武元年(1368),一览扬州史事。志书取材注意考辨甄择,荒唐不经的内容不予收录。收录内容详人物、重诗文,对汉晋以后与扬州有涉的政家名宦、学者文人皆有述及,保存有不少不见于正史的资料,如历代志中对南宋名将韩世忠、岳飞在扬州附近的抗金事迹,宋末李庭芝、姜才在扬州的抗元事迹的记载,及杂志中附外传,设专篇记述张士诚起兵始末等。盐务是扬州要政,志中单设盐政志,记述历史上扬州的盐制、盐法、盐务机构、

《惟扬志》("天一阁藏明代方志选刊"本)书影

制盐之法等,还收录自汉代至明代有关盐务的诏议奏疏。天一阁藏卷 1~3、卷 7~12、卷 18~22、卷 32~33、卷 37~38。另有清光绪二十一年(1895)影抄嘉靖本,原藏于扬州吴氏测海楼,后藏于台湾。

Weinandiqu Zhi

《渭南地区志》 主编杨树民。1996 年三秦出版社出版。167.2 万字。设 28 编 146 章 638 节。配地区行政区划图及照片 28 幅。附大事年表。上起事物发端,下至 1990 年底。注重对陕西渭南历史上政治、军事活动的记载。除军事编记载韩原大战、彭衙之战、澄合战役、永丰大捷等 13 次重大兵事外,专设重大政事编,下分 3 节,分别记述黄巢

司马迁祠墓

起义军破陕入关、王二起义、捻军转战渭河两岸、护国护法斗争、靖国军反对北洋军阀斗争、渭华起义、智取华山、"三反""五反""文化大革命"等封建时期、民主革命时期、社会主义时期重要事件,均涉及军事内容。综合反映自然现象,设灾害防御篇,记述自然灾害及地质、地形、气候、水文等成灾因素,详记地震、旱、水、雹、冻、风、蝗等灾情及减灾防灾机构的设置、防灾减灾体系的建立、采取的措施、实施的工程等。注重记载事项之间的联系,地方语言编除记述渭南方言的基本特点及分区、比较其与普通话的差别、记载语音词汇外,专设一节记述渭南方言中所反映的送角子、转场、老碗会、会合集等婚育、饮食、生活类民俗事象。人物志立传记述政治领域 22 人、军事领域 14 人、经济领域 6 人、文化艺术领域 19 人、教育科技领域 10 人,及高僧、见义勇为者等,包括杨坚、寇准、郭

子仪、白居易、杨虎城等历史名人;列表记载人物数百位。1997年获全国地方志奖一等奖。

Wei Yuan

魏源(1794—1857) 原名远达,字默深,又字墨生、汉士,号承贯。清湖南邵阳人。道光八年(1828)入京任内阁中书,与同官龚自珍以讲求匡时救弊之学而齐名,有“龚魏”之称。鸦片战争爆发,入两江总督裕谦幕府,参与抗英战争。道光二十四年中进士,官至高邮州知州。辑有《海国图志》,编撰有《圣武记》《书古微》《诗古微》《元史新编》《皇朝经世文编》等。《海国图志》是论述海防问题及介绍世界史地的著作。道光二十二年编成,初为50卷,二十七年扩充为60卷,清咸丰二年(1852)增补至100卷。该志依据林则徐主持编译的《四洲志》和历代史志、明以后“岛志”等外国史地资料辑成,《四洲志》原文33段分别辑入37卷中作为主文。魏源主张革新,要求变法,“师夷长技以制夷”。卷3、卷4为地图,包括历代西域沿革图、亚欧非各洲沿革图地球正背面图及欧、亚、非、美各洲地图。卷84~95介绍西方战舰、火炮、火铳、水雷、望远镜等制造技术并附以自己的货币理论。该书订正西方传教士利玛窦、艾儒略、南怀仁等所撰各国地图的谬误。有邵阳魏氏古微堂木活字本、郴州陈氏重刊足本等十余种版本存世,另有《俄罗斯国志》《欧北五国志》等单行本传世。《海国图志》后被日本人译成日文出版,对明治维新起了促进作用。

Wendengshi Zhi

《文登市志》 主编初钊兴。1996年中国城市出版社出版。184万字。设27编179章682节。志首配地图4幅、彩照92幅,文内插图23幅。上起清道光二十年(1840),建置、大事记上溯至建县时;下至1990年。记述公路、威海飞机场、埠口港、桃威铁路等交通设施。记述被国务院列为沿海经济开放区后,山东文登市综合经济实力的发展状况。记述作为全国最早实行计划生育的县(区)之一,5次被授予“全国计划生育红旗县”称号的经历。设战事、拥军支前等专章,详述甲午战争、辛亥革命、“一一·四”暴动、天福山起义等重大战事和抗日战争、解放战争时期文登人民拥军支前的情况,突出文登人民对中国革命的贡献。列文登明清进士名录,并对自北宋至1990年的文登人著作和作者一一标注,体现“文登学”的久远历史和博大内涵。1997年获全国地方志奖一等奖。

天福山起义纪念铜雕

wenfeng

文风 指志书语言文字的风格。清章学诚对修志强调“要简、要严、要核、要雅”的主张。2008年中国地方志指导小组颁布的《地方志书质量规定》第二十七条指出:“行文严谨、朴实、简洁、流畅。”①行文严谨。是对地方志编纂多方面的要求,包括结构严谨,篇目层次清楚,逻辑周密;内容严谨,不芜杂滥收;语言严谨,在时间、空间、结果、数量、程度、位次、范围的表述上准确清晰;行文上规范统一,标题、称谓、地名、纪年、数字、计量、注释、引文和排版格式等符合编纂通则;用字用词用号严格遵照国家通用语言文字法、量和单位、标点符号用法等规定。②行文朴实。不虚浮空泛,不华饰雕琢,杜绝假话、大话、空话、套话和欧化语句。章学诚在修志“八忌”中提出志书语言应“忌偏尚文辞,忌妆点名胜,忌浮记功绩”。③行文简洁。要求文字凝练,句无余字,段无冗句,言简意赅;事无重复,章无虚设,文约事丰。胡乔木说:“所谓简略,就是指每个方面的说明要像打电报编辞书那样地精练,要惜墨如金。”做到“章无剩句,句无剩字”,“加一字太详,减一字太略”。④行文流畅。要求语法规范、修辞准确。语言连贯,文字通俗,深入浅出,无文白夹杂和生造词语,无晦涩的专业术语和不规范的缩略语,除引文外,无口语、方言(方言志例外)、土语、俗语和大而化之的语言。

wenti

文体 又称语体。指文章的体裁和行文的语言体式。旧志多采用文言记叙文体。新方志采用现代语体文。2008年中国地方志指导小组颁布的《地方志书质量规定》第二十六条指出:“使用规范的现代语体文记述,不用总结报告、新闻报道、文学作品、教科书、论文等写法。”①与文艺文体的区别。地方志书行文时,要避免使用文艺作品的衬托、夸张、渲染、想象等创作手法,要求从实而书,寓理于事,“其文直,其事核,不隐恶,不溢美”,对记述的事项和人物不议论,不虚构,不旁征博引,不逻辑演绎。②与议论文体的区别。议论文体包括政论语体和学术论文体,要求作者直接表达见解和主张,并有论点、论据和论证。而地方志书的价值在于提供科学的资料,行文原则要求“述而不论”“寓褒贬于事实之中”、文字朴实、记载可靠。③与科技文体的区别。不同于教科书和工具书等科技文体的说明性和专业性,地方志书的知识性和科学性体现在对本地资料的记述中,而不是去做名词解释或专题说明。还要求通俗性,编纂如地质、地震、气象等专业性很强的专志,应尽量做到通俗易懂。④与公文事务文体的区别。地方志不同于公文事务文体的规范体式文书,不能写成总结。志书在记述经验教训时,必须寓教于事实的记述中,切忌用总结的方式将经验写成几条。⑤与新闻文体的区别。不同于新闻文体的时效性和干预性,志书在语言表述上不带有新闻宣传色彩，要求客观性，时间上要求时限性——断限。⑥与史体的区别。在功能上，地方志书通过记述资料达到存史的目的，文体不能像史体那样为探索历史发展规律而评论功过是非、夹叙夹议。在资料上，史体以资料为例证，志体以资料为主体。⑦与年鉴文体的区别。年鉴是年度性工具书，时效性强，选材新颖。方志则注重稳定性，各章节相对独立，自成一体。

Wengniuteqi Zhi

《翁牛特旗志》 主编范郁森。1993年内蒙古人民出版社出版。117万字。设32卷140章481节。志首配图照42幅。上限据实上溯，下限至1985年底，个别人物、事件延至1987年。详载畜牧、水产、民族、姓氏、方言、谣谚、传说、民俗生活，突显民族地区特点。人口/民族卷人口构成章年龄构成节，附百岁老人简介，于其保健摄养之道也有所陈述；姓氏节重点记述约40个蒙古族姓氏的起源、音义及所采用的汉姓；民族章记述翁牛特部源流，蒙古族、汉族、满族、回族、朝鲜族、壮族、藏族、苗族的徙留，各民族关系，民族语言文字，等等。另在古迹/文物卷重点记述赤峰市内唯一一处旧石器时代人类穴居遗址上窑旧石器时代洞穴遗址、新石器时代红山文化遗物玉龙等。附录收录历代诗文，海金山、老哈河、关东铺子等的传说，断臂姑娘、泥佛抢肉等蒙古族民间传说。1993年获全国新编地方志优秀成果奖一等奖，1998年获内蒙古地方志奖特等奖。

玉龙

Weng'anxian Zhi

《瓮安县志》 主编王翰声。1995年贵州人民出版社出版。106.2万字。设13编53章225节。志首有地图2幅、彩照56幅、黑白照片9幅。上起有可靠史料记载之时，下至1990年，个别重要史料延至1994年。志书以卫星影像图作地貌图，在贵州省新志书中属首创。特设政事纪略编，收录本末纪事34则，反映明正统年间至20世纪80年代境内各个时期军事、政治、经济领域的大事、要事，包括农民起义、红军过瓮安、剿匪、土地改革、政治运动、改革开放等内容。其中，红军三过瓮安部分记述1934~1936年中国工农红军第六军团西征、中央红军长征、第二和第六军团长征转战经过瓮安的史实；特别对1934年12月31日至1935年1月1日中共中央政治局在草塘镇(猴场)举行的会议(史称"猴场会议")做了记述。人物收录立传人物42人。附录中有瓮安县名考证辨析，对瓮安县名来源的争议进行详细考辨。1997年获全国地方志奖一等奖。

《瓮安县志》书影

Wuchengxian zhi

乌程县志 乌程县(治所位于浙江湖州)有志始于宋，《永乐大典》辑本嘉泰《吴兴志》引此书，或称《乌程旧志》《乌程志》，纂修人无考，无传本。《文渊阁书目》著录明代所修乌程县志一种，与《归安县志》合订一册，修纂人无考。明嘉靖十三年(1534)钱学修、唐枢纂县志2卷，已佚，据同治《湖州府志》引郑元庆《湖录》记载，志中图4篇，表、序各3篇，考、传各7篇。明崇祯年间所修县志有存本。清代康熙、乾隆、光绪年间3次纂修县志，均存。

《乌程县志》[崇祯] 刘沂春修，徐守纲等纂。崇祯十一年(1638)刻本。12卷，分71目。随文配图，如疆域前插入县境图，城池前插入县郭图，治宇前插入县志图，学宫前插入学宫图。对旧志门类有所更改，如前志不书分野、灾异，不记载艺文，该志特记分野，将灾异列入荒政，以4卷篇幅收录自汉代至明代与乌程有关的碑记、诏、议、游记、诗文等105篇，其中明代73篇。重视经济资料，户口详列自宋代至明代20个时段的具体数据，赋役详列各种名目。物产分17类叙述，每类下又细分。日本国立国会图书馆有藏。

《乌程县志》[康熙] 高必腾修，沈从龙、罗开骕等纂。康熙二十年(1681)刻本。12卷。分8志30门。物产中记载蚕桑、丝绸的种类、用途，如记载有白皮桑、荷叶桑、鸡脚桑、扯皮桑、光叶桑、火桑、山桑、红头桑、木竹桑、青乌桑、紫藤桑、望海桑等桑品种，记载有水、纺、花绵、斜纹、兼丝、棉经丝纬、光丝、花丝等丝绸品种。国家图书馆、湖北省图书馆、美国国会图书馆、日本内阁文库有藏。

《乌程县志》[乾隆] 罗愫修，杭世骏纂。乾隆十一年(1746)刻本。16卷。分30门。方技、村坊、塘堤坝、碑版附于相近门下，每门前均有小序。卷首有县境图、城垣图、县署图、学宫图、育婴堂图。征引书籍300余种，引文均注明出处，考证或存疑以小字附于其下。对旧志门类有所更易，如将祥异、封爵、宫壶等内容统归于杂记门。有"恶"之人、今人诗文，新志均不予登载。重视记载水利，除记载历代水利工程外，还收入有关水利的奏议、公文。物产门分14类叙述，每类下又加以细分。国家图书馆、中国科学院国家科学图书馆、南京图书馆、南京大学图书馆、上海图书馆有藏。

乾隆《乌程县志》("中国方志丛书"本)书影

《乌程县志》[光绪] 郭式昌、潘玉璿、冯健修，汪曰桢、周学濬等纂。光绪七年(1881)刻本。36卷。分39门。卷首有县境分图8幅。增设天文门，记载乌程县的天极高度,与京师顺天府、省城杭州府的纬度距离、经度距离,二十四节气日午正太阳实高、视高等。增设祥异门,记载天象异常、各种灾害及奇异事件。增设蚕桑门,记载蚕桑培育情况。人物门16卷。水利记历代水利工程,重点记同光年间对太湖溇港的浚修,收有浚修溇港奏议、公文。物产门分25属,每属下又加以细分。杂识所录资料可补正史之不足。北京大学图书馆、上海图书馆、浙江图书馆、复旦大学图书馆等有藏。国家图书馆藏稿本。

Wuhaishi Zhi

《乌海市志》 主编史继法。1996年内蒙古人民出版社出版。120万字。设21篇86章369节。志首配图照60余幅。上限据实追溯,下限至1993年底,个别内容延至1995年底。乌海素有"塞上煤都"之称,志书在自然环境篇设自然资源章,重点记述桌子山煤田、乌达煤田的情况;在工业/建筑业篇设煤炭工业章,记述煤矿基本建设、煤炭生产与加工利用、安全保护等。在经济部类前设经济综述篇,系统记述乌海地区开发建设的特点,其中乌海地区开发章重点记述矿产资源勘探、铁路专用线修建、矿产资源开发、"小三线"建设和机械工业发展、黄河两岸农业开发等内容。在中国共产党章设重大活动纪事节,记述"大跃进"与乌海大规模开发建设、"五反"与"四清"、"文化大革命"、拨乱反正、平反冤假错案、落实政策等政治运动的情况。1997年获全国地方志奖二等奖,1998年获内蒙古地方志奖特等奖。

乌达矿务局洗煤厂

Wulagai Zonghe Kaifaqu Zhi

《乌拉盖综合开发区志》 主编高树鹏、石秀茂。2000年内蒙古文化出版社出版。58.5万字。设15篇54章。上起事物发端,下至1999年。详细记载内蒙古乌拉盖地区的自然环境和人口

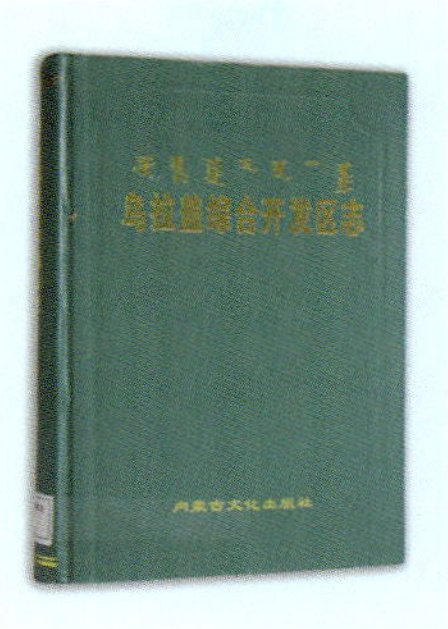

《乌拉盖综合开发区志》书影

民族,重点记载新时期乌拉盖地区的农林畜牧业、工商业、城乡建设、科技教育、综合经济等方面的情况。乌拉盖地区是世界上原始生态保持最好的天然草原之一,畜牧业是该地区的支柱产业。志书专设畜牧业篇,用6章22节篇幅记载草场开垦管理建设、牲畜和牲畜改良、畜牧业生产经营、重大灾情,并在工业商业篇设节记载畜牧产品加工业的情况。

Wulumuqishi Zhi

《乌鲁木齐市志》 主编李明、李守伦、杨震、张涵。新疆人民出版社出版,至1999年,全部出版。6卷,300余万字。卷目为总类、城市建设、经济(上、下)、政治、文化,下设77个类目。上起1911年辛亥革命,下至1985年,部分内容延至1992年。总类、城市建设卷获新疆维吾尔自治区第四届哲学社会科学奖三等奖,全志(6卷)获新疆维吾尔自治区第五届哲学社会科学奖二等奖、自治区优秀地州市县志书奖一等奖。①《乌鲁木齐市志》总类卷。1994年出版。40万字。设8编46章。卷首配乌鲁木齐市区区划图、乌鲁木齐地区地势图、彩照96幅。民族编记述汉、维吾尔、回、哈萨克等民族的迁徙发展、文化、生活习俗,以及其他世居少数民族的文化生活情况。宗教编记述伊斯兰教的传入、教派、教务组织、宗教建筑与文献等内容。②《乌鲁木齐市志》城市建设卷。1995年出版。55万字。设15编85章。卷首配彩照42幅。公路编记述自清乾隆起乌鲁木齐逐渐成为新疆南北道路枢纽的史实。还记述了唐代古道、清代古道、驼道,国道321线、216线、314线,以及省道乌—塔、乌—奇、乌—吐、乌—艾等公路的发展状况。民用航空编记述乌鲁木齐(迪化)民用航空机构、机场、航线、客货运输等内容。③《乌鲁木齐市志》经济卷。1997年出版。上卷63万字,设13编103章;下卷86万字,设14编98章。两卷卷首共配照片86幅。工业综述编记述乌鲁木齐的工业所有制结构、部门结构、企业规模、行政管理结构、经济效益等内容。煤炭工业编记述乌鲁木齐煤产地含煤情况、煤矿基本情况、各煤矿原煤生产主要经济技术指标、煤炭工业历年产销情况等内容。畜牧业编记述牧业资源、草场建设、养禽、畜禽疫病防治等内容。④《乌鲁木齐市志》政治卷。1999年出版。65万字。设13编96章。卷首配照片27幅。中共乌鲁木齐地方组织编记述中共迪化(乌鲁木齐)市委员会、代表会议、代表大会与历届市委、中共党员在迪化的活动、宗教统

乌鲁木齐南门一隅

战工作等内容。人民代表大会编记述迪化市各族各界人民代表会议及乌鲁木齐市人民代表大会。政府编记述清代地方政府、民国政府、人民政府及市人民政府的政绩纪要。军事编记述清代、民国、1949年后的指挥机构、部队、军事学校、兵役等情况,还记述回民起义、清军收复乌鲁木齐、起义部队会师迪化等重大兵事。⑤《乌鲁木齐市志》文化卷。1999年出版。63万字。设9编59章。配照片58幅。教育编记述迪化州(府)学、中华人民共和国成立后的各级各类教育及特殊教育。人物编

有27人传记、14人简介,附乌鲁木齐市革命烈士名录及劳模、先进生产者名录等。杂记编记述诗词、楹联、掌故、奇闻逸事、民谚等。

Wuritugaolexiang Zhi

《乌日图高勒乡志》 主编任旺林。2002年内部出版。25万字。设6编33章。配照片24幅。上起鄂尔多斯青铜器时代,下至2000年12月。内蒙古准格尔旗乌日图高勒乡早在5000多年前已有人类活动,境内自然资源丰富,煤炭储量居于准格尔旗各乡镇之首。正文行政区域编中记载境内早期人类活动、出土文物、建置沿革和境域变化。工业章设煤炭工业专节,全面记载境内煤炭的储量、开采、加工、生产管理及境内27家煤矿企业的概况。

《乌日图高勒乡志》书影

Wushanxian Zhi

《巫山县志》 主编鲁良朝。1991年四川人民出版社出版。90万字。设34卷135章。配地图1幅、彩色照片24幅,随文附黑白图片16幅。上起事物在县境发端,下至1985年,个别事项适当延伸。首卷史迹述略即大事记,中华人民共和国成立后的历次政治运动散记其中,有关章节中也有记述。多角度反映重庆巫山县境特色事物,如旅游卷记述巫峡、小三峡等主要景区,艺文卷收录有关巫山神女、巫山巫峡、宁河小三峡的诗歌、赋文,风俗卷收录有关神女峰、龙门峡、大宁河古栈道等的传说。或将特色事物析出立卷,如设土特产品卷,设专章记述乌桕的种植、收购及其经济价值,还记述蓑草、庙党、北岸连、雪枣等9种特产。资料收录侧重体现以人为本,以人民英雄、劳动模范为荣的特点。除设人物卷外,风俗卷民俗传说章中也设节记载人物。杂志卷考辨章收录熊克《"(昭王)三十年攻□山"阙文订补及有关问题蠡测——读秦简〈编年记〉札记》、明范守道《神女考》、汤绪泽《北井县考》及傅祖成、楚青《文峰山应名圣泉峰》等文章。

巫山小三峡之滴翠峡

Wuxi Zhi[Zhizheng]

《无锡志》[至正] 王仁辅撰。元至正年间修成。为可考无锡方志中最早的一种。卷目、原序佚。4卷,体式类似明清三宝体。分设21目。卷1邑里,分古今郡县表、风俗、户口、贡赋、州境、城关、公署、乡坊、津梁9个小类;卷2山川,分总山、总水2个小类;卷3事物,分吴太伯世家、人物、州署、学校、古迹、古墓、祠宇、灾祥8个小类;卷4辞章,分咏歌、记述2个小类。记述下限止于元至元六年(1340),个别止于至正末年(1368)。《四库全书总目提要》称其"词简事赅,亦地志之善本"。北京大学图书馆藏明刻本。上海图书馆、南京图书馆、无锡市图书馆等藏1922年铅印"锡山先哲丛刊"第一辑本(铅印本书名改题"无锡县志")。另有抄本。

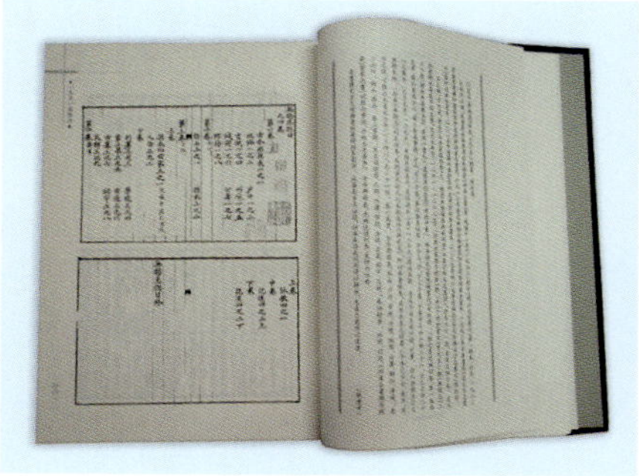
《至正无锡志》("无锡文库"本)书影

Wudi Ji[Qianfu]

《吴地记》[乾符] 全书1卷,陆广微撰;后集1卷,不著撰人。唐乾符年间成书。吴为苏州古称。六朝至唐代,苏州地区曾编撰过多种《吴地记》,仅此志存世。书中无目,内容主要记苏州及属县的沿革、山水、城池、坊巷、桥梁、寺观、坛庙、廨署、物产风土、户口登降、赋税徭役等。书中史料屡为此后地方志、地方史和当地文艺创作所引用。顾颉刚认为苏州历史上的许多名志都是在陆志基础上发展起来的。版本有明万历刻《古今逸史》本、明"唐宋丛书"本、清乾隆间《四库全书》本、清嘉庆十年(1805)《学津讨原》本、清同治十二年(1873)江苏书局本、1922年影印《学津讨原》本、1937年商务印书馆《影印元明善本丛书十种·古今逸史》本、1937年铅印"丛书集成"初编本。国家图书馆、南京图书馆、上海图书馆、苏州市图书馆、北京大学图书馆等有藏。1986年江苏古籍出版社出版曹林娣校注本,收入"江苏地方文献丛书"。

Wujiangxian Zhi[Jiajing]

《吴江县志》[嘉靖] 曹一麟等修,徐师曾等纂。明嘉靖四十年(1561)刻本。以莫旦纂弘治《吴江志》为蓝本,并参校陈理纂《吴江志》。28卷,首1卷。卷首有旧序、吴江县图9幅,正文分8志,统45目。该志采史体,表、传各以类附于志。与前志相比,增设水利目,翔实记载实地考察所得的水利资料。上海图书馆、天津图书馆、南京图书馆有藏。上海图书馆还收藏有民国晒印本、1922年薛氏邃汉斋传抄本、民国吴江柳氏抄本。1987年台湾学生书局出版据嘉靖刻本影印本。

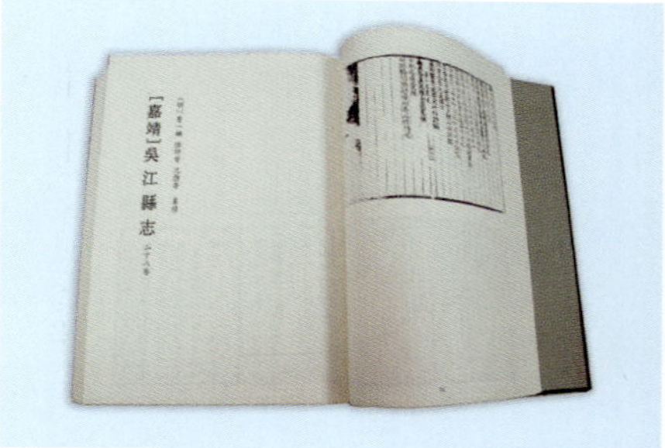
《嘉靖吴江县志》("原国立北平图书馆甲库山本丛书"本)书影

Wu Jun

吴均(469—520) 又作吴筠,字叔庠。

南朝齐梁间吴兴故鄣(浙江安吉)人。曾任吴兴主簿、扬州记室等。后奉诏撰《通史》,仅《列传》部分未完稿,即逝。所作诗歌清拔有古气,时称吴均体。纂有《十二州记》16卷、《钱塘先贤传》5卷、《续齐谐记》,其中《十二州记》《钱塘先贤传》对研究方志起源和体例演变有较大价值,均已佚,《玉海》引有《十二州记》。另著有《齐春秋》《庙记》等,注释范晔《后汉书》等。

Wujun Tujing Xuji[Yuanfeng]

《吴郡图经续记》[元丰] 朱长文撰。吴郡为苏州古称。因其所承续北宋大中祥符年间李宗谔等的《苏州图经》又名《吴郡图经》,故此志称《吴郡图经续记》。北宋元丰七年(1084)成稿。初刻于元符年间。南宋初,孙佑访得遗

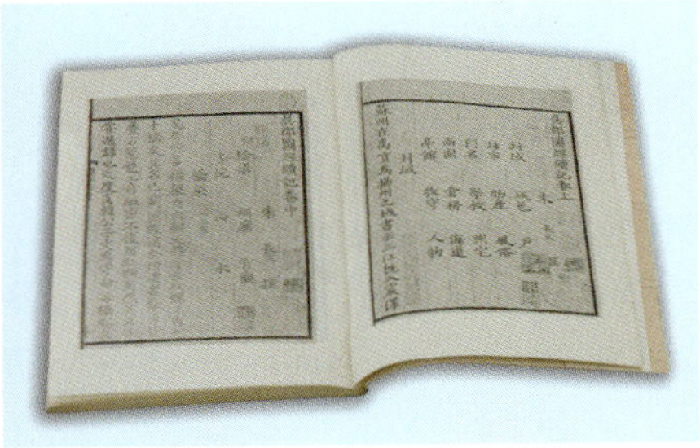

《吴郡图经续记》("江苏地方文献丛书"本)书影

书,授学官孙卫补葺校勘,于绍兴四年(1134)刊刻。元符本不存,绍兴本存世,题名为"续记"。分上、中、下3卷。共28门。不设艺文。无图,只载文字。书中不收录《苏州图经》已载的事项,不记载从未听说过的事项;记述旧志未载的陈迹旧闻,如桥梁门详载十多座桥梁的名称及名称来源,治水门详述宋代治水之事。所保存的地方史实资料常为后代方志所引用。为存世两种完整的宋图经之一。台湾藏绍兴四年苏州官刻本。上海图书馆藏明嘉靖二十七年(1548)刻本,上海图书馆、天一阁藏明万历二年(1574)长洲钱氏悬磬室刻本,国家图书馆、中国科学院国家科学图书馆、安徽省博物馆藏清乾隆二十四年(1759)刻本。其他版本还有清嘉庆十年(1805)刻《学津讨原》本、清道光年间刻"得月簃丛书"次刻本、清咸丰三年(1853)木活字排印"琳琅秘室丛书"(第二集)本、清同治十二年(1873)江苏书局刻本等。1986年江苏古籍出版社出版金菊林校点本。

Wujun Zhi[Shaoding]

《吴郡志》[绍定] 范成大撰,汪泰亨等增订。南宋绍定二年(1229)刻本。又作《吴门志》。吴郡为宋平江府(治所位于江苏省苏州市)古称。全书共50卷。分沿革、分野、户口租税、古迹、封爵、土物等39门。该志征引史料及诗文,均注明书名或篇名、作者。书中所记苏州城垣的规模和园林第宅的分布及其变迁,北宋时苏州的教育史料、县吏俸禄、科举中试后金花榜帖的格式等,都不见于正史,可补历代史书之缺。记述土特物产、吴中风情、兴修水利方面的史事。在古迹、园亭之外,单立虎丘卷,集中收录有关史料。洪武《苏州府志》、正德《姑苏志》的体例都脱胎于此。清章学诚认为该志在体例上有不合之处,但在资料搜集上"搜罗极博,证事亦佳"。上海图书馆有藏。国家图书馆、南京图书馆藏元锓修本。北京大学图书馆、辽宁省图书馆等藏明毛氏汲古阁刻本。南京图书馆、天津图书馆、扬州市图书馆、南开大学图书馆等藏清嘉庆间刻《墨海金壶》本。中国科学院国家科学图书馆、南京博物馆、苏州市图书馆、嘉兴市图书馆等藏清道光二十四年(1844)刻"守山阁丛书"本。另有清光绪十五年(1889)石印道光刻"守山阁丛书"本(附校勘记1卷)、1914年吴兴张钧衡影刻宋本、1926年吴兴张氏刻"择是居丛书"初集本(附校勘记1卷,有张钧衡跋)、抄本等版本。1986年江苏古籍出版社出

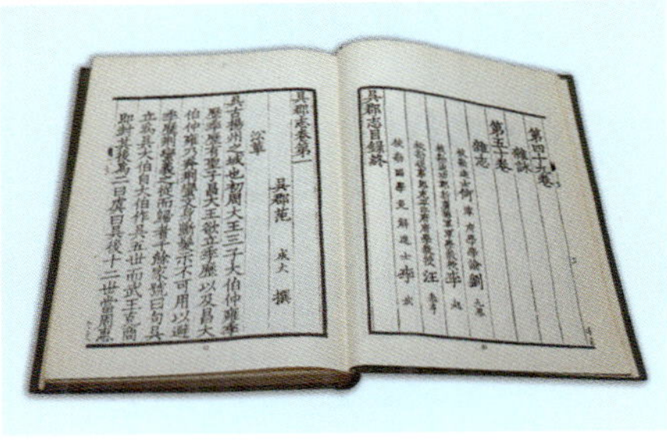

《吴郡志》("中国方志丛书"本)书影

版陆振岳校点本。

Wu Rulun

吴汝纶(1840—1903) 字挚甫,一作挚父。清安徽桐城(枞阳)人。同治四年(1865)进士,授内阁中书。久客曾国藩、李鸿章幕。后历任深州(河北深县)、冀州(河北冀县)、寿州(安徽寿县)、天津知州。同治年间编纂《深州风土记》,并手订《采访志书条例》。光绪十五年(1889)任保定莲池书院山长。二十八年,任京师大学堂总教习,赴日考察教育制度,回国后创办桐城中学。为桐城派晚期大师,有《桐城吴先生日记》《桐城吴先生全书》等传世。①《采访志书条例》。载《桐城吴先生日记·纂录门》。为深州修志取材而作,规定各类采访事项。主张修志须广采博征,如各类书目、旧志、邻境志书、本境名贤著述、传状碑志、金石碑刻、民间习俗、物产、货殖、方言、人物、旧事、古迹等,皆应包括。条例还涉及方志编纂的重要问题,提出纂修志书宜前后一贯,无有矛盾,宜分清各类志书重点所在。指出舆图之学最重目验。认为"一统之志详载州县,一州一县之志必应详载村庄",国计民生应成为志书纂修大端。②《深州风土记》。吴氏同治十年任深州知州时始纂,书稿未定便迁官他处。后由弓汝恒等续补改订为《深州风土记》。光绪二十六年文瑞书院刊行。22卷。正文设21篇。创立人谱篇,广征谱牒志乘,考述州里望姓,辨博陵崔氏族姓源流;金石篇录明洪武学校格式碑,足征地方教育制度;赋役篇记明初以来诸项款额;物产篇为后来增补,附论农商状况、仕女风俗。志中列有大量表,为其特色。

Wu Ruoxu

吴若虚(1925—1989) 湖南涟源人。1949年肄业于国立师范学院史地系。同年,参加革命工作。历任中共湘潭市委书记、湖南省政协常委等职。1985年任湖南省地方志编纂委员会党组书记、

常务副主任、《湖南省志》常务副总纂，主持湖南省的修志工作。曾兼任《当代中国湖南》编辑委员会副主任。主持制定《〈湖南省志〉编纂方案》《〈湖南省志〉编写质量标准》《〈湖南省志〉编写行文通则(修订本)》等规范文件。主持编纂《湖南省志》的财政志、农业志、医药卫生志等12部分志。撰写《经济志编写的几个问题》《用十三大精神为指导编纂好新方志》等方志论文。提出新编地方志要把改革开放摆到突出的位置予以记述，记述好“失误”这段历史；要本着“先内后外、先近后远、先急后缓”的原则，通过征集、采访、调查、购买、交流、摘抄、复制、剪辑、收录等多种途径广征博采，力求资料齐备、准确，要注重调查采访“活资料”。

Wu Tingxie

吴廷燮(1865—1947) 原名承荣，字向之，号次夔，晚号景牧。江苏江宁人。清光绪二十年(1894)举人。曾任太原府知府、巡警部警政司郎中、巡警部参议等。三十三年任宪政编查馆编辑，应徐世昌邀请纂《奉天通志》，次年纂成沿革表、职官表、大事志等稿。辛亥革命后，历任袁世凯总统府秘书、北京政府政事堂主计局局长等职。1928年任沈阳萃升书院主讲、奉天通志馆总纂兼纂修处处长，与金毓黻等共纂《奉天通志》。1947年任国民政府国史馆纂修。纂修《奉天郡邑志》《北京市志稿》《江苏备志稿》等，参纂《江苏省通志稿》，另著有《景牧堂文集》《历代方镇年表》《东三省沿革表》《清十三朝系年要录》《清史稿·藩部传》等数十种。《奉天郡邑志》［宣统］，清宣统三年(1911)成书，抄本。稿本又称《奉天备志》，因原书未成而别行。5卷。吴氏在该志序中说明该志的内容编排和编纂宗旨：“辑郡邑昭代建置冠于篇首，城治、疆域、村屯、险要、邮路、山水、田矿、户口、署局、学校，下逮祠寺，皆所不遗，商埠、租界、藩部有者，殿之于终。方志繁重，毕观者鲜；地略简括，从省者多。今衷二者，取便视览。”

Wuxing zhi

吴兴志 吴兴为浙江湖州古称。自唐开元年间至清代，专记吴兴一地的图经、志书有十余种，多数亡佚，传世志书中以南宋嘉泰《吴兴志》、明天启《吴兴备志》为佳。

《吴兴志》［嘉泰］ 李景和等修，谈钥纂。嘉泰元年(1201)成书。20卷。分57目。记述范围为宋代湖州辖乌程、归安、长兴、武康、德清、安吉6个县。记事止于南宋咸淳元年(1265)，以湖州历代旧志为本，参照正史进行考证、补遗、纠误，所载遗文逸事多为他志所不具。为湖州存世最早的志书。宋刻本久佚，存本为清四库馆臣从《永乐大典》辑本，有江阴缪氏烟画东堂抄本，常熟瞿氏铁琴铜剑楼重辑归安姚氏咫进斋抄本稿，归安章氏读骚如斋抄本，吴兴严氏随分读书斋抄本、沈氏枕碧楼抄本，杭州丁氏八千卷楼抄本，南浔刘氏嘉业堂刻本。2009年浙江省地方志编委会据嘉业堂本校点出版，编入“宋元浙江方志集成”。国家图书馆、南京图书馆、中国科学院国家科学图书馆、北京师范大学图书馆、上海图书馆等有藏。

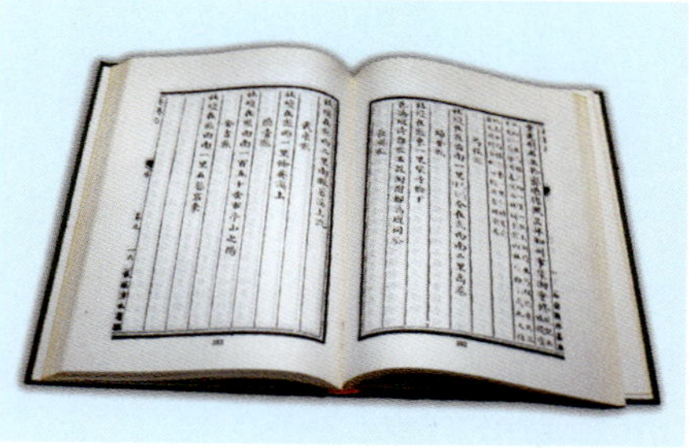

嘉泰《吴兴志》(“中国方志丛书”本)书影

《吴兴备志》［天启］ 董斯张纂。天启四年(1624)成书。32卷。分26门，分别为帝胄、宫闱、封爵、官师、人物、笄袆、艺术、寓公、象纬、建置、岩壑、田赋、水利、选举、战守、赈恤、祥孽、经籍、遗书、金石、书画、清閟、方物、琐(璅)、诡等25征和匡籍讹门。地理、经济、政治、文化、人物、著述交错。门目标题追求玄奥、古雅，如笄袆征记列女，寓公征记流寓，岩壑征记山川等。记述详古略今，于湖州全府遗闻琐事，征引略备。凡涉及古书者，全载其原文，有所考证者，附注于下。征引各类书籍400多种，匡籍讹门订正《南史》《旧唐书》《新唐书》《宋史》《太平御览》、嘉靖《浙江通志》《万姓统谱》、嘉泰《吴兴志》、成化《湖州府志》、嘉靖《湖州府志》、嘉靖《吴兴掌故集》、万历《湖州府志》等47种，错误143则。重点补嘉靖《吴兴掌故集》、万历《湖州府志》之缺，两志已记内容均不复载。以帝胄征、宫闱征、封爵征记述陈武帝(陈霸先)及南朝陈的建立者和其家族的有关情况，官师征、人物征各6卷，记载历代书画家30余人。浙江图书馆、北京大学图书馆藏清康熙四十八年(1709)董朝柱抄本。浙江大学图书馆藏清孔氏岳雪楼抄本。南京图书馆藏清抄本。故宫博物院图书馆、甘肃省图书馆等藏清乾隆间《四库全书》本。首都图书馆、天津图书馆、北京大学图书馆、浙江大学图书馆、南京大学图书馆等藏“吴兴丛书”本。

Wuyue Chunqiu

《吴越春秋》 记述春秋时期吴、越两国史事为主的史书。《隋书·经籍志》和《唐书·经籍志》皆著录东汉赵晔撰。12卷。存世10卷。前5卷载吴国之事，上自吴太伯，下迄夫差，载有吴太伯传、吴王寿梦传、王僚使公子光传、阖闾内传、夫差内传等内容。后5卷载越国之事，上自无余，下迄勾践，载有越王无余外传、勾践入臣外传、勾践归国外传、勾践阴谋外传、勾践伐吴外传等内容。该书注重吴越争霸的史实，对吴兵破楚人郢之役、孙武为吴军之将等记载较详。有元徐天祐《音注》本6卷，考辨原书中一些记事错误之处；清顾观光《吴越春秋校勘记》1卷，后附《吴越春秋逸文》，纠正传抄刊刻中的许多错误；“四部丛刊”《四部备要》“汉魏丛书”均收有

《吴越春秋》(“江苏地方文献丛书”本)书影

此书。对于《吴越春秋》与方志的关系，民国时期李泰棻认为:“志即史也,故如《吴越春秋》《越绝书》以及未能传世之百二十国宝书等,皆可称为方志”。范文澜称“东汉会稽郡人赵晔著《吴越春秋》,又有无名氏著《越绝书》,两书专记本地掌故,开方志的先例”。谭其骧、黄苇等学者持反对意见。仓修良主张此书为地方史,不是方志起源。

Wu Yunpu

吴云溥(1926—1999) 曾用名吴云甫。安徽歙县人。先后就读于中国人民抗日军事政治大学、华东新闻学校。1950年后,任中共上海市委办公厅一室主任、宣传部思想研究室主任等职。1986年负责具体筹划上海新编地方志工作。1987~1992年任上海市地方志编纂委员会办公室主任。主持起草1987年5月26日江泽民在上海市地方志编纂委员会成立大会上的讲话,后来该讲话成为中国地方志事业发展的重要文献。擘画制定“一纲三目”,即一部《上海通志》及其统率下的县志、区志、专业志三个系列的修志模式。提出市志办要成为集修志、学术、咨询、宣传于一体的多功能市情研究中心,倡导开展方志理论研究工作,组织举办高级学习班、各类研讨会及国际学术讨论会。曾主编《上海概览》《上海辞典》《新编上海大观》等,创办并主编《上海滩》杂志。方志论文主要有《统一思想 振奋精神 进一步推进上海方志事业》《当前上海修志工作中的几个问题》《科学的地方志:从现象到本质》《做到不伪、不漏、不偏,提高志书质量》等,涉及修志编纂组织、志书功用、评介批评等方面。认为编纂新方志,必须坚持马克思列宁主义、毛泽东思想作为指导思想;地方志应该通过有系统、有组织的资料,使人们从各类现象中认识事物的本质;编纂新方志,是一次最大规模的、科学的国情调查,是一项系统的文化工程;一部有特色的志书,应该使人们更深入、更具体地认识和把握中国国情。

Wu Zongci

吴宗慈(1878—1951) 字霭林,号哀灵子。江西南丰人。早年追随孙中山。1919年后,任国会宪法起草委员会理事兼书记长、政治会议秘书长兼参谋部秘书长、国民政府行政参议等职。曾在中山大学师范学院、西南联大任教。1940年江西通志馆成立,被聘为馆长兼总纂,拟定《江西通志》纲目。1950年受聘为江西省政府参事室参事。曾两度编纂庐山志。方志论著有《修志丛论》《江西全省方志考略》《江西通志体例述旨》《论今日之方志学》等。另著有《中华民国宪法史》《护法纪程》,检校《清史稿》。《论今日之方志学》,全文自古代方志与方志学而论及近代方志与方志学。内容主要包括方志与方志学、方志人才及其培养、方志之用途与作用、方志资料储备之方法。认为“汇记一地方古今纵横之史迹曰方志”,“研究此汇记之史迹应采用如何方法乃适用于今之世曰方志学”。明确提出“方志者,史也”,有精神、物质两方面的功用。强调“修志以实用为归”,修志者应“研求其如何与现代事理相应之道”。在志书资料上,要求做好实地调查和口头采访工作,建议设立中央、省、县三级方志资料网络。在修志人员素质上,提出应具备旧学根底、科学常识、史学修养三方面的条件。

Wuzhoushi Jiaoqu Zhi

《梧州市郊区志》 主编李军平、杨红、吴浩岭,总纂罗崇碧。2008年广西人民出版社出版。120万字。设36章182节。志首有彩色地图及彩照90幅、黑白照片4幅,内文有黑白照片约100幅。上起源头,下至2003年撤销郊区。乡镇企业章置于经济各章之首。其中产业结构节为重点,记工业、农业、建筑业、交通运输业、商业、饮食服务业等各行业发展变化,包括生产情况,涉及不同时期的企业、产品、产量等。蔬菜章记面积产量、品种分布、优良品种、栽培技术、科研活动、销售加工等。畜禽水

2002年,梧州市郊区农技人员与菜农研究蔬菜病虫害防治

产章突出水产优势,反映梧州郊区江河捕捞在明清时已成产业,1949年后发展成鱼养殖的历史。鱼苗生产章重点记载江河鱼苗装捞,突显1930年郊区长洲江河装捞鱼苗产量居全国之冠、长洲岛曾为广西最著名的天然鱼苗产区的经济地位。科技章设3节,分别记述鱼苗装捞、人工繁殖技术水平;20世纪90年代初引进后迅速发展,2002年成为水产养殖大宗的网箱养鱼;获国家专利授权的“隧道形折流沼气池”。以事系人写入2名为沼气利用做出特殊贡献的人士。2008年获广西地方志优秀成果奖三等奖。

Wuzhoushi Zhi

《梧州市志》 主编黄方方,总纂杨炳才。2000年广西人民出版社出版。5册,580.2万字。设4卷,共87个分志(含杂录)。卷首配图照976幅,文内插黑白照片324幅。上限因事而异,下限至1992年,少数记述有所下延。详记梧州市现代工业的发展历程,突出其广西重要工业城市的地位。经济卷工业部类设11个分志,记载清末至民国广西现代工业在梧州的兴起,至20世纪90年代十多个行业的形成,生产的干电池、中华跌打丸、田七药物牙膏、生物

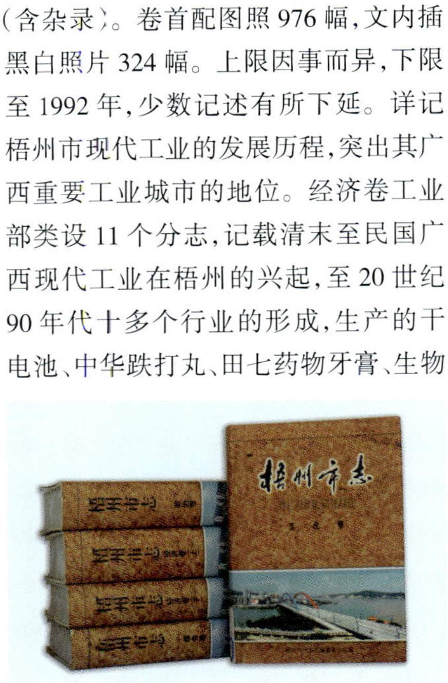

《梧州市志》书影

显微镜、松香、锅炉、起重设备等名优产品。港口、外经贸、海关等志突出内河港口城市和口岸城市的特色，交通、自然环境等志体现“水城”特点。注重反映地方风俗。地名志记街道、里巷、自然村地名，山、水、洲名及建筑物名称。地方志著述志重点记载明崇祯版、清乾隆版《梧州府志》，清同治版、民国版《苍梧县志》，1949年后第一轮修志编纂的《梧州市志》。2002年获广西地方志优秀成果奖一等奖。①《梧州市志·港口志》。设4章10节。着重记载客运码头、公共货运码头、工商企业专用码头等近百座码头，包括大南综合码头和河西综合码头两座梧州港最大的码头。②《梧州市志·外经贸志》。设5章15节。记载梧州自清晚期辟为通商口岸，成为广西乃至云南、贵州、四川等省对外贸易的口岸后，一直是广西对外贸易“大户”的地位。③《梧州市志·海关志》。设8章33节。记载1949年前梧州府关、梧州关（新关、洋关）和1949年后梧州海关的变迁，反映梧州关自清光绪二十三年（1897）开关直到1943年，税务司一职由外国人充任，长期执行优惠外国人、苛待中国商人的政策和业务制度的史实。④《梧州市志·交通志》。设4章12节。反映水运优势，记载西江水系内河航运干线郁江—浔江—西江及其支线等水运航道，列表记录梧州港客运航线，体现梧州至香港航线轮船一天时间即可到达的便利交通条件。⑤《梧州市志·自然环境志》。设7章27节。自然灾害章重点记载洪灾，包括1900~1994年平均每1.4年受灾1次、1994年6月市区街道85%被淹等灾情。市政工程建设志设专章记1949年后防洪工程的规划建设情况，记载1966~1998年河西防洪堤在历次洪水中发挥的拦洪作用。⑥《梧州市志·风俗志》。设4章17节。特别记述境内生活、节庆、礼仪、行业习俗。饮食习俗章记日常饮食、节庆饮食、喜丧筵席、茶市品茗，纸包鸡、艇仔粥、炒田螺、冰泉豆浆、龟苓膏等地方风味小吃，知名“凉茶”店家及清代曾为贡品的桑寄生茶。对各项习俗的记载有起源、变化，有的还记人的相关活动。

Wutaishan Zhi

《五台山志》 主编侯文正。2003年山西人民出版社出版。100万字。设13卷43章141节。志首配彩照近200幅。后附景观、人名、地名、诗文篇名索引。上起事物发端，下至2001年。环境卷记述境域、地质、地貌、山脉、水系、气候、土壤、植被、自然资源等自然环境，建置沿革、人口、经济、政治、文教、城镇、民情风俗等社会环境。景观卷重点记述山西五台山风景名胜区10个景区和五台山国家森林公园，还记述五台县、繁峙县、代县、原平市、定襄县、阜平县等邻县（市）境内的佛教景观。佛家卷记述五台山佛教的渊源流变，汉传佛教、藏传佛教两大系统9个宗派的传承，列章记述寺庙管理、佛事活动、僧尼生活、僧伽教育、佛教文化、寺院经济、僧侣参政、佛事交流等内容，附《五台山佛教协会章程》《日本国灵仙三藏大师行迹碑》。文物卷突出记述全国重点文物保护单位、寺院建筑及附属经幢、雕塑、壁画，抗日战争遗迹、遗址等。文献卷、论著卷选录诏书敕谕、奏疏文告、碑文等古代文献，抗战时期及现代文献，记述对五台山进行的研究活动及相关论著、研究成果。文学卷、艺术卷选录赞颂五台山的诗词、楹联、游记、传说，记述以五台山生活为题材的戏剧影视、美术书法、民间艺术的创作情况。旅游、管理卷重点反映五台山旅游项目、活动、服务设施及开发、建设、管理情况。人物卷记130位历代高僧、43位本籍人物、55位登临五台山的名人。要事卷记历代大事。

五台山寺庙建筑群

Wuchuanxian Zhi

《武川县志》 主编李尚恩。1988年内蒙古人民出版社出版。82.9万字。设10编58章250节。随文配照片40余幅。上起事物发端，下至1986年。设农牧林水、抗日游击根据地等编，反映武川县作为革命老区、“中国西部特色经济最佳县——马铃薯之乡”的特色。农牧林水编农业章详细记述马铃薯的种植面积及各品种的形态特征、淀粉含量、生育期、常见病虫害、分布、产量等。抗日游击根据地编记述大青山抗日根据地的建设、抗战纪实，后附中共领导人、八路军一二〇师、支队文电。其中，抗战纪实章中记述支前妇女张兰女、白生宝夜送石磨、“八路采购”张润喜、韩三毛宁死保物资等群众支前事迹；大青山支队突袭乌兰花，伏击蜈蚣坝、白石头沟日军，三岔口突围等重要战事；以及发生在西水头沟、哈彦忽洞、井尔沟、白旗游击区的惨案等。附录辑收地方文献、碑帖世文、轶闻、传说、古今几个武川地名略考等。1993年获全国新编地方志优秀成果奖一等奖，1998年获内蒙古地方志奖特等奖。

大青山抗日游击队司令部

Wudangshan Zhi

《武当山志》 主编高开元。1994年新华出版社出版。60余万字。设自然环境、山水胜景、道教、古建筑、文物、道教音乐、武当武术、景区建设旅游、文献选

紫霄庄严　卢家亮摄

录、艺文10卷,下分50类。配图照121幅,附手绘《武当山景区览胜图》。上起事物发端,下至1990年。武当山又名太和山,存世太和山志有8种。该志撷取历代武当山志精华,记述湖北武当山古代建筑、古代像器、武当武术、道教音乐等道教文化遗产及开发建设景区的成就,全面展现武当山作为道教名山的人文景观与自然风貌。道教卷记述武当山道教的主要道派、道规、仪节、道术,重点记述陈抟、张三丰等历代较有影响的道教人物及历代道教管理情况。古建筑卷中附武当山古代建筑综合统计表、武当山古建筑遗址一览表、丹江水库淹没的部分古代建筑表及太和宫、南岩宫、紫霄宫等的现状平面图。附录中有历代武当山志的序跋选录。

Wugangzhou Zhi[Jiaqing]

《武冈州志》[嘉庆]　许绍宗修,邓显鹤纂。清嘉庆二十二年(1817)刻本。30卷,首1卷。仿陆陇其《灵寿县志》体例。分纪、图、表、书、考、略、传、载记8类,每类下析为小目,以类统目,计有44目。卷1~2为编年体皇朝大政记、古大政记;卷3为舆地图,附星野、形胜、墟市;卷4~9为沿革表、封建表、职官表、选举表;卷10~16为吏书、户书、礼书、兵书、工书,其中户书含户口、赋税、屯田、仓储、物产、风俗,附育济、方言,礼书含庆典、学校、秩祀、坛庙,工书含城池、堤堰、津梁、寺观;卷17~18为山川考、瑶峒考,其中山川考附古迹、丘墓;卷19~21为政绩略、武功略、艺文略,其中艺文略附金石;卷22~24为列传;卷25~26为载记,包含灾祥、理瑶、流寇、滇逆、岷藩、桂王;卷27~30为外篇,包含拾遗、文、诗征。志中所记武冈州(武冈市)事项有的为史书所不载,有的为旧志所录不完备者,考证较确切。但未列历代纂修志书的时代、姓名等资料,仅在文征中录有明万历朱谕,清傅鸾详、吴从谦、席芬等人的序文。国家图书馆、上海图书馆、湖南图书馆、湖南省博物馆等有藏。

Wu Guangtang

武光汤(1908—1985)　原名武兴周。山西武乡人。1931年太原并州大学政治经济系肄业。1933年参加反帝大同盟、中国社会科学者联盟。曾在武乡办流动图书馆,与史怀璧、高沐鸿共同创办《武乡周报》并担任报社社长。在抗日战争、解放战争时期,先后担任榆社、武乡抗日县长,太行三专署专员,太行行署秘书主任。1949年后,历任山西省农业厅厅长、省财委副主任、副省长、省委书记处书记、省委书记、省政协主席。1980年开始从事地方志编修工作,先后任山西省地方志编纂委员会副主任、主任。将编写《武乡县志》作为试点,把取得的经验在全省推广。在编写人物篇时强调"武乡是著名的老根据地,县志要突出老区特点,有影响的烈士都要立传,所有的革命烈士都要列入志书,因为对革命贡献最大的是革命先烈"。根据他的提议,《武乡县志》增加抗日战争和解放战争中的武乡人民章。撰写《山西省志》第一卷《山西概况》的编写提纲及武乡概况一节。为《武乡县志》作序。1982年与张磐石等组织人员编纂了《太行革命根据地史稿》及太行史料丛书。对修志的指导思想、编纂体系、发凡起例、行文规范等均有所论述。1998年山西人民出版社出版《武光汤文集》。

Wuhan Daxue Tushuguan

武汉大学图书馆　位于湖北省武汉市武昌区东湖南路。前身为20世纪末湖广总督张之洞创办的湖北自强学堂图书室。1917年建国立武昌高等师范学校图书馆。1928年定名为国立武汉大学图书馆。1985年建成新馆。2000年,武汉水利电力大学、武汉测绘科技大学、湖北医科大学三校图书馆并入。馆舍总面积5.85万平方米。馆藏志书包括善本方志、普通古籍方志、新编方志三大类。善本方志和普本方志主要藏于古籍部(老图书馆)、历史学院特藏1库、文理馆特藏部、文理馆中文保存本室等处。①武大图书馆藏外省旧志。约2000种20000册。其中普本方志约1620种、善本方志约150种。善本方志记述地域涉及全国20多个省、直辖市、自治区,以河北(18种)、山西(19种)、陕西(18种)、河南(14种)四省居多。省通志有雍正《山西通志》、雍正《陕西通志》、乾隆《甘肃通志》、乾隆《湖广通志》等10种,州、府、县志有嘉靖《磁州志》、嘉靖《获鹿县志》、雍正《朔平府志》等近100种。多为刻本,刻印时间最早的是清顺治十六年(1659)余缙修、李嵩阳纂《封丘县志》,最晚的是清乾隆三十二年(1767)陶淑纂修的《衡水县志》,其中乾隆三十四年《平定州志》为国内孤本,也有宣统《辉南厅志》等少量抄本。稀见方志收入"故宫珍本丛刊"的有康熙《平谷县志》、康熙《良乡县志》、雍正《密云县志》等374种。②武大图书馆藏湖北地区方志。1000余册。涉及地域覆盖湖北现行全部行政区划。包括万历《湖广总志》、雍正《湖广通志》、嘉庆《湖北通志》、嘉庆《湖北通志检存稿》等明、清、民国时期编修的志书,1949年后新编《湖北省志》及湖北各市、县志等。版本包括各种刻本、抄本、铅印本、活字本等。入藏的善本方志有清雍正十一年(1733)《湖广通志》、清咸丰三年(1853)《应城县志》等。还有一部分记述山水、寺庙、风俗的专志。

Wuhanshi Zhi

《武汉市志》　总纂黎智。1989~1999年武汉大学出版社出版。28卷,1250万字。上起清道光二十年(1840),个别事项适当延伸溯源,下至1985年。商业、金融、新闻、税务、科学、教育、城建等分志在全国和湖北的地方志成果评

《武汉市志》书影

选活动中获奖。①《武汉市志·商业志》。67万字。设8篇40子目。附317个表格。日用工业品商业类目记述武汉的百货、服装、纺织品、文化用品、石油、化工原料、五金交电等各行业。饮食服务业类目记述新华饭店、武汉饭店等名店。1993年获全国新编地方志优秀成果奖一等奖。②《武汉市志·金融志》。设3篇15类目112条目。半殖民地半封建时期金融业篇的机构和业务类目按典当、钱庄、银行等行业设条目，记述沿革和业务概况。社会主义时期金融业篇机构类目下，除信用社外，均按机构逐一立条目，记述沿革、职能、内部结构。设专记记述"三怡"钱庄倒闭事件、1923~1926年武汉的金融恐慌等重大事件。1993年获全国新编地方志优秀成果奖一等奖。③《武汉市志·新闻志》。设5篇。卷首设新闻概述。内容涵盖报刊、通讯社、广播、电视、新闻管理。专记记载武汉报业报人受害记略、好新闻评选活动等，附1980~1985年武汉地区获全国好新闻奖作品目录。1993年获全国新编地方志优秀成果奖一等奖。④《武汉市志·税务志》。以武汉解放为界线，分晚清民国时期和中华人民共和国时期两部分，设税制、税种、稽征管理、税收收入、计划会计统计和票证、机构等门类，反映近现代和当代武汉地区税收制度的沿革、兴废和征收实际。1993年获全国新编地方志优秀成果奖二等奖。⑤《武汉市志·科学志》。设社会科学、自然科学两篇。社会科学篇下设9目，包括11个学科，方志与方志学研究目中记载武汉历代修志情况和方志名家。自然科学篇下设5目，包括12个基础科学，并记述工业、交通、环境、医学、农业5个方面31个应用科学的进展。1993年获全国新编地方志优秀成果奖三等奖。⑥《武汉市志·教育志》。设15个类目91个条目。以教育事业类目为主，高等教育目记述武汉大学、华中工学院（即华中科技大学）等高校的发展沿革。专记设军事院校、外国教会学校、社会办学、家长学校、解放前的学生运动、抗日战争时期学校内迁6个子目。1993年获全国新编地方志优秀成果奖三等奖。⑦《武汉市志·城市建设志》。分2卷，设15篇。收录的图片包括清末、1949年、1990年武汉三镇建成示意图，中山大道、江汉路、汉正街、黄鹤楼等地的图片。综合反映武汉市城市规划、市政建设、城市防洪、园林绿化、环境保护等方面的情况。1997年在湖北省首届志书评奖中获二等奖。

wujing budui xiuzhi

武警部队修志 武警志是全面系统、客观地记述武警部队历史和现状的资料性文献，是地方志和军事志的重要组成部分。武警部队修志始于1988年。总部、总队、指挥部、直属学院先后建立编史办公室，承担武警部队修志任务。1994年前，各地武警志的编修工作不统一，有的纳入公安志、军事志，有的单独成书，没有统一的领导和组织，主要接受当地政府修志部门的指导。1994年至1998年3月，武警志自成系列，内部发行。各单位按照武警志编纂要求开始纂修总队志。1998年4月召开武警志工作会议，决定由总队志改为省、地各警种在内的武警志，由内部发行改为公开发行；规划编纂38部总队级武警志、462部支队级武警志；制定颁布《武警志工作实施细则》。至此，总部、总队、支队的三级志书编修工作正式展开。武警部队党史警史编研工作，业务上接受中国地方志指导小组、全军军事志指导小组和全军历史资料丛书编审委员会指导。省（自治区、直辖市）总队、市（地、州、盟）支队党史警史编研工作，同时接受地方党委、政府和军队党史军史编研工作机构的业务指导。2000年8月召开武警志审稿工作会议，对志书下限做出调整，明确总队、支队两级志书下限延至2000年12月，与地方第二轮修志工作接轨。2001年7月，武警部队召开《中国武警志》编纂研讨会。2002年2月全面展开《中国武警志》纂修工作。至2005年，共出版省总队志37部、市支队志465部。此外，还组织指导部队出版武警史、武警年鉴、组织史料、大事记、英模谱等史料丛书1300余部，其中有260余部在全国或全军获奖；建成历史信息中心，收藏文物文献、图片音像和口碑资料3.6万份，各类史志丛书4800余部；指导支队（团）以上单位普遍建起史志资料室，并把史志信息纳入政工网同步开发建设，初步实现史志资源共享；推动三级史馆（荣誉室）建设，全部队建成实体史馆700个、网上史馆471个、荣誉室6604个、网上荣誉室2037个、资料库（室）48个。武警部队有320余篇史志学术论文和工作经验在军内外刊物发表，武警部队史志工作经验7次在全军推广。

Wulingyuan Fengjing Zhi

《武陵源风景志》 "湖南省志丛刊"之一。主编廖振旅、刘秋名、钟以田、杨文玖。1998年湖南人民出版社出版。36.3万字。采用条目体。横分7个专题，各自独立成篇，篇下按需设1~3个层次。志首有图照137幅。记述范围主要为武陵源区，部分内容涉及近邻区县。上限溯源，下限至1997年。主要记述景区自然状况、景区内少数民族文化风俗，反映景区旅游事业发展的历史和现状。景区景点专题重点记述张家界国家森林公园、索溪峪、天子山、杨家寨四大景区的金鞭溪、畲刀沟、

《武陵源风景志》书影

西海、百丈峡、宝峰湖、石家檐、茶盘塌、老屋场等景点450个，位于武陵源周边同属于张家界市的永定区、桑植县、慈利县近邻景区的天门山、玉皇洞石窟、普光禅寺、湘鄂川黔省革命委员会旧址等景点94个。自然环境专题植物部分重点记述珙桐、伯乐树、香果树、红豆杉等珍稀树种，龙虾花、卷柏、蜡梅、龙葵、百两金、鸡血藤等奇花异草，列表记述1988年武陵源调查的55株古树分布情况；动物部分重点记述豹、云豹、猕猴、短尾猴、苏门羚、穿山甲、黑熊、脆蛇蜥、丽纹蛇、渔游蛇等珍稀动物。民族风情专题记述景区内土家族、白族、苗族等少数民族的薅草锣鼓、吃鲊包、糊仓、吊脚楼、背篓、哭嫁、唱“合事歌”、下榻入殓、虎图腾、地方神等习俗、禁忌，过赶年、火把节等岁时节令，水龙灯、板凳龙、摆手舞、傩愿戏等武术杂耍、歌舞曲艺。

Wuqingxian Zhi

《武清县志》 总纂马悦龄。1991年天津社会科学院出版社出版。140万字。设25卷93章379节。志首配图照74幅。上起事物发端，下至1990年。民情卷居民章除记述居民的民族、宗教、侨居情况外，还以较大篇幅记述居民的家庭、婚姻、姓氏、生活，列表反映家庭人口演变、各姓氏人口数及居民收入支出变化情况等；风俗章记述习俗、节日、礼俗、交际，附记婚娶、生育、丧葬、节日、礼仪、饮食、建造7个方面的民间禁忌。语言文学卷对方言语音进行细致考辨，并收录俗语、诗词、歌谣、联语、传说。政情要略卷记述自解放战争至改革开放各个历史时期的重要政事，对整风反右等政治运动有所反映。1993年在全国和天津的新编地方志优秀成果评奖中均获一等奖。

武清县治复原图

Wuzhixian zhi(jiuzhi)

武陟县志（旧志） 存世最早武陟县志为明万历志。清顺治、康熙、乾隆、道光年间四修县志，顺治志、乾隆志佚，后续修志中存两书序。民国修续志一种，存世。①《武陟志》［万历］。秦之英修，赵五臣纂。万历三十五年(1607)刻本。7卷。约3万字。分7志。增补秦之英政绩。物产目强调土宜，记述邑东地瘠宜果实、木棉，邑西宜二麦，邑南宜黍稷等。目下多有按语，如儒学目下评语论及当时社会风气。文简故事略，如祠祀志记载15个祠庙，仅记方位。②《武陟县志》［道光］。王荣陛修，方履篯纂。道光九年(1829)刻本。体例与道光《河内县志》大同小异。36卷。卷1圣制，卷2目录、修志姓氏、采访条例、凡例，卷3~36依次列九图、三表、十五专志、十一传，后有志余、叙略二目。卷末录旧志序，体现一县修志沿革。与前志相比，山川志对县境黄河、沁河及其支流，山泉、水渠的记述详细；河防志与山川志分设，

道光《武陟县志》（“中国方志丛书”本）书影

汇录历年水利资料；单设碑碣志，与古迹志、艺文志并立；增加大事记，与沿革合为纪事沿革志；人物志下分细目；改官师为职官，与选举志均采用表的形式记述；舆图增加里甲分图；增加经籍志，收录邑人著作。国家图书馆等有藏。山东大学图书馆等藏清光绪八年(1882)刻本。河南省图书馆、湖北省图书馆、中共中央党校图书馆、中国人民大学图书馆等藏1931年铅印本。③《续武陟县志》［民国］。史延寿修，王士杰纂。1931年刊本。24卷。按道光志体例编纂。记述道光八年至1919年间事。县图改用按比例尺绘制的新图，图上有20里区划和图例；纪事沿革表不录河患；改田赋志为食货志；建置志中收入清咸丰、同治年间为抵制捻军而修筑的土寨20多处；名宦传增录河北道历任长官；忠义传记述与太平军、捻军及山东、河南一带农民起义军作战阵亡的乡团人员的事迹；艺文志收录镇压捻军有功的兵部尚书毛昶熙的剿捻奏折。志中对农工商兴衰变化情况、京汉铁路境内段、黄河铁路桥的建成等都有记述。收录贞孝节烈人物的数量几倍于前志。国家图书馆、中国科学院国家科学图书馆、北京大学图书馆等有藏。

W

X

西 析 峡 下 夏 厦
仙 咸 县 香 湘 襄
祥 萧 小 孝 谢 新
兴 星 杏 雄 修 秀
岫 徐 许 序 续 宣
寻 浚

Xi'anfu Zhi[Qianlong]

《西安府志》[乾隆] 舒其绅修，严长明纂。清乾隆四十四年(1779)刻本。西安自明代设府后唯一一部府志。80卷，首1卷。160余万字。分15门，统51类目。卷首有清顺治、康熙、雍正诸帝与陕西及西安有关的诗文。以清西安府管辖长安、咸宁、咸阳、兴平、临潼、高陵、鄠县、蓝田、泾阳、三原、盩厔、渭南、富平、醴泉、同官、耀州16个州县为记述范围。记事上起三代，下迄乾隆四十三年。按州县分区域记述名山、大川。征引各种旧籍约千种，详载历史地理、城防建置、人口增益、战事兵祸、赋税田粮、皇帝陵寝、宫邸建造、风景名胜。其中人物志14卷，收录周秦汉唐在京都的文臣武将、儒林文苑及方技释道数千人；选举志记载历朝至乾隆四十三年进士500多人。中国科学院国家科学图书馆、故宫博物院图书馆、陕西省图书馆、山东省图书馆等有藏。

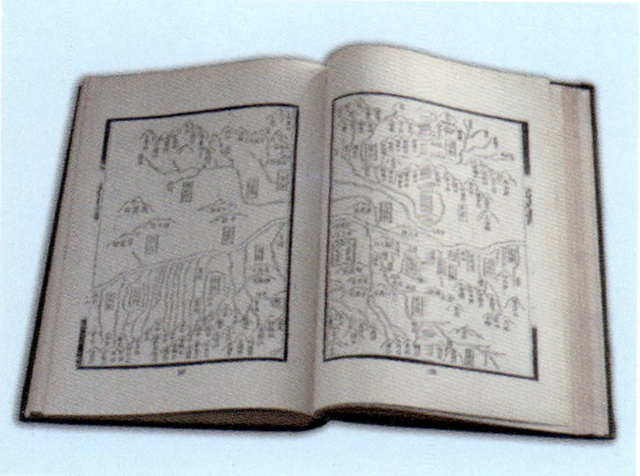

乾隆《西安府志》(“中国方志丛书”本)书影

Xi'anshi Dili Zhi

《西安市地理志》 主编宋德明。1988年陕西人民出版社出版。70.7万字。设16章62节172目。配彩图108幅，有各种地图89幅。上限不定，下限至1985年。重点记述市古城风貌、历史文化、人文经济地理方面的独特性。其中地质与矿产资源章突出记述黄土台原、黄土丘陵等各类地貌的基本特征及发育过程。河流及地下水章详细记述灞河、沣河、涝河、黑河、泾河、石川河、戏河、零河、渭河9条过境河流概况，专设节、目记述渭河及其南岸支流的历史变迁和整治过程。结合地理环境特征着重记述人口和城市变迁及各行业发展概况，突出记载城市生态系统与环境保护及城市各类基础设施建设取得的成就。纵述事物发展，如人口章中设小节记述史前和历史时期西安地区的人口、中华人民共和国成立后人口发展的概况及几个大的阶段，工业章设节记述工业发展阶段与现状，农业章设名贵特产节，商业章设古代商业贸易节，均明确反映事物发展基本状况。注重为实际服务，如地质与矿产资源章，在引用历史地质资料并探讨西安地区地震规律后，提出有关建筑抗震及需重视小区域地震烈度异常的建议；土壤、植被与动物界章设保护特有的动植物资源和建立自然保护区节，提出了建立各种自然保护区和风景保护点的建议。

Xi'anshi Zhi

《西安市志》 主编王建廷、赵壁。西安出版社出版，2006年出竣。7册，843万字。设33个分志。卷首配彩图51幅、彩照639幅，文内插图92幅、黑白照865幅。上起事物发端，下至1990年底。记述西安悠久的建城、建都史，突出其历史文化特色。行政建制志详述西安地区从秦内史、汉京兆尹、魏晋南北朝及隋京兆郡、唐至金京兆府、元奉元路、明清西安府，直至民国后设市的建置变迁。城市建设志记载西州丰镐二京，汉、唐长安城，明、清西安城的城市空间布局，民国时期的西京都市规划。交通运输志详载自西周至五代形成的驿路网络，概述古代桥梁建筑史、古渡口分布情况、漕运，设条目记述潼关道、武关道、子午道、骆谷道、褒斜道、陇关道、散关道、萧关道、延州道、蒲津关道、库谷道、义谷道、锡谷道13条古道，中渭桥、东渭桥、灞桥、浐桥、沣桥、普济桥(广济桥)、灵桥、太师桥8座古桥，东渭桥渡、中渭桥渡、草滩渡、灞桥渡、新丰渡5处古渡口，及渭河漕运、漕渠漕运。邮电通信志记载秦汉至明清时期境内驿站、递铺的名称和位置。园林绿化志记载西周灵囿、灵沼和秦汉上林苑、明清莲花池等宫廷园林及典籍诗文中记载的汉唐私家园林、寺观园林。文物志记载秦汉栎阳故城、阿房宫、建章宫，唐大明宫、华清宫，元安西王府等古代宫城遗址。教育志记载西周五学、西汉太学、唐代“六学二馆”等古代中央直辖的国学。注重记载地方特色事物。自然地理志设目记载城市微观地貌的主要特征及突出现象，详记地质灾害。文化艺术志记载秦腔、西安二黄、长安道情、眉户、碗碗腔等地方剧种，制作鱼化寨泥叫叫(陶哨)、仿制秦俑、铜车马、唐三彩技艺等民间工艺。工业志重点记述中华人民共和国成立后的工业布局、结构和管理体制。农业志分目记述发展成就，分区县记述各地农业发展特点和优势，重点记述与人民生活密切相关的地方名优品种资源。军事志详述西安在军事发展和斗争中的重要地位、作用，突出记述中华人民共和国成立后驻西安各军事单位在军事正规化、现代化建设及支援地方经济建设、抢险救

明西安城墙西门箭楼、城楼

灾、绿化城市、扶贫致富、医疗巡诊等方面做出的成绩。1997年第一卷获全国地方志奖二等奖。第五卷曾获陕西省新编地方志优秀成果奖一等奖。

Xichangshi Zhi

《西昌市志》 总编纂马光暄。1996年四川人民出版社出版。145万字。设29篇147章556节。配图照73幅。上起1911年辛亥革命，建制沿革、文化古迹、旧志记述不确或缺漏的史实适当上溯；下至1990年。主要记述从辛亥革命到西昌地区、西昌县、西昌市的自然与社会各方面的历史演变和发展情况。注重体现四川西昌自汉元鼎六年(前111)置郡县开始，历代多为上一级政权机构驻地，当代作为凉山彝族自治州首府、国家对外开放城市和省级历史文化名城的区域地位及地域特色。设少数民族篇，记述西昌市境内各少数民族，人口在千人以上的详记，千人以下者略记。在编修市志的过程中，搜集到清乾隆《西昌县志》手抄本、《西昌县被征志》手稿、西昌籍抗日阵亡将士名录等珍贵史料，明确了唐宋时期南诏大理地方政权统治西昌一带近500年等史实，填补了西昌历史空白。1997年获全国地方志奖一等奖。

《西昌市志》书影

Xihu zhi

西湖志 明清时期编修的以古代杭州西湖为记述对象，并涉及西湖文化历史的志书。明代编修的《西湖游览志》为第一部研究杭州西湖及周边景物历史变迁、兴废沿革的重要著作。清代编修有雍正《西湖志》、乾隆《西湖志纂》，前者有“西湖文化第一书”之誉，后者则是已发现的关于西湖的第一本贡书。

《西湖游览志》［嘉靖］ 田汝成撰。明嘉靖二十六年(1547)刊刻。24卷。

嘉靖《西湖游览志》《西湖游览志余》(“中国方志丛书”本)书影

收集了历代文人墨客对杭州景色、名胜古迹的描写，记载了南宋朝廷建都杭州后的历史及风土人情。田汝成“剪裁之遗，兼收并蓄，分门汇种”，作《西湖游览志余》26卷。两书在嘉靖之后多次重修、增删，又形成6个版本。明万历十二年(1584)范明谦重修，二十五年季东鲁重修，四十七年商惟濬重新编订。清康熙二十八年(1689)姚靖作大幅删减，重新编订为8卷，乾隆年间被收入《四库全书》时又有修改，光绪二十二年(1896)丁丙、丁申兄弟编订嘉惠堂本，收入“武林掌故丛编”。1980年浙江人民出版社出版整理本。

《西湖志》［雍正］ 李卫、程元章总裁，傅王露总修。清雍正十三年(1735)刻本。48卷。分20门，附有西湖全图、圣因寺图、苏堤春晓图等41幅图。各门类大量收录西湖文学史料，全志中收录六朝至清共783位作者的各种体裁作品近4000篇。名贤、方外、艺文·闺秀专记人物，冢墓、碑碣、古迹、书画也有大量人物记载，大部分是有关西湖文学作家的传记。诗话中收录122种，多是杭州西湖本地载籍。志余、外纪大多收录关于西湖文学作者的掌故逸闻、创作本事，对伍子胥、白居易、林逋、苏轼、岳飞、苏小小、冯小青等人及杭州元宵灯会的记载尤多。撰述收录西湖文学创作的作品集，如宋代杨蟠《西湖百咏》、元代董嗣杲《钱塘百咏》、明代陈赞《和西湖百咏诗》等。艺文志共12卷，收录各类作品1826篇，作品与以前各卷不重复。该志记载诸多诗社，如明代的归荣雅会、五老归田会、西湖书社、放生社(莲社)、竹阁社等，还记载清代孙治等西泠十子，丁景鸿等鹫山十六子等，其中对明代的西湖八诗社记载尤详。南京大学图书馆有藏。还有乾隆年间吴氏刊本、光绪四年浙江书局重刊本。

《西湖志纂》［乾隆］ 梁诗正、沈德潜、傅王露同撰。乾隆二十年(1755)刻本。12卷，首1卷。该志以《西湖志》为蓝本重辑。首卷为名胜图，有西湖全图、圣因寺图、圣因行宫图，及康熙皇帝御题西湖十景图、八景图、小有天园图、留余山居图，之后各卷依次为西湖水利，孤山、南山、北山、吴山、西溪诸胜迹，终以艺文(诗、词)。有乾隆亲题。南京大学图书馆有藏。浙江大学图书馆藏乾隆二十三年赐经堂刻本。

Xining zhi

西宁志 西宁修志始于明代，至民国时期，共修5部志。明代有嘉靖、万历《西宁卫志》，均佚。清代修顺治《西宁志》、乾隆《西宁府新志》、光绪《西宁府续志》。民国志为光绪志续补之作。

《西宁卫志》［万历］ 刘敏宽、龙膺修纂。万历二十三年(1595)刻本。在嘉靖《西宁卫志》基础上编纂而成。据乾隆十二年(1747)《西宁府新志》记载：“万历二十三年十二月，兵备刘敏宽、同知龙膺修《西宁卫志》成，今不特无刻板，即当年印行者，遍觅仅得宦绩及艺文数卷。”1993年王继光以《天下郡国利病书》原编第19册中有关资料，辑注、标点、校勘、考订，作辑本3卷刊行。地理志1卷，下隶疆域、山川、古迹、城池4篇，记山川11处，古城50处，堡、亭、碑、关、祠等33处，城池8处。兵防志1卷，下隶堡寨、峡榨、番族、四卫、海虏5篇，堡寨、峡榨篇详细记述了西宁地区堡寨分布及置守戍兵，柏杨沟榨、木哈尔峡榨等边榨38处(极冲27处、次冲11处)的设置及防御措施等内容；番族篇详记申中、隆卜、占咂等21族；四卫篇记罕东卫、曲先卫、安定卫、阿端卫；海虏篇重点记载郑洛《备御海虏事宜疏略》。纲领志1卷，不分篇。

《西宁志》［顺治］ 苏铣纂修。顺

X

等多方面情况。纪程类主要有《藏程纪略》《定藏纪程》《藏行纪程》《西征记》《西藏往返日记》《藏纪概》《西藏见闻录》等，前4种记有青藏、川藏、滇藏程站及沿途各地风土人情，《藏程纪略》和《定藏纪程》还记载了拉萨的山川、地情、民俗，后者对拉萨的记载有近800字，较为详细地记述了拉萨寺庙和藏民服饰。以志为名单独编纂成书刊印者首推乾隆《西藏志》。另有乾隆《卫藏图识》，嘉庆《卫藏通志》，道光《西招图略》《西藏纪略》《康轩纪行》《西藏后记》《西征日记》等，光绪《西藏图考》《西藏通览》，及宣统《西藏新志》。②西藏清代厅县志。道光朝驻拉萨管理粮务的李梦皋编有一部《拉萨厅志》，但记事简略，不及嘉庆朝前各种通志类所载拉萨地区诸史事详尽。另外，康熙末年王我师著有《墨竹工卡记》《得庆记》，记述西藏拉萨东部的墨竹工卡、德庆地区，可视为县志。但因其文字极少，内容单一，严格意义上讲，只能算是小志或小录。

西藏民国时期修志　民国时期有《卫藏揽要》《西藏通志》及陈观浔《西藏志》等书编成问世，以民国《西藏通志》为最佳。志书多为依据以前的典籍、档册中所载史料编成，内容较全面、丰富，但编者多未进入西藏腹地和边地考察，书中难免有错讹之处。河北刘赞廷于民国初期编纂成川、康、藏边地37个县的图志(即县志)，其中有21个县属四川。属西藏的16个县分别为太昭(工布江达县附近)、九族(索县、巴青、比如、丁青等县部分地域)、嘉黎、昌都、贡县、武城(分别并入贡县和四川白玉县)、察隅、麦科(左贡县境)、硕督(并入洛隆县)、波密、冬九(并入林芝县)、同普(江达县)、宁静(察雅)、盐井(芒康)、定青(丁青县)、恩达(类乌齐、八宿县境)。这16部图志门类不等，多者21门，少者12或16门。对各县的历史沿革、改土归流、地质、气候、森林、药材、鸟兽、矿产、教育、商务等史料均有详细记载。

西藏新方志编修　西藏自治区于1996年开始开展新方志编修工作。首轮修志规划编纂152部。记述上限追溯至事物的发端，下限至2000年底。至2010年10月，已出版42部，其余大部分志书在三审、验收、总编或出版编辑过程中。有15部志书尚未形成初稿。

西藏省级修志　首轮《〈西藏自治区志〉编纂大纲》于1996年11月完成。规划编纂分志72部73卷。为突出地方特色，设置民族手工业志、文艺志、语言文字志、藏学志、文物志、民俗志、民族志、宗教志等分志。至2010年，已出版24部分志。

西藏地县级修志　首轮西藏地(市)、县(市、区)志编修工作于1996年启动。规划编纂地(市)志7部、县(市、区)志73部。2004年出版的《江孜县志》是西藏自治区第一部新编志书。至2010年，已出版地(市)志5部、县(市、区)志13部。

西藏方志工作管理　根据1995年8月中央领导提出的“西藏也要修志”精神，中共西藏自治区委员会、自治区人民政府成立自治区地方志编纂委员会和自治区地方志办公室(与自治区党委党史研究室合署办公)，召开自治区地方志工作会议，对修志工作进行部署，自治区三级修志工作开始起步。自治区志各承编单位和7个地(市)、73个县(市、区)把修志工作摆上议事日程，先后成立专志编纂委员会、地(市)县志编纂委员会或领导小组。至1999年，共建立修志编纂委员会200个，办公室、编辑部(室)近400个。

西藏地方志工作委员会及办公室　西藏自治区地方志编纂委员会于1996年成立。同时成立自治区地方志办公室，与自治区党委党史研究室合署办公，作为修志工作的常设机构开展工作。下设办公室、党史研究部、地方志部等机构。2001年11月，机构升格为副厅级，下设综合处、党史研究处、地方志处、刊物编辑部4个副县级处室。同年12月，自治区地方志编纂委员会更名为西藏自治区地方志工作委员会。历任工作委员会(地方志编纂委员会)主任江村罗布(1996年6月~1998年9月)、列确(1998年9月~2001年12月)、热地(2001年12月~2003年7月)、杨传堂(2003年7月~2004年1月)、徐明阳(2004年1月~2005年4月)、胡春华(2005年5月~2007年1月)、张裔炯(2007年1月~2011年1月)、郝鹏(2011年1月~)，历任办公室主任马建国(1996~1998)、唐水江(1998~2001)、车明怀(2001~2012)、孙勇(2012~2013)、汪德军(2013~)。自治区地方志办公室于1999年创办《西藏地方志》季刊杂志。

西藏修志规章和规范性文件　西藏自治区党委办公厅、自治区人民政府办公厅、自治区地方志工作委员会、自治区地方志办公室先后制定印发《西藏自治区地方志编修手册》《〈西藏自治区志〉编纂大纲》《〈西藏自治区志〉志稿编纂、审改及印刷工作规定》《〈西藏自治区志〉志稿质量标准》《西藏自治区地(市)县(区、市)志编修工作规定》《进一步加强地、市、县志工作的意见》等文件。

修志援藏　四川、陕西、甘肃、江苏、山东、青海等省及中央民族大学、中国社会科学院、中国藏学研究中心等单位协助自治区地方志工作委员会完成《〈西藏自治区志〉编纂大纲》的起草工作。同时，自治区启动修志援藏机制，先

西藏首轮市级志(已出版)一览表

志书名称	主编/总编/总纂	字数(万字)	出版年
《昌都地区志》	土呷	225	2005
《林芝地区志》	白玛朗杰	142	2006
《拉萨市志》	许成仓	240	2007
《阿里地区志》	凌旭峰	217	2009
《山南地区志》	尚新、王英才	235.5	2009

后与湖北、陕西、上海、山东、北京等对口援藏省市达成修志援藏共识。1999年湖南省地方志办公室为山南地区地方志办公室培训修志人员。从2000年开始，湖北省地方志办公室先后组织三批工作组，赴山南地区指导修志工作，援助山南地区地方志办公室3万元修志经费。安徽省地方志办公室先后派人进藏帮助审查《山南地区志》。从2003年开始，陕西省地方志办公室先后选派两批修志干部和专家到阿里地区指导修志工作，并帮助撰写志稿。2006年，广东省地方志办公室向林芝地区捐赠价值10万元的办公设备，并从此每年为林芝地区资助2万元修志经费。2009年福建省地方志办公室向林芝地区捐助10万元修志经费。2009年上海市地方志系统捐赠日喀则地区100万元用于支援该地区修志工作，同时，宝钢派人到仲巴县帮助编纂《仲巴县志》。2011年北京市地方志办公室赴藏调研，了解拉萨市对口支援县的志书编修情况，并为拉萨市地方志办公室和对口支援县解决修志经费等困难。为提高修志人员的业务素质，上海、福建、广东、北京、江苏、辽宁、吉林、湖北、浙江等省市为对口援助的地(市)举办地方志业务培训班，并帮助对口援助地区审改志书。

Xizang Zhi[Qianlong]

《西藏志》[乾隆] 清早期记述西藏史地民俗的志书。雍正末年至乾隆七年(1742)间成书。初以抄本流传。乾隆五十七年关中承宣使者和宁刊行，序中记此书为果亲王所撰。《卫藏图识》鲁华祝序称此志为“无名氏”之作。当代有研究者认为作者为萧腾麟，一说为徐天球，邓锐龄在其《读〈西藏志〉札记》中提出此书为驻藏大臣衙门内官员所编。不分卷，33目，分别为事迹、疆图、山川、寺庙、物产、岁节、纪年、风俗、衣冠、饮食、婚嫁、夫妇、生育、丧葬、医药、占卜、礼仪、宴会、市肆、房舍、刑法、封爵、边防、征调、赋役、朝贡、外番、碑文、唐碑、台站、粮台、附录、藏程纪略。无人物传记。全书叙述清初至雍正末年史实，其中事迹篇对西藏古往今来的记述较为详尽，关于西藏地区民风民俗的描绘占全文过半。志书为后人修志所参引，如乾隆《卫藏图识》的作者盛绳祖、马揭在例言中提及编集时征引了《西藏志》抄本。乾隆五十九年刻《龙威秘书》中有《西藏记》，与此书内容略同，目次互异。吴丰培据《西藏记》校补《西藏志》，收入“中国民族史地资料丛刊”，1978年中央民族学院图书馆编印。后《西藏志》与《卫藏通志》合刊，编入“西藏研究丛刊”，1982年西藏人民出版社出版。北京大学图书馆藏清徐絧活字本。国家图书馆、四川省图书馆、首都图书馆、中山大学图书馆藏清抄本。

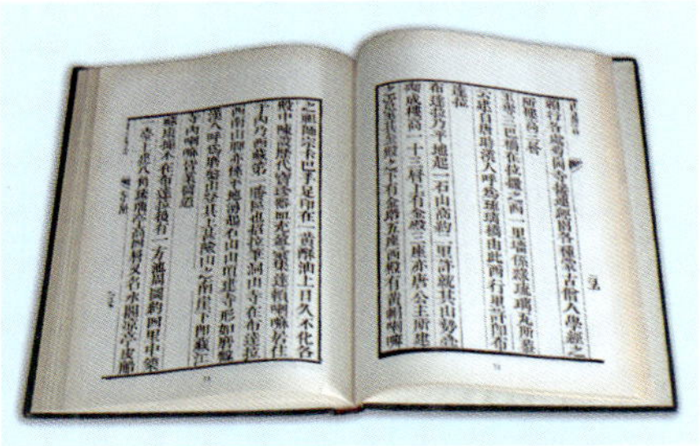

《西藏志》(“中国方志丛书”本)书影

Xizang Zizhiqu Zhi Caizheng Zhi

《西藏自治区志·财政志》 主编罗红英、范光才。2011年中国藏学出版社出版。91万字。设4篇19章66节。配图片28幅。编制中文、藏文、英文目录。上起7世纪吐蕃时期，下至2000年底，重点记述1951年后的内容。财政收入篇，下设中央补助收入、国家部委补助及省市支援、税收收入、企事业收入、其他收入5章，中央补助收入章对赏赐与专项解拨和一般预算补助收入予以详细记述，国家部委补助及省市支援章对国家部委补助、兄弟省区市援助、重大援藏工程予以详细记述。财政支出篇，下设经济建设支出、文教科学卫生事业费支出、社会保障支出、行政管理费、其他支出5章，对财政支出类别、金额等予以详细记述。财政管理篇，下设财政管理体制、预决算、税收征

西藏自治区财政厅办公大楼

管、国有资产管理、会计管理、财务管理和财政监督6章，财政管理体制章对封建农奴制社会的财政管理体制、预算管理体制、税收管理体制和国营企业财务管理体制予以记述。机构队伍与科研篇，下设机构、队伍建设、科研3章，对自治区机构，地(市)、县财政机构，财政干部培训与教育，及科研活动予以详细记述。附录收录《藏内善后章程二十九条》(译文节选)、《钦差花翎副都统兼属帮办大臣、驻藏大臣联(豫)告示》、《中共西藏工委、西藏自治区筹备委员会关于西藏自治区财政管理试行办法(草案)》、《中共西藏自治区委员会、西藏自治区人民政府关于改革经济体制加快经济发展的意见(节录)》等内容。

Xizang Zizhiqu Zhi Shuiwu Zhi

《西藏自治区志·税务志》 主编次诺。2005年中国藏学出版社出版。53.5万字。设6篇26章91节。配图片36幅。编制中文、藏文、英文目录。上起公元1世纪，下至2000年底，重点记述1951年后的内容。差税篇，下设差税法规则、差税种类、差税的减免3章，对西藏封建农奴制社会税收制度的黑暗、历代中央政府对西藏差税制度的整顿和改革等内容予以记述，通过对农业税、

樟木口岸税务分局检查尼泊尔商人纳税情况

X

畜牧税、军差、人头税、关税、商业税、乌拉等的详细记述，揭露西藏官家、贵族、寺庙“三大领主”对广大农奴、奴隶的剥削和压迫。农牧业税篇，下设农业税章、牧业税章，重点记述西藏和平解放后特别是民主改革后的税收政策、农牧业税征收。流转税篇，下设4章，将流转税政策规定与征收的演进过程予以详记。收益税篇，下设5章，对收益税税制改革、征税对象、税率、减免、政策规定、调整等内容予以记述。资源、财产、行为税篇，下设9章，对资源、财产、行为税各税种征税范围、纳税人、计税依据、税率、税收调整等内容予以详细记述。税收管理篇，下设3章，对噶厦征税机构、人民政府税务机构、队伍、管理体制沿革、管理工作、税收规定与制度、税收计划、税收会计、税收统计、税收票务等内容予以详记。附录收录《钦定藏内善后章程》《西藏自治区人民政府关于贯彻〈中华人民共和国个人所得税法〉的通知》等内容。

Xizhou Tujing

《西州图经》 著者不详。唐乾元年间纂修。手抄卷。西州为新疆维吾尔自治区吐鲁番地区旧称。清光绪三十四年(1908)法国人伯希和在甘肃敦煌石窟中发现该图经残本，并运往法国。后罗振玉辑入《鸣沙石室佚书》和《敦煌石室遗书》中。残本为道路篇和佛寺篇的部分内容，共47行。记载唐代中期吐鲁番境内花谷道、移摩道、萨捍道、突波道、大海道、乌骨道、他地道、白水涧道、银山道9条道路的分布、走向、沿途风情等，所属的6个县名即高昌、前庭、柳中、蒲昌、天山、交河，而《新唐书·地理志》《旧唐书·地理志》等史籍中均言西州属县为5个。图经中还记载了山窟、丁各窟、宁戎窟、圣人塔等窟寺、院塔的情况。

Xijin Zhi

《析津志》 熊梦祥著。元至正十三年(1353)后成书。明代目录著录34册。书中对元大都和金中都的城垣街市、朝堂庙宇、河闸桥梁、名胜古迹、人物名宦、山川风物、物产矿藏、岁时风尚、百官学校、属县等均有翔实记载。原本已佚。1983年北京图书馆(国家图书馆前身)善本组重新从《永乐大典》原本、《日下旧闻考》、清徐维则铸堂斋藏书、北京大学图书馆和北京图书馆藏《顺天府志》辑稿残卷及其他有关书籍中，汇集散存的《析津志》资料，加以分类、编次、标点而成《析津志辑佚》，约10万字，由北京古籍出版社出版。

《析津志辑佚》书影

Xiajiangxian Zhi

《峡江县志》 主编赵国祥。1995年中共中央党校出版社出版。约135万字。全书由生活环境、经济环境、政治环境、社会环境4部分组成，设34篇154章558节。卷首配图5幅、照片84幅。上起事物发端，下至1990年底。人口篇增设人口与经济、人口与社会、婚姻与家庭3章。专设土特产篇，记述峡江米粉、峡江黄酒等，其中峡江米粉条目记述米粉始产年代、选料、加工工艺、产量、特点、食用方法等。有专门章节记述江西三大地方水牛良种之一峡江水牛及特产栀子、银花。1997年获全国地方志奖一等奖。

《峡江县志》书影

Xiazhi Zuan

《下雉纂》 马欻撰。下雉为阳新县旧称。最早于明弘治十八年(1505)修成县志，后再无嗣出。作者考残缺州乘，撮其大略，详细考录分野建置、山水、楼观、寺宇、风土时务，撰成该书，明天启四年(1624)刊刻。正文首记疆域分野、建制沿革，其中有二坊、八景；次记三国甘宁祠、晋孟嘉墓等楼观寺宇；最后记述风土、特产、人民生活状况。志中记当时满山枸杞，而民不知食；乡民一日二食，以炒米充饥，蔬菜奇缺；湖菱、湖蒿、茶、鳊鳜为本地特产；所产纸、笔也很有名等。书中重要部分是关于当地店铺、赋役、漕运等方面的记载，尤以对军运漕粮的记载详细。人物部分只收录了一两位节妇和异闻怪事。中国社会科学院历史研究所图书馆藏抄本1卷。

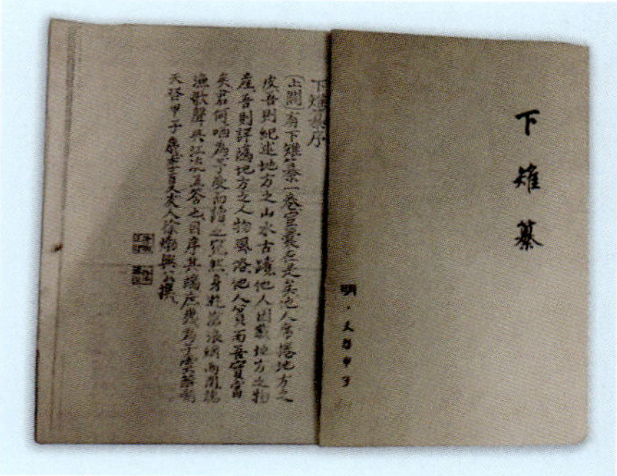

《下雉纂》书影

Xia Enxun

夏恩训(1938—2005) 河北省滦南县人。1962年毕业于中央民族学院。后到内蒙古满洲里任教。1984年任满洲里市文化局副局长。1987年任市史志编辑办公室副主任、主任。1995年，市党史地方志办公室与市档案局合并为市档案史志事业局，夏恩洲任调研员。组织编纂满洲里市历史上第一部志书《满洲里市志》，总纂、统改呼伦贝尔市第一部党史《中共满洲里市地方简史》，多次参加旗市志和《呼伦贝尔盟志》的评稿会。曾当选呼伦贝尔盟政协委员、满洲里市政协委员。主编《双拥报告文学集》，有散文集《在呼伦贝尔草原》等。

Xiamenshi Zhi

《厦门市志》 主编江曙霞。2004年方志出版社出版。5册，658.9万字。设50卷272章1009节。配地图9幅、照片558幅、表格695个。后有人物索引和新旧地名索引。上溯事物发端，下至1995年，个别事项适当下延，大事记延至2000年。华侨卷凸显厦门作为著名

《厦门市志》书影

侨乡的地方特色。厦台关系卷、厦港关系卷反映厦门与台湾一衣带水的区位特点及厦、台、港三地的频繁交往。招商引资卷彰显经济特区在吸引外资、对外开放方面的地位和作用。旅游卷设专章记述鼓浪屿、万石山、南普陀—胡里山、集美、同安五大游览区及日光岩、虎溪岩、五老峰、集美学村、梵天寺等主要景点景观,展示厦门独有的旅游资源。2005年获福建省第六届社会科学优秀成果奖三等奖,2007年获福建省地方志优秀成果奖一等奖。①《厦门市志》华侨卷。设5章20节。其中移居海外章列表记载历年厦门口岸出入境人数、厦门华侨华人居住地分布,并使用族谱等民间史料,为厦门华侨出国谋生和在东南亚地区分布提供佐证。海外创业章从经商、经营种植业,创办工业与交通运输业、金融与房地产业,创办学校、创办报刊等方面记述厦门华侨海外创业历程。报效祖国章记述发动闽南小刀会起义、开展抵制美货运动、发起闽侨救乡运动、支持"闽变"等厦门华侨报效祖国的实际行动,详记华人华侨投资厦门建设事业的情况,包括陈嘉庚创建集美学校、厦门大学等;侨汇节列表记载1950~1990年厦门市及1951~1988年同安县的侨汇金额指数。②《厦门市志》厦台关系卷。设5章16节。其中两地迁徙章从渡台口岸与方式、历代移民人数、移民地域与职业分布、拓垦活动等方面记述厦门人移居台湾的历史,除记述中国大陆移民台湾的主要路线外,还引用史料点出两条主要的偷渡路线。台湾向厦门移民节反映日据台湾后,不少台湾同胞到厦门定居或经厦门移居大陆其他地方的历史。文化交流章记述厦、台两地从明朝开始的文化交流史,厦门人在科、教、文、卫、体、宗教与民间信仰等领域对台湾文化事业所做的贡献。专设一章记述厦、台两地人民共同反侵略与反封建斗争。经贸往来章记述两地通商贸易,详记两地航海、航空、邮电通信历史。涉台机构与两岸事务章记载改革开放前后,两地人员往来、探亲、访问、考察等情况。

Xianjuxian Zhi[Guangxu]

《仙居县志》[光绪] 王寿颐、潘纪恩修,王棻、李仲昭纂,张景韶校正。清光绪二十年(1894)刻本。24卷,首1卷。约38万字。分11门55目。卷首配舆图。地理、人物、古迹、艺文等门内容详备。地理门记山79座、河溪近30条,

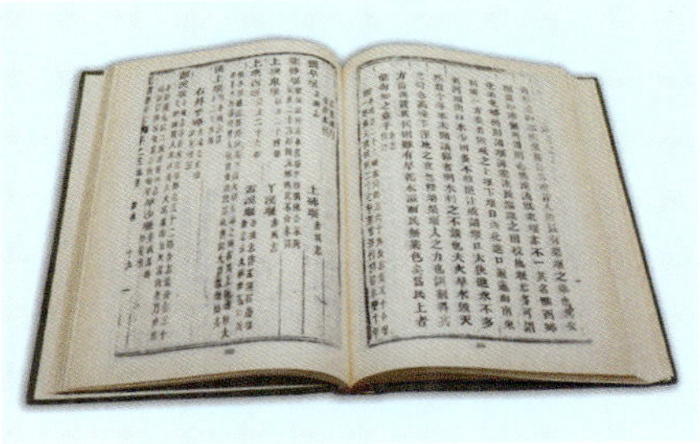
《光绪仙居志》("中国方志丛书"本)书影

另有湖、井、潭等。人物门载有130余人列传。古迹中设金石志,志末有补遗,保存约30篇重要碑刻文字,如《仙居登科题名三碑》等,另有碑目和砖文。艺文门载录约150篇文章,版籍门列有田赋、户口数字,杂志门兼记灾异及太平军李世贤部活动情况。书末附《仙居集》24卷,王棻自序云:"旧志合诗文为一编,实于志例未协。今取其系于山川、建置、古迹、典籍者,分附各门,而以其附之未尽及不能附者,别为《仙居集》一编,与志相辅而行,庶文足征而献亦与文并传矣。"国家图书馆、中国科学院国家科学图书馆、浙江图书馆、天一阁等藏光绪活字本。1990年上海同济大学出版社出版沈在秀标注本。

Xianxi Zhi[Baoyou]

《仙谿志》[宝祐] 赵与泌修,黄岩孙纂。南宋宝祐五年(1257)刻本。仙谿为福建省仙游县旧称。原有15卷,元至正十一年(1351)黄真仲重订、田九嘉重刊时合为4卷。分10类42目。统叙县、物产、令佐题名、进士题名、衣冠盛事、仙释、祠庙、祠堂、冢墓、人物。记载唐宋进士题名373人(含特奏名和准敕推恩)、唐及五代人物72人传略等。记述仙游土特产及产盐、海运等方面情况,并对莆仙沿海流传的女神妈祖做了记载。该志为第一部仙游县志,国内唯一存世宋代县志。国家图书馆藏清抄本。上海图书馆、山东大学图书馆、福建省图书馆藏抄本。1987年仙游县文史学会校点,1989年福建省地方志编纂委员会整理,福建人民出版社出版。

Xianyouxian Zhi

《仙游县志》 主编周益民。1995年方志出版社出版。192.4万字。设35篇179章637节。配彩色图照86幅。上溯事物发端,下至1992年。重视经济部类的记述。特设一篇记载福建仙游传统特产蔗糖,用4章24节的篇幅记载甘蔗种植面积、产量、品种、种植技术、田间管理、病虫害防治等情况,记述制糖方法、副产物利用、蔗区建设、产业管理等内容。农业篇设茶果业章,设两节记述茶叶、果树的种植、栽培、主要品种,突出对龙眼、枇杷、荔枝、文旦柚等名优特产的记载。文化篇设戏曲章,记述剧种、剧团、剧目、剧场等内容,重点记载流行于仙游、莆田一带的古老剧种莆仙戏;对"海滨邹鲁""国画之乡""音乐之乡"的特色加以重点反映。1997年获全国地方志奖一等奖。

Xianningxian Zhi[Jiaqing]

《咸宁县志》[嘉庆] 高廷法、沈琮修,陆耀遹、董祐诚纂。清嘉庆二十四年(1819)刻本。26卷,首1卷。约40万字。设图、表、志、传4类。分23目。前有疆域、山川、经纬、道里、城郭、坊社图43幅,历代疆域、水道、城郭、宫室、名胜图29幅,均有文字说明;之后依次为纪

X

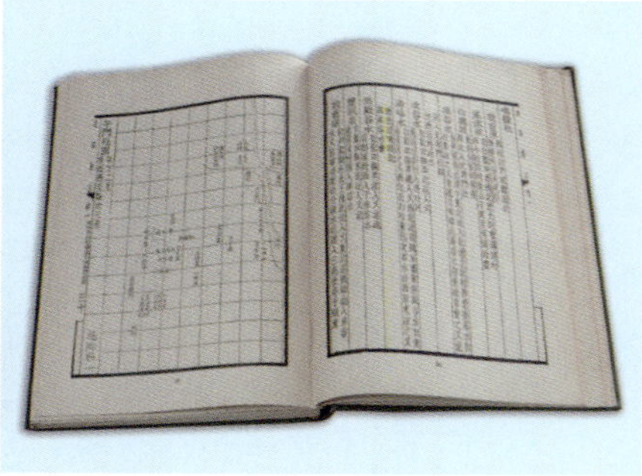
嘉庆《咸宁县志》民国重印本（"中国方志丛书"本）书影

事沿革、职官、选举三表，地理、田赋、祠祀、衙署、学校、陵墓、经籍、金石八志，良吏、列传、忠节、孝友、义行、文艺、隐逸、方技、列女九传。记事上自隋都大兴城创建，下至清嘉庆二十三年。咸宁县（治所位于陕西省西安市）域内城社、山谷、历代疆域、古渠、旧城俱悉于图、表。山川、地理志统其纲，叙述其脉络源流，图详其目。于典章、人物记载详尽，严于考据。陕西省图书馆、陕西历史博物馆、首都图书馆等藏原刻本、1936年陕西通志馆铅印本。

Xianzhi Bianxiu Guanli Tan

《县志编修管理谈》 蒲宗亮著。1993年贵州人民出版社出版。11万字。涉及县志编修管理的15个方面，重点论述10个方面的内容。对于修志管理机构的性质和任务，认为编修县志的管理机构一般设有编委会、总编室和办公室。编委会主要职责是加强修志工作的组织领导，办公室是日常办公机构，总编室负责编辑和总纂工作。认为管理人员的配备主要是指编委会主任、办公室主任和主编的配备。对于县志编修的动态管理，认为要不断根据修志进程的新情况和新变化，有针对性地提出解决问题的有效措施，并提出3点意见。对于加强修志方案的管理，认为方案在执行中不是一成不变的，应不断调整、修改和完善，并强调3个问题，分别是强化机构的管理职能和管理人员的职责、修志人员各自的责任要明确、要加强对修志方案阶段性的实施管理和整体性衔接。认为修志管理的最优目标是实现高节奏、高效率、高质量，并突出5条要求。对于开拓修志管理，提出5个途径。认为修志管理的重点是认准主要矛盾，统一思想认识，广闻博采，正确处理好不同意见特别是反对意见。此外，作者对编纂管理、管理的检验标准、审稿管理、党政对修志的管理以及未来修志管理等问题，也提出了见解。蒲宗亮（1935—2007），贵州仁怀人。先后结业于西南农业大学、苏州大学、北京鲁迅文学院等。曾任怀仁县委办公室主任、县委副书记、县地方志编纂委员会主任、县志主编等职。著有《县志编纂实践丛谈》《县志主编素质谈》，发表方志论文十余篇。

Xianzhi Bianxiu Qiushishuo

《县志编修求实说》 龚力新著。1997年方志出版社出版。45万字。设2篇42目。总说篇认为修志机构是修志事业的"中枢神经"，提出设立常设机构是完成修志的根本保证；剖析方志的行政领导、业务领导类型及其给编修工作带来的影响；探讨县志主编应具备的素质；剖析县志总纂概念、总纂人选、总纂程序、总纂方法、总纂职责，提出总纂"八忌"；关于县志审稿，认为讲究审稿人遴选是提高审稿质量的关键；关于县志篇目，主张从各地的实际出发，只要符合志体，章节体、条目体都应允许存在，大篇式、中篇式、小篇式均可（作者倾向于中篇式结构）；在设立篇目时，提出隐时显类法和不对等法的观点；关于方志的上下限，认为上限不等高，下限应一刀切；还提出突出地方特色的7种方法。分说篇首先对序言的源流、内容、写法进行考证，并列举古今两篇佳序以示范；把凡例分为通例、分例和特例3种，并对凡例的含义、种类和新方志凡例通病进行剖析；认为总述可分为表彰型、论说型、叙议型3种；对大事记的收录标准、体例、编写程序进行剖析，并对大事记两分法进行探讨；关于建置人口篇，认为应注意考订区域及其沿革变化；用好科学术语是写好自然环境、政治、经济、文化等篇章的基础；还对民族、社会、党政群团、军事、经济、医药卫生、文物名胜等篇的撰写进行剖析。附录设4目，对附录、编后记、图像入志、数据表格入志、家谱入志等问题进行论述，并著录作者对几部县志的评介文章。龚力新（1938—），又名龚其荃。侗族。贵州剑河人。历任剑河县史志编纂委员会副主任、县史志办公室主任、县志总纂等职。主编《剑河县志》等史志著述3部，发表史志论文20余篇。

Xianzhi Bianxiu Tanwei

《县志编修探微》 刘光禄、李明、杨向东、陈有清著。1983年安徽人民出版社出版。6.6万字。分古代方志的编纂、新县志的编修、方志事业的前瞻三部分，将古代方志理论和当前修志实践的经验融为一体。古代方志的编纂部分概述从《禹贡》到清乾嘉时期，方志体例的发展和演变，特别点出明代志书体例发展和演变中的4个方面，一是志书普遍设有凡例，二是纪、表、志等体裁普遍使用，三是创设编纂始末收录前人修志的序文及原委、始末，四是在人物传例上创设贬例。新县志的编修部分介绍县志编修的全盘工作和编纂方法，并提出许多新见解。首先，提出编纂出版新县志必须具备的6条基本要求，并提出秉笔直书需注意的4点事项是以实事求是为前提、不擅自轻易评判、回避与国际政治斗争有关的重大事件、切忌个人奋笔妄书；其次，提出"三个结合"的资料收集方法，分别是广征与特约相结合、查档与走访相结合、条条编史与块块修志相结合，还从实践中总结出80个字的《考据歌》；最后，总结了编写县志的8个要领。

Xianzhi Zhuren Zhubian Shuo

《县志主任·主编说》 庞国凭著。2008年方志出版社出版。22万字。设9章32节。修志决策章包括对修志环境的调研、模式的选择、体例和范围的选定、篇幅的规划等内容。修志准备章包括综述、实例、报批的规划，组织和经费的保障，主编与编辑人员的配备及明确岗位责任制等内容。修志启动章包括明确指导思想、发凡起例、拟定提纲和篇目并做修志动员等内容。全面展开章包括落实修志任务、进行业务培训与内外部沟通等内容。搜整资料章论述了对地情的研究、资料的搜集与核实及整理等内容。撰写分志章主要论述分志撰写的要求和方法。全志合成章论述了合成的任务和方法、需明确的几个重大问题以及合成方案的制定。评审验收章记述了志稿的评议、审查、验收、修改完善等内容，其中志稿审查包括真实审查、保密审查和质量审查。出版发行章主要介绍志书出版需注意的几个问题，如慎选出版社、设计有讲究、校对要认真、把好印刷关等。附录收入4篇与《县志主任・主编说》论述主题密切相关的文章。庞国凭(1958—)，浙江天台人。天台县地方志办公室主任，天台方志馆馆长，地方志研究员，《二轮修志・浙江论坛》、《天台志苑》主编，《天台县志(1989—2000)》《天台县简志》总纂。

Xianggang xiuzhi

香港修志 明隆庆六年(1572)以前所修《东莞县志》及存世的清康熙二十七年(1688)、清嘉庆二十四年(1819)两种《新安县志》中有关于香港的记载。英国占领期间，香港未编修方志。从20世纪90年代初开始，香港各行政分区的区议会开始委托学者编修有关各区的风物志或类似书籍。香港回归后，香港岭南大学为推动香港地方志工程做了大量工作。香港方志界与广东省方志界同行建立工作联系，与台湾方志界也有多方面的交流，在筹备《香港通志》编修的过程中取得一些地方史志研究成果。

香港新方志编修 香港回归前后，香港社会一些有识之士已开始关注香港修志的问题。联合出版集团董事长李祖泽、古物咨询委员会主席龙炳颐等曾向行政长官董建华提出编修地方志的建议。2003年香港文化委员会在《文化委员会政策建议报告书》中建议政府编纂《香港地方志》。2005年恒和航运有限公司董事经理谭广濂赞助港币100万元，支持岭南大学建立香港与华南历史研究部，以推动香港地方志和香港与华南历史研究，刘智鹏任研究部主任。2006年8~12月开展香港地方志工程前期工作。2007年1月31日香港地方志筹备委员会成立，筹得港币110万元启动基金，为落实香港地方志工程进行规划工作。筹委会成员包括岭南大学校长陈坤耀及刘智鹏、丁新豹、吕大乐、陈弘毅、刘蜀永、邓聪、邓树雄、萧国建、简永桢、谭广濂等学者。2007年2月14日香港地方志工程启动典礼在铜锣湾世界贸易中心举行。①《香港通志》。规模参考《上海通志》。规划10册55卷，约1000万字。分为地理志、政治志、经济志、社会志、文化志、人物志、大事记、专记8个部分，约250个课题单元。记述上溯远古，下至1997年6月30日。2009年香港地方志办公室按《香港通志》篇目分类编制了参考书目，与香港建筑师学会、香港测量师学会、香港工程师学会、香港规划师学会、香港园境师学会达成初步协议，协助整理各学会原有档案，并对相关课题进行研究。2008年7月刘智鹏与英国剑桥大学出版社商讨出版香港地方志英文版事宜，暂定英文版名称为The Encyclopedia of Hong Kong。2010年决定首先编辑出版《香港通志・人物志》。②香港风物志。内容包括历史沿革、自然地理、经济状况、城乡建设、文物胜迹、民情风俗、历史事件等，叙事简明扼要，图文并茂。至2010年，已出版《北区风物志》《油尖旺区风物志》《马鞍山风物志：矿业兴衰》《黄大仙区风物志》《屯门风物志》《东区风物志：集体记忆小区情》《马鞍山风物志・鞍山岁月》《九龙城区风物志》《香港离岛区风物志》《观塘风物志》《南区风物志》《荃湾二百年：历史文化今昔》《湾仔区古迹与掌故》《离岛区古物古迹》《西贡风貌》《元朗文物古迹概览》《沙田古今风貌》《香港中西区地方掌故》《葵青：旧貌新颜，传承与突破》《屯门历史与文化》《大埔传统与文物》《文化・地方・人情：湾仔风物志》。

香港旧志整理 香港和平图书有限公司于2007年8月出版刘智鹏、刘蜀永编《〈新安县志〉香港史料选》。该书将康熙、嘉庆两种《新安县志》中与香港有关的部分，按建置、环境、经济、军事、社会与文化、人物、艺文7个部分标点整理刊出。该书是2008年香港书展"名家推介"的40套新书之一。内地出版机构出版的涉及香港的旧志整理本主要是古代新安县志整理本，有2006年出版的《康熙新安县志校点》《嘉庆新安县志校点》和《深圳旧志三种》(包括天顺东莞旧志、康熙和嘉庆两种《新安县志》校点)。

香港方志工作管理 香港地方志工程采用"政府支持，社会参与，学者主修"模式。成立香港地方志基金会、香港地方志办公室及《香港通志》编辑部，以推动香港地方志工程运作。①香港地方志基金会。成立于2009年6月。陈智思任主席。成员由社会知名人士组成。主要负责筹集经费，在财政上全面支持香港地方志的编修，同时就编修地方志的原则和进度等问题提出指导性建议，但不干预编修的具体方式和内容。基金会与岭南大学合作，在香港中华书局的支持下，编辑出版"香港地方志系列"丛书。已出版《香港问题谈判始末》《展拓界址：英治新界早期历史探索》《香港达德学院——中国知识分子的追求与命运》。②香港地方志办公室。成立于2007年4月。刘智鹏任主任，丁新豹、刘蜀永任副主任。负责日常行政和业务工作，也是联系和收集社会各方信息的资源中心。2007年办公室与深圳市史志办公室签订缔结友好单位协议书。2009年与深圳市史志办公室达成合作协议，共同编写及出版有关沙头角及中英街的历史专书，这是香港与内地方志界的首个合作研究项目。成果《中

X

英街与沙头角禁区》有繁体字版与简体字版两个版本。香港地方志办公室将口述历史资料作为收集方志资料的一个重要渠道，出版《我们都在苏屋邨长大》《潮起潮落——中英街记忆》《吞声忍语——日治时期香港人的集体回忆》《侯宝璋家族史》。③《香港通志》编辑部。主要负责《香港通志》的编修工作。编辑部的主编、副主编、编辑及各研究人员均由香港学者出任，以体现学者修志的特色。刘智鹏任《香港通志》主编，丁新豹、刘蜀永任副主编。设“HONG KONG LOCAL RECORDS”英文编辑部，负责编修《香港通志》英文版。

香港方志馆藏　始建于20世纪30年代的香港大学冯平山图书馆收藏原版及精抄本旧志47种，其中中南地区2种，西北地区11种，西南地区10种，东北地区1种，华中地区1种，华北地区4种，华东地区6种，华南地区12种。原版旧志中较珍贵的有明《(重修)崖山志》、隆庆六年(1572)《(重修)潮阳县志》、万历元年(1573)《华州志》，清乾隆元年(1736)《盛京通志》、乾隆二十六年《(新刊)武功县志》、乾隆三十九年《番禺县志》、乾隆四十一年《吉安府志》、乾隆四十三年《郿县志》、乾隆四十六年《蒲城县志》、嘉庆二十年《达县志》、道光六年(1826)《(重修)太原县志》、道光二十年《(续修)会宁县志》、光绪二十年(1894)《西藏图说》、光绪三十四年《新疆国界图志》等。成立于20世纪70年代的香港大学孔安道纪念图书馆，是收藏香港地方文献的专门图书馆。至2007年，该馆收藏香港地方文献75000册、期刊报章11300种、期刊报章合订本46800册、香港上市公司资料33000册、公司账簿4000册。还有照片、视听资料、海报、场刊、地图、幻灯片、缩微数据和电子数据库等。

香港方志学术交流活动　岭南大学亚洲太平洋研究中心于2004年6月主办香港地方志座谈会，是香港学术文化界关于编修地方志的第一次会议。秦其明代表中国地方志指导小组分别向香港特区政府和岭南大学赠送《秦皇岛市志》《山海关志》《北戴河志》，并宣读论文《中国新编地方志的基本情况》。中国社会科学院香港史专家刘蜀永和岭南大学学者刘智鹏联名宣读论文《编修〈香港地方志〉的几点看法与建议》(后刊登在《中国地方志》2004年第6期)。2006年5月香港地方风物志座谈会开幕典礼、香港与华南历史研究部成立典礼于岭南大学举行。会议期间，广东省地方史志办公室联合香港与华南历史研究部举办广东省新编地方志展览。2007年香港地方志筹备委员会与广东省地方史志办公室在广州举行粤港地方志座谈会。香港地方志办公室成立后，其成员走访中国地方志指导小组及北京、天津、上海、广东、河南、河北秦皇岛、山东威海、江苏苏州、浙江宁波等省市，就通志篇目设置等问题听取内地同行的经验与建议；参加《秦皇岛市志(1979—2002)》审稿会议、深港方志界同行座谈会、2010年广东省地方志理论研讨会暨“广东历代方志集成”赠送仪式、海峡两岸与香港、澳门地方志学术研讨会等活动；访问台湾，与《台中市志》主编黄秀政及中兴大学历史系教授会谈地方志事宜，并访问“国史馆台湾文献馆”，了解《台湾通志》《台湾全志》编修情况以及台湾收藏香港史料情况；赴台北参加“国史馆台湾文献馆”主办的方志学理论与战后方志纂修实务国际学术研讨会。2008年与牛津大学中国研究所达成合作意向，共同探讨于牛津大学建立香港地方志联络中心、收集英国现存的有关香港的资料事宜。2009年12月香港地方志基金会考察团参观深圳市博物馆新馆，并到内伶仃岛考察。

Xiangtanxian Zhi

《湘潭县志》　主编唐俊贤。1995年湖南出版社出版。150万字。设36卷158章455节。文前有县政区图、照片61幅。上起清道光二十年(1840)，下至1988年。水利卷突出记述韶山灌区及花石水库、上石坝水库、铜梁水库(原名上游水库)、顶峰水库4座特色水库。设专节记载韶山灌区，略述其建设沿革、建设规模、建设过程，重点记述在湘潭境内的工程规模、工程效益，反映韶山灌区蓄水工程在全县水利建设方面的龙头地位及引、提、灌溉的骨干作用。商业卷记述易俗河米市、小东门鱼苗市。工业建筑业卷设名优产品记述节，专记湘潭酱油、珍珠牌人造奶油、合欢花牌手工雕平绣抽纱台布等土特产26项。人物卷记辰山周诒端家先后诞生13位女诗人，形成周氏女诗人群，还记载齐白石的画作等，列有毛泽东传。1997年获全国地方志奖一等奖。

《湘潭县志》书影

Xiangtanxian zhi(jiuzhi)

湘潭县志(旧志)　明成化年间创修，至清末，共修11次。存世志书有明嘉靖三十二年(1553)志，清康熙三年(1664)志、康熙二十四年志、乾隆二十一年(1756)志、乾隆四十六年志、嘉庆二十三年(1818)志、光绪十五年(1889)志。民国时续修县志，已佚。

《湘潭县志》[乾隆二十一年]　吕正音修，欧阳正焕纂。25卷，首1卷，续集1卷。分25门84目。诸志录采丰富，如山川记载山岭、河道、洲港、塘坝、泉井120处，城池详述县城建造历史，街道、码头处所，贸易集市方位及营业状况。国家图书馆、上海图书馆、湖南图书馆等有藏。

《湘潭县志》[乾隆四十六年]　白璟修，狄如焕纂。26卷，首1卷。分26门88目。纠前志错谬之处，如沿革门更正南朝梁改“湘南”为“湘潭”之说。内容较前志有所增加，如艺文门增入楚屈原《渔父》《橘颂》；以江潭、橘洲皆湘潭地，增刘禹锡唐兴寺石塔铭等文7篇、宋诗20余首。卷末设拾遗门，专录前籍杂载湘潭史事。故宫博物院图书馆、湖南图书馆、南京图书馆、湖北省图书馆等有藏。

《湘潭县志》[嘉庆] 张云璈修,周系英纂。嘉庆二十三年刻本。40卷。分22门58目。其中图考列县境全图、县脉全图、县城全图、全城总图、四大名山图。山川门载山岭130处、名人遗址30余处。艺文门收录宋以后著作240多种。风土门记载湘潭妇女多从事刺绣。书中还辨江潭非屈子游地、昭潭非周昭王南征不复之处,驳乾隆年间白璟所修县志中湘南故城之说。国家图书馆、湖南图书馆、上海图书馆、南京图书馆等有藏。

《湘潭县志》[光绪] 陈嘉榆等修,王闿运等纂。光绪十五年刻本。12卷。约30万字。纪、传、志、序、图、表、录诸体齐全,图、表、传分列各篇之中。分12门31目,区域总图和沿革诸图记疆域位置采用经纬新法,开方计里,弃星野之说。事纪篇记自汉高祖五年(前202)至光绪十二年历史。山水篇仿《水经注》,内容兼及交通、物产、风景名胜、地名考证等。人物篇善恶并书,重要者立传,次要者附表。货殖篇对田赋、徭役、市场兴衰、行帮沿革、货物集散、金融消涨、贪官苛索分肥等均有记述,指出当时封建制度遭受资本主义冲击的新动向。五行篇详记湘潭历代天灾人祸。艺文篇收录历代名家著述692家1265部。国家图书馆、湖南省博物馆、山东省图书馆等有藏。国家图书馆、中国人民大学图书馆等藏1943年铅印本。

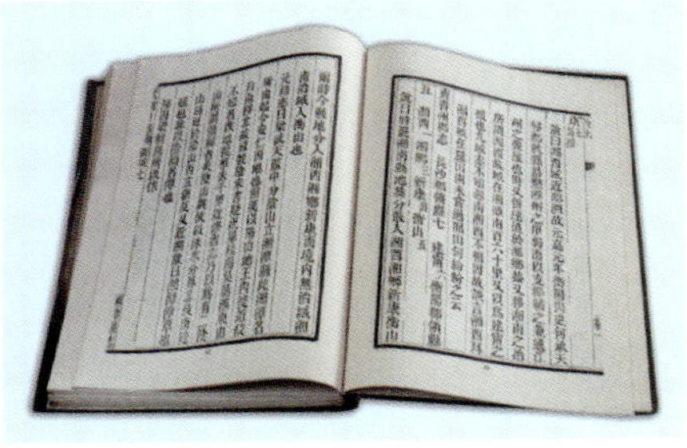

光绪《湘潭县志》("中国方志丛书"本)书影

《湘潭地理图说》[民国] 张先民编。2.6万字。分设位置、疆界、地势、山脉、河流、区域、政治、教育、交通、沿革10节。记事止于1922年。主要收录光绪、宣统、民国初期的湘潭历史事件。教育节记述光绪末年至民国初的湘潭书院、义学、学校兴衰演变,废科举,办学堂,湘人改昭潭、龙潭二书院为高等小学堂,改宾兴、泽丽为劝学所,潭城中龚氏开设女校,总市设田德女校;民国成立后,改初等小学为国民学校,增立女子学校和乙种商业学校等教育事业史料。交通节记录湘潭邮政、电报、电话的初创年代,湘潭军路(长潭、潭宝公路)、粤汉铁路株洲至渌口段的修建情况等。有民国湘潭群守益图书印刷社铅印本。首都图书馆、湖南图书馆有藏。

Xiangxizhou Zhi

《湘西州志》 总纂黄秀兰。1999年湖南人民出版社出版。206万字。设24卷123章428节。前有自治州政区图、交通图、彩照828幅。上限溯源,下限至1995年。志体为"平头列志"形式,各个部分即为分志,各分志下均有概

1950年湘西军民剿匪现场

述。自然环境与资源卷设章记载湘西土家族苗族自治州境内野生植物近千种、野生动物160余种,重点记述圆叶乌柏、山棉皮树、香茅、红根、白蜡树、云豹、金钱豹、黑鹿等珍稀野生动植物;矿藏章重点记述汞、锰、铅、锌、磷等境内矿产。军事卷设剿匪章,详述民国和中华人民共和国时期的湘西剿匪活动,包括1965年发动万余人进行"青安合围",剿灭湘西最后两名顽匪的史实。旅游卷旅游开发章重点记述猛洞河、德夯、凤凰古城、栖凤湖等省级风景名胜区,其中凤凰古城旅游区目记述了沈从文故居。革命根据地卷记述湘鄂川黔边等革命根据地的情况。民族卷记述土家族、苗族等少数民族的人口分布、族称来历、语言文字、风俗习惯等。工业卷设专章记述土家织锦、苗绣、花带、印染花布、头帕、银饰、民族鼎锅、苗画、屏镜、花镜、镜匾等民族特需用品及工艺美术技艺。

Xiangyinxian zhi(jiuzhi)

湘阴县志(旧志) 湘阴修志始于唐代,至清光绪六年(1880),先后9次成书。有唐《湘阴图经》、宋淳祐《湘阴图志》、元《古罗志》、明成化三年(1467)《湘阴县志》,均佚。存5部县志,分别为明嘉靖志,清康熙志、乾隆志、道光志、光绪志。民国志未能成书,草稿多散佚,存《礼俗方言篇略》。

《湘阴县志》[嘉靖] 张灯原修,李廷龙续修。嘉靖年间修成,万历年间增补重刻。2卷。分15门8目。记事止于万历十六年(1588)。县谱文表结合,列上古唐虞迄明隶属沿革。山、川二目记玉笥山屈子史迹、大小哀洲虞舜二妃遗闻、秦始皇南巡停舟文武二洲故事。古迹述罗县故城与元至正五年(1345)十一月甲子夜余鼻后山落陨石遗址。职官题名列历代官员240余人。人物题名记载五代至万历八年登科者460余人。日本国立国会图书馆有藏。

《鼎修湘阴县志》[康熙] 唐懋淳修,谭绍琬纂。康熙八年(1669)刻本。4卷。分20门35目。志首增设凡例,强调志有详略,并指出旧志不列洞庭,且列湘水于群流志中,未免失伦。相较嘉靖志,增设分野、惠政、传疑、艺文,改设山川、形胜、风俗、田赋、选举、古迹、寺观为大目,增设舆图。艺文收录屈原《离骚》《九歌》《九章》等词赋21篇,宋玉、贾谊、司马迁、柳宗元、李东阳、史九韶等所撰有关屈原或湘阴的文章33篇,杜甫、李白、李贺、文天祥、王守仁、夏元吉、施闰章等的诗词322首。国家图书馆、湖南师范大学图书馆有藏。湖南图书馆藏抄本。

《湘阴县志》[乾隆] 陈钟理等修,杨茂论纂。乾隆二十二年(1757)刻本。32卷。约34万字。分54目。在嘉靖

X

志、康熙志基础上，增设典训、乡都、赋役、失防、遗爱、政绩、儒林、仕绩、忠节、文苑、耆寿、著述、杂记等项，将部分子目升为大目，如职官的令佐、教职表，选举的进士、举人、贡生、武科、举辟、杂科表及封赠、赐谥、荫叙。志首列典训，为湘阴诸旧志中所独有，载皇帝谕旨33件，仅两件涉及湘阴。舆图列有县境、县城、风景名胜图18幅。物产收录种类增至15个大类、564种，记述了桑、棉、麻的栽培及加工方法。艺文收录诰、骚、赋、颂、说、赞、传、序、跋、文、记、铭125篇，诗词358首，篇幅为全志的1/3。湖南图书馆、湖南师范大学图书馆有藏，故宫博物院图书馆藏抄本。

《湘阴县志》［道光］ 翁元圻主修，黄朝绶、杨德谦等纂，徐鋐补遗。清道光三年(1823)刻本。39卷，首1卷，补遗1卷。约60万字。分39门165目。较前志增加形势、兵制、驿传、铺递、武功、蠲赈、方技等目，将舆图、户口、公署、寺观、陵墓设为专卷。水利分述全县69处围的建围时间、堤长、所辖田亩。耆寿中记自清顺治至嘉庆的177年内，80多岁者82人、90岁以上者46人、100岁以上者8人。艺文较前志篇幅增加近一半。国家图书馆、湖南图书馆、湖南省博物馆等有藏。

《湘阴县图志》［光绪］ 郭嵩焘等撰。光绪六年刻本。34卷，首、末各1卷。60万字。分99目。设图、表、志、传四体，首设舆图5卷，分经纬图、总图、城图、沿革图、水道图、全县二十九局分图等，共80幅，每图之后附详细考证注释。各局及所属团图，均附注所在地理位置、团保沿革、山水地名、交通要道、名胜古迹、大族姓氏。制图延请舆地名家，采用经纬之法，开方计里，非常精审。设表13卷、11种，将沿革、疆域、巡幸、封建、世爵、职官、武职官、选举、人物、列女、氏族内容置于表内。设志12卷，其中艺文志收录艺文385种，篇幅占全书的8%。设传4卷、3种，其中名宦传70篇、人物传227篇、列女传33篇。国家图书馆、首都图书馆、中国科学院国家科学图书馆、湖南图书馆等有藏。

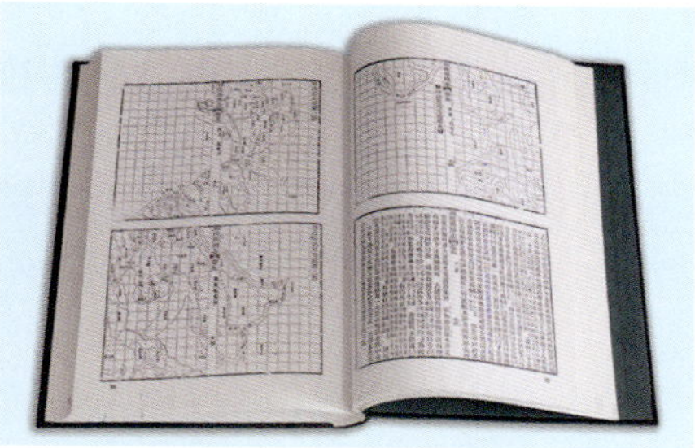

光绪《湘阴县图志》（“中国地方志集成”本）书影

Xiangfanshi Zhi

《襄樊市志》 总编孙樵声、胡久明。1994年中国城市出版社出版。160万字。31卷，设161类目388子目。配图片约70幅。上起清光绪十二年(1886)，下至1985年。军事、文物名胜、交通等卷凸显地域特色。设县(市)概况卷以弥补对县市记述的不足。1997年在湖北省首届志书评奖中获二等奖。①《襄樊市志》军事卷。设5类目40子目。主要战事类目记述光绪三十年后，境内发生的鄂北暴动、随枣会战、鄂北会战、襄樊战役、樊城战役等21起战事。防空类目记述组织机构、工程建设、指挥通信等内容，附载1943~1945年日军在襄樊地区的暴行，列遭日军飞机轰炸及财产损失统计表，遭日军烧、抢财产损失统计表。民兵类目除记述领导机构、组织建设、训练、执勤、抢险救灾等内容外，附记地方团队，记载团练、商团、保卫团、壮丁队等内容。②《襄樊市志》交通卷。设5类目25子目。反映襄樊水、陆、铁、空、管五大运输条件的形成与发展。详载汉水、唐白河等10条通航河流及襄樊港、襄樊渡口等水路运输设施，主要国道、省道，汉丹铁路、襄渝铁路等铁路运输干线及武当山隧道、襄樊汉水大桥等铁路交通设施，专设子目记述襄樊铁路枢纽。扼要记述境内机场建设及航空运输情况。③《襄樊市志》文物名胜卷。设7类目。概述境内文物名胜分布及文物保护情况。记载分布于襄阳、枣阳、宜城、保康、谷城、随州等市县境内的新石器时代遗址10处，西周、汉代古城遗址6处，曾侯乙墓、蔡坡战国墓群等发掘清理的古墓葬12处，宋玉墓、淳于髡墓、季梁墓、孙交墓和明襄宪王墓、襄定王墓、襄惠王墓等古代名人墓、王墓共13处，未入古代襄阳府志的墓志5方，省博物馆、市博物馆存藏的文物59项，襄阳城、樊城、诸葛亮故居等名胜27处，杨洪胜烈士墓、张自忠将军殉国处纪念碑等近现代史迹8处。

襄樊战役解放军突破襄阳城墙登城

Xiangfu Zhouxian Tujing

《祥符州县图经》 李宗谔、王曾纂修。北宋大中祥符三年(1010)成书。又名《祥符诸道图经》。汇集各州县图经编纂而成。1566卷，目录2卷。大中祥符四年、六年有增修。序文内容包括释图经、溯源流、叙成书本末、论图经的功用。李宗谔(964—1012，字昌武，深州饶阳人)在序中提出“图则作绘之名，经则载言之别”。正文主要记载各州府县建置、沿革、疆域(境界、分野)、道里、土地、山川、河流、风俗、形胜、物产、古迹、艺文、人物、逸闻遗事等，体例较完备，是北宋图经的集大成之作。后王曾(978—1038，字孝先，青州益都人)利用此书资料编成4卷《九域图》。原书已佚，《宋史·艺文志》《玉海》《中国古方志考》有著录。

Xiaoshanxian Zhi

《萧山县志》 主编费黑。1987年浙江人民出版社出版。95万字。设23篇124章442节。志首配图照35幅。上起西汉建县，下至1984年。设萧山围垦专编，升格记述南沙成陆、新涂形成和围垦、垦区建设等，对宋以后尤其是明清时钱塘江江道变迁与南沙成陆的演变进行详细记载，并记述中华人民共和国成立后的历次围垦沿革。设人口编，对人口数量、分布、构成等进行记述，附载1964年和1982年的两次人口普查年龄塔形图。设城乡建设编，记述萧山的城乡建设、建筑业、房地产业，还有环境的污染与治理情况。设社会编，分人民生活、家庭、姓氏、风尚习俗、宗教、堕民、方言7章，其中的南庄王村农民生活状况调查、堕民的历史渊源、习俗等内容都是珍贵资料。附录收录的衙前农民运动，是中国共产党成立后领导的第一次有组织有纲领的农民运动；收录的萧山建县时间考，将旧志中的秦置、汉置两种观点进行了论证辨析，认为萧山建县始于元始二年（公元2年）或在元始二年以前的西汉时期；设湘湖纪略，记述自北宋政和二年(1112)杨时开筑湘湖到20世纪80年代近9个世纪的变迁；记西施故里资料，对西施问题采取两说并存的方法进行记述。1987年在华东地区首届优秀政治理论读物评选中获二等奖，是唯一获奖志书；1988年获1985~1987年浙江省地方志优秀成果奖一等奖；1993年获全国新编地方志优秀成果奖一等奖。

筑堤围涂

Xiaoxian Zhi

《萧县志》 主编吴孝桐。1989年中国人民大学出版社出版。104.9万字。设24编99章298节。有彩色插图104幅、黑白插图26幅、人物肖像21幅、表格121个。上起清道光二十年(1840)，少数内容溯源，下至1985年。军事编突出描写了安徽萧县曲折的军事斗争、战争规模及激烈程度，设抗日战争时期的三方政权节，记述萧县抗日民主政府、国民党萧县县政府、日伪萧县县政

1930年萧县黄口暴动旧址

府三方政权的形成、机构设置、辖区、对峙、冲突、力量消长等内容。书画艺术独立成编，对艺术扎根于深厚的国学基础也有较好的体现。此外，教育、林果等编也各具特色。该志在着重记述党的改革开放政策给萧县带来勃勃生机和巨大变化的同时，也不隐讳走过的弯路和出现的失误。1993年获全国新编地方志优秀成果奖一等奖。

Xiao Yi

萧绎(508—555) 即梁元帝。字世诚，小字七符，号金楼子。南朝梁南兰陵（江苏常州）人。梁武帝萧衍第七子。初封湘东郡王，后历任会稽太守、丹阳尹、荆州刺史、江州刺史等。梁天正元年(551)平定侯景之乱，即位称帝，年号承圣，定都江陵。承圣三年(554)江陵城被西魏攻破，遭擒被杀。其所藏10万余卷书也被焚毁。著有《孝德传》《忠臣传》《丹阳尹传》《全德志》《怀旧志》《荆南志》《江州记》《长洲苑记》《贡职图》等20余种。其中方志多为其任职荆州、丹阳、江州时所撰，均已佚。《荆南志》，又作《荆南地记》《荆南地志》。《隋书·经籍志》《新唐书·艺文志》著录2卷。有《汉唐地理书钞》辑本、“麓山精舍丛书”辑本。记载荆南（湖南洞庭湖以北、湖北南部一带）疆域、地理、居情、物产、旧事、冢墓等。横排门类，已见方志雏形。

Xiaofanghuzhai Yudi Congchao

《小方壶斋舆地丛钞》 王锡祺辑。清光绪十七年(1891)辑成《小方壶斋舆地丛钞》12帙，64卷，收书1211种；二十年，又辑成《小方壶斋舆地丛钞补编》12帙，不分卷，收书55种；二十三年，搜集当时中外国情资料和地理方面的新论述，辑成《小方壶斋舆地丛钞再补编》12帙，不分卷，收书155种。光绪二十七年，辑成《小方壶斋舆地丛钞三补编》1函13册，未刊。丛钞及补编、再补编共36帙，64卷，收书1421种，就收书种类而言，堪称清代舆地丛书之最。其辑录的资料来源于专书、地志、清人文集、传抄本、稿本、已佚文献、清末翻译的西方书籍。该书编例“首辑总论，继以各说”，“以华夏始，以外洋终”。内容包括地理总论、中国各省和边区形势、抚绥武功、旅行纪程、山水游记、各地风土人情、少数民族风俗，以及当时世界其他各国的山川地理形势与各大洋情况。大连图书馆藏光绪二十七年稿本，为海内孤本。通行版本有上海著易堂铅印本。王锡祺(1855—1913)，字寿萱。江苏清河（淮阴）人。清同治十一年(1872)秀才，捐刑部候补郎中。光绪三年自辟书室“小方壶斋”，研究中外舆地学，写有《方舆诸山考》《中俄交界记》《西藏建行省议》等。后入江南志局。光绪六年，辑成《小方壶斋丛钞》，后又辑《小方壶斋舆地丛钞》及补编、再补编、三补编，后重编、续编丁晏《山阳诗征》，辑书合称“小方壶斋丛书”。

Xiaoyixian Zhi

《孝义县志》 主编倪力人。1992年海潮出版社出版。140万字。设35卷144章482节。志首配题词3幅、地图4幅、彩照36幅，文内配黑白照片、示意图等57幅。上起有史料记载之时，下至1985年；限外重要事件，以辑要的形式列于附录后，补充记至1992年撤县设市前。志书突出对煤、铝矿业的记述。自然资源卷单设煤炭资源章，记述县境内煤层分布情况、煤炭储量及品质；设

X

《孝义县志》书影

铝土矿章记述矿层分布，西河底、克俄、相王3个矿区。煤铝矿业独立于工业卷单设一卷，重点记述中华人民共和国成立后，境内进行的煤矿、铝矿普查勘探活动及勘探成果，加工及资源、生产、经营管理。着重记述公、私营煤矿的开办及生产情况，记述公和窑、天成煤窑、裕丰窑等清末期及民国时期境内重点煤窑、村办煤矿和20世纪60年代后兴办的乡镇煤矿、县营煤矿；附全县煤矿分布示意图；单设一节记述兑镇、水峪、高阳、柳湾4座驻县国营煤矿；设专节记述山西铝厂孝义铝矿规划设计、兴建及生产情况。1993年获全国新编地方志优秀成果奖一等奖。

Xie Guozhen

谢国桢(1901—1982) 字刚主，晚号瓜蒂庵主。祖籍江苏常州，生于河南安阳。1925年考入清华学校国学研究院，师从梁启超、王国维、陈寅恪等。曾任北京图书馆编纂兼金石部收掌之事。其间，应黑龙江通志局总纂张伯英之请，参与编纂《黑龙江通志》艺文志部分。1934年受聘回河南，编纂《河南通志》中艺文志部分。后任北京图书馆金石部主任，参与撰写《续修四库全书总目提要》地理类方志部分。曾协助修订《绥远通志稿》，分纂民族志部分。后任北京大学史学系教授、汪伪国史编纂委员会简任纂修。1948年执教于昆明云南大学、五华学院，后入华北大学政治研究所学习。1957年调至中国科学院历史研究所(后更名为中国社会科学院历史研究所)工作。1961年在《北京日报》发表《从〈宛署杂记〉等书谈到编印北京文献》，略叙历代重要的北京地方文献轮廓。著述有《晚明史籍考》《清初东北流人考》等30余种。

Xie Hua

谢华(1895—1987) 原名兹山，笔名病石，号仲池。湖南衡阳(衡南县)人。早年参加北伐战争。大革命失败后，从事中国共产党的军运、策反工作。西安事变时，任中共西北特别支部书记。后调入延安马列学院历史研究室，与范文澜合作编写《中国通史简编》第一编。曾任西北局第四调查研究局副局长、华北军官教导团政委等职。1951年任中共湖南省委委员、统战部部长。1957年兼任省志编纂委员会副主任、省历史考古研究所所长，主编《湖南省志》《湖南革命史资料集》。组织编写《湖南省志总序》。1959年《湖南省志·湖南近百年大事纪述》出版，为全国出版的第一部新编省级分志。两年后，出版《湖南省志·地理志》。曾任湖南省政协副主席、省地方志编纂委员会顾问。晚年著有《湘西土司辑略》《论西周封建社会》。1989年湖南人民出版社出版《谢华集》，其中收录其有关地方志编纂问题的报告、讲话、论文等7篇。

Xie Qikun

谢启昆(1737—1802) 字蕴山，号苏潭。清江西南康人。乾隆二十五年(1760)进士。历任扬州知府、浙江巡抚、广西巡抚等。主持编修嘉庆《广西通志》，纂有乾隆《南昌府志》和《粤西金石志》，著有《树经堂文集》《小学考》《西魏书》等。在《广西通志》叙例中，对历史上所修方志做了总结性评论，认为"志乘起于图经"，"宋周应合景定《建康志》分图、表、志、传四篇，体例最善"。强调图在志书中的作用，指出"九州广轮，山川林麓，笔于书者得其名数，著于图者识其形象，收万里于尺幅，运天下若指掌。图之为用，视书为切"。认为方志中的大事记载必不可少，指出"后世舆地之记，虽名方志，然于一方古今大事，反缺略不载，盖犹囿于图经之旧，不能充例以尽义"。赞赏张铉至正《金陵新志》创通纪门，以具历代沿革、古今大要，认为"其体最善，撰志乘者，所当沿其例而扩之，勤为记事专篇，以上继外史之取者矣"。对艺文志的编修，主张循刘向《七略》和《汉书·艺文志》格式，反对用诗文充数。认为范成大《吴郡志》"以诗文分注各条之下，其例最善"。在发挥图表在方志中的作用、大事记和艺文志的编写问题上的观点与章学诚大体一致。《南昌府志》[乾隆]，陈兰森等修，谢启昆等纂。此前，知府汤萼棠、黄良栋曾先后组织修志，均未成书。陈兰森接任后，于乾隆五十三年重开志局，取黄良栋旧本，详加订正，并增补乾隆四十七年后的史事。五十四年刊刻。76卷，首、末各1卷。卷首图说，首列南昌府境图，其后依次分列南昌、新建、丰城、进贤、奉新、靖安、武宁等属县县境图及宁州境图，后有南昌府治、府署、府学图及各县县治图，还有南昌名胜滕王阁及百花洲图。正文设21门。卷末为旧序，记述该志的修纂原委。此志除个别门类有细目外，大多平列门类，不强调统属关系。

Xie Zhaozhe

谢肇淛(1567—1624) 字在杭，号武林、小草斋主人，晚号山水劳人。明福建长乐人。后随父居福州。万历二十年(1592)进士。历任南京刑部主事、兵部郎中、北京工部屯田员外郎、云南布政使司右参政、广西右布政使等。为闽派代表作家之一。纂有《永福县志》《福州府志》《滇略》《方广岩志》《晋安艺文志》《百粤风土记》《支提山志》《鼓山志》《太姥山志》《八闽盐政志》《北河纪略》等，重刻淳熙《三山志》，另著有《五杂俎》《长溪琐语》《小草斋集》等。《永福县志》[万历]，永福县第一部县志。唐学仁修，谢肇淛等纂。万历四十年纂修。共4纪26目，7万余字。四纪分别为地纪(开建、里图、街巷、坊表、山川、土地、户口、风俗、节序、时事、物产)、政纪(公署、官师、赋役、祀典、戎备、恤政)、献纪(进士、乡举、岁贡、列传、仙释、列女)、文纪(诗文、杂记)，末有志余。2007年福建省文史研究馆据明刻本整理,方志出版社出版。

Xin'an Zhi[Chunxi]

《新安志》[淳熙] 赵不悔修,罗愿撰。南宋淳熙二年(1175)纂。10卷,附录1卷。约13万字。全志横排门类,分15个门类,以门类统辖事物,门类下细分子目,有些门类有小序叙说原委、主旨。突破志书立足舆地的程式,增设艺文、人物、民风等项。加大对史地、人文等方面内容的记述,注重记沿革、境土、治所、道路、乡里、山川等地理内容,物产、户口、贡赋等经济内容,馆驿、祠庙、道观等古迹内容,营寨、镇寨等军事内容,先达、进士、义民、牧守等人物传、人名录,诗话、碑碣等地方文献。对物产的介绍详细,有谷粟、蔬茹、药物、水果等目,记载作物名称、出处、用途、性状、种植方法;对徽墨有大量赞誉,对采漆、徽墨等物产的生产制作过程也有一定涉及。还记载了许多事关民生的内容,如州郡户口目详记自晋以后能搜集到的户口数;贡赋门详述杂钱、夏税、物帛、小麦、秋税、糙米、折帛钱、进贡、进物帛、上贡纸、酒课、税课、茶课、盐课,各县亦分载租税、酒税等各项税则。人物在全书中所占比重最大,后世徽州志书中宋及宋以前的人物传记多取材于此。该志为安徽省唯一存世的宋代志书。罗愿自序中概括记述了《新安志》出现前,新安地区方志修纂的成果,包括萧几的《新安山水志》、王笃《新安记》、唐《歙州图经》、北宋太平兴国年间所编《广记》和大中祥符年间李宗谔所修《新图经》等山水志、地志、图经等。国家图书馆、北京大学图书馆、南京图书馆、上海图书馆、湖北省图书馆等藏清康熙四十六年(1707)刻本。国家图书馆、中国科学院国家科学图书馆、清华大学图书馆、重庆图书馆等藏清嘉庆十七年(1812)刻本。国家图书馆、山西省图书馆、辽宁省图书馆、安徽省博物馆、山东大学图书馆等数十家藏清光绪十四年(1888)刻本。

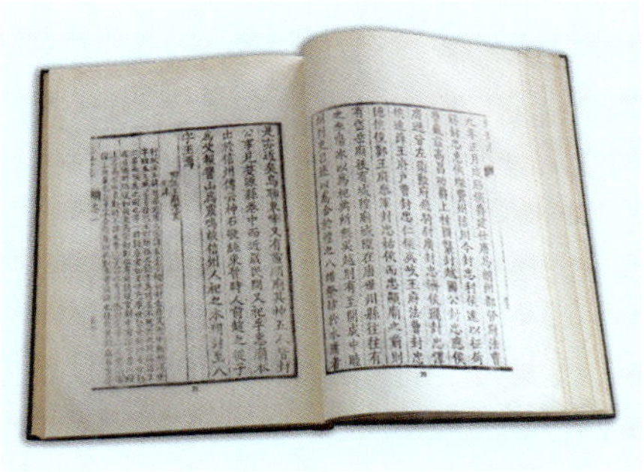

淳熙《新安志》光绪重刊本("中国方志丛书"本)书影

Xinbian Difangzhi Gongzuo Zanxing Guiding

《新编地方志工作暂行规定》 关于地方志编纂和地方志工作组织管理的规范性文件(暂行)。中国地方志指导小组制定,1985年4月19日中国地方志指导小组全体会议讨论通过,7月15日以中志指发〔1985〕1号文件印发施行。全

新编地方志工作暂行规定

第一章 总 则

第一条 编纂具有时代特点和丰富内容的社会主义新方志,是我国社会主义物质文明和精神文明建设的需要。编修新方志应当运用新观点、新方法、新资料,修志工作应当有计划、有步骤地进行。新方志应当系统地记载地方自然和社会的历史与现状,为本地社会主义现代化建设提供有科学依据的基本状况,以利于地方领导机关从实际出发,进行有效的决策。新方志可以积累和保存地方文献,促进科学文化事业的发展,提供便于查考的、实用的系统资料,有助于各行各业全体干部职工提高专业知识和文化水平。新方志可用以向各族人民进行爱国主义、共产主义和革命传统教育。

第二条 编纂社会主义新方志,必须以马克思列宁主义、毛泽东思想为指导思想,必须坚持党的四项基本原则,坚持党的十一届三中全会以来和十二大所确定的路线、方针和政策,在政治上和党中央保持一致。必须以《关于建国以来党的若干历史问题的决议》和《中共中央关于经济体制改革的决定》为准绳,充分体现改革是当前我国形势发展的迫切需要。努力使社会主义新方志符合于把马克思主义基本原理同中国实际结合起来,建设有中国特色社会主义的总要求。

第三条 新方志要详今略古,古为今用,着重记述现代历史和当前现状,力求体现当地环境资源和社会发展的基本面貌,反映地方特色和专业特点。新方志应充分反映中国共产党创立以来的革命斗争、社会变迁和社会主义建设的基本情况,准确地记录并积极发扬当地各族人民爱国爱乡、振兴中华的革命精神和英雄业绩。

第四条 新方志应当批判继承我国历代修志的优良传统,贯彻"存真求实"的方针。无论内容和体例,都应坚持改革,努力创新,使社会主义的新型地方志,做到思想性、科学性和资料性相统一。

第五条 我国是一个统一的多民族国家,在民族聚居和杂居地区,新方志应充分反映多民族的特点,应当体现民族平等、团结互助和各族人民共同发展繁荣的原则。要尊重少数民族的风俗习惯和宗教信仰。民族自治地方的新方志,可以同时用汉文和本民族文字出版。各地编纂新方志时,对于散居全国的少数民族,都应给予相应的反映。

第六条 新编地方志必须注意保密工作。中共中央和国务院规定的保密条例,必须严格遵守。有关边疆及涉外问题,必须慎重处理,严格请示汇报制度。

第二章 志书体例

第七条 新志书的类型和名称:

作。地俗篇设方言门。志中天灾门有明以后大水、决堤70余次的记载，人祸门详细记述李自成、太平天国等农民运动在该县的活动。志末识余收录前志序跋。国家图书馆、中国科学院国家科学图书馆、首都图书馆、天津图书馆、保定市图书馆等有藏。另有1944年铅印本。

Xin Difang Shizhixue Jianbian

《新地方史志学简编》 王春瑜、李明、杨向东著。1986年四川省社会科学院出版社出版。15万字。设11章。新地方史志的产生和发展章简要勾勒新地方史志的源流。新编地方史志理论研究述要章梳理旧史志理论遗产和新史志理论探索的成果，并对新编地方史志实践中的创新与问题进行归纳，进而提出繁荣史志理论的5点建议。编史修志的准备工作章从领导机构及工作班子的组织、社会各方面的关注和支持、编史修志规划的制订等方面进行阐述。资料工作章介绍资料征集、考订、整理、管理的步骤、方法、要求，强调资料的真实可靠性。史志体例与篇目章分析地方史和地方志的不同体例，以及现代地方史和新编地方志在断限、格局结构、文字表达方式上的区别。第六章至第九章分别讲述地方史、地方志、专业志、乡镇志的编写要求和方法，尤其侧重地方志的叙述，从概述、大事记、地理编、经济编、政治编、军事编、文化编、社会编、人物编9个方面具体介绍其作用、内容、体例、篇目、写法等。第十章介绍地方史志的审查、修订和出版发行。第十一章论及编史修志工作者的史识、史德、文风问题。附录收有社会主义新方志大事记、《如东人民革命史》目录、《如东县志》（修订本）目次。①王春瑜(1937—)。江苏建湖人。1963年复旦大学历史系研究班毕业。历任上海师范大学历史系讲师、中国社会科学院历史研究所研究员等职。长于明清史研究。著有《明清史散论》，主编《明史论丛》《中国反贪史》等。②杨向东(1935—1995)。江苏如东人。20世纪80年代初。开始从事修志工作，曾任如东县史志工作委员会副主任、如东县志主编等。任《如东县志》《如东人民革命史》主编，著有《县志编修探微》（合著）、《实用方志编纂研究》（合撰），发表方志论文20余篇。

Xinfangzhi Gaishu Dianping

《新方志“概述”点评》 张铁锁主编，任根珠编著。2008年中华书局出版。191万字。全书分总论、百五十篇“概述”点评、“概述”篇论文集萃三大部分。总论部分中，“概述”理论研究专题对“概述”的源流、功能与作用、特点与内容、名称与体式、写作等问题进行论述；百五十篇“概述”比较与研究专题对“概述”的资料搜集、名称、篇幅、体式、图表等方面进行详尽细致的研究，比较其优点与不足，辨析其数字、史实、语言、标点的差误；后附百五十篇“概述”情况统计表。百五十篇“概述”点评部分中，所选的150篇概述，涵盖全国31个省市区首轮修志中的市县两级志书。在每篇概述前，均有数百字的点评，简述其篇幅、内容、体式，略评其得失、优劣。文中也有夹注，对错误之处一一注出。“概述”篇论文集萃部分，共收录37篇论文，按发表时间先后排序，首列董一博关于概述设置的3篇文章。①张铁锁(1953—)。山西曲沃人。1982年从山西大学毕业后留校工作，担任讲师、副教授等。历任山西大学团委副书记、书记，外语系党总支书记，山西省史志研究院副院长、党组成员、党组副书记，中共山西省委党史办公室主任。②任根珠(1952—)。山西太原人。1974年太原师范专科学校中文系毕业。1988年开始从事方志工作，历任山西省地方志办公室资料处处长兼《山西地方志》和《沧桑》杂志主编，山西省史志研究院地方志研究所第三编研室主任，山西省地方志办公室旧志处处长，山西省地方志办公室副巡视员。点校、整理明成化、万历和清康熙、雍正《山西通志》，清乾隆《山西志辑要》、宣统《山西乡土志》，民国《山西风土记》《山西省志》，《山西大观》（日译中）9种省级旧志，编著《山西大典》《〈清实录〉山西资料汇编》《山西旅游名胜大辞典》等。

Xinfangzhi Bianzuan Shijian

《新方志编纂实践》 李明著。1988年上海人民出版社出版。18.6万字。分5部分，分别是新方志体例结构与篇目设置、新志书的编纂法、新志书的总纂法、关于编纂质量的几个理论问题、附录。新方志体例结构与篇目设置部分分析宋以来方志体例结构的变化情况及经历的三次大飞跃，总结出新方志体例结构与旧志的5个显著区别，还对新志书的总体布局做概括。新志书的编纂法部分对构成新方志全书基本框架的序、述、记、志、传、录等在志书中的作用及具体编写方法做概括总结。新志书的总纂法部分包括新旧编纂法的比较、总纂的素质、工作要领与方法、总纂程序及几种不同的总纂法、总纂中若干技巧的运用等内容。对于总纂的素质问题，认为总纂必须具备五个特殊条件。在关于编纂质量的几个理论问题部分中，研究新方志的价值观、美学观、人才观和搞活修志工作的九条基本经验，以及实践还未来得及回答的问题等。附录收录作者前期发表在《中国地方志》等刊物上的5篇文章。李明(1940—)，江苏如东人。中国人民大学新闻系毕业。曾任中国地方志协会学术委员、江苏省地方志学会秘书长。主编《如东县志》等，组织编辑《江苏当代方志论文集》及续集，合著《新地方史志学简编》《实用方志编纂研究》《方志管理学》《县志编修探微》等，主编与策划编写大量地情书，撰写方志论文百余篇。

Xinfangzhi Bianzuanxue

《新方志编纂学》 吴奈夫著。1991年江苏科学技术出版社出版。27万余字。设10章27节。旧方志概述章对方志的定义、名称和类别做说明，介绍中国方志的发展史，主张方志多源说，将方志分为通志、专志、杂志3类。新方志的社会功能章介绍学术界的争议，认为资治、教化、存史对于新方志仍可使用。第三章认为方志是记述一地自然和社会、历史与现状的综合性、资料性著述，且已成为一门独立的综合性学科；认为新方志具有地方性、连续性、广泛性、可靠性和资料性五大基本特征。第六章分析新方志体例的结构，介绍志书凡例的作用、内容和撰写方法，阐述志书体裁的编纂要求，探讨志书结构中如何处理好纵横关系的问题，还根据各地编纂经验，介绍新方志篇目制定的基本原则、方法及标题制作的基本要求、注意事项。第七章分析专业志在志书中的地位和作用，提出编写专业志的基本要求和注意事项。第八章阐明资料在志书编纂中的地位，介绍资料征集、整理、甄别、选用的方法。第九章认为新方志的语言应具有严谨、朴实、简洁、流畅、规范五大特点。第十章认为编纂一部志书必须经过思想发动和组织准备、征集资料和制定篇目、分纂初稿和总纂成稿、审稿修订和定稿出版四个阶段。附录对概述和大事记，以及建置沿革、自然环境、人口、商业、军事、科学技术、教育、民族8个分志的地位、作用及其编写基本要求和方法做分析说明。吴奈夫(1932—)，江苏苏州人。1961年江苏师院历史系毕业。曾任苏州大学地方志研究室主任、历史系地方史志研究室负责人。江苏省地方志学会副会长，苏州市地方志编委会委员。曾参与早期全国8所高校联合编写的《方志学概论》编写工作，著有《史志文论集》，校点《康熙昆山县志稿》等6种，发表方志论文40余篇。

Xinfangzhi Lilun Yu Shijian Ershinian

《新方志理论与实践二十年》 中国地方志协会2004年度学术年会论文集。秦其明主编。2005年方志出版社出版。首列中国地方志协会副会长田嘉《在中国地方志协会2004年度学术年会上的讲话》、常务副会长单天伦《发挥群体智慧 推进方志理论研究和学科建设——在中国地方志协会2004年度学术年会上的小结》及《中国地方志协会2004年度学术年会纪要》。之后分上、中、下3编，收录论文百余篇。上编为方志基础理论和学科建设，分方志理论研究总结、指导思想运用、方志性质与特征、志书的资料性和学术性、方志学科建设5个部分，共收录论文32篇。中编为修志实践的总结，分首轮修志实践回顾，修志组织管理，修志的方式、方法，志书编纂流程，用志及其他问题5个部分，收录论文38篇。下编为第二轮修志工作面临的新情况及理论探讨，分为对第二轮修志工作的思考、志书续修与重修、第二轮志书的篇目、第二轮修志的体例、第二轮志书的记述、对已出版的第二轮志书的评价6个部分，共收录论文35篇。附录为中国地方志协会2004年度学术年会论文征集参考题目及未刊用论文目录。

Xinfangzhi Wenji

《新方志文集》 鲁德政著。1994年河南大学出版社出版。27.6万字。收录论文56篇，还收录省地方史志编纂委员会领导的工作报告、对志稿的修改意见、志书评议及论著、志书序言等。内容分五部分。一是关于修志指导思想，有《新编志书对如何记述建设有中国特色社会主义实践的几点思考》等文。二是关于新方志创新，有《坚持三新原则，努力编好新志》《关于编写民俗志的两个问题》等文。三是关于提高志书质量，有《突出城市特点，反映时代变革》《新编方志质量谈》《精心修改，把好质量关》《〈河南省志〉分志修改探讨》等文。四是关于目标管理，有《实行承编责任制，全力以赴编好新志书》《狠抓目标管理》等文。五是关于用志，有《社会主义方志信息、特色及其作用》等文。鲁德政(1937—)，河南新野人。曾任河南省地方史志办公室主任、编审，中国地方志协会副秘书长、常务理事，河南省史志协会会长，华夏地方志研究所特约研究员，《河南省志》第一副总编，《河南年鉴》与《河南史志》主编。著有《鲁德政志鉴文集》《实践与思考——鲁德政方志文集》等，发表方志论文百余篇。

Xinhexian Zhi[Minguo]

《新河县志》[民国] 傅振伦纂。1929年刻本。24卷，首、末各1卷。约40万字。采用纪、考、传、录、图、表各体，分舆地考、纪、经政考、氏族考、故实考、艺文考、风土考、列传、地方考9目，图、表分录于有关门类。卷首有图、新志略说。该志在体例、内容上多有创新。立纪目，实为大事记，记载重要历史事件。增记党务、农会、公债等新内容。注重调查，如在地方社会现状中列有心灵态度、秘语、秘密宗教等细目，食货记农村经济中列有生产、交易、分配、消费4个环节。重视增补订正，如对新河历代人口数量进行调查与考证并以表格反映。地方考记载村镇图说180余幅。正文之外有注，以详所本、旁闻、异说、阙疑。国家图书馆、首都图书馆、清华大学图书馆等有藏。中国科学院国家科学图书馆藏稿本。

民国《新河县志》("中国方志丛书"本)书影

Xinjiapo Fengtu Ji

《新嘉坡风土记》 李钟珏著。清光绪十三年(1887)成书。不分卷。正文从地理、政治、制度、社会、文化、风俗等方面记述华侨社会的情况，对华侨生活的艰辛记载尤详。同时也从侧面反映出当时中国的一些情况。有光绪二十一年江标"灵鹣阁丛书"本和1936年商务印书馆"丛书集成"初编本。1947年南洋书局出版许云樵校注本。

X

Xinjiang Difangzhiguan

新疆地方志馆 位于新疆维吾尔自治区乌鲁木齐市南湖南路。1999年开馆。建筑面积约160平方米。馆藏图书1.5万册。重点收藏志书、年鉴,地方志文献资料,与地方志编纂有关的工具书、重要的大型丛书、多卷集图书、类书、公开连续出版物和历史、文学、地理、艺术类图书等。其中,志书包括《新疆通志》、地(州、市)志、县(市、区)志,新疆生产建设兵团各专业志、各师志、各团场志,工矿企业志、乡镇志、行业志、人物志等新疆新编志书,以及外省区市编纂的新志书。年鉴包括县级(含县级)以上和新疆生产建设兵团团场以上地方志工作机构、企事业单位编纂的地方综合年鉴、专业年鉴。地方志文献资料包括新疆编辑出版的各种地情书籍,对新疆经济社会发展有影响的人物传记、传略、年谱、谱牒等,以及有关新疆的正式出版或非正式出版的其他地方志文献资料。馆藏新疆及新疆生产建设兵团的图书包括汉文版和少数民族文字版。

Xinjiang Shengchan Jianshe Bingtuan Keji Zhi

《新疆生产建设兵团科技志》 主编黄斌。2007年新疆人民出版社出版。100万字。设10编49章180节。志首有图照89幅。后有表题索引37个。上起1949年,下至2001年。第一编主要记述兵团科技管理机构、科研机构、技术协会、管理规划、科技成果专利及管理等内容。重点记述农一师农科所、新疆农垦马鹿产品综合开发研究所等30个重点科研机构。农业科学技术编主要记

1960年,兵团首次使用农航飞机进行田间作业

述种植业方面的相关科技,如土地勘测、土壤改良、耕作制度改革、作物栽培、特色种植、良种引进与培育等。其中特色种植有硬粒小麦、葡萄、香梨、啤酒花、彩色棉、薰衣草、甘草等。林园科学技术编主要记述果树、西瓜、甜瓜(哈密瓜)、蔬菜等的科研情况。畜牧兽医科学技术编主要记述羊、牛、伊犁挽马、猪等的新品种选育、繁育、饲养技术,草场利用改良,畜禽保健,重点记述良种与畜牧业产业化,如中国美利奴羊繁育、牦牛杂交开发利用、塔里木马鹿驯化及产品开发等。农业机械科学技术编主要记述动力、耕整地、播种、田管、收获类机械及其他机械的进口、改装、研制等情况。第六编主要记述流域性治理与水利工程建设、灌区规划建设与水土改良、水利灌溉与水产养殖、地下水开发利用与竖井排灌等水利水产科学技术。第七编主要记述钢铁、机械、化学、建材、煤炭、纺织、轻工、食品等工业的工艺、装备、产品、科研成果、管理。第八编主要记述医学科学技术,重点记述内外科、妇产科、儿科、眼科、口腔科等临床医学。科技人物编简介78位农业园林专家、23位畜牧兽医专家、10位工业农机专家、14位医疗卫生专家、39位科技管理工作者,还以名录形式记述多位获各类荣誉称号的科技人员。

Xinjiang Shengchan Jianshe Bingtuan Nongye Zhi

《新疆生产建设兵团农业志》 主编李全民。2009年新疆生产建设兵团出版社出版。85.1万字。设6编25章90节。志首有2005年兵团农作物种植分布示意图、照片78幅。后有表题索引99个。上起1949年,下至2005年末。生产条件编主要记述兵团的自然资源、人力资源、水利设施和垦区建设。自然资源章重点记述兵团地区遭受的旱灾、洪灾、雹灾、霜冻冻害、低温冷害、大风等自然灾害和农作物病虫害、农田杂草等生物灾害,以及沙害、盐碱害、残膜污染等农业灾害。垦区建设章重点记述国营

1950年初春,二军教导团在疏勒县草湖荒野上开荒造田

农牧团场的创建和垦区的形成。农作物编主要记述小麦、玉米、水稻等粮食作物,棉花、油菜、向日葵、甜菜、加工番茄、啤酒花、打瓜、红花等经济作物,苜蓿、青贮等饲料作物的种植面积、产量、品种、产区、栽培技术、种植制度等情况。农业措施编主要记述耕作制度、种子、改土培肥、灌溉技术、植物保护、农业气象灾害预防、丰产攻关等内容。农业机械化编主要记述农机管理、农业机具、种植业机械化等内容。第五编主要记述农业科研机构、队伍和科研成果,专业教育与培训,以及农业技术的推广。第六编主要记述农业管理的机构、管理措施、经营方针和体制,主要农产品产量、产值、上交、出口,及劳动生产率等内容。附录辑录有关兵团农业的重要文献。

Xinjiang Shengchan Jianshe Bingtuan xiuzhi

新疆生产建设兵团修志 新疆生产建设兵团(简称兵团)修志工作始于20世纪80年代,开创编修当代新疆屯垦戍边志的先河。20世纪末,一批兵团、师(市)、团(场)三级志书相继问世,为新编地方志增添了新志种。

兵团方志编修 兵团实行兵团、师(市)、团(场)三级修志格局。1984年10月召开第一次史志工作会议,拉开全兵团范围首轮修志工作的序幕,规划编纂出版三级志书233部。2003年12月召开兵团首轮修志工作总结表彰大会,兵团首轮修志工作基本结束,进入收尾阶段和开始续志工作的准备时期。至2010年,全兵团出版规划内兵团、师(市)、团(场)三级志书共230部,其中

兵团级志书41部(1部兵团志、40部专业志),师(市)级志书14部,团(场)级志书175部。出版规划外志书92部、地情资料书籍25部。兵团三级志书结构上大多采用概述、大事记、专业志、人物、附录五大块构建总体框架,称之为五部体。均设有垦区开发篇章,且置于志首,一般下设进军荒原、拓荒生产、建立农牧场三部分。兵团首轮修志共获省级或省级以上各类奖项110多次,其中2000年后获奖项90多次。2009年7月召开第二轮修志工作动员暨《兵团志(1986—2010年)》续修启动大会。规划编纂出版三级志书166部,其中兵团级志书1部,师(市)级、团(场)级志书共165部;另有《新疆简志(1986—2005年)》兵团卷50万字。

兵团级修志　首轮兵团级志书共计44部,由1部兵团志和43部兵团专业志组成。1985年启动。至2010年,除统一战线志、民政志、文艺志3部外,均已出版。其中,兵团志是首轮《新疆通志》的组成部分,即《新疆通志·第37卷·生产建设兵团志》,1998年出版;各专业志出版时间不一,下限为1988~2006年。在兵团史志优秀成果评奖中,物资志、司法行政志获一等奖,交通志、工业志、检察志、水利志获二等奖,工会志、公安志、教育志、外事志获三等奖。第二轮兵团级志书编修于2009年启动,规划编纂《兵团志(1986—2010)》1部,各专业志以分志的形式设编章入内。

兵团师(市)级修志　兵团首轮师(市)级修志工作于1984年启动,计划编纂14部。至2005年,全部出齐。《农八师垦区石河子市志》在全国地方志评奖中获二等奖,在新疆维吾尔自治区新编地方志优秀成果评奖中获一等奖。在新疆维吾尔自治区哲学社会科学优秀成果评奖中,《农七师志》获二等奖,《农十师志》获三等奖。在兵团史志优秀成果评奖中,《农一师志》《农八师垦区石河子市志》《农七师志》获一等奖。第二轮修志规划计划编纂师(市)级志书21部(含6个事业单位的志书)。

兵团首轮师(市)级志一览表

志书名称	主编/总编/总纂	字数(万字)	出版年
《农八师垦区石河子市志》	黄梧生、曹烈等	130	1994
《农一师志》	杨振华	110	1994
《农二师志》	王野苹	120	1995
《农七师志》	梁德元	130	1995
《农十师志》	李江波	120	1998
《农九师志》	陈明章	120	2000
《农三师志》	陈仁祖	127	2000
《农四师志》	伊震	120	2000
《哈密农场管理局志》	吴勤	75	2001
《农六师垦区·五家渠市志》	文定讴	182.3	2001
《和田农场管理局志》	周宝平	68	2002
《建工师图志》	张宗明	16.5	2002
《农十二师志》	徐尔	161.3	2005
《农五师志》	薛福来	170	2005

兵团团(场)级修志　兵团首轮团(场)级修志工作于1984年启动,规划175部。至2003年全部完成编纂出版任务。其中,《一四三团志》《一团志》《二十九团志》《三十团志》《四十八团志》《七十一团志》《八十五团志》《一二一团志》《一六一团志》《一八七团志》获兵团史志优秀成果一等奖。第二轮修志规划计划编纂团(场)级志书144部(含8个企业单位的志书)。

兵团规划外志书编修　至2010年,兵团共编纂规划外行业志、部门志、专业志、厂矿企业志等92部(含内部出版),其中行业志有《农十师煤矿志》《农一师教育志》等,部门志有《南疆物资供应总站志》《农七师奎屯热电厂志》《农三师小海子水管理处志》《农一师医院志》等,专业志有《石河子地名图志》《农六师动物疫病志》《农一师土地志》《农八师石河子市人口和计划生育志》等,厂矿企业志有《农八师八一棉纺织厂志》《八一制糖厂志》《农七师奎屯棉纺织厂志》《农三师建筑工程公司志》等。内部出版的志书有《紫泥泉种羊场教育志》《农八师石河子汽车厂志》《农八师一四三团中学志》等。其中《农一师土地志》《奎管处志》获兵团史志优秀成果一等奖。

兵团方志工作管理　兵团党史工作和地方志工作分别被纳入全国党史和地方志编修工作规划中,但与各省、自治区、直辖市又有所不同。在机构设置方面,兵团各级均采取史志合一的体制,且只设置到兵团、师(市)两级,隶属兵团党委(行政)办公厅、师(市)党委(行政)办公室管理。在编制方面,兵团级史志机构编制为16人,师(市)级为2~4人;团(场)级基本没有正式编制机构人员,而是由党委(行政)办公室兼管工作,由兼职或聘用人员完成编史修志任务。兵团史志工作者须兼有党史和地方志两方面的专业能力和理论水平。

兵团史志机构　兵团党史资料征集领导小组于1982年7月成立,史骥任组长。1983年4月成立兵团党史资料征集委员会,刘一村任主任,下设办公室。之后兵团机关各部局和各师局、院校的党史资料征集领导小组及办公室也相继成立。1984年3月,兵团成立党史资料征集委员会和兵团史志编纂委员会,下设兵团党史工作办公室和兵团志工作办公室,为正团(处)级,一个机构、两块牌子,简称兵团史志办。之后各师(局)、院校、农牧团(场)、部分工厂、兵团机关各部局均相继成立史志编纂领导小组及办公室。同年10月,确定兵团、师(局)、团(场)三级史志工作机构及人员编制。兵团、师(局)史志办定为党委(行政)办公厅(室)的常设机构。20世纪90年代初，团（场）级史志工作机构精简、解散、合并。1996年，兵团史志办由团（处）级升格为副师（厅）级，仍是一个机构、两块牌子，全称为兵团党委党史研究办公室、兵团地方志办公室，下设党史处、方志处、综合处、兵团年鉴编辑部，编制15人。2003年，更名为兵团党委党史研究室、兵团志办公室，下设党史处、方志处、综合处、年鉴处（年鉴编辑社），编制16人。各师史志办级别由科级升格为副处级，行政隶属师党委（行政）办公室管理。兵团各级史志编纂委员会主任均由司令员和各师、团主要行政领导担任。历任兵团史志编纂委员会主任为陈实（1984年3月~1989年8月）、刘双全（1989年8月~1994年4月）、金云辉（1994年4月~2000年1月）、张庆黎（2000年1月~2006年7月）、华士飞（2006年7月~2010年11月）、刘新齐（2011年11月~）。历任办公室主任为庄超群（1989年8月~1996年9月）、王诚道（1996年9月~2001年2月）、刘和鸣（2001年2月~）。

兵团修志规范性文件 兵团党委和史志编纂委员会自首轮修志开始，下发多个修志文件。1984年，兵团史志编纂委员会下发《关于迅速建立各师（局）史志工作办公室及开展编纂志书工作的通知》，要求各级党委把史志工作纳入党委工作序列，列出议事日程。1987年，兵团党委下发《〈兵团志〉编纂方案》，明确《兵团志》编纂体例。1995年，兵团党委下发《关于进一步加强史志工作的通知》，首次对修志优秀成果予以奖励。2000年，兵团办公厅下发《关于续修兵团志书有关问题的通知》，对续修兵团三级志书的格局、断限、审查验收制度等做了规定。2002年，兵团办公厅下发《兵团史志编纂工作暂行办法》，对兵团史志工作的组织领导、资料管理、队伍建设，以及志书的审查验收程序、质量标准、署名、印数、稿酬等都做了规定。2009年，兵团办公厅下发《兵团第二轮修志工作规划（2009—2020年）》。之后，兵团志办公室相继出台《兵团第二轮修志试点工作方案》《〈兵团志（1986—2010年）〉编纂方案》《兵团志书三级评审验收办法》等一系列配套文件。

兵团史志研究成果及刊物 至2010年，兵团史志工作者编辑出版的方志著作有《农七师志编纂文存》《农七师志评论集》《志书编纂》《方志论文集》《兵团史志工作二十年》《兵团史志工作者名录》等，创办的期刊有《兵团史志》《兵团史志工作简讯》《兵团年鉴》《农一师年鉴》等。

Xinjiang Tongzhi Guaguo Zhi

《新疆通志·瓜果志》 主编潘小芳。2000年新疆人民出版社出版。55万字。设8篇19章77节。卷首配领导人题词1幅、图片73幅。上起事物发端，下至1985年底。另设1986~1990年大事记述，着重反映中华人民共和国成立后新疆瓜果业的发展与成就，体现新疆“瓜果之乡”的地域特色。各类瓜果史料分述于瓜果和栽培技术篇。该志详尽记述新疆的气候条件、瓜果栽培自然分区、瓜果资源与品种、瓜果生产、瓜果栽培技术、瓜果贮藏加工等内容。其中瓜果资源与品种、瓜果生产、栽培技术篇为重点篇目，记述了新疆野生果树、栽培果树、果用瓜及全疆各大园艺场。志中还记述了新疆各主要瓜果品种的栽培历史及繁殖、嫁接、灌溉、采收等技术。附录收录1949~1999年新疆瓜果栽培面积及产量表、历代西域瓜果诗词选、有关瓜果的农谚等内容。

《新疆通志·瓜果志》书影

Xinjiang Tongzhi Jiancha Zhi

《新疆通志·检察志》 主编刘扬。1992年新疆人民出版社出版。35万字。设4篇12章34节。志首配照片35幅。上起清朝末年，下至1985年。概述对新疆与全国检察制度的产生、演变和发展的历史做了宏观记述。正文着重记述1949年后中国人民检察事业的发展和成就。清末及民国时期检察工作很少开展，资料较少，内容统一记入各篇概述中。法律监督篇详记审查

乌鲁木齐八家户地区人民检察院干部深入监狱调查了解管教干部执法情况

批捕、审查起诉、侦查活动、出庭公诉、审判活动监督、对刑事判决和裁定执行的监督、对监管改造机关的监督、民事监督等。篇后设附录，补充记述批捕工作情况调查、批准逮捕决定书、起诉书、出庭公诉词、二审法庭意见等内容。案件侦查篇记述经济罪案和法纪罪案的受理、立案、侦查、处理等内容。检察调研与综合治理篇记述法律政策调查研究、民族地区检察工作特点调查研究、法制宣传、检察建设等内容。篇后设附录，记述新疆省人民政府于1951年颁布的《新疆省惩治贪污暂行条例》。机构队伍篇记述自治区（省）、地（州、市）、县（市、区）检察机构及领导体制、人员配备、干部任免、考核、奖惩等内容。该篇以表格为主，设置17个表格，详记1951~1985年新疆地县级检察机构名称、建立时间、重建时间、机构演变等情况，1950~1985年自治区（省）人民检察院分院、地（州、市）人民检察院（署）、县（市、区）人民检察院（署）检察长名录，1950~1985年新疆各级人民检察机关部分年度人员配备情况。篇后有7个附录，主要为先进集体和先进个人名录及

新疆检察系统干警犯罪案例。1993 年获全国新编地方志优秀成果奖二等奖。

Xinjiang Tongzhi Shengchan Jianshe Bingtuan Zhi

《新疆通志·生产建设兵团志》 名誉主编李书卷、张黎波,主编庄超群。1998 年新疆人民出版社出版。210 万字。设 15 编 69 章 293 节。上起 1949 年 9 月 25 日新疆和平解放,下至 1988 年,部分内容适当追溯和下延。首编为建制沿革编,设屯垦沿革和兵团建制两章,记述新疆两千多年的屯垦史和兵团的建制沿革。农垦事业编设 7 章,200 余页,占全志近 1/6 的篇幅。其中,农场建设章从土地勘测和开荒造田写起,记述兵团人在戈壁沙漠艰苦创业的精神;将自然环境降格为该章中的一节,避免与《新疆通志》自然部类重复;后接农、林、牧、渔 4 章,体现兵团发展大农业的特点;农业生产章占近 50 页篇幅,记述尤详;在作物栽培节特设棉花目,详记棉花栽培的历史、品种演变、栽培技术、优质棉基地建设等内容。鉴于兵团所在地区气候干旱,将农田水利工程和农业机械化升格为章。鉴于兵团所处地区特殊的历史使命和组织形式,特设武装编,专记戍边活动,其中对边境农场规模和编制的记述是点睛之笔,还记述兵团人保卫人民政权、保护羊群转场、擒敌防特、反对蚕食、女牧工孙龙珍饮弹边陲等事迹。城镇建设章突出团场部即自然镇的建设。鉴于农牧团场是兵团的主体、军垦农场建设发展的产物,保留了军队组织形式,具有自然镇实体,不是政府机关,而是团场机关驻地,故志书中记述时,以团场建设、营部建设、连队建设为篇目名。第十四编标题不用区划,而用师(局)概况,也突出了屯垦特色。人物编收录 1950~1992 年全兵团的英模人物 1355 人,立传记述 38 位革命功臣,列表记述 39 位老红军,简介 45 位劳模和 220 名有突出贡献的科技人物,分年度收录 1000 多名获得各种荣誉的先进人物。志中以事系人所涉及人物达 2500 人,记载各类人物 5965 人次。附录辑录屯垦戍边人物的诗文或事迹文章和兵团不同发展历史时期的重要文献。未设行政编,以免与《新疆通志》的政务志重复。

兵团在荒原上开垦出百万公顷土地

Xinjiang Tuzhi[Xuantong]

《新疆图志》[宣统] 袁大化修,王树枏等纂。清宣统三年(1911)刊印。为清代新疆建省后第一部较为完备的官修通志。116 卷,首 1 卷。约 200 万字。卷首有引征文献书目,正文分 29 志,分别记建置、国界、天章、藩部、职官、实业、税赋、食货、祀典、学校、民政、礼俗、军制、物候、交涉、山脉、土壤、水道、沟渠、道路、古迹、金石、艺文、奏议、名宦、武功、忠节、人物、兵事等。全书重点记述政治、军事,对经济状况、地理状况的记述详细。各志中尤以建置志、国界志最佳。在全国北方志中具有特色,独有国界志。梁启超在《方志学》中评价说:"宣统新疆袁志前无所承,体例亦多创新。卓然斯界后起之雄矣。"志书系统介绍新疆省所辖府州厅县的建置沿革、自然地理情况,人口情况,清末新疆各项政策的执行情况,记述了新疆经济发展,新疆地区官制、兵制的演变及清朝出兵西北始末,收录历代金石碑刻、官员奏议,详细记载了民族源流、宗教信仰及风俗习惯,还记录了沙俄侵吞中国西北边疆领土、英国侵略帕米尔的历史及清政府进行的交涉活动等重要外交史料。国家图书馆、首都图书馆、新疆维吾尔自治区图书馆、新疆维吾尔自治区博物馆等藏宣统三年木活字本。北京大学图书馆、天津图书馆藏宣统三年抄本(题名《新疆图志黄册》)。1923 年,东方学会以此抄本为底本校订后,由天津博爱印刷局刊印,为流传较广的版本,国家图书馆、中国科学院国家科学图书馆、新疆科学院图书馆、上海图书馆等有藏。1965 年,台湾文海出版社出版"中国边疆"丛书,收录民国印本影印本。1992 年,上海古籍出版社出版该书影印缩印本。《新疆图志》中的地图 58 幅,有总图,道、厅、州、县图,伊犁将军辖境图,阿尔泰山图,以《新疆全省舆地图》立名,于宣统元年另行刊印,有 1924 年东方学会重印本。部分分志以单行本刊行,如王树枏著《新疆物候志》(又名《新疆小正》)、《新疆藩部志》、《新疆兵事志》与钟镛纂《西疆交涉志略》等。

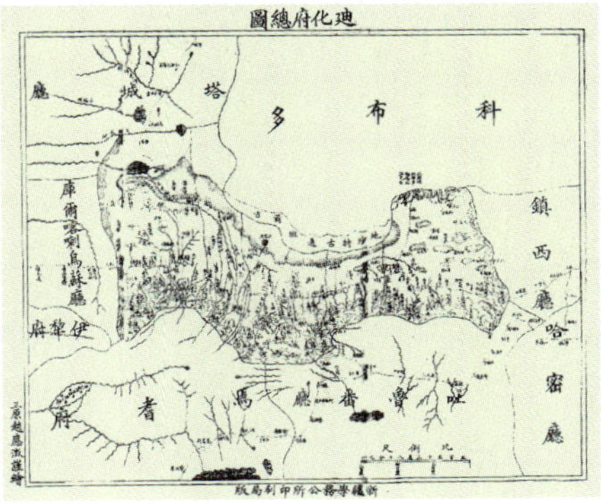

新疆迪化府总图

Xinjiang xiuzhi

新疆修志 最早记载新疆(古称西域)修志的文献是《后汉书》。《后汉书·西域传》有"二方汉志,莫有称焉"之语。据《中国地方志联合目录》记载,存世的新疆历代志书有 111 种,除去同书异名本,或同书不同节印本,尚有 83 种、约 600 卷,500 万字左右。20 世纪 80 年代初,开展首轮新方志编修工作。至 2010 年,出版自治区志分志、地(州、市)、县(市、区)志 187 部。新疆维吾尔自治区图书馆、新疆地方志馆为主要馆藏单位,其中新疆维吾尔自治区图书馆藏旧志《新疆俚俗志》《补过斋文牍》《西域图志》《新疆图志》《平定卫陕甘新疆回匪方略》《西域水道记》等约 2000 册。

新疆历代方志编修 新疆历代志书编纂时续时断,滞后于内地。隋大业

X

三年(607),裴矩编纂的《西域图记》记载了当时西域地区四十四国的山川、风土、险易、物产等内容,并配有地图,是已知西域最早的志书。唐显庆三年(658),许敬宗等撰《西域图志》,是已知新疆最早以志命名的志书。唐乾元二年(759),《西州图经》问世。新疆明代编修的志书,已知的有陈诚、李暹于永乐十二年(1414)编撰的《西域藩国志》,主要记载哈密、吐鲁番和别失八里(吉木萨尔)等地的山川、湖泊等地理情况和民族、宗教、文化、风俗等社会情况。清代编修的志书较多,其次是民国时期。

新疆清代修志 从乾隆二十七年(1762)至宣统三年(1911),新疆共编修通志、府厅州县志及事宜类方志近60种,另有乡土志44种。①新疆清代通志。清代全疆性的通志有《西域图志》《新疆图志》《西陲总统事略》《新疆识略》《西域闻见录》《新疆大记》等,其中《西域图志》和《新疆图志》是清代新疆方志编纂史上的两个里程碑,象征清朝统治新疆的开始与结束。②新疆清代事宜类方志。清代新疆编修的事宜类志书近20种,包括汇览、政略、辑略等。均以门类立目,不同事宜所设门类不等,多则40余个,少则20个。门类设置有行政机构、军队、矿业、物产、民族等。篇目的分类方法有大编分类和中编分类,多以中编分类为主。记述内容一般较简,篇幅在2万~5万字。所辑资料来自档案或作者的调查,多属作者亲历之事,较准确。较重要的有《乌鲁木齐政略》《乌鲁木齐事宜》《三州辑略》《塔尔巴哈台事宜》《伊犁事宜》《喀什噶尔英吉沙尔事宜》等。③新疆清代回疆地区志。喀喇沙尔、库车、阿克苏、乌什、喀什噶尔、英吉沙尔、叶尔羌、和阗等南疆八城,在清代统称为回疆。记述该地区的方志著名的有《回疆志》《回疆通志》等。永贵、固世衡撰《回疆志》,又称《新疆回部志》,记述回疆各城的天时地理、山川城池、官制俸禄、户口赋役、民风习俗、风物特产等,是天山南路各地的通志。和瑛撰《回疆通志》,又名《回疆事宜》,记述回疆八城的史事以及吐鲁番、哈密两城的沿革。④新疆清代乡土志。光绪三十三年(1907)至宣统二年,新疆在全省范围内编写乡土志。当时,新疆的42个地方行政机构都编写有乡土志,有的还编写两种,但均未刊印,多为抄本,也有油印本。据考,有44种存世,在数量上居全国第四位,仅次于山东、四川和陕西。清代新疆乡土志有六大特点:一是记事简略,篇幅较小,最大篇幅2.7万字,最小篇幅仅2000字;二是对历史和兵事记述详细,占全志篇幅的30%以上,对实业和物产记述简略,多的几百字,少的仅27个字;三是记述人物不多,但褒贬严谨;四是提供丰富的经济史、人口史、边贸史的资料;五是门类一般在20~24个;六是统计数字较详备。较具特色的有《镇西厅乡土志》《和阗直隶州乡土志》《吐鲁番直隶州乡土志》《塔城直隶厅乡土志》《昌吉县乡土图志》等。

新疆民国时期修志 新疆于1932年和1943年两度设局修志,均无成果。1932年,主政新疆的金树仁成立新疆通志馆,聘任甘肃籍清末举人张德善为馆长,开展修志工作。1933年,因“四一二政变”,金树仁政权倒台,张德善被捕入狱,收集到的文献资料被烧毁。1943年,国民党进入新疆后,又开始修志。钱海岳担任《新疆通志》总纂,拟定篇目。后因战事未修成志书。据《新疆方志目录》(载于《新疆地方志通讯》1983年第1期)统计,民国时期的新疆志书共38种存世,其中22种是兵要地志。除兵要地志由官方组织编撰外,其余均为个人著述。①新疆民国时期通志。有林竞编撰的《新疆纪略》,阚凤楼原纂、吴廷燮补编的《新疆大记补编》,吴绍璘编撰的《新疆概观》,洪涤尘编撰的《新疆史地大纲》,许崇灏编撰的《新疆志略》,丁骕编撰的《新疆概述》,还有《新疆述略》《现在的新疆》《新疆研究》等。其中林竞于1916年编纂的《新疆纪略》是民国时期新疆最早的志书,该志实业部类篇幅较大,占全书的1/3。②新疆民国时期兵要地志。兵要地志是一种罕见的方志品种。为适应军事斗争需要,新疆部分地区编写了兵要地志。最早的兵要地志出现在盛世才统治时期,如1942年编成的《沙湾县兵要地志图表》《焉耆县兵要地志及公路网络图》。1944年后,新疆当局要求驻疆部队编写驻地兵要地志。1948年,国民政府军事委员会西北行营和西北长官公署也先后令新疆填报兵要地志调查表。因此,至新疆和平解放前夕,一批兵要地志应运而生。新疆的兵要地志共22种,可分为区域兵要地志、路线兵要地志、综合兵要地志三类。主要记述兵术方面的内容,涉及地理位置、山川形势、农牧生产、财经贸易、村镇道里、交通运输、天文气象、历史战迹、人民生活等,主要为军事活动提供服务,篇幅较小,一般在2000字至2万字,并附有地图。

新疆新方志编修 新疆于20世纪五六十年代做修志部署,个别地区收集了一些资料,有的编写出部分初稿。1981年2月,哈密地委、行署发出通知,在新疆率先开展地县两级志书的编修工作。1983年4月,新疆维吾尔自治区党委、自治区人民政府下发《关于开展我区地方志编纂工作的决定》,标志着新疆新编地方志工作的全面展开。至2010年,新疆共出版《新疆通志》分志82部,地(州、市)、县(市、区)志105部,行业志、部门志、专业志167部,地情书103部,乡镇村志4部,少数民族文字版志书30部。

新疆省级修志 首轮《新疆通志》是新疆维吾尔自治区第一部完整的自治区志。1989年,编纂工作全面展开,规定《新疆通志》由80卷专业志组成,上限一般从事物发端记起,下限断至1985年。1991年,专业志调整为86卷。2006年,重新调整为85卷、85部分志,87册。至2010年,已出版82部。上限始于事物发端,下限不一。为反映民族特点,设置民族志、语言文字志、文学艺术志、宗教志等分志。在全国地方

志评奖中，畜牧志获一等奖，检察志、农业志、外事志获二等奖。在新疆维吾尔自治区哲学社会科学评奖中，军事志获一等奖，石油工业志、烟草志获二等奖，广播电视志获三等奖，审判志获优秀奖。第二轮修志工作于2006年启动。计划出版8卷本的《新疆通志》简志和“新疆通志”丛书，1000万字。《新疆通志》简志上限为1986年，下限为2005年。“新疆通志”丛书由80部专业志组成，各专业志原则上以首轮志书的下限为上限，下限为2005年或2010年。

新疆地州市县修志　新疆各地、州、市、县志的编纂规划从1983年开始制定。当时，新疆15个地、州、市和85个县、市规划各编纂一部志，共100部。1993年，新疆地方志编纂委员会提出市辖区也应修志的要求。新疆有市辖区11个(乌鲁木齐市辖区7个，克拉玛依市辖区4个)，地县志的规划任务增至111部。后因乌鲁木齐市的东山区和南山区、克拉玛依市的克拉玛依区无修志条件，伊犁地区撤销，故编纂规划修正为107部。至2010年，共出版105部。在全国地方志评奖中，《阿克苏市志》《哈密县志》《库车县志》获一等奖，《博乐市志》《巴里坤哈萨克自治县志》《塔城市志》获二等奖，《轮台县志》(维吾尔文版)、《柯坪县志》等获三等奖。在新疆维吾尔自治区哲学社会科学评奖中，《乌鲁木齐市志》(6卷)获二等奖，《乌鲁木齐市志》第1卷和第2卷、《库车县志》获三等奖。在新疆地方志系统评奖中，《阿克苏市志》《哈密县志》《库车县志》《阿合奇县志》获一等奖。

新疆方志工作管理　自开展新方志编修工作以后，新疆各级地方志工作机构相继成立。承担志书编纂任务的自治区委、办、厅、局，于1984年均成立地方志编纂委员会或地方志工作领导小组，同时设立专业志编辑室(临时单位)，按处级机构管理。有条件的厅、局成立了常设的处级事业机构，负责修志工作。1985年，凡承编志书的自治区委、办、厅、局和直属企事业单位都组建了修志机构。地、县两级均成立党史地方志编纂委员会，下设史志办公室，负责党史和地方志工作，一套机构、两块牌子，均为常设事业机构。2001年机构改革后，各厅、局原设的88个修志机构基本不复存在，但修志人员编制大部分保留，修志工作划归办公室或相关部门负责；市级地方志工作机构全部保留；县级地方志工作机构有15个与档案局合并，称档案史志局。至2010年，新疆有各级各类修志机构近200个，专职修志人员近1000人，有少数民族修志人员90人。

新疆地方志编纂委员会　成立于1983年。下设地方志总编室，为自治区人民政府直属副厅级事业单位。总编室内设秘书室(含《新疆地方志通讯》编辑室和资料室)、《新疆通志》编辑室、地州市县联络指导室和《新疆年鉴》编辑部。1987年1月，总编室撤销。新疆地方志编纂委员会为实体机构，正厅级事业单位，统一领导全区地方志工作。内设《新疆通志》编辑室、《新疆年鉴》编辑室、地县志工作室、编译室、办公室。2005年，编纂委员会纳入公务员管理序列。2007年，内设办公室、新疆通志工作处、地县志工作处、新疆年鉴社、编译处、资料信息研究处，并设有机关党委。历任编纂委员会主任富文(1983年4月~1984年4月)、司马义·艾买提(1984年4月~1985年10月)、铁木尔·达瓦买提(1985年10月~1994年3月)、阿不来提·阿不都热西提(1994年3月~2003年1月)、司马义·铁力瓦尔地(2003年1月~2008年1月)、努尔·白克力(2008年1月~　)。1983年创办《新疆地方志通讯》，季刊。1989年，刊名改为《新疆地方志》，由新疆地方志编纂委员会和新疆地方志学会主办。至2010年，共出版汉文版杂志111期、维吾尔文版杂志92期。

新疆修志规章和规范性文件　新疆维吾尔自治区人民政府于2009年4月7日颁布《新疆维吾尔自治区实施〈地方志工作条例〉办法》，自2009年6月1日起施行。此外，中共新疆维吾尔自治区委员会、自治区人民政府及新疆地方志编纂委员会颁布了一系列修志文件，有《中共新疆维吾尔自治区委员会、新疆维吾尔自治区人民政府关于开展我区地方志编纂工作的决定》《新疆维吾尔自治区人民政府办公厅关于印发〈新疆通志〉编纂方案的通知》《中共新疆维吾尔自治区委员会办公厅关于开展第二轮地方志编修工作的通知》等。

新疆地方志信息化建设　新疆地方志系统信息化建设工作始于2003年。2004年5月，由自治区地方志编纂委员会投资建设的新疆通览网站正式开通。2006年，网站改版为新疆地情网(新疆地情资料库)，重新开通。2007年

新疆首轮地级志一览表

志书名称	主编/总编/总纂	字数(万字)	出版年
《阿克苏市志》	赵恒书	128	1991
《巴音郭楞蒙古自治州志》	金向宏	350	1994
《乌鲁木齐市志》	李明、李守伦、杨震、张涵	300	1994~1999
《哈密地区志》	郑成加	230	1997
《塔城地区志》	党东颉	158.7	1997
《克拉玛依市志》	蔺相友	121.5	1998
《博尔塔拉蒙古自治州志》	刘震、王维梁、李书权	150	1999
《昌吉回族自治州志》	马登杰、聂智生	321	2002
《阿勒泰地区志》	苏勇文、邱信廷、夏中春	210	2004
《喀什地区志》	李宏、姜宗禹	280	2004
《克孜勒苏柯尔克孜自治州志》	贺继宏	255	2004
《吐鲁番地区志》	柏晓	210	2004
《伊犁哈萨克自治州志》	宋家仁	170	2004
《和田地区志》	赵文定、刘景钟	266	2011

启动自治区、地(州、市)、县(市、区)三级地方志上网筹备工作。自治区地方志编纂委员会制定了《计算机网络安全管理保密工作制度》《关于在“新疆通览”网发布文章的规定》《网络管理人员工作岗位职责》等。全区14个地(州、市)地方志办公室均独自或挂靠当地政府网站建立地方志网站或页面,98个县(市、区)中的绝大部分也以不同的形式建立了网站或页面。

新疆地方志学会　成立于1989年3月。基本任务是开展地方志理论研究,开展地方志书和地方文献整理成果的评审,组织全区性的地方志学术研究活动,召开理论研讨会,举办修志理论培训班,进行学术交流。至2010年,共有会员单位231个、会员800余人、专兼职工作人员13人,共召开4次会员代表大会,举办理论研讨会、学术报告会30余次,与外省区交流30余次,开展培训20余次。

新疆方志研究成果　新疆地方志工作者在编纂地方志书的同时,开展理论研究工作。至2010年,召开理论研讨会20余次,就志书的编纂、修志工作面临的问题进行研讨。新疆地方志编纂委员会、新疆地方志学会在1990~2002年间,共组织5次论文评选活动。第一次优秀论文评选活动结束后,出版了优秀论文专辑——《理论与实践》。新疆地方志编纂委员会还编辑出版了《地方志文献汇编》《地方志工作实用手册》《地方志工作手册》等书籍。

Xinjiangxian Zhi

《新绛县志》　主编靳欣文。1997年陕西人民出版社出版。98万字。设33卷143章313节。配图照70幅。上起事物发端,下至1990年。设限外辑要记述断限外事项。篇目注重突出山西新绛县的地方特色事项。专设一卷记述当地土产、特产、名吃、名产。水利卷单设一章记述汾河防护工程,体现了汾河在当地经济发展中的重要地位。文化卷除记述著述、文学作品、戏曲曲艺、民间社火、书画摄影、广播影视、报刊通讯、图书档案等外,还将当地民间文艺活动——绛州鼓乐从音乐舞蹈中析出,单独设章记述,还设有文化网络章。文物卷突出体现新绛县历史文化特色,记述了隋代绛守居园池、唐代白台寺、绛州帅正堂、碧落碑等名胜古迹及文物管理、保护工作。部分章节后设附记述相关事项,如人口变动章附遣送自流人员,战事章附日军暴行录,纪念文物章附绛州十景。

《新绛县志》书影

Xinxiu Hechuanxian Zhi[Minguo]

《新修合川县志》[民国]　郑贤书等修,张森楷纂。1921年刊本。83卷。首卷列凡例、采访条例、测绘条例。图经4卷,内分形势、建置两目,附图72幅,包括疆域图,东里、西里、来里、兴里、永里区域图5幅,东、北、西、南山经图4幅,嘉陵江、渠江、涪江、渝江水道图4幅,公署、征收局、警察所、商会等机构图19幅,祠堂寺庙图19幅,学校图20幅,均有图说,并列表记述分置州郡县名及其统属并合情况。谱7卷,记大事、官师、选举、民献、士族、邦媛,附寿民。掌录25卷,记户口、土物、赋税、征榷、仓储、农业、蚕业、商业、矿业、政法、学务、团警、议会、公善、典礼、艺文、风俗、金石。传32卷,记名宦、乡贤、列女、方术、流寓、阙访、前志、序传、星野、名胜、古迹、祥异、丛谈。余编1卷、文存14卷,记古体诗、近体诗、赋、杂文、论辩、序跋、书说、记、碑志、传状、杂著、官文书、制艺。志中著录书目均有提要。国家图书馆、中国科学院国家科学图书馆、四川省图书馆、重庆图书馆等有藏。

民国《新修合川县志》(“中国地方志集成”本)书影

Xinxiu Nanchongxian Zhi[Minguo]

《新修南充县志》[民国]　李良俊监修,王荃善总纂,蒲毓庚、任乃强等协纂。1930年刊本。为区别于嘉庆《南充县志》,定名为《新修南充县志》。16卷,附图1卷。56万字。分舆地、掌故、人物、物产、艺文、外纪6个大类,下设67个小类。前有图考若干幅。另有附图1册,载有全境、山脉、水系、交通、市区、城区街道以及有名的建筑物、公园的平面图。志书吸纳现代科学文化新观点,运用天文学、统计学等原理,如在记疆域时,认为“星野非属一邑且与今天文家迥殊”,摒弃星野标注法,采用经纬标注法。对人文科学(如名胜古迹)进一步考证。记孔庙祭祀,详载乐舞、祭器、礼仪,以备“将来考古复礼之资”。记有关山水、古迹的诗文,仿效《富顺县志》散入各分志。记道路,清楚陈列主干道与支干,详记至县城的里数。对嘉陵江水系详考穷源,可灌溉五十挑以上的堰塘均列表记载。记载本地物产较旧志更为详细。记述民国初期发生在南充县的重大事件,如1926年的顺庆起义及地方自治等,在外纪中收录《南充县暂行自治大纲》文件。四川省图书馆、南充市图书馆、重庆图书馆等有藏。

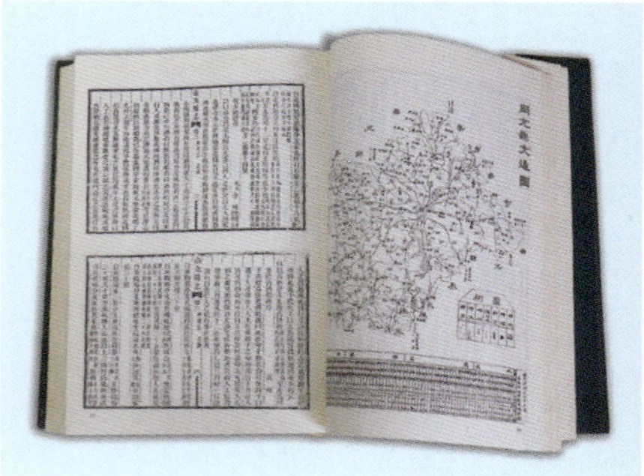
民国《新修南充县志》(“中国地方志集成”本)书影

Xinyushi Zhi

《新余市志》 主编万南生。1993年汉语大词典出版社出版。195万字。设56卷293章984节。志首配彩图5幅、黑白线图5幅、彩照80幅，随文配黑白图片68幅。记述地域范围，1983年复市前以原新余县(市)为主，复市后以市区为主。上起三国吴宝鼎二年(267)建县，下至1985年。以环境保护、钢铁工业、乡镇企业卷最具地方特色和时代特点。1993年在全国和江西的新编地方志优秀成果评奖中均获一等奖。①《新余市志》环境保护卷。设4章16节。记述冶炼、焦化、电力、化工、纺织等工业废水排放，钢铁、电力、化学、煤炭、纺织、建材等工业废气排放，矿尾石、煤渣、炉渣、煤灰、煤矸石等工业废渣，工业生产和交通运输噪声造成污染的情况，还记述了环境保护管理机构及对污染的防治措施。②《新余市志》钢铁工业卷。设11章31节。记述江西钢厂的飞机发动机燃油泵柱塞弹簧钢丝、大截面稀土弹簧钢板、瞬时耐高温不锈弹簧钢丝和钢带、高强度不锈冷轧钢带、手用钢锯条用合金冷轧钢带、机耕船壳体用热轧薄钢板等产品，新余钢铁厂的高炉二步法用贫锰矿炼锰铁新工艺、上部炉体旋转硅铁电炉、高炉煤气煅烧石灰、优质铁精矿、锰铁高炉富氧鼓风、高炉上料系统采用微型计算机控制等科研成果。③《新余市志》乡镇企业卷。设6章22节。记述乡(镇)办、村办、联户办、户办等企业形式，在农业、工业、交通运输业、建筑业、服务业等行业的生产、经营情况，及罗坊土布、界水菜刀、分宜双林夏布、铜岭土纸等传统产品和名优产品。

《新余市志》书影

Xinzuan Yunnan Tongzhi[Minguo]

《新纂云南通志》[民国] 龙云、卢汉修，周钟岳、赵式铭等纂。1944年成书，1949年铅印。是民国时期唯一一部编纂成书的云南省志。266卷，约648万字。分记、图、表、考、传5个门类。据卢汉序记载，志中共有530张表、198幅地图、78幅插图。汇集历代旧志，删复、补缺、正谬，以清光绪二十七年(1901)至宣统三年(1911)之事续编，完整记载了远古至宣统三年云南社会的兴衰变迁。其中，由方国瑜编撰的疆域沿革分为沿革志、沿革考、沿革图、沿革表，为研究云南政区地理因袭演变的集大成之作。志中考的分量最大，与旧志相比有所创新。如天文考和气象考是将旧志中的天文考做现代科学的划分，前者对星象、授时有记载的内容分别列表并加以科学解释，后者对光象、水汽、旋风、气候、物候等做出专业解释。增设外交考，依据档案将云南历来的外交事件及得失功过列为专篇，反映出自19世纪以来云南卷入国际事务的应对需要。另有地理考、方言考、族姓考、宗教考、物产考、矿业考、财政考、军制考、边裔考等的增设、规范或调整，都与时代变迁相适应。该志对记述农业、蚕桑、茶糖、矿产、盐政等经济状况予以浓墨重彩，对少数民族资料着力收录。国家图书馆、云南省图书馆、云南大学图书馆等有藏。2007年，云南人民出版社出版校点本。

《新纂云南通志》影印本书影

Xingyifu Zhi[Xianfeng]

《兴义府志》[咸丰] 张锳修，邹汉勋、朱逢甲纂。清咸丰四年(1854)刻本。74卷，首1卷。其中，地理志10卷，学校志7卷，赋役志4卷，大事志、河渠志、经制志、祠祀志、古迹志、风土志各3卷，营建志2卷，天文志、职官志、武备志、艺文志、物产志各1卷，表11卷(分列职官、选举、恩荫、忠义、孝友、善行、寿考、烈女、节妇、贤妇)，列传17卷。历代大事编年记事，上起殷高宗三十二年(前1219)，下迄清道光四年(1824)。历代大事本末，分夜郎国本末、明永明王居安龙府本末等19个本末。国朝大事本末，分顺治克取安龙府安南卫普安州本末，嘉庆平黄草坝苗设兴义县本末等11个本末。张锳在序中指出历代修志有“十六病”。南京图书馆、上海辞书出版社有藏。贵州省图书馆、首都图书馆、中国科学院国家科学图书馆等藏清宣统元年(1909)铅印本。上海图书馆存抄本(卷40~42)。2009年，贵州人民出版社出版安龙县史志办公室校注本。

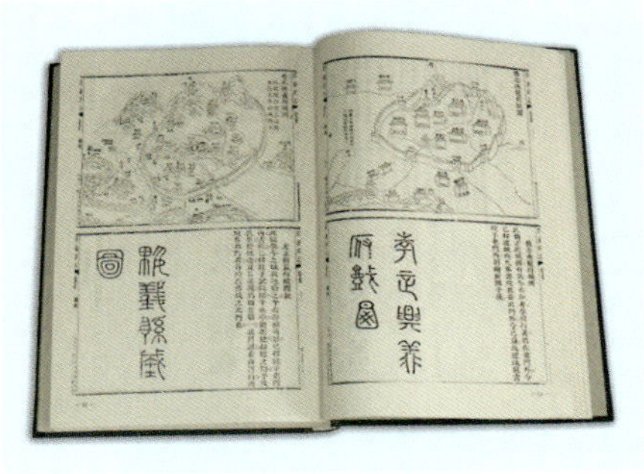
咸丰《兴义府志》(“中国地方志集成”本)书影

Xingcha Shenglan

《星槎胜览》 费信著。明正统元年(1436)定稿。主要记述作者随郑和下西洋及出使海外诸国之事。分前后集。前集所记占城国(越南南部)、宾童龙国(越南南部)、灵山(越南中部)、昆仑山(越南昆仑岛)、交栏山(印度尼西亚格兰岛)、暹罗国(泰国)、爪哇国、旧港(印度尼西亚巨港)等为其亲历的国家和地区。后集所记真腊国(柬埔寨)、东西竺(马来西亚的奥尔岛)、淡洋、龙牙门、龙牙善提(马来西亚的凌加卫岛)、吉里地闷(帝汶岛)、彭坑国(属马来西亚)、琉球国、三岛(菲律宾群岛)等国家和地区，为采辑旧说传闻而成，其中有些内容采自元汪大渊的《岛夷志略》。该书扼要记述四十余国的位置、沿革、重要都会、港口、山川地理形势、社会制度、

X

政教刑法、人民生活状况、社会风俗、宗教信仰、生产状况、商业贸易、气候、物产、动植物等。书中对郑和等访问各国时的一些情况,也有较翔实的记述。有《国朝典故》本、罗以智校传抄明抄本、罗振玉影印天一阁本等。1936年,商务印书馆出版冯承钧的《星槎胜览校注》。

Xinghuacun Zhi[Kangxi]

《杏花村志》[康熙] 郎遂撰。清康熙二十四年(1685)刻本。12卷,首、末各1卷。卷首为序文、题辞、凡例、征启、书目、姓氏。卷1为总图、分图、图序、像诗、图诗。杏花村图、小杜行春图等15幅图画和图序、图诗,字体精工,雕刻精美。图前为吴非书"杏花村图"4个篆字。当代明清史学家谢国桢赞该志"不但保存池阳的掌故,而且是一个艺术品"。卷2~12列村中、村南、村北、村东、村西、人物、闺淑、仙释、题咏、词赋、宸翰、文章、户牒、族系、传奇、杂记16个子目。卷末为书后、后序、跋。村中、村南、村北、村东、村西5个子目下分别记述名胜、建置、古迹、丘墓;题咏、词赋收录历代文人墨客凭吊浏览留下的诗词文章。志中保存了大量的民俗资料,如记载安徽古老稀有剧种贵池"傩戏",描述池州府治四乡傩队的表演活动、演员的身份、年龄、饰演的角色、服装、表演,甚至记述天气好坏对演出的影响等。志中还搜录古剧本和宋代考试制度等古代文化资料,如杂记收录一则传奇剧本,记述杜牧任池州刺史时游览杏花村的故事。族系目记载郎氏家族世系,记录乡村名族的发展和演义。世人誉此志"开编纂村志之先河"。此志为唯一入选《四库全书》的村志。国家图书馆、上海图书馆、天一阁有藏。另有1920年刘世珩校勘《贵池先哲遗书》本。

康熙《杏花村志》("中国地方志集成"本)书影

Xiong Sheng

《雄乘》 王齐纂修。明嘉靖十六年(1537)刻本。分上、下卷。首列县境、县城、县学之图。分10门65目。上卷分5门,细分34目。疆域门记沿革、社屯、封土、分野、形胜、街、坊、店、市、村类,山河门记山、河、淀类、故迹,风土门记俗尚、时序、土产,田赋门记户口、地亩、赋税、子粒、税课、徭役、岁办、俸粮,建置门记城池、公署、县治、学校、属、仓库、铺舍、堤桥、武备。下卷分5门,细分31目。礼制门记公仪、祀典、乡仪、恤政、刑法,官师门记抚臣、守将、刺史、同知、判官、吏目、知县、县丞、典史、教谕、训导、使臣、流寓,人士门记仕籍、武功、孝子、义士、节妇,选举门记进士、举人、贡生、监生、报效、貤封、任子,祥异单列一门。天一阁有藏。

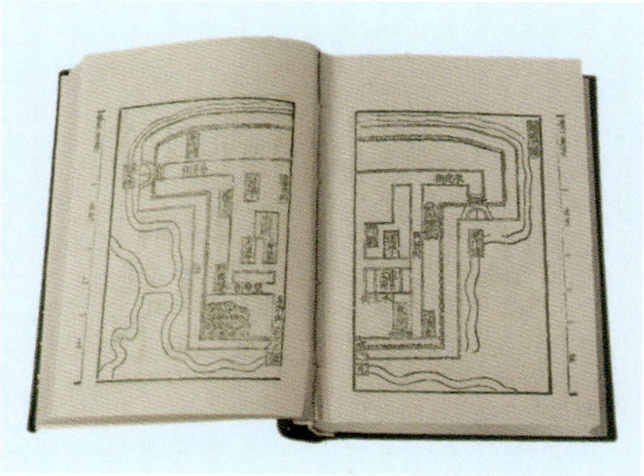

《雄乘》("天一阁藏明代方志选刊"本)书影

Xiuwenxian Zhi

《修文县志》 主编李祖炎。1998年方志出版社出版。190万字。设22篇106章391节。志首有地图13幅、彩照138幅,正文插图27幅。上起元至元二十年(1283)县境置蛮夷长官司,下至1990年,概述、县情数据和大事记延至1998年。县情数据包括人口、土地、国内生产总值、农产品、工业品、固定资产投资、商业、交通、财政、金融、教育、卫生、国民收入等22个表格。大事记分大事纪年和大事记述两栏,其中大事记述收录明天启年间至20世纪80年代改革开放时期县境内军事、政治、经济等领域大事、要事本末专记37个。专设王阳明在龙场篇,分谪居龙场、阳明文化、阳明教育、阳明遗迹、王门后学5章,对明正德三年(1508)至五年兵部主事王阳明被贬任龙场(修文县城)驿驿丞,深居幽洞茅屋,致力悟道讲学,创立"知行合一"学说的活动和功绩做了系统详细的记载。县志对张学良在"西安事变"后被蒋介石囚禁在修文县城附近的阳明洞两年多(1938年11月至1941年5月)这一史实也做了记录。1999年获国家新闻出版署优秀图书奖,2002年获贵州省第五次哲学社会科学优秀成果评奖三等奖。

修文县阳明洞

Xiuzhi Conglun

《修志丛论》 吴宗慈撰。1947年铅印本。该书为著者在总纂《江西通志》时所作。约4万字。收录吴氏修志论文34篇、采访简则1篇、编纂方案2篇、例目1篇、编纂原则1篇。论述了对志书的编纂宗旨、原则、要求、方式、步骤等方面的看法,还述及编纂工作的各个环节及各门目内容编写的注意事项等问题。在《论体例》中,对修志"必先撰体例"一说提出质疑,提出"体例非不可先作,但挈其大纲,留一随时增补义例余地"。在《方志中之实学问题》中,对章学诚"论方志为实学"一说予以肯定,并超出章学诚"实学"一词偏重于史裁的论述,认为"若今日则方志所重在实学,乃为一切民族社会经济与科学问题"。在《修志以实用为归》中,提出"修志所以期实用也"。谈到实用,"概括言之,自以新时代为对象",又分为精神和物质两个方面,"属于精神方面者,如金石、考古、民族、语言与各种有价值的文献;属于物质方面者,如水利、物产、地志等"。《江西省通志馆采访简则》是方志理论与编纂实践相结合的篇目。

xiuzhi renyuan

修志人员 从事方志编纂工作的人员。历代修志多由政府官员主持,参与编修的人员有各级官吏、地方绅士、儒学生员等,任纂修、监修、修撰、编修、同修、同纂、分辑、补辑、采访、采录、誊录、校阅、校刊、校正、参阅等不同职位。新编地方志工作采用专、兼职修志的模式,参与编修的人员有各级政府官员、地方志工作机构人员、科研机构和高校的专家学者,分别任主编(总编)、副主编(副总编)、总纂、副总纂、执行主编(执行总编)、执行总纂、编纂(编审)、责任编纂(责任编审)、编辑等职位。

xiuzhi ziliao

修志资料 编纂方志所需的涵盖自然、政治、经济、文化、社会等方面历史和现状的资料,有文字资料、实物资料和口碑资料等存在形式。其中文字资料内容最多、数量最大,包括档案资料、图书资料、报刊资料、统计资料等。资料工作包括搜集、考证、整理、运用等环节。①资料搜集。围绕方志篇目拟定搜集资料的提纲。搜集在志书时间断限内、能反映所记述区域全貌和特点的资料。可采用先普查后细查、先一般后个别、先易后难、先今后古、先"活"资料后"死"资料、先内后外、先直接后间接、先合后分等方法,或同时并举,或交叉进行。②资料考证。史志界公认的资料考证法有5种,分别是理证法、书证法、物证法、人证法、排比对证法。理证法,即以推理的方法来证明资料的可靠性。书证法,指以文献考证文献,即用别的书来证实其可靠性,也称比较对证。物证法,指用出土文物或其他实物来鉴别资料的价值。人证法,指通过采访知情人证实资料的真伪。排比对证法,指用同一问题的各种资料进行对照和比较,多方求证。③资料整理。可制作资料卡片,进行资料分类,编辑资料汇编。资料卡片常用类型有资料摘录卡、资料索引卡、资料摘要卡、书目卡4种。资料分类一般分为辨类(即辨别类属)和归类,主要有4种形式:根据志书篇目设立门类按问题归纳资料;根据资料所属年代按时间分类;按事件始末汇集资料;按材料形式,分成图书、报刊、照片等类。对分类后的资料进一步筛选、补充,按照一定形式编纂成的可以彰显因果关系的资料性读物称为资料汇编,其通用形式有资料长编、专题资料汇编。④资料运用。需着重用好主体资料、因果资料、典型资料、背景资料、对比性资料和系人资料。主要方法有合成、浓缩。合成资料是指在大量经考证、整理的资料基础上,按照志书的提纲或一定的内在逻辑,将资料组合成段落或志书成稿。浓缩资料是指按照一定要求对原始资料进行取舍加工,最终形成主题突出、详略得当的志稿。

修志资料术语表

档案资料	历史活动的原始记录,真实度和可信度都很高,是修志资料的主要来源。一般由三部分构成:现行档案、革命历史档案和旧政权档案
图书资料	包括与所编志稿有关的各种书籍、杂志,及有关本地的各种旧志、名人笔记、日记、文集、手稿、书信、传记、游记、画册等
报刊资料	与所编志稿有关的各种报纸、刊物等
统计资料	包括统计数字和统计图表
实物资料	对实地、实物进行考察、测绘、拍照、录像所取得的资料和音像带、光盘等实物资料。包括历史文物、革命文物、图片、图像、照片、拓片、雕塑、石刻、碑刻、墓志、地图、图纸、绘图、字迹、遗址、纪念地、纪念馆、纪念碑、建筑工程、广告、商标、奖状等
图片资料	包括图片、图像、照片、地图、图纸等
音像资料	指录音带、录像带、光盘等,属实物资料
口碑资料	俗称活资料,是指耳闻目睹的、亲身经历的原始资料,包括采访记录、讲话录音、民间歌谣、民间谚语、民间传说和遗闻逸事等
资料摘录卡	又称原文摘记卡,用于摘记、抄录与原文有关的文献资料,主要著录编目、形成时间、题目内容、种类、资料出处、摘录人、流水号、摘录时间等项
资料索引卡	一般用于检索书目、作者和其他人物等,可细分为篇目索引卡、语词索引卡和主题索引卡(包括人物索引),主要著录资料标题和出处
资料摘要卡	也称述要卡,用于记载有关资料的内容大意,著录内容包括文献名称、作者姓名、形成年代、版本、出版时间、有关内容要点
书目卡	用于详记有关文献的出处情况,著录内容包括书名、版号、出版日期、章节、页数等
资料长编	按编写提纲对汇编的资料进行条理化处理,并显现出事情的始末,是志书初稿的毛坯和雏形。具备六方面的资料:主体资料、背景资料、佐证资料、资料出处和参考资料的索引、多说并存及争议鉴别的证明材料、少许编者简短的言语或结论
专题资料汇编	即在资料汇集的基础上,记录某事物产生、发展、变化的全过程,剖析事物之间的内在联系和因果关系,揭示事物发展的规律
主体资料	反映事物发展全貌、揭示事物发展规律、体现事物特点的志书核心资料
因果资料	反映事物及事件发展的因果关系,体现社会历史发展规律的资料
典型资料	反映典型事件或具有典型意义的资料
背景资料	反映事物发生、发展、转折、变化背景的资料,与主体资料是从属关系,为主体资料提供因由、展示原委
对比性资料	具有纵横相互比较关系的资料
系人资料	反映事物发展并与人物活动密切相关的资料

X

Xiushanxian Zhi

《秀山县志》 总编杨胜华。2001年中华书局出版。100万字。设27篇124章437节。配彩色地图2幅、彩色照片83幅、黑白照片83幅。上起事物有记载之时，下至1985年，个别内容延至1987年。注重反映民族文化，民族篇记述境内土家族、汉族、苗族3个主要民族的概况，从恢复民族成分、建立民族事务机构、落实民族政策、民族居住分布现状等方面记述民族工作。设章记载邑梅洞土司、平茶洞土司、石耶洞土司、地坝土司4个土司政权的建立、裁撤、辖域、历任长官。医药卫生篇设民族医药节，记述土家族、苗族独特的治病防病方法及经验总结。文化篇除记述民歌民谣、民间故事、音乐、舞蹈、戏曲、工艺美术等艺术外，还设节详述秀山花灯的历史源流、演出习俗、表演形式、音乐、舞蹈、唱词、花灯小戏、艺术特色、传承与发展，介绍了龙凤、溶溪、龙池、洪安、梅江5个流派及艺人。

《秀山县志》书影

Xiuyanxian Zhi

《岫岩县志》 总编曲廷盛、曹世明。1989年辽宁大学出版社出版。67万字。设25篇94章351节，少数节下列目。配彩图82幅、黑白图40幅。上起1912年1月1日，个别事项追溯事物发端；下至1984年末，个别章节延至1985年1月17日岫岩满族自治县成立。工业、农业、林业、蚕业、岫岩玉、城乡建设等篇列有简述。岫岩玉篇记载瓦沟、细玉沟两大主要玉石产地及细玉沟所产河磨玉、包石玉两种细玉。玉石开采节记述掘玉、捞玉两种开采方法，并附记1960年发现的“玉石王”巨型玉石。志中还记载玉雕的生产情况、工艺技术、琢玉工具、玉雕品种，特别记述岫玉塔薰——华夏灵光等玉雕珍品，李德春、李富、贺德胜、李洪才、高艳英等玉雕艺人，县玉器厂、岫岩镇玉器厂、雅河玉器厂、哈达碑玉器厂等玉雕刻厂家。蚕业篇反映岫岩200多年放养柞蚕的历史，记载柞树种类、蚕场补植树、中刈放拐、沙化治理、稚蚕保苗场等蚕场建设技术，春蚕、秋蚕放养，蚕种演变、复壮，蚕种基地，及病虫害防治等内容。1993年获全国新编地方志优秀成果奖一等奖。

玉石王（重260.76吨）

Xugouxian Zhi[Minguo]

《徐沟县志》[民国] 刘文炳纂修。1939年成书，未刻。约51万字。分地理、人口、民生、语言、民俗、教育、政治、财政、文献九志，前有开题，末附大事记。政治志、财政志、大事记已佚。编修该志搜集的资料包括旧志、县政府议会档案、水旱调查报告、气象报告、商家账本、婚帖、族谱、王介福平定黄教功谱、各街村分族调查表、各宗教记载、各村地亩分配人名及地册、乔松年手书、家信、金石拓本、修洞涡工程图，并聘陆军测量局人员测量县城、村区的地界、水渠、水准、经纬等。内容注重考证演变过程，对数百种家谱进行综合考察涉及其迁徙、世代、历代丁口数、最大饱和期、丁口升降、配偶，及其时丁口的职业、科名、经商地点等。人口志记出生率、死亡率、性别比例、年龄构成等资料，在记述中还提到马尔萨斯人口理论等西方学说。民生志记录大量有关国计民生的资料，其中有清同治九年（1870）至1933年15种重要消费品的物价指数、白银与铜钱的比价、各种货币流通情况等。中国科学院国家科学图书馆藏稿本。1992年，山西人民出版社出版乔志强、夏桂苏、萧利平等校点本。

Xujiahui Cangshulou

徐家汇藏书楼 见上海图书馆。

Xu Shidong

徐时栋（1814—1873） 字定宇，号柳泉，学者称柳泉先生。清浙江鄞县（属宁波）人。道光二十六年（1846）举人，以输饷授内阁中书。建烟屿楼，原藏书6万卷，同治二年（1863）毁于火灾。主纂《鄞县志》，撰有《宋元四明六志校勘记》，另著有《烟屿楼文集》《重刻游杭合集》等，辑《四明旧志诗文钞》。《宋元四明六志校勘记》，浙江宁波流传最早的地方史料。徐时栋校，陈子相补。咸丰四年（1854）烟屿楼刊本仅9卷，附《四明它山水利备览》2卷。同治年间补刊本为31卷，分札记20卷，补遗2卷，校勘记、佚文4卷，杂录2卷，作者2卷，余考1卷。

Xu Song

徐松（1781—1848） 字星伯，号孟品。清直隶大兴（属北京）人。嘉庆十年（1805）进士，授翰林院编修。十四年，任全唐文馆提调兼总纂，曾私辑《宋会要》。后谪戍伊犁，亲历天山南北路，考察山川、道里、民情、民俗，纂《钦定新疆识略》《西域水道记》等。曾纂《唐两京城坊考》，从《永乐大典》中辑录宋代宋敏求纂《河南志》。另著有《汉书·西域传补注》《新斠注地理志集释》《元史西北地理考》等。①《钦定新疆识略》[道光]。松筠修，徐松等纂。该志在祁韵士增纂的《西陲总统事略》基础上编纂而成，道光元年（1821）松筠进呈，皇帝钦定此名，武英殿修书处刊行。12卷，首1卷。28万字。首列新疆总图和南北两路、伊犁舆图，附有叙说，次为官制、兵额、屯务、营务、库储、财赋、厂务、边卫、外裔，记述侧重军事方面，如建置、控扼、钱粮、兵籍等。有道光元年武英殿刊本、光绪八年(1882)同文馆铅印本和光绪二十年上海积山书局石印本等。②《唐两京城坊考》。嘉庆十五年成书。5卷。依据《永乐大典》中有关河南图志、唐人文集、笔记、传记、金石等，参照程大昌、吕大防、李好文等人长安志、图而纂成，记唐代长安、洛阳二京的城坊、街巷布局、官私宅邸、廨宇、寺观等。卷1~4为西京，附有外郭城、三苑、宫城、皇城、大明宫、兴庆宫六图；卷5为东都，附有外郭城、苑、宫城皇城、上阳宫四图。有“连筠簃丛书”刊本、“畿辅丛书”刊本、商务印书馆“丛书集成”初编排印本、张穆《唐两京城坊考校补》、程鸿诏《唐两京城坊考校补记》(“藕香零拾丛书”刊)1卷存世。

Xu Yikui

徐一夔(1318—1400) 字惟精，又字大章，号始丰。元末明初浙江天台人。元至正八年(1348)迁居杭州。明洪武二年(1369)奉诏纂修《大明集礼》。后王祎荐其续修《元史》，辞不往。洪武五年，任杭州儒学教授，其间协修《大明日历》。所纂《杭州府志》已佚，《永乐大典》保存该志总序和考证类小序两篇序言。另著有《始丰镐》，编有《艺圃搜奇》。认为方志与国史存在着相辅相成的关系，“论者以志辅史，盖谓史官纪述，有采于志，不可略也”。还认为志与史“其体稍异”，“史以纪事，或有缺文，则当缺之，不宜妄补，惧失实也”，而志则不然，方志既为国史所取裁，因其记述，当详于史，“不可略也”。要求方志叙事必须在完备周详的基础上力求核实确切，否则“志之所载，类皆山川、城郭、官署之迹，故老相传，不能无讹，然不辨而证之，则以讹传讹，愈远愈晦矣”。

Xu Chengyao

许承尧(1874—1946) 单名芚，字际唐，又字芚公，号疑庵。安徽歙县人。清光绪三十年(1904)进士。曾创办新安中学堂、紫阳师范学堂。辛亥革命后，历任安徽省铁路督办、甘肃省府秘书长等职。1923年辞官，寓居上海。20世纪30年代参与“安徽丛书”的编刊。1933年倡议重修《歙县志》，并任主纂，同时将搜集到的地方掌故、遗闻逸事及佚诗佚文等整理成书，有《歙事闲谈》《新安佚诗辑》《明季三遗民诗》(抄本)等。纂有《西干志》《歙志补》，有抄本传世。著有《疑庵诗》《疑庵文剩》等。在《歙县志》例言中，认为“志乃史裁，因时而作，务求真实详赡，以存陈迹”，强调志书的存史功能。①《歙县志》[民国]。石国柱、楼文钊修，许承尧纂。1933年组局，由18人分任，许承尧任总纂。1936年成书，次年付印。16卷，首1卷。首卷列歙县全图及府志、县治图10幅。正文分10门67目，约37万字。末附人物索引。记事止于清宣统三年(1911)。内容重山川、人物、经济。食货志分物产、赋役、贡品、盐法、茶纲等记述，物产详载选种、培养、改造等，赋役除载各种赋役外，还列有“田赋每亩分项折征银数表”“咸丰前与宣统时户部项下起运银数对照表第一”等14种表。所绘图表采用近代科学方法实地测绘。有1937年铅印本。②《西干志》[民国]。1937年纂。稿本原无篇目，1981年，安徽省图书馆古籍部传抄时，将每卷诗文等所反映的地方或人物作为标目，编为西干、城阳山、披云峰、紫阳山、龙井山、练江、渐江等7卷。前6卷每卷之前均录自旧志，介绍自然状况，后收有关诗文及掌故。第七卷专记画家渐江和尚。收有《渐江和尚传》《渐江师传》《渐江师外传》《故大师渐公碑》及纪念渐江的诗文。稿本藏安徽省博物馆。

Xu Weiping

许卫平(1949—2010) 江苏扬州人。早年就读于扬州师范学院、苏州大学。其间，至华中师范大学参加全国高校历史文献专业的进修学习。曾任扬州大学师范学院院长、扬州大学社会发展学院教授、中国地方志协会学术委员、中国历史文献学会会员、江苏地方志学会理事等。主要从事中国近现代专业地方史志与清代扬州学术史研究。20世纪80年代后期，在扬州大学开设近代方志学研究课。1989年任《江苏旧方志提要》副主编，撰写扬州市、江都县、邗江县、泰州市、泰县的50部旧志条目，并在此基础上整理成《扬州地方志研究》一书。2004年校点整理《扬州足征录》《咸同广陵史稿》。曾主持承担省级和国家级地方志研究课题项目。著有《中国近代方志学》，为全国首部中国近现代史硕士点研究生地方史志教材。方志论文主要有《略论扬州学派在方志学方面的成就》《近代方志学的分期问题》《清代扬州府志纂修方略对当今续志的启示述略》《略论民国时期方志体例门类的创变》《中国现代方志学发展阶段探论》《新中国60年江苏地方志事业的创建与发展概述》等。

xuba

序跋 方志体裁之一。序又称叙、绪、前言、前记、导言、绪论等。置于志首，为介绍和评述方志的文字，借鉴史书的序发展而成。始于晋，宋代方志普遍设序。此后是否设序并无定规。新方志有设序的，也有不设序的。序一般是在志书完成之后撰写，有自序、他序、代序之分。自序如晋裴秀《禹贡九州地域图序》、常璩《华阳国志序》等；他序如唐权德舆为贾耽《贞元十道录》作序、宋司马光为宋敏求《河南志》作序等，也有后人为前人志书作序的，如宋洪迈为唐李吉甫《元和郡县图志》作序等；代序是选用一篇与志书内容相关的文章代为序文，或代别人写的序，在方志中较为罕见。自序一般陈述志书编纂宗旨及成书情况，也有阐发方志理论的。他序大多是对志书内容、体例等进行分析和评价，也有的阐发方志理论问题。古代学者往往把修志实践中的经验和体会，或者对方志编纂的认识，在序中予以阐发。旧志序中佳作有杨笃《山西通志》序、章学诚《荆州府志》序、戴震《曲沃县志》序、罗愿《新安志》自序、林则徐《大定府志》序、洪亮吉《泾县志》序、高佐廷《重修崇阳县志》序、梁启超《龙游县志》序等。新方志大多请党政领导和有声望的专家、名人作序。志书中除了有置于书前的序言，还有殿于书后的后序。后序又称跋、书后、题跋、跋语等。内容大多属于对志书的评价、鉴定或考释之类，也有涉及志书刊刻等情况的。始见于唐代，时称“题某后”。宋代始称跋，且多是后人为前人之书作跋，称他跋。如清杭世骏、厉鹗分别为乾道《临安志》作跋，罗振玉为《贞元十道录残卷本》作跋。跋文由作者撰写，称自跋。如章学诚作《湖北通志检存稿》跋等。旧志跋文写得最多、影响最大的为清周中孚，共撰各类志书跋文近三百篇，皆收入《郑堂读书记补逸》。

Xu Tianjinxian Zhi[Tongzhi]

《续天津县志》[同治] 吴惠元修，蒋玉虹、俞樾纂。清同治九年(1870)刻本。20卷，首1卷。书前有郡城豪(濠)墙图、海口炮台图、问津书院图、三取书院图、问津行馆图、育婴堂图。首卷为恭纪、临幸、天章、恩典，正文各卷分14门，分别记星土祥异、形胜疆域、城池公署、学校、盐法、海防兵制、河渠、风俗义举、职官、选举、人物、列女、艺文、杂记。在蒋玉虹嘉庆《天津县志稿》基础上编纂而成。蒋志记事自清乾隆元年(1736)至嘉庆二十二年(1817)。该志下限延至同治八年。篇目基本沿袭乾隆《天津县志》，略有变通。海防兵制门所附资料较前志丰富，记述清咸丰八年(1858)修筑炮台和同治元年设洋枪队的情况。艺文门对清雍正三年(1725)天津改卫为州、咸丰三年太平军北伐、同治五年捻军活动等重要历史事件均有记载。河渠门对天津“七十二沽”进行考证。志书还记述《天津条约》的签订、紫竹院被强占为租界地、天津垦水田、开凿环渠等事件。后人认为该志简略、缺额明显，并有为完颜崇厚树碑立传的色彩。另据学者考证，俞樾于同治元年来津，客居3年，与该志编修时间有异，俞氏《曲园自述诗》也称“未竟其事”，故有崇厚借俞氏之名抬高身价之嫌。国家图书馆、天津图书馆、南开大学图书馆、故宫博物院图书馆等藏同治九年刻本、1928年补刻本。校点本收入《天津通志·旧志点校卷(中、下)》，于2001年由南开大学出版社出版。

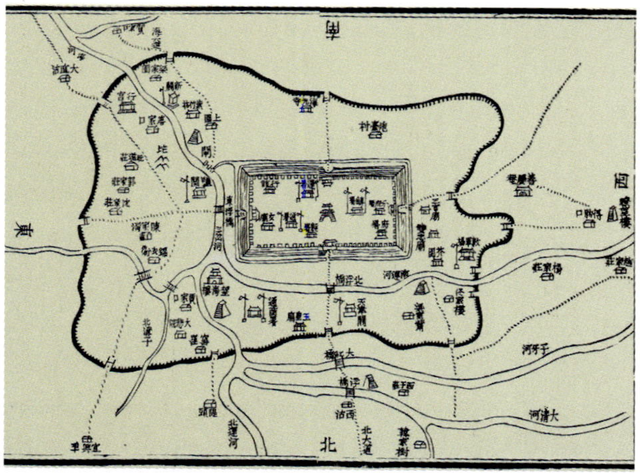

郡城豪(濠)墙图(同治《续天津县志》)

Xuxiu Sikuquanshu Zongmu Tiyao

《续修四库全书总目提要》 简称《续四库全书提要》或《续修四库提要》。20世纪20~40年代，北平东方文化事业总委员会编，中国科学院图书馆(后更名为中国科学院国家科学图书馆)整理。37册，索引1册。著录书籍近3.4万种。收录范围包括《四库全书总目提要》已收录，但窜改、删削过甚或版本不佳的书籍；修改清阮元《四库未收书目提要》;《四库全书总目提要》遗漏的书籍；清乾隆以后的著作和辑佚书籍；禁毁书和佛、道藏重要书籍；词曲、小说及方志等类书籍；敦煌遗书；外国人用汉文撰写的书籍。该书未完稿，稿本藏于中国科学院国家科学图书馆，仅部分篇目曾发表或出版。该书体例依《四库全书总目提要》，分为经、史、子、集四部，小类略有变通。索引分为3部分，分别为分类索引、书名索引、作者索引。分类索引将全部书籍分为经、史、子、集、丛书、方志六部。其中方志部包括方志3349种，分别为北京22种、天津14种、河北270种、山西288种、辽宁63种、吉林40种、黑龙江24种、上海36种、江苏135种、浙江182种、福建106种附台湾4种、内蒙古14种、安徽150种、江西215种、山东297种、河南219种、湖北243种、湖南115种、广东171种、广西72种、四川294种、贵州35种、云南66种、西藏7种、陕西197种、甘肃44种、青海2种、宁夏9种、新疆15种。有些稀见版本为《中国地方志总目提要》一书未收。1996年齐鲁书社影印出版。1972年，台湾商务印书馆据日本京都大学人文科学研究所藏10080篇提要稿出版排印本，提要方志1987种。

Xuanhe Fengshi Gaoli Tujing

《宣和奉使高丽图经》 反映朝鲜半岛地理、历史、人文、社会风俗的方志。北宋末年徐兢撰。南宋乾道三年(1167)，徐兢的侄子徐蒇将文字部分于江郡斋付梓，是为乾道本，为祖本。40卷。分29类，分别为建国、世次、城邑、门阙、宫殿、冠服、人物、仪物、仗卫、兵器、旗帜、车马、官府、祠宇、道教、释氏、民庶、妇人、皂隶、杂俗、节仗、受诏、燕礼、馆舍、供帐、器皿、舟楫、海道、同文。全面记述了王氏高丽时期的政治、经济、军事、山川、人物、礼仪、宗教、物产、习俗等。详细记载了航海路线、日程、船队的组织、船舶装备和航海技术等。历来为研究高丽史、宋史、中韩关系史、中外交通史的学者们所重视。乾道本刊行后，宋、元、明书目多有著录。清毛晋据乾道本校勘其他版本。毛校本在清嘉庆、道光年间由张金吾爱日精庐收藏，后由钱塘何元锡梦华馆收藏。1925年，在故宫昭仁殿天禄琳琅皮藏中发现清初钱谦益藏乾道本，1933年故宫博物院铅印出版。

Xuanpingxian Zhi[Guangxu]

《宣平县志》[光绪] 皮树棠修，祝凤梧等纂。清光绪四年(1878)刻本。20

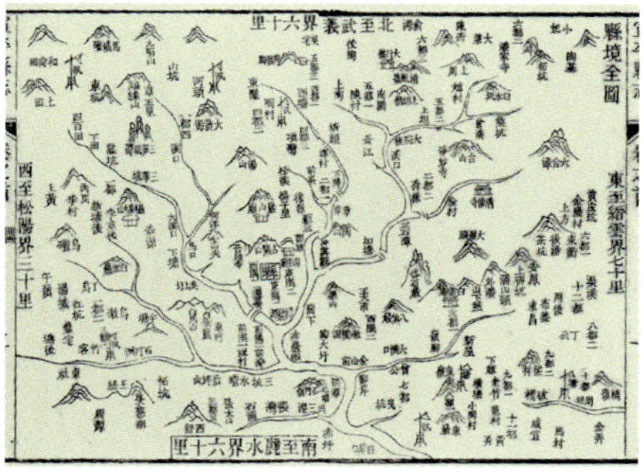

宣平县境全图

卷，首1卷。约40万字。卷首有舆图12幅、旧序11篇。分22门。该志重视考证，凡前志各卷出现的山川、地名、职官、选举、碑志等错误及不同之说均加以考订，如沿革，前志均沿袭明《括苍汇记》，该志考之史册，辨明渊源，特立沿革表附于疆域门。特立刊误门。志书内容注重实用，对有关国计民生的内容记载较详。对宣平县（浙江丽水）境内少数民族畲族记述详细，考订畲族名称由来。国家图书馆、上海图书馆、浙江图书馆有藏。

Xungen Ji

《寻根集》 金恩辉著。作者认为地方志的价值和文化遗产意义内含“寻根”之义，故以此名书。1998年北京图书馆出版社出版。19.4万字。分5个部分。内容包括加强地方志研究的建议，地方史地文献与地方志的关系，地方志的开发、利用等。录有《中国地方志总目提要》序、凡例及其中吉林省地方志总目提要的内容，包括修纂者小传、修纂沿革、内容概述和方志价值等。叙述了吉林省地方志的总体情况、历史源流，并集中介绍了清朝《打牲乌拉志典全书》及据该书对日本学者川久保悌郎有关地方研究史料的订正。金恩辉（1938— ），吉林市人。1961年北京大学图书馆学系毕业。历任吉林省图书馆馆长、北京大学信息管理系兼职教授、吉林大学中文系兼职教授、吉林省文史研究馆馆员等职。合作主编《中国地方志总目提要》《语言文学文献利用指南》等，合著《杜鹃啼血：梁肃戎与台湾“和统会”》。

Xunxian Zhi

《浚县志》 主编卢荫堂、郑永立。1990年中州古籍出版社出版。165.3万字。设32篇142章426节。卷首配图2幅、彩照33幅。上起事物发端，下至1985年。突出反映浚县地处古黄河之滨，历史悠久、文物古迹丰富，为省文物重点县的特色。文物篇设7章，记述新石器时代至商周古遗址21处，汉以后古墓葬20余处，天宁寺等古建筑40余处，及开凿于唐代的千佛寺石窟等文物古迹。1993年获全国新编地方志优秀成果奖二等奖、河南省社会科学优秀成果奖三等奖。

浚县碧霞宫前院

Y

崖 鄢 延 严 盐 铅
颜 兖 偃 雁 燕 扬
阳 杨 尧 姚 一 鄞 伊
宜 异 益 银 鄞 营
瀛 颍 永 余 俞 榆
舆 禹 玉 郁 元 沅
袁 岳 越 云 郧

Yazhou Zhi[Minguo]

《崖州志》[民国] 钟元棣修，张嶲、邢定纶、赵以濂纂。清光绪二十七年（1901）纂成志稿。三十四年补订，未付印。1914年由郑绍材、孟继渊等铅印成书。22卷。分舆地、建置、经政、海防、黎防、职官、选举、宦绩、人物、艺文十志及杂志，下分113个细目。内容包括疆土沿革、气候潮汐、风土人物、典制文艺等，突出崖州地处南部边陲、少数民族聚居的特色。设海防志，记述自宋庆历年间招收广南南巡水军，到明代训练沿海卫所官军、设海南卫备倭指挥、水寨前司，清代设崖州营等海防部署；

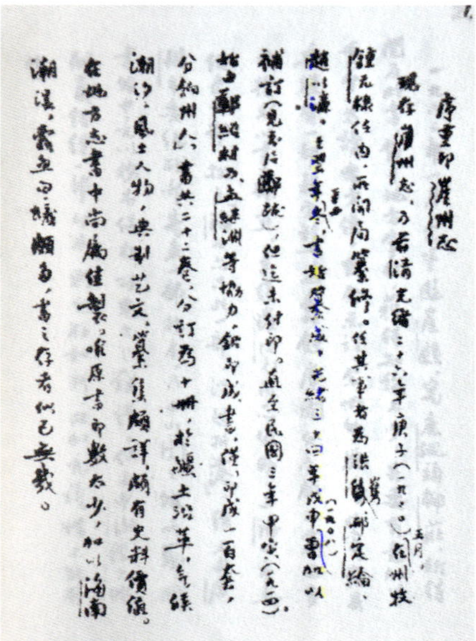
序重印崖州志

现存崖州志，乃前清光绪二十六年庚子（一九〇〇）五月，崖州牧钟元棣任内，所聘局纂修。任其事者为张嶲、邢定纶、赵以濂。至翌年冬，书始纂成。光绪三十四年戊申（一九〇八）书加以补订（见光绪补订跋），但迄未付印。至民国三年甲寅（一九一四），始由郑绍材、孟继渊等协力，铅印成书，仅印成一百套，分给州人。书共二十二卷，分订为十册，于疆土沿革、气候潮汐、风土人物、典制艺文，叙述颇详，颇有史料价值。在地方志书中尚属佳制。唯原书印数太少，加以海南潮湿，虫蛀霉烂，书之存者似已无几。

郭沫若《序重印崖州志》

设专目，以保平港为起点，记述环海水道水域情况；倭寇目记述自明永乐九年（1411）至清同治四年（1865）抗击倭寇战事，附记宋、明、清三朝平定土寇之事；海防条议目记李增阶、姚哲详、范时捷等人有关海防的论述。设黎防志，记黎情及村峒600多个、岐65个、关隘30余处，记自汉代至光绪年间抚黎、平黎史事；明季事迹目记述清初洪廷栋、胡永清等故明将领抗清事迹；黎防条议目记述谢廷瑞、林如楚、俞大猷、吴会期、海瑞、杨理、黎国耀等有关黎防的论述、奏议。广东省立中山图书馆、中山大学图书馆、吉林大学图书馆等有藏。暨南大学图书馆藏抄本。1962年，郭沫若作校订和标点，加按语，作序，内部出版。1983年广东人民出版社重印出版。2010年，三亚市再印《崖州志》工作小组再次校订，由中国文史出版社出版。

Yanlingxian zhi(jiuzhi)

鄢陵县志(旧志) 明永乐间创修，至1936年，共纂修16次，其中官修11次，私修5次；成书11部。明代永乐志已佚，存薛瑄《序》；正德志佚，存孙赞《序》；嘉靖志存世；刘巡纂《编年鄢陵县志》，未付梓，佚。清代修有顺治五年（1648）志、顺治十六年志、乾隆志、嘉庆志、道光志，均存。民国时期修有一志，存世。①《鄢陵县志》[嘉靖]。刘讱纂修。嘉靖十六年（1537）刻本。8卷。6万余字。有图4幅。正文分60类。田赋志中土田、户口、税粮、课贡等目简而有要。资料详备，土产目记农产、蔬菜、花卉种植、栽培情况，反映此邑“花卉之乡”的特点。文章志收入历朝诗文，篇幅约占全志一半。记述事必有据，存疑或有不同看法，均作注明。天一阁、中国科学院国家科学图书馆有藏。②《鄢陵县志》[顺治五年]。孙丕承修，梁之鲲纂。10卷。纲目沿前志，省人品志，内容入人物志；增选举志；文章志改为艺文志。地理志中冈阜、河道二目主文简略，细目下多系小注，所注文字或引旧志，或出己说，新内容注“增”字。志中记有绿色牡丹、绿芍药、白樱桃等珍品。国家图书馆有藏。③《鄢陵县志》[顺治十六年]。经起鹏修，刘汉藜纂。10卷。体例与孙丕承志基本相同。分9类，下有70个子目。内容有增无减，对河道源流及利用，城池坛壝的修堕兴废、镇店村集变迁等有详细记载。记户口、土田、赋役，明嘉靖前内容均录旧志，补入明万历、崇祯及顺治年间的资料。官师类下设风俗目，详记清初农村阶级关系变化。国家图书馆有藏。河南省文物考古研究所图书馆藏清康熙二年（1663）刻本。

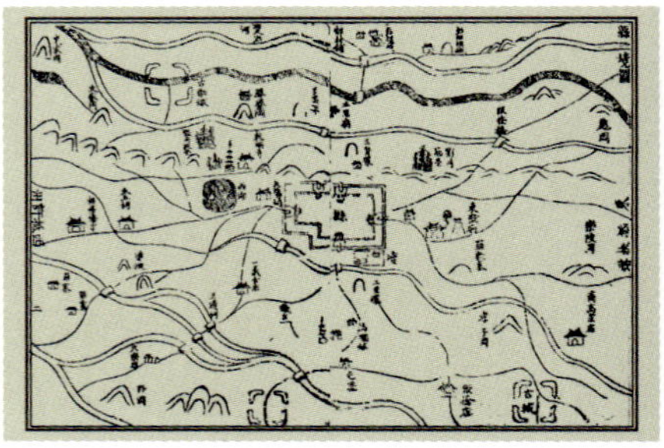

县境全图(顺治十六年《鄢陵县志》)

Yan'andiqu Zhi

《延安地区志》 主编高希圣、周维新。2000年西安出版社出版。183万字。设26编86章325节。卷首配彩图87幅，文中插图照30多幅。上起事物发端或可溯史料，下至1996年底。政党政协志、革命根据地志、军事志等突出体现延安作为中国革命圣地的历史地位及文化特色，陵墓志、文化文物志、教育科技志等记载了文物古迹30余处、革命旧址20余处，及1949年前在境内建立的高等院校、新闻机构。附录设中共中央在延安专题，详述自1935年10月9日中央红军到达吴起镇，至1948年3月23日东渡黄河，中共中央和毛泽东在陕北战斗生活的13年间发生的重大史事，以及毛泽东在凤凰山、杨家岭、枣园、王家坪居住期间撰写的重要著作等。其后设文献辑存、旧志序选、艺文集萃。曾获陕西省新编地方志优秀成果奖一等奖。①《延安地区志·革命根据地志》。设4章14节。记述1933~1949年中共中央在延安地区创建

陕甘宁边区时期，南泥湾三五九旅战士在自制的单杠上练习

革命根据地的经过及根据地的党政机构、经济文化活动、方针政策等。陕甘宁革命根据地章、陕北革命根据地章均设专节记述根据地开展土地分配、鼓励群众生产、普及文化教育等工作。西北革命根据地章设专节记述中华苏维埃共和国临时中央政府驻西北办事处成立后，对土地革命时期的一系列方针政策所做的调整。陕甘宁边区章设专节详记1947~1948年中共西北中央局和陕甘宁边区政府机关撤离延安、转战西北，后南迁进驻西安的经过，及其间进行机构整编、精兵简政、思想整顿等工作。②《延安地区志·军事志》。设6章14节。重点记述抗日战争和解放战争时期境内的军事机构、驻军、地方武装、兵事战事。设专节记述中国工农红军西北革命军事委员会、中共中央革命军事委员会、八路军总部、西北野战军、人民武装部等共产党领导的军事机构，以及在境内驻扎或活动的人民军队、游击队、民兵；详记三次反"围剿"、延安保卫战、青化砭战役等20次重要战斗战役。③《延安地区志·政党政协志》。设4章18节。分设专章记述中国共产党、民主党派、人民政协、中国国民党。设专节详载1935~1996年在延安召开的32次会议，包括瓦窑堡会议、洛川会议、六届六中全委扩大会、中共第七次全国代表大会等与中共中央制定重大方针政策、确立毛泽东领导地位有关的重要会议。还记载了建党以后，延安地区进行的纪律检查工作及分别于1942~1943年、1951~1954年、1957年、1959年、1972~1976年、1985~1987年开展的6次较大的整党整风活动。

Yan'anfu Zhi [Jiaqing]

《延安府志》[嘉庆] 洪蕙纂修。清嘉庆七年(1802)刻本。80卷。约42万字。内容、体例较康熙志更为完善。分22门，包括纪一(恩泽)、表三(沿革、大事、封建)、考三(舆地、建制、水道)、略六(吏、户、礼、兵、刑、工)、传录六(前政、名人、孝义、忠节、列女、前志)、杂录一、文征二(书目、著述)。统43目。舆地考、建制考按先府后县的顺序记述，前者记载延安府疆界、星野、形胜及府辖十县疆界、形胜、山川、故城、古迹，其中宜川县目记载了境内壶口，靖边县目记载了边境及河套地区；后者记述府、县城池的建置沿革。水道考按水系记述，记载洛水、生水、走马水、犀水、区水、黑水、蒲水7条主要河流的名称、流经区域、主要支流。内容重吏略，记职官、荐辟、贡生、武举、封荫等，约占全志篇幅的30%。职官目记载了延绥镇官职设置情况及历任官员。户略记户口、田赋、仓储、盐法、商税、物产等。礼略记学校、坊表、祠祀、陵墓、岁时、习俗、礼仪等。兵略记兵制、驿站、屯田、马政、粮饷、军器(附烽火)等。刑略下五军道里、充徒道里目，记载五等充军刑的充军地点及途中驿站。工略记载府县境内公廨、关梁。传录下分6目，其中前志传录目记述嘉庆前修志情况。杂录与前志僭窃门相同，记宋李彝兴及明李自成、张献忠传。文征记金石、书目、诏敕、表状札子、奏疏、条议、杂记、序传志铭、书考、杂文、诗等。国家图书馆、故宫博物院图书馆、陕西省图书馆、上海图书馆、武汉大学图书馆等有藏。中国科学院国家科学图书馆、北京大学图书馆、陕西省图书馆等藏清光绪十年(1884)补刻本。南京图书馆藏抄本(6卷)。1997年，延安市地方志办公室以光绪复刻本为底本组织校点注释，1999年由陕西旅游出版社出版。

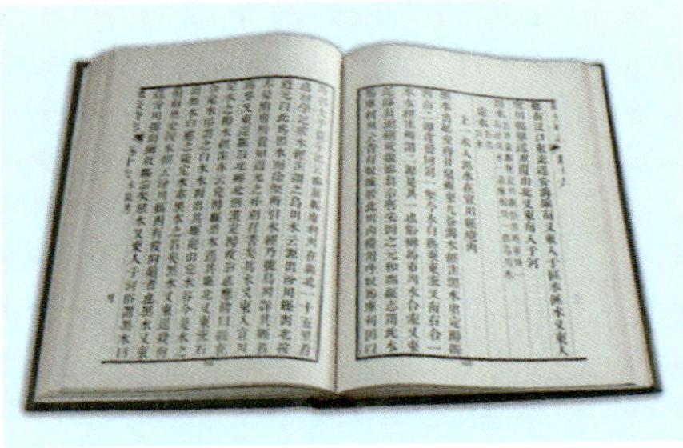

嘉庆《延安府志》("中国方志丛书"本)书影

Yanzhou zhi

严州志 严州古为浙江一府，也称睦州，辖域为浙江杭州所属的建德市、淳安县和桐庐县三地。据《浙江方志考》载，宋代严州修志书4种，其中李宗谔修大中祥符三年(1010)《严州图经》，董弅修、喻彦先检订绍兴《新定志》，均不存，淳熙、景定年间所修志书有传本。《文渊阁书目》著录两部严州府志，据《浙江方志考》记载，两志均无传本，纂修人不可考，断为明代所修。纂修年代可考的明代严州志有钱礼纂景泰《严州府志》，李德恢纂修弘治《严州府志》，杨守仁修、徐楚纂万历《严州府志》，吕昌期续修、俞炳然续纂万历《续修严州府志》，其中景泰志无传本。清顺治六年(1649)钱广居补辑《严州府志补遗》；康熙二十二年(1683)任风厚修、毛际可等纂《严州府志》，书成未刊，存序；乾隆、光绪年间所修府志存本较多。光绪志为续补乾隆志重刊本，由吴世荣续修，邹伯森等续纂，38卷，首1卷，增补职官、选举、武备、忠义四门。另有1937年重印本，附光绪十六年(1890)鹤山有《补编》、光绪二十六年贺良越《再补编》。

明万历、清光绪《严州府志》("中国方志丛书"本)书影

《严州图经》[淳熙] 董弅于绍兴九年(1139)撰《严州图经》。淳熙十一年(1184)陈公亮重修，刘文富订正。淳熙十二年刻本。又名《新定志》。仅存传本3卷，卷首为建德府内外城图、府境总图及建德、淳安、桐庐、遂安、寿昌、

分水诸县境图。卷1严州,卷2建德县,卷3淳安县。各卷体例略同。其余属县部分已佚。从残卷看,该志内容广泛,横排门类,统合古今,已备方志之体。通行本有光绪二十二年桐庐袁氏“渐西村舍汇刻”本、1937年“丛书集成初编”本。国家图书馆、南京图书馆、上海图书馆等藏旧抄本。天津图书馆、北京大学图书馆、福建师范大学图书馆藏1933年诵芬堂董氏刻本。日本静嘉堂文库藏明初抄本。

《严州续志》[景定] 钱可则修,郑瑶、方仁荣纂。景定三年(1262)刻本。又名《新定续志》。共10卷。书籍门详列严郡刊刻图籍70多种。台湾藏宋刊本。通行本有光绪二十二年桐庐袁氏“渐西村舍汇刻”本、1937年“丛书集成初编”本。其他版本还有乾隆《四库全书》本、光绪二十六年胡氏刊“刻鹄斋丛书”本、1934年诵芬堂董氏刻本、抄本等。

《严州府志》[弘治] 李德恢纂修,李伯通、董谟同修,唐珪校正。弘治六年(1493)刻本。22卷,首1卷。体例基本沿袭《严州图经》,增设守御,记宋时军营及明千户所建置。分仕宦、儒林、文艺、忠义、孝友、隐逸等类记述人物。增录诗文,以补前志之缺。天一阁藏残本(卷5~6,卷9~11,卷17~19)。上海图书馆藏明嘉靖年间增刻本,卷12守令的内容增补至嘉靖十四年(1535)。

《严州府志》[乾隆] 吴士进续修,胡书源等纂。乾隆二十一年(1756)刻本。35卷,首1卷。据吴士进序,此书以任风厚修未刊稿为蓝本,加以删改,增加70多年史事而成。分15门,门下分细目。卷首有严州府总图及建德、淳安、遂安、寿昌、桐庐、分水各县图。建置门设沿革表、郡县名表、历代分属考(包括严州府名考、六属县名考)。国家图书馆、北京大学图书馆、南京图书馆、浙江图书馆等有藏。

Yanshan Xinzhi[Minguo]

《盐山新志》[民国] 孙毓琇修,贾恩绂纂。1916年刊本。在清同治、康熙二志基础上编纂而成。30卷。约30万字。采用纪、传、书、考、略、录、图、表各体,分疆域(经界、沿革、古迹)、法制(建置、设官、赋役、新政)、文献(职官、氏族、人物、艺文)、故实(物产、谣俗、兵事、金石、轶闻)四略,共16篇40目,附叙录1篇。记事止于1915年。体例不袭正史,多创少因。专设新政等门目,反映清光绪二十六年(1900)前后时代变化的新特点。注重对经济内容的记述,赋役篇多列各种赋税收支,尤以陋规为详。详细介绍该县辉煌的盐业史。国家图书馆、河北省博物馆、首都图书馆、北京大学图书馆等有藏。

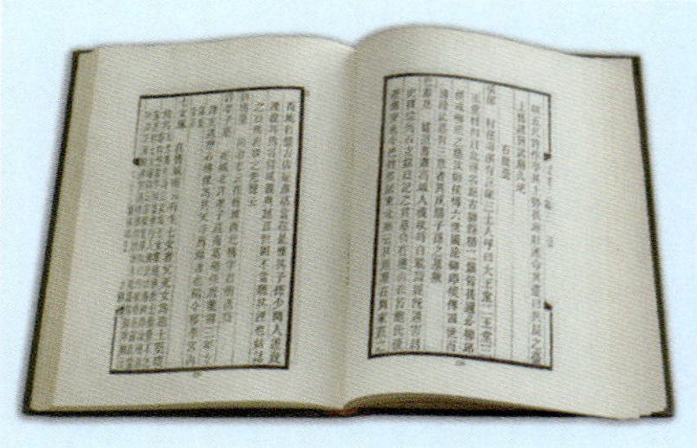

民国《盐山新志》("中国方志丛书"本)书影

Yanshanxian Zhi

《铅山县志》 主编郑维雄。1990年南海出版公司出版。133.8万字。设34卷127章393节。志首配彩图1幅、彩照39幅、黑白照片32幅。上起南唐保大十一年(953)置县,下至1985年。以生物及矿产资源、民主革命斗争纪略、轻工业、教育等卷(章)最具地方特色。生物及矿产资源卷重点记述南方铁杉、银杏、浙江楠、鹅掌楸、连香树等珍贵稀有树种,黄腹角雉、白颈长尾雉、华南虎、金钱豹、苏门铃、金猫等国家一级保护动物,永平铜矿、下湖铅(锌银)矿、五铜乡乌石岗锑矿、丁家山铀矿、永平天排山铁矿等金属矿床,沙畈硫黄矿、石溪膨润土矿床、翁溪石灰石与大理石矿床、港东白羊山硅灰石矿床、雾林山耐火黏土与煤矿等非金属矿床,附江西省武夷山自然保护区纪略。民主革命斗争纪略卷收入汪二地区的革命斗争、信江北岸的革命斗争、东坑起义、中共铅山县委和县苏维埃的建立、上铅边境的革命斗争、铅山党组织的重建、掩蔽根据地和地下党组织的建立、铅山的解放等20个专题。轻工业章首列造纸节、制茶节,突显铅山千年纸都、茶乡的特点,重点记述连史纸的生产工艺、贡茶品种及河口镇制茶情况等。教育卷有对江西四大书院之一鹅湖书院及朱熹与陆九龄、陆九渊“鹅湖之会”的记述。1993年在全国和江西的新编地方志优秀成果评奖中均获一等奖。

鹅湖书院全景

Yan Mu

颜木(生卒年不详) 字惟乔,号淮汉。明湖北应山人。正德十二年(1517)进士。初任许州(河南许昌)知州,改调亳州。后罢官,晚年居马坪约20年。纂有《随志》《应山县志》《兴都志》,与人合修《承天大志》,其中《兴都志》因志体不合未能刊刻,《应山县志》有正德十一年、嘉靖十九年(1540)两版,正德本体例与《随志》相同,已不存。另著有《家政》《七礼解》《烬余稿》等。在嘉靖《应山县志》后序中,认为传统的志书体例陈旧,主张仿《春秋》编年体例,“以时制分曹系事,立纲建目”;对于内容记述,主张“事主于毕载以立考案,行主于核实不为轻信,词主于浅近便人易晓”。①《随志》[嘉靖]。即《随州志》。任德修,颜木纂。正德十六年成书,嘉靖十八年刊刻。2卷。该志上卷采用编年体例,记述上起羲皇、下迄明世宗嘉靖年间史事;下卷为艺文,选录诗文,体例不合当时常规。后世著录此志时又称其为《汉东编年志》或《汉东志》。该志是中国明代编年体方志中仅存的一种。藏天一阁。②《应山县志》[嘉靖]。王朝燧修,颜木纂。嘉靖十九年刻本。3卷。约5.1万字。上卷有建置沿革、疆域、形胜、风俗、山川、物产、户口、人物、田赋、徭役等42目,中卷、下卷为诗文。

Yan Zhenqing Zhi

《颜真卿志》 主编张守富、王汝涛。1998年山东人民出版社出版。20万字。由卷首、正文、图录3部分组成。

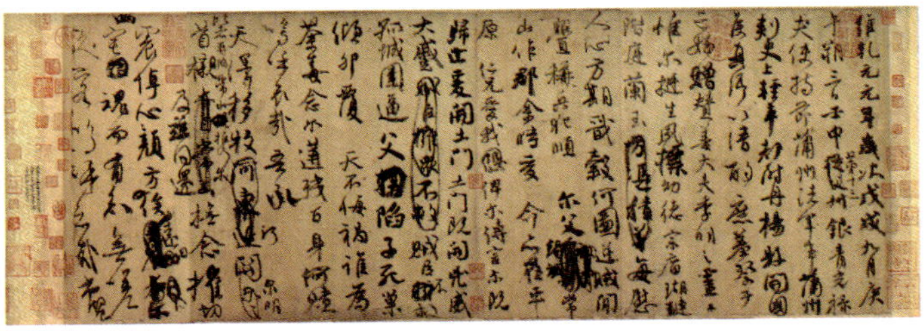

祭侄文稿("台北故宫博物院"藏)

卷首系名人题词及珍贵历史遗存照片,收录启功、刘九庵、欧阳中石、杨仁凯、郭仲选等书法名家题词。正文设家世与生平、书法艺术、著作、历代评价与研究、墓葬与纪念物5篇,下分14章,附有关重要资料。图录收录颜真卿书法作品54种,近300幅,所录作品涵盖颜真卿艺术生涯的全过程;同一作品收集不同历史时期的代表性拓本、刻帖,对比体现作品在流传过程中的损益变化,增强了图录的历史性、资料性;编排上,或整幅,或局部,或原大,或缩小,典型字则予以放大,充分展现颜真卿书法艺术的魅力。1999年获山东省精神文明建设"精品工程"图书入选作品奖。

Yanzhoufu zhi

兖州府志 兖州府(治所位于山东省兖州市)编修府志始于明,于万历元年(1573)、二十四年两次编修。清代有康熙二十五年(1686)志、五十八年志,乾隆三十五年(1770)志。清志从内容上补充了明志的不足,但不及明志编制谨严、资料丰富。

山东省图书馆藏《兖州府志》国内孤本(左一)及其他古籍珍本

《兖州府志》[万历元年] 朱泰、游季勋修,包大爟纂。51卷。卷前有兖州府州县图若干幅。正文分帝王部、圣贤部、象纬部、舆地部、食货部、文教部、武卫部、人物部、杂志、艺文部等门。舆地、食货、文教、武卫、艺文等门,载有本府的自然地理、赋役财政、文教人物、兵防武备及地方文献。为存世最早的兖州府志。天一阁藏残本。

《兖州府志》[万历二十四年] 易登瀛、卢学礼修,于慎行纂。52卷,图1卷。约80万字。卷首有春秋府境列图、兖州府总图、兖州城图及所辖各县图30幅,附于慎行撰《府图境州县图考》,还有阙里、阙里圣庙、孔林、颜庙、孔庙、漕渠、黄河等图7幅。正文分二十八志。收录兖州所辖各县的地理沿革、民风物产、职官名贤、灾异变故、名胜古迹等史料,考证翔实。其中圣里志分上、中、下三志,上志按编年体记载孔子一生的活动;中志记载了曾参、孟子、颜回等孔门主要弟子的事迹;下志介绍了孔、孟、颜后代中的知名人士。祠庙志、陵墓志详细考证境内所存历代名人的祠庙和陵墓,录有孔丘遗迹、孔庙的修建资料。风土、田赋、户役、河渠、盐法、马政、驿站等志,内涉民生利病。艺文志占比重大,收有诗、文、赋、赞、墓碑志铭、寺庙祝文等,包括李白、杜甫、苏轼、诸葛亮、陆机等名人诗文;还辑录记述兖州历代河流演变的频繁和人民遭受水灾的悲惨境地等相关资料。山东省图书馆藏残本(缺卷36~38),为国内孤本。齐鲁书社于1985年据日本宫内省图书寮藏另一原刻本补入所缺3卷后影印出版,中国始有全帙。

《兖州府志》[康熙] 张鹏翮纂修。康熙二十五年刻本。40卷,首1卷。约65万字。卷首有春秋府境列国图及府、州县、阙里、圣庙、孔林、颜庙、孟庙、漕渠、黄河等图,共37幅。正文设二十三志。艺文志占比重较大,有制诰、祝文、碑记、赋、赞、箴、铭、序、疏、杂体、古歌谣、琴操、五言古诗、五言近体诗、七言近体诗、五七言绝句诗;录有秦《邹峄山刻石文》、汉鲁相晨纂《孔子庙碑文》、唐李白《任城县令厅壁记》、颜真卿《天下放生池碑》、宋苏轼《颜乐亭记》、欧阳修《王彦章画像记》、于慎行《重修阙里林庙碑》,以及有关人民生计的文章,如大学士徐溥奉敕撰《安平治水成功碑》、大学士李东阳奉敕撰《安平镇减少土坝记》、于慎行撰《韩庄新河记》等。国家图书馆、天津图书馆、北京大学图书馆等有藏。

《兖州府志》[乾隆] 觉罗普尔泰修,陈顾滜纂。乾隆三十五年刻本。32卷,首1卷。约40万字。志前无序跋,无年月。叙事断限至乾隆三十三年。卷首为清顺治元年(1644)至乾隆三十年之间有关兖州府的皇帝圣谕、御制诗文及圣驾过兖的典礼等,后有府境州县图考及兖州府、府署、明伦堂、各州县等图,共17幅。正文设20志。志末阙里志别为一篇,以示尊圣。山东省图书馆、山东省博物馆等有藏。

Yanshixian zhi(jiuzhi)

偃师县志(旧志) 存世最早的一种为明弘治年间所修,据志序记述,此前早有志书且当时可见残编。明嘉靖年间魏弘济、卢学韶重修县志,久佚。清代修4种,艾元复依嘉靖志总纲,补缀新事而成顺治志,原刊本已佚,存康熙年间增刻本,康熙志(残本),乾隆十一年(1746)志、乾隆五十四年志均存。民国时期两次编修县志,第一次所修志书仅存教育部分手稿资料;第二次所修为风土志,1934年出版。①《偃师县志》[弘治]。魏津修,张让山纂。弘治十七年

(1504)刻本。4卷。领54目。记述简明扼要，突出特点，如山川目记白云山名称由来和山云的特点，记灵泉、甘露泉等泉的特色；田赋、农桑、户口3目均有明代洪武二十四年(1391)、永乐十年(1412)、成化十八年(1482)、弘治五年的各项具体数据；官目中记明代官职，均有小传。人物凡录之正史者皆标出。有些目记载简单，如杂志目仅记白兔、瑞茄、嘉禾3条，志中未记水、旱、蝗、雹、震等自然灾害。天一阁藏明抄本。②《偃师县志》[乾隆]。朱续志修，吕鼎祚、乔履信纂。乾隆十一年刻本。14卷。每目有小序。山川志为编写重点，记水详细，包括河流源头、流经地域、支流等。纪事卷下战伐目仅记李自成在此县有5次活动。国家图书馆、四川省图书馆等有藏。③《偃师县风土志略》[民国]。乔竹坡编著。1934年刊本。分地理、物产、建置、政教、礼俗5编。地理编据作者本人实地考察，系统叙述境内山川。绘制全境疆域山水略图、全境水道直线图。善用表。物产编中记粮、瓜类、蔬菜的种植面积，亩产量、总收入量均制出统计表，采用表格记录土产、土货。赋税、教育、乡镇、桥梁、陵墓等都有表格。国家图书馆、河南省图书馆、北京师范大学图书馆、河南省文物考古研究所图书馆有藏。

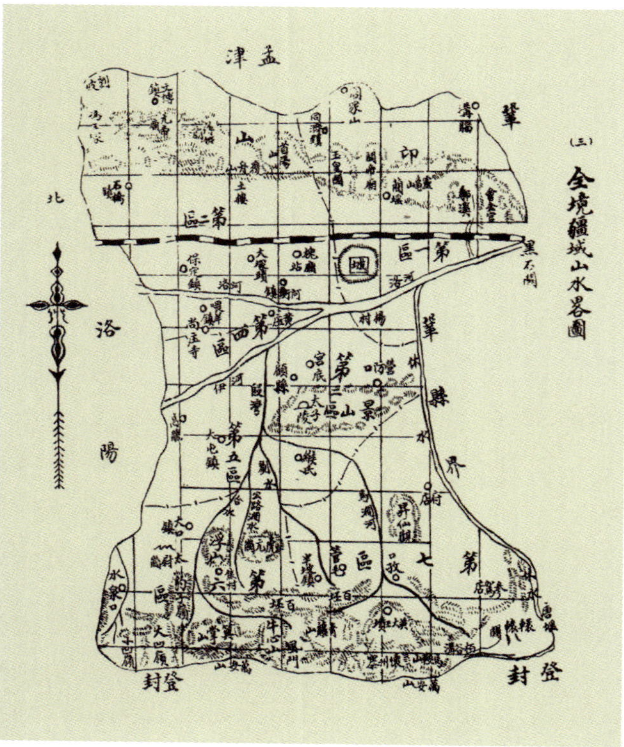

全境疆域山水略图(民国《偃师县风土志略》)

Yanmenguan Zhi

《雁门关志》 主编侯文正。2010年山西人民出版社出版。128万字。设总述、雁门关形势、雁门春秋、雁门防线、雁门烽火、雁门商道、边塞名城、边塞名人、雁门文化旅游区、旅游开发与服务、文献辑存、艺文集粹、研究论著、大事记14卷，下设38章103节。配彩色图照316幅。后附景观、战事、人名、地名专题索引。上起事物发端，下至2010年。志中记述了山西勾注山(雁门山)一线及周边地形地情，雁门关自先秦至民国时期在军事方面的重要地位及发挥的作用，明代雁门防线的构建及军事力量部署；选录古代、近现代经典战例28起，设表收录古代重要战事；记述古代经过雁门关的商道、雁门关附近重要商埠及往来于雁门关商道的代州商人。设专卷记述代县建置沿革、经济社会发展、民俗风情，代州古城的历史、军政衙署、街巷布局、坛庙寺观等。志中收录名将、望族、帝王、近现代名人，设表收录古代雁门、代州、山西(三关)镇等职官。记述了雁门文化旅游区的位置、布局、环境、交通等基本信息，分设章节记述雁门关、代州古城、杨家将文化、赵杲观、白人岩五大景区的主要自然、人文景观，还记述了旅游开发、服务情况。文献辑存收录古籍、诏令敕旨、碑记等古代文献，及规划、文件等现代文献。艺文集萃收集题咏雁门关的诗歌、游记散文，并收录有关传说故事、小说、戏剧、影视作品等。

Yan Juqian

燕居谦(1933—1991) 字益亭。山西交城人。1948年交城中学肄业。曾在交城县文化馆工作。1960年后，任中共交城县委办公室副主任、县委宣传部副部长、县政协名誉副主席等职。1982年任县地方志办公室主任。曾当选为吕梁地区地方志学会理事。1988年被查出患有癌症，此后先后编写工业志、党派群团志，审定修改文化志初稿20万字，编写、审定50万字县志初稿，主编一期《文史资料》，改写商业志。1990年6月携患有白血病的女儿开始在卦山文昌宫宿庙修志。9月完成140万字的《交城县志》总纂稿。吕梁地委宣传部编印《学习燕居谦》专辑。1991年，中国地方志指导小组发出《关于在修志系统宣传燕居谦事迹，开展向燕居谦学习的通知》。同年，电视剧《好人燕居谦》在全国播出，这是首部为地方志工作者编演的电视剧。

Yangzhoufu zhi

扬州府志 元末置扬州府(治所位于江苏扬州市)。明清时期，纂修府志14部，存世9部，分别是明嘉靖《惟扬志》、万历志，清康熙三年(1664)志、康熙十四年志、康熙二十四年志、雍正十一年(1733)志、嘉庆《扬州府图经》《重修扬州府志》、同治《续纂扬州府志》。①《扬州府志》[万历]。杨洵修，徐銮纂。万历三十三年(1605)刻本。27卷，首1卷。首卷为扬州府总图、各州县舆地城池图说。设12志。所用文献资料皆注明出处。突出当地要政，专设河渠、盐法并详细记述。对扬州地区主要河川溯津寻源，详述各县河渠水利情况。文苑志中收录历代名家与扬州有涉的诗文赋辞。杨洵在序中较多论及修志学说，在一定程度上反映了明末扬州府政治腐败、民不聊生的社会情况。国家图书馆、湖北省图书馆、上海图书馆、天津图书馆、北京大学图书馆等有藏。②《重修扬州府志》[嘉庆]。阿克当阿修，姚文田、江藩等纂。嘉庆

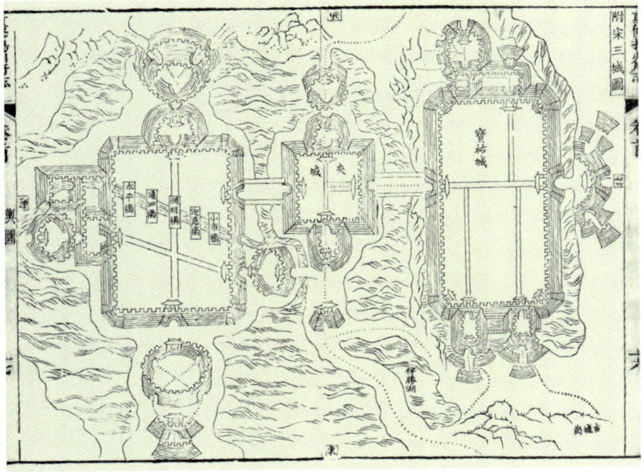

宋三城图(嘉庆《重修扬州府志》)

十五年(1810)刻本。72卷,首1卷。分28门。记述起自远古,止于嘉庆年间。资料采辑汇集府、州、县旧志及官牍档册、文献典籍,增加采访资料,文字篇幅在存世扬州府志中居上。对隋以前所称的"扬州"慎加考订,按实际地域记述,对异说及舛误之处,分条厘正,附考辨。明末以后,黄河夺淮改道,里下河水乡地区屡罹水患,舆图收录下河水利图,图后附案,说明下河水系及成灾缘由,河渠门详述川势水情及节宣疏导之宜。所设事略门实为大事记,详细反映了扬州的重要史事。瞿宣颖《方志考稿》称其"虽采撷未甚宏博,而语语必有来历,足为传信之作"。天一阁、南京图书馆、宁波市图书馆、温州市图书馆等有藏,还藏有同治十三年(1874)补刻本。

Yangxinxian Zhi

《阳新县志》 主编田祥继。1993年新华出版社出版。120万字。设5编,下分32个类目、109个子目。配照片80幅、地图17幅和插图若干。上起清道光二十年(1840),下至1985年。除文化编的民俗、宗教、方言,经济编的经济管理、乡镇企业,地理编、人物编外,政治编及经济编下所设其他类目均按晚清、民国、1949年后分期记述,各历史时期下采取横排纵写的方法。经济编矿业类目下设3个子目,用2.9万字的篇幅记述晚清时期煤矿及金属矿的勘查、开采情况,民国时期的官办、商办煤矿、铜矿、锰铁矿、铅矿、石棉矿、硫黄矿、红土矿,中华人民共和国成立后境内矿藏勘探、开采、冶炼情况,丰山铜矿、赤马山铜矿、鸡笼山金铜矿、枫林硫铁矿等矿业企业,突出反映阳新矿产资源丰富的特点。文化编文艺类目中记述了阳新采茶戏等地方剧种。1997年在全国地方志评奖中获二等奖,在湖北省首届志书评奖中获一等奖。

《阳新县志》书影

Yangyuanxian Zhi

《阳原县志》 主编刘志河。1997年中国大百科全书出版社出版。约150万字。设31编138章409节。志末配图照40余幅。上起战国时期赵国置安阳邑,下至1993年末。将泥河湾文化升格为编,记述1924年后对"泥河湾层"的研究和县境内发现的20余处泥河湾旧石器时代文化遗址等。将阳原驴骡章作为畜牧水产编重点章进行记述,体现阳原作为省大牲畜繁殖基地县、中国第一个"万骡县"、华北地区驴骡中心产区之一的特点。阳原普及小学教育工作成为中华人民共和国成立后教育战线上的一面红旗,设教育编小学教育节,详细记述全县普及小学教育的过程及其成功经验,还在有关篇章附录了实验小学简介、李彩复式教学基本经验。卫生编着力反映获全国科学大会奖的地方性氟中毒防治工作。继承李泰棻总纂的民国《阳原县志》的传统,专设生活编,记述县人风俗习惯时,特别强调特异之处。阳原有"北方侨乡"之称,传统职业章重点记述旅蒙华侨的情况。此外,对土特产品鹦哥绿豆、小石庄青

泥河湾遗址

椒等,均予以突出记述。2001年获河北省首届修志成果奖特等奖。

Yangyuanxian Zhi[Minguo]

《阳原县志》[民国] 刘志鸿等修,李泰棻纂。1935年刊本。18卷。约40万字。卷首配照片18幅。设96目。记事上起古代,下迄1934年,着重记载同治《西宁新志》后60年史事。新增反映时代特色的篇目,如政治卷中的司法、自治,党团卷中的政党、法团、社团,产业卷中的农、工、商、矿、林、运输各业,均为新设门目。又于农别目下,按富农、自耕农、半租农、全租农、全佃农5种分别记述其生产状况。创生活卷,于

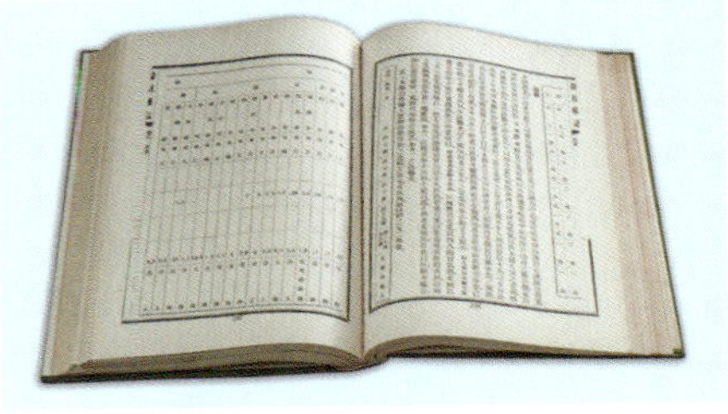

民国《阳原县志》("中国方志丛书"本)书影

饮食目下,按贫民、中产阶级、富家分别记述其生活状况。不再用分野表述法记述疆界位置,而改用经纬度表示法。注重对社会经济生活的记述,详列民国时期该县各种捐税表。各门之首均有概述,夹叙夹议,彰明因果。国家图书馆、首都图书馆、石家庄市图书馆等有藏。南京图书馆藏稿本。

Yang Du

杨笃(1834—1894) 字巩同,号秋湄。清山西乡宁人。同治三年(1864)举

Y

人。历任山西繁峙县、阳曲县训导和襄垣县教谕。九年，主讲西宁宏州书院，曾受聘纂修《西宁新志》，为其修志之始。光绪年间先后主纂或参纂《屯留县志》《天镇县志》《代州志》《长子县志》《长治县志》《壶关县续志》《蔚州志》《潞城县志》《繁峙县志》《五台新志》《山西通志》等。认为方志为地方史性质，方志内容、体例至宋始完备。方志所记不仅包括地域、诗文，更要详载人物。这些观点与清代历史派(见清代修志)志家所论相统一。主张"谈故实者，必博征见闻；述时政者，必昭著始末"，讲求志书肃括闳深、载述真实。在《长治县志》例言中主张方志体例应仿史体，所谓史体，应符纪传正史的标准，即纪、表、志、传、图五体；重视绘图，认为"史不为图，地志则非图不可"。①《蔚州志》[光绪]。蔚州为河北蔚县旧称。庆之金修，杨笃纂。光绪三年(1877)刻本。20卷，首1卷。约20万字。图居卷首。正文设表四、志九、传四、记五，共22门39目。重视人物传的撰写，资料来自正史、贤良祠传、满汉名臣传的称"史传"，资料来自家传、墓志、行状、名人文集的称"集传"，资料来自诸旧志和采访的称"列传"及称"列女传"。其中，以6000余字的篇幅记载魏象枢的生平、著述。记分大事记、风土记、名宦记、寓贤记、杂记，其中大事记以编年体辅以记事本末体的形式，记述春秋至同治年间的大事。②《壶关县续志》[光绪]。胡燕昌修，杨笃纂。光绪七年刊行。2卷。约7万字。卷首载新绘制的县境图等8幅。正文分11门37目。记事自清道光十五年(1835)至光绪五年。纪事目载咸丰三年(1853)太平军过境、同治六年乡民聚众数百据莲花山、光绪年间赈济等事。纠误门有对壶关地理的考证，3000余字。金石目载隋至明代碑刻30余通，多为前志所未收。有1983年县志编委会标点铅印本。③《繁峙县志》[光绪]。何才价修，杨笃纂。光绪七年，参考道光志及杨笃自编补志修纂而成，同年刊刻。4卷，首1卷。约11万字。卷首配图19幅，删道光图13幅，新增历代疆域、边关等图17幅，以每方十里和五里绘制。仿《武功县志》体例，诗文散注于各条之下。删道光天文志、祥异志，新增金石志、杂志等志。④《潞城县志》[光绪]。崔晓然等修，杨笃纂。光绪十一年刻本。4卷，首1卷。约16万字。卷首配殷至清疆域图13幅，乡镇图绘有平顺南乡并入壶关县诸村、平顺北乡并入黎城县诸村等图。正文分图、谱、考、记、录、杂述6类，19门。不列艺文门，流寓、仙释并入杂述门。

Yang Jialuo

杨家骆(1912—1991) 江苏南京人。国学专修馆肄业。后随祖父杨星桥编纂《国史通纂》。1930年创办中国辞典馆和中国学术百科全书编辑馆，任馆长。后在上海、北平设立中国辞典馆分馆。抗日战争期间迁至重庆北碚。其间成立张石亲先生遗书编刊会，并印行张氏《合川县志》71卷。1941年创办北泉图书馆。1944年倡议编纂北碚地方志，与吴大钧等人发表《创修北碚志缘起》，并亲拟《北碚志拟目及暂定分修名录》。1948年后，在台湾世界书局和鼎文书局任职。主编出版《四库大辞典》《世界学典》《历代经籍志》等。《北碚九志》，杨氏于1944年应北碚管理局局长卢子英之请，出任北碚修志委员会副主任委员，草创修志计划，分首编、地理编、政治编、经济编、文化编、社会编和附编7编56个分志。并以委员会名义，聘顾颉刚为总编辑，傅振伦及各篇撰稿人为委员，约迁建区机关、学校、邑绅合修《北碚志》。历时一年半，完成38个分志的草稿及部分篇章，约90万字。未及出版，修志委员会解散。1948年，中国地理研究所所长林超选择地理编中的气候志、地形志、土壤志、动物志、土地利用志，政治编的人口志，经济编的农业志和社会编的聚落志，共计9篇，约30万字，编辑成"北碚专号"在《地理杂志》第5卷第3、4期合刊上发表，于当年9月在南京出版发行。1977年杨家骆将"北碚专号"9篇文章，辑成《以科学论文方式撰写方志之试验：北碚九志》，由台湾鼎文书局出版。

Yang Shoujing

杨守敬(1839—1915) 字惺吾，一作星吾，号邻苏、晦堂。湖北宜都人。清同治元年(1862)举人。后考取景山官学教习。同治六年至十年，出使日本。搜求流入日本古籍数万件，撰《日本访书志》《留真谱》，部分收入"古逸丛书"，其中包括《太平寰宇记》缺佚部分。归国后，任两湖书院地理教席、勤成学堂总教长等。受聘任湖北通志局编纂，主编沿革部分。清宣统元年(1909)被举为礼部顾问官。1914年被袁世凯聘为顾问，任参政院参政。纂有《荆州府志稿》。历史地理学方面著作有《水经注疏》《历代舆地沿革险要图》《水经注图》《汉书地理志补校》《三国郡县表考证补正》等。①《湖北通志·舆地志》[光绪]。清光绪十一年(1885)长洲彭中丞修《湖北通志》，聘杨氏纂沿革门。彭氏病逝后，辍修。原稿残存407页，大多为杨氏手笔。其中的沿革、山川、形胜、古迹等部分大体已具规模。其后修宣统《湖北通志》时，其门人熊固之将此志稿作为蓝本。湖北省图书馆藏有光绪年间手稿本。②《荆州府志稿》[光绪]。3册。内容为舆地沿革，皆单篇文章，有《校正〈水经注〉江水篇》《禹贡江沱考》《荆州领县沿革考》《荆州表》《楚郢都考》及江陵、公安、松滋等县沿革考。有光绪年间杨氏稿本。

Yang Xunji

杨循吉(1456—1545) 字君谦，号南峰。明江苏吴县(属苏州市)人。成化二十年(1484)进士，授礼部主事。纂有《宁海州志》《章丘县志》《吴邑志》《长洲县志》《江苏州府志修识略》等，其中《长洲县志》已佚；另著有《松筹堂集》《辽小史》《金小史》等。①《章丘县志》[弘治]。章丘首部县志。陆里修，杨循吉纂。明弘治四年(1491)始修，次年刊刻。明嘉靖九年(1530)宋秉中订补重印。4卷,12目,约3万字。乡镇、山川、物产等目记述详细。原本已佚,嘉靖本藏天一阁。山东省图书馆存有部分拓稿,2册,约10万字。②《吴邑志》[嘉靖]。吴江市首部县志。嘉靖八年成书。16卷,图说1卷。杨循吉、苏祐纂,图说由曹自守撰。约8万字。卷1记邑名、疆域、形胜、风俗,卷2记吴国本末,卷3记县治、公廨、职官、县令题名,卷4记户口、田赋等,卷5记学校、学宫等,卷6记境内坛庙祠宇,卷7~10为人物传,卷11记山、古迹,卷12记水,附宋元以来治水事迹、古水利论,卷13为周汉以来古迹,卷14为土产,卷15为古今诗,卷16收录古今文章。有嘉靖八年刻本、明抄本、清抄本、民国抄本。

Yang Yiqing

杨奕青(1940—2007) 广东紫金人。1964年毕业于武汉大学历史系。曾任中国社会科学院民族研究所助理研究员、湘潭大学历史系副教授。1991年任惠州市地方志办公室副主任。组织搜集惠州市新旧志书及其他有关资料、修志所需工具书、方志理论著述等。组建修志队伍,先后聘请省内外专家和学者、退休县志办工作人员、教师等参与编修工作。争取市政府支持,购置修志必要设备。制定《惠州市志》篇目。草拟《惠州市志·凡例》《惠州市志·行文细则》等规定。加强与其他省、市、县地方志工作机构学习交流。创办《惠州年鉴》。指导《河源年鉴》《惠东年鉴》《龙门年鉴》《博罗年鉴》的编纂。主编《惠州乡镇》《地方志工作文献选编》《惠州商业步行街建设志》《惠州历史人物传》《客家礼仪》等。2000年任惠州市政府办公室助理调研员。同年年底退休,任《惠州市志》总纂。

Yang Zhishui

杨之水(1927—1991) 江苏南京人。曾任南京市政府办公厅文教组副组长,南京冷气机械厂党总支副书记,中共南京市委第二工业交通办公室秘书处处长,市经委、市委工交部办公室主任等。1982年筹建南京市地方志办公室。次年,市方志办正式成立,杨之水先后担任办公室副主任、主任,南京市地方志编纂委员会副主任,副编审。同年创办《南京史志》,为全国较早公开发行的地方史志刊物之一。1986年加入中国地方志指导小组城市志指导组。同年年底,主编的《南京简志》出版,为全国第一部新编城市志,1993年获全国新编地方志优秀成果奖三等奖。次年,主编的《南京年鉴》创刊出版。还主编《中国历史文化名城丛书·南京卷》等。1988年主持制定《南京市志》的编纂方案、总体设计和基本篇目。

Yaonan Shequ Zhi

《尧南社区志》 主编王炳荣。2009年古吴轩出版社出版。50余万字。设建置区域、人口、基层组织、农业、多种经营、工业企业、村级建设、文明风尚、社会、丛录、居民家庭记载11章,下设54节。配照片120余幅。上起民国时期,下至2007年底,照片及大事记延至2009年5月。系统反映江苏省苏州市吴中区尧南社区从中华人民共和国成立至2007年底的历史变迁,包括人民公社化、"农业学大寨"时期农村以粮为纲、农民围湖造田,改革开放时期尧南人新办村办企业、走出多种经营之路,社会主义新农村建设,调整农业结构,实施科学布局,探索"三集中"(工业企业向工业区集中、农民居住向新型社区集中、农业用地向规模经营集中),组建股份合作社的历程。丛录章收录往事实录、政治运动记事、传说逸闻、诗文辑录,及20世纪50年代初,全村村民的土地房产证辑录等村社历史资料。居民家庭记载章为该志最大特色,将社区1129户4321人全部记录在内,户户记载、人人入志,用1079份表格对全社区1129户居民的现状与历史片段略做记述,内容包括现有家庭成员、出生年月、已故亲属、家庭大事等。对每个家庭何时造楼房、何时买轿车等变化都进行真实记载。

《尧南社区志》书影

Y

Yao Nai

姚鼐(1731—1815) 字姬传,又字梦谷,室名惜抱轩,人称惜抱先生。清安徽桐城人。乾隆二十八年(1763)进士。历任山东、湖南乡试副考官、会试同考官等。三十八年,任四库全书馆纂修官。后主讲扬州梅花书院、南京钟山书院等。与方苞、刘大櫆并称为"桐城三祖"。审核加工孙星衍的嘉庆《庐州府志》,纂修嘉庆《江宁府志》,另著有《惜抱轩全集》等,选编有《古文辞类纂》。在《新修宿迁县志》序中,提出"郡县有志,本史体也","为史之道,莫贵乎信",主张修志应发扬"史家传信"的传统,志书"所取之事,必存乎信实而已"。在《泰山道里记》序中,提出"考记其地土之实,据以参相校订"的修志主张,要求做好实地考察工作,以克服以往地志"妄引古记,至纪今时山川道里远近方向,率与实舛"的积习弊病,以保证志书不出谬误。在《滇系》序言中,论述方志性质及修志人才,认为"方志为史家之一体,非具史才者为之,不能善也"。

Yao Ying

姚莹(1785—1853) 字石甫,号明叔,晚号展和、幸翁。清安徽桐城人。姚鼐侄孙。嘉庆十三年(1808)进士。先后任福建平和、尤溪、台湾等县知县。后任台湾兵备道,加按察使衔。道光二十年(1840)至二十二年,与台湾总兵达洪阿率领台湾军民先后五次击退英舰的进犯。次年,以"冒功"罪入狱。获释后贬往川藏。咸丰元年(1851)后,任广西、湖南按察使。为桐城派后期主要作家之一。撰有《东槎纪略》,著有《东溟文集》《识小录》《寸阴丛录》等,合辑为《中复堂全集》。《东槎纪略》，道光十二年刊本。5 卷。卷 1 为《平定许杨二逆》《复建凤山县城》及有关台北事，共 8 篇；卷 2 为《筹议噶玛兰定制》1 篇；卷 3 为《西势二十社》《东势十六社》《沿边各隘》《施八坑》《台北道里记》，余均为有关噶玛兰（主要分布于宜兰、罗东、苏澳一带）事，共 9 篇；卷 4 为《台湾班兵议》等，共 6 篇；卷 5 为《陈周全之乱》1 篇。记载了有关台湾的风土民情、舆地、物产、名胜、古迹、涉台兵事、政事等方面的地情状况。

Yigong Liangling Zhi

《一宫两陵志》 主编张金兰。2006 年辽宁民族出版社出版。包括《沈阳故宫志》《沈阳福陵志》《沈阳昭陵志》。共 140 万字。上限不一，部分内容适当上溯；下限至 2004 年。均设申报世界文化遗产专记，记述“申遗”全过程。①《沈阳故宫志》。80 万字。上起明崇祯二年(1629)。从建筑年代、建筑结构、相关数据、建筑特点等方面详细描述沈阳故宫 120 余座建筑；记述沈阳故宫收藏的精品文物十七大类 551 件、古旧籍图书 930 多种(类)；记载皇太极时期宫殿命名、宫殿使用、宫廷礼仪、宫门禁卫、朝会失误处罚等宫廷制度；记述清四帝 10 次东巡驻跸盛京宫殿的重要史实和日常情况；收录康熙等四帝东巡写的 119 首诗、3 篇御制文、十二殿悬挂的清帝所题匾联；选录 9 件遗闻逸事；记述 1949 年前举办的 45 次陈列展览，1949 年后 100 多次在市内外及国外举办的展览；记述 43 部相关学术著作，收录 55 部公开出版论著、20 部内部出版物、18 个简介、9 个邮政明信片、3 张光盘；记述档案、历史、建筑、文物、博物馆工作五大类 124 篇论文，附带收录 376 篇论文；收录努尔哈赤、皇太极、布木布泰、仇玉珽、金梁等 19 位历史人物。清代盛京皇宫文物清册收录清代曾经在沈阳故宫珍藏的十几万件文物。②两陵志。《沈阳福陵志》《沈阳昭陵志》的合称。各 30 万字。前者上限为崇祯二年，后者上限为崇祯十六年。两志结构基本相同，均详记陵园建筑。基本上每个建筑配一幅或多幅黑白图片，部分配有结构图。两志共列表记录 2015 株古松，《沈阳昭陵志》设条目记述神松、观音树、卧龙松等特色古松。两志分别对康熙等四帝 10 次东巡两陵的时间做了核定，记述两陵日常祭祀活动的时间、程序、备品选择、人员选派等。专设条目记录清帝及后人在两陵留下的诗文题咏。收录两陵的 19 个民间传说。设专记记述历史上的重大事件，详记发生在两陵的 13 起事件。两志均从园林建设、旅游服务、展览与展演、学术研究等方面记述两陵 1949 年后的管理情况。共记述清太祖、清太宗、田永茂、臧国祚、苗文华等 23 人生平。

昭陵

Yiliuyituan Zhi

《一六一团志》 主编唐刘凤。1999 年中华书局出版。53.5 万字。设 30 章 125 节。志首有团场示意图，配图片 54 幅。上起 1962 年，下至 1996 年。在内容上，以屯垦为主线，以戍边为辅线，系统记述老一代军垦战士和下一代军垦人 34 年的屯垦戍边历程。在军事章、边境纪事章中，较完整地记述了 1962 年春，在中苏边境发生的“伊塔”事件，以及受命于特殊历史条件，根植于特殊地理环境，依托于特殊组织形式，承担起特殊历史使命而成立的边境农牧团场。在人物章中，把孙龙珍烈士作为屯垦戍边杰出代表具体记述。该志书已成为兵团系统乡土教材。2000 年获兵团史志优秀成果奖一等奖。

孙龙珍烈士纪念碑

yitong zhi

一统志 全国性总志。创制于元代，明、清两代均有修纂。三代纂修一统志都是在皇帝颁诏令或敕令督办等直接干涉下，动用国家行政力量完成，都设置完备的组织机构负责实施操作，机构的组织方式、名称、功能有所不同。元、明、清颁布的一统志体例，直接影响到地方志书的编写，大多数省志、府志、县志的体例按一统志体例编制。

元修一统志 元朝共两次修撰一统志。至元二十三年(1286)，诏令以职方所上版图等文献资料纂修一统志。元一统志由至元九年设立的秘书监组织编纂，由翰林国史院负责具体编纂工作，并制定了一统志凡例。元王士点撰《秘书监志》，按年月详细记载了机构设置、人员组成、变动、纂修进程。①《大一统志》。扎马剌丁、虞应龙纂修。至元三十一年完成初修稿。755 卷。虞应龙将古今书史传记所载天下地理建置、郡县沿革、事迹源泉、山川、人物、圣贤赋咏等分类编述。取《汉书》记载的王吉所说“春秋所以大一统者，六合同风”之语，定名“一统志”。②《大元大一统志》。孛兰肹、岳铉等人编纂。大德七年(1303)修成，至正六年(1346)刊刻。1300 卷。按各路、州、县记述各地区史地，分建置沿革、坊郭乡镇、里至、山川、土产、风俗、形胜、古迹、宦迹、人物、仙释等门类。所用材料大多取材唐《元和郡县图志》、宋《太平寰宇记》《舆地纪胜》及宋、金、元所修志书，并对前朝志书中的错误多加更正。许多内容为唐宋总志所缺、明清总志所略，如各州县里至记载了十多个到达地的里程；土产在其他总志中也较少见，石脂、石油诸条弥补了《梦溪笔谈》所缺。该书在明代已佚，明、清一统志中存有该志中的若干资料。金毓黻辑《大元一统志》残本15卷，又与安文溥辑《大元一统志辑本》4卷。“玄览堂丛书续集”刊有残本35卷。1986年，中华书局出版赵万里校辑《元一统志》10卷。

明修一统志　明代自洪武至天顺，近百年间数次编修全国总志，其中以“一统志”定名的为《大明一统志》。李贤、彭时等纂修。天顺二年(1458)始修，天顺五年书成，英宗亲撰序文，赐名《大明一统志》刊行。90卷。为元、明、清三代所修一统志中篇幅最小的一部。其体例大体依《大元大一统志》而有所损益。首京师，次南京，然后以十三布政使司分区，详述各府州情况，末两卷附“外夷”，记述邻近国家或地区的地理形势，绘有全国总图和各布政使司分图。书中也存在着地理错置、张冠李戴、以无说有等弊病，为顾炎武《日知录》所讥讽。弘治、万历时重修，增加了嘉靖、隆庆以后有关建置的内容。版本主要有弘治十八年(1505)慎独斋刊本、万历十六年(1588)杨刊归仁斋刊本、天启五年(1625)刊大字本、万寿堂刊本等。

清修一统志　清代三次编纂一统志，历康熙、雍正、乾隆、嘉庆、道光五朝，共纂成康熙《大清一统志》、乾隆钦定《大清一统志》、嘉庆《重修一统志》三部。①《大清一统志》[康熙]。康熙二十五年(1686)敕修，徐乾学、韩菼、蒋廷锡、方苞等先后主其事，乾隆八年(1743)完成。342卷。体例基本仿照《大明一统志》。记述全国19个省、1600多个州、57个外藩属国、31个朝贡国的地理、历史、人文状况。每省的前面先立统部，冠之以图、表，次述分野、建置沿革、形势、职官、户口、田赋、名宦。诸州府又各立一表，次述分野、建置沿革、形势、风俗、城池、学校、户口、田赋、山川、古迹等21门。②《大清一统志》[乾隆]。和珅总裁。乾隆二十九年开始续修一统志，四十九年修成。500卷。门目沿袭康熙志，但体例更详，并修订讹舛，增补内容，反映版图扩充、政区变迁、职官汰增等变化。续载乾隆八年至乾隆四十九年的相关内容。对已载入《八旗通志》的清朝诸王及八旗大臣的事迹不再重载，对八旗大臣中的封疆大臣、政绩卓著者仍予以载入；政绩显著、曾经奉旨被褒嘉并列入祀贤良昭忠祠的文武大臣，均依照国史记载一并载入；对于乾隆四十一年奉旨赐谥号的前明忠烈诸臣，均依照褒忠录的记载予以载入；直省新设州县及改土归流诸厅县按新制辑为一卷；直省名宦人物未入前志者，经核查史传后入顺天府卷中；重新译改前志所转载的辽、金、元史中的人名、地名，并注明原作出处；增设税课门类，列于田赋门类后。③《嘉庆重修一统志》。穆彰阿、潘锡恩等编纂。嘉庆十六年(1811)始修，道光二十二年(1842)完成。560卷，另加凡例、目录两卷。记事至嘉庆二十五年。辑录京师及直隶、盛京、江苏、安徽、山西、山东、

《嘉庆重修一统志》(“中国古代地理总志丛刊”本)书影

河南、陕西、甘肃、浙江、江西、湖北、湖南、四川、福建、广东、广西、云南、贵州、新疆、乌里雅苏台、蒙古22个统部的分野、沿革、户口、田赋、风俗等内容。在前两志的基础上进行增补。如在直隶承德府增行宫门，在各省统部田赋后增税课门。增记乾隆《大清一统志》以后至嘉庆二十五年间各方面的变化，对前志的某些内容进行了补充。如记北疆，增记乌里雅苏台统部，新增乌鲁木齐、古城、吐鲁番、巴里坤、玛尔噶朗、那木干6处辖区。对边疆统部辖境的记载较乾隆《大清一统志》翔实、确切。采录国史及《日下旧闻考》《热河志》《盛京通志》《平定准噶尔方略》《西域同文志》《西域图志》《平定金川方略》《天下舆地全图》等以往各代地理志。该志门类齐全、体例完备、考订精详，远非清代前两部一统志可比。1934年，上海商务印书馆据清史馆藏进呈写本影印，收入“四部丛刊”(续编)。

Yitongxian Zhi

《伊通县志》　主编马学忠。1991年吉林文史出版社出版。120万字。设33卷156章526节。志首配图照200余幅。上起清光绪八年(1882)建立州治，但因中华人民共和国建立前本县无档无志，各据史料适当上溯；下至1985年，个别人物传延至1986年。为突出伊通是满族发祥地之一的特色，该志在文物卷设满族文物章，记述诰命、敕命、功牌、谱书、神器、祭器等；在社会卷宗教章设节记述满族原始宗教萨满教，习俗/礼仪章记述满族婚嫁礼仪、丧葬礼仪、祭祀、日常礼节、生活习俗、生育等内容。另设政事记略卷，在反封建斗争章、反帝斗争章中记述护路斗争、伊通学潮、于家沟惨案、泉头事件等；在解放后的政治运动章中，设土地改革斗争、镇反肃反、“三反”“五反”运动、整风运动和反右斗争、“大跃进”和人民公社化运动、“文化大革命”等节，对1949年后的重要政治事件进行适当记述。1993年获全国新编地方志优秀成果奖一等奖。

《伊通县志》书影

Yibinshi Zhi

《宜宾市志》　主编徐玉良。1992年新华出版社出版。124万字。设25篇120章。配政区图、街区图2幅，照片42幅。

宜宾三江口

上起1951年建市，部分篇章适当追溯；下至1985年。详尽记述宜宾城作为四川宜宾地区（宜宾市）政治、经济、文化中心的地位，体现其革命斗争传统及中华人民共和国成立后发生的历史性巨变，反映宜宾逐步建设成为具有现代化规模的新兴工业城市的历程。建置沿革篇设章记述宜宾城2100多年的建城史，从初治三江口到迁治江北、东山，后又复治三江口的历史变迁。其他篇章着重记述宜宾市新建30多年的历史和现状。交通篇设节记述4条水运航道、31处渡口、6座码头，概述水路运输的运力、运量、货场、管理情况，附长江、岷江、金沙江3个港区的短航里程表，突出宜宾地处“三江口”要冲、享“万里长江第一城”之誉的特色。工业篇设饮料制造节，商贸篇设酒节，对宜宾酿酒业有详细记述，体现了宜宾的“酒都”特色。1993年获全国新编地方志优秀成果奖一等奖。

Yiwu Zhi

《异物志》 杨孚撰。东汉永元年间成书。岭南地区风物类专志。又作《南裔异物志》《交州异物志》《南越异物志》等。原书1卷，已佚。清南海人曾钊辑录汇编成2卷本存世，收录佚文近百条，其中混杂《南州异物志》《交州异物志》《南裔异物志》等的佚文。清道光十一年(1831)，南海伍氏将其收录于粤雅堂刊本《岭南遗书》中。志中记载交州一带（包括广东、广西、越南北部地区）山川、物产、民族风土、民间传说等，详述岭南鸟、兽、虫、鱼、矿产、树、果、竹、草等物产资源。开创中国记载不同地区珍异物类的先河。篇目下注出处，附辑者按语，考校文字异同。前16篇主要记述古代民族，如记述雕题国、乌浒、合浦民等传说，秦汉以后合浦珠民潜入海水采捞珠蚌、剖蚌取珠的潜水采珠方式。志中有“赞”，均为四言诗体。广西壮族自治区图书馆、广西壮族自治区桂林图书馆有藏。1982年，广东人民出版社出版梁廷楠等《南越五主传及其它七种》，收录此志。

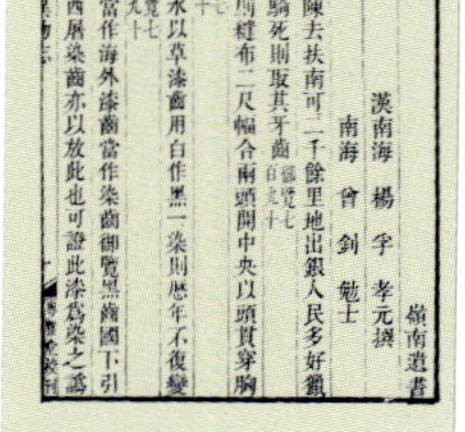
嶺南遺書
異物志
漢南海 楊孚 孝元撰
南海 曾釗 勉士
金鄰一名金陳去扶南可二千餘里地出銀人民多好獵
大象生得乘騎死則取其牙齒 御覽七百九十
穿胸人其衣則縫布二尺幅合兩頭開中央以頭貫穿胸
不突穿 御覽七百九十
西屠國在海水以草漆齒用白作黑一染則歷年不復變
一號黑齒 御覽七百九十
按海水疑當作海外漆齒當作染齒御覽黑齒國下引
異物志曰西屠染齒亦以放此也可證此漆為染之譌

《异物志》内页书影

Yibu Fangwu Lüeji

《益部方物略记》 宋祁纂。北宋嘉祐二年(1057)刻本。1卷。该志为补《剑南风物》遗缺之作。记载益地（四川一带）65种珍奇动植物，其中奇草异木41种、药用植物9种、鸟兽8种、虫鱼7种。附郭璞《山海经图赞》临摹图，后注文字说明。首都图书馆、故宫博物院图书馆等藏陶宗仪《说郛》本，上海图书馆、天津图书馆、山东省图书馆等藏明沈士龙、胡震亨《秘册汇函》本，湖南图书馆、南京图书馆藏明毛晋《津逮秘书》本，国家图书馆、陕西省师范大学图书馆等藏清张海鹏《学津讨原》本。

Yinchuanshi Zhi

《银川市志》 主编李春阳，总纂贺吉德。1998年宁夏人民出版社出版。2卷，180万字。设24编118章468节。志首有明代宁夏城图、宁夏省会图(1936年)、银川市行政区划图、银川市街略图、照片62幅。上起事物发端，下至1985年，个别章节适当下延。地理编简述银川市的位置、境域、建置沿革、行政区划及地名的由来和演变，境内的地质、地貌、气候、水文、土壤等自然环境，以及贺兰山自然保护区的气候、土壤、植被、自然资源等。工业编将1949年前后的工业企业、工业布局、工业结构进行对比，并分类记述机械、化学、纺织、食品、建材、电子仪器仪表、家具等工业门类，以及银川长城机床厂、西北轴承厂等多家重点骨干企业。农业编主要记述境内种植业、林业、畜牧业、水产业、水利、农业机械化的发展概况、管理机构、产品产量等内容。军事编主要记述古代和现代的兵事纪要、重大战争等。教育编特设民族教育章，记述境内少数民族，主要是回族的初、中、高等教育状况。文物古迹编重点记述金山林场新石器文化遗存、大口子沟西夏建筑遗址、镇北堡建筑遗址等古代遗址，海宝塔、承天寺塔、纳家户清真寺等古代建筑，西夏王陵、汉墓等墓葬，贺兰山滚钟口西夏钱币窖藏，马莲口石刻像、苏峪口摩崖佛像等古代石刻，贺兰山岩画、山嘴沟千佛洞等古代岩画、壁画。社会编记述境内世居的回族、汉族、满族及其习俗，还记述伊斯兰教、佛教、天主教等宗教。人物编设人物传略、英模表和革命烈士英名录。

银川市民族团结碑

Yinxian zhi

鄞县志 存世最早的鄞县（属浙江宁波）志书是唐代徐浩著《古迹记》。有文献可考的以“鄞县”冠名的志书有宋代李璜撰《鄞县记》，已佚，《舆地纪胜》引其文一条。明永乐年间纂修县志1种，纂修人不可考，已佚。清康熙、乾隆年间均两次纂修县志，其中，康熙十一年(1672)，朱士杰纂修县志20卷，无传本，据光绪《鄞县志》记载，此志分37门；康熙二十二年志有存本；乾隆年间修成县志一部，另有蒋学镛编纂《鄞志稿》20卷（1935年张寿镛辑，并刊入“四明丛书”）。清咸丰六年(1856)，张铣修、周道遵等纂，修成县志一部，32卷，首1卷；同治年间修成县志一部，为清代所修鄞县志中卷帙最多的一部。民国时期修成《鄞县通志》。乾隆志及志稿、咸丰志、同治志、民国志均存。

《鄞县志》［乾隆］ 钱维乔修，钱大昕等纂。乾隆五十三年(1788)刻本。30卷，首1卷。置图14幅，分29门。志中取材，据历代正史、地理书、旧志、名公诗文集、稗官小说、家传志状。各条之下均标注出处书名，或标注参考、采录之处。对水利的叙述较前志更为详细；卷末辨证门对旧志多有考辨；金石门对宋元以前断碑只字，全部著录；明以后碑刻，择要著录。国家图书馆、北京大学图书馆、浙江图书馆等有藏。另有道光二十六年(1846)刻本。

《鄞县志》［同治］ 戴枚修，董沛、张恕、徐时栋纂。同治十三年(1874)成书，光绪三年(1877)刊印，故又称光绪志。75卷，首1卷。分39门。以钱大昕纂乾隆《鄞县志》为本，补疏辨误，考证精详。凡历代郡县志书中有关郡县者基本载入。参考书籍1600余种。中国人民大学图书馆、天一阁藏同治稿本。浙江图书馆、南京图书馆、宁波市图书馆、北京大学图书馆等藏光绪三年刻本、抄本。

海防图(同治《鄞县志》)

《鄞县通志》［民国］ 张传保、赵家荪修，陈训正、马瀛纂。1951年刊本。不分卷，51编。约550万字。分为舆地、政教、博物、文献、食货、工程六志。记叙范围为鄞县全域(涵盖宁波海曙、江东、鄞州三区和江北城区等)，附地图一函，计26幅。该志在历代县志资料基础上，重新考订整理，并第一次系统、科学地记录了19世纪后期开始的中国近代新兴行业和新生事物。较多地采用现代科学的观点、理论、方法，如记动植物，除记载单名外，均附以拉丁文的二名法，还有以经纬度定地址、以注音字母标读音等。所配地图全部是经科学实测得出，多为大比例尺，如鄞县总图为1∶50000，鄞县分图为1∶25000，著名市镇图为1∶5000。天一阁、中国科学院国家科学图书馆、浙江图书馆、杭州大学图书馆等有藏。

Yingshanxian Zhi

《营山县志》 主编李定国。1989年四川辞书出版社出版。140万字。设31篇140章470节。配行政区划图、照片26幅。上起1912年，下至1985年。自然环境、民俗、方言等篇充分体现地方特色。其中，民俗篇记述县域生活、礼仪、岁时、家族、信仰、社团习俗，社团习俗章详细记述晚清及民国时期境内袍哥组织(哥老会)及其分支青帮的发展情况。方言篇分设3节，从声调、声母、韵母三方面记述县境内营山话、茶盘话、安化话三大语音系统，及常用词汇和语法。1990年获四川省哲学社会科学优秀科研成果奖二等奖，1993年获全国新编地方志优秀成果奖一等奖。

《营山县志》书影

Yinghuan Zhilüe

《瀛环志略》 徐继畬著。清道光二十四年(1844)，完成初稿《瀛环考略》(一说曾名《舆地考略》)，后历时5年，几经改动，完稿定名《瀛环志略》。二十八年于福建初刻刊行，即戊申本，因徐氏时任抚台，故初刻本又称抚署本。“瀛环”二字为徐氏首用。“瀛”即海，瀛所环者即列国。以战国邹衍所论中国之外更有九大洲，有大瀛海环之，故名。该书为反映西方风土人情的著作。共10卷。约14.5万字。含地图42幅。卷首为地球(东、西两半球)图，每洲有洲图，重要的国家附有地图，除皇清一统舆地全图及朝鲜、日本的地图外，其他地图均为临摹欧洲人的地图所制。叙说以地球为引子，介绍东西半球的概况，之后按亚洲、欧洲、非洲、美洲的顺序，依次介绍世界约80个国家和地区的地理，包括疆界位置、政区城市、山脉河流、地形气候、人种肤色等，兼及历史、经济、社会风俗，首次介绍了西方民主制度，尤其对美国及华盛顿评价很高。每篇末尾附按语，叙述作者对人、事、物的感受。台湾图书馆藏道光二十四年手稿本、道光二十八年福建原刊本，甘肃省图书馆藏清咸丰元年(1851)日本对嵋阁刻本；国家图书馆藏日本文久元年(1861)对嵋阁刻本(井上春洋、森荻园、三守柳圃训点)、道光二十八年署藏版刻本等，广东省立中山图书馆藏道光三十年红杏山房印本、咸丰十一年(1861)对嵋阁刻本、清同治十二年(1873)裌云楼印本、光绪二十四(1898)年美华局印本、光绪二十八年日新书庄印本、光绪二十九年有用书斋印本等，山西省图书馆藏道光二十八年扫叶山房刻本、同治五年刻本、光绪二十三年扫叶山房刻本、光绪二十四年老扫叶山房刻本、光绪二十八年善成堂刻本等；故宫博物院图书馆藏道光三十年刻本，厦门大学东南亚研究中心图书馆藏同治十二年本。最初的版本中，皇清一统舆地全图排在亚细亚之后，后调整到之前。清代也有人进行了续补、增订工作。咸丰年间，何秋涛作《瀛环志略辩正》，对有关俄罗斯记述的错漏处做了订正；光绪年间，薛福成作《续瀛环志略初编》，还有刊载于《小方壶舆地丛钞再补编》第十二帙中署名“毅”的《瀛环志略订误》，游五大洲人作的《瀛环志略续编(集)》。康有为曾对《海国图志》和《瀛环志略》进行比较，并在《桂学答问》中指出“《瀛环志略》其译音及地名最正”。咸丰二年，魏源重印《海国图志》，从该书中辑录了近4万字的资料。当代相关的研究著作及校点整理本有文津出版社于1990年出版的译作《徐继畬及其〈瀛寰志略〉》，上海书店于2001年出版的点校本《瀛寰志略》，文物出版社于2007年出版的《瀛寰志略校注》，山西人民出版社于2009年出版的《徐继畬和他的〈瀛寰志略》》,等等。

《瀛环志略》在中国的影响　该书初刻本问世后的约20年间,在国内的流传和影响都很有限,被批“张大夷人”“夸张夷情”。洋务运动兴起后,此书开始受到关注。同治五年,总理衙门重印此书,并将其列为京师同文馆教科书。成为19世纪下半叶国人了解世界的重要读物,清末出使外国者几乎人手一部。梁启超称“中国士大夫之稍有世界地理知识,实自此(指该书)始”。书中对西方技术的介绍及对西方制度的推崇,给予当时的思想界以及后来的资产阶级维新派以重大影响。

《瀛环志略》在日本的影响　咸丰十一年翻刻,称文久辛酉版,也称对嵋阁本(台湾商务印书馆曾出版此本影印本)。光绪二十一年日本翻刻此书,称己未版。此书在日本的流传为日本人提供了了解西方文化的途径,在一定程度上推动了明治维新。

《瀛环志略》在美国的影响　咸丰三年,传教士丁韪良推荐,浙江宁波府集此书中称颂华盛顿的文字,镌刻在花岗石碑上,赠予美国华盛顿纪念馆,后被砌在华盛顿纪念塔第十级内壁上。传教士伯驾将碑文译成了英文,在美国广为传播。同治六年,美国公使蒲安臣奉总统之命,将华盛顿画像作为国家礼物送给徐继畬。1998年,美国总统克林顿访华,在北京大学发表演讲时曾提到碑文。

Yingya Shenglan

《瀛涯胜览》　马欢著。明景泰二年(1451)成书。主要记述作者随郑和下西洋时亲身经历的20国的航路、海潮、地理、国王、政治、风土、人文、语言、文字、气候、物产、工艺、交易、货币、野生动植物等状况。对15世纪初南洋各国和一些阿拉伯国家的国王、民俗、物产等记载较详。书中关于印度及其周边榜葛剌国、锡兰国、小葛兰国、柯枝国、古里国等国家的记录较详,且很多南洋国家和地区都有梵文名字。有《瀛涯胜览集》本、《国朝典故》本、《张文喜公文集》本等。校注本有商务印书馆于1935年出版的冯承钧《瀛涯胜览校注》和海洋出版社于2005年出版的万明《瀛涯胜览》校注。

Yingchuanjun Zhi[Yongle]

《颍川郡志》[永乐]　陈琏著,田深校刊。明永乐十一年(1413)刻本。秦设颍川郡(治所位于河南省禹州市),以颍水得名。后称许州。明永乐初创修许州志,即《颍川郡志》。据陈琏序文可知“成志书十七卷”。存9~17卷,前4卷分别著录襄城、长葛、临颍、郾城4个县,每卷设目相同,记述沿革、疆域、境内街巷、公署、山、河、寺观、桥梁、古迹、人物等,绘有域图;卷13~15分别为碑刻、碑、记,以元代最多,记载本地风俗民情、赋役、户口、水利等情况。卷16为序,多送答之词。卷17记诗(唐、宋、明),多半为陈琏诗作。该志为存世河南明代志书中最早的一种。国家图书馆有藏。

Yongdingxian zhi(jiuzhi)

永定县志(旧志)　福建永定县志自明成化二十年(1484)至1949年,共修纂8次。明成化、嘉靖、万历年间各修1次;清康熙年间修2次,乾隆、道光年间各修1次;民国时期修1次。成化志、嘉靖志、万历志、康熙十一年(1672)志仅存序文。①《永定县志》[康熙]。翻翊清修,陈钧奏纂,赵良生增纂。康熙三十六年刻本。10卷,分设封域、营建、学校、赋役、秩官、选举、人物、兵制、丘垅、艺文10纲90目。国家图书馆有藏。②《永定县志》[乾隆]。伍炜修,王见川纂。乾隆二十二年(1757)刻本。

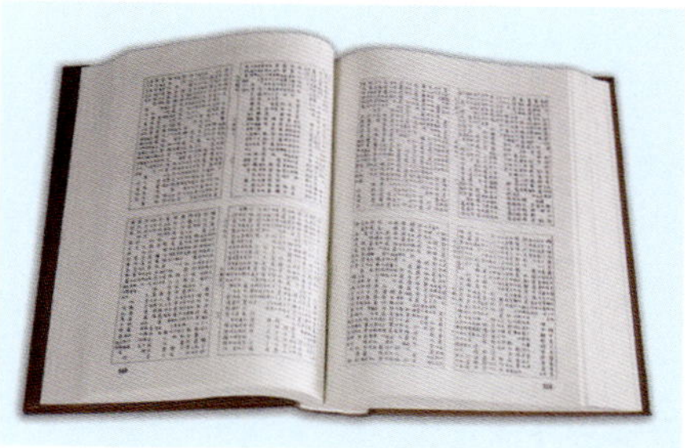

民国《永定县志》(“中国地方志集成”本)书影

8卷。分8纲38目。故宫博物院图书馆藏刻本残本。③《永定县志》[道光]。方履篯修,巫宜福纂。道光十年(1830)刻本。32卷。分图、表、志、传4纲32目。记事止于道光十年。天津图书馆、大连市图书馆、长汀县图书馆有藏。福建省图书馆、福建师范大学图书馆藏抄本。④《永定县志》[民国]。徐元龙创修,项际科续修,张超南领衔总纂。1949年石印出版。36卷,首、末各1卷。志23卷,传11卷,文征、杂录各1卷。国家博物馆图书馆、上海图书馆、福建博物院、厦门市图书馆等有藏。福建师范大学图书馆藏抄本。

Yongjiaxian zhi(jiuzhi)

永嘉县志(旧志)　永嘉县志创修于明正统以前,据清光绪《永嘉县志》凡例记载,县志“自元、明及清凡五修”。《文渊阁书目》著录县志一种,未详纂修人名氏,久佚。明弘治十一年(1498),汪循纂修县志16卷,清乾隆《永嘉县志》记载该志谢铎序,未见传本。明万历二十八年(1600),姚永济修、王光蕴纂县志17卷,万历三十年刊印,见于孙殿起《贩书偶记续编》著录。有传本存世的有明嘉靖年间及清康熙、乾隆、道光、光绪年间所修县志。其中,程文箸修、王叔果纂嘉靖《永嘉县志》9卷最古,日本尊经阁文库藏补刻本;道光末年汤成烈纂修县志稿37卷,未刊,孙氏玉海楼藏传抄稿本;咸丰年间,王景澄纂有《永嘉县志摘抄》。

《永嘉县志》[康熙]　永嘉县在康熙年间两度纂修县志。康熙十二年(1673),马琾修,林占春、周天锡纂。14卷。书成未刊,未见传本。康熙二十一年,郑廷俊主持续修,郑应曾等增订。14卷。重视经济,土田、税赋、盐课等目记载详细。突出记述兵防内容。国家图书馆、上海图书馆等有藏。日本东洋文库及内阁文库有藏。

《永嘉县志》[乾隆]　崔锡等修,齐召南、汪沆纂,施廷灿校刻。乾隆三十年(1765)刻本。26卷,首1卷。约40

万字。列31门。记事止于乾隆二十七年。重点记述清开国至乾隆初的史实。山川门记述“奇胜见于载籍”的名山及僻远高山的方位、名胜掌故。田赋门详细记载顺治、康熙、雍正历朝田亩科则、赋税资料等。祥异门记述晋永平元年(291)至乾隆十五年的水灾38次。国家图书馆、北京大学图书馆、浙江图书馆等有藏。日本静嘉堂文库藏乾隆刊本，有补刻。

《永嘉县志》[光绪] 张宝琳修，王棻、孙诒让、戴咸弼纂。光绪八年(1882)刻本。38卷，首1卷。约110万字。卷首有舆图。正文分14门120余目。人物志6卷，收录自晋代至清代人物670余人(不含列女与殉难义民)。古迹志4卷，收入晋至元代石刻60余种，明清石刻百余方，可补《两浙金石志》之缺漏。艺文10卷，收录唐宋至晚清永嘉乡贤著述900余种，及诗赋、奏议、传记、序跋、杂文等，其中所载经济史料已涉及温州资本主义萌芽。末卷下有辨误、存疑两目，对旧志所载错误、史实史事进行考订。国家图书馆、上海图书馆、南京大学图书馆有藏。另有1935年刘景晨补版本，由梅雨清补校，附有跋语；1963年杭州古籍书店重印本。2010年，中华书局出版永嘉县地方志编委会办公室校注本。

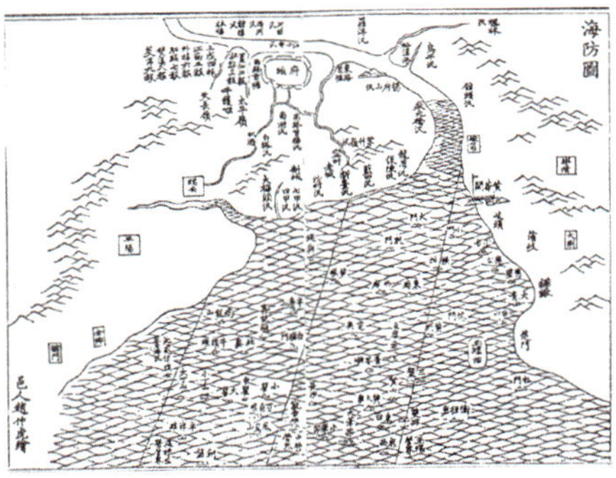
海防图(光绪《永嘉县志》)

Yongle Dadian Fangzhi Jiyi

《永乐大典方志辑佚》 《永乐大典》中方志辑佚丛书。马蓉、陈抗等辑校。2004年中华书局出版。全书分前言、目录、正文、补遗、图版、书名索引6个部分。从《永乐大典》中辑录已佚的方志共987种，所辑方志的最迟修纂时间是明永乐三年(1405)。依行政区域统计，北京市13种、天津市3种、河北省29种、山西省24种、上海市6种、江苏省68种、浙江省123种、安徽省150种、福建省51种、江西省143种、山东省12种、河南省35种、湖北省39种、湖南省63种、广东省77种、海南省12种、广西壮族自治区58种、四川省52种、云南省3种、陕西省8种、甘肃省3种、不明地域者10种、外国5种。该书采用两种检索形式，一是体现在目录中，以行政区划为索引单位，分省或市、府、县等层级，读者可以按其归属来查阅有关方志；二是在全书最后单独设置书名索引，按笔画及四角号码检索书名。

Yongqingxian zhi(jiuzhi)

永清县志(旧志) 河北永清于清康熙年间创修县志，乾隆光绪年间均有编修。康熙志存原刻本，乾隆志、光绪志存1971年铅印本。①《永清县志》[康熙]。万一蘺、乔寯纂修。康熙十五年(1676)刻本。15卷。约5.5万字。配图17幅。分15门65目。志中记载域内古迹、祠庙、寺观、碑文、墓志等80余处。国家图书馆、中共中央党校图书馆等有藏。②《永清县志》[乾隆]。周震荣修，章学诚纂。乾隆四十四年(1779)刻本。约19万字。共25篇，分别为二纪(皇言、恩泽)、三表(职官、选举、士族)、三图(舆地、建置、水道)、六书(吏、户、礼、兵、刑、工)、政略、十列传(龙敏、史天倪、史天安、史天泽、杜时昇、诸贾、义门、列女、阙坊、前志列传)。记事止于乾隆四十三年。该志重视资料来源，重视社会经济活动，尤其注重民生。以开方计里法绘制舆地图17幅、建置图8幅、水道图7幅。户书中记载了金融及当时各种物价，如“库平纹银一两，易钱九百四十，每钱一千，市例少十六枚，俗名底串”等，为物价史的重要资料。除乾隆刻本，还有清嘉庆十八年(1813)补刻本、道光七年(1827)重刻本、道光十三年《章氏遗书》本、1936年《章氏遗书》本、1930年摄影本、1941年铅印本和抄本等。1936年《章氏遗书》本中另附文征5卷，分别为奏议、征实、论说、诗赋、金石。③《续永清县志》[光绪]。李秉钧、吴钦修，魏邦翰纂。光绪元年(1875)刻本。14卷，附文征2卷。约10万字。分25目。记乾隆四十五年至光绪元年史事。增设沿革纪、封赠表、荫袭表、风土志、杂志、续志胜言等目，续编政略并附补遗，列传增记贾庆檀、刘源灏、刘源濬、刘毓崑及孝友、流寓。沿革纪对该县历史所做考证较前志更翔实，风土志记述民俗物产，杂志记历史大事，恩泽纪续编内容多关于永定河泛滥成灾，是人民生活之苦、永定河水患之烈的历史记录。水道图详记筑堤挖河始末。户书续编记述土地政策、人口情况。国家图书馆、中国科学院国家科学图书馆、北京大学图书馆等有藏。中国人民大学图书馆藏抄本(卷5~14)。另有1941年铅印本。

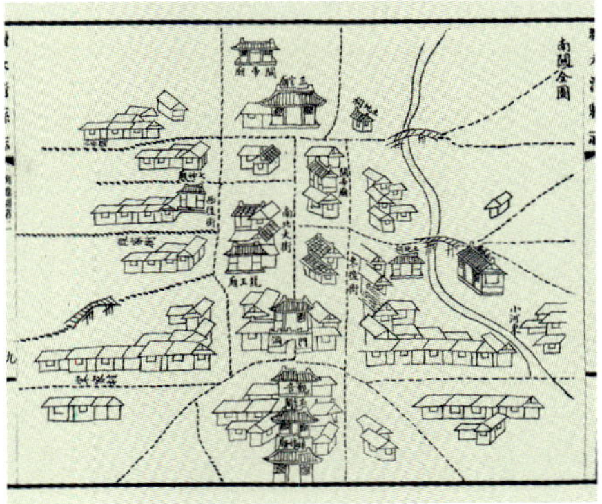
南关全图(光绪《续永清县志》)

Yu Shaosong

余绍宋(1883—1949) 号越园、樾园，晚号寒柯。浙江龙游人。清光绪二十五年(1899)秀才。曾留学日本法政大学。宣统元年(1909)回国。1912年起，历任众议院秘书、司法次长、广东省通志局总纂、龙游县修志局总纂、浙江省史料征集委员会主任委员、第二届临时参议会副议长、浙江通志馆馆长等职。主持纂修《重修浙江通志》。所纂《龙游县志》被视为佳志。另纂有《万历〈龙游县志〉辑佚》《康熙〈龙游县志〉订伪》，主要方志论文有《略评旧浙江通志兼述重修意见》《重修浙江通志初稿体例纲要及目录》《浙江文征例议》《答修志三问》等。《答修志三问》,载《浙江省通志馆馆刊》第1卷第3期。论述方志编纂体例、书法、文辞应如何适应时代变化,反映时代特点,认为修志应符合时代要求,要根据时代需要自出心裁;主张修志者应站在第三者的立场,要实地考察,确保资料的准确性;认为志书要有实用价值,记载要翔实,行文上要求精练、简洁。

Yu Yue

俞樾(1821—1906) 字荫甫,号曲园。清浙江德清人。道光三十年(1850)进士。历任翰林院编修、河南学政等。后主讲苏州紫阳、上海求志等书院及杭州诂经精舍等,门生有章太炎、袁昶等。同治年间,总办浙江书局,精刻书22种。参与纂修《上海县志》《续天津县志》《川沙厅志》,总纂《镇海县志》等。另著有《群经评议》《诸子评议》《古书疑义举例》等,大多收入《春在堂全书》。①《镇海县志》[光绪]。于万川修,俞樾总纂,刘凤章协纂。同治九年(1870)始修,光绪五年(1879)完稿刊刻。40卷。记载内容强调实用,对资料详加考证,并标明出处。人物传遵一统志例,按代为传,唯孝义别立一门。学校门记述尤详。②《川沙厅志》[光绪]。陈方瀛修,俞樾等纂。因修《江南通志》奉修厅志,同治十一年始修,光绪五年刊行。14卷,首、末各1卷。约22万字。正文分14门42目13附目。记事上限追溯源头,下限至光绪四年。体例仿同治《上海县志》。辑录有大量有关抗倭、鸦片战争、小刀会起义、太平军活动,以及宋元以后救援朝鲜、琉球遇险船只等史料。因"川沙海防要地","其巡防镇抚之责甚重,故兵制源委加详",在兵防门设兵制一目。该志绘图精细,以方格计里。黄炎培纂民国《川沙县志》,多承该志体例。上海图书馆等单位有藏。

Yu Zhengxie

俞正燮(1775—1840) 字理初。清安徽黟县人。乾隆五十九年(1794)赴山东兖州向孙星衍请教,受孙氏赞赏推重,由是知名。嘉庆年间,纂成《黟县志》。道光元年(1821)中举。后受林则徐聘请,主纂道光《湖北通志》。晚年主讲南京惜阴书院。另著有《癸巳类稿》《癸巳存稿》等,与黎世序合编《续行水金鉴》,校勘顾祖禹《读史方舆纪要》。《黟县志》[嘉庆],吴甸华修,程汝翼、俞正燮纂。嘉庆十五年(1810)设志局,十六年成书。16卷,首1卷。分图表、地理、职官、选举、人物、政事、杂志、艺文八志,下列53个子目。增补前志以来的40余年大政要务与史实。补录材料,均审其异同,辨其遗误,以求精准。篇目设计上存在分属不当的弊病,如书籍归入杂志而不入艺文志,桥梁、亭宇等列入政事志而不归地理志。有嘉庆十七年刻本。

Yucishi Zhi

《榆次市志》 主编吴廷鸾。1996年中华书局出版。140万字。设30卷128章431节。配彩照100余幅、地图2幅。上起事物发端,下至1990年底。重点记述清道光二十年(1840)后尤其是改革开放后山西榆次市的发展变化和重要成果。经济部类12卷49章,占全书总字数的1/3。单设城市卷,突出城市建设及经济改革。全书篇目设置注重归纳。与其他市县志分时期记述行政区划不同,该志按区村制、区乡制、社队制、乡镇制等不同行政区划制度记述。乡(镇)村卷设经济分区章,按6个经济区设节,记述15个乡镇,并延记至村,突出村庄的主要特点。民政综合政务卷设综合政务章,记述人事、监察、信访、外事侨务、民族宗教事务、档案管理等各项政务,公安章设章节记述专项斗争,包括锄奸反特、镇反肃反、取缔一贯道、严打刑事犯罪、扫"六害"。民俗风情卷设民情举要章,记述习性、良风善德、陈规陋习、宗教;岁时节日章按谚语"四大节、八小节、二十四个毛毛节"分别记述传统节日。记述上注重反映地方特色并有所创新,与其他市县志在行业中记述生产关系变革内容不同,该志在经济综述卷分设两章,分别记述经济变革、经济结构调整;在商业卷的私营商业章设专节记述旧时私营商号的经营特点。教育卷专设智育章,记述德育教育,内容包括阎锡山统治时期的"同志会",中华人民共和国成立后建立的学校政工机构,及"关心下一代协会""家长委员会"等组织,1949年后,各校开展的各项思想教育、日常行为规范教育及学雷锋等各种活动。1997年获全国地方志奖一等奖。

《榆次市志》书影

Yudi Guangji

《舆地广记》 地理总志。欧阳忞撰。北宋政和年间成书。38卷。前4卷概述上古至宋历代政区纲要,分列禹贡九州,舜十二州,七国、秦四十郡,汉十三郡,三国、晋十九道,唐十五道采访史,唐藩镇,五代、皇朝郡国。对古地名,述历代地理沿革,都以宋代名称标注。卷5后,以元丰年间四京、二十三路为依据,详细记述宋代行政区划。注重叙述府、州、军、县建置沿革,略古详今,没有收取一般地志都会介绍的四至、道里、户口、风俗、土产等内容。流传的古本有宋刻递修本(卷1~2配清抄本),清黄丕烈、顾广圻跋,共20册;宋九江郡斋刻嘉泰四年、淳祐十年递修本,黄丕烈、顾广圻、李盛铎跋,存卷18~38;清王鸣盛手抄本,17卷。

Yudi Jisheng

《舆地纪胜》 地理总志。王象之纂。约于南宋宝庆三年(1227)成书。200卷,以南宋十六路版图,宝庆建置之前为断限,叙述当时166个府、州、军、监。每一府、州,一般分设12门。另有《舆地图》16卷,分路为卷,四川各州尤详。

王象之(1163—1230),名熹,字守晖,又字仪父,王羲之后裔,婺州金华人。他认为史志是为今人和后人作“资治之鉴”,尤为重视史志的著述性。作者著此书的目的在于“收拾山川之精华,以借助于笔端,取之无尽,用之不竭,使骚人才士,于一寓目之顷,而山川俱若效奇于左右”,旨在通过该书所记启迪文学创作之灵感。该志主要详记南宋事,所引书籍中多佚本,可补史志缺略,元代修《大一统志》对该书引用较多。注重收录歌咏山水、名物的佳篇。首创诗文、四六类目反映人文地理。诗歌种类多,以作者区分的有御制诗、本朝人诗;以歌咏对象区分的有咏物产的茶诗、荔枝诗、果州柑子诗等,咏地名的福州诗、严州诗、芜湖县诗等,咏景观的潮诗、金山寺诗、武夷山诗、钓台诗、兰亭诗等,咏人物的浣沙曹娥诗、谢自然诗、贾岛诗等;还有怀古诗、古诗等类别。重视人地关系,将人物细划为官吏、人物、仙释三类,其中人物一项有时改为贤人,仙释也作道释等。记载他朝人物,在其人名之前,或在注文中注明该人的时代;记本朝人物,则在人名之前冠以本朝、国朝、皇朝,以示区别。对名字相同或相近的人物进行辨析。将一般地志中的山水、井泉、亭堂、楼阁、佛寺、道观等收入景物门中。景物门是全志对地名渊源解释最多的门类,如绍兴府有36处地名渊源解释,景物门即占24处。该志兼采史注、史考的多种体式注释地理内容,解释名物、典故,说明事项缺载缘由;采用异、存疑的方式辩证史实;还有一类注文专门注明史料来源。另设记录文目,专记当时与各少数民族往来的国书、战事始末及臣下所上的誓表等,内容均与战争、赏赐夷人、盐、丝绸等事有关。原著佚去31卷,缺页16卷,明代金石家将碑记一门抄出,单独编为《舆地碑记目》。学界称之为足本的版本有清道光二十九年(1849)甘泉岑氏惧盈斋据文选楼影宋抄本刻印本,书后附清岑建功辑《〈舆地纪胜〉补缺》10卷和刘文淇、刘毓崧父子撰《〈舆地纪胜〉校勘记》52卷,南京图书馆有藏;清咸丰五年(1855)南海伍化粤雅堂刻本,湖南省图书馆有藏。国家图书馆藏据惧盈斋刻版重修本残卷。上海图书馆藏旧抄本。清胡凤丹辑“金华丛书”,收有《蜀碑记》10卷、首1卷。1986年,天津古籍出版社出版《舆地纪胜索引》。2005年,四川大学出版社出版李勇先校点本。2006年,海南出版社出版唐启翠等校点《舆地纪胜·海南》。

Yugong

《禹贡》 中国早期地理著作。《尚书·夏书》中的一篇。作者不详。成书年代尚无定论。近1200字。由九州、导山、导水、水功、五服5个部分组成。假托夏禹时代将全国划分为冀、兖、青、徐、扬、荆、豫、梁、雍九州,并依次叙述各州疆域、水利、土质、赋税、贡物、贡道,也述及山川、湖泊、草木、物产等情况,对土壤的记述尤详。导山分九州山脉为三条四列,叙述20余座主要山脉的名称、分布特点及治理情形,山系概念明确,所记的山真实可靠。导水以叙述9条河流为主线,对河流名称、分布特征、疏导情形加以叙述。导山、导水篇幅较小,重点记述黄河流域的山川,导山(凿山)、导水的目的是疏通河道、宣泄洪水。水功总括九州水土经过治理以后,河川皆与四海相通,再无壅塞溃决之患。五服叙述在国力所及范围,以京都为中心,由近及远,分为甸、侯、绥、要、荒五服,每服又各以百里、二百里、三百里、四百里、五百里不等,规定贡物、赋税标准等,反映作者在政治上的大一统思想。《禹贡》朴实地记录全国范围内各种地理现象,成为《汉书·地理志》《水经注》《元和郡县图志》《太平寰宇记》及唐、宋后许多地理著作征引的对象。历代学者述及方志起源,多上溯《禹贡》,如《隋书·志二十八·经籍二·史》:“晋世挚虞,依《禹贡》《周官》作《畿服经》。”清王源在《再与康孟谋论修郜志书》中认为:“地志何昉乎?昉于《禹贡》,昉于《职方》。”《四库全书总目·史部·地理类一》称:“古之地志,载方域、山川、风俗、物产而已,其书今不可见。然《禹贡》《周礼·职方氏》其大较矣。”黄苇认为:“《禹贡》假托夏禹治水以后,将全国分为冀、兖、青、徐、扬、荆、豫、梁、雍九州,作为全国的行政区划……每被奉为后世方志渊源所在。”也有学者持反对意见。谭其骧认为:“《禹贡》不是大禹时的作品,《禹贡》里的‘九州’不是夏代的行政区划,而是战国时代学者对他们所知的整个‘天下’所作的地理区划。”仓修良否定将《禹贡》的“九州”说成是“全国的行政区划”,并援引谭其骧的说法,批评方志源于《禹贡》九州一说,认为这一说法未经认真分析,缺乏论据。

Yugong(banyuekan)

《禹贡》(半月刊) 中国禹贡学会会刊。1934年2月在北京创刊。顾颉刚、谭其骧主编。1937年7月停刊,共出刊7卷82期,发表文章700多篇。最初几期较注重文字考据,之后内容逐渐扩大,涉及人文、自然、社会各个方面,主要登载有关中国沿革地理、民族演进史及边疆历史地理等方面的文章。期刊将方志学列为重点研究课题之一,刊载有朱士嘉的《方志之名称与种类》、傅振伦的《方志之性质》等理论性文章,以及介绍章学诚的方志学说、对编写新式县志提出意见的文章等。

《禹贡》(半月刊)合订本(花山文艺出版社)

Yuzhou zhi

禹州志 禹州(治所位于河南禹州市)修州志始于明。明天顺年间,郑圭主修州志,未成书。明嘉靖九年(1530),刘魁再修，志稿散佚。20余年后，谢瀣增修刘志而成《钧州志》，为存世最早的禹州志。明万历年间也曾修志。清顺治、康熙、乾隆、道光、同治年间及民国时期所修州志均存。

《钧州志》［嘉靖］ 谢瀣纂修。8卷。仅天一阁藏明抄本，存卷1、卷2。绘有舆地图、州治图，其后为18目，其中户口目有东、西两汉时的数字。有关明朝的资料最详，有洪武三十年(1397)、永乐十年(1412)、正统七年(1442)、景泰三年(1452)、天顺六年(1462)、成化十八年(1482)、弘治五年(1492)、弘治十四年、正德七年(1512)、嘉靖元年、嘉靖三十二年各次统计数字。翔实记载土地状况，有洪武、永乐、宣德、正统、景泰、天顺、嘉靖历朝田土及夏税秋粮数额。记载嘉靖年间此州庄地、平地、岗地、山地四等土地的地亩数额和收税标准。2008年，中共党史出版社出版禹州市地方史志编纂委员会点注本。

《禹州志》［顺治］ 朱裴修，李嘘云纂。孟希圣增修，赵来鸣增纂。顺治十八年刻本。10卷。有目无纲。绘有州境图、州城图，其后分列33目。对地理沿革的考证精确。山川目记岭、崖、洞、泉、沟、河等，有详细说明。铺舍目记许州、登封、密县、襄城、新郑等地东、西、西北、南、北5路，共19铺。土产目记载药类，称山区栽种有各种植物，野生植物遍布全山。国家图书馆有藏。2009年，中州古籍出版社出版禹州市地方史志编纂委员会校注本。

《禹州志》［乾隆］ 绍大业修，孙广生、王聿修纂。乾隆十二年(1747)刻本。14卷。图8幅。分12门，统70目。在旧志基础上续修，依原有目依次续入。艺文志中辑载名人碑刻，较旧志增加部分内容。藩封、古迹、陵墓、灾祥、备遗等志均无子目，内容简略。国家图书馆、中国科学院国家科学图书馆等有藏。

巢父洞图(乾隆《禹州志》)

《禹州志》［道光］ 朱炜修，姚椿、洪符孙(洪亮吉之子)纂。道光十五年(1835)刻本。26卷。有十六图、四表、十三志、八传。书以舆图开首，有总图、十分图，以画方计里法绘制，山川、村镇、邮亭附见其中，城池、衙署、学校、书院、义仓各图绘制工整。设纪事沿革表，沿革有考证，记事兼记灾祥。立经籍志代替旧志中的艺文志，将祠祀兴修、桥梁创建、学校兴废等碑记附于各目之下，并记载本州人士的书目及本州金石。正文史料丰富，户口志自汉至唐均录自正史地理志；载述明洪武至万历15次人口统计数字；乾隆十年(1745)至六十年(除十一年外)、嘉庆朝、道光元年至十一年，均有记录。物产目增红薯、橘柑、橙柚、墨竹、东坡竹、孝竹、钱竹、铁、绵、纸、硝、碱、绫、帕、扇等，有的为旧志所漏，有的为新出现品种。末卷志原，仅收顺治、康熙、乾隆年间修志序，未收嘉靖、万历二志序；钧州陶瓷，仅辑录1篇。国家图书馆、中国科学院国家科学图书馆等有藏。2010年，中州古籍出版社出版禹州市地方史志编纂委员会校注本。

Yushanxian Zhi

《玉山县志》 主编汪凤刚。1985年江西人民出版社出版。93.2万字。设39卷108章285节。志首配图照22幅，随文配黑白照片78幅。上起清道光二十年(1840)，下至1984年，个别资料延至发稿出版前。立卷记述自然资源、土特产、血吸虫病防治。自然资源卷重点记述华东黄杉、铁杉、黄山松、长柄双花木、香果树等珍贵稀有树种，梅花鹿、黑头仙等珍稀动物，鸡头山石灰石矿、乌鹰弄磷矿、怀玉山垦殖场萤石矿、罗家村水晶矿等非金属矿区，牛皮山铁矿带、紫湖乡柘坑铜矿带、关口铌钽矿点、铜山铀矿点、炎坪钨矿点、王家坞铅锌矿点、紫湖乡源头锡矿带，玉京峰、巨蟒出山、云海、响云、瀑布云、三清“神光”、八仙洞等自然风景资源，附三清山自然景观概述。土特产卷重点记述玉山乌猪、三黄白耳鸡、白鹅、大青豆等农副产品，罗纹砚台、龙涎芸香、毛笔等手工艺品。教育章设私塾书院节，记述宋朱熹讲学之所、与江南四大书院齐名的怀玉书院。军事卷设重大军事纪略章，记述方志敏在怀玉山的斗争及高竹山在铜钱坑被捕之事。人物志收录能工巧匠何德怀，饮食服务人员洪玉才，小学教师王文权、周每先，乡镇干部郑长富、王炎生等。1993年获全国新编地方志优秀成果奖一等奖，在江西新编地方志优秀成果评奖中获对修志事业贡献突出荣誉奖。

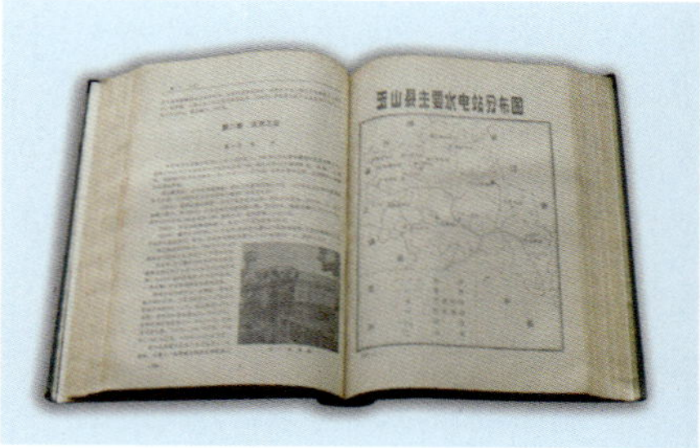
《玉山县志》书影

Yuxishi Zhi

《玉溪市志》 主编李文彦。1993年中华书局出版。7卷，161万字。设30分志170章570节。志首配图照71幅。上起1912年，部分事物适当上溯；下至1987年，个别事物适当延伸，大事记延至1990年。卷首除总述和大事记外，设乡镇分述，分别记述辖区9个乡镇的概况。地理、经济、政治、文化各卷设综述，卷下各分志设概述。地理卷建置志记述玉溪市作为云南中部地区交通枢纽的地位，民族志主要记述汉、彝、回、白、哈尼5个世居民族的源流、经济状况、习俗、宗教、祭祀等情况。为突出玉溪“玉烟之乡”、滇省最重要的卷烟生产基地的特色，专设烟草志，对烟叶种植的历史、栽培技术，烟叶的烧烤、收购、制作、营销等进行详述，另外，在农业、水利、工业、商业、科

玉溪市丰收的优质烟叶

技等分志中也设相应章、节、条目记述。文化卷文化志突出记述玉溪地区兴盛的民间文化和深厚的民众文化底蕴，如花灯、滇戏等，这一内容在人物卷的人物志中也有展现。特设汉语方言志，记述该地区方言的分布、特点、音系、词汇、语法等内容。卷末收录历代修志情况、修志编鉴文献、有关玉溪市诗词对联选录等。

Yu Wen

郁文(1918—2010) 原名孙保安。河北满城人。1936年加入中华民族解放先锋队。次年，进入中国人民抗日军事政治大学学习。曾任《新中华报》《解放日报》采访通讯部主任，《晋绥日报》采访通讯部主任兼新华社晋绥总分社社长。1949年后，任西安市委宣传部副部长、中共新疆分局宣传部副部长。1952年底，调中国科学院，历任副秘书长、秘书长、党组副书记。1958年任中国科技大学首任党委书记。1982年任中共中央宣传部常务副部长兼中央对外宣传小组副组长。1989年任中国社会科学院党组书记、副院长。1995~2001年任第二届中国地方志指导小组常务副组长。重视用志工作，调查和搜集各地用志方面的各种经验和事例，支持各地专门召开用志工作座谈会，鼓励采用现代科技手段建立地情信息库、资料库中心；推动各地地方志机构编辑地方志综合年鉴，认为“地方志综合年鉴既能反映地区现状，成为关于当地地情知识和信息的最灵敏、最权威的载体，又可为续修新志积累资料，已经被当作续修工作和地方志经常工作的一个组成部分”；争取《地方志工作条例》的颁布。此外，在他的报告和讲话中，主张地方志事业制度化、法制化，同时论及首轮修志的进度与质量，修志机构与队伍的情况调查，二轮修志的准备工作与有关统一规定，修志队伍的培训与提高，地方志学科建设与理论研究，西藏修志与军队武警系统的修志工作，国家方志馆与地方方志馆的建设，地方志协会工作的开展，志书的评奖与书展，以及中国地方志指导小组办公室与方志出版社的自身建设问题等。

Yuandai xiuzhi

元代修志 元代实现大一统，疆域辽阔，所修方志遍及全国。关于元志数量，张国淦《中国古方志考》统计，约160种，以浙江最多，约40种，其次是江西、江苏、湖南、福建等地。据顾宏义《金元方志考》统计，元代修行省、路（府、直隶州）、县志261种。存世元志仅十数种，多为后世所称道。元代佚志有部分内容辑于《永乐大典》存世。元代志家对方志理论进行探索，于方志编纂方面的创建很多。

元代修志简史　创修一统志是元代修志的突出成就。至元二十三年(1286)，元世祖采纳集贤大学士行秘书监事扎马剌丁奏议，下令编纂《大一统志》。据许有壬《大一统志》序所记，志书于二十八年成书，共755卷。此后元朝廷陆续得《云南图志》《甘肃图志》《辽阳图志》等。元成宗时下令重修一统志。元贞二年(1296)制定《大一统志凡例》。大德五年(1301)颁布《四至八到坊郭体式》。大德七年成书，至正六年(1346)刊发，定名《大元大一统志》，共1300卷。除官修地理总志外，元代还有一些效法宋代寰宇记、九域志、舆地记而成的私修全国区域志，见于著录的有《大元混一方舆胜览》《九域志》等。元朝建立行省，开编修省志先河，各路府州县陆续编纂方志，多沿袭宋志传统。

元代修志特点　元代所修方志多是对宋志的续修和增补，在体例上改造较多的有至元《嘉禾志》、至正《金陵新志》、延祐《四明志》、至正《崑山郡志》。与宋志相比，元志更加注重纪实，引用原始资料较多，明志偏重掌故纪实的风尚即是受此影响。记述地方风俗方面，突破前代方志只限抄录《禹贡》和正史地理志，详细生动描述本地婚丧、岁时、禁忌等习俗；记述经济制度方面，继承宋志传统，详载户口、物产、赋税等。拓宽搜集资料的范围，注重征引旧志、碑刻、题咏，有些学者将平时搜集所得辑为一书，供后世修志者采择，如彭寿卿纂《宝唐拾遗》。

元代方志理论　存世元志序跋中可

部分存世元代方志

志名	修纂者
《昌国州图志》	冯福京修，郭荐纂
《长安志图》	李好文
《重修琴川志》	卢镇
《岛夷志略》	汪大渊
《嘉禾志》	单庆修，徐硕纂
《金陵新志》	张铉
《崑山郡志》	孛罗帖木儿修，杨譓纂
《类编长安志》	骆天骧
《南海志》	陈大震、吕桂孙
《齐乘》	于钦
《四明续志》	王元恭修，王厚孙、徐亮纂
《无锡志》	王仁辅
延祐《四明志》	马泽修，袁桷等纂
《云南志略》	李京
《真腊风土记》	周达观
《镇江志》	脱因修，俞希鲁纂

Y

元贞二年《大一统志凡例》

一、某路:
所辖几州
本路亲管几县
一、建置沿革:
禹贡州域
天象分野
历代废置:周、秦、汉、后汉、晋、南北朝、隋、唐、五代、宋、金、大元
一、各州县建置沿革(依上)
一、本路亲管坊郭乡镇(依上)
一、本路至上都、大都并里至
一、各县至上都、大都并里至
一、名山大川
一、土山
一、风俗形胜
一、古迹
一、寺观祠庙
一、宦迹
一、人物

大德五年《四至八到坊郭体式》

坊郭乡镇
某路某县、州同:
里至:
某方至上都几里
某方至本路几里
某方至本州几里(并依上开里数,如直隶本州路者,去此一行)
东至某处几里(至是至各处界)
西至
南至
北至
东到(到是到各处城)
西到
南到
北到
东南到
西南到
东北到
西北到(并依上开里数)
领几乡

见当时志家学者有关方志性质、方志起源、史志关系、方志作用等方面的观点。戴良在至正《重修琴川志》中提出,"今之志书,即古之图记也。"夔溥化在《序乐安县志》中认为,方志源于史,作用在于教化,有助于教化的内容都要收录,并强调"郡县不可无志"。黄溍《东郡志序》中将方志归结为古图、志之合流,认为方志源于《周官》,作用在于资政。张铉《至正金陵新志序》中主张方志多源说,阐述了方志与国史的关系,指出方志具有史书性质,强调方志的作用在于资政、教化,提出"无不当载"的观点,认为收录要广泛无遗。也有主张从简收录的,冯福京《乐清县志序》中指出严格制定及执行志书收录标准与志书质量的关系。元代志家在体例、文风笔法等方面进行了探讨。张铉《至正金陵新志修志文移》中指出,所修志书应用史书体例,认为志书所载应是非善恶、灾祥祸福并举,尤其是人物志,要"善恶毕著",主张续修方志在取材上略写前志所详写,不录前志已录内容。揭傒斯提出"书善不书恶"的观点。李好文提出应详载与国计民生有关的内容。王恽《汲郡图志引》中认为,志书不可乱载,应"特取其人物、政教、风俗等关于治乱为后世之法者,群分而类聚之"。骆天骧《类编长安志序》、杨维桢《至正昆山志序》中均主张志书应记述枢要,不可散漫。林希元《上虞志序》中认为志书应"详而不失之繁,简而不失其要"。李京《云南志略序》中认为志书所记内容不能道听途说。许汝霖在《嵊志》自序中主张志书选材要精,要去繁芜、朴实质直,反对虚妄怪诞。元代志家还总结了处理旧志的方法,如李彝认为应"订其伪,补其缺,删削其不存";陈大震提出,对待旧志应兼而取之。关于志与图的关系,李好文提出"图为志设"。后世一些重要的方志学理论在元人的论述中均可窥见端倪。

Yuanfeng Jiuyu Zhi

《元丰九域志》 地理总志。王存奉敕撰,曾肇、李德刍删定。北宋元丰三年(1080)成书。因在大中祥符年间王曾所修《九域图》(3卷)基础上重修,无绘图,故改称志。王存(1023—1101),北宋文人,字正仲,丹阳(属江苏)人。他在志序中认为,方志起于史官,提出图、志、籍"会为一书"而成方志。全书10卷。书成后多次修订,所反映的政区基

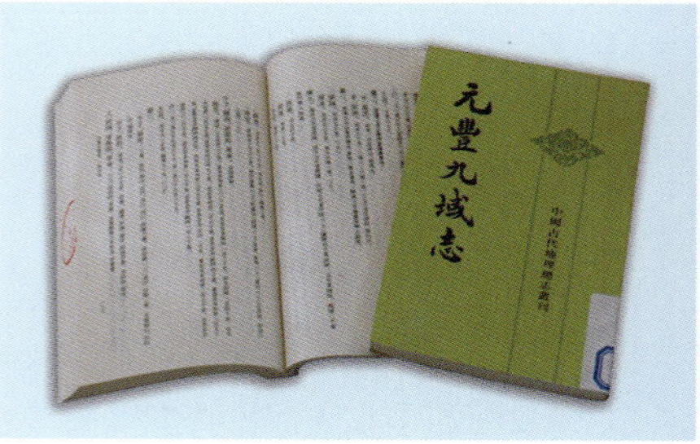

《元丰九域志》("中国古代地理总志丛刊"本)书影

本为元丰八年之制。内容以记述疆域政区为主体。以北宋熙宁七年(1074)所定二十三路为纲,前述四京(东京、西京、南京、北京),次叙京东路(东路、西路)、京西路(南路、北路)、河北路(东路、西路)、陕西路(永兴军路、秦凤路)、河东路、淮南路(东路、西路)、两浙路、江南路(东路、西路)、荆湖路(南路、北路)、成都府路、梓州路、利州路、夔州路、福建路、广南路(东路、西路),末附省废州军、化外州、羁縻州。路下记载所属府、州、军、监,及其地里、主客户数、土贡、邻县;县下列所领乡、镇、堡、寨、山岳、河泽等。府、州、县均标出其等第。书中记述的州县沿革以元丰以前为主,涉及唐、五代时只一笔带过。书中所列土贡数额较以往史书、地理总志更为详细,所载镇名为宋代其他地理总志所无。体例介于《元和郡县图志》和《太平寰宇记》之间,是图经向地方志演变阶段的代表。宋刻本已佚,有德聚堂藏版冯集梧重修本、《四库全书》毛晋影抄本、金陵书局刻本、武英殿聚珍版丛书本、卢文弨手抄校本等抄本、刻本。国家图书馆、上海图书馆等有藏。1937年,商务印书馆出版"丛书集成",收录该志。1980年,台湾文海出版社影印冯集梧校本。1984年,中华书局出版王文楚、魏嵩山校点本。

Yuanhe Junxian Tuzhi

《元和郡县图志》 地理总志。李吉甫撰。唐元和八年(813)成书,次年增补。因每篇之首冠以图,故称图志。原本40卷,另有目录2卷,共42卷。全书以唐贞观时划分的十道为纲,首起京

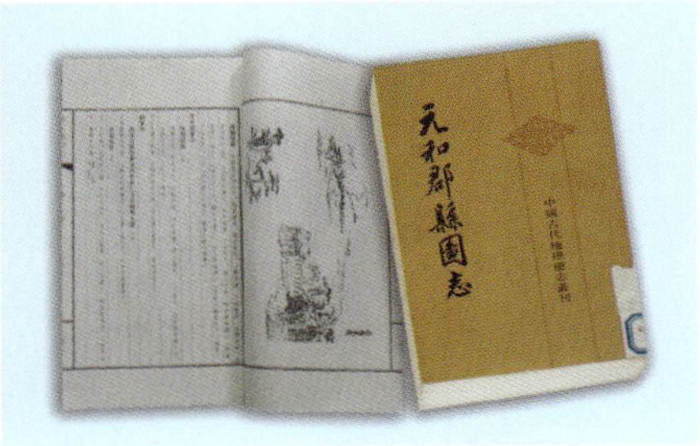

《元和郡县图志》（“中国古代地理总志丛刊”本）书影

兆府，末尽陇右道，共 47 镇，分别记述各镇所辖府州县的地理沿革、四至八到、户数、贡赋、古迹、山川形势、盐铁、垦田、军事设置等，只记载地理而不记载人物。作者强调图志的重大作用，认为“成当今之务，树将来之势，则莫若版图地理之为切”，因此，“丘壤山川，攻守利害”和“审户口之丰耗，辨州域之疆理”是图志的主要内容。为后世地志创制了体例。自问世后，靠传抄行世。宋时，图、目录均佚。宋陈振孙《直斋书录解题》著录为《元和郡县志》。南宋淳熙三年(1176)，张几仲用程大昌抄本刊刻，为《元和郡县图志》最早刻本。至清代，旧刻本已无存，仅有抄本流传。清修《四库全书》时，存 34 卷，卷 19~20、卷 23~24、卷 35~36 失传，卷 18、卷 5、卷 25 均不全。四库馆臣用浙江巡抚采进本重编为 40 卷，所缺注于卷中，定名《元和郡县志》。清严观著《元和郡县补志》9 卷，光绪八年(1882)刻，主要补充了关内道、河北道、山南道、淮南道、剑南道、岭南道等内容。缪荃孙辑《元和郡县志缺卷逸文》3 卷。王灏编“畿辅丛书”刻周梦堂校本，附张驹贤考证 34 卷，补目 1 卷、遗文 1 卷。存世最早刻本是清乾隆三十八年(1773)武英殿聚珍本，另有益都李氏抄本、钱氏通经楼抄本、陈树华抄本、千顷堂抄本、蒲卢学舍刻本、金陵书局刻本等。国家图书馆、上海图书馆等有藏。1983 年，中华书局出版由贺次君据金陵书局刻本所作校点本。

Yuanlingxian Zhi

《沅陵县志》 总纂周光烈。1993 年中国社会出版社出版。92 万字。设 23 篇 94 章 346 节。前有县行政图、地势图、1981 年森林分布图、照片 60 幅。上起汉高祖五年(前 202)，下至 1987 年。电力从工业篇中析出，与水利合并设立水利电力篇，突出湖南沅陵县修筑水利、以水兴电、以电促工促农、互为依托的地方经济特色，详述国家“七五”时期重点建设项目之一沅陵五强溪水电站。城乡建设篇设移民章，设小节分别记述组织机构、淹没区域、移民安置、移民经费等内容。方言篇设乡话节，记录沅陵西南部通行的瓦乡话的语音、词汇等。政治部类篇章重点记述生产关系的变革。注重记述与林业相关的内容，除设林业篇，以 5 章 18 节 26 目备载森林资源、植树造林、森林保护、森林利用、林政管理等内容外，还在公安司法篇记载林业公安派出所、林业法庭和审判；工业篇述及竹木加工，在概况章设沅陵县部分年份主要工业部门产值表，记述该县木竹加工业 1952~1987 年部分年份的产值；交通邮电篇中记林业专用公路建设；综合经济管理篇中记林产品价格；财政税务篇中记林业、水电收入；教育科技篇中记林业、水电科研成果；宗教习俗方言篇中记植树习俗；附录收录民国时期和中华人民共和国成立后颁布的保护森林的文告。1993 年获全国新编地方志优秀成果奖一等奖。

《沅陵县志》书影

Yuanzhoufu Zhi[Zhengde]

《袁州府志》[正德] 徐琏修，严嵩纂。明正德九年(1514)刻本。袁州府为江西宜春地区古地名。全书共 14 卷。分建置沿革、郡邑名、分野、形胜、疆域、风俗、山川、户口、土产、贡赋、徭役、城池、坊巷、厢隅、桥梁、公署、学校、兵卫、邮传、储恤、坛壝、祠庙、寺观、丘墓、宫室、古迹、职官、名宦、武勋、流寓、科第、岁贡、辟举、吏员、人物、贞节、封赠、仙释、祥异、遗事、艺文，共 41 目。其中艺文目占 5 卷，收录诏令、表、状、杂著、诗、记等。志书参考明成化年间陈定所修旧志，户口、贡赋、职官等目，成化以前内容均照录旧志，增补成化以后的资料。该志为存世最早的袁州府志。天一阁、上海图书馆有藏。

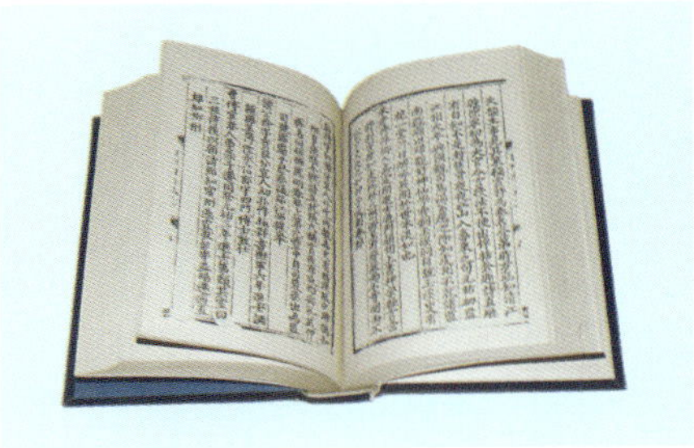
正德《袁州府志》（“天一阁藏明代方志选刊”本）书影

Yueyang Fengtu Ji[Song]

《岳阳风土记》[宋] 范致明撰。1 卷。1 万余字。不分门目，随事记载，详细考述郡邑沿革、山水变易、古迹存亡、民风习俗，引证均确有考据。据《四库全书总目提要》记载，《太平寰宇记》谓大江流入洞庭，此书则记：“洞庭会江，江不入洞庭，惟荆江夏秋暴涨，乃逆泛而入，三五日即还，名曰翻流水。”《岳州图经》以郑王庙为郑德璘庙，此书则记为隋末与董景珍同推萧铣称帝的郑文秀庙，并以庙北有董王庙为证。沈亚之《湘中怨》记岳阳楼闻汜人之歌，此书则核以地形，称舟中之歌，楼上不闻。杜佑《通典》记巴丘湖中有曹州，即曹公被吴所败烧船处，在县南 40 里，此书则记县西有曹公渡，考之地理，与周瑜、曹操相遇处无关。《汉阳图经》记赤壁即乌林，此书则认为当时曹操已至巴邱，孙、刘宜拒之于巴陵、江夏间，所谓乌林

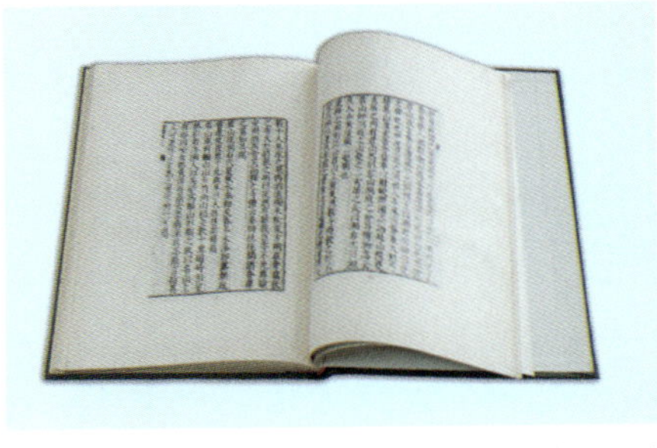
《岳阳风土记》（“中国方志丛书”本）书影

即乌黎口,不应在汉阳界。世传华容为章华台,此书则记旧台在景陵界,隋代设华容县是取古容城名命名。郦道元《水经注》记澧水会沅,然后入湖,此书则称澧、沅虽相通但各自入湖,澧水入湖处名澧口,沅水入湖处名鼎江口。存《古今逸史》本、明嘉靖刻本、《永乐大典》辑本。

Yueyanglou Zhi

《岳阳楼志》 “湖南省志丛刊”之一。主编何培金。1997年湖南人民出版社出版。32.7万字。设8篇32章39节。卷首有照片48幅。上起东汉建安年间,下至1996年。概述从地理环境、建筑景观、历代兴废、当代大修、旅游管理、范仲淹《岳阳楼记》、艺文、人物、史事纪略9个方面记述岳阳楼。为突出岳阳楼特点,将范仲淹《岳阳楼记》升格单设为篇。人物篇专记在岳阳楼建设中有较大贡献的34人,其中有北宋滕宗谅,明代吴节、李时渐,清代李若星、钟云卿,民国时期何健、蒋介石,中华人民共和国时期刘少奇、朱德、郭沫若、胡耀邦等。艺文篇设散文章,收录袁中道《游岳阳楼记》、叶紫《岳阳楼》、余秋雨《洞庭一角》等题记、游记、序、新闻通讯共32篇。艺文篇后又设附(名《岳阳楼著作名录》),著录滕子京《岳阳楼诗集》等著作29种。

《岳阳楼志》书影

Yueyangshi Zhi

《岳阳市志》 名誉总纂罗碧升,总纂李湘岳。2002~2005年由中央文献出版社出版。13册,564万字。设79卷。配图照346幅。上限不设限,下限至1999年,总述、大事记延至2000年,领导名录延至2004年底。交通、旅游、社会等卷突出体现岳阳“城依水建,水助城兴”,发展成为湖南唯一临江口岸城市的区位特点和旅游城市特色、历史文化名城特色。注重反映1949年后特别是改革开放后各项事业取得的成果。除按行业分别设卷外,还设农业综述卷、工业综述卷。专设一卷记述境内血吸虫病防治。①《岳阳市志》交通卷。设8章24节。分别记述水路、铁路、公路、航空交通,航空与管道运输,联运组织与服务,搬运装卸,交通管理及相关机构。其中,水上交通章详记境内长江、湘江、资江、汨罗江、新墙河、藕池河、华容河等主要航道及相关设施建设,城陵矶港区、岳阳港区、湘阴港、塔市驿港等主要港口等。②《岳阳市志》旅游卷。设6章23节。旅游资源章记述金鹗山、玉笥山、大云山、幕阜山等名山景观18处,平江县石牛寨栋卦石、岳阳县张谷英龙珠石等奇特山石12种,君山、黄山湾等地洲滩,君山岛、九龟列岛等岛屿5处,君山猴子洞、玉女洞等奇特山洞,洞庭晚霞、洞庭月色等天象,黄盖湖、南湖等湖泊6个,三江口、汨罗江等风景河段,乌龙泉、祖师泉等名泉4处,铁山水库等水库6座,大云山国家森林公园等森林7处,古树名木22种94株,白鳍豚、江猪、中华鲟、银鱼、金龟等野生动物,屈原墓、周瑜墓、杨幺点将台等文化古迹,岳阳楼、天岳书院、张谷英村等建筑景观。旅游景区章重点记述岳阳楼、君山、团湖、张谷英、大云山、屈子祠等景区。设专记记载岳阳创建中国优秀旅游城市的过程。③《岳阳市志》社会卷。设5章19节。其中民俗章详记生产、生活、礼仪、岁时习俗,

1995年,第一届世界龙舟锦标赛在南湖举行

突显地域特色,如渔业目记述的洞庭渔歌,饮茶目记述的姜盐豆子芝麻茶、椒子茶、川芎茶、泡茶、蛋茶、莲心茶,鱼宴目记述的巴陵全鱼席等;设专节记述端午节纪念屈原的“龙舟竞渡”,详述龙舟、朝庙、竞渡各环节。

Yuejueshu

《越绝书》 又称《越绝记》。原书25卷,存世15卷,共19篇。其中,外传13篇、内传4篇、内经2篇。存本篇目为:外传本事、荆平王内传、外传记吴地传、吴内传、计倪内经、请籴内传、外传纪策考、外传记范伯、内传陈成恒、外传记地传、外传计倪、外传记吴王占梦、外传记宝剑、内经九术、外传记军气、外传枕中、外传春申君、德序外传记、叙外传记。第一篇外传本事为序文,说明书名、作者及经、传、内、外之别,第十九篇叙外传记为跋语,其余17篇主要记述吴越二国史地及人物。记事上自吴太伯,下迄东汉建武二十八年(52)。大体可分人物、地理、建置、都邑、冢墓5类:人物传记记述吴国的先君太伯及其之后的阖闾、夫差、伍子胥,越国的勾践、范蠡、文种、计倪、西施等人的事迹,还有楚平王、伍奢、春申君、黄歇、李园等;地理方面,记述吴越的沿革、都邑、物产、风土、山川、湖泊等情况,如吴国的放山、抚侯山、虎丘、渔浦、百尺渎、马安溪、太湖等,越国的龟山、会稽山、官渎、射浦等;建置方面,记述会稽、故彰郡、山阴、吴郡、钱塘等地的情况;都邑方面,记述吴国的大城、小城、伍子胥城、无锡城、巫门、娄门、齐门、阖闾宫、南越宫等,越国的勾践小城、山阴大城、北阳里城、会稽山北城、美人宫、驾台、离台等;冢墓主要记载了吴国的阖闾冢、夫差冢、胥女大冢、蒲姑大冢,越国的独山大冢等。对《越绝书》与方志的

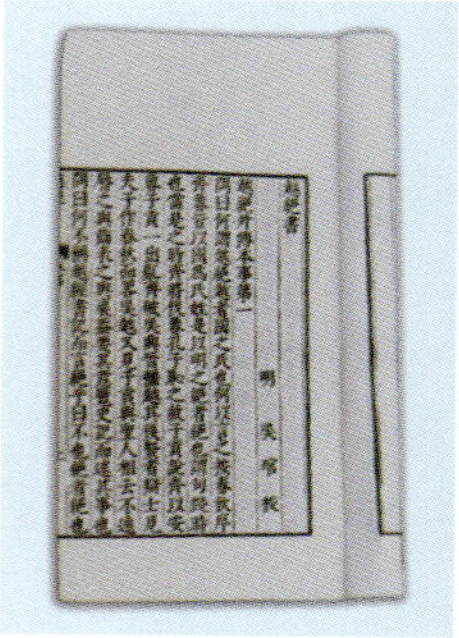
《越绝书》书影

关系，有的学者视其为中国存世最早的志书和地方志的鼻祖。如清洪亮吉认为“一方之志，始于《越绝》”。傅振伦称“《越绝书》先记山川、城郭、冢墓，次及纪传，独传于今。后世方志，实昉于此”。宋晞称“我国地方有志书，始于东汉初年，即《越绝书》是也”。也有学者持反对意见。谭其骧认为《越绝书》《吴越春秋》《华阳国志》三书均属地方史而非地方志。黄苇认为，《越绝书》《吴越春秋》《华阳国志》三书未涉及方志源头问题，只能视为方志的发端或雏形。仓修良认为此书是地方史，不是方志起源。

Yuenan zhishu

越南志书　越南自汉元鼎六年(前111)起，纳入中国中央王朝版图，宋开宝元年(968)成为宋朝藩属国，之后曾有短暂的属明时期，明宣德三年(1428)脱离明朝。存世元明清时期志书中，有《安南志略》《嘉定城通志》等越南人以汉文纂修的记述越南的史志，越南于20世纪初期修成官修一统志《大南一统志》。①《安南志略》。黎崱撰。约成书于元大德初。20卷，约10万字。卷首11篇书序均出于元代名臣鸿儒之手。成书后，以抄本流传，明代已佚最后一卷。清乾隆年间《四库全书》存目著录，无序，20卷。后钱大昕、黄丕烈校订形成定本。共19卷，约8万字。分为世家，表章，杂记，地理图，人物，林邑，物产，历代在越南地区任职官员，元诏制，双方使臣往来、书、诗，历代征伐，运饷，羁臣，典章制度等类目。记述采录中越史籍。对元世祖至元顺帝时期的记载占篇幅的近3/4，大都是作者亲身经历。有清光绪十年(1884)上海乐善堂铜活字本。中华书局“中外交通史籍丛刊”所收武尚清校点本。②《嘉定城通志》。嘉定即胡志明市。纂修人和纂修时间均不详。约成书于清末。5卷，内容分为星野志、山川志、风俗志、疆域志、疆域志续编。对黎朝末期安南史事特别是内外动乱的记述尤详。对越南受中国文化影响的情况、华人移民的活动及对嘉定地区开发的贡献也有所反映。③《大南一统志》。高春友总裁，刘德称、陈灿等纂修。越南成泰十八年(1906)始修，维新三年(1909)完成。17卷。仿效《大清一统志》，因事立目。对越南各省，均按分野、沿革、形势、气候、风俗、城池、学校、户口、田赋、山川、潭溪、古迹、祠庙、寺观、关汛、驿站、里路、津渡、桥梁、堤堰、市集、人物、土产列目记事。注重对京师城池、坛庙、群庙、山陵、园囿、台榭、府第、官署、寺观等和承天府土产的记载。

Yunjian Zhi[Shaoxi]

《云间志》[绍熙]　杨潜修，朱端常、林至、胡林卿纂。南宋绍熙四年(1193)刻本。约9.5万字。卷末续入附录。后补入嘉庆重刊本序、嘉庆重刊本跋各2篇，光绪重刊本序、乾隆手抄本跋各1篇。志书记述华亭县(宋时兼领旧松江府之地)，上限追溯源头，下限至绍熙四年，知县题名、进士题名记至淳祐、宝祐年间，为后人增补。元《嘉禾志》《松江府图志》《松江郡志》及明正德、崇祯年间所修松江府志，都有征引。该志为上海地区存世最早的志书。宋刊本已不存。清嘉庆十九年(1814)，顾广圻据华亭沈恕古倪园藏本，参阅《舆地纪胜》及至元《嘉禾志》等书，正伪补阙，续入1卷，称金陵刻本。国家图书馆、中国科学院国家科学图书馆、上海图书馆、复旦大学图书馆等藏清光绪二十年(1894)刻“观自得斋丛书”本。北京大学图书馆藏明抄本(有黄丕烈跋)。国家图书馆藏清抄本。首都图书馆藏民国鹿严精舍抄本。台湾藏清嘉庆年间阮元辑《宛委别藏》本。2008年，方志出版社出版上海市松江区地方史志办公室校点本。

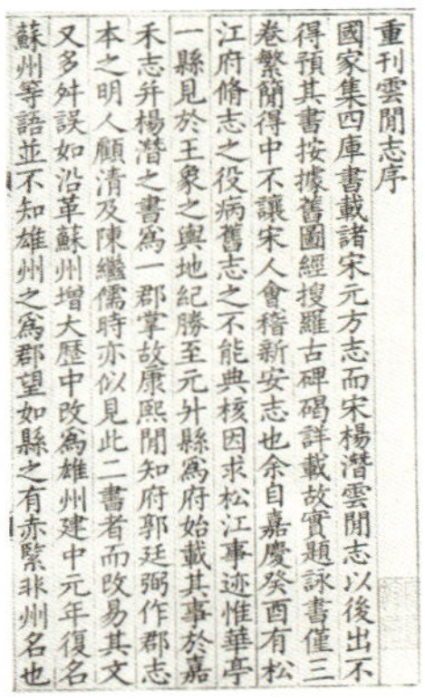
重刊雲間志序
國家集四庫書載諸宋元方志而宋楊潛雲間志以後出不
得預其書按據舊圖經搜羅古碑碣詳載故實題詠書僅三
卷繁簡得中不讓宋人會稽新安志也余自嘉慶癸酉有松
江府脩志之役病舊志之不能典核因求松江事迹惟華亭
一縣見於王象之輿地紀勝至元升縣爲府始載其事於嘉
禾志并楊潛之書爲一郡掌故康熙間知府郭廷弼作郡志
本之明人顧清及陳繼儒時亦似見此二書者而改易其文
又多舛誤如沿革蘇州增大歷中改爲雄州建中元年復名
蘇州等語並不知雄州之爲郡望如縣之有赤緊非州名也

《云间志》(“上海府县旧志丛书”本)书影

Yunnansheng Tushuguan

云南省图书馆　位于昆明市翠湖畔。创建于清宣统元年(1909)。2004年建成新馆，建筑面积3.15万平方米。据1959年编纂的《云南省图书馆馆藏地方志目录(第1辑)》统计，馆藏全国总志及其他省区的地方志566种656部。其中，清同治四年(1865)抄本《肇域志》为稀见方志；馆藏本省省通志，府、厅、州、县、乡志，山水志，及记载云南历史、修志史料、地方资料的书籍，共314种473部。新馆馆藏本省历代旧志共344种5500余册，有清嘉庆年间刻本《黑盐井志》、光绪年间石印本《云南地志》等。1981年编纂《云南省图书馆馆藏地方志目录》。编著出版《云南地方志述评》等专著。

云南省图书馆

Yunnansheng Zhi Gongan Zhi

《云南省志·公安志》　主编覃明兰。1996年云南人民出版社出版。2卷，120万字。设24章106节。配彩图照76幅、黑白图照61幅。上起清光绪三十年(1904)云南建立近代警察，对部分事物的源头做简要追述；下至1990年。上卷记清末民国警察，共8章；下卷记人民公安，共16章。反映了清末、民国时期、中华人民共和国时期云南警察制度的历史与现状，着重记述中华人民共和国建立后，云南人民公安保卫事业创建、发展的

1951年4月，昆明市军管会依律宣判暗杀李公朴、闻一多一案

历史和现状。民国特务机构及活动列入上卷记述。武警部队列入下卷设专章记述。1997年获全国地方志奖二等奖。

Yunnansheng Zhi Guangbo Dianshi Zhi

《云南省志·广播电视志》 主编张国仁。1996年云南人民出版社出版。78万字。设11章39节126目。志首配广播电视台分布图、覆盖图，各部类的统计表、图片分别插入有关章节，另辟57页彩照专页。上起1932年，下至1990年。正文包括无线广播、有线广播、电视广播、技术事业建设、讯息服务、业务交流、管理工作等内容，以宣传为中心，宣传工作、技术工作、行政工作三者有机结合，反映广播电视这一现代化工具在为云南省社会主义建设和改革开放事业服务中的地位和作用。1997年获全国地方志奖一等奖。

全国海拔最高的电视转播台（4092米）——大理苍山电视转播台

Yunnan xiuzhi

云南修志 云南纂修方志的历史，一般认为始于晋唐。东晋《华阳国志》中的《南中志》仅简单记载地方风物土宜、民族传说；唐代樊绰《蛮书》（《云南志》）的出现，凸显云南地域特征的山川、交通、历史、民俗、物产、政治制度等内容才有了系统记载；元代李京《云南志略》的完成，标志着具有基本完整方志体例的云南方志的产生。明洪武十五年（1382），云南纳入明朝中央政府统辖。明、清、民国时期纂修的志书约500种。1986年开始首轮志书编修工作，于2003年完成。2004年启动二轮修志。至2010年，共出版省志分志、市（地、州）志、县（市、区）志252部。

云南历代方志编修 晋至元代，涉及云南的地理志、风土志之类的文献数量极少。唐初，记述云南状况的书籍有袁滋《云南记》、韦其休《云南行纪》、韦皋《开复西南夷事状》、李德裕《西南备边录》等。唐咸通三年（862），樊绰任安南（越南）经略使蔡袭幕僚时，在参考上述著作的基础上撰写了《蛮书》。宋元时期，云南方志代表作有任中顺于元元贞二年（1296）主修的《云南图志》和李京于元大德五年（1301）著《云南志略》。《大元一统志》中有云南丽江路佚文十余条。明代，汉文化逐步在云南取得主导地位，云南方志的纂修呈良好发展局面，清代发展至顶峰。明、清、民国时期，方志种类繁多，除省志、府志、州志、县志外，司甸志、乡土志、盐井志等也有编修。据不完全统计，云南历代纂修的通志、府志、州志、县志有318种存世。主要收藏于云南省图书馆、云南大学图书馆及云南社会科学院图书资料中心。

云南明代修志 共修各类方志113种，存世10种。其中司甸志12种，均佚。①云南明代通志。从洪武到天启年间，云南纂修的通志有9种。除洪武十五年志、弘武三十一年志、景泰六年（1455）志、弘治十一年（1498）志4种为应诏所修外，另种或为地方官员依本省需要组织人员纂修，或为学者个人编纂，有景泰《云南图经志书》、正德《云南志》、万历《云南通志》、天启《滇略》、天启《滇志》5种存世。其中，王谷修、陈文纂景泰《云南图经志书》是存世云南志书中首部较为完备的省志，内容简略；邹应龙修、李元阳纂万历《云南通志》新辟兵食志，记载明代卫所、军实、屯征，并开创以专志统领门类的新体例，对后世志书产生重要影响；刘文征私家纂修的天启《滇志》是明代最后一部云南通志，也是明代内容、体例最完备的志书。②云南明代府州县志。明代云南21个府修有34种府志，存世3种；38个州中的27个州修有40种州志，存世2种；30个县中的16个县修有18种县志，均佚。其中，张泽等修、徐栻等纂隆庆《楚雄府志》是一部体例趋于完善的纲目体志书，也是云南省府州志中保存最完好的一部；王廷表、杨慎纂辑的《阿迷州志》，沈祖修、吴宗尧纂万历《腾越州志》等，均为明代云南州志中的佳作。

云南清代修志 清代云南21个府、35个州都修有志书，部分府、州下辖的10个厅、32个县也修有志书，有的还数次编修，州县级以上志书几乎全为官修。同时还出现一批乡土志和盐井志。清代，云南共修各类方志329种，存世215种。其中修乡土志16种，存世13种。①云南清代通志。共修16种，存世13种。其中阮元、伊里布修，王崧、李诚纂道光《云南通志稿》所载民族及边地内容较以往志书丰富翔实、考证详细，是存世的明清《云南通志》中最好的一部；王文韶等修、唐炯等纂光绪《续云南通志稿》，增加了与洋务相关的内容，为以前诸志所无；谢圣纶纂辑的乾隆《滇志草》与《黔志略》合称《滇黔志略》，是首部关于滇黔的跨省简志。②云南清代府州厅志。修有府志61种，存世38种；州志116种，存世74种。其中张毓碧、谢俨纂修的康熙《云南府志》是云南府志中的佳作；刘垲等修、吴蒲等纂乾隆《续修蒙化直隶厅志》，祝宏、赵节纂修的雍正《建水州志》，额鲁礼修、王恺与王安廷纂道光《姚州志》，李毓兰修、甘孟贤纂光绪《镇南州志略》，均为清代云南州志中的佳作。③云南清代县志。修有89种，存世60种。戴炯孙私纂的道光

《昆明县志》是昆明的第一部志书，被誉为"有《朝邑》《武功》之长而无其失，在近代中洵为善本"；彭兆达、杨撝秀纂修的康熙《富民县志》，乾隆年间檀萃撰辑的《元谋县志》《禄劝县志》等，体例较为严谨；李丕垣、李应绶纂修的康熙《河阳县志》，为国内存世的三部县丞志之一（另外两部为《陇西分县武阳志》《打拉池县丞志》）。④云南清代盐井志。修有13种，分别为《白盐井志》6种、《琅盐井志》4种、《黑盐井志》3种。存世8种。其中杨璿修、沈懋价纂康熙《黑盐井志》以郡邑志体例记录当地政治、经济、社会、文化的发展情况，其中的黑井盐政卷详细叙述自明代设黑井盐运使至清康熙四十八年(1709)，黑井地区盐井的名称、分布、课税、征收、盐法、用工薪资等，反映出盐业生产的状况。

云南民国时期修志　云南省通志馆及文献委员会于1931年成立，在编纂省志期间，省政府还要求各州、县、厅修志。民国时期，云南所修志书很少，各级志书及专志不超过60种，其中省志2种，州、县志40余种，乡土志约10种。①云南民国时期省志。云南省通志馆成立之初，原计划编纂一部新的《云南通志》和一部《民国云南省志》。《云南通志》志稿于1941年修订完毕，1949年印刷出版，定名为《新纂云南通志》。因局势不稳，《民国云南省志》志稿未能审定付印，更名为《续云南通志长编》，1985年，由云南省志编纂委员会办公室整理，内部刊行。②云南民国时期州县志。云南省政府拟定《修志概要十八条》，对志书篇目、内容做出详细规定。史料价值较高的志书有上帕行政公署编纂的《纂修云南上帕沿边志》，1937年甘汝棠修、陈肇基纂的《富州县志》，1939年袁嘉谷主纂的《石屏县志》等。

云南新方志编修　自1982年全省第一次地方志工作会议召开至1986年，全省绝大多数地、州、市、县组建了地方志工作机构，部分省直单位也搭建起修志班子。1986~2003年为首轮修志阶段。自《弥勒县志》《江城哈尼族彝族自治县志》《镇雄县志》和《云南省志·动物志》《云南省志·汉语方言志》率先出版后，全省三级志书不断问世。至2003年底，首轮修志工作完成。三级志书总字数达3亿字。2004年，第二轮修志工作启动。

云南省级修志　首轮《云南省志》的编修工作于1986年启动。至2003年11月，82部分志全部出版。总字数7000余万字。断限为1912~1990年，少数分志适当上溯或下延。设地理志、地震志、地质矿产志、植物志、动物志、林业志、温泉志等分志，反映云南的地质地貌和"动物王国、植物王国、有色金属王国"的特色；设地名志、旅游志、少数民族语言文字志、民族志、宗教志等分志，反映云南少数民族种类最多的特色；设侨务志，反映云南作为五大侨乡之一的特点；设盐业志、烟草志，反映云南的特色经济产业；设中共云南省委员会志，集中记述"文化大革命"的内容。在全国地方志评奖中，广播电视志获一等奖，邮电志、公安志获二等奖。在云南省地方志优秀成果评奖中，经济综合志、财政志获一等奖。2004年，二轮修志工作启动。除卷首、卷末外，规划编纂42卷，83部分志。至2010年，已完成二轮省志15部分志的送审稿。

云南市县级修志　在首轮修志中，共完成市（地、州）志17部，县（市、区）志（包括已撤销的碧江县）129部。在全国地方志评奖中，《江城哈尼族彝族自治县志》《武定县志》《鲁甸县志》等获一等奖，《楚雄彝族自治州志》第5卷、《曲靖地区志》第2卷、《玉溪地区志》第3卷、《建水县志》、《耿马傣族佤族自治县志》、《梁河县志》、《碧江县志》等获二等奖。在云南省地方志优秀成果评奖中，《昆明市志》第1册和第10册、《大理白族自治州志》第2卷和第9卷、《丽江地区志》等获特等奖，《玉溪地区志》、《楚雄彝族自治州志》、《瑞丽市志》、《兰坪白族普米族自治县志》、《鲁甸县志》、《大理白族自治州志》第1卷和第3~8卷等获一等奖。2004年，二轮修志启动。至2010年，已出版《昭通市志》《曲靖市志》2部市志，《嵩明县志》《禄劝县志》等22部县(区)志。

云南规划外志书编修　在三级志书之外，云南省还编纂出版2600多部

云南首轮市(州、区)级志一览表

志书名称	主编/总编/总纂	字数(万字)	出版年
《德宏州志》	吴志湘	250	1994
《玉溪地区志》	曾永德	149.7	1994
《东川市志》	朱茂	129	1995
《楚雄彝族自治州志》	钱成润	442	1996
《思茅地区志》	俞承商	326	1996
《红河州志》	普照	534	1997
《昆明市志》	王廷琛等	1076	1997~2003
《大理白族自治州志》	杨镜、杨光复	753	1998~2001
《曲靖地区志》	车光杰	465	1999
《昭通地区志》	张荣才	324	1999
《丽江地区志》	和慧军	400	2000
《文山壮族苗族自治州志》	马正元等	450	2001
《西双版纳傣族自治州志》	郑纯	500	2001
《迪庆州志》	勒安旺堆	213	2003
《保山地区志》	张金辉等	316	2004
《临沧地区志》	肖德虎	400	2004
《怒江傈僳族自治州志》	怒江傈僳族自治州志委	240	2006

行业志、专业志和特色志，字数近7亿。《楚雄彝族自治州教育志》《怒江州交通志》《中卫社区志》《红塔集团志》《洱源县民族宗教志》《红河哈尼族彝族自治州文化艺术志》《鲁甸县农业志》《苍山志》等较具特色。其中，《鲁甸县农业志》《苍山志》获云南省第六届地方志优秀成果特等奖；《红塔集团志》获云南省十佳成果奖、省第十一次哲学社会科学优秀成果三等奖。

云南旧志整理 民国时期学者已做过不少对云南方志的整理和研究工作，并编写过书目和索引，如近代梁之相的《云南省方志考简编初稿》、李晓缘的《云南书目·方志之属》、方国瑜的《云南史料目录概说》等。当代在编志收集资料的过程中，各级地方志办公室都注意寻找和抢救本地珍贵的历史文献，整理或影印出版一批有价值的旧志文献，如康熙《楚雄府志》、康熙《蒙化府志》、康熙《通海县志》、道光《澄江府志》、民国《续云南通志长编》、民国《新纂云南通志》、《昆明市志校注》、《昭通旧志汇编》等。各级地方志办公室共整理校注旧志188部。杨成彪主编的《楚雄彝族自治州旧方志全书》收编了楚雄地区明、清和民国500多年编纂并留存的各种府志、州志、县志、盐井志、乡土志和地志资料，共54种。先后获云南省和楚雄州社会科学优秀成果一等奖、省地方志系统首届十佳成果奖。

云南方志工作管理 云南部分地、州、县自1981年开始成立地方志工作机构，至20世纪90年代初，所辖17个地、州、市（含东川市）和128个县（含碧江县）、市、区均先后建立常设的地方志工作机构。至2010年，全省常设三级地方志工作机构146个，专职人员1065人。省地方志编纂委员会成立后，省级各委办厅局和全省145个州、市、县也相继成立各自的地方志编委会。

云南省地方志编纂委员会及办公室 省地方志编纂委员会前身为云南省志编审委员会，1981年8月成立。1982年8月，更名为云南省志编纂委员会。1986年10月，更名为云南省地方志编纂委员会。下设办公室，首任办公室主任由省社科院副院长饶华兼任。1982年初，组建班子，由李艺群任办公室负责人。1985年，办公室内设省志总编室、地州市县志指导室、行政秘书室、方志刊物编辑部、云南年鉴编辑部。办公室长期由省社会科学院代管，至2008年，由省人民政府办公厅代管。至2010年，办公室内设省志工作处、州市县志指导处、人事秘书处、年鉴期刊信息处、行政财务处、学会工作处。历任编委会主任刘明辉(1981~1984)、普朝柱(1984~1989)、和志强(1989~1998)、李嘉廷(1998~2001)、徐荣凯(2002~2006)、秦光荣(2007~2011)、李纪恒(2011~)。历任办公室主任宁超(1984~1994)、钱成润(1994~2000)、胡华生(2000~2004)、杨福泉(2004~2008)、李一是(2008~)。

云南修志法规规章和规范性文件 省人民政府于2010年8月颁布《云南省地方志工作规定》，自2010年10月1日起实施。中共云南省委、省人民政府及省地方志编纂委员会还制定和印发了多个文件，如《云南省人民政府办公厅印发省志编纂委员会办公室〈关于开展我省地方志编纂工作的报告〉的通知》《云南省地方志编纂委员会印发〈云南省方志续修研讨会纪要〉的通知》《云南省人民政府办公厅关于开展我省三级地方志书续修工作的通知》等。

云南方志学术交流活动 云南地处边疆，华侨众多，侨乡的志书发行较好。《腾冲县志》《红河县志》《瑞丽市志》《潞西县志》《畹町市志》《马关县志》等走出国门，引起众多侨胞的关注。《云南省志》也全套赠予台湾的云南同乡会。省地方志办公室在20世纪90年代中期，把地方志成果直接引入国际交流，与泰国国务院中文史料委员会合作举行傣族历史研究，整理出版《滇国、滇越国、哀牢国、掸国、八百媳妇国史料汇编》，并被译为傣文在泰国出版。

云南省地方志学会 云南省地方史志协会成立于1982年。1988年召开第二次会员代表大会后，更名为云南省地方志学会。2001年召开第四届会员代表大会后，学会内设学术委员会、刊物工作委员会、秘书处三个工作机构。至2010年，共召开五届会员代表大会和理事会。历任会长（理事长）饶华、宁超、胡华生、杨福泉。

云南省通志馆 云南在清代曾设通志局编纂《云南通志》。1931年，省主席龙云倡建通志馆，编纂《新纂云南通志》。1997年9月，云南省通志馆恢复，与省地方志办公室合署办公。同年12月3日，通志馆正式挂牌成立。通志馆集收集、馆藏、编纂、研究、开发诸功能为一体，成为云南省地情信息资源利用开发的重要平台。历任馆长何耀华、胡华生、杨福泉、李一是。省通志馆与省地方志编纂委员会办公室、省地方志学会三块牌子、一套人马，共同开展工作。共同创办《云南史志》（前身《云南地方志通讯》《云南方志》《南中》）刊物，双月刊。至2010年12月，共刊出164期。

云南方志研究成果 省地方志编纂委员会、省地方志办公室和省地方志学会出版理论专著和研究论文集近百部，如《方志理论研究》《云南省志编撰文集》《省志求索》《新时期地方志理论与编纂学术研讨会论文集》《云南史志研究》等。各市县编纂出版的专著有梁耀武著《方志学举要》、李在营编著《方志编纂学概论》等；论文集有昆明市地方志办公室的《新编地方志总纂论文选》《昆明市方志论文选》《昆明市方志论文专辑》等，曲靖市地方志办公室的《新志论丛》《编纂文集》《曲靖方志论文集》，大理州地方志办公室、州地方志协会联合编选的《大理州史志论文集》，文山州地方志办公室的《文山州方志论文集》，及临沧市地方志办公室编辑出版的8部论文集等，其中《曲靖方志论文集》于2005年获云南省地方志优秀成果著作、文章类一等奖。

Yunxiangsi Zhi

《云翔寺志》 上海“南翔古镇文化书系”之一。主编慧禅，执行主编许洪新。2009年上海人民出版社出版。2卷，40万字。设17章49节。卷首配南翔镇区域图、云翔寺平面图、嘉庆南翔镇图、云翔寺图、大德题款2幅、照片43幅。上起唐开成四年(839)，下至2008年。上卷记至1949年，设沿革、建筑、景观、活动、人物、艺文、杂记7章；下卷记述自1993年大德念佛堂设立起，设重建、建筑、佛法·法器、佛事活动、文化与公益活动、管理、人物、艺文、寺藏、附录10章。书后有卷末、索引。附录章选辑收录重建文件、规章制度；卷末收录《云翔寺开山年代暨白鹤导施传说考》《历代方志文献中有关云翔寺的记述》等文章，并有主要参考资料目录。通过对文献、金石资料研究考证，从《吴地记·后集》、明洪武《苏州府志》和尊胜陀罗尼经幢等爬梳整理，互相参证，考证出唐开成四年为云翔寺前身南翔禅院的创建年代，解决了云翔寺历史上最大疑案，并为南翔镇找到了历史源头。添加注释按语，言必有据，是该志最大的亮点。上卷所采用的主要史料，都用小字予以夹注，说明史料来源或依据。大事记事条，基本每条都有注释，标明出处。

《云翔寺志》书影

Yuntai zhi

郧台志 郧台为郧阳提督抚治都御史行台的简称。明成化十二年(1476)，为抚镇流民、安定地方而设。同年，析湖广襄阳府属县置郧阳府。清初沿明制，至康熙十九年(1680)，郧台共历时204年；至同治九年(1870)，郧阳府共历时407年。明清两次纂修台志；七修府志，其中同治九年，吴葆仪、王严恭纂府志9卷，为古代最后一部郧阳府志，也是记载郧阳建府后史实的集大成者。①《郧台志略》[嘉靖]。叶照主修，徐桂等纂。明嘉靖二十六年(1547)刻本。9卷。分建置、奏疏、勘劄、钱谷、户口、甲兵、刑名、学校、著述等门。前序、后序尚存。据《浙江采集遗书总目》记载，该志记述建置“起成化迄嘉靖止”。据《四库全书总目提要》载，天一阁有藏，后散出。②《郧台志》[万历]。裴应章修，彭遵古等纂。明万历十八年(1590)刻本。不同于一般通志以省为纲，以府、州为属目的体例，该志以总镇区域内的事务为纲，后再领类目。分建置、舆地、宪体、宦迹、官属、版籍、兵防、储饷、奏议、著述10卷。其中宪体卷分敕谕、勘劄、关防、符验、旗版、仪节、公移7个类目，储饷卷分屯田、月粮、军饷3个类目，奏议门记载数十件疏文，兵防卷分军兵、标兵、戍兵、民兵(附机兵)、义勇(附弩手)、弓兵、官马、军器、营房9个类目，官属卷分文职、武职2个类目，版籍卷分户口、税粮2个类目。原属刘承幹嘉业堂所藏，后存于台湾，为海内外孤本。③《湖广郧阳府志》[康熙]。刘作霖修，杨廷耀纂。康熙二十四年刻本。42卷，图1卷。篇目各自为门类，不分纲目。卷首为序言、图经，卷1~28分27目；卷29~42为艺文，分13类。以郧阳府为总，分述属县。康熙二十八年，江闿辑《郧阳府志补》1卷。台湾藏全帙。国家图书馆藏卷1~34、卷36~42。

《郧台志》书影

Y

Z

枣 曾 张 章 彰 赵
肇 浙 贞 真 甄 镇
正 郑 直 志 挚 中
忠 周 朱 著 专 传
庄 淄 紫 自 邹 遵
左

Zaozhuangshi Zhi

《枣庄市志》 枣庄市地方史志编纂委员会编。1993年中华书局出版。275万字，60卷设57个分志400章1176节。志首配地图3幅、彩照63幅。上起清道光二十年(1840)，下至1985年。该志围绕历史悠久的鲁南煤城、组群式新兴工业城市、光辉的历史文化、历史上多战事、民族英烈辈出及农业、矿产资源丰富等七大特点设置篇章，将煤炭工业单独列卷，放在工业各卷之首，记述煤炭的开采机构、资源、生产、加工运销、技术队伍、技术引进、矿山安全、矿工生活等内容，系统记载枣庄煤炭业的历史与现状，突出枣庄鲁南煤城的地位。军事卷重点记述发生在枣庄的战事和重大事件，如1923年号称"民国第一案"的临城劫车案，台儿庄会战，铁道游击队扒火车、炸铁道、拔据点等一系列战事。林业卷记述枣庄的林业用地面积、森林覆盖率，闻名全国的枣庄峄城石榴园等。文物名胜卷记述市域320余处文物单位及"北辛文化"名称的由来。1993年获全国新编地方志优秀成果奖一等奖。

枣庄台儿庄大战纪念馆

Zeng San

曾三(1906—1990) 湖南益阳人。1930年到中央特科学习无线电通信技术。1949年后，历任中共中央办公厅副主任、国家档案局第一任局长、中央档案馆馆长、中共中央办公厅顾问、中央纪律检查委员会和中央顾问委员会委员等。1959年任地方志小组组长。组织制定修志提纲，向中央呈送编修工作意见。1983年任中国地方志指导小组组长，曾任第一届、第二届中国地方(史)志协会名誉会长，是首轮新编地方志工作的主要领导者。1986年在全国地方志第一次工作会议上，作《为编纂社会主义时代新方志而开拓前进》的报告，提出在"积极稳妥、留有余地、保证质量"的方针下，"用20年或稍长一些时间(自1980年算起)，在全国各地基本上完成编纂省、自治区、直辖市志和市志、县志的任务"的规划。认为编写地方志是社会科学文化事业的一个组成部分，可为各项事业提供基础性材料。指出在国家伟大变革的新时期，经济、政治、文化和社会生活各方面都在发生极其深刻的变化，只有运用马克思主义的基本理论、基本方法去观察和研究不断涌现的新事物、新情况、新问题，掌握时代特点和趋向，对具有中国特色的社会主义现代化建设有深刻的理解，才能编纂出一部合乎时代要求的新方志；新编地方志必须具有严格的科学性和鲜明的时代性，"新地方志的科学性本身要求它必须同时也具备鲜明的时代性"，合乎客观规律地表现事物的发展过程；修志工作者还要积极运用当代自然科学和社会科学的理论与方法，在编纂工作中逐步采用一些现代化的科学手段。认为充分反映我国是一个统一的多民族国家的特点，也是体现地方志科学性和时代性的需要。提出一代志书纂修任务的完成，是新一代志书编纂工作的开始；为适应社会发展节奏，志书编修周期要大大缩短；同时，做好方志工作要切实抓好组织领导、队伍素质、志书质量、理论建设。主张把"档案工作同编修地方志结合起来"，认为档案馆可采取三种形式参加地方志的编修工作，分别为编修地方志收集和提供档案资料；参加地方志编写工作；建立一套经常的工作制度，使县档案馆起到类似章学诚设想的"志科"的作用，能随时积累资料，供编修新的地方志之用。著有《曾三档案工作文集》等。

Zhang Fengtai

张凤台(1857—1925) 字鸣岐。河南安阳人。清光绪二十一年(1895)进士。历任直隶元城(河北大名南)、吴桥、束鹿(河北辛集)知县，长春府、长白府、兴京府知府。辛亥革命后，任政治局讨论会会员、参政院参事等。1920年任河南省省长。筹设河南通志局，与河南督军赵倜兼任总裁，先后聘萧惠清、李备聪为总编修，颁布《通志局组织简章》8条，拟定《河南通志》简目，并派采访员分赴各地查找资料。还主持拟定《续修县志调研凡例》，颁发续修志书令，要求各县设县志局。设立官书局，搜求乡邦文献，辑成"三怡堂丛书"。曾督修《林县志》。后受直系军阀排挤，被曹锟免职。另主修光绪《束鹿乡土志》和《长白汇征录》，编纂《鹿岩乡土志》。

Zhang Guogan

张国淦(1876—1959) 字乾若(潜若)，号仲嘉，又号石公。湖北蒲圻(赤壁)人。清光绪二十八年(1902)举人。三十年，考取内阁中书，任礼学馆纂修。后历任黑龙江抚院秘书官、调查局总办、财政局会办等。宣统二年(1910)纂成《黑龙江志略》。同时，绘制《黑龙江全省舆图》，编成《黑龙江笔录》等。曾参与南北议和，后历任北洋政府国务院秘书长、京师图书馆馆长、教育总长、司法总长等职。1926年退出政坛。20世纪

30年代协助顾颉刚经营禹贡学会并编辑《禹贡》半月刊。出任《河北通志稿》总裁。抗日战争时期,拒绝出任伪政府职务。1946年任《文汇报》董事长,次年任湖北省先贤遗书编校处主任。1953年任中国科学院近代史研究所研究员。1955年当选为全国政协委员。撰有《历代石经考》《中国古方志考》等,校勘《严州图经》《新定续志》《黑龙江外纪》等。从《永乐大典》中辑佚方志362种,其中佚失方志358种,成《〈永乐大典〉方志辑本》。著有《俄罗斯东渐史略》《潜园文集》《辛亥革命史料》《北洋从政实录》。认为"方志者,乃一种最完备、最广博史家有用之故实"。

Zhangjiakoushi Zhi

《张家口市志》 主编张旭明。1998年中国对外翻译出版公司出版。2卷,299.5万字。设30编169章641节。志首配图照100余幅。上起春秋战国,下至1988年,照片收录延至出版时。自然环境编自然资源章,重点记述铁矿、煤、金、磷矿等的品位、储量、分布等,并以列表的形式记述43种矿产的地理位置、矿床类型、工作程度、矿产规模;在张家口市主要矿产资源储量表中,记述了金、铁矿、煤矿、膨润土、含钾页岩、耐火黏土的累计探明储量、保有储量、累计采出量等。军事编着力反映张家口为塞外军事重镇、首都北部屏障、国家重点设防城市及战略要地的特点。设专记章,记长城防御设施关城、城墙、敌台、烽火台、暗窖的修建,附记宣化府境内长城各城堡的方位、距离、墩台、存毁等情况。政治运动编较为详尽地记录了土地改革、镇压反革命、"文化大革命"与拨乱反正等重大政治运动。工业编重点记述机械、冶金、化工、轻工业等支柱产业,毛皮工业和毛纺织业等具有传统特色的行业,详记宣化采掘机械厂、宣化工程机械厂、张家口煤矿机械厂、市工业锅炉厂、市电焊机厂、市橡胶总厂、下花园电石厂、宣化钢铁公司、下花园发电总厂、沙岭子大型发电厂、市第一制皮厂、市第二制皮厂、宣化皮毛厂、市毛纺织厂、市棉纺织厂等企业,张家口金矿、宣化县金矿的情况,以及获国家金质奖的SGW-150C型可变曲刮板运输机、SGZ-764/264型中双链刮板运输机和获国际银质奖的古筝牌绵羊皮、恒通牌口羔皮、晨光牌电石等产品。此外,志书还着重记述全国重点文物保护单位明长城,河北省重点文物保护单位长城大境门关隘、宣化古城、镇朔楼、清远楼等;对第一次解放战争时期来自延安、晋察冀边区文艺团体的艺术家、作家、文艺理论家,如成仿吾、周扬、萧三、丁玲、萧军、邓拓、孙犁、康濯、田间、杨朔、秦兆阳等,在张家口开展文化活动的情况也有记述。

塞外雄关——大境门

Zhang Jiamou

张嘉谋(1874—1941) 字中孚,自号梅溪钓徒。河南南阳人。清光绪二十三年(1897)举人。曾任河南商业中学校长,河南省咨议局议员、副议长。辛亥革命后,任河南省临时省议会副议长、众议院议员。1914年与李敏修在北京设立中州文献征辑处,任调研员,搜访辑刻乡贤遗著多种。后任河南通志馆纂修,兼河南博物院院长、河南古迹研究会主任委员。纂有光绪《南阳县志》、民国《方城县志》,及民国《河南通志》疆域、沿革部分,校订整理嘉靖《南阳府志》、民国《西华县续志》《巩县志》等。①《南阳县志》[光绪]。潘守廉修,张嘉谋等纂。光绪二十五年始修,三十年成书并刻本。12卷,首1卷。约30万字。卷首有图1卷,共50页,以方计里,其县境分图,每方一里。正文分12门40目。记事止于光绪三十年。祠祀、兵防、人物等门,记述咸丰、同治年间,太平军在南阳附近与清兵作战情况的资料极多。所引皆注明出处。②《方城县志》[民国]。杜绪赞修,张嘉谋纂。1942年成书并铅印。8卷。约35万字。依《河南各县重修县志编纂大纲》与《河南全省修志事项例要》的规定列举纲目,分为15门48目。记事止于1942年。以记述抗日战争前的社会情况为主,对抗日战争时期情况多有反映。注重记述有益于国计民生的内容。

Zhang Jian

张謇(1853—1926) 字季直,号啬庵,别号季子。江苏南通人。清同治十三年(1874)任江宁发审局书记。后在赣榆书院任教,兼修《赣榆县志》。光绪二十年(1894)中状元,授翰林院修撰。后兴办实业,经营纺纱、农垦、交通等企业;创办通州师范学校、南通博物苑。清末参与发起立宪运动。辛亥革命后,任南京临时政府实业总长,北洋政府农林、工商总长兼全国水利局总裁。1912年聘范铠任主笔,修《南通县图志》,范辞去后,续聘孟森参与续纂、增订。袁世凯恢复帝制后,辞职南归。曾抵制新文化运动,提倡尊孔读经。广收地志,捐赠给南通图书馆的方志约260种9000余卷。曾参纂光绪《东台县志》。《赣榆县志》[光绪]。王豫熙等修,王文炳、张謇纂。该志原为赣榆教谕王文炳所纂,因病重未成,后张謇匡谬订误,历时4个月完成。有光绪十四年刻本。18卷。15门51目。该志纂修,以孙星衍、洪亮吉等修志书为范本。记载人物,主张统合古今,批评康熙志上限断于明初,不合志体。考得明以前人物53人,全部著录。记载人物以本地为主。但记述内容和手法较多沿用旧志传统。

Zhang Jianguo

张建国(1937—1998) 新疆巴里坤哈萨克自治县人。曾在巴里坤县委工作。20世纪80年代初,任县人大常委会办公室主任。1985年初,任县地方史志办公室主任。带领县志办人员深入基层调查研究,向专家学者请教,收集口碑资料。主编《巴里坤哈萨克自治县志》,撰写初稿上百万字,并承担大部分文稿的审定工作,该志于1993年获全国新编地方志优秀成果奖二等奖。参与编写《中国共产党新疆维吾尔自治区巴里坤哈萨克自治县组织史资料》《中共巴里坤哈萨克自治县党史大事记》等。注释《巴里坤乡土志》《巴里坤兵要志》。曾被评为新疆维吾尔自治区史志系统先进工作者。

Zhang Li

张立(1916—1995) 陕西富平人。1936年加入中华民族解放先锋队,参加西安学生纪念"一二·九"运动周年的游行请愿。两年后赴延安,入中国人民抗日军事政治大学总校高级研究生班。先后任太岳解放区武委总会秘书长、福建军区政治部宣教部长等职。1949年后,历任福建师范大学党委书记、福建省"八大建设基地"审议委员会副主任等职。1980年,在中国史学界第二次代表大会上提出《关于成立中国地方史研究会的倡议书》。中国地方史志协会成立后,任副会长。1983年撰写《关于开展福建地方志编纂工作的建议》,后被任命为省地方志编纂委员会主任,兼省地方志协会会长。组建队伍,开展业务培训;筹集资金,建起办公楼和宿舍楼。较早部署开展福建首轮三级志书的编纂及旧志的整理工作。倡议省志编纂地图集,设置华侨志,突出福建省志特色。誊印出版珍藏本清《武夷山志》,誊印清蓝鼎元《修史试笔》。有关地方史志的讲话和报告主要有《群策群力,开创修志工作新局面》《积极努力、深入研讨、立足"三新"、修好新志》《在全国十四省(区)人物志编写工作讨论会开幕式上的讲话》等。著有《张立文集》,其中收集修志文论2篇、重要讲话5篇及其创作的诗词、剧本、读书札记等。曾将珍藏的1019件文物和图书捐赠给陕西省博物馆。

Zhang Mingyi

张明义(1929—2009) 陕西户县人。1949年毕业于清华大学电机系。曾任中共北京市委研究室财贸组组长、市委办公厅主任、市委常委、市委秘书长、市政协副主席等职。1986年兼任北京市地方志筹备小组组长,主持筹组北京市修志领导机构和办事机构,领导制定《关于北京市地方志工作规划纲要(1989~1999)》,为北京市地方志编纂在组织和制度上,做了一系列开拓性工作。1988年起,任北京市地方志编纂委员会常务副主任,主编《北京志》《北京年鉴》,全面主持北京市修志工作至1993年。

Zhang Shu

张澍(1776—1847) 字百瀹,又字时霖,号介侯。清凉州府武威县(属甘肃)人。嘉庆四年(1799)进士。历任贵州玉屏、遵义,四川屏山,江西永新、泸溪等县知县。任职期间,主持重修道光《屏山县志》《泸溪县志》,编纂嘉庆《大足县志》,参修玉屏、兴文、南昌、鄱阳等县志,并辑录《三秦记》《十三州志》等地方史志资料,编为"二酉堂丛书"。另编著有《续黔书》《蜀典》《秦音》《五凉旧闻》《凉州府志备考》等。刊行的史志著作有32种207卷。编修方志时注重史料和考证。反对志书"广分门类,妄摭杂事"。指出当时编修的志书有分类细碎、妄采无聊、忽略掌故、人物专取贵以邀宠、艺文滥收风花雪月之作的弊端。①《续黔书》。初名《黔中纪闻》。因田雯著有《黔书》,故改名。嘉庆九年刊刻。8卷。记载掌故传闻、风情民俗、诗文游记、山川名胜、物产种类。书中论证各州县画界中存在的问题,提出治理水灾、毒蛊的措施和解决民族纠纷、治理盗贼、消除假币的办法。考证屈原在玉屏附近的活动、马王其人、李白流放地、州县沿革、地名由来等,纠正俗传讹误。原刊本藏巴黎国家图书馆。有"粤雅堂丛书"三编本、《黔志四种》本、"黔南丛书"本、"丛书集成"初编本。②《蜀典》。嘉庆二十三年成书,道光十四年(1834)武威张氏安怀堂刊本。12卷。分堪舆、人物、居寓、宦迹、故事、风俗、方言、器物、动植物、著作、姓氏11类。材料大多取自四川通志。增补屏山县的内容,考证雕版印刷起源时间等。有清光绪二年(1876)尊经书院重刻本。

Zhang Wei

张维(1889—1950) 字维之,号鸿汀。甘肃临洮人。清末拔贡,任学部司员。辛亥革命后,联合地方同盟会员成立狄道(临洮)州议会。曾任甘肃大学(兰州大学前身)史学教授。历任国会众议院议员、甘肃图书馆馆长、国民党甘肃省党部主任委员、国民党中央执行委员等职。曾创办《大河报》《甘肃农报》《政闻报》。1929年,甘肃开局修通志,历任协纂、副馆长、总纂。拟定《甘肃省通志采访纲要》、体例,编印图志,采访、编录、校勘。编撰出版《陇右方志录》《陇右金石录》《元魏诸镇考》《仇池国志》《兰州古今注》等,参与编纂《甘肃人物志》,与杨思、刘庆笃合编《甘肃省县志分图》等。另有《陇右地舆录》《陇右著作录》《校补平凉府志》《方志衡义》《陇右府州县志略》等40余种作品未刊行。①《甘肃人物志》。张维、王竹铭、李伯兴等纂。1926年陇右乐善书局出版。约20万字。24卷。分帝纪、列传、载记、表、序录,其中传分10目。收录远古至清代的人物432人(含青海、宁夏36人),重要人物有伏羲氏,女娲氏,汉代李广(汉),三国魏贾诩,北凉沮渠蒙逊,姜维(蜀),唐李渊、李白、李贺等;涉及修志人物有北魏刘昞,晋皇甫谧,北朝宋绘,明彭泽、胡缵宗,清邢澍、张澍、张昭美、吴之珽、任其昌、李铭汉等。经赵荧、牛得权校点,收入"陇右文献丛书"。②《陇右方志录》。中国较早的区域性方志学目录。1934年刊印。收录甘肃、青海、宁夏历代志书293种,包括省志2部、郡志50部、县志212部、杂古今志29部。1934年出版的《陇右方志录补》,增录36部,包括省志1部、郡志4部、县志22部、杂古今志9部。两书共著录方志329部,详细考证其年代、著者、卷目、存遗情况等,简介方志内容并附按语评论其得失。王继光撰《〈陇右方志录〉补正》,订正该书存佚著录失误者18种,著录缺漏失载者103种,著录失考误题者5种。③《兰州古今注》。1943年著。其中注释兰州历史、地理概况,认为皋兰山山名来源于匈奴语的音译。还涉及有关城市建设、市内街巷变化、文物古迹、民俗特产等的注述,如长城遗址、兰州沙田建设、兰州牛肉面的起源、黄河铁桥的修建,以及兰州水烟、兰州灯会、兰州鼓子、兰州牡丹等实况。④《仇池国志》。仇池国,东汉建安年间氐族杨氏于甘陕川交界处所建,历经300余年。8卷。内容分族系、疆域、系年、前仇池国、后仇池国、武都国、武兴国、阴平国、人物9类。流传版本有甘肃省银行印刷厂1949年铅印本,上海图书馆1961年抄本。

Zhang Xiangwen

张相文(1866—1933) 字蔚西,号南园,晚号沌谷居士。江苏桃源(泗阳)人。清光绪举人。曾任南洋公学教习、北洋女子师范学堂(天津美术学院前身)校长。清宣统元年(1909)任中国地学会会长、《地学杂志》主编。纂有《泗阳县志》;编著的《初等地理教科书》《中等本国地理教科书》是中国最早的地理教科书,《地文学》是中国第一部自然地理著作;著有《南园丛稿》等。《泗阳县志》[民国],李佩思、郝金章修,张相文、王丰望纂。25卷,首1卷,分图、表、志、传四大纲目,共21目。设教育志、实业志、交通志以反映时代特色。将艺文志分在名宦传、乡贤传中。有1925年铅印本。

Zhang Xiushu

张秀熟(1895—1994) 名从西,号秀蜀,笔名奇零等。四川平武人。1916年考入国立成都高等师范学校。卢沟桥事变后,从事教育和抗日救亡工作。1949年后,历任四川省副省长兼教育厅厅长、省政协副主席、省人大常委会副主任等职。1960年向省人民委员会呈送《关于编纂〈四川省志〉的初步意见》,建议成立四川省省志编辑委员会。同年,省志编辑委员会成立,当选副主任委员。曾主编《文史资料》。撰有研究四川地方历史的论文,部分收入《二声集》中。认为地方志就是地方史,二者在一般规律中各有自己突出的特点,往往是"正史不能尽载,专史不能详列",编写地方志有"与正史互相配合,有互为经纬的作用"。在重印嘉庆《四川通志》序中,提出地方志"是在一国版图内某一方域中所有自然的和社会的千态万状事物发生发展的事实记录"。提出编写《四川省志》必须"在全国一般性之中见四川的特点",其具体任务是"为近百年的划时代的历史结论提出史实依据,为纂修国史提供必不可少的历史资料"。

Zhangyediqu Zhi(yuangu~1995)

《张掖地区志(远古~1995)》 主编张志纯、何成才。2011年甘肃人民出版社出版。3卷,436万字。设10编81章443节。卷首有行政区划图、地势图、影像图、不同历史时期地域图10幅、题词20幅,各卷首设资料照片及名人书画照片,共400多幅。首篇为综合编,将概述、大事记、历史沿革、市县概况、城乡建设等纳入,再设地理、经济、政治、文化、社会、人物等编,以第十编文录作为附录。在概述、大事记、政治编军事章、文化编文物和革命遗址及纪念建筑章、人物编、文录编等部分,从不同角度记述1936年11月至1937年5月红军西路军与国民党马家军在张掖地区奋战的事迹,以及1949年后建立的烈士陵园和纪念碑。地理编分节展现土地、水利、生物、矿产和景观资源,把景观资源分为马蹄寺风光旅游区、山丹自然风景区、丹霞地貌旅游区,并细化至各个景点。社会编专设民族章,详记历史上境内各个民族的起始、演变和消长,并对当代回族、蒙古族、土族、裕固族的发展及裕固族、藏族、蒙古族的风俗设专节记述;裕固族是张掖的独有民族,设裕固族语言章,详记西部裕固语和东部裕固语的元音、辅音、词汇、构词法等;在文录编收录1989年省七届人大常委会第八次会议批准的《甘肃省肃南裕固族自治县自治条例》。人物编记述有古代人物、红西路军阵亡团以上干部、红西路军部分将士在1949年后担任主要职务名录、流落红军及掩护红军人士、抗美援朝烈士、对印对越自卫反击战烈士,及当代政治、文化、科技人物。文录编分设古籍选录、金石镌华、历史文献、红西路军史料节选、当代文选等部分。

张掖丹霞地质公园

zhangjieti

章节体 按事物属性分类后,以篇章节标引内容的一种体式。20世纪初,在西方著述体裁影响下形成。清光绪年间被引入志书中。较早使用章节体的是光绪《莲花厅志稿》。民国时期采用章节体的有《肇州县志略》《天津志略》等。新编地方志普遍采用此体。较多志书的层次增加篇(编、卷)一级,故又称为篇章节目体。与纲目体相比,相同之处在于均强调上层与下层间的统领关系,不同之处在于章节体的各层标题前均冠以序号。篇与章、章与节之间为统辖关系,篇与篇、章与章、节与节之间为并列关系。与旧有的纪事本末体相比,其容量更大,内容组织更为系统。根据最高层次的分类方法,可分为大编体、中编体、小编体3种编排形式。其中,大编体也称大编大章体,通常按类立志，一般在最高层次上设总述（或概述）、大事记、自然环境、经济、政治、军事、文化、社会、人物、附录等编，其特点是分类全、综合性强，但分类较粗、编纂难度较大；小编体也称一级平列式、多编多章体，通常按事业立志，一般在最高层次上大体以各行业、事业或某事物为单位独立设志（编），如设自然环境志（编）、军事志（编）、教育志（编）等，特点是虚层次少、领属关系明确，易于落实编纂任务，在首轮修志中采用此体编修的省志就有23部。有的新编志书为使各分志（编）篇幅不致过分悬殊，采用中编体，对性质相同或相近的事物做必要归类，如《安徽省志》《山西省志》。

Zhang Xuecheng

章学诚（1738—1801） 字实斋，号少岩。清浙江会稽（绍兴）人。曾入国子监读书，参与编修《国子监志》。乾隆二十八年（1763）协助其父章镳修《天门县志》，作《修志十议》载于该志卷首。四十三年，中进士。先后主讲于定州定武、保定莲池、归德文正等书院。五十二年，入河南巡抚毕沅幕府，编纂《续资治通鉴》《史籍考》等。纂修或参修和州、永清、亳州、荆州、常德、石首、广济、大名、麻城等地的方志；纂修《湖北通志》，创立省志编修全新的义例，是其方志理论成熟阶段的代表作。主要方志文章有《答甄秀才论修志》《方志立三书议》《方志辨体》《州县请立志科议》等。另著有《文史通义》《校雠通义》等。著述大多被收入《章氏遗书》中。对于章氏的方志理论，梁启超在《清代学者整理旧学之总成绩——方志学》一文中评价："方志学之成立，实自实斋始也。"章氏认为方志起源于春秋战国时诸侯国史，其性质属于史体，其作用既要"经世"，又能为国家正史编纂提供资料；提出"志属信史"，认为方志价值与正史同等。认为方志应以记载历史文献为主，人物应详于史传，艺文应详载书目，而不能只记山川地理，成为地理专书。此外，对体例、诸志体裁的辨别、修志人员素质、修志具体注意事项等均有论述。①《方志立三书议》。载于《文史通义·外篇一》和《章氏遗书·方志略例》。主张志书应立"三书"之体，即"仿纪传正史之体而作志，仿律令典例之体而作掌故，仿《文选》《文苑》之体而作文征"。三书相辅相成，缺一不可。其中，志为著述之体，为"三书"的主体；掌故和文征是资料汇编，分别汇辑簿书案牍和各体诗文。这一主张，解决了著述与资料汇编不分的矛盾，使之构成完整的方志，既可作简明扼要的记述，又能保存丰富的原始资料；为志书规划了一种较为全面的体例结构，具有统一方志体例的作用。"三书"之议标志章学诚理论的提升，修志体例的完备。"三书"之外，又立"丛谈"，以录可资旁证的剩余资料。章氏通过《湖北通志》编纂实践，对"三书"又有所发展。②《方志辨体》。载于《章氏遗书·方志略例》。章氏从理论上辨明了通志及府、州、县志在体例和内容上的差异。指出方志必须辨体，一省的通志，不能以所辖府、州、县志简单拼凑而成，也不能把通志拆散以为府、州、县志。各类志书各有其体例、内容范围、撰写方法及要求。应各详其所应详，略其所当略。③《修志十议》。载于《文史通义·外篇三》和《章氏遗书·方志略例》。为章氏与湖北天门胡明府商讨修志事宜而作，是章学诚在修志实践基础上提出的修志纲要，是阐述其方志理论的重要代表作。章氏首先分析志书的难易表现，并进而提出修志设想与要求。认为修志要"乘二便，尽三长，去五难，除八忌，而立四体，以归四要"。为达到这些要求，对修志人员的职掌、资料的考证，及志书的体例与编写等作"十议"，即议职掌、议考证、议征信、议征文、议传例、议书法、议援引、议裁制、议标题、议外编。④《州县请立志科议》。载于《文史通义·外篇一》和《章氏遗书·方志略例》。章氏认为志书应详于正史，内容应求丰富。建议在州县设立志科，配备有文化的专人，收集、整理和保管资料。提出资料收集范围为六科案牍、家谱、传状、私人著述、工程修建、金石铭文、文化教育等。还主张四乡各设采访一人，搜集遗文逸事。关于资料的整理与保管，要求按年月顺序分门别类庋藏，并要注意防止水火虫蚀等灾害。⑤《麻城县志》[乾隆]。黄书绅、姜廷铭修，章学诚裁定。乾隆六十年刊本。共28卷。内容为图十八、纪二（皇朝大事记、古大事记）、考八（舆图、山川、古迹、建置、赋役、祀典、金石、艺文）、表三（职官一、选举二）、略一（政略）、列传十三（仕迹三、儒林、文苑、忠烈、孝行、义行、隐逸、艺术、仙释、流寓、列女）、丛谈一，附文征六、掌故六。志书体例、篇目的安排，体现了章氏立"三书"体的修志思想。

Zhangdefu zhi

彰德府志 彰德府（治所位于河南安阳市）历代所修府志中，存世最早的一部是明嘉靖志。明代还修有万历《彰德府续志》3卷，原题"郡人郭朴辑"，有万历九年（1581）自序，美国国会图书馆有藏。清顺治年间有抄本8卷，康熙、乾隆年间所修志书均存。该府旧志还有许三礼撰《彰郡逸志》。

《彰德府志》[嘉靖] 崔铣纂辑。嘉靖元年（1522）刻本。8卷。分9志。其中地理志、田赋志详述一州六县的历史地理沿革、疆域、山川、名胜古迹，及地亩、正赋、杂赋、贡的具体数字。设邺都宫室志收存邺都资料。杂志记载药材、煤等特产。文物志记载古砚、古砖、古瓦等。据崔铣序载："地理稽实而黜附会，建置遵制而明则，田赋以恤隐，祠祀以正典，官师均列而信教，人物、选举上行而下秩，宫室刺奢，杂志辅化。"志中兼采诸史，记人、记事考证精要，并保存了已佚宋《相台志》中的部分资料。插入评论为此书一大特点。嘉靖后所修彰德府志记嘉靖以前史事均以崔志为依据。国家图书馆、中国科学院国家科学图书馆、天一阁有藏。国家图书馆还藏有万历年间覆刻本，北京大学图书馆藏民国抄本。

《彰德府志》[乾隆六年] 刘谦修，陈锡辂、夏兆丰纂。22卷，首1卷。此志是在康熙志基础上续增。门类略有不同，如秩官、人物各析为上、下卷，艺文分为3卷。仍按府及领属州县顺序编排，删去磁州，新增内黄县。各目按照各县所报卷册，酌情审核，依类加入。各卷前言根据时代变化有所更改；各州县沿革从汉晋核定；订正、补充旧志秩官、选举错漏之处；艺文补充不少奏疏、碑记，新增唐、宋、元、明名人著述；祥异补充汉、魏、晋、北朝的资料。国家图书馆、中国科学院国家科学图书馆等有藏。

《彰德府志》[乾隆五十二年] 卢崧修，汪大键、程焕纂。32卷，首1卷。分18门。卷首有圣制、图说等。较前志

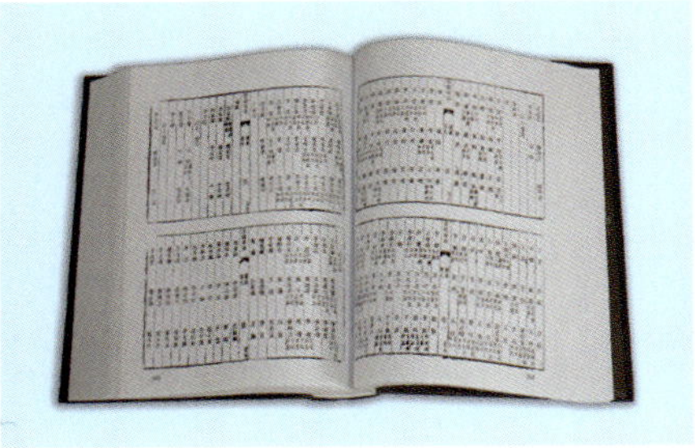

乾隆五十二年《彰德府志》（"中国地方志集成"本）书影

新增武备门，详载彰德郡及所属各县营员、兵额、官俸、兵饷。其中，武备考节录历代兵事；另有武职列传，记述战死者5人，列清代武职表。艺文门收录关于郡邑与时政的各类文章，如岳飞、岳珂等人之文，武安知县《乞免钱粮疏》、邑人长垣知县《救荒疏》等文，碑记中有水利、自然灾害等方面的文章。详记孔庙中的仪式、历代考官制度等。国家图书馆、中国科学院国家科学图书馆等有藏。

Zhao Gengqi Zhijian Lungao

《赵庚奇志鉴论稿》 赵庚奇著。2003年北京出版社出版。31.5万字。收选论文、文稿32篇。分五部分。结合北京修志实践，阐述方志编纂的基本理论，对方志界争议的若干理论问题阐述自己的观点。如方志的性质、功能、体例、结构、记述原则，述之设置与写法，图表，质量标准，以事系人，人物入志及继承和创新等；反对用条目体代替地方志章节体；不同意政权、政法等志书篇目按政权性质分成中华人民共和国成立前和成立后两大历史时期。《政治部类志书也应横分门类》一文从史志关系、马克思主义基本原理、篇目设置和记述方法等方面，论述政治部类志书横分门类的正确性和可能性。《关于〈北京志〉和区县志稿政治质量方面的二十个问题》一文对北京修志中遇到的政治方面的难点问题做阐述。其中民族、宗教及义和团与传教士的问题，《中国地方志》2003年以《志稿政治质量方面应重视的几个问题》为题发表，《西藏地方志》全文转载。《继承·创新·求实》一文提出坚持"三不变"观点，即坚持地方志资料性本质属性不能变、横排竖写编纂体裁不能变、篇目和时限连续性不能变。《关于年鉴编辑的理论与实践》一文阐述年鉴的历史、性质、结构、条目、选材、标题、文体、文风等问题。赵庚奇(1932—)，河北抚宁人。大专学历。1951年参加工作。曾任北京市社会科学院历史所所长。1987年任北京社会函授大学中国方志学系主任。1983年起，参加地方志工作。历任中国地方志协会副秘书长、常务理事、学术委员，北京市地方志筹备小组办公室主任，北京市地方志办公室副主任（主持常务工作），《北京志》和《北京年鉴》常务副主编、编审。著有《民国北平历史》《晚清和民国时期历史事件》等。审读《北京志》分志和区县志稿，中央级和各省、市、区、县志及企业志稿140余部，1990~2012年，主持编纂和参与终审《北京年鉴》22部，撰写论文70余篇。起草40多篇规划、规范文件和报告，对编纂出版、规范方面的重点难点问题进行规范。

Zhao Jishi

赵吉士(1628—1706) 字天羽，又字恒夫，号渐岸。清安徽休宁人。顺治八年(1651)举人。曾任山西交城知县、户部给事中、会典馆纂修等职。主修康熙《交城县志》，编纂康熙《徽州府志》。另著有《万青图全集》《续表忠记》《寄园寄所寄》等。在《徽州府志》序、凡例和康熙《休宁县志》序中，主张方志编纂务求真实，"若乃众目之所未经见，众耳之所未尽闻，则宁从阙疑之例"，而不可"以私意轻为采入"；对编修方志的重要意义做了阐释，提出"志书之严，先当严于人物"；将方志与经史做比较，认为"治天下之理备于经而不及事，治天下之事详于史而非专为一郡一邑言也。理与事具而又专为一郡一邑言者莫如志"，要求"良有司必于志焉亟亟"。

Zhao Shengshi

赵盛世(1924—2003) 青海大通人。1952年复旦大学历史系毕业。1956年起，在青海师范专科学校（青海师范大学前身）任教，组建青海地方史研究室。兼任青海地方史志学会副理事长等职。退休后，任青海省地方志编纂委员会委员和西宁市地方志编纂委员会顾问、特邀编审等，参与新编地方志志稿的评审工作，对牧区重大历史事实的认定做了大量工作。后担任《青海省志·总述》《青海省志·大事记》的总纂，撰写历史部分。与王子贞、陈希夷合作校注的《秦边纪略》，获青海省第二届哲学社会科学优秀成果奖二等奖。与吴均等人校订《青海历史纪要》。曾校译法国《草原帝国》，任《青海通史》总顾问。

Zhaoqingfu zhi

肇庆府志 肇庆府（治所位于广东省肇庆市）修志始于明代，正统、成化、嘉靖、万历、崇祯年间纂修府志，万历志、崇祯志（日本京都大学有藏）存世。清康熙年间两次纂修府志，另有乾隆志、

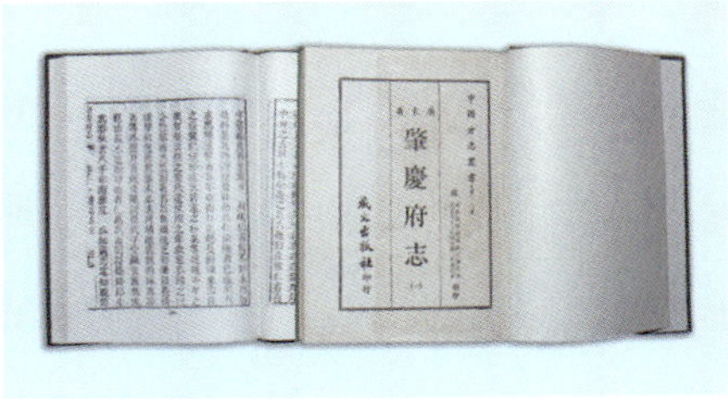

道光《肇庆府志》（"中国方志丛书"本）书影

道光志，均存。故宫博物院图书馆藏乾隆志卷4~28。道光十三年(1833)志藏量最多。该志由屠英等修，江藩、胡森等纂。22卷，首1卷。分11门。以乾隆志为底本，补阙订讹，增所未备，凡所采辑，悉注出处。事纪门详备，杂记门广录宋明旧志。国家图书馆、广东省立中山图书馆、广东省博物馆等有藏。另有光绪二年广州富文斋刻本，地图改用毛鸿宾出呈的《广东舆图》之肇庆府图。民国时期，肇庆福元号据光绪刻本补版铅印本。

Zhaoyu Zhi

《肇域志》 地理总志。被学界称为《天下郡国利病书》的姊妹作。顾炎武撰。清康熙元年(1662)完成初稿。康熙十二年，顾炎武对山东部分加以厘正而成《山东肇域记》。作者在序中称："书名曰《有明肇域记》。"书名的出典见《尚书·尧典》"肇十有二州"，表示明代的整个疆域。此书为未竟之作，原稿未定稿，不分卷，分两京十三布政使司，共15个部分，内容包含沿革、形势、城郭、山川、道路、驿递、街市、坊宅、兵防、风俗、寺观、陵墓、郊庙等，有的府州后附记食货、职官。广泛记录了明嘉靖、万历后至明末的政治、经济、社会面貌，包括各地自然资源、民风习俗、农田水利、赋役漕运、商业贸易、兵防交通等，内容涉及浙闽岛屿水寨、山东运河附近泉眼分布、徽州地区兴衰变迁、朝邑县境黄河流变患害、嘉靖时大地震等情况。注重文献资料的考察，大量引用明一统志和各级志书，参以史书等文献，引征史料数量超过《大明一统志》，并订正了《大明一统志》及方志旧籍中的错误，南直隶、云贵部分收辑考订尤为详尽。乾隆五十八年(1793)，稿本为德清许庆宗所得，已缺失京师北直隶、江西、四川、广西4个部分。剩余的11个部分，约200万字，辗转多人之手，时有传抄。咸丰四年(1854)，蒋寅昉曾委托杨象济主持，根据许家所藏稿本抄录。汪士铎曾作整理本。同治后，原稿已无踪迹。云南省图书馆、四川省图书馆、上海图书馆存有全帙抄本，分别称滇本、川本、沪本，以滇本质量最佳。1982年，《肇域志》被列为全国古籍整理出版重点项目，谭其骧、王文楚先后负责主持，以云南省图书馆藏本为底本，参校四川省图书馆藏本，上海图书馆藏汪士铎本，南京图书馆藏盋山精舍南直隶部分、竹书堂浙江部分，国家图书馆藏南畿部分，上海师范大学图书馆藏应天府部分，由上海、云南共同完成整理校点工作。共出校勘记13500余条，校勘引用史书、子书、字书、类书、文集及明清民国总志、方志数百种。2004年上海古籍出版社出版校点本。

《肇域志》(上海古籍出版社出版整理本)书影

Zhejiang Fangzhi Yuanliu

《浙江方志源流》 魏桥、王志邦、俞佐萍、王永太著。1988年浙江人民出版社出版。17万字。设9章。第一章记述两汉时期浙江方志的起源，认为《越绝书》和《吴越春秋》是现存最古的浙江地方文献，《吴越春秋》开拓了人物专志之路。第二章记述六朝时的浙江方志，从内容上可分为人物传记、地记(地志)、山志3种，在山志部分高度评价了谢灵运《山居赋》。第三章阐述隋唐时期浙江方志的发展，认为官修志书出现并制度化标志着浙江方志由雏形向定型过渡。此时图经(图志)为志书主要形式，并渐与地记合一，出现寺庙记、古迹记等专志；重点介绍陆羽的成就。第四章将宋代看作浙江修志史上的重大转折，开始以府志为修志重心；在叙述《临安三志》《剡录》《澉水志》等范例的基础上，探讨志书发展状况及原因。第五章记述元代浙江方志发展情况，介绍至元《嘉禾志》、大德《昌国州图志》和山水、人物志状况。第六章指出明代是浙江修志兴盛期，出现县县修志局面，产生海防志和舆图志，重视专志编修；介绍保存最早的完备的嘉靖《浙江通志》，以及府志、镇志纂修和天一阁藏书情况。第七章阐述清代浙江方志编纂鼎盛期的状况及原因，论及通志、府志、县志、乡镇志、山水志、海塘志等类别的体例和内容，并介绍章学诚的方志学理论及成就。第八章指出民国是传统方志向现代方志过渡的阶段，此时新旧交替为主要特征，方志理论研究也逐渐深入；记述《浙江通志》续修和重修、余绍宋《龙游县志》、陈训正《鄞县通志》等情况。①魏桥(1930—)。浙江余杭人。20世纪80年代初，开始从事方志学研究、方志编纂与组织工作。曾任浙江省社会科学院副院长，浙江省地方志编纂委员会办公室主任，中国地方志协会常务理事、副会长，浙江省地方志学会会长等职。主编《浙江省名镇志》等，著有《志苑十二年》《两轮修志说》等，发表有关方志论文数十篇。②王志邦(1961—)。浙江武义人。1984年山东大学历史系毕业。历任浙江省地方志编纂室副主任、浙江省中国乡村社会史研究会副会长、浙江工商大学教授等职。编著有《浙江省名村志》《浦联村志》《东冠村志》，主编《二十五史中的浙江人》《浙江省城市图鉴》《宋元浙江方志集成》《义桥镇志》等，发表方志论文数十篇。③俞佐萍(1929—)。浙江萧山人。1984年调浙江省社会科学院从事地方志工作。曾任浙江省地方志编纂委员会办公室副主任、浙江省地方志学会副会长兼秘书长、《浙江方志》主编。主编《修志须知》《方志功能面面观》《浙江在台人物录》，任《中国方志大辞典》编委会副主任，《中国地方志综览(1949—1987)》《浙江省名镇志》副主编，发表方志论文数十篇。④王永太(1958—)。山东烟台人。1985年杭州大学研究生毕业。任浙江省地方志编纂委员会办公室研究员。主编《浙江省情地图集》，发表方志论文数十篇。

Zhejiangsheng Mingzhen Zhi

《浙江省名镇志》 主编魏桥。1991年上海书店出版。约130万字。以浙江省下辖11个设区市进行划分，记述161个特色集镇。卷首配各镇彩照1幅。该志体例有所创新，如不设大事记，也不记历次政治运动，而采用记事与述史相结合、经济与政治相结合的方法；一般不为出生于本镇的名人立传，而采用以事传人、以事记人的方法；适当记述在镇境内的省属、市属工厂企业；编排力求得体、醒目易查，鉴于镇的范围集中，力图减少层次，编目采用志体和标题相结合的方式，标明重点。全志收入的名镇，编写时注重详特略同。收入的名镇有五代晋天福二年(937)之

中国第一座农民城(浙江省苍南县龙港镇)

后，"簪缨相继，日渐殷富，遂成巨镇"的王店镇；以反侵略战争和革命斗争而著名，击毙英法洋枪队头子华尔的慈城镇；历来兵家争战之地，号称"东南第一关"的定海城关镇；浙东人民革命斗争根据地梁弄镇；蒋介石父子故居奉化溪口镇；越剧之乡嵊县城关镇；天下奇观、万马奔腾的钱江潮观赏地盐官镇；避风良港、联台窗口象山石浦镇；海防重地、屯兵之所三门健跳镇；"贾利及时夸富有，只因鱼米胜桑麻"的渔港沈家门镇，等等。此外，还收入新兴的商业名镇，如小商品市场义乌稠城镇、因经营纽扣而崛起的永嘉桥头镇等。1993年获全国新编地方志优秀成果奖一等奖。

Zhejiang Tongzhi[Yongzheng]

《浙江通志》[雍正] 李卫、嵇曾筠等修，沈翼机、傅王露等纂。清雍正十三年(1735)完稿，乾隆元年(1736)刻

雍正《浙江通志》("中国方志丛书"本)书影

本。又称乾隆《浙江通志》。被认为是浙江体例最完备的一部省志。280卷，首3卷。分54门。各门分府立目，分县叙述。相较康熙《浙江通志》，删减帝王门，新增海塘、蠲恤、积贮、漕运、榷税、钱法、驿传、祥异、封爵、经籍、碑碣、名臣、忠臣、循吏、武功、介节等门，记述详尽，以经籍、碑碣记述尤详，经籍门收录《两浙志乘》2卷，记述浙江历代府志的纂修源流。人物门设名臣、忠臣、循吏、武功、介节、孝友、义行、儒林、文苑、隐逸10目，字数约占全志的1/4。志中所引诸书，均列原文并标明出典，引文有异辞者，则附考证于下方。国家图书馆、浙江图书馆、上海图书馆、中国科学院国家科学图书馆等藏乾隆刻本、清嘉庆十七年(1812)补刻本、清光绪二十五年(1899)浙江书局复刻本、1936年商务印书馆影印光绪本(末附索引)。上海图书馆、南京图书馆、天一阁、宁波市图书馆等藏光绪五年墨润堂校刻巾箱本(仅水利、海防两门，共14卷)。2001年，浙江省地方志编纂委员会组织校点，由中华书局出版。

Zhejiang Tushuguan

浙江图书馆 总馆位于杭州市曙光路。前身为清光绪二十六年(1900)创办的杭州藏书楼。宣统元年(1909)定名为浙江图书馆。1998年，曙光路新馆建成，为总馆，另有孤山路(古籍部)、大学路馆舍和湖州市南浔嘉业堂藏书楼，共4处馆舍，总建筑面积4.7万平方米。馆藏志书包括历代旧志、新编方志两类，分别由古籍部、地方文献部、图书文献服务部和报刊文献服务部收藏。地方文献部收藏1949年后编纂出版的浙江方志2300余种。图书文献服务部和报刊文献服务部主要收藏1949年后编纂出版的外省方志。古籍部收藏成书于1949年前的方志3468余种25625册，其中外省方志3000余种18753册，多为刻本，少数为抄本、影印本。地域涉及全国各个省、自治区、直辖市，以江苏、山东、安徽、江西、福建、台湾等省的志书居多。有嘉靖《山东通志》，康熙《陕西通志》，雍正年间的《湖广通志》《广东通志》《山西通志》《江南通志》《江西通志》《甘肃通志》《贵州通志》，嘉庆《湖北通志》，道光《安徽通志》等省通志24种；省内方志有468种6872册(含杂志、山水志、专志)，涉及地域覆盖全省行政区划。馆藏善本中有省内方志139种、省外方志141种，省内杂志43种、省外杂志24种，山水志161种，专志91种。较为稀少的善本有影抄明成化十一年(1475)《杭州府志》、弘治《兰溪县志》、万历《义乌县志》、钱塘丁丙辑稿本《武林坊巷志》、民国年间嘉兴沈曾植等人的《浙江续通志》和余绍宋总纂的《重修浙江通志》稿本及采访稿等。曾编制《浙江图书馆藏浙江方志目录》《浙江省公共图书馆入藏新编地方志联合目录:1949~1994》《浙江省公共图书馆新编地方志联合目录》。20世纪80年代，整理影印《重修浙江通志稿》《桐庐县志》。2011年影印馆藏稀见方志43种，编制"浙江图书馆藏稀见方志丛刊"，其中《中国地方志联合目录》著录为孤本的16种，未著录的6种。

孤山路红楼

Zhejiang xiuzhi

浙江修志 浙江是中国较早开展修志活动的地区之一，素有"方志之乡"的美誉。从东汉袁康撰、吴平同定《越绝书》

开始(学界尚存他说),至民国时期,纂修各类方志可考者有2000余种。《四库全书》收录浙江方志105部,居全国之首;《中国地方志总目提要》收录存世浙江方志619种。1984~2001年开展首轮新方志的编修工作,2002年第二轮修志工作全面启动。至2010年底,共出版省志丛书1套、简志丛书1套,市(地)志、县(市、区)志121部。

浙江历代方志编修 从东汉至民国时期,浙江地区先后有周淙、潜说友、陆游、周密、田汝成、谈迁、黄宗羲、齐召南、章学诚、邵晋涵、俞樾、李慈铭、王棻、沈曾植、孙诒让、王国维、鲁迅、余绍宋、陈训正等名家参与修志,出现了临安三志、会稽二志、《剡录》、四明六志、雍正《宁波府志》、乾隆《鄞县志》等志坛名作。据《中国地方志总目提要》载,浙江存世通志9种、府志115种、州志6种、县志356种、乡镇志115种、专志18种。

浙江汉至五代时期修志 浙江地区编修的汉代方志,属于发端阶段的除《越绝书》外,还有杨孚《临海水土记》、梅福《四明山记》、佚名《会稽贡举簿》等。六朝时期,兴起编纂地记、人物传和专志的热潮。编纂者多为当地或流寓于此的名门且盛负文名之士,东晋以后,以当地士人为主。现仍可见于书目的方志有孙吴佚名《分吴会丹阳三郡志》《会稽郡十城地志》《会稽旧志》,朱育《会稽土地记》,谢承《会稽先贤传》,沈莹《临海水土异物志》等;东晋贺循《会稽记》《石箦山记》,虞预《会稽典录》,贺氏《会稽太守像赞》《会稽先贤像赞》,钟离岫《会稽后贤传记》,留叔先《东阳朝堂像赞》,顾长生《三吴土地记》,杨方《吴越春秋削繁》,谢沈《吴越记》,孙绰《游天台山赋》《太平三铭》,郭璞《会稽山赞》,王彪之《刻石山赞》,佛家支遁《天台山铭序》,等等;南朝孔灵符《会稽记》,山谦之《吴兴记》,王韶之《吴兴郡记》,郑缉之《永嘉郡记》《东阳记》,刘道真《钱塘记》,虞愿《会稽记》,谢灵运《游名山记》《山居赋》,吴均《吴郡钱塘先贤传》,夏侯曾先《会稽地志》,佚名《临海记》,等等。谢灵运的《山居赋》为中国最早以韵文形式写作的山志。隋唐时期,浙江方志开始由雏形向定型过渡。官修的图经有陆羽《吴兴图经》、佚名《四明图志》和《(开元)吴兴图经》等。地记有陆广微《吴地记》、陆羽《吴兴记》、沈常《武康土地记》等。还有陆羽《顾渚山记》《杼山记》《武林山记》《灵隐天竺二寺记》,徐灵符《天台山记》,释神邕《天台山记》,佚名《四明山记》,赵璘《敕戒珠寺记》,贺知章《会稽洞记》,杜光庭《西湖古迹事实》,颜真卿《石柱记》等专志问世。

浙江宋代修志 宋代浙江方志门类齐全,内容翔实,体例日臻完善,趋向成熟定型。纂修各种方志197种。通志性质的有魏羽《吴会须知》和佚名撰《两浙路图经》《浙江要略》《浙江须知》4种,均无存;府志71种,县志62种,镇志4种(《澉水志》《乌青记》《乌青拾遗》《桃源志》),山水志13种,古迹志8种,游览志6种,风土志5种,文献志24种。其中年代可考的有89种,分别为北宋28种,以大中祥符年间最多,计13种;南宋61种,以嘉定、咸淳年间为多,各在10种以上。宋代浙江方志在全国占有特殊地位,据《中国地方志总目提要》著录,存世18种。①浙江宋代府县志。以修府志最为盛行,形成府府修志的局面,其中以绍兴府、湖州府为多,均在10种以上,最少的金华府、处州府,也各有4种。县志的编修并不普遍,全省约有半数县编修了县志,而衢州府所属各县则均未修过县志。府(州)、县志大多由地方行政长官主持编修,形成了代代相承的编修局面。如杭州在北宋大中祥符年间有李宗谔撰修《杭州图经》,南宋又先后编有乾道《临安志》、淳祐《临安志》、咸淳《临安志》;宁波有修于北宋大中祥符三年(1010)的《明州图经》、大观年间的《明州图经》,南宋乾道五年(1169)的《明州图经》、宝庆三年(1227)的《四明志》以及修于开庆元年(1259)的《四明志》;绍兴在宋代则先后有李宗谔《祥符越州图经》、陈公亮《绍熙越州新志》、施宿《嘉泰会稽志》、张淏《宝庆会稽续志》等修成。②浙江宋代专志。有《吴中水利书》《四明山水利备览》《海潮志》《潮说》《海潮论》等水利志,《南名录》《雁荡山记》《赤松山志》等山志,《南宋行宫考》《钱塘胜迹记》《西湖纪逸》等古迹志,《浙东西游录》《湖山胜概》《古杭梦游录》等游览志,《余杭风土记》《明越风物志》《赤城风土志》等风土志,《钱塘先贤传赞》《吴兴人物志》等人物志,《吴越备史》《武林旧事》等文献志。

浙江元代修志 元代浙江编修各种方志66种,其中府志18种、县志23种、山水志12种、古迹志3种、游览志3种、文献志7种。有年代可考者39种,以至正朝最多,共13种。浙江境内11路中,绍兴路修志最多,共11种。元代方志大多散佚。①浙江元代府县志。府县志编修规模不大,且多已失传,存世的有至元《嘉禾志》、大德《昌国州图志》、延祐《四明志》、至正《四明续志》,共4种,其中后三种列入"四明六志",享誉盛名。此外,杭州、嘉兴、湖州、衢州四路,在元末也曾修过县志。②浙江元代专志。共编修20余种,山志有《洞霄图志》《三茅山志》《补洛迦山考》《天台山志》《仙都志》《雁山十记》等,水志有《浙江潮候图说》《海堤录》《浙西水利答议录》《黄岩县河闸志》等,人物志有《富春人物志》《敬乡录》《钱塘遗事》等。其中,《浙江潮候图说》为浙江唯一一部有关潮候的专志,《海堤录》是记载两浙海堤最早的著作,《富春人物志》为元代文学家、书法家杨维桢所撰,这三种专志均佚。存世专志约10种。

浙江明代修志 浙江明代始有通志。嘉靖四十年(1561),薛应旂纂成《浙江通志》,为浙江存世最早的通志。各府县普遍修志。全省纂修的各类方志可考者有637种,有通志1种、府志65种、县(州)志275种、镇志16种、专志280种。其中纂修年代可考者364种。①浙江明代府县志。明代浙江府县志纂修进入全盛时期,11个府及所领1个州75个县均编修了志书。有府志65种，传世29种；县志275种，存世70余种。影响较大的有天启《吴兴备志》、万历《绍兴府志》、嘉靖《嘉兴府图记》、万历《会稽县志》等。②浙江明代乡镇志。据《浙江方志考》著录，明代浙江纂修乡镇志共16种。主要集中在嘉兴、湖州两府，如嘉兴桐乡的濮院镇纂修《濮院小志》《濮川志草》《濮川残志》《濮川志略》4种方志。③浙江明代专志。明代全省编纂海防志22种、舆图志9种、水利志30余种、山志50余种，还有寺院志、书院志等。影响较大的有大型综合性海防巨著——《筹海图编》以及姚文灏《浙西水利书》。

浙江清代修志　清代是浙江修志的鼎盛时期。据《中国地方志总目提要》著录，存世378种。①浙江清代通志。浙江在康熙和雍正两朝均纂修过通志，其中雍正《浙江通志》被认为是浙江体例最为完备的一部通志。康熙二十二年(1683)，张衡等纂成《浙江通志》(50卷，首1卷)，因以数月藏事，甚为简略，但其门类却较嘉靖《浙江通志》有所发展，共设38门，单置水利、帝王、星野等门类，并将形势、官制、物产从杂志中分出。②浙江清代府县志。清代浙江的府县志编纂已进入成熟阶段。据《中国地方志总目提要》著录，存世府县志330种。在体例上，体裁种类繁多，迭有创新，如出现受章学诚影响而产生的类似三书体且有所发展的方志；同时，深受史学影响，天文志、地理志、食货志、选举志、艺文志、人物志等正史中的诸多形式，在方志中均得到运用；在内容上，地方性、科学性日益突显，编纂方法也渐趋合理，如同治《湖州府志》较前志增加蚕桑与水利方面的内容，还增加前事略、天文表等新门类。为后人所称誉的府县志有万经、全祖望等纂修的雍正《宁波府志》，杭世骏纂乾隆《乌程县志》，钱大昕等纂乾隆《鄞县志》，陆心源纂同治《归安县志》，董沛、徐时栋纂同治《鄞县志》，王棻等人于光绪年间修的《杭州府志稿》《黄岩县志》《仙居县志》等。③浙江清代乡镇志。清代浙江乡镇志的编纂同样处在鼎盛时期，志书体裁繁多、内容丰富，共计77种。有的乡镇还数次修志，如桐乡濮院镇9次修志，归安双林镇8次修志，乌程南浔镇5次修志，仁和塘栖镇(属德清)、海盐乍浦镇3次修志。咸丰八年(1858)，汪曰桢纂《南浔镇志》，为“一时名流所重”。光绪年间，王同《唐栖志》、赵霈涛《剡源乡志》均为较佳之作。④浙江清代专志。以山水志、海塘志、坊巷志最多。有目可查的山志有70余种，包括雁荡山志20种、天台山志11种、南雁荡山志10种、天目山志7种、普陀山志6种、四明山志4种，其中著名的有黄宗羲《四明山志》、王复礼《孤山志》、张联元《天台山全志》等；水志有60余种，其中有关海塘及西湖的方志最受世人瞩目，两种方志均有十余种。其他较著名的还有齐召南《浙江诸水篇》、毛奇龄《湘湖水利志》等。

浙江民国时期修志　民国时期，浙江所纂各类方志约90种，出现传统方志与现代方志并存的局面，如采用章学诚所倡三书体编纂而成的《龙游县志》《汤溪县志》，按现代知识体系编纂的《定海县志》《鄞县通志》。尤其是后两部方志的出现，拉开了浙江现代方志编纂的序幕。在理论研究方面，寿鹏飞对方志理论进行专门研究，著有《方志通义》一书。①浙江民国时期通志。先后纂修《浙江续通志》和《重修浙江通志》，均未完成，仅存稿本。1914年设立浙江通志局续修通志，聘沈曾植为总纂，喻长霖为提调，朱祖谋、王国维、吴庆坻、刘承干等30余人为编纂。沈曾植亲订续志凡例。全书除雍正《浙江通志》原有门类外，增加大事记、经纬度里程表、地方自治、地质、遗民传等内容和门类。1919年后，通志局解散，仅修成《浙江续通志》200余册，未成完书。抗日战争爆发后，浙江再次组织编修通志。1942年，在云和县(省政府临时所在地)设史料征集委员会，余绍宋任主任委员。次年，改组为浙江通志馆，余绍宋、凌士钧分任正、副馆长，孙延钊、钟毓龙任总编纂。同时创办《浙江省通志馆馆刊》，公布《通志馆组织规程》《关于特聘编纂采访及各县市采访员办法》《采访须知》。拟有《重修浙江通志体例纲要》《浙江省通志编纂大纲》。余绍宋撰《略评旧浙江通志兼述重修意见》长文。抗日战争胜利后，省通志馆迁回杭州里西湖梅庐，于1948年制订《重修浙江通志初稿体例纲要及目录》。财务略中的第二章田赋最先成稿，1948年铅印，其余初稿当时皆未付印。全部初稿中，金石考、著述考颇具特色，记述近代史事较详，人物传篇幅较多。次年，通志馆解散。存志稿125册，未分卷。相较雍正《浙江通志》，新增经纬度、气候、雨量、潮汐、民族、生活情况、职业概况、矿产、宗教、交通等门类，具体内容设置也近于现代方志，记载丰富系统，体现传统方志向现代方志过渡的特征。②浙江民国时期府县志。府志仅有《杭州府志》和《台州府志》，而县志编纂则有较大发展，出现《龙游县志》、《汤溪县志》、《临海县志稿》、《定海县志》、《鄞县通志》(见鄞县志)和《平阳县志》等佳作。③浙江民国时期乡镇志。据《浙江方志考》著录，民国时期，浙江编纂的乡镇志共20种。周庆云纂《南浔志》、夏辛铭纂《濮院志》、卢学溥纂《乌青镇志》、蔡猛等纂《双林镇志》、杨积芳等纂《余姚六仓志》5种方志的卷数均在30卷以上，对浙江在太平天国时期、清末民初的社会和经济状况记载得较详细。④浙江民国时期专志。编修的大部分山水志、游览志、古迹志、风土志等，仍沿用传统编撰方法，且多集中于杭嘉湖地区，有胡祥翰《西湖新志》《西湖新志补遗》，何振岱《西湖志》，蒋希召《雁荡山志》，等等。同时，出现采用现代方法纂成的方志，如林传甲总纂《大中华浙江地理志》等。

浙江新方志编修　全省新方志编纂工作始于20世纪60年代。丽水、舟山、衢县、富阳等市县率先启动或开展方志的编修工作，仅富阳县完成区域、农业、水利等分志初稿。此外，舟山专区档案馆于1964年编成《舟山群岛、列岛、分岛简志》，内部刊印。村志方面，有王信福、姚辉纂《梅家坞村志》（油印稿）。1981年初，浙江省社会科学研究所（后改名为浙江省社会科学院）向中共浙江省委、省人民政府呈上报告《关于开展浙江地方志工作的情况和建议》，建议建立专门班子，从县志编纂抓起；成立学术团体，团结和组织地方史志工作者。浙江省新闻出版局建议由浙江人民出版社编纂一套“浙江简志”丛书。中共浙江省委宣传部批准这一出版规划。此后，萧山、仙居、缙云、象山、建德、浦江等县相继建立机构，着手修志工作。首轮修志期间，编纂出版省志丛书64种、省简志丛书8种、市县志101种。先后有23部志书在全国地方志评奖中获奖，有85部志书在第一届至第五届浙江省地方志优秀成果评奖中获奖。2002年，全省进入二轮修志阶段，至2010年，共出版市（地）志、县（市、区）志20部。此外，全省还编纂规划外志书1369种。

浙江省级修志　浙江在首轮修志期间先后编有“浙江简志”丛书、“浙江省志丛书”。2012年，二轮省志《浙江通志》编纂工作正式启动，规划113卷。①“浙江简志”丛书。浙江人民出版社组织编纂并出版发行。1983年，第一部简志《浙江分县简志》出版。至1991年，先后出版人物、地理、文物、风俗、灾异、土特产、教育、地名8种。由历史地理专家陈桥驿等学者，浙江省社会科学研究所、浙江省文物考古研究所、浙江民俗学会、浙江省地名委员会等部门和机构负责编纂。②“浙江省志丛书”。始修于1982年。1989年6月，第一部分志《浙江省供销合作社志》出版。至2010年底，共出版64种，计68册，7602.6万字，分别由方志出版社、浙江人民出版社、中国书籍出版社、中华书局等出版。设《浙江省名镇志》《钱塘江志》《浙江省茶叶志》《浙江省丝绸志》《浙江华侨志》等分志，以突出地域特色。在全国地方志评奖中，《浙江省名镇志》《浙江省科学技术志》分别获一等奖、二等奖；在浙江省地方志优秀成果评奖中，《浙江省供销合作社志》《浙江省烟草志》《钱塘江志》获一等奖。

浙江市级修志　全省11个市在首轮修志工作中均有修志任务。至2001年，首轮市志编修全部完成。记事上溯事物发端，下至20世纪80年代，个别资料延至90年代初。在全国地方志评奖中，《金华市志》《绍兴市志》《宁波市志》获一等奖，《舟山市志》获二等奖；在浙江省地方志优秀成果评奖中，《台州地区志》《衢州市志》《丽水地区志》获一等奖。2002年，二轮市志编修工作启动，规划11部。至2010年，已出版1部。

浙江首轮市级志一览表

志书名称	主编／总编／总纂	字数（万字）	出版年
《金华市志》	章关键	175	1992
《舟山市志》	章风池、周永孚	110.4	1992
《丽水地区志》	叶兆雄	96.8	1994
《衢州市志》	朱子善	205	1994
《杭州市志》	任振泰	1000	1995~2001
《宁波市志》	俞福海	430	1995
《台州地区志》	方山、池招福	185	1995
《绍兴市志》	任桂全	543.5	1996
《嘉兴市志》	史念	406	1997
《温州市志》	章志诚	443	1998
《湖州市志》	王克文	350	1999

浙江县级修志　全省90个县（市、区）在首轮修志工作中均有修志任务。《建德县志》于1981年8月开始编修，1986年5月由浙江人民出版社正式出版，为浙江省第一部公开出版的县志。至2003年，首轮县志编修全部完成。在全国地方志评奖中，《萧山县志》《龙游县志》《青田县志》《慈溪县志》获一等奖，《浦江县志》《余杭县志》《德清县志》《温岭县志》《建德县志》《淳安县志》《江山市志》《普陀县志》《桐乡县志》《东阳市志》10部志书获二等奖，《海盐县志》《嵊县志》《永康县志》获三等奖；在浙江省地方志优秀成果评奖中，《象山县志》《嵊县志》《建德县志》《萧山县志》《青田县志》《余杭县志》《奉化市志》《普陀县志》《龙游县志》《浦江县志》《淳安县志》《安吉县志》《镇海县志》《富阳县志》《缙云县志》《嘉善县志》《绍兴县志》获一等奖。2002年，二轮县（市、区）志编修工作启动，规划92部。至2010年，已出版19部。

浙江规划外志书编修　共编修1369种，约2.8亿字。其中，林志龙、林德宝、何敏求主编的《爵溪镇志》，是象山县第一部乡镇志；须同威主编的《采荷街道志》，是杭州市第一部新编街道志；王志邦主编的《浦联村志》，设村域、村民、村区组织、土地、基础设施建设、种植业、养殖业·林业、企业、农业集体化时期社会分配、村办企业时期社会分配、村民生活、村民观念、丛录等编，开创浙江村志编纂的新模式；许亦江主编的《水南村志》，是中国第一部由村民个人修撰、公开发行的村志；章健主编的《杭钢志》，是省内正式公开出版的第一部工厂企业志；项传发主编的《新安江水电站志》，重点介绍1949年后中国自行设计、自制设备、自主建设的第一座大型水力发电站的情况。有15部志书在第一届至第五届浙江省地方志优秀成果评比中获奖，其中《开化县林业志》获省地方志优秀成果一等奖。

浙江旧志整理　浙江在20世纪中叶已出现自发的旧志整理活动，如浙江图书馆馆长张宗祥对存世各种版本的《越绝书》加以校注，于1956年由商务印书馆出版。60年代后，宁波天一阁陆续出版《天一阁藏明代方志选刊》《天一阁藏明代方志选刊续编》。首轮修志开始后，省地方志编纂委员会办公室提出“旧志还家”的口号，各地加强对旧志的整理、开发、利用工作。据1987年8月统计，复制印行的旧志有135种15160套。按志书类别分，府志8种，州志1种，县志98种，厅志3种，卫志和乡土志、镇志等25种；按时代分，宋代5种、元代2种、明代23种、清代75种、民国时期30种。其后，随着市县修志工作的全面展开，至1988年，翻印、复制旧志的总数增加到200余种2万余套，出版旧志目录4种。至2010年，全省以单行本公开出版的旧志整理本有雍正《浙江通志》、民国《重修浙江通志稿》等50种；旧志丛书有“宋元浙江方志集成”“太平县古志三种”“衢州府志集成”等7种，其中“宋元浙江方志集成”收录志书22种，包括临安志3种、会稽志2种及四明六志等。另有2009年出版的《天一阁藏明代方志补刊》。此外，省内学者陈桥驿将流失在外的乾隆《越中杂识》抄本、康熙《常山县志》、康熙《象山县志》、光绪《新市镇再续志》等孤本方志复制回国。嵊县地方志编纂委员会办公室从美国斯坦福大学图书馆复制了国内已无存本的康熙二十三年(1684)纂修的《嵊县志》。省地方志编纂委员会办公室组织考查海内外存世浙江旧志的情况，尤其是海外各大图书馆和研究机构的存藏情况，已初步查清海外存藏近400种，包括约20种国内缺藏或不全的孤本、善本，其中日美两国所藏原本方志最多，分别为352种、约300种。

浙江旧志校注出版表

书名	整理者	出版年
《越绝书》	张宗祥	1956
《西湖游览志》	浙江人民出版社	1980
《南宋临安两志》	浙江人民出版社	1983
《越中杂识》	浙江人民出版社	1983
《杭县志稿》(民国版)	余杭县志办	1987
《光绪仙居县志(标注本)》	仙居县志办	1990
《武林坊巷志》	浙江人民出版社	1990
《会稽方志集成》	傅振照、王志邦、王致涌	1992
《万历仙居县志(点校重印本)》	仙居县志办	1993
《太平县古志三种》	温岭市志办	1997
《龙游县志(标点横排简化字本)》	龙游县志办	1999
《玉环古志》	《玉环古志》整理委员会	2000
《浙江通志(清雍正朝)》	浙江省志委	2001
《道光武康县志》	欧阳习庸	2003
《处州府志》(光绪版)	丽水市志委	2004
《嘉定赤城志》	徐三见	2004
《台州札记》	徐三见	2004
《象山县志(点校本)》	何敏求、林志龙、竺桂良、王德威	2004
《巾子山志》	丁伋	2005
《东湖志 东湖新志》	徐三见、吴健	2005
《万历杭州府志》	杭州市志委	2005
《民国临海县志》	丁伋	2006
《松阳县志(民国版标点本)》	松阳县志委	2006
《常山县志》(光绪版)	常山县志委	2009
《海昌外志(点校本)》	“海宁珍稀史料文献丛书”编委会	2009
《海盐县图经》	海盐县史志办	2009
《路桥志略》(民国版)	管彦达、陈志超	2009
《衢州府志集成》	韩章训	2009
《宋元浙江方志集成》	浙江省志委	2009
《萧山县志稿(民国二十四年)》	萧山区志办、南开大学地方文献研究室	2010
《重修浙江通志稿(标点本)》	浙江省志委	2010
《嘉禾志(至元)》	嘉兴市志办	2010
《江山县志》(康熙版)	江山市档案局(史志办)	2010
《开化县志稿》(民国版)	程航琛、吴德良、汪路明	2010
《丽水县志·丽水志稿(合刊点校本)》	赵治中	2010
《龙湖书院志》	陈仲光	2010
《南雁荡山志》	林顺道、林孝皎、林孝水	2010
《瑞安县志(嘉庆)》	宋维远	2010
《五峰书院志》	程朱昌、程育全	2010
《仙坛山志稿》	马允伦	2010
《永嘉县志》(光绪版)	永嘉县志委	2010

浙江方志工作管理 浙江于1984年成立省地方志编纂室，附设在省社会科学院，负责指导全省地方志工作，俞佐萍、顾志兴先后任主任。1985年，浙江省社会科学院、浙江省地方志编纂室召开全省第一次地方志工作会议，举办方志培训班。之后，各市县相继建立修志机构，从1985年8月绍兴市、台州地区率先建立机构，至2010年底，全省地方志系统设置的机构中，性质稳定的90余家，从事修志工作的专兼职人员近900名，在职人员中，有高级职称39人、中级职称75人、初级职称35人。据不完全统计，由浙江方志系统组织的全国性研讨会、评稿会有20余次，国际性合作交流、学术研讨有十余次。共召开9次全省地方志工作会议。分别于1999年、2002年两次举办全省地方志成果展览。

浙江省地方志编纂委员会及办公室 浙江省地方志编纂委员会于1991年11月成立，下设办公室。办公室于

1996年更名为浙江省地方志编纂办公室,1997年与浙江省地方志编纂室合并,2003年定名为浙江省地方志编纂委员会办公室,2006年由县处级升格为副厅级,为浙江省社会科学院下属单位。2009年增挂浙江省人民政府地方志办公室牌子。历任编委会主任葛洪生(1991~1993)、万学远(1993~1997)、柴松岳(1997~1999)、吕祖善(1999~2010)、夏宝龙(2011~2013)、李强(2013~),历任办公室主任魏桥(1991~1997)、杨金荣(1997~2007)、潘捷军(2008~)。办公室下设综合处、省志工作处、市县处、研究室4个处室。1985年10月,浙江省地方志学会成立。同年,创办内部出版物《浙江方志信息》,1987年改为《浙江方志》,至2010年,共发表方志编纂研究文章1546篇。

浙江修志规章和规范性文件　省人民政府办公厅于1985年批转浙江省社会科学院、浙江省地方志编纂室《关于抓紧进行地方志编纂工作的报告》。此后,相继印发《关于开展续修地方志工作的通知》,转发《省地方志编纂委员会关于浙江省地方志工作2006~2010年规划纲要》《关于进一步加强地方志工作的意见》。省地方志编纂委员会曾印发《"十五"期间浙江省地方志计划纲要》《浙江省地方志行文规范》等。

浙江方志学术交流　省地方志系统自20世纪80年代起,与国内修志工作者、海外学者开展学术交流活动,如美国斯坦福大学教授施坚雅及夫人曼苏恩;日本东洋文库文库长,曾任教日本大阪大学、东京大学等的斯波义信;苏联历史学家、首任驻华大使齐赫文斯基;盐道专家、大阪商业大学教授富冈仪八等,曾来浙学术考察。在陈桥驿和慈溪市地方志办公室的努力下,浙江与日本多所高校、学者合作,在国内较早、较系统地开展中日两国地方志的比较研究。进入21世纪后,先后与台湾图书馆、"国史馆台湾文献馆"、"台湾中央研究院"、"台北故宫博物院"、悉尼大学图书馆、新加坡南洋理工大学孔子学院、新西兰惠林顿博物馆、德国法兰克福城市历史研究所、匈牙利布达佩斯档案馆、瑞士伯尔尼州档案馆、意大利东方艺术博物馆等港澳台及海外文化部门开展学术交流活动。其中,"台北故宫博物院"向省地方志编纂委员会办公室赠送《台湾故宫博物院所藏浙江旧志目录》《清宫月折档台湾史料》,"国史馆台湾文献馆"赠送《台湾全志》卷4,匈牙利布达佩斯档案馆赠送《布达佩斯1990—2010》等文献资料。

浙江地方志信息化建设　省地方志编纂委员会办公室于2002年开通浙江地方志网站。开设魅力浙江、多媒体地情平台、数字方志馆等7个一级栏目,28个二级栏目。还设置《浙江通志》编纂工作目标管理平台及《浙江通志》在线编纂系统入口等新功能。在文献资料库建设方面,完成"浙江省志丛书"(共64种,计68册,约7602.6万字)、首轮市县两级志书(共101部,约1.5亿字)、雍正《浙江通志》、《宋元浙江方志集成》、民国《重修浙江通志稿》等志的数字化和导库工作。省地方志编纂委员会办公室还与浙江大学合作,在大学数字图书馆国际合作计划基础上独立建立浙江地方志网(中国)地方志文献数据库,已收录志书文献约1.1万册、史书文献约1500册、民国时期杂志约6000册,各类文献共计约1.85万册。至2010年底,全省共有6个市、14个县(市、区)建成独立的地方志网站,或在政府门户网站开辟栏目。浙江还是全国第一个出版光盘版方志的省份。1997年,省地方志办公室与宁波金轮计算机有限公司联合推出全国第一张地方志光盘《浙江省名村志》。之后,陆续推出《新兴的城市慈溪》(内含《慈溪县志》《慈溪市图志》等)、《浙江新编地方志资料集萃》等电子出版物。

浙江省地方志学会　成立于1985年,是全国成立较早的学会之一。历任会长魏桥、潘捷军。2000~2010年,召开学术研讨会约20次,议题涉及续志是续修还是重修、是资料书还是学术著作,如何正确处理志书的规范要求和鼓励创新等方面,先后出版《二轮修志·浙江论坛》《续志研究》等论文集。2001~2007年,配合省志办,先后举办续志年鉴编纂业务骨干培训班、文化大省建设与续修地方志高级研修班、学习贯彻《地方志工作条例》培训班和二轮修志业务培训班,共4期培训班,有近500人次参加学习。

浙江方志馆藏　浙江历史上,藏书楼有杭州的文澜阁、八千卷楼,宁波的天一阁,湖州的皕宋楼、嘉业堂,温州的玉海楼等,均藏有志书。1949年后,浙江图书馆、浙江大学图书馆、浙江师范大学图书馆等成为藏量较大的公立图书馆。1990年,浙江方志馆在建德建成,成为中国第一家专门收集新编地方志的机构。1999年,中国地方志珍藏馆在天一阁正式成立。2007年,来新夏方志馆建成并投入使用。

皕宋楼　陆心源藏书楼。晚清四大私人藏书楼之一。因内藏宋刻本约200种,故名。位于湖州市。藏书分三部分:皕宋楼,藏宋元刊及名人手抄手校者;十万卷楼,藏书以明刊本为主;守先阁,藏明后及明刊重校本和传抄本。其藏书重经部、集部。全盛时,藏书15万余卷,地方志书约410种。清光绪三十三年(1907)六月,陆心源之子陆树藩为偿巨债,以10万元将全部藏书售与日本岩崎氏的静嘉堂文库。

浙江方志馆(建德)　中国第一家在县城建立的省级方志馆。位于建德市白沙镇,借建德市档案馆库房存放征集到的地方志书。据《浙江方志馆入藏新编地方志目录》记载,该馆共收藏方志类图书、史料等8类1058种,计2320册(数据截至1997年),其中,县市志441种541册,专志323种520册,乡镇志29种47册,年鉴18种74册,方志论著13种16册,旧志、志稿79种742册,史料145种367册,其他类10种13册。

来新夏方志馆　中国首个以个人名义命名的方志馆。位于浙江杭州市萧山区。由萧山区人民政府出资,南开

浙江方志研究著述表

著作名	编著(译)者	出版年
《浙江地方志考录》	洪焕椿	1958
《章学诚和〈文史通义〉》	仓修良	1984
《浙江方志考》	洪焕椿	1984
《新方志篇目十例》(修志资料选辑之一)	浙江省地方志编纂室	1986
《修志须知》(修志资料选辑之二)	浙江省地方志编纂室	1986
《方志功能面面观》(修志资料选辑之四)	俞佐萍、王志邦	1987
《新方志编纂经验谈》	俞佐萍等	1988
《修志初探》(修志资料选辑之三)	浙江省地方志编纂室	1988
《修志实践》(修志资料选辑之五)	浙江省地方志编纂室	1988
《浙江方志源流》	魏桥等	1988
《修志丛谈》	浙江人民出版社	1989
《浙江方志论坛》(1~7辑)	潘一平	1990
《〈慈溪县志〉编修实录》	慈溪市志办	1992
《浙江修志十年》	魏桥	1992
《浙江方志论集》	潘一平	1994
《方志探论》	林志龙	1995
《志苑十二年》	魏桥	1995
《方志编纂学》	毛东武	1996
《章学诚评传——独树一帜的史学评论家》	仓修良	1996
《陈桥驿方志论集》	陈桥驿	1997
《方志之乡——浙江》	浙江省志办	1999
《普通方志学》	韩章训	1999
《修志文存——〈绍兴市志〉编纂实录》	何心恩	1997
《俞佐萍方志论集》	俞佐萍	1997
《浙江人物综论》	魏桥	1999
《浙江新编地方志目录(增订本)》	浙江省志办	1999
《方志学基础教程》	韩章训	2001
《〈绍兴市志〉述评》	张显辉	2001
《续志研究》	杨金荣	2001
《方志编纂学基础教程》	韩章训	2003
《方志学通论(修订本)》	仓修良	2003
《史志笔墨论》	陈云琴	2003
《章学诚的生平与思想》(译著)	王顺彬、杨金荣等	2003
《仓修良探方志》	仓修良	2005
《二轮修志·浙江论坛》	庞国凭	2005
《方志接受学基础教程》	韩章训	2005
《两轮修志说》	魏桥	2005
《天台志苑》	庞国凭	2006
《方志资料审核论稿》	林顺道	2007
《浙江方志研究论坛首届学术研讨会论文集》	杨金荣	2007
《方志文本学基础教程》	韩章训	2008
《十里长街读坎墩》	来新夏	2008
《县志主任·主编说》	庞国凭	2008
《浙江方志研究论坛第二届学术研讨会论文集》	林吕建	2008
《余绍宋论方志》	鄢卫建	2009
《方志写作学基础教程》	韩章训	2010
《方志语言学》	毛东武	2010
《〈建德市志〉编纂论文集》	建德市志办	2010

大学教授来新夏捐赠志书，共同组建，2007年2月投入使用。馆藏以方志、地方文献、历史文献等为主。建馆初期，藏书4700余册(部)，其中来新夏捐献的专著和方志有1000余册。至2010年底，藏书10000余册(部)。

中国山水史志收藏馆　中国首家山水史志馆。位于浙江宁波余姚市梨洲街道梁辉水库管理处。属于余姚市水利局。2001年投入使用。馆舍面积800平方米，共收集全国各地水利志、名山大川志、江河志等2000余种3000余册。

浙江方志研究成果　省内地方志研究工作起步较早，除地方志工作机构、省市地方志学会外，浙江大学、宁波大学等高校及浙江图书馆、天一阁藏书楼等机构也有学者从事该项研究工作，宁波大学于1998年在全国率先开办方志学本科专业。方志研究成就较为突出的有南京大学教授洪焕椿、浙江大学地理系教授陈桥驿、浙江大学历史系教授仓修良、浙江省社会科学院编审魏桥等。学者们提出“从实际出发，适当地越境而书”“要合格又可不拘一格”“贵因尤贵创”“地方志经历了地记、图经到定型方志三个阶段”“明古详今”，地方志书应编纂“内容完备、使用方便的索引”和“记载动植物名称要采用二名法”等观点，部分观点已成为普遍共识，并被写入相关规章条例。省地方志编纂委员会办公室于2007年、2008年、2010年先后举办三届浙江方志研究论坛，共收到论文200余篇，其中有57篇获奖，已出版论文集2部。至2010年，浙江地方志工作者和其他学者公开出版和内部印行的地方志理论著述有百余种。

Zhenyuan Shidao Lu

《贞元十道录》　唐贾耽纂。《唐书·艺文志》《宋史·艺文志》著录为4卷，《通志·艺文略》著录为1卷。十道，指唐贞观元年(627)依自然形势分全国为关内、河南、河东、河北、山南、陇右、淮南、江南、剑南、岭南等，但贞元年间已不存在，书名“十道”为地理区划概念。

该书为《古今郡国县道四夷述》的缩编本。原书已佚。有《汉唐地理书钞》辑本、《鸣沙石室佚书》影印本，敦煌发现《贞元十道录》残页。据权德舆序称，第一卷叙述州郡变化、道的划分与作用、四方贡赋名物、疆域盈缩、镇戍险要设置及河流变迁，边徼概况，卷末附节度、观察、防御、经略诸使等，其余 3 卷“则以十道为准，县距州，州距西都，书其道里之数，与其四鄙所抵”。各卷有图，图文相应。

Zhenla Fengtu Ji

《真腊风土记》 元周达观撰。1 卷。约 8500 字。介绍真腊(其境在柬埔寨境内)的风土人情、军政制度、经济状况、文化生活。分 41 节，前有总叙，之后依次为城郭、宫室、服饰、官属、三教、人物、产妇、室女、奴婢、语言、野人、文字、正朔时序、争讼、病癞、死亡、耕种、山川、出产、贸易、欲得唐货、草木、飞鸟、走兽、蔬菜、鱼龙、酝酿、盐醋酱面、蚕桑、器用、车轿、舟楫、属郡、村落、取胆、异事、澡浴、流寓、军马、国主出入 40 条。于元代对外交流，特别是与东南亚地区交流的记载，可补《元史》之缺。书中详细记录当时中国至真腊的航路和时间，并提及当时元人(“唐人”)与真腊人的贸易情况。欲得唐货条列出真腊人喜爱的中国货物。城郭、宫室条集中介绍吴哥城的建筑和雕刻，依次记述州城的规模、城门及城外大桥上的雕刻、城中之塔、鲁班墓、东池北池，以及从国宫到民舍的建筑用材等。流寓条介绍唐人寓居其国的情况。吴哥时代多种宗教并存，以佛教为主，该书详细记录了佛教徒的外貌服饰、寺庙建筑与设施、佛教徒的日常活动。该书是反映柬埔寨历史上文明极盛之吴哥时代最重要的文献，是存世同时代人所写的唯一记载，为研究柬埔寨历史、中国与柬埔寨关系史的学者所重。主要版本有元陶宗仪《说郛》本、明嘉靖刊《古今说海》本、隆庆万历年间刊《历代小史》本、万历刊《古今逸史》本、明重辑《百川学海》本、清初重定陶氏重辑《说

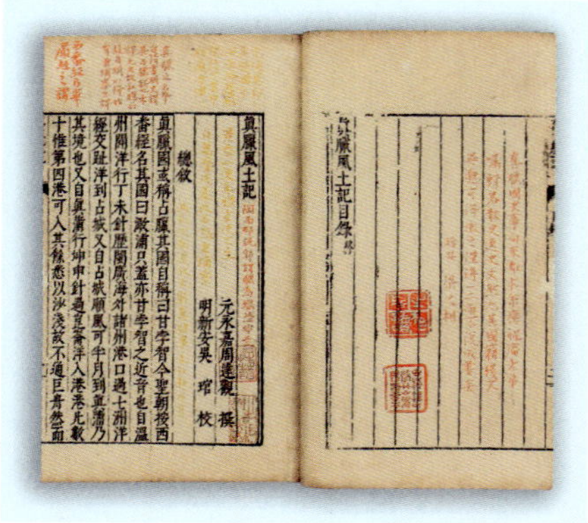

《真腊风土记》书影

郛》本、《古今图书集成》本、《四库全书》本、清瑞安许氏刊巾箱本等。1981 年，中华书局出版夏鼐《真腊风土记校注》，以明《古今逸史》本为底本，对勘各本，并加注释，为通行本。另有法、日、英等文字译本，以 1951 年出版的伯希和法文新译注本较善。

Zhen Bingchang

甄炳昌(1933—2010) 笔名甄人。广东台山人。1963 年广州市业余建筑工程学院毕业。曾任中共广州市委党校政治经济学研究室理论教员、市委宣传部文艺工作处处长。1987~1998 年，任广州市地方志办公室主任、党组书记，首轮《广州市志》常务副总纂，《中国城市志新论》《广州史志研究》主编。著有《新方志概说》《一代志坛——马克思主义方志学理论与实践》等方志著作。方志论文、报告主要有《志书质量是一个综合性指标》《关于建国以来历次政治运动记述的几个问题》《试论地方志的性质、特征与功能》等。①《新方志概说》。1993 年出版。书中针对新方志对政党、政权、政治运动的论述，将“宜粗不宜细”规定演化成“宜略不宜详”“宜分不宜合”，以及只记机构、会议和领导人名录的“三部曲”现象，提出对政党、政权志的记述必须深入发掘重大决策、重要活动及其作用效果等深层内容并加以记述，否则就不具备新方志功用，是不合格的志书。②《一代志坛——马克思主义方志学理论与实践》。2002 年出版。分上下篇，对新方志学科构建的基础理论和新方志编纂学的体系做了理论与实践相结合的论述。就首轮志书在资料内容方面的不足，总结为 4 个方面：记述领导正确、事业成功、取得各种成绩的正面资料多，很少甚至没有记述决策失误、事业挫折、造成严重后果的负面资料；记述部门工作与政府行为的资料多，记述社会问题与社会活动的资料少；记述事物的资料多，记述人物的资料少；平铺直叙的资料多，有震撼力的典型资料少。

Zhenjiang zhi

镇江志 镇江自宋代后共修志 13 部，其中 8 部已佚，存世志书有宋嘉定《镇江志》，元至顺《镇江志》，明万历《重修镇江府志》，清康熙《镇江府志》、乾隆《镇江府志》。其中嘉定志、至顺志以较完备的体例、珍贵翔实的资料，成为国内外史学者研究考证镇江历史发展的重要参考书籍。

《镇江志》[嘉定] 卢宪纂。原书已佚，后有人从《永乐大典》内辑出。22

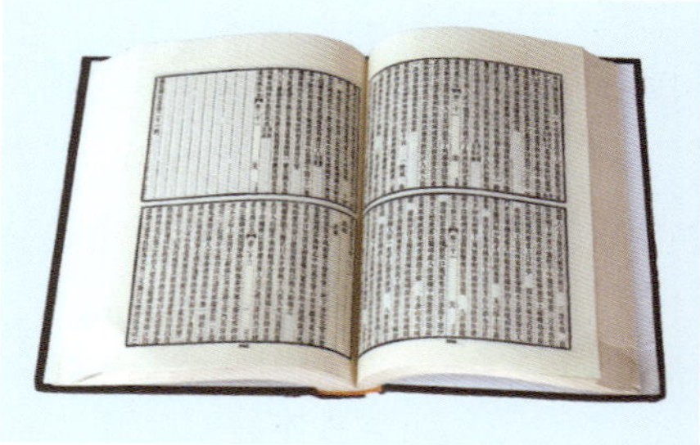

嘉定《镇江志》(“宋元地方志丛书”本)书影

卷，首 1 卷，附录 1 卷。卷首为郡县表。正文分 20 门。清道光年间刻印此书时，刘文淇父子撰有校勘记 2 卷。此志详记六朝行政沿革和职官变化，古宅、坟墓、坊巷、乡都所在，镇江攻守形势。隋唐五代镇江地方志世无传本，该志较多保存了南宋以前的地方史料。清周中孚将此志与宋《建康志》《新安志》并称。留存版本中，以清道光二十二年(1842)丹徒包氏刊本(含刘文淇、刘毓崧撰附录 1 卷、校勘记 2 卷)、宣统二年(1910)丹徒朱氏金陵复刻包氏本馆藏较多，国家图书馆、上海图书馆、复旦大学图书馆、辽宁省图书馆等有藏。其他还

有国家图书馆藏清张氏爱日精庐抄本、福建省图书馆藏清思诒堂抄本、台湾藏嘉庆年间阮元《宛委别藏》本、镇江市图书馆藏1916年传抄阮元藏本镇江焦山抄本、南京图书馆藏清抄本等。

《镇江志》［至顺］ 脱因修，俞希鲁纂。原本久佚，通行本为后人从《永乐大典》中辑出。21卷，首1卷。卷首有郡县表、官制表。正文分27门。体例取法嘉定志，记事考证详于嘉定志。对历代兴亡史事，记载详备。元代纂修此志时，天下一统，镇江为江南财赋繁富之区，该志资料收录详于田土、赋税、官庄、民田，夏秋赋额，锱铢备载。记物产、土贡，遍引《说文》《广雅》《方言》《本草图经》等书，详加细述。书中收录镇江地区基督教徒和伊斯兰教徒的事迹。此志为镇江历代方志中较完整的一种。各版本中以道光二十二年丹徒包氏刊本、1923年如皋冒广生刻本馆藏居多，天一阁、湖北省图书馆、广东省立中山图书馆、天津图书馆等有藏。其他还有杭州大学图书馆藏影抄本(含刘文淇、刘毓崧撰附录1卷、校勘记2卷)，国家图书馆藏清张氏爱日精庐抄本，台湾藏嘉庆年间《宛委别藏》本，北京师范大学图书馆、复旦大学图书馆藏同治二年(1863)刻本，镇江市图书馆藏1916年传抄阮元藏本镇江焦山抄本，南京图书馆、上海图书馆藏抄本，1923年丹徒陈庆年墨印本。1999年，江苏古籍出版社出版杨积庆等校点本。

Zhengdingxian Zhi(1986~2005)

《正定县志(1986~2005)》 主编雍玉申，执行主编邵中义。2009年新华出版社出版。160万字。设46章240节。志首配图片94幅。重点围绕河北正定县建设经济强县、文化名县、旅游大县等主要特点展开。在序中做适当论述，在历史纪略中一一进行细化，在总述中着重记述20年间“历史文化名城保护成绩卓然”，“经济强市建设初见成效”的历程。设历史文化名城概览、历史文化名人、非物质文化遗产保护等

正定县隆兴寺

章，体现正定的文化特色。设政治体制改革、经济体制改革等章，体现改革在正定经济发展中的地位，记述改革的成果和与改革密切相关的经济总情，一、二、三产业的变化，旅游业，材料市场和小商品等。在科学技术章中设节详记国家可持续发展实验区，实录正定建设经济强县的过程和实绩。对人物的记述，除设人物章，下列传记、名人录外，还采用以事系人的方法，记述临济宗历代传人、东杨庄常山战鼓队代表人物、种粮标兵、英模人物、文明人物等。关注民生，设婚姻家庭、居民生活等章，其中，家庭节中记述家庭规模、类别、教育和家庭暴力等，并记述家庭暴力状况、特点、产生原因和预防、制止的措施；对离婚状况做专门调查。正文后设附和相关链接，附记载与章节有关的突出事例、专题调查、相关人物等；相关链接从报刊中移植而来，如在记“名城冠名”时，收录该地九楼、四塔、八大寺、二十四座金牌坊等相关链接。

Zheng Yongli

郑永立(1946—2001) 河南浚县人。1966年入伍，从事文秘工作。1982年转业后任浚县工商局办公室主任。后被借调到县地方史志办公室任编辑。1984年后任县方志办主任、鹤壁市地方史志协会副会长。1991年主编的《浚县志》出版，该志先后获省社会科学优秀成果奖三等奖、全国新编地方志优秀成果奖二等奖。主编《大伾山志》《浚县县情(1986~1995)》，主持嘉庆、光绪《浚县志》标注整理，参与编纂《鹤壁市大事记述》。促成《浚县粮食志》《浚县邮电志》等专志的出版。主持对浚县历史名人端木子贡的研究，发表《端木氏起源、变迁、分布现状及其历史贡献》等论文。2001年初，负责起草《浚县第二届修志方案》。曾撰写读书笔记40多本，摘录卡片数万张，发表方志论文10余篇。2002年中国地方志指导小组做出在全国地方志系统开展向郑永立学习活动的决定。

Zhengzhoushi Erqiqu Zhi

《郑州市二七区志》 主编冀福。1994年中州古籍出版社出版。66.6万字。志首配图3幅、彩照56幅。上起1948年建区，个别内容溯至清光绪二十三年(1897)；下至1990年。1991~1993年的内容，以政府工作报告和大事记的形式在增编中记述。在大事记之后专设二七大罢工史略，对1923年2月7日京汉铁路工人大罢工进行集中叙述。二七区为郑州市商业中心，商业篇设郑州商埠、区属商业、辖区商业、风味小吃、名街名店、集贸市场等章，记述20世纪90年代闻名全国的郑州商战，亚细亚商场和二七商圈其他几家大型商场的商业竞争；名街名店章记述郑州开辟商埠区后的第一条繁华大街大同路、被誉为“郑州王府井”的德化街、兴于清末的福寿街和正兴街、“名店一条街”二七路等商业名街，曾招待毛泽东、刘伯承等党和国家领导人的京都老蔡记馄饨馆、豫菜名店小有天饭庄、郑州第一家绸缎店瑞丰祥呢绒绸缎庄等老字

郑州二七广场

Z

号。1995年获河南省史志成果奖一等奖，1997年获全国地方志奖二等奖。

Zhengzhoushi Jinshuiqu Zhi (1991~2002)

《郑州市金水区志(1991~2002)》 主编倪豫州、路宏建、周建。2008年中州古籍出版社出版。139万字。设32篇118章458节。志首配照片42幅、郑州市金水区城区图。特设区域中心篇以突出独特区位优势，之后分别记述4个中心：政治中心，内容包括省级领导机构、省直行政事业单位、国家部委驻豫单位；金融中心，内容包括银行、保险、证券、期货与商品交易所；文化中心，内容包括高等院校、新闻媒体与新闻出版、省级文艺团体、河南博物馆；科技中心，内容包括国家驻豫科研单位、省级科研单位、省级科技活动场所，记述机构所在位置、占地面积、建筑规模等。对体现金水区亮点的事项，如河南科技市场、大河村遗址、房地产业、服务业、旅游业，均升格为篇予以突出。附录收录首届志书勘误表及补遗、重点文献辑存。2009年参加河南省第二轮市县两级综合志书优秀成果评奖，获综合奖一等奖。

《郑州市金水区志(1991~2002)》书影

Zhengzhoushi Zhi (1991~2000)

《郑州市志(1991~2000)》 主编张平。2009年中州古籍出版社出版。6册，44卷，460万字。各分册前均配图照。以2000年郑州市行政区划为记述范围。上限与首轮市志下限1990年相衔接，总述、大事记适当下延。记述上宏观反映全市，微观偏重市区，兼及市辖县(市)。6个分册包含综合与环境、基础设施、经济、政治政务、教科文卫体、地方特色和人物等内容。总述专设有关城市地位的记述，从中国最古老的都城、国家历史文化名城、区域性中心城市、全国重要交通通讯枢纽、全国优秀旅游城市、国家卫生城市、久负盛名的“绿城”、中部商业贸易中心、中原城市群的龙头9个方面突出郑州的城市地位。大事记增设大事纪要，采用纪事本末体专题的形式，记述拨乱反正、恢复政治秩序、关注农村问题、区划改革、亚洲最大的铁路编组站、告别煤炉时代等反映时代特色的事件，与编年体大事记相结合，反映郑州市改革开放和经济社会发展情况。建置沿革设远古人类聚居地，夏商西周三代为都，春秋战国为郑、韩国都，秦汉时期设置郡县，魏晋南北朝建置变化频繁，隋唐郑州确立中心地位，北宋郑州一度为西辅，清代郑州两次升为直隶州，民国时期郑州改为郑县，郑州解放后设立郑州市10个标题，记述贯通古今。第一分册中，设嵩山·黄河卷，突出记述这两个给中华民族带来深刻影响的自然体。第六分册设黄帝故里、少林武术、历史文化名城等卷，记述文献典籍、遗址、黄帝文化研究、拜祖活动，少林武术源流、技术、武术节及文化交流，商城历史文化区、二七历史文化区、黄河历史文化区等文化区。在交通邮电、园林绿化、开发区建设、工业、旅游业等卷，全面展示郑州的历史文化、城市优势及亮点。2009年参加河南省第二轮市县两级综合志书优秀成果评奖，获综合奖一等奖。

《郑州市志(1991~2000)》书影

Zhili Mianzhou Zhi[Qianlong]

《直隶绵州志》[乾隆] 屠用谦修，何雄齐等纂。清乾隆二年(1737)刻本。19卷。13.8万字。收集直隶绵州及安县、绵竹、德阳、梓潼、罗江5个属县的地方志资料，分封域考、营建考、赋役考、学校考、风土考、仪礼考、灾祥考、兵事考、官吏表、师儒表、选举表、休命表、名宦传、人物传、列女传、艺文编等类目。卷首附幅员图、幅员总图，手绘绵州地舆图、绵州暨五属地舆全图。重视对自然地理环境、赋役、礼教、人物的记载，封域考记述星野、沿革、山水、古迹、幅员、形势、乡村、关隘，赋役考记述则壤、赋法、户口、起解、存留、盐政、合郡总数、养廉总数。人物传、列女传记述治迹、方正、文苑、理学、孝行、忠义、流寓、贤母、节妇、孝妇、烈妇、贞女。表、传中对人物特别是清官、节妇的褒扬不惜笔墨。该志开启绵阳纂修方志的先河，其后又修成嘉庆、同治《直隶绵州志》。四川大学图书馆、重庆图书馆、上海图书馆等有藏。四川省图书馆藏抄本。

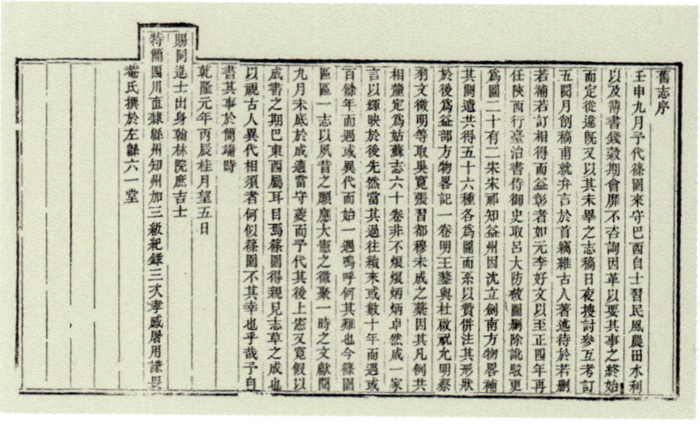
舊志序
壬申九月予代篠圃來守巴西自士習民風農田水利以及簿書錢穀期會靡不咨詢因革以要其事之終始而定從違旣又以其未舉之志稿日夜搜討參五考訂五閱月創稿甫就弁言於首竊維古人著述待於若删若補若訂相得而益彰者如元李好文以至正四年再任陝西行臺治書侍御史取呂大防故圖删除訛駁更爲圖二十有二宋宋祁知益州因沈立劍南方物畧補其闕遺共得五十六種各爲圖而系以贊併注其形狀於後爲益部方物畧記一卷明王鏊與杜啟祝允明蔡羽文徵明等取吳寬張習都穆未成之藁因其凡例共相釐定爲姑蘇志六十卷非不烜烜炳炳卓然成一家言以輝映於後先然當其遇往稿未或數十年而遇或百餘年而遇或異代而始一遇嗚呼何其難也今篠圃區區一志以夙昔之願應大憲之徵聚一時之文獻閱九月未底於成適當守憂而予代其後上憲又寬假以成書之期巴東西蜀耳目焉篠圃得親見志草之成也以視古人異代相須者何似篠圃不其幸也乎哉予自書其事於簡端時
乾隆元年丙辰桂月望五日
賜同進士出身翰林院庶吉士
特簡四川直隸綿州知州加三級紀錄三次孝感屠用謙[illegible]菴氏撰於左綠六一堂

屠用谦所作乾隆《直隶绵州志》序(同治《直隶绵州志》)书影

zhi

志 方志体裁之一。分门别类记载一地各个事物的历史和现状，是志书的主体。效仿纪传体史书中的书(《史记》有八书)、志(《汉书》有十志)发展而成。宋代方志基本定型，众多内容分类记载。明清时期，分类增多。民国方志受近代科学影响，采用与过去不同的标目。新编地方志沿用“事以类从，类为一志”的编纂方法，但分类更规范、具体，一般按自然环境、经济、政治、军事、文化、社会、人物等部类的顺序排列。有些旧志为避开书名而称“志”为

"略""考"等。"考",最早见于元代《延祐四明志》,明人修志多效仿。清章学诚在《答甄秀才论修志第二书》中说:"考之为体,乃仿书、志而作。"他编撰的《湖北通志》采用三书体,为与三书中的"志"相区别,将志改称"考"。谢启昆主修的《广西通志》、阮元主修的《广东通志》等,都将"志"改称"略"。

zhigao shending

志稿审定 指方志稿件的审查验收。明、清、民国时期均有志稿审定制度。清代志书的审查,主要有两个渠道:一是上级政府审查,乾隆帝曾在谕旨中要求各督抚悉心核查省志及府志、县志;二是由学政审查,地方官将志书进呈提督学政,经审核后方准刊行。民国时期,1944年颁布的《地方志书纂修办法》规定:"各省、市、县志书编纂完成,应将志稿送请内政部核定,俟核定后始能付印。"中国地方志指导小组于1998年颁发的《关于地方志编纂工作的规定》规定:"各级地方志应严格执行审查验收制度。省、自治区、直辖市编纂的地方志由省级地方志编纂委员会组织专家审查验收,报同级党委或政府批准出版;设区的市、地区、自治州、盟编纂的地方志报省级地方志编纂委员会审查验收,由同级党委或政府批准出版;县、自治县、旗、不设区的市、市辖区编纂的地方志报市级地方志编纂委员会审查验收,经省级地方志编纂委员会审核后,由同级党委或政府批准出版。"2006年颁布的《地方志工作条例》规定:"对地方志书进行审查验收的主体、程序等由省、自治区、直辖市人民政府规定。"在具体实践中,各级地方志主要采用三审定稿制度。《地方志书质量规定》印发后,作为保障地方志书编纂质量的规范性文件,成为评审志稿的重要标准。初审主要对志稿的政治观点、体例结构、记述内容、事实数据、行文规范等整体进行全面审查;复审主要审查志稿是否全面、客观地反映本行政区域自然、政治、经济、文化、社会的历史与现状,是否符合宪法和保密、统计、档案等法律法规;终审着重审查编纂指导思想、体例结构、重大事件和重要人物的取舍、社会敏感问题的表述等。志稿报送单位须撰写送审报告,内容包括志稿的名称、编纂单位、主要编纂者、送审日期,志稿的编写、评议、修改过程,志稿的观点、资料、内容、体例、详略、特点等情况,以及存在的问题和不足等。报告由本单位领导审阅、签发,加盖单位公章后,一并报上一级审定单位。上一级单位检查验收合格后,完成报送审程序。

Zhigao Tongbing Yanjiu

《志稿通病研究》 古飞鸣著。2001年香港天马图书有限公司出版。12.6万字。归纳出63种志稿通病表现形式,设4个专题、22篇。通病透视专题,设5篇,揭示志稿通病中最突出的入志事例过滥、褒贬失度、逻辑疏漏、头衔使用不准和文体、文风不当这些影响志书质量的问题,探究其成因,初步讨论匡正的思路、原则和方法。技巧难题专题,针对志稿存在的文字提炼不够、文题不贴切、志事要素缺滥、大事记欠精确、概述欠精练、政务记述不够客观和人物入志有随意性等通病,设7篇,分别研究提炼文字资料和如何突出重点、特点,以及人物入志防稀、漏、滥等技巧性问题。例稿分析专题,用分析正反例稿的方法,对防治通病、提高写作技巧问题做进一步研究,设概述的几种手法、志事体现经验、以事系人与画龙点睛、文字与图表的美学、四部农业志的横比分析5篇,对修志同仁普遍认为难度较大的概述写作、志事体现经验两个问题做了论述。修志修养专题,强调修志人思想意识修养与提高志稿质量的密切关系,研究如何增强政治、政策观点,重视心理调整,以对党、对人民和对历史高度负责的精神完成修志任务。对如何坚持实事求是与秉笔直书的问题,也设专节讨论,认为应该把秉笔直书与实事求是结合起来,并提出避免镜面式、被动反映秉笔直书的做法及坚持实事求是的4点对策。古飞鸣(1931—),广西苍梧人。1995年参加修志工作。梧州市地方志编纂委员会顾问、市志责任总纂,广西社会学会常务理事,中国近现代史料学会会员,副研究员。发表论文70多篇。

Zhigao Xiugai Yu Zongzuan

《志稿修改与总纂》 张伯龄著。1989年广西人民出版社出版。12.5万字。设10章。开篇为概说,点明该书要回答"初稿完成以后要如何修改""分志完成以后如何总纂"两个基本问题,阐述修改与总纂的关系及修改的意义、范围和方法等内容。正文部分把修改与总纂的主要任务和基本方法概括为10个专题,分别为实现志书设计的总体性、确保志书体例的完整性、务求材料取舍的全局性、复核史记叙述的可靠性、强化反映地情的宏观性、提高记事手法的概括性、增强著述质量的深刻性、锤炼志稿表述的精当性、促进行文规范的统一性、力求全志文风的一致性。在务求材料取舍的全局性专题中,认为总纂要打破分志割据、材料私有,必须服从全局的需要,统筹安排,同时要解决好交叉内容的处理问题。在提高记事手法的概括性专题中,详述变分述为总说、变引证为转述、变泛例为精例、变工笔为速写、变传教为点拨、变过程为阶段等6种总纂手法。在锤炼志稿表述的精当性专题中,强调志稿表述上的精当主要靠语言的锤炼,包括遣词、造句、标点、修辞、逻辑等方面,同时着重探讨了求精准、求精练、求雅驯的种种途径。张伯龄(1933—),四川崇州人。1957年山西师范学院中文系毕业。曾任崇庆县志编辑室主任、成都市地方志协会副会长等职。主编《崇庆县志》,著有《方志审稿》、《方志记事技巧》(合著)、《方志务实论集》、《谈文言实词活用》,发表方志论文50余篇。

zhishu bianzuan chengshi

志书编纂程式 历代志书多由政府组织编修。中华人民共和国成立后,第一轮和第二轮新方志的编修,实行"党委领导、政府主持、各级地方志编委会组织实施”的工作体制。由中国地方志指导小组负责指导全国各地的修志工作。其编纂主要按省(自治区、直辖市)志、市(自治州、盟、地区)志、县(自治县、旗、不设区的市、市辖区)志三级进行。国家部委和军事部门志书的编纂,由其领导部门决定。各级地方志每20年左右编修一次。编纂程序一般是:规划设计,包括编列业务规划、制定编纂方案、设计总体篇目等;资料工作,包括搜集资料、考证资料、汇编资料等;编纂志稿,包括撰写初稿、修改志稿、终审志稿等;志稿评议审定,包括初稿评议和修改、志稿评审、终审定稿等;印刷出版,包括出版设计、发排校对、印制出版等。

Zhi Yu

挚虞(?—311) 字仲治。西晋京兆长安(陕西咸阳)人。早年师事皇甫谧。泰始四年(268)举贤良,拜中郎,升太子舍人。累至光禄勋、太常卿等。撰有《畿服经》《文章志》,著有《文章流别集》《挚虞集》等,并为《三辅决录》作注。《畿服经》,170卷。依《禹贡》《周官》撰成,在地理志固有内容的基础上增加了社会与人文方面的内容,体例大致以行政区划为纲,分类记载州郡县分野、封略、事业、国邑、风俗、人物等。清谢启昆认为,此书具有全国总志的性质,“实后世方志之祖”。原书已佚,有清代王谟《汉唐地理书钞》辑本。

Zhonggong Shanghai Dang Zhi

《中共上海党志》 “上海市专志系列丛刊”之一。主编江怡、邵有民。2001

1925年6月11日,上海工商学联合会举行反对帝国主义暴行大会

年上海社会科学院出版社出版。132.6万字。设12篇45章171节。文前配图127幅。上起1920年,下至1995年。开篇记中共中央在上海,下设中国共产党在上海诞生(中共发起组、中共第一次全国代表大会)、中共中央在沪机构、中共中央在沪重要会议3章,反映中国共产党在上海的起点及中国共产党领导全中国人民进行革命和建设的历史起点。中共中央在沪机构章记述了中共中央局、中共中央临时政治局、中共中央政治局、中共临时中央政治局在上海的办公地址、主要负责人、主要活动等情况,以及1933年1月中共临时中央政治局迁往瑞金、上海成立中共上海中央局的情况,还记述了1937年8月中共中央在上海设立八路军驻上海办事处(简称“八办”)、重庆谈判时期中共代表团在上海设立驻上海办事处(简称周公馆)等情况。重大活动篇设民主革命时期、社会主义革命和建设时期两章。其中,民主革命时期章记述了1921年底上海最早的党的地方组织“中共上海地委”成立、1920年8月上海社会主义青年团建立、中国劳动组合书记部在上海、国共合作与大革命、五卅运动、上海工人三次武装起义、“一·二八”时期反日斗争等36件重大事件。特记设“文化大革命”纪略,用5.5万字的篇幅记述了《评新编历史剧〈海瑞罢官〉》的出笼、《评“三家村”》在上海发表、上海红卫兵运动兴起、安亭事件、《解放日报》事件、康平路事件、林彪反革命集团在上海的活动、“样板戏”等史实。2009年获上海市第二届地方志优秀成果奖一等奖。

Zhongguo Chengshi Fangzhixue Gailun

《中国城市方志学概论》 罗来兴、李宝田、关成和主编。1990年北京燕山出版社出版。25万字。设12章43节。首先论述城市志的属性、地位、功能,通过对历代城市志书的再认识,重点反映当代编纂新型城市志的理论、观点和方法,突出城市志编纂的科学性和时代性。对历代城市志书的再认识章,介绍历代长安、杭州、北京等城市的志书,如《三辅黄图》《乾道临安志》《析津志》《洛阳伽蓝记》等,探讨历代城市志(即都邑志)的发展与演变,并通过介绍《首都志》《北平志》的编纂,阐述民国时期城市志理论与实践。当代城市志的编纂章,主要从总体设计、拟制篇目、制图、体例、质量标准、文体等方面进行论述。城市志篇目的拟制,主要依据旧志篇目的启示、城市生态系统的观点以及城市的结构与功能。制图在城市志中的地位取决于制图种类、作用以及制图的选取。城市志编纂体例宜采取条目式,采用辞书和百科全书的条目基本组织方式。城市志书的质量标准主要有5个方面,分别是总揽质量、政治质量、资料质量、体例质量、文字质量。①罗来兴(1916—1998)。江西玉山人。1942年中山大学地理系毕业。主要从事地理教学、地貌学和自然地理学研究。退休后进行指导或讲学,为方志学研究服务,使方志学增加地理环境基础知识。著有《地方志若干问题的探讨》,发表《试论新方志的研究领域》《试以人类生态学观点设计省总志篇目》等文章。②李宝田(1939—)。河北抚宁人。1962年北京大学经济地理专业毕业。历任中国科学院地理研究所研究实习员、助理研究员、副研究员,《中国方志大辞典》编辑委员会副主任。著有《环境变迁》,合译《地理学百科辞典》等。③关成和(1927—),黑龙江双城人。1947年哈尔滨市大学政治系毕业。曾任哈尔滨市人民政府地方志编纂办公室副主任、市地方志编纂委员会副主任、市地方史志学会理事长、黑龙江省地方志协会副会长、中国地方志指导小组城市志指导组成员等职。著有《哈尔滨考》,主编《史地知识辞典》,合译《苏联科学院图书馆概况》(俄文)等。参与《平房区志》审稿工作。

Zhongguo Dangdai Fangzhi Bianzuanxue Yanjiu

《中国当代方志编纂学研究》 俞红飞、程慧主编。1996年方志出版社出版。80万字。收录论文146篇。论述方志学学科建设的文章有魏桥《关于新方志学建设的若干设想》、刘柏修《深化理论研究构建学科体系》、何铭文《方志学是一门自成体系的学科》等,论述方志基础理论研究的文章有宋永平《方志理论研究的现状及改革的思路》等,论述方志质量标准的文章有李明、薛兴祥《试析良志标准》、颜小忠《志书质量测评标准的思考》、冀东山《志书体现的观点与志书质量》等,论述方志编纂的文章有何惠明《方志编纂六题》、潘在积《方志记述八法》等,论述照片、图片入志的文章有李影白《关于照片入志问题的思考》、黄启注《对地图照片入志质量问题的几点看法》等,论述方志资料的文章有曹贵森《入志资料价值议》、尚伟《背景资料的运用》等。①俞红飞(1948—)。江苏海门人。江西省地方志办公室业务处副处长、副编审,《中华学府志》总编室主任、副总编。参与主编《江西学府志》等4部志书,参编《新方志体例比较与思考》等,发表方志论文20余篇。②程慧(1945—)。河南开封人。广州市地方志办公室副主任、《广州市志》副总纂。主编《续志编纂要览》,终审《广州市珠海区志》等3部志书,发表方志论文十余篇。

Zhongguo Difang Shizhi Luncong

《中国地方史志论丛》 中国地方史志协会编。1984年中华书局出版。42万字。分上、下编,收录论文39篇,包含旧志整理、方志起源研究、方志学与其他学科关系、新志编纂、方志馆藏、省市方志述略、旧志评析等多个方面内容。上编收录的论文从1981年中国地方志协会成立大会暨首届学术年会的论文中选出,包括梁寒冰《整理旧方志与编纂新方志刍议》、谭其骧《地方史志不可偏废 旧志资料不可轻信》、史念海《论历史地理学和方志学》等18篇。下编收录的论文从1949年后报刊上发表的文章中选出,包括黄苇《方志渊源考辨》、傅振伦《从敦煌发现的图经谈方志的起源》、刘光禄《历史上方志的派别类型和修志贡献》、朱士嘉《顾炎武整理研究地方志的成就》等21篇。

Zhongguo Difangzhi

《中国地方志》 国家史学类核心期刊之一。中国社会科学院主管,中国地方志指导小组主办(2012年改由中国地方志指导小组办公室主办)。1981年1月在北京创刊,名为《中国地方史志通讯》,由中国地方史研究会筹备小组编辑,不定期,内部发行。8月1日,改由中国地方史志协会主办。1982年2月改版为《中国地方史志》,双月刊出版,国内外公开发行。1983年2月改名为《中国地方志通讯》,内部发行。1984年起,由中国地方志指导小组、中国地方史志协会共同主办。1985年10月起,改由中国地方志指导小组主办,并明确该刊为中国地方志指导小组的机关刊物。1986年1月改名为《中国地方志》,陈云题写刊名。2004年起,按月刊出版,国内外公开发行。至2012年底,共计出刊245期。主要栏目有理论探讨、专家谈志、编纂论坛、第二轮志书编修、人物访谈、专题研究、期刊编研、方志评论、数字方志、旧志研究、乡土文化、方志利用、修志随笔、文化交流、口述历史、年鉴编纂、鉴赏与收藏、争鸣与商榷、新书介绍、动态消息、论点摘编等。

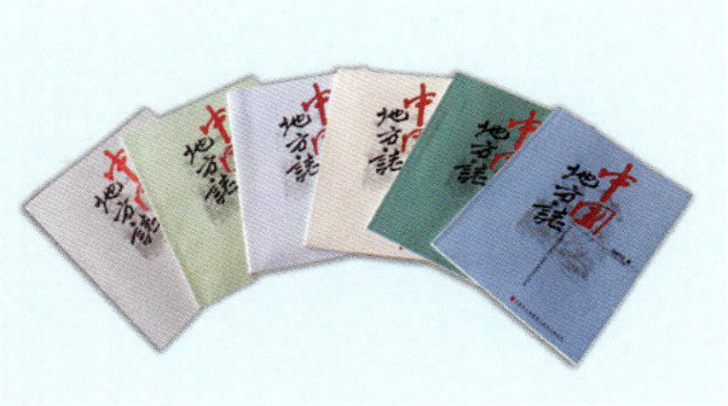

《中国地方志》书影

Zhongguo Difangzhi(1991)

《中国地方志》(1991) 刘纬毅著。新华出版社出版。12.6万字。设7章26节。全书大致分绪论、方志的源流、社会主义新方志3个部分。绪论部分简述方志的名称、种类、性质、特征及方志功用和现存方志情况,对于方志的种类,认为按记述内容可分为综合性、专业性两大类,综合性方志可分为郡志、州志、路志、军志、省志等19种,专业性方志可分为山志、水志、方物志、风土志、寺观志等12种。对于方志的起源问题,列举了商代甲骨文说、《九丘》说、《山海经》说等17种学说,主张需明确方志的界说,认为"方"指地方,即一定地域而非全国,"志"指志书,即分门别类记其事物,二者缺一不可。还简述历代编修的22部地理总志和44部方志。方志的源流部分设方志的初创时期(魏晋南北朝)、发展时期(隋唐五代)、完备时期(宋元)、鼎盛时期(明清)、嬗变时期(民国)与历史的反思5章,在论述各个时代修志特点的同时,还选取名志详加阐述。社会主义新方志部分简述《山西通志·金融志》《如东县志》等9种新方志的内容和体例特点,并介绍方志学的研究状况。

Zhongguo Difangzhi(1995)

《中国地方志》(1995) 来新夏著。台湾商务印书馆出版。18万字。设6章。概说章,对方志的定义、名称、起源、类别、属性、特征及方志学的研究对象与内容等问题,进行论说与界定。历代的方志编纂章,对清以前、清代和民国各个历史时期的方志编纂状况、体例、特点、成就等方面进行分析,分别列举各个时代的名志并给予评介。方志学的萌芽与发展章,阐述清以前历代对方志的见解、清代方志学的建立,对民国时期方志学名著进行评介,着重论述当代对方志与方志学的研究状况,推荐专著若干。旧地方志的整理与利用章,着重论述新志编纂时期旧志整理与利用的成绩。新方志的编纂章,对20世纪50年代以来编纂新方志的详细过程进行具体描述;对新方志的编纂方法与主编职责予以明确解说;该章设立专节,选介曾起过示范作用的5部志书,即《萧山县志》《许昌市志》《江宁县志》《江阴市志》《吴县志》,进而总括新编方志在资治、教化和存史方面的社会效用。今后的趋势章,对未来在旧志整理、新志编纂和方志学研究3个方面的研究趋势做预示性分析。该书还穿插介绍香港、台湾修志状况与主要流派特点。

Zhongguo Difangzhi Jicheng

“中国地方志集成” 江苏古籍出版社、上海书店和巴蜀书社于20世纪80年代后期在全国各大图书馆协助下影印出版。收录全国31个省(自治区、直辖市)的府、州、厅、县志,依中国现行区划,按省、自治区、直辖市编辑成专辑;乡镇志、山水志、寺庙志等集为专辑。1991~2010年,已出版25个省的府县志辑和一部乡镇志专辑。府县志辑收录的均为清代和民国时期编修的志书,共1054册2251种,其中收录最多的是山东府县志辑为95册180种,最少的是西藏,辑为1册19种;乡镇志专辑收录志书263种。选收的方志以实用价值高为原则,主要选收记事涵盖时间较长、收录资料较多者。在一地多志时,一般选取最后一次编修的志书。所选修的志书,凡有续修,或有校记、勘误、考证、补编等文字,均附于原志之后。

Zhongguo Difangzhi Lianhe Mulu

《中国地方志联合目录》 中国科学院北京天文台主编,庄威凤、朱士嘉、冯宝琳总编。该目录以朱士嘉于1962年修订的《中国地方志综录(增订本)》为蓝本,集体协作,补充修订而成。1985年中华书局出版。190多万字。全书共收入全国190个图书馆、博物馆、文史馆、档案馆等所收藏的1949年以前编纂的地方志及流散于日本、美国各主要图书馆的孤本、珍本方志8264种11万余卷。形式上依全国各省、自治区、直辖市分别著录,各省内以府、州、县、乡为序,乡土志、里镇志随所属县后,同一地区的方志则按编纂年代先后排列。收录范围包括通志、府志、州志、厅志、县志、司志、卫志、关镇志、道志、路志、乡土志、里镇志、岛屿志等;具有方志初稿性质的志料的调查记、采访录、实录、考察记、备征录等;概况、概览、通览、状况、事宜等;志略、纪略、识略、述略、事略、概略、志要、纪要、辑要、概要、举要等;志补、志余、续补、补遗等;其他不以方志命名,但有方志特点的著作。边疆和少数民族聚居地区地方志较少,收录范围从宽。另外,各类方志的考异、辨论、备考、校补、举正、勘误等也予以收入,附于各志之后。但山、水、寺庙、书院、名胜等志,民国年间修的以记载党政事务为主的县政概况,乡土教科书或参考书,有关编年体、地方文献性质的著述和杂记等,《永乐大典》中所载方志未经辑出者,均不收录。书中著录方志项目为书名、卷数、纂修者、版本、藏书单位和备注。其中,书名以卷首所题为主要依据,封面题签、里封面、书口等处书名仅作参考;纂修者项分别著录主修人和编纂人;版本项以稿本、刻本、活字本、铅印本、石印本、抄本、丛书本、油印本的时间为序著录,影印本、影抄本、摄影本、静电复制本及缩微胶卷均随祖本著录;藏书单位的排列依据1977年《中华人民共和国行政区划简册》次序,台湾省方志依《台湾公藏方志联合目录》著录,除北京图书馆(国家图书馆前身)在台湾的地方志以星号加在“北京”之后外,其余均暂著录为“台湾”。国内外有部分方志残本,国外有全帙,均在备注内简略说明。书后附有书名索引。

Zhongguo Difangzhi Lunji

《中国地方志论集》 曹子西、赵庚奇编。1989年北京燕山出版社出版。26万字。收录论文44篇。内容涉及方志的性质、功能、体例、方法,以及整体性和各种专业志的编写问题。其中,论述方志不同组成部分的篇目设计、编纂方法、内容特点、注意事项等方面的文章有阙金水《“概述”浅议》、梁德元《“记事”刍议》、张划《建置志的编写问题》、廖盛时《论政治类专志的编写》、任勋禄《关于编纂经济志的若干问题》、黄锦库《科学技术志的交叉与重复》、王田青《关于撰写人事志的几个问题》、邓和平《交通志篇目浅说》、杨文基《风俗志如何体现地方特色和时代特色》等;论述方志功能、性质的文章有余奎元《方志的整体性及整体性的表述》、林日恩《论地方志的功能、属性及其特点》、张庆生《浅议方志的地方特色》等;论述方志体例、结构、编纂方法的文章有汪自恒《新方志体例的探讨》、郭礼中《县志框架结构探微》、蔡庭《轻重·详略·粗细——关于方志编写的思考》、吴炳顺《试论“比较法”在地方志中的作用》、肖怀《图、表、录在志书中的功能及其运用》等;论述方志资料的文章有梁志强《资料翔实、系统、准确是新方志的基础》、郝香琴《方志资料考证与研究中应注意的问题》等。曹子西(1929—),天津武清人。1949年华北大学毕业。历任北京市社会科学院副院长、研究员,中国地方志指导小组城市志指导组成员,北京史学研究会会长,北京市地方志编委兼《北京志》副主编等职。主编《中国现代方志学》(合作主编)、《北京通史》、“北京史研究资料丛书”(8种)、“燕山史志丛书”(6种)等。

Zhongguo Difangzhi Nianjian

《中国地方志年鉴》 记录中国地方志事业发展状况的专业资料文献。中国地方志指导小组主办(2011年起,改由中国地方志指导小组办公室主办),中国地方志指导小组办公室组织编纂。2002年创刊。主要记述上一年度中国地方志指导小组及其办公室,各省(自治区、直辖市)、市(地、州、盟)、县(市、区、旗)三级地方志编纂委员会(办公室),新疆生产建设兵团史志办公室,武警部队编史办公室,国务院有关部委局史志机构等地区、部门(行业)地方志工作的基本情况。栏目编排采用分类编辑法,类目下

《中国地方志年鉴》书影

设分目，分目下设条目，以条目为主体。栏目设置在保持稳定性基础上，依照全国地方志工作实际，每年有少量调整。如《中国地方志年鉴(2010)》设特载、专记、特辑、大事记、中国地方志指导小组及其办公室工作、地方志工作概况、志书编纂与出版、旧志整理与出版、年鉴编纂与出版、地方志资源开发与利用、信息化与方志馆建设、协会学会活动与期刊出版、理论研究、法规规章与政策指导、工作会议与编纂编委会议、研讨交流与评稿会议、专业培训与考察交流、机构队伍、志鉴人物、文献等栏目。卷首设目录，卷末有索引。

Zhongguo Difangzhi Xianglun Congshu

“中国地方志详论丛书” 吉林省地方志编纂委员会和吉林省图书馆学会编印。主编金恩辉。从1985年起，按省分册出版。至1998年，共编印32个分册。其中，30册为对各省、自治区、直辖市历代方志的考述；2册为论文集。

“中国地方志详论丛书”各分册书目

书名	编著者	出版年
《中国地方志论集(1911~1949)》	地方史志研究组	1985
《中国地方志论集(1950~1983)》	地方史志研究组	1985
《内蒙古方志概考》	张守和	1985
《天津地方志考略》	魏东波	1985
《北京方志概述》	冯秉文	1985
《黑龙江方志简述》	方衍	1985
《上海地方志概述》	王启宇、罗友松等	1985
《江苏方志考》	倪波	1985
《浙江方志概论》	林正秋	1985
《安徽方志考略》	刘尚恒	1985
《江西省地方志概述》	漆身起	1985
《山东地方史志纵横谈》	王桂云、鲁海	1985
《河南地方志论丛》	张万钧	1985
《四川方志考》	何金文	1985
《西藏志书述略》	何金文	1985
《陕西方志考》	高峰	1985
《青海地方志书介绍》	陈超、刘玉清	1985
《宁夏方志述略》	高树榆等	1985
《新疆地方志简介》	纪大椿	1985
《辽宁地方志论略》	陈加等	1986
《湖南方志论》	朱建亮、李龙如	1986
《闽志谈概》	郭天沅	1987
《山西方志概述》	刘纬毅	1988
《河北省方志概要》	于鸿儒	1988
《台湾省方志论》	李秉乾	1988
《湖北省地方志考略》	徐孝宓、刘昌润	1988
《广东方志考略》	李默	1988
《贵州地方志举要》	张新民	1988
《云南地方志考》	李硕	1988
《甘肃方志述略》	周丕显等	1988
《寻根集——方志论及吉林方志研究》	金恩晖(辉)	1998
《广西地方志述评》	杨剑宏	1998

Zhongguo Difangzhi Xuehui

中国地方志学会 全国性地方志学术团体。前身为1981年在太原成立的中国地方史志协会，1985年更名为中国地方志协会，2012年更名为中国地方志学会。设年鉴工作专业委员会、城市区志专业委员会两个分支机构。理事会为权力机构。1981年7月产生第一届理事会，王首道、曾三为名誉会长，梁寒冰为会长。1985年8月产生第二届理事会，曾三为名誉会长，梁寒冰为会长。1996年5月产生第三届理事会，李铁映为名誉会长，王忍之为会长。2002年12月产生第四届理事会，李铁映为名誉会长，朱佳木为会长。2009年7月产生第五届理事会，朱佳木为会长，田嘉为常务副会长。第五届会员代表大会表决通过《中国地方志协会章程》，2012年协会更名为中国地方志学会后修订，并更名为《中国地方志学会章程》，共8章48条，对学会的宗旨，业务范围，会员，组织机构和负责人的产生、罢免，资产管理、使用原则，章程的修改程序，终止程序及终止后的财产处理等做出了明确规定。

Zhongguo Difangzhi Xueshu Nianhui

中国地方志学术年会 中国地方史志协会(见中国地方志学会)自成立起，即举办学术年会。更名中国地方志协会、中国地方志学会后，仍召开学术年会。重点讨论地方史研究与史志关系，地方史志的新闻报道与编辑出版工作，方志的科学属性、功能、性质、研究对象、结构与分类等方志基础理论问题，新修地方志的质量，方志续修的理论，等等。2011年起，中国地方志协会与中国地方志指导小组办公室联合建立中国地方志学术年会制度。

中国地方史志协会1981年学术年会 于1981年7月在山西省太原市召开，同时也为中国地方史志协会成立大会。会长梁寒冰主持会议。曾三、梅益、董一博先后讲话，一致认为近几年研究党史、革命史、地方史和地方志活动如雨后春笋般地发展起来，编纂新方志的工作也正在全国各地蓬勃展开。谭其骧、傅振伦、朱士嘉、史念海等十余名专家和史志工作者做学术性发言。会议明确了地方史志工作的重大意义、基本原则和方针任务。讨论通过《中国地方史

Z

中国地方志学会章程

第一章 总 则

第一条 本团体的名称是:中国地方志学会,英文名称:THE CHINESE LOCAL RECORDS ASSOCIATION,缩写:CLRA。

第二条 本团体是由各省、自治区、直辖市,副省级城市的地方(史)志学(协)会,科研机构、高等院校和有关人员自愿结成的全国性、学术性、非营利性社会组织。

第三条 本团体的宗旨:遵守宪法、法律、法规和国家政策,遵守社会道德风尚,团结全国地方志工作者和有关社会力量,在地方志的理论研究、编纂业务、组织管理和开发利用等方面开展学术活动,为繁荣发展地方志事业贡献力量。

第四条 本团体接受业务主管单位中国社会科学院和社团登记管理机关中华人民共和国民政部的业务指导和监督管理。

第五条 本团体的住所:北京市。

第二章 业务范围

第六条 本团体的业务范围:

(一)广泛团结热心地方志编修、整理、研究、管理、教学、出版等方面的人员,培养有志于地方志事业的人才,提高地方志队伍的理论、业务素质;

(二)积极组织地方志的学术活动,开展地方志理论研究,交流地方志书、年鉴编写和旧志整理的经验,加强方志学学科建设;

(三)加强与国内外地方志研究机构和专家学者的联系沟通,开拓和促进地方志的对外学术交流;

(四)经政府有关部门批准,组织优秀志书、年鉴、地情资料、论著的评审活动和学(协)会先进工作者、先进集体等的评选活动,积极宣传地方志书、年鉴、地情资料和旧志整理及理论研究等方面的优秀成果。

第三章 会 员

第七条 本团体的会员种类:个人会员和单位会员。

以单位会员为主,同时吸收个人会员。

第八条 申请加入本团体的会员,必须具备下列条件:

(一)拥护本团体的章程;

(二)有加入本团体的意愿;

(三)在本团体的学科领域内具有一定的影响;

(四)各省、自治区、直辖市从事地方志编纂、研究并在当地民政部门登记的学术团体,国内有关的科研机构、高等院校,可以申请成为本团体的单位会员;

(五)有志于地方志事业的地方志系统之外的各界人士,可以申请成为本团体的个人会员。

第九条 会员入会的程序是:

(一)提交入会申请书;

(二)经理事会或常务理事会讨论通过;

(三)填写会员登记表;

(四)由理事会或理事会授权的机构发给会员证。

第十条 会员享有下列权利:

(一)本团体的选举权、被选举权和表决权;

(二)参加本团体的活动;

(三)获得本团体服务的优先权;

(四)对本团体工作的批评建议权和监督权;

(五)入会自愿,退会自由。

第十一条 会员履行下列义务:

(一)遵守本团体章程,执行本团体的决议;

(二)维护本团体合法权益;

(三)完成本团体交办的工作;

(四)按规定交纳会费;

(五)向本团体反映情况,提供有关资料。

第十二条 会员退会应书面通知本团体,并交回会员证。会员如果2年不交纳会费或无故不参加本团体活动的,视为自动退会。

第十三条 会员如有严重违反本章程的行为，经理事会或常务理事会表决通过，予以除名。

第四章 组织机构和负责人产生、罢免

第十四条 本团体的最高权力机构是会员代表大会，会员代表大会的职权是：

（一）制定和修改章程；

（二）选举和罢免理事；

（三）审议理事会的工作报告和财务报告；

（四）制定并修改会费标准；

（五）决定终止事宜；

（六）决定其他重大事宜。

第十五条 会员代表大会须有2/3以上的会员代表出席方能召开，其决议须经到会会员代表半数以上表决通过方能生效。

第十六条 会员代表大会每届5年。因特殊情况需提前或延期换届的，须由理事会表决通过，报业务主管单位审查并经社团登记管理机关批准。延期换届最长不超过1年。

第十七条 理事会是会员代表大会的执行机构，在会员代表大会闭会期间领导本团体开展日常工作，对会员代表大会负责。

第十八条 理事会的职权是：

（一）执行会员代表大会的决议；

（二）选举和罢免会长、副会长、秘书长、常务理事；

（三）筹备召开会员代表大会；

（四）向会员代表大会报告工作和财务状况；

（五）决定会员的吸收或除名；

（六）决定办事机构、分支机构、代表机构和实体机构的设立、变更和注销；

（七）决定副秘书长、各机构主要负责人的聘任；

（八）领导本团体各机构开展工作；

（九）制定内部管理制度；

（十）决定其他重大事项。

第十九条 理事会须有2/3以上理事出席方能召开，其决议须经到会理事2/3以上表决通过方能生效。

第二十条 理事会每年至少召开一次会议。情况特殊的，可采用通讯形式召开。

第二十一条 本团体设立常务理事会。常务理事会由理事会选举产生，在理事会闭会期间行使第十八条第一、三、五、六、七、八、九项的职权，对理事会负责。常务理事人数不超过理事人数的1/3。

第二十二条 常务理事会须有2/3以上常务理事出席方能召开，其决议须经到会常务理事2/3以上表决通过方能生效。

第二十三条 常务理事会至少半年召开一次会议。情况特殊的，可采用通讯形式召开。

第二十四条 本团体的会长、副会长、秘书长必须具备下列条件：

（一）坚持党的路线、方针、政策，政治素质好；

（二）在本团体业务领域内有较大影响；

（三）最高任职年龄不超过70周岁，秘书长为专职；

（四）身体健康，能坚持正常工作；

（五）未受过剥夺政治权利的刑事处罚；

（六）具有完全民事行为能力。

第二十五条 本团体会长、副会长、秘书长如超过最高任职年龄的，须经理事会表决通过，报业务主管单位审查并经社团登记管理机关批准后，方可任职。

第二十六条 本团体会长、副会长、秘书长每届任期5年，连任不超过两届。因特殊情况需延长任期的，须经会员代表大会2/3以上会员代表表决通过，报业务主管单位审查并经社团登记管理机关批准后，方可任职。

第二十七条 会长为本团体法定代表人。

因特殊情况，经会长委托、理事会同意，并报业务主管单位审查、登记管理机关批准后，可以由副会长或秘书长担任法定代表人。

本团体法定代表人不兼任其他团体的法定代表人。

法定代表人代表本团体签署有关重要文件。

第二十八条　本团体会长行使下列职权：

（一）召集和主持理事会、常务理事会；

（二）检查会员代表大会、理事会、常务理事会决议的落实情况。

第二十九条　本团体秘书长行使下列职权：

（一）主持办事机构开展日常工作，组织实施年度工作计划；

（二）协调各分支机构开展工作；

（三）提名副秘书长以及各机构主要负责人，交理事会或常务理事会决定；

（四）决定办事机构、代表机构专职工作人员的聘用；

（五）处理其他日常事务。

第五章　资产管理、使用原则

第三十条　本团体经费来源：

（一）会费；

（二）捐赠；

（三）政府资助；

（四）在核准的业务范围内开展活动或服务的收入；

（五）利息；

（六）其他合法收入。

第三十一条　本团体按照国家有关规定收取会员会费。

本团体开展评选、表彰等活动，不收取任何费用。

第三十二条　本团体经费必须用于本章程规定的业务范围和事业的发展，不得在会员中分配。

第三十三条　本团体建立严格的财务管理制度，保证会计资料合法、真实、准确、完整。

第三十四条　本团体配备具有专业资格的会计人员。会计不得兼任出纳。会计人员必须进行会计核算，实行会计监督。会计人员调动工作或离职时，必须与接管人员办清交接手续。

第三十五条　本团体的资产管理必须执行国家规定的财务管理制度，接受会员代表大会和财政部门的监督。资产来源属于国家拨款或者社会捐赠、资助的，必须接受审计机关的监督，并将有关情况以适当方式向社会公布。

第三十六条　本团体换届或更换法定代表人之前必须接受社团登记管理机关和业务主管单位组织的财务审计。

第三十七条　本团体的资产，任何单位、个人不得侵占、私分和挪用。

第三十八条　本团体专职工作人员的工资和保险、福利待遇，参照国家对事业单位的有关规定执行。

第六章　章程的修改程序

第三十九条　对本团体章程的修改，须经理事会表决通过后报会员代表大会审议。

第四十条　本团体修改的章程，须在会员代表大会通过后 15 日内，报业务主管单位审查，经同意，报社团登记管理机关核准后生效。

第七章　终止程序及终止后的财产处理

第四十一条　本团体完成宗旨或自行解散或由于分立、合并等原因需要注销的，由理事会或常务理事会提出终止动议。

第四十二条　本团体终止动议须经会员代表大会表决通过，并报业务主管单位审查同意。

第四十三条　本团体终止前，须在业务主管单位及有关机关指导下成立清算组织，清理债权债务，处理善后事宜。清算期间，不开展清算以外的活动。

第四十四条　本团体经社团登记管理机关办理注销登记手续后即为终止。

第四十五条　本团体终止后的剩余财产，在业务主管单位和社团登记管理机关的监督下，按照国家有关规定，用于发展与本团体宗旨相关的事业。

第八章　附　则

第四十六条　本章程经 2009 年 7 月 8 日第五届会员代表大会表决通过。

第四十七条　本章程的解释权属本团体的理事会。

第四十八条　本章程自社团登记管理机关核准之日起生效。

志协会章程》,选举产生协会理事会和常务理事会。收到学术论文和工作经验150篇,包括地方史研究论文36篇、方志学研究论文29篇、探索新方志编纂方法的论文52篇、总结新方志编纂工作经验的论文25篇、其他论题的论文8篇。

中国地方史志协会1983年学术年会　于1983年10月在山东省泰安市召开。梁寒冰、李志敏主持会议。梁寒冰就学习《邓小平文选》、认真做好地方志工作问题发表讲话。董一博做工作报告,介绍1981~1983年全国修志情况,归纳出6条新志质量标准。协会向到会人员汇报了1983年召开的全国省志、市志、县志3个座谈会的情况。山东、山西、河南、安徽、湖南、黑龙江、辽宁、四川、云南、贵州的10位代表就新志编纂和旧志整理工作分别做专题发言。会议讨论了协会工作,对协会草拟的《新编地方志工作条例》和省、市、县志3个基本篇目草案提出修改意见。理事会全体会议上,讨论协会1984年的工作要点和增补理事问题,决定各省、区、市增补的理事名额和补选办法。收到论文90余篇。

中国地方志协会1986年学术年会　于1986年9月在天津市召开。梁寒冰主持会议。会议着重讨论方志的功能和科学属性、新编方志的科学性与现代性、方志与经济体制改革的关系、市管县的市志编写等问题。收到论文105篇,有29篇参加年会讨论。

中国地方志协会1989年学术年会　于1989年11月在湖南省岳阳市召开。郦家驹、左建、左开一、朱文尧、欧阳发、赵庚奇共同主持会议。郦家驹发表讲话,提出4点希望:要认真学习江泽民在国庆节的重要讲话;切实加强方志理论的探讨,"食古不化""食新不化"均不可取;切实加强对旧方志的研究;协会要体现学术团体的群众性。会议着重讨论方志性质、方志学研究对象、避免志书"政治化"倾向、纪实与社会效果、志书结构与分类、志书为人物立传等问题。收到论文106篇,有31篇参加年会讨论,其中研讨方志编纂和记述方法的论文占半数以上。

中国地方志协会1993年学术年会　于1993年11月在江苏省南京市召开。朱文尧、左开一、欧阳发、钟英、苏长春、汪文超、朱锡通、李明组成领导小组,共同主持年会。年会着重讨论关于地情研究与方志编纂问题,发挥地方志的优势、开拓方志工作的问题及突破传统观念、防止"左"或右的影响,以确保志书质量的问题。收到论文86篇,有24篇论文参加年会讨论。与1986年、1989年的学术年会相比,论文呈现出作者由方志研究专家向修志工作者转化、内容由交流一般编纂方法向探索编纂理论转化、立论由趋新向务实转化、思想由具体向抽象转化4个特点。

中国地方志协会1997年学术年会　于1997年12月在云南省昆明市召开。高德、贺巍、朱文尧、冼光位、孔令士、何耀华、霍力进、钱成润等组成领导小组,共同主持年会。会长王忍之发表题为"开创方志理论建设的新局面"的讲话,指出方志理论工作的方向和任务。认为在首轮志书完成之后,主要要大力开展读志、用志活动,为编修新一轮志书做准备。收到论文40余篇。

中国地方志协会2004年学术年会　于2004年8月在新疆乌鲁木齐市召开。主题是总结首轮新编地方志工作实践和理论建设的成就,促进方志理论的进一步发展,加强方志学科建设以指导新一轮修志工作。单天伦做题为"发挥群体智慧,推进方志理论研究和学科建设"的讲话。与会人员分别就方志基础理论和学科建设问题、首轮修志实践的总结和组织管理体制问题、第二轮修志工作面临的新情况及理论探讨展开讨论。会议肯定了新方志理论研究在厘清方志发展史与方志学史、方志学基础理论研究、方志基本属性研究、方志编写研究等方面取得的成就,提出新方志理论建设的缺憾与不足之处。收到论文150篇。

第一届中国地方志学术年会　会议名称为方志文献国际学术研讨会,是中国地方志指导小组办公室、中国地方志协会决定建立学术年会制度后召开的首届学术年会。于2011年8月在浙江省宁波市召开。田嘉主持开幕式。主题是方志文献的传播与利用。会长朱佳木发表讲话,指出探究方志文献的传播与利用,加强海内外有关方志文献研究成果的交流,对于丰富和拓展方志文化的内涵显得尤为重要和必要。会议研讨围绕方志编纂体例结构的设计、入志数据及内容记述、方志文献的收藏管理与开发利用、历代方志文本考证及价值研究、方志文献与海外中国学研究的关系、海外方志学的推广与流播、方志文献数字化的实践以及方志人物等方面展开。来自美国、澳大利亚、日本、韩国、越南和中国的100余位专家学者参加会议。收到论文76篇。

第二届中国地方志学术年会　于2012年10月在江苏省南通市召开。李富强主持开幕式。会议主题为第二轮市县志编纂及其理论问题。朱佳木发表题为"关于当前加强方志学研究的几个问题"的讲话,强调加强方志学研究是发展地方志事业的需要,也是改进方志学研究的需要;当前方志学研究的重点应当放在地方志的性质和作用、地方志的编纂及其组织管理、地方志资源的开发利用及地方志工作的机构设置、队伍建设等问题上。会议围绕年会主题,就方志学学科建设、方志功能、市县志编纂组织、志书总纂、方志编纂体例、方志资料、方志记述内容、方志编纂原则与方法进行研讨。收到论文139篇。

"第三届中国地方志学术年会暨两岸四地方志文献学术研讨会"　于2013年10月在广东省东莞市召开。田嘉主持开幕式。会议主题为方志文献编修与研究。朱佳木做了题为"做好地方志工作必须开展地方志学术研究"的报告,着重讲述了修志工作、地方志工作部门与地方志学术研究的关系,强调地方志编纂始终是地方志工作不变之基础。大会学术交流概略地介绍了全国方志文献编修研究情况。会议共收到108篇论文,主要涉及方志基本理论，方志事业发展及编修实践，方志地图编制与利用，方志文献资料收集整理，旧志文本研究、评介、利用及整理，方志人物及其编纂思想，乡村镇志、专志编修，方志收藏，方志资源开发利用等方面的内容，其中84篇论文入选本次会议的论文选编，另外有21篇以存目的形式附录于论文选编之后。

Zhongguo Difangzhi Zhengming

《中国地方志争鸣》 郑正西、周永光编。1988年黄山书社出版。17万字。收录论文24篇。论及地方志若干问题，重点是针对新编地方志及其相应理论的探讨。论述方志学学科的文章有王建国《申论马克思主义比较方志学可以成立》、林清澄《方志学是一门独立的科学》等；论述方志性质的文章有牛润珍《地方志属性新解》，巴兆祥、倪永浩《坚持"方志为一地古今总览"论》等；论述方志功能的文章有宾贤荣《澄清地方志的基本功能问题》、刘洪元《新编方志目的不是存史》等；论述方志与百科全书关系的文章有金常政《地方志与地方百科全书的关系》、刘辰《也谈地方志与地方百科全书的关系》等；论述新志书编纂及相应理论的文章有严寒《志体革新刍议》、王树山《方志"立志"方法辨析》等；论述方志工作管理运营的文章有郑玉民《以企养志搞活方志工作》、林衍经《关于〈新编地方志工作暂行规定〉的反思和建议》等。①郑正西(1940—)。湖北大冶人。1965年长沙交通学院毕业。1979年参加湖北省公路交通史志编纂工作。1983年创办并主编《公路交通编史研究》。1985年创办《史志文萃》。次年兼办并主编《全国方志报刊辑要》。1987年任广西通志馆《广西地方志》副主编。组织编写"方志文库"丛书12本，以及《县志主编经验谈》《中国旧志名家论选》等，发表方志论文20余篇。②周永光(1939—)。广西忻城人。1962年武汉大学中文系毕业。1985年至广西通志馆。次年，任《广西地方志》副主编兼编辑部主任。著有《新编方志点评》(合编)、《中国地方志综览》(参与总纂)、《县志主编经验谈》(责编)等，发表方志论文40余篇。

Zhongguo Difangzhi Zhidao Xiaozu

中国地方志指导小组 国家地方志工作机构。1958年组建，"文化大革命"时期中断活动。1983年恢复。至2013年底，共历经5届。1983年4月，第一届组成；1995年7月，第二届组成；2001年12月，第三届组成；2008年10月，第四届组成；2013年12月，第五届组成。

沿革 国务院科学规划委员会于1958年6月成立地方志小组，裴丽生任组长。下半年转归中国科学院。1959年，中国科学院和国家档案局联合成立中国地方志小组。1962年9月，中国科学院哲学社会科学部党组向中共中央宣传部呈递《关于地方志小组问题的请示报告》。10月，中共中央宣传部同意地方志小组改由国家档案局领导。后国家档案局曾提议变动机构归属。1962年底，曾三任组长。"文化大革命"期间，地方志小组工作中断。1981年7月，中国地方史志协会(见中国地方志学会)成立大会通过了给中共中央、国务院的建议书，建议重新组建中国地方史志小组，会后上报中共中央宣传部转呈中央书记处审批。中央书记处决定由全国政协承办，因政协党组表示"无力担此重任"而搁浅。1982年7月，曾三建议中央指定专人负责地方志小组工作，由中国社会科学院负责承办。1983年1月26日，中国社会科学院呈报《关于恢复地方志小组工作的请示报告》，获中央书记处批复。地方志小组改为中国地方志指导小组。同年4月，组成第一届小组。1985年4月，国务院办公厅下发《国务院办公厅转发中国社会科学院关于加强全国地方志编纂工作领导报告的通知》(国办发〔1985〕33号)，明确其由国务院委托中国社会科学院代管。先后成立旧志整理工作委员会(1984年3月成立)、城市志指导组(1986年1月成立)、民族志指导组(1986年6月成立)3个专业组，其中城市志指导组到90年代中期仍在活动。

职能 在1983年召开的中国地方志指导小组成立大会上，大致提出5点任务：指导研究解决编写新志的理论问题，探讨学术问题；以各省、自治区、直辖市的计划为基础，提出全国地方志规划的建议，指导督促实施；制定编修新志的基本体例和工作条例；组织经验交流；指导干部在理论上、业务上的学习与培养。1985年，中国地方志指导小组颁布的《新编地方志工作暂行规定》明确规定，指导小组应从政策上、业务上指导各地修志工作，定期向中央和国务院反映情况，对修志中涉及的重大方针政策问题及时请示报告，并负责拟订编修新地方志和整理旧地方志的规划，制定新编地方志的工作条例，组织交流修志工作的经验等。1996年，国务院办公厅下发的《国务院办公厅关于进一步加强地方志编纂工作的通知》(国办发〔1996〕47号)规定："中国地方志指导小组要深入开展调查研究，加强对全国地方志编纂工作的指导，制定和完善有关规章制度，及时总结、推广各地好的经验，注意发现带有普遍性的问题并提出切实可行的意见和建议。"2006年国务院颁布施行的《地方志工作条例》规定，国家地方志工作机构统筹规划、组织协调、督促指导全国地方志工作。

主要活动 包括制定规章制度、组织召开会议、开展成果展览和表彰活动，以及组织协调国务院交办的《汶川特大地震抗震救灾志》编纂工作等。①制定规章制度。国务院科学规划委员会地方志小组于1958年10月制定《关于新修方志的几点意见》。1961年3月，地方志小组制定《关于新修方志提纲(草案)》。中国地方志指导小组恢复成立后，制定颁发了《新编地方志工作暂行规定》(中志指发〔1985〕1号)、《关于地方志编纂工作的规定》(1997年颁发)、《中国地方志指导小组关于第二轮地方志书编纂的若干意见》(中指组字〔2007〕1号)、《中国地方志指导小组

历届中国地方志指导小组组长、副组长

第一届(1983 年 4 月 ~ 1995 年 7 月)		
组长	曾三	中央顾问委员会委员、原中国地方志小组组长
副组长	梁寒冰	中国社会科学院历史研究所党组书记、副所长,中国地方史志协会会长
	韩毓虎	国家档案局第一副局长
第二届(1995 年 7 月 ~ 2001 年 12 月)		
组长	李铁映	中共中央政治局委员、国务委员
副组长	郁文	中国社会科学院原党委书记、副院长(中国地方志指导小组常务副组长)
	王忍之	中国社会科学院党委书记、副院长
	王刚	中共中央办公厅副主任、国家档案局局长、中央档案馆馆长
第三届(2001 年 12 月 ~ 2008 年 10 月)		
组长	李铁映(2003 年 12 月卸任)	中共中央政治局委员、中国社会科学院院长
	陈奎元(2003 年 12 月继任)	全国政协副主席、中国社会科学院院长
副组长	朱佳木	中国社会科学院副院长(中国地方志指导小组常务副组长)
	高强(2003 年 12 月卸任)	国务院副秘书长
	陈进玉(2003 年 12 月继任)	国务院副秘书长
	徐根初	军事科学院副院长
	毛福民	国家档案局局长、中央档案馆馆长
第四届(2008 年 10 月 ~ 2013 年 12 月)		
组长	陈奎元	全国政协副主席、中国社会科学院院长
副组长	朱佳木	中国社会科学院副院长(中国地方志指导小组常务副组长)
	项兆伦(2012 年 11 月卸任)	国务院副秘书长
	江小涓(2012 年 11 月继任)	国务院副秘书长
	刘继贤(2012 年 11 月卸任)	军事科学院副院长、全军军事志指导小组副组长
	任海泉(2012 年 11 月继任)	军事科学院副院长、全军军事志指导小组副组长
	杨冬权	国家档案局局长
第五届(2013 年 12 月 ~)		
组长	王伟光	中国社会科学院院长
副组长	李培林	中国社会科学院副院长(中国地方志指导小组常务副组长)
	江小涓	国务院副秘书长
	任海泉(2013 年 12 月卸任)	军事科学院副院长、全军军事志指导小组副组长
	何雷(2014 年 2 月任职)	军事科学院副院长、全军军事志指导小组副组长
	杨冬权	国家档案局局长

关于建立地方志书编纂规划备案制度的规定》(中指组字〔2007〕2 号)、《地方志书质量规定》(中指组字〔2008〕3 号)、《地方综合年鉴编纂出版规定(试行)》(中指组字〔2012〕2 号)。②组织召开会议。召开了多次中国地方志指导小组会议、全国地方志工作会议和各种专题讨论会。③开展成果展览和表彰活动。举办全国新编地方志成果展览、全国地方志评奖。两次与国家人事部门联合开展表彰活动,表彰了一批全国地方志系统先进集体和先进工作者,同时单独表彰了一批全国方志先进集体和先进工作者。

Zhongguo Difangzhi Zhidao Xiaozu Bangongshi

中国地方志指导小组办公室 中国地方志指导小组的办事机构。负责联系并处理日常具体事务。2012 年底,中国地方志指导小组办公室内设秘书处、人事处、方志理论研究室、期刊指导处、年鉴处、联络处 6 个处室,主办方志出版社。历任办公室主任孔令士、霍力进、单天伦、秦其明、田嘉、李富强。

沿革 中国地方志指导小组于 1983 年恢复时,明确中国地方史志协会为办事机构,无人员编制。1984 年 10 月,中国社会科学院党组向中宣部呈递《关于加强全国地方志编纂工作的报告》。1985 年,经中宣部批准,中国地方志指导小组办公室成立,挂靠于中国社会科学院历史研究所,行政和党的组织关系由历史所代管,编制 10 人,由中国社会科学院拨给经费。《新编地方志工作暂行规定》明确其为指导小组的具体办事机构,负责联系并处理日常具体事务。1997 年,中央机构编制委员会办公室核批指导小组办公室事业编制 40

名，经费实行全额拨款。2002年1月，中国社会科学院党组下发《关于中国地方志指导小组所属机构及领导体制变动的通知》（〔2002〕社科党组字5号），规定办公室对内按研究所管理，对外仍为指导小组的办事机构；指导小组正副秘书长与办公室正副主任互相兼任。办公室设立机关党委，受院直属机关党委领导。2008年5月，办公室参照公务员法管理。2011年11月，加挂国家方志馆牌子，增加10名财政补助事业编制。

主要活动　主要包括向中国地方志指导小组提供政策建议，完成中国地方志指导小组交办的工作；召开全国省级方志工作机构主任会议，研究解决地方志工作存在的问题；开展方志和年鉴理论研讨、经验交流活动，对地方志队伍进行培训；与中国地方志协会联合开展全国地方志系统年鉴评比活动；编辑《中国地方志》《中国地方志年鉴》《中国方志通讯》等学术和工作指导性刊物，组织编纂《中国方志通鉴》《地方志工作文献选编》《当代志书编纂教程》《中国方志文献辑存》等资料性工具书和书籍；组织对外学术交流活动。

Zhongguo Difangzhi Zhidao Xiaozu Huiyi

中国地方志指导小组会议　会议一般由中国地方志指导小组组长或常务副组长主持，小组全体成员及国务院有关部委局相关人员出席。主要任务是听取工作汇报，讨论并决定中国地方志指导小组的工作方针，布置指导小组和全国地方志工作任务。

第一届中国地方志指导小组会议　1983~1992年，共召开10次会议。

中国地方志指导小组第一次会议　于1983年4月在北京召开。中国地方志指导小组组长曾三主持会议。中国社会科学院党组书记梅益发表讲话。会议宣布成立中国地方志指导小组，着重讨论指导小组的任务问题。与会人员提出了目前编修新志中理论上、政策上和资料征集中的困难、问题。曾三概括了指导小组的任务。会议还强调新编志书要有群众观点、阶级斗争观点，对于旧社会统治者的压迫和人民群众的斗争都要给予充分篇幅进行叙述。会议还就志书人物传、志书体裁、资料保存等问题进行了研究。会议还讨论了全国地方志规划问题。

中国地方志指导小组第二次会议　于1983年12月在北京召开。会议根据各地编纂地方志、工作的情况及"六五"计划的要求，确定中国地方志指导小组1984年的主要工作：召开中国地方志工作会议；由国家民族事务委员会、中国社会科学院民族研究所、中国地方志指导小组联合召开民族地区志书编纂工作会议；加强对旧地方志整理工作的指导。讨论通过了《新编地方志工作条例》修订稿。

中国地方志指导小组两次扩大会议　于1984年9月在北京召开。（从时间顺序上可列为中国地方志指导小组第三次、第四次会议）会议具体分析当前有关加强领导力量、队伍建设、工作条件等方面不适应形势发展的情况；就贯彻落实胡耀邦、胡乔木的批示提出具体措施和建议，包括如何充实健全指导小组办事机构，加强调查研究，发挥其应有的作用。会议还研究了1985年工作的初步安排。

中国地方志指导小组第五次会议　于1985年4月在北京召开。中国地方志指导小组副组长梁寒冰主持会议。主要有3项议程：高德就已经决定于1985年4月19日以国务院办公厅文件转批的《关于加强全国地方志编纂工作领导的报告》的制定过程做了说明，并对国务院同意的报告和国务院办公厅通知的内容做了介绍；修订通过《新编地方志工作暂行规定》；决定年内在北京召开全国第一次修志工作会议。会上宣布中国地方志指导小组成员名单、在京常务成员名单，宣布中国地方志指导小组秘书长和副秘书长兼办公室主任人选。

中国地方志指导小组第六次会议　于1986年9月在北京召开。梁寒冰主持会议。会议讨论了拟于1986年底举行的全国地方志第一次工作会议的准备工作和地方志工作"七五"规划的设想。

中国地方志指导小组在京成员会议　于1987年2月在北京召开。梁寒冰主持会议。会议着重讨论如何贯彻中央关于坚持四项基本原则、反对资产阶级自由化与增产节支、勤俭节约两项指示精神和如何贯彻胡乔木在全国第一次工作会议上的讲话精神、保证志书质量两大问题。会议同时讨论了中国地方志协会1987年工作计划，同意在福建省举行中国地方志协会理事会准备会议。全体理事会延至1988年举行。

中国地方志指导小组第七次（扩大）会议　于1987年9月在北京召开。会议听取郦家驹关于分地区召开地方志工作机构负责人座谈会所反映的情况和问题，着重讨论如何贯彻落实胡乔木在第一次工作会议期间的讲话、如何保证志书质量。会议认为，要保证志书质量，必须增强地方志工作者对于保证质量的自觉性和责任感；必须采取切实有效的措施，包括加强对主编（或主笔）培训、发挥专家学者作用、严格审批手续、开展志书评议工作等。

中国地方志指导小组第八次会议　于1988年3月在北京召开。会议着重讨论全国修志工作贯彻中共十三大精神、提高志书质量的有关问题，并确定1988年指导小组工作的原则意见和具体安排。会议认为，从1986年底召开全国第一次工作会议以来，全国修志工作有明显进展；中共十三大报告在准确分析基本国情的基础上，提出社会主义初级阶段的理论，并对三十多年经历的曲折道路做出了科学论断，各级各类志书要贯彻中共十三大精神，首先修志人员必须解放思想；中共十三大报告要求马克思主义者"开拓新视野，发展新观念，进入新境界"，全体地方志工作者应当振奋精神，勇于创新。

中国地方志指导小组第九次会议　于1992年7月在北京召开。中国地方志指导小组副组长韩毓虎主持会议。

会议主要传达、学习国务院对中国地方志指导小组领导体制问题所做的批复；肯定第八次会议所确定的“把重点放到提高志书质量上来”的正确性，讨论了当前全国修志工作进展情况及存在的问题；认为地方志工作要适应改革开放的形势、冲破传统观念的束缚，并针对上述情况提出了相应的建议。会议还就《新编地方志工作暂行规定》的修改问题进行讨论。

第二届中国地方志指导小组会议 1995~1999年，共召开6次会议。

中国地方志指导小组二届一次会议 于1995年8月在北京召开。中国地方志指导小组常务副组长郁文主持会议。中共中央政治局委员、国务委员、中国地方志指导小组组长李铁映发表两次讲话，对地方志工作的意义、当前地方志工作的形势和任务，以及如何进一步推进地方志事业发展等问题做出指示。会议议题包括明确地方志工作的意义、形势和任务；各级政府要切实加强对地方志工作的领导；努力高质量地完成本届修志任务；保证修志事业的连续性，保持修志机构和队伍的稳定；加强地方志专业队伍的建设；总结修志经验，加强方志理论研究，推动新方志学科建设；做好地方志协会换届工作和召开第二次全国地方志工作会议的准备；明确指导小组的任务，研究工作方法等。

中国地方志指导小组二届二次会议 于1995年12月在北京召开。中国地方志指导小组常务副组长郁文、副组长王刚主持会议。会议着重审议了为全国地方志第二次工作会议准备的工作报告征求意见稿和关于地方志工作条例的讨论稿。高德、贺巍分别就工作报告和条例的起草、修改情况及有关问题做了说明。

中国地方志指导小组二届三次会议 于1997年5月在北京召开。郁文主持会议。会议审议并通过了中国地方志指导小组《关于地方志编纂工作的规定》，要求各地地方志编委会贯彻执行规定，并结合本地区实际情况制定相应实施细则。会议同时讨论了全国地方志评奖工作的实施办法，决定设“全国地方志优秀奖”和“全国地方志荣誉奖”两个奖项。

中国地方志指导小组二届四次会议 于1997年8月在北京召开。中国地方志指导小组副组长王忍之主持会议。会议听取有关地方志评奖预评委员会和全国地方志评奖委员会工作情况汇报；研究两次评奖会议中提出的问题，审议两个委员会通过的获奖志书名单；根据两个评奖委员会的建议，将“全国地方志优秀奖”改为“全国地方志奖一等奖”，将原定的“全国地方志荣誉奖”改为“全国地方志奖二等奖”。会议还讨论了将在浙江省宁波市举行的全国地方志颁奖大会的讲话主题、日程安排和有关事项。

中国地方志指导小组二届五次会议 于1998年1月在北京召开。郦家驹主持会议并做小结。郁文发表讲话。会议对1998年的地方志工作进行了讨论，明确当前本届修志工作已进入中后期，要认识到地区的不平衡性和复杂性。会议指出，当前已经基本完成修志任务的地区必须考虑如何续修下一届地方志。会议同时对稳定修志机构、加强队伍建设的问题进行了研究。会议原则上通过中国地方志指导小组办公室提出的1998年地方志工作要点，并建议会后做适当修改，颁发各地参照执行。

中国地方志指导小组二届六次会议 于1999年9月在北京召开。李铁映、郁文、王忍之发表讲话。会议总结二届五次会议以来的工作，分析全国各地修志工作的形势。会议提出2000年工作安排，即切实推动本届修志任务的完成；在新的一年里，要重点抓好对本届修志的总结工作；进一步推动对方志的开发利用工作，充分发挥它的社会效应；加强指导小组所属机构的自身建设；积极争取建立中国方志馆。

第三届中国地方志指导小组会议 2001~2006年，共召开4次会议。

中国地方志指导小组三届一次会议 于2001年12月在北京召开。李铁映主持会议。国务院副秘书长、中国地方志指导小组副组长高强发表讲话，强调地方志工作肩负的责任重大，概括阐述了地方志的重要作用，要求地方志工作者要以坚忍不拔的精神和艰苦奋斗的作风做好修志工作，要求各方面特别是各级党委和政府理解、支持地方志工作。会议总结第二届指导小组任期内，全国地方志工作取得的成就和必须坚持的原则与经验，着重研究中共中央、国务院对地方志工作的指示，确定本届小组的工作思路和任务。会议通过全国地方志第三次工作会议议程、中国地方志指导小组常务副组长朱佳木代表指导小组向工作会议所做的工作报告和中国社会科学院党组关于单天伦任指导小组秘书长、秦其明任副秘书长的提议。会议同意将《关于全国地方志工作的若干规定（讨论稿）》提交工作会议讨论。

中国地方志指导小组三届二次会议 于2003年1月在北京召开。李铁映主持会议。单天伦做指导小组办公室2002年为贯彻落实指导小组三届一次会议和全国地方志第三次会议精神工作开展情况的汇报。会议听取秦其明汇报的办公室2003年工作安排建议。朱佳木宣布指导小组秘书长的人事变动，任命秦其明为指导小组秘书长兼办公室主任。李铁映发表讲话，指出学习贯彻中共十六大精神是地方志工作当前和今后一个时期内的中心任务；质量问题是关乎新世纪方志事业前途和命运的核心问题；使用志书是进一步提高志书质量的重要环节，要将用志摆在与修志同等重要的位置上；要加强与世界其他国家以及中国港澳台地区在志书方面的学术交流与合作。

中国地方志指导小组三届三次会议 于2004年2月在北京召开。朱佳木主持会议。全国政协副主席、中国社会科学院院长、中国地方志指导小组组长陈奎元，国务院副秘书长、中国地方志指导小组副组长陈进玉分别发表讲话。陈奎元强调,《中共中央关于进一步繁荣发展哲学社会科学的意见》是指导和推进中国特色社会科学事业全面发展的纲领性文献,同样适用于地方志工作;要大力推进地方志工作的法制化建设,从根本上解决影响整个地方志事业健康发展的各种问题;指导小组办公室和各地各部门地方志工作机构抓紧做好第一轮修志的扫尾工作,搞好续志试点工作。陈进玉充分肯定了2003年全国地方志工作的成绩,赞成指导小组办公室全面启动第二轮修志工作的想法,要求各级地方志工作机构重视志书质量,加大对地方志工作的宣传力度,增强社会利用志书成果的意识。秦其明汇报了指导小组办公室2003年的工作总结和2004年的工作安排。会议还听取了田嘉做关于制定《地方志工作条例》的说明。

中国地方志指导小组三届四次会议　于2006年3月在北京召开。朱佳木主持会议。陈奎元发表讲话,秦其明汇报工作,朱佳木做会议总结。陈奎元指出,修志工作是长期的任务;要重视对试点单位的经验交流、介绍,供准备启动和已经开展第二轮修志的地方借鉴、参考,保证志书质量;方志工作者要有责任感,树立为国家和民族创造精神产品的责任心,力争编出一批精品佳志。会议原则通过指导小组办公室关于2004年、2005年的工作总结和2006年工作要点;肯定了指导小组办公室为起草《关于第二轮修志工作的若干意见(报审稿)》和《关于建立地方志编纂规划备案制度的规定(报审稿)》所做的工作。

第四届中国地方志指导小组会议　2008~2012年,共召开3次会议。

中国地方志指导小组四届一次会议　于2008年11月在北京召开。陈奎元主持会议并做总结讲话。朱佳木就七年间全国地方志工作所取得的成绩及存在的问题、地方志工作的基本经验,以及今后五年地方志工作的方针和主要任务等方面,对第四次全国地方志工作会议工作报告做说明。田嘉就第四届指导小组换届、第四次全国地方志工作会议筹备情况,以及编纂《汶川特大地震抗震救灾志》筹备情况做汇报。

中国地方志指导小组四届二次会议　于2010年12月在北京召开。朱佳木主持并做总结讲话。会议分别听取田嘉、李富强、邱新立关于第四次全国地方志工作会议以来,全国地方志工作、全国地方志系统表彰先进工作以及《汶川特大地震抗震救灾志》编纂工作进展情况的汇报。与会人员就第四次全国地方志工作会议以来地方志工作以及之后的工作安排发表意见。

中国地方志指导小组四届三次会议　于2012年7月在北京召开。朱佳木主持并讲话,指出全国地方志工作在修志编鉴、读志用志、理论研究、队伍培训等各方面都取得了新的显著成绩,但还存在缺点和问题,主要表现是忽视志书质量与忽视编纂进度的情况并存,忽视修志统一标准与忽视自身特点和创新的情况并存,忽视方志理论研究与忽视修志实践的情况并存,忽视地方志工作机构干部选配特殊要求与忽视现有干部在职培养的情况并存。会议审议并原则通过地方综合年鉴编纂规范性文件,肯定指导小组办公室近两年所做的工作,强调要做好《汶川特大地震抗震救灾志》的审稿、出版、宣传、总结等工作,指出《方志百科全书》对于促进方志学学科体系建立的重要意义。

Zhongguo Difangzhi Zonglan (1949~1987)

《中国地方志综览(1949~1987)》　来新夏主编。1988年黄山书社出版。约75万字。以条目体为主,辅以记、述、录等。内容依类编列,分为9类。一为专载;二为大事记;三为新志编纂,包括队伍培训、新志简介、附录、篇目选录4个小类;四为理论研究,包括专题分述、重要学术活动2个小类;五为刊物、著作、文章选目;六为文献资料辑存;七为旧志整理与研究,包括书目、考录、索引、资料类编、旧志刊印3个小类,并附文章选目;八为社会服务选例,附文章选目;九为台湾、香港方志动态,包括台湾修志机构、台湾修志工作、台湾志书选介、台湾旧志整理与研究、台湾方志理论研究选介、台湾方志著作及论文索引、香港方志简况7个小类。各部类资料编排,采用以区域为序和以时为序两种方法,旧志整理成果按印行时间排列。该书取材有八大特点:一是记事、录文原则上至省级或省会城市为止;二是除省、地、市、县志外,志书、方志著作的收录与介绍原则上只取公开出版物,其余视情况列入相应栏目的附录;三是选介志书篇目力图体现志种、类别、风格齐全,严格限于已成书或已定稿付印者;四是收录方志刊物限于国家和省级修志部门的专刊及其他全国公开发行者;五是选载的方志文章目录索引取自以上相应的方志刊物或社会非方志专业性报刊;六是重要学术活动只取全国性和多省(区)联合举办的较大活动;七是选录各类资料只限于地方志,有关地方史或类似方志者一般不予采用;八是全书资料取舍重点立足于资料的学术价值和史料的保存价值。附录载中国历代方志概述,概述1949年前的历代方志情况,侧重介绍民国时期的地方志编纂情况。书后还列有"史志书讯",列该书收录范围之外的部分资料。

Zhongguo Difangzhi Zonglu (zengdingben)

《中国地方志综录(增订本)》　朱士嘉编。1958年商务印书馆出版。70.5万字。初版为1935年商务印书馆出版的《中国地方志综录》,为朱士嘉根据当时国内外各公私立图书馆与各私人收藏的中国地方志书编制而成。共3册,1937年重印。所收志书最早为宋熙宁《长安志》,止于1933年。共收录志书5832种93237卷。其中,宋代志书28种537卷、元代志书11种124卷、明代志书770种10087卷、清代志书4655种76860卷、民国志书368种5629卷。因所收志书出于清代者居多,该书所举书名及编次略依《大清一统志》,但行省遵照民国时的行政区划排列。志书依通志、府志、州志、厅志、县志、乡镇志等顺序次第著录。其中江苏、浙江、安徽三省内容曾刊载于《地学杂志》。著录项目包括志名、卷数、纂修人、编纂年代、版本、收藏地,并设备考,附记有关该志的记述或考证,如存卷、缺卷、缺页等。对各志编纂人及编纂时期的采录,以《国立北平图书馆方志目录》和《故宫方志目》为准则。书后列有统计表17个、统计图15个。附录有民国所修方志简目、上海东方图书馆所藏孤本方志录、国外图书馆所藏明代孤本方志录。书末为书名索引。1935~1938年,编者继续搜集730种8187卷,辑成《中国地方志综录补编》,发表于《史学年报》。1958年,编者将正编和补编合并并加以修订,成增订本。

Zhongguo Difangzhi Zongmu Tiyao

《中国地方志总目提要》 金恩辉、胡述兆等主编。分旧志提要和新志提要两种。①《中国地方志总目提要》(旧志提要)。1996年台湾汉美图书有限公司出版。3册,600万字。收录全国各省、市、自治区近200个图书馆、博物馆、文史馆所藏1949年10月以前的旧方志8577种,著录历代地方志修纂者13685人。所收地方志书基本以中国科学院北京天文台主编《中国地方志联合目录》为依据,除山、水、寺庙、名胜志外,各级通志、府志、州志、厅志、县志、乡土志、乡镇志、卫所志等,以及具有方志初稿性质的志料、采访册、调查记等,皆有收录。目录采取各省、市、自治区独立编码的方法,以1986年《中华人民共和国行政区划简册》区划一览表为序,将旧府、州、县诸志分别排入对应地区、市、县。各省、市、自治区以地方志述评为首篇,从宏观上概述该省、市、自治区历代地方志编修情况,择要述其编纂过程、特点和不足,并指出其史料价值。每一志为一条目,每一条目的字数400~800字不等,分词目和释文两部分。附录为卢荷生所编《台湾现藏〈本提要〉未收方志书名目录》及《台湾现藏〈本提要〉所收方志书名目录》。书后附书名索引和著者索引。该书订正和补充《中国地方志联合目录》在版本范围和形态问题上存在的缺点和不足,还从志书体例、内容详略、考据精粗、撰修特点等方面对志书进行考评,并分析史料价值,指出重点。对于名志,还从方志理论、修纂方法、写作特点等方面加以评述。②《中国地方志总目提要(1949~1999)》。学术界称为《新志》。2002年台湾汉美图书有限公司出版。300多万字。收录1949年10月至1999年9月全国正式出版的各省、市、县三级志书3402种,著录地方志纂修者33982人。除个别有代表性的名山大川志和县级部门志外,各种乡镇志、专业志等均未收录,西藏因修志工作起步较晚,新志成果暂缺,香港、澳门志书资料也暂缺。目录采取各省、市、自治区独立编码的方法,以1986年《中华人民共和国行政区划简册》区划一览表为序,各省志书首列省级志,再依市级志、县级志次序排列,同名志书分卷出版的按卷次或成书出版年代先后为序。各志均为独立条目,条目要素及编写方法依旧志提要体例而略有增益,著录其出版事项、纂修人情况、编章细目情况、体例特征、主要内容、修志过程、志书特色。附录为台湾严鼎忠所编《新编台湾方志目录(1945~2000)》和《新编大陆方志目录(1945~2000)》,其中每志为一条目,仅列著者、出版者及出版年份,未撰提要。书末有著者索引。

Zhongguo Dilixue Shi

《中国地理学史》 王庸著。1938年商务印书馆出版。14万字。设4章26节。书首有4图,分别是华夷图、禹迹图、王志远地理图、明绘本陕西镇战守图略之一页。原始地理图志及其流变章介绍《山海经》《禹贡》《九鼎》《山海经图》《职贡图》《苗猺风俗图》等内容,并附《穆天子传》。认为古人于此类图绘中,未能以正确比例表之于图,所能表示者,仅恃文字或符号而已,与近世地图抽象绘法,迥不相侔;认为《山海经》的原始状态是以图为主体,而文字不过是其"附庸"。这些阐述是研究中国图籍起源及演变的重要参考。地图史章介绍传疑之地图、舆图之掌管与造送,以及秦汉舆图、裴秀制图、贾耽陇右山南图与海内华夷图、宋代总舆图等图的内容与演变过程。地志史章介绍从汉隋时期的地志到唐宋的总地志,再到宋代方志定型的演变过程,叙述各个时期方志与风俗传、异物志与风土记、山川图记、水道图记、各州郡地记、外域传记、图经与图记、地理总图志等的编纂与存佚情况。近代地理学之进步章介绍近代的地图与测量、地球物理学、地文学、气候学、经济地理学、人文地理学与区域地理等内容。王庸(1900—1956),字以中。江苏无锡人。1928年清华学校国学研究所研究生毕业。历任上海暨南大学、中国公学讲师,北平图书馆编纂委员兼舆图部主任,浙江大学图书馆主任,云南大学、西南联合大学、南京大学教授。1954年调任北京图书馆研究员兼舆图组组长,兼任中国科学院地理研究所研究员。撰《明代北方边防图籍录》《海防图籍录》《中国地理图籍丛考》《中国地图史纲》,编制中国舆图分类表,研究《山海经》《水经注》的手稿颇多创见。

Zhongguo Fangzhi Congshu

"中国方志丛书" 旧志丛书。台湾成文出版社编辑。1966~1985年陆续出版。影印中国1949年以前编修的省通志、府州县志、乡镇志及地情书善本,共2279种。按民国时期省级行政区划分类,包含合江、察哈尔、兴安、松江、嫩江、西康、安东、辽北、热河、绥远等在中华人民共和国时期撤销的省份。其中浙江的志书数量有200余种,江苏、安徽、陕西的志书均在百种以上,台湾志书有4种,也收录日本人编的地志。选录志书注重版本价值,如影印的江苏旧志中有宋代的《景定建康志》、绍定《吴郡志》、元丰《吴郡图经续记》、咸淳《重修毗陵志》、至顺《镇江志》、嘉定《镇江志》,元代的至正《金陵新志》,明代的洪武《苏州府志》和《续吴郡志》《常州府志续集》等,原本均已失传。

Z

Zhongguo Fangzhi Jianshi

《中国方志简史》 彭静中著。1990年四川大学出版社出版。29.8万字。设8章29节。绪论列举有关方志起源和性质的多种学说,论述方志的种类和特征、地方志与地方史的特点。第二章认为夏代以前至春秋时期是方志的滥觞时期。第三章认为战国至南北朝时期是全国性区域志和地记出现的时期。第四章主要介绍隋唐时期官修志书制度的确立、全国性总志的纂修、地图的发展、城市志的创修、方志理论的萌芽。第五章记述《太平寰宇记》《元丰九域志》等地方总志,《吴郡图经续记》《吴郡志》等府州县志,《东京梦华录》《都城纪胜》等城市社会风俗志,以及方志理论的发展。第六章论述《大元大一统志》的创编、《大明一统志》的编纂、《至元嘉禾志》《嘉兴府志》等元明府州县志的编修,以及元明方志理论的发展状况。第七章论述清代一统志、府州县志的编修,方志理论的发展和方志学的形成,以及方志辑佚和方志目录学的成就。第八章论述民国时期方志的纂修,方志学、方志目录学和方志辑佚的发展情况。附录为旧方志文献辑存,收录大明永乐十年(1412)颁降修志凡例、顺治《河南通志凡例》、雍正内阁一统志馆行查事项、民国《修志事例概要》等10篇。彭静中,四川大学历史系教授,四川大学出版社副总编辑。

Zhongguo Fangzhi Tongjian

《中国方志通鉴》 中国地方志指导小组办公室编。主编秦其明,执行主编田嘉,总纂邱新立。2010年方志出版社出版。共326.6万字。内容分编年简史、专题研究、附录三大部分。编年简史收录全国、各省(市、自治区)具有全局意义的事件、重要方志成果和学术动态;省直部门、行业以及市、县的情况,除具有典型意义者外,一般不录。专题研究包括组织管理、方志编纂、方志理论、方志选介、开发利用、方志资料、方志人物七大类,共收条目约1980条。附录分为重要修志文献、编年简史(2003~2007)。全书内容上起先秦,下迄2002年底,个别条目适当下延。①组织管理。主要介绍新编地方志的组织管理工作,包括机构与队伍,修志会议,志书编纂与出版发行,评奖、展览与基础建设等方面的情况。②方志编纂。重点介绍新方志编纂所遵循的基本原则,以及在总体设计、资料工作、志稿编写、纂审定稿等方面的原则要求、做法、经验。③方志理论。分52个专题,以综述形式介绍新编地方志工作中重点关注的实践和理论问题。④方志选介。主要介绍历代编纂的县级以上行政区域综合性志书(包括总志),包括旧志和新志两部分。旧志96部、新志198部,其中总志10部。⑤开发利用。选取利用志书资源服务经济社会发展等方面的典型例子,分7类、249则。其中,关于资治辅政的48则,为地方经济建设服务的75则,促进社会主义精神文明建设的38则,推动有关项目申报工作的17则,推动研究工作的43则,推动港澳台地区文化交流的10则,推动对外文化交流的18则。各类事例前均冠以小序,略述选材之旨。⑥方志资料。分6类,收入目录索引类书刊182部、提要考略类书刊85部、辞书类11部、辑佚类10部、中华人民共和国成立前方志理论研究论著9部、方志刊物58部。⑦方志人物。选介方志发展史上有影响、有贡献的人物200人,按生年顺序排列。

Zhongguo Fangzhi Wushinian Shishi Lu

《中国方志五十年史事录》 方志修纂编年录。诸葛计著。2002年方志出版社出版。70万字。正文采用编年条目体,共设52个条目,记录断限为1949~2000年,基本以时间为序,每事一条,记于相关日期下。记述中华人民共和国成立后两次大规模修志工作,包括港、澳、台地区修志史事以及海峡两岸对方志理论的探讨与研究,重点记述这两次修志的经验和教训。该书对各种修志的会议和活动,视实际内容和客观效果为转移。书中选介的文章,重实不重名,对于小人物撰写的只在市、县级刊物发表,或只被摘登,但有可注意的内容者,亦做详介。对各地志书和理论专著的选介,无孰轻孰重之分。对20世纪50~70年代的志事、边疆少数民族或历史上未修过志书地区的志事、域外对中国志事和志书的反映、港澳台地区的志事,以及港澳台同胞及海外华侨、华人的修志热情、义举和对新志书的反响等,收录条件适当放宽。诸葛计(1939—),广西临桂人。1963年武汉大学历史系毕业。1988~2000年任中国地方志指导小组办公室主任、《中国地方志》杂志主编、编审。长期从事中国古代史和地方志研究。著有《南唐先主李昪年谱》《吴越史事编年》《闽国史事编年》等,发表史学和地方志论文近70篇。

Zhongguo Fangzhixue Gailun(1984)

《中国方志学概论》(1984) 薛虹著。黑龙江人民出版社出版。约17万字。设3章。概论的内容包括地方志的名称及其性质、渊源和发展、东北地区志书的发展、方志学理论、旧方志的政治作用。旧志整理章介绍旧志的科学价值、地方志的收藏和著录、旧志的整理等内容。地方志的编修章介绍编修地方志的目的和意义、指导思想和基本要求、体例、资料的收集和整理、地方志的编写等内容。卷末附东北地方志总目,著录东北地方志的名称、编修时间、存佚情况,包括存世和散佚的总志、通志、府志、县志、州志、乡土志、便览、概况、状况、地理书等502种,其中总志28种,辽宁方志207种,吉林方志164种,黑龙江方志103种。薛虹(1925—1993),吉林双阳人。1945年8月,吉林师范大学史地科肄业。1947年11月,长白师范学院史地系肄业。1948年8月,东北大学结业。1948年9月,在东北大学任教员，后历任东北师范大学讲师、副教授、教授，长期从事中国古代史尤其是明清史的教学与研究工作。发表史志论文多篇。吉林文史出版社于1995年出版《薛虹学术论集》，收录7类论文，共54篇、46万字。

Zhongguo Fangzhixue Gailun(1999)

《中国方志学概论》(1999) 杨军昌著。贵州人民出版社出版。34万字。设13章53节。第一章对方志的定义加以阐述，认为方志学学科体系包括方志基础学、方志资料学、方志编纂学、方志应用学、方志管理学、方志史学6个部分。第二章阐述方志的名称和种类、起源与发展、卷帙和收藏等情况。第三章认为方志体例包括旧志体例、新志体例、志书篇目拟定、志书篇幅和断限、文体文风等。第四章论述方志编纂的原则、程序及质量标准。第五章和第六章探讨志书各种体裁的编写、凡例的制定和图表的配置，以及各级志书的编写。第七章论述志书编纂所需资料的种类、搜集资料的基本途径、整理资料的一般步骤以及鉴别资料的方法。第九章阐述旧志整理需注意的问题，以及著录、原文复制、校勘、翻印、类编资料、辑录佚志、编纂方志目录、方志提要等主要内容。第十章论述旧志续修的特点和形式，新志续修的断限、续志的篇目设计及续志内容的记述重点。第十一章阐述方志评论的功能、内容、存在的问题及应注意的几个方面。杨军昌(1963—)，贵州石阡人。侗族。1986年贵州大学历史系毕业。历任《石阡县志》副主编、总编辑和贵州省地方志协会会员。编写《石阡县志》大事记、建置区划、自然地理、财政金融、民政劳动人事、司法、军事、教育、附录和《石阡县史大事记略》，参与编写石阡县财政志、城建志、交通志、林业志等，发表史志论文十余篇。

Zhongguo Fangzhixue Gangyao

《中国方志学纲要》 方志干部专业证书培训班教材。张革非主编。1992年西南师范大学出版社出版。42.7万字。设11章48节。导言概述方志学的对象与任务、方志种类、旧方志评述，及方志的收藏、整理和利用。方志史略章，认为方志与《周官》存在一定的渊源关系，《越绝书》《吴越春秋》是存世最早的方志；勾画出方志自汉魏隋唐，经宋元明清及民国时期，至中华人民共和国新方志的发展脉络。方志理论章，认为方志理论随方志的产生而产生；阐述汉魏隋唐、宋元明清、民国时期方志理论的发展演变，并对当代方志理论进行初步探讨。旧志体例章，论述《山海经》《禹贡》《越绝书》《华阳国志》等的体例，并举例分析秦汉至民国时期的方志体例。新志体例和篇目章，探讨新志体例的原则性、拟定篇目的重要性、篇目结构的整体性，并对序、凡例、概述、大事记、志、附录几方面进行分析。方志资料章，论述修志资料的形式、来源和鉴别方法。第七章、第八章主要论述半殖民地半封建社会的经济、政治、文化概况以及中华人民共和国成立后40年的发展状况在方志中的记载情况。方志图表章，论述图表在方志中的作用及制作方法。方志编纂方法的几个问题章，论述概述篇、大事记、专业志、人物志的编写方法及注意事项。张革非(1930—)，辽宁辽阳人。1948年东北临大新闻系肄业。主要从事高等教育工作。受中国地方志指导小组委托，协助培养修志干部，帮助一些地区修志。著有《中国近代史》(合著)，编有《清代农民战争史资料选编》(合编)，发表方志论文20余篇。

Zhongguo Fangzhixuejia Yanjiu

《中国方志学家研究》 黄德馨、傅登舟主编。1989年武汉出版社出版。22万字。选收有关方志学家研究文章37篇。开篇介绍方志学家的生平、履历、生活背景，进而通过介绍其方志或理论著作的内容、体例和学术价值，来阐述其史学观点。其中，晋代有常璩及其《华阳国志》，唐代有李吉甫及其《元和郡县图志》，金元之际有刘祁及其《归潜志》，宋代有马光祖、周应合及其《景定建康志》，明代有康海及其《武功县志》、冯梦龙、徐霞客，清代有顾炎武、顾祖禹、李绂、戴震、钱大昕、谢启昆、章学诚、洪亮吉等15人，民国时期有蒋藩、梁启超、吴宗慈、李泰棻等16人。①黄德馨(1931—)。湖北武汉人。1956年就读于中国人民大学中国共产党史系。历任武汉师院、湖北大学历史系教授，湖北省政府文史研究馆馆员。参加审订《湖北文征》工作。著有《楚国史话》。②傅登舟。湖北大学历史文化学院档案系副教授。发表方志论文数篇。

Zhongguo Fangzhixue Shi(1990)

《中国方志学史》(1990) 邸富生著。大连海运学院出版社出版。18.5万字。设10章42节。第一章认为方志的源头应从商代史官找起，西周、春秋时期是方志的萌芽时期。第二章论述郡书、地理书、都邑簿、图经等，以及《越绝书》《畿服经》等；认为该时期出现方志学理论的萌芽。第三章阐述隋唐图经的繁盛及编修情况，介绍《括地志》《古今郡国县道四夷述》等全国性总志，《蛮书》《两京新记》等地区性志书，并阐述方志理论的发展。第四章介绍宋代图经的盛行及向方志的过渡，论述《长安志》等定型方志及其编纂体例和记载内容，以及《太平寰宇记》《元丰九域志》等名志；认为方志学在宋代形成，重点论述周应合对方志学理论的卓越贡献。第五章介绍元代《大元大一统志》的创编，《九州志》《九域志》等全国性总志的编修，还记述《齐乘》《大德昌国州图志》等名志，阐述元代学者对方志理论的研究情况。第六章阐述明代方志兴盛的原因，明代方志的发展，志书种类的增多、体例的完备，以及明代学者对方志理论的研究情况。第七章记述清代《大清一统志》、省府州县志、乡土志、私修志书的纂修情况及体例，阐述清代学者修志、辑佚及对方志的利用情况。清代方志学的发展单设一章，阐述顾炎武、方苞、章学诚的方志学理论，乾嘉时期的修志派别与争论。第九章介绍民国年间4个阶段志书的编修情况。民国时期的方志学单设一章，介绍该时期出现的方志学论文、专著和方志理论的研究情况。邸富生(1941—)，河北保定人。1964年南开大学历史系毕业。1975年调入辽宁师范大学历史系，任副教授。致力于辽宁地方史、中国方志学、地名学研究。著有《辽宁古代史》，主编《辽南名胜古迹漫谈》《中国地名论文目录1900~1989》等，参编《方志学概论》，发表论文30余篇。

Zhongguo Fangzhixue Shi(1998)

《中国方志学史》(1998) 陈光贻著。福建人民出版社出版。17万字。分4个部分。第一部分方志学议论，下设6篇，讨论方志学理论问题，其中方志的定名、性质与起源篇认为方志性质近于史学，其起源说的一源论与二源论可以并立；历代疆域区划制度和方志种类篇将方志分为14类；方志纂撰体裁篇介绍纪传体、编年体、纪事本末体等10种体裁；其余篇论述方志的图表、地方史与地方志的区别、方志和志书体例的同异，并附《读薛子衡〈辑志私言〉书后》《论黎锦熙〈方志今议〉》二文。第二部分方志渊源与发展，将方志变革分为古方志、宋元方志、明清方志3个时期，分3篇对各个时期的演变情况进行考察，后附《读张国淦〈中国古方志考〉书后》一文。第三部分列代主要方志，介绍汉代至民国年间的72部重要方志，其中汉、晋时期2部，唐、宋、元时期17部，明朝24部，清朝26部，民国时期3部。第四部分列代著名方志学家，介绍两晋至清朝的52位方志名家，其中晋、南朝3人，唐朝2人，宋朝5人，明朝20人，清朝22人。书后有《怎样编地方志目录》《怎样整理地方志资料》《方志的版本、收藏与方志目录》《阅读方志应注意的问题》4篇附论。陈光贻(1920—)，浙江长兴人。1942年私立无锡国学专修学校毕业。1952年起，在上海图书馆从事古籍文献的整理阅览工作。任上海图书馆副研究馆员，兼湖州市志、长兴县志顾问。1979年在上海师范学院讲授方志学史。编著有《稀见地方志提要》《方志学讲义稿》等，发表论文数篇。

Zhongguo Fangzhixue Tonglun

《中国方志学通论》 傅振伦著。1935年上海商务印书馆出版。约10.5万字。设8篇19章。第一篇论述方志的意义、范围、名称、种类、性质、功用，确定方志性质为兼记历史、地理之书，认为志书载事周悉完备、其事亲切可信、志材平民化，较史书可取。第二篇论述方志的学术价值及其在学术上的位置。第三篇、第四篇、第五篇论述方志的起源、发展、派别、得失，并对清代方志学家章学诚的方志理论与实践进行总结和评价。第六篇、第七篇论述方志的收藏、整理。第八篇论述方志编纂的方法，包括志馆组织、经费筹措、图籍搜集、人员延聘、义例订立、工作分配、志材管理等。台湾商务印书馆于1966年再版。1988年，北京燕山出版社据1935年版《中国方志学通论》重印，作为北京社会函授大学教材。

Zhongguo Gu Fangzhi Kao

《中国古方志考》 张国淦编著。1962年中华书局出版。约76万字。原为《中国方志考》第一编。《中国方志考》书稿粗成于抗日战争前，体例略仿朱彝尊《经义考》。部分内容曾应顾颉刚之约，以《中国地方志考》为名，于1935~1936年在《禹贡》(半月刊)上发表。张氏于1958年重新整理秦汉至元代部分手稿，定名为《中国古方志考》。明清部分约300万字在“文化大革命”中散佚。《中国古方志考》收录秦汉至元代方志2171种。所录大半已散佚。首列总志，次分省排纂，每省前为通志类，后为府县志类，省县区划以1956年区划为准，府县志次序依《清史稿·地理志》排列，附郭县于府志后。每志独为一目，标目包括书名、卷数、朝代、版本，不传之书于标目下注一“佚”字。标目之后，列举作者时代、姓名、简历、序跋、篇目，另附编者按语等。据该书叙例载：“原书序跋及目录，于佚书，则有可考者皆录之；于现存之书，则择其有关内容及修志故实者节录之，而于著名方志则加详焉。”资料来源，凡元以前各种书目，悉行甄录；明以后书目，酌量采录。内容排列为正史艺文志，次为补正史艺文志，又次为历代公私书目。首条备录书名篇卷，余条只存有异者，相同者从略。书末附书名索引。

Zhongguo Guiyang Jingji Jishu Kaifaqu Zhi(1993~2008)

《中国·贵阳经济技术开发区志(1993~2008)》 主编王延刚、向洋，执行主编马良美。2011年方志出版社出版。65.2万字。设22章75节。书前有图3幅、照片154幅，随文配照片194幅。2000年前，记述范围以贵阳市小河镇区域为准；2000年后，成立小河行政区，记述范围为贵阳市小河行政区。上起1993年，开发区筹备工作溯至1992年；下至2008年，概述、大事记、机构领导名录、园区建设延至2010年3月国家级经济技术开发区十周年庆。重点突出经济技术开发，设区域规划、投资环境、基地与园区建设、园区功能、环境管理业等章。区域规划章详记规划的编制、管理、布局和公共服务设施。投资环境章记述资金筹措、基础设施和公用设施建设等硬环境建设，优惠政策、内部规章制度、人力资源储备等软环境建设，以及对投资环境的综合评价。基地与园区建设章重点记述〇一一、〇六一工业基地，南部工业园区建设，以及贵州劲嘉工业园、贵阳安大宇航材料工业园、贵航军转民高新技术产业园、小孟生态

驻区企业生产的履带式挖掘机

工业园的建设。园区功能章记述开发区与省会城市的协调发展，对周边地区和区内办事处经济发展的辐射、带动作用。劳动模范名录收录国家级、省级、市级劳动模范(先进工作者)44名。附录收录重要文件辑录、贵阳经济技术开发区(小河区)2009年国民经济和社会发展统计公报及索引。

Zhongguo Guizhou Maotaijiuchang Youxian Zeren Gongsi Zhi

《中国贵州茅台酒厂有限责任公司志》 主编刘和鸣，执行主编胡静诗。2011年方志出版社出版。132.8万字。设23章121节。书前有图3幅、照片81幅，随文照片近200幅。上起有史记载的茅台酒起源及茅台酒厂成立(1950年)；下至2008年，大事记、部分重要图片延至成书前。茅台酒的传承章，记述溯至商周时期的茅台镇酿酒史、酒名的由来，以及成义、荣和、恒兴3家茅台酒烧房在各个时期的发展状况，附茅台酒获巴拿马万国博览会金奖纪实。茅台酒厂的成立和发展章，分建厂、起步发展、曲折发展、转折发展、快速发展、高速发展6个阶段记述，附企业和产品获奖情况。酿酒工艺章，详记茅台酒的酿酒简史、工艺特点、原料及原料基地，制曲、制酒、贮存、勾兑等生产程序，常用生产术语，附世界三大蒸馏名酒(贵州茅台酒、法国科涅克白兰地、英国苏格兰威士忌)简介。人物部分主要记录对茅台酒有贡献的人物、公司领导班子名录、先进工作者、评酒委员等。附录收录前志(《茅台酒厂志》)序、史籍选录、考证文章、党和国家领导人与茅台酒、红军长征与茅台酒、中国外交与茅台酒、国内外名人与茅台酒、名人名家墨宝选录、重要文件选录等。

茅台镇

Zhongguo Jiulao Zhi

《中国救捞志》 交通运输部救助打捞局组织编写，《中国救捞志》编纂委员会编。2012年人民交通出版社出版。86万字。设机构与管理、救助、打捞、多种经营、装备与技术、职工、党群团体、改革开放、人物、专记10篇以及附录，下设25章77节。记述范围以交通运输部救捞局及所属单位为主，基本涵盖全国从事救助打捞行业工作的机构和有关事件。上溯世界最早的救助机构——镇江救生会，下至2011年8月。机构与管理篇设机构章，记述国家海上搜救机构、交通运输部救助打捞局的沿革及领导，还记述北海、东海、南海救助局及救助飞行队等国家专业救助机构，烟台、上海、广州打捞局等国家专业打捞机构和企业，以及其他救捞机构和企业；设管理章，记述救捞体制、方针、职责和责任海区，对救助、打捞与潜水的管理。救助篇记述对人命、环境和财产的救助，以及国家特殊救援和应急保障任务。打捞篇记述对沉船的打捞、应急抢险打捞。多种经营篇主要记述拖航运输、海洋石油工程与服务、水运建设工程及其他业务。装备与技术篇记述船舶、救助航空器、救捞专用装具与装备，码头及附属设施、救助飞行基地、工业基地、通信等基础设施，以及各种救捞科技的发展与应用。专记篇记述世界最早的救助机构——镇江救生会、2011年世界海上人命救助大会暨中国救捞创建60周年系列活动纪实，并将很多沉寂的事件还原，如“江亚”轮沉没、打捞与善后，震惊中外的“跃进”号遇难事件，“波罗的海克里夫”轮沉船事件，“阿波丸”沉船打捞，华威现象，“大舜”轮沉船打捞，中国航母第一舰——“瓦良格”的拖航历程，“5·7”空难民航失事飞机搜寻打捞，2006年南海国际大救援，“南海I号”古沉船整体打捞，救助直升机汶川特大地震救灾，救助直升机“ZOORIK”货轮大救援，救助直升机丹东紧急救援行动，大陆专业救助船出访台湾，等等。附录收录国际公约、双边协定、国内法规及其他规范性文件。

Zhongguo Kexueyuan GuoJia Kexue Tushuguan

中国科学院国家科学图书馆 总馆位于北京市海淀区中关村。2006年3月，由中国科学院所属的文献情报中心、资源环境科学信息中心、成都文献情报中心和武汉文献情报中心4个机构整合而成。馆藏古籍50余万册，其中方志7600部(含复本)73000余册。馆藏方志中，善本近1000种，稿本近100种。1976年编印《中国科学院图书馆馆藏地方志目录》，收录方志4200种，其中从国内各大图书馆及日本图书馆摄制的稀见方志缩微胶卷561种。

Zhongguo Qinhuangdao Jingji Jishu Kaifaqu Zhi(1984~2003)

《中国·秦皇岛经济技术开发区志(1984~2003)》 主编苗艺。2004年海天出版社出版。52万字。志首配图照30余幅，随文配图100余幅。正文前设政要及友人莅区纪略，与大事记并列，对省、部级以上的领导和外国、中国港澳台地区的客商到区的情况，以编年体的方式予以记载，并附记谷牧与秦皇岛开发区，作为典型事例。正文设区域设置、基础设施、招商引资、产业经济、机构·管理、法制·司法、社会事业7个一级目。将招商引资升格为一级目，突出其在开发区工作中的地位，下设招商机构、政策、项目、方式、服务、成果等类目。机构·管理下设秦皇岛开发区行政管理类目，记述机构设置、劳动人事管理、财政审计管理、物价管理、社会发展管理、建设发展管理、经济发展管理；设重大决策类目，记述改革行政与经济管理体制、改善投资环境、强化招商引资工作等方面的重大决策。不设人物一级目，采用以事系人的办法记述开发区先进个人胡英杰、市优秀人民公仆刘洪柱、河北省“五一劳动奖章”获得

秦皇岛开发区鸟瞰

者宋佳诚、河北省有突出贡献的中青年专家韩寅达、全国公安系统一级英模张晓东、河北省“十佳青年文明号”号长袁继隆、市“十佳法官”邢晓林等。不设农业一级目,将相关内容编撰为《农村暨农村城市化进程情况》,收入附录中。

Zhongguo Renmin Daxue Tushuguan

中国人民大学图书馆 位于北京市海淀区中关村大街。建于1950年。前身是建于1937年的陕北公学图书馆,以及华北联合大学图书馆、华北大学图书馆。有两座馆舍,总建筑面积5.6万平方米。该馆于1960年编印《地方志目录》,著录1959年12月底前收藏的地方志1821种,丛书内的方志未刊单行本者、外文(如日文)中国志书、河渠志、山川志、湖泊志、边防志、游记等未编入;1987年编印《中国人民大学图书馆地方志目录》,收录各类方志2400余种。2011年影印馆藏41种稀见地方志,编制“中国人民大学图书馆藏稀见方志丛刊”,其中稿本5种,分别为清同治《鄞县志》、光绪《唐栖志略稿》,民国年间的《牟平县志》《大田县志稿》《犍为县志》;《中国地方志联合目录》未收录的志书,有清《贵阳府乡土地理志》和民国《津门精华实录》《泰州征献录》等;名家批校本,如清康熙《新河县志》为傅振伦抄校本,有傅氏跋语;其他志书有明崇祯《泰州志》康熙五十八年(1719)增修本、康熙《镇江府志》、宣统《丹徒县志续志》抄本、嘉庆《海门厅志》清末抄本等。

Zhongguo Shehui Kexueyuan Tushuguan

中国社会科学院图书馆 中国最大的人文社会科学图书馆。位于北京市建国门内大街。前身是1957年成立的中国科学院哲学社会科学学部情报研究室,1963年改名为学术资料研究室。1977年,以学术资料研究室为基础组建中国社会科学院情报研究所。1985年,情报所与中国社会科学院图书资料中心筹备组合并组成文献情报中心,1992年改名为文献信息中心。1994年,组建中国社会科学院图书馆,与文献信息中心为一个机构、两块牌子。设有总馆1个、法学分馆1个、研究所馆16个。藏书590万册。其中,收藏历代旧志约2000种,包括十余种较为珍贵的明刻本、170余种清乾隆朝以前的刻本及少量抄本。明刻本中,隆庆年间刊印的《临江府志》和正德年间《常州府志续集》抄本,传世极少。另如崇祯年间刊印的《清江县志》、清康熙年间刊印的《济源县志》,亦属罕见。该馆还收集影印出版的方志文献,开辟专门的方志阅览室。该馆收藏的新编方志有32000余种35676册。

Zhongguo Shuiwen Zhi

《中国水文志》 水利部水文司编纂。1997年中国水利水电出版社出版。100万字。设11篇39章140节。志首有题词2幅、图片50幅。上起秦以前,下至1990年。全面记述了中国历史上特别是1949年后水文事业的发展历程。水文环境篇主要记述地势、地质、天气和气候等自然环境,人口与水土资源、改造与利用、城市化及影响、水土保持等社会环境。水文特征篇主要记述降水、蒸发、径流、洪水与干旱、河流泥沙及水质、水资源等内容。水文站网篇主要记述站网的规划、建设等内容。水文测验篇记述测验技术、仪器、调查、资料整编及水文数据库等内容,附水文年鉴卷册划分表、刊布水文资料一览表。水文水资源分析计算篇主要记述暴雨、洪水、降水量、径流量、蒸发量、泥沙、水质、水温、冰情、特定水体的分析计算,以及区域水文和水资源评价。水文科学研究篇记述水文科研事业的发展历程、水文实验研究、泥沙研究等。水文国际合作与交流篇记述国际政府间、国际非政府间的多边合作,政府间、非政府间的双边合作等内容。水文管理篇记述管理的体制、机构、工作方针和管理的措施等内容。水文人物篇主要记述中央、流域、地方及其他水文机构的领导干部,全国和部委、省(区、市)表彰的先进人物、集体,在水文作业中牺牲的人员,水利人物志中的水文人物。附录收录水文基本情况统计(8张表)、1980~1990年水文科技主要获奖成果、历代长度单位换算。大事记分古老文明时期(1840年以前)、外来影响时期(1841~1948年)、迅速发展时期(1949~1957年)、曲折前进时期(1958~1978年)、改革开放时期(1979~1990年)5个部分记述。1999年获第四届国家图书奖二等奖。

都江堰宝瓶口的水则及自记水位计

Zhongguo Wenhuayichan Yanjiuyuan Tushuguan

中国文化遗产研究院图书馆 位于北京市朝阳区北四环东路。中国文化遗产研究院前身为1935年成立的旧都文物整理委员会,1949年更名为北京文物整理委员会,1973年更名为文物保护科学技术研究所,1990年与文化部古文献研究室合并成立中国文物研究所,2007年改名为中国文化遗产研究院。收藏古籍2.3万部18万册,方志约占1/4。20世纪50年代初,郑振铎、王冶秋主持全国文物工作时,自北京各旧书店购得历代旧志5058部46438册。这批方志一直处于封存状态,90年代初,迁入中国文物研究所新楼后,始得整理入库。2006~2009年，该馆将所藏全部方志编目，编辑出版《中国文化遗产研究院藏地方志书目》，除山川、古迹、域外类志书未收，共收录方志4412部47600册。方志涉及区域包括33个省、自治区、直辖市、特别行政区；时代跨宋、元、明、清、民国；刊印年代，除“天一阁藏明代方志选刊”等1949年后影印方志丛书和部分新抄、铅印、油印本成书于20世纪五六十年代外，大部分为清晚期和民国印本，也有一些是明后期和清前期刻本，还有少量旧抄、稿本。

Zhongguo Xizang Ji Ganqingchuandian Zangqu Fangzhi Huibian

《中国西藏及甘青川滇藏区方志汇编》 张羽新主编。2003年学苑出版社出版。54册，9900余万字。收录志书200余种，包括西藏各厅州县和其他藏区的各种旧方志及利用清代、民国时期有关汉文史料编纂而成的新编志书。收录的旧志以清代和民国时期的行政区划为参考(不涉及现行行政区划问题)。以影印或排印本出版，排印本中除错字或印刷错误予以纠正外，其余一律保持原貌，为维护历史文献的原始性和真实性，对其中某些不尊重少数民族的词句等不做改动。收录的藏区方志中，稀有志书有明代的万历《西宁卫志》、宣德《宁夏志》、《西天馆译语》《西番译语》等，珍本有清顺治《甘肃通志》、乾隆《丽江府志》等，初次面世的稿本有明嘉靖《河州志》、民国《玉树县志稿》、民国《中甸县志稿》等十余种。部分志书经整理、增订，形成新的版本，如清代道光《拉萨厅志》、光绪《定瞻厅志略》等所增补的内容是原书数倍或十余倍。部分旧志原书后附有考证文章，如考证《卫藏通志》的作者为和宁，《西藏志》为乾隆初年萧腾麟撰《西藏见闻录》的传抄本等。收录的新编方志有《金川待志》《日喀则志稿》《阿里补志》《西藏江河山川汇考》《西藏及其他藏区寺庙志略》等十余种，弥补了各地区民国前无地方志的空白。

Zhongguo Xinbian Difangzhi Mulu

《中国新编地方志目录》 中国地方志指导小组办公室编。1999年方志出版社出版。该目录收录了出版时间在20世纪70年代末至1999年9月(北京至10月)的省(自治区、直辖市)、市(地区、自治州、盟)、县(县级市、自治县、旗、区)三级志书3612部。各种专业志、部门志、乡镇志等均未收录，港、澳、台地区资料暂缺，西藏自治区因修志工作起步晚，其成果也未统计在内。全书以各省、自治区、直辖市为单元，排列次序以1998年《中华人民共和国行政区划简册》为依据。每部志书收录项目包括书名、册数、编纂单位、主编、副主编、出版单位、标准(统一)书号、印数、字数、开本。收录新方志以出版书号为据，凡共用一个书号的，无论志书分为几册或内含多少分志、卷，均著录为一部。

Zhongguo Yancao Tongzhi

《中国烟草通志》 中国烟草通志编纂委员会编。2006年中华书局出版。5卷，200余万字。配彩色插图900余幅、表格400余个。记述上起明万历年间烟草传入中国之时；下至2000年，人物传记延至2004年。重点记述中华人民共和国成立后，尤其是20世纪80年代后的历史。志书按烟草生产、制作、流通、管理等行业内部发展规律设15篇。每篇又按发展沿革、产品、质量、管理等内容分为若干章节目。突出烟草事业发展的主线，突出第一篇烟叶和第三篇卷烟工业、第四篇商业的发展脉络，对与烟草事业发展相关的事项，如农业、烟草机械业、辅助材料业、烟草对外贸易和技术合作等，做适当记述。对社会上共同的事项，如党建、人事、精神文明建设等安排了较小的篇幅。注重挖掘明清时期，尤其是民国时期的史料，记述民国以前的事件采取详今明古原则，记述晾晒烟、烟丝、卷烟、烟税和文化等内容笔墨较多，约占总篇幅的1/5。注重搜集地县和基层企业及港、澳、台地区的烟草历史资料。注重对烟草文化史料的挖掘，设烟事文化专篇；在烟叶、鼻烟、市场营销、专卖管理、烟草控制等篇章中，也适当记述了相关的烟草文化典籍和烟草艺术创作的内容。不避讳烟草禁控，设置专篇，既有历史上禁戒史料的表述，又重点记述中华人民共和国成立后的控烟政策法规、烟草行业对待控烟的态度和为卷烟降焦减害所展开的工作。人物传记对过世人物作传，对在世人物作简介，对各地区烟草行业的主要领导人列表记述。该志还为民国时期对中国烟草有重大影响的外国人立传，是志书独特之处。

《中国烟草通志》书影

Zhongguo Youqitian Kaifa Zhi

《中国油气田开发志》 中国石油天然气集团公司、中国石油化工集团公司、中国海洋石油总公司、陕西延长石油集团公司共同组织编纂。2011年石油工业出版社有限公司出版。62卷75册，7600余万字。分油气田卷、油气区卷、全国综合卷3个层次。油气田卷层次记述全国775个油气田，按行政隶属区域，以各地区公司为油气区合订出版，共30卷；油气区卷层次以各地区公司所属油气区为单位进行编写，共31卷(含台湾卷)。该志涵盖全国从陆地到海洋、从浅层到深层的所有已开发的油气田，无论大小都立案记载。内容包含油气田地质、开发部署、油气藏工程、钻井工程、测井测试、采油工程、地面工程、开发管理和石油人物等多个方面。时间上，包括古代、近代、现代的各个历

1970年，兰州军区召开陕甘宁石油会战协作会议

史时期，对每个油气田的发现、开发和建设历程都详细记录。

Zhongning Gouqi Zhi

《中宁枸杞志》 苏忠深编著。1994年宁夏人民出版社出版。11万字。设11章。配中宁县枸杞园分布图、彩照8幅。药食用功能章记载枸杞子、枸杞叶、地骨皮在中医和临床上的药用功能，作为饮料、食品等的食用功能，列表记述枸杞果、叶的各种营养成分。植物性状章主要记述中宁枸杞的形态特征、生长习性、结果习性，及与温度、光照、水分、土壤等环境因素的关系。品种与分布章主要记述中宁枸杞的品种栽培情况，列表记述在中宁县的种植面积、产量和茨园分布概况及外地茨园扩种概况，还重点记述在长期栽培过程中形成的3种树型和3个果类，及性状稳定、分布较广、单产较高的8个品种。枸杞园建设和枸杞园管理章记述枸杞的有性繁殖、无性繁殖、园地耕作、施肥、灌水、整形修剪、病虫害防治、秋果生产管理等内容。采收章主要记述枸杞果的摘晒、分等包装等工序。枸杞市场章主要记述枸杞的销售情况。技术开发章主要记述中宁枸杞栽培技术的改进、化学成分及药理的研究、产品的深加工等内容，并详记生产枸杞制品的4个厂家。茨乡文化章主要记述枸杞上市期间在中宁上演的各种文艺活动及相关文艺创作。人物章详记对中宁枸杞事业有贡献的人物9人。大事年表收录自明宣德中至1991年底有关中宁枸杞的大事。

优良品种宁杞二号

Zhongwei Shequ Zhi

《中卫社区志》 主编刘豪兴、黄朝茂。2006年云南民族出版社出版。70.2万字。设10章47节129目411个条目。配图11幅、照片263幅、表100个、附录42个。上限上溯，因事而异；下限至2003年底；大事记、社会调查综录不受其限。该志记述中卫村近70年的变迁，揭示中卫从单一集体经济到个体、私营、民有、集体等多元经济并存共荣的发展历程，从贫困走向富裕、从家长式管理走向民主自治、从城乡分割走向城乡一体的深刻变革规律。建置区域章将中卫建置追溯至元代，记述了该地名的演变。经济章主要记述自元代屯军以来，中卫的生产关系、产业结构、经济体制结构的演变，以及该社区的农业、工业、建筑业、商业、贸易、金融、保险、交通运输等方面的情况。基础建设章主要记述在道路桥梁、供水排水、供电电信、旧村改造、环保绿化等方面的建设情况。政治章主要记述社区的中共组织、居民代表大会、群团组织、社会治安、民事调解、征兵等内容。科技、教育、文化、广播电视、文物古迹、卫生、体育合为一章记述。单设精神文明建设章，记述村规民约、表彰先进活动等内容。社会生活章除记述人口、计划生育、民政、人民生活外，还详记宗教、民俗和方言。特设社会调查综录章，用大量图表记述中卫的农业、商业、人民生活等方面的变化。人物章立传7人，简介104人，入表294人。

中卫社区全貌

Zhongweixian Zhi

《中卫县志》 主编郭生歧。1995年宁夏人民出版社出版。230万字。设28卷124章420节。志首有题词2幅、地图3幅、照片71幅。上起秦汉，下至1993年底。主要记述1949年后，宁夏中卫县人民营造防风固沙林，引水治沙，平沙造果林，建设农田林网，创造了人进沙退的业绩。特别记述沙坡头人工生态工程。建置卷县城乡镇章设场站聚落节，记述中卫山羊选育场、中卫固沙林场、县园艺场、县林场、县良种繁殖场、县林科所等6个聚落。资源卷记述土壤、植被等土地资源，红枣、枸杞、发菜、虎斑游蛇等动植物资源，铁、金、铜、煤、石膏等矿藏资源，黄河、高庙、新鼓楼、北山岩画、沙坡头等旅游资源。环境保护卷主要记述境内植被破坏、土壤退化、风沙侵蚀等环境变迁及防风治沙、水土保持的治理状况。水利卷设引黄灌溉章，记述美利渠、羚羊角渠、羚羊寿渠、羚羊夹渠的创建及灌溉历史，附支、斗渠一览表；设扬水灌溉章，主要记述南山台扬水站、同心扬水站等的兴建始末、骨干工程等；设蓄水提灌章，主要

中卫固沙林场场长在伦敦接受“联合国全球五百佳”环境奖

记述水库、截引潜流、打井等蓄水灌溉的方式及其水利工程建设。林业卷中，设林区布局节，记平原防护林区、南山台林果区、水土保持林区、防风固沙林区；设植树造林章，记固沙造林、中卫固沙林场等内容。养殖业卷特设中卫山羊章，记述名优特稀家畜良种中卫山羊的品种、分布、特征、选育及经济价值。人物收录明代至当代诸方面代表人物649人，其中立传略62人，作简录77人，入名表510人。1997年获全国地方志奖一等奖。

Zhongyang Minzu Daxue Tushuguan

中央民族大学图书馆 位于北京市海淀区中关村南大街。建于1951年。原称中央民族学院图书馆，1993年改此名。2003年3月建成新馆，建筑面积2.45万平方米。馆藏线装方志3200余种，其中有各地省、府、县志善本387种。边疆少数民族地区方志有内蒙古41种、宁夏9种、青海8种、新疆78种、广西58种、贵州66种、云南125种、西藏44种、台湾11种。馆藏方志抄稿本130余种，如康熙《峨县志》、康熙《德庆州志》、康熙《文昌县志》、康熙《颍州志》、《直隶河渠志》艺风堂精抄本、《莎车纪行》稿本、《滇猷纪程》稿本、《历代定城撮要》稿本、嘉庆二年(1797)《西藏赋》、道光抄本《新疆赋》、光绪抄本《江川县志》、《开化府志》、《新疆四道志》等，均为稀世珍本。1982年编辑《中央民族学院图书馆馆藏地方志目录》(油印本)，收录方志3115种，附录53种。

Zhongyingjie Zhi

《中英街志》 深圳市盐田区档案局(馆)、盐田区地方志办公室编。为《深圳市盐田区志》的组成部分，盐田区委、区政府在2002年制定《深圳市盐田区志》编纂规划时，决定将《中英街志》作为专志单独出版。2011年方志出版社出版。约15万字。设10章32节。配图照80幅。上起清光绪二十四年(1898)英国政府与清朝签署《展拓香港界址专条》，下至1997年7月1日香港回归；文前图片延至2005年；概述延至2004年；大事记上溯1662年，下延至1998年盐田区建区。

《中英街志》书影

中英街是深圳市盐田区沙头角和香港新界沙头角交界处的一条特殊街道，全长268米，街道两侧分别由深方、港方管治，有“特区中的特区”之称。该志以中英街的街区为核心，依次横排历史沿革、街区格局、商业贸易、旅游资源、民俗文化、民间往来、人口来源及姓氏、重要历史事件、历史人物等内容，按时间顺序或历史阶段纵述史实，记述了光绪年间沙头角民众与英国人操纵的“关厂”的斗争、东江纵队的抗日斗争、解放沙头角、20世纪60年代的沙头角事件、“九七庆回归”等重要历史事件。记述原港英政府管辖区的历史沿革、街区概况、社会设施及双方居民的交往生活。保存有诸如历史上盐田的渔业、盐业等历史资料，重要历史文献以专记、附录等形式保存。

Zhongxian Gong'an Zhi

《忠县公安志》 忠县公安局局志编纂委员会主编。2008年重庆出版集团重庆出版社出版。约62万字。设21章127节。配彩色照片70余幅、黑白照片20余幅。上起清光绪三十二年(1906)，下至2005年。记述忠县清末及民国时期警察机构及制度的变迁历史，并以大量篇幅记录1949年后，特别是改革开放之后忠县公安业务工作和队伍建设方面取得的成绩及经验教训，反映晚清、中华民国、中华人民共和国3个历史时期忠县公安状况。内容涉及机构沿革、国内安全保卫、刑事侦查、预审看守、治安管理、户政管理、出入境管理、交通管理、消防管理、森林保卫、武警部队、公安档案、信访、后勤等。其中人物记述革命烈士、因公殉职干警5人，简介历任县公安局领导及29名先进个人。艺文收录忠县公安局干警业余创作的散文、小说及书法、美术、摄影作品20余幅。

Zhou Jiannan

周建南(1963—2011) 河南舞阳县人。1985年从新疆大学地理系自然地理专业毕业后，在中共阜康市委党史办公室工作，2005年任主任。主编阜康历史上第一部县志《阜康县志》，参与地形航拍图测绘；自购设备，实地拍摄照片近千幅。该志于2000年出版，并获新疆维吾尔自治区新编地方志优秀成果奖三等奖。在2009年阜康市被定为昌吉全州二轮修志试点单位后，提出“专家引领—社会参与—众手修志”的工作思路和方法，在市党政各部门、企事业单位挑选兼职撰稿人，举办两次修志培训班。先后主持编修《中国共产党阜康市历史大事记》、《中共阜康市组织史大纲》、《阜康社会与经济演革发展史提纲》、《阜康年鉴》(4期)等，参与编写《中国共产党阜康市简史》等。

Zhouli

《周礼》 记载周王室官制和战国时代各国制度的书籍。汉代称《周官》，又称《周官经》。西汉末年，刘歆改称其为《周礼》。全书共分《天官冢宰》《地官司徒》《春官宗伯》《夏官司马》《秋官司寇》《冬官司空》6篇，每篇又分上下卷，合为12卷。《冬官司空》早佚，以战国时期的《考工记》篇补之。全书体例，每于六官篇之前，必先冠以“惟王建国，辨方正位，体国经野，设官分职，以为民极”数语(唯《考工记》篇无)，然后指明六官职责的不同性质，之后分述六官及其属官的官名、爵等、员数，再叙各自的职掌。书中的六官体制，基本反映了西周晚期官制的特点。该书首次出现“方志”及“四方之志”。东汉郑玄认为，《周官·外史》所言“四方之志”是指古诸侯列国史。清章学诚视方志渊源于

《周官·外史》所掌“四方之志”，提出“方志乃一方全史”的主张。北宋司马光认为：“《周官》有职方、土训、诵训之职，掌道四方九州之事物，以诏王知其利害，后世学者，为书以述地理，亦其遗法也。”黄苇认为：“在《周官·职方氏》的这类职掌中已露出后世方志之端倪，从而可以说是其渊源所在。《周官·诵训》所载与后世方志近同，从中可察知其间存在渊源关系。”也有学者持反对意见。谭其骧对章学诚史志不分的观点持不同意见，认为地方志和地方史同时存在，不能强求合并。仓修良认为《周官》一书为战国时代托古之作，内容不可尽信，方志起源于《周官》不能成立的观点。

Zhou Mi

周密(1232—1298) 字公谨，号草窗、苹洲，晚号四水潜夫、弁阳老人等。祖籍济南，南宋湖州吴兴(属浙江)人。宋末为临安府幕属、义乌县令。宋亡后，隐居杭州。曾在吴兴设书种、志雅两座藏书楼，藏书4.2万卷、金石1500余种。为宋末雅正派代表作家之一。撰有《武林旧事》《吴兴园林记》《南宋肆市记》等，另著有《草窗韵语》《浩然斋雅谈》《癸辛杂识》《湖山胜概》等，编有《绝妙好词》。《武林旧事》，元初成书。为周密在宋亡后追忆南宋都城临安旧事而作。对临安的宫殿、朝事、市坊、民俗、湖山、礼仪、商业、手工业、艺人、乐工及其他市民皆有述及。有6卷本和10卷本流传于世。

Zhou Yinghe

周应合(1213—1280) 字淳叟，自号溪园。南宋豫章武宁县(属江西)人。淳祐年间进士。历任江陵府教授、实录馆修撰、江南东路安抚使司等。景定二年(1261)，受马光祖聘请，主纂《景定建康志》。曾纂有《江陵志》，为图20幅，附之以辨，马光祖赞其“图辨表志，粲然有伦”。另著有《洪崖集》《溪园集》等。在《景定建康志》修志本末中，认为修志一要定凡例，确定志书的体例结构、编纂方法及门类设置；二要分事任，使各修志者各司其职；三要广搜访，尽可能全面地征集各种资料；四要详参订，审慎地辨析资料。强调志书“崇厚风俗、表章人才”的教化功能，与马光祖主张志书“有补于世”的观点颇为契合。

Zhu Changwen

朱长文(1041—1100) 字伯原，号乐圃。北宋平江府(江苏苏州)人。嘉祐四年(1059)进士。元祐年间，由苏轼推荐任苏州府学教授。后任太常博士、秘书省正字、枢密院编修等。纂有《吴郡图经续记》；著有《六经辨说》《墨池编》《修堂志》《乐圃余稿》等；编有《吴门总集》，汇集吴郡古今艺文。在《吴郡图经续记》序言里提出方志之学的概念：“方志之学，先儒所重。故朱赣风俗之条，顾野王舆地之记，贾耽十道之录，称于前史，盖圣贤不出户知天下，矧居是邦而可懵于古今哉。”指出志书价值为“用备咨阅，固可以质凝滞，根利病，资议论”，有资政作用。提出方志编纂原则：“凡图经已备者不录，肃所未知，则缺如也。”指出应续修的是“未有记述”的近事。关于志书编纂，崇尚广收博采、内容富实赅备。

Zhu Shijia

朱士嘉(1905—1989) 字蓉江。江苏无锡人。1930年在燕京大学师从顾颉刚研究地方志，先后发表《宋元方志考》《方志之名称与种类》《怎样编写新式县志》等文。1932年获硕士学位。先后任辅仁大学讲师、燕京大学图书馆中文编目部主任。曾主编《史学年报》等刊物。1939年应邀任美国国会图书馆东方部中文编目主任，编成《美国国会图书馆藏中国方志目录》等。获哥伦比亚大学博士学位。1950年回国，历任武汉大学历史系教授兼图书馆馆长，湖北省文史研究馆馆长，国务院古籍整理出版规划小组、中华书局古籍整理小组顾问，第一届中国地方志指导小组成员，第一、二届中国地方(史)志协会副会长、常务理事等职。编著有《中国地方志综录》《中国地方志备征目》《宋元方志传记索引》《中国旧志名家论选》《官书局书目汇编》《谈谈地方志中的几个问题》《顾炎武整理研究地方志的成就》等，指导编写《中国地方志联合目录》《中国地震资料年表》《中国天文史料汇编》等书，将古代、民国时期顾炎武、戴震、章学诚等15人的28篇方志论文编选标校为《方志学论丛》。文集有李泽主编的《朱士嘉方志文集》。他在批判继承旧方志理论的基础上，形成了关于方志源流、性质、编纂原则与方法、内容与体例、旧志整理与利用等系统的方志学理论。提倡推陈出新，界说方志定义；阐明原则，强调志书质量；重视基础，主张资料搜访宜广；建议设立地方志资料中心和地方志博物馆。在《怎样编写新式县志》一文中，提出修志应改革旧志体例，注意经济问题；材料宜真实、详备，不要为达官贵人树碑立传；文字要生动、浅显、朴实；要采用新的编纂技术和方法；志书纲目当因地制宜、因时制宜，门类应归属得体，力求体现方志的地方性、时代性和平民性。在《中国地方志浅说》一文中，提出方志具有区域性、连续性、广泛性、可靠性4个特征。《宋元方志传记索引》，1963年出版。根据33种宋元方志人物传记编辑而成，除人物门传记资料外，职官、选举、杂录、拾遗诸门内附人物传记者一并收录，共收录3949人。书前有引用方志书名简称表。索引编排顺序为姓名、别姓、别字、字、号、别号、引用方志简称、卷数、页数。书末附该书人名四角号码索引。

Zhu Siben

朱思本(1273—1333) 字本初，号贞一。元豫章(属江西)临川人。少年学道于龙虎山，师事张留孙。大德三年(1299)奉命至大都，协助张留孙处理教务。至大四年(1311)至延祐七年(1320)，多次奉召代祀嵩、衡等名山，考察地理，绘成《舆地图》。纂有《九域志》，著有《贞一斋诗文稿》等。①《九域志》。80卷。大德元年成书。该志取《元和郡县志》《太平寰宇记》《方舆胜览》等书中资料，参考异同，详加校检，分条析理，按《禹贡》所分九州加以记载而成。有元刻残本存世。②《舆地图》。2卷。至大四年始绘，验证滏阳、安陆石刻《禹迹图》，樵川《混一六合郡邑图》，参考《水经注》《通典》《元和郡县志》《元丰九域志》等著作，历时10年绘成。刻石于上清宫三华院。该图用计里画方法，先绘各地分图，再将分图合并为长宽各7尺的总图，精确度远胜前人。计里画方法经朱氏的提倡，成为元明两代绘制全国总图的主要方法。原图和图碑已佚，明代罗洪先据此图增补成《广舆图》2卷。

Zhu Weigan

朱维幹(1893—1991) 号铁苍，字柏青。福建莆田人。早年就学于北京高师学堂(北京师范大学前身)、香港大学。1923年后，在福建、上海、浙江、湖南、广西等地任教，曾兼任莆田《福建新报》主笔、《南方日报》总编辑等职。1957年后，为福建第一个专门研究本省历史的学术机构——福建地方史研究室的成员。纂有《莆田县简志》，著有《福建史稿》。《莆田县简志》为作者于三四十年代在莆田中学任教时撰写，先后在《南方日报》《闽中日报》上连载，后剪贴汇集成册，补充新资料。至定稿时，全书约40万字，共32章。1987年，作者将书稿转赠莆田县地方志办公室，经蔡金耀等人整理，于2005年出版。该志专设论方志体裁章，列举旧志有妄改前人成书、序例叠床累屋、次第散漫无统、援引不标出处、史料未可尽信、图谱极为笨拙、术语或掌故不加注解、志考之失、文字之病等弊病；对存世的弘治《兴化府志》、乾隆《莆田县志》，认为"评其价值，视为史料则可，而非科学的著作"。

Zhu Wenyao

朱文尧(1921—2010) 湖北咸宁人。早年在四川重庆、成都任教。1949年后，在长江日报社、汉口中山公园等处任职。1980年调入武汉地方志编纂委员会工作。1981年起，历任《武汉市通志》编纂委员会办公室副主任、武汉地方志编纂委员会办公室副主任，中国地方志协会副秘书长、副会长。1989年，促成华夏地方志研究所建立，任所长。方志论文主要有《回顾与展望》《地方志到底是种什么书？》《新志续修从何着手》等。主编《方志续修今议》，内部印刷。在志书编修上，认为编修市志首先是继承方志传统，城市学与城市建设、城市管理关系密切，可供参考。新编方志既不能"泥古不化"，也不能"食新不化"，"在继承基础上，勇于创新，才是正道"。认为志书的整体性就是一部志书的总体与各个门类的相互关系，提出统一体例、突破"部门所有制的局限性"、处理好门类特征与总体性的关系、修志人员加强志书整体性意识等增强志书整体性的办法。在资料征集上，认为编修方志关键在于资料，提出纵不断线，横不缺项，后被引申为"纵不断主线，横不缺要项"的编纂原则。在方志功用上，将古今方志功能概括为"资治、教化、备查"，与董一博交换意见以后，将"备查"改为"存史"。

Zhu Xizu

朱希祖(1879—1944) 字逖先。浙江海盐人。清光绪三十二年(1906)留学日本早稻田大学。宣统元年(1909)归国。先后任北京大学、清华大学教授，中山大学文史研究所主任兼文学院史学系教授，在中山大学开设方志学课。任广东通志馆纂修，撰有《新修广东通志略例及总说》《新修广东通志总目说明》，纂《广东通志》中明广东东林党列传1卷及广东复社名人志。后任国史馆筹备委员会总干事。发起成立中国史学会。代表作有《中国史学通论》。在《新河县志》序等修志文章中，认为如无历史、地理"二者之备"，志事将无成。主张志书体例可以阮元《广东通志》为典范，其制定的《广东通志总目》分为纪、表、略、传四体。强调志书记载应统合古今，对于民国初期有志书断于宣统末而不及民国的现象提出异议，认为记事应"肇自远古，迄于当今"，且近代出现的新事物，往往"胚胎于清季"，"斯皆断代之所不便述"。

Zhu Yizun

朱彝尊(1629—1709) 字锡鬯，号竹垞，晚称小长芦钓鱼师，又号金风亭长。清浙江秀水(嘉兴)人。康熙十三年(1674)，作《鸳鸯湖棹歌》百首，描写嘉兴风土人情，被后人称为有韵之方志。十八年，举博学鸿词科，授翰林院检讨，入直南书房。为浙派诗、浙西词派的开创者，与王士禛并称"南朱北王"，与陈维崧、纳兰性德并称清初三大词人。纂有《日下旧闻》《经义考》，补纂《石柱记》，著有《曝书亭集》，编选《明诗综》《词综》，参与纂修《明史》等。《日下旧闻》，"日下"一词出自唐代王勃"望长安于日下"，意为帝都、京都。该志为北京都邑志。康熙二十五年始撰，二十七年成书刊刻。为朱氏从1600余种古籍中选录有关北京的资料，经实地考察编纂而成。42卷。分星土、世纪、形胜、宫室、城市、郊坰、京畿、侨治、边障、户版、风俗、物产、杂缀13门。各卷后有朱昆田补遗。乾隆三十九年(1774)，乾隆帝命廷臣增补重修，于敏中、英廉任总裁，窦光鼐、朱筠任总纂，乾隆五十年至五十二年刻版成书，名《钦定日下旧闻考》。160卷。沿用前志篇目，新增国朝宫室、京城总记、皇城、国朝苑囿等门类，官署从原城市门中独立出来。该志增辑前志刊后京城的新情况，详记城内的宫殿、三海、景山，城外的圆明园、清漪园、静宜园、畅春园、西花园、泉宗庙等，并对前志的疏漏错讹进行考证。1985年，北京古籍出版社根据清内府刻本出版排印本。

Zhuming Tushuguan Cang Xijian Fangzhi Congkan

"著名图书馆藏稀见方志丛刊" 国家图书馆出版社策划。2005年启动。收录原则是收藏单位在四家(含四家)以内的,编纂出版时间在1949年以前的省、府、州、厅、县志的刻本、稿本、抄本,包括价值较高的乡土志(收藏情况可以《中国地方志联合目录》为据);凡已收入1949年以后编辑出版的方志丛书(如"天一阁藏明代方志选刊"正续编、"宋元方志丛刊"、"日本藏中国罕见地方志丛刊"正续编、"中国地方志集成"、"中国方志丛刊")的方志,不再考虑收入。至2012年,已出版丛刊的图书馆有华东师范大学图书馆、陕西省图书馆、福建师范大学图书馆、北京师范大学图书馆、复旦大学图书馆、广东省立中山图书馆、河北大学图书馆、浙江图书馆、上海图书馆、中国人民大学图书馆、首都图书馆、辽宁省图书馆、保定市图书馆、南京图书馆、故宫博物院图书馆等,共影印方志938种。①"河北大学图书馆藏稀见方志丛刊"。河北大学图书馆编。2011年国家图书馆出版社出版。20册。收录馆藏20种方志,包括清康熙《宝坻县志》、雍正《高邮州志》及《民国淮阴志征访稿》等,其中10种为孤本。②"保定市图书馆藏稀见方志丛刊"。保定市图书馆编。2012年国家图书馆出版社出版。收录方志6种,分别为清同治《续修河间县志》、民国《直隶通志初稿水道篇》《河北通志·县沿革表》《清苑县第三区志》《儋县志初集》《密云县志》。

zhuanji

专记 即专题记述。对正文未能充分记述的一些重要问题,采用纪事本末体的叙事方法,以专题调查或报告的形式因事命篇。是对志书大事记、专志的补充。在旧志中,常以"略""纪略""纪要""述要"等为名。首轮、二轮新编志书中也有部分志书设有专记。选材对象为重大事件、重大活动、经济变革、地方特色事物等。2007年印发的《中国地方志指导小组关于二轮地方志书编纂的若干意见》中指出:"慎用'特载'、'专记'等形式,必须运用时应处理好与正文的关系。"《地方志书质量规定》中指出:"专记设置因事制宜,选题严格,数量适度。"

zhuan

传 方志体裁之一。即人物传,记载当地有较大贡献和影响的已故人物的生平事迹。东汉初年始出现耆旧传、先贤传、英烈传等人物传。后借鉴《史记》《汉书》等纪传体史书中人物传的写法,到宋代,传成为方志的主要体裁之一。人物传以条目作为记述的基本单元,记载人物生平和主要事迹,同时以人系事,弥补志体记事的不足。人物传可分为大传、中传、小传、合传、类传、附传等。合传是两个或两个以上人物合写一传;类传又称汇传或丛传,是将同一类人物写在一个传中;附传是在一主要人物的传文后,附带介绍相关人物的简要情况。旧方志人物传多分为宦绩、忠义、孝友、儒林、文苑、隐逸、仙释等类。新方志人物传,有的按历史时期、朝代、人物的是非功过、职业部门等分类;有的不分类,直接按生年或卒年先后排列。人物立传以对社会的贡献和影响为标准,不单纯以官职地位为标准。立传人物以原籍为主,非本地出生但长期定居本地并有重要业绩或重大影响者也可立传。在世人物不立传。人物传释文要素一般包括姓名、别名、生卒年月日、籍贯、民族、宗教信仰、党派、家庭出身、职业、学历、职称、主要学习、工作经历,主要历史功过和奖惩等。女性人物要写明性别。

Zhuang Weiji

庄为玑(1909—1991) 字文山,笔名沃若。福建泉州人。1933年从厦门大学文学院史学系毕业后留校任教。1935年在《厦门大学学报》发表《方志研究刍议》,论述旧志通病,提出"革新旧志,方志入史"。后在《论近代的方志学》一文中,介绍清代与民国时期方志学的概况及其发展趋势。1944年重新校订乾隆《晋江县志》。1948年编纂完成《晋江新志》,朱士嘉称之为"解放后第一部私人编写的县志"。该志后两次修订。曾在厦门大学历史系讲授新方志学。1980年在《光明日报》发表《建议编修地方志》。曾任厦门、泉州等市地方志编纂委员会顾问。所藏2000余册图书分别捐赠给厦门大学图书馆和泉州市档案局。著有《泉州地方志论集》《古刺桐港》《福建历史地理》等,曾参与泉州湾后渚港宋代远洋货船的挖掘工作。《泉州地方志论集》,1982年泉州市泉州历史研究会出版。分泉州方志学史、泉州方志理论、泉州方志资料、泉州方志专论4卷。其中,卷1论述泉州方志的起源,明泉州府七县(即清代泉、永二州)方志收藏、版本、编修、义例等,泉州存世部分旧志,以及《晋江新志》的设想与实践;卷2为《泉州市志》编写的建议与方案,附中国古代、近代方志学理论及现代方志学方案。

Ziboshi Zhi

《淄博市志》 主编赵加洋、荣炳华。1995年中华书局出版。392.3万字。设68篇395章1243节。志首配地图3幅、彩照13幅。上起清道光二十年(1840),个别内容适当上溯;下至1985年。15篇工业分志占全志总篇数的22%,陶瓷、琉璃、丝绸各单设一篇,并在卷首彩照中加以突出展示。淄博矿务局、山东铝厂、齐鲁石化公司各单设一章,与其他专业章并列,突出三家单位在当地经济社会中的重要地位。煤炭、冶金、石油、化学、医药、建材、陶瓷、丝绸等篇作为重点,加大篇幅,展示淄博以原材料工业、传统工业和新兴石油化学工业为支柱的工业特色。中国共产党淄博地方组织篇、群众团体篇采用纵述历史、横陈现状的前史后志格局,重点记述山东最早建党和开展工人运动的史迹。总述宏观记述淄博的组群式城市,记述齐文化的发源地。建置、城乡建设篇详记5个城区的形式、发展、布局和基础设施。公路交通、铁路交通、邮电等篇注意展示城市特殊格局。文物名胜篇

《淄博市志》书影

重墨记述齐文化遗址、古墓、文物藏品。人物篇中有对姜太公、齐桓公、管仲、鲍叔牙、齐威王、孙膑等22位齐国人物的记述。附录收录有关齐文化的重要考证和论文,1986~1993年国务院、山东省人民政府有关淄博市的重要文件,中共淄博市委、淄博市人民政府的重大决策,1993年国民经济和社会发展统计公报,等等。1997年获全国地方志奖一等奖。曾获山东省社会科学优秀成果奖二等奖。

Ziyun Miaozu-Buyizu Zizhixian Zhi

《紫云苗族布依族自治县志》 主编陈善坤。1991年贵州人民出版社出版。92万字。设18篇84章274节。志首有紫云自治县政区图、地势图、地质图各1幅,彩照58幅、黑白照片19幅。上限不等,下限至1985年。1958年12月至1961年8月,撤销紫云县建置,故志书缺少该期间的记述。自然地理篇主要记述境内的煤、铁、汞、大理石、方解石、黏土等矿产,岩溶、侵蚀—剥蚀等地貌类型,各种动植物资源等;对溶洞、天坑、竖井等岩溶地貌吸引国内外洞穴考察队多次前往勘测的史实也有记载。民族篇主要记述境内的苗、布依、瑶、仡佬等世居民族的源流与族称、习俗、语言文字、社会经济等内容,尤其对苗族、布依族的婚姻、丧葬、节日、风俗记载地较详。军事篇设兵事章,重点记述清咸丰、同治年间,境内苗族、布依族农民起义军联合抗击清军,1935年中国工农红军长征过紫云,1950年解放军剿匪平乱的史实。卫生篇设防疫章,对境内流行病、地方病的具体情况进行统计,并在章末附死因回顾调查,对1973~1975年死亡人口、原因及恶性肿瘤死亡情况做调查分析。设方言篇,对境内汉语方言的归类、差异作详细记述,特别是词汇章,收录特色方言词240多个,并注音、释义。书中收录较多谚语、歇后语,地方特色浓郁。人物立传略28人,用名录形式记述本县革命烈士61人、外籍革命烈士33人。1992年获贵州省第二次哲学社会科学优秀科研成果奖三等奖,1993年获全国新编地方志优秀成果奖一等奖。

《紫云苗族布依族自治县志》书影

Zigongshi Zhi

《自贡市志》 总纂叶俊忠、罗恬楚。1997年方志出版社出版。分合订本和上、下册2种。230万字。设42篇179章632节。志首设总述,篇前设无题概述。有照片近100幅。记述范围以1990年行政区域为准,勾画清道光二十年(1840)至1990年城市发展脉络,以中华人民共和国成立后情况为记述重点。突出老工业城市特点,系统记述工业、商业、城市建设、改革等方面。以盐业历史为主线,突显自贡因盐设镇、置县、设市,被誉为“千年盐都”的特色。总述贯穿一条主线,即盐业的发展、盐业对自贡经济社会发展的作用和影响。单独设盐业篇,分企业、盐工、开采、制盐、储运、购销6章,反映盐业的钻井、生产、运务、销售等情况。在其他相关篇章中,注重反映盐业的作用和影响,全志70%的篇章有与“盐”相关的记述,如财政篇的盐税节、科学技术篇的盐业科技成果节等;附录收录的资料80%以上与盐业有关。地方人文方面的相关内容占志书容量的20%以上,文化、文物两篇重点记述自贡灯会、盐业遗存、恐龙化石等;宗教、风俗、方言三篇反映当地风土人情,其中文物篇设盐史文物节,记述馆藏的岩口簿、盐业契约账册、井盐生产工具等遗存。人物篇设人物传,收录人物117个,包括赵熙、宋育仁、刘光第、吴玉章、卢德铭、邓萍、江竹筠等历史名人,集体人物方面,记述四大盐业世家(颜桂馨堂、王三畏堂、李四友堂、胡慎怡堂)情况。设经济体制改革篇,记述农村、城市、商业改革及综合经济改革,体现记述时限内改革开放的特点。1999年获四川省哲学社会科学优秀科研成果奖三等奖。

清道光十五年(1835)用“卓筒井”技术钻凿的燊海井(深1001.42米)是世界第一口超千米深井

Zoupingxian zhi(jiuzhi)

邹平县志(旧志) 邹平有志始于元代。据明嘉靖县志记载,其中洪武二年(1369)张椿修学宫、嘉靖九年(1530)叶林浚白条沟等历史事件,均称引自旧志,由此可知嘉靖年间元志仍存。后元志佚,修志始末无考。嘉靖十二年,叶林修县志。清顺治、康熙、嘉庆、道光年间各修县志1部,其中康熙、顺治二志篇目基本相同。民国时期续修县志2部,存1部。

《邹平县志》[顺治] 徐政修,马骕纂,顾炎武参订。顺治十七年(1660)刻本。8卷。约12万字。卷首有疆域、城池、大峪山、会仙山、醴泉寺、浒山泺、伏生墓、长白先生祠、黄山等图9幅。正文设32目。篇目简明,考注精审。山川、古迹目,考索史籍,核定真伪,纠误较多。户口、田赋二目附官府详文。职官目不避讳忌,内列大顺政权县令王世传,较他书有意缺载者,尤存其真。为存世最早的邹平县志。国家图书馆藏孤本。

《邹平县志》[康熙] 程素期修,程之芳等纂。康熙三十五年(1696)刻本。

8卷。约20万字。卷前有志序3篇、县图20幅。正文分方域、建置、赋役、官师、选举、人物、艺文、杂志八志，内辖76目。方域志记沿革、疆界、坊乡；建置志记街市、仓局、兵防、铺舍、桥梁；赋役志记地亩、马政、盐法；杂志记风俗，多为前志所不备；艺文志增辑续补，其中详文目载有一宗康熙时期本地官府的公牍文告，内涉垦荒、屯粮、漕政、征收、水利、牙行、借贷等多项内容，为他书少见。中国科学院国家科学图书馆、故宫博物院图书馆、北京大学图书馆、山东大学图书馆等有藏。

邹平县邑境全图（康熙《邹平县志》）

《邹平县志》［道光］ 罗宗瀛修，成瓘纂。道光十六年(1836)刻本。取顺治志为蓝本续修，将嘉庆志至道光十六年间的资料及考证错讹者汇为稿本，取法嘉庆志编纂成书。18卷，首1卷。约40万字。卷首录有方域沿革图5幅。正文分总纪、方域考、赋役考、建置考、山水考、古迹考、封建表、职官表、选举表、贻封表、袭爵表、宦迹考、人物考、艺文考、杂志15门，内设34目。篇目名称较简洁；地图仅列方域、沿革，无城垣公署的建置；总纪主要记述该县大事；伏生祠列入古迹考中坟墓目；人物考收录人物全列有传略，篇幅约占全志的1/4。山东省图书馆、山东大学图书馆等有藏。另有1917年增补本、1931年铅印本。

《邹平县志》［民国］ 栾钟尧、赵咸庆修，赵仁山等纂。1914年刊印。18卷，首1卷。约50万字。卷首有方域沿革图及县图13幅。正文设15门，内辖28目，篇目与道光志基本相同。于建置考中新增自治、教育、实业、警察4目，以记载清末民初以来诸项新政。总纪记述清末农民起义较详，对农民起义军称“贼”“匪”，仍持旧观念。山东省图书馆、山东省档案馆、山东大学图书馆等有藏。

Zunyidiqu Zhi

《遵义地区志》 总编何柱承、谢尊修、何世芳、刘作会。1989~2006年，分别由贵州人民出版社、方志出版社、香港天马出版社出版。33卷，1400余万字。共47部，其中自然类2部、政治类9部、经济类20部、文化类10部、社会类3部、其他类3部（概况、大事记、总目提要）。上限不限，下限原则上定为分志成稿前一年。卷首由总序、各分志内容提要、附录组成。名产志收录遵义地区名优产品323种，包括轻工业产品、机电矿产化工产品、农林牧水产品、地方风味食品等。名胜志收录景点160处，包括名山、秀水名泉、溶洞、园林、古木、自然保护区等。民族志记录境内仡佬族、苗族、土家族、布依族、彝族、侗族、回族、满族等少数民族的历史和现状。人物志收录人物708人，其中军政界351人、经济界45人、科技界49人、医药界33人、教育界115人、文艺界80人、社会名人35人。军事志设战事章，记述明清至民国时期的七大战事（平播之战、奢崇明攻陷遵义城、太平军在遵义、咸同号军起义、反洋教起义、陈德宣“神兵”活动、桐梓系军阀内讧）；设红军长征过遵义章，分进军遵义、遵义会议、四渡赤水等节，浓墨重彩评述红军长征在遵义的军事斗争和政治活动。文化志对遵义的石文化、铜鼓文化、沙滩文化、花灯文化做专门记述，对尹珍、郑珍、黎庶昌等文化名士做简介。文学艺术志对遵义境内文艺创作情况特别是“黔北作家群”做记载。工业志记述“三线建设”时期，军工企业和重工企业内迁遵义，使遵义工业得到快速发展的历程。在轻工业篇中，将酿酒工业列为第一章，重点记述茅台酒、董酒、习酒、鸭溪窖酒等名优酒生产。名产、商业、供销、粮食、物资、工商行政管理等志于1993年获全国新编地方志优秀成果

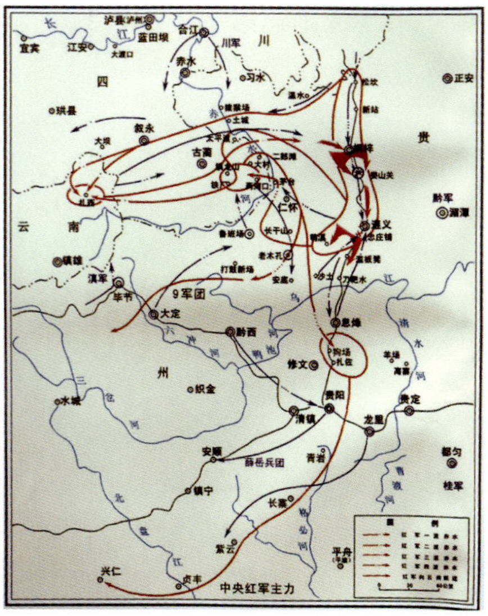

中央红军四渡赤水要图（1935年1月7日~4月2日）

奖二等奖；概况、大事记于1997年获贵州省地方志奖二等奖。

Zunyifu Zhi[Daoguang]

《遵义府志》［道光］ 平翰等修，郑珍、莫友芝纂。清道光二十一年(1841)刻本。48卷，首1卷。80余万字。郑、莫并称“西南巨儒”。郑珍(1806—1864)，字子尹，贵州遵义人，纂有《荔波县志稿》；莫友芝(1810—1871)，字子偲，贵州独山人，精于金石学、版本目录学、声韵学、史志学的研究考证。卷首有征引书目、目录。正文分33目。记述下限至道光二十年。建置、疆域、水道考诸篇，博取载籍，于旧说不按者，一一纠其所失。金石门著录自三代迄明吉金、贞石之文，并注存佚；农桑门详载农宜、农事、农具、农候，又分述遵义、正安两地蚕业状况；木政、坑治二门分记采木课矿，可考当时力役赋税的繁重；学校门记载详尽；户口门记载自汉代至清代数目；赋税门据册籍甄载。志书被梁启

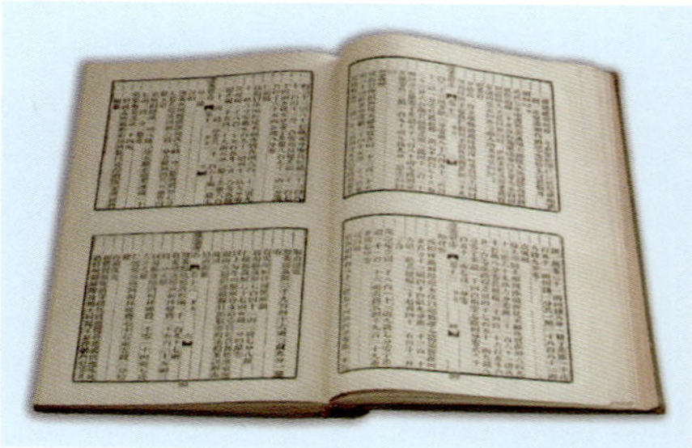

道光《遵义府志》（“中国方志丛书”本）书影

超誉为“天下府志第一”。国家图书馆、贵州省图书馆、首都图书馆、中国科学院国家科学图书馆等有藏。国家图书馆、中共中央党校图书馆、上海图书馆、安徽省图书馆等藏光绪十八年(1892)补刻本。故宫博物院图书馆、南京图书馆、湖北省图书馆等藏1937年刘千俊补刻本。

Zunyishi Zhi

《遵义市志》 总编傅伦俊。1998年中华书局出版。3册,354万字。设25篇148章513节。有图片285幅、统计表格323个。上起南宋淳熙三年(1176),下至1989年,入传人物延至1994年。特设遵义会议及红军活动篇,并在文物篇设遵义会议文物章,详记1935年1月在遵义召开的中共中央政治局扩大会议,反映中国工农红军长征途中在遵义建立政权机构、武装组织及群众团体的革命活动,以及后人对遵义会议的研究成果、革命文物等资料。工业篇设国防工业章,反映20世纪60年代以后“大三线建设”时期遵义航天工业的发展情况。在政权、军事、人物等篇中,对自唐至明代统治遵义境地数百年的播州杨氏土司情况有所记述。设沙滩文化专章,记载清乾隆后期至清末民初100多年间遵义市沙滩文化的形成过程、作品选录及取得的研究成果。人物立传171人,其中军政界52人、文艺界41人、教育界39人、科技界8人、医药界15人、工商界13人、宗教界3人。卷末附录设1990~1996年大事记、文告、传说、史实查记、修志始末、索引、后记等。2000年获贵州省第四次哲学社会科学优秀成果奖二等奖。

《遵义市志》书影

Zuo Jian

左 建(1924—1994) 原名李培昌。1941年投身党的地下学生运动工作。1943年高中毕业后,参加“青年救国会”。1944~1949年,先后担任天津地下党支部书记、学委委员、科学院党委书记等职。1949年后,任天津史学会理事长,《历史教学》主编,天津社会科学院历史研究所所长,天津社会科学院副院长、党组成员等。1981年被推选为中国地方史志协会首届理事会常务理事兼副秘书长。1985年,在中国地方志协会第二届理事会上,被推选为常务理事兼秘书长。次年起,主持协会日常工作,协会工作的运转以天津为中心。其间,兼任天津市地方志编修委员会副主任和顾问。在其主持工作期间,协会除继续参与制定《新编地方志工作暂行规定》、编辑出版《中国地方史志通讯》(后更名为《中国地方志》)、编辑《中国地方史志论丛》和《中国地方志联合目录》、组织推动旧志整理工作、举办地方志研究班和理论研讨学术年会等工作外,还定期召开会长、秘书长会议;举行多次学术年会,进行地方志理论学术研究;举办省、市、县志编纂工作研讨会和志稿评议会,推动方志编纂工作;主持出版《中国地方志协会十年》;指导省、市地方志协会的工作,召开全国省、市地方志协会工作会议,加强各级地方志协会的自身建设;举办全国地方志论文评奖。主持编辑出版《中国方志研究》(第一辑)、《中国地方志协会1993年学术年会优秀论文集》、《城市志论文集》等方志理论书籍。

Zuo Kaiyi

左开一(1922—2006) 湖南湘阴人。1949年前,曾在南京中央通讯社、长沙中央日报社任职。1949年后,任湖南日报社主任、省哲学社会科学研究所图书资料室主任。1979年后,任湖南省地方志编纂委员会委员、副秘书长兼办公室主任,《湖南省志》副总纂,中国地方志协会常务理事、副秘书长,湖南省地方志学会副会长。主审《湖南省志》的财政志、商业志、工商行政管理志等分志,组织和主编《湖南年鉴(1985)》。在全国一些省市做方志学术讲演和交流,发表有关新闻和方志论文多篇。认为资料是修志的基础,把资料工作概括为“六要”,即搜集要广、发掘要深、整理要细、真伪要辨、精粗要分、使用要慎。认为志书是否反映规律,是新旧志体的区分点之一;反映规律是新志功用的重要体现,志书大体有借鉴、咨询、教材、科研、存史作用;反映规律是坚持正确指导思想的要求。认为志书指导思想包含用什么正确的理论政策观点指导编修新方志和将修志的目的与意义贯串于编纂过程中,同时也不应忽视专业知识的指导作用;体例是志书的格式(样式)、方式,包括体裁、结构、简繁、纵横、断限、详略、文体等。认为简繁要适当,详略要得体。

大事年表

说　明

1. 内容始于周，截至 2013 年 12 月。
2. 收录方志史上的大事要事，一事一条。
3. 为反映方志形态的发展变化，收录部分代表性著述。
4. 收录 1949 年后中国地方志指导小组组长人事变动。
5. 收录重要修志文献。
6. 同一年（月）发生的事件，除第一个事条写明年（月）外，其他事条可注明“是年”（“是月”）。

周 （前 1046 ～前 256）	·《周礼·春官宗伯》载：“小史掌邦国之志，外史掌四方之志，诵训掌道方志以诏观事。”《周礼·职方》载：“职方氏掌天下之图。” ·诸侯国分别编纂记事典籍，有鲁《春秋》、晋《乘》、楚《梼杌》、郑《志》等。
秦 （前 221 ～前 206）	·编《秦地图》。
汉 （前 206 ～ 220）	·武帝时，郡国地志与计书同上太史。 ·成帝时，丞相张禹委托朱赣采访各地风土人情，整理地记、地志，编成《地理书》。 ·辛氏撰《三秦记》。 ·光武帝诏令南阳，撰作风俗、郡国之书，沛、鲁、三辅、庐江等地纷起，一时形成风气，《京兆耆旧传》《南阳风俗传》成书。 ·袁康、吴平编纂《越绝书》，载人物、地理、都邑。（一说非东汉人所作，著之者非一人，成之者非一世） ·王逸《广陵郡图经》约在东汉安帝、顺帝之时成书，是今见于文献记载之最早者（见《文选·芜城赋注》）。
三国（220 ～ 280）	·吴国顾启期撰写《娄地记》。
西晋泰始元年至建兴四年（265 ～ 316）	·挚虞依《禹贡》《周官》作《畿服经》。
东晋永和年间 （345 ～ 356）	·常璩撰《华阳国志》。
南朝宋元嘉十四年 （437）	·阚骃撰《十三州志》。
南朝齐（479 ～ 502）	·陆澄聚一百六十家地记，编为《地理书》。
南朝梁（502 ～ 557）	·任昉采择增补陆澄《地理书》所需的 84 部地记，与陆澄《地理书》汇为一编，编成《地记》。
太平二年至陈太建十三年（557 ～ 581）	·顾野王作《舆地志》。
东魏约武定五年 （547）	·杨衒之撰《洛阳伽蓝记》。
北魏（386 ～ 534）	·郦道元著《水经注》。
隋大业年间 （605 ～ 618）	·炀帝普诏天下诸郡，条其风俗、物产、地图，上于尚书台，遂有《隋诸郡物产土俗记》《隋区宇图志》《隋诸州图经集》成书。
唐贞观年间 （627 ～ 649）	·李泰修，萧德言等纂《括地志》。
武周（690 ～ 704） ［一说开元年间 （713 ～ 741）］	·纂修《沙州都督府图经》。
乾元年间 （758 ～ 760）	·纂修《西州图经》。
建中元年（780）	·德宗诏令：“诸州图每三年一送职方，今改至五年一造送，如州县有创造，及山河改移，即不在五年之限。”
元和八年（813）	·李吉甫《元和郡县图志》成书。

五代后唐天成三年(928)	· 明宗敕命:"诸道州府,每于闰年合送图经、地图,今后权罢。"长兴三年(932)恢复。
北宋初	· 承袭五代闰年进呈图经之制,令天下每闰年造图纳仪鸾司。
开宝四年(971)	· 太祖命令知制诰卢多逊出使江南,征求当地图经,以备修书。
太平兴国八年(983)	· 太宗诏征天下图经。
雍熙末至端拱初[一说咸平年间(998 ~ 1003)]	· 乐史撰《太平寰宇记》。
淳化四年(993)	· 太宗诏令诸州图经二闰一送中央。
咸平四年(1001)	· 真宗颁令诸州图经十年一送。闰年图经改由兵部职方掌管,修纂有定期,掌管有专人。
熙宁九年(1076)	·《长安志》成书。
元丰三年(1080)	·《元丰九域志》成书。
元丰七年(1084)	· 朱长文撰成《吴郡图经续记》,提出"方志之学,先儒所重"。
大观元年(1107)	· 朝廷创置九域图志局,命所在州郡编纂图经,上呈志局。
政和年间(1111 ~ 1117)	·《舆地广记》成书。
南宋绍兴九年(1139)	· 董弅修《严州图经》。
乾道五年(1169)	· 乾道《临安志》成书,与淳祐《临安志》、咸淳《临安志》一同被后世称为"临安三志",为方志定型代表作。
嘉定七年(1214)	·《剡录》成书。
宝庆三年(1227)	·《舆地纪胜》成书。
绍定二年(1229)	·《吴郡志》成书。
宝祐五年(1257)	·《澉水志》成书。
景定二年(1261)	·《景定建康志》成书。
元至元二十三年(1286)	· 集贤大学士扎马拉鼎上书朝廷:"方今尺地之民,尽入版籍,宜为书以明一统。"
至元三十一年	· 完成《大一统志》初修稿。
大德年间(1297 ~ 1307)	· 孛兰肹、岳铉等人重修《大一统志》,成书定名《大元大一统志》。
至正三年至五年(1343 ~ 1345)	· 朝廷编修宋、辽、金三史,下诏全国各地上报资料,包括地方志书。
	· 至正《金陵新志》成书。
明洪武年间(1368 ~ 1398)	· 太祖先后诏令编修《大明志书》;诏令天下各府州县编修图志;诏令纂修《大明清类天文分野书》;命翰林儒臣以天下道里之数类编《寰宇通衢》。
永乐十年(1412)	· 颁降《修志凡例》。
永乐十六年	· 颁降《纂修志书凡例》。
景泰五年(1454)	· 代宗诏令编修天下郡县志书。
景泰六年	· 代宗诏令纂修地理总志。
景泰七年	·《寰宇通志》成书。
天顺五年(1461)	·《大明一统志》成书。
嘉靖三年(1524)	· 世宗诏修郡国志书进呈史局。
清康熙十一年(1672)	· 保和殿大学士卫周祚奏请各省宜修通志,总发翰林院,汇为《大清一统志》,康熙帝颁令各省遵行。
康熙二十五年	· 诏令编纂《大清一统志》,乾隆八年(1743)成书,342 卷。
雍正七年(1729)	· 颁布诏令,规定各省府州县志 60 年一修。
乾隆二十九年(1764)	· 诏令续修《大清一统志》,四十九年成书,500 卷。
乾隆三十六年	·《汾州府志》刊印,戴震在《汾州府志例言》中系统阐述其修志思想。
乾隆三十八年	· 诏令汇编《四库全书》。地方志书归入史部地理类。
	· 章学诚与戴震在宁绍台兵备道道署论修志:地理沿革和方志文献孰轻孰重。
乾隆年间(1736 ~ 1795)	· 章学诚作《州县请立志科议》《方志立三书议》等文。
嘉庆六年(1801)	· 谢启昆修、胡虔纂《广西通志》刊刻。后人誉此志为"各省志书之冠"。
嘉庆十一年	· 洪亮吉纂《泾县志》刊刻。
嘉庆十六年	· 方略馆奏请补修乾隆《大清一统志》,道光二十二年(1842),《嘉庆重修一统志》成书,562 卷。
嘉庆十九年	· 李兆洛纂《凤台县志》刊刻。
道光二年(1822)	· 阮元主持修纂的《广东通志》成书。
同治六年(1867)	· 朝廷为续修一统志,谕令各直省督抚臣,广征所属郡邑新旧志书,增修省志,贡之于朝,以备采择。此次续修并未完成。
光绪八年(1882)	· 诏令行省修辑通志。
光绪十年	· 开会典馆,谕旨征集天下志书。
光绪十五年	· 编纂会典,谕令各地修志。
光绪三十一年	· 京师编书局监督黄绍箕撰《乡土志例目》,同年获准颁行全国。
宣统三年(1911)	· 内务部通饬各省县续修志书。
1913 年	· 缪荃孙编成《清学部图书馆方志目》。
1914 年	· 北洋政府教育部咨令各地编纂乡土志。
1916 年	· 教育部咨文征集新旧志书。
	· 内务部会同教育部通饬续修各省县志。
1917 年	· 美国国会图书馆中国政府代表江亢

虎致函奉天省，为该馆征集中国志书。
· 山西省公署下达编修方志训令，颁布郭象升撰写的《山西各县志书凡例》，通令全省修志。
· 林传甲发起编撰大中华各省地理志。

1919 年 · 北洋政府内政部通饬各省指令各县续修县志。

1922 年 · 浙江吴兴刘承干将章学诚文稿刻成《章氏遗书》行世。

1924 年 ·《东方杂志》第 21 卷第 18 期发表梁启超《清代学者整理旧学之总成绩——方志学》一文，文中首次提出“方志学”这一名词。同年，其著作《中国近三百年学术史》成书，专有一节论述方志学有关问题。

1925 年 · 余绍宋《龙游县志》刊印，梁启超作序阐明方志理论。

1928 年 · 国民政府行政院遵照国民政府第十一次国务会议决议，训令各省县一律修志。

1929 年 · 内政部呈奉行政院转奉国民政府令准颁行《修志事例概要》。

1931 年 · 故宫博物院图书馆编《故宫方志目》铅印成书。

1932 年 ·《史学年报》第 1 卷第 4 期发表朱士嘉《中国地方志统计表》一文，首次对全国方志馆藏进行统计。

1933 年 · 谭其骧编《国立北平图书馆方志目录》成书。

1934 年 · 张树棻等辑，朱士嘉校订的《章实斋方志论文集》印行。
·《东方杂志》第 31 卷第 1 期发表瞿宣颖《志例丛话》。

1935 年 · 张国淦《中国地方志考》在《禹贡》（半月刊）上发表，连载至 1936 年。

1935 年 · 朱士嘉《中国地方志综录》、傅振伦《中国方志学通论》、李泰棻《方志学》出版。
·《东洋文库地方志目录：支那、满洲、台湾》出版。

1936 年 · 王葆心《方志学发微》成书。

1937 年 · 黄炎培主纂民国《川沙县志》成书。

1938 年 · 甘鹏云《方志商》刊行。

1940 年 · 黎锦熙《方志今议》出版。

1941 年 · 7 月，中共中央政治局会议通过了毛泽东起草的《中共中央关于调查研究的决定》，8 月 1 日正式公布。决定中提出“收集县志、府志、省志、家谱，加以研究”。
· 寿鹏飞《方志通义》刊印。

1944 年 · 国民政府内政部颁布《地方志书纂修办法》。

1946 年 · 国民政府内政部颁布《各省市县文献委员会组织规程》，重新颁布《地方志书纂修办法》。

1950 年 · 台湾开始出版《台湾省通志稿》，至 1965 年出齐。

1952 年 · 7 月，台湾省文献委员会举办台湾文献展览。

1956 年 · 6 月，在第一届全国人民代表大会第三次会议上，山东代表王祝晨做题为“建议早早动手编辑地方志”的发言。
· 是年，国务院科学规划委员会把编纂地方志列为 1956 ~ 1967 年哲学社会科学发展规划重点项目之一。
· 是年，湖北省方志纂修委员会成立。

1957 年 · 3 月，《人民日报》发表顾颉刚、李培基、叶恭绰等在全国政协二届三次会议上做的题为“继续编纂地方志”的联合发言。

1958 年 · 1 月，朱士嘉《中国地方志综录（增订本）》出版。
· 3 月，毛泽东在成都市举行的中共中央工作会议上提出全国各地要编修地方志。
· 6 月，国务院科学规划委员会地方志小组成立；10 月，制定并印发《关于新修方志的几点意见》。裴丽生任组长。
· 8 月，周恩来指示，要系统地整理地方志，把地方志中的经济建设、科学技术资料整理出来，做到古为今用。
· 是年，湖南省志编纂委员会、《北京志》编写领导小组成立。

1959 年 · 6 月，国家档案局召开全国档案资料工作先进经验交流会议，周恩来接见到会代表时，指示国家档案局：“对新旧地方志，你们都要把它收集起来。”
· 是年，中国科学院和国家档案局联合成立中国地方志小组。
· 是年，青海省志编纂委员会、《甘肃新志》编纂委员会成立，安徽省哲学社会科学所历史研究室承担编写安徽省志的任务，陕西省档案局、文化局等牵头着手新方志编纂工作。

1960 年
- 4 月，国家档案局发出《关于调查各地编修县志的通知》。
- 是年，河北省志编纂筹备委员会、四川省志编辑委员会成立。

1961 年
- 3 月，中国科学院地方志小组和国家档案局制定《新修方志提纲草案》。
- 是年，上海古籍书店开始影印出版“天一阁藏明代方志选刊”。

1962 年
- 8 月，中华书局出版张国淦《中国古方志考》。
- 9 月，中共中国科学院哲学社会科学学部党组向中共中央宣传部报送《关于地方志小组问题的请示报告》，建议地方志小组由科学院领导改为由国家档案局直接领导。10 月 30 日，中共中央宣传部批复同意。

1963 年
- 7 月，中国科学院哲学社会科学学部、国家档案局联合向中共中央宣传部报送《关于编写地方志工作的几点意见》的请示报告。8 月 16 日，中共中央宣传部向各中央局宣传部和全国各省、市、自治区党委宣传部转发。

1966 年
- 台湾成文出版有限公司开始出版“中国方志丛书”，至 1985 年，共出版 2279 种。

1968 年
- 8 月，台湾当局公布《地方志纂修办法》，规定“志书纂修，省志二十年一修，市及县志十年纂修一次”。
- 是年，台湾华文书局开始印制《中国省志汇编》。

1971 年
- 台湾“中国地方文献学会”等单位发起举办“中国地方文献展览”。

1978 年
- 6 月，《情况和建议》第 52 期发表朱士嘉《整理研究地方志刍议》一文。
- 10 月，《历史研究》第 5 期发表傅振伦《方志——史料的宝库》一文。

1979 年
- 5 月，山西省临汾县委组织部组织员李百玉以《县志应当续订重修》为题写信给中共中央宣传部。7 月 9 日，胡耀邦在李百玉的信上批示：“大力支持在全国开展修志工作。”
- 8 月，湖南省志编纂委员会恢复工作。(1983 年改名为湖南省地方志编纂委员会)

1980 年
- 2 月，中共中央、国务院以〔1980〕16 号文件批转国家档案局《关于全国档案工作会议的报告》，提出“号召编史修志，为历史研究服务”。
- 3 月，《人民日报》发表罗威《重视地方志的研究》一文。
- 4 月，中国史学会代表大会在北京召开。胡乔木提出用“四新”编修新方志。福建省与会代表、时任福建师范大学党委书记的张立提出《关于成立中国地方史志研究会的倡议书》。
- 10 月，中国地方史研究会筹备会在天津召开。11 月，《光明日报》报道中国地方史研究会筹备会情况及“9 条建议”的消息。
- 是年，山西省地方志编纂委员会、上海市史志研究会筹备组、《贵州省志》编写筹备组、湖北省地方志编纂委员会成立。

1981 年
- 1 月，《中国地方史志通讯》在北京创刊，内部发行。1982 年改版为《中国地方史志》，公开发行。1983 年改为《中国地方志通讯》，恢复内部发行。1986 年更名为《中国地方志》，公开发行。
- 7 月，中国地方史志协会成立大会暨首届地方史志学术讨论会在山西省太原市召开。
- 9 月，广西通志馆恢复工作。
- 是年，上海市史志研究会及云南、河南、山东、四川、河北、安徽六省地方(史)志编纂(审)委员会成立。
- 是年，杭州大学历史系开设方志学课程，河北大学历史系本科开设方志学讲座。

1982 年
- 3 月，国务院召开“古籍整理出版规划会议”，将方志整理纳入古籍整理规划。
- 5 月，中国地方史志协会在武汉召开中国地方志整理、编纂工作座谈会。
- 地方史和地方志被列为《中华人民共和国国民经济和社会发展第六个五年计划》重点研究的主要课题之一。
- 7 月，曾三给中共中央书记处胡启立写信，建议中央指定专人负责地方志小组工作，并由中国社会科学院负责承办。
- 8 月，《人民日报》发表董一博《要重视编修新地方志》一文。

·是年，黑龙江省志编审委员会、内蒙古自治区地方志编纂委员会、辽宁省地方志编纂委员会筹备组、兵团党史资料征集领导小组成立。

·中国地方史志协会分片举办了4期地方志培训班。

1983年

·1月，中国社会科学院向中共中央书记处书记邓力群报送并转中共中央书记处《关于恢复地方志小组工作的请示报告》，邓力群圈阅同意。

·3月，中国社会科学院向劳动人事部提出《关于中国地方志指导小组申请十名编制的报告》，劳动人事部以劳人编〔1983〕37号文件批复同意。

·4月，中国地方志指导小组恢复成立，曾三任组长，并在北京召开成立后的第一次会议。

·中国地方志规划会议在河南省洛阳市召开。

·台湾第三次修正发布《地方志书纂修办法》。

·9月24日，中国社会科学院党组向中共中央宣传部报送《关于地方志工作情况和意见的报告》，27日，中共中央宣传部以〔1983〕43号文件批转该报告，要求各省、自治区、直辖市党委宣传部，中央宣传系统各单位党委、党组"会同有关部门研究落实，做好地方志的编写出版工作"。

·12月，中国地方志指导小组召开第三次会议。

·是年，新疆维吾尔自治区、贵州省、吉林省、江西省地方志编纂委员会成立。

1984年

·3月，中国地方志指导小组在天津召开旧志整理工作会议。

·6月，中国地方史志协会和《中国地方志通讯》编辑部在北京召开新编五部县志学术讨论会。

·7月30日，董一博给胡耀邦写信汇报全国地方志工作的情况和存在的问题。8月20日，胡耀邦批示请胡乔木阅，批转社会科学院领导办理。8月24日，梅益与梁寒冰等专门研究贯彻落实胡耀邦批示问题。

·9月，全国民族自治地区地方志工作会议在新疆维吾尔自治区乌鲁木齐市召开。

·中国地方志指导小组召开两次扩大会议。

·10月，中共中国社会科学院党组向中共中央宣传部及胡耀邦、胡乔木报送《关于加强全国地方志编纂工作的报告》。11月，中共中央宣传部以中宣发函〔1984〕228号文件批复同意。

·是年，兵团志编审委员会及福建省、甘肃省、辽宁省、天津市、广东省地方（史）志编纂委员会成立，浙江省地方志编纂室成立。

·复旦大学历史系招收首届历史文献学（方志学）硕士研究生。

1985年

·1月，宁夏回族自治区地方志编审委员会成立。

·中国科学院北京天文台主编的《中国地方志联合目录》由中华书局出版。

·3月，中国社会科学院党组书记梅益给胡乔木、邓力群写信，建议以国务院名义批转中国社会科学院上报的《关于加强全国地方志编纂工作领导的报告》，保留报告中的"中国地方志指导小组应成为一个独立机构，由国务院委托中国社会科学院代管"一句。胡乔木和邓力群分别圈阅和批示"同意"。

·4月，国务院办公厅印发《国务院办公厅转发中国社会科学院关于加强全国地方志编纂工作领导报告的通知》（国办发〔1985〕33号）。

·中国地方志指导小组第五次会议在北京市召开。

·5月，中国地方志指导小组在陕西省西安市召开全国地方志规划会议。

·7月，中国地方志指导小组以〔1985〕1号文件颁发《新编地方志工作暂行规定》。

·12月，海关总署向全国海关转发中国海关学会《关于加强海关史志研究编写工作的几点意见》。

·美国芝加哥大学教授亚历托所撰《中国方志与西方史的比较》在《汉学研究》第3卷第2期（总号第6期）第1册发表。

1986 年

· 1 月，中国地方志指导小组城市志指导组成立。

· 4 月，"地方志编纂工作"写入《楚雄彝族自治州自治条例》第 5 章第 64 条。

· 6 月，中国地方志指导小组民族志指导组成立。

· 9 月，中国地方志指导小组第六次会议在北京市召开。

· 10 月，全国首次省级地方志刊物主编座谈会在四川省乐山市举行。

· 11 月，黄苇主编的《中国地方志词典》出版。

· 12 月，全国地方志第一次工作会议在北京市举行。

· 是年，北京市地方志筹备小组、重庆市地方志办公室及江苏省、青海省、广西壮族自治区地方志编纂委员会成立。

1987 年

· 1 月，民族志工作座谈会在广西壮族自治区南宁市举行。

· 2 月 28 日，《人民日报》第 1 版发表评论员文章《编史修志不要刮风》。6 月 11 日，《人民日报》重新全文发表曾三在全国地方志第一次工作会议上所做题为《为编纂社会主义时代新方志而开拓前进》的讲话以正视听。

· 9 月，全国哲学社会科学规划会议《哲学社会科学八年(1978 ~ 1985)发展规划的初步设想》将"地方特殊问题、地方历史的研究与地方志的编纂"列为 25 个重大项目之一。

· 北京市社会科学院主办的北京社会函授大学创办中国方志学系。

· 中国地方志指导小组第七次(扩大)会议在北京市召开。

· 12 月，中国社会科学院、中国地方志指导小组联合向中央职称改革领导小组建议，要求"在修志机构专职从事编修地方志的业务干部的职务聘任上，采用《出版专业人员职务试行条例》中的有关编辑职务条款"。1988 年 1 月，中央职称改革领导小组批复同意。

· 是年，上海市地方志编纂委员会成立。

1988 年

· 3 月，中国地方志指导小组第八次会议在北京市召开。

· 中国地方志指导小组就浙江省出版总社要求成立地方志出版社的报告一事，致函国家新闻出版署，请求予以同意。

· 7 月，武警总部成立编史办公室，为正师级单位，隶属武警总部政治部。

· 9 月，河北大学历史系统招方志学专业专科班开学，学制 2 年。共 3 届。

· 11 月，中国社会科学院向中宣部递交《关于新编地方志公开出版的报告》(〔88〕社科研字 33 号)。1989 年 1 月，中宣部批复同意(中宣发函〔89〕013 号)。

· 是年，江河志水利志收藏中心、北京市地方志编纂委员会成立。

1989 年

· 8 月，华夏地方志研究所成立。1990 年 1 月被批准成为中国地方志协会团体会员。1998 年 3 月结束工作。

· 是年，海南省地方志编纂委员会成立。

1990 年

· 4 月，北京图书馆地方志和家谱文献中心成立。

· 10 月，国家科委办公厅印发《国家科委关于积极支持编写地方科技志工作的通知》(〔1990〕国科办字 226 号)。

1992 年

· 3 月 16 日，国务院批复中国社会科学院《关于加强全国地方志工作领导的报告》指出，"目前重建或充实地方志指导小组、调整其代管单位的条件尚不成熟"，"中国地方志指导小组的成员及管理体制暂维持现状"，"待条件成熟时再议"。

· 6 月，全国首届市县志工作联席会议在四川省成都市召开。

· 7 月，中国地方志指导小组第九次会议在北京市召开。

1993 年

· 3 月，中国地方志指导小组与中国革命博物馆联合举办全国新编地方志成果展览会。

· 中国社会科学院向新闻出版署递交《关于申请成立中国方志出版社的报告》(〔1993〕社科研究字 13 号)。1994 年 11 月 29 日，新闻出版署发文(新出图〔1994〕987 号)同意成立方志出版社，由中国地方志指导小组主办，中国社会科学院主管。1995 年 3 月 6 日，中国社会科学院任命郦家驹为方志出版社社长，李祖德为方志出版社总编辑兼副社长，10日，中国地方志指导小组办公室发出《关于成立〈方志出版社〉的通告》。

· 4月，中国地方志指导小组印发《开展全国新编地方志优秀成果评奖办法的通知》及《全国新编地方志优秀成果首次评奖办法》。

· 9月，中国地方志指导小组办公室在北京市举办全国新编地方志优秀成果评奖活动。

· 12月，北京图书馆方志阅览室正式对外开放，同时举行中国地方志展览开幕式。

1994年

· 1月，《中华学府志》编委会会议在北京举行。

· 7月，全国地方志工作座谈会在山东省泰安市召开。

· 10月，全国地方年鉴工作座谈会在浙江省萧山市召开。

· 是年，北京图书馆地方志和家谱文献中心编成新方志人物传记资料索引数据库。

1995年

· 7月，经国务院同意，中国地方志指导小组调整，李铁映任组长。

· 8月，中国地方志指导小组二届一次会议在北京市召开。

· 9月，荷兰莱顿大学举办“中国地方志的利用”讲座班。

· 中国地方志指导小组主办、吉林省地方志编纂委员会承办的全国方志、地方志年鉴及有关历史图书博览会在吉林省长春市地质学院地质宫举办。

· 10月，第一次全国邮电文史工作会议在北京市召开，制定《“九五”邮电文史工作规划》和邮电、史志、文物工作的3个规范性文件。

· 12月，中国地方志指导小组二届二次会议在北京市召开。

· 国家各部委修志工作座谈会在北京市举行。

1996年

· 4月，金恩辉、胡述兆联合主编的《中国地方志总目提要》由台湾汉美图书有限公司印行。

· 5月，全国地方志第二次工作会议在北京市召开。

· 11月，中华人民共和国国务院办公厅印发《国务院办公厅关于进一步加强地方志编纂工作的通知》（国办发〔1996〕47号）。

· 苏州大学举办的首届地方志专业硕士研究生班开学，学制2年。

· 全国方志理论高级研讨会暨地方志工作经验交流会在广西壮族自治区南宁市召开。

· 12月，中国气象局印发《中国气象局关于进一步加强气象史志编纂工作的通知》（中气办发〔1996〕45号）。

· 是年，陕西省地方志编纂委员会、西藏自治区地方志编纂委员会成立。

1997年

· 3月，武警部队总部成立史志丛书编审委员会。

· 5月，中国地方志指导小组二届三次会议在北京市召开。

· 6月，中央军委决定成立全军军事志指导小组。

· 7月，国家水利部发出《关于进一步加强江河水利志编纂工作的通知》（水办〔1997〕277号）。

· 8月，中国地方志指导小组二届四次会议在北京市召开。

· 全国第二次志书评奖活动颁奖大会在浙江省宁波市举办。

· 9月，全国铁路史志会议在甘肃省兰州市召开。

1998年

· 1月，中国地方志指导小组二届五次会议在北京市召开。

· 2月，中国地方志指导小组颁发《关于地方志编纂工作的规定》（中指组发〔1998〕01号）。《新编地方志工作暂行规定》停止使用。

· 是年，浙江省宁波大学历史文化系在全国率先开办历史学（方志学）本科专业，并建立方志教研室（后改为地方志研究中心）。

1999年

· 9月，中国家谱与地方志（史）研讨会在美国犹他州犹他山谷大学举行。

· 中国地方志指导小组二届六次会议在北京市召开。

· 10月，中国地方志指导小组和中国革命博物馆联合主办的全国新编地方志成果展览在北京市中国革命博物馆举行。

· 12月，浙江省宁波市天一阁中国地

方志珍藏馆开馆。

2000 年

· 3 月，国家科学技术部办公厅下发《关于开展“地方科技志”的续修与志书开发利用工作的通知》。

· 12 月，全国民航史志工作会议在浙江省萧山市召开。

2001 年

· 3 月，全国政协九届四次会议期间，30 余名委员联名提出《建议设立国家方志馆收藏、研究和开发利用地方志资源的提案》。

· 全国人大九届四次会议期间，30 余名代表联名提交《关于建议设立国家方志馆的提案》。

· 7 月，水利部印发《关于加强江河水利志编纂工作的通知》（水办〔2001〕308 号）。

· 8 月，中国地方志指导小组主办、吉林省地方志编纂委员会承办的全国地方志网络建设研讨会在吉林省长春市召开。

· 12 月，中国地方志指导小组印发《关于组成第三届中国地方志指导小组的通知》。

· 中国地方志指导小组三届一次会议在北京市召开。

· 全国地方志第三次工作会议在北京市召开。

2002 年

· 3 月，国家新闻出版总署致函中国社会科学院（新出报刊〔2002〕281 号函），同意中国地方志指导小组创办《中国地方志年鉴》。

· 9 月，中国地方志专家考察团赴澳大利亚、新西兰进行学术访问和专业考察。

2003 年

· 1 月，中国地方志指导小组三届二次会议在北京市召开。

· 7 月，四川省第十届人民代表大会常务委员会第四次会议通过《四川省地方志工作条例》。

· 12 月，中国地方志指导小组发出《关于调整中国地方志指导小组领导和成员的通知》（中指组字〔2003〕1 号），全国政协副主席、中国社会科学院院长陈奎元任组长。

2004 年

· 1 月，中国地方志指导小组办公室举行“全国第二轮修志试点单位”授牌仪式。

· 2 月，中国地方志指导小组三届三次会议在北京召开。

· 6 月，香港岭南大学主办香港地方志座谈会。

· 全国第二轮修志试点工作经验交流会在河北省秦皇岛市召开。

· 全国地方志系统学术交流团赴欧洲交流考察。

· 12 月，中国地方志系统年鉴颁奖大会在海南省海口市召开。

2005 年

· 7 月，全国地方志系统旧方志整理与开发利用研讨会在陕西省西安市召开。

· 9 月，省级、全军、武警史志机构主任座谈会在四川省成都市召开。

· 山东省第十届人民代表大会常务委员会第十六次会议审议通过《山东省地方史志工作条例》。条例自 2005 年 12 月 1 日起施行。

· 全国读志用志工作经验交流会在山东省济南市召开。

· 12 月，中国地方志指导小组印发《关于表彰全国方志先进工作者、先进集体的决定》（中指组字〔2005〕4 号）。

2006 年

· 1 月，广东省广州市人民政府办公厅印发《广州市地方志资料年报制度的通知》（穗府办〔2006〕1 号）。

· 3 月，中国地方志指导小组三届四次会议在北京市召开。

· 4 月，全国地方志系统表彰先进会议在北京召开。

· 5 月，《地方志工作条例》（中华人民共和国国务院令第 467 号）颁布实施。

· 6 月，中国地方志指导小组下发《关于学习贯彻〈地方志工作条例〉的通知》（中指组字〔2006〕4 号）。

· 中国地方志指导小组办公室组织学术考察团出访英、法、荷兰、美、加拿大等 8 个国家。

· 10 月，第二次全国第二轮修志试点工作经验交流会在山东省青岛市召开。

· 12 月，吉林省第十届人民代表大会常务委员会第三十次会议审议通过《吉林省地方志工作条例》。条例自 2007 年 1 月 1 日起施行。

2007 年

· 2 月，安徽省第十届人民代表大会常务委员会第二十九次会议通过《安徽省地方志工作条例》。条例自

2007年5月1日起施行。

· 来新夏方志馆在浙江省杭州市开馆。
· 香港地方志工程启动仪式在铜锣湾世贸中心举行。
· 4月，香港地方志办公室成立。
· 8月，《地方志工作条例》被列入国务院法制办公室立法后评估项目。
· 11月，中国地方志指导小组以中指组字〔2007〕1号文件印发《中国地方志指导小组关于第二轮地方志书编纂的若干意见》，以中指组字〔2007〕2号文件印发《中国地方志指导小组关于建立地方志书编纂规划备案制度的规定》。
· 是年，《湖北省地方志工作规定》《北京市实施〈地方志工作条例〉办法》《陕西省实施〈地方志工作条例〉办法》《宁夏回族自治区〈地方志工作条例〉实施办法》《〈四川省地方志工作条例〉实施办法》《广东省地方志工作规定》颁布。

2008年

· 3月，地方文献国际学术研讨会在浙江省杭州市萧山召开。
· 5月，中华人民共和国人力资源和社会保障部复函中国地方志指导小组办公室（人社部函〔2008〕32号），批准其参照《中华人民共和国公务员法》管理。
· 6月，全国地方志系统信息网络建设经验交流会在湖北省武汉市召开。
· 7月，全国第二轮修志工作试点单位经验交流会在内蒙古自治区呼和浩特市召开。
· 9月，中国地方志指导小组以中指组字〔2008〕3号文件印发《地方志书质量规定》。
· 10月，中国地方志指导小组以中指组字〔2008〕4号文件印发《关于组成第四届中国地方志指导小组的通知》，公布陈奎元任组长。
· 11月，中国地方志指导小组四届一次会议在北京市召开。
· 第四次全国地方志工作会议在北京市召开。
· 国务院办公厅印发《国务院办公厅关于成立汶川特大地震抗震救灾志编纂委员会的通知》（国办发〔2008〕121号）。
· 《汶川特大地震抗震救灾志》编委会成立大会暨第一次全体会议在北京召开。
· 中华人民共和国国家发展和改革委员会批准国家方志馆项目建议书。
· 12月，澳门理工学院主办、中国地方志指导小组支持召开的中国地方志研讨会在澳门召开。
· 澳门特区政府启动《澳门地方志》编纂工程。
· 是年，《江西省实施〈地方志工作条例〉办法》《湖南省实施〈地方志工作条例〉办法》《江苏省实施〈地方志工作条例〉办法》颁布。

2009年

· 1月，《汶川特大地震抗震救灾志·灾区医疗防疫志》《汶川特大地震抗震救灾志·抢险救灾志》两个分卷的编纂委员会成立大会暨第一次全体会议分别于5日、6日在北京市召开。
· 2月，《汶川特大地震抗震救灾志·灾区生活志》《汶川特大地震抗震救灾志·社会赈灾志》《汶川特大地震抗震救灾志·地震灾害志》三个分卷的编纂委员会成立大会在北京市召开。
· 山东省数字化方志馆暨《山东地方文献大典》制作完成。
· 4月，《汶川特大地震抗震救灾志·灾后重建志》编纂委员会成立大会暨第一次全体会议在北京市召开。
· 6月，香港地方志基金会成立。
· 是年，《甘肃省地方志工作规定》《新疆维吾尔自治区实施〈地方志工作条例〉办法》颁布。

2010年

· 2月，《中国方志通鉴》出版。
· 3月，山东省史志博物馆开馆。
· 9月，主题为“中国当代史研究与地方志编纂”的第十届国史学术年会在广东省广州市召开。
· 《方志百科全书》编纂正式启动。
· 11月，中国地方志指导小组办公室与中央电视台联合摄制的十集大型电视纪录片《方志·中国》在中央电视台第4频道播出。
· 12月，中国地方志指导小组四届二次会议在北京市召开。

· 中国地方志指导小组与人力资源和社会保障部在北京市联合召开全国地方志系统表彰先进会议。

2011 年

· 5 月，纪念国务院《地方志工作条例》颁布 5 周年和中国地方志协会成立 30 周年座谈会在北京召开。

· 山西省第十一届人民代表大会常务委员会第二十三次会议审议通过《山西省地方志工作条例》。

· 海南省第四届人民代表大会常务委员会第二十二次会议审议通过《海南省地方志工作规定》。

· 8 月，首届中国地方志学术年会暨方志文献国际学术研讨会在浙江省宁波市召开。

2012 年

· 7 月，中国地方志指导小组四届三次会议在北京市召开。会议上通过《地方综合年鉴编纂出版规定(试行)》。

· 10 月，第二届中国地方志学术年会在江苏省南通市召开。

· 11 月，中国地方志指导小组以中指组字〔2012〕2 号文件印发《关于调整第四届中国地方志指导小组成员的通知》，公布陈奎元任组长。

· 12 月，《方志学学科建设三年规划(2014—2016)》研讨会在北京市召开。

2013 年

· 1 月，中国地方志指导小组办公室在宁波市人民政府地方志办公室设立非实体学术交流机构——中国地方志国际交流宁波中心。

· 4 月，全国省级方志工作机构主任会议在河南省郑州市召开。

· 10 月，“第三届中国地方志学术年会暨两岸四地方志文献学术研讨会”在广东省东莞市召开。

· 中国地方志指导小组办公室与美国哈佛大学哈佛文理学院燕京图书馆签署项目合作备忘录。

· 11 月，中国地方志指导小组办公室与暨南大学联合举办的历史文献学专业(方志学方向)研究生课程进修班开班。

· 河北省秦皇岛市方志馆获批成为国家方志馆秦皇岛分馆。

· 四川省第十二届人民代表大会常务委员会第六次会议通过新修订的《四川省地方志工作条例》。

· 12 月，中国地方志指导小组以中指组字〔2013〕2 号文件印发《关于组成第五届中国地方志指导小组的通知》，公布第五届中国地方志指导小组组成人员名单，王伟光任组长。

· 中国地方志指导小组五届一次会议在北京市召开。

· 国家方志馆揭牌。

· 《福建省实施〈地方志工作条例〉办法》颁布。

条目汉字笔画索引

说　明

一、本索引供读者按条目条头的笔画数检索条目。

二、本索引按条目条头的笔画数由少到多排列。笔画数相同时，按起笔笔形一（横）、丨（竖）、丿（撇）、丶（点）、乛（折，包括乚㇉𠃌㇛㇜等）的顺序排列。起笔笔形相同时，按第二笔笔形一（横）、丨（竖）、丿（撇）、丶（点）、乛（折，包括乚㇉𠃌㇛㇜等）的顺序排列。笔画数与第一、二笔笔形相同时，按字形结构排列，依次为左右结构、上下结构、包围结构、整体字。字形结构相同时，左右结构的字按左半部分笔画排序；上下结构的字按上半部分的笔画排序；包围结构的字，按包围部分的笔画排序。第一字相同时，按第二字，余类推。

一　画

《一六一团志》……448
《一宫两陵志》……448
一统志……448

二　画

《二连浩特市志》……069
《十三州志》……345
《七宝镇志》……288
《八一毛纺织厂志》……010
《八一制糖厂志》……010
《八闽通志》……010
《八景镇志》……010
《九华山志》……221

三　画

《三山志》［淳熙］……312
《三亚市志》……313
《三坊七巷志》……311
三国魏晋南北朝修志……311
《三省边防备览》……313
《三星堆图志》……313
《三辅黄图》……311
《下雉纂》……412
《大元混一方舆胜览》……050
《大同市志》……050
大同府志……049
《大庆市志》……049
《大兴县志》……050
《大连市志》……048
大足县志(旧志)……051
《大定府志》［道光］……048
《大理白族自治州志》……048
《万县市志》……387
万国鼎……387
《万源市志》……387
上海师范大学图书馆……335
《上海名园志》……334
《上海县志》……336
上海县志(旧志)……336
上海图书馆……336
上海修志……337
《上海美术志》……334
上海通志馆……335
《上海通志稿》［民国］……335
山东大学图书馆……314
《山东省卫生志》……315
山东省方志馆……314

《山东省志·孔子故里志》 …… 315
《山东省志·泰山志》 …… 315
山东省图书馆 …… 314
《山东省盐业志》 …… 315
山东修志 …… 316
山东通志 …… 316
《山东黄河志》 …… 314
山西省图书馆 …… 322
山西修志 …… 323
山西通志 …… 322
《山西通志·民政志》 …… 323
《山西通志·地震志》 …… 322
《山西通志·金融志》 …… 323
《山海经》 …… 321
《川沙县志》[民国] …… 046
凡例 …… 070
《广平县志》[万历] …… 120
《广东纪检监察志(1950~1995)》 …… 112
广东省立中山图书馆 …… 113
《广东省志·宗教志》 …… 113
《广东省志·总述》 …… 114
广东修志 …… 114
《广东通志》[道光] …… 114
《广东摄影艺术志(1843~2006)》 …… 113
广西方志馆 …… 121
广西壮族自治区图书馆 …… 125
广西修志 …… 122
《广西通志·民俗志》 …… 121
《广西通志·政府志》 …… 121
《广西通志》[嘉庆] …… 121
《广州市志(1991~2000)》 …… 126
广济县志 …… 120
《门源县志》 …… 256
《小方壶斋舆地丛钞》 …… 419
马光祖 …… 255
《马湖府志》[嘉靖] …… 255
《马鞍山市志》 …… 255

四 画

王九思 …… 390
王文举 …… 391
王立行 …… 391
王众音 …… 392
王志民 …… 392
王君伟 …… 390
王国华 …… 389
王国宪 …… 389
王国维 …… 389
王季平 …… 390
王秉祥 …… 388
王岳辰 …… 391
王宗沐 …… 393
王树枏 …… 391
王重民 …… 392
王闿运 …… 390
王祝晨 …… 393
王昶 …… 388
王祯 …… 391
王棻 …… 389
王焕镳 …… 390
王植 …… 392
王葆心 …… 388
王登普 …… 389
开州志 …… 224
《开封市志》 …… 223
开封府志 …… 223
《井冈山志》 …… 218
《井陉县志》 …… 219
天一阁 …… 383
“天一阁藏明代方志选刊” …… 383
《天门县志》[乾隆] …… 382
《天长县志》 …… 377
《天水市志》 …… 383
《天府广记》 …… 378
天春园 …… 378
天津图书馆 …… 379
《天津房地产志》 …… 378
《天津经济技术开发区志》 …… 378
天津修志 …… 379
《天津通志·附志·租界》 …… 379
《天津通志·城乡建设志》 …… 378
《元丰九域志》 …… 458
元代修志 …… 457
《元和郡县图志》 …… 458
《无锡志》[至正] …… 398
韦述 …… 394
《云间志》[绍熙] …… 461
《云南省志·广播电视志》 …… 462
《云南省志·公安志》 …… 461

云南省图书馆 …… 461
云南修志 …… 462
《云翔寺志》 …… 465
专记 …… 508
《五台山志》 …… 402
太仓州志 …… 370
《太平县志》[光绪] …… 371
《太平续志》[光绪] …… 371
《太平寰宇记》 …… 371
《太原市志》 …… 372
太原府志 …… 371
《区宇图志》 …… 304
《日本风土记》 …… 308
日本史志 …… 309
《日本国志》 …… 309
《中卫县志》 …… 504
《中卫社区志》 …… 504
中央民族大学图书馆 …… 505
《中宁枸杞志》 …… 504
《中共上海党志》 …… 484
《中英街志》 …… 505
《中国·贵阳经济技术开发区志(1993~2008)》 …… 500
《中国·秦皇岛经济技术开发区志(1984~2003)》 …… 501
中国人民大学图书馆 …… 502
中国文化遗产研究院图书馆 …… 502
《中国方志五十年史事录》 …… 498
"中国方志丛书" …… 497
《中国方志学史》(1990) …… 499
《中国方志学史》(1998) …… 500
《中国方志学纲要》 …… 499
《中国方志学家研究》 …… 499
《中国方志学通论》 …… 500
《中国方志学概论》(1984) …… 498
《中国方志学概论》(1999) …… 499
《中国方志通鉴》 …… 498
《中国方志简史》 …… 498
《中国水文志》 …… 502
《中国古方志考》 …… 500
《中国地方史志论丛》 …… 485
《中国地方志》 …… 485
《中国地方志》(1991) …… 485
《中国地方志》(1995) …… 485
《中国地方志年鉴》 …… 486
《中国地方志争鸣》 …… 492
《中国地方志论集》 …… 486
中国地方志学术年会 …… 487
中国地方志学会 …… 487
"中国地方志详论丛书" …… 487
中国地方志指导小组 …… 492
中国地方志指导小组办公室 …… 493
中国地方志指导小组会议 …… 494
《中国地方志总目提要》 …… 497
《中国地方志综录(增订本)》 …… 496
《中国地方志综览(1949~1987)》 …… 496
《中国地方志联合目录》 …… 486
"中国地方志集成" …… 486
《中国地理学史》 …… 497
《中国西藏及甘青川滇藏区方志汇编》 …… 503
《中国当代方志编纂学研究》 …… 484
中国社会科学院图书馆 …… 502
《中国油气田开发志》 …… 503
《中国城市方志学概论》 …… 484
《中国贵州茅台酒厂有限责任公司志》 …… 501
中国科学院国家科学图书馆 …… 501
《中国烟草通志》 …… 503
《中国救捞志》 …… 501
《中国新编地方志目录》 …… 503
《内蒙古自治区志·军事志》 …… 273
《内蒙古自治区志·政府志》 …… 274
内蒙古修志 …… 270
毛奇龄 …… 255
《长白山志》 …… 030
《长江志》 …… 031
《长安志》[熙宁] …… 029
《长安志图》[至正] …… 029
《长兴县志》[嘉庆] …… 033
《长沙市志》 …… 032
《长武县志》[乾隆] …… 032
长治县志(旧志) …… 033
《长春市志》 …… 030
长葛县志(旧志) …… 031
《仁寿县志》 …… 308
《仁和县志》[嘉靖] …… 308
《风土记》[晋] …… 091
《乌日图高勒乡志》 …… 398
《乌拉盖综合开发区志》 …… 397
《乌海市志》 …… 397
乌程县志 …… 396
《乌鲁木齐市志》 …… 397
《风台县志》[嘉庆] …… 091

凤凰厅志 …… 091
文风 …… 395
文体 …… 395
《文登市志》 …… 395
方志 …… 071
方志工具书 …… 073
《方志今议》 …… 074
方志分类 …… 072
《方志文化论》 …… 082
《方志文体研究》 …… 082
《方志双月刊》 …… 090
方志功能 …… 073
方志目录 …… 075
方志史 …… 079
《方志写作学》 …… 083
方志出版社 …… 072
《方志考稿(甲集)》 …… 075
《方志论》 …… 075
方志收藏 …… 079
《方志批评学论略》 …… 078
方志应用理论 …… 090
方志性质 …… 084
方志学 …… 084
《方志学》(1935) …… 084
《方志学》(1993) …… 084
《方志学引论》 …… 089
方志学史 …… 086
《方志学史》 …… 086
《方志学发微》 …… 085
《方志学研究论丛》 …… 088
《方志学举要》 …… 086
《方志学通论》 …… 087
《方志学基础》 …… 085
《方志学探微》 …… 087
《方志学综论》 …… 089
《方志学概论》 …… 085
《方志学简论》 …… 086
《方志学新论》 …… 087
《方志学新论集》 …… 088
《方志学新探》 …… 088
《方志学管窥》 …… 085
《方志语言学》 …… 090
方志索引 …… 081
方志特征 …… 081
方志资料类编 …… 090
《方志通义》 …… 082
方志理论 …… 075
方志馆 …… 074
《方志商》 …… 079
《方志编纂学》 …… 071
《方志编纂学概论》(1998) …… 071
《方志编纂学概论》(2001) …… 072
方志辑佚 …… 074
《方志新议》 …… 083
《方志新论》 …… 083
方志管理理论 …… 074
《方志演变概论》 …… 089
方苞 …… 070
方国瑜 …… 070
《方舆胜览》 …… 071
《巴马瑶族自治县志》 …… 011
《巴县志》[民国] …… 011
《巴里坤哈萨克自治县志》 …… 010
《巴塘盐井乡土志》 …… 011
邓之诚 …… 055
《双峰乡志》 …… 350
《孔宅志》 …… 225
孔尚任 …… 225
《书院街志》 …… 349

五 画

《玉山县志》 …… 456
《玉溪市志》 …… 456
《邗江县志(1988~2000)》 …… 141
《正定县志 (1986~2005)》 …… 481
《甘孜州志》 …… 105
《甘肃中草药资源志》 …… 105
《甘肃省志・农业志》 …… 101
《甘肃省志・宗教志》 …… 101
甘肃修志 …… 101
《甘肃新通志》[民国] …… 101
《甘棠小志》[咸丰] …… 105
甘鹏云 …… 101
《本溪市志》 …… 024
左开一 …… 511
左建 …… 511
石城县志 …… 345
《石柱记笺释》 …… 347
《石柱县志》 …… 347

《石首县志》［乾隆六十年］ …… 347
《石家庄市志》 …… 346
《石家庄地区志》 …… 346
《龙江三纪》 …… 247
《龙虎山志》 …… 247
《龙岩地区志》 …… 248
《龙游县志》［民国］ …… 248
《平安县志》 …… 285
平阳县志(旧志) …… 286
《平谷县志》 …… 285
《平定县志》 …… 285
《平凉府志》［嘉靖］ …… 285
《平遥县志》 …… 286
《东平县志》 …… 065
《东亚古方志学探论》 …… 065
东昌府志 …… 065
东洋文库 …… 065
《北川县志》 …… 015
《北辰区志》 …… 015
北京大学图书馆 …… 016
《北京市丰台区志》 …… 018
北京市方志馆 …… 017
《北京市西城区志》 …… 018
《北京市房山区志》 …… 017
《北京市海淀区志》 …… 018
《北京市崇文区志》 …… 017
北京师范大学图书馆 …… 016
《北京志・天坛志》 …… 023
《北京志・中央机构志》 …… 023
《北京志・北京奥运会志》 …… 022
《北京志・建筑志》 …… 023
《北京志・故宫志》 …… 022
《北京胡同志》 …… 016
北京修志 …… 018
《北海市志》 …… 016
《北戴河志》 …… 015
《卢振川方志文集》 …… 249
《卢湾区志》 …… 249
旧志整理 …… 221
《归绥道志》［光绪］ …… 126
《田东县土地志》 …… 383
田汝成 …… 384
史念海 …… 347
史梦兰 …… 347
《四川省志・人物志》 …… 351
《四川省志・文物志》 …… 352
四川省图书馆 …… 351
四川修志 …… 352
《四川郡县志》［民国］ …… 351
四川通志 …… 352
《四库全书总目提要》 …… 357
四明六志 …… 357
《四洲志》 …… 358
《禾川书》 …… 145
《代县志》 …… 051
《仙居县志》［光绪］ …… 413
《仙游县志》 …… 413
《仙谿志》［宝祐］ …… 413
《白山司志》［道光］ …… 012
《白城地区志》 …… 012
《包头铝厂志》 …… 012
冯梦龙 …… 091
《兰州市志》 …… 229
《汀州府志》［乾隆］ …… 384
《汉中地区志》 …… 143
《汉正街志》 …… 143
汉州志 …… 143
汉阳府志 …… 142
《汉唐方志辑佚》 …… 142
《汉唐地理书钞》 …… 142
宁化县志(旧志) …… 276
宁国府志 …… 275
《宁波市志》 …… 274
宁波府志 …… 274
《宁都团结水库志》 …… 275
《宁夏中药志》(第二版) …… 279
《宁夏水利志》 …… 276
宁夏修志 …… 277
《宁夏通志・民族宗教卷》 …… 276
《宁夏通志・行政建置卷》 …… 277
《宁夏新志》［弘治］ …… 277
记 …… 193
《永乐大典方志辑佚》 …… 453
永定县志(旧志) …… 452
永清县志(旧志) …… 453
永嘉县志(旧志) …… 452
民国修志 …… 259
“台北故宫博物院” …… 367
《台海使槎录》 …… 367
台湾府志 …… 367

台湾修志 …… 368
辽东志 …… 235
《辽宁乙丑水灾志》 …… 240
《辽宁省志·金融志》 …… 237
《辽宁省志·建设志》 …… 236
辽宁省图书馆 …… 236
辽宁修志 …… 237

六　画

《耒阳市志》 …… 230
《地方志工作文稿》 …… 057
地方志工作机构 …… 055
《地方志工作条例》 …… 055
《地方志与现代科学》 …… 061
《地方志书质量规定》 …… 057
地方志系统信息化建设 …… 060
《地方志研究》 …… 060
《地方志编纂与续修》 …… 055
地方综合年鉴 …… 061
地记 …… 063
《寺村镇志》 …… 358
吉林省方志馆 …… 187
《吉林省志·新闻事业志·广播电视》 …… 191
《吉林省志·国内商业志·粮食》 …… 191
吉林省图书馆 …… 187
吉林省修志 …… 188
《吉林通志》[光绪] …… 191
西宁志 …… 407
《西州图经》 …… 412
《西安市地理志》 …… 406
《西安市志》 …… 406
《西安府志》[乾隆] …… 406
《西青区志》 …… 408
《西昌市志》 …… 407
《西洋番国志》 …… 408
《西域图志》[乾隆] …… 409
《西域闻见录》[乾隆] …… 409
西湖志 …… 407
《西藏自治区志·财政志》 …… 411
《西藏自治区志·税务志》 …… 411
《西藏志》[乾隆] …… 411
西藏修志 …… 409
《达州市志(1911~2003)》 …… 048
《成都市园林志》 …… 038
《成都府志》[天启] …… 038
《百色市志》 …… 012
扬州府志 …… 444
《尧南社区志》 …… 447
毕沅 …… 024
《贞元十道录》 …… 479
《当代方志学探论》 …… 052
《当代方志学概论》 …… 052
《当代志书编纂教程》 …… 052
吕柟 …… 252
吕秋山 …… 252
吕履恒 …… 252
《同里镇志》 …… 385
《同治上江两县志》 …… 385
《同官县志》[民国] …… 385
乔虹 …… 291
朱士嘉 …… 506
朱长文 …… 506
朱文尧 …… 507
朱希祖 …… 507
朱思本 …… 506
朱维幹 …… 507
朱彝尊 …… 507
传 …… 508
任乃强 …… 308
《伊通县志》 …… 449
华东师范大学图书馆 …… 178
《华阳县志》[民国] …… 179
《华阳国志》 …… 178
《延安地区志》 …… 440
《延安府志》[嘉庆] …… 441
《自贡市志》 …… 509
全国地方志工作会议 …… 304
全国地方志评奖 …… 305
全国省级方志工作机构主任会议 …… 305
全国新编地方志成果展览 …… 306
《全椒县志》 …… 307
《会宁县志》 …… 185
会稽志 …… 226
《合浦县志》 …… 145
《名山县志》[光绪] …… 262
刘文淇 …… 246
刘半农 …… 245
刘光禄 …… 245
刘盼遂 …… 246

刘乾昌 …… 246
齐召南 …… 290
《齐齐哈尔市志》 …… 289
《齐乘》 …… 289
庄为玑 …… 508
《庆阳地区志》 …… 302
庆应义塾大学图书馆 …… 303
《关于地方志编纂工作的规定》 …… 110
《关山镇志》 …… 110
关中八志 …… 111
《米林县志》 …… 257
《米脂县志》 …… 258
《江宁县志》[万历] …… 199
江宁府志 …… 199
江西省方志馆 …… 206
《江西省交通志》 …… 207
《江西省苏区志》 …… 207
江西省图书馆 …… 207
江西修志 …… 207
《江西通志》[光绪] …… 207
江苏省方志馆 …… 199
《江苏省志·方言志》 …… 200
《江苏省志·财政志》 …… 200
《江苏省通志稿》[民国] …… 200
江苏修志 …… 200
《江孜县志》 …… 212
江南通志 …… 199
《江津县志》 …… 198
《江陵县志》 …… 198
《汤溪县志》[民国] …… 373
《安丰塘志》 …… 002
安庆府志 …… 006
《安阳市文峰区志》 …… 006
《安阳市志》 …… 007
安阳县志(旧志) …… 007
《安顺府志》[咸丰] …… 006
安徽师范大学图书馆 …… 002
《安徽省志·方言志》 …… 002
《安徽省志·军事志》 …… 002
安徽修志 …… 003
《兴义府志》[咸丰] …… 433
许卫平 …… 437
许承尧 …… 437
《祁县志》 …… 288
祁韵士 …… 288
军事志编纂 …… 221
《农一师土地志》 …… 281
《农一师志》 …… 281
《农二师志》 …… 280
《农七师志》 …… 280
《农八师垦区石河子市志》 …… 280
《农三师四十八团志》 …… 281
《农六师垦区·五家渠市志》 …… 280
《寻根集》 …… 439
《异物志》 …… 450
阮元 …… 310
《阳原县志》 …… 445
《阳原县志》[民国] …… 445
《阳新县志》 …… 445
孙诒让 …… 365
孙星衍 …… 365
《红城志》 …… 164
《红桥区志》 …… 165
《红塔集团志》 …… 165
纪昀 …… 193

七 画

寿阳县志(旧志) …… 349
寿鹏飞 …… 349
《杜尔伯特蒙古族自治县志》 …… 066
杨之水 …… 447
杨守敬 …… 446
杨笃 …… 445
杨奕青 …… 447
杨家骆 …… 446
杨循吉 …… 446
《丽江纳西族自治县志》 …… 234
《赤松山志》[咸淳] …… 040
《赤城志》[嘉定] …… 040
志 …… 482
志书编纂程式 …… 483
志稿审定 …… 483
《志稿修改与总纂》 …… 483
《志稿通病研究》 …… 483
《花果山志》 …… 178
《苏州市志》 …… 362
《苏州府志》[同治] …… 362
《孝义县志》 …… 419
《杏花村志》[康熙] …… 434

李文彦 …… 233
李文藻 …… 233
李吉甫 …… 232
李兆洛 …… 233
李志敏 …… 233
《李叔同——弘一法师影志》 …… 232
李尚恩 …… 232
李拴庆 …… 232
李泰棻 …… 232
李慈铭 …… 231
严州志 …… 441
《巫山县志》 …… 398
来新夏 …… 228
《抚宁县志(1979~2002)》 …… 099
《抚松县人参志》 …… 099
《连南瑶族自治县县志》 …… 234
《岐山县志》 …… 290
吴云溥 …… 401
《吴地记》[乾符] …… 398
吴廷燮 …… 400
《吴江县志》[嘉靖] …… 398
吴汝纶 …… 399
吴兴志 …… 400
吴均 …… 398
吴若虚 …… 399
吴宗慈 …… 401
《吴郡志》[绍定] …… 399
《吴郡图经续记》[元丰] …… 399
《吴越春秋》 …… 400
《县志主任・主编说》 …… 414
《县志编修求实说》 …… 414
《县志编修探微》 …… 414
《县志编修管理谈》 …… 414
《牡丹江市志》 …… 265
《秀山县志》 …… 436
体式 …… 376
体例 …… 376
体裁 …… 376
何景明 …… 145
何静梧 …… 145
《佛山市志》 …… 092
余绍宋 …… 453
邹平县志(旧志) …… 509
《岛夷志略》 …… 052
《库车县志》 …… 225
庐山志 …… 249
《庐州府志》[嘉庆] …… 249
序跋 …… 437
汪凤刚 …… 388
《沅陵县志》 …… 459
《沙州都督府图经》 …… 313
《沧浪区志》(苏州) …… 028
《沧源佤族自治县志》 …… 028
《沈阳市志》 …… 344
沈嘉荣 …… 344
怀庆府志 …… 179
《怀柔县志》 …… 179
"宋元方志丛刊" …… 362
宋代修志 …… 360
张凤台 …… 466
张立 …… 468
张秀熟 …… 469
张明义 …… 468
张国淦 …… 466
张建国 …… 467
张相文 …… 469
《张家口市志》 …… 467
《张掖地区志(远古~1995)》 …… 469
张维 …… 468
张嘉谋 …… 467
张澍 …… 468
张謇 …… 467
《即墨县志》 …… 191
灵寿县志(旧志) …… 244
陆心源 …… 251
陆羽 …… 251
《阿坝州志》(藏文版) …… 001
《阿坝森工志》 …… 001
《阿克苏市志》 …… 001
陈元方 …… 037
陈训正 …… 037
陈寿 …… 036
陈作霖 …… 037
陈沂 …… 037
陈梦林 …… 036
陈雷 …… 036
陈福桐 …… 036
陈澧 …… 036
邵文杰 …… 341
邵晋涵 …… 341

八 画

青田县志(旧志) 298
《青岛市志》 294
《青海省电力工业志》 294
《青海省志·长江黄河澜沧江源志》 295
《青海省志·民族志》 295
《青海省志·地质矿产志》 295
《青海省志·唐蕃古道志》 295
《青海省志·彩陶志》 295
青海省图书馆 294
青海修志 296
表 025
《奉天通志》[民国] 091
《奉贤县志》 092
《武川县志》 402
《武冈州志》[嘉庆] 403
武汉大学图书馆 403
《武汉市志》 403
武光汤 403
《武当山志》 402
武陟县志(旧志) 405
《武陵源风景志》 404
《武清县志》 405
武警部队修志 404
林天蔚 242
林则徐 242
林传甲 241
《林县志》 242
《析津志》 412
《松江县志》 359
松江府志 359
松筠 360
《杭州市志》 144
杭州府志 144
《杭钢志》 144
《直隶绵州志》[乾隆] 482
范成大 070
《枣庄市志》 466
述 349
欧华国 282
欧阳贤 282
郁文 457
郏县志(旧志) 196
《拉萨市志》 228
《轮台县乡土志》 253
《呼伦贝尔盟志》 166
《呼伦湖志》 167
《呼和浩特市志》 166
《岫岩县志》 436
《岭海舆图》[明] 245
《明代南直隶方志研究》 262
明代修志 262
《昆明市志》 227
《昌化县志》[乾隆] 029
《昌都地区志》 029
《昂昂溪机务段志(1896~2000)》 009
《忠县公安志》 505
罗江县志(旧志) 253
罗愿 253
国家图书馆 134
国家部委局修志 133
国家博物馆图书馆 133
固始县志(旧志) 109
图 386
图经 386
《和平区志》 146
和州志 146
和志强 146
《岳阳风土记》[宋] 459
《岳阳市志》 460
《岳阳楼志》 460
《瓮安县志》 396
《金山县志》 214
《金华市志》 214
《金县志》 215
《金陵新志》[至正] 214
《金塔县志(1990~2008)》 214
金毓黻 215
《周礼》 505
周应合 506
周建南 505
周密 506
京都大学人文科学研究所 217
兖州府志 443
郑永立 481
《郑州市二七区志》 481
《郑州市志(1991~2000)》 482
《郑州市金水区志(1991~2002)》 482

河内县志(旧志) …… 160
《河东区志》 …… 152
《河北区志》 …… 147
《河北抗日战争简志》 …… 146
《河北省志·长城志》 …… 148
《河北省志·煤炭工业志》 …… 148
《河北省改革志》 …… 147
河北省图书馆 …… 148
《河北科学技术志》 …… 147
河北修志 …… 148
《河头村志》 …… 160
《河南地理志》 …… 152
《河南志》 …… 159
河南府志 …… 152
河南省方志馆 …… 153
《河南省志·民俗志》 …… 154
《河南省志·黄河志》 …… 153
河南省图书馆 …… 153
《河南省科学技术志(1978~2000)》 …… 153
河南修志 …… 154
河南通志 …… 154
《泸溪县志》[乾隆] …… 250
《泗虹合志》 …… 359
泾县志(旧志) …… 217
《泾惠渠志》 …… 217
宝丰县志(旧志) …… 013
宝庆府志 …… 014
《宝安县志》 …… 013
宝坻县志(旧志) …… 013
《宝钢志》 …… 014
《定海厅志》[光绪] …… 064
《宜宾市志》 …… 449
录 …… 251
《建水县志》 …… 198
陕西省地方志馆 …… 327
《陕西省志·炎帝志》 …… 328
《陕西省志·黄帝陵志》 …… 328
陕西省图书馆 …… 328
陕西修志 …… 329
陕西通志 …… 329
《姑苏志》 …… 108
《绍兴市志》 …… 342
《绍兴县志》 …… 342
绍兴府志 …… 342

九 画

《城市区志编纂概论》 …… 039
《城步县志》 …… 038
《柯坪县志》 …… 224
柳亚子 …… 246
《柳州地区志》 …… 247
柳诒徵 …… 247
故宫博物院图书馆 …… 109
胡乔木 …… 167
胡思敬 …… 168
胡虔 …… 167
胡缵宗 …… 168
《荆州地区志》 …… 218
荆州府志 …… 218
郦家驹 …… 234
南开大学图书馆 …… 269
《南开区志》 …… 269
《南宁市志》 …… 269
《南阳市志》 …… 270
《南昌市志》 …… 266
《南岳志》 …… 270
南京大学图书馆 …… 267
《南京市志》 …… 268
南京图书馆 …… 268
南京博物院 …… 267
《南郑县志》 …… 270
《南海市志》(1979~2002) …… 266
《南海志》[大德] …… 267
南海县志 …… 266
南海诸岛志 …… 267
《南雄县志》 …… 269
赵吉士 …… 471
《赵庚奇志鉴论稿》 …… 471
赵盛世 …… 471
《奎管处志》 …… 226
《咸宁县志》[嘉庆] …… 413
《威海卫志》[乾隆] …… 393
《括地志》 …… 227
《临江府志》[隆庆] …… 243
临安三志 …… 242
《临朐县志》 …… 243
《临夏回族自治州志》 …… 244
《临高县志》 …… 243

《临海水土异物志》…… 243
《临淄区志》…… 244
《省志编纂概论》…… 344
《哈尔滨市志》…… 135
哈佛燕京图书馆 …… 135
《哈密县志》…… 135
《峡江县志》…… 412
《毗陵志》[咸淳]…… 284
郧台志 …… 465
《星槎胜览》…… 433
《贵州省志·民族志》…… 127
《贵州省志·审判志》…… 127
贵州省图书馆 …… 127
贵州修志 …… 128
《贵州通志》[民国]…… 127
《贵阳府志》[道光]…… 126
《贵县志》[民国]…… 126
《钦州志》[嘉靖]…… 292
《钦定热河志》[乾隆]…… 291
《复旦大学百年志》…… 099
复旦大学图书馆 …… 100
香港修志 …… 415
《重庆市市中区志》…… 041
《重庆市江北区房地产志(1986~2005)》…… 040
《重庆市志·民俗志》…… 041
《重庆市志·经济地理志》…… 041
《重庆市南岸区志(1990~2005)》…… 040
重庆图书馆 …… 041
重庆修志 …… 042
《重庆索特志》…… 041
《重修西天目山志》…… 045
《重修安徽通志》[光绪]…… 044
《重修胶州志》[道光]…… 045
《重修琴川志》[至正]…… 045
《修文县志》…… 434
修志人员 …… 435
《修志丛论》…… 434
修志资料 …… 435
《保定村志》…… 014
顺天府志 …… 350
《段柄仁方志文丛》…… 067
《皇明常熟文献志》…… 180
禹州志 …… 455
《禹贡》…… 455
《禹贡》(半月刊)…… 455
《剑门关志》…… 198
俞正燮 …… 454
俞樾 …… 454
施闰章 …… 345
《闽书》…… 262
《首都志》…… 348
首都图书馆 …… 348
美国国会图书馆 …… 256
类目体 …… 231
《类编长安志》…… 231
《洪泽湖志》…… 166
洪亮吉 …… 165
洪焕椿 …… 165
《洞霄图志》[大德]…… 066
《洛阳市志》…… 254
《洛阳市涧西区志》…… 253
济宁直隶州志 …… 192
济阳县志(旧志)…… 192
《济南市志》…… 192
《津南区志》…… 215
《宣平县志》[光绪]…… 438
《宣和奉使高丽图经》…… 438
《神农架志》…… 343
费黑 …… 090
姚莹 …… 447
姚鼐 …… 447
《怒江州交通志》…… 281
贺民贤 …… 160

十画

秦汉修志 …… 292
《秦边纪略》…… 292
《秦安志》[嘉靖]…… 292
《秦始皇帝陵志》…… 293
《秦皇岛市志》…… 293
《桂平县志》…… 132
《桂林风土记》…… 131
《桂林市志》…… 132
《桂林郡志》[景泰]…… 131
《桂海虞衡志》…… 131
《栖霞县志》…… 288
《桐城县志》…… 385
《真腊风土记》…… 480
《袁州府志》[正德]…… 459

莱芜县志 ······ 228
《莲峰志》[顺治] ······ 234
莫乃群 ······ 265
索引 ······ 365
《盐山新志》[民国] ······ 442
《晋江市地名志》 ······ 216
《晋江市志》 ······ 216
《晋县志》 ······ 216
贾耽 ······ 197
贾恩绂 ······ 197
顾炎武 ······ 109
顾野王 ······ 110
顾颉刚 ······ 109
夏恩训 ······ 412
挚虞 ······ 484
《恩施州志》 ······ 069
特载 ······ 375
钱大昕 ······ 290
《钱塘江志》 ······ 290
《铅山县志》 ······ 442
徐一夔 ······ 437
徐时栋 ······ 436
《徐沟县志》[民国] ······ 436
徐松 ······ 436
徐家汇藏书楼 ······ 436
《翁牛特旗志》 ······ 396
《胶澳志》[民国] ······ 213
郭子章 ······ 133
郭象升 ······ 133
郭棐 ······ 132
郭嵩焘 ······ 133
《高安市志(1986~2006)》 ······ 106
高邮州志 ······ 107
《高淳县志 (1986~2005)》 ······ 107
高熊徵 ······ 107
亳州志 ······ 026
《唐山市志》 ······ 375
唐小峰 ······ 375
唐代修志 ······ 373
唐枢 ······ 375
唐锦 ······ 374
《阆中县志》[咸丰] ······ 229
《朔方道志》[民国] ······ 351
《剡录》 ······ 334
郯城县志(旧志) ······ 373
《益部方物略记》 ······ 450
《浦城县志》 ······ 287
《浙江方志源流》 ······ 472
浙江图书馆 ······ 473
《浙江省名镇志》 ······ 473
浙江修志 ······ 473
《浙江通志》[雍正] ······ 473
《海口市志》 ······ 136
《海口海关志(1991~2001)》 ······ 136
《海西蒙古族藏族自治州志》 ······ 140
《海南省志・西南中沙群岛志》 ······ 137
《海南省志・农垦志》 ······ 137
海南修志 ······ 137
《海南铁矿志》 ······ 137
《海盐县图经》[天启] ······ 141
《海康县志》[康熙] ······ 136
海源阁 ······ 141
《浚县志》 ······ 439
《宽甸县志》 ······ 226
《读史方舆纪要》 ······ 066
谈迁 ······ 372
《祥符州县图经》 ······ 418
《通化市志》 ······ 384
《通县志》 ······ 384
《绥化地区志》 ······ 363
《绥芬河市志》 ······ 363
绥远志 ······ 363

十一画

琉球志书 ······ 246
《梧州市志》 ······ 401
《梧州市郊区志》 ······ 401
《梅州市志》 ······ 256
"著名图书馆藏稀见方志丛刊" ······ 507
《萧山县志》 ······ 418
《萧县志》 ······ 419
萧绎 ······ 419
《黄山志》 ······ 182
黄仲昭 ······ 184
黄苇 ······ 182
黄佐 ······ 184
黄岩县志 ······ 183
黄宗羲 ······ 184
黄炎培 ······ 183

《黄河三峡移民志》…… 181
黄诚沅 …… 180
黄勋拔 …… 183
《黄帝故里志》…… 181
《黄浦区志》…… 182
《黄陵县志》…… 181
黄彭年 …… 182
《营山县志》…… 451
曹叔远 …… 028
盛京通志 …… 345
常宽 …… 033
常德府志 …… 033
《常熟市志》…… 034
《崆峒山新志》…… 224
《崖州志》[民国] …… 440
《昆山郡志》[至正] …… 227
《崇庆县志》…… 045
《崇阳县志》…… 046
《银川市志》…… 450
第一历史档案馆 …… 064
《第一汽车制造厂厂志》…… 064
《第二汽车制造厂志(1969~1983)》…… 063
偃师县志(旧志) …… 443
盘山志 …… 283
《盘江煤矿志》…… 283
《猎德村志》(增订版) …… 241
《望城县志》…… 393
章节体 …… 469
章学诚 …… 470
断限 …… 067
《清代台湾方志研究》…… 298
清代修志 …… 298
清华大学图书馆 …… 302
《淮阴市志》…… 180
《淳化县志》[乾隆] …… 046
《涪陵市志》…… 092
《涪陵交通志(1986~2005)》…… 092
《深圳市志》…… 343
涵芬楼 …… 141
《淄博市志》…… 508
《惟扬志》[嘉靖] …… 394
《密云县志》…… 258
《密云县志》[民国] …… 258
密加凡 …… 258
梁启超 …… 235
梁寒冰 …… 235
隋代修志 …… 364
《绩溪县志》…… 194
《续天津县志》[同治] …… 438
《续修四库全书总目提要》…… 438
《绵阳市志(1840~2000)》…… 259

十二画

《琼台志》[正德] …… 303
《琼州府志》[道光] …… 303
《琼结县志》…… 303
《博乐市志》…… 027
《韩城县志》[乾隆] …… 142
《朝邑县志》[乾隆] …… 035
朝鲜志书 …… 034
《彭城志》[正统] …… 284
董一博 …… 066
蒋梦麟 …… 212
蒋湘南 …… 212
蒋藩 …… 212
《惠州府志》[嘉靖] …… 186
《惠安政书》[万历] …… 185
越南志书 …… 461
《越绝书》…… 460
《雄乘》…… 434
《厦门市志》…… 412
《雁门关志》…… 444
《紫云苗族布依族自治县志》…… 509
《喀纳斯志》…… 223
景生明 …… 219
《景定建康志》…… 219
《黑龙江志稿》[民国] …… 164
《黑龙江省志·外事志》…… 161
《黑龙江省志·国营农场志》…… 161
黑龙江修志 …… 162
《黑龙江旅游景区志》…… 161
《黑河地区志》…… 161
程大昌 …… 039
程敏政 …… 039
傅振伦 …… 100
《皖志史稿》…… 387
焦循 …… 213
番禺县志 …… 283
《颍川郡志》[永乐] …… 452

鲁一同 ········ 251
鲁山县志(旧志) ········ 250
鲁迅 ········ 250
《鲁甸县志》 ········ 250
敦煌遗书 ········ 067
童承叙 ········ 386
《普陀区志》 ········ 287
《普通方志学》 ········ 287
曾三 ········ 466
《遂宁市志》 ········ 364
湖广通志 ········ 173
湖北省方志馆 ········ 168
《湖北省志·工业》 ········ 169
《湖北省志·地质矿产》 ········ 169
湖北省图书馆 ········ 168
湖北修志 ········ 169
湖北通志 ········ 169
湖南方志馆 ········ 173
湖南图书馆 ········ 174
《湖南省志·科学技术志》 ········ 174
《湖南省志·湖南近百年大事纪述》 ········ 173
湖南修志 ········ 174
《湖南通志》[光绪] ········ 174
《湘西州志》 ········ 417
湘阴县志(旧志) ········ 417
《湘潭县志》 ········ 416
湘潭县志(旧志) ········ 416
《渭南地区志》 ········ 394
《富顺县志》[乾隆] ········ 100
谢华 ········ 420
谢启昆 ········ 420
谢国桢 ········ 420
谢肇淛 ········ 420
《登封市志》 ········ 054
登封县志(旧志) ········ 054
编纂始末 ········ 024
编纂原则 ········ 024

十三画

《瑞丽市志》 ········ 310
《榆次市志》 ········ 454
《鼓楼区志》(南京) ········ 108
甄炳昌 ········ 480
鄢陵县志(旧志) ········ 440
鄞县志 ········ 450
蓟州志 ········ 194
《蓟县志》 ········ 194
《蓬州志》[正德] ········ 284
蒲孝荣 ········ 286
《蒙古游牧记》 ········ 257
《楚雄彝族自治州教育志》 ········ 046
雷次宗 ········ 230
《雷州府志》[万历] ········ 230
《雷锋志》 ········ 230
《嵩山志》 ········ 360
《简明方志编纂学》 ········ 197
《腾冲县志》 ········ 375
《新方志文集》 ········ 425
《新方志理论与实践二十年》 ········ 425
《新方志编纂实践》 ········ 424
《新方志编纂学》 ········ 424
《新方志"概述"点评》 ········ 424
《新地方史志学简编》 ········ 424
《新安志》[淳熙] ········ 421
《新余市志》 ········ 433
《新河县志》[民国] ········ 425
《新城县志》[民国] ········ 423
《新修合川县志》[民国] ········ 432
《新修南充县志》[民国] ········ 432
《新绛县志》 ········ 432
《新编方志十二讲》 ········ 423
《新编方志文论》 ········ 423
《新编地方志工作暂行规定》 ········ 421
《新嘉坡风土记》 ········ 425
《新疆生产建设兵团农业志》 ········ 426
《新疆生产建设兵团科技志》 ········ 426
新疆生产建设兵团修志 ········ 426
新疆地方志馆 ········ 426
《新疆图志》[宣统] ········ 429
新疆修志 ········ 429
《新疆通志·生产建设兵团志》 ········ 429
《新疆通志·瓜果志》 ········ 428
《新疆通志·检察志》 ········ 428
《新纂云南通志》[民国] ········ 433
《慈利县志》[民国] ········ 047
慈溪县志 ········ 047
《满洲里市志》 ········ 255
《漠河县志》 ········ 265
《滇略》 ········ 064

《滦州志》[嘉靖] …… 253
《福州市志》 …… 098
福建师范大学图书馆 …… 094
《福建省交通志》 …… 093
《福建省志·文化艺术志》 …… 093
《福建省志》地图集 …… 093
福建省图书馆 …… 093
福建修志 …… 094
《福建通志》[民国] …… 094

十四画

《静安区志》 …… 220
静嘉堂文库 …… 220
嘉业堂 …… 196
《嘉禾志》[至元] …… 195
《嘉兴市志》 …… 195
《嘉兴府图记》[嘉靖] …… 195
《嘉应州志》[光绪] …… 196
《嘉定县志》 …… 195
蔡亲良 …… 028
蔡涉 …… 028
《舆地广记》 …… 454
《舆地纪胜》 …… 454
《廖家湾村志》 …… 241
靖安舒氏 …… 220
《韶山志》 …… 341
彰德府志 …… 470
《澉水志》[宝祐] …… 106
《澉浦镇志》 …… 106
谭其骧 …… 373
谯周 …… 291
肇庆府志 …… 471
《肇域志》 …… 472
缪荃孙 …… 264

十五画

《鞍山市志》 …… 008
《鞍钢志(1916~1985)》 …… 008
镇江志 …… 480
篇目 …… 284
黎锦熙 …… 231
《德化陶瓷志》 …… 053
德州志 …… 053
《德阳市志》 …… 053
《滕县志》 …… 376
颜木 …… 442
《颜真卿志》 …… 443
《遵义市志》 …… 511
《遵义地区志》 …… 510
《遵义府志》[道光] …… 510
《潮州市志》 …… 036
潮州府志 …… 035
《澳门纪略》 …… 009
澳门修志 …… 009
《澄城县志》[乾隆] …… 039
《鹤岗市志》 …… 160
畿辅通志 …… 187

十六画

燕居谦 …… 444
《黔东南风物志》 …… 291
《寰宇通志》 …… 180

十七画

戴震 …… 051
魏源 …… 395
《徽州地区简志》 …… 184
徽州府志 …… 184
《襄樊市志》 …… 418

十八画以上

瞿宣颖 …… 304
“麓山精舍丛书” …… 252
《瀛环志略》 …… 451
《瀛涯胜览》 …… 452
《巍山彝族回族自治县志》 …… 393
《爨底下村志》 …… 047
《2009 山西重点工程大事志》 …… 069

条目内容分析索引

说 明

一、本索引是全书条目和条目内容的主题分析索引，是全文检索的主要手段。包括全部条目的条目标题及条目释文中隐含的知识主题等。

二、索引主题按汉语拼音字母顺序并辅以汉字笔画、起笔笔形顺序排列。同音时按汉字笔画由少到多的顺序排列，笔画数相同的按起笔笔形一（横）、丨（竖）、丿（撇）、丶（点）、乛（折，包括乚ㄅㄋㄑㄥ等）的顺序排列。第一字相同时，按第二字，余类推。

三、设有条目的索引主题用黑体字标示，其他索引主题用报宋体字标示。

四、索引主题之后的阿拉伯数字表示主题内容所在本书的书码，数字之后的小写英文字母表示所在正文的版面区域。如右图。

五、数字开头的索引排在整个索引之后。

a	c	e
b	d	f

A

《阿坝森工志》001a
《阿坝州志》356a
《阿坝州志》（藏文版）001c
《阿克苏市志》001e
《阿拉善盟志》272c
《阿勒泰地区志》431b
《瑷珲县志》163b
《安东卫志（文白对照本）》319b
安丰塘 002a
《安丰塘志》002a
《安徽地方志》005c
安徽地方志 060b
安徽地方志信息化建设 005d
《安徽第九区风土志略》004b
安徽方志工作管理 005b
安徽方志馆藏 005f
《安徽方志考略》487b
安徽方志研究成果 006a
《安徽方志综合目录》077a
《安徽概览》004a
安徽汉唐时期修志 003b
安徽旧志整理 005a
安徽历代方志编修 003a
安徽民国时期村志及专志 004c
安徽民国时期省志 004a
安徽民国时期县志 004a
安徽民国时期乡土志及风土志 004b
安徽民国时期修志 004a
安徽明代府志 003d
安徽明代县志 003d
安徽明代修志 003c
安徽明代州志 003d
安徽清代村镇志 003f
安徽清代府志及直隶州志 003f
安徽清代通志 003e
安徽清代县志及散州志 003f
安徽清代修志 003d
安徽省地方志编纂委员会及办公室 005b
《安徽省地方志工作条例》005d
《安徽省地方志信息网络化建设系统集成方案》005d
安徽省地方志学会 005e
《安徽省地方志综录》078d
安徽省级修志 004d
安徽省立图书馆 005f
安徽省图书馆 005f
安徽省文献委员会 004a
《安徽省志(1986~2005)》004e
《安徽省志》004d
《安徽省志·方言志》002c
《安徽省志·军事志》002d
安徽师范大学图书馆 002f
安徽师范学院图书馆 002f
《安徽史志通讯》005c
安徽市县级修志 004e
安徽宋元时期修志 003b
《安徽通志稿》004a，261b
安徽通志馆 004a
安徽通志局 003e
安徽新方志编修 004c
安徽修志 003a
安徽修志法规规章和规范性文件 005d
《安徽佚志考录》078c
安徽专志和乡镇村志编修 005a
《安康地区志》331b
《安南国图》122d
《安南志略》461b
《安庆地区志》004d
安庆府志 006b
《安庆府志》［康熙］006c
《安庆府志》［正德］006c
《安塞县志(校注)》322b
《安顺地区志（第一卷）》129b
安顺府 006e
《安顺府志》［咸丰］006d
《安溪县志(明嘉靖版)》096d
《安溪县志》（康熙版）096d
《安溪县志》（乾隆版）096b
《安乡县志校注》177b
《安阳金石录》007f
《安阳市文峰区志》006f
《安阳市志》007b
安阳县志（旧志）007c
《安阳县志》［康熙］007c
《安阳县志》［乾隆］007d
《安邑县志(续编)》326c
《安邑县志》（民国版）326b
《鞍钢志(1916~1985)》008a
《鞍钢志·人物志》008c
《鞍钢志·基层单位志》008c
《鞍钢志·专业志》008b

《鞍山市志》008d
《鞍山市志》鞍钢卷 008d
《鞍山市志》城乡建设卷 008e
《鞍山市志》军事卷 008f
《鞍山市志》人物卷 008f
《鞍山市志》综合卷 008e
《昂昂溪机务段志（1896~2000)》009a
澳大利亚方志收藏 080f
澳大利亚国立大学图书馆 081a
澳大利亚国立图书馆 080f
《澳门地方志》编纂工程 009f
澳门地方志工作小组 009f
《澳门纪略》009b
澳门修志 009e

B

《八沟厅备志》151b
《八景镇志》010a
八闽 010b
《八闽通志》010b
《八一毛纺织厂志》010d
《八一制糖厂志》010e
《巴记》291e
《巴郡图经》042a
《巴里坤哈萨克自治县志》010f
《巴马瑶族自治县志》011b
《巴蜀异物志》291e
《巴塘井乡土地理志》011d
《巴塘盐井乡土志》011d
《巴县志》043c
《巴县志》[民国] 011e
《巴彦淖尔盟志》272c
《巴音郭楞蒙古自治州志》431b
《巴渝古代要籍叙录》044e
巴兆祥 088a
《白城地区志》012a
《白带山志》021b
白山司 012b
《白山司志》[道光] 012b
白山土巡检司 012b
《白水县志校注》332a
《白银市志》104a
《白云观志附东岳庙志》020a
《百色市志》012d
板块类目体 231b
版帐钱 045d
《蚌埠市志》004d
《包头铝厂志》012f
《包头市志》272c
《宝安县志》013a
宝坻县志(旧志) 013c
《宝坻县志》381c
《宝坻县志》[康熙] 013c
《宝坻县志》[乾隆] 013d
宝丰县志(旧志) 013f
《宝丰县志（清道光十七年)》157c
《宝丰县志》[嘉庆] 014a
《宝丰县志》[乾隆] 013f
《宝钢志》014b
《宝鸡市志》331b
宝庆府 014c
宝庆府志 014c
《宝庆府志》[道光] 014e
《宝庆府志》[康熙] 014d
《宝庆府志》[隆庆] 014d
《宝山县志》338d
宝祐《寿昌乘》361b
《保安县志略校注》332a
《保德州志》(康熙版) 326a
《保定村志》014f
《保定市志》150c
《保山地区志》463d
《保山县志稿》070f
报刊资料 435c
《趵突泉志校注》318d
《北辰区志》015b
《北川县志》015c
《北戴河志》015e
《北海市志》016a
《北湖小志》213e
北京大学图书馆 016c
“北京地方志·风物图志丛书”020e
“北京地方志·古镇图志丛书”020e
北京地方志信息化建设 022a
北京地方志学会 022b
《北京地名志》020a
北京地情资料网 022a
《北京方志概述》487a
北京方志工作管理 021e
《北京方志提要》078d
北京方志研究成果 022b
北京高等师范学校图书馆 016f
《北京工业志》021f
“北京古籍丛书”021c
北京规划外志书编修 020d
《北京胡同志》016e
“北京旧志丛书”021e
“北京旧志汇刊”021e
北京旧志整理 021c
《北京科学技术志》021a
北京历代方志编修 019a
北京民国时期县志 019f
北京民国时期修志 019e
北京民国时期专志 019f
北京明代修志 019b
北京明代州县志 019b
北京明代专志 019c
《北京牛街志书——〈冈志〉》021b
北京清代修志 019c
北京清代州县志 019d
北京清代专志 019d
北京区县级修志 020d
北京师范大学图书馆 016f
《北京市朝阳区志》020d
《北京市崇文区志》017b
北京市地方志编纂委员会及办公室 021f
《北京市地名志》020f
《北京市东城区志》020d
北京市方志馆 017d
《北京市房山区志》017e
《北京市丰台区志》018a
《北京市海淀区志》018c
北京市级修志 020b
《北京市门头沟区志》020d
《北京市石景山区志》020d
北京市数字方志馆 017e
《北京市西城区志》018e
《北京市宣武区志》020d
《北京市志稿》021b
《北京水利志》020f
《北京水利志稿》020f
《北京天津地方志传记索引》082a
《北京天津地方志人物传记索引》082a
北京图书馆 134f
《北京图书馆方志目录三编》076d
北京新方志编修 020a
《北京新方志编修20年纪念文集》022c
北京修志 018f
北京修志法规规章和规范性文件 021f
《北京志》020b
《北京志》编写领导小组 021e
《北京志·世界文化遗产卷·天坛志》023d
《北京志·中央机构卷·中央机构志》023e
《北京志·北京奥运会志》022d
《北京志·故宫志》022f
《北京志·建筑卷·建筑志》023b
《北京志·建筑志》023b
《北京志·世界文化遗产卷·故宫志》022f
《北京志·天坛志》023d
《北京志·中央机构志》023e
《北平》(半月刊) 019f
《北平志》019e
北师大图书馆藏善本方志 017a
北师大图书馆藏稀见方志 017b
北宋修志 360f
备查 365e
背景资料 435d
《本溪市志》024a
《本溪市志》钢铁工业篇 024b
《本溪市志》煤炭工业篇 024c

《本溪市志》民俗风情篇 024c
《本溪市志》自然环境篇 024b
《毕节地区志》129b
毕沅 024d
《泌阳县志校注》158b
皕宋楼 478e
《璧山县志》043d
编后记 024e
编目 284f
编年体 377b
《编志实践录》321a
《编纂山东地方志的初步办法》393b
编纂始末 024e
编纂体 376f
编纂原则 024f
表 025f
表名 026b
表题 026b
表头 026b
表文 026b
表注 026b
《邠州志译注》332a
宾州 132f
《宾州志》[万历] 132f
《滨州地区志》318a
兵团方志编修 426f
兵团方志工作管理 427d
兵团规划外志书编修 427d
兵团级修志 427a
兵团师(市)级修志 427b
兵团史志机构 427f
兵团史志研究成果及刊物 428c
兵团史志网 060b
兵团团(场)级修志 427c
兵团修志规范性文件 428b
亳州志 026c
《亳州志》[道光] 026e
《亳州志》[光绪] 027a
《亳州志》[嘉靖] 026d
《亳州志》[乾隆三十九年] 026e
《亳州志》[乾隆五年] 026e
《亳州志》[顺治] 026d
《博尔塔拉蒙古自治州志》431b
《博乐市志》027a
《渤海国志》163b
《渤海国志长编》215e
《卜魁纪略》163b
补修 073b
《补阙集》321b
《布特哈志略》163b
部门行业志 073a
簿 071c

C

《采访志书条例》399e
《采荷街道志》476e
蔡亲良 028a
蔡涉 028b
蔡增仁 028b
仓修良 087e
《仓修良探方志》479b
《沧浪区志》(苏州) 028c
《沧源佤族自治县志》028e
《沧州市志》150c
《沧州新志(清康熙十三年版)》151a
《沧州志(清乾隆八年)》151b
《沧州志》(乾隆版) 151a
藏经洞文献 067f
《曹南文献录》319b
曹叔远 028f
《曹县志》(光绪版) 319b
《曹州府志》(乾隆版) 318d
曹子西 486e
《茶陵州志(句读·诠译本)》177b
《昌都地区志》029a
《昌都地区志》社会卷 029b
《昌都地区志》文化卷 029b
《昌都地区志》政治卷 029a
《昌国州图志》[大德] 358c
《昌化县志》[乾隆] 029c
《昌黎方言志》150a
《昌黎县志》(康熙版) 151b
《昌黎县志》(民国版) 151b
《昌平山水记》110a
《昌平外志校理》021b
《昌平县志》020d
《昌平州志》[光绪] 264f
《昌邑古县志集》318d
《长安客话》021a
《长安志》[熙宁] 029e
《长安志图》[至正] 029f
《长白山志》030b
《长春市志》030d
《长春市志·电影志》030d
《长春市志·文物志》030e
《长春县志》[民国] 215e
长风馆 322a
《长葛县志(标注本)》157c
长葛县志(旧志) 031a
《长葛县志》[康熙] 031a
《长葛县志》[民国] 031b
《长葛县志》[乾隆] 031b
《长江志》031e
《长乐六里志》096b
《长乐县志》(弘治版) 096d
《长乐县志》(民国版) 096b
《长乐志》312e
《长宁区志》339a
《长沙市志》032b
《长寿县城关镇志》044b
《长寿县志》043d
《长汀县志》(民国版) 097b
《长武县志(清宣统二年)》332b
《长武县志》[乾隆] 032f
《长武县志附后续刻》032f
《长兴县志》[嘉庆] 033a
《长兴县志条辨》033a
《长阳县志(民国二十五年纂修)》171b
《长阳县志》(道光版) 171b
《长阳县志》(同治版) 171b
《长垣县志(整理本)》158a
《长治市志》325d
长治县志(旧志) 033b
《长治县志》[光绪] 033d
《长治县志》[康熙] 033b
《长治县志》[乾隆] 033c
常德府 033e
常德府志 033e
《常德府志》[嘉靖] 033e
《常德府志》[嘉庆] 033f
《常德府志校注》177b
《常德市志》176b
常宽 033f
常璩 179a
《常山县志》(光绪版) 477b
《常熟市志》034a
《巢湖地区简志》004d
朝鲜书院志 034f
朝鲜志书 034c
《朝邑县志(校注)》332c
《朝邑县志》[乾隆] 035b
《朝邑县志》[正德] 111f
潮州府 035d
潮州府志 035d
《潮州府志》[嘉靖] 035d
《潮州府志》[康熙] 035e
《潮州府志》[乾隆] 035f
《潮州府志》[顺治] 035d
《潮州市志》036a
《潮州志汇编》035d
《郴州地区志》176b
陈福桐 036b
陈光贻 500b
陈捷先 298e
陈雷 036c
陈澧 036d
陈曼平 061b
《〈陈曼平史志文丛·漫漫集〉(第二卷)地方志研究》060e
陈梦林 036f
《陈桥驿方志论集》479a
陈寿 036f
陈训正 037a
陈沂 037b
陈雨田 036c
陈元方 037d
陈运溶 252c
陈作霖 037e
《宸垣识略》021b
《成都地方志篇目索引(正编)》081b
《成都府志》[天启] 038b
《成都市园林志》038d
《成都市志》356a
成化《河南总志》155a

成化《山西通志》324b
《成武县志》(道光版) 318d
《承德府志(校点本)》151b
《承德市志》150c
《城步县志》038f
《城固县志》[民国] 231e
《城固县志续修工作方案》074f
《城口县志》043d
城市区志 072b
《城市区志编纂概论》039a
《城市区志上海协作研讨会议论文集》341a
《城召村历史》100c
乘 071c
程大昌 039c
程敏政 039d
《澄城县志》[乾隆] 039e
《池州地区志》004d
赤城 040a
《赤城志》[嘉定] 040a
《赤峰市志》272c
《赤松山志》[咸淳] 040b
《敕封天后志》095a
《敕修陕西通志》[雍正] 329e
《重刊兴化府志》097a
《重刻孙立山先生富平县志》332d
《重庆大事记》043b
重庆方志工作管理及方志馆藏 044c
重庆方志研究成果 044d
重庆规划外志书编修 044a
重庆旧志整理 044b
重庆历代方志编修 042a
重庆民国时期修志 042e
重庆明代修志 042b
重庆清代修志 042c
《重庆市北碚区志》043c
《重庆市大渡口区志》043d
重庆市地方志办公室 044c
重庆市级修志 043a
《重庆市江北区房地产志》(1986~2005) 040d
《重庆市江北区志》043c
《重庆市九龙坡区志》043d
《重庆市南岸区志(1990~2005)》040f
《重庆市南岸区志》043c
《重庆市南桐矿区志》043d
《重庆市沙坪坝区志》043d
《重庆市市中区志(1986~1994)》044a
《重庆市市中区志》041a
《重庆市双桥区志》043d
《重庆市志》043a
《重庆市志·经济地理志》041c
《重庆市志·民俗志》041d
《重庆索特志》041e
重庆图书馆 041f
重庆县级修志 043b
重庆新方志编修 042f
重庆修志 042a
重修 073b
《重修安徽通志》[光绪] 044e
《重修大足县志》[民国] 051c
《重修德州志》[康熙] 053f
《重修凤翔府志》332a
《重修福建台湾府志》[乾隆七年] 367f
《重修固始县志》[乾隆] 109b
《重修湖北通志纂校章程》182c
《重修滑县志(标注本)》157c
《重修江宁县志》199e
《重修胶州志》[道光] 045a
《重修琴川志》[至正] 045b
《重修山东通志事例商榷》245d
《重修上蔡县志》158b
《重修石城县志》[民国] 346b
《重修汜水县志(点校注本)》158a
《重修台湾府志》[康熙五十年] 367f
《重修台湾府志》[乾隆十二年] 368a
《重修天津府志》380c
《重修蜩川志》332d
《重修西天目山志》045e
《重修信阳县志(点注本)》157d
《重修扬州府志》[嘉庆] 444f
《重修仪征县志》[道光] 246e
《重修原武县志》158a
《重修浙江通志稿(标点本)》477b
《重续兴安府志(校注)》332d
《崇安县新志》(民国版) 097d
《崇明县志》338d
《崇庆县志》045f
《崇雅堂书录》101b
《崇阳县志》046a
《崇义县志》209b
《滁县地区志》004d
《楚雄彝族自治州教育志》046c
《楚雄彝族自治州志》463d
《处州府志》(光绪版) 477a
川底下村 047f
《川沙厅志》[光绪] 454b
《川沙县志》338d
《川沙县志》[民国] 046d
创修 073b
《春明梦余录》019d
《淳化县志》[乾隆] 046e
淳熙《岭外代答》361a
淳祐《玉峰志》361b
《慈利县志》[民国] 047a
《慈利县志校注》177b
慈溪县志 047c
《〈慈溪县志〉编修实录》479a
《慈溪县志》[光绪] 047d
《慈溪县志》[雍正] 047c
《从器志》122b
丛传 508c
《爨底下村志》047e
爨里安口 047f
存真求实 025a

D

《达川地区志》048a
《达州市志(1911~2003)》048a
大编大章体 469f
大编体 469f
大德五年《四至八到坊郭体式》458a
《大涤洞天记》066d
《大定府志》[道光] 048c
《大港区志》381c
《大观亭志》004c
《大理白族自治州志》048e
《大连市志》048f
《大连市志·港口志》049c
《大连市志·军事志》049b
《大连市志·中共地方组织志》049b
《大连市志·自然环境志》049a
《大名府志》[正德] 374f
《大明一统志·琼州府》139a
《大明志书》262f
《大南一统志》461b
《大宁县志》(光绪版) 326b
《大清一统志》[康熙] 449b
《大清一统志》[乾隆] 449c
《大庆市志》049c
《大庆市志》科研篇 049e
《大庆市志》人物篇 049e
《大庆市志》石油化工篇 049d
《大庆市志》石油篇 049d
大事记 193d
《大事记编写整体结构式断想》087c
《大田县志》(民国版) 097a
大同府志 049f
《大同府志》(乾隆版) 326d
《大同府志》(正德版) 326b
《大同府志》[乾隆] 050a
《大同府志》[正德] 049f
《大同市志》050b
《大同县志》(道光版) 326b
《大兴安岭概况》163a
《大兴县志》050c
《大兴县志》(康熙版) 021b
《大冶县志(同治版译注本)》171b
《大一统志》448f
大英图书馆 080e
《大元大一统志》448f

《大元混一方舆胜览》050e
《〈大元混一方舆胜览〉的价值与缺陷》051a
《〈大元混一方舆胜览〉研究二题》051a
大志体 231c
《大中华安徽地理志》004a
《大中华地理志》241e
《大中华吉林省地理志》241f
大足县志(旧志)051a
《大足县志》043d
《大足县志》[光绪]051b
《大足县志》[嘉庆]051b
《代县志》051c
戴震 051e
《儋县志》[民国]390a
《儋县志初集》139d
《儋州志》138b
《当代方志学概论》052a
《当代方志学探论》052c
《当代志书编纂教程》052d
当代中国气象史编辑部 134d
当代中国气象史编委会 134d
党戈 083c
档案资料 435c
《岛夷志》052e
《岛夷志略》052e
《岛夷志略广证》052f
《岛夷志略笺》053a
《岛夷志略校释》053a
《岛夷志略校注》053a
道光《广东通志·琼州府》139b
道光《津门保甲图说》382a
道光《廉州府志》122f
道光《万州志》139d
道光《新修香山县志》009e
《道光武康县志》477a
道志 072b
《德宏州志》463d
《德化陶瓷志》053a
《德化县志》(乾隆版)097c
《德山志补校注》177b
《德阳市志》053c
《德州地区志》318a
《德州旧志九种校注》319a
德州志 053e
《德州志》[乾隆]053f
《德州志略》[光绪]054a
《登封市志》054b
登封县志(旧志)054d
《登封县志(明嘉靖八年本)》157d
《登封县志(清乾隆丁未年)》158a
《登封县志》(乾隆五十二版)158a
《登封县志》[嘉靖]054d
《登封县志》[隆庆]054e
《登封县志》[乾隆九年]054e
《登封县志》[乾隆五十二年]054f
《登州府志》[顺治]345e
邓之诚 055a
《迪庆州志》463d
邸富生 500a
地方方志机构 055e
《地方史志编纂新论》321a
《地方文献研究与分论》242a
地方志 071c
《地方志·书目文献丛刊书名索引》082a
《地方志编纂与续修》055b
《地方志工作》172d
地方志工作机构 055d
《地方志工作条例》055f
《地方志工作文稿》057a
《地方志论文集》321a
《地方志人物传记资料丛刊·东北卷人名索引》082a
《地方志人物传记资料丛刊·华北卷人名索引》082a
《地方志书内容要素探微》341b
《地方志书质量规定》057e
《地方志书纂修办法》260c
地方志网站 060b
《地方志网站类型、功能与名称的确定》075e
地方志系统信息化建设 060a
《地方志研究》060e
《地方志与现代科学》061b
地方综合年鉴 061f
《地方综合年鉴编纂出版规定(试行)》062a
地记 063b
地记产生 063b
地记发展 063d
地理派 302b
《地理杂志》090d
地情网 060d
《地情资料库建设研究与应用》321b
地区志 072b
地图 386c
地域志 073b
《帝京岁时纪胜》021a
第二届中国地方志学术年会 491e
第二届中国地方志指导小组会议 495a
《第二轮志书人物篇编纂中应该注意的若干问题》082d
《第二汽车制造厂志(1969~1983)》063f
“第三届中国地方志学术年会暨两岸四地方志文献学术研讨会”491f
第三届中国地方志指导小组会议 495d
第四次全国地方志工作会议 305b
第四届中国地方志指导小组会议 496b
第一届中国地方志学术年会 491d
第一届中国地方志指导小组会议 494b
第一历史档案馆 064b
《第一汽车制造厂厂志》064b
《滇略》064d
典 071c
典型资料 435d
《垫江县志》043c
丁剑 423c
《鼎修湘阴县志》[康熙]417f
《〈定边县乡土志〉笺证》332b
《定边县志(校注本)》332d
《〈定边县志〉笺证》332b
《定海厅志》[光绪]064e
《定海县志》[民国]037b
《定县志》[民国]197d
《东北地方志考略》078b
《东北方志人物传记资料索引·黑龙江卷》082a
《东北方志人物传记资料索引·吉林卷》082a
《东北方志人物传记资料索引·辽宁卷》082a
《东槎纪略》448a
东昌府志 065a
《东昌府志》[嘉庆]065b
《东昌府志》[乾隆]065a
《东川市志》463d
《东传方志总目》078a
东方图书馆古籍藏书室 141e
东方文化研究所 217b
《东国舆地胜览》034c
《东湖志 东湖新志》477b
《东丽区志》381c
《东明县新志(点校)》319b
《东明县新志(译注增补本)》318d
《东明县志》319b
东南大学图书馆 267f
《东平县志》065c
《东山县志》(民国版)097c
《东莞市志》116a
东五台山 283e
《东亚古方志学探论》065d
东洋文库 065e
《东洋文库地方志目录:支那、满洲、台湾》077c
《东营史志论坛》321b
《东营市志》318a
董一博 066a
《洞霄图志》[大德]066c
都邑志 072b
《读方志琐记》304c
《读史方舆纪要》066d

《杜尔伯特蒙古族自治县志》066f
段柄仁 067c
《段柄仁方志文丛》067b
断限 067d
对比性资料 435d
《敦煌宝藏》068c
敦煌卷子 067f
敦煌文书 067f
敦煌文献 067f
敦煌写本 067f
敦煌学 068d
敦煌遗书 067f
多编多章体 470a

E

《鄂西州志》069a
《鄂州市志》171a
恩施州 069a
《恩施州志》069a
《恩施州志》171a
《二连浩特市志》069c
《二轮修志·浙江论坛》479b
《二十九种通志传记索引》082a
《二十世纪初的天津概况》382a
《二十一史方舆纪要》066d

F

发凡 070a
发例 070a
法国东方语言学院 080d
法国方志收藏 080d
凡例 070a
《繁峙县志》[光绪]446b
范成大 070c
《范洪涛方志文集》341b
方苞 070c
《方城县志》[民国]467e
方国瑜 070e
《方舆胜览》071a
《方舆胜览·海外四州》139a
方志 071b
《方志本义管窥》349a
《方志编修教程》341a
《方志编纂基本规律初探》082d
《方志编纂学》071d
《方志编纂学》321a
《方志编纂学》479a
《方志编纂学概论》(1998) 071f
《方志编纂学概论》(2001) 072b
《方志编纂学基础教程》479b
《方志编纂学浅说》321a
《方志辨体》470c
方志出版社 072c
《方志刍议》348a
《方志的特征、性质及定义》087b
方志分类 072e
方志工具书 073b
方志功能 073f
方志功能多样性研究 074a
《方志功能面面观》(修志资料选辑之四)479a
方志馆 074b
方志管理理论 074c
《方志管理学》074d
方志辑佚 074d
《方志接受学基础教程》479b
《方志今议》074f
《方志今议·方志考稿甲集》075a
《方志考稿(甲集)》075a
方志理论 075b
《方志立三书议》470c
《方志略例》(二)026c
《方志论》075d
《方志论集》341a
方志目录 075f
《方志批评学论略》078b
《方志浅说》212c
《方志商》079b
《方志实践与探索》321a
方志史 079c
方志收藏 079e
《方志双月刊》090d
方志索引 081c
《方志探论》479a
方志特征 081d
《方志通义》082b
《方志文本学基础教程》479b
《方志文化论》082d
《方志文集》321a
《方志文体研究》082f
《方志写作学》083b
《方志写作学基础教程》479b
《方志新论》083d
《方志新议》083e
方志性质 084a
方志学 084b
《方志学》(1935) 084e
《方志学》(1993) 084f
《方志学发微》085a
《方志学概论》085b
方志学概念 084b
《方志学管窥》085d
《方志学基础》085e
《方志学基础教程》321b
《方志学基础教程》479b
《方志学简论》086a
《方志学举要》086b
《方志学两种》079b
方志学史 086d
《方志学史》086f
《方志学探微》087b
《方志学通论》087d
《方志学通论(修订本)》479b
《方志学新论》087f
《方志学新论集》088b
《方志学新探》088d
《方志学学科建设三年规划(2014—2016)》研讨会 086f
方志学学科体系 084d
《方志学研究论丛》088f
方志学研究内容 084c
《方志学研究文集》321a
《方志学引论》089a
方志学与其他学科的关系 084d
《方志学综论》089c
《方志研究》190d
《方志演变概论》089e
方志应用理论 090a
《方志与地志是历史与地理之母》075d
《方志与信息》083f
《方志语言学》090c
《方志双月刊》090d
《方志之乡——浙江》479a
《方志中金石志目》076b
方志资料类编 090e
《方志资料审核论稿》479b
《房县志(同治版本)》171b
《肥乡县志》(合订本)151a
费黑 090f
《费县旧志资料汇编》318d
分期体 377d
《汾阳县志(清康熙)》326d
《汾阳县志》(顺治版)326d
《汾阳县志》[乾隆]051f
《汾州府志》326c
《汾州府志》[乾隆]051f
《丰都县乡土志》042f
《丰都县志》043c
丰华堂方志收藏 302e
《丰南志》004c
《风土记》[晋] 091a
《封丘县志(整理本)》157d
《酆都县概况》042f
《酆都县志》042e
冯梦龙 091b
凤凰厅 091c
凤凰厅志 091c
《凤凰厅志》[道光]091c
《凤凰厅志》[乾隆]091c
《凤台县志》[嘉庆] 091d
《奉节县志》043d
《奉天备志》400b
《奉天郡邑志》[宣统]400b
《奉天通志》[民国] 091f
《奉贤县续志文论集》341b
《奉贤县志》092a
《奉贤县志文论集》341a
《佛坪厅志》(光绪版)332d
《佛坪乡土志》332c
《佛山市志》092c
《鄜州志(校注)》332b
《浮山县志》(民国版)326b

《涪陵交通志
(1986~2005)》092d
《涪陵市志》092e
《福安县志》(光绪版)097b
《福安县志》(万历版)096d
《福鼎县乡土志》097c
《福鼎县志》(嘉庆版)097c
福建地方志信息化建设 098a
福建方志工作管理 096c
福建方志馆藏 098c
《福建方志考略》078a
福建方志书库 098d
福建方志研究成果 098e
福建规划外志书编修 095e
《福建旧方志综录》098c
福建旧志整理 095f
福建历代方志编修 094d
福建民国时期修志 095a
福建明代修志 094e
福建清代修志 094f
《福建省96种地方志传记
艺文志索引》082a
福建省地方史志协会 098c
福建省地方志
编纂委员会 096e
"福建省地方志丛刊" 096a
福建省地方志学会 098b
福建省级修志 095b
《福建省交通志》093a
《福建省旧方志综录》078d
《福建省历史地图集》093e
《福建省普通地图集》093e
福建省情资料库
(地方志之窗)060b
福建省图书馆 093b
《福建省志》095b
《福建省志》地图集 093d
《福建省志·文化艺术志》093f
《福建省自然地图集》093d
福建师范大学图书馆 094a
"福建师范大学图书馆藏
稀见方志丛刊" 094b
《福建史志》098a
福建市级修志 095c
《福建通志》[民国]094b
《〈福建通志〉传记
兼艺文志索引》081b
《〈福建通志〉列传
八种人名索引》081b
《〈福建通志〉列传
索引》081b
《〈福建通志〉艺文志存
目书名人名索引》081b
《〈福建通志〉艺文志
书名人名索引》081b
《〈福建通志〉艺文志
索引》081b
福建县级修志 095d
福建新方志编修 095b
福建修志 094c
福建修志规章
和规范性文件 098a
《福宁府志》(乾隆版)097d
《福清县志》(乾隆版)097c
《福州府志(明万历)》096d
《福州府志(明正德)》096d
《福州府志(清乾隆)》096d
《福州市城乡建设志》095f
《福州市志》098f
《福州市志》华侨篇 099b
《福州市志》军事篇 099a
《福州市志》榕台关系篇 099b
《抚宁县志
(1979~2002)》099c
《抚宁县志》[光绪]347e
《抚宁县志校注》151b
《抚松县人参志》099d
《府厅州县图志》166a
府志 072b
附传 508c
附录 251f
《阜阳地区志》004d
《复旦大学百年志》099e
复旦大学图书馆 100a
"复旦大学图书馆藏
稀见方志丛刊" 100b
复旦公学戊午阅览室 100a
《复李甥晓垣书》079b
傅登舟 499d
傅振伦 100a
《富克锦舆地略》163b
《富平县志》[万历]112e
《富顺县志》[乾隆]100e

G

《甘南州志》104a
甘鹏云 101a
甘肃地方史志网 060b
《甘肃地理沿革图表》101f
甘肃方志工作管理 104d
甘肃方志馆藏 105b
《甘肃方志述略》487b
《甘肃方志通览》105c
甘肃方志学术交流活动 105a
甘肃方志研究成果 105c
甘肃规划外志书编修 104b
甘肃旧志整理 104b
甘肃历代方志编修 102a
甘肃两汉至魏晋时期
修志 102a
甘肃民国时期市府州
县志 103c
甘肃民国时期通志 103c
甘肃民国时期修志 103b
甘肃民国时期专志
及其他志书 103c
甘肃明代府志 102d
甘肃明代关镇卫所志 102d
甘肃明代县志 102d
甘肃明代修志 102c
甘肃明代州志 102d
甘肃清代府志 102f
甘肃清代通志 102e
甘肃清代卫厅镇志
及专志 103a
甘肃清代县志 102f
甘肃清代修志 102e
甘肃清代州志 102f
《甘肃人物志》468f
甘肃省地方史志编纂委员会
及办公室 104e
甘肃省地方史志学会 105a
甘肃省公立图书馆 105b
甘肃省级修志 103f
甘肃省通志馆 103c
甘肃省通志局 103b
甘肃省图书馆 105b
《[甘肃省图书馆]馆藏全国
方志书目》076d
《甘肃省县总分图》101f
《甘肃省志》103f
《甘肃省志·农业志》101b
《甘肃省志·宗教志》101c
《甘肃史志》104f
《甘肃史志通讯》104f
甘肃市(州、地)级修志 103f
甘肃宋元时期修志 102b
甘肃隋唐时期修志 102a
《甘肃通志稿》101e
甘肃县(市)级修志 104a
甘肃新方志编修 103d
《甘肃新通志》[民国]101e
《甘肃新志》103e
甘肃修志 101f
甘肃修志规章和规范性
文件 104f
《甘肃中草药资源志》105d
甘棠 105e
《甘棠小志》[咸丰]105e
《甘孜州志》105f
《澉浦镇志》106b
澉水 106d
《澉水志》[宝祐]106d
《赣榆县志》[光绪]467f
纲目体 231c
《高安市志(1986~2006)》106f
《高淳县志(1986~2005)》107b
《高陵县志》[嘉靖]112b
《高唐县志稿》318d
高熊徵 107d
高邮州 107e
高邮州志 107e
《高邮州志》[嘉庆]108b
《高邮州志》[康熙]108a
《高邮州志》[隆庆]107f
《高邮州志》[乾隆]108a
《藁城县志集注》151a
哥伦比亚大学东亚
图书馆 080b

宫为之 387b
龚力新 414e
龚其荃 414e
《巩郡记》168d
《巩县志(明嘉靖
三十四年本)》157d
《巩县志》(2 种) 158a
姑苏 108c
《姑苏志》108c
古布 033d
《古今郡国县道四夷述》197b
《古今图书集成·
广东黎人岐人部》139a
《古今图书集成·
琼州府部》139a
《古清凉传》323f
《古田县志》(乾隆版) 097c
《鼓楼区志》(南京) 108e
《固安县志》(6 种) 151b
《固始县续志》[乾隆] 109b
固始县志(旧志) 109a
《固始县志》[嘉靖] 109a
《固始县志》[康熙] 109a
《固原地区志》278d
"故宫博物院藏稀见方志
丛刊" 109e
故宫博物院图书馆 109d
故宫博物院文献馆 064b
《故宫方志考》078a
《故宫方志目》109d
《故宫方志目续编》109d
顾颉刚 109e
顾炎武 109f
顾野王 110c
关成和 484f
《关帝庙志》(乾隆版) 326c
《关山镇志》110d
**《关于地方志编纂工作
的规定》110f**
《关于志书质量标准体系
的科学定位问题》082d
《关于做好〈安徽历代方志
丛书〉出版规划工作
的通知》005a
关镇志 073a
关中八志 111b
《关中胜迹图志》332a
《关中佚志辑注》332a
《冠县志》318d
《光山县志(乾隆)》157d
光绪《百色厅志》122f
光绪《昌化县志》138d
光绪《澄迈县志》139c
光绪《定安县志》139c
光绪《阶州直隶州续志》104d
光绪《临高县志》139c
光绪《宁河县志》382a
光绪《琼山乡土志》139b
光绪《秀山县志》042d
光绪《崖州志》139d
光绪《重修天津府志》382a
《光绪昌平州志》021d
《光绪慈溪县志列传
及艺文志索引》082a
《光绪慈溪县志列传人名
索引》082a
《光绪慈溪县志艺文作者
及书目索引》082a
《光绪仙居县志
(标注本)》477a
《光州志》(乾隆版) 157d
《广东潮州旧志考》078a
《广东地方志传记索引》082a
《广东地方志通讯》119c
广东地方志信息化建设 119e
广东方志工作管理 118f
广东方志馆藏 119f
《广东方志考略》487b
广东方志学术交流活动 119e
广东方志研究成果 120c
《广东方志要录》078a
广东规划外志书编修 116b
**《广东纪检监察志
(1950~1995)》112f**
广东旧志整理 116e
广东历代方志编修 114d
"广东历代方志集成" 116f
广东民国时期修志 115c
广东明代府志 114f
广东明代通志 114f
广东明代修志 114f
广东明代州县志 115a
广东清代府志 115c
广东清代通志 115b
广东清代修志 115b
广东清代州县志 115c
《广东三大图书馆所藏全省
方志目录》076b
**《广东摄影艺术志
(1843~2006)》113b**
广东省地方史志办公室 119b
广东省地方史志
编纂委员会 119a
广东省地方志
编纂委员会 119a
广东省地方志
编纂委员会办公室 119b
《广东省地方志理论研究
优秀论文集》120c
广东省地方志书
审查委员会 119c
广东省地方志学会 119f
广东省级修志 115e
《[广东省立图书馆]广东方
志目录》076c
广东省立中山图书馆 113d
"广东省立中山图书馆藏
稀见方志丛刊" 113d
《广东省立中山图书馆馆藏广
东新编方志书目提要》078c
广东省情网 060b
广东省人民政府地方志
办公室 119b
广东省图书馆 113d
《广东省志(1979—2000)》115f
《广东省志(1979—2000)》编纂
委员会 119b
《广东省志》115e
《广东省志·宗教志》113f
《广东省志·总述》114a
广东省中山图书馆 113d
《广东史志》119c
《广东史志视窗》119c
广东市级修志 115f
广东宋元时期修志 114e
《广东通志》[道光] 114b
《广东通志稿·海南》139b
广东县级修志 116a
广东新方志编修 115c
广东修志 114c
广东修志规章和规范性
文件 119c
广济县志 120d
《广济县志》[康熙] 120d
《广济县志》
[乾隆十七年] 120e
《广济县志》
[乾隆五十八年] 120e
《广济县志》[同治] 120e
《广灵县志(清合订本)》326b
《广陵图经》213f
《广平府志》(光绪版) 151b
《广平县志》[万历] 120f
《广西地方史志文献联合
目录》077b
《广西地方志》125b
广西地方志编纂委员会
及办公室 124f
广西地方志协会 125c
广西地情网 124f
广西地情影像志 124b
《广西方志传记人名
索引》082a
广西方志工作管理 124e
广西方志馆 121a
广西方志馆藏 125c
《广西方志提要》078b
广西方志研究成果 125d
《广西方志佚书考录》078c
广西规划外志书编修 124a
广西旧志整理 124c
广西历代方志编修 122f
广西民国时期通志 123b
广西民国时期县志 123b
广西民国时期修志 123b
广西民国时期专志 123c
广西明代修志 122c
广西清代府志 122e
广西清代厅志 122f
广西清代通志 122e

广西清代土府、州、县、司志 123a
广西清代县志 122f
广西清代修志 122d
广西清代州志 122f
广西清代专志 123a
广西省第二图书馆 125f
广西省级修志 123d
广西省立第二图书馆 125e
广西省立桂林图书馆 125d
广西省立南宁图书馆 125e
广西省通志馆 123b
广西省通志局 123b
广西省修志局 123b
广西省志编审委员会 123b
《广西省志书概况》076b
广西市级修志 123f
广西宋元时期修志 122b
《广西通志》123d
《广西通志》[嘉庆] 121c
《广西通志·民俗志》121d
《广西通志·政府志》121f
广西通志馆 124e
广西县级修志 123f
广西新方志编修 123c
广西修志 122a
广西修志规章和规范性文件 125b
广西壮族自治区地方志编纂委员会办公室 125a
广西壮族自治区第二图书馆 125f
广西壮族自治区桂林图书馆 125d
广西壮族自治区通志馆 124e
广西壮族自治区图书馆 125e
"广州史志丛书" 118d
广州市地方志馆 120a
广州市地方志之窗 120b
广州市立中山图书馆 113d
《广州市志(1991~2000)》126a
《广州市志》116a
《广州志》[嘉靖] 184d
《归安县志》[光绪] 251e
《归德府志(清乾隆十九年)》157c
《归化县志》(正德版) 097b
《归绥道志》[光绪] 126c
贵县 126d
《贵县志》[民国] 126d
《贵阳府志》[道光] 126f
《贵阳市志》129b
贵州档案方志信息网 061a
《贵州地方志编写通讯》130f
《贵州地方志举要》129f
《贵州地方志考稿》129f
《贵州地方志论纲》129e
《贵州地方志通讯》130f
贵州地方志信息化建设 130e
《贵州地方志序跋凡例选录》130a
《贵州方志》130f
贵州方志工作管理 130b
贵州方志馆藏 130f
贵州方志研究成果 131a
贵州府县志辑数据库 127c
贵州规划外志书编修 129d
贵州旧志校点 130b
贵州旧志考录 129e
贵州旧志提要 129f
贵州旧志整理 129e
贵州旧志资料类编 130a
《贵州矿产资料辑录》130a
贵州历代方志编修 128b
《贵州历代自然灾害年表》127c
贵州民国时期修志 128d
贵州明代修志 128c
贵州清代修志 128c
贵州省地方志编纂委员会及办公室 130c
"贵州省地方志参考丛书" 130b
贵州省地方志网 130e
贵州省地方志协会 130e
贵州省级修志 128f
《贵州省司法志》128e
贵州省图书馆 127b
《贵州省志》128f
《贵州省志·民族志》127c
《贵州省志·审判志》127d
贵州市级修志 129a
《贵州通志》[民国] 127f
贵州县级修志 129c
贵州新方志编修 128e
贵州修志 128a
贵州修志法规规章和规范性文件 130d
《桂海春秋》125b
《桂海虞衡志》131a
《桂林风土记》131d
《桂林府郡志》131e
《桂林府志》[康熙] 107d
《桂林郡志》[景泰] 131e
《桂林市志》132a
《桂林市志·军事志》132b
《桂林市志·人物志》132c
《桂林市志·山水志》132b
《桂林市志·文化志》132c
《桂平县志》132d
《桂阳直隶州志》177b
郭棐 132e
郭嵩焘 133a
郭象升 133b
郭子章 133c
《国会图书馆藏中国方志目录》256d
国家博物馆图书馆 133c
国家部委局修志 133d
国家各部委修志工作座谈会 133e
国家级方志机构 055d
国家图书馆 134e
国家图书馆方志馆 134f
国立安徽大学图书馆 002f
《国立北京大学图书馆方志目》076b
国立北京图书馆 134f
国立北平图书馆 134e
《国立北平图书馆方志目录》076b
《国立北平图书馆方志目录二编》076b
《国立北平图书馆西南各省方志目录》076b
《国立国会图书馆藏中国地方志综录稿》077c
国立罗斯福图书馆 041f
国立武昌高等师范学校图书馆 403d
国立武汉大学图书馆 403d
《国立武汉大学图书馆方志目录》076b
国立西北图书馆 105b
国立西南人民图书馆 041f
国立中央博物院 267d
《国立中央研究院历史语言研究所图书室方志目》076b
"国史馆台湾文献馆" 369c
《果洛藏族自治州志》297b

H

《哈尔滨市志》135a
《哈尔滨市志·军事》135d
《哈尔滨市志·旅游》135b
《哈尔滨市志·政权》135c
哈佛燕京图书馆 135d
《哈密地区志》431b
《哈密农场管理局志》427c
《哈密县志》135e
《海北藏族自治州志》297b
《海昌外志(点校本)》477b
海关总署修志 134e
《海国图志》395a
《海经》321f
《海康县志》[康熙] 136a
《海口海关志(1991~2001)》136c
《海口市志》136d
《海口市志》居民·风情编 136e
《海口市志》旅游业编 136e
《海口市志》文化编 136f
《海内华夷图》197b
《海南藏族自治州志》297b
《海南岛新志》138d
《海南岛志》138d,139b
"海南地方志丛刊" 140a
海南方志工作管理 140b
海南规划外志书编修 139a

海南旧志整理 139e
海南历代方志编修 137f
海南民国时期全岛志 138d
海南民国时期县志 138d
海南民国时期修志 138d
海南明代道府志 138a
海南明代修志 137f
海南明代州县志 138a
海南清代府郡志 138b
海南清代县志 138c
海南清代修志 138b
海南清代州志 138c
海南省地方史志办公室 140c
海南省地方志编纂委员会及办公室 140c
《海南省地方志工作规定》140d
海南省地方志学会 140b
海南省级修志 138e
海南省史志工作办公室 140c
《海南省志·农垦志》137a
《海南省志·西南中沙群岛志》137b
《海南史志》140a,140d
海南史志网 140e
海南市县级修志 138f
《海南铁矿志》137d
海南新方志编修 138e
海南修志 137e
《海西蒙古族藏族自治州志》140e
《海盐县图经》[天启]141a
海源阁 141b
《海运详考》393c
《海运志》393c
《邗记》213f
《邗江县志(1988~2000)》141d
《邯郸市志》150c
《邯郸县志》151a
《函(谷)、潼关要图》039c
涵芬楼 141e
《韩城县志》[乾隆]142a
《[韩国]国内所藏中国地方志目录》077d
《[韩国]国内所藏中国明清地方志目录补》077d
韩国方志收藏 080f
《韩国图书馆所藏中国地方志目录》080f
《汉城大学校所藏中国明、清时代地方志目录》077d
汉代修志 293c
《汉沽区志》381b
汉和图书馆 135d
《汉乘备录》144a
《汉唐地理书钞》142b
《汉唐方志辑佚》142d
《汉唐用兵攻取守避要地图》039c
汉阳府志 142e
《汉阳府志》[嘉靖]142f
《汉阳府志》[乾隆]143a
《汉阳府志》[万历]143a
《汉阴县志》(民国版)332d
《汉正街市场志》143c
《汉正街志》143b
《汉中地区志》143d
汉州 143f
汉州志 143f
《汉州志》[嘉庆]144a
《汉州志》[乾隆]144a
《杭钢志》144b
《杭县志稿》(民国版)477a
《杭志三诘三误辨》256a
杭州府志 144d
《杭州府志》[乾隆]144d
《杭州府志稿》[光绪]144e
《杭州市志》144e
《杭州市志》风景名胜篇 144f
《杭州市志》旅游篇 145a
《杭州市志》人物篇 145a
《杭州市志》文物篇 144f
《杭州市志》文献篇 145a
壕镜澳 009e
《禾川书》145b
《合川县志》043d
合传 508c
《合肥市志》004d
《合浦县志》145c
何惠明 197f
何景明 145e
何静梧 145f
《和平区志》146a
《和顺县志》(民国版)326a
《和田地区志》431b
《和田农场管理局志》427c
和志强 146c
和州志 146d
《和州志》[乾隆]146e
《和州志》[万历]146d
《河北地方志提要》078c,151c
河北方志工作管理 151e
河北规划外志书编修 150f
河北旧志整理 150f
《河北抗日战争简志》146f
《河北科学技术志》147b
《河北历代地方志总目》077b,151a
河北历代方志编修 148f
河北民国时期通志 149e
河北民国时期县志 149f
河北民国时期乡土志 150a
河北民国时期修志 149d
河北民国时期专志 150a
河北明代修志 149a
《河北明刊方志提要》078b
河北清代府州志 149c
河北清代县志 149c
河北清代乡土志 149d
河北清代修志 149b
河北清代专志 149d
《河北区志》147d
河北省地方志编纂委员会及办公室 151e
《河北省地方志目录》151c
河北省地方志学会 152a
《河北省方志概要》487b
《河北省改革志》147f
河北省级修志 150b
河北省图书馆 148a
《河北省图书馆古籍目录》148a
《河北省志·长城志》148b
《河北省志·煤炭工业志》148d
河北市级修志 150d
河北隋至元代修志 148f
《河北通志稿》149f
河北县级修志 150e
河北新方志编修 150a
河北修志 148e
《河东区志》152b
《河津县志(校注本)》326d
《河津县志》(光绪版)326a
河内县志(旧志)160a
《河内县志》[道光]160b
《河内县志》[万历]160a
河南大学图书馆 159c
《河南地方志论丛》487b
《河南地方志提要》078b
《河南地方志提要》078c
河南地方志信息化建设 159b
《河南地方志佚书目录》077a
《河南地方志综录》077a
《河南地理志》152d
河南方志工作管理 158d
河南方志馆藏 159c
河南方志研究成果 159e
《河南府续志》[雍正]152f
河南府志 152e
《河南府志》[康熙]152f
《河南府志》[乾隆]153a
《河南府志》[顺治]152e
河南规划外志书编修 157a
河南旧志整理 157b
河南历代方志编修 154e
河南民国时期县志 155f
河南民国时期修志 155e
河南民国时期专志 155f
河南明代府志 155a
河南明代省志 155a
河南明代县志 155b
河南明代修志 154f
河南明代州志 155a
河南明代专志 155b
河南清代府志 155c
河南清代省志 155c
河南清代修志 155b
河南清代州县志 155d
河南清代专志 155d
河南省地方史志办公室 159a

河南省地方史志编纂委员会 158f
河南省地方史志协会 159c
河南省方志馆 153b
河南省级修志 156b
《河南省科学技术志(1978~2000)》153c
河南省情网 061a
河南省图书馆 153e
《河南省新编地方志提要》078c
《河南省志》156b
《河南省志·黄河志》153f
《河南省志·民俗志》154a
《河南史志》159a
河南市级修志 156c
河南通志 154b
《河南通志》[顺治] 154b
《河南通志》[雍正] 154c
河南县级修志 156e
河南新方志编修 155f
《河南新志(民国十八年)》158a
河南修志 154e
《河南志》159e
《河头村志》160c
《河西区志》381c
《河阴县志》[民国] 212c
《郃阳县全志》(乾隆版) 332a
《菏泽地区志》318a
贺民贤 160d
《鹤壁市志》156d
《鹤岗市志》160e
《鹤岗市志》军事编 160f
《鹤岗市志》煤炭工业编 160f
《黑河地区志》161a
《黑河地区志》黄金篇 161b
《黑河地区志》军事篇 161b
《黑河地区志》外贸篇 161b
《黑河地区志》外事篇 161c
《黑龙江》163b
黑龙江地方志信息化建设 164c
黑龙江方志工作管理 164a
《黑龙江方志简述》487a
黑龙江方志研究成果 164d
黑龙江规划外志书编修 163e
黑龙江旧志整理 163f
黑龙江历代方志编修 162b
《黑龙江旅游景区志》161c
黑龙江民国时期府县志 162e
黑龙江民国时期省志 162d
黑龙江民国时期修志 162d
黑龙江清代府州县志和乡土志 162c
黑龙江清代省志 162c
黑龙江清代修志 162c
黑龙江省地方志编纂委员会及办公室 164a
黑龙江省地方志协会 164c
黑龙江省级修志 162f
黑龙江省情信息网 061a
《黑龙江省志·国营农场志》161e
《黑龙江省志·外事志》161f
黑龙江市级修志 163c
《黑龙江述略》163b
《黑龙江通志纲要》163b
《黑龙江外记》163b
黑龙江县级修志 163e
《黑龙江乡土录》163b
《黑龙江乡土志》241e
黑龙江新方志编修 162e
黑龙江修志 162a
《黑龙江舆图说》163b
《黑龙江志稿》[民国] 164e
《黑龙江志略》162e
《黑水先民传》162c
《黑盐井志》463a
《恒山志》326b
横标目 026b
横分纵述 025b
《衡水市志》150c
《衡阳府志(嘉靖)》177b
《衡阳市志》176b
《衡阳县图志》390f
《衡阳县志》[同治] 390f
《衡岳志》175a
弘治《河南郡志》152e
《红城志》164f
《红河州志》463d
《红桥区志》165a
《红塔集团志》165c
红雨楼 080a
洪焕椿 165d
洪亮吉 165f
洪期钧 071f
《洪洞县水利志补》326c
《洪洞县志》(民国版) 326c
《洪泽湖志》166a
《虹口区志》339a
《呼和浩特市志》166c
《呼和浩特市志》工业卷 166e
《呼和浩特市志》民族卷 166d
《呼和浩特市志》文物古迹卷 166f
《呼和浩特市志》畜牧业卷 166d
《呼兰府志》163b
《呼伦贝尔盟志》166f
《呼伦贝尔盟志》林业卷 167a
《呼伦贝尔盟志》外事旅游卷 167a
《呼伦贝尔盟志》自然环境卷 167a
《呼伦湖志》167b
胡鼎新 167e
胡惠秋 089c
胡虔 167d
胡乔木 167e
胡思敬 168a
胡缵宗 168c
《壶关县志》326a
《壶关县续志》[光绪] 444b
湖北地方志学会 172e
《湖北地名趣谈》171e
《湖北方志》172d
湖北方志工作管理 172b
湖北方志网 061a
湖北方志研究成果 172f
湖北规划外志书编修 171e
湖北旧志整理 171f
湖北历代方志编修 169f
湖北民国时期修志 170d
湖北明代修志 170a
湖北清代修志 170b
湖北省地方志编纂委员会 172c
《湖北省地方志考略》487b
《湖北省地方志目录(初稿)》077a
湖北省方志馆 168d
湖北省级修志 170f
湖北省图书馆 168f
《湖北省图书馆方志目录续编》076c
《湖北省志·地质矿产》169a
《湖北省志·工业》169b
湖北市级修志 171a
湖北通志 169c
《湖北通志》[嘉庆] 169c
《湖北通志·荆门辑》(民国版) 171b
《湖北通志·舆地志》[光绪] 446e
《湖北通志检存稿》[乾隆] 169d
《湖北通志义例商榷书》079b
湖北县级修志 171c
湖北新方志编修 170e
湖北修志 169f
湖北自强学堂图书室 403d
湖广通志 173a
《湖广通志》[嘉靖] 173b
《湖广通志》[康熙] 173b
《湖广通志》[雍正] 173c
《湖广图经志书》173b
《湖广郧阳府志》[康熙] 465e
《湖南地方志》177f
《湖南地方志通讯》177f
湖南地方志信息网 177e
湖南方志工作管理 177c
湖南方志馆 173d
《湖南方志论》487b
湖南方志研究成果 178a
湖南规划外志书编修 176e
湖南旧志整理 177a

湖南历代方志编修 174e
湖南民国时期修志 175d
湖南明代府志 174f
湖南明代修志 174f
湖南明代州县志 175a
湖南明代专志 175a
湖南清代府州厅县志 175b
湖南清代通志 175b
湖南清代乡土志 175d
湖南清代修志 175b
湖南清代专志 175c
湖南省地方志编纂委员会 177e
湖南省地方志学会 178a
《湖南省地方志综合目录》077a
《湖南省方志目录》076d
湖南省级修志 175f
《湖南省志·湖南近百年大事纪述》173e
《湖南省志·科学技术志》174a
《湖南省志编纂情况简报》177f
《湖南省中山图书馆馆藏地方志目录》076d
湖南市级修志 176b
《湖南通志》[光绪]174b
湖南图书馆 174d
《湖南图书馆馆藏湖南地方志目录》077a
湖南县级修志 176c
湖南新方志编修 175f
湖南修志 174e
《湖湘春秋》177f
《湖州府志》[万历]375c
《湖州市志》476d
鄠县 112b
《鄠县志》[嘉靖]112b
《花果山志》178b
华东师范大学图书馆 178d
《华南师范大学馆藏地方志目录》077b
华南师范大学图书馆 120b
《华盛顿大学中国官方地方志目录》077c
《华阳国记》178e
《华阳国志》178d
《华阳县志》[民国]179b
《华夷图》197b
《华州初志》332c
《华州志》[隆庆]112d
《怀化地区志》176c
怀庆府志 179c
《怀庆府志(点校本)》158b
《怀庆府志》[嘉靖]179d
《怀庆府志》[康熙]179d
《怀庆府志》[乾隆]179e
《怀庆府志》[正德]179c
《怀仁县新志(注释)》326b
《怀柔县志》179f
《怀远县志》[嘉庆]233e
《淮北市志》004d
《淮河志》134c
《淮南市志》004d
《淮阳县志(整理本)》158b
《淮阴市志》180b
《桓台县志〉评论集》321a
《寰宇通志》180d
皇国地志 309f
《皇明常熟文献志》180e
《黄檗山寺志》096b
黄诚沅 180f
黄德馨 499e
《黄帝故里志》181c
《黄冈市志》171a
《黄河决溢表》154a
《黄河三峡移民志》181e
《黄河志》134c
《黄陵县志(校注)》332b
《黄陵县志》181f
《黄南藏族自治州志》297b
黄彭年 182b
《黄浦区志》182d
《黄山志》182e
《黄石市志》171a
黄苇 182f
黄勋拔 183b
黄岩县志 183d
《黄岩县志》[光绪]183d
《黄岩县志》[万历]183d
黄炎培 183f
黄仲昭 184a
黄宗羲 184b
黄遵宪 309b
黄佐 184c
《辉县志(简体校注本)》157d
《徽州地区简志》184d
徽州府志 184f
《徽州府志》[道光]185c
《徽州府志》[弘治]184f
《徽州府志》[嘉靖]185a
《徽州府志》[康熙]185b
《徽州乡土地理》004b
汇堂石室 336c
汇传 508c
《会宁县志》185e
绘画 386d
《惠安县志(嘉庆)、惠安县续志(道光)》097b
《惠安政书》[万历]185f
《惠音集》341b
《惠州府志》[嘉靖]186c
《浑源州志》(乾隆版)326a
《获嘉县志(整理本)》158a
《霍山志》326b
霍宪章 082f
《霍州志(明嘉靖三十七年版)》326a
《霍州志(清康熙十二年版)》326b

J

《鸡西市志》163a
绩溪县 194a
《绩溪县志》194a
《绩溪乡土地理》004c
畿辅 187a
畿辅通志 187a
《畿辅通志》[光绪]187c
《畿辅通志》[康熙]187b
《畿辅通志》[雍正]187b
吉林大学图书馆 190f
吉林省地方志编纂委员会 190b
《吉林省地方志考论、校释与汇辑》078b
吉林省地方志信息化建设 190e
吉林省地方志学会 190f
吉林省方志工作管理 190b
吉林省方志馆 187d
吉林省方志馆藏 190f
吉林省方志研究成果 191a
吉林省省级修志 189a
吉林省旧志整理 189f
吉林省历代方志编修 188c
吉林省民国时期省通志 188f
吉林省民国时期县志和乡土志 188f
吉林省民国时期修志 188e
吉林省清代府州县志和乡土志 188d
吉林省清代通志 188d
吉林省清代修志 188d
吉林省清代专志 188e
吉林省情网 061a
吉林省市级修志 189c
吉林省图书馆 187f
《吉林省图书馆馆藏方志目录》187f
吉林省县级修志 189d
吉林省新方志编修 189a
吉林省修志 188b
吉林省修志法规规章和规范性文件 190e
《吉林省志·新闻事业志·广播电视》191b
《吉林省志·国内商业志·粮食》191c
吉林省专志编修 189f
《吉林通志》188d
《吉林通志》[光绪]191e
《吉林外记》188c,188d
吉图馆藏日文旧志 188b
吉图馆藏中文旧志 188a
《吉州全志》(光绪版)326a
《吉州乡土志(清末本)》326a
《吉州志》(康熙版)326a
《吉州志》(乾隆版)326a
《即墨县志》191f

《即墨志》319a
集 071c
记 193d
《记录顺天事之书》350f
纪传体 377a
纪事本末体 377b
纪昀 193e
《济南市志》192b
《济宁市志》318a
济宁直隶州志 192d
《济宁直隶州志》[道光]192e
《济宁直隶州志》[乾隆四十三年]192d
《济阳县续志》[顺治]193a
济阳县志(旧志)192f
《济阳县志》[民国]193c
《济阳县志》[乾隆]193b
《济阳县志》[万历]193a
《济阳县志集》318d
《蓟县志》194b
蓟州志 194d
《蓟州志》[道光]194f
《蓟州志》[嘉靖]194d
《蓟州志》[康熙十七年]194e
《蓟州志》[康熙四十三年]194f
《冀县志》[民国]391d
加拿大方志收藏 081c
《佳木斯市志》163a
嘉定《赤城志》361a
嘉定《剡录》361a
嘉定《镇江志》361a
《嘉定城通志》461b
《嘉定赤城志》477a
《嘉定县志》195b
嘉禾 195c
《嘉禾志》[至元]195c
《嘉靖、道光清流县志》096b
《[嘉靖]通州志略》021b
嘉靖《广东通志·琼州府》139b
嘉靖《广东通志初稿·琼州府》139b
嘉靖《通惠河志》019c
嘉靖《西关志》019c
《嘉靖城固县志校注》332d
《嘉靖青州府志》319b
《嘉靖荥阳县志》157d
《嘉靖裕州志校注》158a
《嘉靖郑州志校释》158a
嘉庆《澄迈县志》139b
嘉庆《会同县志》139d
嘉庆《重修大清一统志·琼州府》139a
《嘉庆安阳县志》007e
《嘉庆山阴县志校记》232b
《嘉庆重修沙县志(外三种)》097a
《嘉庆重修一统志》449d
《嘉山县志》004b
《嘉兴府图记》[嘉靖]195e
《嘉兴市志》195f
《嘉兴市志》蚕桑篇 195f
《嘉兴市志》人物传记篇 196a
《嘉兴市志》文献史料篇 196a
嘉业堂 196b
嘉业堂藏普通古籍方志 196b
嘉业堂藏善本方志 196c
《嘉应州志》[光绪]196c
《嘉峪关市志》103b
《郏县续志》[乾隆]196e
《郏县续志卷之五》196e
郏县志(旧志)196d
《郏县志(清同治三年)》157d
《郏县志》[顺治]196e
《郏县志》[咸丰]196f
贾耽 197b
贾恩绂 197c
湔氐道 001c
《简明方志编纂学》197e
《〈建德市志〉编纂论文集》479b
《建德县志》476d
《建工师图志》427c
《建宁府志》(嘉靖版)097a
《建宁府志》(康熙版)097d
《建宁县志》(民国版)097d
建设部修志 133f
建设系统专业志编纂工作座谈会 133f
《建水县志》198a
《建武志》122c
《建阳县志(道光版校注本)》097c
《剑门关志》198c
《江北厅乡土志》042e
《江北厅志》042d
《江北县志》043d
江楚编译官书局 037f
《江津县志》198d
《江津县志》(民国)042f
《江陵县志》198e
《江门市志》116a
江南通志 199a
《江南通志》[康熙]199a
《江南通志》[乾隆]199b
江南图书馆 268c
江宁府志 199c
《江宁县志》[万历]199e
《江山县志》(康熙版)477b
江苏城市区级修志 203c
江苏方志工作管理 205b
江苏方志馆藏 205f
《江苏方志考》487b
江苏方志学术交流活动 205e
江苏方志研究成果 206e
江苏规划外志书编修 203d
江苏汉至五代时期修志 200f
《江苏旧方志提要》078c
江苏旧志整理 203e
江苏历代方志编修 200e
江苏民国时期市志 201f
江苏民国时期通志 201e
江苏民国时期县志 201f
江苏民国时期乡土志 202b
江苏民国时期乡镇志 202a
江苏民国时期修志 201e
江苏民国时期专志 202b
江苏明代府志 201a
江苏明代修志 201a
江苏明代州县志 201a
江苏明代专志 201a
江苏清代府州县志 201c
江苏清代省级通志 201b
江苏清代乡土志 201d
江苏清代乡镇志 201c
江苏清代修志 201b
江苏清代专志 201d
江苏省地方志 061a
江苏省地方志编纂委员会及其办公室 205c
江苏省地方志学会 205f
江苏省方志馆 199f
江苏省级修志 202c
《江苏省通志稿》[民国]200a
《江苏省志·财政志》200c
《江苏省志·方言志》200d
江苏市级修志 202d
江苏宋元时期修志 200f
江苏通志局 037f
江苏县(市)级修志 203a
江苏新方志编修 202c
江苏修志 200e
江苏修志规章和规范性文件 205d
江西地方志学会 211c
江西方志工作管理 210e
《江西方志通考》078c
江西方志研究成果 211e
《江西古志考》078c
江西规划外志书编修 210a
江西旧志整理 210b
《江西旧志总目》077b
《江西历代地方志存书目录》077a
江西历代方志编修 207f
江西民国时期县志 209a
江西民国时期乡土志 209b
江西民国时期修志 209a
江西明代府州县志 208d
江西明代省志 208c
江西明代修志 208b
江西明代专志 208d
江西明以前修志 208a
江西清代府州县志 208f
江西清代省志 208e
江西清代修志 208e
江西清代专志 208f
《江西省大志》208c
江西省地方志编纂委员会及办公室 211a

《江西省地方志概述》487b
《江西省地方志综合
目录》077a
江西省方志馆 206f
江西省级修志 209c
《江西省交通志》207a
《江西省苏区志》207b
江西省图书馆 207c
江西市级修志 209e
《江西通志》[光绪] 207d
江西县级修志 209f
江西新方志编修 209b
江西修志 207f
江西修志规章
和规范性文件 211b
《江阴县续志》264f
《江孜县志》212a
姜士元 036c
《将乐县志
(明弘治十八年版)》097d
《将乐县志》(乾隆版) 097a
《将乐县志》(万历版) 097a
蒋藩 212b
蒋梦麟 212d
蒋湘南 212e
《胶澳志》[民国] 213b
焦循 213e
《焦志疏考》319b
《焦作市志》156d
《校正三辅黄图》332a
《教育部图书馆县志
目录(第一册)》076b
《巾子山志》477b
《金昌市志》103b
金达迈 083b
金恩辉 439c
《金华市志》214a
《金华市志》传统名优
特产篇 214b
《金华市志》低丘红壤
开发篇 214b
《金华市志》水利篇 214a
《金陵大学图书馆
方志目》387d
《金陵大学图书馆中文地理
书目》076a
《金陵古今图考》037c
金陵三俊 037b
《金陵琐志》038a
《金陵琐志八种》038b
《金陵琐志五种》038a
《金陵通传》037f
《金陵通纪》037f
《金陵新志》457d
《金陵新志》[至正] 214b
《金山县志》214d
《金山县志论评》341a
**《金塔县志
(1990~2008)》214f**
《金县志》215b
金毓黻 215d
《金元方志考》078d
《津门纪略》382a
《津门杂记》382a
《津门杂志》382a
《津南区志》215f
《晋城市志》325d
《晋祠志》326b
《晋江市地名志》216b
《晋江市志》216d
《晋江县志》(道光版) 096b
《晋江县志》(乾隆版) 097a
《晋县志》216e
《晋中地区志》325d
《京东考古录》021a
**京都大学人文科学
研究所 217a**
京都大学人文科学研究所
方志收藏 217a
《京都风俗志》021b
京师大学堂藏书楼 016c
京师大学堂师范馆
图书室 016f
京师通俗图书馆 348b
京师图书分馆 348b
京师图书馆 134e
《京师五城坊巷胡同集·
京师坊巷志稿》021a
京网 022a
《泾惠渠志》217c
《泾县续志》[道光] 218a
泾县志(旧志) 217d
《泾县志》[嘉庆] 217f
《泾县志》[乾隆二十年] 217e
《泾县志》[乾隆十八年] 217e
《泾阳县志》[道光] 213a
《荆门市志》171a
《荆门州志(校注本)》171b
《荆南地记》419d
《荆南地志》419d
《荆南志》419d
《荆州地区志》218b
《荆州地区志》水利卷 218b
《荆州地区志》文物名胜
旅游卷 218c
荆州府志 218d
《荆州府志》
(光绪六年版)171b
《荆州府志》[光绪] 218e
《荆州府志》[乾隆] 218d
《荆州府志稿》[光绪] 446f
《旌德县志》391f
《井冈山志》218f
《井冈山志》初期开发
与老区建设卷 219a
《井冈山志》革命根
据地卷 218f
《井冈山志》科技文化卷 219a
《井陉县志》219b
《景定建康志》219c
景生明 219e
《敬乡笔述》382a
靖安舒氏 220a
《静安区志》220d
《静海县志》381c
静嘉堂文库 220f
《静乐县志》(康熙版) 326b
《九峰旧庐方志目》076b
《九华山志》221a
《九溪卫志》(康熙版) 177b
《九溪卫志》(民国版) 177b
《九疑山志》175a
《九州大学收藏中国地方志
目录》077c
旧风土记 309e
旧记 309f
旧志 221c
《旧志辑录》326d
旧志整理 221c
瞿宣颖 304b
军事年鉴 222f
《军事年鉴编纂细则
(试行)》222f
军事志编纂 221e
《军事志编纂工作
暂行规定》222d
《钧州志(点注)》157d
《钧州志》[嘉靖] 456a
《郡县释名》133c
《郡斋读书志》076a

K

《喀纳斯志》223a
开封府志 223c
《开封府志(整理本)》157d
《开封府志》[康熙] 223d
《开封府志》[万历] 223c
《开封市志》223e
《开化县志稿》(民国版) 477b
开庆《临汀志》361b
《开县志》043c
开州志 224a
《开州志(清光绪)》157c
《开州志》[光绪] 224b
《开州志》[嘉靖] 224b
《开州志》[嘉庆] 224b
《[康熙]弘慈广济寺新志》021b
康熙《昌化县志》139d
康熙《儋州志》139d
康熙《定安县志》139c
康熙《广东通志·琼州府》139b
康熙《临高县志》139c
康熙《陵水县志》139d
康熙《琼郡志》139b
康熙《琼州府志》139b
康熙《山西通志》324d
康熙《天津卫志》382a
康熙《万州志》139d
康熙《文昌县志》139c

康熙《香山县志》009e
康熙《崖州志》139d
康熙八年《乐会县志》139d
康熙二十六年
《乐会县志》139d
康熙二十六年
《琼山县志》139b
《康熙抚宁县志》151b
康熙十一年《澄迈县志》139b
康熙四十九年
《澄迈县志》139b
康熙四十七年
《琼山县志》139b
《康熙续修商志注》332d
考 071c
《考岩书院志》035a
《柯坪县志》224d
《克拉玛依市志》431b
客家方志馆 098d
《崆峒山新志》224f
孔尚任 225a
《孔宅志》225c
口碑资料 435d
《库车县志》225e
《库页岛志略》163b
《会稽典录》［东晋］226b
《会稽方志集成》477a
《会稽郡故书杂集》251b
《会稽县志》［万历］226c
《会稽续志》［宝庆］226c
会稽志 226a
《会稽志》［嘉泰］226b
《宽甸县志》226d
《奎管处志》226f
《昆明市志》227a
《崑山郡志》［至正］227c
《括地象》227e
《括地志》227e

L

《拉萨市志》228a
《拉萨市志》经济卷 228c
《拉萨市志》社会卷 228c
《拉萨市志》文化卷 228c
《拉萨市志》政治卷 228b
来新夏 228d
来新夏方志馆 478f
来姓 034e
《莱芜历代志书集成》319a
莱芜县志 228f
《莱芜县志》［嘉靖］229a
《莱芜县志》［民国］229b
《莱州府志》［康熙］225b
兰州大学图书馆 105b
《兰州古今注》469a
兰州人民图书馆 105b
《兰州市志》229c
《兰州市志·
地方文献志》229e
《兰州市志·方言志》229f
《兰州市志·瓜果志》229e
《兰州市志·文物志》229e
《兰州市志·邮政志》229d
《蓝田县志》［道光］212f
郎岱厅 006e
《廊坊市志》150c
《阆中县志》［咸丰］229f
《崂山续志(点校本)》319a
《崂山志》318d
《乐亭县志》［光绪］347f
《乐亭县志稿译编》151a
《乐安县志》(乾隆版)319a
《乐安县志》(雍正版)319a
雷次宗 230b
《雷锋志》230c
《雷州府志》［万历］230d
《耒阳市志》230f
《类编长安志》231a
类传 508c
类目 284f
类目体 231b
《黎城旧志五种》326c
黎锦熙 231d
李宝田 484f
李慈铭 231f
李吉甫 232b
李明 424f
李尚恩 232c
**《李叔同——弘一法师
影志》232d**
李拴庆 232e
李泰棻 232f
李文彦 233a
李文藻 233b
李絜非 004b
李在营 072c
李兆洛 233d
李志敏 233e
理查德·鲁道夫东亚
图书馆 080c
《历城县志(正续合编)》319a
《历城县志》［乾隆］233c
《历代帝王宅京记》110b
《历代东平州志集校》319a
《历代宅京记》110b
《历代邹县志十种》318d
历史派 302c
《丽江地区志》463d
《丽江纳西族自治县志》234a
《丽水地区志》476c
《丽水县志·丽水志稿
(合刊点校本)》477b
《利津县志》319b
例言 070a
郦家驹 234b
《连城县志
(康熙版点校本)》096d
《连城县志》097a
《连江县志》(民国版)097c
《连南瑶族自治县县志》234d
《莲峰志》［顺治］234f
联邦议会图书馆 080f
《凉山彝族自治州志》356a
梁滨久 88d
梁寒冰 235a
《梁平县志》043d
梁启超 235c
梁耀武 086d
梁元帝 419d
《两京新记辑校·
大业杂记辑校》332b
两陵志 448c
《两轮修志说》479b
《两浙古刊本考》389f
辽东志 235f
《辽东志》［弘治］236a
《辽东志》［嘉靖］236b
《辽东志》［正统］235f
《辽宁地方志考录》078b
《辽宁地方志论略》487b
辽宁地方志信息化
建设 240b
辽宁方志工作管理 239d
辽宁方志研究成果 240e
辽宁规划外志书编修 239b
辽宁旧志整理 239c
辽宁历代方志编修 237d
辽宁民国时期修志 238a
辽宁清代修志 237f
辽宁清以前修志 237e
辽宁省地方志 061a
辽宁省地方志编纂委员会
及办公室 239e
辽宁省地方志学会 240c
《辽宁省第二轮修志
工作规划》238e
辽宁省级修志 238d
辽宁省图书馆 236d
《辽宁省志·建设志》236f
《辽宁省志·金融志》237b
辽宁市级修志 238e
《［辽宁图书馆］馆藏东北
地志录》076b
《辽宁通志》091f
辽宁县级修志 239a
辽宁新方志编修 238c
辽宁修志 237d
辽宁修志规章和规范性
文件 240a
《辽宁乙丑水灾志》240f
辽图馆藏普通古籍方志 236e
辽图馆藏日文志书 236f
辽图馆藏善本方志 236d
《聊城地区志》318a
《聊城旧县志点注》319a
《廖家湾村志》241b
《猎德村志》(增订版)241c
林传甲 241e
林天蔚 242a

《林县志》242b
林衍经 089d
林则徐 242d
临安三志 242e
《临安县志》028b
《临安志》[淳祐]243a
《临安志》[乾道]242f
《临安志》[咸淳]243b
《临沧地区志》463d
《临高县志》243c
《临桂县志》167d
《临海水土物志》243d
《临海水土异物志》243d
《临海土物志》243d
《临海异物志》243d
《临江府志》[隆庆]243e
《临朐县志》243f
《临朐县志》319b
《临汀志》096b
《临夏回族自治州志》244b
《〈临县志〉校注》326d
《临沂地区志》318a
《临漳县志(清雍正九年)》151b
《临漳县志》(2种)151b
《临淄区志》244d
《临淄县志(民国九年)》319a
《灵山卫志校注》318d
灵寿县志(旧志)244f
《灵寿县志》[康熙]245a
《灵寿县志》[同治]245b
《灵寿县志》[万历]245a
《灵隐天竺二寺记》251f
《岭海名胜记》132f
《岭海舆图》[明]245b
《零陵地区志》176b
刘柏修 052b
刘半农 245d
刘斌 052b
刘伯伦 083f
刘光禄 245f
刘盼遂 246a
刘乾昌 246b
《刘乾昌方志论文选》321a
刘时俊 100e
刘纬毅 142e
刘文淇 246c
《留坝厅志(校注)》(外二种)332d
《留坝厅志》[道光]212f
《琉璃厂小志》021a
《琉球国旧记》246f
《琉球国由来记》246e
琉球志书 246e
柳边 248a
《柳边纪略》[康熙]248a
柳条边 248a
柳亚子 246f
柳诒徵 247a
《柳州地区志》247b
《柳州市志》123d
“六部体”066b
《六盘水市志》129b
《龙城旧闻》163b
《龙湖书院志》477b
《龙虎山志》247d
《龙江三纪》247f
《龙沙纪略》248b
《龙岩地区志》248c
《龙岩县志》(民国版)097d
《龙岩州志
(清乾隆三年镌)》096b
《龙阳县志(校注本)》177b
《龙游县志(标点横排
简化字本)》477a
《龙游县志》[民国]248e
《隆安县志》[民国二年]181a
《陇右方志录》468f
《娄底地区志》176b
《卢湾区志》249a
卢振川 249d
《卢振川方志文集》249c
《庐江志》034f
《庐江志续志》035a
《庐山续志稿》[民国]249f
庐山志 249d
《庐山志》[康熙]249e
《庐山志》[民国]249e
《庐州府志》[嘉庆]249f
《庐州卫志》003f
《泸溪县志》[乾隆]250a
《泸州市志》356a
鲁德政 425d
《鲁甸县志》250b
《鲁山县全志》[乾隆]250e
鲁山县志(旧志)250d
《鲁山县志
(明嘉靖三十一年)》158a
《鲁山县志》(嘉庆版)157d
《鲁山县志》(康熙版)158b
《鲁山县志》(乾隆版)158b
《鲁山县志》[嘉靖]250d
《鲁山县志》[嘉庆]250f
鲁迅 250f
鲁一同 251c
《六安地区志》004d
陆心源 251d
陆羽 251e
录 251f
《鹿邑县志·点注》157d
《路桥志略》(民国版)477b
路志 072b
《潞城县志》[光绪]446c
《潞郡旧闻》326c
《潞州志》(弘治版)326c
《鹭江志(整理本)》096d
“麓山精舍丛书”252b
《吕梁地区志》325d
吕履恒 252d
《吕明强理论作品选》321b
吕枏 252e
吕谦恒 252d
吕秋山 252f
吕宣曾 252e
吕燕昭 252e
吕志毅 087b
《滦州志》[嘉靖]253a
略 071c
略例 070a
伦敦大学亚非学院 080e
《轮台县乡土志》253b
《论方志性质》075e
《论今日之方志学》401c
《罗定州志》[雍正]392b
罗江县志(旧志)253c
《罗江县志》
[嘉庆二十年]253d
《罗江县志》[嘉庆七年]253d
《罗江县志》[乾隆]253c
罗来兴 484e
罗愿 253f
《洛川县志》[民国]231e
《洛宁县志(点注本)》158a
《洛阳市涧西区志》253f
《洛阳市志》254b
《洛阳市志·白马寺志·
龙门石窟志》254e
《洛阳市志·文物志》254c
《漯河市志》156d

M

《麻城县志
(清光绪八年)》171b
《麻城县志
(清康熙九年)》171b
《麻城县志
(清乾隆六十年)》171b
《麻城县志》[乾隆]470e
《马鞍山市志》255a
马光祖 255c
《马湖府志》[嘉靖]255c
《马山志》317d
《麦积山石窟志》104d
《满洲地方志综合目录》077c
《满洲里市志》255e
毛东武 090d
毛奇龄 255f
毛一波 083e
《茂名市志》116a
梅森 086a
梅州市曾晏泉方志馆 120b
《梅州市志》256a
郿县 112f
《郿志》[万历]112f
美国方志收藏 080a
美国国会图书馆 256d
《美国国会图书馆藏
中国方志目录》077d
美国犹他家谱学会 080b
门类 284f

门目 284f
门目体 231c
《门源县志》256f
《蒙古游牧记》257a
《蒙阴县民国志资料》319b
《蒙阴县清志汇编》318d
《孟县志》(康熙版) 158b
《米林县志》257d
《米脂县志》258a
密加凡 258b
《密县志》(嘉庆版) 157c
《密云县志》258d
《密云县志》[民国] 258e
《绵阳市志(1840~2000)》259a
《绵阳市志》国防与电子工业篇 259b
《绵阳市志》人物篇 259c
《绵阳市志》自然科学技术篇 259c
《勉县志》(光绪版) 332d
《渑池县志》(2种) 157c
民国《儋县志》139d
民国《定海县志》064f
民国《感恩县志》139d
民国《靖安县志》220d
民国《静海县志》382a
民国《临高采访册》139c
民国《天津县新志》382a
民国《天津志略》380a
民国《文昌县志》139d
《民国·乾县新志》332c
《民国·武功县志稿簿》332c
《民国·校订兴平县志》332c
《民国·续修醴泉县志稿》332c
《民国二十二年以来所修刻方志篇目》261f
民国方志理论研究 261c
民国方志目录编制 261d
民国方志统计 261e
民国方志学研究 261c
民国方志整理 261f
《民国临海县志》477b
民国时期西康省志 355b
《民国夏口县志校注》171b
《民国厦门市志》096d
《民国咸阳县志》332d
《民国新修合川县志》(校点本) 044b
民国修志 259d
民国修志简史 259e
民国修志特点 261a
《民国延川县志点注》332b
《民国重修大足县志点校》051c
《民权县志》(民国版) 157c
民用航空总局修志 134d
《闵行区志》339a
《闽大记》097a
《闽侯县志》(民国版) 097d
《闽南地方志过眼录》076a
《闽清县志》(民国) 097c
《闽书》262b
闽图馆藏普通古籍方志 093c
闽图馆藏善本方志 093c
《闽志谈概》487b
《名山县志》[光绪] 262c
明代边关卫镇志 264a
《明代方志考》078c
明代方志理论研究 264d
明代府州县志 264a
《明代南直隶方志研究》262d
明代全国性志书 263c
明代省志 263e
明代乡镇志 264a
明代修志 262f
明代修志简史 262f
明代修志特点 264c
明代专志 264b
《明清商河县志集》319a
《明万历·咸阳县新志》332c
《明万历汉阳府志校注》171b
《明溪县志》(民国版) 097a
《明孝陵志》390b
明修一统志 449a
《明修云南方志书目》078a
《明正德·武功县志》332c
缪荃孙 264e
莫乃群 265a
莫迺群 265a
《漠河县志》265b
墨尔本大学图书馆 081a
《牡丹江市志》265e
《牡丹江市志》工业编 265e
《牡丹江市志》军事编 265f
《牡丹江市志》商业编 265e
木赛勒斯 001f

N

《内黄县志》(民国版) 157c
内蒙古地方志信息化建设 273e
内蒙古地方志学会 273e
《内蒙古方志概考》487a
内蒙古方志工作管理 273a
内蒙古旧志整理 272f
内蒙古历代方志编修 271a
内蒙古沦陷区志书 271f
内蒙古民国时期地区级方志 271e
内蒙古民国时期通志 271e
内蒙古民国时期县旗志 271f
内蒙古民国时期修志 271e
内蒙古清代地区级志书 271d
内蒙古清代厅州县旗志 271d
内蒙古清代通志 271c
内蒙古清代修志 271c
内蒙古区情网 061a
内蒙古省级修志 272a
内蒙古市级修志 272b
内蒙古县级修志 272c
内蒙古新方志编修 271f
内蒙古修志 270f
内蒙古修志规章和规范性文件 273d
内蒙古专志和乡镇村志编修 272e
内蒙古自治区地方志编纂委员会及办公室 273b
《内蒙古自治区志·军事志》273e
《内蒙古自治区志·政府志》274a
《南安县志》(康熙版) 097b
《南安县志》(民国版) 097c
《南昌市志》266a
《南昌市志》“八一”起义卷 266b
《南昌市志》青云谱卷 266c
《南昌市志》滕王阁卷 266c
《南昌市志》乡镇企业卷 266a
《南川县志》043c
南大馆藏普本方志 268a
南大馆藏善本方志 267f
《南宫县志》[民国] 197d
《南海市志(1979~2002)》266c
南海县志 266e
《南海县志》[道光] 266e
《南海县志》[同治] 266f
《南海志》[大德] 267a
南海诸岛 267c
《南海诸岛地理志略》267c
南海诸岛志 267c
《南汇县志》338d
南畿 037c
《南畿志》[嘉靖] 037c
南京博物院 267d
南京大学图书馆 267e
南京高等师范图书馆 267f
《南京市志》268b
南京图书馆 268c
《南靖县志》(民国版) 097d
《南靖县志》(乾隆版) 097d
《南靖县志》(万历版) 097d
南开大学图书馆 269a
《南开区志》269a
《南康县志》(民国版) 210d
《南乐县志校注》157c
《南宁市志》269c
《南宁市志·方言志》269e
《南宁市志·建置政区志》269d
《南宁市志·军事志》269e
《南宁市志·民族志》269d
《南宁市志·园林志》269d
《南皮县志(民国版)》151b
《南皮县志(清光绪版)》151b
《南平地区志》095d
《南平县志》(民国版) 097b
《南山谷口考校注》332b
《南市区志》339a

《南宋临安两志》477a
南宋修志 361e
南图馆藏江苏旧志 268f
南图馆藏善本方志 268d
《南雄县志》269f
《南雁荡山志》477b
《南阳地区志》156d
《南阳风俗传》154e
《南阳市志》270a
《南阳县志》(民国版)157c
《南阳县志》[光绪]467d
《南岳志》270c
《南郑县志》270e
能源部修志 133e
《拟修郡县志略例八则》232a
《年鉴编纂与经营探要》321b
《宁安县志》163b
《宁波府简要志》[成化]274b
宁波府志 274b
《宁波府志》[嘉靖]274b
《宁波府志》[康熙]274c
《宁波府志》[雍正]274c
《宁波古今方志录要》078c
《宁波市志》274d
《宁波市志》海港口岸卷 274e
《宁波市志》军事卷 274f
《宁波市志》名胜旅游卷 274f
《宁波市志》文物古迹卷 274f
《宁波市志》学派
与著述卷 275a
《宁德地区志》095d
《宁德县志》(乾隆版)097b
《宁德支提寺图志》096b
《宁都团结水库志》275a
宁古塔 248c
《宁古塔地方乡土志》163b
《宁古塔纪略》248c
《宁古塔山水记》163b
宁国府志 275b
《宁国府志》[嘉靖]275c
《宁国府志》[嘉庆]275e
《宁国府志》[康熙]275d
《宁国府志》[乾隆]275e
《宁国府志》[万历]275c
《宁河县乡土志》380c
《宁河县志》381c
宁化县志(旧志)276a
《宁化县志》(民国版)097a
《宁化县志》[崇祯]276b
《宁化县志》[康熙]276b
《宁陵县志
(清宣统三年)》157c
《宁羌州志校注集》332b
宁夏地方志编审委员会
及办公室 279c
宁夏地方志协会 279e
宁夏方志工作管理 279b
《宁夏方志述略》487b
宁夏旧志整理 279a
宁夏历代方志编修 277f
宁夏民国时期省志 278c
宁夏民国时期县志 278c
宁夏民国时期修志 278b
宁夏民国时期专志 278c
宁夏明代通志 277f
宁夏明代修志 277f
宁夏明代州县志 278a
宁夏清代修志 278a
宁夏省级部门行业志
编修 278f
宁夏省级修志 278d
宁夏市县(区)级修志 278e
《宁夏水利志》276c
《宁夏通志·民族宗教卷》276e
**《宁夏通志·行政
建置卷》277a**
宁夏新方志编修 278c
《宁夏新志》[弘治]277c
宁夏修志 277e
宁夏修志规章和规范性
文件 279d
《宁夏中药志》(第二版)279f
《宁乡县志》(康熙版)326c
《宁乡县志》[康熙]252d
《宁洋县志(清康熙元年
刊本)》096d
《宁远县志》(民国版)177b
牛津大学图书馆 080e
**《农八师垦区石河子
市志》280a**
《农二师志》280b
《农九师志》427c
**《农六师垦区·五家渠
市志》280d**
《农七师志》280f
《农三师四十八团志》281a
《农三师志》427c
《农十二师志》427c
《农十师志》427c
《农四师志》427c
《农五师志》427c
《农一师土地志》281b
《农一师志》281d
《怒江傈僳族自治州志》463d
《怒江州交通志》281e

O

欧华国 282a
欧阳发 423b
欧阳贤 282c
《欧洲图书馆藏中国方志
目录》080e

P

《番禺县续志》[宣统]283c
番禺县志 283a
《番禺县志》[康熙]283b
《番禺县志》[乾隆]283b
《番禺县志》[同治]283b
《攀枝花市志》356a
《盘江煤矿志》283d
盘龙山 283e
盘山 283e
盘山志 283e
《盘山志》[康熙]283f
庞国凭 415a
《彭城志》[正统]284b
《彭水县志》043d
《蓬州志》[正德]284c
《邳州志》[咸丰]251c
《毗陵志》[咸淳]284e
《偏关志》(民国版)326a
篇目 284f
《平安县志》285b
《平顶山市志》156d
《平定县志》285c
《平定州志》(光绪版)326a
《平度县志》319b
《平谷县志》285d
《平和县志》(道光版)097a
平江府许浦水军 045d
《平凉地区志》104a
《平凉府志》[嘉靖]285f
《平陆县志》326b
《平陆县志》326d
平目体 231c
《平顺县志
(附平顺乡志)》326a
《平潭县志》(民国版)097d
《平阳府志》[康熙]225b
平阳县志(旧志)286b
《平阳县志》[民国]286c
《平阳县志》[乾隆]286c
《平阳志》324c
《平遥县志》286d
《屏南县志
(清光绪三十四年)》097c
《屏南县志
(清乾隆伍年)》097c
《莆田市志》095d
《莆田县简志》507b
《蒲县续志》(民国版)326a
蒲孝荣 286f
蒲宗亮 414c
《濮州志校注》157d
《浦城县志》287a
《浦联村志》476e
《普通方志学》287c
《普陀区志》287e
《普修新地方志的拟议》215f
谱 071c

Q

《七宝镇志》288a
《七台河市志》163a
《七志》076a
《栖霞县志》288c

《祁门县乡土地理志》004c
《祁门县志氏族考》004c
《祁门县志艺文考》004c
《祁县志》288d
祁韵士 288f
《〈齐乘〉校注》319a
《齐乘》289a
《齐乘·益都金石记》319b
《〈齐河县志〉校注汇编》319b
《齐家司续志略》021e
《齐家司志略》021e
《齐鲁新志春秋》321b
《齐齐哈尔市志》289d
《齐齐哈尔市志》工业篇 289e
《齐齐哈尔市志》军事篇 289d
《齐齐哈尔市志》农业篇 289f
《齐齐哈尔市志》人物篇 289f
齐召南 290a
《岐山县志》290b
旗志 072b
《綦江县志》043c
起例 070a
《迁安县志》[同治]347e
《迁安县志译注》151a
《迁江县志》261a
钱大昕 290d
《钱塘江志》290e
《[乾隆]河间县志》151a
《[乾隆]延庆卫志略》021e
乾隆《大清一统志·琼州府》139a
乾隆《湖口县志》017b
乾隆《会同县志》139d
乾隆《陵水县志》139d
乾隆《琼山县志》139b
乾隆《琼州府志》139b
乾隆《山西志辑要》324d
乾隆《天津府志》382a
乾隆《天津县志》382a
乾隆《武清县志》382b
乾隆《崖州志》139d
乾隆《浙江通志》473c
《乾隆绍兴府志校记》232a
乾隆十一年《云阳县志》042d
《乾隆唐县志校注》158a
《乾隆浙江通志考异》389e
《黔东南风物志》291a
《黔东南苗族侗族自治州志》129b
《黔记》[万历]133c
《黔江县志》043c
《黔南布依族苗族自治州志》129b
《黔西南布依族苗族自治州志》129b
《黔中纪闻》468d
乔虹 291c
谯周 291d
《谯周异物志》291e
《钦定国子监志》021b
《钦定盘山志》[乾隆]283f
《钦定热河志》[乾隆]291e
《钦定日下旧闻考》507f
《钦定新疆识略》[道光]436f
《钦州志》[嘉靖]292a
《秦安志》[嘉靖]292c
《秦边纪略》292e
秦代修志 293b
秦汉修志 292f
《秦皇岛历代志书校注》151a
《秦皇岛市志》293d
《秦始皇帝陵志》293f
琴川 045c
《琴川志》045c
《沁源县志(点校·注释)》326d
《沁源县志》(光绪版)326d
《沁源县志》(万历版)326d
《沁源县志》(雍正版)326d
《青城县志》(民国版)319a
青岛方志馆 320e
《青岛市志》294b
《青岛市志·海港志》294c
《青岛市志·海洋志》294c
《青海地方志书介绍》487b
青海方志工作管理 297e
青海方志馆藏 298a
青海方志研究成果 298b
青海规划外志书编修 297b
青海旧志整理 297c
青海省地方志研究会 298a
青海历代方志编修 296b
青海民国时期修志 296d
青海清代修志 296c
青海省地方志编纂委员会及办公室 297e
青海省地方志研究会 298a
《青海省电力工业志》294d
青海省级修志 296f
青海省图书馆 294f
《青海省志·彩陶志》295a
《青海省志·长江黄河澜沧江源志》295b
《青海省志·地质矿产志》295d
《青海省志·民族志》295e
《青海省志·唐蕃古道志》295f
青海新方志编修 296e
青海修志 296b
青海修志规章和规范性文件 297f
青海州县级修志 297a
《青龙杂志》337e
《青浦县志》338d
《青浦县志》[乾隆]388f
青田县志(旧志)298b
《青州市志评价集》321a
清初三大儒 109f
《清代昌黎志书校注》(3种)151b
清代方志编纂流派 302b
清代方志理论研究 301d
清代方志史研究 301d
《清代方志学撰著派与纂辑派争持评论》388d
清代方志整理 302c
《清代台湾方志研究》298d
《清代台湾三十三种地方志采访册纪略人名索引》082a
清代晚期修志 299e
清代修志 298f
清代修志方法研究 301f
清代修志简史 299a
清代修志特点 299f
《清代学者地理论文目录》393a
《清代学者整理旧学之总成绩——方志学》235d
清代早期修志 299b
清代中期修志 299c
《清光绪·永寿县新志》332c
《清河县志》[咸丰]251d
清华大学图书馆 302d
清华大学图书馆方志收藏 302e
清华学堂图书室 302d
清华学校图书馆 302e
《清嘉庆版介休县志(介休文史资料第五、六辑)》326c
《清涧县志(清道光本)》332b
《清康熙·淳化县志》332c
《清康熙·三水县志》332c
《清凉山志》326b
《清流县志》(民国版)096b
《清末北京志资料》021b
《清乾隆·三水县志》332c
《清乾隆安乡县志校注》177b
《清同治石门县志校注》177b
《清同治安福县志校注》177b
《清同治直隶澧州志校注》177b
清修一统志 449b
《清宣统·长武县志》332c
《清宣统·重修泾阳县志》332c
《清学部图书馆方志目》076a
《清雍正朝浙江通志索引》082a
《清雍正山西通志》326d
《庆阳地区志》302f
庆应义塾大学图书馆 303b
《庆应义塾大学图书馆中国地方志目录》078a
《琼结县志》303c
《琼郡志》138b
《琼山县志》[民国]390a
《琼台外纪》138a
《琼台志》[正德]303e
《琼崖》139b
《琼崖志》139d
《琼崖志略》139d

《琼州府志》［道光］303f
《琼州志》139d
《邱县旧志校注》151b
《仇池国志》469a
《区县地方志管理概论》074d
《区宇图志》304d
《曲靖地区志》463d
《衢州府志集成》477b
《衢州市志》476d
《全国城市志济南研讨会文集》321b
全国地方志第二次工作会议 304f
全国地方志第三次工作会议 305b
全国地方志第一次工作会议 304e
全国地方志工作会议 304d
全国地方志评奖 305c
全国方志、地方年鉴及有关历史图书博览会 307a
全国省级、全军、武警方志工作机构主任会议 305f
全国省级方志工作机构主任会议 305d
全国水利史志编写工作座谈会 134b
全国新编地方志成果展览 306f
全国性地志文书 068a
《全椒县志》307c
全军军事志编纂骨干培训 222c
全军军事志第二次工作会议 222d
全军军事志第三次工作会议 222e
全军军事志第一次工作会议 222c
全军军事志指导小组及办公室 222a
《全辽志》［嘉靖］236b
《泉州地方志论集》508e
《泉州方志考》078a
《泉州府志》（乾隆版）097b
《泉州府志》（万历版）097b
《泉州市志》095d
《确山县志（点校本）》158b
《阙里新志》［康熙］225c

R

《热河方志征访录》078a
《人海记》021b
人物传 508c
《人物传写法刍议》083f
《仁和县志》［嘉靖］308a
《仁寿县志》308b
任根珠 424d
任乃强 308d
日本方志收藏 080c
《日本风土记》308f
《日本国志》309a
《日本见藏稀见中国地方志书录》077d
日本史志 309c
《日本现存明代地方志传记索引稿》081b
《日本现存明代地方志目录》077c
《日本主要图书馆、研究所所藏中国地方志总合目录》077d
《日下旧闻》507e
《茸城志谭》341a
《荣昌县志》043d
《汝阳县志（校注本）》157c
阮元 310b
《瑞安县志（嘉庆）》477b
《瑞安县志总例》365d
瑞典东亚图书馆 081b
瑞典方志收藏 081a
《瑞丽市志》310c

S

《三巴记》291e
三宝体 377c
三坊七巷 311b
《三坊七巷志》311a
三辅 311c
《三辅黄图》311c
《三辅黄图校释》332a
《三辅黄图校证》332a
《三辅黄图校注》332a
三国魏晋南北朝修志 311e
三江师范学堂藏书楼 267e
《三陇方志见知录》078b
《三门峡市志》156d
《三明市志》095d
《三秦记辑注・关中记辑注》332b
《三山志》［淳熙］312e
《三省边防备览》313a
《三十年实践与探索：方志论集》341b
三书体 377d
三蜀 034a
《三水县志（清乾隆）》332b
《三水县志》［乾隆］365b
《三星堆图志》313b
《三姓山川纪》163b
《三亚市志》313d
《沙州地志》068e
《沙州都督府图经》313f
《沙州记》314a
《沙州图经》314a
《沙州伊州地志》068d
《沙州志》314a
山东大学图书馆 314b
《山东地方史志纵横谈》487b
《山东地方志书目》321a
山东地方志信息化建设 320b
山东方志工作管理 319e
山东方志馆藏 320d
《山东方志汇要》321a
山东方志学术交流活动 320b
山东方志研究成果 320f
山东规划外志书编修 318b
《山东黄河志》314c
山东旧志整理 318e
山东历代方志编修 316e
山东民国时期修志 317d
山东明代府志 316f
山东明代县志 317a
山东明代修志 316f
山东明代州志 317a
山东明代专志 317a
山东清代府志 317b
山东清代里镇卫所志 317c
山东清代通志 317b
山东清代乡土志 317c
山东清代修志 317a
山东清代州县志 317b
山东清代专志 317c
山东省地方史志编纂委员会及办公室 319e
《山东省地方志联合目录》077a,077b
山东省地方志学会 320c
《山东省第二轮修志理论探讨与实践创新——全省修志理论研讨会论文集》321b
山东省方志馆 314e
山东省级修志 317e
山东省情网 061a
山东省史志博物馆 320d
山东省图书馆 314f
《山东省卫生志》315b
《山东省新编地方志目录》077b
《山东省新编地方志总目提要》078d
《山东省盐业志》315c
《山东省志・孔子故里志》315d
《山东省志・泰山志》315f
《山东省志资料》319e
《山东史志事业发展规律探索》321b
山东市级修志 317f
山东通志 316b
《山东通志》［嘉靖］316c
《山东通志》［宣统］316d
山东县级修志 318a
山东新方志编修 317d
山东修志 316e
山东修志法规规章和规范性文件 320a
《山东肇域记》110c

《山海关历代旧志校注》151a
《山海经》321e
《山经》321e
《山西大观》(中译版) 326d
《山西地方志综录》077a
《山西方志概述》487b
山西方志工作管理 327b
山西方志研究成果 327f
《山西各县志书凡例》133b
山西规划外志书编修 325e
山西汉代至五代时期
修志 323d
山西教育图书博物馆 322a
《山西旧志二种》326d
山西旧志整理 325f
山西历代方志编修 323d
山西民国时期省志 325a
山西民国时期县志 325b
山西民国时期修志 324f
山西明代府志 324b
山西明代通志 324b
山西明代修志 324a
山西明代州县志 324c
山西清代府志 324e
山西清代通志 324d
山西清代修志 324c
山西清代州郡县志 324e
山西省地方志办公室 327c
《山西省地方志联合
目录》076d
山西省地方志网 061a
山西省级修志 325c
山西省图书馆 322a
《山西省志(中国分省全志·
第十七卷)》326c
《山西省志》(民国版) 326d
山西市级修志 325d
山西宋辽金元时期修志 323f
山西通志 322b
《山西通志》(成化版) 326d
《山西通志》[光绪] 322d
《山西通志》[嘉靖] 322c
《〈山西通志〉人物传记
索引》081b
《山西通志·地震志》322e
《山西通志·金融志》323a
《山西通志·民政志》323b
山西县级修志 325d
《山西新编方志
书目提要》078d
山西新方志编修 325b
山西修志 323c
山西修志法规规章和规范性
文件 327e
《山西志辑要》326d
《山阳县志点释》332d
陕图馆藏普通古籍方志 328d
陕图馆藏善本方志 328c
陕西地方志信息化建设 333f
陕西方志工作管理 333b
陕西方志馆藏 334b
《陕西方志考》487b
陕西方志研究成果 334b
陕西规划外志书编修 331c
《陕西怀远县志
(校注本)》332d
陕西旧志整理 331f
陕西历代方志编修 329f
陕西民国时期修志 330d
陕西明代修志 330b
陕西清代修志 330c
陕西省地方史志协会 334a
陕西省地方志编纂委员会
及办公室 333c
陕西省地方志馆 327f
陕西省地情网 061a
陕西省级修志 330f
陕西省图书馆 328b
《陕西省志·黄帝陵志》328e
《陕西省志·炎帝志》328f
陕西市级修志 331a
陕西通志 329b
《陕西通志》[嘉靖] 329c
《陕西通志》[康熙六年] 329d
陕西县级修志 331b
陕西新方志编修 330d
陕西修志 329f
陕西修志规章和规范性
文件 333e
《汕头市志》116a
《剡录》334c
《商河县志》(民国版) 319a
《商洛地区志》331b
《商丘地区志》156d
《商丘县志(清康熙
四十四年)》157c
《商州直隶州乡土志》332d
《上蔡县志》(康熙版) 158b
《上海地方志概述》487b
《上海地方志简目》076d
上海地方志信息化建设 340d
《上海地方志综录》078a
上海方志工作管理 340b
上海方志馆藏 340e
《上海方志基础理论研究
文集》341b
《上海方志提要》341a
《上海方志通考》341b
上海方志研究成果 340f
《上海方志研究概要》341a
《上海方志资料考录》341a
“上海府县旧志丛书” 340a
上海规划外志书编修 339d
《上海郊县修志十年》341a
上海旧志整理 339e
上海历代方志编修 337f
《上海美术志》334e
上海民国时期修志 338b
《上海名园志》334f
上海明代修志 338a
上海清代修志 338a
《上海区志编纂十年》341a
上海师范大学图书馆 335b
上海师范专科学校
图书馆 335b
上海市地方史志学会 340e
上海市地方志编纂委员会
及办公室 340b
《上海市普陀区区志编纂
实践文集》341a
“上海市区志系列丛刊” 338f
“上海市县志系列丛刊” 338e
“上海市专志系列丛刊” 339b
上海通 061a
《上海通志》338e
《上海市通志稿》[民国] 335d
上海通志馆 335f
上海图书馆 336a
《上海图书馆地方志
目录》076d
《上海图书馆事业志》340f
《上海县续志》
[民国七年] 337d
上海县志(旧志) 336e
《上海县志》336c
《上海县志》[嘉靖] 336f
《上海县志》[嘉庆] 337b
《上海县志》[康熙] 337a
《上海县志》
[民国二十五年] 337d
《上海县志》
[乾隆十五年] 337a
《上海县志》
[乾隆四十九年] 337b
《上海县志》[同治] 337c
《上海县志》[万历] 336f
《上海县志稿》336e
“上海乡镇旧志丛书” 339f
上海新方志编修 338c
上海修志 337e
上海修志规范性文件 340c
上海徐家汇天主堂
藏书楼 336b
《上海续志编纂研究》341a
《上海志》[弘治] 336e
《上海专志编纂十五年》341a
《上杭县志》(民国版) 097d
《上林县志》[民国] 181b
上图馆藏历代旧志 336a
《上元江宁乡土合志》038b
芍陂 002a
《韶关市志》116a
《韶山志》341b
《少林寺志(清乾隆十三年
刻本)》157d
邵晋涵 341e
邵文杰 341f
《邵武府志》(嘉靖版) 096d
《邵武府志》[弘治] 184a
《邵武县志》(咸丰版) 097b

《邵阳市志》176b
《绍兴地方文献考录》078b
绍兴府志 342b
《绍兴府志》[康熙]342c
《绍兴府志》[乾隆]342d
《绍兴府志》[万历]342c
《绍兴市志》342d
《绍兴市志》名家学术思想卷 342e
《〈绍兴市志〉述评》479b
《绍兴市志》文物古迹卷 342e
《绍兴市志》戏曲曲艺卷 342f
《绍兴县志》342f
《歙县西干志》004c
《歙县乡土志》004b
《歙县志》[民国]437c
《涉县志(校注)》151b
《深泽县志》[雍正]392b
《深圳市志》343b
《深州风土记》399f
《神木县志(道光二十一年)》332c
《神农架志》343f
《神农架志》旅游资源卷 344b
《神农架志》森林资源卷 344a
《神农架志》野生动物资源卷 344a
《神农架志》野生植物资源卷 344b
《神农架志》自然环境卷 343f
沈嘉荣 344b
《沈丘县志(校注本)》157c
《沈阳福陵志》448c
《沈阳故宫志》448a
《沈阳市志》344c
《沈阳昭陵志》448c
生不立传 025d
省立安徽大学图书馆 002f
省志 072b
《省志编纂概论》344e
《省志编纂学》321a
《省志今例发凡》055b
《省志续修概论》321b
盛京边墙 248a
盛京通志 345a
《盛京通志》[康熙]345a
《盛京通志》[乾隆四十四年]345c
《盛京通志》[乾隆元年]345b
《盛京通志》[雍正]345b
施闰章 345c
《十里长街读坎墩》479b
《十三州记》345e
《十三州志》345e
《十四世纪时中国与南洋群岛印度洋沿岸诸港往来贸易考》053a
《十诵比丘戒本》067f
《十堰市志》171a
石城县志 345f
《石城县志》[光绪]346b
《石埭县志山川志初稿》004c
石湖纪行三录 070c
《石家庄地区志》346b
《石家庄地区志》人物编 346d
《石家庄地区志》西柏坡编 346c
《石家庄地区志》中共石家庄地方组织编 346c
《石家庄市志》346e
《石家庄市志》工业篇 346f
《石家庄市志》交通邮电篇 346e
《石家庄市志》文物名胜篇 346f
《石泉县志校注》332d
石室写经 067f
《石首县志》[乾隆六十年]347a
《石柱记笺释》347b
《石柱县志》347c
《石嘴山市志》278d
《实践与探索》321b
实物资料 435c
史梦兰 347d
史念海 347f
《史志笔墨论》479b
《史志工作者对振兴山东的思考》321b
《史志林》130f
《史志诗文选》321b
《始安记》122a
《始安郡记》122a
市志 072b
示意图 386c
事类表 026b
首都图书馆 348b
《首都志》348f
首图地方文献中心馆藏北京地区方志 348e
首图历史文献中心馆藏普通古籍方志 348d
首图历史文献中心馆藏善本方志 348c
《寿昌县地境》068e
《寿宁待志》091b
《寿宁县志》(康熙版)097c
寿鹏飞 349a
寿阳县志(旧志)349b
《寿阳县志》[光绪]349c
《寿阳县志》[康熙]349b
《寿阳县志》[乾隆]349c
书 071c
书目卡 435d
书院街 349e
《书院街志》349d
舒大儒 220b
舒光远 220a
舒化民 220b
舒孔恂 220c
舒亮友 220b
舒懋官 220c
舒其琯 220b
舒调臭 220b
舒铣 220b
舒信宝 220d
舒照 220b
《蜀典》468d
《蜀志》034a
《蜀中广记》354a
述 349f
述而不论 025b
述古堂 080a
庶翘 288f
数字表 026b
《双峰乡志》350a
《双鸭山市志》163a
《水地记》051f
水电部修志 134b
《水南村志》476f
《顺昌邑志》(正德版)097b
顺天府志 350c
《顺天府志》[光绪]350f
《顺天府志》[康熙]350e
《顺天府志》[万历]350d
《顺天府志》[永乐]350c
《顺义县志》020d
《说方志》235e
《说郛》074d
《说磐》[民国]284a
《朔方道志》[民国]351b
《朔平府志》(雍正版)326c
《朔州志》(雍正版)326c
《思茅地区志》463d
思明府 107e
《思明府志》[康熙]107e
《[斯坦福－伯克利联合东亚中心]中国方志目录》077d
四川大学图书馆 357c
《四川大学图书馆馆藏地方志目录》077b
四川地方志 061a
四川方志工作管理 356e
四川方志馆藏 357b
《四川方志考》487b
四川汉晋时期修志 353a
四川旧志整理 356d
《四川郡县志》[民国]351c
四川历代方志编修 352f
四川民国时期通志 355a
四川民国时期县志 355b
四川民国时期修志 354f
四川明代府志 354a
四川明代修志 353e
四川明代州县志 354a
四川明代总志 353f
《四川綦江县续志》042f
四川清代府志 354c
四川清代通志 354c
四川清代修志 354b

四川清代州县志 354e
四川省地方志编纂委员会 356f
四川省地方志编纂委员会
方志馆 357b
《四川省地方志联合
目录》077a
《四川省地方志目录》077b
四川省地方志协会 357a
《四川省各图书馆馆藏
四川方志联合目录》076d
四川省级修志 355d
四川省图书馆 351d
《四川省图书馆馆藏方志
目录》076d
《四川省志·人物志》351f
《四川省志·文物志》352b
四川市级修志 355f
四川宋元时期修志 353c
四川唐代修志 353b
四川通志 352c
《四川通志》[嘉庆] 352d
四川县级修志 356b
四川新方志编修 355c
四川修志 352f
四川修志法规规章
和规范性文件 357b
《四川总志》[嘉靖] 352d
四纲体 377d
《四库全书中之方志与本院
图书馆所藏方志
考略》078a
《四库全书总目》357e
《四库全书总目提要》357d
《四库提要》357e
四明 357f
四明六志 357f
《四明山志》184b
《四明图经》[乾道] 358a
《四明续志》[开庆] 358d
《四明续志》[至正] 358e
《四明志》[宝庆] 358b
《四明志》[延祐] 358d
四正山 283e
《四洲志》358f
《寺村镇志》358f
《泗虹合志》359b
《泗阳县志》[民国] 469b
《松都续志》034e
《松都志》034e
《松都志补遗》034e
《松江府图志》337e
《松江府续志》[光绪] 359e
松江府志 359c
松江府 359c
《松江府志摘要》359d
松江府志》[崇祯] 359d
《松江府志》[嘉庆] 365c
《松江府志》[康熙] 359e
《松江府志》[正德] 359d
《松江府志抄》[雍正] 359e
《松江县志》359f
《松京志》034e
松筠 360b
《松溪县志(清康熙庚辰版
整理本)》097d
《松溪县志》(嘉靖版) 097b
《松阳县志
(民国版标点本)》477b
《嵩山志》360d
《宋朝方志考》341b
宋代方志理论 361f
宋代修志 360e
宋代修志简史 360f
宋代修志特点 361f
宋起凤 149b
宋晞 089a
《宋元方志传记索引》506f
"宋元方志丛刊" 362a
《宋元方志考》078a
《宋元浙江方志集成》477b
苏长春 423d
苏州方志馆 206c
《苏州府志》[同治] 362b
《苏州府志及所属县志、
镇志传记索引》082a
《苏州市志》362d
《苏州市志》城巷河桥卷 362e
《苏州市志》工艺美术卷 362f
《苏州市志》图书卷 362f
《宿县地区志》004d
《睢州志
(清光绪十八年)》157c
《睢州志》(3 种) 157d
《绥芬河市志》363a
《绥化地区志》363c
《绥化地区志》军事篇 363e
《绥化地区志》农业篇 363d
《绥化地区志》自然
地理篇 363d
《绥远旗志》363f
《绥远全志》[光绪] 363f
《绥远通志稿》[民国] 364b
绥远志 363f
《绥远志》363f
隋代修志 364c
《随志》[嘉靖] 442f
《遂宁市志》364e
孙保安 457a
孙奇逢 149b
孙星衍 365a
孙诒让 365c
索引 365e
索引编制范围 366a
索引编制注意问题 366e
索引标目 365f
索引说明 365f
索引引码 365f

T

《塔城地区志》431b
"台北故宫博物院" 367a
《台海使槎录》367b
台湾大学图书馆 370a
台湾方志馆藏 369f
台湾方志信息化建设 369d
台湾方志学术交流 369e
台湾方志研究成果 370b
台湾方志整理 369c
台湾府志 367d
《台湾府志》[康熙] 367d
《台湾府志》
[康熙三十五年] 367e
《台湾公藏方志联合
目录》076d
《台湾公藏方志联合目录
(增订本)》077a
台湾光复后修志 369a
台湾图书馆 369f
《台湾清代 23 种地方志
列女传索引》081b
台湾清代采访册 368e
台湾清代私修志书 368e
台湾清代厅志 368c
台湾清代县志 368d
台湾清代修志 368c
台湾日据时期修志 368f
《台湾省方志论》487b
《台湾省清代 25 种方志
暨连雅堂台湾通史
人物传记索引》081b
《台湾省清代二十三种
地方志列女传索引》081b
台湾史志刊物 370c
《台湾使槎录》367b
台湾修志 368b
《台湾总督府图书馆所藏
支那地方志目录》077c
《台州地区志》476c
《台州札记》477b
太仓州志 370d
《太仓州志》[崇祯] 370f
《太仓州志》[弘治] 370d
《太仓州志》[嘉靖] 370e
《太和县分乡图志》004c
《太平寰宇记》371a
《太平寰宇记·海南》139a
《太平县古志三种》477a
《太平县志》[光绪] 371c
《太平县志·襄陵县新志
合刊》326b
《太平续志》[光绪] 371e
太原府志 371f
《太原府志》[乾隆] 372c
《太原府志》[顺治] 372b
《太原府志》[万历] 372a
《太原府志集全》326d
《太原古方志索引两种》082a
《太原市志》372d
《太原志》[洪武] 371f

《泰安地区志》318a
《泰宁县志》(康熙版) 097a
《泰宁县志》(乾隆版) 097b
《泰山道里记》318d
《泰山志校证》319a
谈迁 372f
郯城县志(旧志) 373a
《郯城县志》[康熙] 373b
《郯城县志》[乾隆] 373b
《覃怀志(点校本)》158b
谭其骧 373d
《潭柘山岫云寺志》021b
《汤溪县志》[民国] 373f
《汤阴县志(乾隆)》158b
唐代地记 374c
唐代图经 374a
唐代修志 373f
唐锦 374f
《唐两京城坊考》437a
《唐山市志》375a
唐枢 375c
唐小峰 375d
《塘沽区志》381c
《桃源县志校注》177b
特载 375e
《腾冲县志》375f
《滕县志》376b
体裁 376c
体例 376e
体式 376f
《天长县志》377e
天春园 378a,379e
《天春园方志目》076b
《天府广记》378a
《天津地方志考略》487a
《天津地名志》381d
天津方志工作管理 382b
天津方志馆藏 382e
天津方志研究成果 382e
《天津房地产志》378b
天津规划外志书编修 381d
《天津简志》380f
《天津经济技术开发区志》378d
天津旧志整理 381e
天津历代方志编修 380a
天津民国时期市志 380d
天津民国时期县志 380e
天津民国时期修志 380d
天津明代修志 380a
天津明代州县志 380b
天津清代卫、府志 380b
天津清代乡土志 380c
天津清代修志 380b
天津清代州县志 380c
天津清代专志 380d
天津三卫志 380a
天津市地方志编修委员会及办公室 382b
天津市地方志馆 382e
天津市地方志网 061a
《天津市概要》380e
天津市级修志 380f
《天津市人民图书馆藏方志目录》076d
《天津市志》380f
《天津通志》381a
《天津通志·城乡建设志》378f
《天津通志·附志·租界》379a
天津图书馆 379c
天津县级修志 381b
《天津县新志》380e
天津新方志编修 380e
天津修志 379f
天津修志规章和规范性文件 382d
《天津政俗沿革记》380e,382a
《天津志略》380d
《天门县志》[乾隆] 382f
《天水市志》383a
《天顺襄阳郡志》170b
《天台山方外志要》[乾隆] 290b
《天台志苑》479b
天一阁 383c
《天一阁藏明代地方志考录》078b
"天一阁藏明代方志选刊" 383e
《天一阁藏明代方志选刊人物资料人名索引》082a
《天一阁方志目》076b
《天镇县志》(光绪版) 326a
《田东县土地志》383f
田盘山 283e
田汝成 384a
条目体 231c
铁道部档案史志中心 134a
铁道部修志 134a
厅志 072b
《汀州府志》[乾隆] 384b
《通化市志》384c
《通惠河志》021b
通检 365e
《通什市志》138f
《通县编纂省志材料》019f
《通县志》384f
《同安县志(中华民国拾捌年刊)》097a
《同官县志》[民国] 385a
《同里镇志》385b
同治《慈溪县志稿》047c
同治《重辑静海县志》382b
同治《靖安县志》220c
《同治上江两县志》385d
《同州府志》[咸丰] 213a
桐城三祖 070d
《桐城县志》385f
《铜川市志》331b
《铜梁地理志》042f
《铜梁县志》043c
《铜陵市志》004d
《铜仁地区志》129b
童承叙 386a
《潼南县志》043c
统计表 026a
统计图 386c
统计资料 435c
图 386b
图经 386d
图片资料 435c
图书资料 435c
土司司所志 073a
土姓 034e
《屯溪市志》004d

W

《宛署杂记》019b,021a
皖风网 005d
皖南大学图书馆 002f
《皖省志略》003e
《皖志便览》003e
《皖志史稿》387a
万国鼎 387c
万历《儋州志》139d
万历《广东通志·琼州府》139b
万历《琼州府志》139b
万历《山西通志》324b
万历《通粮厅志》019c
《万历福州府属县志》097a
《万历杭州府志》477b
万历《罗山县志》155b
万历七年(1579)《合州志》042c
《万历仙居县志(点校重印本)》477a
《万源市志》387f
《万县志》043d
《万县市志》387d
《万载县志·序》067d
汪凤刚 388b
王葆心 388c
王秉祥 388e
王昶 388f
王春瑜 424b
王登普 389a
王棻 389b
王复兴 085f
王国华 389d
王国维 389e
王国宪 389f
王焕镳 390b
王晖 075e
王季平 390c
王景玉 088e
王九思 390d
王君伟 390e

王阎运 390f
王立行 391b
王谟 142c
王树枏 391c
王体仁 080a
王文举 391d
王锡祺 419f
王晓岩 090a
王庸 497e
王永太 472f
王岳辰 391e
王祯 391f
王植 392a
王志邦 472f
王志民 392c
王众音 392d
王重民 392e
王祝晨 393a
王宗沐 393c
《望城县志》393d
《威海卫志》[乾隆]393e
《巍山彝族回族自治县志》393f
韦述 394b
《惟扬志》[嘉靖]394c
潍坊市情资料馆 320e
《潍坊市志》318a
《潍县乡土志(点注本)》319a
卫所志 073a
《渭南地区志》394e
《渭南志》(明版)332b
《蔚州志》[光绪]446a
魏桥 472e
《魏王地记》227e
《魏王泰坤元录》227e
魏源 395a
《温县志稿》(民国版)158a
《温州府志》[乾隆]290a
《温州经籍志》365d
《温州市志》476d
《文安县志译注》151a
《文登市志》395b
《文登县志(点注)》319b
文风 395d
《文山壮族苗族自治州志》463d
《文水县志(明天启五年)》326c
文体 395e
《文渊阁书目》076c
文源馆 322a
《翁牛特旗志》396a
《瓮安县志》396b
乌程县志 396d
《乌程县志》[崇祯]396d
《乌程县志》[光绪]396f
《乌程县志》[康熙]396e
《乌程县志》[乾隆]396e
《乌海市志》397a
《乌拉盖综合开发区志》397c
《乌兰察布盟志》272c
《乌鲁木齐市志》397d
《乌鲁木齐市志》城市建设卷 397d
《乌鲁木齐市志》经济卷 397e
《乌鲁木齐市志》文化卷 397f
《乌鲁木齐市志》政治卷 397e
《乌鲁木齐市志》总类卷 397d
《乌日图高勒乡志》398a
《巫山县志》398b
《巫溪县志》043c
《无极县志》[民国]392f
《无锡志》[至正]398c
无终山 283e
《吴地记》[乾符]398d
《吴江县志》[嘉靖]398e
吴均 398f
《吴郡图经续记》[元丰]399a
《吴郡志》[绍定]399c
吴奈夫 425d
吴汝纶 399e
吴若虚 399f
《吴淞区志》339a
吴廷燮 400a
《吴县志列传人名索引》081a
《吴兴备志》[天启]400d
《吴兴图记》251f
《吴兴图经》251f
吴兴志 400c
《吴兴志》251f
《吴兴志》[嘉泰]400b
《吴邑志》[嘉靖]447a
《吴越春秋》400f
吴云溥 401a
《吴忠市志》278d
吴宗慈 401c
《芜湖市志》004d
《梧州市郊区志》401d
《梧州市志》401f
《梧州市志·风俗志》402b
《梧州市志·港口志》402a
《梧州市志·海关志》402a
《梧州市志·交通志》402b
《梧州市志·外经贸志》402a
《梧州市志·自然环境志》402b
《五藏山经》321e
《五峰书院志》477b
《五台山志》402c
"五用论"066b
"五志说"066b
《武昌县志》(光绪版)171b
《武川县志》402e
武大图书馆藏湖北地区方志 403f
武大图书馆藏外省旧志 403e
《武当山志》402f
《武冈州志》[嘉庆]403b
《武功县志(稿簿)》(民国版)332b
《武功县志》[正德]112a
武光汤 403c
武汉大学图书馆 403d
《武汉旧志序跋校注》171b
《武汉市志》403f
《武汉市志·城市建设志》404c
《武汉市志·教育志》404c
《武汉市志·金融志》404a
《武汉市志·科学志》404b
《武汉市志·商业志》404a
《武汉市志·税务志》404b
《武汉市志·新闻志》404b
武警部队修志 404c
《武林坊巷志》477a
《武林坊巷志坊巷名称索引》082a
《武林旧事》506b
《武陵源风景志》404f
《武隆县志》043c
《武平县志(清康熙三十八年编修)》097b
《武平县志(中华民国三十年编修)》097c
《武清县志》405b
《武夷山志》096d
武亿 155c
《武缘县乡土志》[民国]181a
武陟县志(旧志)405c
《武陟县志》[道光]405d
《武陟志》[万历]405c
《舞阳县县政概况(手抄本)》158a
《舞阳县志》(道光版)157d

X

《西安府志》[乾隆]406a
《西安市地理志》406c
《西安市志》406d
西北人民图书馆 105b
《西昌市志》407a
《西陲今略》292e
《西陲总统事略》[乾隆]289a
《西干志》[民国]437d
《西关志》021b
《西湖游览志》[嘉靖]407b
西湖志 407b
《西湖志》[雍正]407d
《西湖志纂》[乾隆]407e
《西京杂记》332b
《西康通志撰修纲要》308d
《西康图经》308e
西南民族大学图书馆 357d
《西宁府新志》[乾隆]408b
《西宁府续志》[光绪]408c
《西宁府续志》[民国]408d
《西宁市志》297b
《西宁卫志》[万历]407f
西宁志 407e
《西宁志》[顺治]407f

《西平县志(校注本)》158a
《西青区志》408e
《西双版纳傣族
自治州志》463d
《西洋番国志》408f
《西域藩国志》430a
《西域图志》[乾隆]409a
《西域闻见录》[乾隆]409c
《西岳志》034f
西藏地方志工作委员会
及办公室 410e
西藏地县级修志 410c
西藏方志工作管理 410d
西藏历代方志编修 409e
西藏民国时期修志 410b
西藏清代厅县志 410a
西藏清代通志 409f
西藏清代修志 409f
西藏省级修志 410c
《西藏图说》360c
西藏新方志编修 410c
西藏修志 409d
西藏修志规章和规范性
文件 410f
《西藏志》[乾隆]411b
《西藏志书述略》487b
《西藏自治区志·财政志》411d
《西藏自治区志·税务志》411f
《西招图略》[嘉庆]360c
《西州图经》412b
《析津志》412b
《析津志典》019a
惜抱轩 447e
《稀见地方志提要》341a
《锡林郭勒盟志》272c
《隰州志》326a
系人资料 435d
《峡江县志》412c
《霞浦县志》(民国版)097c
《下雉纂》412d
夏恩训 412f
《夏津县旧县志校注》318d
《夏津县志(古本集注)》318d
《厦门市志》412f
《厦门市志》华侨卷 413a
《厦门市志》厦台关系卷 413b
《厦门志(清道光十九镌)》096d
《仙居县志》[光绪]413c
《仙坛山志稿》477b
《仙谿志》[宝祐]413d
《仙游县志》413e
咸淳《玉峰续志》361b
咸丰《琼山县志》139b
咸丰《文昌县志》139d
《咸宁市志》171a
《咸宁县志》[嘉庆]413f
《咸阳市志》331b
县志 072b
《县志编修管理谈》414b
《县志编修求实说》414c
《县志编修探微》414e
《县志主任·主编说》414f
《乡宁县志(民国版本)》326a
《乡宁县志(明万历版)》326c
《乡宁县志(清光绪版)》326c
《乡宁县志(清康熙版)》326d
《乡宁县志(清乾隆版)》326d
乡土志例目(光绪部颁
光绪三十一年)300a
乡镇村志 073a
香港地方志办公室 415f
香港地方志基金会 415f
香港方志工作管理 415e
香港方志馆藏 416a
香港方志学术交流活动 416b
香港风物志 415d
香港旧志整理 415e
《香港通志》415c
香港通志编辑部 416a
香港新方志编修 415b
香港修志 415b
《香花墩志》004c
香淋泉 146d
香山县 009e
《香山县志》[光绪]036e
《香山县志》[嘉靖]184d
《湘军志》391a
《湘潭地理图说》[民国]417b
《湘潭市志》176b
湘潭县志(旧志)416f
《湘潭县志》416d
《湘潭县志》[光绪]417a
《湘潭县志》[嘉庆]417a
《湘潭县志》[乾隆
二十一年]416f
《湘潭县志》[乾隆
四十六年]416f
《湘西州志》417c
《湘阴县图志》[光绪]418b
湘阴县志(旧志)417e
《湘阴县志》[道光]418a
《湘阴县志》[乾隆]417f
《襄樊市志》418c
《襄樊市志》交通卷 418d
《襄樊市志》军事卷 418c
《襄樊市志》文物名胜卷 418e
《襄阳府志》171b
《襄阳耆旧记校注》171b
《襄垣县志(民国版)》326d
《襄垣县志(清乾隆·
光绪版)》326d
详今略古 025e
《祥符州县图经》418e
《象山县志(点校本)》477b
《萧山县志》418f
《萧山县志稿(民国
二十四年)》477b
《萧山县志刊误》256a
《萧县志》419b
萧绎 419d
小编体 470a
《小方壶斋舆地丛钞》419e
《孝义县志》326d
《孝义县志》419f
谢国桢 420b
谢华 420c
谢启昆 420d
谢肇淛 420f
《解州志》[嘉靖]252e
《忻州地区志》325d
《新安江水电站志》476f
《新安文献志》039d
《新安先贤事略》039d
《新安志》[淳熙] 421a
**《新编地方志工作暂行
规定》421e**
《新编方志评论集》341a
《新编方志十二讲》423a
《新编方志文论》423d
《新编日本现存明代地
方志目录》077d
《新城县志》(天启版)319b
《新城县志》[民国] 423f
《新地方史志学简编》424a
《新繁县志》[民国]245e
《新方志"概述"点评》424c
《新方志编研论稿》389b
《新方志编纂经验谈》479a
《新方志编纂实践》424e
《新方志编纂学》424f
《新方志概说》480d
**《新方志理论与实践
二十年》425b**
《新方志论丛》321a
《新方志篇目十例》
(修志资料选辑之一)479a
《新方志文集》425d
《新方志纵横论》321b
新风土记 309f
《新河县志》[民国] 425e
《新嘉坡风土记》425f
《新疆地方志》431e
新疆地方志编纂委员会 431d
新疆地方志馆 426a
《新疆地方志简介》487b
《新疆地方志通讯》431e
新疆地方志信息化建设 431f
新疆地方志学会 432a
新疆地情网 061a
新疆地州市县修志 431a
新疆方志工作管理 431c
新疆方志研究成果 432a
新疆历代方志编修 429f
新疆民国时期兵要地志 430e
新疆民国时期通志 430d
新疆民国时期修志 430d
新疆清代回疆地区志 430b
新疆清代事宜类方志 430b
新疆清代通志 430a
新疆清代乡土志 430c

新疆清代修志 430a
《新疆生产建设兵团科技志》426b
《新疆生产建设兵团农业志》426d
新疆生产建设兵团修志 426f
新疆省级修志 430f
《新疆通志》430f
《新疆通志·瓜果志》428c
《新疆通志·检察志》428e
《新疆通志·生产建设兵团志》429a
《新疆图志》[宣统]429c
新疆新方志编修 430e
新疆修志 429f
新疆修志规章和规范性文件 431f
《新绛县志》432b
《新泰县志》(顺治版)319b
《新泰县志》(天启版)319b
《新泰县志·新泰县乡土志》(光绪版)319b
《新乡市志》156d
《新乡县续志(清康熙)》158a
《新修合川县志》[民国]432c
《新修江宁府志》[嘉庆]199c
《新修莱芜县志》[康熙]229b
《新修罗源县志》097b
《新修南充县志》[民国]432e
《新修浦城县志》(嘉庆版)097a
《新修铜梁县志》042f
《新余市志》433a
《新增东国舆地胜览》034e
《新郑县志(标注本)》158b
新志 073a
《新志编修十五年》321b
《新纂云南通志》[民国]433b
《信阳地区志》156d
《兴安盟志》272c
《兴安州志(校注)》332d
《兴宁县志(光绪元年乙亥重修)》177b
《兴义府志》[咸丰]433d
《星槎胜览》433f
行业部门方志机构 055f
《邢台市志》150c
《荥阳县志、续荥阳县志(点校注本)》158a
《杏花村续志》004c
《杏花村志》[康熙]434a
《雄乘》434c
《休宁县志》[弘治]039d
《修文县志》434d
《修武县志(校注)》158b
修志本末 024e
《修志本末》024f
《修志初探》(修志资料选辑之三)479a
《修志刍言》079c
《修志丛论》434f
《修志丛谈》479a
《修志答问》079c
《修志回眸》321b
《修志纪念文集》321a
修志人员 435a
《修志十讲》321b
《修志十议》470d
《修志实践》(修志资料选辑之五)479a
《修志事例概要》026a
《修志随笔》321b
《修志文存——〈绍兴市志〉编纂实录》479a
《修志须知》(修志资料选辑之二)479a
修志援藏 410f
修志资料 435a
《秀山县志》436a
《岫岩县志》436d
《徐沟县志》[民国]436d
《徐汇区志》339a
徐家汇藏书楼 436e
徐时栋 436e
徐松 436f
徐一夔 437a
《许昌市志》156d
《许昌县志》(民国版)157c
许承尧 437b
许还平 344f
许卫平 437d
序跋 437e
叙例 070a
《续安阳县志》[民国]007f
《续汉州志》[同治]144b
《续金陵琐志二种》038a
《续静乐县志》(雍正版)326b
《续黔书》468d
《续商州志》332d
《续天津县志》[同治]438a
《续武陟县志》[民国]405e
续姓 034e
续修 073b
《续修定陶县志》319b
《续修汾西县志》326b
《续修广东通志·海南》139b
《续修岢岚州志》326b
《续修醴泉县志稿》332d
《续修罗江县志》[同治]253e
《续修南郑县志》(民国版)332a
《续修四库全书总目提要》438d
《续修台湾府志》[乾隆三十九年]368b
《续修郯城县志》[嘉庆]373c
《续修武定府志(稿本)》319b
《续益部耆旧传》034a
《续永清县志》[光绪]453e
《续云南通志长编》261b
《续志研究》479b
《续纂江宁府志》[光绪]199d
《续纂靖安县志》220d
《宣城地区志》004d
《宣和奉使高丽图经》438e
《宣平县志》[光绪]438f
宣统《定安县乡土地理志》139c
宣统《定安县志》139c
宣统《乐会县志》139d
薛虹 498f
《寻根集》439b
《栒邑县志(民国续纂)》332b
《浚县志(校点)》(2种)157d
《浚县志》439e

Y

《崖州直隶州乡土志》139d
《崖州志》[民国]440a
烟台方志史料陈列馆 320f
烟台市方志馆 320f
《烟台市志》318a
鄢陵县志(旧志)440d
《鄢陵县志》[嘉靖]440d
《鄢陵县志》[顺治十六年]440e
《鄢陵县志》[顺治五年]440d
《延安地区志》440f
《延安地区志·革命根据地志》440f
《延安地区志·军事志》441b
《延安地区志·政党政协志》441b
《延安府志(校注)》332a
《延安府志》[嘉庆]441c
《延川县志(点注)》332a
《延平府志》(顺治版)097a
《延庆县志》020d
《延绥镇志(校·注本)》332b
《严州府志》[弘治]442a
《严州府志》[乾隆]442b
《严州图经》[淳熙]441f
《严州续志》[景定]442a
严州志 441e
《炎陵志》(道光版)177b
盐井志 073a
《盐山新志》[民国]442b
《盐乘》[民国]168b
《铅山县志》442d
颜木 442f
《颜真卿志》443a
兖州府志 443b
《兖州府志》[康熙]443e
《兖州府志》[乾隆]443e
《兖州府志》[万历二十四年]443c
《兖州府志》[万历元年]443c
《偃师县志(点校本)》157d
偃师县志(旧志)443f

《偃师县志》[弘治]443f
《偃师县志》[乾隆]444a
《雁门关志》444c
《燕京大学图书馆善本方志题记》078a
《燕京岁时记》021a
《燕京志》019a
燕居谦 444e
《扬州府图经》[嘉庆]213f
扬州府志 444f
《扬州府志》[万历]444f
《扬州水道记》246d
《阳高县志》(雍正版)326b
《阳泉市志》325d
《阳武县志(整理本)》158b
《阳武县志》[嘉靖]252f
《阳羡风土记》091a
《阳新县志》445b
《阳原县志》445d
《阳原县志》[民国]445e
杨笃 445f
杨家骆 446c
杨静琦 061b
杨军昌 499a
《天津杨柳青小志》380a
《杨浦区志》339a
杨守敬 446e
杨向东 424b
杨杏芝 039b
杨循吉 446f
杨以增 141c
杨奕青 447a
杨之水 447b
《尧南社区志》447c
《姚安县志》026a
姚金祥 197f
姚鼐 447e
姚莹 447f
《耀县大香山志》(民国版)332d
《耀州志(校注本)》332d
《耀州志》[嘉靖]112c
《叶县志(明嘉靖二十一年)》158b
《叶县志(清康熙三十年)》157d
《叶县志(清同治辛未)》157c
《一代志坛——马克思主义方志学理论与实践》480d
《一宫两陵志》448a
一级平列式 470a
《一六一团志》448d
一统志 448e
《伊春市志》163a
《伊克昭盟志》272c
《伊犁哈萨克自治州志》431b
《伊犁总统事略》289a
《伊通县志》449e
《黟县乡土地理》004b
《黟县志》[嘉庆]454c
《夷陵州志(明弘治九年刻本)》171b
《沂水县清志汇编》318d
《沂水县志》(道光版)319b
《宜宾市志》449f
《宜昌府志》(同治版)171b
《宜昌市志》171a
《宜昌县志初稿》(民国二十五年版)171b
《宜川县志(校注本)》332b
《宜君县志》(雍正版)332c
《宜章县志》(嘉庆版)177b
《宜章县志》(民国版)177b
义例 070a
《异物志》450b
《峄县志(点注)》318d
《峄县志(点注本)》319a
《益部方物略记》450c
《益部耆旧传》037a
《益都县图志(点校本)》319a
《益阳地区志》176b
因果资料 435e
音像资料 435d
《银川市志》450d
《鄞县通志》[民国]451b
鄞县志 450f
《鄞县志》[乾隆]451a
《鄞县志》[同治]451a
引得 365e
《应山县志》[嘉靖]442f
《应州志》(万历版)326a
英国方志收藏 080e
《英国各图书馆所藏中国地方志总目录》077d
《英国国家图书馆藏敦煌遗书》068c
《迎风志》035b
《荥泽县志(点校注本)》157d
《营平二州史事》110a
《营平二州史事序》110a
《营山县志》451c
《瀛环志略》451d
《瀛环志略》在美国的影响 452b
《瀛环志略》在日本的影响 452a
《瀛环志略》在中国的影响 452a
《瀛涯胜览》452b
《颍川郡志》[永乐]452b
《颍上县志稿》004b
《雍大记》145f
《雍大记校注》332c
《雍录》039c
雍正《大清一统志·琼州府》139a
雍正《广东通志·琼州府》139b
雍正《山西通志》324d
雍正上谕(清雍正六年)299d
《永安县志》097a,097c
《永城县志(清光绪二十九年)》157c
《永川县志》043d
《永春州志》(乾隆版)096b
永定县志(旧志)452d
《永定县志》[道光]452e
《永定县志》[康熙]452d
《永定县志》[民国]452e
《永定县志》[乾隆]452d
《永福县志》[万历]420f
《永和县志(康熙四十九年)》326a
《永和县志》(民国版)326c
《永济县志》(光绪版)326d
《永嘉谱》[绍熙]028f
永嘉县志(旧志)452e
《永嘉县志》[光绪]453a
《永嘉县志》[康熙]452f
《永嘉县志》[乾隆]452f
《永乐大典方志辑佚》453b
永宁州 006e
《永宁州志》(光绪版)326d
《永平府志》[光绪]347f
永清县志(旧志)453c
《永清县志》[康熙]453d
《永清县志》[乾隆]453d
《永顺宣慰司志》175c
《永泰县志》(民国版)097c
《忧患意识与地方志编纂》083f
《幽州古今人物志》018f
《幽州人物志》018f
《尤溪县志》095e
《游城南记(校注)》332a
《游城南记》332a
《酉阳县志》043d
《酉阳正俎》[万历]132f
于希贤 061d
余绍宋 453f
《余绍宋论方志》479b
《余姚县志》[乾隆]341f
《鱼台县志(校点注释本)》318d
俞樾 454a
俞正燮 454c
俞佐萍 472f
《俞佐萍方志论集》479b
《榆次市志》454d
《榆林地区志》331b
《虞城县志(清光绪二十一年)》158a
虞衡 131a
《舆地广记》454f
《舆地纪胜》454f
《舆地纪胜·海南》139a
《舆地志》110c
《与一统志馆诸翰林书》070d
《禹贡》455c
《禹贡》(半月刊)455e

"禹擒无支祁" 166c
禹舜 071e
禹州志 455f
《禹州志(校注)》157d
《禹州志》[道光] 456c
《禹州志》[乾隆] 456b
《禹州志》[顺治] 456a
《玉环古志》477a
《玉山县志》456d
《玉树藏族自治州志》297b
《玉田县志(点校本)》
(3种) 151b
《玉溪地区志》463e
《玉溪市志》456f
郁文 457a
《豫章古今记》230b
《豫章记》230b
元代方志理论 457f
元代修志 457c
元代修志简史 457d
元代修志特点 457e
《元丰九域志》458d
《元丰九域志・海南》139a
《元丰九域志索引》081b
《元和郡县图志》458f
《元和郡县志》459a
《元氏县志》(5种) 151b
元修一统志 448f
元贞二年《大一统志
凡例》458a
《沅陵县志》459b
《袁州府志》[正德] 459d
《源远流长的东莱文明——
平度旧志校注》319a
远东文物博物馆 081b
苑广才 083c
《岳麓书院志》175b
《岳阳风土记》[宋] 459e
《岳阳楼志》460a
《岳阳市志》460b
《岳阳市志》交通卷 460c
《岳阳市志》旅游卷 460c
《岳阳市志》社会卷 460d
《悦堂志论》321b
粤港澳台地方志学术
交流会 119e
《粤海关志》115b
粤琼港澳台"华夏文化
与地方志"国际学术
研讨会 119e
越境不书 025c
《越绝记》460e
《越绝书》460e
越南志书 461a
《越中杂识》477a
《云间志》[绍熙] 461c
《云南地方志考》487b
云南方志工作管理 464b
《云南方志考》078a
云南方志学术交流活动 464d
云南方志研究成果 464f
云南规划外志书编修 463f
云南旧志整理 464a
云南历代方志编修 462c
云南民国时期省志 463b
云南民国时期修志 463a
云南民国时期州县志 463b
云南明代府州县志 462e
云南明代通志 462d
云南明代修志 462d
云南清代府州厅志 462f
云南清代通志 462f
云南清代县志 462f
云南清代修志 462e
云南清代盐井志 463a
云南省地方志编纂委员会
及办公室 464b
云南省地方志学会 464e
云南省级修志 463c
云南省通志馆 464e
云南省图书馆 461e
《云南省志・公安志》461f
《云南省志・广播电视志》462a
《云南史料目录概说》070f
云南市县级修志 463e
云南新方志编修 463b
云南修志 462b
云南修志法规规章和规范性
文件 464c
《云南志略》457d
《云翔寺志》465a
《云霄厅志(点校本)》097d
《云阳县志》043d
《云中郡志》(顺治版) 326b
郧台志 465c
《郧台志》[万历] 465d
《郧台志略》[嘉靖] 465c
《郧阳旧志辑录(明・清・民国
湖北通志摘选)》171b
《运城地区志》325d

Z

《枣强县志》[民国] 197e
《枣庄市志》466a
曾三 466c
《(增补)日本现存明代
地方志目录》077d
《增修台湾府志》367d
《增续安阳县志》007c
《闸北区志》339a
《沾化县志(民国版整
理本)》318d
《湛江市志》116a
张凤台 466e
张革非 499d
张国淦 466f
《张家界市志》176b
《张家口市志》467a
张嘉谋 467d
张謇 467e
张建国 467f
张立 468a
张明义 468c
张沐 155c
张澍 468c
张松斌 087c
张铁锁 424d
张维 468e
张文桂 072a
张相文 469b
张秀熟 469b
**《张掖地区志
(远古~1995)》469d**
张一雷 039b
张英聘 262e
张仲荧 052c
章节体 469f
《章丘县志》[弘治] 446f
章学诚 470a
《章学诚的生平与思想》
(译著) 479b
《章学诚和〈文史通义〉》479a
《章学诚评传——独树一帜
的史学评论家》479a
彰德府志 470e
《彰德府志(点校本)》158b
《彰德府志》[嘉靖] 470f
《彰德府志》
[乾隆六年] 471a
《彰德府志》
[乾隆五十二年] 471a
《漳平县志
(校注重印)》(2种) 097d
《漳浦县志(点校本)》
(2种) 097d
《漳州府志》(万历版) 097a
《漳州市志》095d
《招远县志》319a
《昭通地区志》463d
《兆域图》148f
赵庚奇 471c
《赵庚奇志鉴论稿》471b
赵吉士 471d
赵盛世 471e
照片 386d
《肇庆府修志章程》036d
肇庆府志 471f
《肇庆市志》116a
《肇域志》472a
《哲里木盟志》272c
《柘城县志》(光绪版) 158a
《柘洋方志》097c
浙江地方志 061a
《浙江地方志考录》165e
浙江地方志信息化建设 478c
《浙江方志概论》487b
浙江方志工作管理 477f
浙江方志馆(建德) 478f
浙江方志馆藏 478e

《浙江方志考》165e
《浙江方志论集》479a
《浙江方志论坛》
（1~7辑）479a
浙江方志学术交流 478b
浙江方志研究成果 479e
《浙江方志研究论坛第二届学术研讨会论文集》479b
《浙江方志研究论坛首届学术研讨会论文集》479b
《浙江方志源流》472d
《浙江方志综录》076c
浙江规划外志书编修 476e
浙江汉至五代时期修志 474a
“浙江简志”丛书 476b
浙江旧志整理 476f
浙江历代方志编修 474a
浙江民国时期府县志 475e
浙江民国时期通志 475d
浙江民国时期乡镇志 475f
浙江民国时期修志 475c
浙江民国时期专志 475f
浙江明代府县志 474f
浙江明代乡镇志 475a
浙江明代修志 474f
浙江明代专志 475a
《浙江宁绍地区地方志目录》077d
浙江清代府县志 475b
浙江清代通志 475a
浙江清代乡镇志 475c
浙江清代修志 475a
浙江清代专志 475c
《浙江人物综论》479b
浙江省地方志编纂委员会及办公室 477f
浙江省地方志学会 478d
《浙江省公共图书馆新编地方志联合目录》077b
浙江省级修志 476b
《浙江省名镇志》473a
“浙江省志丛书” 476b
浙江市级修志 476c
浙江宋代府县志 474d
浙江宋代修志 474c
浙江宋代专志 474e
《浙江通志》［雍正］473b
浙江通志馆 475d
浙江通志局 475d
浙江图书馆 473d
浙江县级修志 476d
《浙江新编地方志目录（增订本）》479b
浙江新方志编修 475f
浙江修志 473f
浙江修志规章和规范性文件 478a
《浙江修志十年》479a
浙江元代府县志 474e
浙江元代修志 474e
浙江元代专志 474f
《贞观地记》227e
《贞观地志》227e
《贞元十道录》479f
《真定县志校注》151a
《真腊风土记》480a
《真腊风土记校注》480c
甄炳昌 480c
《镇安县志点释》332d
《镇海县志》［光绪］454b
镇江志 480e
《镇江志》［嘉定］480e
《镇江志》［至顺］481a
镇宁州 006e
《正定县志(1986~2005)》481b
《正确认识和体现地方特色琐议》087c
郑永立 481d
郑裕彤东亚图书馆 081c
郑正西 492b
郑州大学图书馆 159d
《郑州市二七区志》481e
《郑州市金水区志(1991~2002)》482a
《郑州市志(1991~2000)》482b
《郑州市志》156d
政和《舆地广记》361a
《政和县志》（道光版）097a
《政和县志》（民国版）097b
《支那省别全志》（中译版）326b
芝加哥大学远东图书馆 080b
执简驭繁 025f
《直隶邠州志》332b
《直隶邠州志》［乾隆］365b
《直隶和州志》［光绪］146f
《直隶霍州志》326b
《直隶霍州志续编》326a
《直隶绵州志》［乾隆］482d
《直隶商州总志点注》332a
《直隶省通志》187b
《直隶太仓州志》［嘉庆］370f
《直斋书录解题》076a
志 482f
志稿审定 483a
《志稿通病研究》483c
《志稿修改与总纂》483e
《志海学泳集》341b
《志鉴华章——枣庄市史志工作者文集》321b
志例 070a
《志例丛话》304b
《志评》321a
志书编纂程式 483f
《志余随笔》382a
《志域探步》228f
《志苑》005c
《志苑十二年》479a
《志苑文论集》321a
挚虞 484a
中编体 470a
《中共上海党志》484b
《[中共中央高级党校图书馆]馆藏方志目录》076d
中关村科技园区志 020c
《中国城市方志学概论》484d
《中国当代方志编纂学研究》484f
《中国地方史志论丛》485b
中国地方史志协会1981年学术年会 487f
中国地方史志协会1983年学术年会 491a
《中国地方志》485c
《中国地方志》(1991) 485d
《中国地方志》(1995) 485e
《中国地方志备征目》076b
《中国地方志词典》073d
“中国地方志集成” 486a
《中国地方志联合目录》486b
《中国地方志联合目录》［日］077c
《中国地方志流播日本研究》088a
《中国地方志论集》486d
《中国地方志目录》077d
《中国地方志年鉴》486f
《中国地方志宋代人物资料索引》082a
《中国地方志宋代人物资料索引续编》082a
中国地方志网络建设研讨会 060b
“中国地方志详论丛书” 487a
中国地方志协会1986年学术年会 491b
中国地方志协会1989年学术年会 491b
中国地方志协会1993年学术年会 491c
中国地方志协会1997年学术年会 491c
中国地方志协会2004年学术年会 491d
中国地方志学会 487c
中国地方志学术年会 487e
中国地方志珍藏馆 383d
《中国地方志争鸣》492a
中国地方志指导小组 492c
中国地方志指导小组办公室 493d
中国地方志指导小组第八次会议 494f
中国地方志指导小组第二次会议 494c
中国地方志指导小组第九次会议 494f
中国地方志指导小组第六次会议 494d
中国地方志指导小组

第七次(扩大)会议 494e
中国地方志指导小组
第五次会议 494d
中国地方志指导小组
第一次会议 494b
中国地方志指导小组
二届二次会议 495b
中国地方志指导小组
二届六次会议 495d
中国地方志指导小组
二届三次会议 495b
中国地方志指导小组
二届四次会议 495c
中国地方志指导小组
二届五次会议 495c
中国地方志指导小组
二届一次会议 495a
《中国地方志指导小组关于
第二轮地方志书编纂
的若干意见》067e
**中国地方志指导小组
会议 494b**
中国地方志指导小组
两次扩大会议 494d
中国地方志指导小组
三届二次会议 495f
中国地方志指导小组
三届三次会议 495f
中国地方志指导小组
三届四次会议 496a
中国地方志指导小组
三届一次会议 495e
中国地方志指导小组
四届二次会议 496c
中国地方志指导小组
四届三次会议 496c
中国地方志指导小组
四届一次会议 496b
中国地方志指导小组
在京成员会议 494e
**《中国地方志综览
(1949~1987)》496d**
**《中国地方志综录
(增订本)》496f**
《中国地方志总目提要
(1949~1999)》497c
《中国地方志总目提要》497a
《中国地方志总目提要》
(旧志提要)497a
《中国地理学史》497d
中国第一历史档案馆 064b
“中国方志丛书”497f
《中国方志大辞典》073e
《中国方志简史》498a
《中国方志论文目录》022c
《中国方志目录》077c
中国方志收藏 079f
《中国方志通鉴》498b
《中国方志五十年史事录》498d
**《中国方志学概论》
(1984)498f**
**《中国方志学概论》
(1999)499a**
《中国方志学概要》246a
《中国方志学纲要》499b
《中国方志学家研究》499d
《中国方志学史》(1990)499e
《中国方志学史》(1998)500a
《中国方志学通论》500c
中国方志学系 022c
《中国古方志考》500d
**《中国·贵阳经济技术开发
区志(1993~2008)》500e**
**《中国贵州茅台酒厂有限
责任公司志》501a**
中国国家博物馆 133c
中国国家数字图书馆吉林省
分馆 188a
《中国国家图书馆藏
敦煌遗书》068c
《中国海关通志》134e
《中国救捞志》501c
《中国科学院藏方志
目录》076d
**中国科学院国家科学
图书馆 501e**
《中国科学院图书馆
馆藏地方志目录》076d
《中国矿产志》251a
《中国历史博物馆
馆藏地方志目录》133d
中国龙志网 061a
《中国煤炭志》133e
《中国民用航空志》134d
中国气象局史鉴办公室 134d
中国气象局修志 134d
中国气象史鉴编辑部 134d
**《中国·秦皇岛经济技术开发
区志(1984~2003)》500e**
中国人民大学图书馆 502a
《中国人民大学图书馆
地方志目录》077b
中国山水史志收藏馆 479e
《中国善本书提要》392f
中国社会科学院图书馆 502b
《中国史志论丛》100d
《中国水文志》502d
中国铁路史编辑部 134a
中国铁路史编辑研究
中心 134a
《中国文化遗产研究院
藏地方志书目》077e
**中国文化遗产研究院
图书馆 502f**
**《中国西藏及甘青川滇藏区
方志汇编》503a**
《中国西南地区地方志
目录》077d
《中国新编地方志目录》503c
《中国新编地方志总目
提要》078d
《中国新方志5000种书目提要
(上海通志馆藏)》341a
《中国新方志目录》077b
《中国烟草通志》503d
《中国油气田开发志》503f
《中国专业志要览》078c
《中京志》034e
中南图书馆 080a
《中南图书馆方志目录》076c
《中宁枸杞志》504a
《中日地方史志比较
研究》228e
《中日现藏三百种明代地方
志传记索引》081b
《[中山大学图书馆]本校所藏
中国地方志简目》076a
《中山市志》116a
中图馆藏广东方志 113f
中图馆藏全国方志 113e
中图馆藏善本方志 113d
《中卫社区志》504c
《中卫县志》504e
《中文地志目录》077c
中央大学图书馆 267f
中央公园图书阅览所 348b
中央民族大学图书馆 505a
中央图书馆 268c
“中央研究院傅斯年
图书馆”370a
《中英街志》505b
《中州今古》159a
《忠县公安志》505d
《忠县志》043c
《州县请立志科议》470d
州志 072b
《舟山市志》476c
《周墩区志》(民国版)097c
《周官》505f
周建南 505e
《周口地区志》156d
《周礼》505f
周密 506a
周树人 250f
周应合 506b
周永光 492b
朱长文 506c
朱士嘉 506d
朱思本 506f
朱维幹 507a
朱文尧 507b
朱希祖 507d
朱彝尊 507e
《株洲市志》176b
《珠海市志》116a
《诸城县志
(清乾隆甲申年)》319a
《诸城县志》[乾隆]233c
《诸道山河地名要略》068e
诸葛计 498e

《诸罗县志》[康熙] 036f
《竹溪志》035a
《主编的脚步——段柄仁
方志文丛(二)》067c
《主编的印迹——段柄仁
方志文丛》067b
主体资料 435d
《驻马店地区志》156d
**“著名图书馆藏稀见方志
丛刊” 507f**
著述体 377a
专记 508b
专题记述 508b
专题志 073a
专题资料汇编 435d
专业志 073a
专志 073b
传 508c
撰述体 377a
撰著体 377a
庄为玑 508d
《酌中志》021b
兹山 420c
资料长编 435d
资料索引卡 435d
资料摘录卡 435d
资料摘要卡 435d
《淄博市志》508f
《滋阳县志(校点本)》319b
《梓里旧闻》253d
**《紫云苗族布依族
自治县志》509a**
《自贡市志》509c
自治体史 310a
总例 070a
纵标目 026b
邹平县志(旧志) 509f
《〈邹平县志〉编修
纪念册》321a
《邹平县志》[道光] 510a
《邹平县志》[康熙] 509f
《邹平县志》[民国] 510b
《邹平县志》[顺治] 509f
纂辑体 376f
纂录体 376f
《遵义地区志》510c
《遵义府志》[道光] 510e
《遵义市志》511a
左建 511c
左开一 511e
《左云县要览》326b
《左云县志(光绪本)》326c
《左云乡土志》326b
《2000 山东省年鉴学会优秀
年鉴论文选》321b
《2004 年度地方志
资政文集》321b
《2005 年度地方志
资政文集》321b
2006 年全国省级地方志
机构主任会议 305e
《2006~2007 年度地方志
资政文集》321b
2008 年全国省级方志
工作机构主任会议 306a
2009 年全国省级方志
工作机构主任会议 306b
**《2009 山西重点工程
大事志》069e**
2010 年全国省级方志
工作机构主任会议 306c
2011 年全国省级方志
工作机构主任会议 306d
2012 年全国省级方志
工作机构主任会议 306e

方志百科全书

编　　者：《方志百科全书》编纂委员会
责任编辑：丛　珺　宁　芳

出 版 人：冀祥德
出 版 者：方志出版社
　　　　　地址　北京市朝阳区潘家园东里9号（国家方志馆4层）
　　　　　邮编　100021
　　　　　网址　http://www.fzph.org
发　　行：方志出版社发行中心
　　　　　电话　（010）67110500
经　　销：各地新华书店
排　　版：北京中文天地文化艺术有限公司
印　　刷：北京中科印刷有限公司

开　　本：889×1194　　1/16
印　　张：38.25
字　　数：1447千字
版　　次：2017年1月第1版　2017年1月第1次印刷
印　　数：0001~3000册

ISBN　978-7-5144-2335-8　　定价：880.00元